邙山陵墓群考古调查与勘测第一阶段考古报告

（上册）

洛阳市文物考古研究院　编著

文物出版社

图书在版编目（ＣＩＰ）数据

邙山陵墓群考古调查与勘测第一阶段考古报告 ／ 洛阳市文物考古研究院编著. —— 北京 ： 文物出版社，2018.3

ISBN 978-7-5010-4677-5

Ⅰ．①邙… Ⅱ．①洛… Ⅲ．①陵墓－发掘报告－郑州 Ⅳ．①K878.85

中国版本图书馆CIP数据核字（2018）第022730号

邙山陵墓群考古调查与勘测第一阶段考古报告（上、下册）

编　　著：洛阳市文物考古研究院

责任编辑：郭维富　杨新改　王　伟

责任印制：梁秋卉

出版发行：文物出版社

社　　址：北京市东直门内北小街2号楼

网　　址：http://www.wenwu.com

邮　　箱：web@wenwu.com

经　　销：新华书店

制版印刷：北京图文天地制版印刷有限公司

开　　本：889mm×1194mm　1/16

印　　张：77.75

版　　次：2018年3月第1版

印　　次：2018年3月第1次印刷

书　　号：ISBN 978-7-5010-4677-5

定　　价：1480.00元

序

　　陵墓考古是中国考古学研究的重要内容,其承载了丰富的历史社会文化内涵。洛阳邙山的历代陵墓群一直受到了学术领域和社会各界的广泛关注,其原因一方面是因为洛阳古都地位的重要性,另一方面作为墓葬文化的衍生品"生在苏杭,葬在北邙"已经成为中国妇孺皆知的口头禅,洛阳邙山成为理想化归葬天国的代名词。经勘测,邙山陵墓群是中国面积最大的陵墓群遗址,在750余平方公里的范围内,集中分布着东周、东汉、曹魏、西晋、北魏、后唐六朝共计二十四座帝王陵墓,周边附之数以千计的王公贵族墓冢,可以说是在全世界范围内都极为罕见的人文奇观。

　　"邙山陵墓群考古调查与勘测"项目从立项开展工作,至今已经十余年了。对于这样一个地域跨度、时间跨度都非同一般的大遗址,进行考古调查的难度可想而知。2017年12月4日,在该项目第一阶段考古报告即将出版之际,严辉先生来电嘱我作序。鉴于中国古代陵寝制度史的研究一直是自己关注的研究领域,也实际参与了一些东汉帝陵相关的调查研究工作,与严辉先生经常切磋陵寝方面的问题,对邙山陵墓群的情况有一定的了解,也算是"序"来有因吧。

　　邙山陵墓群是指位于洛阳邙山地区的古代帝王陵墓和陪葬墓,其核心是帝陵。为什么要研究帝王陵寝? 首先,"陵墓若都邑"、"事死如事生"的思想在中国古代深入人心,帝王陵墓自然成为历代王朝"国家文化"在地下世界的缩影。通过对古代陵寝制度的发展脉络的梳理,可探究历代王朝统治思想、执政理念、社会变革甚至帝王的个人喜好等方面的特征。其次,历代王朝均对十分重视陵寝的修建,作为时代文化的物化载体,历代帝陵蕴含着丰富的历史文化信息,包括礼制思想、灵魂观念、风俗习惯、建筑艺术等诸多方面,历代帝王陵寝比较直观地记录了不同时期的社会风貌和礼制习俗。其三,通过对各时期、各地区帝王陵寝(包含少数民族政权的王陵)的系统研究,可以从物质乃至精神层面上了解和探究中国古代文明的连续性、继承性的发展,以及少数民族政权文化逐步融入中华文明的历史过程。其四,古代帝王陵墓是我国珍贵的历史文化遗产,要进行全方位的保护,这就需要对其文化内涵进行系统的解读,使得保护工作更加具有针对性。邙山陵墓群不仅因为这一区域帝陵数量众多，而且年代跨度极大，从东周一直到后唐时期，甚至还包括明代藩王的墓冢。因此，邙山陵墓群的研究，是厘清中国古代陵寝制度发展脉络的关键枢纽之一。

然而非常遗憾的是就是这样一处重要的大遗址，在历史上却遭受了极为严重的盗扰与破坏。从东汉末年开始，陵墓群已经遭到盗掘，文献中记载董卓曾对东汉诸陵大肆洗劫，"开文陵，悉取藏中珍物"。直到明清，盗墓活动仍猖獗不止，洛阳的陵墓可谓十墓九空。近代以来，邙山地区古墓冢在工业化和城镇化的背景下，地面坟冢消失的速度加快。从现有邙山陵墓群的调查结果可以看出，已调查可知的 1000 余座封土墓冢，地表封土尚存的仅余 300 余座，其破坏程度之惨烈可见一斑。本世纪初开始的"邙山陵墓群考古调查与勘测"项目的开展，就是要摸清家底，为下一步有针对性的保护研究打下良好的基础。

很多文物考古学者在 20 世纪 50 年代就已经开始关注邙山陵墓群的研究，宿白、郭玉堂、黄明兰、陈长安等诸位先生都曾有专门的著述，为此后的研究开辟了方向。进入二十一世纪，大遗址保护得到了国家和政府的高度重视，邙山陵墓群的保护和研究工作也进入了快车道，2001 年邙山陵墓群申报为国家级重点文物保护单位。与自己相关联的是 2000 年，"东汉帝陵研究"由郑州大学立项，2002 年开始我和马利清、赵海洲、李辉、朱思红、张卫星、刘尊志等多位研究生对邙山和洛南两个陵区可能与东汉帝陵相关的几十座墓冢进行了踏查。该调查被列入国家教育部重大课题《汉唐陵墓制度研究》（2001—2004 年）子项目，也是国家文物局 2003 年度文物保护科学和技术研究项目《两汉帝陵研究》的前期调查与研究，通过这些考古调查对邙山东汉帝陵的分布以及陵寝组成要素取得了初步的了解。2003 年 9 月 3 日，在《河南日报》发表题为《救救邙山陵墓群》的文章，对邙山陵墓群的盗掘和破坏表示担忧，对以往的文物保护工作进行了反思，同时提出应该制定全面的保护规划。文章的发表也引起了有关文物管理部门对邙山陵墓群保护工作的关注和重视。

2003 年 10 月，由国家文物局立项，洛阳市第二文物工作队承担的重大科研项目——"邙山陵墓群考古调查与勘测"项目正式启动。这个预设为期十年的庞大项目，共分为三个阶段，并为每个阶段的工作制定了明确的工作计划和目标。项目内容在报告中已有详细论述，这里就不再重复。从目前的进展来看，第一阶段，也就是古墓冢的普查和基础资料收集工作，目标已经顺利完成，并且取得了非常重要的收获。

邙山陵墓群总面积达到了750余平方公里，涉及洛阳市的七个区县，调查困难多，同时历史上遗留下的相关文献以及出土石刻等资料数量惊人，这些都给调查工作增加了难度系数。该项目持续时间长，参与人员多，充分显示了"大团队作战"的特点：目标明确，统一指挥，分工协作，刻苦细致，团结奉献。项目的主要承担单位，从原来的洛阳市第二文物工作队，到后来合并更名为洛阳市文物考古研究院。从最初主持申报该项目的队长朱亮先生，一直到现在实施项目的院长史家珍先生，他们作为地方考古部门的负责人，对该项目始终如一地坚定有力支持，保证了该项目得以顺利实施。严辉先生以及他的工作团队，不畏艰辛，走遍了邙山地区的每一个村庄，实地测绘每一处可知或认知的墓葬，获取了大量珍贵的第一手资料。这本报告就是该项目第一阶段工作的全面总结，展示了他们集体工作成果，也展示了洛阳考古人追求担当和卓越的精神风貌，实在是可喜可贺！

全书分为上中下三编。上编详细介绍了邙山陵墓群的内涵、现状及保护研究历程。详细公布了田野调查资料，让大家对邙山陵墓群的现状有一个直观的了解，在此基础上对各时期陵区有分别进行了详细介绍。中编为邙山陵墓群相关历史文献的整理和研究。仔细梳理了文献中关于历代帝王陵墓的记载，并以埋葬制度、祭祀制度、陵园职官制度等为线索对各时期帝陵进行了宏观的比较，又针对每一座帝陵相关的文献记载进行定位阐述。下编以邙山地区出土墓志和黄肠石为考察对象，总结了墓志和黄肠石的出土和研究情况，以此为基础对帝陵地望进行了探索。

这本报告资料详实，观点鲜明。纵观全书，主要有以下几个特点。第一，内容丰富，条理清晰。该报告不仅公布了详细的调查资料，同时对相关文献记载和出土实物资料都进行了收录，并进行了初步研究。尤其是区划出了东汉、曹魏西晋、北魏到五代时期陵区的大致分布范围，指出了大部分帝陵陵主与墓葬的对应关系，这些成果对今后研究都起到了铺路石的作用。第二，注重运用多学科的手段，采集和分析陵墓群信息。值得指出的是该项目是国内较早在遗址调查中运用地理信息系统的一个范例。项目协作单位解放军信息工程大学测绘学院，专门设计了一套"3S"系统，对洛阳古墓冢信息进行采集和管理。同时也尝试通过航空遥感技术和传统的考古技术手段相结合，寻找夷平墓冢以及陵园建筑，效果明显。第三，团队的工作不仅着眼于考古学调查研究，同时注重文化遗产保护。报告对邙山陵墓群的盗掘、破坏历史，以及历代帝王对邙山陵墓群的保护都进行了总结，介绍了邙山陵墓群的文物保护现状，这是今后需要进一步加强的一项工作内容。总而言之，该报告是近年来邙山陵墓群研究的一个重要成果，是古代陵寝制度系统深化的探索发现，对今后陵墓群的保护和管理利用，必将起到重要的推动作用。

目前"邙山陵墓群考古调查与勘测"项目的工作仍在继续开展。项目方案设计之初将完成目标的期限设定为十年，现在来看陵墓群调查工作的复杂程度超乎预想，十年的时间还是太短，需要提升为中长期的研究项目。随着今后主动考古保护研究项目的有序开展，在目前完成基础资料搜集的基础上，可以进一步细化调查勘探发掘，把工作重点放在逐一解决各时期陵寝制度组成要素、演进规律层面，着眼于帝王家族群臣丧葬的物化与古代国家礼制建设关系的探究，相信邙山陵墓群的内涵和文化脉络会越来越清晰。我期盼着今后邙山陵墓群的调查与研究取得更多更大的成果。是为序。

韩国河

2018 年 1 月 22 日于郑州大学

目　录

中编　邙山陵墓群相关历史文献的整理和研究

第一章　陵墓的破坏和保护

第二章　陵墓制度的发展和演进

第三章　洛阳历代帝陵

下编　洛阳出土的墓志、黄肠石

第一章　邙山出土墓志的调查、整理

插图目录

上编　邙山陵墓群古墓冢的文物普查

第一章 邙山陵墓群的基本概况

第一节 邙山陵墓群的位置、范围和内涵

一、位置、面积和区域范围

邙山陵墓群专指位于洛阳邙山地区的古代帝王陵墓和陪葬墓群。陵墓群处于洛阳市的北部、东部和东北部。这里属于低山丘陵地带，海拔高度120~340米。地势起伏平缓，空旷而高敞。黄土土层深厚，黏结性好，坚固致密，适于营建墓茔。至迟从东周时期开始，邙山便成为人们理想的安息之地。此后的两千多年一直延续着崇尚归葬的习俗。久而久之形成了冢台林立、松柏郁郁、墓碑高耸、石刻成群的历史人文奇观，唐朝诗人所谓"北邙山头少闲土，尽是洛阳人旧墓"，描述的正是这种人文景观。

陵墓群占地面积756平方公里，所在区域东西长50、南北宽20公里。地跨洛阳市所属的西工区、老城区、涧西区、瀍河区、洛龙区、偃师市、孟津县7个区县。包括了20余个乡镇，360多个自然村。文物保护区内的人口约20万。年代从东周到东汉、曹魏、西晋、北魏，一直延续到五代的后唐。陵墓群西至孟津县常袋乡酒流凹村——洛阳市红山乡杨冢村一线，东至偃师市山化乡南游殿村——山化乡忠义村一线，北及黄河，南临洛河。大致呈东西向长条形分布，可分为4个区段：西段（北魏陵区）、中段（东周、东汉、后唐陵区）、东段（西晋、曹魏陵区）、夹河段（东汉、西晋墓群）（图一~七）。

二、六代帝陵及其陪葬墓群

邙山地区是全国最大的古墓集中地，汇集两周、两汉、曹魏、西晋、北魏、隋、唐、五代、宋、金、元、明、清等各个时期、各种类型的古代墓葬，估计约有数十万之众，号称"无卧牛之地"。邙山是全国著名的地下文物宝库，过去曾出土了数以万计的珍贵文物，具有很高的历史、艺术、科学价值。国内外许多知名博物馆、艺术馆都收藏有邙山出土的文物。

"邙山古墓群"和"邙山陵墓群"是两个不同的概念。"邙山古墓群"泛指邙山上的所有古墓，而"邙山陵墓群"指的是东周、东汉、曹魏、西晋、北魏、后唐等6代帝陵及其陪葬墓群。两类墓葬犬牙交错在一起，难以分辨。陵墓群以大型封土墓为主，它们是邙山古墓群的主体。根

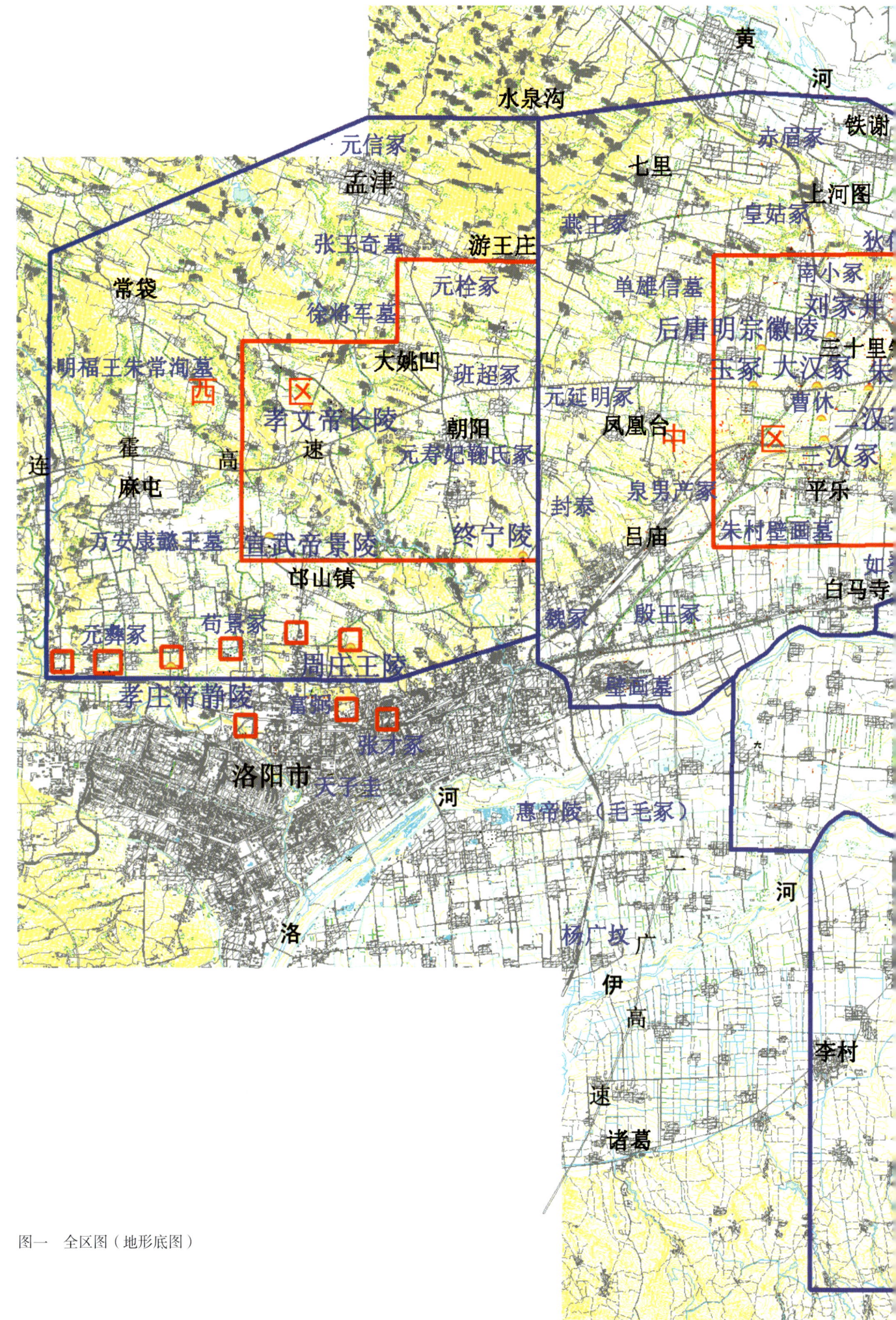

图一　全区图（地形底图）

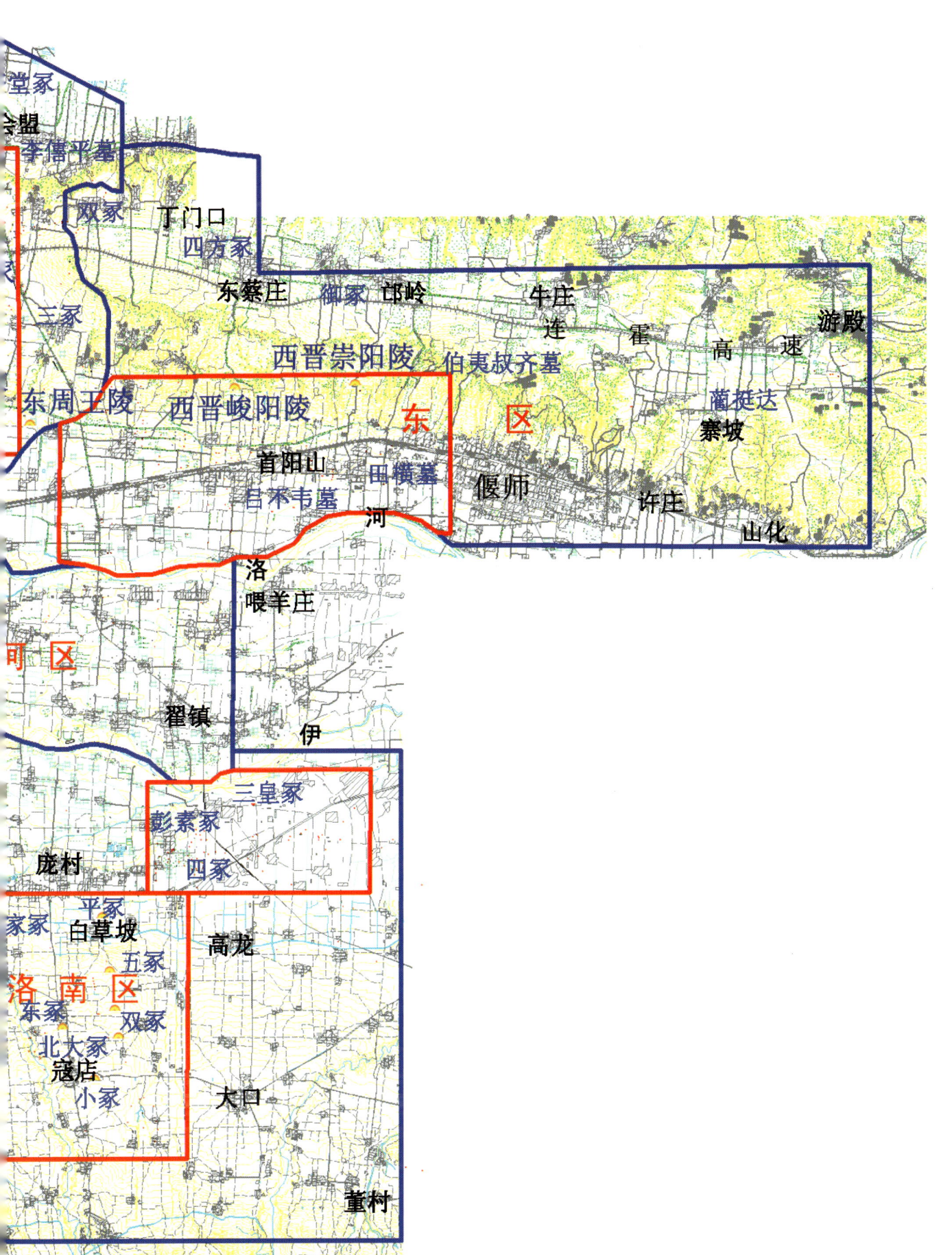

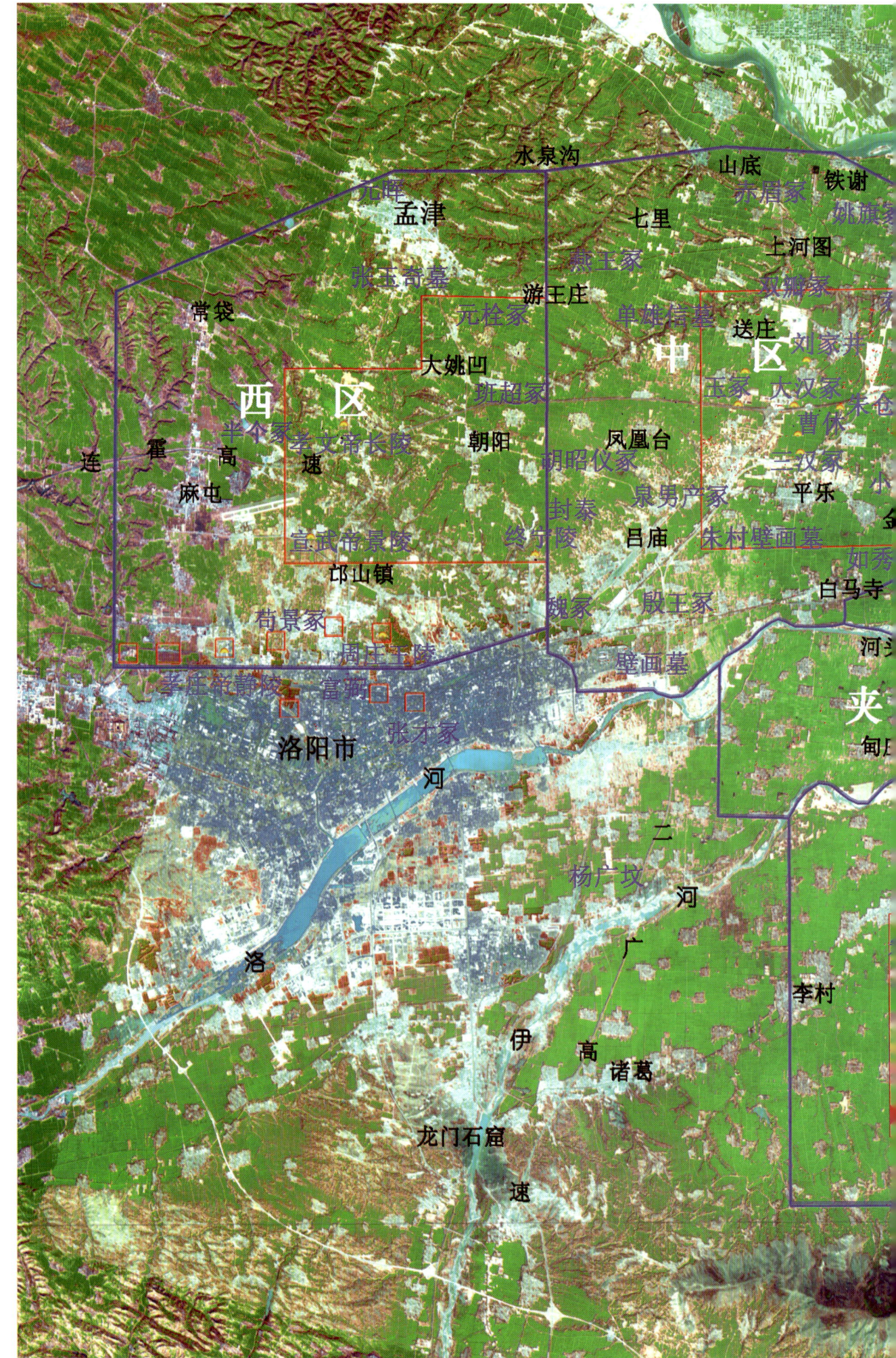

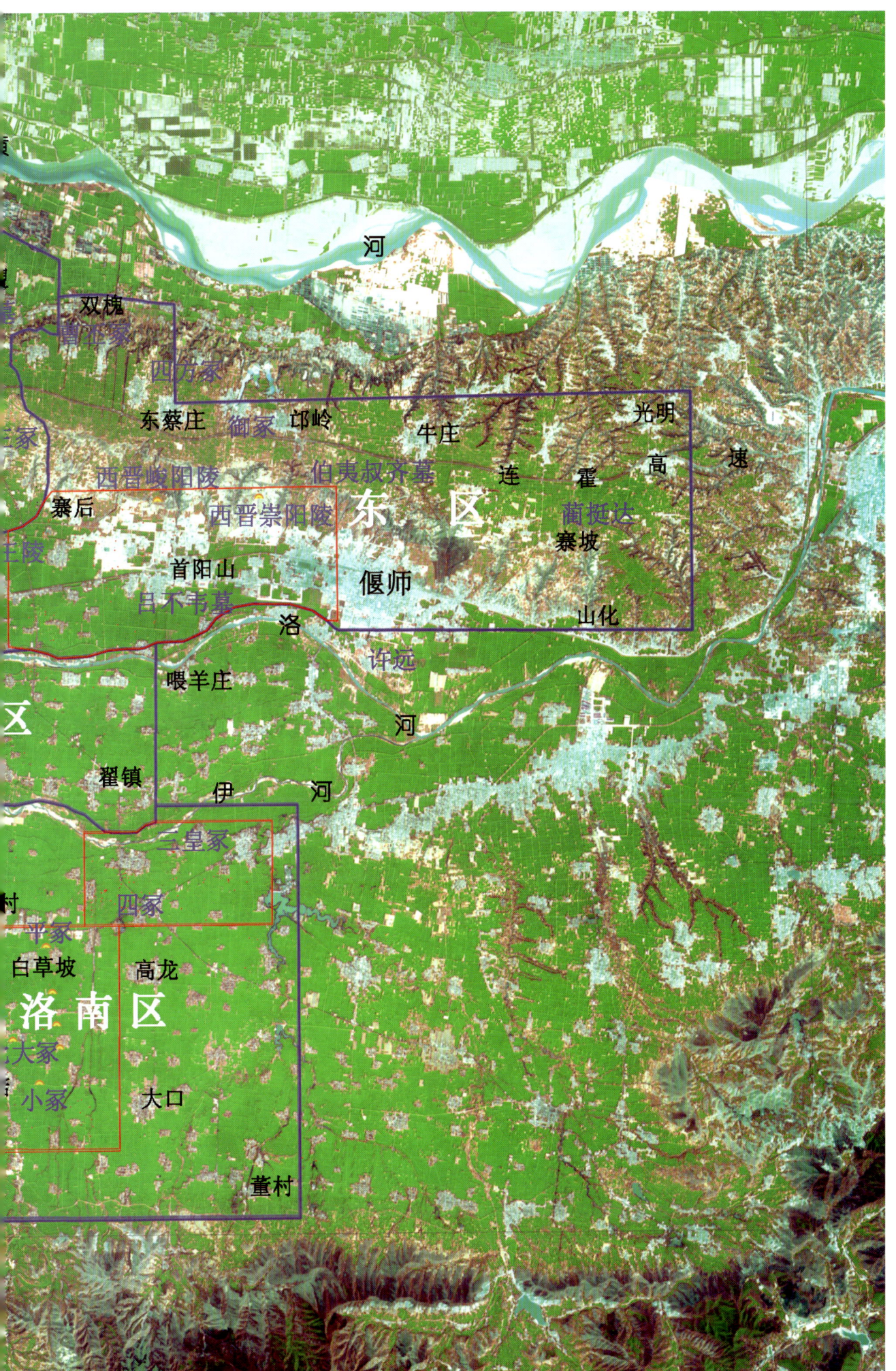

河

双槐
曹□冢
四□冢

东蔡庄　御冢　邙岭　　牛庄　　　光明

西晋峻阳陵　　伯夷叔齐墓　　连　霍　高　　速

寨后　　　西晋崇阳陵　　　东　区　　蔺挺达
　　　　　　　　　　　　　　　　　　　寨坡

王陵

首阳山　　　　　　偃师　　　　　　山化
吕不韦墓　　　洛

喂羊庄　　　许远

区　　　　　　　　河

翟镇　　　伊　　河

村

平冢　　　二皇冢

白草坡　　四冢　　高龙

洛 南 区

大冢

小冢　　大口

董村

图二　全区图（遥感图像）

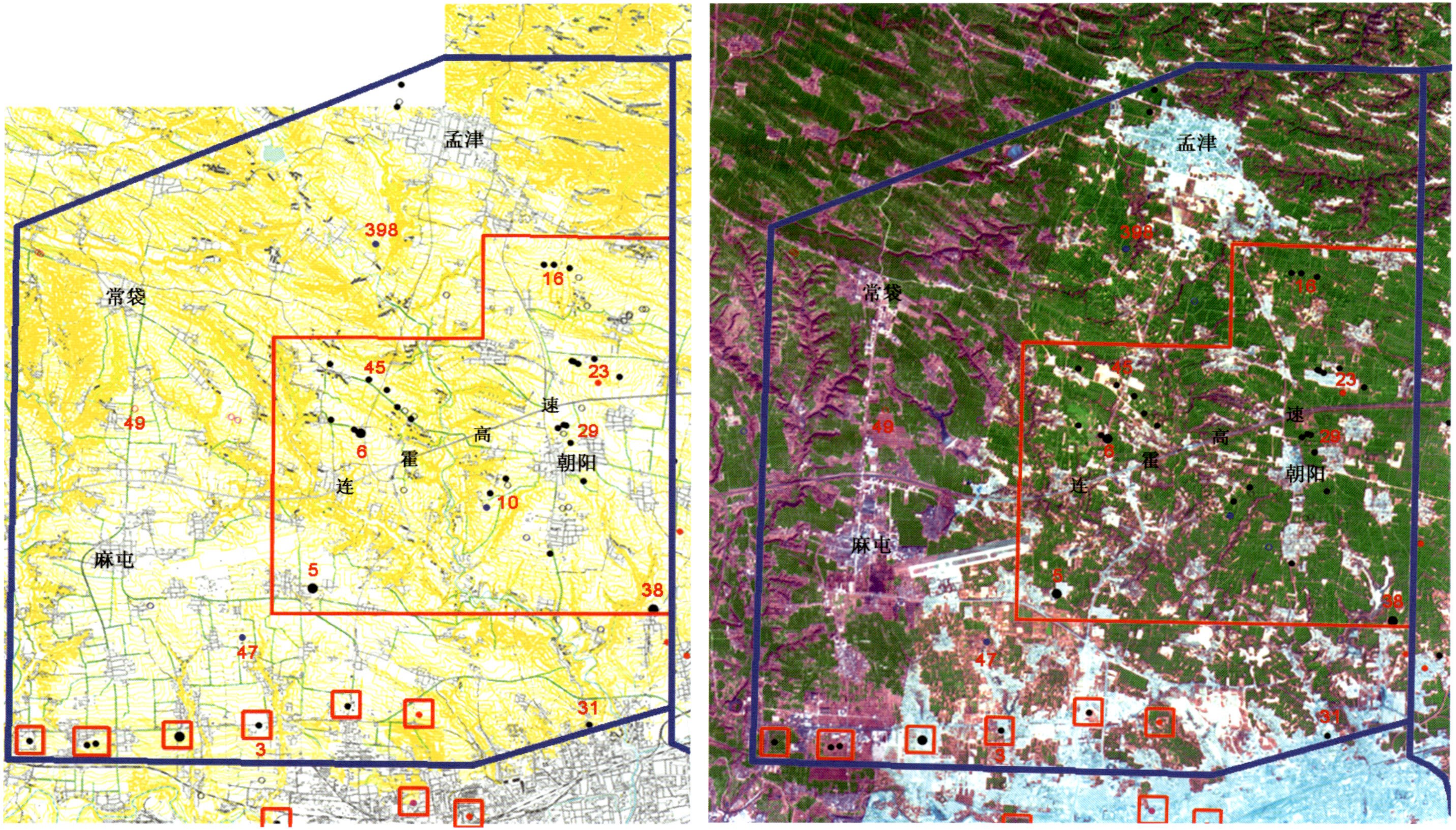

邙山陵墓群考古调查与勘测第一阶段考古报告

图三　西区（地形影像）

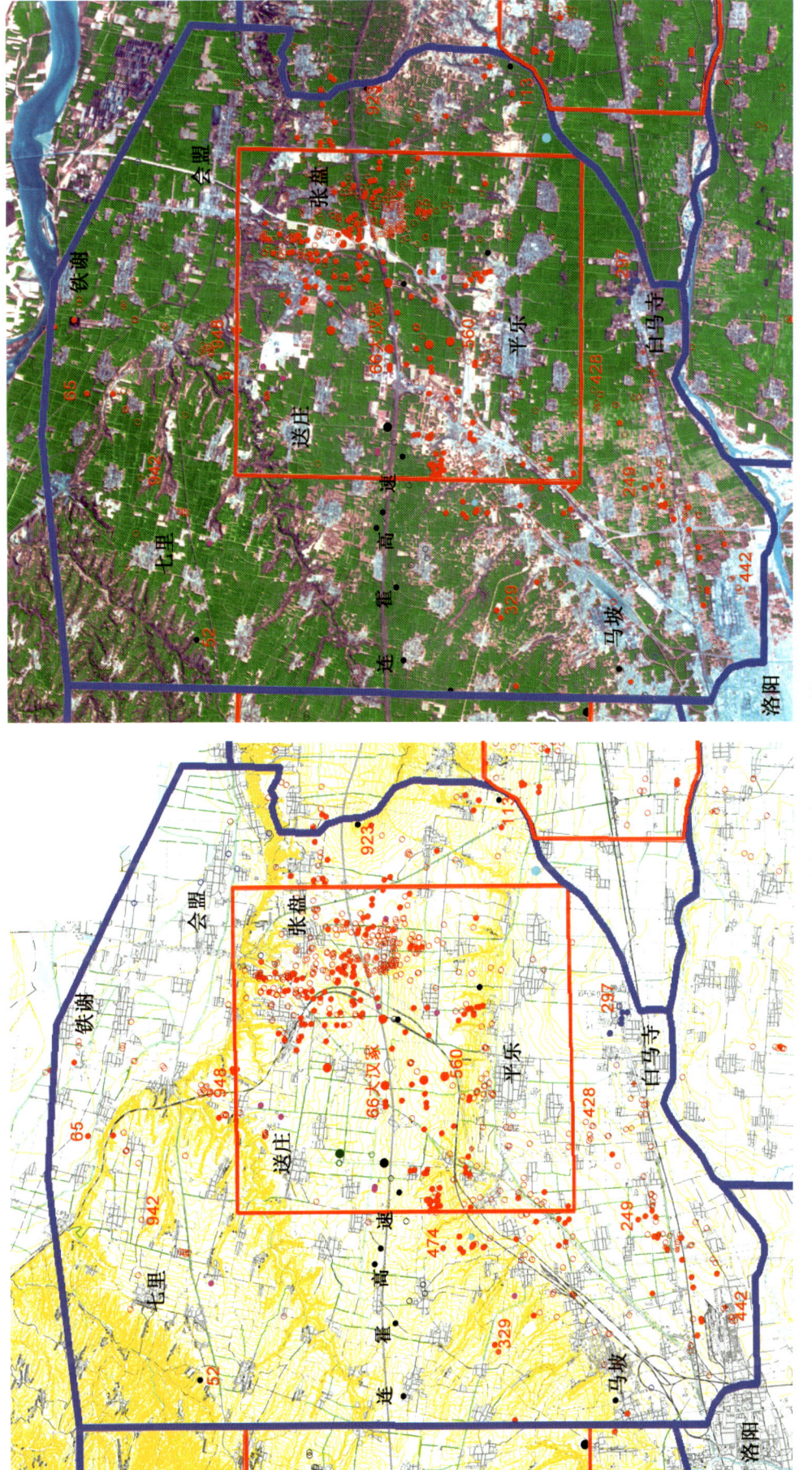

图四　中区（地形影像）

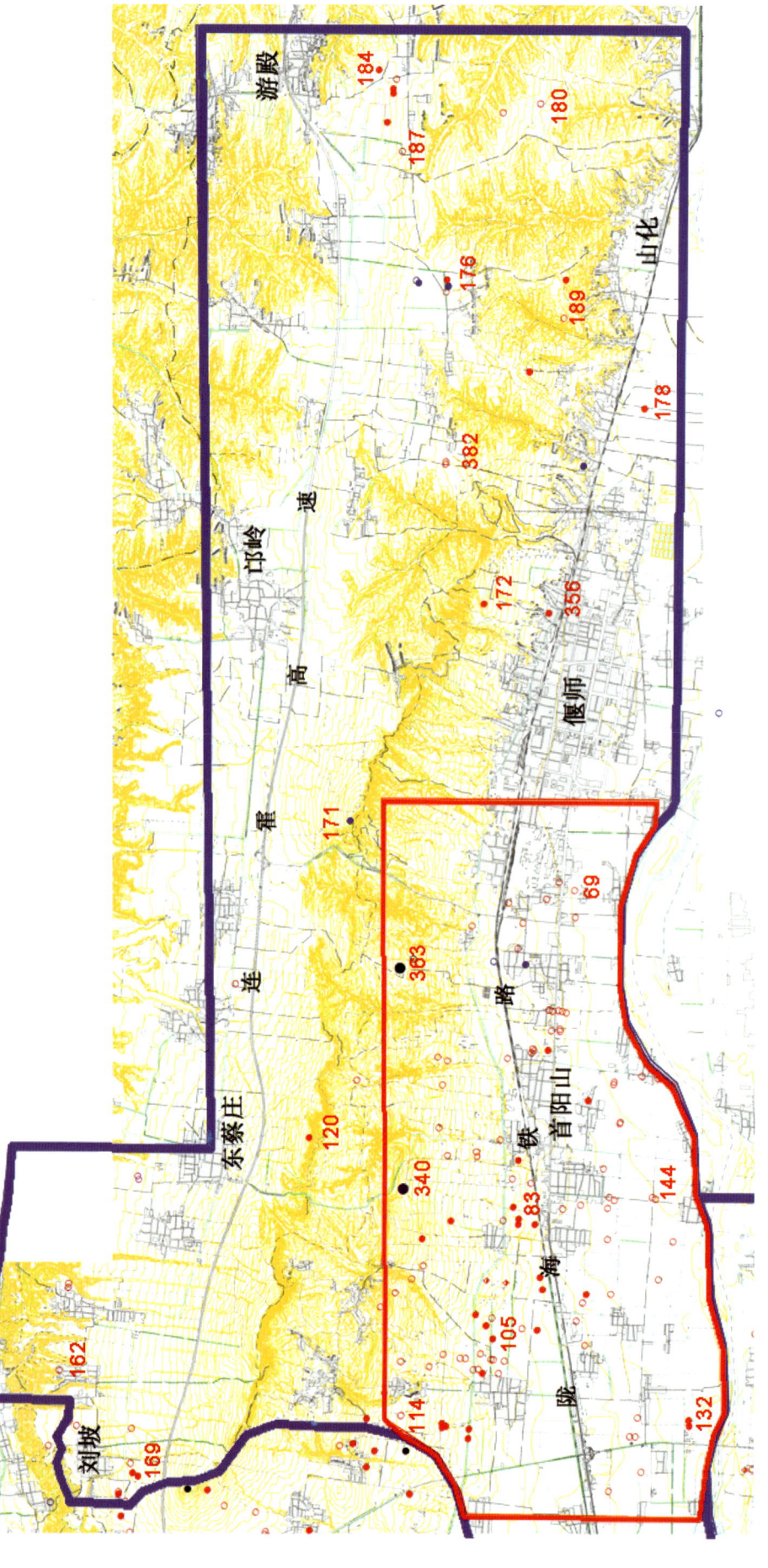

图五　东区（地形）

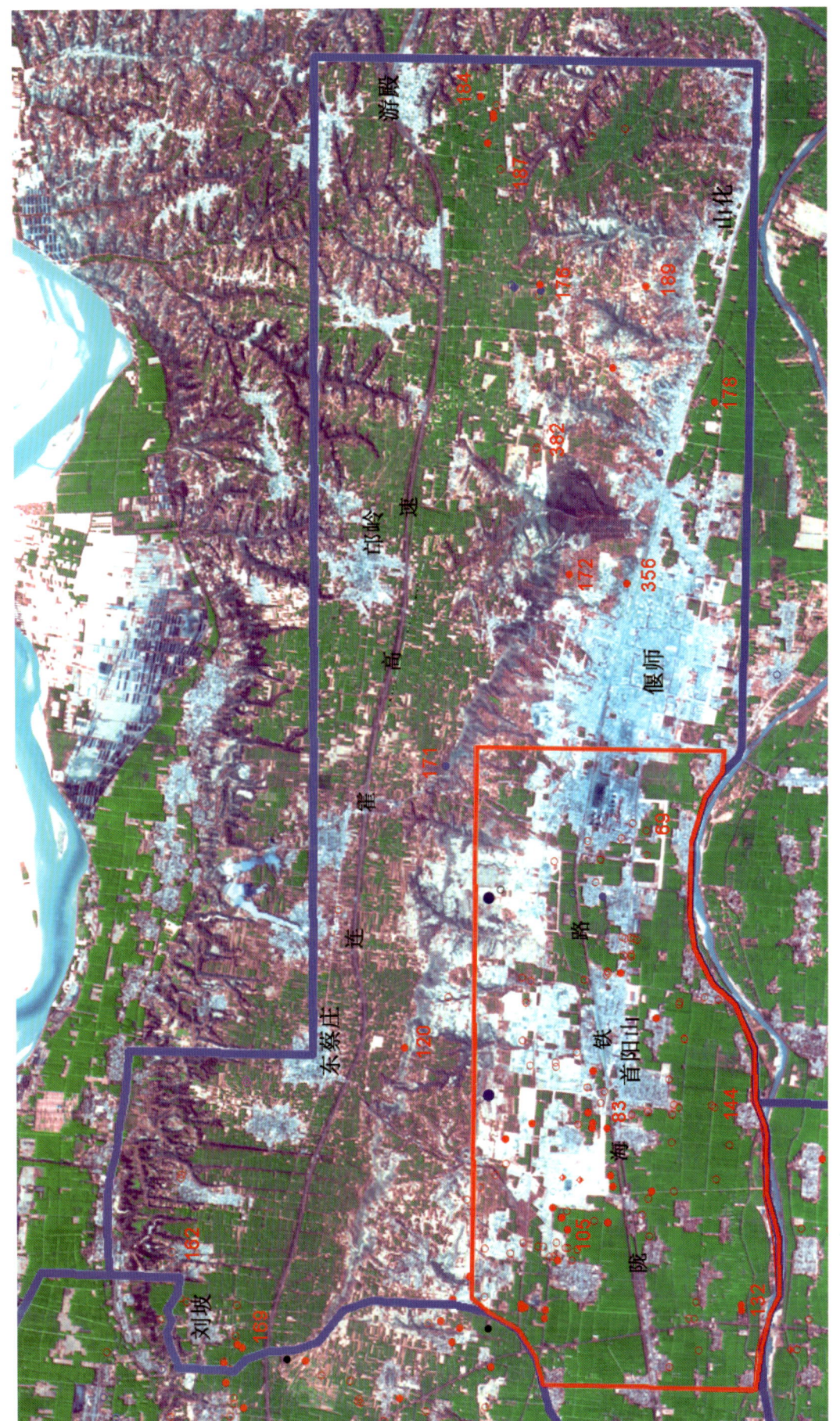

图五 东区（影像）

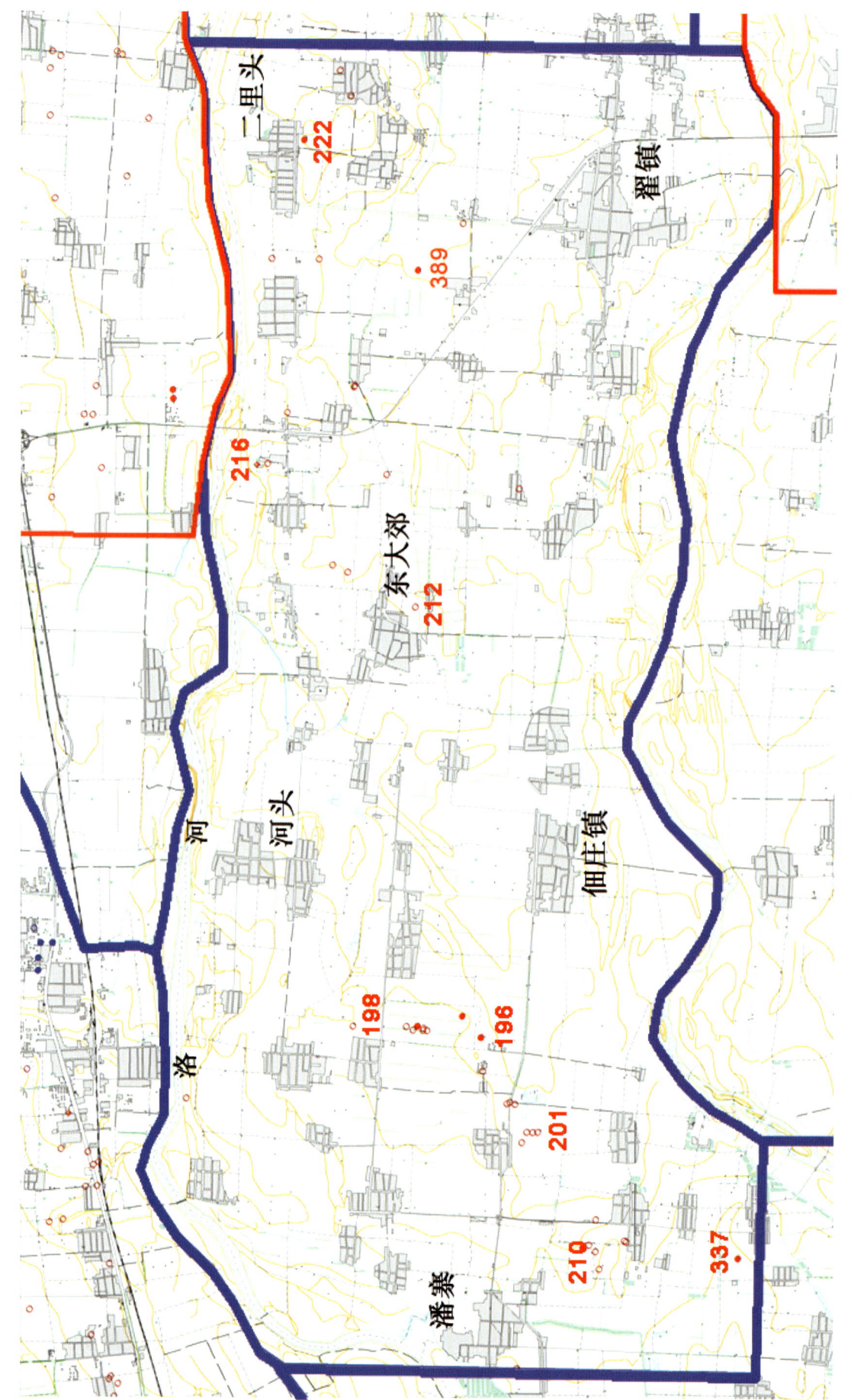

图六　夹河区（地形）

图六　夹河区（影像）

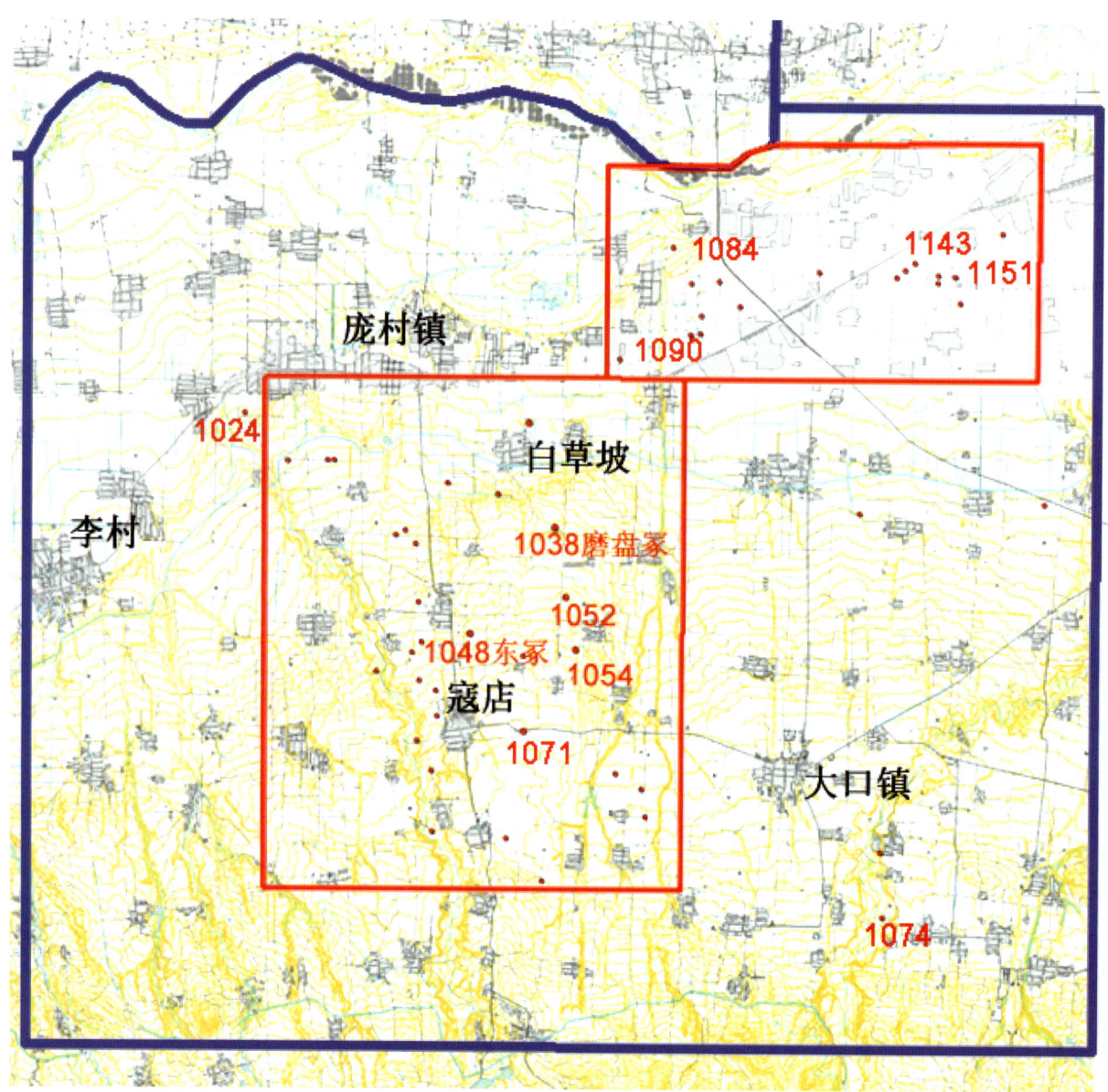

图七 洛南区（地形）

图七　洛南区（影像）

据文献记载和考古发现，目前已知在邙山地区埋葬着共计24座帝王的陵墓。其中东周时期的王墓8座，东汉帝陵5座，曹魏帝陵1座，西晋帝陵5座，北魏帝陵4座，五代后唐帝陵1座。东汉帝陵分别是光武帝原陵、安帝恭陵、顺帝宪陵、冲帝怀陵、灵帝文陵；曹魏帝陵为文帝首阳陵；西晋帝陵分别是宣帝高原陵、景帝峻平陵、文帝崇阳陵、武帝峻阳陵、惠帝太阳陵；北魏帝陵分别是孝文帝长陵、宣武帝景陵、孝明帝定陵、孝庄帝静陵；后唐帝陵为明宗的徽陵（图八～一二）。

图八　邙山古墓冢——张盘西南

图九　邙山古墓冢——三十里铺

图一〇　东汉陪葬墓群——二广高速

图一一　东汉陪葬墓群——二广高速

图一二　帝陵墓冢

三、重要的历史价值

2001年6月25日，"邙山陵墓群"被国务院公布为第五批全国重点文物保护单位。洛阳邙山陵墓群作为全国最大的陵墓群遗址、全国最大的国保单位之一，是中国帝陵体系的重要组成部分，对于研究古代历史具有极其重要的价值。其分布之密集，数量之众多，延续年代之长久，堪称中国之最。

第二节　邙山地理概念和自然地理环境

邙山独特的地理位置和优越的自然环境受到历代统治者的青睐，将身后的葬地安置在这里。东周王墓建于邙山脚下，没有直接利用邙山的山势。东汉陵墓首现于邙山之巅，占据自然条件最优的邙山中段。随后曹魏、西晋避开东汉陵区，移陵至邙山东段——首阳山；到了北魏又避开东汉、曹魏、西晋陵墓，建陵于邙山西段；最后后唐陵墓则混入东汉陵区的西部。邙山西段、东段与中段自然条件不可同日而语，而各段地形、地貌直接影响到陵墓和陵区的形态。各个时期陵墓的选址和陵区的布局，与邙山的自然地理条件有着深刻的关联（图一三～一七）。

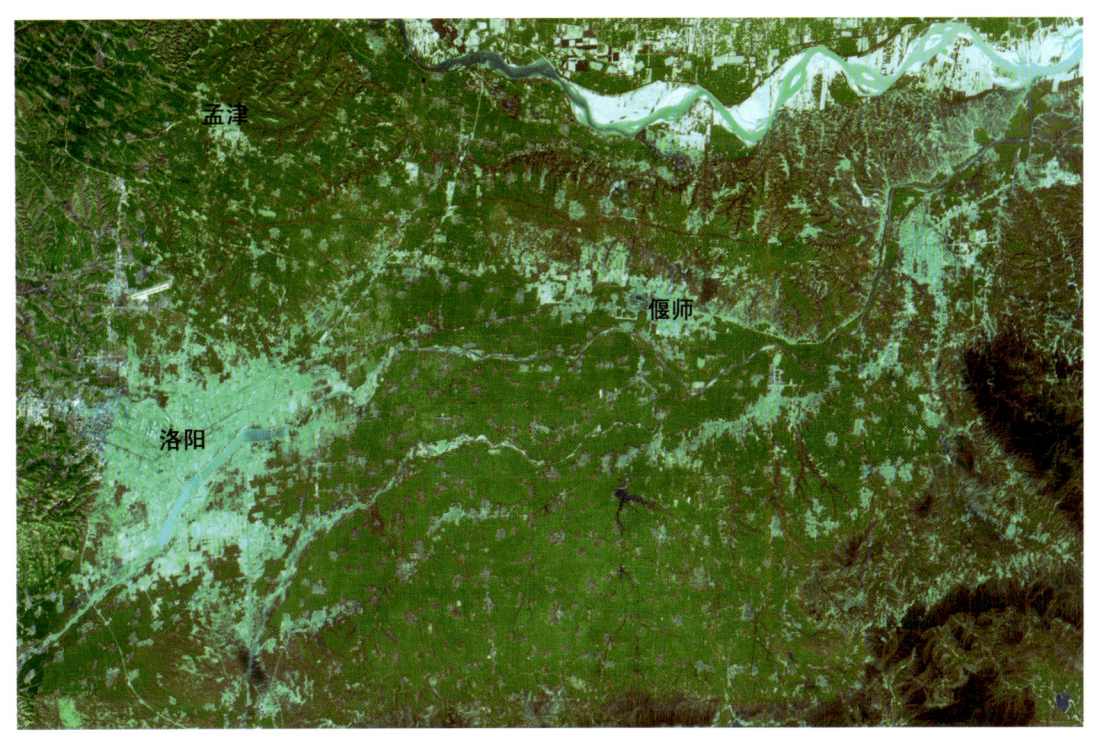

图一三　全区遥感图（平面）

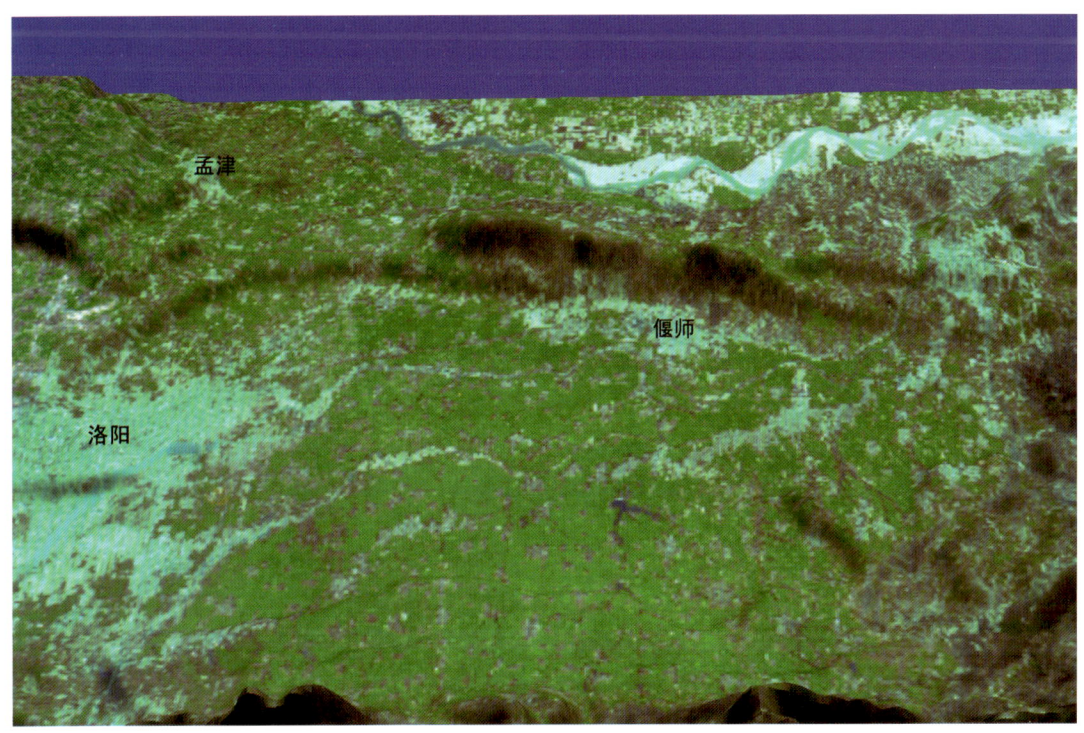

图一四　全区立体（由南向北）

图一五　全区立体（由东向西）

图一六　全区立体（由北向南）

图一七　全区立体（由西向东）

一、地理概念

　　邙山，古今地理概念多有变迁。《中国古今地名大词典》称："邙山，周称北山、郏山，战国称平逢山，宋称邙岭。"[1]邙山的主要山峰，自西向东有青要山、谷城山、缟羝山、平峰山、郏山、翠云峰、宜苏山、无涧山、白马山、首阳山等。《水经注》云："连岭修亘，苞总众山，始自洛口，西逾平阴，悉邙垄也。"陈长安先生依洛阳出土墓志及历史文献的记载，认为北魏时期东起汉魏故城北，西至瀍河以西，这一地段的芒山之颠（即平岭）均书作芒山，因该山为土山，故又作芒阜，又因地处京城之北，亦称北芒；又据"周营王城，北枕郏山"知芒山周代称郏山，东汉帝陵葬此，才有芒山之称，到北魏孝明帝时始见"邙"字出现。[2]《古今图书集成》则释："邙山，在府城北三里，一名郏山，周筑王城北抵郏山，即此。其山西自新安，接洛阳、偃师、巩县一带，东汉诸陵及唐宋名卿家墓多在焉。《图经》曰北邙山一名平峰山，金更名太平山，绵亘四百余里，起关中，附二华而东，层层起伏，为状不一，随地立名，屹然峙河洛之中，按道书海内福地七十有二，邙山其一云。"[3]

　　今天的地理概念，广义上的邙山是指秦岭—崤山山脉的余脉，东西走向，沿黄河南岸绵延，

1. 戴均良主编：《中国古今地名大词典》，上海辞书出版社，2005 年，第 952 页。

2. 陈长安：《邙山北魏墓志中的洛阳地名及相关问题》，《中原文物》1987 年特刊。

3. 《古今图书集成·方舆汇编职方典》第四百二十八卷《河南府部汇考二·河南府山川考上》。

西起三门峡，中经洛阳，东至郑州市北的广武山，连绵近200公里。而狭义的邙山则专指洛阳北部这一段，也即本报告中陵墓群所在之邙山。

二、地形地貌

邙山洛阳段，位于洛阳市北部，自西向东蜿蜒于洛阳市的辖县新安、孟津及辖市偃师，海拔一般200～300米，相对高度50～100米，长约55公里。总山势为西东走向，西北高，东南低。属于低山黄土丘陵地带，山上丘陵、岗地相间，地势起伏平缓，高敞而空旷。其形成是在漫长的地质历史时期如燕山运动早、中、晚期和喜马拉雅运动，经过内营力和外营力，如风化、流水侵蚀，相互作用的结果。

三、气候植被

邙山地区的气候属暖温带大陆性季风气候。四季分明，春秋短，冬夏长。冬冷夏热，春暖秋凉。年平均降水量约600～700毫米，多集中在7、8、9月；无霜期自3月下旬至10月下旬约200多天；全年日照时数2000多小时。雨热同期，光照充裕，热量丰富，无霜期长，有利于农作物小麦、玉米、红薯、水稻、豆类，经济作物花生、棉花、烟叶的生长。

关于邙山植被，文献中多有反映，西晋诗人张载《七哀诗》称其"蒙笼荆棘生，蹊径登童竖。狐兔窟其中，芜秽不复埽"、张协《登北邙山赋》"松林掺映以攒列，元木搜廖而振柯"，唐代诗人沈佺期《北邙山》称其"城中日夕歌钟起，山上惟闻松柏声"，《旧五代史》载"守殷拥众方在北邙，憩于茂林之下"，[1]《古今图书集成》称翠云山"树木森列，苍翠如云"，[2]可知古代的邙山，松柏成荫，林木茂盛，荆棘丛生，野生动物活跃。现今邙山丘陵上普遍覆盖有野生杂草及林木，乔木主要有松、柏、杨、椿、枣、柳等；灌木主要有酸枣、荆条、忍冬等；草本主要有蒲公英、地榆、羊胡子草、野古草、虎尾草、黄蒿、茅草、野苜蓿等；生长有小型野生动物，如狐狸、草兔、田鼠、鹰、雀、蛇等。

四、水文土壤

水文方面，邙山位于黄河南岸，为黄河与洛河的分水岭。周围地区的河流，主要有黄河干流、洛河、青河、畛河、磁河、伊河、涧河、瀍河等，均属黄河水系。其中，新安县内邙山北部的青、畛河直接注入黄河，南部的金、涧、磁河与孟津县中部的瀍河属洛河支流，伊、洛水在偃师岳滩村东相汇，向东北经巩县神堤村北注入黄河。

地表黄土大部为第四纪更新世沉积黄土，土层深厚，厚度一般为10～30米，最厚可达60米，

1.《旧五代史》卷七十四列传二十六《石朱守殷传》。

2.《古今图书集成·方舆汇编职方典》第四百二十八卷《河南府部汇考二·河南府山川考上》。

黏结性好，坚固致密；地下水埋藏较深，可以成深井（150～200米）；因此黄土渗水率低。土壤类型为褐土、红黏土，保水、保肥性质良好，酸碱度适中。

五、各段地势

新安县的地势西北高，东南低，西北部峰峦叠嶂，山势陡峭，岩石裸露；东南部丘陵起伏，沟壑纵横。邙山位于该县中部偏南，西起方山，东至离山，其间出露震旦至三迭系一套比较完整的地层。北坡陡峭，南坡较缓，丘陵起伏，绵亘于涧河以北，畛水以南。最高点为方山，海拔639.2米，其次为云梦山，海拔635.6米。一般海拔300～400米。岭坡连绵，沟壑纵横，地势起伏，受新构造运动的影响，地形切割严重，切深一般在30～60米，最深达100米左右。[1]

孟津县的地势西高东低，中部高南北低，形如鱼脊。邙山是县内的主要山脉，南接洛阳盆地，北至黄河谷地，由西而东横贯县中部地区。该段邙山属黄土台塬地区，分为黄土丘陵和黄土塬两个亚区。黄土丘陵区分布于横水、麻屯、朝阳、县城一带，海拔一般300～400米，中部垄岗起伏，相对高差20～40米，有东西向分水岭通过。北部与南部（特别是北部）冲沟发育，冲沟壁陡，下伏下更新统砂土及砂卵石，局部有二迭系砂页岩被切割出露。切割密度较大，切割深度4～60米。黄土塬区分布于送庄、朱家仓、朝阳一带，塬面为上、中更新统浅黄色风积黄土覆盖，地表平坦，海拔一般200～230米。从中部偏南的分水岭处略向南北倾斜，塬面高出黄河阶地、洛河阶地50～100米，中部冲沟较少，而南北边缘冲沟较发育。冲沟深而短，黄土柱、黄土崩塌、黄土滑坡等微型地貌形态发育。[2]

偃师市整个地势自西向东倾斜，南北高，中间低，略呈槽形。中部是伊洛河冲积平原，南部为万安山低山丘陵和山前洪冲积坡地，北部为邙山。邙山西由孟津县入境，至光明村出境，一般海拔120～300米，最高海拔403.9米，相对高度50～180米，该山中间高南北两侧低。山顶平缓，地面较完善。南坡多处基岩裸露，北坡坡度较平缓，受水流冲蚀，山北沟壑多呈鱼翅状分布。主要山峰有凤凰山、祖师庙山、首阳山和虎头山，虽有崎岖之势，而无峻峭之险。其中，首阳山山势旋绕，日之方升，光必先及，故名。[3]

第三节　邙山陵墓埋藏、保护、破坏的历史和文物保存状况

一、陵墓密集分布的原因和历史过程

洛阳是闻名于世的古都，既有"东控虎牢，南对伊阙，北依邙山，西据崤坂"之势，又有

---

1. 本段参考新安县地方史志编纂委员会：《新安县志》"地质地貌"章节，河南人民出版社，1989年。

2. 本段参考河南省孟津县地方史志编纂委员会：《孟津县志》"地质地貌"章节，河南人民出版社，2006年。

3. 本段参考偃师县志编纂委员会：《偃师县志》"地质地貌"章节，生活·读书·新知 三联书店，1992年。

"四面环山，六水并流，八关都邑，十省通衢"之称。它是中国历史上建制都城时间较长的城市之一，有长达千年的建都历史，先后有夏、商、西周、东周、东汉、曹魏、西晋、北魏、隋、唐、后梁、后唐、后晋13个朝代在此建都。

古代中国的都城和陵墓，是二元世界二位一体。统治者营建都城的同时，还要考虑选择适合的地域来建造陵墓。邙山是古都洛阳北部的一道天然屏障，这里背靠黄河，瞻望都城，环境优美，自然条件优于洛阳盆地其他山系；这里地势起伏平缓，有深厚的黄土堆积，黄土的黏结性好，最适宜构筑墓茔，因此它成为建都洛阳的历代王朝营建陵墓的首选之地。建制都城的历史，实际上也是陵墓营建的历史。洛阳长期作为全国政治、经济、文化中心，王朝不断更迭，都城不断建设，而邙山上的陵墓也就不断地累积。

夏自太康始至桀建都斟鄩，文献记载斟鄩在伊洛交汇处的洛水之阳。中国社会科学院考古研究所经过多年的考古发掘研究，确定偃师二里头遗址为夏都斟鄩所在地。自成汤灭夏至仲丁迁隞的二百余年间，商都西亳。中国社会科学院考古研究所在唐代偃师县城西二十里之尸乡发现了偃师商城遗址，这里就是商之都城西亳。

西周建立以后为控制东方，于公元前1042年成王即位时即开始在洛阳营建国都，分别于洛水北岸建"王城"与"成周城"，相对于镐京而总称为"雒邑"。公元前770年平王东迁，至公元前256年秦灭东周，东周都雒邑515年，承传25王，诸王皆葬于洛阳。洛阳的东周王陵分成3个陵区，金村的东周陵区位于洛阳郊区白马寺镇金村附近，处于邙山的南麓。

公元前249年，秦在洛阳置三川郡，郡治成周城。公元前206年，项羽封申阳为河南王，就国于三川郡。公元前202年，刘邦建汉，初都洛阳，后迁长安，改三川郡为河南郡，郡治洛阳城。西汉末年，王莽篡政，以洛阳为东都，后归更始政权统治。25年，刘秀定都洛阳。东汉王朝延续196年，共12帝，其中光武帝、安帝、顺帝、冲帝、灵帝等5帝葬于邙山。邙山东汉陵区位于汉魏洛阳城的西北方孟津县送庄乡三十里铺村及其附近地域。

220年，魏文帝曹丕定都洛阳。265年，西晋代魏，仍以洛阳为都。曹魏立国46年，历5帝。诸帝中齐王曹芳在帝位时遭废黜，归藩于齐；元帝曹奂禅位于晋，终馆于邺。有3位皇帝文帝曹丕、明帝曹叡、废帝曹髦薨于洛阳，而曹丕、曹髦则葬在邙山。西晋立国52年，历4帝。其中武帝、惠帝崩葬洛阳；怀帝、愍帝先后遇弑于平阳，未葬于洛阳。武帝受禅时，追尊其三位先人为帝，陵、庙各有称号。因此西晋共有5陵，这5陵均在邙山上。曹魏、西晋陵区，位于东汉陵区以东，汉魏故城的东北方，邙山东段首阳山。

东晋十六国时期，洛阳先后被匈奴汉国、前赵、后赵、冉魏、前秦、前燕、东晋、后秦、刘宋等政权统治。494年，北魏王朝在完全控制中国北方之后大举迁都洛阳。北魏都洛41年，历6帝。有4位皇帝安葬在邙山，他们是孝文帝、宣武帝、孝明帝和孝庄帝。北魏陵区位于汉魏故城的西北方，东汉陵区的西侧，瀍河东、西两岸。

579年，北周以洛阳为东京。605年隋改为东都。657年唐置东都。690年武则天改东都为神都。705年，洛阳复为东都。904年，宣武节度使朱全忠挟持唐昭宗，以洛阳为都。隋唐时期洛阳仍为全国的政治中心，曾长时间作为隋唐、武周的都城，虽然没有帝王埋葬在邙山，当时仍有许多公卿权贵建冢墓于此。

907年至960年，为历史上的五代时期，中原地区相继出现了后梁、后唐、后晋、后汉、后周等五个政权。后梁、后唐、后晋均建都洛阳，后汉、后周则以洛阳为陪都。五代时期共有7位皇帝死葬洛阳。今洛阳市孟津县送庄乡的护庄村西南有一座覆斗形大冢，地望与文献的记载的后唐陵墓相符。覆斗式封土又是唐以来帝陵通常采用的形制，可以确定此即后唐明宗徽陵。

960年至1127年，洛阳为北宋的西京，置有西京留守、河南府等。金入中原，在洛阳设德昌军，以军监县，撤河南县，将其并入洛阳县。1217年，以洛阳为陪都——中京，置留守，并改河南府为金昌府。而自元代始，洛阳不复为京，降为河南府治，属河南行省，但仍不失为区域的经济、军事中心。

千年的建都史，洛河沿岸洛阳盆地之中30公里范围内一字排开七大都城遗址，分别是偃师二里头、偃师商城、西周王城、东周王城、汉魏故城、隋唐东都城、宋金洛阳城。都城周围陵墓繁多。夏商、西周时期的陵墓我们没有找到，都城和陵墓之间的位置关系我们不清楚。东周时期，有一些陵墓设置在都城之中，还有一些陵墓建于都城之外的山岭之上或者山岭近旁，显示了都城和陵墓关系的早期形态。两汉至魏晋时期，陵墓完全置于都城以外，陵墓与都城形成固定的空间配置。这一时期的洛阳汉魏故城在周代成周城、秦代洛阳城、西汉河南郡的基础上兴修起来。位于今洛阳城东12公里，洛阳市郊区、偃师市、孟津相毗连处，北倚邙山，处伊洛平原中心。历经东汉、曹魏、西晋、北魏四朝，因其在东汉、北魏时最盛，故名。其北部的邙山以及南部的万安山有诸多陵墓群环形拱卫，形成一个完整的体系，也就是此时帝王陵墓和邙山紧密地连在一起。隋唐时期的东都洛阳城，位于汉魏故城以西18里，建造时避开东周王城和汉河南县城。洛阳再一次达到了鼎盛，继续成为国际性的大都市，其后作为都城一直延续至五代。唯一的缺憾是邙山没有隋唐的陵墓，只有五代后唐的陵墓。

千年故都长盛不衰，其北部屏障邙山上密集的陵墓群是洛阳辉煌历史的见证。

二、各个时期邙山陵墓的破坏与保护

邙山陵墓群墓冢密集、范围广大，山陵巍峨露于旷野，极不利于防卫。历代统治者事死如生穷奢极侈，珠玉珍物悉纳其中。虽然一再倡导薄葬，但是随葬仍极为丰厚，因此遭到盗掘在所难免。天下凶荒动荡之际、战争频仍之时则盗发尤甚。但是，盗掘只是针对寝宫内的金银珠玉，作为皇权统治的象征，每每王朝更迭陵园建筑难保其全，这种破坏更加惨烈。

建康元年，东汉顺帝入葬的当年，宪陵即遭到游侠大肆的盗掘。中平六年，董卓拥兵入洛阳，专断朝政。乘何皇后葬，开文陵，悉取藏中珍物。董卓的暴行，受到山东豪强的反对，曹操、袁绍起兵讨伐。董卓悉烧洛阳宫室，迁都长安，又使吕布发诸帝陵及公卿以下冢墓，收其珍宝。西晋末年，北方游牧民族相继入主中原，西晋诸陵惨遭破坏和盗掘。唐末五代战乱之际，洛阳的古代帝王陵墓遍遭盗掘。北魏宣武帝景陵发掘中在盗洞里发现宋元时期的瓷器、铜钱，表明宋元时期也曾遭盗扰。明代文献对邙陵被盗文物多有描述，也是陵墓被盗的间接证据。清末西方列强侵略中国，陇海铁路的动工，毁坏了一批古墓，拉开了近代盗掘、毁坏邙山陵墓的序幕。20世纪二三十年代"周灵王冢"、金村东周大墓群相继被盗。

历代陵墓遭受盗掘和破坏的事实警示着继任王朝的统治者，社会安定之后，当政王朝保护修葺前代帝陵，彰显开明政治、抚慰民心的同时，祈盼自己将来也能得到同等的关怀。

据文献记载，曹魏黄初二年，文帝校猎至原陵，遣使者以太牢祠汉世祖。景初二年，明帝诏令禁止原陵附近百姓耕牧樵采。东晋以收复故都洛阳、修复西晋五陵为目的发动北伐战争，三次修谒西晋五陵。南朝时期宋武帝、齐明帝洒扫、修葺晋陵，梁武帝命有司守护晋陵。北魏孝文帝、孝明帝都曾下诏保护汉、魏、晋诸帝陵陵寝、禁民耕稼樵蹋。隋代炀帝派人守护前代帝陵，并诏祭古帝王陵及开皇功臣墓。唐代太宗、高宗、中宗、玄宗、肃宗、代宗、德宗、宪宗、穆宗等先后申令修葺古帝王陵，并禁帝陵、贤臣烈士墓樵采，遣人致祭。五代后唐庄宗、明宗，后晋高祖、后汉高祖、后周太祖均曾下令修葺前代诸陵及名臣墓，并禁樵采。宋明清时期也多次下诏令前代帝王陵墓及忠臣墓设守陵户、加修葺、择日致祭并禁樵采。清代乾隆时期的洛阳知县龚崧林勘察洛阳邙山诸大冢，划定陵域范围，种植榆柳禁止樵采，并自捐俸禄雇人修葺。

邙山帝陵在遭破坏的同时，也受到一定的保护。历代统治者常常修葺前代帝陵，并禁民樵采耕稼，或遣人或亲自致祭。因此，现今邙山上帝陵级别墓冢多保存较好，而一部分陪葬墓冢由于盗掘、耕牧樵采、保护不足等原因，破坏相当严重。

三、当前的文物保护状况

由于历史和现代的原因、人为和自然的因素，邙山陵墓群遭受到了严重的破坏。墓冢数量减少，墓室被盗掘，封土和陵园遗址被毁坏。陵墓群正在失去昔日的辉煌，目前文物保护形势非常严峻。

根据孟津县大遗址保护资料，通过考察踏访、文物普查并参阅相关资料和航片，孟津县全境1913年共有791座古墓（冢），1966年555座，1984年367座，1997年250座。1913年至1966年53年间减少了233座，1966年至1984年18年间减少了188座，1984年至1997年12年间减少了117座。可以看出减少的速度正在加快。根据我们于2002年11月的调查，整个陵墓群全境目前大约遗留古代墓冢330余座。帝陵一级的大型墓冢保存尚好，中小墓冢有一些破坏相当严重。对邙山古墓冢的破坏有几种常见形式：水土流失、取土、建房、打窑洞、烧砖窑、开荒种地、改作他用、非法建设。风雨侵蚀等自然因素造成的影响较小，而当地居民的生产、生活自觉不自觉地蚕食侵占，是陵墓群被破坏的主要原因（图一八）。

由于陵墓群分布范围广，墓冢数量众多，同时缺乏应有的基础资料，所以开展保护工作难度极大。所在地的各级文物部门已经做了大量卓有成效的工作。但是积重难返，总体上没有有效地遏制陵墓群的被破坏势头，文物保护工作仍然任重道远。在文物保护工作方面最具建设性的工作，是2001年孟津县文化局将邙山陵墓群（东汉帝陵）申报为国家级重点文物保护单位，为邙山陵墓群今后的文物保护工作创造了一个崭新的局面。

图一八　墓冢破坏形式

第四节　考证研究和考古工作的回顾与总结

一、历史时期的考证研究

历史的久远，战乱的影响，使得有关邙山陵墓的直接文献资料异常匮乏。由于文献的散佚，大约从宋代开始邙山诸帝陵具体方位逐渐出现了混乱，从那时起对于洛阳历代帝陵相关问题的考证开始发端。早期的考证研究以清代龚崧林为邙山古冢定名和民国王广庆考察邙山帝陵最为突出。

1. 清代龚崧林为邙山古冢定名

乾隆九年（1744年），洛阳知县龚崧林考察了洛阳邙山等地古代墓冢，通过访问当地遗老，依据地方史志，为20余座古冢定名。所定名的古冢前面树立石碑，石碑上记录了墓冢的名称、周长、高度、陵地等，划定陵域范围，严禁樵采耕稼。

经过勘察，他认为殷王陵在当时的东北路冒郭村，周景王陵在正北路蟠龙冢，灵王陵在西南路三山，威烈王陵在正东路金墉城，定王陵、悼王陵、敬王陵在西南路三山西岭；汉明帝显节陵在东北路平乐保北，章帝敬陵在东北路平乐保北，安帝恭陵在正北路蟠龙冢村南，顺帝宪陵在西北路冢头村，冲帝怀陵在西北路冢头村东北，质帝静陵在正东路龙虎滩西北，桓帝陵在东北路刘家井村，灵帝文陵在西北路大小冢村，光武郭后陵在正北路马家坡；晋宣帝高原陵在正北路县城北；元魏世宗景陵在正北路上瀍河村；后梁太祖宣陵在正南路朱家陵；后唐明宗徽陵在东北路护驾庄。

龚崧林为邙山古冢定名，经今天的考古调查、发掘和研究证明，除了三山周王陵、后梁太祖宣陵、后唐明宗徽陵的认定正确外，余多张冠李戴，他认定的安帝恭陵为北魏文昭皇后终宁陵，冲帝怀陵为北魏宣武帝景陵，灵帝文陵为北魏孝文帝长陵与文昭皇后陵等。

2. 民国王广庆考察邙山帝陵

1933年春，河南大学校长王广庆考察邙山帝陵，考察的情况记录在《洛阳访古记》一文中。文曰："洛阳北境，邙陵连亘，东接红石山，俗名凤凰山，西至吾新安界上，弥数十里，冢陵棋布星罗，殆难数计，谚云'邙陵无卧牛之地'，状其古墓之多也。今洛阳城东北有平乐村，即汉之平乐园，其北三冢巍然，俗名曰大汉冢、二汉冢、三汉冢，为东汉明、章诸帝陵，南北相向，望之巍峨。此外无名各冢，多被农民垦损，有屹立如土柱者，亦有辟螺旋径，平其顶而种植树木者，秋季收棉时，且假为守望台焉。周赧王墓在金村北，有碑，余不能悉数。余于二十二年春，至三陵前，中一冢为章帝敬陵，陵前有洛阳知县龚崧林碑云：'陵周围三百一十五弓，高十六丈。四至：陵至东西各四弓二尺五寸，南六弓，北三弓。四方各八百余弓以上连□□陵计地二十六亩六分六厘六毫，除陵十六亩零三厘九毫旧占地七亩零六分二厘七毫，今查清正讫。'按嘉庆陆继辂《洛阳县志》引《后汉书》注云'敬陵在洛阳东南三十九里'，似误。《古今注》云'陵周三百步，高六丈二尺'，亦与碑载不同也。又南者为汉明帝显节陵，碑云：'陵周围二百五十九弓，高二十一丈。四至：陵至东西各一弓□□五寸，南□弓，北一弓。四方东西各□十弓，南北各八十九弓。以上连陵计地三十三亩三厘五毫，除陵二十三亩二分八厘五毫，占地九亩九分九厘，今查清正讫。大清乾隆十年岁次乙丑正月吉日洛阳县知县今任陕州直隶州知州龚崧林立。'《县志》又载《后汉书》注引《帝王世纪》云，'显节陵方三百步，高八丈，其地故富寿亭也。'又云，'今俗称显节陵为大汉冢，敬陵为二汉冢，慎陵为三汉冢。'光武陵在其北孟津境近河处。则汉陵之在洛阳，必始于明帝无疑也。慎陵又名顺陵，又在北，则所未至也。《帝王世纪》亦误云'在洛阳东南'，当系传写之误。三陵附近，时见古时葬用枕型小石，及巨型黄肠石，皆掘自地下者。《泉男生志》则出于陵之西北。按黄肠石为长形方石，径自尺余至二三尺不等。"[1]王氏精通小学，谙于地方掌故，但是对于邙山东汉帝陵的归属未加深究，继续沿用故老相传的旧说。《后汉书》等早期文献明确记载显节陵、敬陵、慎陵均在东汉陵区南兆域，而王广庆则继续认为北兆域的大汉冢为显节陵，二汉冢为敬陵，三汉冢为慎陵，他在肯定现存遗迹性质的前提下，对《古今注》、《帝王世纪》、《后汉书》李贤注等文献中关于三陵周长、高度，以及与洛阳城的位置关系等内容的记载产生怀疑。可见当时的人们对《后汉书》等东汉帝陵的文

---

1. 王广庆：《洛阳访古记》，《河南文史资料》第23辑，1987年9月，第127、128页。

献的采信程度。王广庆考察的地点正是邙山的东汉陵区（北兆域），他以生动的语言描述了当地古代墓冢、明清碑刻以及被盗出土墓志、黄肠石的情况，是关于民国年间邙山陵墓群文物保护状况的真实记录，不可多得。

龚菘林、王广庆重视古代遗迹，带有早期的实证主义色彩。但所依的地方史志多不可靠，遗老的指认也多不可信。在文献资料失载或错误的条件下，解决邙山帝陵问题，单纯依靠文献和地方史志是行不通的。

二、新中国成立以来邙山的陵墓考古工作

1. 考古工作概况

洛阳历代帝陵相关问题的考证开始较早，现代意义上的考古调查、考古发掘开始略晚。1928年至1932年5月间，位于邙山脚下的金村大墓曾遭受到加拿大传教士怀履光和美国人华尔纳与当地村民的疯狂盗掘，出土珍贵文物数以千计，有学者根据出土器物认为这是东周时期的周王陵。金村大墓的盗掘属于非正常发现，严格意义上的考古工作应当开始于20世纪50年代。

有几项工作值得我们推崇：郭玉堂先生搜集整理《洛阳出土石刻时地记》，宿白先生关于北邙鲜卑遗迹的研究，郭建邦先生关于北魏长陵的研究，黄明兰先生关于北魏景陵、静陵的研究，陈长安先生关于东汉帝陵的研究，20世纪80年代洛阳文物普查，80年代中国社科院考古所汉魏故城考古队关于西晋帝陵的调查，90年代中国社科院考古所汉魏故城考古队和洛阳古墓博物馆关于北魏宣武帝景陵的考古发掘等等。

通过多年来的工作，北魏孝文帝长陵、宣武帝景陵、西晋文帝崇阳陵、武帝峻阳陵等4陵的具体地望、陵墓结构、陵园布局已经基本清楚。东汉安帝恭陵、顺帝宪陵、冲帝怀陵、灵帝文陵、北魏孝明帝定陵、孝庄帝静陵、后唐明宗徽陵等7陵的具体地望有了重大线索。东汉光武帝原陵、曹魏文帝首阳陵、西晋宣帝高原陵、景帝峻平陵、惠帝太阳陵等5陵的具体地望尚不确定。邙山24陵中也只有北魏宣武帝景陵、西晋文帝崇阳陵、武帝峻阳陵等3陵做过较详细的考古钻探或考古发掘。

2. 东汉帝陵的调查、发掘和研究

《帝王世纪》记载汉魏洛阳城西北十五至二十里有五陵：光武帝原陵、安帝恭陵、顺帝宪陵、冲帝怀陵和灵帝文陵；故城东南三十至四十八里有六陵：明帝显节陵、章帝敬陵、和帝慎陵、殇帝康陵、质帝静陵和桓帝宣陵。洛阳东汉帝陵可分为邙山、洛南两大陵区。

历史的久远和文献的散失，使得东汉帝陵渐渐淡出人们的记忆。魏晋南北朝时期，由于距东汉王朝灭亡的时间不远，人们的认识依然清晰。有许多诗赋都提到了邙山的汉陵，最著名的是张载的《七哀诗》和张协的《登北邙山赋》。[1] 可以看出时人对邙山东汉帝陵的位置以及毁废状况是很熟悉的。唐代的李贤曾为《后汉书》作注，就李贤注的内容而言，唐代人对东汉帝陵

---

1. 《七哀诗》云："北芒何累累，高陵有四五；借问谁家坟，皆云汉世主。恭文遥相望，原陵郁膴膴。"《登北邙山赋》云："壮汉氏之所营，望五陵之嵬峨。丧乱起而启壤，童竖登而作歌。"

仍有相当的了解。唐代以后，东汉帝陵渐渐不为人们所知。宋元时期一些关于东汉帝陵地望的文献已经出现了明显错误，原来属于洛南陵区的帝陵被归到了邙山上。[1] 也就是在这一时期，光武帝的原陵被锁定在远离邙山而又临近黄河岸边的铁谢村的"刘秀坟"。明清以后，东汉帝陵的确切方位已经完全模糊，人们开始进行一些有益的探索，前文提到的龚崧林和王广庆就是这个方面的先驱。

新中国成立后，现代意义的考古工作开始在邙山启动。多数考古工作是围绕基本建设展开的，很少开展过直接针对帝陵的调查、钻探和发掘。从新中国成立初到20世纪80年代，相关的历史文献以及出土墓志、石刻资料被认真地加以研究整理，一些有关东汉帝陵地望的历史文献和出土文献被发现。东汉帝陵地望问题再次引起了人们的注意，在80年代初掀起了一个研究高潮。当时参与研究的有洛阳学者黄明兰、陈长安、李南可、宫大中，复旦大学教授杨宽和日本留学生太田有子等。

1981年，宫大中先生发表《邙山北魏墓志初探》，依据北魏宋灵妃墓志的记载，认为三十里铺村南的大汉冢为光武帝原陵。[2] 黄明兰先生于1982年发表《东汉光武皇帝刘秀原陵浅谈》阐述自己的观点，[3] 之后又发表《洛阳历代皇陵》做了进一步的补充。[4] 黄先生依据《太平广记》和北魏宋灵妃墓志、隋王成墓志的记载，认为洛阳老城北部的盘龙冢为光武帝原陵，近旁马坡村的西部、西北部的两个墓冢为安帝恭陵和灵帝文陵。黄先生没有解决帝陵和陪葬墓的配置问题；所据的历史文献较晚，与《帝王世纪》和《古今注》的记载相背。

1981年12月陈长安先生对邙山做了实地调查，1982年发表《洛阳邙山东汉陵试探》一文。[5] 陈先生最大的贡献是依据文献记载，首次提出东汉北兆域五陵均位于邙山之上的观点，彻底否定了北宋以来把铁谢村的"刘秀坟"当做光武帝原陵的错误。他主张刘家井大冢为光武帝原陵，护庄村西南大冢为灵帝文陵，三十里铺大汉冢为安帝恭陵，平乐村二汉冢为顺帝宪陵，三汉冢为冲帝怀陵。他所定的汉五陵的位置均位于我们今天所知的邙山东汉陵区的核心地带。他还认为北魏叔孙协墓志、宋灵妃墓志是伪志，其中关于原陵的记载不可靠。陈长安先生的论述自成体系，有些观点至今还显示出相当的正确性，特别是宪陵、怀陵位置的确定符合文献中关于冲帝附葬顺帝的记载，得到了一些学者的认同。[6] 但是有些观点也并非无懈可击。

1984年文物普查在刘家井大冢前发现了铭刻"建宁"、"熹平"年号的两块黄肠石，李南可先生据此发表文章认为刘家井大冢为灵帝文陵。[7] 这个观点依据确实的出土材料，因而可信度很

1.（宋）乐史《太平寰宇记》："邙山在河南县北十里，洛阳县二里……汉诸陵并在此。"（元）马端临《文献通考》："洛阳古成周地。有邙山。东北有孟津，武王会诸侯处。有后汉明、章二帝陵。"

2. 宫大中：《邙山北魏墓志初探》，《中原文物》1981年特刊。

3. 黄明兰：《东汉光武皇帝刘秀原陵浅谈》，《中州古今》1982年2期。

4. 黄明兰《洛阳历代皇陵》，《中原文物》1987年特刊。

5. 陈长安：《洛阳邙山东汉陵试探》，《中原文物》1982年3期。

6. 韩国河：《东汉帝陵踏查记》，《考古与文物》2005年3期。

7. 李南可：《从东汉"建宁"、"熹平"两块黄肠石看灵帝文陵》，《中原文物》1985年3期。

高。这样一来长安先生关于刘家井大冢是原陵的观点就难以成立了，同时又引出护庄西南大冢是
灵帝文陵的观点也不成立。护庄大冢现存封土的形制为覆斗形，根据我们的文物普查和重点钻探
情况来看，邙山的东汉帝陵及其陪葬墓群多采用圆形的封土，没有覆斗形的封土。其覆斗形的封
土形制与关中和洛阳附近的唐代陵墓接近。龚菘林认为是后唐明宗的徽陵，清朝距后唐的年代较
近，龚氏依据的材料应该是可靠的。

另外，长安先生根据《古今注》记载安帝恭陵"山周二百六十丈，高十五丈"，以及《后汉
书》记载恭陵"先后相逾，失其次序"，认为恭陵造得确实太大了，而大汉冢又是邙山上冢墓中
最大的一个，故此将大汉冢定为安帝恭陵。这个意见也需要重新考虑。《后汉书》李贤注引《古
今注》记载恭陵山周为二百六十丈，[1]《续汉书·礼仪志》刘昭补注引《古今注》却为二百六十
步。[2] 同一部书的同一个数字在被引用时出现了偏差，说明是有问题的。汉二百六十丈约合今
631.8米，折合封土直径为201米，这与大汉冢现存的直径130米相差甚远，整个邙山至今没有发
现有如此规模的大冢。故此二百六十丈当为二百六十步之讹。另外《后汉书》记载恭陵"先后相
逾，失其次序"，[3] 联系上下文，指的是恭陵在宗庙中的排位失其次序，而非封土规模逾制。这
两条史料均不能证明大汉冢即为安帝恭陵。

1982年4月杨宽先生进行教学实习，和刘根良先生以及日本留学生太田有子、高木智见一行4
人到西安、洛阳、巩县调查历代帝王陵墓遗迹。4人合署的《秦汉陵墓考察》一文，根据《帝王世
纪》的记载，将东汉帝陵分成洛阳东南、西北两个地区。东南区7陵、西北区4陵，冲帝怀陵被归
到了东南区。他们认为《帝王世纪》中记载的光武帝原陵东南距洛阳故城十五里，当二十五里之
误，肯定铁谢村的"刘秀坟"为光武帝原陵，并且为这个观点做了注解。此外大汉冢、二汉冢、
三汉冢分别被定为安帝恭陵、顺帝宪陵和灵帝文陵。[4] 1983年太田有子发表《东汉光武帝原陵位置
探讨》，反驳了陈长安关于刘家井大冢为原陵，"刘秀坟"为北魏时期的方泽坛的观点，以《帝
王世纪》所载"东南去洛阳十五里"的里数有脱误为主要理由，结合其他史地著作的记载，继续
坚持"刘秀坟"即为光武帝原陵的观点。[5]

20世纪80年代初关于东汉帝陵地望的讨论，采用由文献到文献、由文献到实地的方法，不同
程度地做了实地勘察，同时把利用文献的范围扩大到了出土墓志、石刻材料，为邙山东汉帝陵地
望问题的研究开创了一个崭新的道路。在当时的条件下能做出如此重要的探索值得称道，对于以
后的研究有着重要的借鉴和启迪作用。但是由于考古工作有限，利用考古学的理论方法有限，文
献考证是解决问题的最主要的方法。这一讨论取得的收获与几乎同一时期产生的关于邙山西晋、
北魏帝陵地望和陵墓布局方面的突破相比，有较大的差距。西晋和北魏帝陵的突破有着大量的直
接的出土墓志材料和详细的调查、钻探、发掘等考古工作做为支撑，而这些方面的内容正是邙山

---

1. 《后汉书》卷五《孝安帝纪》。

2. 《后汉书》《礼仪志下》。

3. 《后汉书》卷六《孝顺孝冲孝质帝纪》。

4. 杨宽等：《秦汉陵墓考察》，《复旦学报》社科版1982年6期，见杨宽《中国古代陵寝制度史研究》。

5. 太田有子：《东汉光武帝原陵位置探讨》，《复旦学报》社科版1983年4期。

东汉帝陵所缺少的。诸家从点到点，只做了微观和细节方面的研究，希望通过微观的研究解决宏观的问题，没有全面统筹帝陵地望以外诸如陵区布局、陵冢规模、陪葬墓群等方面的问题。虽然有些观点可能已经接近事实，但是却没有找到令人信服的证据。大家都在利用几乎相同的文献，但是却得出了截然不同的结论。问题没有圆满解决，分歧依然存在。

21世纪初，东汉帝陵的专题性考古调查开始发生。相关的工作主要有两项：其一，郑州大学历史学院承担的国家文物局研究课题"两汉帝陵研究"。2002年7月他们对邙山和洛南两个陵区可能属于东汉帝陵的20余个墓冢进行了踏查，目的是对陵墓的归属做一个初步的判断。[1]虽然这项工作规模小历时短，但是通过考古调查对邙山东汉帝陵取得了一定的了解。2004年6月至11月又对洛南陵区的2座墓冢进行了钻探、试掘。[2]其二，洛阳市第二文物工作队承担的国家级考古项目"邙山陵墓群考古调查与勘测"。该项目2001年7月申报，2002年5月国家文物局批准立项，2003年10月正式启动，为期十年。目的主要是了解整个邙山陵墓群的基本状况，东汉帝陵的调查与勘测是其中的一个组成部分。随着大规模专题调查工作的开展，东汉帝陵问题的研究悄然升温。目前"邙山陵墓群考古调查勘测"项目已经完成第一阶段的古墓冢文物普查工作，第二阶段帝陵的重点调查与钻探工作正在进行当中。东汉帝陵的陵区范围、布局、结构，陵区内墓冢数量，帝陵墓冢的方位都已经基本清楚。帝陵和陪葬墓群的封土和墓葬结构有了初步了解，帝陵陵园遗址和陪葬墓园的规模、布局和结构渐露端倪。2007年发掘发现洛南白草坡东汉帝陵陵园遗址和阎楼东汉墓园遗址，入选2007年全国十大考古新发现。2009年发掘发现朱仓东汉帝陵陵园遗址和陪葬墓园遗址。这些新的发现对于东汉帝陵的考古学研究都是极大的推动。

新中国成立以来，基本建设过程中洛阳发掘的两汉墓葬数量非常庞大，仅发掘的东汉封土墓就有33座。但是多数位于今洛阳城区附近，处于东汉陵区的数量不多。尽管如此，这批墓葬对于东汉大型墓葬比较研究仍具有重要价值。

3. 西晋帝陵的调查、发掘和研究

西晋以洛阳为都，自265年至316年共历四帝52年，其中怀帝、愍帝被刘聪弑于平阳，余武帝、惠帝加上追封的宣帝、景帝、文帝均葬在都城洛阳附近。对此史书多只载其陵号，陵址则不详。《文选》卷三十八傅季友《为宋公至洛阳谒五陵表》注引郭缘生《述征记》载，西晋五座帝陵分别位于邙山和邙山东侧的乾脯山两侧。[3]

清代龚崧林为邙山古冢定名，曾提到"晋宣帝高原陵在正北路县城北"。今洛阳老城北2公里，洛孟公路东侧瀍河西岸有一土冢，当地旧称"青菜冢"，讹传为司马懿坟，即此地也。1948年"青菜冢"被盗，出土墓志一方，根据墓志记载为北魏清河王元怿墓。1965年和1992年洛阳文

---

1. 韩国河：《东汉帝陵踏查记》，《考古与文物》2005年3期。

2. 郑州大学历史学院考古系、洛阳市第二文物工作队、偃师市文物管理委员会：《偃师市高崖村东汉墓（陵）冢钻探、试掘简报》，《中原文物》2006年3期。

3. "北邙东则乾脯山，山西南晋文帝崇阳陵，陵西武帝峻阳陵。邙之东北宣帝陵，景帝峻平陵。邙之南，则惠帝陵也。"转引自中国社会科学院考古研究所洛阳汉魏故城工作队：《西晋帝陵勘察记》，《考古》1984年12期。

物工作者二次进行调查，确认为北魏时期墓葬，与西晋司马懿高原陵无关。[1]

1918年出土的《晋故中书侍郎颍川颍阴荀岳及妻刘简训墓志》，1930年出土的《晋武帝贵人左棻墓志》为寻找晋陵地望提供了线索。荀岳墓志称其"陪附晋文帝陵道之右"，而左棻墓志则记载"葬峻阳陵西徼道内"。二方墓志的出土情况载于郭玉堂先生的《洛阳出土石刻时地记》。1961年考古学家蒋若是先生依据这两方墓志的记载，结合历史文献，率先对西晋帝陵进行了研究。蒋若是先生认为文帝崇阳陵、武帝峻阳陵"一在南蔡庄村，一在南蔡庄北地，相距不过五里，这已经为晋陵的南北线勾出了一个简单的轮廓了"。他还根据《晋书·宣帝纪》记载"先是预作终制于首阳山，为土藏，不封不树"，认为宣帝高原陵位于首阳山，崇阳峻阳高原三帝陵在偃师市蔡庄村附近呈南北一线。[2] 由于《洛阳出土石刻时地记》所载墓志出土地点有误，蒋若是先生关于西晋帝陵南北分布的观点难以成立，但是他的探索值得赞赏。

1982年至1983年中国社科院考古研究所洛阳汉魏故城工作队勘察西晋帝陵。[3] 他们的工作从寻找荀岳、左棻墓志确切的出土地点入手，走访许多有关墓志出土的当事人，然后运用考古学的方法层层推进。通过访问、田野调查、钻探、考古发掘获取大量考古资料，借助墓志资料的指引，最终发现峻阳陵墓地和枕头山墓地。勘探和考古发掘工作，了解了西晋帝陵陵园的布局和结构，确认了墓地内墓葬的年代和形制。西晋帝陵从此有了突破性的进展，这项工作为西晋帝陵的研究奠定了坚实的基础。

经调查勘探发现的峻阳陵墓地，位于偃师南蔡庄村北2.5公里的山坡上，背靠鏊子山，面对伊洛平原，俗称"峻陵儿地"。该墓地有23座古墓，分布集中，自成一区，主次分明，尊卑有序。墓葬形制一致，均坐北面南，为长斜坡墓道土洞墓。其中M1位于最东部，稍偏前，居于尊位，规模最大。墓道长36、宽10.5米，墓室长5.5、宽3、高2米。另外22座墓在西部，分四排，规格较M1低，且诸排规格呈递减趋势。汉魏队根据左棻墓志和历史文献的记载，认为峻阳陵墓地即西晋武帝峻阳陵。

枕头山墓地位于偃师后杜楼村北1.5公里一处俗称"鳖盖地"的南坡，背靠枕头山，面对伊洛平原。该墓地发现5座古墓，形制、布局与峻阳陵墓地一致。其中M1规模最大，规格最高，位于墓地东部。墓道长46、宽11米，墓室长4.5、宽3.7、高2.5米。其余4座墓在西部，分两排，规格次于M1。墓地周围残存有垣墙及建筑遗迹。垣墙发现东、西、北三面，三面围成一个北窄南宽的梯形，南北最长处近400、东西最宽处约250米。建筑遗迹有两处，一处位于墓地东北角、东垣的北端，为长方形夯土台基。另一处位于西垣之南侧，由三块夯土基址组成。工作队认为"从其位置看，这两处建筑遗迹应与陵区守卫有直接关系"。为了准确了解两处墓地的时代与性质，他们发掘了枕头山墓地规模较小的M4、M5。汉魏队依据荀岳墓志和文献的记载，结合地理位置，认为枕头山墓地为西晋文帝崇阳陵。

2003年10月至2007年6月，洛阳市第二文物工作队对邙山各时期的古代墓冢进行考古调查和

---

1. 徐婵菲：《洛阳北魏元怿墓壁画》，《文物》2002 年 2 期。

2. 蒋若是：《从"荀岳""左棻"两墓志中得到的晋陵线索和其他》，《文物》1961 年 10 期。

3. 中国社会科学院考古研究所洛阳汉魏故城工作队：《西晋帝陵勘察记》，《考古》1984 年 12 期。

勘测时，[1]曾对这两处陵园遗址进行了GPS定位。对这个区域的普查，没有发现确定属于曹魏、西晋时期的墓冢，多数墓冢为东汉时期，印证了曹魏、西晋高级别墓葬不封不树的特点。2002年7月至9月洛阳市第二文物工作队在偃师首阳山镇香峪村北四方砖厂发掘清理西晋墓2座，2008年8月至10月，又在首阳山镇新庄村北六和饲料厂发掘清理西晋墓2座。这几座墓葬形制特殊，与峻阳陵墓地和枕头山墓地的形制相同，说明墓主人地位显赫，与皇室关系密切。由于它们分布在帝陵近旁，陪葬的性质明显。2010年洛阳市第二文物工作队发表《河南偃师市首阳山西晋帝陵陪葬墓》一文，报告这几座墓的基本情况，并依据历史文献和荀岳墓志、羊瑾墓碑、何桢墓表关于西晋帝陵陪葬的记载，阐述了西晋帝陵的陪葬问题。根据上述墓志和墓葬的发现地点，认为崇阳陵、峻阳陵的南侧，偃师市首阳山镇的新庄、南蔡庄、潘屯、坟庄、香峪、下洞、沟口头村一带应是西晋文武二帝陵的陪葬墓区。[2]西晋帝陵的陵域布局和结构有了一个初步的认识。

另外，洛阳地区也发掘了一些晋墓，比较重要的如杏园34号墓，[3]元康九年徐美人墓、太康八年墓、永宁二年墓，[4]洛阳西郊晋墓，[5]孟津三十里铺西晋墓，[6]送庄乡东山头村南晋墓，[7]三十里铺村东北晋墓等。[8]这批墓葬多分布于晋洛阳城西或城北，仅孟津县三十里铺村附近就相继发现了数十座西晋时期墓葬，它们形制规模不一，随葬品丰富，且有的纪年明确。这些墓葬对于洛阳地区西晋墓的分期、分区研究，以及认识晋陵和陪葬墓意义重大。

4. 北魏帝陵调查、发掘和研究

北魏自太和十八年（494年）迁洛，至534年共历6帝41年，其中前四帝葬于洛阳城北邙山上，即孝文帝葬长陵，宣武帝葬景陵，孝明帝葬定陵，孝庄帝葬静陵。多数文献对于北魏帝陵只记陵号，未具地望。历史久远，人们对北魏帝陵的具体情况无从知晓。清代龚崧林为邙山古冢定名，所著的《洛阳县志》记载"元魏世宗景陵在正北路上瀍河村"，上瀍河村今无其地。

19世纪末至20世纪初，邙山地区被盗出土大量墓志碑刻，提供了真实的重要历史信息。这些墓志石刻涉及东汉、曹魏、西晋、北魏、东魏、北齐、北周、隋唐、宋元、明清各个时期，其中东汉、西晋数量很少，而北魏时期的数量较多，其与邙山陵墓的关系也最为密切。郭玉堂先生记录了墓志出土的时间、地点和墓葬的基本情况，墓志与墓葬资料的完整性得以保留。新中国成立后，邙山地区考古发掘了一批北魏墓葬，也出土一部分墓志，另外文物部门也征集了一部分。这些都成为考古调查、研究北魏陵墓的直接依据。

1958年河南省文化局文物工作队率先调查北魏孝文帝长陵遗址。调查者根据1946年盗掘出土

---

1. 洛阳市第二文物工作队：《洛阳邙山陵墓群的文物普查》，《文物》2007年10期。

2. 洛阳市第二文物工作队：《河南偃师市首阳山西晋帝陵陪葬墓》，《考古》2010年2期。

3. 中国社会科学院考古研究所河南第二工作队：《河南偃师杏园村的两座魏晋墓》，《考古》1985年8期。

4. 河南省文化局文物工作队第二队：《洛阳晋墓的发掘》，《考古学报》1957年1期。

5. 考古研究所洛阳发掘队：《洛阳西郊晋墓的发掘》，《考古》1959年11期。

6. 310国道孟津考古队：《洛阳孟津三十里铺西晋墓发掘报告》，《华夏考古》1993年1期。

7. 310国道孟津考古队：《洛阳孟津邙山西晋北魏墓发掘报告》，《华夏考古》1993年1期。

8. 洛阳市文物工作队：《洛阳孟津晋墓、北魏墓发掘简报》，《文物》1991年8期。

的文昭皇太后山陵志提供的线索，实地踏查了孟津县官庄村的大小冢。依据文献和山陵志的记载，认为官庄村东之大小冢即北魏孝文帝长陵和文昭皇后陵。调查者还论证了23方北魏墓志所载的地名与长陵的位置关系。[1] 此次调查虽然只是针对帝陵的地望和陵冢的位置、规模，但是却开创了北魏帝陵考古调查的先河。

20世纪70年代至90年代，学术界开始关注北魏帝陵问题。因为有大量的直接的墓志材料，以及深入的考古调查和发掘，北魏帝陵研究在帝陵地望、陵区布局、陵墓形制等方面取得了全面突破。

1978年宿白先生发表《北魏洛阳城和北邙陵墓——鲜卑遗迹辑录之三》，首先根据墓志资料和考古成果推定北魏帝陵的位置，然后详细分析了邙山北魏陵墓的布局情况。宿白先生绘出了洛阳北魏墓葬分布示意图与洛阳北郊北魏皇室墓地布局示意图，认为今冢头村西大冢有可能为景陵，定陵在长陵、景陵之东，北魏洛阳郭城西北隅之北。瀍河两侧的北邙山域是北魏统治集团的一个大墓区，且每组墓葬都应是井然有序的，布局带有明显的代北族葬习俗痕迹。[2] 这是一个里程碑式的论断，邙山北魏帝陵布局、陵区的结构豁然开朗，对今后北魏帝陵的考古学研究有着重要的指导意义。

黄明兰先生1978年著文《洛阳北魏景陵位置的确定和静陵位置的推测》，对北魏帝陵地望进行深入探讨。黄明兰先生对景陵周围的地形、地势进行分析，认为冢头村东大冢和文献记载的景陵相符。他依据邙山乡冢头村周围出土的数方墓志所记载与景陵的位置关系，最后确定冢头村东大墓冢即宣武帝景陵。他还根据文献记载的东汉帝陵封土的规模，否定了龚崧林关于此冢是东汉冲帝怀陵和顺帝宪陵的观点。1976年在洛阳郊区邙山公社上砦村南大冢前平整土地时挖出石人一躯。黄明兰先生做了调查，判定此冢年代为北魏中晚期帝王墓冢。他根据该墓冢与长陵、景陵、定陵的位置关系，推测此冢为孝庄帝静陵。[3]

1987年陈长安先生发表《洛阳邙山北魏定陵终宁陵考》。1927年出土的王悦及夫人郭氏墓志记载"合葬于邙山南岭，定陵西岗"，1932年出土的张宁墓志记载"葬于孝明皇帝西南二里，马村亦二里"。陈长安先生做了实地考察，比对大量墓志材料考证了这两方墓志提及的芒山西岭、芒山南岭、马村与今天的地理对应关系，结合二志的出土地点，认为定陵在孟津县送庄镇后沟村一带无疑，并暂定后沟村南的大冢为孝明帝定陵。他还根据《魏书》与孝文昭皇后高氏墓志的记载，结合以终宁陵作方位标识的北魏墓志，认为洛阳老城东北五华里盘龙冢村北大冢，俗称"破陵"的盘龙冢即孝文昭高皇后迁葬前的终宁陵。[4]

1990年，中国社会科学院考古研究所洛阳汉魏故城队、洛阳古墓博物馆考古勘察洛阳北郊冢头村北魏宣武帝景陵，1991年进行了抢救性发掘。[5] 经勘探景陵墓冢的封土平面呈圆形，直径

1. 河南省文化局文物工作队：《洛阳北魏长陵遗址调查》，《考古》1966年3期。
2. 宿白：《北魏洛阳城和北邙陵墓——鲜卑遗迹辑录之三》，《文物》1978年7期。
3. 黄明兰：《洛阳北魏景陵位置的确定和静陵位置的推测》，《文物》1978年7期。
4. 陈长安：《洛阳邙山北魏定陵终宁陵考》，《中原文物》1987年特刊。
5. 中国社会科学院考古研究所洛阳汉魏故城队、洛阳古墓博物馆：《北魏宣武帝景陵发掘报告》，《考古》1994年9期。

105～110米。没有发现陵园垣墙和其他建筑遗迹，陵园遗址无任何残存迹象。该墓平面"甲"字形，全长54.8米。坐北面南，由墓道、前甬道、后甬道、墓室等四部分组成，墓室弧方形，四角攒尖顶。比对大同方山文明太后永固陵和孝文帝寿宫"万年堂"，三者在形制、结构、随葬器物等方面非常接近，同时也有相应的变化。景陵考古发掘之后，北魏迁洛时期帝陵的墓葬形制结构、封土形制规模已经基本清楚。北魏帝陵的墓葬标尺建立，对于认识和确认邙山地区的北魏帝陵作用巨大。

2003年10月至2007年6月，洛阳市第二文物工作队对邙山各时期的古代墓冢进行了考古调查和勘测。[1]通过普查，获得了邙山古墓冢的基础资料，了解了邙山古墓冢目前的保护状况，初步掌握了各个时期陵墓群的分布规律。对北魏陵区的位置、范围，陵区内的古代墓冢的数量有了一个整体了解。

2004年2月至5月洛阳市第二文物工作队调查和钻探孝文帝长陵，首次发现了北魏帝陵陵园遗址，北魏帝陵陵园遗址的规模、布局和结构开始明晰。陵园遗址平面近方形，东西长443、南北宽390米，四周构筑有夯土垣墙，垣墙外侧挖建壕沟，垣墙正中开设陵门，其中发现有西门和南门。陵园内发现有2座陵寝、3座建筑基址、1处建筑堆积、2条水渠。其中3座建筑基址均位于大冢和小冢的东南方约60～90米，小冢东南有2处，大冢东南只发现1处，其形制特殊，平面形状不规则。[2]

洛阳地区发掘清理的北魏墓葬数量不多，比较重要的有：1956年洛阳西车站正始三年平北将军燕州刺史寇猛墓；[3] 1965年洛阳博物馆清理的常山王元邵墓，[4]同年勘察的元邵父文献王元怿墓；1974年勘察的洛阳前海资村江阳王元义墓；[5] 1979年洛阳城北金家沟村南平王辅国将军光州刺史元暐墓；[6] 1985年洛阳孟津三十里铺村东北侯掌墓；[7]偃师杏园村洛州刺史元睿墓等四座北魏墓；[8] 1990年偃师杏园村通往邙岭杨庄村的公路东北魏染华墓；[9] 1991年送庄乡朝阳村北阳平王元冏墓等四座北魏墓葬等。[10]这些墓葬多数位于北魏陵区范围内或其附近，为研究北魏时期的墓葬和陵墓制度提供了条件。

三、考古学研究及文物保护方面存在的问题

从20世纪50年代开始，关于邙山陵墓群的调查、发掘和科学研究工作已有很多，其中考古发

1. 洛阳市第二文物工作队：《洛阳邙山陵墓群的文物普查》，《文物》2007年10期。

2. 洛阳市第二文物工作队：《北魏孝文帝长陵的调查和钻探》，《文物》2005年7期。

3. 侯鸿钧：《洛阳西车站发现北魏墓一座》，《文物参考资料》1957年2期。

4. 洛阳博物馆：《洛阳北魏元邵墓》，《考古》1973年4期。

5. 洛阳博物馆：《河南洛阳北魏元义墓调查》，《文物》1974年12期。

6. 洛阳市地方史志编纂委员会：《洛阳市志·文物志》，中州古籍出版社，1995年。

7. 洛阳市文物工作队：《洛阳孟津晋墓、北魏墓发掘简报》，《文物》1991年8期。

8. 中国社会科学院考古研究所河南二队：《河南偃师县杏园村的四座北魏墓》，《考古》1991年9期。

9. 洛阳市地方史志编纂委员会：《洛阳市志·文物志》，中州古籍出版社，1995年。

10. 310国道孟津考古队：《洛阳孟津邙山西晋北魏墓发掘报告》，《华夏考古》1993年1期。

掘工作多数是为了配合基本建设，而田野调查也属于小规模小范围的，全方位、大规模、专题性的调查未曾开展过。通过前人的调查研究，邙山陵墓群的基本框架已经建立起来。但是总体上讲，我们对邙山陵墓群的基础情况没有一个全面的认识，在考古学研究和文物保护方面仍有许多重大问题没有解决。这些问题主要包括：

1. 多数帝陵的具体地望不详，陪葬墓的数目不清，主要陪葬墓的墓主人不确定。

2. 整个陵墓群的范围和各个陵区（兆域）的范围不清楚。

3. 各个陵区内的帝陵、陪葬墓的布局结构、墓葬形制、埋葬制度以及保存状况不了解。

4. 帝陵陵园和陪葬墓园遗址的建筑布局、结构以及保存状况知之甚少。

5. 被盗严重，因许多人为和自然原因墓冢封土和陵园墓园遗址正被不断地侵蚀着，威胁着地上地下文物的安全，保护问题亟待解决。

邙山陵墓群考古学研究及文物保护方面存在的所有问题汇集在一起，最突出、最迫切的中心问题是家底不明，制约着文物保护工作和考古学研究的深入开展。所有这些问题的解决都必须落实在田野考古工作上，必须对邙山陵墓群进行一次大规模的考古调查活动。通过考古调查与勘测，建立比较完善的科学的基础资料对于国宝单位的保护研究和建档工作是非常必要的。这是"邙山陵墓群考古调查与勘测"项目启动的原发动力。

第五节 "邙山陵墓群考古调查与勘测"项目的设立和开展

一、项目缘起和前期工作

2001年6月25日，"邙山陵墓群"被国务院批准为第五批全国重点文物保护单位。为了加强文物保护和深化考古学研究，解决邙山陵墓群存在的种种问题，洛阳市第二文物工作队按照洛阳市文物局的统一安排，先后于2001年7月、2002年4月分两次向河南省文物局、国家文物局提出申请，对邙山地区各个时期的古代陵墓进行考古调查与勘测。得到了国家文物局有关领导、专家的大力支持，2002年5月27日正式获得批准立项。立项之后我们立即着手进行了前期准备工作。这些工作主要包括：

1. 2002年6月至12月，搜集整理历史文献和考古资料，对陵墓群的历史和以往的考古工作进行调研，掌握相关的基础情况。

2. 2002年11月12日至12月10日，组织力量展开初步田野调查，对于邙山陵墓群田野状况有了一个详细的了解，为制定工作规划准备了第一手资料。

3. 2003年2月至7月，与解放军信息工程大学、河南省遥感测绘院开展合作，协商讨论"邙山陵墓群"的信息采集、遥感考古、考古测绘等方面的问题。邀请两单位为本项目研发地理信息系统，制作配套的电子地图。

4. 2003年3月18日，《"调查与勘测"初步工作方案》拟定完成，4月8日至9日邀请30余位专家学者召开了专题研讨会。与会专家对方案提出了许多有益的意见和建议。

5．根据专家学者的意见对初步工作方案进行了补充修改。2003年10月9日《"邙山陵墓群考古调查与勘测"工作方案》拟定完成，呈报上级有关部门。2004年4月国家文物局正式批准（图一九、二〇）。

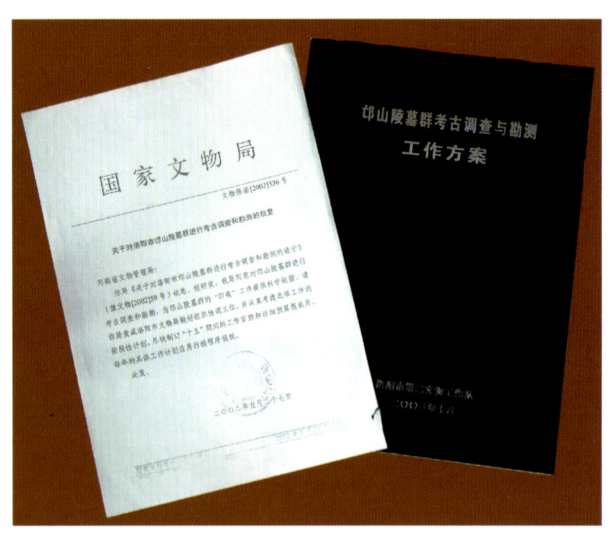

图一九　批复和工作方案

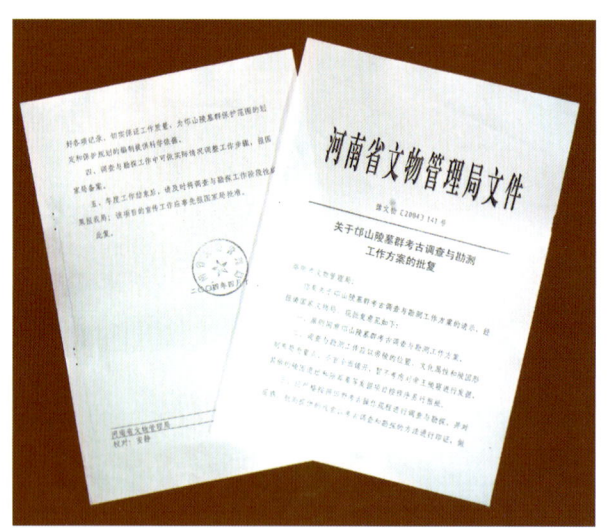

图二〇　工作方案的批文

二、总体目标和三个阶段工作

调查与勘测项目的总体设想（总体目标）是，通过考古调查，整理出关于邙山陵墓群的一整套科学的全面的基础资料，为文物保护和进一步的考古学研究提供依据。根据实际情况分成近期目标、中期目标、远期目标。

1．第一阶段，2003年至2005年，为期3年，收集、掌握基础资料

（1）建立邙山陵墓群地理信息系统和数字信息库，作为各项业务工作的计算机平台。查找相关的历史文献，作为考古调查的资料准备。

（2）以田野考古调查为基础，运用现代科技手段，对陵墓群所在区域内涉及的现存古代墓冢进行全面普查，初步建立编号系统。

（3）开展遥感影像在陵墓考古中的应用研究。利用遥感和航测技术寻找未知的古代墓冢。通过考古钻探对新发现的墓冢进行查证。

（4）绘制邙山古代墓冢的1：50000分布图

（5）制定初步文物保护方案。

（6）完成阶段性调查报告的撰写和出版工作。

2．第二阶段，2006年至2009年，为期4年，继续收集基础资料，初步开展考古学研究

（1）重点调查和钻探已有明确地点的帝陵1座（北魏长陵），具体地望有重大线索的帝陵7座（东汉恭陵、怀陵、宪陵、文陵、北魏定陵、静陵、后唐徽陵）。结合文献记载，寻找未知的另外5座帝陵的确切位置（东汉原陵、曹魏首阳陵、西晋高原陵、峻平陵、太阳陵）。已经有考古工作的西晋崇阳陵、峻阳陵、北魏景陵不作为重点。

（2）在确定诸帝陵准确地理坐标的基础上，开展各个帝陵陵园、陵区范围的调查工作，着手对帝陵陪葬墓的调查。

（3）绘制各帝陵1∶2000或1∶5000遗迹平面图。

（4）对各个时期帝陵的分布、结构、位置、形制、埋葬制度进行初步的考古学研究。

（5）完成阶段性调查报告的撰写和出版工作。

3. 第三阶段，2010年至2012年，为期3年，深入开展考古学研究，整理完整准确的档案资料

（1）重点调查诸帝陵周围的陪葬墓。完成帝陵陪葬墓的数量统计和编号系统的建立。

（2）试掘1至2座帝陵陵园遗址（东汉恭陵或北魏长陵），试掘1至2座陪葬墓及墓园遗址。了解帝陵与陪葬墓的墓葬结构与陵、墓园布局。

（3）完成整个陵墓群范围的勘定，完成各个时代陵区的范围确定。

（4）绘制陵墓群1∶50000总平面图，绘制各陵区1∶10000总平面图。

（5）建立完整、全面的档案，对所有帝陵和主要陪葬墓均用文字、绘图、摄影、录像等形式进行记录，并建立实物标本序列。

（6）深入开展对邙山陵墓群的考古学研究，探讨帝陵及陪葬墓分布、形制、埋葬制度等方面的问题。

（7）完成阶段性调查报告的撰写和出版工作。

三、实现目标的方式

洛阳邙山陵墓群作为一个考古学研究的对象，有其特殊的一面。

1. 分布的面积广大。从2002年底的初步调查结果来看，陵墓群主要集中在洛阳北部、东部、东北部近千平方公里范围内，地跨洛阳市所辖的西工区、老城区、涧西区、瀍河区、洛龙区、偃师市、孟津县等七个区县。

2. 涉及的帝陵、陪葬墓以及各种类型的遗迹数量繁多。据初步调查，目前陵墓群范围内拥有包括帝陵及陪葬墓在内的各个时期古代墓冢330余座。如果加上20世纪50年代以来地面部分被破坏的墓冢，数量会更多。孟津县境内的邙山陵墓群中段，古代墓冢最为集中，据孟津县文管办统计，平乐、三十里铺一带现存墓冢约160座，平均每平方公里约有40个左右。

3. 年代延续时间长，帝陵和陪葬墓集中在东周、东汉、曹魏、西晋、北魏、后唐时间段内。另外邙山地区作为全国最大的古墓集中地，还汇集西汉、隋、唐、五代、宋、金、元、明、清等其他时期、其他类型的墓葬，它们与陵墓群犬牙交错难以分辨。

概括起来，洛阳邙山陵墓群的面积广大、墓冢众多、延续时间较长，这些特殊性使得考古调查工作趋于复杂和繁重。针对这些特殊性我们认为：

第一，调查与勘测工作应分阶段进行。踏查、钻探、记录、采集遗物、绘图、统计等工作的任务量巨大，可能都是一个天文数字，因此要把工作做扎实、做细致，需要一个相当长的时间逐步完成，不能急功近利，操之过急。各项工作以文物保护为目的也要求充分考虑到轻重缓急，分阶段进行。

第二，帝陵是邙山陵墓群的主体，以帝陵为工作重点。以点带面，用帝陵的调查带动陪葬墓的调查，进而带动整个陵墓群的调查与勘测。在邙山陵墓群区域范围内存在着不同时期的许多古代墓冢，这些墓冢尚不能与陵墓群直接对等，需要一一甄别。第一步是找到帝陵的确切位置，第二步是找到帝陵的陵园范围，第三步是确定帝陵的陪葬墓群。只有这样才能搞清楚陵墓群的结构、布局等情况，才能够划分出陵区与陵墓群的范围。因此帝陵是解决问题的关键所在，是工作的主攻方向，应分不同层次、本着先易后难的顺序对24座帝陵或王陵进行调查。

第三，广泛加强与各方面的协作。邙山陵墓群的调查与勘测牵涉的工作面较广，加之时间紧、任务重，所以热诚欢迎相关单位、科研院所、大专院校以适当的方式参加合作。将成立专门的课题组，分工协作，共同完成。把大的目标逐一分解，逐一落实。

第四，以田野考古调查为基础，以现代科学技术为补充。传统的考古学方法是此次工作的基础，我们将严格按照考古工作的要求去调查、钻探、发掘和整理相关资料。但是，仅仅依靠传统的考古调查方法是不够的，甚至无法达到预期的效果。因此我们希望采用先进的科技手段作为考古调查的重要补充。这些科技手段包括计算机技术、测绘技术、航空影像技术、遥感技术。计算机技术和测绘技术主要用于记录调查成果，航空影像技术和遥感技术主要用于掌握宏观情况，寻找未知古代墓冢。

四、现代科学技术在考古调查工作中的应用

此次邙山陵墓群的考古调查与勘测将不同于以往的任何一种常规的调查与勘测。在我们的工作中，应用现代科学技术会占据一个相当的比重。

为了保障考古工作的针对性和延续性，我们考虑建立邙山陵墓群地理信息系统和数字信息库。我们委托解放军信息工程大学测绘学院遥感信息工程系开发研制，拟采用"3S"技术（GPS：全球导航定位，RS：遥感技术，GIS地理信息系统）对调查区域进行监测、建档和管理等。建立邙山陵墓群地理信息系统有以下优点：

1. 便于考古调查。地理信息系统的建立，使得调查工作找到了一个比较准确的记录调查结果的方式。在调查工作中发现的任何墓冢、遗迹点均可利用GPS定位在电子地图上，而已经标注在电子地图上的墓冢、遗迹点均可通过GPS找到具体的地点。避免了文字记录地理概念的模糊性，避免了庞大的测量工作量。

2. 便于收集整理资料。我们利用计算机强大的功能，把有关帝陵、陪葬墓、遗迹点的各种文字、图片、摄像资料，通过不同形式全部汇集在计算机中，有利于保存、整理和研究。

3. 保证今后工作的延续性。本次工作结束以后，邙山陵墓群的考古学研究和文物保护不可能结束，而是刚刚开始，准确的数字信息系统可以便于以后各项工作的开展。

我们还计划与解放军信息工程大学测绘学院合作，进行遥感和航空影像在陵墓考古中应用方面的研究，利用遥感和航空影像技术寻找未知的古代墓冢和古代遗迹。由于年代久远、历史变

迁、风剥雨蚀及人为破坏等原因，邙山古墓群墓冢的数量不断变化，难以准确统计。如果全部采用传统的钻探方法来寻找被破坏的墓冢，不仅工作量巨大，而且难以保证准确无误。遥感和航空影像技术为我们提供了一个掌握宏观信息的新途径。

五、当前的工作进程

1. 第一阶段（2003年10月至2007年6月）古墓冢的文物普查

（1）文物普查。2003年10月29日全面展开，2007年6月6日全部结束，历时3年7个月。田野工作先后5期，调查面积750余平方公里，行程5万余公里，涉及20余个乡镇、360多个自然村，访问当地群众千余人。勘测古墓冢、古墓葬1008座。获得了第一手原始资料，超额完成了调查勘测项目第一阶段预设的任务。

（2）文物普查的钻探查证。2007年4月15日开始。计划实冢抽查20%，约68座，夷平冢查证10%，约60座。了解墓葬结构、封土形制、年代性质等情况，建立墓冢演变序列。

（3）第一阶段调查资料整理和考古报告编写。2007年6月7日至7月18日整理发掘简报，2007年7月19日开始整理考古报告。

2. 第二阶段（2005年12月29日至2007年10月）诸帝陵的重点调查和钻探

（1）长陵调查钻探。2004年2月28日至5月26日，为配合孟津县文化文物局的文物保护工程，我们调整了工作计划，先期对北魏孝文帝长陵进行了重点调查和钻探。钻探面积16万平方米，基本上确认了长陵陵园遗址的布局、结构、文化内涵和保存状况。2005年10月10日至11月2日，又进行了第二次补充钻探，钻探面积4万平方米。

（2）大汉冢调查钻探。从2005年12开始，第二阶段邙山帝陵的重点钻探调查开始实施。首先对邙山地区最大的东汉帝陵——位于三十里铺村南的大汉冢进行了调查和考古钻探。截止到2007年9月钻探面积达80万平方米，目前已经有了突破性的发现。陵园遗址的布局结构已经基本清楚。大冢现存封土直径130、高19米，原始封土直径150米，封土外围构建夯土环沟。封土西侧有3座规格很高的陪葬墓冢，封土的南侧、东侧发现了2处规模巨大的建筑遗址，其中的1座面积达2100平方米。大冢的东北方向发现了一片面积约20万平方米的建筑遗址群，分4个建筑单元。

（3）玉冢调查钻探。2006年3月8日开始，对位于孟津县东山头村东南的玉冢进行了调查和钻探。这个墓冢的直径94米，也是帝陵级别的墓冢。处于东汉陵区和北魏陵区的结合点上，其性质对于解决邙山东汉和北魏陵墓的布局至关重要。目前已经钻探15万平方米，陵园的东面垣墙和垣壕已经找到，在墓冢东南200米处发现了1处约有1万平方米左右的建筑遗址。

（4）郑西铁路考古调查。2006年7月至2007年5月，结合郑州至西安高速铁路建设工程，对洛南的东汉帝陵南兆域进行了调查。通过调查、钻探、发掘，发现白草坡东汉帝陵陵园遗址和阎楼东汉陪葬墓园遗址。白草坡村大型夷平封土墓，原始直径125米，是一处帝陵级别的墓冢。墓冢的东北方建筑遗址群12.5万平方米，外围修建夯土，内部是密集规整的建筑基址。阎楼东汉陪葬墓园遗址面积15.4万平方米，外围构建闭合型环沟，墓园内部现存封土墓7座。除此之外还发掘了战国至唐宋各类墓葬34座，其中东汉—魏晋时期的夷平封土墓2座；发掘遗址面积4500余平方米，钻探面积36万平方米。

3. 其他工作

（1）偃师高龙镇高崖村大冢钻探调查。2004年6月24日至7月14日，我们和郑州大学历史系合作对偃师高崖村南的1座东汉南兆域的大墓进行了考古钻探。这座墓被认为可能是桓帝的宣陵或质帝静陵。钻探面积1.2万平方米。通过钻探确定了墓冢的封土的形制规模，发现了封土东侧的陵园建筑基址。

（2）偃师杜楼村被盗北魏石棺墓抢救性考古发掘。2005年11月2日至2006年2月14日，偃师市杜楼村北被盗1座北魏石棺墓。由于该墓位于西晋崇阳陵南侧，两地的直线距离只有200米，对于研究西晋帝陵的废弃状况很有意义，所以我们将该墓并入邙山陵墓群调查与勘测项目，进行了抢救性考古发掘。

4. 4年间完成的工作量

文物普查面积750余平方公里，调查古墓葬1008座；重点钻探面积150余万平方米，包括帝陵陵园遗址4座，墓园遗址1处，古墓冢60余座；发掘遗址面积4700平方米，发掘古墓葬37座；撰写、发表论文、简报17篇。

第二章　邙山古墓冢的调查与勘测

第一节　工作目的、方式和进程

　　"邙山陵墓群考古调查与勘测"项目第一阶段的中心任务是对邙山地区的古墓冢做全面的文物普查。古墓冢文物普查的具体目标是：确定古代墓冢及相关遗迹、遗址的位置、数量，了解其内涵、规模、保存状况。

　　邙山陵墓群作为一处重要的大遗址，有它的特殊性。它的分布面积广，延续年代长，墓冢分布集中；涉及的古代帝陵、陪葬墓群及其附属的遗址数量庞大；陵墓群之间、古墓群和陵墓群之间交错难辨。这些特殊性使得掌握基础情况的工作趋于复杂和繁重。"邙山陵墓群考古调查与勘测项目"以传统的田野考古为基础，以现代科学技术手段为补充，以分阶段分步骤实施的方式开展工作。

　　邙山古墓冢的文物普查是整个调查与勘测项目的第一步，是掌控宏观全面情况的关键。从年代跨度和墓冢性质上来讲，邙山古墓冢虽然不能与陵墓群直接对应，但却是我们认识邙山陵墓群的起点。因为有一部分帝陵和陪葬墓群就包含在其中，只有将它们从古墓冢中剥离出来，才能得到正确的认识。从文物保存状况的实际出发，我们也只能利用现存的古墓冢或者是大型封土墓来了解陵墓群，邙山古墓冢是认识陵墓群的基础。至少东汉、北魏时期的陵墓群应该是这样的。

一、田野调查

　　我们先期收集、查阅了相关文献，20世纪80年代全国文物普查的档案资料，相关的遥感片、航测片、大比例地形图，为文物调查提供线索。调查人员在区域范围内逐乡逐村逐地开展实地踏查、访问，所有邙山陵墓群范围内的20余个乡镇、360余个村庄无一遗漏。发现墓冢后，利用GPS进行定位，将调查地点的坐标标注在电子地图上。同时，进行现场考古考察、测绘、照相、录像、采集遗物、记录遗迹情况等，利用出土遗物初步确定墓冢的年代。最后根据田野工作的情况整理资料。

　　我们注意到，当地群众对于居住地的文物情况有着深刻的认识和了解，他们提供的线索往往是非常准确的。所以，我们每到一地首先向当地的群众了解古墓冢的情况，然后再做实地踏查。

这种做法非常有效，大大提高了调查的效率。随后的实地勘察以及航片比对和钻探查证都验证了走访的正确性。

普查过程中发现了大量封土被夷平的墓冢。这部分墓冢的封土集中消亡在20世纪50年代初至90年代末，它们是邙山陵墓群一个重要的组成部分。虽然其中一部分墓冢的年代、性质可能存在着一些不确定性，但是绝大多数应该是可靠的，具有重要的参考价值。随着岁月的流失，知情人会越来越少。我们意识到它们对于了解陵墓群的整体情况有所帮助，对于认识邙山古墓冢破坏的历史和文物保护工作也异常重要，所以必须第一时间内将这批珍贵的资料抢救出来。

夷平墓冢（《工作方案》中表述为未知墓冢）原计划是只采用航片、卫片判读的形式解决，实际操作中发现有很大的局限性。我们掌握的早期航片数量有限，不能涵盖邙山所有区域，航片判读是否是古代墓冢，也仍然离不开实地的验证。因此，我们对调查工作做了一个大的调整，增加了走访、查询、座谈等方面的内容，与航片判读结合在一起。对于夷平墓冢一般要请当地的多位老人到现场共同指证其确切方位，了解、记录破坏之前的形制规模、出土遗物以及破坏的时间，保存了一份珍贵的文物保护资料。

田野调查先后进行了4次：

第1次调查的时间为2003年10月至2004年2月，调查区域包括洛阳市老城区、洛龙区、西工区，孟津县的朝阳镇、老城乡、常袋乡、送庄乡、白合镇、平乐镇，偃师县的城关镇、首阳山镇、山化乡、佃庄乡、翟镇镇等，共调查墓冢329座。

第2次调查的时间为2004年11月至2005年5月，对第一次调查的墓冢进行复查，总结了前一阶段的工作经验，共复查墓冢329座，新调查墓冢36座。

第3次调查的时间为2005年11月至2006年4月，调查区域包括新安县的磁涧镇，孟津县的朝阳镇、麻屯乡、常袋乡、平乐镇，偃师县的山化乡、首阳山镇、佃庄乡，洛龙区的白马寺镇，洛阳老城区、西工区等，共调查墓冢333座。

第4次调查的时间为2006年12月至2007年6月，调查区域包括偃师县的山化乡，洛龙区的李楼乡，孟津县的平乐镇、送庄乡、老城乡、长华镇、常袋乡、白合镇，共调查墓冢274座。调查结束又对邙山陵墓群区域内的石刻和存在疑点的墓冢进行复查。

受野外植被的限制，普查工作只能在每年的10月到次年的5月间开展。2004年2月至5月，我们利用北魏孝文帝长陵开展文物保护工程之际，对长陵进行了属于第二阶段的调查钻探，首次发现了完整的北魏陵园遗址。[1] 2006年7月至2007年6月，我们结合国家重点建设工程郑州—西安客运专线考古工作，在偃师市境内对东汉洛南陵区进行调查，首次钻探发掘白草坡东汉帝陵陵园遗址，发现了阎楼东汉陪葬墓园遗址。由于上述因素的影响，调查工作的结束时间比原计划延后了近2年（图二一～二四）。

---

1. 洛阳市第二文物工作队：《北魏孝文帝长陵的调查和钻探》，《文物》2005年7期。

图二一 文物普查

图二二 文物普查

图二三 文物普查

图二四 文物普查

二、钻探查证

第一阶段的调查工作即将结束时，我们开始选取不同区域、不同时期、不同类型的墓冢进行了钻探查证。

钻探查证工作原计划只针对夷平墓冢，确定夷平墓冢的具体位置、年代和性质。田野调查中发现现存实体墓冢破坏严重，封土形制不确定，和原始封土相比规模差距较大，同时存在是古代夯土基址的可能性，年代证据也比较弱。因此有必要对现存墓冢首先进行抽查钻探。我们在确定钻探目标以后，先了解地面下墓冢的原始封土范围，然后钻探墓葬形制，最后绘制墓冢封土以及墓葬结构的平剖面图。

钻探查证的作用是：其一，确保第一阶段田野调查资料真实可靠，包括古墓冢的位置、性质和年代。其二，了解各时期古墓冢的封土形制和墓葬形制及其演变规律。其三，进一步推断墓冢的年代，验证对不同时期古墓冢分布规律认识。钻探工作本身具有局限性，不能得到对墓冢、墓葬形制的最终认识。有些实体墓冢保存有高大的封土，钻探的难度很大。尽管钻探工作有着诸多的局限，但是从实际情况来看，仍然不失为一种有效的手段，且是获取信息量最多的一种手段。将钻探所得出的结果和以往的发掘资料、普查过程中获取的墓冢的相关信息进行比对，我们就可以作出较为准确的判断。

查证工作先后进行了三期：2007年4月15日至5月13日为第一期，查证了8座；2007年7月15日至10月30日为第二期，查证了62座；2008年3月26日至10月17日为第三期，查证了30座。2010年4月初至6月底，孟津县新城区规划，我们又在朝阳乡伯乐凹村调查钻探了3座北魏墓冢。前后共调查古墓冢103座，占邙山现存古墓冢的近三分之一。钻探查证涉及区域陵墓群有中区的平乐镇、送庄镇、洛阳市的白马寺镇、邙山乡和西区的朝阳镇，东区、夹河区的偃师市的山化乡、佃庄镇。查证的范围分布在整个陵墓群区域内的不同地区，确保了资料的真实可靠，且具代表性。第二阶段帝陵的重点调查工作开展以后，钻探查证工作仍继续进行，两项工作结合在一起。这一时期，钻探查证除了用于了解古墓冢的基本情况外，还用于区别不同时期陵区的范围。帝陵的调查钻探主要了解帝陵陵园遗址的基本情况，这个过程中也勘探了一些古墓冢，包括帝陵级别的墓冢、后妃陪葬墓冢以及重要的陪葬墓冢，共21座，第二阶段的调查资料部分收入了本报告（图二五～三○）。

图二五　调查钻探

图二六　调查钻探

图二七　钻探现场

图二八　钻探现场

图二九　钻探现场

图三○　钻探现场

三、计算机记录和航空遥感考古

文物普查的记录除沿用传统的方式外，我们还委托解放军信息工程大学测绘学院开发研制邙山陵墓群地理信息系统和数字信息库，采用"3S"技术对陵墓群所在区域进行监测、建档和管理。我们还开展了遥感、航空影像在陵墓考古中的应用研究，收集了各个时期的航空、卫星照片，利用遥感和航测技术寻找未知的古代墓冢。另外还利用航空、卫星照片对照地面踏查的成果，验证墓冢普查的真实性（图三一～三四）。

四、石刻的调查与征集

文物普查过程中，我们发现大量流散田野石刻，包括石象生、墓志、墓葬的石质构件等，这些都是邙山陵墓群的重要物证，是陵墓群的重要组成部分，我们一一做了必要的记录。墓冢普查工作结束以后，2007年8月29日至2007年10月19日，对这批文物进行了摸底调查和征集。调查石刻文物71件，已征集30件，调查区域主要集中在东汉陵区、北魏陵区，包括孟津县送庄镇、

图三一　地理信息系统和数字信息库

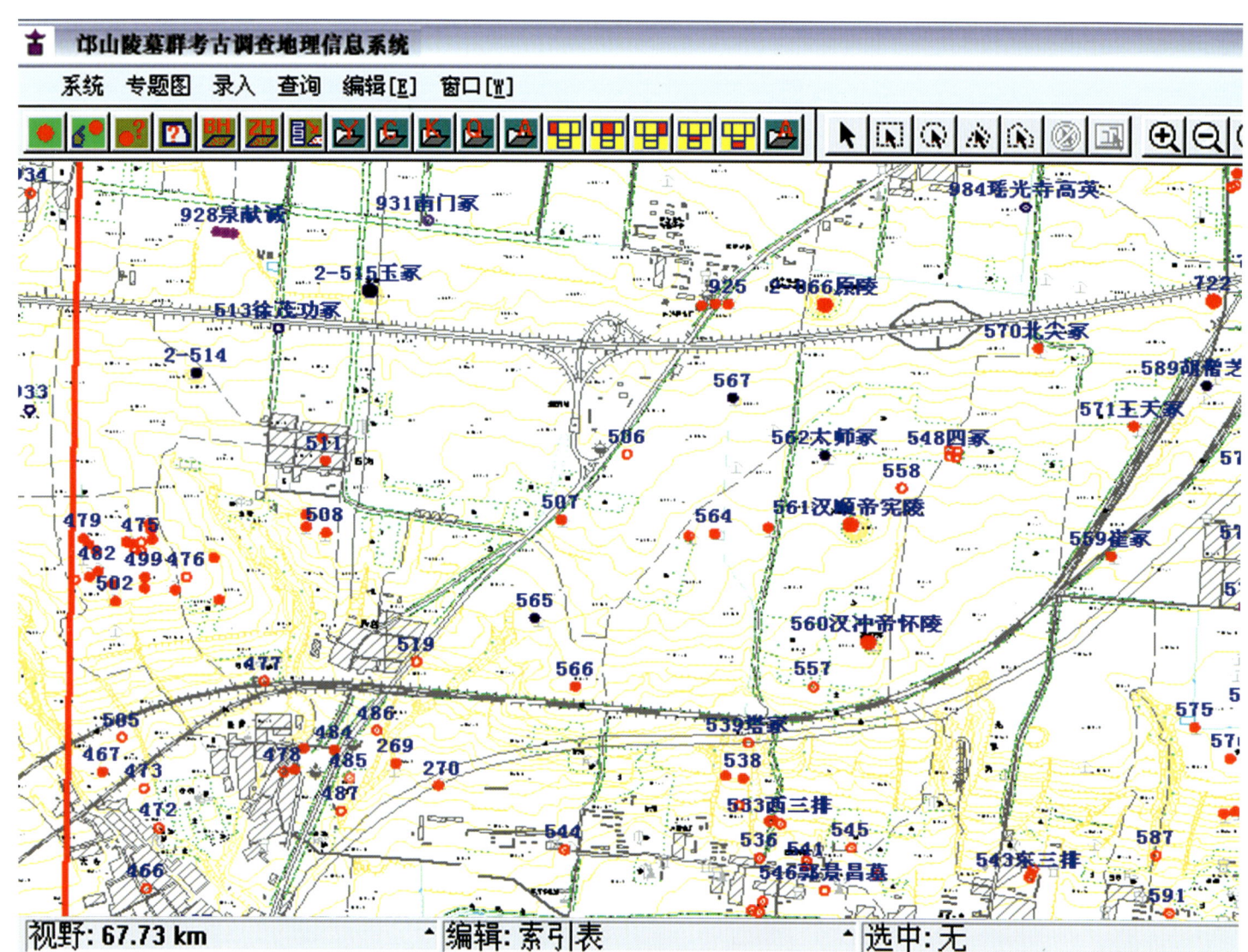

图三二　地理信息系统和数字信息库

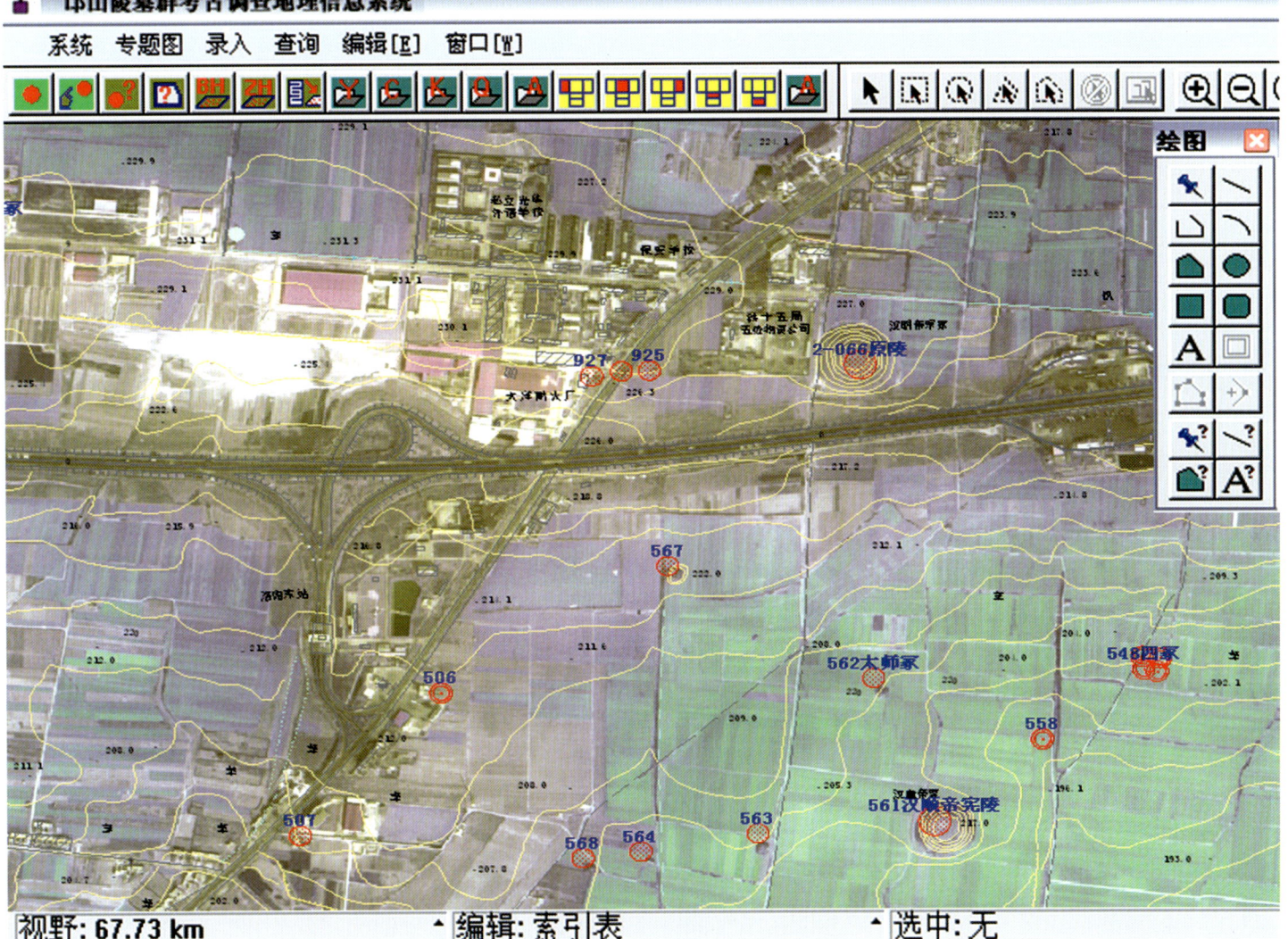

图三三 计算机记录和航空遥感考古

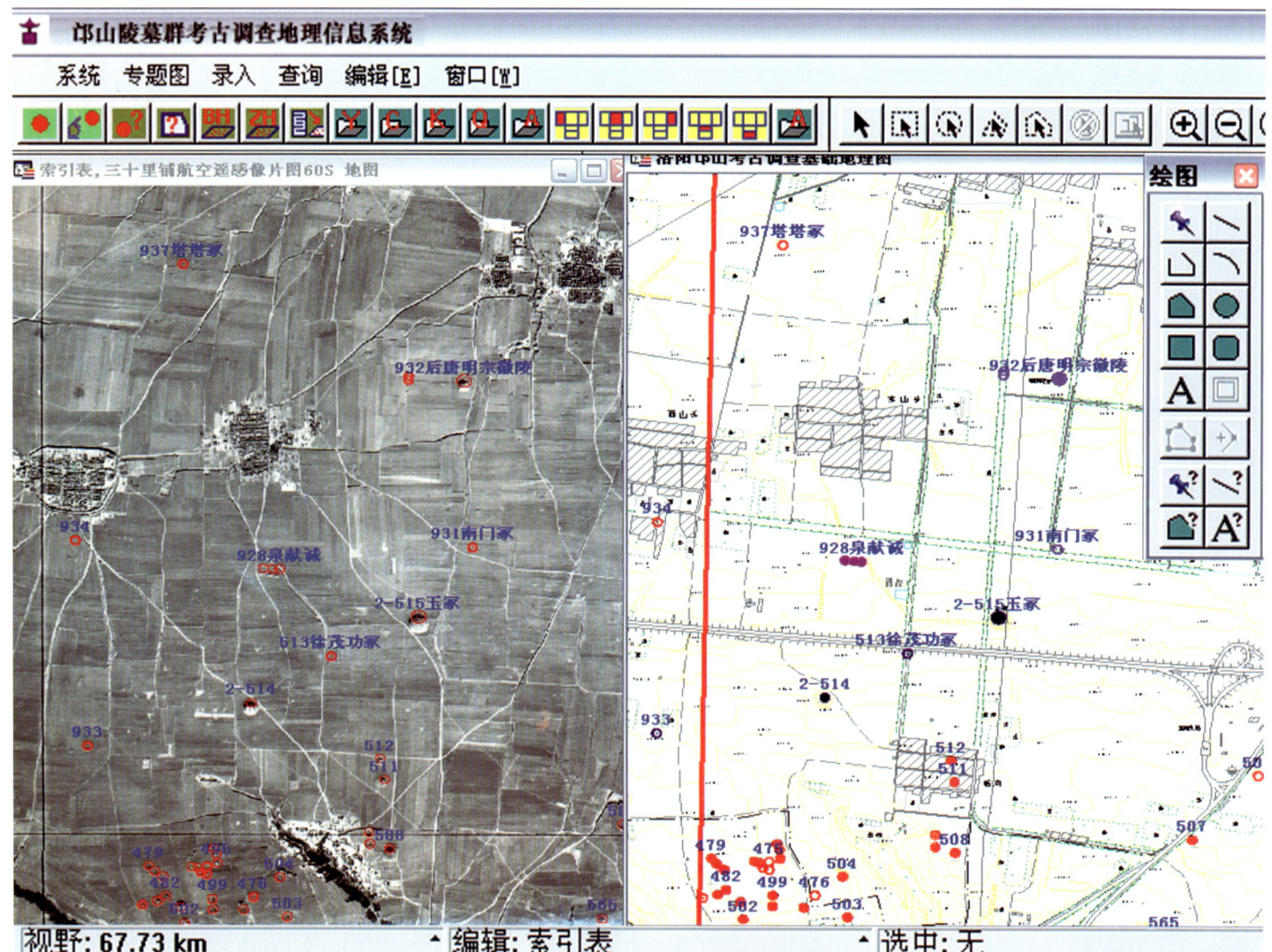

图三四　计算机记录和航空遥感考古

平乐镇、会盟镇、麻屯镇，洛阳市涧西区红山乡、西工区邙山乡的20余个村庄。田野石刻对陵墓群研究意义重大，目前的工作只是一个初步的开始，希望第二、第三阶段进一步加强这项工作，对石刻文物做全面调查，对石象生的分期断代、与陵墓群的关系等专题做必要的研究（图三五~三八）。

图三五　石刻的调查与征集

图三六　石刻的调查与征集

图三七　石刻的调查与征集

图三八　石刻的调查与征集

第二节　邙山古墓冢的数量、年代、分布和保存状况

一、数量和保存状况

调查发现古墓冢共计972座。其中现存墓冢（实体墓冢）339座，夷平墓冢600座，考古发掘的墓冢33座（图三九）。

古墓冢的数量是一个动态的指标。历史时期不断营建、不断破坏，所以它们的数量也不断在变化。各个时期的古墓冢的数量，只是当时一个存在的实际，对这个实际情况的了解受制于当时的古墓冢的保存状态和获知信息的方式。

实体墓冢的数量因为有地面遗迹的存在，加之大量踏查、钻探查证的支撑，其数量、性质没有大的问题。夷平墓冢是由访问和早期航测片的判读而得来的，限于受访者的年龄和航片的年代，它的上限只能截至到20世纪50年代前后，更早的情况我们无从得知。夷平墓冢的数量、性质总体上讲是有局限的。虽然调查过程中我们力求详尽，但都有可能有所遗漏，不过基本上反映了20世纪50年代至20世纪末这个时间段内邙山古墓冢的一个真实状态。

可以看出，这个时间段内邙山古墓冢毁坏的程度相当惊人，近三分之二的古墓冢损失殆尽。现存墓冢的毁坏程度相当严重，多数封土几乎都无法显示其完整的形制。我们所谓现存墓冢只是指地面以上有遗迹而已，并不意味着其是完整墓冢。这种破坏的状况仍然在持续，调查过程中，2003年以后就有4座墓冢非正常消失，有10座经过考古发掘而消失。根据我们的访问，有420多个夷平墓冢我们大致知道其破坏年代，还有相当一部分墓冢的破坏年代不明。从初步统计结果看，古墓冢集中被破坏在20世纪50年代"大跃进"时期、60年代"四清"时期、70年代的"学大寨"平整土地时期、80年代至90年代的工业化时期等四个历史时期。新中国成立以前破坏速度比较缓慢，小农经济条件下对古墓冢的影响较小。20世纪80年代以后，文物保护工作不断加强，破坏的速度明显减弱（表一）。

邙山陵墓群中段古墓冢的数量最多，共700座，其中现存墓冢245座，夷平墓冢431座，已发掘墓冢24座。东段次之，共148座，其中现存墓冢42座，夷平墓冢100座，已发掘墓冢6座。西段共76座，其中现存墓冢42座，夷平墓冢32座，已发掘墓冢2座。夹河段数量最少，只有48座，其中现存墓冢10座，夷平墓冢37座，已发掘墓冢1座。从破坏的烈度上讲应该首推中段，因为虽然现存墓冢和夷平墓冢的比例不是最小，但是由于该地区墓冢最为集中，基数庞大，破坏的数量也就最大。以孟津县朱仓村为例，村庄周围原有墓冢近百座，目前保存下来的尚不足10座（表二）。

表一　夷平墓冢破坏年代统计表

时间	数量
20世纪30年至40年代	13
20世纪50年代	68
20世纪60年代	138
20世纪70年代	167
20世纪80年代至21世纪初	40

表二　墓冢分区统计表

分区	实冢	夷平	发掘	合计
西段	42	32	2	76
中段	245	431	24	700
东段	42	100	6	148
夹河	10	37	1	48
总计	339	600	33	972

二、年代、性质和分布

972座封土墓大多数应该属于东汉、北魏时期，其他时期的墓冢数量相对较少。除去已发掘的33座墓冢，600座夷平墓冢的年代、性质，目前很难全部界定。339座实体墓冢的年代，我们根据封土内的包含物、夯土的结构、钻探探明的墓葬形制等，可以做一个初步的判断。

中区，101座：西汉：470、471、597、600、588，东汉：66（大汉冢）、67（刘家井大冢）、231、232、248、249、252、269、484、501、502、507、508、514、529（墓园）、560（三汉冢）、561（二汉冢）、563、564、566、568、574、575、578、579、634、636、682、683（墓园内合计5座）、707（朱仓大冢）、722（朱仓大冢）、708（墓园）、709（墓园）、748、749、771、772、774、775、776、782、876、877、879、880、881、886、887、888、889、891、892、893、894、895、896、897、903、908、910、925（陪葬）、926（陪葬）、927（陪葬）、大汉冢西南2座（无封土）、938、949、961、962、963，魏晋：912（？），北魏：515（玉冢）、559、562、565、567、570、571、581、635，唐代：520、572、928、929、930，建筑基址：537、538、540，年代不详：539（东汉？）、498（东汉？）、576（东汉？），错误：589。

西区，19座：东汉：13、325，北魏：6（长陵）、7（文昭皇后）、8、10、12、15、19、20、21、22、23（班超冢）、31（青菜冢）、321、322、16（墓园）、17、18。

夹河区，4座：东汉：192、384、385，错误：195。

由于钻探数量有限，且没有做考古发掘，再加上封土中包含陶片年代的模糊性，对有些墓冢的年代、性质的判断可能有疏漏之处。普查过程中，我们已经对大量非古墓冢做了剔除，但是错误仍无法避免。根据钻探查证和第二阶段重点调查钻探情况看，古墓冢普查的错误率为1.61%，可能是建筑基址的几率是2.41%（表三）。

表三　钻探查证和重点调查统计表

分区	西汉	东汉	魏晋	北魏	唐代	不详	基址	错误	总计
西区		2		17				0	19
中区	5	74	1	9	5	3	3	1	101
夹河区		3						1	4

孟津

西 区

中 区

后周明帝懿陵 汉灵帝文陵
文顺帝宪陵
汉冲帝怀陵

夹河王陵

夹 河 区

洛阳市

龙门石窟

洛

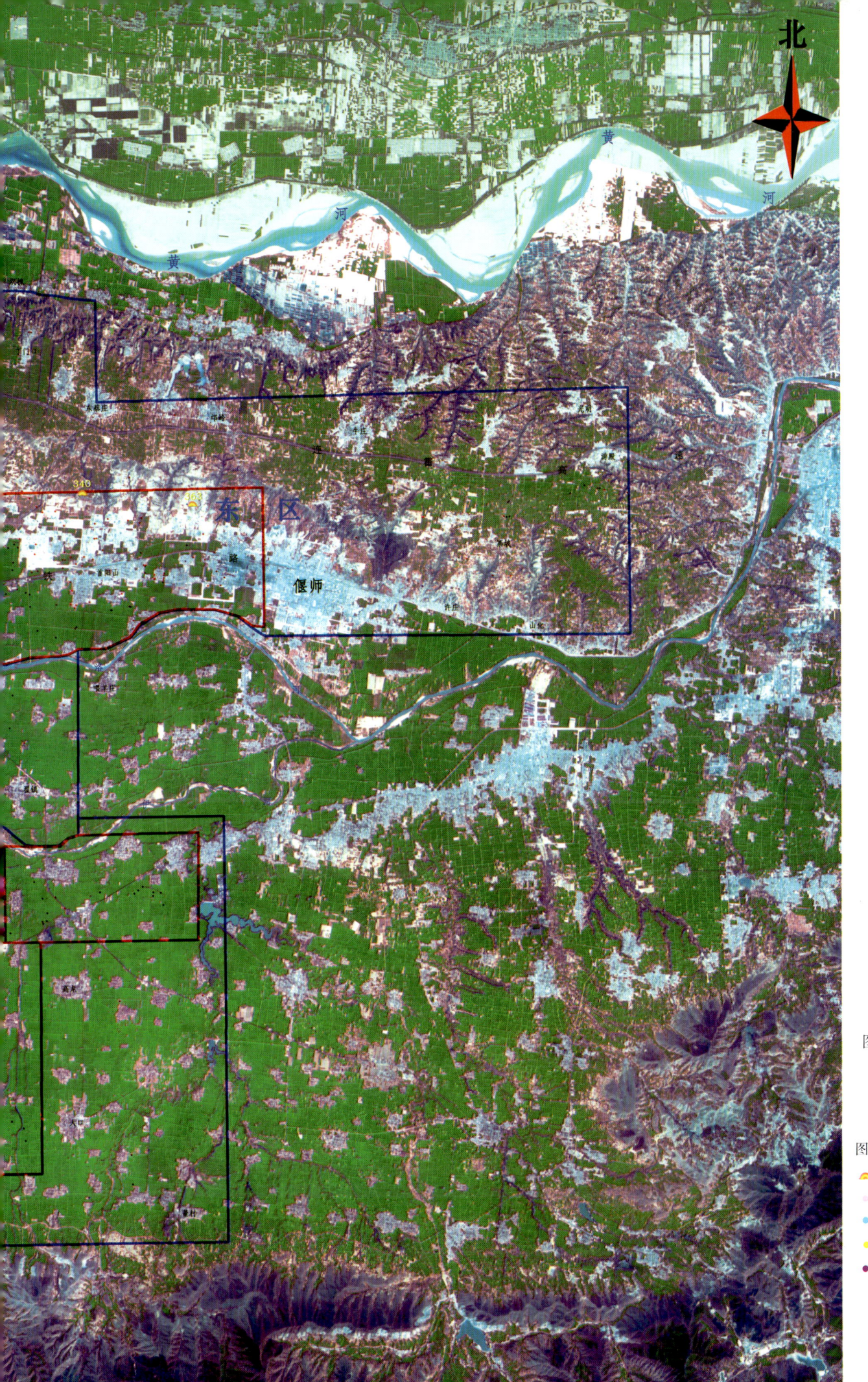

图三九　全区
遥感图像

图例：

⌂ 皇陵	● 东周
● 西汉	● 东汉
● 西晋	● 北魏
● 隋唐	● 宋元
● 明清	

1. 东周墓冢

邙山地区尚没有发现。中国的早期封土墓产生于春秋战国之际，洛阳西郊的周山地区曾经发现过这一时期的大型封土墓。1928年至1932年间在邙山脚下的金村附近被盗掘发现的8座东周大墓，有学者认为是东周时期的周王陵。这几座大墓均没有发现封土，据《水经注》等文献的记载，[1] 汉魏故城的北部确实存在着东周时期的封土墓，只是目前尚无线索。由于临近东汉陵区的东南侧，不排除混淆在东汉墓区内或者被夷平的可能性。

2. 西汉墓冢

普查过程中已有发现，数量不多。主要分布在汉魏故城的北部、西北部。调查M1-048夷平墓冢时，当地群众介绍墓室中曾出土有空心砖；在M2-485夷平墓冢处采集到空心砖残片；调查M2-470、471实体冢时，通过断崖观察到墓室的形制为小砖券顺室墓，形制同烧沟汉墓的第三期II型墓，[2] 应属西汉时期墓冢。钻探查证在中区发现5座西汉墓冢，除了上述M2-470、471之外，还有M2-597、600、588。

3. 东汉墓冢

数量最多，初步确定290余座。主要分布在中区、东区和夹河区，西区数量非常少。新中国成立以来在洛阳市区发掘的这一时期的墓葬数量巨大，而中小型的墓葬居多。邙山地区内发掘的东汉时期墓葬的数量实际上并不多，特别一些大型封土墓。属于邙山陵墓群范围内的封土墓主要有，洛阳东关东汉殉人墓（M2-528），[3] 孟津县送庄黄肠石墓（M2-937），[4] 洛阳机车工厂C5M483东汉壁画墓（M2-443），[5] 洛阳东北郊朱村壁画墓（M2-622），[6] 洛阳市机车工厂M1（M2-446），[7] 机车工厂职工医院C5M346（M2-445），[8] 洛阳市铁路编组站4座封土墓（M2-301、302、311、312），[9] 洛济高速公路朱家仓汉墓群7座封土墓（M2-241~247），[10] 洛济高速下黄村封土墓（M2-270）。[11] 偃师华润电厂2座封土墓（M3-94、95），洛阳市玻璃纤维厂回廊墓（M1-326）、白马寺镇铁道部十五工程局电务处东汉墓园（M2-289）。[12] 其中孟津县送庄黄肠石墓、朱家仓汉墓群7座封土墓位于东汉帝陵陵区内。这些封土墓的发掘资料可以帮助我们判断东汉墓冢的性质和年代（图四○，表四~六）。

---

1. （北魏）郦道元著，（清）王先谦合校：《水经注》卷一五《洛水注》，巴蜀书社，1985年。

2. 中国社科院考古研究所：《洛阳烧沟汉墓》，科学出版社，1959年。

3. 余扶危、贺官保：《洛阳东关东汉殉人墓》，《文物》1973年2期。

4. 郭建邦：《河南孟津送庄汉黄肠石墓》，《文物资料丛刊》4辑。

5. 洛阳文物工作队：《洛阳机车工厂东汉壁画墓》，《文物》1992年3期。

6. 洛阳市第二文物工作队：《洛阳市朱村东汉壁画墓发掘简报》，《文物》1992年12期。

7. 洛阳文物工作队：《洛阳发掘的四座东汉玉衣墓》，《考古与文物》1999年1期。

8. 洛阳文物工作队：《洛阳发掘的四座东汉玉衣墓》，《考古与文物》1999年1期。

9. 洛阳文物工作队：《洛阳发掘的四座东汉玉衣墓》，《考古与文物》1999年1期。

10. 郭培育、王利彬：《洛阳朱家仓汉墓群考古取得重要收获》，《中国文物报》2004年7月21日。

11. 郭培育、王利彬：《洛阳朱家仓汉墓群考古取得重要收获》，《中国文物报》2004年7月21日。

12. 中国社会科学院考古研究所汉魏城工作队：《汉魏洛阳城西东汉墓园遗址》，《考古学报》1993年3期。

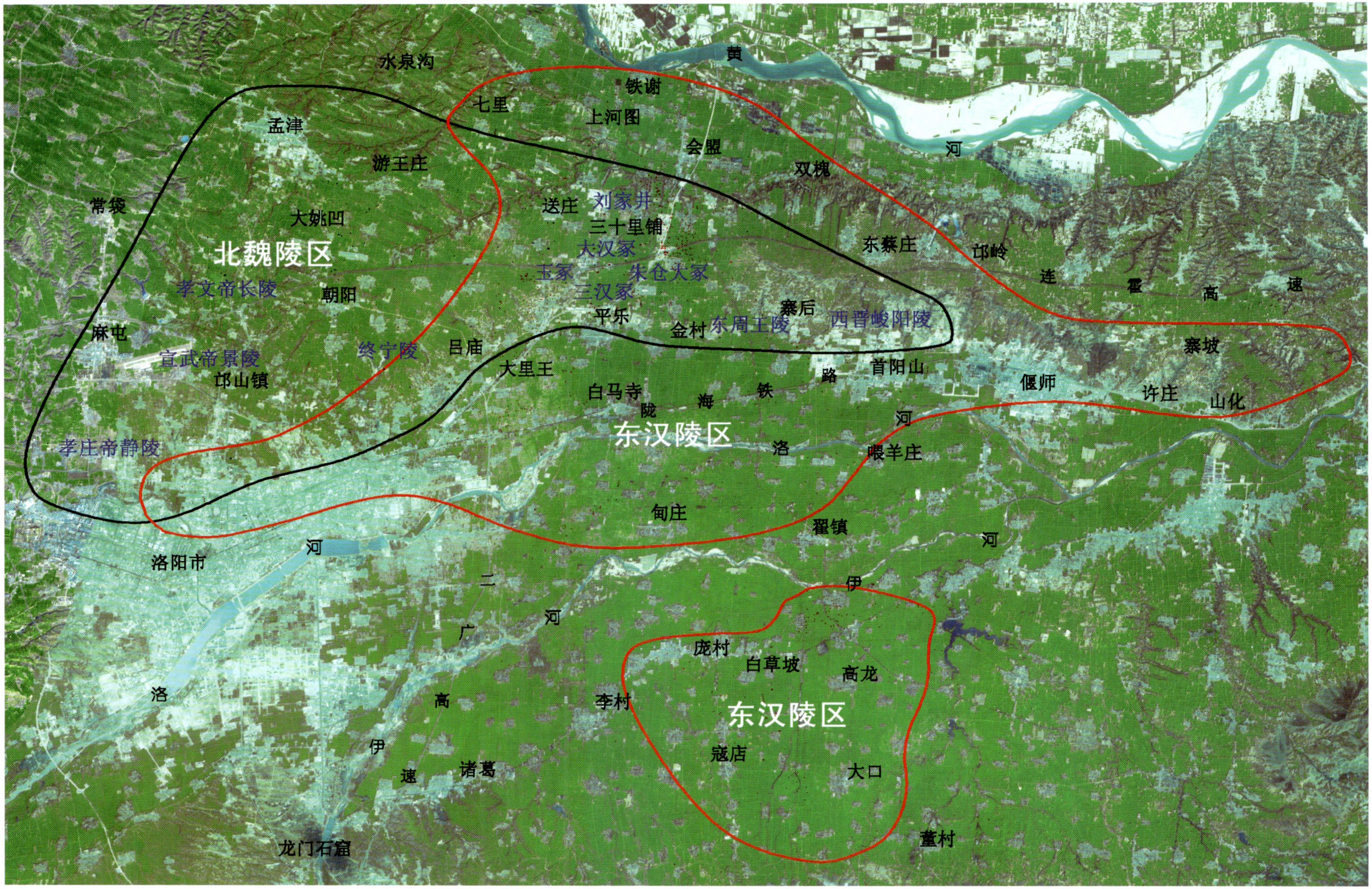

東漢山化

遼

高

寨坡

伕庄

偃師

邙岭

連

河

河

董村

東蔡庄

暖幸庄

伊

大口

高龙

雙槐

鐵嘴

會盟

上河圖

屯里

遂庄

水泉沟

游王庄

孟津

大娅凹

朝阳

吕庄

終方陵

白马寺院

匋庄

霍镇

白草坡

寇店

李村

庞村

東汉陵区

東汉陵区

首阳山

西晋峻阳陵

寨后

金村東周王陵

大里王

平乐

三十里铺

刘家井

大汉冢

三汉冢

朱仓大冢

王家

隴海铁路

洛隴铁路

黄

河

河

河

三

洛

广

诸葛

遠

伊

龙门石窟

洛阳市

北魏陵区

孝文帝长陵

宣武帝景陵

邙山镇

孝庄帝静陵

常袋

麻屯

東汉陵区

图四〇 东汉—北魏陵分区

表四　邙山地区已发掘封土墓统计表

墓号	位置	时代	发掘概况	材料发表情况	备注
M1-5	洛阳市邙山乡冢头村	北魏	1991 年中国社会科学院考古研究所洛阳汉魏城队、洛阳古墓博物馆	《考古》1994 年 9 期	北魏宣武帝景陵
M1-326	洛阳玻璃纤维厂	东汉	1994 年洛阳市第二文物工作队		
M2-241	洛济高速孟津县朱家仓	东汉	2003 年河南省考古研究所	《中国文物报》2004 年 7 月 21 日	
M2-242	洛济高速孟津县朱家仓	东汉	2003 年河南省考古研究所	《中国文物报》2004 年 7 月 21 日	
M2-243	洛济高速孟津县朱家仓	东汉	2003 年河南省考古研究所	《中国文物报》2004 年 7 月 21 日	
M2-244	洛济高速孟津县朱家仓	东汉	2003 年河南省考古研究所	《中国文物报》2004 年 7 月 21 日	
M2-245	洛济高速孟津县朱仓村	东汉	2003 年河南省考古研究所	《中国文物报》2004 年 7 月 21 日	
M2-246	洛济高速孟津县朱仓村	东汉	2003 年河南省考古研究所	《中国文物报》2004 年 7 月 21 日	
M2-247	洛济高速孟津县朱仓村	东汉	2003 年河南省考古研究所	《中国文物报》2004 年 7 月 21 日	
M2-250	洛阳市白马寺镇凹杨村南	东汉	1965 年洛阳博物馆		
M2-270	洛济高速洛阳市白马寺镇下黄村	东汉	2003 年河南省考古研究所	《中国文物报》2004 年 7 月 21 日	
M2-295	洛济高速洛阳市白马寺镇扁担赵村	东汉	2003 年洛阳市文物工作队		
M2-289	洛阳东郊 15 局电务工程公司	东汉	1988 年中国社会科学院考古研究所洛阳汉魏城队	《考古学报》1993 年 3 期	东汉墓园
M2-301	洛阳北郊杨文村铁路编组站	东汉	1990 年洛阳市第二文物工作队、洛阳市文物工作队		
M2-302	洛阳北郊杨文村铁路编组站	东汉	1990 年洛阳市第二文物工作队、洛阳市文物工作队		
M2-311	洛阳北郊吕庙村铁路编组站	东汉	1990 年洛阳市第二文物工作队、洛阳市文物工作队		

墓号	位置	时代	发掘概况	材料发表情况	备注
M2-312	洛阳北郊吕庙村铁路编组站	东汉	1990年洛阳市第二文物工作队、洛阳市文物工作队	《考古与文物》1999年1期	
M2-435	洛阳东郊扁担赵村铁道部15工程局家属楼	东汉	洛阳市文物工作队		
M2-443	洛阳机车工厂厂区东南C5M483	东汉	1990至1991年洛阳市文物工作队	《文物》1992年3期	机车工厂东汉壁画墓
M2-445	洛阳机车工厂职工医院C5M346	东汉	1988年洛阳市文物工作队	《考古与文物》1999年1期	
M2-446	洛阳机车工厂M1	东汉	1972年洛阳市文物工作队	《考古与文物》1999年1期	
M2-528	洛阳林校	东汉	1971年洛阳博物馆	《文物》1973年2期	洛阳东关东汉殉人墓
M2-622	洛阳东北郊朱村BM2	东汉	1991年洛阳市第二文物工作队	《文物》1992年12期	朱村东汉壁画墓
M2-937	孟津县送庄西南	东汉	1964年河南省文物局文物工作队	《文物资料丛刊》4辑	送庄黄肠石墓，俗称"塌塌冢"
M2-999	洛阳机车工厂大中修车间东北侧	东汉	1980年代洛阳市文物工作队		
M2-1000	洛阳机车工厂厂区内	东汉	1980年代洛阳市文物工作队		
M3-70	偃师首阳山电厂厂门口	东汉	1984年中国社会科学院考古研究所偃师商城队		俗名"田横冢"
M3-94	偃师华润电厂	东汉	2003年洛阳市第二文物工作队		
M3-95	偃师华润电厂	东汉	2003年洛阳市第二文物工作队		
M3-109	偃师寨后村东砖厂	东汉	1987年偃师文管会		
M3-129	偃师吓田寨南约150米	东汉	2000年偃师文管会		
M3-381	偃师寨后村东400米	东汉	1999年偃师文管会		
M4-216	偃师关庄东北约400米	东汉	1999年中国社会科学院考古研究所洛阳汉魏城队		

发表的17座，简报、报告8篇。

表五　邙山地区已发掘封土墓概况表

墓号、时代	发表情况	形制结构（单位：米）	随葬品	备注（单位：米）
M1-05（北魏宣武景陵），北魏	中国社会科学院考古研究所洛阳汉魏城队、洛阳古墓博物馆：《北魏宣武帝景陵发掘报告》，《考古》1994年9期	单室砖墓，约177°，四角攒尖顶，由墓道、前后甬道、墓室组成，平面呈"甲"字形。全长17.6（不含墓道）。通宽约11.2。墓道全部为墓家所覆盖。上口长8，宽2.85。底呈斜坡状，坡度11°。最深处距地面6.35。墓道全长40.6，其中南段土壁墓道36.1，北段砖壁墓道长4.5，砖壁厚2。墓道回填土经夯打。前甬道内与后甬道南端各有一道封门墙。东西3.38～3.4，南北2.35～2.4，券高3.78；后甬道平面平西2.64～2.8。石墓门。墓室平面近方形，5.12×1.94，券高2.64～2.8。墓室平面近方形。四壁中部稍向外弧，6.73×6.92～9.36。墓室纵长方形，3.86×2.2～0.16	被盗。青瓷器：龙柄盘口壶1，龙柄鸡首壶2，四系盘口壶6，唾盂2，钵1；釉陶器：陶器1，盆1，钵1，杯1，碗4，盏托4，小圆盒1，大圆盒2，方形四足砚4，动物模型残块1；石器：石灯残件1，帐钩插座1；铁器：锤1，镢7，钉等	坐落于邙山顶上，洛阳市北郊邙山乡家头村。1991年发掘。墓家平面圆形，直径105～110，现存高度24。平顶，黄土夯筑而成，夯层厚度0.1～0.2。未发现陵园建筑。在墓道延长线西侧发现有石刻武士一躯。该墓石板铺地，所用青砖一面素粗，一面饰绳纹，分0.38×0.18～0.06，0.37×0.18～0.06两种
M2-446（洛阳机车工厂启明小区东北M1），东汉	洛阳市文物工作队：《洛阳发掘的四座东汉王大墓》，《考古与文物》1999年1期	双室砖墓，182°。由墓道、后甬道、前甬道、前室（带东耳室），后室组成，全长约13（不包括墓道），通宽约13。墓室弧券。墓道平面长方形，2.8×1.6；前室平面横列长方形，3.46×8.7，耳室近方形，2.4×2.12；后甬道长方形，2.3×1.6～1.32；后室长方形，3.84×3.04～3.5，壁砖长方形，0.45×0.24～0.1	被盗。陶器：平底罐3，盒1，瓦当3；金银器：银饰1，金片1，金饰3，玉器：玉璧1，汉白玉玉衣片近千片，鎏金铜杖；玉枕1，铜缕	该墓东距汉魏洛阳城约8公里，1972年发掘。该墓原有封土堆，"无名家"，其东边还有2个"无名家"
M2-241、242、243、244、245、246、247，东汉	郭培育、王利彬：《洛阳朱仓汉墓群考古取得重要收获》，《文物报》2004年7月21日	发掘汉墓10座，其中7座有大型封土，另外3座无封土。最大的封土底边周长约120米，封土高约9米。多为土坑竖穴砖室墓。由墓道、甬道、回廊、前室、主室、侧室等6部分组成。墓道最长的M8约长15×15。墓室最长的M6约长28。墓砖分为2种，条形砖0.48×0.24～0.12。背面有粗细席纹及方格印纹等，有的一头和侧面有印章；嵌形砖0.47×（0.28～0.38）～0.12。有的两头也发现有印章；印章内容有："北张卿"、"北谷园"、"丈四二寸"等	被盗。主要有金环1，铜环5，铜镞、铜车马饰件、铜熨斗1、鎏金铜饰片18、铜泡、铜管、五铢铜钱、玉璧、铁钉、玉坠、玉猪、铜缕玉衣片；铁剑、铜镜、铁钎，铁镢、陶罐、陶豆、陶壶、陶杯、陶楼、陶鸭、陶鸡、陶鸽、陶猪等	朱家仓汉墓群位于洛阳市孟津县平乐镇朱家仓村西北，西南距洛阳市约18公里。距黄河约4公里，西距汉魏故城北墙约4公里，西距东汉明帝陵约3公里。河南省考古研究所2003年发掘

墓号、时代	发表情况	形制结构（单位：米）	随葬品	备注（单位：米）
M2-289（东汉墓园），东汉	中国社会科学院考古研究所洛阳汉魏洛阳城队：《汉魏洛阳城西东汉墓园遗址》，《考古学报》1993年3期	多室砖券墓，191°，由墓道、甬道、耳室、横前室、后室组成，全长约13（不含墓道），通宽约13.6。墓道：土扩斜坡式，宽约2，总长不详，能测的10米；甬道长方形，3.6×1.92；横前室：东西长的长方形，11.7×3；耳室：在甬道以东，甬前室横前室南壁，2.9×2.4；后室：5.4×（1.91~2.04）。砖壁厚0.93~0.94，甬道北口，甬道诸侧面长度不一，大面一般长0.71~0.76，最长者0.8~0.9，小面一般长0.62，厚度约0.36	被盗。陶器：鼓腹平底罐25、八棱圈足盆4、三足圆陶匜10、平底圆案14、圆形器盖8、方案4、圆案1、陶匜4、甑1、鸭2、鸡2、狗1、耳杯1、螭首器柄3、盆、盒；铜器：铺首5、螭圈、铺首衔环等；铜器：铃4、环1、凿1、方棒形器1、泡钉5、圭形器1、衔1、盖弓帽1、铁刀、铁钉；铃铛1、扣饰；甾1、铁刀1、铁钉1，有五铢；玉器：玉石1，货币：23枚，小泉直一两种；铭文砖（字多不可识）	墓园位于洛阳东郊部铁道部十五工程局电务处院内，汉洛阳城西垣以西2500米处。1987年~1988年发掘；遗址长方形，190×135，四周有夯筑土垣，转角处增设附属建筑，墓园内东部布置以大型殿基为主人墓，西部为墓园主人墓。该墓封土采黄土夯筑而成，圆形，直径48，现存高度1，夯层厚0.1~0.15
M2-445（洛阳机车工厂职工医院C5M346），东汉	洛阳市文物工作队：《洛阳发掘的四座东汉王衣墓》，《考古与文物》1999年1期	双室砖券墓，183°，由墓道、前甬道、前室（带东耳室）、后甬道、后室组成，全长约13.2（不含墓道、壁厚），通宽约9.5（不含壁厚）。墓道长斜坡状，20×1.24，仅发掘4.2；前甬道长方形，3.7×1.8~1.7；前室长方形，3.56×7，残高3.58，东耳室2.48×1.6~1.7；后甬道2.86×1.28~1.62；后室长方形，3.1×2.48~2.66	被盗。陶器：罐4、仓5、盒1、瓮6、壶1、耳盆1、盘3、镶斗2、洗2、盆1、耳杯12、勺2、案4、仓楼1、猪圈1、鸡2、猪1、俑2、瓦当1、砖础1、戳印砖1、泥饼85；羽人1、炙斗1、甑1、盘1、碗1、合页1、熏炉1、刀1、刀环1、弩机1、扣12、环1、构件1、耳饰2组、扣饰1、16、钉10、泡钉22、镶49、方形饰1、件2、圆饰1、扣饰31、叶形饰1、四蒂花帽1、盖弓帽27、轴头6、禽4、当户1、衔镳3、铺首7、帽1、钩1；铁器：灯1、镜3、刀1、圈1、剑1、盖1、片1、棍1、钩1、铝饰35、银箍1、耳杯银扣饰1、铝人3、石猪5、鹅卵石1、玻璃环、弓帽18、玉饰、玉衣片、玉、玉饰、鎏金铜缕	与上述洛阳机车工厂M1在同一区域，1988年发掘；封土高大，呈自上而下相互叠压逐节递减的圆台形，通高6.8，底部东西径17.48，南北径17.40，顶平坦，东西径5.30，南北径5，腰部有上下平行的台阶2周，由剖面推测其是用逐段、逐片一次性夯打而成

墓号、时代	发表情况	形制结构（单位：米）	随葬品	备注（单位：米）
M2-312（洛阳北郊昌庙村铁路编组站），东汉	洛阳市文物工作队：《洛阳北郊的四座汉玉衣墓》，《考古与文物》1999年1期	双室砖券墓，90°，由墓道、前甬道、前室（两侧各有一侧室）、后甬道、后室组成。墓道长方形斜坡，长约33，两壁各有三级台阶；前甬道长方形，两侧室内均有棺床，后甬道北壁与后室北壁在同一立面上，呈"刀"形；后室1.88×1.33	该墓被破坏严重，仅存一残石塌、数百片玉衣片，银缕、鎏金铜缕等	位于邙山南麓的杨文铁路编组站工地，北距汉皇陵区约4公里，1990年发掘
M2-528，东汉	余扶危、贺官保：《洛阳东关东汉殉人墓》，《文物》1973年2期	砖石混筑多室券墓，墓门向东，由墓道、南耳室、车马室组成，南侧室宽约12.4；墓道：斜坡形，残长27，口宽4，底宽宽2.1，近墓门处深6.85，两侧各筑有2级台阶；车马室：在墓门下部的墓门外讠北侧，南北长方形，3×1.35～1.4；甬道：3.25×2～1.35，横前室：9.5×2.75～4.25；后室：南北长，南北长，东西宽，3.3×2.5～3.5；南耳室：在前室南端，2.35×1.6～1.85	被盗。陶风车与米碓1、陶仓楼1、陶井1、陶灶1、陶方案4、陶盘8、陶方案1、陶盘2、伎乐俑3、陶圆案1、陶鸡4、陶鹅4、陶俑19、马衔镳1、银花2、铅狗1、铜泡2、铅泡1、铅兽10、铅片38、玉片20、玉片42	位于洛阳市东关。洛阳市博物馆1971年发掘。发现第一台带台阶的夯土层中有10人殉葬，殉人殉狗。殉人遗迹在下面0.8米处有殉狗。南耳室内置棺一具，已朽；后室内南北并列置一棺，均朽，南棺外置椁，髹漆未绘，但已脱落。长方形砖一般0.47×0.23～0.1，背面饰粗绳纹，其余各面磨光
M2-443（洛阳机车工厂厂区东南C5M483），东汉	洛阳市文物工作队：《洛阳机车工厂东汉壁画墓》，《文物》1992年3期	砖石结构多室券墓，180°，由墓道、墓门、中门、中甬道、中室（附东、西耳室）、后甬道、后室组成（不含墓道），全长19.12（不含墓道及南甬道），墓道：宽6.54，深2.32，未全部发掘；石室通宽16.65，宽均1.76；甬道高，宽均0.85×1.44；后室：宽2.32；前室：4.72×2.73；东耳室：3.68×2.3～2.2；西耳室：3.74×2.28；石中门：1.68×1.62；中甬道：3.25×1.42～2.56；中室：6.32×3.12；西侧室：5.23×3.24；东侧室：3.7×1.8～2；南耳室：2.53×1.86～1.98；后甬道：3.48×1.44～2.3；后室：7.28×3.04～4.12；门，甬道壁，墓室壁底部用石块，石材最大的2.6×0.4～0.63，最小的0.25×0.2～0.08	被盗。陶罐1、陶瓦当3、罐、瓮、鼎、盘、仓、奁、案、猪圈、畜禽俑等陶器残片、石灯1、铁镜1、铁碓1、铜瓶1、铜矛1、铜镜4。此墓壁画多被破坏，残存部分主要分布于门楣、前室、中甬道、中室的石壁上，内容主要有镇宅的武士、持灯或捧盘的艺人、出行图、杂耍图等，云气、瑞禽、瑞兽图等	位于洛阳市东郊机车工厂厂区东南角。1990～1991年发现。地表现存黄土夯筑的椭圆形封土堆，长径62、短径35.5、高10.5、高，夯层厚0.25～0.75

墓号、时代	发表情况	形制结构（单位：米）	随葬品	备注（单位：米）
M2-622（洛阳东北郊朱村东汉壁画墓BM2），东汉	洛阳市第二文物工作队：《洛阳市朱村东汉壁画墓发掘简报》，《文物》1992年12期	砖石结构，5°，由墓道、墓门、甬道、墓室、耳室组成，全长约7（不含墓道），通宽约11.2；墓道：斜坡式，9.6×（1.2～1.8）～6.2，填土夯筑；石墓门：3.1×1.4；甬道：2.04×1.22～1.4；墓室：8.48×3.1～3.26；东耳室：2.3×1.76～1.6；墓门、棺床东沿用青石	被盗。陶耳杯8、陶盆1、陶盘1、陶勺1等；仅墓壁上3幅壁画保存较完整，有墓主夫妇宴饮图、车马出行图、吉祥动物图	北靠邙山，南临洛河，西南距洛阳市区6.5公里，东距汉魏故城6.5公里；地表原有封土已被夷平。1991年发掘
M2-937，东汉	郭建邦：《孟津送庄汉黄肠石墓》，《河南文博通讯》1978年4期。《文物资料丛刊》4辑	砖石混筑券墓，180°，由墓道、横前室（带东耳室），后室组成，总长8.90（不含墓道），通宽约12，深10.30，壁厚不详；墓道：斜坡状，宽2.6，长度不详；横前室：3.34×7.78；东耳室：3.48×2.74；后室：4.18×6.9。各室墙壁均用石材砌筑，石块0.7×0.7～0.47，并刻有字	被盗。陶器：盆1、罐1、仓1、釉陶鸡1等；铜器：镜1、铺首13、盖弓帽2、五铢钱60、车饰、环等；铁器：铲1、棺钉30、玉片4；铲1、玉珩1、铜缕等。前室北壁石面上发现有壁画，但已脱落	位于孟津县送庄西南邙山上，俗称"塌冢"；河南省文物局文物工作队1964年发掘

表六　邙山地区已发掘封土墓登记表

单位：米

墓号	时代	形制	方向	结构	全长×通宽	墓道	墓室	陶器	金银器	铜器	玉器	其他	玉衣片	石材	封土	备注
M1—05	北魏	单室砖墓	177°	由墓道、前后甬道、墓室组成	约17.6×11.2	斜坡状，40.6×（2.7～2.8）—6.35，分土壁、砖壁两段	四壁中部稍向外弧，6.73×6.92—9.36	罐1、盆1、钵1、杯1、碗4、盏1、托4、小圆盒1、方形大圆盒2、四足砚1、动物模型块1				青瓷龙柄盘口壶1、龙柄鸡首壶1、四系盘口壶1、釉陶盒2、钵1、釉陶碗1、石灯残件1、帐钩铜座1、铁锤1、镞7、钉等	玉衣片	石墓门、石棺床	圆形，直径105～110，现存高度24，平顶，黄土夯筑	被盗
M2—446	东汉	双室砖墓	182°	由墓道、前甬道、前室（带东耳室）、后室、后甬道组成	约13×13	未清	前室3.46×8.7，耳室2.4×2.12，后室3.84×3.04—3.5	平底罐3、盒1、瓦当3	银饰1、金饰1		玉枕1		近千片、鎏金铜缕			被盗
M2—241、242、243、244、245、246、247	东汉	10座，多为土坑竖穴砖室墓		多由墓道、甬道、回廊、主室、侧室等组成		M6最长，约28	M8最大，为15×15	罐、盆、豆、壶、楼、鸭、鸡、鸽、猪等	金环1	环5、镜、车马饰件、鎏金铜饰片、铜泡、铜管、铜钱	玉璧、玉猪、玉珠	铁镜、铁剑、铁锛、铁镢	铜缕玉衣片		7座有大型封土，最大的底边周长约120，高约9	被盗，部分墓砖有印章
M2—289	东汉	砖石混筑多室券墓	191°	由墓道、甬道、耳室、横前室、后室组成	约13×13.6	土圹斜坡式，宽约2，总长不详	横前室11.7×3，耳室2.9×2.4，后室5.4×1.91—2.04	敛腹平底罐25、八棱圈足壶2、三足圆陶盒10、平底圆陶罐4、罐1、碗8、圆形器盖14、器盖2、鸭2、鸡2、狗1、猪1、蝤首饰件3、盆、盒、耳杯、猪圈、铺首衔环等		铺首5、铃4、环1、凿1、泡钉5、圭形器1、高形器2、衔1、盖弓帽2、罐1、扣饰6、货币23枚、有五铢、小泉直一	玉片1	铁器（刀1、铁刀、铁钉、铁门）、铭文砖（字多不可识）		甬道北口、后室和耳室门口皆以长方形砖砌壁，石之诸侧面大面一般长0.71～0.76，小面一般长0.62，厚约0.36		被盗
M2—445	东汉	双室砖墓	183°	由墓道、前甬道、前室（带东耳室）、后室、后甬道组成	约13.2×9.51（不含壁厚）	长斜坡状，20×1.24，仅发掘4.2	前室3.56×7、残高3.58，东耳室2.48×1.6—1.7；后室3.1×2.48—2.66	罐4、仓5、瓮6、壶1、盘2、盆1、洗2、魋斗2、勺2、案4、耳环12、仓楼1、猪圈1、猪2、鸡2、狗2、瓦当2、砖础1、截印砖85、泥饼1	银饰1、耳环银、扣饰1	羽人1、炙斗1、甁壶1、盘1、套、洗1、弩机1、刀环1、合页1、构件2组、耳饰5套、扣12、环16、钉49、方形饰1、篇49、泡钉22、圆形饰1、扣饰31、叶形饰1、四蒂饰、户1、盂帽27、轴1、笠6、盂4、马首1、帽4、帽1、构1	玉饰	铁器（打1、镜3、刀1、剑1、盆1、圈1、钩1、片1、钻35、铅1、铅3、石人3、鹅卵石1、玻璃环	玉衣片、鎏金铜缕		圆形，通高6.8，底径南北径17.48，南北西径17.40，顶平、东西径5.30，腰部上下平行台阶2周、夯筑	被盗

墓号	时代	形制	方向	结构	全长×通宽	墓道	墓室	随葬器物						石材	封土	备注
								陶器	金银器	铜器	玉器	其他	玉衣片			
M2－312	东汉	双室砖墓	90°	由墓道、前甬道、前室（两侧各有一侧室）、后甬道、后室组成		长方形斜坡，长约33，两壁各有二级台阶	后室1.88×1.33					残石碣	数百，银缕、鎏金铜缕			被盗
M2－528	东汉	砖石混筑多室墓	墓门向东	由墓道、墓门、前甬道、前室、南耳室、后室、车马室组成	约12×12.4	斜坡形，残长27×（4～2.1）—6.85，两侧室各筑有2级合阶	车马室3×1.35～1.4；横前室9.5×2.75-4.25；后室3.3×2.5-3.5；南耳室2.35×1.6-1.85	陶风车与米碓1、陶仓楼1、陶井1、陶壮1、陶方4；陶方案1、陶盒8、陶圆案1、陶盘2、按乐俑3、陶俑19、陶鸡4、陶猪4、陶狗1		铜泡2、马衔镳1、银花2		铅臂10、铅盖弓帽38、铅片20	玉片42	石材主要用作石墩、转角，拱券		被盗，有殉人、殉狗现象，有木棺，彩绘木椁
M2－443	东汉	砖石混筑多室壁画墓	180°	前室、两侧室，中甬道，中室（附两耳室），东、西侧室及南甬道，后甬道，后室组成	19.12×16.65—6.54	宽2.32，未全部发掘	前室4.72×2.73；东耳室3.68×2.3—2.2；西侧室3.74×2.28；中室6.32×3.12；东侧室3.7×1.8—2；南耳室2.53×1.86—1.98；后室7.28×3.04—4.12	陶罐1、陶瓦当3、罐、瓮、鼎、奁、仓、案、猪圈等备备陶器残片		铜瓶1、铜禾1、铜镜1、铜钱4		石灯1、铁镜1、铁镭1		门、甬道侧壁，墓室壁底部用石块，最大的2.6×0.4—0.63，最小的0.25×0.2—0.08	椭圆形封土堆，长径62，短径35.5，高10.5，夯筑	被盗，绘有壁画
M2－622	东汉	砖石混筑多室墓壁画墓	5°	由墓道、墓门、前甬道、墓室、耳室组成	全长约7，通宽约11.2	斜坡式，9.6×（1.2～1.8）—6.2	墓室8.48×3.1—3.26，东耳室2.3×1.76—1.6	陶耳杯8、陶盆1、陶盘1、陶勺1						墓门，棺床东沿用青石	已被夷平	被盗，绘有壁画
M2－937	东汉	砖石结构多室墓	180°	由墓道、横前室（带东耳室）、后室组成	约8.90×12—10.30	斜坡状，宽2.6，长度不详	横前室3.34×7.78；东耳室3.48×2.74；后室4.18×6.90	盆1、罐1、仓1、釉陶鸡1等		镜1、铺首13、盖弓帽2、五铢钱60、车饰、环等		铁铲1、铁棺钉4	玉片30，铜缕	各室墙壁用黄肠石0.7×0.7—0.47，有字	俗称"塌塌冢"	被盗

注：墓葬尺寸表示方法：进深（长）×宽—高（深），全长均不包括墓道的长度。

我们钻探查证和重点调查了中区74座、西区2座、夹河段3座东汉墓冢。对其墓葬形制和埋葬形式与发掘资料比对，发现有一致性（见表三）。《洛阳出土石刻时地记》记载的邙山东汉墓冢只有一座，这与东汉时期墓志出土数量较少有关（表七）。

表七　《洛阳出土石刻时地记》所载邙山古墓冢（东汉）

条目	墓志	《时地记》原文	数量	古今对照
1	汉贾武仲及夫人马姜墓记	王窑村出土，有冢。	1	M2-872？

4. 曹魏、西晋墓冢

新中国成立以来洛阳地区绝少发现过属于这个时期的封土墓，可能与当时帝陵不封不树，而其他等级墓葬纷纷效仿有关。《洛阳出土石刻时地记》也无曹魏、西晋墓冢的记载。2006年我们在郑西铁路建设工程考古发掘工作中，于偃师市阎楼村西发掘了一座魏晋时期的封土墓，可知当时确实存在这种类型的墓葬。[1] 钻探查证在孟津县平乐镇上古村发现一座封土墓（M2-912），墓葬形制和孟津三十里铺西晋墓M117、阎楼M1107一致，它们的年代很可能接近，所以我们暂定魏晋。[2]

5. 北魏墓冢

数量众多，初步确定80余座。主要分布在陵墓群的西区和中区的西部。这些墓冢的发现区域和《洛阳出土石刻时地记》所载的北魏墓志的出土区域基本一致。[3]《洛阳出土石刻时地记》记载的220方北魏墓志有明确出土地点，涉及了53个村庄，记载或提及北魏墓冢50余座。有许多墓冢的地点可以和当前的发现相吻合，可以互证这部分墓冢年代的正确性。但是，还有一部分墓冢无法对应。原因之一是，《时地记》记述错误或记述模糊，或因地理环境变迁，我们无法准确判断；原因之二是，多数是20世纪40至50年代间消亡的，可以看出北魏墓冢在这一时段的消亡情况。新中国成立以来在邙山地区发掘的北魏封土墓不多，主要有宣武帝景陵（M2-5），而元怿墓（M1-031）、元乂墓（M1-036）则进行过考古调查。我们钻探查证和重点调查了西区17座、中区9座北魏墓冢（图四一、四二，表八）。

北魏220方墓志出土地点53个村庄：24方：安驾沟，16方：后海资，15方：南陈庄、张羊，10方：姚凹、南石山，9方：伯乐凹，8方：马沟，7方：柿园村、徐家沟，6方：北陈庄、后沟、高沟，5方：陈凹、拦驾沟、杨凹，4方：东山头、西山头、东陡沟，3方：前海资、太仓、小梁、营庄、马坡、蟠龙冢、白鹿庄，2方：王庄、平乐小寨、省庄、后李、十里头、田沟，1方：后营、三十里铺、玉仙庙、水泉、刘家坡、三里桥、洛阳故城、白马寺、大杨树、郑凹、耀店、护驾庄、唐寺门、老苍凹、水口、天皇岭、金家沟、游王庄、西吕庙、董家庄、左家坡。

1. 洛阳市第二文物工作队：《洛阳偃师阎楼魏晋封土墓》，《考古》2010年11期。

2. 310国道孟津考古队：《洛阳孟津三十里铺西晋墓发掘报告》，《华夏考古》1993年1期。

3. 郭玉堂原著，（日本）气贺泽保规编著：《洛阳出土石刻时地记》，汲古书院，2002年。

图四一 北魏（地形）

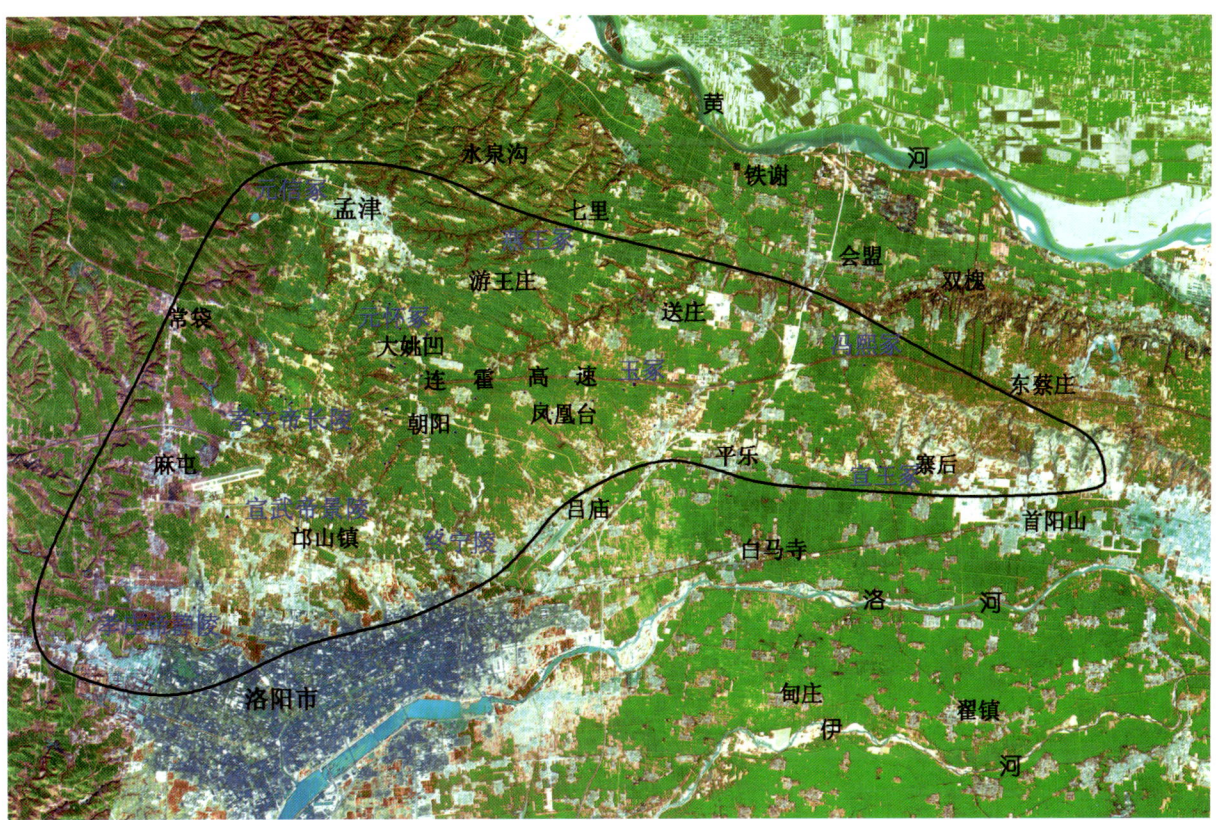

图四二 北魏（影像）

表八 《洛阳出土石刻时地记》所载的邙山古墓冢（北魏、北周）

条目	墓志	《时地记》原文	数量	古今对照
44	元羽	南陈庄西第一冢内出土。	1	？
261	元文 *	南陈庄村西平冢东南出土。无冢。	1	？
283	京兆康王妃	南庄村（南陈庄）南门内东寨墙根冢内出土。	1	？
51	元鸾	海资北平冢之西第五冢出土。注：以北平冢为坐标，西侧5冢，东侧3冢。	1	M1-26？
159	豫州刺史元显魏 *	后海资村北，元鸾冢北出土。无冢。	0	提及元鸾冢，海资北有8冢
61	城阳王元寿妃鞠氏	后海资北平冢之第三冢内出土。	1	M1-30？
64	元详	后海资北平冢内出土。近旁诸平冢错列。	1	M1-29？（夷平）
99	元遥	后海资村南凹，距村一里处出土。冢甚大约三四亩。夫妇合葬。	1	M1-39
107	元遥妻梁氏	后海资南地大冢中。	0	M1-39
255	元颢	后海资北，平冢东第三冢内。	1	？
256	元顼及妃胡氏	后海资北，平冢东第三冢内出土。	1	有误，和上条重复
260	元徽	后海资北，平冢西第四冢内出土。	1	M1-27？
65	江阳王次妃石夫人	共于张羊西第二小冢内掘得之。	1	M1-28？
63	彭城武宣王元勰	张羊村西一里小冢内出土。勰封王而冢甚小，何也。	1	M1-35（夷平）
148	彭城武宣王妃李氏	张羊村西小冢内出土。与南陈庄村北石夫人冢相近。	0	同上
80	元扬妻王夫人	清末与元扬志同时出土。有冢。周围四十步。在张羊村西北姚凹村东，元悌墓正南。	1	？
100	阳平幽王妃李太妃	张羊北陵出土。冢当赴北陈庄大道。规制甚大。	1	M1-22
132	元倪	姚凹村东张羊村西北出土。墓冢甚小，在元扬冢北。	1	？
97	元怀	张羊村北陵出土。地名三冢槐。东西列三大冢。怀墓即极东一冢。中为元海冢。西则元悌冢也。	1	M1-19
205	元悌	张羊村北三冢槐之西大冢内出土。	1	M1-21
248	元海	张羊村北三冢槐，中一大冢出土。三冢槐东西三大冢。中为元海。	1	M1-20

条目	墓志	《时地记》原文	数量	古今对照
169	元义	前海资村东南大冢内出土。	1	M1-36
62	元绪	安驾沟其西小冢系元慧墓。再东南大平冢，即元绪墓。	1	?
113	元慧	安驾沟村西行大道旁小冢内出土。 此墓玉堂于冢上审视之，北与元详平冢相直。	1	?
72	元悦	徐家沟村东南出土，墓冢甚大。	1	M1-12
69	宁陵公主	北陈庄东北大冢内出土。与王诵合葬。	1	M1-405（夷平）
220	王诵	与夫人宁陵公主同穴出土。有冢。	0	M1-405（夷平）
98	王诵妻元氏	北陈庄东出土。有冢甚小。距王诵宁陵公主冢数十步。	1	M1-404(夷平)
74	元诠	伯乐凹村西北一里，元彧墓北第三冢内出土。	1	M1-18
118	宣武皇帝贵嫔司马氏	伯乐凹村东。有冢。	1	M411(夷平)
135	元秀	伯乐凹村西北俗名双冢内出土。	2	M1-16、17
227	元彧	伯乐凹村西北一里处出土。有冢甚小。 在安乐王元诠冢南之数十步。	1	M1-412（夷平）
102	瑶光寺高英	三十里铺村南里许出土。俗名尖冢者是也。	1	M2-984（夷平）
110	元晖	陈凹村村西出土。有冢。	1	M1-990（夷平）
214	元信	陈凹村西出土。地在孟津城之西。有冢。	1	M1-25
133	元引 *	姚凹村东南岭出土。距元魏? 平冢甚近。无冢。	1	?
167	先帝朝故于夫人仙姬	南石山村外西北莫姓地中出土。 地在南陈庄村之东南一里。玉堂曾见冢形甚小。	1	?
173	侯刚	马沟村西陵出土。俗名此墓为平冢。	1	?
180	元寿安	马坡村东北出土。墓周五十五步。	1	M2-319
183	元朗 *	后李村北出土。有尖冢。此志出于冢之东南数十步。	1	尖冢?
193	胡昭仪	杨凹村西北小方冢内出土。 地在张羊村东南南石山。……冢周三十六步。	1	M2-33
210	元彝 *	次日玉堂至见村西有大冢二。一系元澄。一未出何物， 仅出金器小件重二钱。	2	M1-321 M1-322

条目	墓志	《时地记》原文	数量	古今对照
211	元澄	闻出土于柿园村西大冢内。其北冢系元顺元彝墓。	1	?
45	任城王妃李氏 *	柿园村大冢之西三十步出土。	0	?
225	元予正	东陡沟村大平冢内出土……乡人名此冢曰平王冢。	1	?
236	苟景	东陡沟村西南角出土。有冢。村人相传为狗冢。苟与狗同声也。	1	M1-3
250	元天穆	营庄村中间小冢内出土。	1	M2-522（夷平）
252	穆绍	白鹿庄东南出土。有冢。在穆亮墓西一里。	1	M2-936
46	穆亮	西山岭头西南出土。有冢。	1	M2-935
145	比丘统慈庆	东山岭头村东南五里小冢内出土。	1	M2-513（夷平）
254	元延明	小梁村西北数十步小冢内出土。	1	M2-396
54	李蕤	省庄东，俗名御史冢出土。有冢。	1	M3-418（夷平）
294	元寿安妃卢兰	马坡村东北出土。有冢。与元寿安合葬。志亦同出。	1	M2-319

带"*"的，非专文记述，为提及的墓冢，此为表注，下同。

6. 隋唐、宋元墓冢

初步确定10余座，分布在中区和西区。《洛阳出土石刻时地记》记载邙山地区出土的隋唐时期墓志数量很多（2303方），说明邙山的隋唐墓很多，和新中国成立以来邙山地区的考古发掘情况基本相同。但是保留墓冢的却很少，据《洛阳出土石刻时地记》的记载只有6处。[1]这可能与隋唐帝陵没有埋在邙山，隋唐墓多数级别偏低有关。此类墓葬很可能当时就没有封土，或者是封土很小容易破坏。《洛阳出土时石刻时地记》所载的6处封土墓分别为：泉男生（M2-929）、泉献诚（M2-928）、泉毖（M2-930）、泉男产（M2-520）、封泰墓（M1-395？）、王令墓（？）。前4座我们均进行了钻探查证，墓葬形制和唐代墓葬一致。另外，我们东区妯娌新村南也发现过一座唐代墓冢，编号为M2-572。虽然位于东汉陵区，但封土的形制和东汉墓冢完全不同，为覆斗形，附近还发现有唐代的神道碑，经钻探查证确定为唐代墓冢（表九）。

宋元墓冢比较明确的是位于石碑凹村的石守信家族墓地（M2-986、989），位于白马寺村的魏咸信墓（M2-590），以及位于金谷园村的察罕铁木尔墓（M2-226）。上述墓冢有明确地方史志记载，年代比较准确。2007年6月我们在洛阳市市郊史家湾村北发现了北宋名相富弼家族墓地，共发掘墓葬10座，出土墓志14方。因破坏严重，该墓地所有墓葬没有发现墓冢封土迹象。

---

1. 郭玉堂原著，（日本）气贺泽保规编著：《洛阳出土石刻时地记》，汲古书院，2002年。

表九　《洛阳出土石刻时地记》所载邙山古墓冢（唐代）

墓志	《时地记》原文	数量	古今对照
唐赠右羽林大将军泉献诚	洛阳城东北二十二里东山岭头村南凹出土。此地有三个土冢，当地民众称之谓三女冢。泉献诚墓志出土于东冢内。	1	M2-928
唐赠并州大都督泉男生	洛阳城东北二十二里东山岭头村南凹向阳处有三个冢，当地群众称为三女冢。泉男生墓志出土于中间冢内。	1	M2-929
唐淄川县开国男泉惎	洛阳东北二十五里东山岭头村南出土，有土冢，名曰三女冢。	1	M2-930
唐辽阳郡开国公泉男产	洛阳城东北十五里刘家坡村西名豹子冢内出土。今冢高八米，周长百米，圆形夯打。	1	M2-520
北魏于纂墓志 *	唐泉男产处，在其南二十步。俗名豹冢。	0	M2-520
唐兵曹参军王令	洛阳东北十七里太仓村西北小冢内出土。	1	？
唐湖州刺史封泰	洛阳城北十五里南石山村南小冢内出土。	1	M2-395？

7. 明清墓冢

　　近30座。多属名人名臣墓，各区均有。有的保存了相对完整的碑刻、石象生等。多数墓冢或有地方史志的详细记载，或碑刻记载，或考古发现，年代较为明确。其中包括了明伊敬王墓（M2-11）、明万安康懿王墓（M2-46）、明伊安王墓（M2-37）、明伊定王冢（M2-330）、明福王朱常洵墓（M1-397）、明乔允升墓（M2-873）；清张玉麒墓（M2-398）、清李僖平墓（M2-978）、清陈都堂墓（M2-976）、清王铎墓（M2-977）、清闫廷谟墓（M2-993）、清李天宠墓（M2-994）、清蔺挺达墓（M3-174）等。还有一些僧侣墓，主要分布在白马寺附近，主要有如秀墓（M2-297）、德浩墓(M2-293)（表一〇）。

表一〇　《洛阳出土石刻时地记》与邙山古墓冢（明代）

条目	墓志	《时地记》原文	数量	古今对照
158	元光华 *	地在徐家沟北，安驾沟南，明伊定王冢西。无冢。	1	M1-330（夷平）

　　成汤墓（M3-177）、摄摩腾墓（M2-339）、竺法兰墓（M2-338）、杜预墓（M3-72）、杜甫墓（M3-71）、颜真卿墓（M3-191）、狄仁杰墓（M2-971）、许远墓（M3-414）、杨广坟（M4-997）、焦赞墓（M4-998）等墓冢是托先秦、两汉、魏晋、唐宋之名，目前尚无证据和历史人物生活的年代相联系，应属于纪念性墓冢。由于其碑刻多属于明清时期，所以我们把它们归入明清墓冢（图四三）。

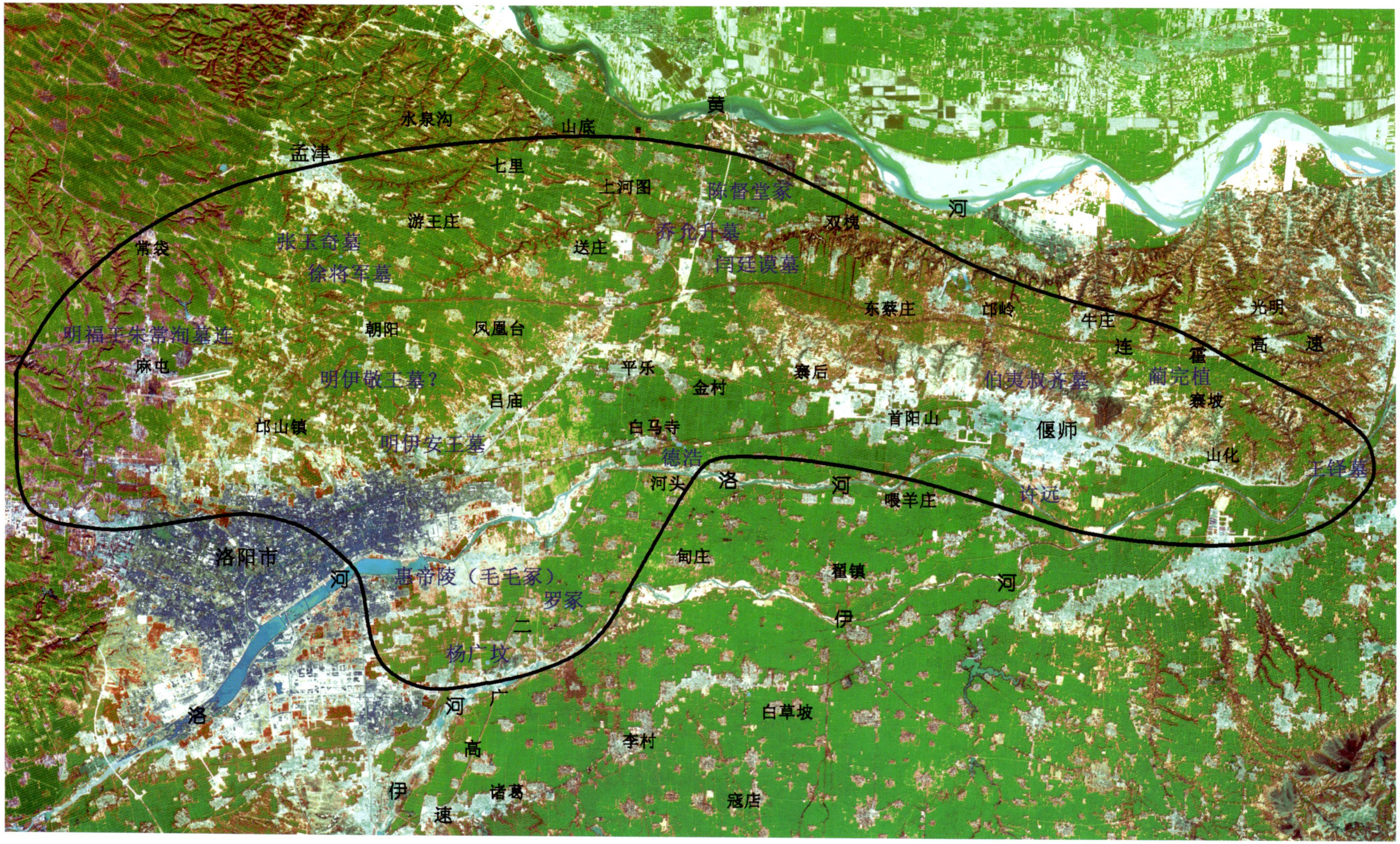

黄
河
水泉沟
山底
孟津
七里
上河图
陈督堂冢
游王庄
双槐
常袋
张玉奇墓
送庄
齐允升墓
徐将军墓
闫廷谟墓
东蔡庄
邙岭
光明
牛庄
明福王朱常洵墓连
朝阳
凤凰台
连
霍
高
速
平乐
寨后
伯夷叔齐墓
蔺完植
麻屯
明伊敬王墓？
金村
吕庙
寨坡
首阳山
邙山镇
白马寺
偃师
明伊安王墓
德浩
山化
洛
王铎墓
河头
河
喂羊庄
许远
洛阳市
甸庄
河
惠帝陵（毛毛冢）
翟镇
河
罗家
二
伊
杨广坟
白草坡
洛
河
广
李村
高
伊
诸葛
寇店
速

图四三　明清（影像）

第三节　古墓冢举例

一、东汉墓冢

1. 核心区域

M2-925

位于孟津县送庄乡三十里铺村南，洛常路东，大汉冢西约300米。坐标东经112°34.730′，北纬34°46.492′，高程224.5米。现存封土破坏严重，残高约4.5米，原始封土平面圆形，直径33米。经钻探，墓葬形制为长斜坡墓道砖券多室墓，由墓道、甬道和前、后墓室组成，方向190°。墓道两壁内收3级台阶，填土为五花夯土，长26.6、宽6、口深0.6、底深7.8米。甬道为砖券，土圹长1.8、宽3.2米。墓室明券，土圹四周内收3级台阶。扰乱严重，钻探发现大量乱砖。前室平面近方形，外圹长11.1、宽9.3米，内圹长7.6、宽6米。后室平面长方形，外圹长8.6、宽5.2米，内圹长5.3、宽5米（图四四）。

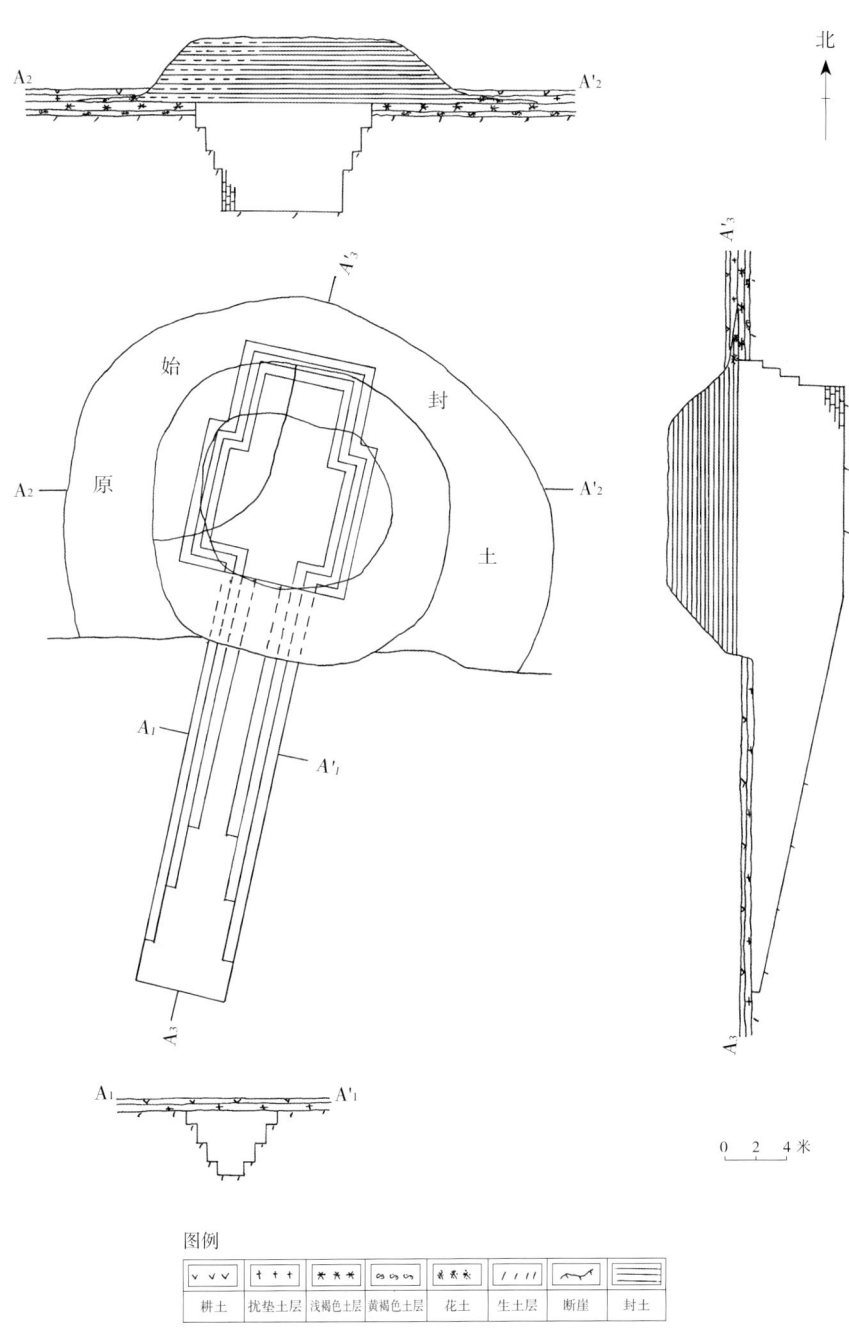

北

⌄⌄⌄	┼┼┼	＊＊＊	◎◎◎	※※※	／／／	～	≡≡≡
耕土	扰垫土层	浅褐色土层	黄褐色土层	花土	生土层	断崖	封土

图例

0　2　4 米

图四四　M2-925钻探平剖图

M2-926

位于孟津县送庄乡三十里铺村南，洛常路东，M2-925西侧约40米。坐标东经112°34.696′，北纬34°46.492′，高程225.2米。现存封土破坏严重，残高5米，夯筑，夯层厚度0.1～0.22米。原始封土已被破坏，范围不明。经钻探，墓葬形制为长斜坡墓道砖券多室墓，由墓道、甬道和前、后墓室组成，方向190°。墓道两侧内收3级台阶，内填五花夯土。墓道长20.2、宽5、口深1.1、底深7.4米。甬道土圹长2.3、宽6.2米，甬道上发现一近椭圆形盗洞。墓室明券，四周内收3级台阶。前室平面近方形，后室长方形偏于前室一侧，破坏严重。前室外圹长12.4、宽10.2米，内圹长8.8、宽7.4米。后室外圹长7.9、宽4米，内圹长4.4、宽4米（图四五）。

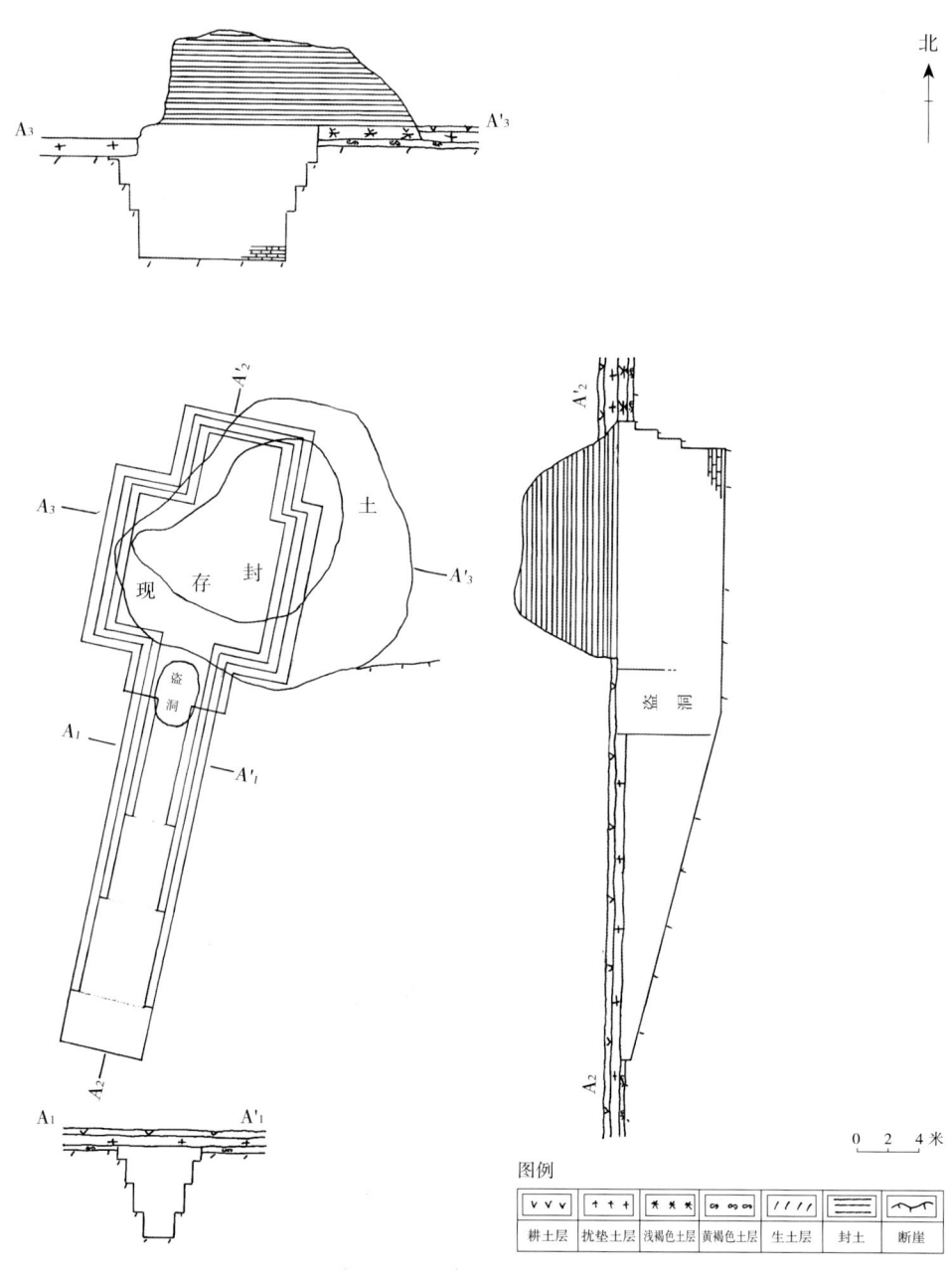

图四五　M2-926钻探平剖图

M2-927

位于孟津县送庄乡三十里铺村南，洛常公路西侧，M2-926的西侧约50米。坐标东经112°34.660′，北纬34°46.487′，高程224.1米。现存封土破坏严重，残高4米，夯筑，原始封土已被破坏，范围不明。经钻探，墓葬形制为长斜坡墓道砖券多室墓，由墓道、甬道和前、后墓室组成，方向192°。墓道两侧内收2级台阶，内填五花夯土，南部被断崖破坏，残长5.4、宽4.2、口深0.8、底深6.7米。甬道为砖券，土圹长2.6、宽6.5米。墓室明券，四周分3级台阶内收，破坏严重。前室外圹长10.5、宽7.2米，内圹长7.7、宽4.8米。后室外圹长7、宽5.4米，内圹长5.4、宽4.2米（图四六）。

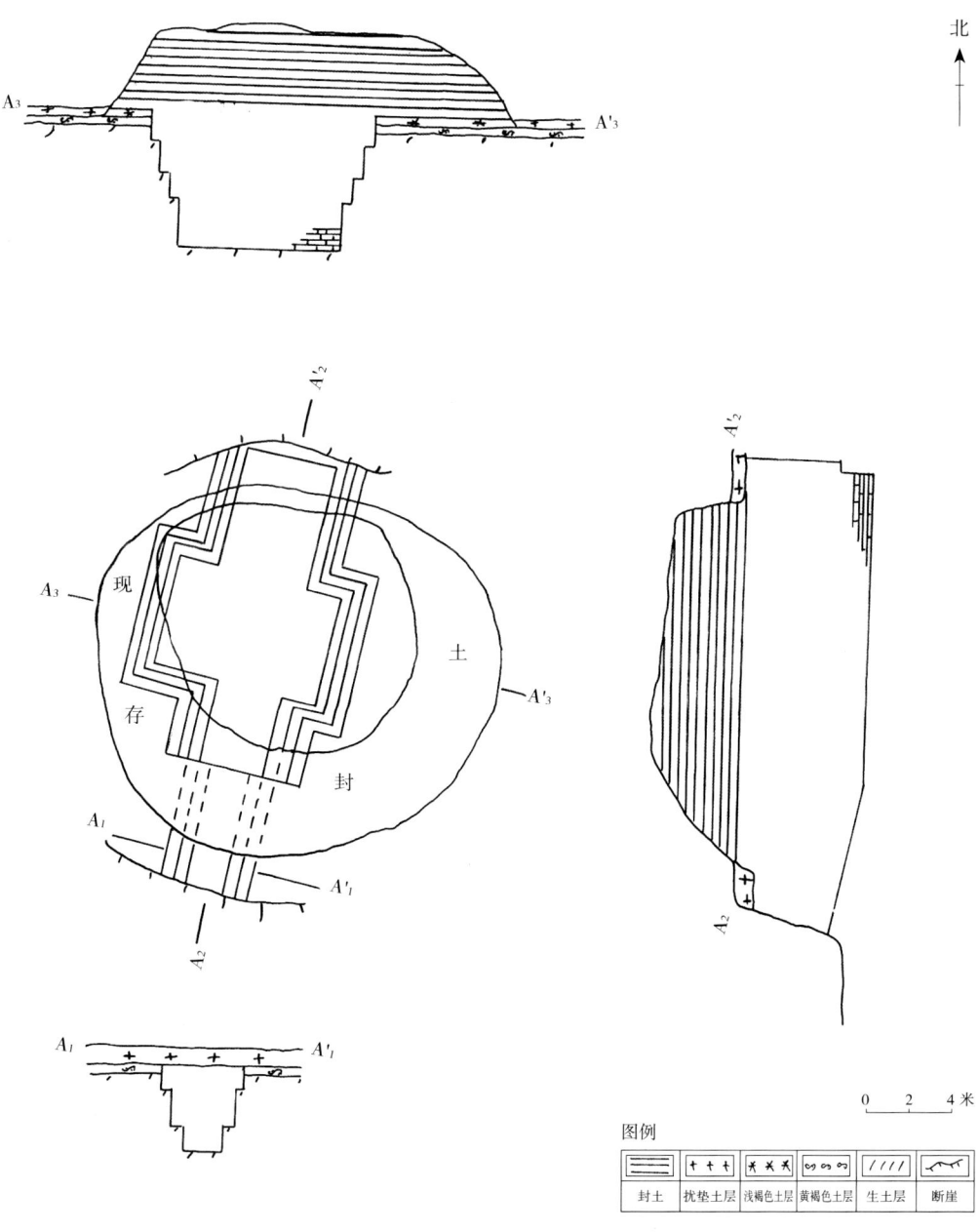

图四六　M2-927钻探平剖图

M2-507

位于孟津县送庄镇后沟村东，洛常路东，妯娌新村一苗圃院内。坐标东经112°34.296′，北纬34°45.975′，高程216.8米。现存封土破坏严重，平面近圆形，残高7、直径21米。夯筑，夯层厚度0.11~0.2米。地层破坏，原始封土范围不详。经钻探，墓葬形制为长斜坡墓道砖券多室墓，由墓道、甬道和前、后墓室组成，方向195°。墓道内填五花土，两侧内收2级台阶，宽0.5~0.6米，墓道长23.8、宽4.6、口深0.3、底深8.8米。甬道土圹长3、宽5.9米。墓室明券，四周内收3级台阶，台阶宽0.4~0.6米，前室横列式，外圹长11.4、宽6.2米，内圹长9.4、宽4.4米。后室外圹长9、宽6米，内圹长6.9、宽6米（图四七）。

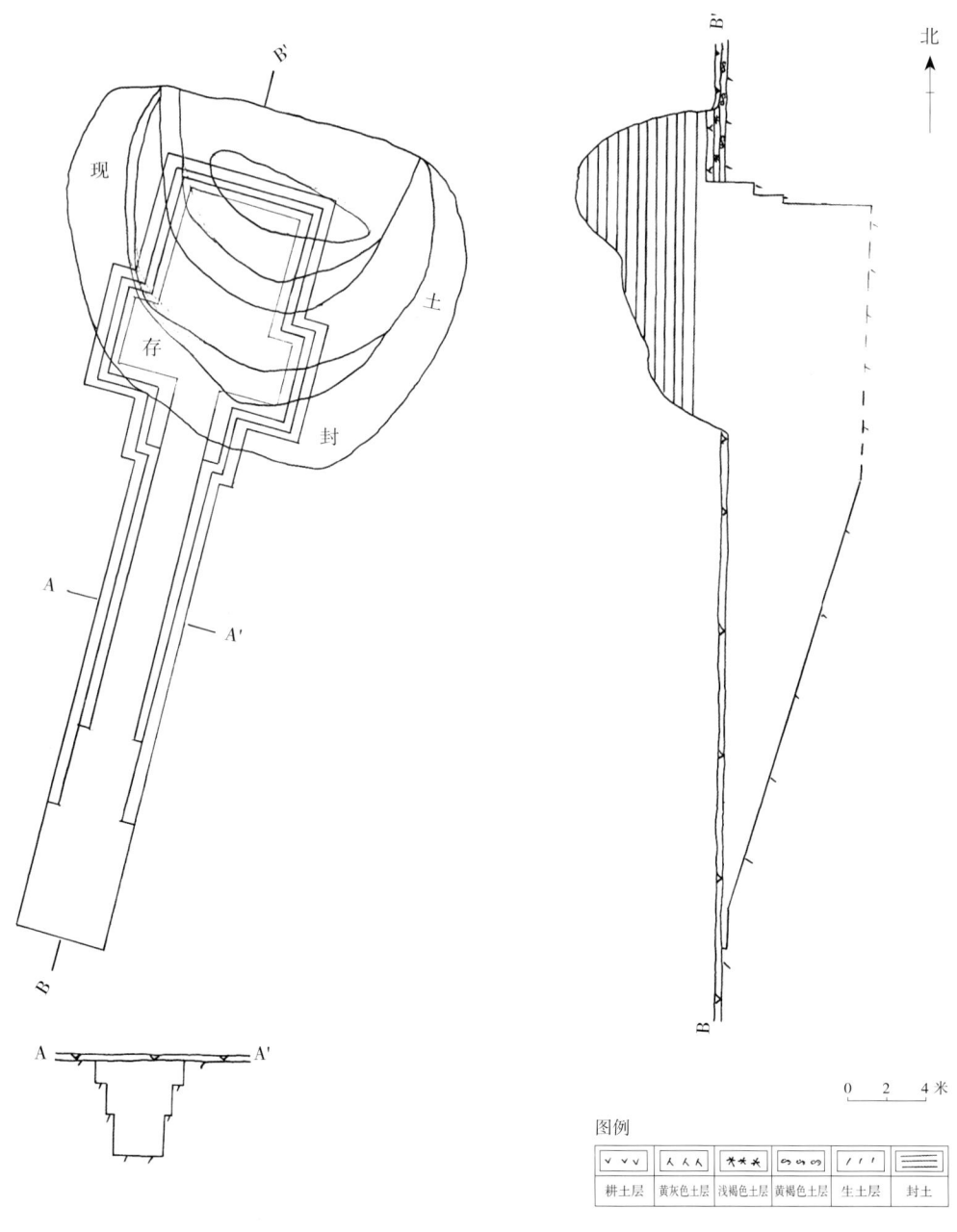

耕土层	黄灰色土层	浅褐色土层	黄褐色土层	生土层	封土

图例

0　2　4 米

图四七　M2-507钻探平剖图

M2-563

位于孟津县平乐镇平乐村北，二汉冢西约300米。坐标东经112° 34.852′，北纬34° 45.967′，高程204.2米。现存封土破坏严重，残高约6.5米，夯筑，夯层厚度0.09~0.2米。原始封土平面大致呈圆形，直径约34米。墓葬形制为长斜坡墓道砖券多室墓，由墓道、甬道和前、后墓室组成，方向189°。墓道填土为五花夯土，长24、宽4.6、口深0.9、底深7.8米。两壁内收3级台阶，台阶宽0.4米。甬道土圹长2.6、宽6.4米。墓室明券，土圹内收3级生土台阶。前室横列前堂式，长13、宽8.2米。后室长9.4、宽5.8米。封土北侧有一片不规则形夯土，性质不明，应与该墓冢有关（图四八）。

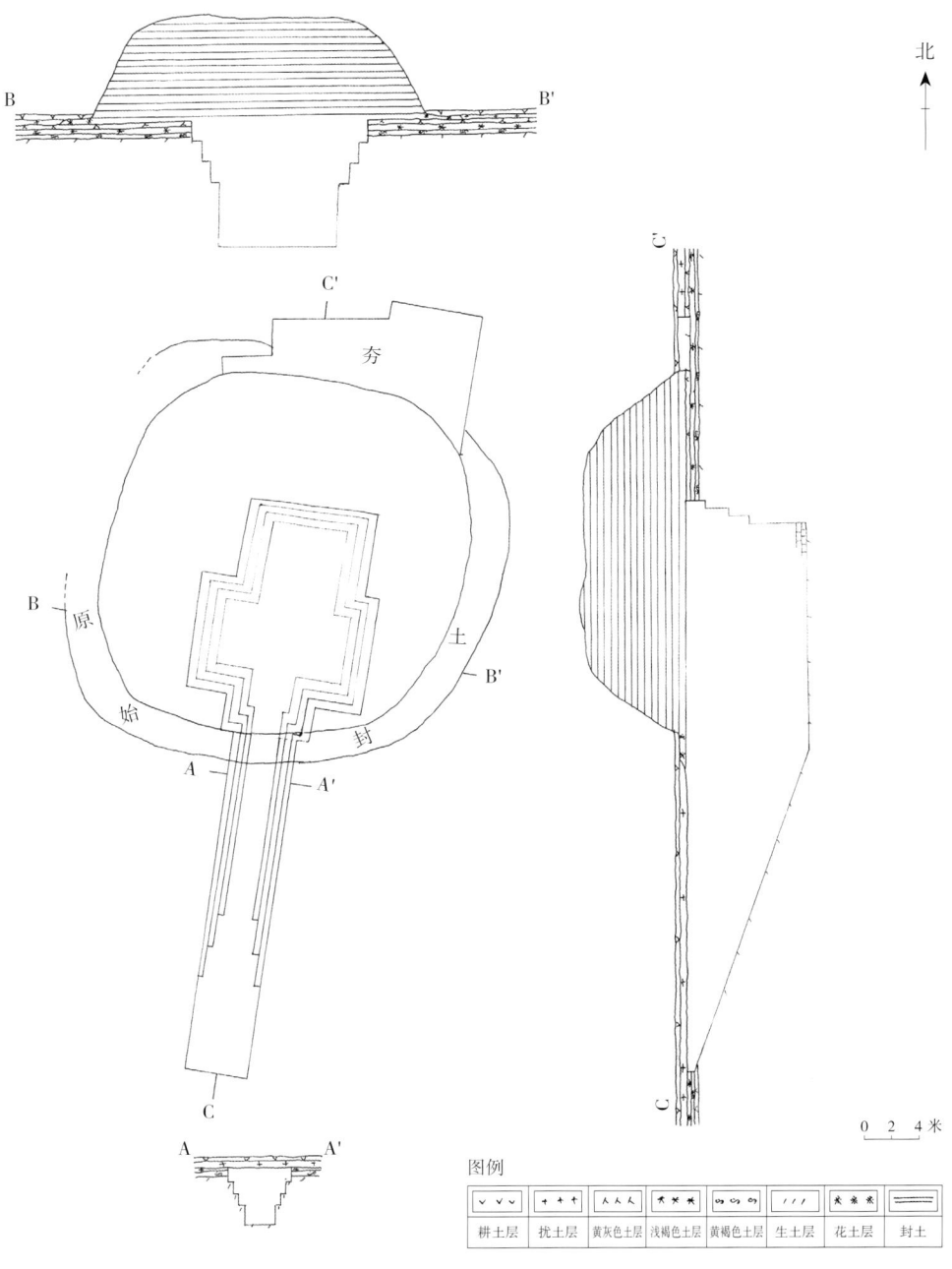

耕土层	扰土层	黄灰色土层	浅褐色土层	黄褐色土层	生土层	花土层	封土

图例

0　2　4米

图四八　M2-563钻探平剖图

M2-564

位于孟津县平乐镇平乐村北，M2-563西208米。坐标东经112° 34.709′，北纬34° 45.949′，高程206.3米。封土破坏严重，残高约3.5米，夯筑。原始封土平面呈圆形，直径约25.6米。墓葬形制为长斜坡墓道砖券多室墓，由墓道、甬道和前、后墓室组成，方向192°。墓道两壁内收2级台阶，填土为五花夯土，长20.4、宽4.6、口深0.8、底深8.9米。甬道土圹长2.9、宽6.2米。墓室明券，土圹四周内收3级台阶，分前后室，严重扰乱，钻探发现大量乱砖。前室横列式，外圹长13.4、宽7.2米，内圹长7.4、宽4.9米。后室外圹长11.4、宽5米，内圹长5.7、宽5米（图四九）。

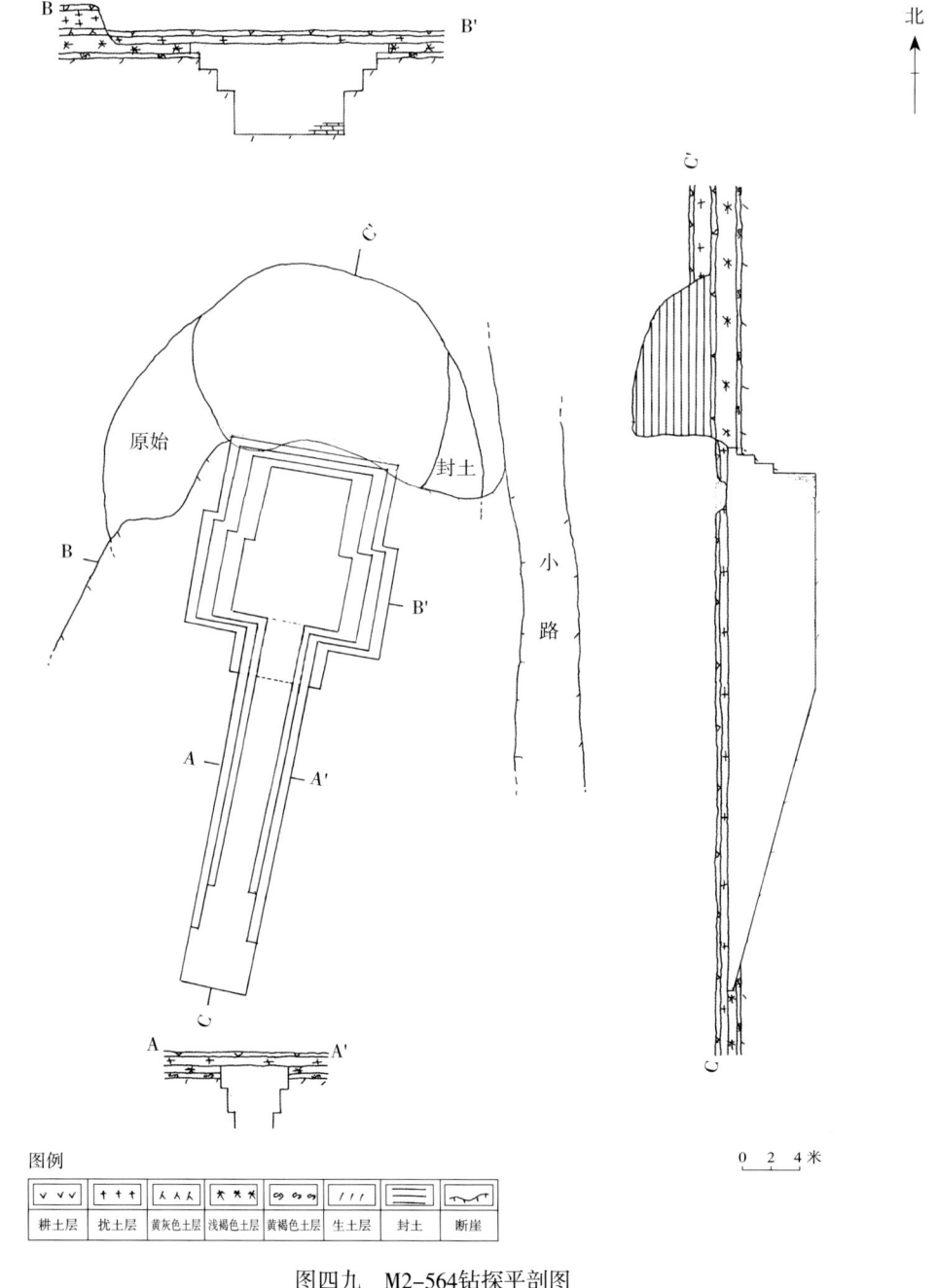

图例

∨∨∨	+++	人人人	＊＊＊	∽∽∽	///	≡	⌒
耕土层	扰土层	黄灰色土层	浅褐色土层	黄褐色土层	生土层	封土	断崖

图四九　M2-564钻探平剖图

M2-568

位于孟津县平乐镇平乐村西北，M2-564西约80米。坐标东经112°34.639′，北纬34°45.943′，高程201.1米。现存封土破坏严重，残高5米，夯筑，夯层厚度0.2～0.25米。原始封土平面呈圆形，直径31米。经钻探，墓葬形制为长斜坡墓道砖券多室墓，由墓道、甬道和前、后墓室组成，方向189°。墓道内填五花土，两侧内收2级台阶，长21、宽4.6米，台阶宽0.6、口深0.5、底深7.4米。甬道土圹长3.3、宽6.2米。墓室明券，土圹内收2级台阶。分前后室，破坏严重。前室横列式，外圹长11.4、宽8米，内圹长8、宽4.8米。后室外圹长5.8、宽8米，内圹长5.6、宽4米（图五〇）。

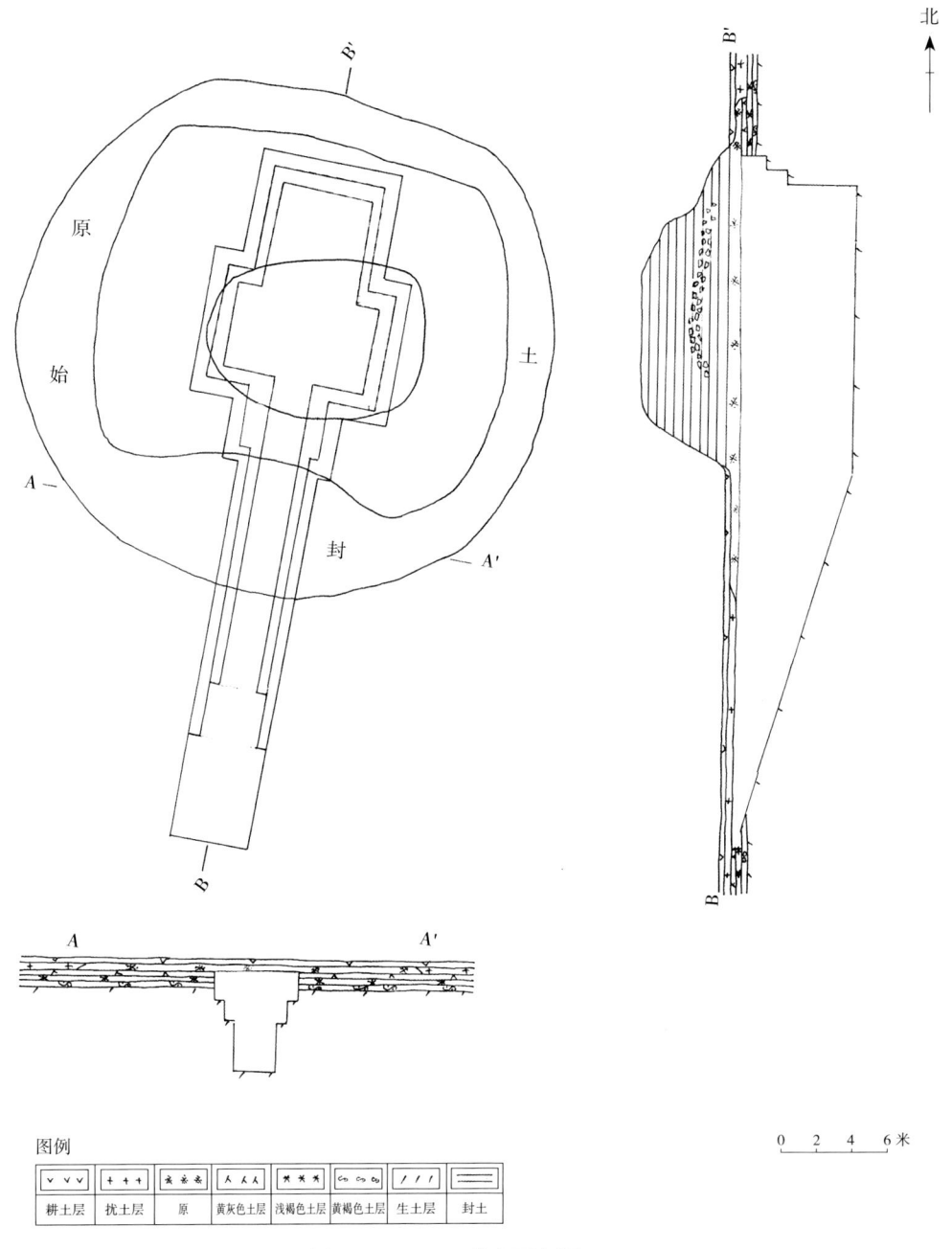

图五〇　M2-568钻探平剖图

2. 陪葬墓群

M2-887

位于孟津县平乐镇新庄村南，连霍高速公路北约250米。坐标东经112°36.326′，北纬34°46.822′，高程207.3米。地面残存有封土，原始封土平面圆形，直径44米。经钻探，墓葬形制为长斜坡墓道砖券墓，由墓道和墓室组成，方向100.1°。墓道为长斜坡式，长25、宽3、口深0.8、底深6.7米。墓道两侧各内收2级台阶，台阶宽0.3米。生土甬道，长3.5、宽3米。墓室明券，土圹内收2级生土台阶。单方室，外圹长12、宽11米，内圹长10.2、宽9.2米（图五一）。

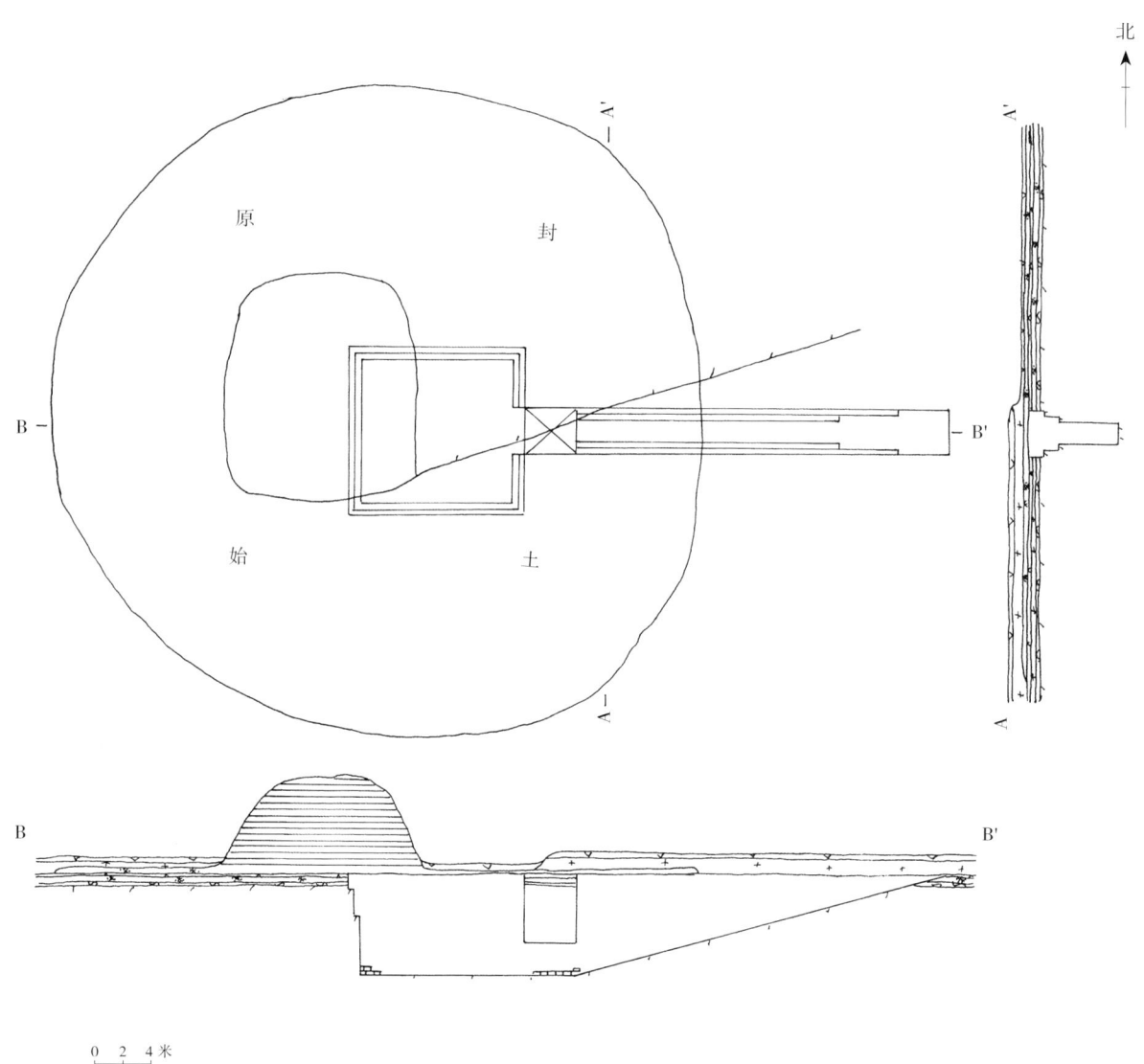

图五一　M2-887钻探平剖图

M2-683

位于孟津县平乐镇朱仓村东约600米，俗称"李密冢"。坐标东经112°37.592′，北纬34°46.480′，高程227.5米。现存封土破坏严重，残高13.5米，夯筑，夯层厚度0.04~0.18米。原始封土平面方形，边长约63米。经钻探，墓葬形制为长斜坡墓道砖券墓，方向189°。墓道两侧内收2级台阶，内填花土。长27、宽4.3、口深1、底深12.5米。墓室明券，土圹内收2级生土台阶。平面近方形，墓葬外圹长10.4、宽9.8米，内圹长8.3、宽7.2米（图五二）。

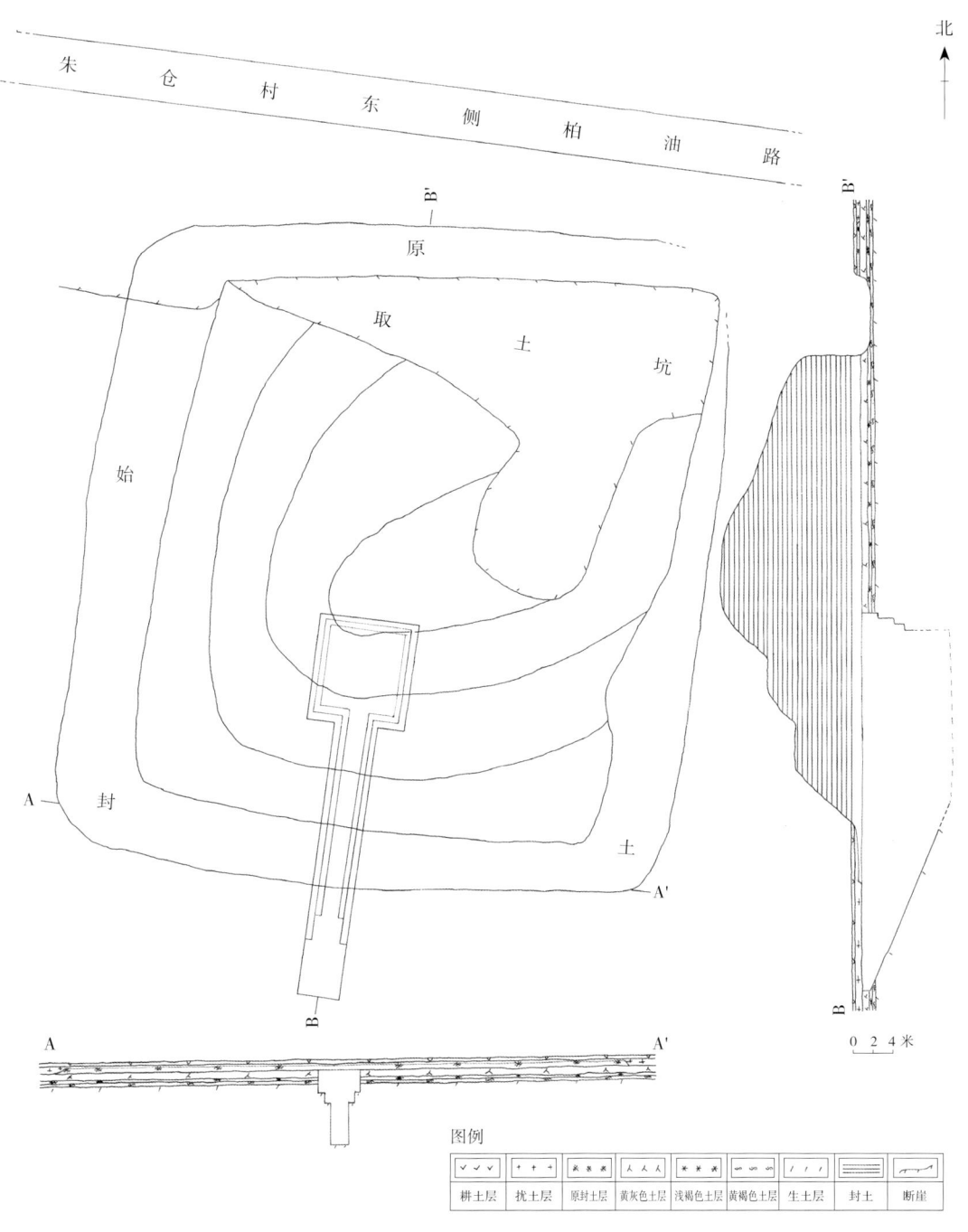

图例
耕土层　扰土层　原封土层　黄灰色土层　浅褐色土层　黄褐色土层　生土层　封土　断崖

图五二　M2-683钻探平剖图

M2-903

位于孟津县平乐镇天皇岭村北，207国道西侧，俗名"郭象冢"。坐标东经112°37.9831′，北纬34°46.5115′，高程217米。地面残存有封土，原始封土平面圆形，直径88.5米，经钻探，墓葬为长斜坡墓道砖券多室墓，由墓道、甬道、前室、后室组成，方向190°。墓道为长斜坡式，长31、宽4.2、口深2.4、底深12.7米。墓道两侧内收2级台阶，宽0.4～0.5米。甬道土圹长2、宽6.2米。墓室为明券双横室，土圹内收2级生土台阶。前室外圹长11.6、宽9.1米，内圹长9.7、宽6米。后室外圹长9.1、宽3.8米，内圹长7.2、宽3.8米（图五三）。

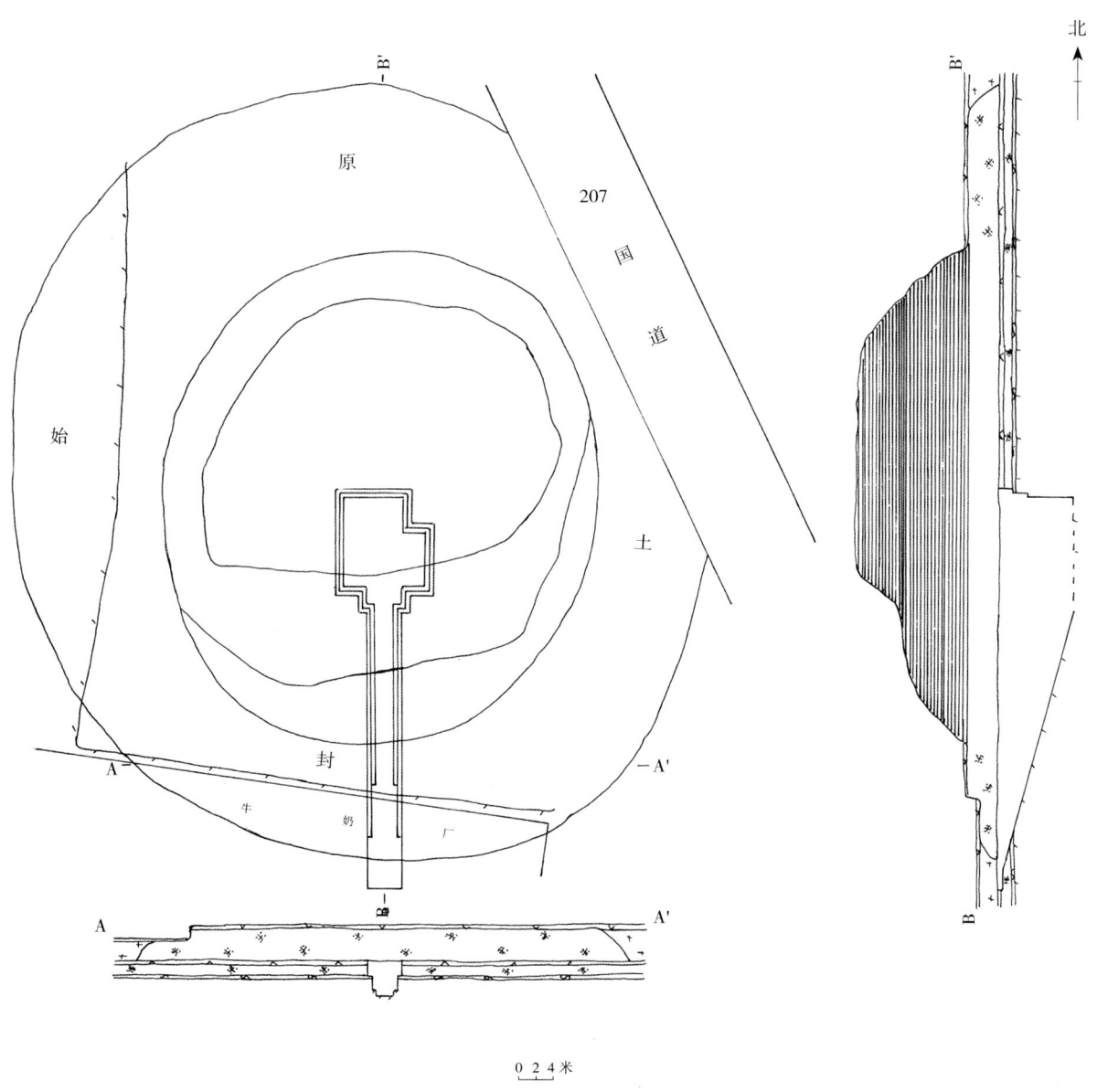

0 2 4米

图五三　M2-903钻探平剖图

M2-895

位于孟津县平乐镇新庄村西南，东方正大饲料厂围墙南侧。坐标东经112°35.679′，北纬34°47.275′，高程205.5米。现存封土破坏严重，残高4.5米，夯筑，夯层厚度0.08~0.2米。原始封土平面近圆形，直径约49米。经钻探，墓葬形制为长斜坡墓道砖券多室墓，由墓道、甬道和前、后墓室组成，方向191°。墓道长13.8、宽2.8、口深1、底深6.3米。墓道两侧内收1级台阶，台阶宽0.4米。生土甬道，长2、宽1.8米。墓室明券，无内收台阶。前室横列式，长9.4、宽5米。后室长4.2、宽2.8米。前室与后室之间发现一盗洞（图五四）。

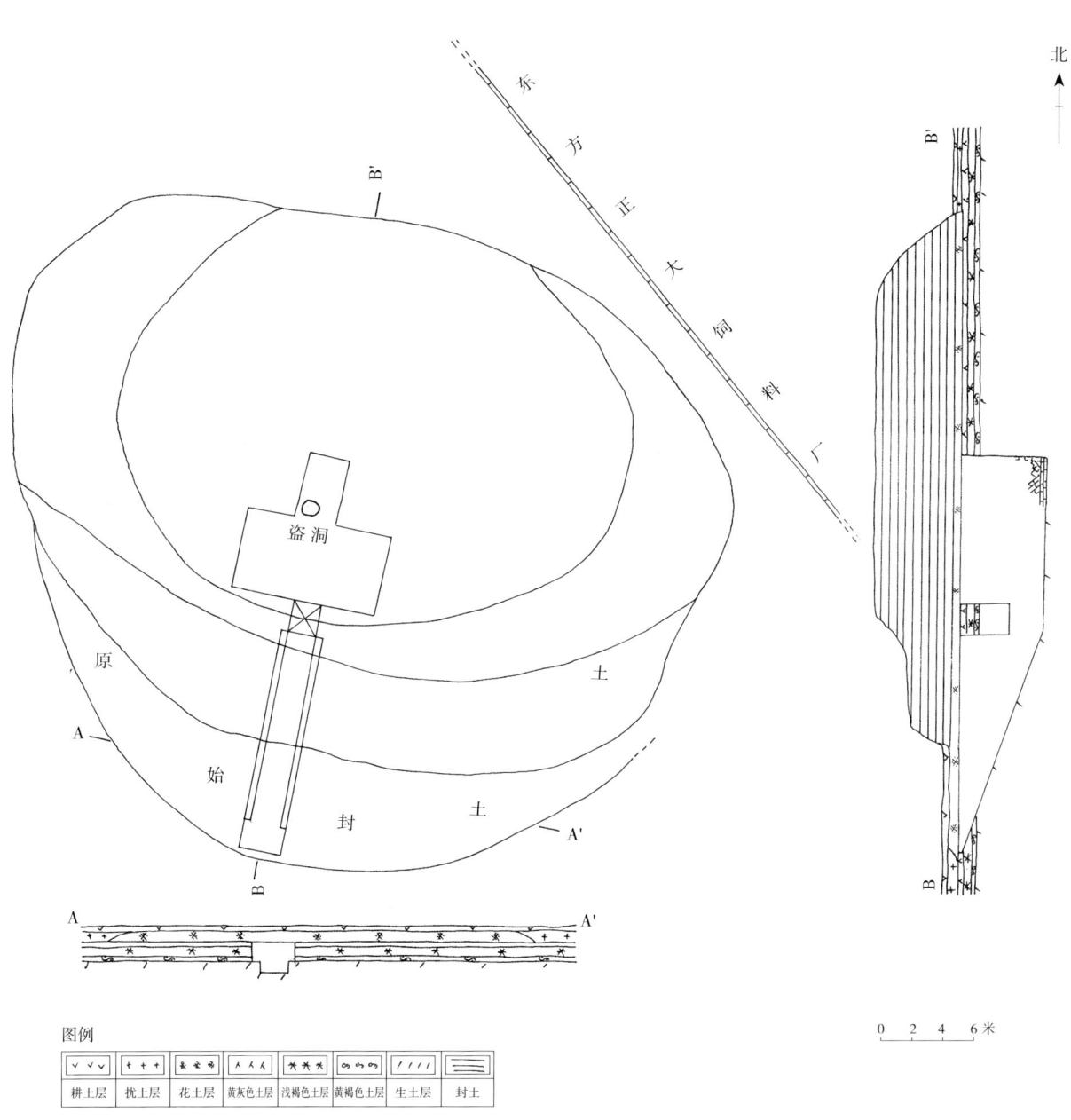

图五四　M2-895钻探平剖图

M2-772

位于孟津县平乐镇张盘村西南，连霍高速公路东。坐标东经112°36.714′，北纬34°46.907′，高程210.7米。现存封土残高4.6米，原始封土平面近圆形，直径30米。经钻探，墓葬形制为长斜坡墓道砖券单室墓，由墓道、甬道和墓室组成，方向98°。墓道长斜坡式，两侧内收1级台阶。墓道长约19、宽2.8、口深0.6、底深7米。台阶距地表深2.8、宽0.8米。生土甬道，长2.4、宽1.2米。墓室明券，无内收台阶，单室横列式。墓室土圹长8.7、宽7米（图五五）。

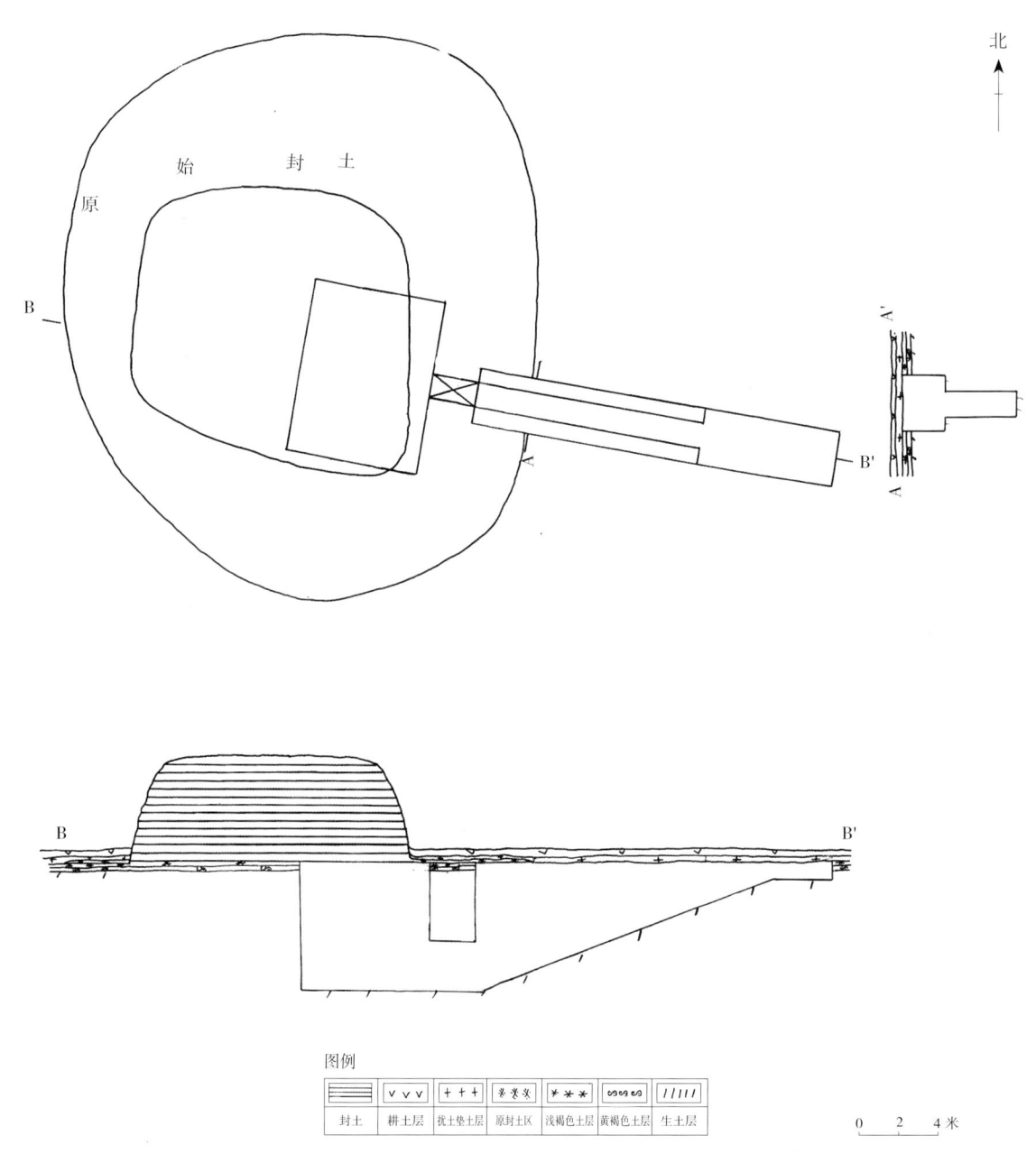

图例					
封土	耕土层	扰土垫土层	原封土区	浅褐色土层	黄褐色土层	生土层

0　　2　　4 米

图五五　M2-772钻探平剖图

M2-771

位于孟津县平乐镇张盘村西南，二广高速公路东。坐标东经112° 36.693′，北纬34° 46.925′，高程209.2米。现存封土破坏严重，残高5.4米。原始封土平面圆形，直径32米。经钻探，墓葬形制为长斜坡墓道砖券多室墓，由墓道、前、后墓室组成，方向188°。墓道为长斜坡式，长16.8、宽2.3、口深0.6、底深8.1米。墓室为砖券洞室，前墓室西侧被高速公路破坏。前室横列式，残长7.8、宽3米。后室长3.6、宽3.4米（图五六）。

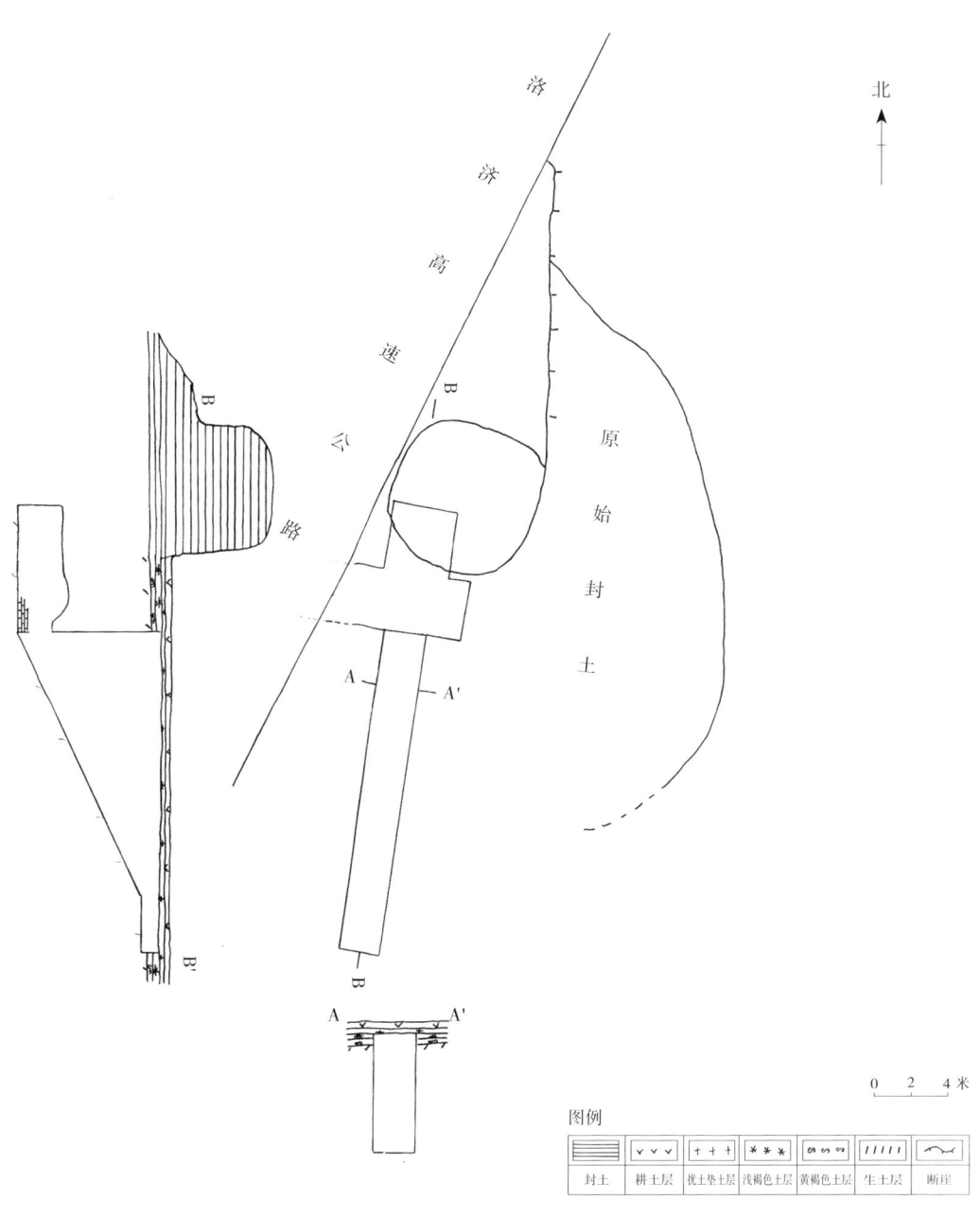

图五六　M2-771钻探平剖图

3. 后沟、送庄墓群

M2-502

位于孟津县送庄镇后营村西北。坐标东经112°33.097′，北纬34°45.770′，高程214.2米。现存封土破坏严重，残高4米，夯筑，夯层厚度0.12~0.3米。原始封土被断崖打破，平面圆形，复原直径50米。经钻探，为长斜坡墓道砖券多室墓，平面"甲"字形，方向182°。墓道内填花土，长26、宽6.8、口深0.8、底深9.2米。墓道两侧内收2级台阶，台阶宽0.8米。墓室明券，土圹内收2级台阶。前半部平面方形，外圹长21.4、宽20.4米，内圹长宽均为12米。后半部向外突出，封土干扰，形制不详（图五七）。

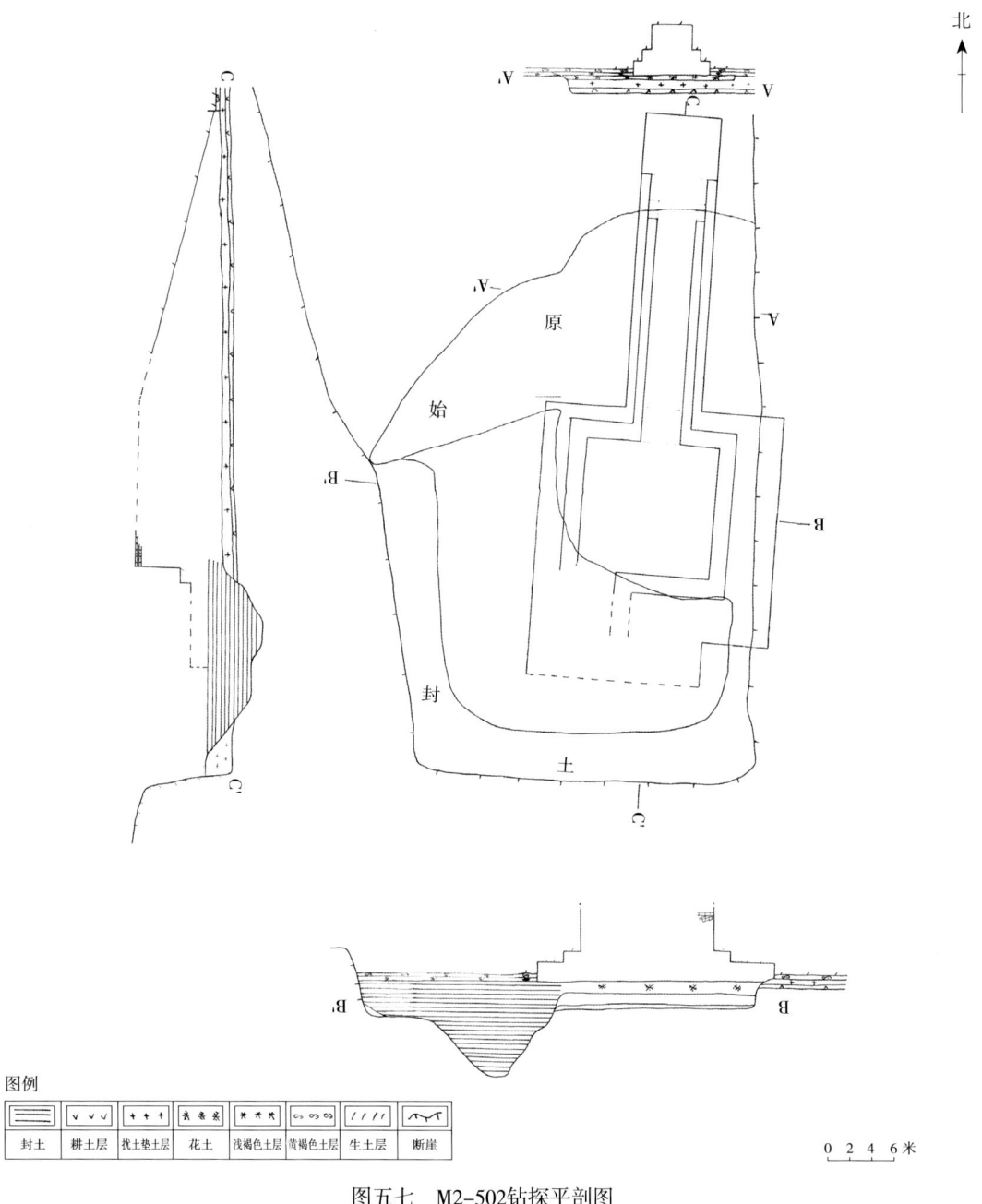

图例

封土	耕土层	扰土垫土层	花土	浅褐色土层	黄褐色土层	生土层	断崖

0 2 4 6米

图五七　M2-502钻探平剖图

M2-508

位于孟津县送庄镇后沟村南约100米。坐标东经112°33.661′，北纬34°47.933′，高程217.8米。现存封土破坏较严重，残高7.5米，夯筑，夯层厚度0.1~0.18米。原始封土平面圆形，直径66米。经钻探，墓葬为长斜坡墓道砖券墓，平面"甲"字形，方向102°。墓道内填五花夯土，长22.5、宽5.20、口深0.3~0.5、底深8.2米。墓道两侧内收2级台阶，台阶宽0.6米。墓室明券，土圹内收2级台阶。外圹长15.7、宽15.5米，内圹长13.2、宽13米（图五八）。

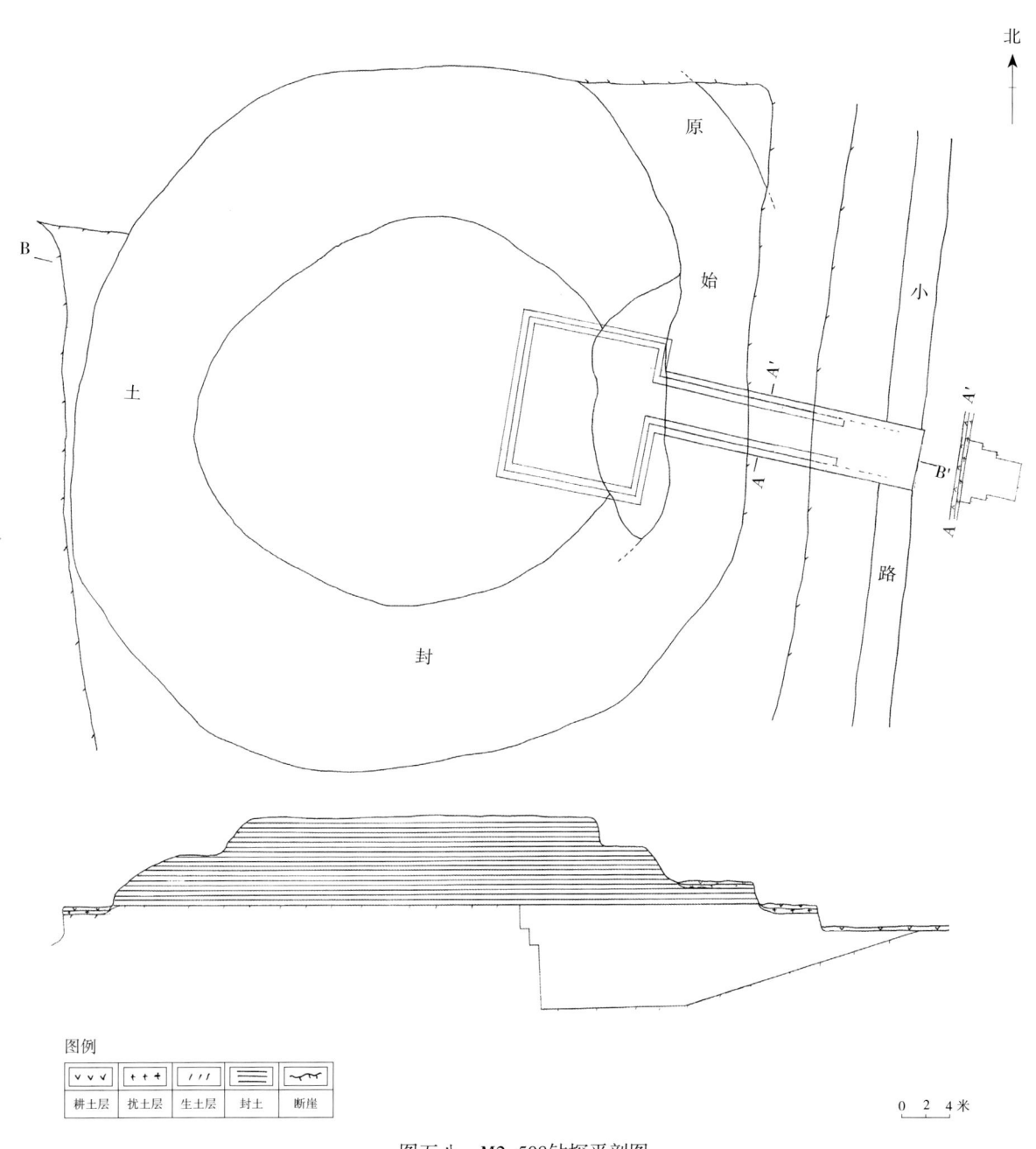

⌄⌄⌄	+++	///	≡	∿
耕土层	扰土层	生土层	封土	断崖

图例

0　2　4米

图五八　M2-508钻探平剖图

M2-501

位于孟津县送庄镇后营村西北，坐标东经112°33.088′，北纬34°45.813′，高程217.5米。现存封土破坏严重，残高9米，夯筑，夯层厚度0.12～0.22米。原始封土平面呈圆形，直径约62米。经钻探，墓葬形制为长斜坡墓道砖券多室墓，由墓道、前室、后室组成，方向270°。墓道内填五花土，长31.2、宽5.7、口深0.6、底深9.3米。两侧内收3级台阶，台阶宽0.8米。墓室明券，土圹内收3级生土台阶。前室横列式，外圹长11、宽8.7米，内圹长7.3、宽5.1米。后室偏于前室一侧，外圹长5.4、宽8.2米，内圹长5.3、宽4.8米（图五九）。

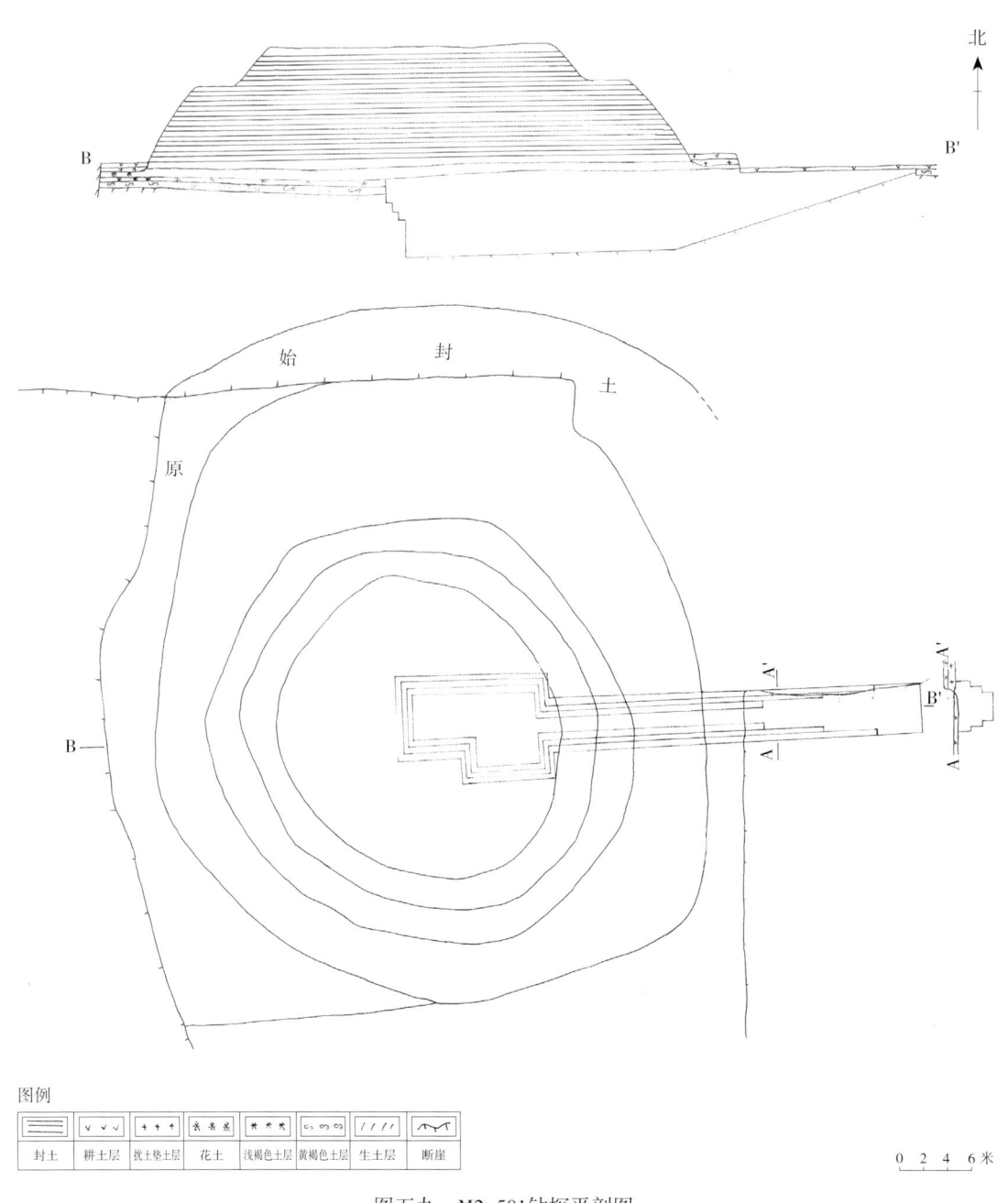

图五九　M2-501钻探平剖图

M2-938

位于孟津县送庄村东北水泥厂西，俗称"升子冢"。坐标东经112° 34.498′，北纬34° 47.875′，高程215.8米。现存封土破坏严重，西北一废弃窑洞。残高8.5米，夯筑，平夯，夯层厚0.09～0.2米。原始封土平面圆形，直径41米。经钻探，墓葬形制为长斜坡墓道砖券多室墓，方向207°。墓道内填五花夯土，长21、宽4.8、底深8.6米。墓道两侧内收2级台阶，台阶宽0.6米。甬道土圹长2.6、宽6.6米。墓室明券，土圹内收2级生土台阶。前室横列式，外圹长12.4、宽9.4米，内圹长9.7、宽6.5米。后室外圹长6.1、宽7.2米，内圹长6.1、宽4.6米（图六〇）。

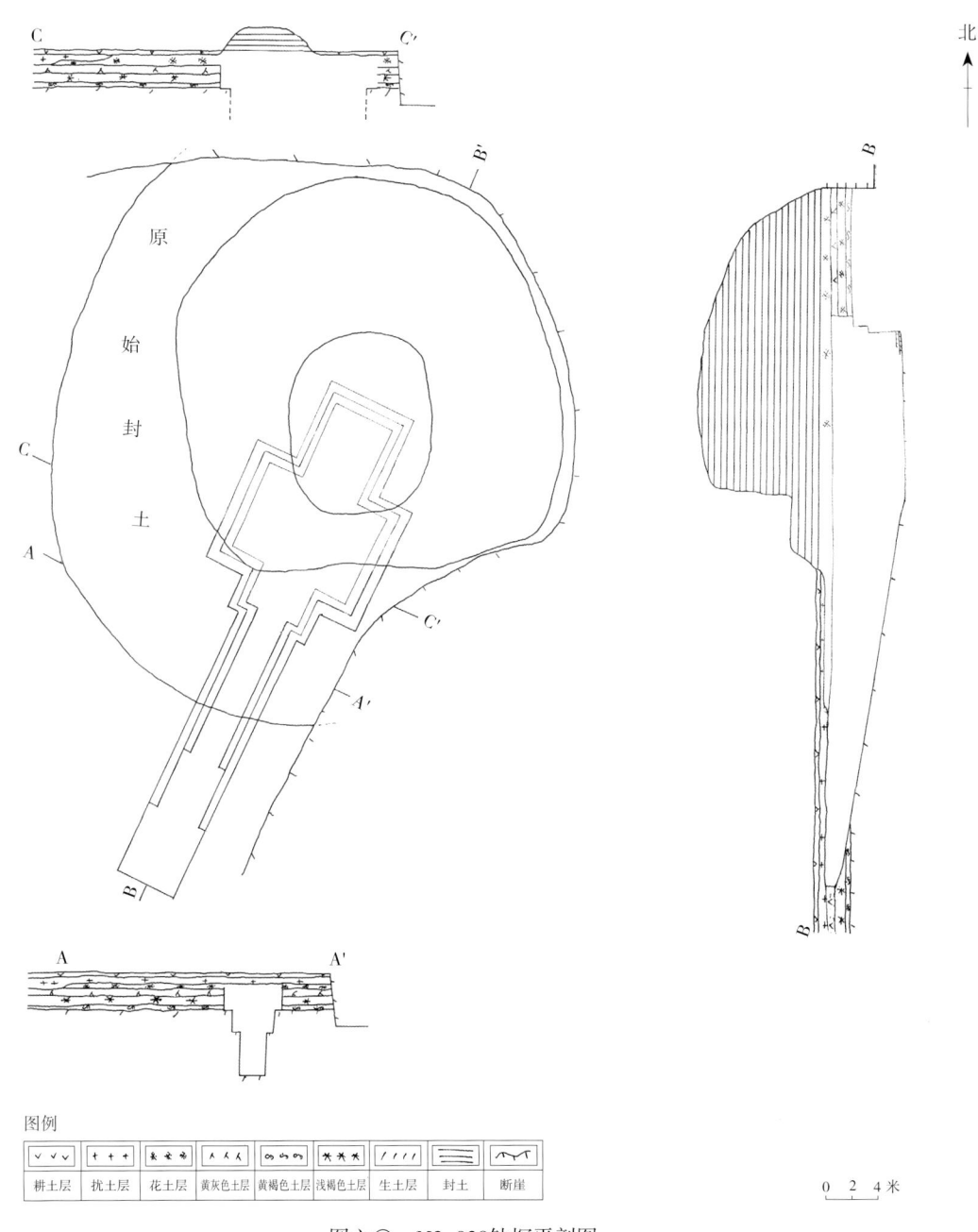

图例								
∨∨∨	＋＋＋	≉≉≉	∧∧∧	∽∽∽	⁂⁂⁂	∕∕∕	≡	⌒
耕土层	扰土层	花土层	黄灰色土层	黄褐色土层	浅褐色土层	生土层	封土	断崖

0　2　4 米

图六〇　M2-938钻探平剖图

4. 外围区域

M2-249

位于洛龙区白马寺镇凹杨村西北。坐标东经112°32.87′，北纬34°43.117′，高程114.2米。现存封土破坏严重，残高5.4米，夯筑，夯层厚0.1～0.15米。原始封土平面呈圆形，直径31米。经钻探，墓葬形制为长斜坡墓道砖券多室墓，由墓道、甬道和前、后墓室组成，方向188°。墓道内填五花夯土，长19、宽2、口深1、底深6.8米。生土甬道，长5.1、宽2米。墓室明券，前室横列式，长11、宽3.5米。后室长5.1、宽2米（图六一）。

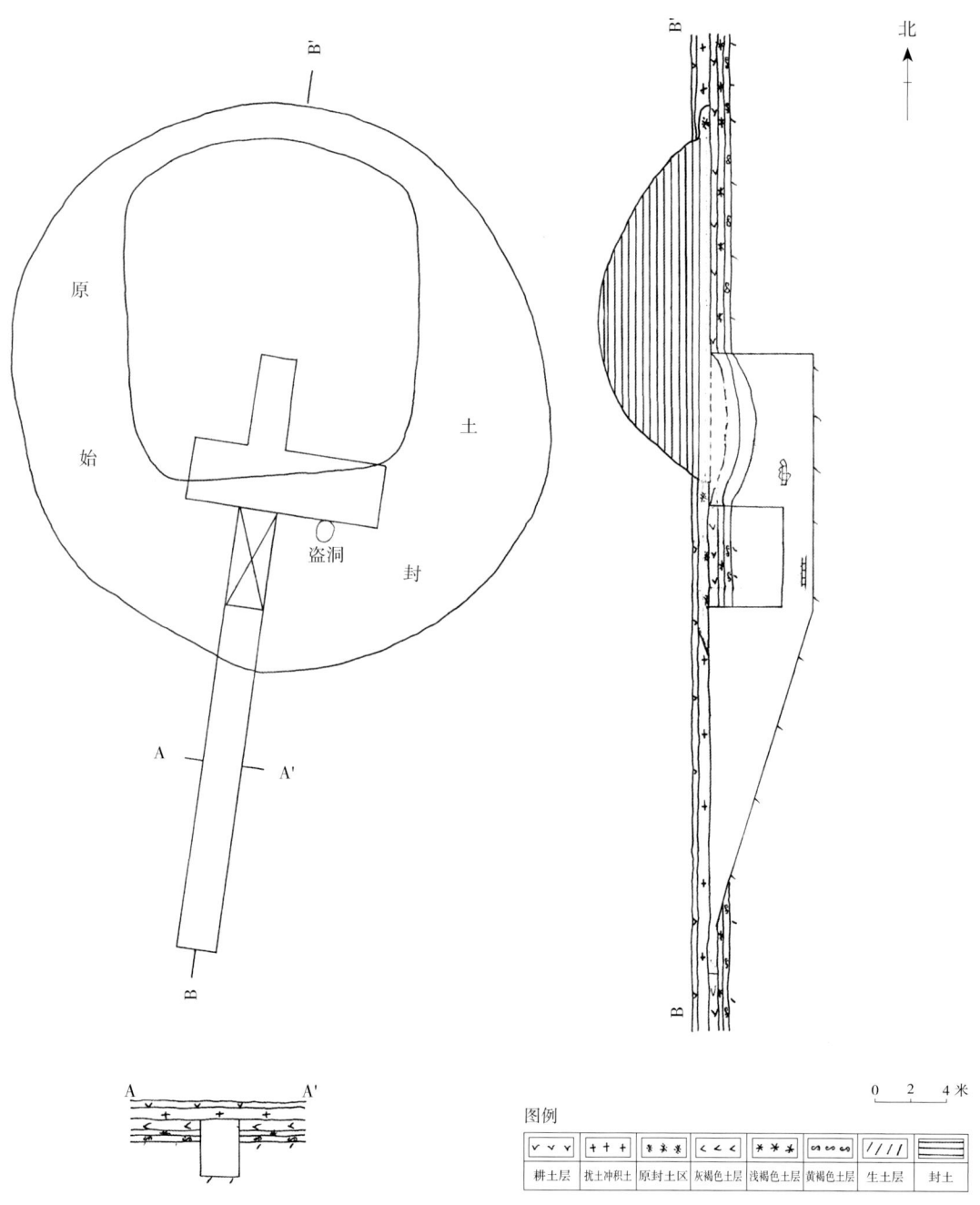

图例

耕土层	扰土冲积土	原封土区	灰褐色土层	浅褐色土层	黄褐色土层	生土层	封土

0　2　4米

图六一　M2-249钻探平剖图

M2-252

　　位于洛龙区白马寺镇凹杨村西。坐标东经112°32.913′，北纬34°42.881′，高程116.6米。现存封土破坏殆尽，仅存两块小土丘，夯筑。原始封土平面呈圆形，直径37米。经钻探，墓葬为长斜坡墓道砖券多室墓，由墓道、甬道、前室、后室组成，方向180°。墓道内填五花夯土，两侧内收2级台阶，台阶宽0.7米。墓道长19.6、宽4米，口部深2.3米，底深8.3米。甬道土圹长2、宽5.4米。墓室明券，土圹内收2级台阶。前室平面近方形，外圹长11、宽10米。后室长方形，偏于前室一侧，长7.8、宽3.2米（图六二）。

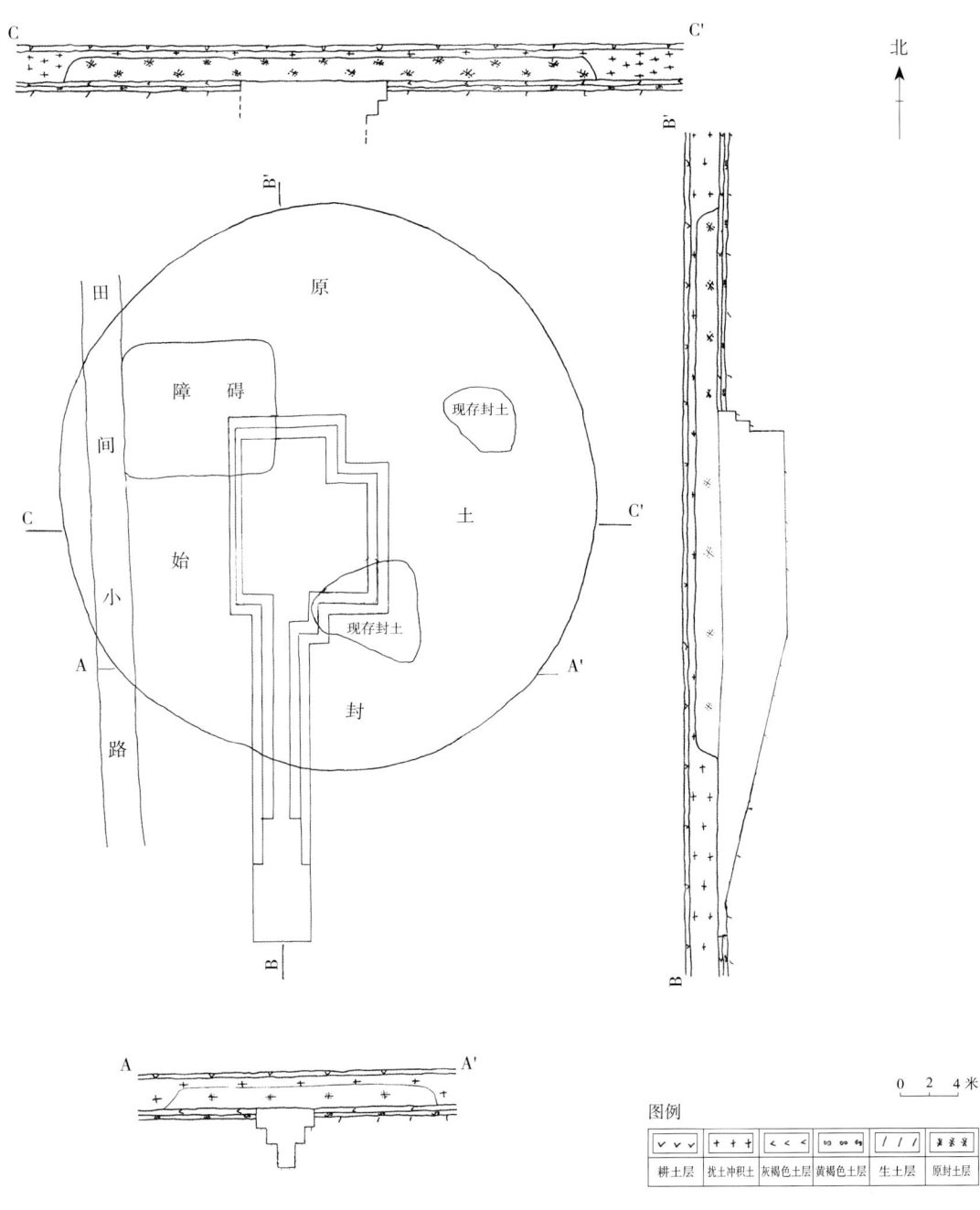

图六二　M2-252钻探平剖图

表一一　东汉墓冢钻探查证统计表

单位：米

编号	形制	墓道	甬道	墓室	原始封土
M1–13	长斜坡墓道砖券墓，墓室明券，单横室	长 18.2、宽 2.8	长 6.9、宽 5.8	外圹长 7.9、宽 15.3、内圹长 4.2、宽 11.6，底深 8.3	圆形，直径 45
M1–325	长斜坡墓道砖券墓，洞室，前横后顺	长 8.2、宽 1.4	长 2.4、宽 1.4	前室长 6.6、宽 3.5，后室长 3.1、宽 2.6，底深 8	圆形，直径 31.5
M2–231	长斜坡墓道砖券墓，墓室明券，双横式	长 16.6、宽 5.2	长 4、宽 7.4	前室外圹长 15.8、宽 8.5、内圹长 11.5、宽 4.2，后室外圹长 13.5、宽 5.7、内圹长 9.2、宽 5.7，底深 8.6	圆形，直径 60
M2–232	长斜坡墓道砖券墓墓室明券，甲字形	长 22.3、宽 5.6	长 3.8、宽 9.8	前室外圹长 16.3、宽 10.8、内圹长 15、宽 9.4，后室外圹长 13.8、宽 3.9、内圹长 12.4、宽 3.7，底深 8.3	圆形，直径 64
M2–248	长斜坡墓道砖券墓，墓室明券，前横后顺	长 27.5、宽 3.9	长 4.3、宽 5.2	前室外圹长 9.85、宽 5.85、内圹长 7.4、宽 3.5，后室外圹长 4.3、宽 5.8、内圹长 4.3、宽 3.5，底深 8.9	圆形，直径 59
M2–249	长斜坡墓道砖券多室墓，生土双坑，前横后顺	长 19、宽 2	长 5.1、宽 2	前室长 11、宽 3.5，后室长 5.1、宽 2，底深 6.8	圆形，直径 31
M2–252	长斜坡墓道砖券多室墓，墓室明券。前方后顺	长 19.6、宽 4	长 2、宽 5.4	前室外圹长 11、宽 10、内圹长 8.5、宽 7.3，后室外圹长 7.8、宽 3.2、内圹长 5.4、宽 3.2，底深 8.3	圆形，直径 37
M2–269	长斜坡墓道砖券墓，墓室明券，前横后顺	长度不详、宽 4.6	长 1.6、宽 5.9	前室外圹长 8.9、宽 6.95、内圹长 6.6、宽 4.5，后室外圹长 5.3、宽 7.2、内圹长 5.3、宽 5，底深 8.6	圆形，直径 48
M2–484	长斜坡墓道砖券墓，墓室明券，前横后顺	长 21、宽 3.8	长 2.6、宽 4.6	前室外圹长 8.4、宽 5.6、内圹长 6.7、宽 3.9，后室外圹长 5.5、宽 5.8、内圹长 5.5、宽 4.1，底深 6.7	破坏
M2–501	长斜坡墓道砖券多室墓，墓室明券，前横后顺	长 31.2、宽 5.7		前室外圹长 11、宽 8.7、内圹长 7.3、宽 5.1，后室外圹长 5.4、宽 8.2、内圹长 5.3、宽 4.8，底深 9.3	圆形，直径 62
M2–502	长斜坡墓道砖券墓，墓室明券。甲字形	长 26、宽 6.8	长 3	前室平面方形，外圹长 21.4、宽 20.4、内圹长、宽均为 12，后室不详，底深 9.2	破坏
M2–507	长斜坡墓道砖券多室墓，墓室明券，前横后顺	长 23.8、宽 4.6	长 3、宽 5.9	前室外圹长 11.4、宽 6.2、内圹长 9.4、宽 4.4，后室外圹长 9、宽 6，内圹长 6.9、宽 6，底深 8.8	圆形，直径 21

编号	形制	墓道	甬道	墓室	原始封土
M2-508	长斜坡墓道砖券墓，墓室明券，甲字形	长 22.5、宽 5.2		外圹长 15.7、宽 15.5、内圹长 13.2、宽 13、底深 8.2	圆形，直径 66
M2-514	长斜坡墓道砖券墓，墓室明券，双横室	长 27.7、宽 4.8		前室外圹长 12.8、宽 8.6、内圹长 10.4、宽 6.06、后室外圹长 8.8、宽 3.5、内圹长 6.2、宽 3.5、底深 8.3	圆形，直径 75.6
M2-560	长斜坡墓道砖券墓，墓室明券，双横室	长 32、宽 6.8		前室外圹长 13.7、宽 8、内圹长 10.2、宽 5.5、后室外圹长 9.2、宽 5.9、内圹长 6.8、宽 5.9、底深 8.6	圆形，直径 82
M2-563	长斜坡墓道砖券多室墓，墓室明券，前横后顺	长 24、宽 4.6	长 2.6、宽 6.4	前室长 13、宽 8.2、后室长 9.4、宽 5.8，底深 7.8	圆形，直径 34
M2-564	长斜坡墓道砖券多室墓，墓室明券，前横后顺	长 20.4、宽 4.6	长 2.9、宽 6.2	前室外圹长 13.4、宽 7.2、内圹长 7.4、宽 4.9、后室外圹长 11.4、宽 5、内圹长 5.7、宽 5、底深 8.9	圆形，直径 25.6
M2-566	长斜坡墓道砖券墓，洞室，前横后顺	长 10.8、宽 1.2	长 2.1、宽 1.2	前室长 5、宽 3、后室长 3.4、宽 3	破坏
M2-568	长斜坡墓道砖券多室墓，墓室明券，前横后顺	长 21、宽 4.6	长 3.3、宽 6.2	前室外圹长 11.4、宽 8、内圹长 8、宽 4.8、后室外圹长 5.8、宽 8、内圹长 5.6、宽 4、底深 7.4	圆形，直径 31
M2-574	长斜坡墓道砖券墓，墓室明券，前横后顺	长 25.2、宽 4.8		前室外圹长 12、宽 8.7、内圹长 10、宽 7.5、后室外圹长 6、宽 6.8、内圹长 6、宽 5.5、底深 8.5	圆形，直径 66
M2-575	长斜坡墓道砖券墓，洞室，前横后顺	长 6.6、宽 1.7	长 2.7、宽 1.7	前室长 5.2、宽 2.9、后室长 3、宽 3.1	破坏
M2-578	长斜坡墓道砖券墓，墓室明券，前横后顺	长 27.4、宽 6.6	长 2.4、宽 5	前室外圹长 10.9、宽 9、内圹长 8.5、宽 6.4、后室外圹长 4.5、宽 6.2、内圹长 4.6、宽 3.6、底深 9.9	圆形，复原直径 45
M2-579	长斜坡墓道砖券墓，墓室明券，前横后顺	长 14.9、宽 2.9	长 2.8、宽 6.2	前室外圹长 9.9、宽 7、内圹长 8.3、宽 5.4、后室外圹长 4、宽 5.9、内圹长 4.6、宽 4.4、底深 8.9	圆形，直径 62.8
M2-634	长斜坡墓道砖券墓，洞室，前横后顺	长 17.2、宽 1.3		前室长 8.2、宽 1.5、后室长 3.3、宽 3.3，底深 7.4	破坏
M2-636	洞室结构砖券墓，前横后顺	残，不详	残长 1.3、宽 1.3	前室长 6.1、宽 3.6、后室一长 3.2、宽 2.1、后室二长 3.2、宽 2.2，底深 8.6	破坏
M2-682	长斜坡墓道砖券墓，墓室明券，前横后顺	长 23.9、宽 4	长 2、宽 5.6	前室外圹长 10.4、宽 7.5、内圹长 8.4、宽 5.4、后室外圹长 7.2、宽 6.3、内圹长 7.2、宽 4.3，底深 8.6	圆形，直径 70

编号	形制	墓道	甬道	墓室	原始封土
M2-683	长斜坡墓道砖室墓墓室明券，单方室式，"甲"字形	长27、宽4.3		长10.4、宽9.8，底深12.5	方形，边长63
M2-748	长斜坡墓道砖券墓，墓室明券，前横后顺	长22、宽5.8	长3、宽7.5	前室外圹长14.7、宽9、内圹长9.8、宽5.3，后室外圹长6.9、宽10.2、内圹长6.9、宽5.4，底深7.5	圆形，直径45
M2-749	长斜坡墓道砖券墓，墓室明券，前横后顺	长19.8、宽4.1	长3.6、宽5.6	前室外圹长10.3、宽6.9、内圹长8.7、宽5.3，后室外圹长5、宽6.4、内圹长5、宽4.6，底深8.2	圆形，直径60
M2-771	长斜坡墓道砖券多室墓，洞室，前横后顺	长16.8、宽2.3		前室长度不详，宽3，后室长3.6、宽3.4，底深8.1	圆形，直径32
M2-772	长斜坡墓道砖券单室墓，生土双坑，单横室	长19、宽2.8	长2.4宽1.2	长8.7、宽7，底深7	圆形，直径30
M2-774	长斜坡墓道砖券墓，墓室明券，前横后顺	长26.8、宽4		前室外圹长9.3、宽5.7、内圹长8.4、宽4.9，后室外圹长4、宽4.4、内圹长4、宽3.6，底深9.2	圆形，直径60
M2-775	长斜坡墓道砖券墓，墓室明券，前横后顺	长18.4、宽2.5		前室长6.5、宽5，后室长4.2、宽4，底深6.1	圆形，直径38.4
M2-776	长斜坡墓道砖券墓，墓室明券，双横式	长25、宽5	长2.5、宽5.8	前室外圹长14.7、宽8.5、内圹长13、宽6.8，后室外圹长9.6、宽3.7、内圹长8.1、宽3.7，底深8.4	圆形，直径50
M2-782	长斜坡墓道砖券墓，墓室明券，甲字形	长17、宽3	长3.8、宽4.3	外圹长11.5、宽11.6、内圹长10.2、宽10.5，底深7.4	圆形，破坏
M2-876	长斜坡墓道砖券墓，墓室明券，前横后顺	长27、宽4.3		前室外圹长10.8、宽6.8、内圹长9.4、宽5.6，后室外圹长5、宽5.2、内圹长4.8、宽4.1，底深9.4	圆形，直径66.5
M2-877	长斜坡墓道砖券墓，墓室明券，甲字形	残长16.9、宽2.5		外圹长9.6、宽10.4、内圹长8.8、宽9.4，底深6.7	圆形，直径44
M2-879	长斜坡墓道砖券墓，墓室明券，前横后顺	长23、宽4.5	长3.3、宽6.5	前室外圹长12、宽7.3、内圹长9.5、宽5，后室外圹长7.3、宽6.5、内圹长7.2、宽4，底深8.6	圆形，直径63
M2-880	长斜坡墓道砖券墓，墓室明券，前横后顺	长25.2、宽4.7	长2.7、宽6.3	前室外圹长12、宽7.8、内圹长10.2、宽6，后室外圹长7.5、宽7.3、内圹长7.3、宽5.5，底深9.2	圆形，直径70
M2-881	长斜坡墓道砖券墓，墓室明券，前横后顺	长23.8、宽4.3	长1.9、宽6	前室外圹长11.7、宽7.5、内圹长9.2、宽5，后室外圹长6、宽7.4、内圹长6、宽5，底深8.6	圆形，直径51

编号	形制	墓道	甬道	墓室	原始封土
M2-886	长斜坡墓道砖券墓，墓室明券，双横式	长 21.2、宽 2.5		前室长 12.5、宽 6，后室长 7、宽 4.3，底深 8.6	圆形，直径 56
M2-887	长斜坡墓道砖券墓，墓室明券，甲字形	长 25、宽 3	长 3.5、宽 3	外圹长 12、宽 11、内圹长 10.2、宽 9.2，底深 6.7	圆形，直径 44
M2-888	长斜坡墓道砖券墓。墓室明券，单方室	长 24.8、宽 2.6		外圹长 6.7、宽 6、内圹长 5、宽 4.2，底深 9.2	圆形，直径 37
M2-889	长斜坡墓道砖券墓，墓室明券，单方室	长 15、宽 4		外圹长 7.3、宽 7、内圹长 6.5、宽 5.4，底深 6.4	圆形，直径 60
M2-891	长斜坡墓道砖券墓，墓室明券，双横式	长 21.8、宽 3.8		前室外圹长 11、宽 5.8、内圹长 9.6、宽 5.7，底深 7.4	破坏
M2-892	长斜坡墓道砖券墓，墓室明券，单方室式，甲字形	长 29.8、宽 6.4～8	长 8、宽 5.2	外圹长 12.3、宽 10.3、内圹长 9.2、宽 7，底深 7.6	圆形，直径 52
M2-893	长斜坡墓道砖券墓，生土双坑，前横后顺	长 23.5、宽 4.4	长 5、宽 3.2	前室长 10.3、宽 5.6、后室长 4.5、宽 4，底深 8	圆形，直径 60
M2-894	长斜坡墓道砖券墓，生土双坑，前横后顺	长 15.9、宽 2.5	长 1.9、宽 1.5	前室长 6.2、宽 3.5、后室长 4、宽 3.3，底深 7	圆形，直径 41
M2-895	长斜坡墓道砖券多室墓，生土双坑，前横后顺	长 13.8、宽 2.8	长 2、宽 1.8	前室长 9.4、宽 5、后室长 4.2、宽 2.8，底深 6.3	圆形，直径 39
M2-896	长斜坡墓道砖券墓，墓室明券，甲字形	长 22.1、宽 3.6	长 3.8、宽 5.2	外圹长 12、宽 12，底深 8	圆形，直径 85
M2-897	长斜坡墓道砖券墓，墓室明券，前横后顺	长 26.5、宽 3.5	长 5、宽 5.5	前室外圹长 10.4、宽 8、内圹长 9.5、宽 7，后室外圹长 7.8、宽 7.2、内圹长 7.7、宽 4.2，底深 9.7	圆形，直径 55
M2-903	长斜坡墓道砖券墓，墓室明券，双横式	长 31、宽 4.2	长 2、宽 6.2	前室外圹长 11.6、宽 9.1、内圹长 9.7、宽 6，后室外圹长 9.1、宽 3.8、内圹长 7.2、宽 3.8，底深 12.7	圆形，直径 88.5
M2-908	长斜坡墓道砖券墓，墓室明券，前横后顺	长 23、宽 3.6		前室长 8、宽 3.6，后室长 4.4、宽 3.6，底深 8.2	圆形，直径 45.5
M2-910	长斜坡墓道砖券墓，墓室明券，前横后顺	长 22.2、宽 4.2	长 3、宽 5.4	前室外圹长 10.6、宽 7.2、内圹长 8.2、宽 4.8，后室外圹长 4.5、宽 5.6、内圹长 4.5、宽 3.1，底深 7.7	圆形，直径 56.9
M2-925	长斜坡墓道砖券多室墓，墓室明券，前方后顺	长 26.6、宽 6	长 1.8、宽 3.2	前室外圹长 11.1、宽 9.3、内圹长 7.6、宽 6，后室外圹长 8.6、宽 5.2、内圹长 5.3、宽 5，底深 7.8	圆形，直径 33
M2-926	长斜坡墓道砖券多室墓，墓室明券，前方后顺	长 20.2、宽 5	长 2.3、宽 6.2	前室外圹长 12.4、宽 10.2、内圹长 8.8、宽 7.4，后室外圹长 7.9、宽 4、内圹长 4.4、宽 4，底深 7.4	破坏

编号	形制	墓道	甬道	墓室	原始封土
M2-927	长斜坡墓道砖券多室墓，墓室明券，前方后顺	残长 5.4、宽 4.2	长 2.6、宽 6.5	前室外圹长 10.5、宽 7.2、内圹长 7.7、宽 4.8，后室外圹长 7、宽 5.4、内圹长 5.4、宽 4.2，底深 6.7	破坏
M2-938	长斜坡墓道砖券多室墓，墓室明券，前横后顺	长 21、宽 4.8	长 2.6、宽 6.6	外圹长 12.4、宽 9.4、内圹长 9.7、宽 6.5，后室外圹长 6.1、宽 7.2、内圹长 6.1、宽 4.6，底深 8.6	圆形，直径 41
M2-949	长斜坡墓道砖券墓，洞室，前横后顺	长 15、宽 2	长 1、宽 1.3	前室长 7.4、宽 4.4，后室长 3.2、宽 2.9，底深 6.1	破坏
M2-961	长斜坡墓道砖券墓，洞室，前横后顺	长 17.2、宽 1.9		前室长 5.6、宽 4.8，后室一长 3.4、宽 2.1，后室二长 1.6、宽 2.4，底深 8.3	圆形，直径 24.8
M2-962	长斜坡墓道砖券墓，洞室，前横后顺	长 11.9、宽 1.4	长 1、宽 1.4	前室长 6.5、宽 3，后室长 4.1、宽 3，底深 9	圆形，直径 27.6
M2-963	长斜坡墓道砖券墓，洞室，前横后顺	长 17、宽 2		前室长 7、宽 3.1，后室长 4、宽 2.8，底深 8.2	圆形，直径 26.8
M4-192	长斜坡墓道砖券墓，墓室明券，前横后顺	长 17、宽 2.5	长 8.2、宽 3.8	前室长 11.8、宽 5.6，后室长 6.3、宽 4.8，底深 2.5	破坏
M4-384	长斜坡墓道砖券墓，墓室明券，前横后顺	长 18、宽 2.9	长 8、宽 4.9	前室长 10.2、宽 6，后室长 5.9、宽 6.9，底深 3.4	破坏
M4-385	长斜坡墓道砖券墓，墓室明券，前横后顺	长 18.4、宽 3	长 8.1、宽 4.3	前室长 10.7、宽 6，后室长 6、宽 5.4，底深 3.4	破坏

二、北魏墓冢

M1-31（元怿）

位于洛阳市老城北 2 公里，洛孟公路东侧。坐标北纬 34°42.430′，东经 112°28.424′，高程 173.7 米。当地俗称"青菜冢"，传说为西晋司马懿的墓冢。1948 年该墓被盗，出土一方墓志"魏故使持节侍中假黄钺太师丞相大将军都督中外诸军事录尚书事太尉公清河文献王墓志铭"，[1] 始确定为北魏清河王元怿墓。1992 年洛阳古墓博物馆对元怿墓进行调查，发现墓室内壁画已不存，甬道内壁画保存较好。[2] 将甬道壁画揭取保存，甬道两侧壁画长 2.16、高 1.9 米，各绘武士二人。元怿墓现存封土平面近圆形，四周因取土破坏严重。现存封土直径 55.7、高度约 15 米。夯土筑成，平夯，夯层厚 0.12～0.28 米。附近地层遭到破坏，原始封土情况不详。经钻探，墓葬形制为长斜坡墓道明券单方室墓，由墓道、甬道、墓室组成，方向 174.8°。墓道长 19.2、

1. 洛阳石刻艺术馆：《元怿墓志》，河南美术出版社，1985 年。

2. 徐婵菲：《洛阳北魏元怿墓壁画》，《文物》2002 年 2 期。

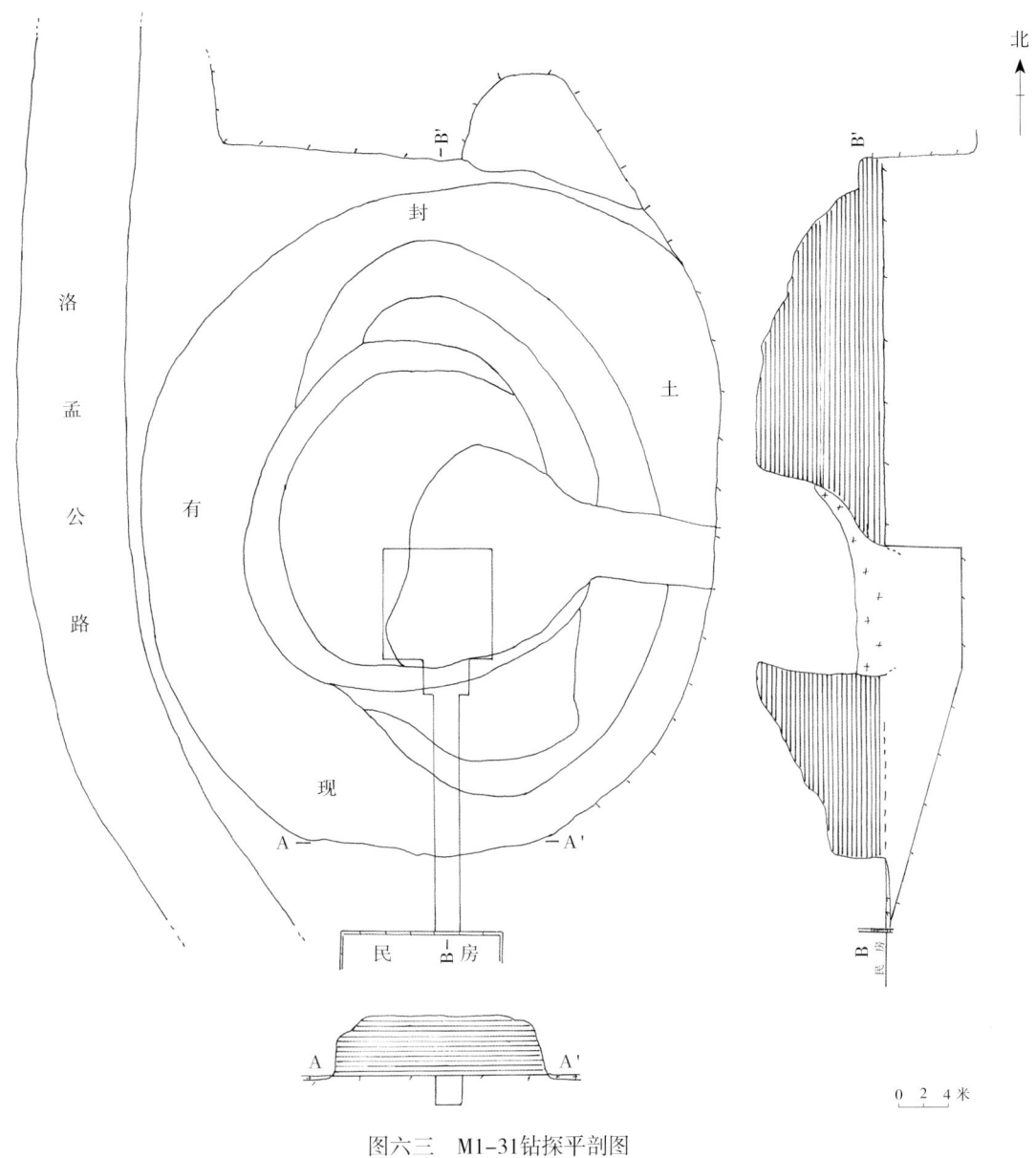

图六三　M1-31钻探平剖图

宽2.1、口深0.2、底深6.4米。甬道明券，长2.9、宽3.7米。墓室明券，土圹长9、宽9米（图六三）。

M1-36（元乂）

位于孟津县朝阳镇向阳村南，洛孟公路西侧。坐标北纬34°44.511′，东经112°27.854′，高程236.2米。封土保存较为完整，平面圆形，现存直径34～40米，高度14米。夯筑，夯层厚0.12～0.18米。1925年北魏元乂墓志在前海资村（向阳）东南大冢内被盗出土。[1] 1974年修建蓄水池时该冢遭破坏，洛阳博物馆进行了调查。在墓室内发现墓志盖的一角，与现存于开封博物馆的元乂墓志盖核对，确认该墓为北魏江阳王元乂墓。甬道和墓室内均发现壁画。墓室四壁壁画被盗

1. 郭玉堂原著，（日本）气贺泽保规编著《洛阳出土石刻时地记》，汲古书院，2002年。

墓人破坏，穹隆墓顶的星象图得以保存。[1] 经确认星象图反映的不仅是一个象征性的星空，也是个实际的星空，为研究古代天文学提供了十分珍贵的资料。[2]

M1-10

位于孟津县朝阳镇河东村与徐家沟村之间，河东村东200米。坐标东经112°26.993′，北纬34°45.238′，高程256.6米。封土破坏严重，残高6.5米，夯筑，夯层厚度0.25～0.3米。原始封土平面圆形，直径46米。经钻探，墓葬形制为长斜坡墓道砖券单室墓，由墓道、甬道、墓室组成，方向190°。墓道内填五花夯土，长18.2、宽2、口深0.6、底深7.8米。生土甬道，长1.6、宽2米。墓室明券，平面近方形。长7.4、宽5.8米（图六四）。

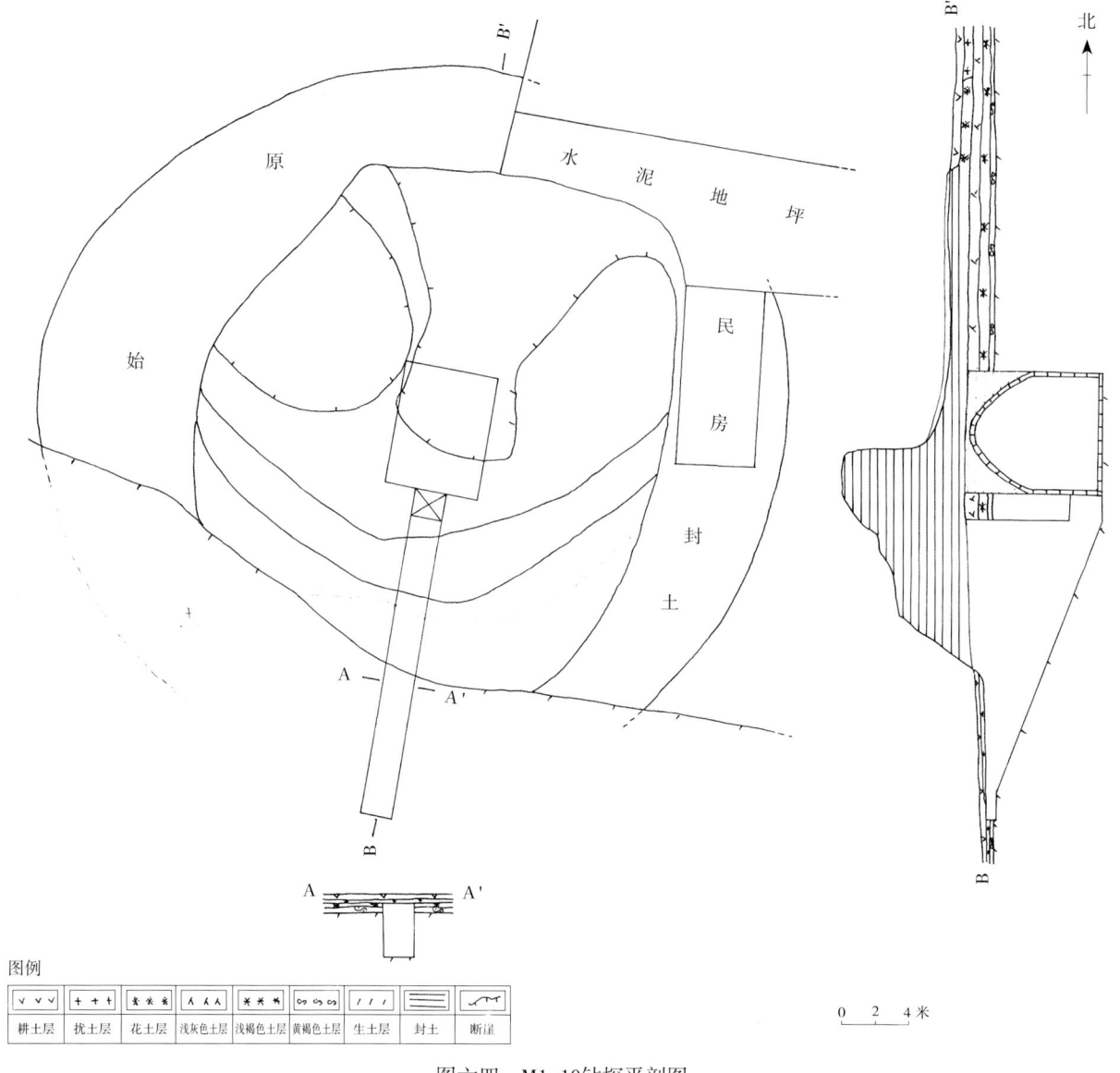

图例

耕土层	扰土层	花土层	浅灰色土层	浅褐色土层	黄褐色土层	生土层	封土	断茬

0　　2　　4米

图六四　M1-10钻探平剖图

1. 洛阳博物馆：《河南洛阳北魏元乂墓调查》，《文物》1974年12期。

2. 王车、陈徐：《洛阳北魏元乂墓的星象图》，《文物》1974年12期。

M1-12（元悦）

位于孟津县朝阳镇徐家沟村东50米。坐标东经112°27.220′，北纬34°45.416′，高程260.1米。封土破坏严重，残高5.5米。夯筑，夯层厚度0.15～0.20米。原始封土平面大致呈圆形，直径40米。经钻探，墓葬形制为长斜坡墓道砖券单室墓，由墓道、甬道、墓室组成，方向189°。墓道长16、宽1.5、口深2、底深6.6米。生土甬道长1.4、宽1.5米。墓室明券，平面近方形。长6.4、宽5.9米（图六五）。

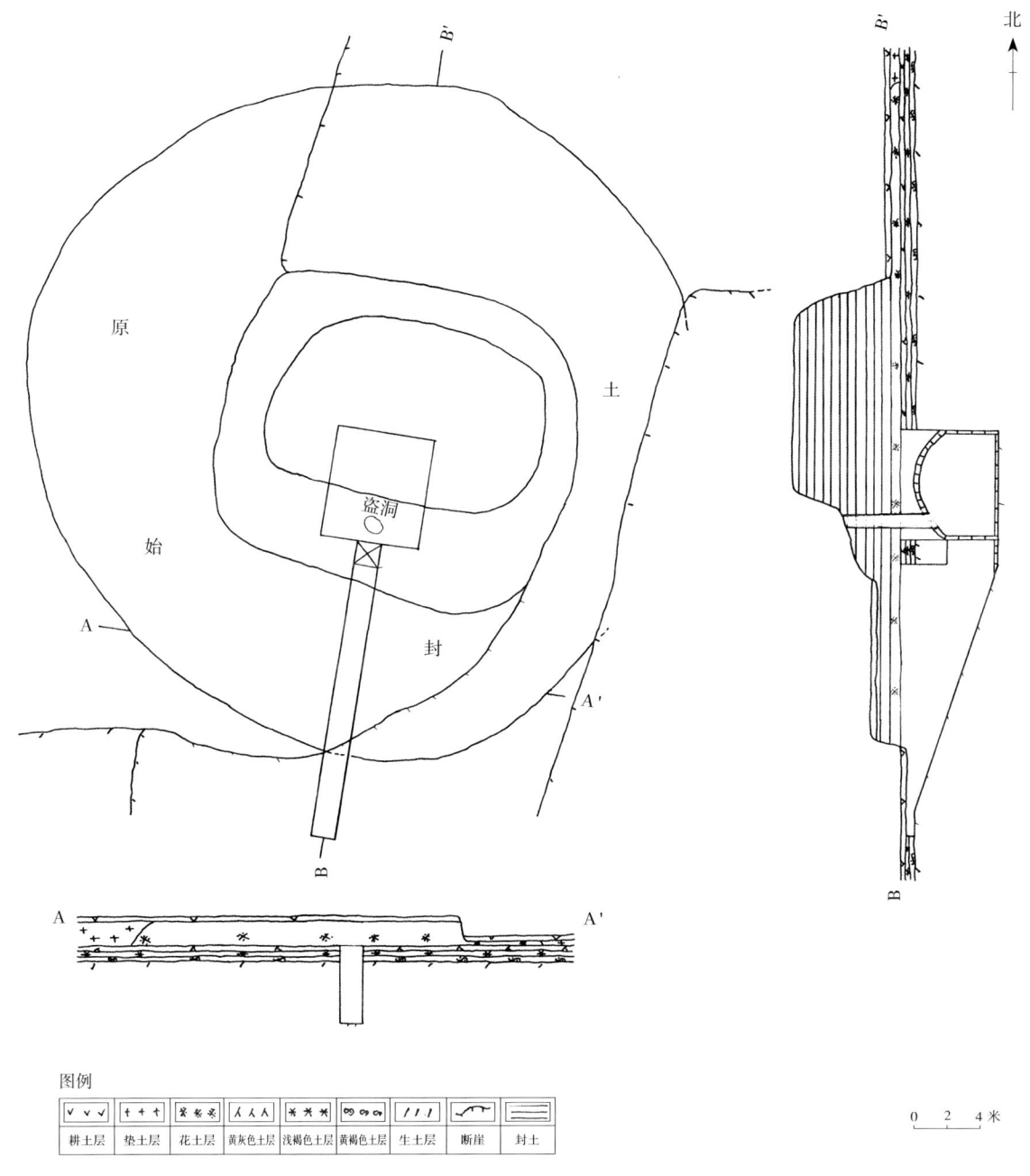

图例								
耕土层	垫土层	花土层	黄灰色土层	浅褐色土层	黄褐色土层	生土层	断崖	封土

0 2 4米

图六五 M1-12钻探平剖图

M1-321（元澄）

位于洛阳市涧西区红山乡新唐屯村南，310国道南侧。坐标东经112°21.191′，北纬34°42.162′，高程188.9米。封土破坏严重，残高4.5米，夯筑，夯层厚度0.1米。原始封土平面圆形，直径约34米。经钻探，墓葬形制为长斜坡墓道砖券单室墓，由墓道、甬道和墓室组成，方向175.5°。墓道内填五花夯土，长22、宽2、口深0.8、底深7.6米。甬道明券，两侧内收2级台阶，长3.5、宽4.8、台阶宽0.7米。墓室明券，平面近方形，四周内收2级台阶。外圹长9.7、宽10.8米，内圹长8、宽7米，台阶宽0.7米（图六六）。

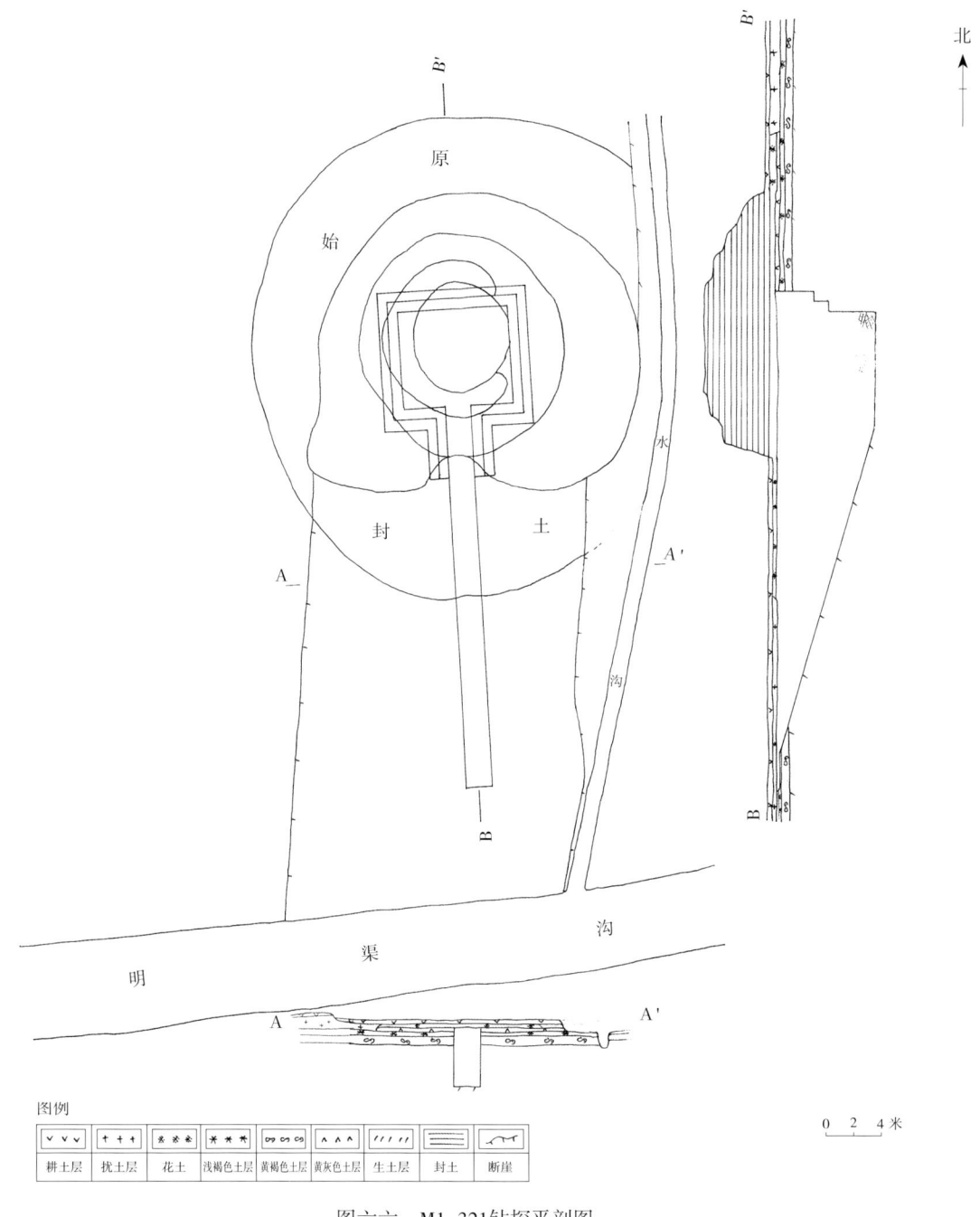

图例								
耕土层	扰土层	花土	浅褐色土层	黄褐色土层	黄灰色土层	生土层	封土	断崖

0　2　4米

图六六　M1-321钻探平剖图

M1–322（元彝）

位于洛阳市涧西区红山乡新唐屯村南，310国道南侧。坐标东经112°21.313′，北纬34°42.179′，高程185.8米。封土破坏严重，残高约6米。原始封土平面近圆形，直径约39.5米。经钻探，墓葬为长斜坡墓道砖券单室墓，由墓道、甬道、墓室组成，方向184°。墓道内填五花夯土，残长21、宽2.5、口深0.5、底深9.3米。墓室及甬道均内收2级台阶，台阶宽0.7米。甬道明券，长3.5、宽3.2米，甬道上部有一椭圆形盗洞。墓室明券，平面近方形，外圹长9.4、宽8米，内圹长6.8、宽5.2米。在墓冢的东侧约14米发现一条排水沟，开口层位与墓冢封土的开口层位相同。应是墓冢墓园遗址的一部分，口部宽5.4米，被一现代沟渠打破（图六七）。

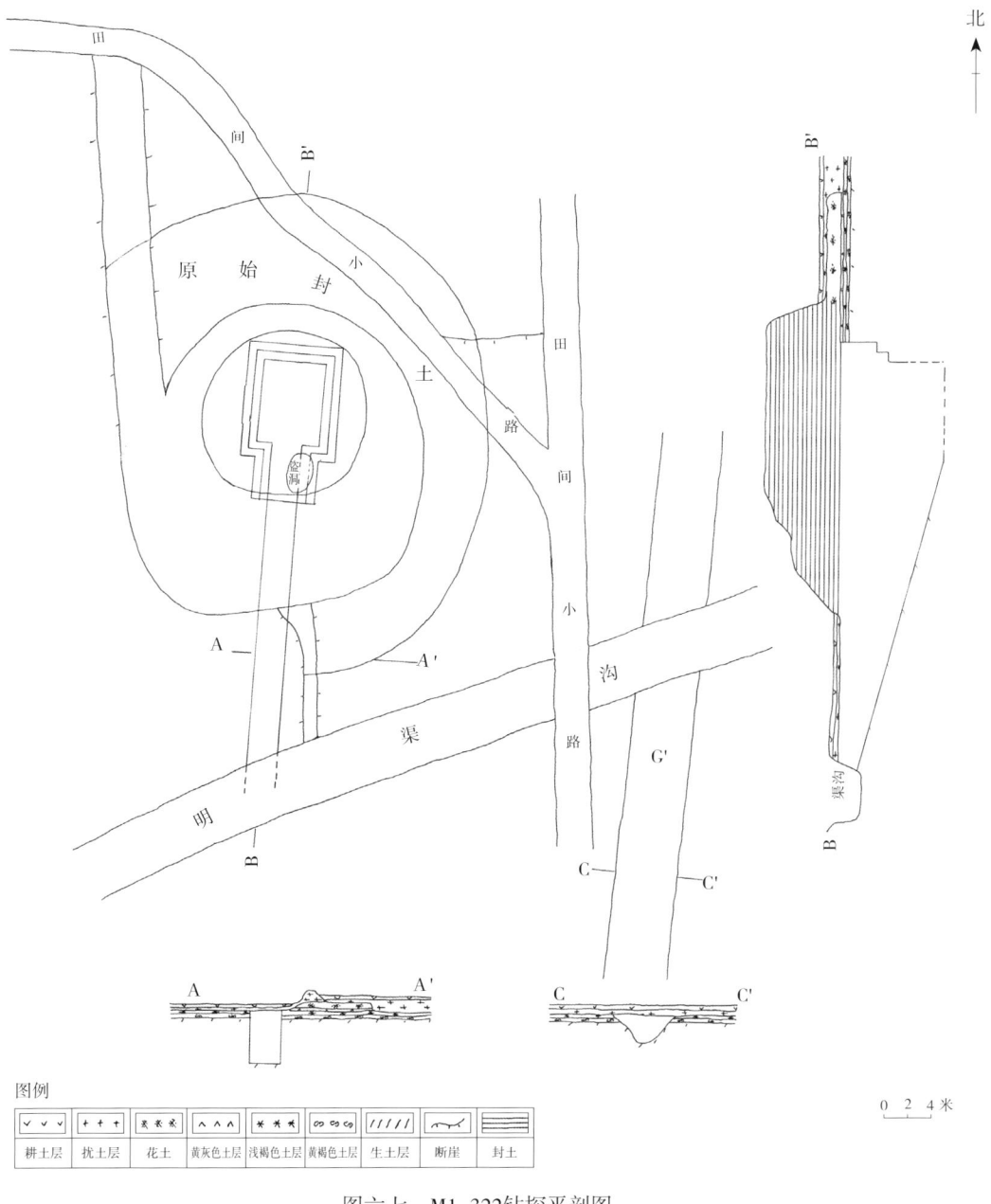

图例

∨∨∨	＋＋＋	苿苿苿	∧∧∧	兆兆兆	∞∞∞	/////	～	≡≡≡
耕土层	扰土层	花土	黄灰色土层	浅褐色土层	黄褐色土层	生土层	断崖	封土

0　2　4 米

图六七　M1–322钻探平剖图

M2-635

位于孟津县平乐镇丁家沟村南，207国道西侧。坐标东经112°39.368′，北纬34°45.2425′，高程172米。封土破坏严重，残高4米。原始封土平面呈圆形，直径46米。经钻探，墓葬形制为长斜坡墓道洞室单室墓，由墓道、甬道和墓室组成，方向199°。墓道为长斜坡式，填土为五花土，长19.2、宽1.4、口深0.4、底深15.8米。甬道长2.6、宽1.4米。墓室为洞室结构，平面近方形，长6.2、宽5.6米（图六八）。

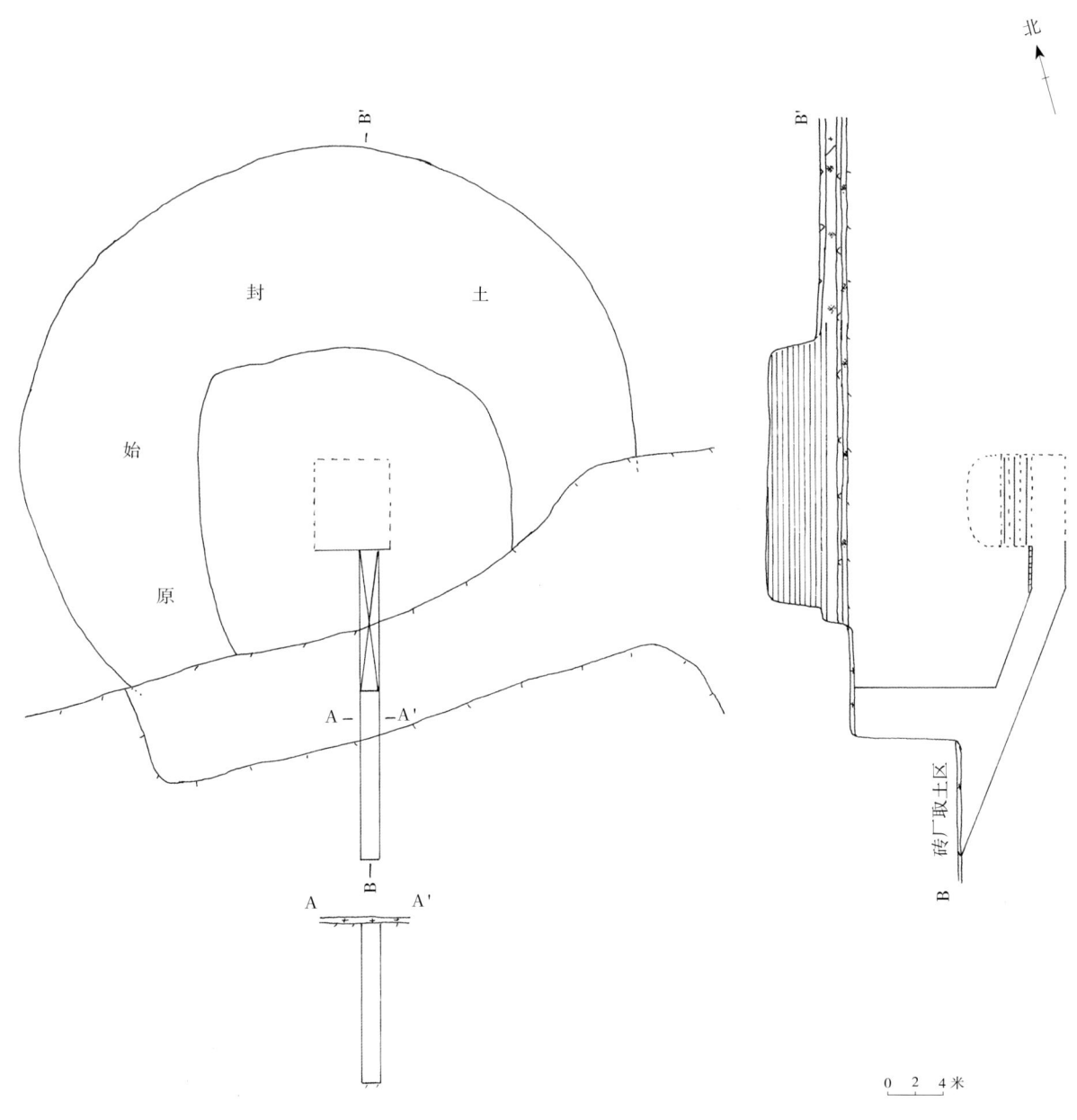

图六八　M2-635钻探平剖图

表一二　北魏墓冢钻探查证统计表

单位：米

编号	形制	墓道	甬道	墓室	原始封土直径
M1-8	长斜坡墓道明券单室墓	长 28.2、宽 2.6	长 2.4、宽 2.6	长 10、宽 8.7、底深 10	31
M1-10	长斜坡墓道明券单室墓	长 18.2、宽 2	长 1.6、宽 2	长 7.4、宽 5.8、底深 7.8	46
M1-12	长斜坡墓道明券单室墓	长 16、宽 1.5	长 1.4、宽 1.5	长 6.4、宽 5.9、底深 6.6	40
M1-15	？	残长 5.2、宽 0.8	？	？	复原 24.5
M1-16	长斜坡墓道明券单室墓	长 29.5、宽 1.9 ~ 2.6	长 2、宽 1.3	长 8.4、宽 7.6、底深 8	30
M1-17	长斜坡墓道洞室单室墓	长 26.8、宽 2.5	长 1.8、宽 2.5	长 7、宽 6、底深 11.9	现存 23
M1-18	长斜坡墓道明券单室墓	长 25.9、宽 2.1	长 2.2、宽 2.1	长 7.6、宽 7.7、底深 6.3	现存 17
M1-21	长斜坡墓道洞室单室墓	长 31.4、宽 1	？	底深 16.4	复原 30
M1-22	长斜坡墓道明券单室墓	长 13.4、宽 2	长 1.7、宽 1.4	长 3.5、宽 4.1、底深 8.2	60
M1-23	长斜坡墓道明券单室墓	长 14.8、宽 2.4	长 7.8、宽 3.7 ~ 4.6	长 7.7、宽 6、底深 9.4	现存 33
M1-31	长斜坡墓道明券单室墓	残长 19.2、宽 2.1	长 2.9、宽 3.7	长 9、宽 9、底深 6.4	现存 55.7
M1-321	长斜坡墓道明券单室墓	长 22、宽 2	长 3.5、宽 4.8	长 9.7、宽 10.8、底深 7.6	34
M1-322	长斜坡墓道明券单室墓	残长 21、宽 2.5	长 3.5、宽 3.2	长 9.4、宽 8、底深 9.3	39.5
M2-559	长斜坡墓道明券单室墓	长 18.6、宽 1.6	长 2.2、宽 1.5	长 7.3、宽 7、底深 7.2	复原 31
M2-562	长斜坡墓道洞室单室墓	长 15、宽 1.2	？	底深 8	现存 26
M2-565	长斜坡墓道明券单室墓	长 12、宽 1.8	长 2.9、宽 3	长 7.4、宽 7.4、底深 6	现存 30
M2-567	长斜坡墓道明券单室墓	长 25.2、宽 2.7	长 5、宽 5	长 7.4、宽 7.2、底深 7.9	37.4
M2-570	长斜坡墓道明券单室墓	长 19、宽 2	长 4、宽 3.6	长 8、宽 7.6、底深 7.3	现存 43
M2-571	长斜坡墓道明券单室墓	长 22、宽 2.6	长 3、宽 2.6	长 7.2、宽 7、底深 7.3	现存 53
M2-581	长斜坡墓道明券单室墓	长 12.1、宽 2.2	长 3.6、宽 4.9	长 12、宽 11.2、底深 12.3	60.8
M2-635	长斜坡墓道洞室单室墓	长 19.2、宽 1.4	长 2.6、宽 1.4	长 6.2、宽 5.6、底深 15.8	46

三、唐代墓冢

M2-520（泉男产）

位于孟津县平乐镇刘坡村西北约150米，俗称"豹子冢"。坐标东经112°31.679′，北纬34°44.773′，高程193.8米。现存封土破坏严重，残高5米，夯筑，夯层厚度0.12～0.18米，地层破坏，原始封土形状规模不详。经钻探，墓葬为长斜坡墓道单室土洞墓，由墓道、天井、甬道、墓室组成，方向199°。墓道长19、宽1、口深0.3、底深9.8米。天井长2.6、宽1米。甬道长1.8、宽1米。墓室平面近方形，长4.3、宽3.8米。墓室南侧有两个圆形盗洞（图六九）。

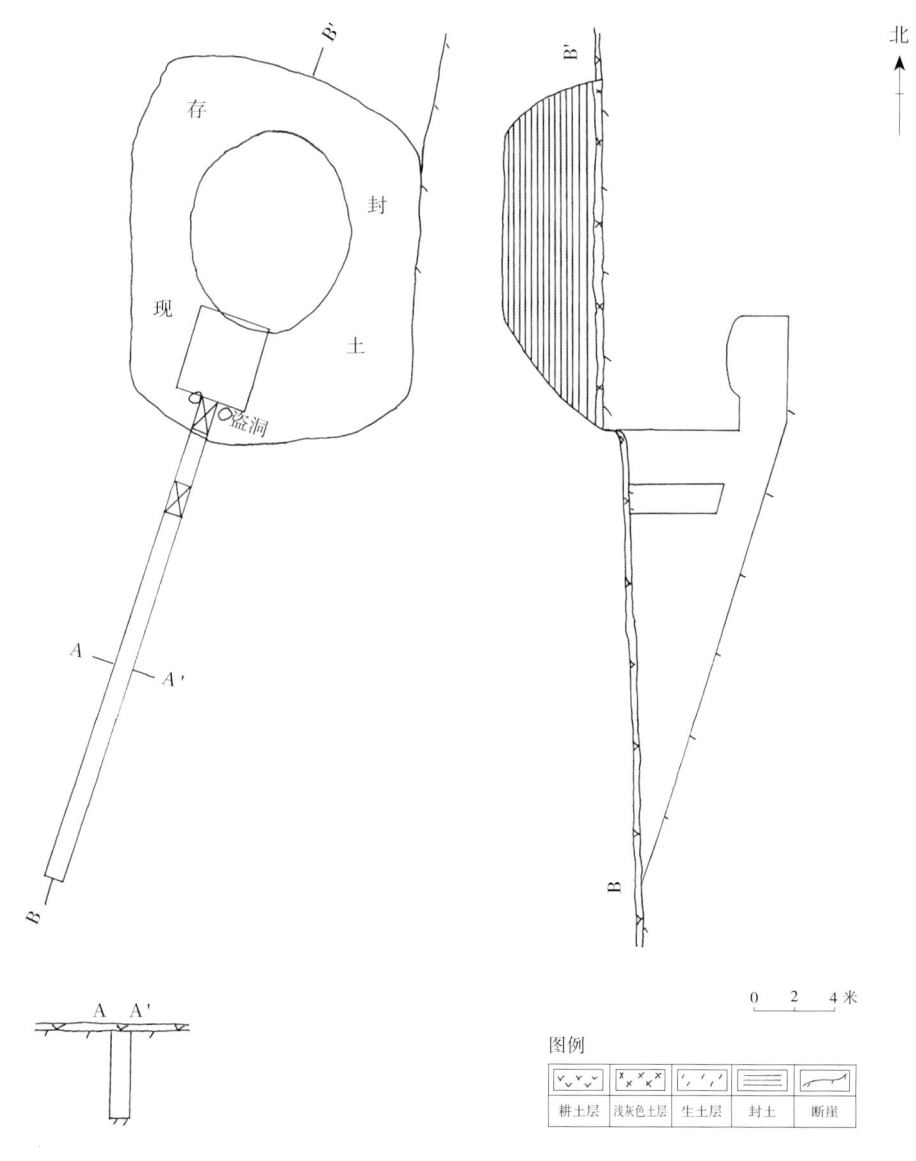

耕土层	浅灰色土层	生土层	封土	断崖

图例

0　2　4米

图六九　M2-520钻探平剖图

M2-572

位于孟津县平乐镇妯娌新村南。坐标东经112°36.127′，北纬34°45.806′，高程189.7米。封土破坏严重，残高7米，夯筑，夯层厚度0.05~0.2米。原始封土平面方形，边长37米。经钻探，墓道为长方形斜坡式，方向188°，内填五花土。墓道口深1.2、宽1~1.3米，封土以外长度约13米，墓室不详。封土南侧有唐代碑刻（图七〇）。

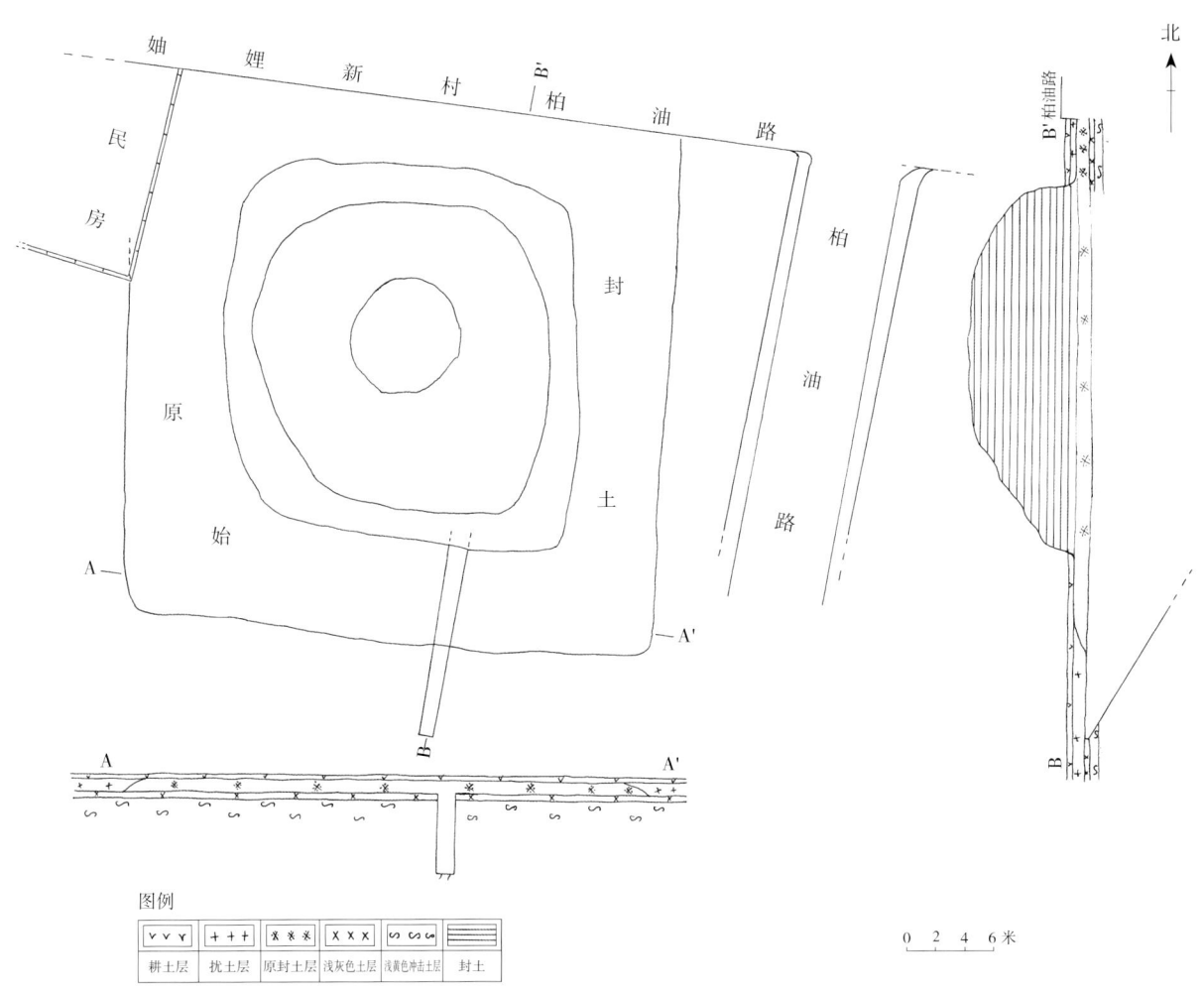

图七〇 M2-572钻探平剖图

M2-928（泉献诚）

位于孟津县送庄镇东山头村南，M929、M930封土左右相邻，处于最东端。坐标东经112°33.393′，北纬34°46.635′，高程227.8米。现存封土破坏严重，残高4米，夯筑。原始封土平面圆形，直径26米。经钻探，墓葬形制为长斜坡墓道砖券单室墓，由墓道、天井、过洞、甬道和墓室组成，方向188°。墓道内填五花土，长26.6、宽1.1、口深0.8、底深10.3米。天井5个，最北端的天井长2.4、宽1.2米，其余4个天井均为长1.6、宽1.2米。甬道土洞，长7.7、宽1.2米。墓室明券，平面近方形，长7、宽6.6米（图七一）。

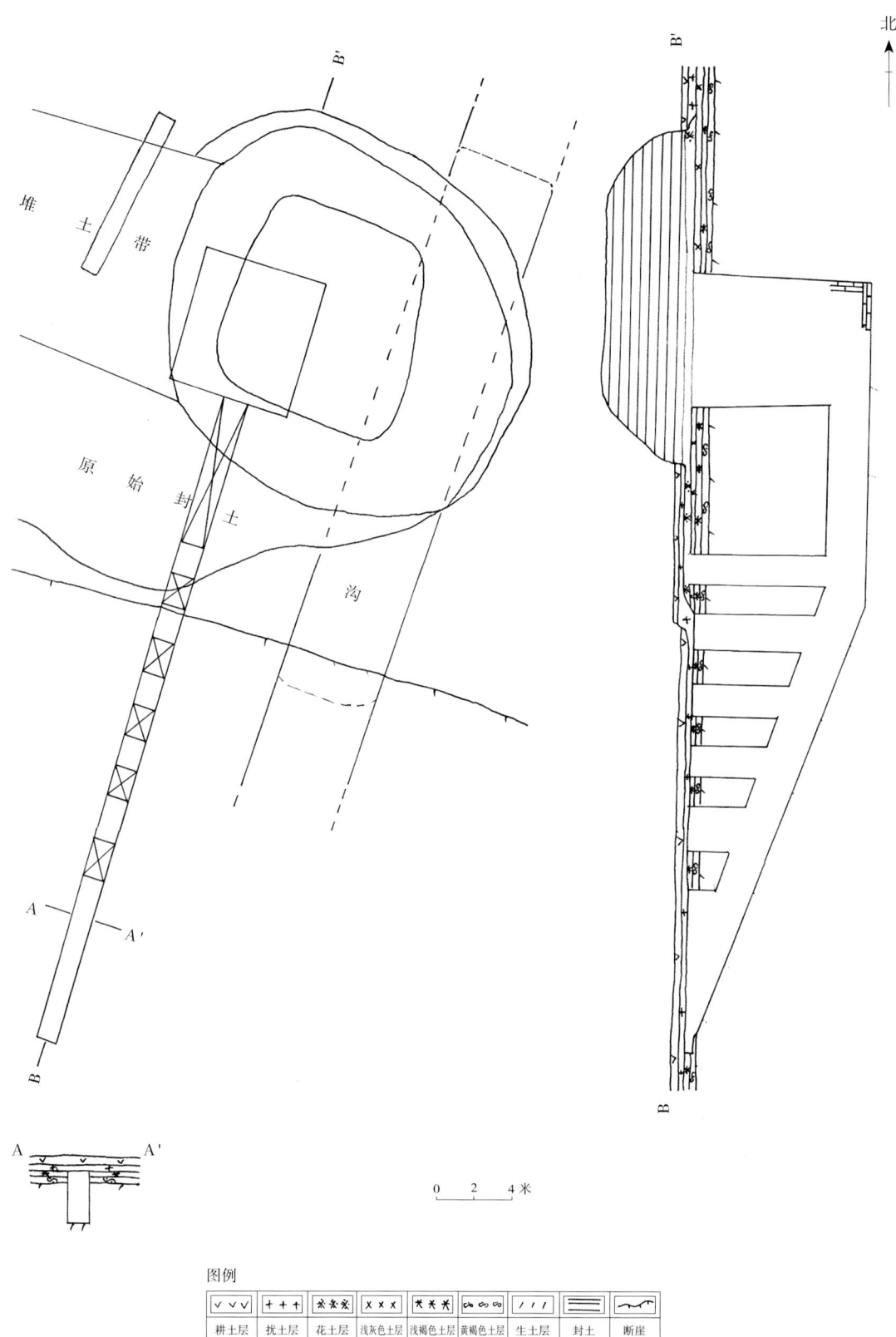

图例

∨∨∨	+++	☆☆☆	✕✕✕	✳✳✳	∽∽∽	／／／	≡≡≡	～～
耕土层	扰土层	花土层	浅灰色土层	浅褐色土层	黄褐色土层	生土层	封土	断崖

图七一　M2-928钻探平剖图

M2-929（泉男生）

位于孟津县送庄镇东山头村南，M2-928西约20米，三冢的中部。坐标东经112°33.373′，北纬34°46.635′，高程227米。现存封土破坏严重，残高4.8米，夯筑。原始封土平面圆形，直径30米。经钻探，墓葬形制为长斜坡墓道砖券单室墓，由墓道、天井、甬道和墓室组成，方向193°。墓道内填五花土，长30、宽2、口深0.8、底深10.9米。天井3个，分别长2、2.2、1、宽2米。甬道明券，土圹两侧内收1级台阶。长11.6、宽4米，台阶宽0.6米。墓室明券，平面近方形，长6.2、宽6米（图七二）。

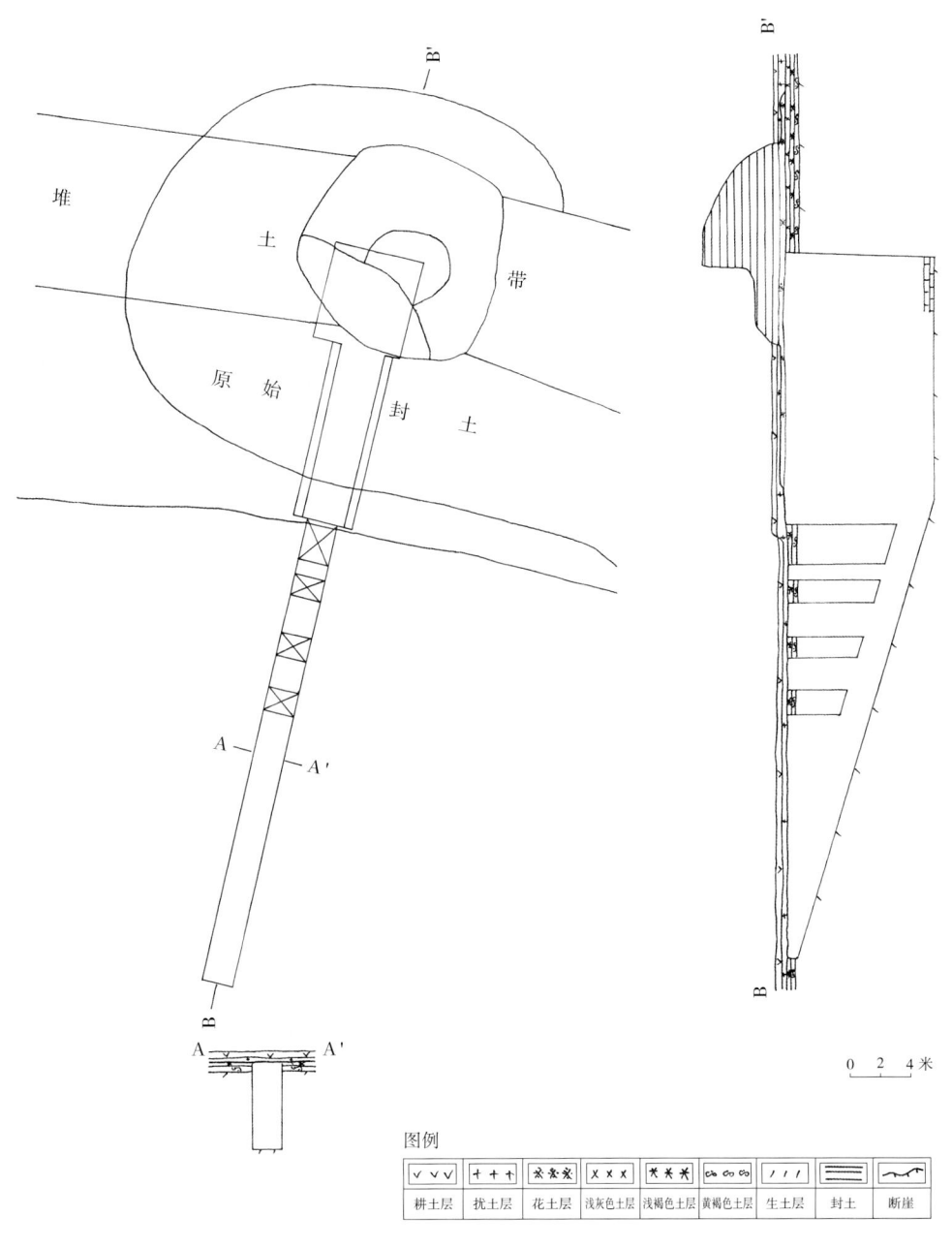

图例

∨∨∨	+++	花花花	X X X	* * *	∞∞∞	/ / /	═══	～
耕土层	扰土层	花土层	浅灰色土层	浅褐色土层	黄褐色土层	生土层	封土	断崖

图七二　M2-929钻探平剖图

M2-930（泉毖）

位于孟津县送庄镇东山头村南，M2-929西约25米，三冢的最西端。坐标东经112°33.349′，北纬34°46.638′，高程227米。封土破坏严重，残高3.7米，夯筑。原始封土平面圆形，直径28米。经钻探墓葬形制为长斜坡墓道砖券单室墓，由墓道、天井、甬道和墓室组成，方向195°。墓道内填五花土，长29.4、宽1.6、口深0.5、底深9.1米。天井2个，均长1.8、宽1.6米。甬道土洞，长5、宽1.6米。墓室明券，偏于甬道一侧，平面方形，长5.8、宽5.8米（图七三）。

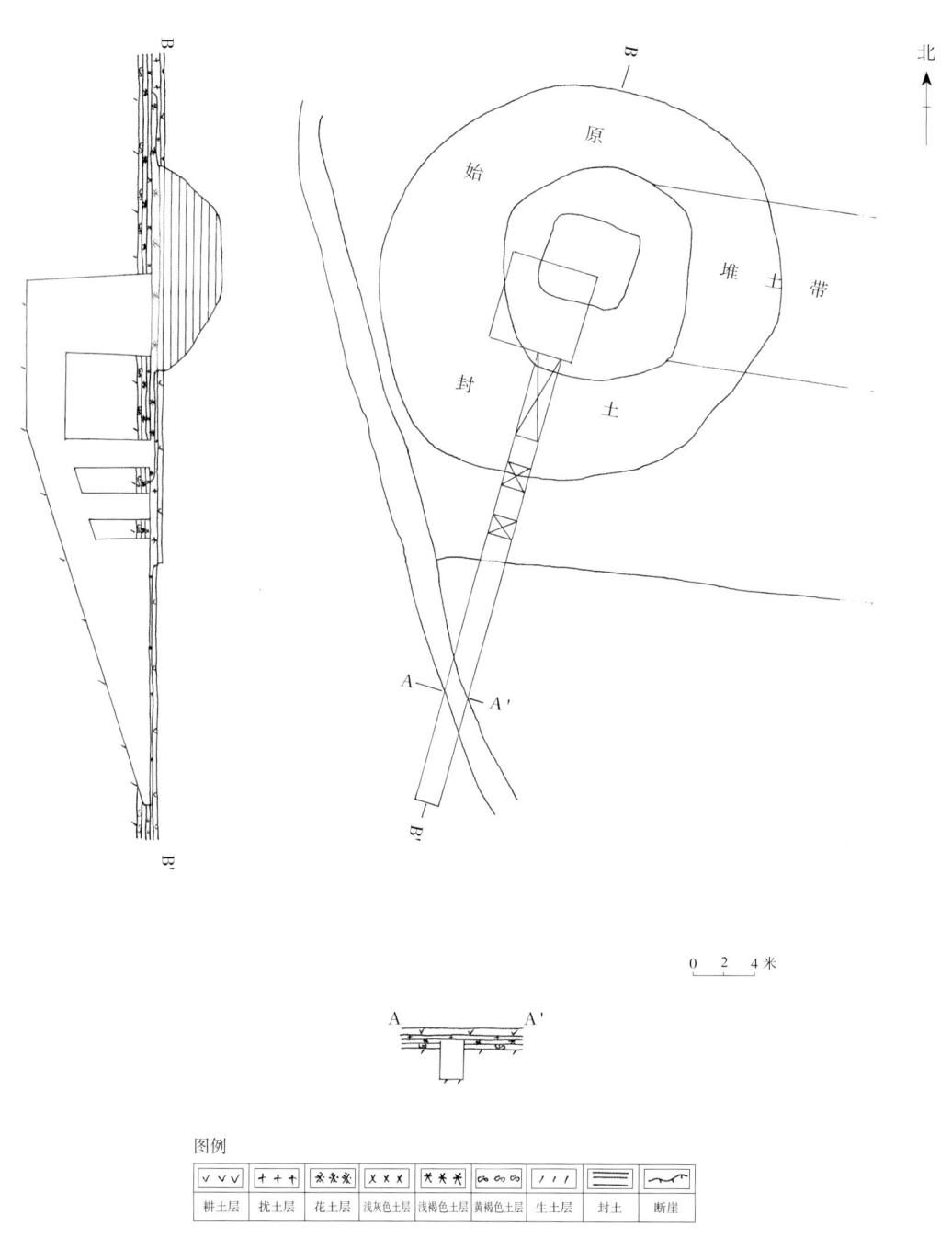

图例								
∨∨∨	+ + +	✳✳✳	✕✕✕	✳✳✳	∞∞	／／／	▤	～
耕土层	扰土层	花土层	浅灰色土层	浅褐色土层	黄褐色土层	生土层	封土	断崖

图七三　M2-930钻探平剖图

表一三　唐代墓冢钻探查证统计表　　　　　　　　　　　　单位：米

编号	形制	墓道	甬道	墓室	原始封土
M2-520（泉男产）	长斜坡墓道单室土洞墓	长19、宽1、深8.6	长1.8、宽1	长4.3、宽3.8	破坏
M2-572	？	长13、宽1～1.3	？	？	方形，边长37
M2-928（泉献诚）	长斜坡墓道明券单室墓，5个天井	长26.6、宽1.1、深10.3	长7.7、宽1.2	长7、宽6.6	圆形，直径26
M2-929（泉男生）	长斜坡墓道明券单室墓，3个天井	长30、宽2、深10.95	长11.6、宽4	长6.2、宽6	圆形，直径30
M2-930（泉毖）	长斜坡墓道明券单室墓，2个天井	长29.4、宽1.6、深9.2	长5、宽1.6	长5.8、宽5.8	圆形，直径28

第四节　相关遗迹和航空考古的新发现

一、钻探查证和重点调查发现的遗迹

1. 建筑基址

调查钻探发现3处，M537、538、540。

⑴M2-538、540

位于孟津县平乐镇平乐村北。二冢东西排列，相距56米，M538处于东侧，M540居于西侧。M538和北部的M539、南部的M537，当地群众并称"塔冢"。M538现存封土东西长11.7、南北宽14.9、高6.5米。M540现存封土东西长15、南北宽15.5、高3.5米。2006年3月3日文物普查时发现，2008年6月19日至7月11日进行了钻探查证（图七四）。

①地层堆积

M538南侧，第①层，耕土层，0～0.3米。第②层，浅褐色0.3～0.8米，土质致密，较硬。第③层，黄褐色，0.8～1米，土质硬，纯净，为生土层，下见浅黄色生土。

M540北侧断崖下，第①层，耕土层，0～0.3米。①层下见浅黄色生土。

②遗迹现象

经勘探，M538地面以下原始夯土口深0.3、底深1米，夯土坚实，略成方形。夯土东部遭到破坏，已不存在。原始夯土底部坐于浅黄色生土上，形成基槽。M540地面之下原始夯土破坏严重，仅残存北侧及东北角。探明的残存夯土区，口深0.5、底深0.9米。夯土坚实，东北转角呈直角，北边线呈东西向直线，表明其形状亦为方形。夯土底部坐于浅黄色生土上，形成基槽。

邙山上的封土墓冢一般建造于当时地表之上，即对原地表平整以后，再行夯筑而成，一般不

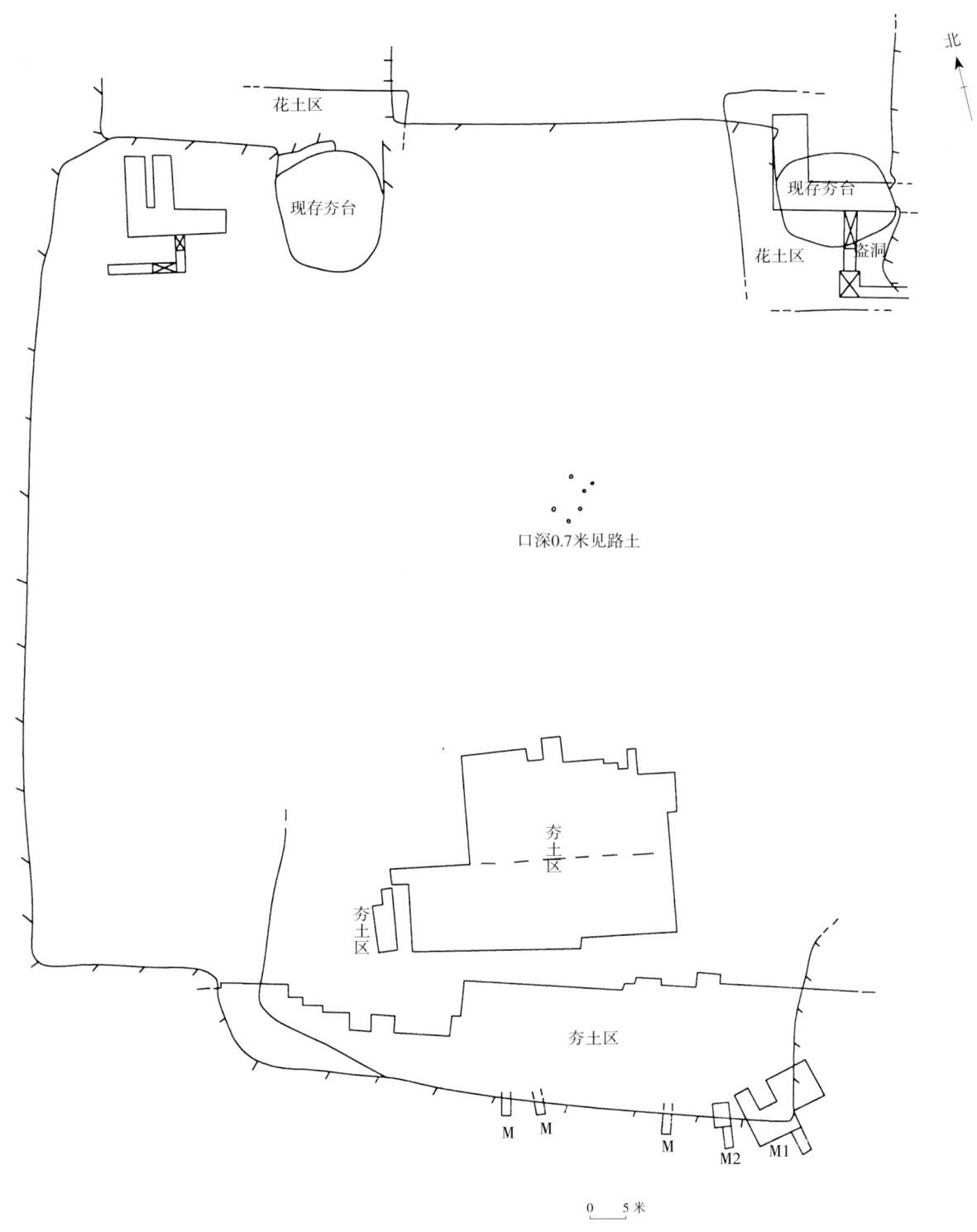

北

花土区

现存夯台

现存夯台

花土区 盗洞

口深0.7米见路土

夯土区

夯土区

夯土区

M M M M2 M1

0 5米

图七四 M2-538平乐北总图

设置基槽。而建筑基址，一般向下开挖基槽，填土夯筑之后，再于地表之上建造建筑。是否存在基槽，是二者的根本区别。钻探表明M538、M540为建筑基址之残存，非是墓冢封土。M538夯土之下发现墓葬一座，形制为曲尺形斜坡墓道多室洞室墓，墓道、天井打破了原始夯土，因此该墓葬应为晚期进驻，与原始夯土无任何关系。M540西侧，亦发现一座墓葬，形制与M538相似，亦为晚期进驻。

M538、M540基址东西对称，为古代双阙之制。二者的南侧发现有路土分布，破坏严重，形状不甚规则。M538、M540建筑基址坐落于邙山最大的东汉帝陵墓冢——大汉冢南2公里处，南距平乐镇象庄的东汉石象2.268公里。大汉冢、建筑基址、东汉石象三点成一线，大汉冢在北，石象在南，M538、M540居中。连线的方向和大汉冢的墓道方向一致，约为8°。象庄石象传统上一直认为是汉陵神道石刻，那么这条连线很可能就是邙山汉陵神道，而M538、M540基址则是和神道相关的建筑，其确切性质尚待在以后的工作中确认（图七五）。

(2)M537

位于孟津县平乐镇平乐村北，M538南侧约100米处。该处有一东西向断崖，高约5.8米，断壁上夯土层次分明，当地村民俗称"塔冢"。2006年3月3日文物普查时发现，2008年7月12日至8月4日，进行了钻探查证（图七四）。

①地层堆积

M537断崖下，第①层，耕土层，0～0.3米，下见浅黄色生土。

M537断崖上，第①层，耕土层，0～0.3米，土质较松。第②层，扰土层，0.3～1米，土质花杂。第③层，五花夯土层，1～2.9米，厚1.6～2米，夯土坚实。第④层，浅灰色土层，2.9～3.1米，厚约0.2米，含少量陶粒、灰烬等。第⑤层，浅褐色土层，3.1～3.5米，厚0.3～0.4米，土质较硬。⑤层下见黄褐色生土。

②遗迹现象

经过钻探查证，发现三处夯土区。1号夯土区，大致长方形，东西向。长80、宽11～18、口深0.7～2、底深2.8～3.4米，夯土坚实，其东西两端及南部断崖下破坏，北边呈曲尺状。2号夯土区，1号北侧，不规则方形。长37、宽11～2.5、口深0.6～1、底深1～2.4米，夯土坚实，北边呈曲尺状。3号夯土区，1号北侧，南北长方形。长8.5、宽1.5～2.8、口深0.6、底深2.1～2.4米，夯土坚实。

夯1与夯2、夯3之间发现东西向的沟。1号夯土下发现5座不同时期的墓葬，从现场情况看和夯土无直接关联，应为后期混入或早期存在的。已经探明三处夯土区及东西向的沟，经与附近区域古代遗址比对，和汉魏故城北魏时期的外郭城城墙走向一致，因此很可能是新发现的一段外郭城城墙，确切性质待发掘后认定。

2.墓园遗址

调查钻探发现共4处，M683、529、708、709、13，均属于东汉时期。

(1)M683

位于孟津县平乐镇朱仓村东约600米，邙山东汉帝陵陪葬墓群内，当地俗称"李密冢"。2006年4月14日于邙山古墓冢文物普查时发现，2007年9月3日至2007年10月21日对古墓冢进行了钻探查

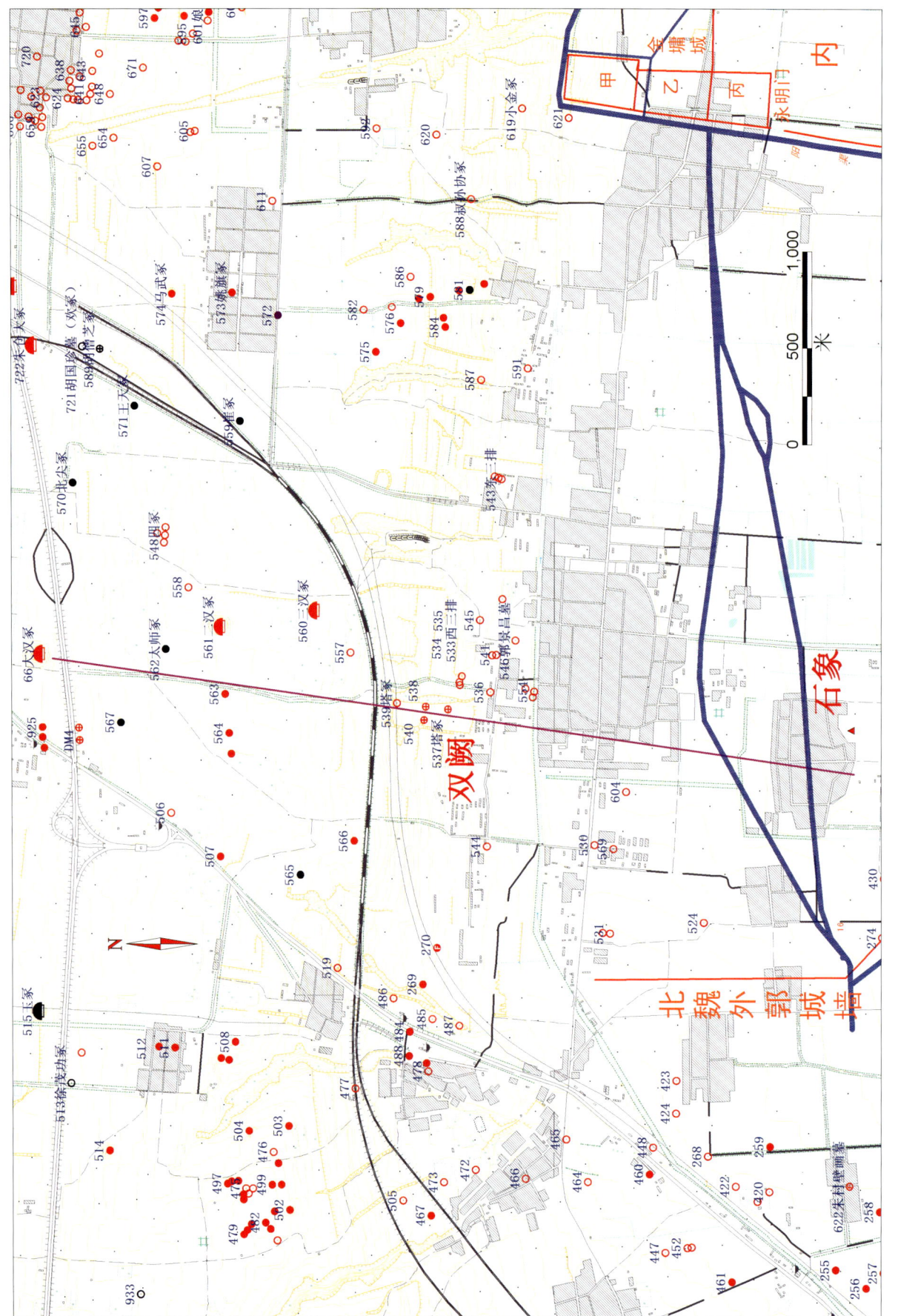

图七五　双阙和石象

证，了解了封土形制规模和墓葬结构。2009年9月初，朱仓村村民在封土东侧取土时，发现两排石质柱础石、一段卵石散水以及砖块、瓦当等遗迹遗物。我们随即勘察了现场，2009年9月21日，洛阳市第二文物工作队、洛阳市文物钻探管理办公室、洛阳市文物工作队联合组成调查小组，对其进行了重点调查和钻探。2010年1月27日工作结束，发现东汉墓园遗址，摸清了墓园遗址的性质、年代、规模和布局结构，钻探面积13.2万平方米（图七六、五二）。

①地层堆积

M683封土周边：第①层，耕土层，0～0.3米，土质疏松，含大量植物根茎等。第②层，扰土层，0.3～0.9米，土质花杂，含大量灰烬陶粒。第③层，黄灰色土层，0.9～1.1米，含极少量黑灰星。第④层，浅褐色土层，1.1～1.4米，土质较硬，且致密。第⑤层，黄褐色土层，1.4～1.6米，

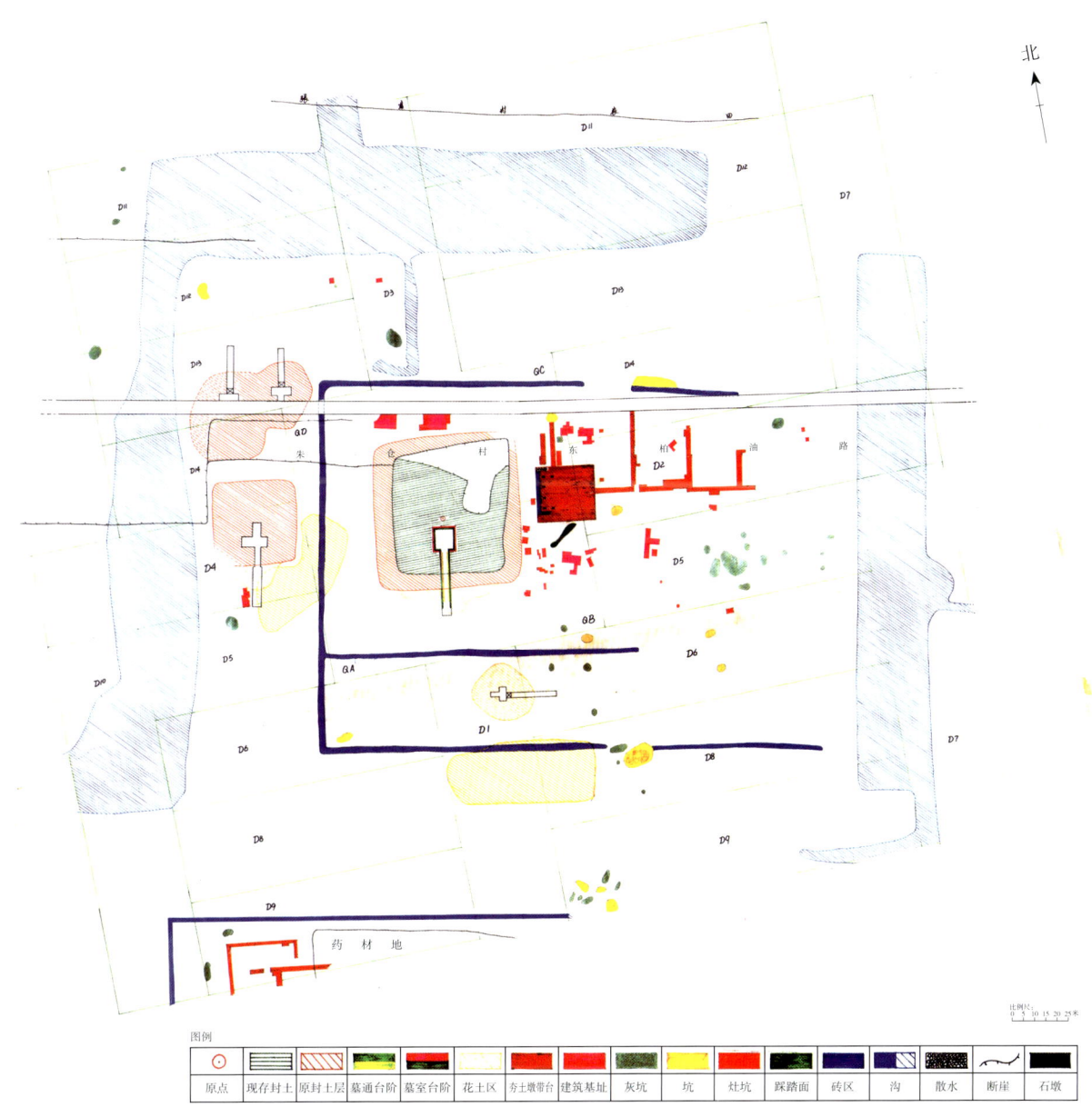

图七六　M2-683李密冢

土质硬，纯净。下见浅黄色生土。

M683封土北侧断崖下：第①层，耕土层，0～0.3米，土质疏松，含大量植物根茎等。第②层，扰土层，0.3～0.5米，土质花杂，含大量灰烬、陶片等。第③层，黄灰色土层，0.5～0.7米，含极少量灰烬等。第④层，浅褐色土层，0.7～1米，土质较致密。第⑤层，黄褐色土层，1～1.2米，土质硬，纯净。下见浅黄色生土。

其他地域：第①层，耕土层，0～0.3米，土质疏松，含植物根茎等。第②层，扰土层，0.3～0.6或0.3～1.1米，土质花杂，含少量陶片灰烬等。下见浅黄色生土。

局部区域：深0.4米耕土层下见浅黄色生土。

②遗迹现象

墓园遗址平面长方形，外围构筑双重环壕。外壕宽大，内壕较窄。外环壕（G10、G12、G6、K10），东西长360、南北宽280米。东北、西南、东南共有3个缺口。一般宽30～45、口深0.6～1.2、底深1.4～3.3米。内环壕（G1、G2、G9、G4、G5、G15），东西长220、南北宽158米。南北各有1个缺口，东壕缺失。内环壕的南侧为双壕（G1和G2、G9），最外侧的G2、G9叠压在外环壕K10之上。一般宽1.8～3、口深0.5～1、底深0.8～2.2米。

主墓冢M683位于墓园遗址的中部偏西，墓葬形制长斜坡墓道明券单方室墓，封土方形。主墓冢的西侧、南侧还有4座小的封土墓冢。其中3座圆形封土，1座方形。M1位于M683的南侧，内环壕南双壕内。墓道朝东，封土圆形，明券双坑横列前堂墓。M2位于M683的西侧，内环壕之外。墓道朝南，封土方形，明券横列前堂墓。M149、M150位于M2北侧，内环壕之外。墓道朝北，封土圆形，明券横列前堂墓。

M683现存封土平面方形，北侧破坏严重。长51、宽41、高13.5米。原始封土（夯15）长65、宽63、口深0.3～0.8、底深1.0～1.3、残存厚度0.5～1米。夯土坚实，为原封土破坏后底部残留部分。围绕现存封土，形状略呈方形，保存相对较好。封土之下发现明券单方室墓一座，方向189°。墓道长27、宽4.3、口深1.0～1.3、底深1.8～9.6米，坡度16°。两侧向下内收二级台阶，内填五花夯土。墓室明券，土圹长方形，长10.4、宽9.8米，底深9.6米。墓室土圹内收二级台阶，砌券甬道、墓室，明坑内填五花夯土。墓室破坏，深浅不等见乱砖。

M2封土夷平，原始封土（夯16）略呈方形，长36.5、宽36、口深0.3～0.6、底深1～1.2米。夯土坚实，为原封土破坏后底部残留部分，保存相对较好。封土之下发现明券横列前堂墓一座，方向192°。墓道土圹长25.5、宽2.5～4.3、口深0.9～1.2、底深1.2～7.2米，坡度14°。南部一段长17、宽4.3米，北部一段长8.5、宽2.5米，北部为明券甬道。墓室明券，破坏严重。前室长方形，长11.4、宽4、口深1.2、底深7.2米。后室长方形，长6、宽3.2、口深1.2、底深7.2米。墓道、墓室填五花夯土。

墓园内的建筑遗址位于主墓冢的东侧。紧邻封土发现一大型夯土台基（夯1），近方形，东西长26、南北宽24、口深0.4～1、底深2.1米，残存厚度1.1～1.7米，夯土坚实。夯土台西北角及西南角发现2处散水（散水1、散水2），西侧有南北向砖区（砖3）。夯土台基的西部发现6个排列有序、规格大小基本相同的柱础石（1.2×0.7米）。夯土台基的北侧、东侧分布着多处长条形或方形夯土（夯2～夯11），这些夯土构成墓园遗址内的庭院建筑。

（2）M529

2006年3月开始，我们对位于孟津县送庄镇东山头村南、后沟村北的北魏帝陵——玉冢（M515）进行重点调查和钻探。在调查过程中，发现了与北魏陵园遗址叠压在一起的一段夯土墙和一段壕沟。通过铲平断崖，发现夯土墙和壕沟早于北魏陵园遗址，为东汉时期的遗存。该地域位于东汉陵区后沟墓群内，非常重要。完成了玉冢陵园遗址的调查之后，2008年6月开始对其进行重点调查和钻探。调查工作前后做了二期，2008年6月3日至7月28日为第一期，2009年3月8日至3月17日为第二期。通过调查钻探发现夷平墓冢M529和墓园遗址，初步确定墓园遗址的性质、年代、规模和布局结构。钻探总面积100249平方米（图七七、七八）。

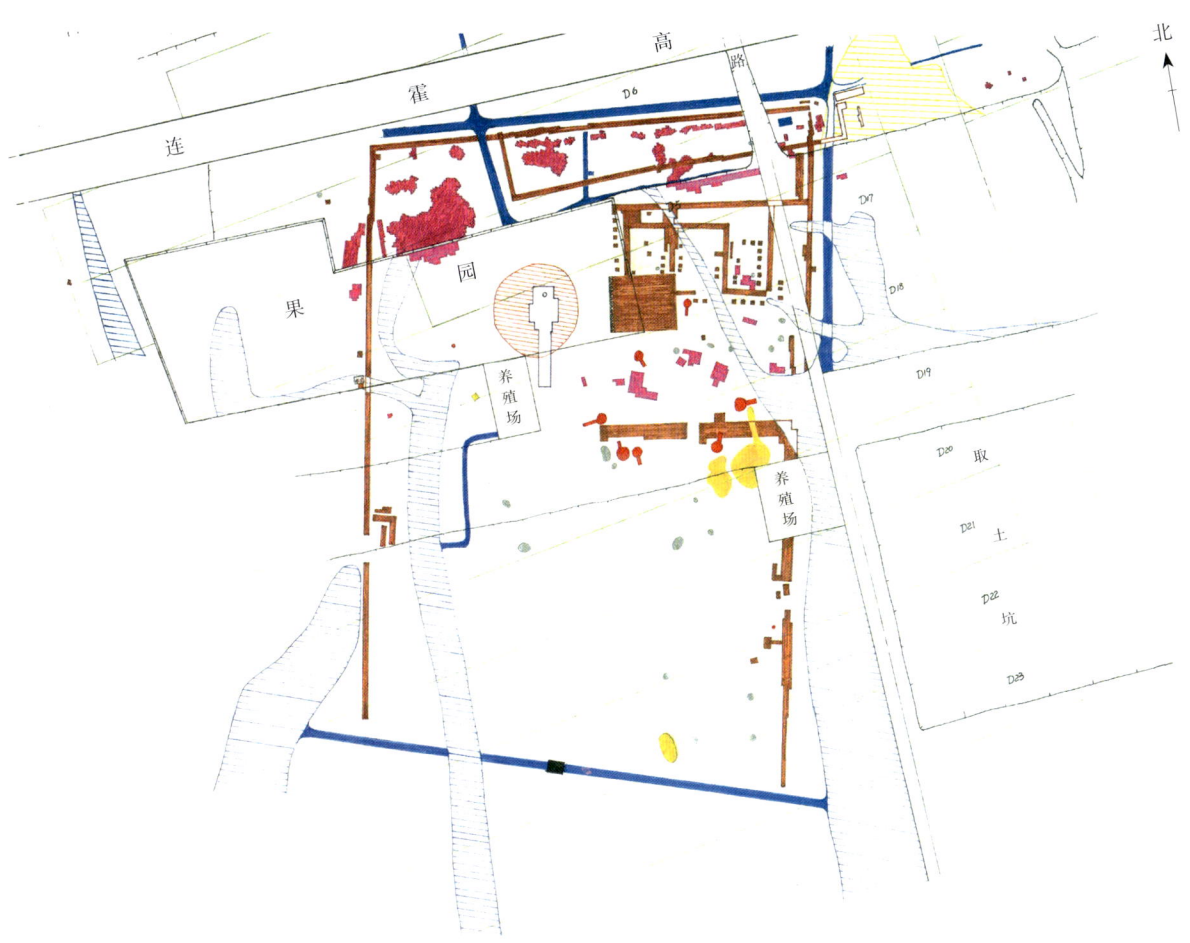

图七七　M2-529后沟墓园

北

连　霍　高　速　公　路

果　园

养殖场

取土坑

图例

| 原点 | 现存封土 | 原封土层 | 墓葬 | 盗洞 | 壕沟水池 | 冲积沟 | 夯土墩带 | 建筑基址 | 灰坑 | 坑 | 窑灶 | 石 | 围墙 | 断崖 | 条带区域 | 井 | 散水 |

比例尺 0 10 20 30 40 50 米

图七八　玉冢、后沟墓园

①地层堆积

北部断崖下，第①层：耕土层，0~0.3米，土质疏松，含大量植物根茎等。第②层：扰土层，0.3~0.6米，土质较松，土色花杂。下为浅黄色生土。

南部区域，第①层：耕土层，0~0.3米，土质疏松，含大量植物根茎等。第②层：扰土层，0.3~0.6米或0.3~1米，土质较松，含少量杂乱陶片灰烬等。第③层：浅褐色土层，0.6~0.9米或1~1.4米，土质较密，较硬。第④层：黄褐色土层，0.9~1.1米或1.4~1.6米，土质硬，纯净。下为浅黄色生土。

②遗迹现象

墓园遗址大致呈南北向长方形，西北部叠压在玉冢北魏帝陵陵园遗址之下。遗址南北长325、东西宽220米。北、东、西三面构筑夯土垣墙，今存垣墙基槽遗迹。南面无墙，开挖界沟。北面边长220、东面边长325、西面边长275、南面全长210米。北面、东面垣墙外建有环壕，西面环壕遭到破坏，情况不详。西面、东面垣墙的中部偏南处开有缺口，缺口附近有夯土构筑的附属建筑，应为东、西门址所在。南面界沟正中有一片石区，是墓园的南门遗迹。北面垣墙没有发现门址。

北面垣墙（夯9），东西向长条形，长214、宽2.5~3、口深1~1.4、底深2.4~2.6米，残存厚度1.2~1.4米。北面环壕（沟5），东西向长条形，长222、宽3.8~4、口深1.3~1.6、底深3.1~3.4米，残留深度1.8米。冲积土含较厚淤土、大量白灰墙皮。东面垣墙（夯6、夯21、夯78、夯87、夯91），夯21，南北向长条形，长107、宽2.6、口深0.5~0.9、底深1.2~1.8米，残存厚度0.7~0.9米。东面环壕（G4、G29），G4，长50、宽3.5~4、口深1.4~2.3、底深2.6~3.8米，残留深度1.2~1.5米，冲积土含较厚淤土。西面垣墙（夯11、夯83、夯94），夯11，南北向长条形，长56、宽2.8、口深1.5~1.7、底深2.5米，残存厚度0.8~1米。南面界沟（G40），东西长条形，长255、宽4、口深0.7~0.9、底深1.3~2.2米，残存深度0.6~1.3米，内见淤土含灰烬、陶粒等。G40中部有一石区，依据排水沟内水流方向，推测G40穿石而过。石1（石区），长方形，长8、宽6米，深0.6米见石。

墓园遗址中部偏北设置封土墓冢一座。封土早期夷平，文物普查时未有发现。

经过钻探，原封土（夯86）平面圆形，直径45、口深0.7~0.9米，残存厚度0.2~0.4米，夯土坚实，保存相对较好。原始封土下发现墓葬一座，方向198°。形制为长斜坡墓道明券多室墓，前室横列式。墓道长26~27、宽5.8、口深0.5~0.8、底深0.6~7.6米，坡度16°。墓道两侧内收三级台阶，台阶宽均为0.6米，内填五花夯土。甬道土圹长方形，长3.8~4.8、宽8.2、口深0.8、底深7.6米，其两侧内收三级台阶，东侧台阶均宽0.6米，西侧第一台阶宽1.6米，第二、三台阶均宽0.6米。前室土圹长14.3、宽8.5~11.5、口深0.8、底深7.6米，东侧内收一级台阶，西侧内收三级台阶，台阶均宽1米，南北二侧内收三级台阶，台阶均宽0.6米。后室土圹长10.2、宽5~8、口深0.8、底深7.6米，东西二侧内收三级台阶，台阶均宽0.6米，北侧内收一级台阶，台阶宽1米。前后室及甬道砖券（前室东侧可能砌筑一耳室），土圹内填五花夯土。墓室破坏，多见乱砖。后室中部发现一椭圆形盗洞，长1.8、宽1.6、口深0.3、底深6米不底，填土松，色杂含残砖等。

墓园遗址的东部和北部为墓园建筑群。紧邻封土东侧有一大型夯土台基（夯72），长方形，长31、宽26、口深0.5、底深1.8米，残存厚度1.3米。西侧有卵石散水。夯土台基的北部、东部、南部为夯土墙基、夯土墩台构成的4组庭院建筑。庭院建筑的南侧有对称的1组夯土，中有缺口，附近地方有多座陷于地面以下的建筑基槽和烧窑。墓园遗址的北部，紧邻北面垣墙有大量陷于地面下的建筑基槽。

(3)M708、709墓园遗址

孟津县平乐镇朱仓村西侧，连霍高速公路的南侧，东西向分布着4个封土冢，自西向东分别为M722、707、708、709。M722、707、708是实体墓冢，M709封土夷平。该区域位于邙山东汉陵区帝陵和陪葬墓群的交汇地带，位置非常重要。2007年4月28日至5月3日在钻探查证M722时，发现了帝陵级别的"甲"字形大墓，2008年3月开始对这一区域进行了重点调查和钻探。重点调查和钻探前后做了二期，2008年3月23日至7月12日、2008年11月5日至2009年1月17日为第一期，2009年9月22日至2010年7月30日为第二期。钻探面积24.8万平方米，目前钻探工作尚未全部告竣，但是总体情况已经基本清楚。2009年初，连霍改扩建工程路经该区域，我们对相关遗址进行了考古调查和发掘。通过考古发掘和重点钻探，发现了朱仓M722、707东汉帝陵陵园遗址和M708、709墓园遗址。由于M708、709位于东汉陪葬墓群内，陪葬性质明显，其附属遗址应为陪葬墓园遗址（图七九、八〇）。

两处墓园呈东西分布，相距约120米。遗址区地层破坏严重，堆积简单，耕土层下即为汉代文化层，耕土层厚0.18～0.3米。

M708墓园遗址

墓园遗址位于M708封土墓冢的东北部，墓园遗址和封土墓冢的外围目前没有发现环壕或垣墙迹象，墓园遗址是一个独立的建筑单元。

M708封土墓冢紧邻M707帝陵陵园遗址。经钻探，现存封土东西长13.5、南北宽14.5、高6.5米。原始封土残损，保留约有四分之一，靠近M707陵园遗址部分遭破坏。封土平面圆形，口深0.3～0.6、底深0.8～1米，复原直径58米。墓葬部分没有完全卡探，目前仅知是附带长斜坡墓道的明券墓，东向。

墓园遗址呈南北向长方形，中心为大型夯土台基，四周有院落建筑。2009年5月17日至2010年4月16日连霍高速改扩建工程发掘该遗址1500平方米。发掘区为墓园遗址的一部分，发掘的遗迹计有夯土台基1处、夯土墙2道、砖墙1道、夯土墩5处、窖藏坑1处、渗井1口、排水渠4条、灰坑10座。

墓园建筑遗址外围构筑垣墙。目前只发现西垣，残存基槽部分，宽1.85～2.1、深0.9米，夯层厚0.04～0.09米。主体建筑是一处大型夯土台基，位于西垣西侧。东西长16、南北残宽15.3、深1.5米，夯土致密，夯层厚0.04～0.1米。其北部被连霍公路破坏。台基南侧为闭合式院落。院落的西墙为夯土墙，与墓园西垣间距2米，两墙之间铺砖。院落西墙残存基槽，宽0.8米，与夯土台基同期。院落的东墙为砖筑，底部有铺砖，宽0.5米，碎砖拼凑，为二期修补而成。院落内有大面积汉代活动面。台基的东部发现有5个夯土墩，为另一处房屋建筑的遗迹。夯土墩分南北二排，北侧3个，南侧2个。夯土墩呈方形，边长1～1.5米，填土夯筑。

院落西北部有方形窖藏坑，边长2.5米，打破夯土台基。底部及四壁由黄褐色条砖垒砌，砖长0.38、宽0.18、厚0.08米。坑底见淤沙。院落西南部有南北向的排水渠，渠底铺条形小砖，砖上置梯形陶管道。陶管长0.7、宽0.24米，渠宽0.3米。渠北与一灰坑相连，向南延伸出发掘区。院落东

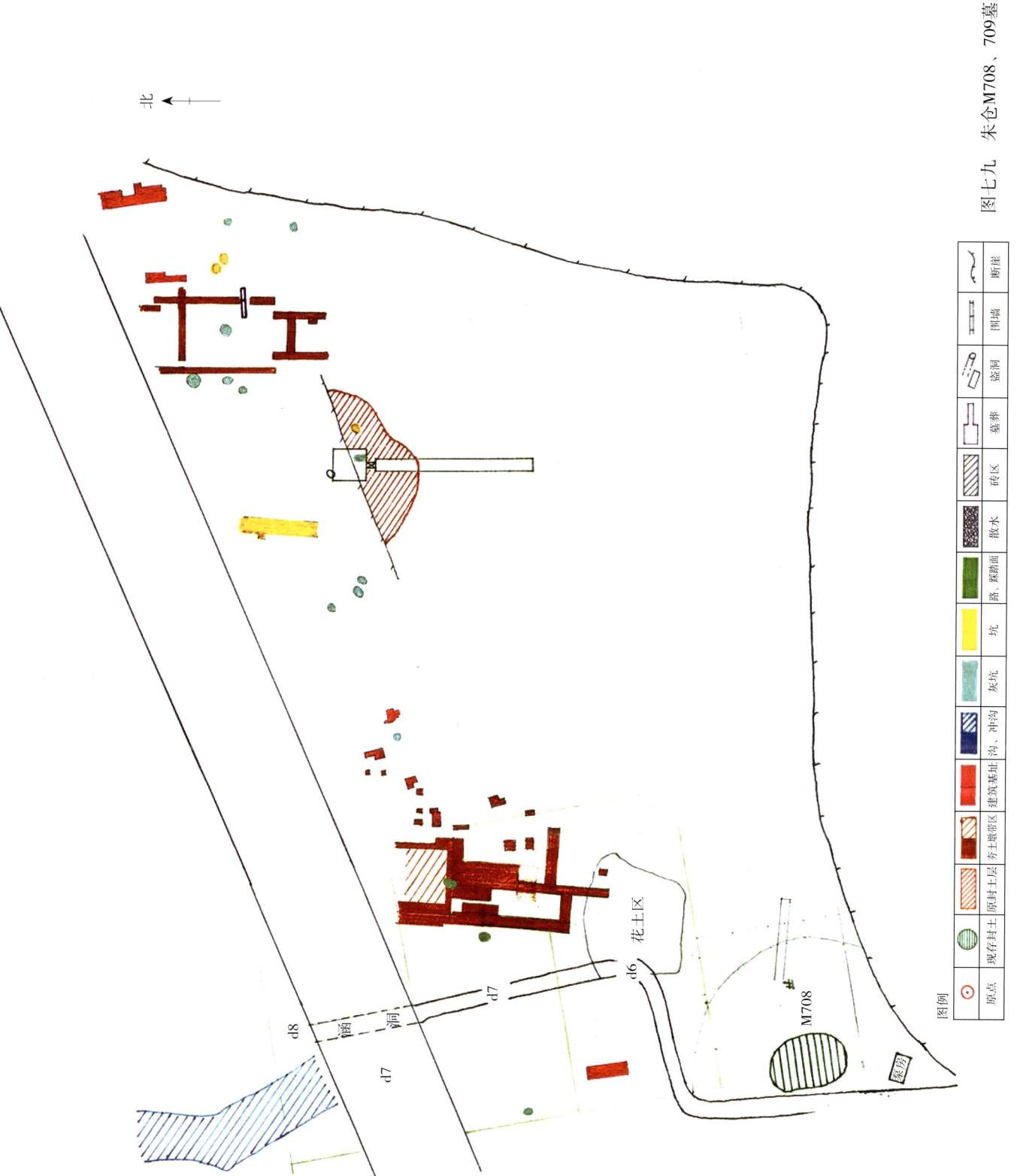

北

图七九 朱仓M708、709墓园

图例

| 原点 | 现存封土 | 原封土层 | 夯土坍塌区 | 建筑基址 | 沟、冲沟 | 灰坑 | 坑 | 路、踩踏面 | 散水 | 砖区 | 墓葬 | 盗洞 | 围墙 | 断崖 |

图例

原点	现存封土	原封土层	夯土墩带区	建筑基址	沟、冲沟	灰坑	坑	路、踩踏面	散水	砖区	墓葬	盗洞	围墙	断崖

图八〇　朱仓帝陵陵园遗址

南部有渗井一口，井口直径0.8、深0.8米。上部由小砖一顺一丁垒砌，砖壁高0.4米，下部及底部均为生土。渗井北部有南北向排水渠，南高北低，形制与院落西南部排水渠相同，渠宽0.3米，水在渗井处沉淀后由此流出。渗井东部亦有排水渠相连，底部及两壁均由小砖铺砌，渠宽0.3米。

M709墓园遗址

M709墓园遗址位于M709墓冢的东北部，墓园遗址和封土墓冢的外围目前没有发现环壕或垣墙迹象。

M709墓冢封土遭到破坏，地面上无残留。经钻探，地面之下原封土呈半圆形，长42、宽18、口深0.4～0.5米，底深0.6～0.7米。夯土坚实，仅保留南半圆，推测原封土平面呈圆形，复原直径约42米。原始封土之下发现墓葬一座，形制为长斜坡墓道砖券单方室墓，方向190°。墓道南北向，长44.5、宽3.6、口深0.8、底深0.9～11.9米，坡度14°，墓道两侧内收二级台阶，内填五花夯土。甬道长2、宽1.6、口深9.9、底深11.9米，洞室暗券。墓室砖券单方室，长9.4、宽8.8、底深11.9米。暗券，室已塌落，深浅不等，见乱砖，破坏严重。

墓园遗址呈南北向长方形，墓园遗址由多重院落组成。连霍高速改扩建工作在此发掘面积1100平方米。该发掘区域为遗址一部分，遗迹有夯土墙5道、灶4眼、灰坑3座。

东、西、南、北四道夯土墙组成一个封闭的院落，四墙均存基槽。西墙长26、宽1.5米。北墙长20、宽1.5米，系两次夯筑成，基槽上有多处方形柱础坑。柱础坑边长0.2～0.3米。东墙长22、宽1.5米。南墙没有发掘。北墙与西墙间有狭窄通道，宽0.6米，是与北侧院落相连的通道。南墙与东、西墙亦有缺口，应为与其他院落相连的通道。院落中部有灶2处，东墙外另有灶2处，形制相同，均由火道、火膛、烟囱构成。

两处墓园遗址出土大量遗物。陶器14件、铁器5件。陶器有板瓦、筒瓦、铺底砖等建筑材料，罐、碗等日用器。铁器有钉、镞、环等。铜钱23枚，均为五铢，包括剪轮五铢。此外还有大量陶片，主要为建筑材料残片。据出土遗物推断，墓园遗址的相对年代应是东汉中晚期。

(4)M13

位于洛阳市老城区邙山镇望朝岭村南，王城大道西。该地位于汉河南县城北，邙山北魏陵区内。2003年12月29日文物普查时发现，2007年10月2日至2007月10月9日钻探查证（图八一）。

①地层堆积

第①层，耕土层，0～0.3米，土质较松。第②层，扰土层，0.3～1.5米，含碎礓石、杂乱陶片等。第③层，褐色土层，1.5～1.8米，土质致密，较硬。下见黄褐色生土。

②遗迹现象

现存封土，南北长约32、东西宽33、高约5.5米。原始封土圆形，直径45、口深0.3、底深1.4米，夯质较好。现存封土下，发现长斜坡墓道明券单横室墓1座，方向186°。墓道南北向，长18.5、宽3、口深1.5、底深1.8～6.7米，坡度14°，内填五花夯土。墓道两侧内收一级台阶，台阶宽0.7米。甬道土圹，长7、宽5.8、口深1.5、底深6.7米，两侧内收二级台阶。墓室土圹，长8、宽15.4、底深6.7米，四周内收三级台阶。墓室砖券，已破坏，较多孔，见乱砖、石片等。

封土墓冢的北侧发现东西向的沟2条、南北向的沟1条，另外还有3条夯土带、2处半地穴式的房屋基槽。由于墓冢周围有大量现代建筑覆压，钻探工作不完整。但是根据现有的情况看，这些

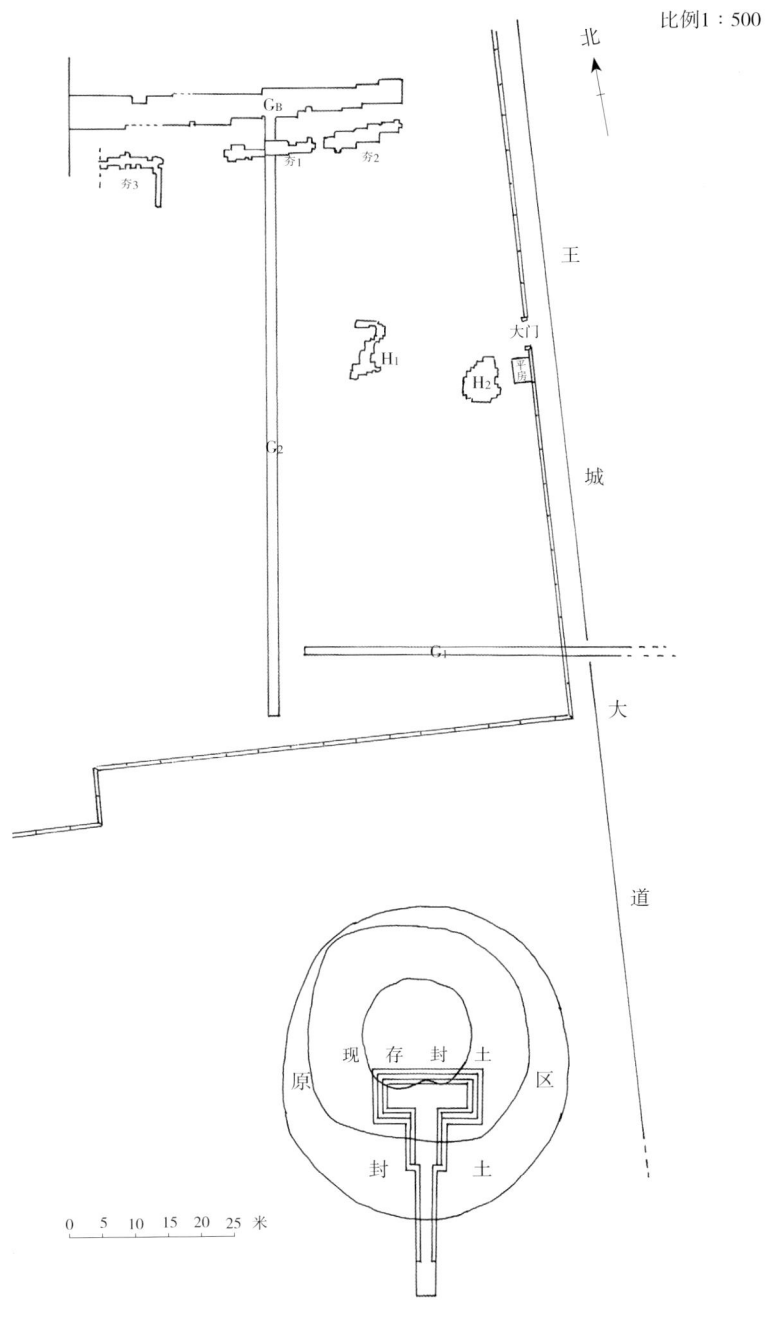

图八一　M1-13墓园

遗迹与墓园遗址有关。

　　目前邙山发现的东汉墓园遗址主要有三种类型：第一，围沟墓园（M683），郑西高速铁路发掘的阁楼东汉陪葬墓园遗址即属此类。第二，垣墙环壕墓园（M529），墓园周围建有垣墙和环壕，白马寺东汉墓园遗址即属此类。第三，分离墓园（M708、709），墓冢和墓园分离，四周没有防卫设施。尽管有不同的类型，但是有一点是基本相同的，即墓冢在西侧，墓园主要建筑遗址在东侧或东北方。

3. 夯土台基

邙山古墓冢钻探查证过程中，随机发现了一些位于东汉、北魏时期的封土墓冢周围的夯土区，有的和封土连在一起（M563、M581），有的位于封土的近旁（M562、776、879、949）。和封土连在一起的夯土区东汉和北魏的都有，它们和墓葬或封土的关系目前尚不清楚。位于封土东侧近旁的，和墓冢分离的，多是大型的夯土台基的基槽，它们只存在于东汉时期墓葬（M776、879、949），这些夯土台基和墓园建筑关系密切，是否附近存在着墓园遗址有待今后的工作验证，目前钻探查证只能提供相应的线索。

⑴M562

位于孟津县平乐镇平乐村北，大汉冢与二汉冢之间，当地俗称"太师冢"，为北魏时期墓冢。2006年3月7日文物普查中发现，2007年7月26日至7月27日、2007年8月12日至8月16日分两次进行钻探查证（图八二）。

①地层堆积

第①层，耕土层，0~0.3米，土质松，含大量植物根茎。第②层，扰土层，0.3~0.9米，厚

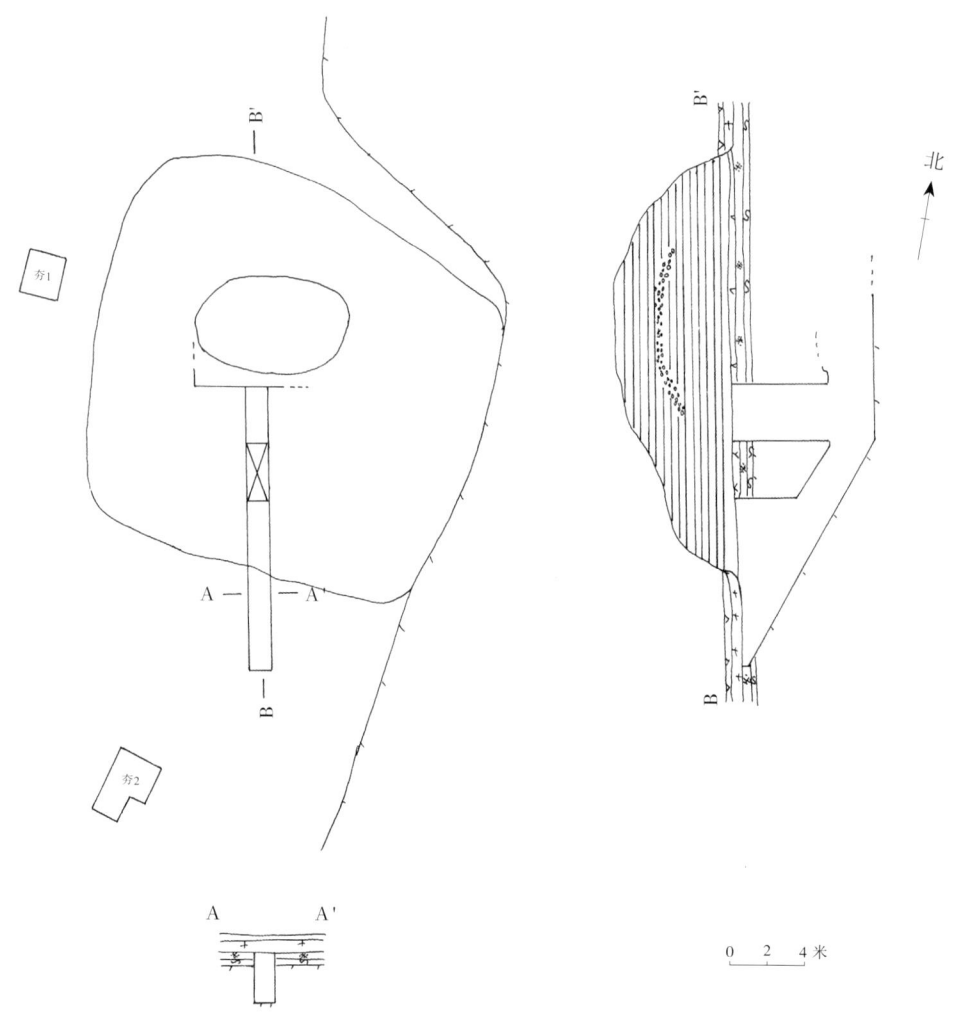

图八二　M2-562

0.5～0.6米，土色花杂。第③层，浅褐色土层，0.9～1.3米，厚0.3～0.4米，土质致密，较硬。第④层，黄褐色土层，1.3～1.5米，厚0.2～0.3米，土质硬，纯净。以下为黄色生土。

②遗迹现象

现存封土西侧约3米处，现存封土南侧约11米处，各发现一处夯土。夯1，长方形，长2.4、宽2.2、口深0.9、底深2.5米，夯土坚实。夯2，刀形，南北长3.6、宽1.5～2.4、口深0.9、底深2.5米，夯土坚实。

(2)M563

位于孟津县平乐镇平乐村北，二汉冢西侧约300米处，当地俗称"郎冢"，是东汉时期的墓冢。2006年3月7日文物普查中发现，2007年7月28日至7月31日钻探查证（图八三）。

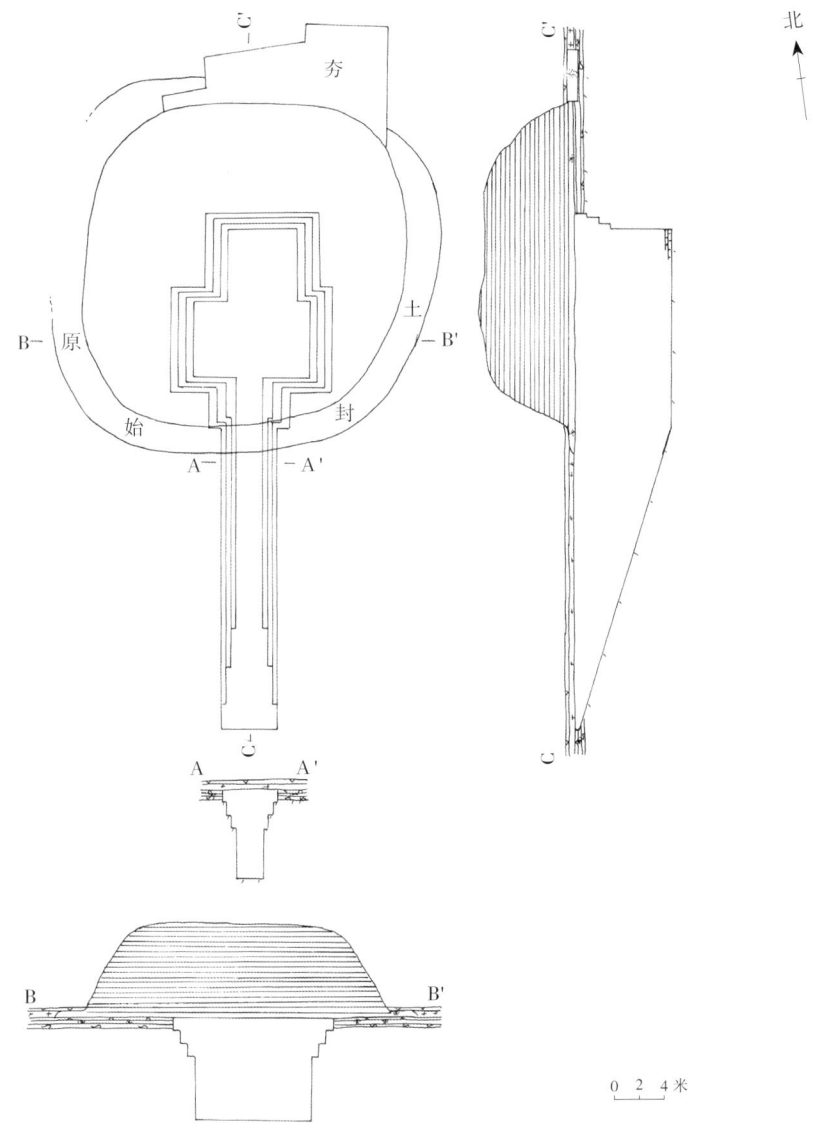

图八三 M2-563

①地层堆积

第①层，耕土层，0～0.3米，土质较松。第②层，扰土层，0.3～0.6米，厚约0.3米。第③层，黄灰色土层，0.6～0.9米，厚0.2～0.3米，土质较硬，含少量炭灰，陶渣等。第④层，浅褐色土层，0.9～1.2米，厚约0.3米，土质致密，较硬。第⑤层，黄褐色土层，1.2～1.4米，厚约0.2米，土质硬，纯净，为生土。

②遗迹现象

现存封土北侧，发现一夯土区，形状不规则，和墓冢封土连在一起。东西长约18、宽8、口深0.4、底深1.1米，夯土质量较好。其北侧呈曲尺状，其周围发现大量残砖、石、白灰皮。

（3）M581

位于孟津县平乐镇妯娌新村南，是北魏时期的封土墓冢。2006年3月14日文物普查时发现，2007年9月2日至9月12日、2007年10月29日至11月3日、2008年1月10日至1月18日、2008年2月14日至2月19日进行了4次钻探查证（图八四）。

①地层堆积

第①层，耕土、垫土层，0～1米，厚0.8～1米。第②层，扰土层，1～4.8米，厚约3.8米。第③层，黄灰色土层，4.8～5.3米，厚0.4～0.5米，含少量陶粒、灰烬等，以下为浅黄色的生土。

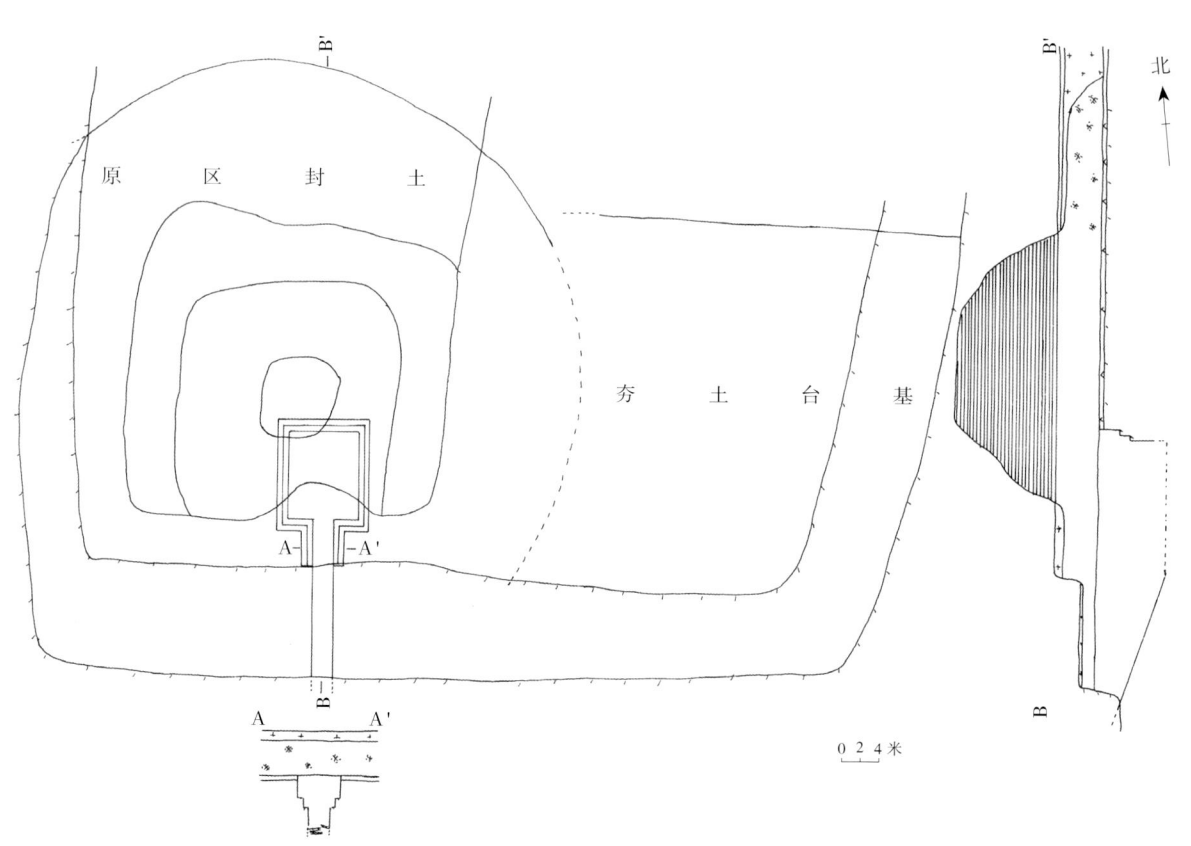

图八四　M2-581

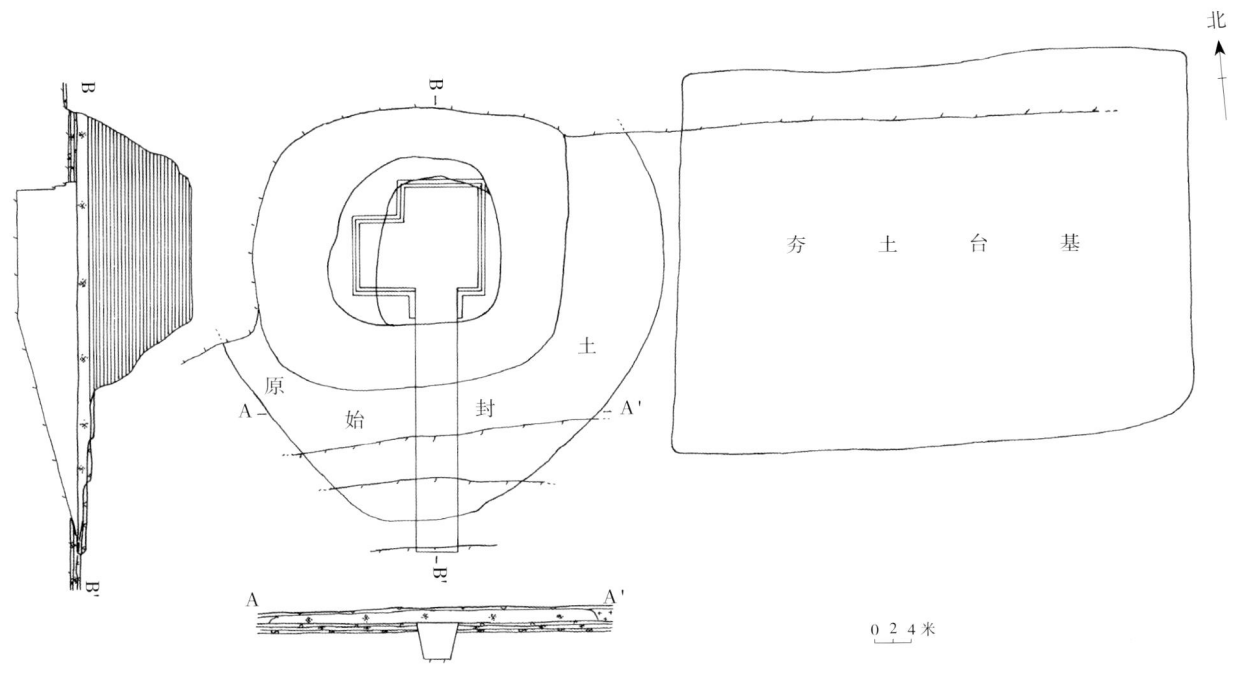

图八五 M2-776

②遗迹现象

紧邻现存封土东侧发现一夯土区，和墓冢封土连在一起。南北长41、东西宽40、口深1、底深5.9米，南部、东部断崖下均已破坏。

(4)M776

位于孟津县平乐镇张盘村西南，当地俗称"南大冢"，其西北约100米处为"大盘冢"。M776为东汉时期的封土墓冢。2007年3月12日文物普查时发现，2007年8月14日至8月21日进行了钻探查证（图八五）。

①地层堆积

第①层，耕土层，0~0.3米，土质较松。第②层，扰土层，0.3~（1~1.7）米，厚0.7~1.2米，含少量残陶、灰烬等。第③层，黄灰色土层，1.0~1.3米或1.7~2米，厚0.2~0.3米，土质较硬，含少量陶料、炭灰等。第④层，浅褐色土层，1.3~1.7米或2~2.4米，厚0.3~0.4米，土质致密，较硬。下见黄褐色生土。

②遗迹现象

封土冢东侧2米处发现一处面积较大的夯土区。东西长约55、南北宽45、口深0.6~1、底深2~3米。范围内大部分孔均发现夯土，个别孔遇砖、石钻不过。夯土区北侧断崖壁上发现较多板瓦、筒瓦、砖、石片等残块（纹饰为绳纹），初步推测为一大型夯土台基或建筑群基址。

(5)M879

位于孟津县平乐镇新庄村南，洛常路东侧，当地俗称"三窑冢"。是东汉时期的封土墓冢。

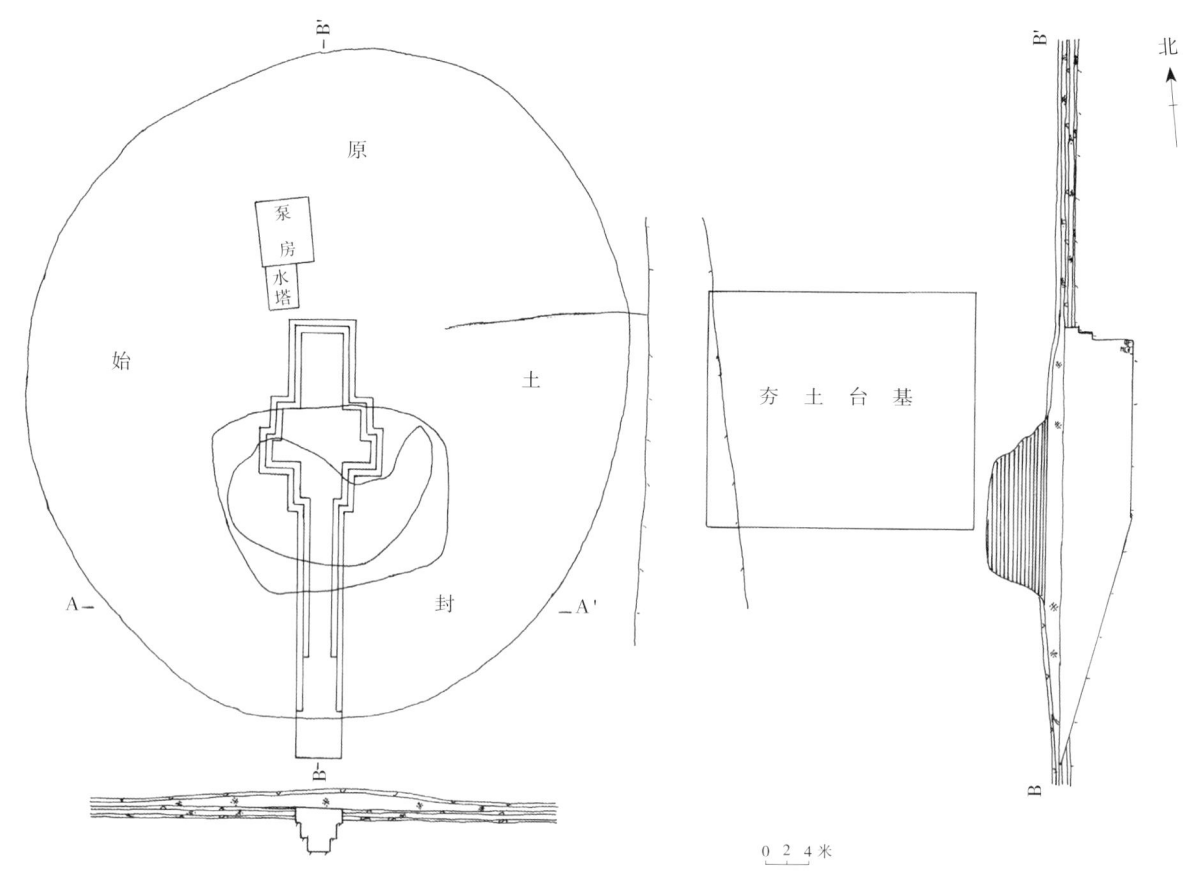

图八六　M2-879

2007年4月4日文物普查时调查发现，2008年4月8日至4月11日钻探查证（图八六）。

①地层堆积

第①层，耕土层，0～0.3米，土质较松。第②层，扰土层，0.3～0.7米，土质杂，含少量陶片等。第③层，黄灰色土层，0.7～1米，土质较硬，含少量陶粒、灰烬等。第④层，浅褐色土层，1.0～1.4米，土质致密，较硬。下见黄褐色生土。

②遗迹现象

现存封土东约25米处，发现一夯土台基。呈长方形，东西长26、南北宽22、口深0.8、底深2.6米，夯土坚实。

(6)M949

位于孟津县送庄镇裴坡村西北，当地俗称"夫子冢"。是东汉时期的封土墓冢。2007年4月25日文物普查时调查发现，2008年8月15日至8月20日钻探查证（图八七）。

①地层堆积

第①层，耕土层，0～0.3米，土质松。下见浅黄色生土。

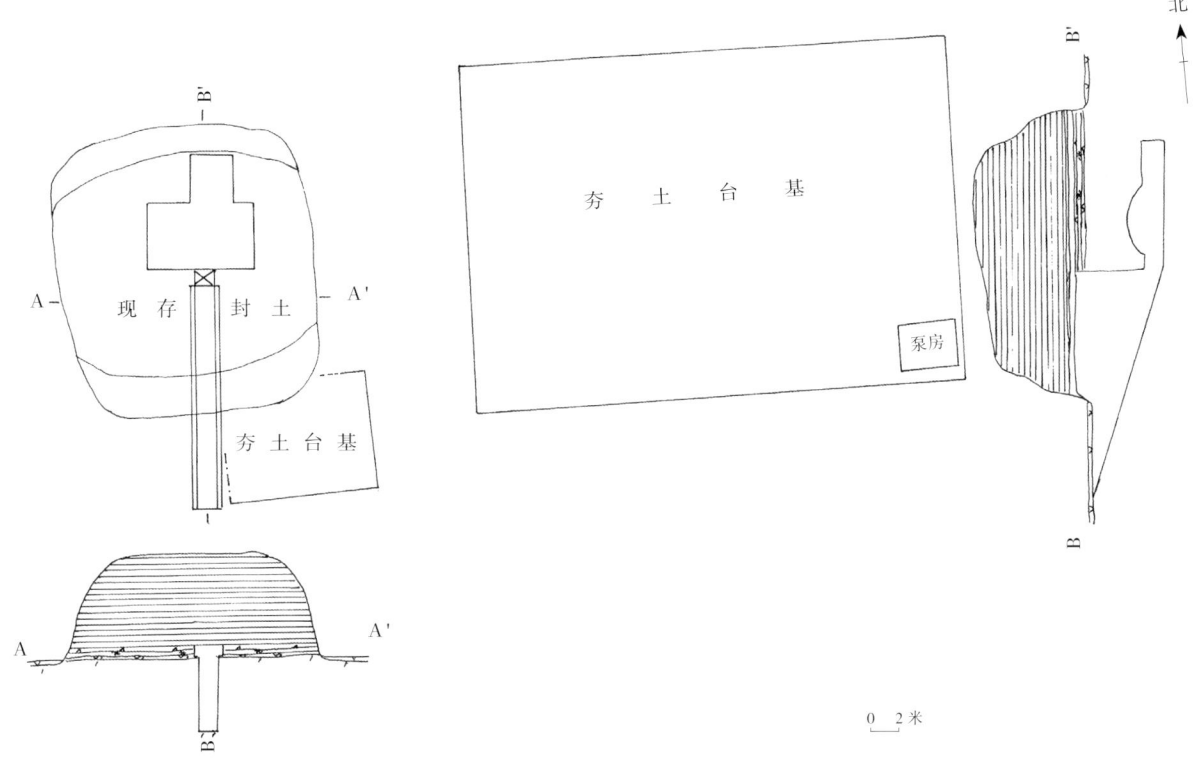

图八七　M2-949

②遗迹现象

现存封土东侧约11米处发现一夯土区。长方形，南北长23、东西宽34、口深0.3、底深1.2米，夯土坚实。现存封土东南亦发现一处夯土区，东西长约10、南北宽约7.5、口深0.3、底深0.9米，夯土坚实。该夯土区与现存封土位置上有重叠，由于地层破坏，现存封土底部已高出现有地表约0.5米，与该处夯土区的关系尚不清楚。

4. 环壕遗址

北魏墓冢的附属建筑很少，墓冢周围构建环壕比较常见。钻探查证和重点调查时我们发现了2处。

(1)M321、322环壕遗址

位于洛阳市西工区红山乡新唐村南侧，柿园村西。二座墓冢东西向排列，间距约150米。2003年12月30日古墓冢文物普查时进行过调查，2007年9月10日至9月24日钻探查证（图八八）。

①地层堆积

探明地层堆积可分为两种情况。

a. 第①层，耕土层，0～0.3米，土质较松。第②层，扰土层，0.3～0.6米，土色花杂。第③层，浅褐色土层，0.6～0.9米，土质致密，较硬，下见黄褐色生土。

b. 第①层，耕土层，0～0.3米，土质较松。第②层，扰土层，0.3～0.6米，土色花杂，含

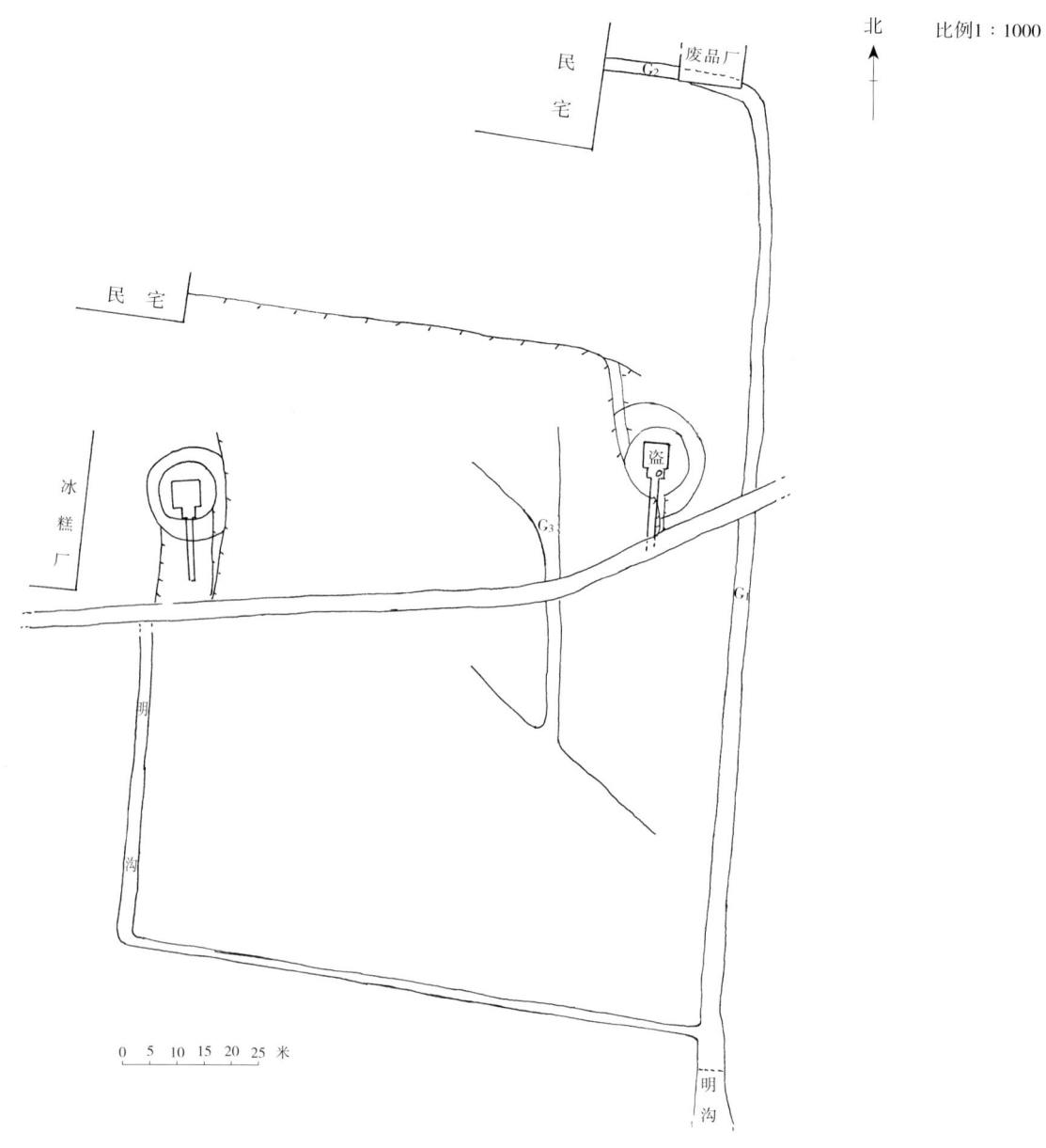

图八八　M1-321、322

少量陶片等。第③层，黄灰色土层，0.6～0.8米，土质较硬，含少量陶粒等。第④层，浅褐色土层，0.8～1.1米，土质较硬，致密，下见黄褐色生土，局部扰土层0.3～1.7米。

②重要遗迹

查证过程中，在M322现存封土墓冢东侧约20米处钻探发现外围环沟。G1南北向，长350、宽5.7～10、口深0.6～0.8、底深2.2～3米。内见冲积土、淤土、含碎礓石，南端与一南北向明沟相连，北端略呈弧形西折与G2相连。G2东西向，长60、宽3.8～4.5、口深0.6、底深1.8～2米，内见淤土，东端南折与G1相连，西端进民宅，无法卡探。G1、G2可能构成M321、322之东侧垣壕及北侧部分垣壕。

(2)M16环壕遗址

洛阳市孟津县朝阳镇伯乐村北侧有东西走向黄土梁，其南坡东西向一字排列着三个封冢，自西向东依次为M1-16、17、18。这里属邙山陵墓群西段，北魏陪葬墓集中区。2010年4月，拟建的洛阳至吉利快速通道穿越M18冢东侧，孟津县规划新城区覆盖到这里，我们结合孟津县新城区规划项目，对这三座封土冢实施重点调查和钻探。2010年4月7日至6月20日，完成了考古钻探工作，总调查面积13.12万平方米（图八九）。

《洛阳出土石刻时地记》等文献对上述墓冢有记载，早年曾出土过墓志。据此我们知道M17为元秀墓，M18为元栓墓，均是北魏贵胄元勋的墓葬。经过调查钻探，三座墓葬均为北魏时期，墓冢年代和文献记载相同。

①地层堆积

经过钻探，初步探明该区域地层堆积可分为以下3种情况：

a. 第①层，耕土层，0~0.3米，土质较松，含大量植物根茎等。第②层，扰土层，0.3~0.5

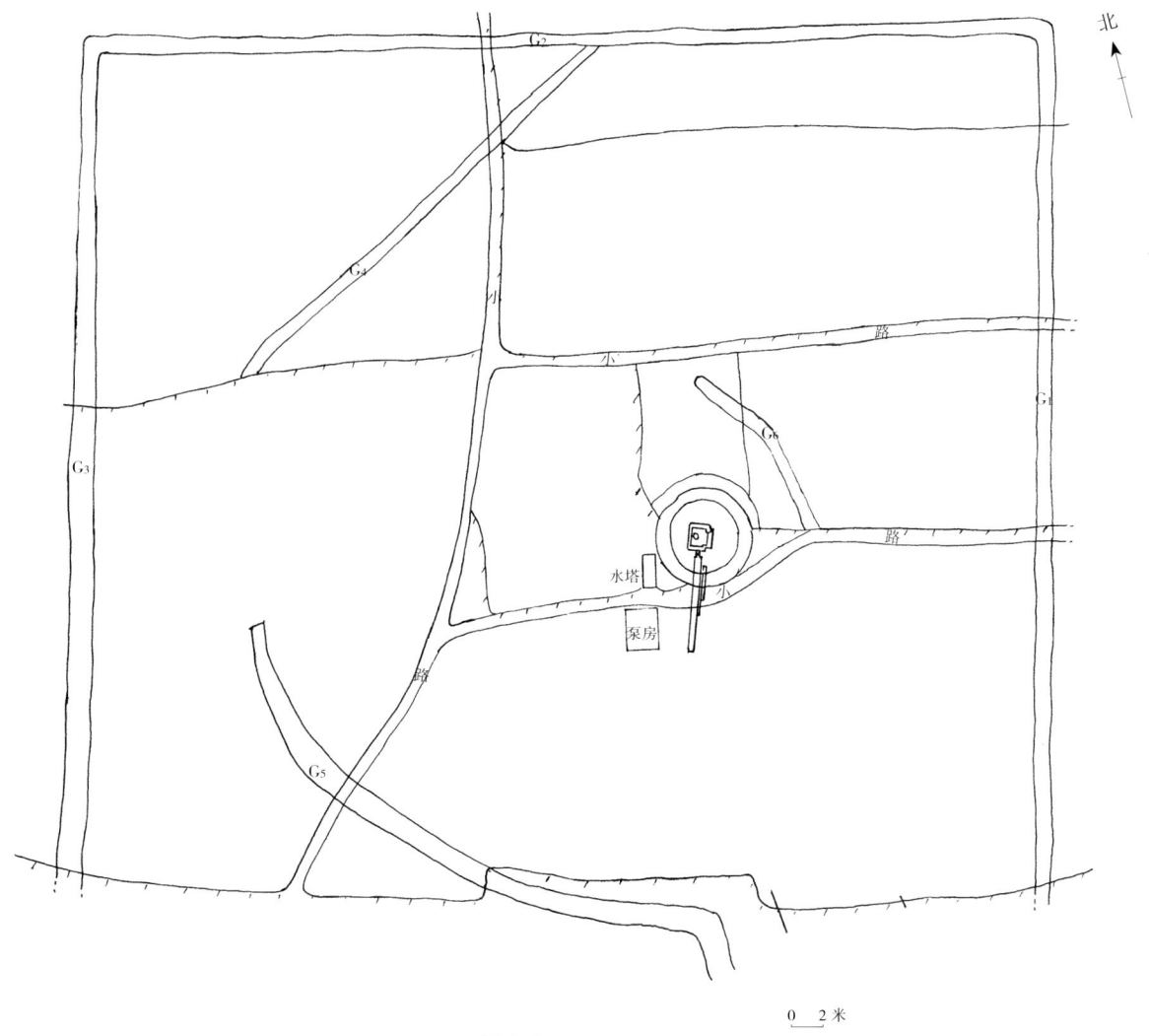

0   2米

图八九　M1-16

米或0.3～1.5米，土层较硬，含少量碎礓石。下见浅黄色生土。

b．第①层，耕土层，0～0.3米，土质较松，含大量植物根茎等。第②层，垫、扰土层，0.3～0.5米或0.3～0.8米，土质较硬，含礓石。下见红褐色生土。

c．第①层，耕土层，0～0.3米，土质较松，含大量植物根茎等。下见浅黄色生土，局部地域为红褐色生土。

②重要遗迹

三座墓冢的封土均受到不同程度的破坏。M16现存封土圆形，直径约30、高7米；M17现存封土呈椭圆形，东西长19.5、南北宽23、高约7.5米；M18现存封土呈不规则形，东西长16、南北宽17、高约6.5米；封土上部及周围发现数量不一的盗洞，说明墓葬在不同时期曾多次被盗。由于群众取土和平整土地，周边地层破坏也相当严重。M16、18为长斜坡墓道明券单方室墓，M17为长斜坡墓道洞室单方室墓。M16、18均生土甬道，M16墓室土圹为不规则方形，东侧边缘呈锯齿状，砖券墓室小于墓室土圹。另外墓道东侧有三级内收生土台阶，这在北魏墓葬中极其罕见。

M16墓冢封土周围有环壕围绕。东侧垣壕G1，南北向，长273、宽4～5、口深0.4、底深0.8～1米，残留深度0.4～0.6米。内见淤土，含少量陶粒。南端断崖下破坏，北端西折与G2相连。北侧垣壕G2，东西向，长312、宽4～6、口深0.4、底深0.8～0.9米，残留深度0.4～0.5米，内见淤土。东端南折与G1相连，西端南折与G3相连。西侧垣壕G3，南北向，长257、宽4.5～8、口深0.6、底深0.8～1.3米，残留深度0.2～0.7米，内见淤土，含少量陶粒。北端东折与G2相连，南端断崖下破坏。由于南部断崖下地层严重破坏，没有发现垣壕。根据四周环壕的规模推测M16墓园遗址东西长318、南北残长272米。

M17、18周围地层破坏严重，没有发现有墓园环壕的遗迹。M17墓冢南约200米处发现一条东西向G4，长315、宽3～7.5、深0.3～0.6、底深1.1～2.2米，内填灰褐色淤土，含少量陶片、黑灰等。沟边地层破坏，口面宽窄不等。目前尚无证据证明其与墓园环壕有联系。

表一四 墓冢相关遗址统计表

年代	建筑基址	墓园遗址	夯土和夯土台基	环壕遗址
东汉	M537、538、540	M683、529、708、709、13	M563、776、879、949	
北魏			M562、581	M321、322、16
唐代				M928、929、930
后唐	M987、988、931			

二、航空卫星遥感发现的遗迹

1. 大汉冢冢前建筑遗址

2005年12月，"洛阳邙山陵墓群考古调查与勘测"项目第二阶段工作——邙山帝陵的重点调查和钻探全面展开。我们首先对邙山地区最大的东汉帝陵，位于孟津县送庄镇三十里铺村南的大汉冢进行了调查钻探。2009年初，各项工作基本结束，陵园遗址的布局结构和帝陵墓冢、墓葬的形制规模基本厘清。调查钻探的面积60万平方米。

　　大汉冢现存封土直径130、高19米，原始封土直径156米。封土的外围构建夯土环沟，宽3～5米。封土西侧发现3座规格很高的陪葬墓冢。封土的南侧、东侧发现了2处规模宏大的建筑遗址，其中一座面积2300平方米，另一座面积5600平方米。大冢的东北方向约200米处发现了一片面积约24万平方米的建筑遗址群，周建垣墙，环壕围绕，分4个独立的建筑单元。

　　墓冢南侧的建筑基址位于封土南10米处。东西77、南北30米，面积2300平方米。保存相对完整，夯土基槽已经遭到破坏。经钻探，发现夯土墩3排13行，建筑基址北侧有一条东西向曲尺形的夯土墙，南侧、东侧附有成组的夯土墩，可能是廊柱柱础的遗迹。我们推测这处建筑基址可能是外附回廊，进深3间、面阔12间的一座大型建筑。

　　我们检索了2006年卫星遥感片，也发现了这座建筑基址，图片上建筑遗址的影像清晰可见（详见第三章）。钻探资料和卫星遥感片相互印证，验证了调查发现的准确性，为今后的考古调查提供了新途径和新思路（图九〇、九一）。

图九〇　彩色遥感图像（正霜雪效应）

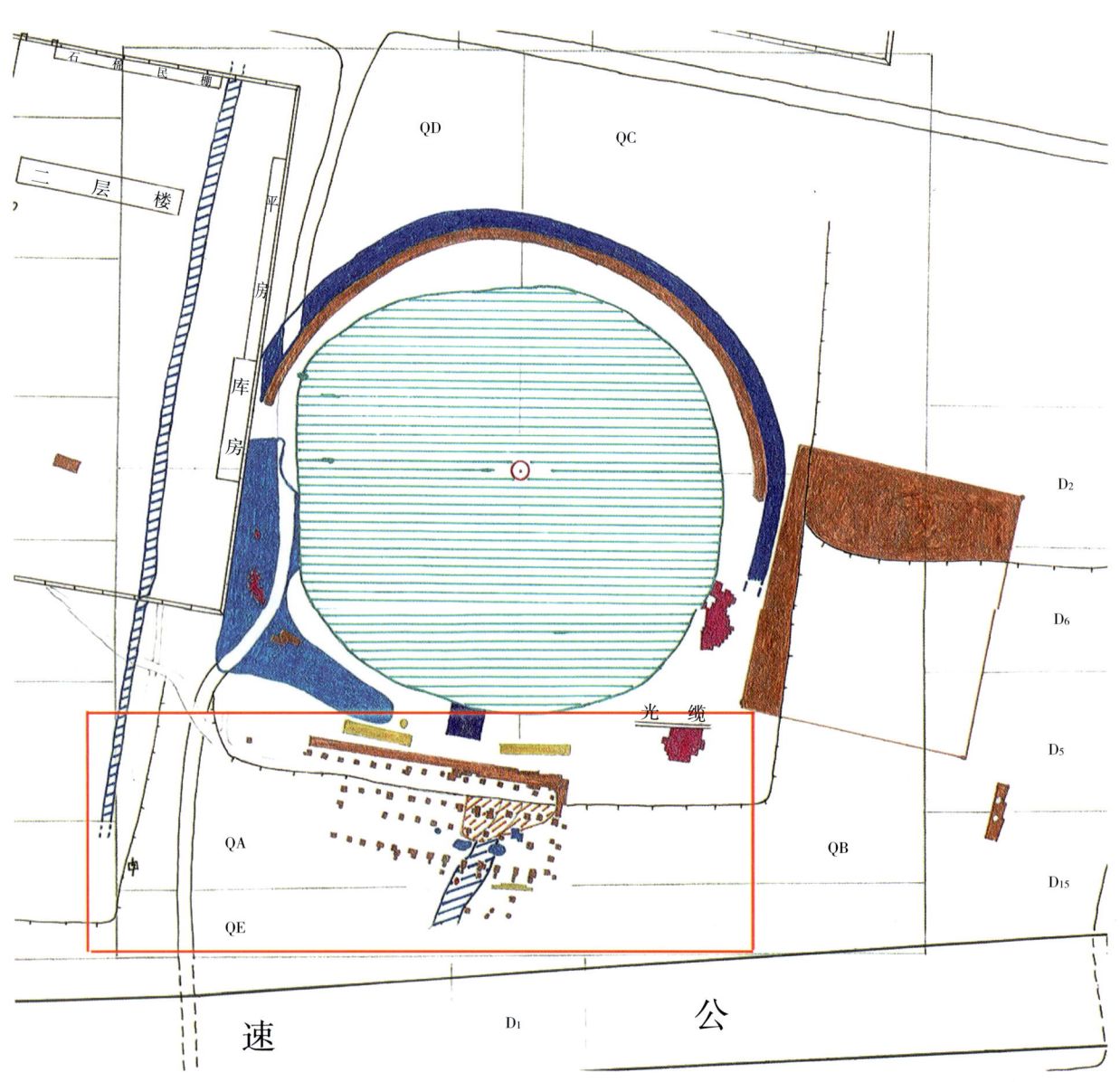

图九一　实地勘探结果图

2. 后唐明宗徽陵陵园遗址

2007年4月20日，在邙山古墓冢文物普查过程中，我们于孟津县送庄镇东山头村东南、护庄村西南，调查发现1座夷平墓冢（M931）。当地群众称之为"南门冢"，20世纪50年代至60年代被夷平。2007年5月24日，我们又在孟津县送庄镇送庄村东南、护庄村西南，调查发现2座夷平墓冢（M987、988）。当地群众称之为"门冢"，20世纪70年代被夷平。这个名称引起了我们的注意，整理资料时，我们发现了它们在早期航片上的影像（图九二、九三）。

根据1958年的航空照片，我们可以看到"门冢"和"南门冢"分别位于护庄大冢的东部和南部。护庄大冢呈方形覆斗状，历史文献记载是五代后唐明宗的徽陵（详见第二章第六节）。早期

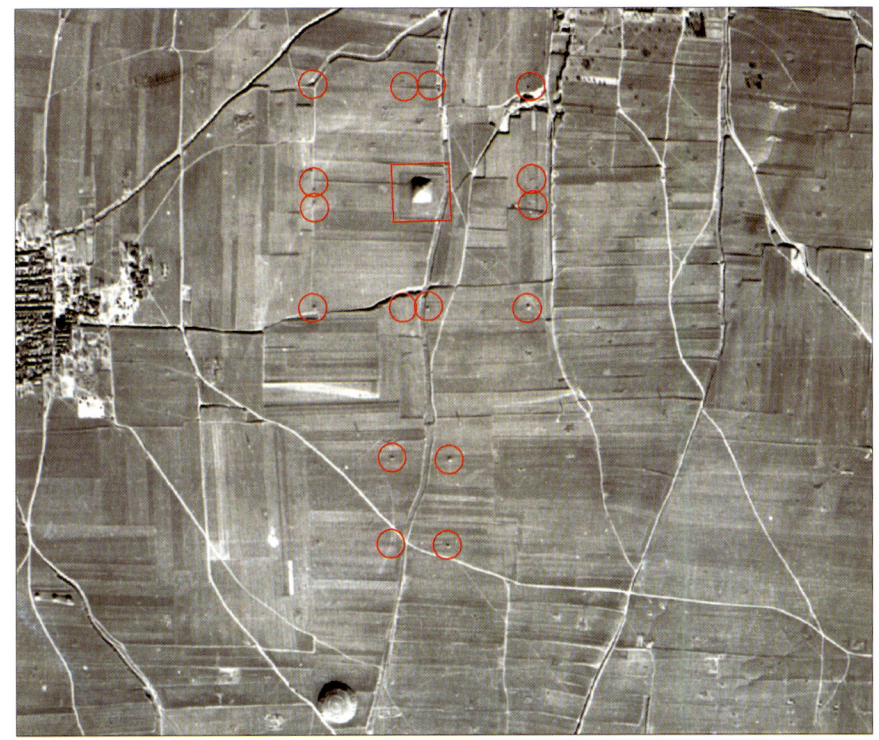

图九二　后唐明宗徽陵

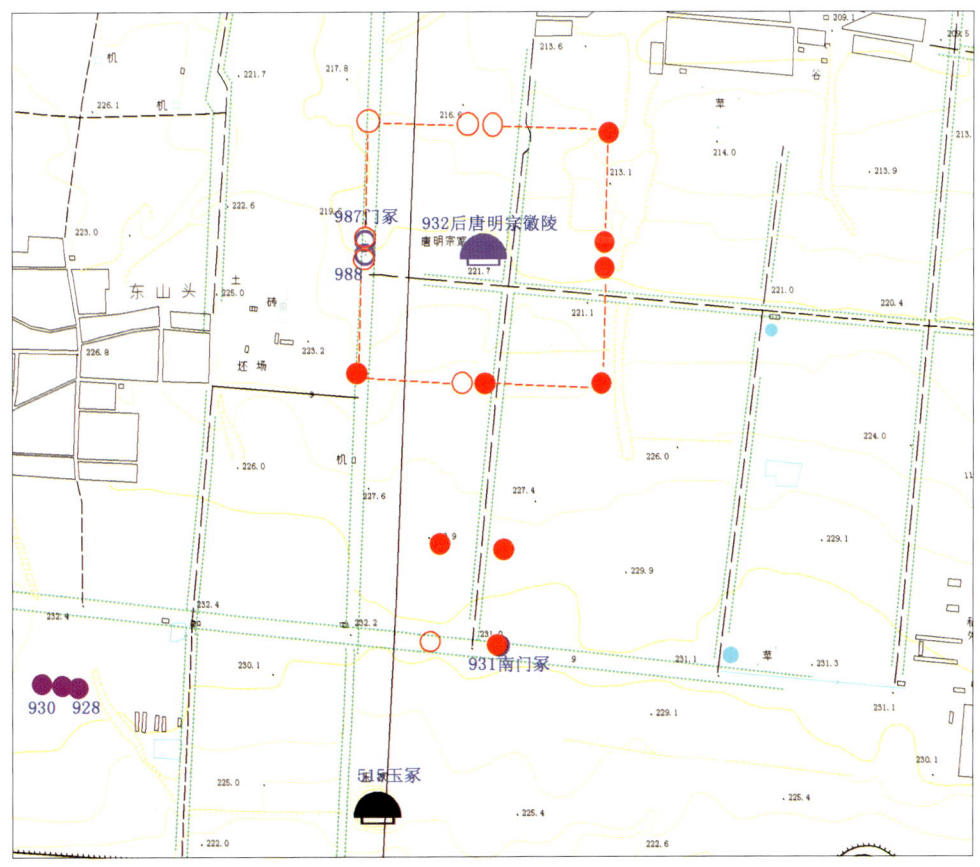

图九三　后唐明宗徽陵

影像显示，除了已经发现的"门冢"和"南门冢"之外，当时还保留类似的土墩8个，对应位置上已经夷平的5个。五代后唐的帝陵上承唐代的陵寝制度，陵园遗址和唐代帝陵布局结构基本相同。关中和洛阳的唐代帝陵陵园，均是平面方形，陵冢位于陵园的中部，呈方形覆斗状。陵园四面开门，转角和四门都设置夯土墩台，南门之外又置双重阙台。影像分析已经发现的"门冢"和"南门冢"并非是封土墓冢，而是上述夯土墩台的遗留。据此我们知道，后唐明宗的徽陵陵园遗址平面方形，南北475、东西465米。四面开门，转角和四门都构建夯土墩台，南门外设置双重阙台，总面积22万平方米。

三、航空遥感和田野调查的比对

孟津县送庄镇送庄村、三十里铺村、刘家井、护庄村、东山头、西山头村、新庄是邙山东汉帝陵的核心区，也是邙山陵墓群最重要的区域之一。我们采集到了这地区1958年、1997年、2006年的航空和卫星遥感片。三个时期的航空和卫星遥感片见证了这个区域环境的变迁、古墓冢的消亡、遗址被破坏的历史过程。

从1958年的航片我们可以看到，这一区域的环境保持着原始的状态。自然形态下的村落，规模不大、错落有致，西山头、送庄等重要村落保留着原生态的古寨墙。乡间小路蜿蜒曲折，呈树枝状，完全是自由状态的道路系统，没有大型工矿、交通设施。人类活动对古遗址、古墓冢的影响小。古墓冢的存有数量最多，而且大致保持着原始形制，古墓冢的封土棱角分明，但是一些墓冢封土已经明显出现了耕作遗留的阶梯台地。经过40年的发展，从1997年的航片我们可以看到明显的变化。人口的增加，使得村落的框架拉大，占地面积是原来的两倍。村与村的距离缩小，出现了新生的村落，西山头、送庄原生态的古寨墙消失。村与村直线网络状的现代化道路系统已经形成，焦枝铁路、连霍高速、洛常公路是新增的大型交通设施。古墓冢数量锐减，遭到严重的破坏。又经过了10年，从2006年的卫星片我们看到这种状况在持续。三十里铺村南、新庄村西出现了两个建设之中的大型的工业园区，正处于大汉冢和刘家井帝陵陵园遗址近旁，悄然威胁着遗址的安全（图九四～九六）。

该区域的东南角是东汉帝陵区，分布着许多帝陵级别的重要墓冢。区域的西南角是后沟墓群，这里墓冢数量众多，分布密集，也很重要。两地都有一些夷平的墓冢。1958年等早期航片让我们领略了这一区域当年的真实状态。夷平墓冢经过现场访问得到确认，我们一一做了GPS定位，回到室内输入信息系统和已经定位的1958年的航片进行比对。夷平墓冢的数量没有问题，访问的效果很不错，但是墓冢的位置有偏差。比如东汉帝陵区图九七右侧的四冢，左侧的M506偏离原来的位置。由于没有可靠的地理参照，当地群众的记忆会出现失误，在所难免。后沟墓群的航片比对也有类似问题。比如图九九上方的M513、左侧的M933以及下中部的M475、476、490、491等位置出现偏差。我们根据航片的记录对它们的位置做了修正，恢复原有的面貌。类似工作真实而有效，不仅可以了解古墓冢曾经存在的真实环境，还验证了调查的成果（图九七～一〇〇）。

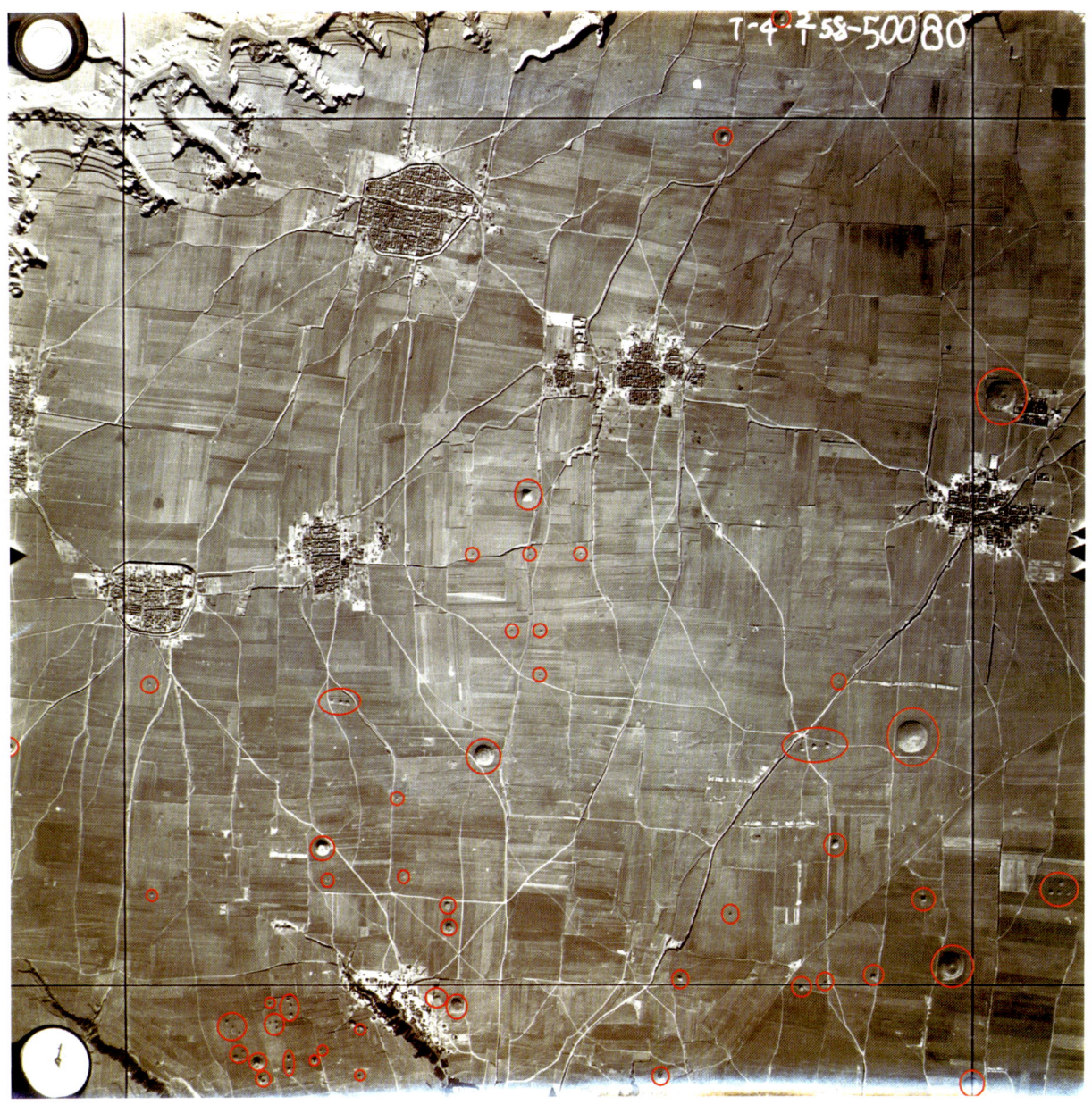

图九四　20世纪50年代封土墓冢分布图

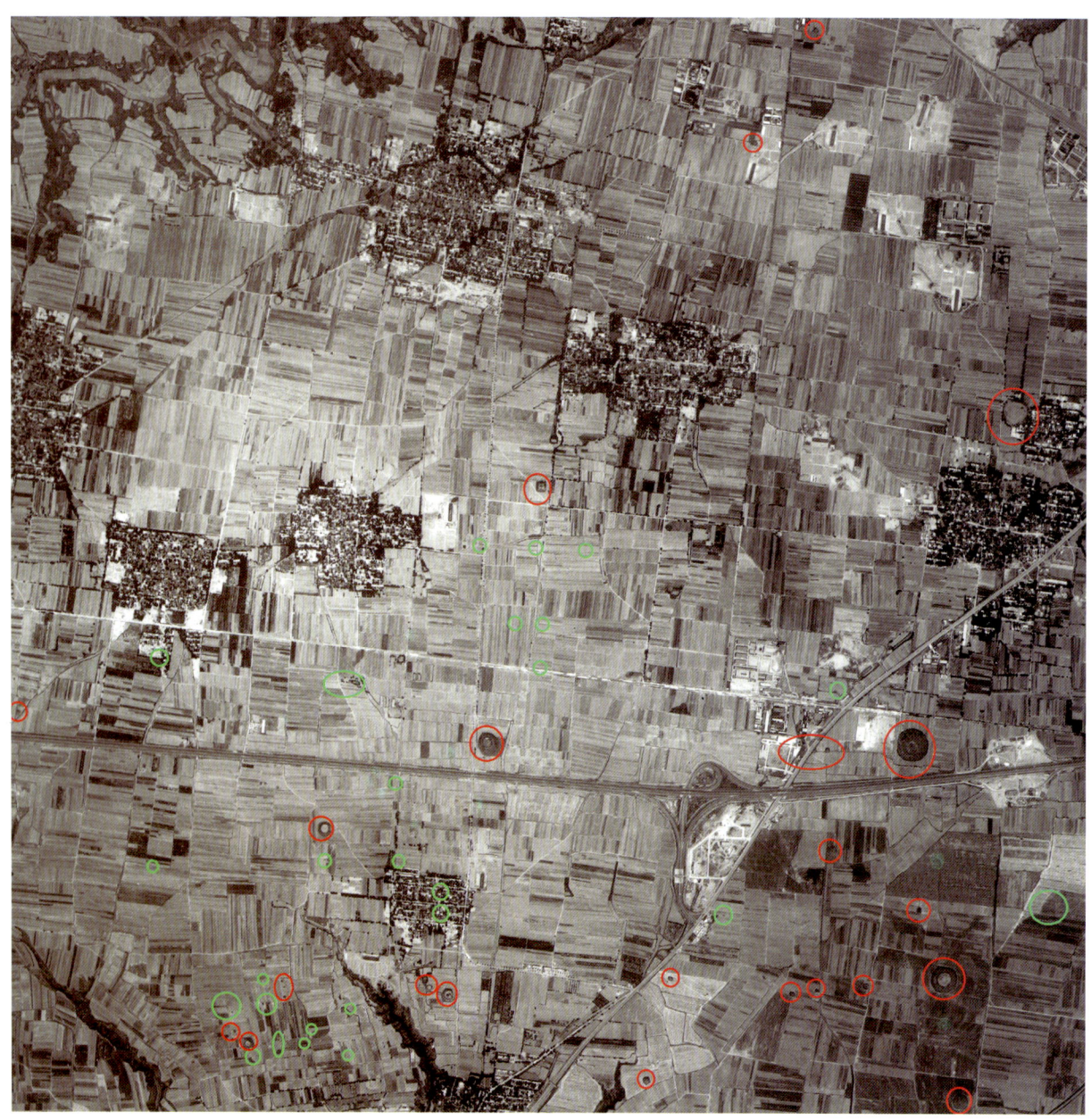

图九五　20世纪90年代封土墓冢分布图

图九六　2006年封土墓冢分布图

图九七　四冢（地形）

图九八　四冢（修改）

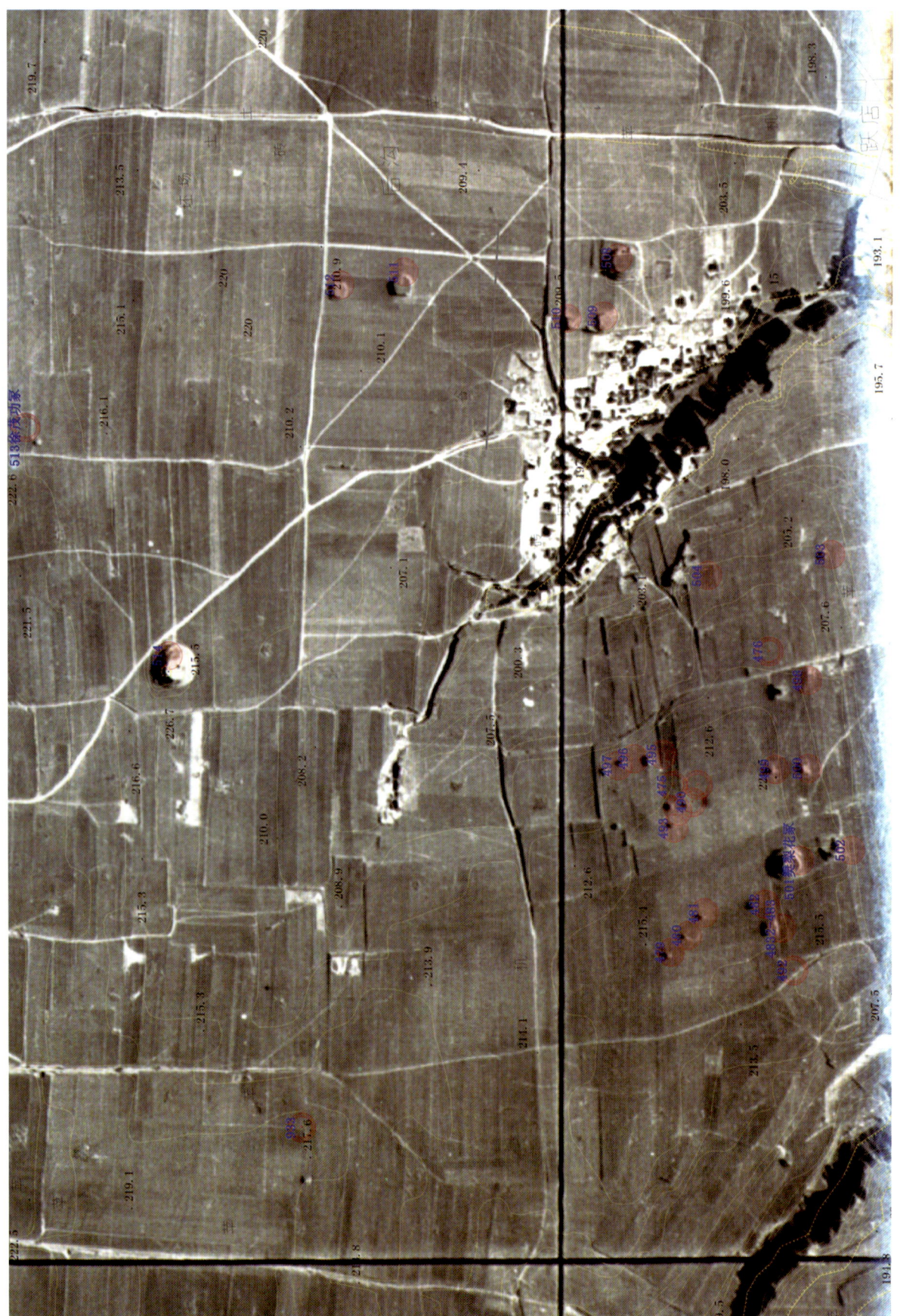

图九九 后沟墓群（地形）

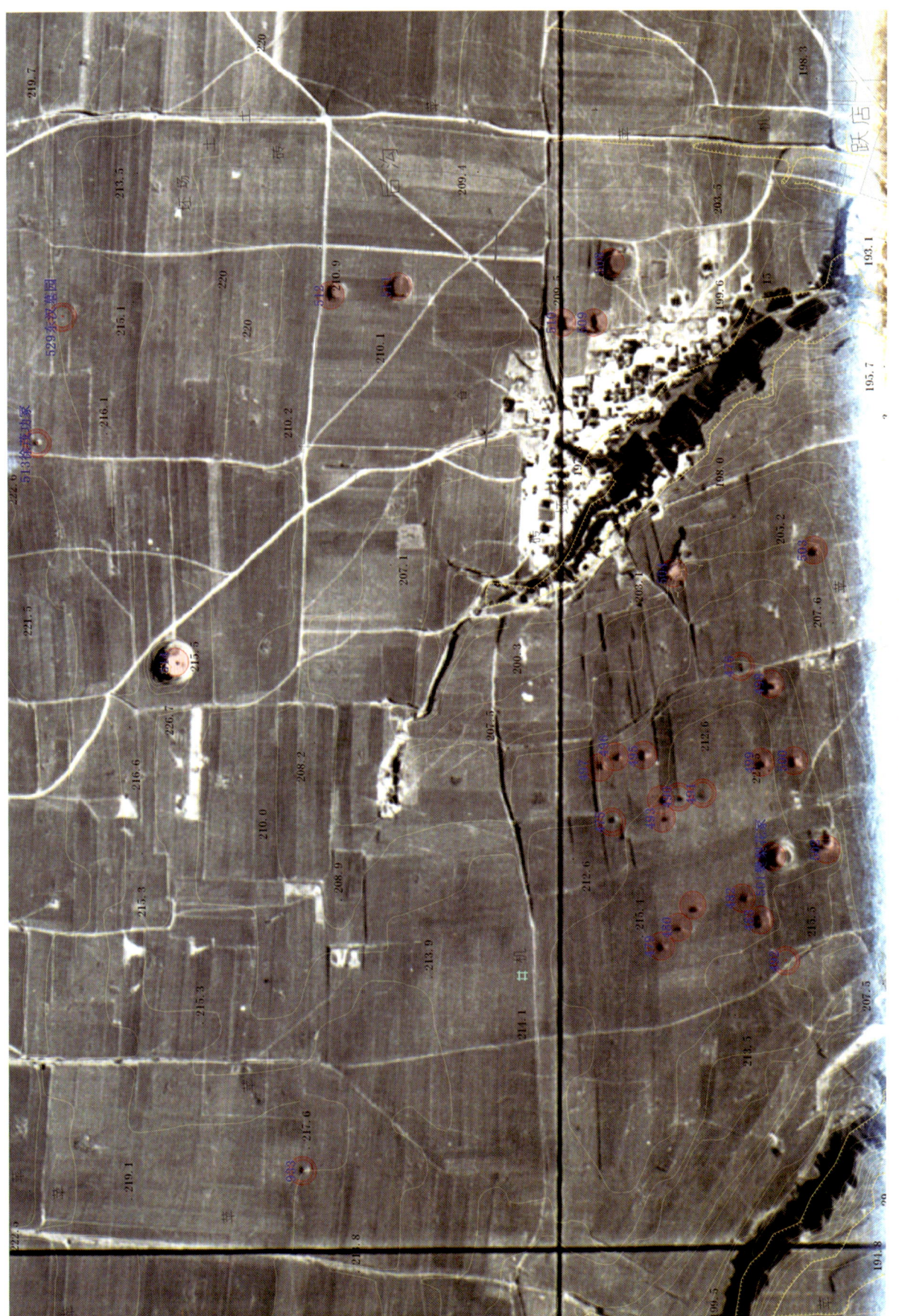

图一〇〇 后沟墓群（修改）

第五节　古墓冢的形制类型和年代分期

一、封土的形制类型

　　从全国范围来看，封土墓出现在春秋战国之际，洛阳地区的东周王陵也在这一时期开始使用夯土筑成的大型封土。洛阳东周王陵的封土墓冢分布在周山地区和汉魏故城的北部。周山地区的周灵王陵和三山王陵建有墓冢，文献记载很详细，而且经过了考古调查（图一〇一、一〇二）。汉魏故城北部、邙山脚下的东周王陵，文献记载也有墓冢，但是没有考古实证。根据我们的调查，邙山地区发现的最早的封土墓是西汉时期的，随后东汉、北魏、隋唐、五代、宋元、明清时期蔚然成风。魏晋时期特殊的历史环境下，曾有一个短暂的停滞。洛阳曹魏帝陵没有找到，不能完全排除是否使用了封土。西晋帝陵发现了2处，完全没有使用封土。魏晋时期的其他大型墓葬可能间或有之，但是已经不是主流。

　　东周时期流行方形平面覆斗状的封土，洛阳的周山王陵即属此类。王陵的墓葬形制是"中"

图一〇一　周灵王陵（由西向东）

图一〇二　周三山王陵（由北向南）

字形、"甲"字形木椁墓。东周时期中小型墓葬是否使用封土？墓葬形制如何？我们目前都不知道。我们在邙山地区钻探查证的5座西汉墓冢，封土破坏比较严重，其形制多不能辨识。只有一座（M2-597）相对完整，封土的原始底平面为方形，边长42.3米（图一〇三）。上部遭到破坏，估计应该是覆斗状的，这是东周时期以来流行风格的延续。5座封土墓的墓葬规模较小，以洞室墓、竖穴方坑墓为主，这和长安地区带封土的多墓道的大型木椁墓完全不同。洛阳西汉时期缺乏大型的墓葬，洛阳又是比较早的出现洞室墓和砖券墓的地区。竖穴方坑墓要早一些，大约在西汉中期前后，洞室墓则可以晚到西汉中、晚期。

　　东汉时期墓冢封土的形制有了大的转变。邙山地区已经调查钻探的近80座东汉封土墓，包括帝陵、贵族陪葬墓以及普通的墓葬，几乎全部采用圆形平面覆钵状封土。方形平面覆斗状的封土，只发现了2座（M2-683、684）。东汉墓冢封土形制的变化与光武帝、明帝关系密切。[1]建武二十六年（50年）春光武帝刘秀开始预制寿陵时，曾经下达一个非常重要的诏令，对自己的后事做了详细的安排："四月，始营陵地于临平亭南。诏曰：'无为山陵，陂池裁令流水而已。迭兴

---

1. 严辉：《陂池——东汉帝陵封土的新形制》，《中国文物报》2006年10月20日。

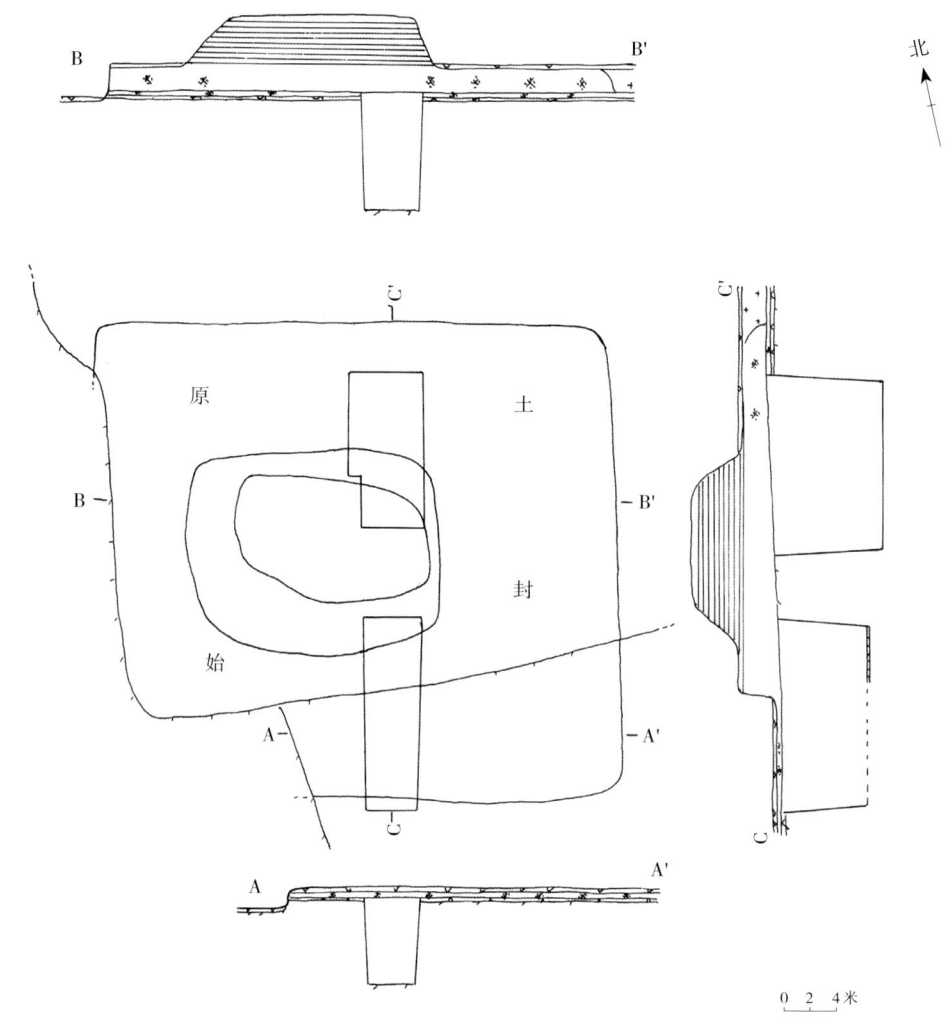

北

0 2 4米

图一〇三 M2-597钻探平剖图

之后，亦无丘垄，使合古法。今日月已逝，当豫自作。臣子奉承，不得有加。'"[1] 吴树平先生《东观汉记校注》引《刊谬正俗》卷五说："光武言不须如前世诸帝高作山陵，但令小隆起陂陀然，裁得流泄水潦，不垫坏耳。"刘秀之意，不做西汉以来高大的方形山陵，而改成"陂池"状的小山丘样子，使流水不得损坏墓室。汉明帝坚决执行他父亲的诏令，明帝之后的东汉诸帝沿袭成习。官宦士人纷纷效仿，推波助澜，形成一种特有的社会风气、社会时尚，最终促成一种特有的墓葬制度，邙山上巍巍墓冢迅速而又彻底为之一变。新的封土样式摒弃了传统的定式，模仿自然界中的小山丘，墓冢的平面也就开始由方形向圆形转化。东汉帝陵的这种圆形的封土，与早期某些地区的圆形封土是有明显区别的。其最突出的特点是高度小而直径大，外观呈低矮的山丘状。洛阳当地有句民谚说"唐方魏尖，汉扑塌"，形象地表述了东汉帝陵以及陪葬墓群封土低矮平铺的特点（图一〇四、一〇五）。

1.（宋）李昉：《太平御览》卷九〇引《东观汉记》，中华书局，1960年。

图一〇四　大汉冢卫星片

图一〇五　大汉冢外景

　　东汉墓冢的封土墓规制大致分四个等级。第一，封土直径150~130米，墓葬形制为特大型"甲字形"明券砖室墓，为帝陵级别的墓冢。第二，封土直径80~50米，墓葬形制主要是大型"甲字形"明券砖室墓（M508、782、877、887、896、232、502）、明券单方室墓（M888、889、892、683）、明券双横室墓，一部分横列前堂墓，大约为减制帝陵、诸侯王墓、三公墓等等。第三，封土直径50~30米，墓葬形制多为中型的明券横列前堂，少量前方后顺墓和单横室墓，墓主人大约属于二千石官吏。第四，封土直径30米左右，主要是中型的砖券洞室墓，均横列前堂墓，大致属于二千石以下官吏及一般豪强贵族墓。东汉前期封土的规模略小，等级制度比较严格，东汉中晚期发生了一些变化，等级较低的墓葬使用了较大的封土。这种情况文献上有记载，实际调查中也有所反映。初平年间，洛阳邙山帝陵、公卿大夫的墓冢惨遭大规模盗掘，此后一些较大的墓葬开始不再使用封土，这一状况一直持续到魏晋时期。我们在大汉冢西南连霍高速改扩建工程中发掘2座东汉末大墓（DM1、DM4），1座曹魏墓（ZM44，曹魏名将曹休墓），均没有发现封土的迹象。

　　邙山已经发现的东汉方形封土墓，位于东汉陵区陪葬墓群内，编号M2-683。这是一处墓园遗址，遗址平面长方形，外围构筑宽大的环壕，M683处于墓园的中部偏西，墓园建筑遗址位于墓冢的东部。该墓冢的西侧、南侧还有4座小的封土墓冢，其中3座圆形封土，1座方形封土。M683原始封土边长63米，上部损坏严重，难辨其形。经钻探，墓葬形制是长斜坡明券单方室墓，方向189°。墓道两侧内收二级台阶，内填花土，长27、宽4.3、口部深1米。墓室平面近方形，墓圹内收二级生土台阶，土圹长10.4、宽9.8米。墓园内另外一座方形封土墓，墓葬形制是长斜坡墓道砖券多室墓，前室横列式。M683封土形制保留西汉的特点，估计墓园遗址的始建年代可能略早，推测应该在东汉早期前段，邙山建帝陵之前（图七六）。

　　北魏迁都洛阳，恢复继承东汉时期的陵墓制度。墓冢的封土形制、规模延续了东汉的传统。我们调查钻探了中区、西区26座北魏墓冢，发现封土的平面均为圆形。封土的形制和东汉墓冢封土有一些不同，高度和直径的比值较大，封土的外观略尖，即洛阳俗语所谓"唐方魏尖"（图一〇六）。封土的规模等级比较简略，使用封土的人群比较单一，大致分三个等级：第一，封土直径110~100米，帝陵级别墓冢，规模略小于东汉帝陵。墓葬形制是明券方形单砖室墓、双坑方形单砖室墓，墓道不内收生土台阶，双甬道。第二，封土直径60~30米，包括王墓、王妃墓，墓葬形制也多是明券方形单砖室墓、双坑方形单砖室墓，有的墓室使用双甬道，有的墓室内收生土台阶。第三，封土直径30米左右，一部分为王墓、一部分为高级贵族墓，墓葬形制主要是砖券洞室墓。

　　邙山的北魏封土墓有一个非常奇怪的现象：只有高等级的封土墓，缺乏中低等级的封土墓。邙山地区以往调查、发掘的北魏墓为数不少，但是发现的封土墓并不多，见诸报道的只有宣武帝景陵、清河王元怿、江阳王元乂墓。封土墓的墓主人身份等级高，缺乏中低等级的封土墓，说明普通墓葬一般不能使用封土。一些高级贵族的墓葬，比如已经发掘的常山王元邵、阳平王元迥、洛州刺史元睿等也都没有使用墓冢封土。《洛阳出土石刻时地记》记载的墓志多而墓冢少，也印证了这一点。邙山北魏封土墓的数量相对较少，使用封土的墓墓主人身份单一，很可能是一个重要的原因。这个现象值得我们深入探讨。

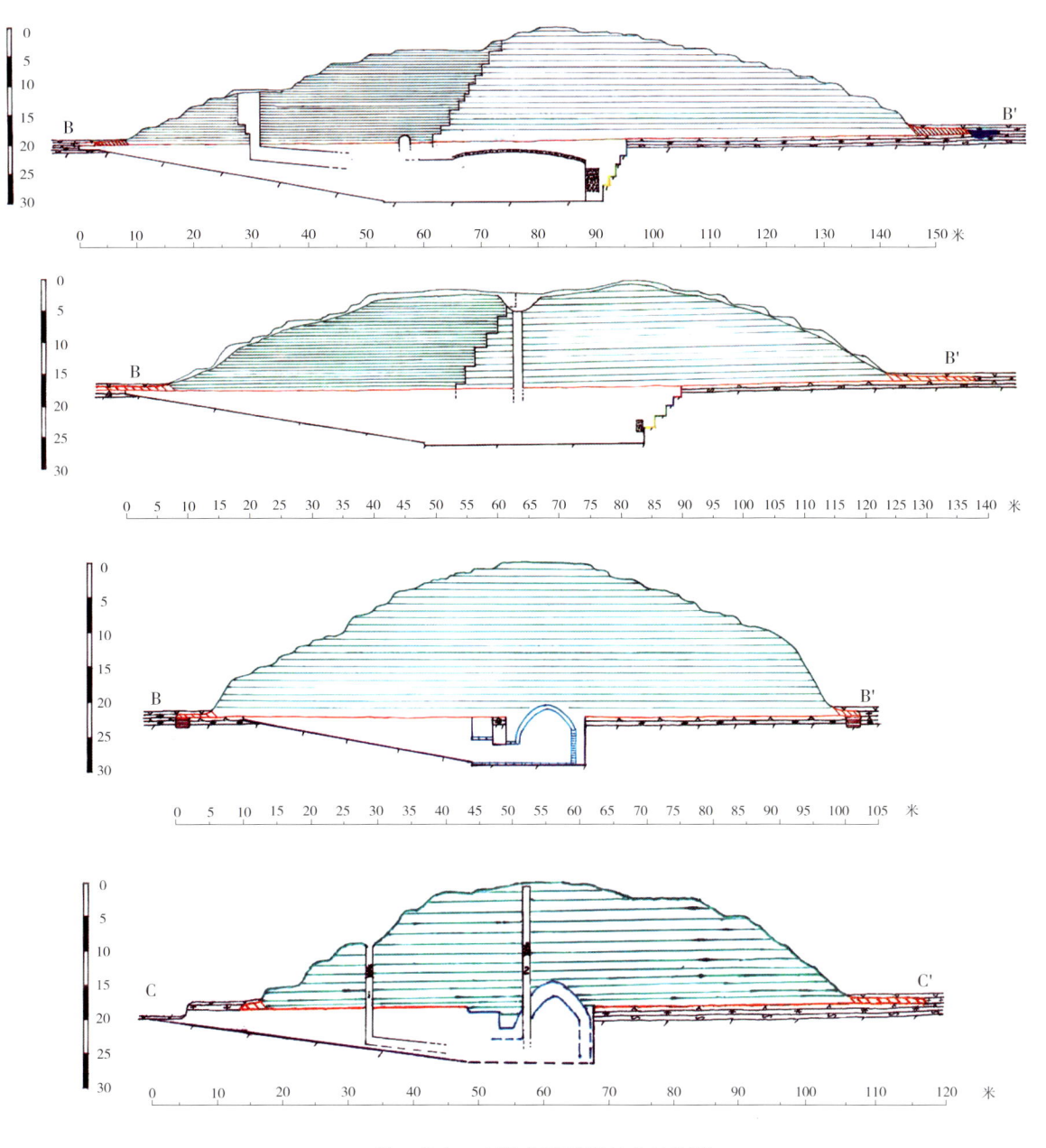

图一〇六　东汉北魏帝陵封土对比图

　　唐代开始墓冢封土的形制又有了新的变化，关中和洛阳的唐帝陵开始采用方形覆斗状的封土，洛阳邙山的唐代墓冢也出现了这种变化。我们调查钻探的唐代墓冢不多，共5座。5座封土破坏严重，均无法辨识封土的形制。经过钻探发现，地面以下原始封土1座方形，4座圆形。M2-572方形，边长37米。M2-928、929、930、520圆形，直径26～30米。后4座墓的墓主人为迁洛的高丽人，墓葬形制是否保留原有的特征，有待研究。已经探明的墓葬的形制多是长斜坡墓道带天井单方室墓，有3座为明券墓室。五代后唐墓冢延续了唐代的风格，继续采用覆斗形的封土。邙山的宋元明清墓冢封土江河日下，无论是规模还是形制均不复往日辉煌。

表一五　邙山古墓冢封土形制规模统计表 [1]　　　　　单位：米

时代	编号	封土形制	原始直径	墓葬形制	等级
东汉	M2-66（大汉冢）	圆形	156	A 型：明券，甲字形	1 帝陵
东汉	M2-561（三汉冢）	圆形	150	明券，甲字形	1 帝陵
东汉	M2-722（朱仓）	圆形	136	明券，甲字形	1 帝陵
东汉	M2-707（朱仓）	圆形	86	明券，甲字形	2 减制帝陵
东汉	M2-67（刘家井）	圆形	130	明券，甲字形	1 帝陵
东汉	…………	………	………	…………	…………
东汉	M2-896（金冢）	圆形	85	A 型：明券，甲字形	2
东汉	M2-508	圆形	66	明券，甲字形	2
东汉	M2-232	圆形	64	B 型：明券，变形	2
东汉	M2-502	圆形	复原 50	明券，变形	2
东汉	M2-877	圆形	44 早	A 型：明券，甲字形	2
东汉	M2-887	圆形	44 晚	双坑，甲字形	2
东汉	M2-782	圆形	破坏	明券，甲字形	2
东汉	…………	………	………	…………	…………
东汉	M2-903	圆形	88.5	H 型：明券，双横室	2
东汉	M2-560（三汉冢）	圆形	84	明券，双横室	2 减制帝陵
东汉	M2-514	圆形	75.6	明券，双横室	2
东汉	M2-231	圆形	60	明券，双横室	2
东汉	M2-886	圆形	56	明券，双横室	2
东汉	M2-776	圆形	50	明券，双横室	2
东汉	M2-891	圆形	破坏	明券，双横室	2
东汉	…………	………	………	…………	…………
东汉	M2-683	方形	边长 63	D 型：明券，单方室	2
东汉	M2-889	圆形	60	明券，单方室	2
东汉	M2-892	圆形	52	明券，单方室	2
东汉	M2-888	圆形	37 早	明券，单方室	2
东汉	…………………	………	………	…………	…………
东汉	M2-880	圆形	70	F 型：明券，前横后顺	2

1. 不包括大汉冢西南 2 座、683 墓园 4 座、529 墓园、708 墓园、709 墓园。

时代	编号	封土形制	原始直径	墓葬形制	等级
东汉	M2-682	圆形	70	明券，前横后顺	2
东汉	M2-501	圆形	62	明券，前横后顺	2
东汉	M2-574	圆形	66	明券，前横后顺	2
东汉	M2-876	圆形	66.5	明券，前横后顺	2
东汉	M2-879	圆形	63	明券，前横后顺	2
东汉	M2-579	圆形	62.8	明券，前横后顺	2
东汉	M2-507	圆形	破坏	明券，前横后顺	2
东汉	M2-749	圆形	60	明券，前横后顺	2
东汉	M2-774	圆形	60	明券，前横后顺	2
东汉	M2-893	圆形	60	生土双坑，前横后顺	2
东汉	M2-248	圆形	59	明券，前横后顺	2
东汉	M2-910	圆形	56.9	明券，前横后顺	2
东汉	M2-897	圆形	55	明券，前横后顺	2
东汉	M2-881	圆形	复原51	明券，前横后顺	2
东汉	M2-895	圆形	49	生土双坑，前横后顺	2
东汉	M2-269	圆形	48	明券，前横后顺	2
东汉	M2-908	圆形	45.5	明券，前横后顺	3
东汉	M2-748	圆形	45	明券，前横后顺	3
东汉	M2-578	圆形	复原45	明券，前横后顺	3
东汉	M2-938	圆形	41	明券，前横后顺	3
东汉	M2-894	圆形	41	生土双坑，前横后顺	3
东汉	M2-775	圆形	38.4	明券，前横后顺	3
东汉	M2-563	圆形	34	明券，前横后顺	3
东汉	M2-568	圆形	31	明券，前横后顺	3
东汉	M2-249	圆形	31	生土双坑，前横后顺	3
东汉	M2-564	圆形	25.6	明券，前横后顺	3
东汉	M2-484	破坏	破坏	明券，前横后顺	3
东汉	M4-192	破坏	破坏	明券，前横后顺	3
东汉	M4-384	破坏	破坏	明券，前横后顺	3
东汉	M4-385	破坏	破坏	明券，前横后顺	3

时代	编号	封土形制	原始直径	墓葬形制	等级
东汉	…………………	………	………	…………………	………
东汉	M2-252	圆形	37	C 型：明券，前方后顺	3
东汉	M2-925	圆形	33	明券，前方后顺	3
东汉	M2-926	圆形	破坏	明券，前方后顺	3
东汉	M2-927	破坏	破坏	明券，前方后顺	3
东汉	…………………	………	………	…………………	………
东汉	M2-772	圆形	30	G 型：生土双坑，单横	3
东汉	M1-13	圆形	45	明券，单横室	3
东汉	…………………	………	………	…………………	………
东汉	M2-771	圆形	32	P 型：洞室，前横后顺	4
东汉	M1-325	圆形	31.5	洞室？前横后顺	4
东汉	M2-962	圆形	27.6	洞室，前横后顺	4
东汉	M2-963	圆形	26.8	洞室，前横后顺	4
东汉	M2-961	圆形	24.8	洞室，前横后顺	4
东汉	M2-634	破坏	破坏	洞室，前横后顺	4
东汉	M2-636	破坏	破坏	洞室，前横后顺	4
东汉	M2-566	破坏	破坏	洞室，前横后顺	4
东汉	M2-575	破坏	破坏	洞室，前横后顺	4
东汉	M2-949	破坏	破坏	洞室，前横后顺	4
北魏	M1-6（长陵）	圆形	111.5	A 型：双坑，单方室，双甬道	1
北魏	M1- 5（景陵）※	圆形	110	A 型：明券，单方室，双甬道	1
北魏	M2-515（玉冢）	圆形	105	A 型：明券，单方室，双甬道	1
北魏	…	…	…	…	…
北魏	M1-7（文昭皇后）	圆形	52.3	明券，单方室	2
北魏	M2-581	圆形	60.8	明券，单方室，内收台阶	2
北魏	M1-22（李太妃）	圆形	60	双坑，单方室	2

时代	编号	封土形制	原始直径	墓葬形制	等级
北魏	M1-31（清河王元怿）	圆形	55.7（现存）	明券，单方室	2
北魏	M1-19（元怀）	圆形	52（现存）	A 型：明券，单方室，双甬道	2
北魏	M2-571	圆形	53（现存）	双坑，单方室	2
北魏	M1-10（安乐王妃）	圆形	46	双坑，单方室	2
北魏	M2-570	圆形	43（现存）	明券，单方室	2
北魏	M1-12（元悦）	圆形	40	双坑，单方室	2
北魏	M1-322（元彝）	圆形	39.5	明券，单方室，内收台阶	2
北魏	M2-567	圆形	37.4	A 型：双坑，单方室，双甬道	2
北魏	M1-321（元澄）	圆形	34	明券，单方室，内收台阶	2
北魏	M1-23（班冢）	圆形	33（现存）	A 型：双坑，单方室，双甬道	2
北魏	M1-8	圆形	31	双坑，单方室	2
北魏	M2-559	圆形	31（复原）	双坑，单方室	2
北魏	M2-565	圆形	30（现存）	明券，单方室	2
北魏	M1-16	圆形	30	双坑，单方室	2
北魏	M1-18(元栓)	圆形	17（现存）	双坑，单方室	2
北魏	…	…	…	…	…
北魏	M2-635	圆形	46	B 型：洞室，单方室	3
北魏	M1-20(元海)	圆形	30	洞室，天井，墓室不详	3
北魏	M1-21(元悌)	圆形	30（复原）	洞室，天井，墓室不详	3
北魏	M2-562	破坏	26（现存）	洞室，天井，单方室？	3
北魏	M1-15	圆形	24.5（复原）	洞室？	3
北魏	M1-17(元秀)	圆形	23（现存）	洞室，单方室	3
唐	M2-928	圆形	26	A 型：明券，单方室	
唐	M2-929	圆形	30	明券，单方室	
唐	M2-930	圆形	28	明券，单方室	
唐	M2-520	圆形	破坏	B 型：洞室，单方室	
唐	M2-572	方形	边长 37	形制不详	

二、墓葬的形制类型

1. 两汉曹魏

两汉墓葬类型最为庞杂，原因有二：其一，帝国制度初步在中国确立，统一的多民族国家开始形成和发展，但是各个地区原有的物质文化仍然在一定程度上保留着各自的特色；其二，建筑材料的发展，砖作技术的成熟，各个类型的墓葬以不同的方式、不同时间分别向砖室、洞室墓演进。战国晚期—西汉中期，中原地区小型方坑竖穴墓率先向洞室墓变化，同一时期各个地区的大型墓葬继续流行（带墓道的）方坑木椁墓。西汉晚期大型墓葬开始使用砖石结构，空间方向上由竖向变化为横向，东汉初年最终全部完成这一转变。西汉时期，北方的燕赵、东方的齐、南方的楚、东南的吴越、西南的巴蜀、关中的秦、中原的东周依然维系着自己的传统，到了东汉时期汉文化的大一统真正形成。从全国范围看，东汉墓葬文化有一致性，这是物质文化和精神文化一统的具体表现。但是来源复杂成就了东汉墓葬类型的多样化，这也是转折期的特色。经过东汉时期的演变，到了魏晋南北朝、隋唐时期墓葬的类型开始趋于简明。东汉墓葬上承战国晚期—西汉以来墓葬的变化发展，而同时又开创了魏晋南北朝—隋唐时期墓葬的先河。

砖石材料在各种类型的墓葬中全面代替木质材料，墓室的建造方法和结构形式发生了逆转。首先，墓葬的建造方法发生变化，砖室墓以垒砌为主，使用方式由竖向变为横向。其次，顶部结构的变化。木质椁室一般只能做成平顶或屋面形，而砖石材料如果要取得相当的跨度，必须使用拱券或叠涩的方法，墓室的顶部开始变成拱形或穹窿形。第三，平面组合形式的变化。木质材料可以根据用材的大小灵活组织平面，而砖石结构为了支撑顶部结构，只能以单元形式出现，即以方形和长方形平面组成整个墓室的平面。第三，立体组合形式的变化。砖石材料建造墓室，顶部和平面有固定的组合。比如方形平面一般使用穹窿顶、四角攒尖顶，长方形一般使用拱形顶。以砖石材料的不同组合形式，模仿木椁墓不同类型结构，最终形成了新的东汉墓葬形制类型。

洛阳是东汉的都城，是帝陵之所在，历来都是最重要的汉墓区域。建国以后发掘整理的烧沟汉墓，对于中原地区乃至全国的汉墓都具有标尺作用。但是，烧沟汉墓毕竟是以小型墓葬为主，那么汉陵大墓到底是什么样子？由于东汉陵区的考古工作向来很少，因此它一直是一个谜。此次我们在邙山地区的调查，对于东汉墓葬特别是大型墓葬的认识，是一个大大的跨越，收获的资料让人耳目一新。我们尝试借助烧沟汉墓的标尺，直接对这批墓葬进行分型分期研究，发现难以契合。东汉大型墓不仅形制类型丰富，《烧沟汉墓》不能容纳，而且年代关系也不完全对等。所以我们根据调查钻探资料，结合邙山地区发掘的30余座封土墓，同时参考国内的东汉墓葬发掘资料，重新进行了分型研究。

我们把两汉墓葬分为三大序列：明券、洞室、竖穴。三者的差异不仅表现在建造方式上，同时代表了不同的等级制度和形制来源。

明券墓导源于战国晚期—西汉的大中型方坑木椁墓。它的建筑方式是，先开挖土圹，然后在土圹内用砖石构筑墓室，墓室建造完毕回填夯实，预留出进入墓室的通道。砖石材料代替木质材料，砖石墓室和传统的木椁墓室的作用和涵义应该是一致的。东汉时期砖石构筑墓室，很可能就被称为"椁"。《东观汉记》说：永平"十四年，帝作寿陵。……帝自置石椁，广丈二尺，长二丈五尺。"[1] 邙山、洛南两大东汉陵区发现了许多的建墓石材，有自名为"黄肠"者，也是其例证。大型明券墓的砖石券顶一般采用多层复券，似乎昭示或者象征"椁"的层数。我们已经调查勘探的东汉帝陵，墓葬平面呈"甲"字形，墓葬土圹为单长斜坡墓道竖穴方坑，和东周晚期的周王陵非常接近。东周王陵的墓道部分已经开始出现内收台阶的做法（图一〇七、一〇八），东汉帝陵的墓圹、墓道则全部内收多级台阶；东汉帝陵土圹四周填埋厚达数米的积炭层，与东周王陵也如出一辙，应是早期木椁墓结构形式的一种延续（图一〇九）。低于帝陵、诸侯王的明券墓，根据预设的墓葬形状开挖土圹，一般不采用"甲"字形平面，墓室结构也不使用回廊。但是因工程的需要，为了便于开掘土方，比原先的方坑竖穴增设了长斜坡墓道，土圹和墓道也内收多级生土台阶。

洞室墓是由战国晚期—西汉的小型方坑竖穴墓的演变而来，经历了壁龛→侧龛→洞室这样一个变化过程。它的构筑方式是先垂直方向开挖竖穴土坑墓道，然后利用黄土的直立性横向挖洞，砖券或直接形成墓室（没有砖券的，即代表没有椁室）。洞室墓一般使用竖穴墓道，但是邙山东汉陵区内的洞室墓多采用长斜坡墓道，这是一种高于竖穴墓道的做法。此类墓道一般不内收台阶，或者内收台阶数量少，表明与明券墓相比其代表等级依然是比较低的。

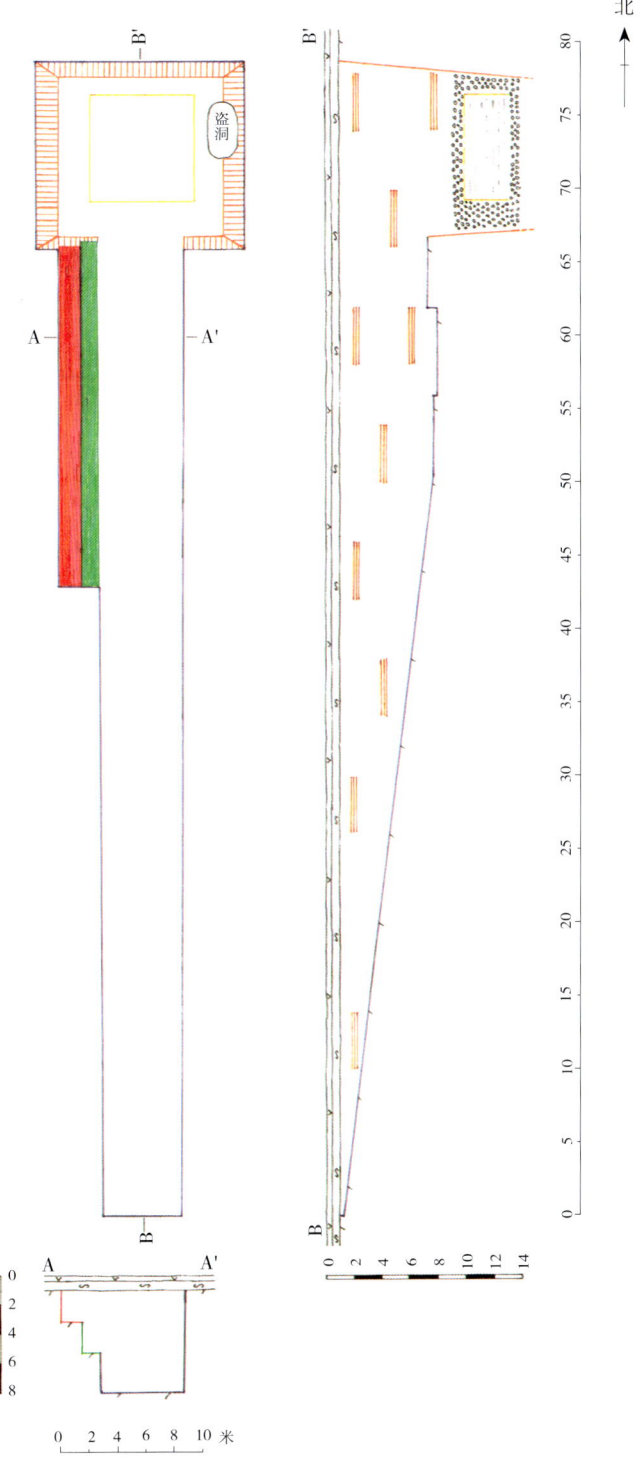

图一〇七 金村M5

1. （汉）刘珍撰：《东观汉记》卷二，《帝纪二·显宗孝明皇帝》，文渊阁《四库全书》原文电子版，济南开发区汇文科技开发中心编制，武汉大学，1997年，第214盘，第2100号，第1册，第34页。

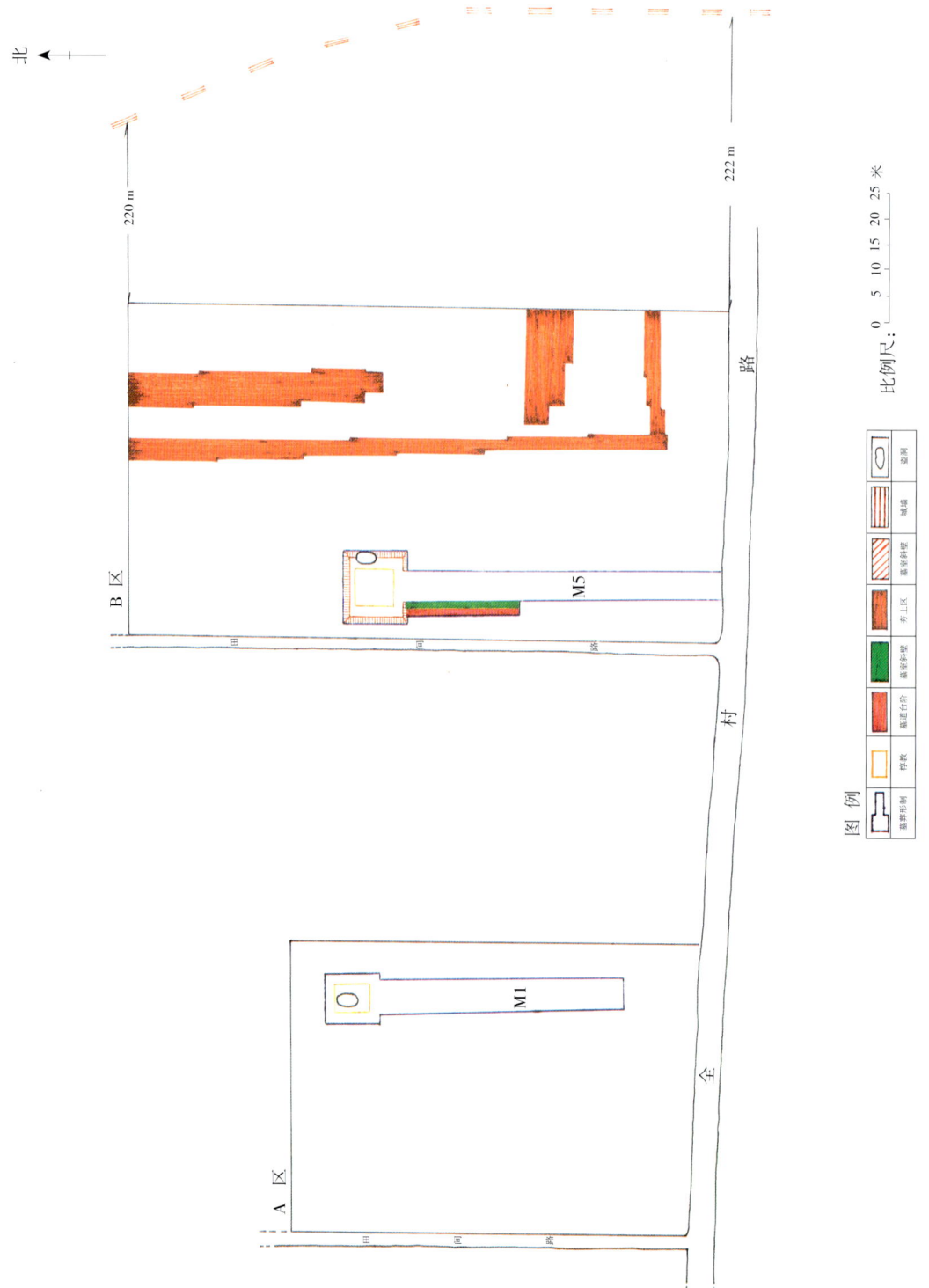

图一〇八 金村墓地

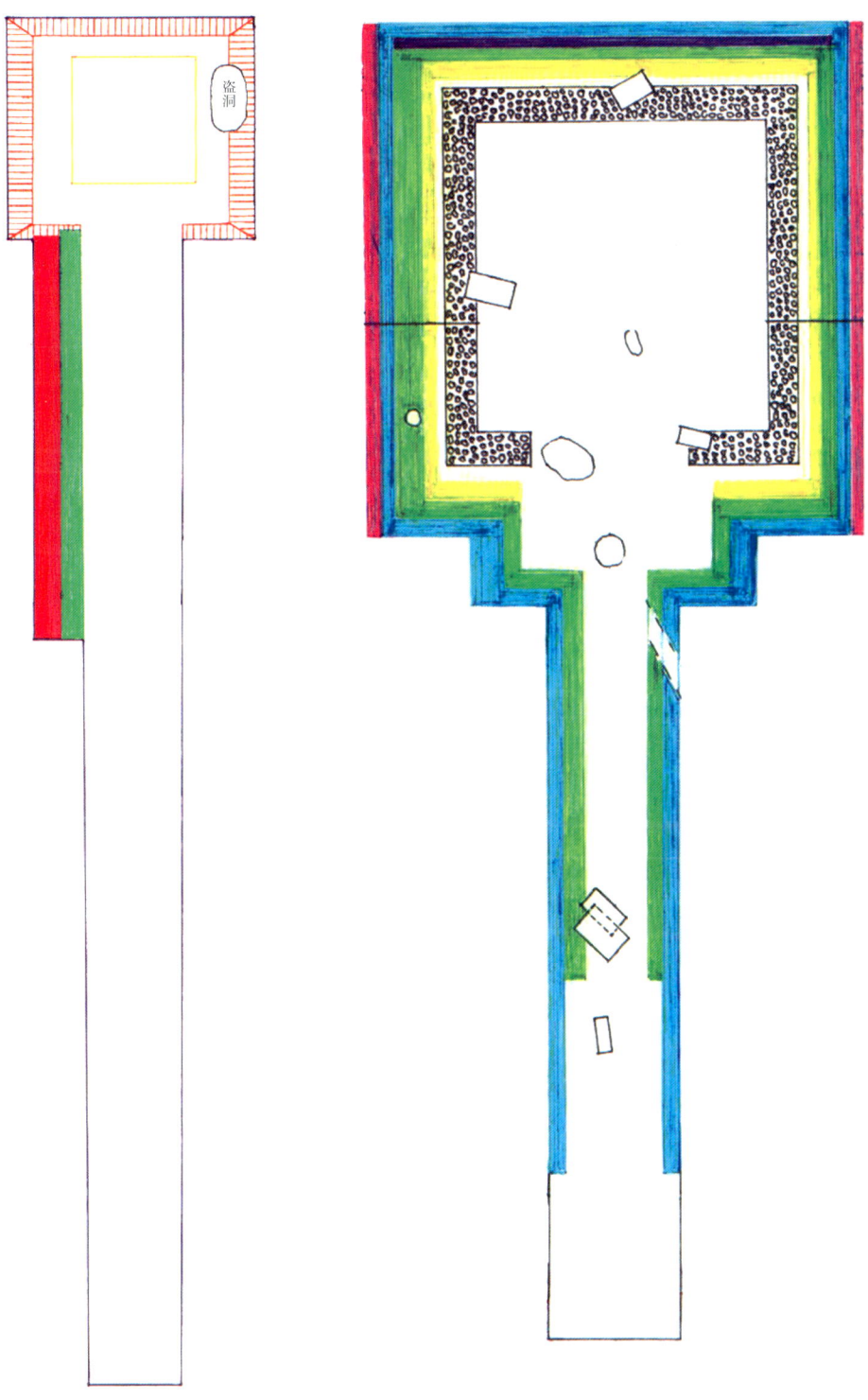

图一〇九　东周东汉陵墓对比

竖穴方坑墓，是一种传统的墓葬类型。进入东汉时期以后依然存在，汉魏故城附近发现的刑徒墓地即属于此类。不过数量少、等级最低，邙山地区没有发现。

(1) 明券系统（图一一〇 ~ 一一七）

第1组：回廊墓

A型，"甲"字形回廊。墓葬土圹分3式：I式，墓道甬道同宽；II式，甬道加宽；III式，生土双坑。

B型，"凸"字形（变形"甲"字形）回廊（济宁汉墓、济宁肖王庄1号）

第2组：方室墓

C型，前方后顺。墓葬土圹分2式：I式，墓道甬道同宽；II式，甬道加宽。

D型，单方。墓葬土圹分2式：I式，墓道甬道同宽；II式，甬道加宽。

E型，双方、三方（神木大保当M23、和林格尔县乌桓校尉墓、托克托县闵氏墓）。

第3组：横室墓

F型，前横后顺。墓葬土圹分4式：I式，墓道甬道同宽；II式，甬道加宽；III式，生土双坑；IV式，墓室加侧室。

G型，单横。墓葬土圹分2式：I式，明券单坑；II式，生土双坑。

H型，双横。墓葬土圹分2式：I式，墓道甬道同宽；II式，甬道加宽。

第4组：顺室墓

I型，单顺。

J型，双顺、三顺（随州市东城区M1、云梦县癫痫墩M1、成都市曾家包M2）。

K型，长顺室（1例）。

(2) 洞室系统（暗券，洞室）

第1组：回廊墓

L型，单顺室＋回廊（洛阳玻璃纤维厂）。

第2组：方室墓

M型，前方后顺（烧沟III型）。

N型，单方（1例）。

O型，双方、三方（烧沟IV型）。

第3组：横室墓

P型，前横后顺（烧沟V型）。墓葬土圹分4式：I式，无生土甬道；II式，生土甬道；III式，无生土甬道，双后室；IV式，生土甬道，双后室。

Q型，单横。

第4组：顺室墓

R型，单顺（烧沟I、II型）。

S型，长顺室（洛阳偃师阎楼魏晋封土墓）。

(3) 竖穴方坑

T型，竖穴方坑（2例）。

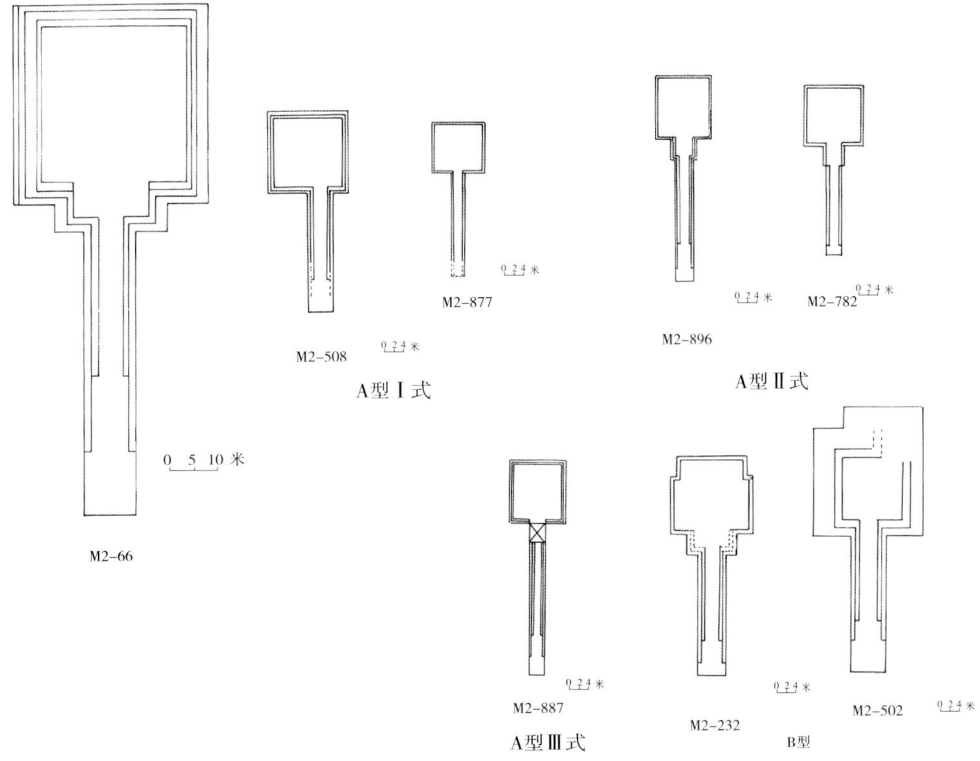

M2-66

M2-508

M2-877

A型Ⅰ式

M2-896

M2-782

A型Ⅱ式

M2-887

A型Ⅲ式

M2-232

M2-502

B型

图一一〇　两汉明券1组A、B型

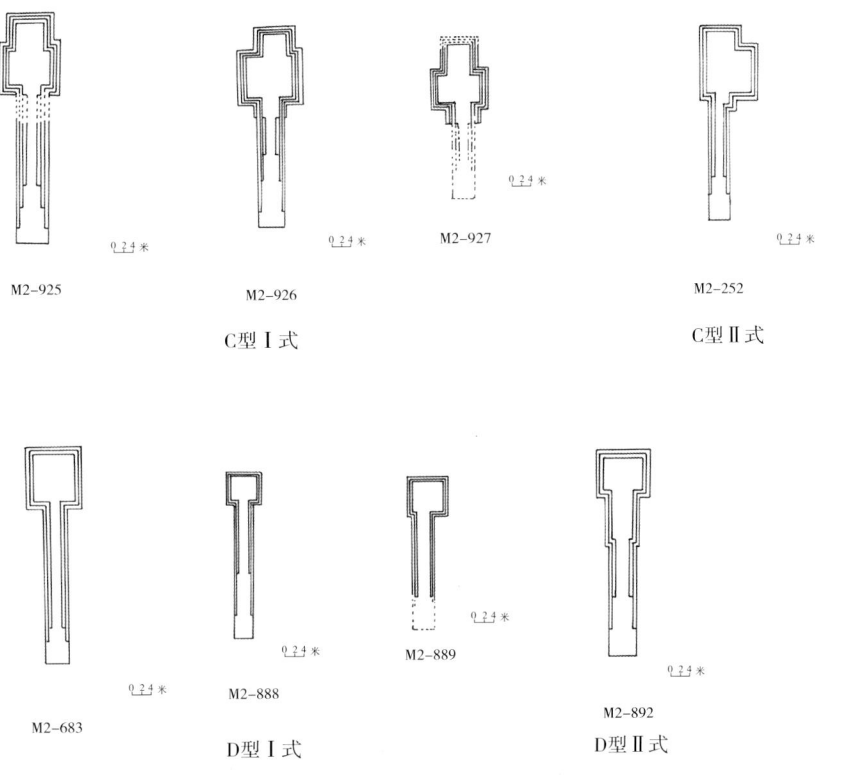

M2-925

M2-926

M2-927

M2-252

C型Ⅰ式

C型Ⅱ式

M2-683

M2-888

M2-889

M2-892

D型Ⅰ式

D型Ⅱ式

图一一一　两汉明券2组C、D型

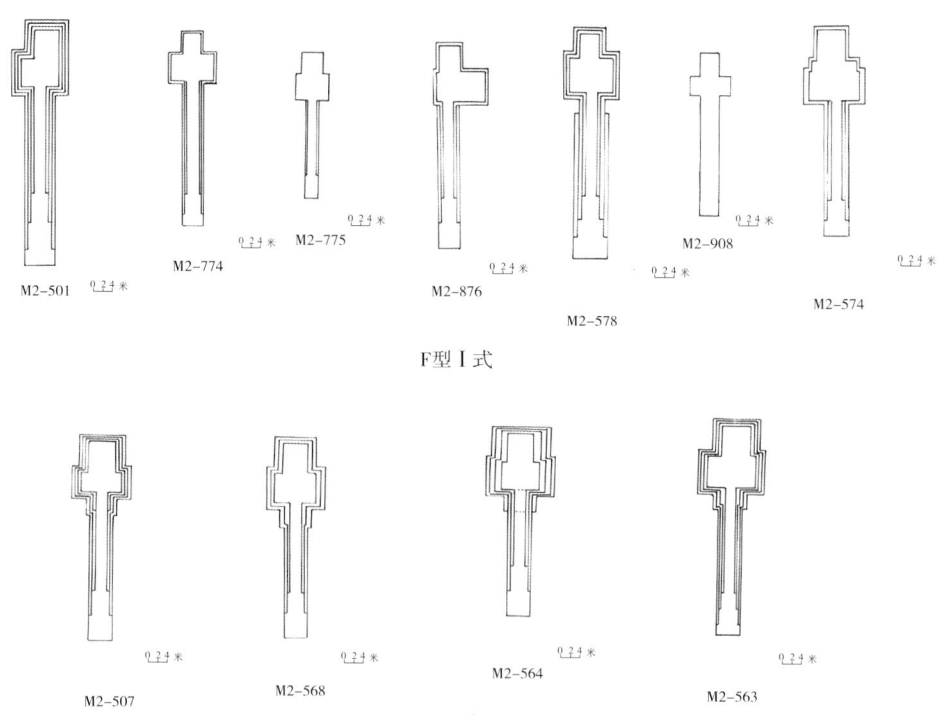

F型 I 式

F型 II 式

图一一二　两汉明券第3组F型

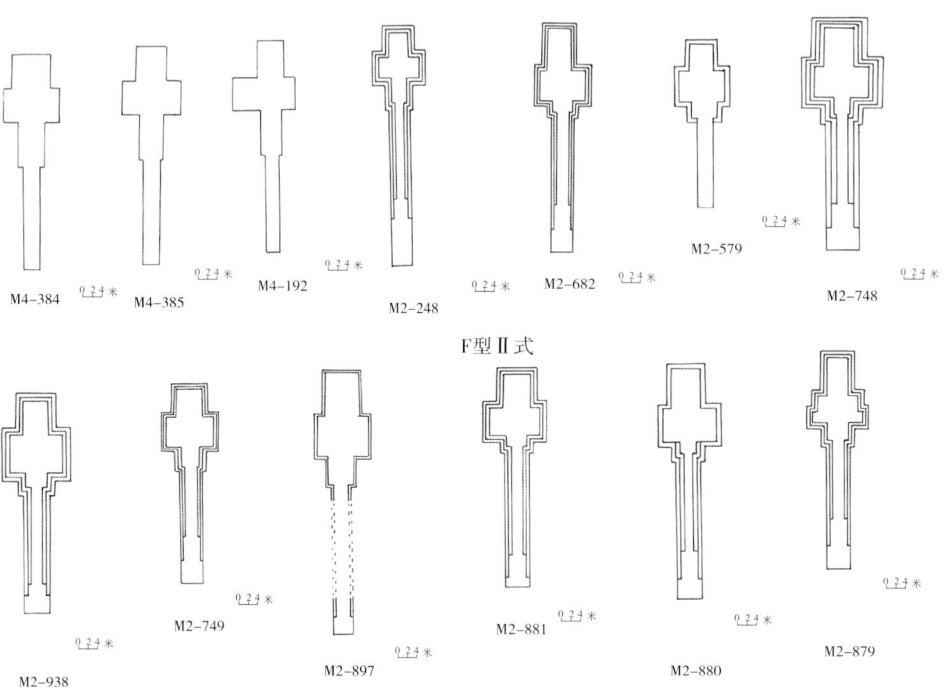

F型 II 式

F型 II 式

图一一三　两汉明券第3组F型

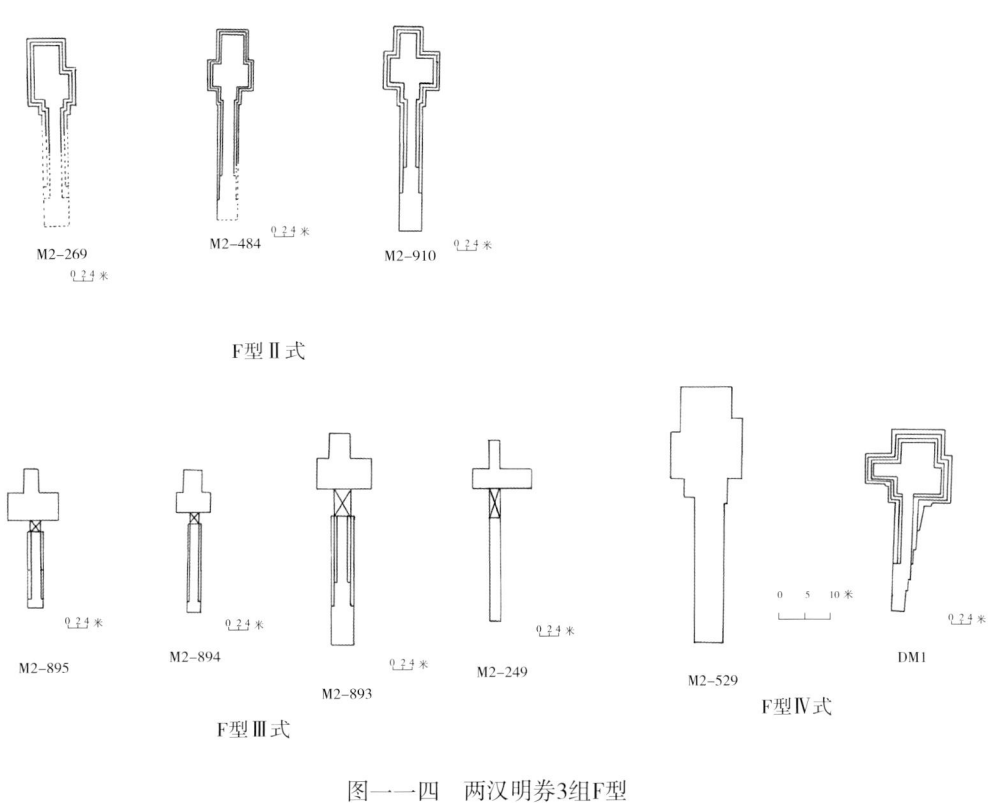

图一一四　两汉明券3组F型

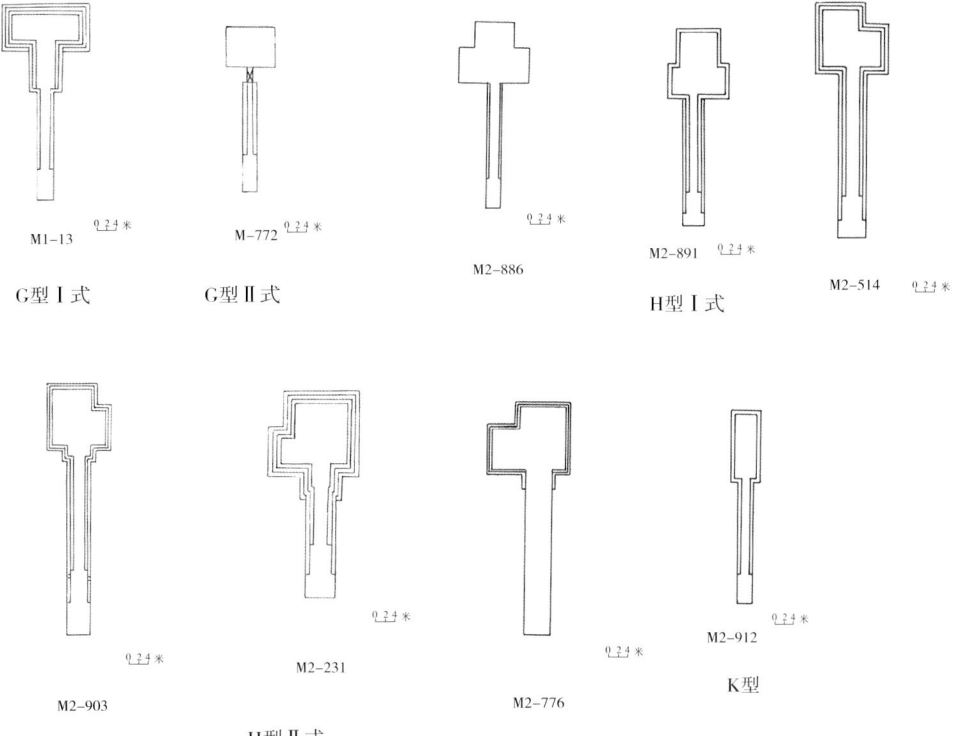

图一一五　两汉明券3组G型、H型、4组K型

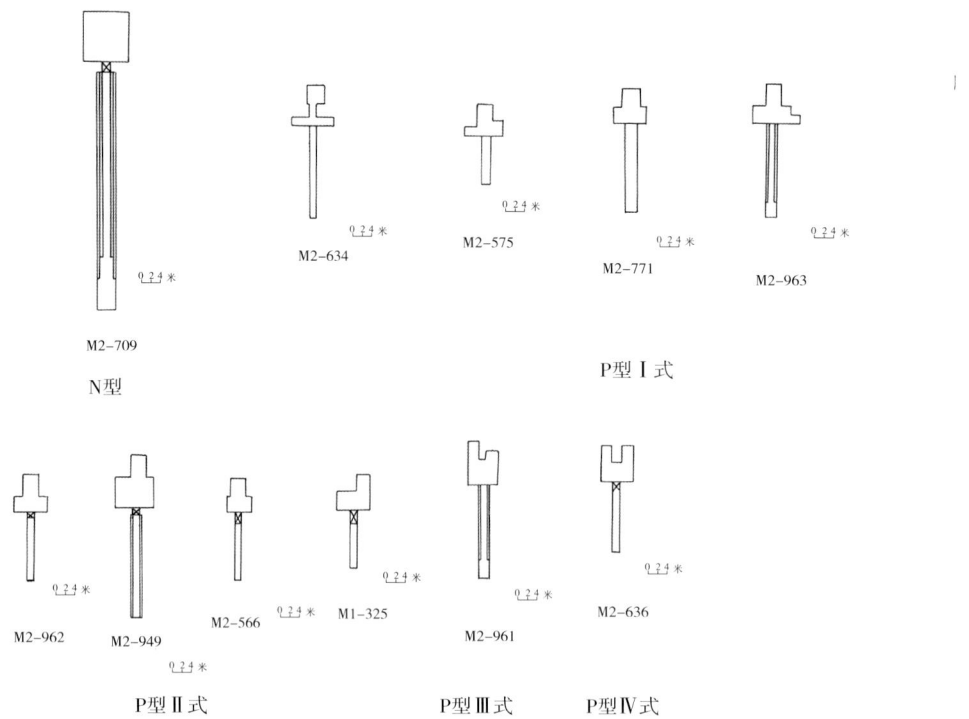

图一一六　两汉洞室2组N型、3组P型

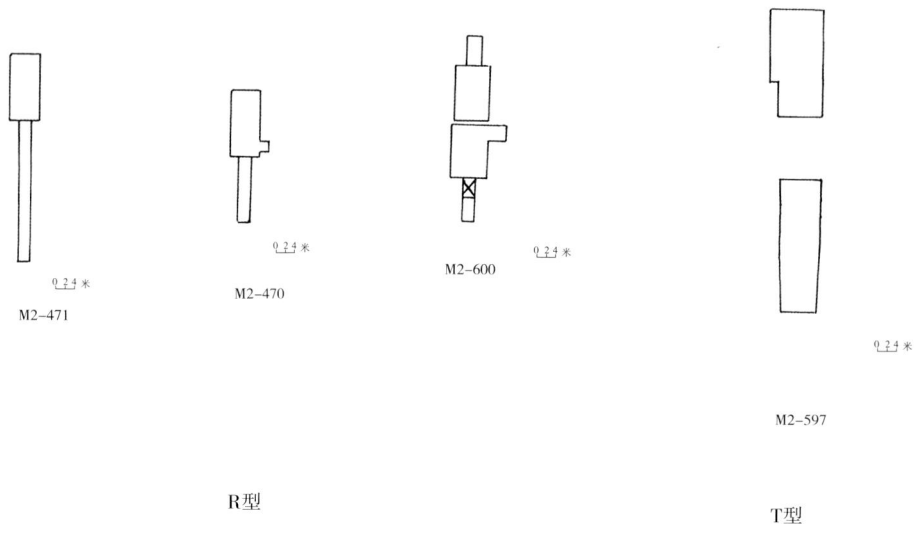

图一一七　两汉洞室4组R型、竖穴放坑T型

　　三个系统中明券墓的类型最为丰富，明券3组横室墓数量最多。明券2组E型双方室、三方室、明券4组I型单顺室、J型双顺室邙山地区没有发现，从各地考古情况来看应是实际存在的。从发掘情况来看，明券墓几乎全部都使用了封土，我们调查的邙山东汉封土墓也多是明券墓，二者是一致的。洞室墓的类型略少于明券墓。洞室双横室和双顺室从工程技术角度上看，建造的可能性很小，此类洞室墓在实际工作也没有发现。洞室3组横室墓使用了封土和长斜坡墓道，等级略高于其他洞室类型，其变化的规律明显不同于明券墓。此类墓葬在邙山东汉陵区发现的不多，目前只有11座（M566、575、634、636、771、949、961、962、963、325、709）。洞室墓的其他组别在邙山很少出现，实际工作中在洛阳附近有所发现，目前都没有使用封土的记录（图一一八）。

　　明券墓考古发掘的少，我们根据现有调查的资料对明券墓的土圹进行了分式研究，虽然和真正的墓葬的分式研究有差别的，但可以从一个侧面了解墓葬的变化情况。明券系统各型墓的土圹有相同的变化规律，甬道部位从同宽到加宽再到增加墓道、墓室之间的生土过洞（生土双坑），反映了明券墓在东汉中晚期甬道部位加置了一个前室，最终形成前中后三室的变化过程。更详细的实际情况只能依赖考古发掘。

　　曹魏墓葬在全国发现较少，洛阳地区仅发现曹魏正始八年墓、偃师杏园6号墓、连霍高速曹休墓数座而已。曹魏正始八年墓，明券前方后顺墓，墓道内收5级台阶；偃师杏园6号墓，洞室长顺室墓，墓道内收4级台阶；曹休墓，明券横室墓，墓道内收7级生土台阶。这些墓葬无论是墓葬形制还是建筑方法都和东汉墓非常接近，它们的墓葬形制没有超出东汉墓葬的类型范畴，虽然有一些变化，但是整体上应该属于东汉墓葬系统（图一一九）。

　　两汉至曹魏时期，砖石材料代替木质材料，草创砖石为券。无论是墓葬的建筑方法、建筑材料，还是墓葬的类型都相当丰富。除了后世的圆形和多边形墓室之外，几乎所有中国古代砖券墓葬类型和平面组合我们都可以见到，对于中国古代墓葬制度的影响不可低估。过去我们对汉墓类型有一些误解，比如前方后顺墓，《烧沟汉墓》归于III型墓，流行于第三期、第四期，五期、六期转变成IV型墓。我们误认为它们已经完全消失，实际上这种类型在东汉时期一直存在，只不过横室墓盛行以后退居次要地位。到了魏晋时期方室墓再次兴起，成为主流。《烧沟汉墓》II型顺室墓，也有类似的情况，东汉一直实际存在。西晋陵区的大型墓葬全部采用顺室，两汉低等级墓葬类型一跃成为魏晋时期最高等级的墓葬类型。

2. 西晋

　　西晋封土墓冢邙山调查发现很少，我们根据洛阳已发掘的墓葬进行了分型研究。我们注意到西晋墓的墓葬形制和东汉墓的关系紧密，传承了东汉的风格，但是类型较为简约，形制也有所发展。西晋墓葬目前没有发现明券墓，主要是洞室墓，还有少量竖穴方坑墓。洞室墓中附带侧室的不少，附葬现象比较普遍。洞室墓的墓葬形制主要是由东汉洞室2组方室墓和洞室4组顺室墓发展变化而来，横室墓完全消失。墓室形制有前方后顺、单方、双方、顺室、长顺室，单室墓和多室墓并重。墓道的形制有内收台阶的长斜坡、长斜坡和竖穴墓道三种，极个别的出现了斜坡天井墓道。墓道两侧内收台阶是东汉高级别墓葬的通常做法，西晋墓葬继续沿用。内收台阶墓道各个型均有，有3、4、5、7级，代表的墓葬等级同样很高，采用这种墓道的墓葬多还使用一重或二重

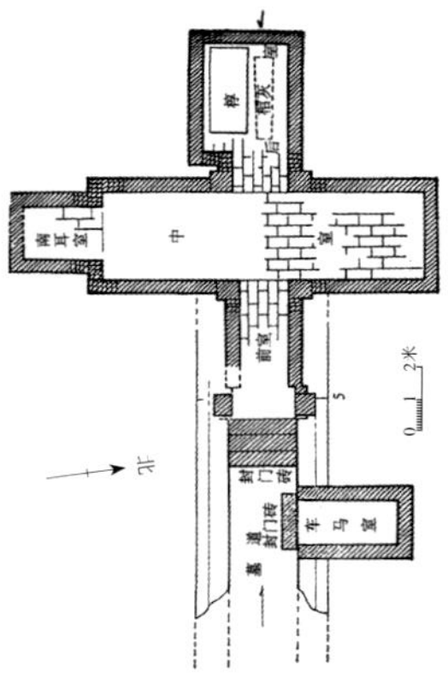

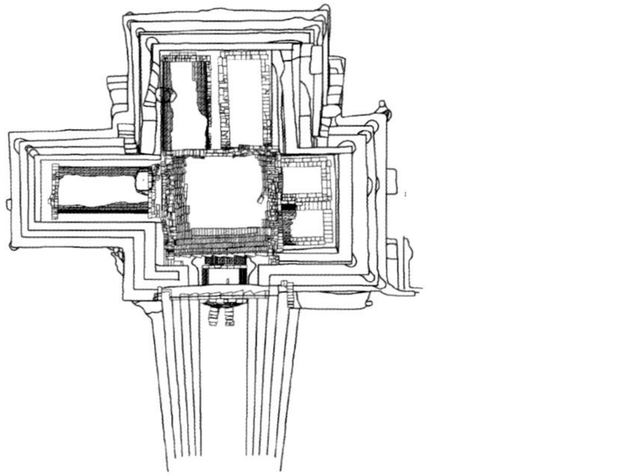

F 型 IV 式: 大汉冢 DM1

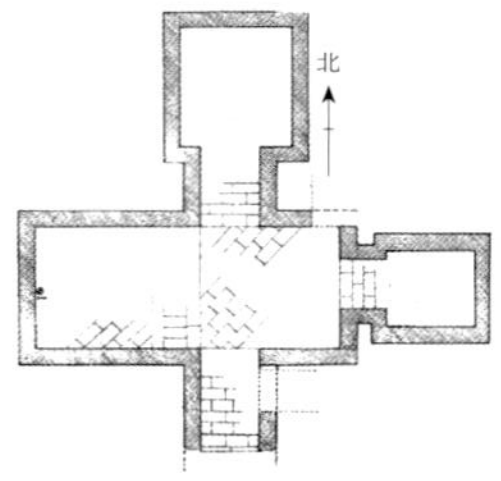

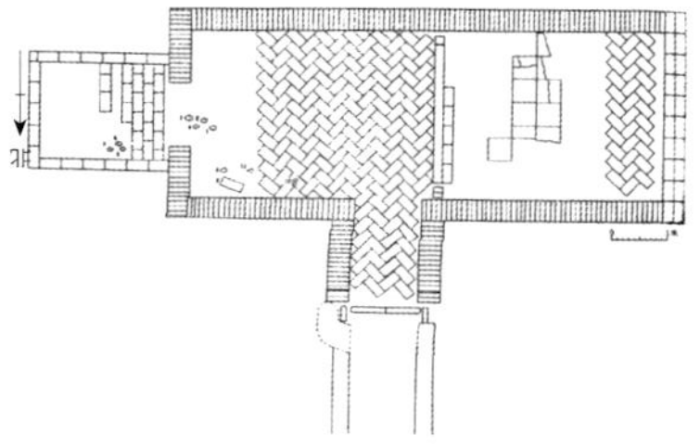

F 型 III 式: 机车厂 M1
（双坑）

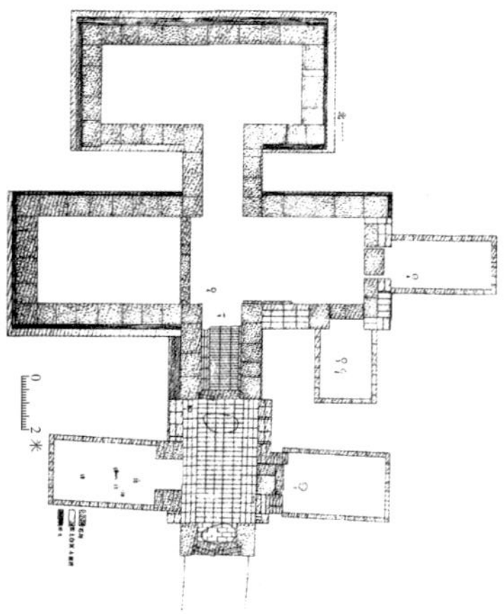

H 型 II 式: 机车工厂壁画墓

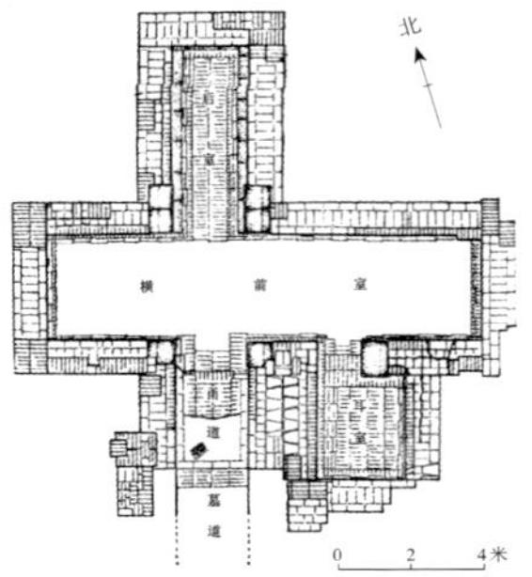

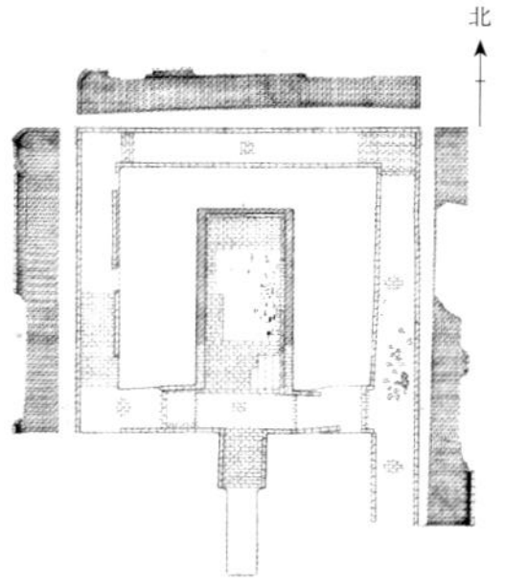

F 型 II 式: 东汉墓园

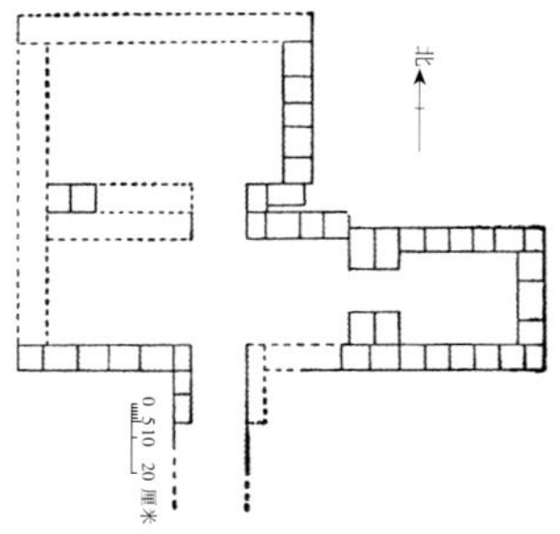

F 型 I 式: 送庄黄肠石墓

F 型 I 式: 林校东汉殉人墓

G 型: 朱家壁画墓

图一一八　东汉已发掘墓葬分型

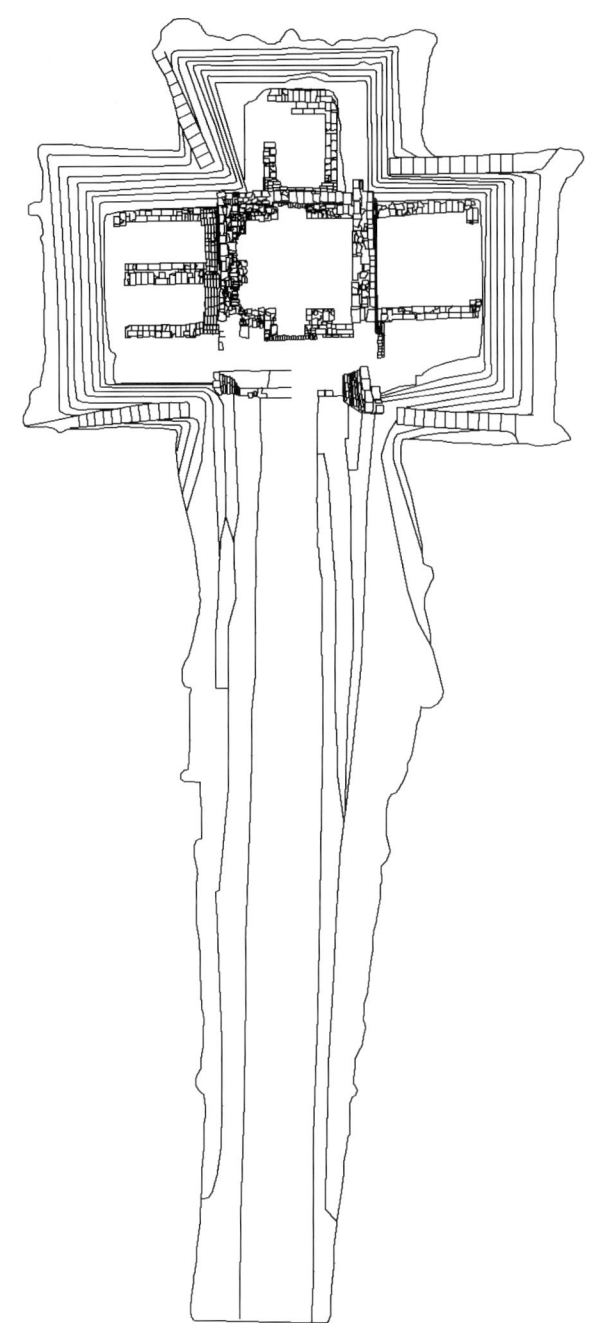

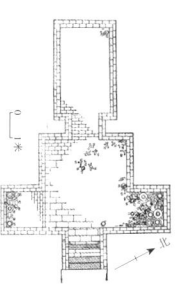

曹魏正始八年墓（明券5阶）

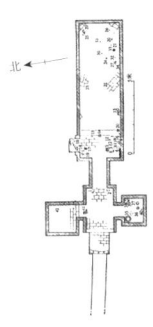

偃师杏园6号墓（砖室4阶）

ZM44(曹休墓）

图一一九 曹魏已发掘墓葬

石门。内收台阶墓道的顺室墓只发现在西晋陵区，墓室有砖券和土洞二种，为皇室特有的墓葬类型。斜坡墓道的顺室墓、长顺室墓发现在邙山三十里铺村附近的东汉陵区内，很多出土了刻铭纪年砖（图一二〇）。

A型，洞室前方后顺。分2式：Ⅰ式，墓道内收台阶；Ⅱ式，长斜坡墓道。

B型，洞室单方室。分3式：Ⅰ式，墓道内收台阶；Ⅱ式，长斜坡墓道；Ⅲ式，竖穴墓道。

C型，洞室双方。分2式：Ⅰ式，墓道内收台阶；Ⅱ式，长斜坡墓道。

D型，洞室顺室。分2式：Ⅰ式，墓道内收台阶；Ⅱ式，长斜坡墓道。

E型：竖穴方坑。

3. 北魏

北魏墓葬和西晋墓葬的风格迥异，是汉墓的北方系统再次回传洛阳的结果。从历年来发掘情况和我们的调查情况看，类型更加简约，变化也比较明显。北魏盛行单室墓，多室墓完全消失。单室墓中，方形墓占统治地位，洛阳考古发掘有纪年的长方形墓只有一例（董富妻郭氏墓，顺室）。墓葬形制有明券方室墓、洞室方室墓和洞室顺室墓三种。封土的使用集中在明券方室墓，洞室墓鲜有采用，也是一种简约的趋势。明券方室墓和洞室方室墓，分别由东汉明券2组D型、洞室2组N型演变而来。明券墓的土圹和东汉类似，分单坑和双坑（生土甬道）二种，墓室土圹有类似东汉时期大型墓葬的内收台阶，但是没有发现东汉大型墓葬习见的墓道两侧内收台阶。砖券墓的墓室形制以弧方形居多，土洞墓室则以方形或梯形居多，极少存在着耳室和侧室。墓道分长斜坡、斜坡天井和竖穴墓道三种，天井长斜坡盛行。甬道加宽普遍，高级别的墓葬多使用长斜坡墓道、前后双甬道和明券墓室（图一二一～一二三）。

A型，明券单方。墓葬土圹分5式：Ⅰ式，双坑双甬道；Ⅱ式，明券双甬道；Ⅲ式，明券双坑；Ⅳ式，明券单甬道；Ⅴ式，墓室内收台阶。

B型，洞室单方。墓葬土圹分3式：Ⅰ式，斜坡天井墓道；Ⅱ式，斜坡墓道；Ⅲ式，竖穴墓道。

C型，洞室顺室（1例）。

4. 唐代

A型，明券。分2式：Ⅰ式，斜坡天井墓道，暗券甬道；Ⅱ式，斜坡天井墓道，明券甬道。

B型，洞室。长斜坡天井墓道，方形墓室。

邙山发现的唐代封土墓不多，墓葬的形制规模都比较大。唐墓的墓葬形制和北魏墓相似，应由北魏墓发展而来，其间演变的迹象比较清晰。唐代的明券墓由北魏明券单方室墓（A型Ⅲ式双坑墓）变化而来，唐代的洞室墓由北魏洞室单方室墓（B型Ⅰ式）变化而来。唐墓墓道天井增多，另外还出现了过洞和对称的壁龛（图一二四）。

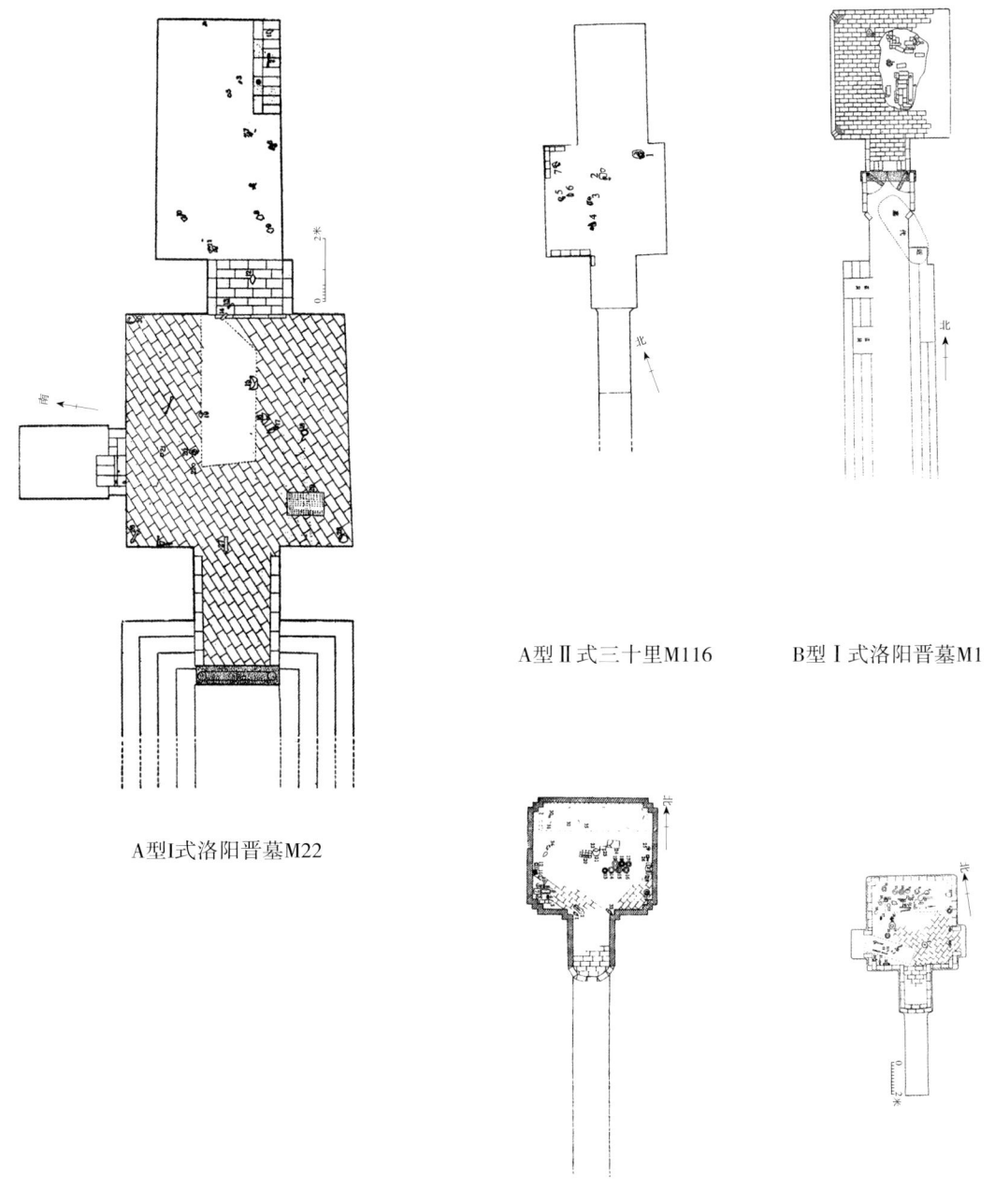

A型I式洛阳晋墓M22

A型Ⅱ式三十里M116　　　B型Ⅰ式洛阳晋墓M1

B型Ⅱ式春都路西晋墓IM1568　　　B型Ⅲ式谷水晋墓FM38

图一二〇　西晋已发掘墓葬形制分型

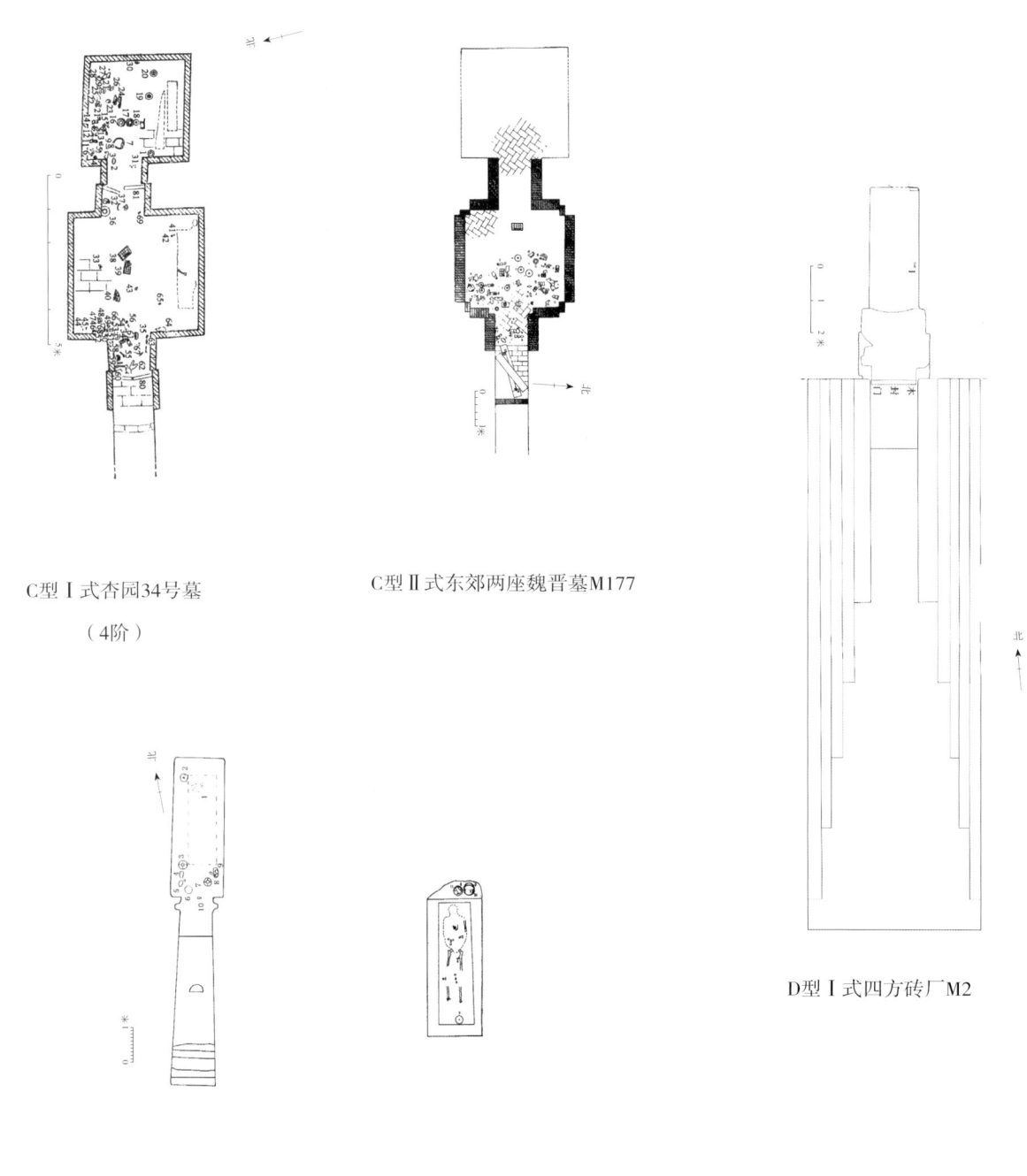

C型Ⅰ式杏园34号墓

（4阶）

C型Ⅱ式东郊两座魏晋墓M177

D型Ⅰ式四方砖厂M2

D型Ⅱ式大汉冢M2　　　　E型洛阳晋墓M4

图一二〇　西晋已发掘墓葬形制分型

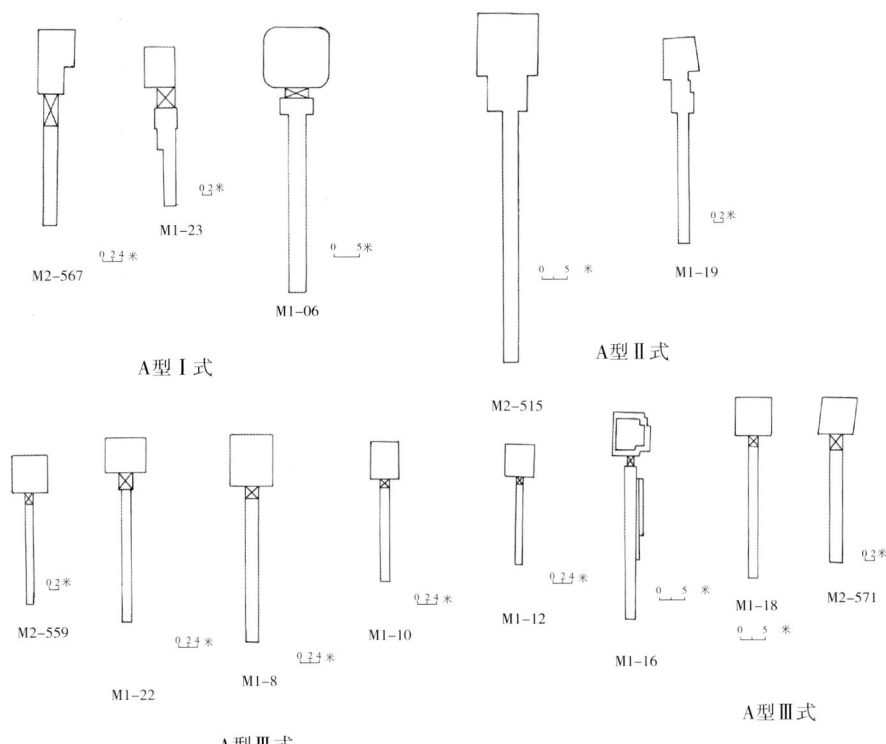

M2-567　　M1-23　　M1-06

A型Ⅰ式

M2-515　　M1-19

A型Ⅱ式

M2-559　　M1-22　　M1-8　　M1-10　　M1-12　　M1-16　　M1-18　　M2-571

A型Ⅲ式　　A型Ⅲ式

图一二一　北魏形制类型

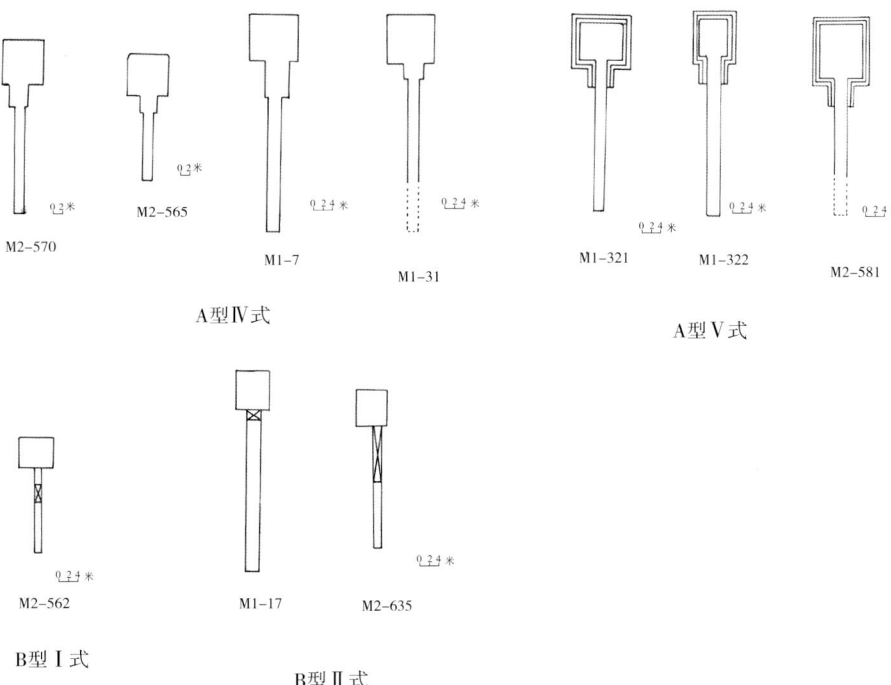

M2-570　　M2-565　　M1-7　　M1-31　　M1-321　　M1-322　　M2-581

A型Ⅳ式　　A型Ⅴ式

M2-562　　M1-17　　M2-635

B型Ⅰ式　　B型Ⅱ式

图一二二　北魏形制类型

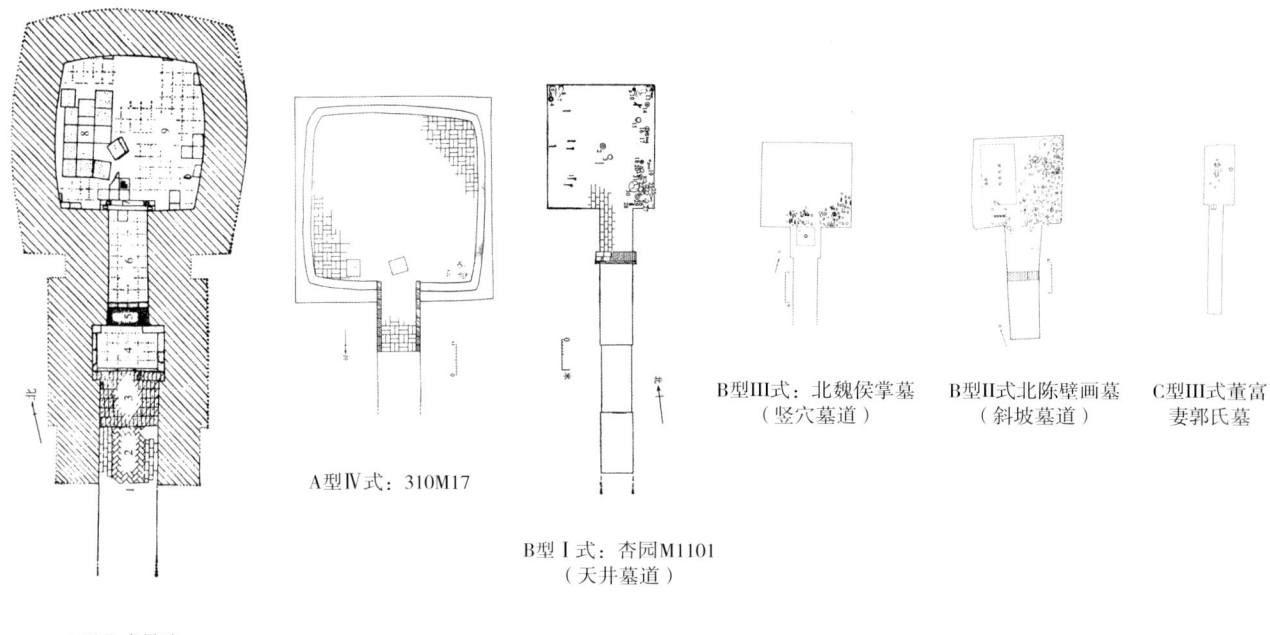

A型Ⅱ式景陵

A型Ⅳ式：310M17

B型Ⅰ式：杏园M1101
（天井墓道）

B型Ⅲ式：北魏侯掌墓
（竖穴墓道）

B型Ⅱ式北陈壁画墓
（斜坡墓道）

C型Ⅲ式董富
妻郭氏墓

图一二三　北魏已发掘墓葬分型

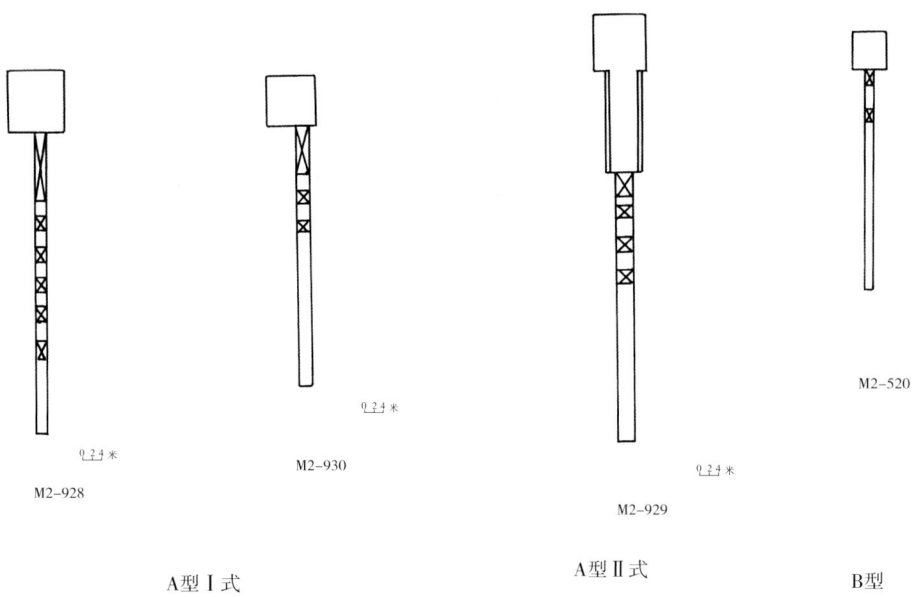

M2-928

M2-930

M2-929

M2-520

A型Ⅰ式

A型Ⅱ式

B型

图一二四　隋唐已发掘墓葬分型

表一六　邙山墓葬分型分式登记表

分类	分组	两汉曹魏			西晋			北魏		
		分型	土圹分式	分式标准	分型	墓葬分式	分式标准	分型	土圹分式	分式标准
明券	第1组:回廊墓	A型:甲字形	Ⅰ、Ⅱ、Ⅲ	甬道:同宽、加宽,生土双坑						
		B型:凸字形	(2例)	同宽、加宽						
	第2组:方室墓	C型:前方后顺	Ⅰ、Ⅱ	甬道:同宽、加宽				A型:明券单方	Ⅰ、Ⅱ、Ⅲ、Ⅳ、Ⅴ	明券、双坑。双甬道,单甬道
		D型:单方	Ⅰ、Ⅱ	甬道:同宽、加宽						
		E型:双方、三方	(邙山无发现)							
	第3组:横室墓	F型:前横后顺	Ⅰ、Ⅱ、Ⅲ、Ⅳ	甬道:同宽、加宽,生土双坑。						
		G型:单横	Ⅰ、Ⅱ	单坑,双坑						
		H型:双横	Ⅰ、Ⅱ	甬道:同宽、加宽						
	第4组:顺室墓	I型:单顺	(邙山无发现)							
		J型:双顺	(邙山无发现)							
		K型:长顺	(1例)							
洞室	第1组:回廊墓	L型:单顺室+回廊墓	(1例)发掘							
	第2组:方室墓	M型:前方后顺(烧沟Ⅲ型)	(邙山无发现)		A型:前方后顺	Ⅰ、Ⅱ	内收收台,长斜坡			
		N型:单方	(1例)		B型:单方室	Ⅰ、Ⅱ、Ⅲ	内收收台,长斜坡,竖穴墓道	B型:洞室单方	Ⅰ、Ⅱ、Ⅲ	斜坡天井,斜坡墓道,竖穴墓道
		O型:双方(烧沟Ⅳ型)	(邙山无发现)		C型:双方室	Ⅰ、Ⅱ	内收收台,长斜坡			
	第3组:横室墓	P型:前横后顺(烧沟Ⅴ型)	Ⅰ、Ⅱ、Ⅲ、Ⅳ	生土甬道,双后室						
		Q型:单横	(邙山无发现)							
	第4组:顺室墓	R型:单顺(烧沟Ⅱ型)	5例	斜坡,竖穴墓道	D型:顺室	Ⅰ、Ⅱ	内收收台、长斜坡	C型:顺室		
		S型:长顺	(邙山无发现)							
竖穴方坑		T型:竖穴方坑	2例		E型:竖穴方坑					
建造方式		结构形制		空间配置	结构形制		空间配置	结构形制		空间配置

表一七 邙山调查钻探墓葬形制统计表[1]

年代	类型	数量
两汉、曹魏	明券 1 组（回廊）：A、B 型	12
	明券 2 组（方室）：C、D 型	8
	明券 3 组（横室）：F、G、H 型	47
	明券 4 组（顺室）：K 型	1
	洞室 1 组（回廊）：L 型	1（发掘）
	洞室 2 组（方室）：N 型	1
	洞室 3 组（横室）：P 型	10
	洞室 4 组（顺室）：R 型	5（M600 封土下 2 座）
	竖穴方坑：T 型	2（M597 封土下 2 座）
北魏	A 型：明券单方	20
	B 型：洞室单方	3
隋唐	A 型：明券单方	3
	B 型：洞室单方	1

三、古墓冢的年代分期

西晋、北魏国祚不长，墓葬形制变化不大，现有资料不能做详细的年代分期。我们比照《烧沟汉墓》的年代框架，对邙山发现的东汉大中型封土墓（包括曹魏大墓），参考考古发掘资料，做了粗略的分期。共分四期：东汉早期相当于《烧沟汉墓》三期（后段）、四期，约王莽～明帝（7～75年）；东汉中期相当于《烧沟汉墓》第五期，约章帝～质帝（76～146年）；东汉晚期相当于《烧沟汉墓》第六期，约桓帝～献帝（147～190年）；东汉末～曹魏，约汉献帝～曹魏元帝（190～264年）。由于发掘墓葬数量有限，没有出土器物佐证，年代证据不足，我们的分期是初步的，仅仅是勾勒出墓葬类型变化的线索，不过有些现象值得关注（图一二五、一二六）。

1. 大型明券墓和中小型洞室墓的年代关系不完全对应。比如以前我们一直认为（洞室）横室墓出现得比较晚，《烧沟汉墓》五期 V 型 M1027、1030 不是严格意义上的横室墓，至多是方室墓向横室墓转换的类型，真正的洞室横室墓出现在《烧沟汉墓》六期。洛阳已经发掘的明券横室墓的年代，根据《烧沟汉墓》的分期，都被定在五、六期。实际上，明券横室墓可能至迟出现在东汉早期，即《烧沟汉墓》四期。属于汉明帝时期的邗江甘泉 2 号、临淄金岭镇 1 号2座东汉诸侯王墓，回廊以内的墓葬形制就是横列式，说明明券横列前堂的做法出现很早。1990年发掘的永平

---

1. 东汉 M708 墓园不详，北魏 M15、20、21 不详，隋唐 M572 不详。

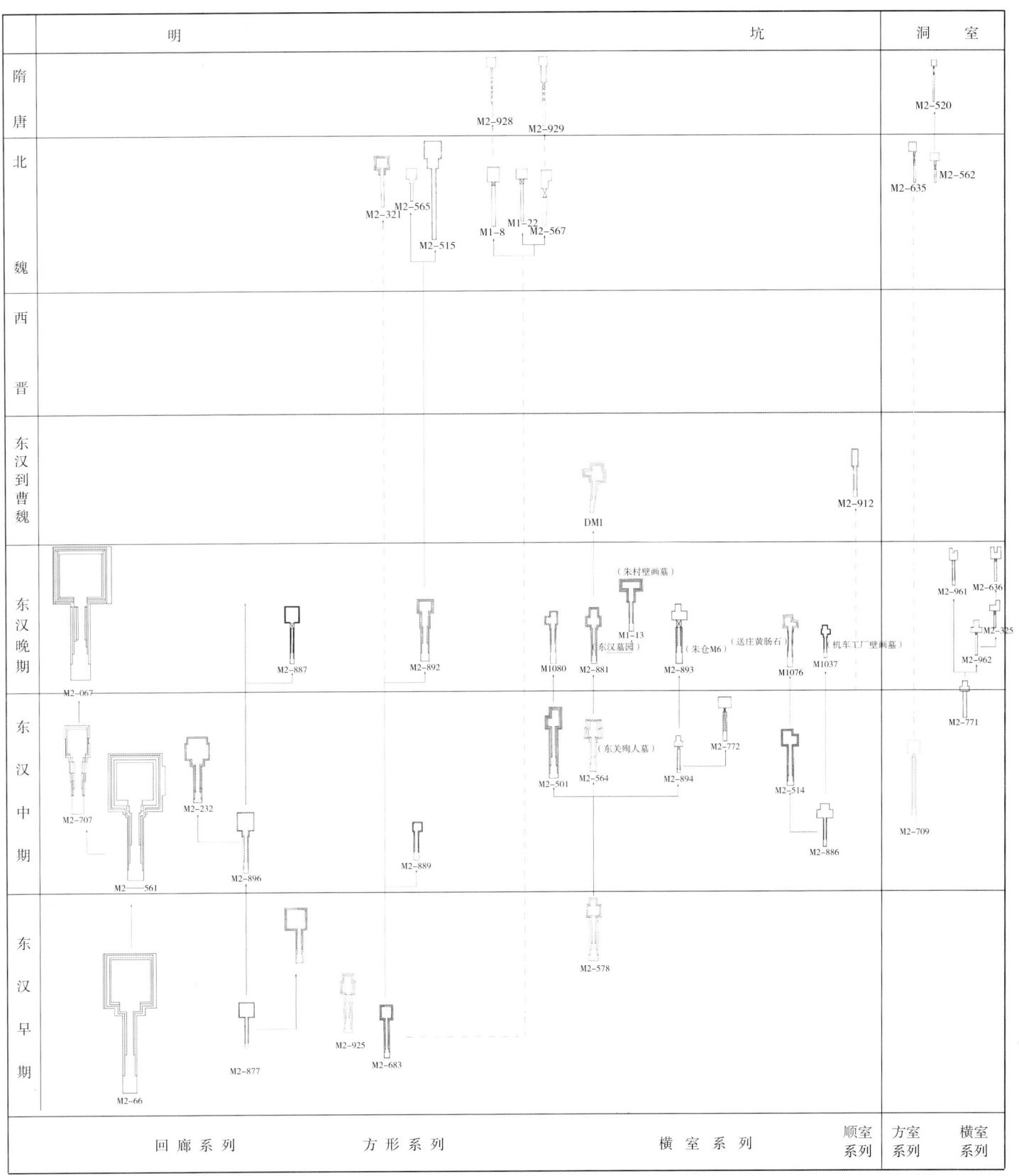

图一二五　邙山古墓冢分期图

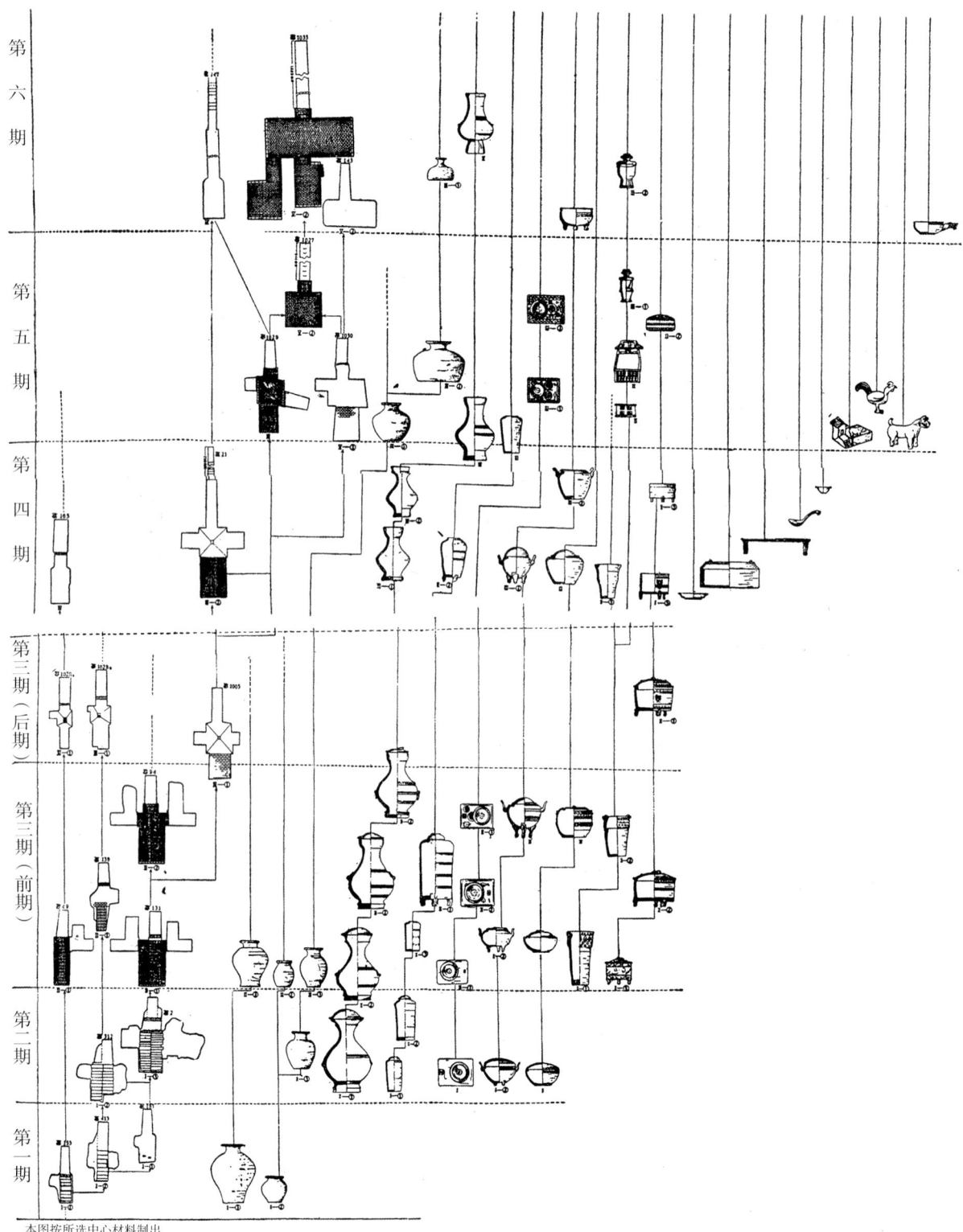

本图按所选中心材料制出

第一期，约武帝—宜帝（公元前118-65年）；第二期，约宜帝—元帝（公元前64-33年）；第三期（前期），
约元帝—王莽（公元前32-公元6年）；第三期，约王莽—光武（公元7-39年）；第四期，约光武—明帝（公元
40-75年）；第五期，约章帝—质帝（公元76-146年）；第六期，约恒帝—献帝（公元147-190年）。

图一二六　烧沟汉墓分期表（采自《烧沟汉墓》）

十六年（73年）偃师姚孝经墓，墓葬形制是洞室单横室墓，虽然是孤例，但是表明东汉早期偏晚洞室横室墓已经出现。邙山封土墓中横室墓数量很大，如果全部归到东汉中晚期，那么东汉早期就可能会出现空白。横室墓具有可以营造巨大空间、结构稳定、建造便利等特点，首先被普遍使用在大型墓葬上，然后东汉中期逐渐传播到中小型墓上，最后东汉晚期大流行。这是一个从上层贵族向下层官吏、平民流传的过程，或者下层官吏、平民向上层贵族僭越的过程，反映了厚葬风气的普及和推广。

2．帝陵级别墓葬的年代变化和一般墓葬有所不同。东汉帝陵没有发掘，已经发掘的东汉诸侯王墓的墓葬形制是以前横后顺二室为主体的砖券"甲"字形回廊墓。邙山调查的5座帝陵级别墓葬的土圹是"甲"字形，据东汉诸侯王墓的形制判断，也应该是砖券回廊墓。但是东汉帝陵的土圹和诸侯王墓有所不同，帝陵土圹的墓道、墓室结合部分有大范围的向外突出，说明"甬道部位"比起诸侯王墓在结构上多出来一个环节，这个环节很可能就是一个前室，所以东汉帝陵应是前中后三室为主体的回廊墓。从帝陵墓葬土圹的排队情况看，甬道加宽部位（前室）的空间由横长方形向竖长方形变化，结构形式由"外扩"土圹台阶的外加宽向"斩断"台阶的内加宽变化，这一规律有助于我们判定帝陵的年代关系。其他各个类型的明券墓没有这个特点。帝陵是空间变换，而普通明券墓是增置（图一二七、一二八）。

3．各型明券墓的土圹都存在着甬道同宽、加宽、加置生土隔断（双坑）三种形式，并且有演进关系。这是一个普遍性的规律，一方面可能反映了建筑技术的进步，最薄弱的甬道得到了加强，另一方面可能代表了墓葬结构的一个变化，有些墓葬的甬道部分可能增置了前室。甬道、墓道同宽的墓葬年代相对较早，而加宽或带生土隔断的略晚，这个变化发生在东汉的中晚期。以发掘墓葬为例，洛阳林校东汉殉人墓属于F型Ⅰ式（前横后顺室），年代是东汉中晚期，墓道甬道同宽；白马寺东汉墓园属于F型Ⅱ式（前横后顺室），年代是东汉晚期，甬道部分明显加宽，增加了一个前室。送庄黄肠石墓属于H型Ⅰ式（双横室），年代在桓帝时期，墓道同宽；机车工厂壁画墓属于H型Ⅱ式（双横室），年代在东汉晚期，甬道加宽增置前室，形成前中后三室结构，而且前室南北还设置了双重石门。

4．帝陵级别墓葬和陪葬墓的年代组合关系。东汉帝陵级别墓葬的西侧近旁分布着成组的墓葬，这些墓葬东西一线布置，从位置上看和帝陵的关系非常密切。我们推断应是后妃的陪葬墓，原则上讲它们的年代和帝陵应该一致或接近。大汉冢（M2-66）西侧3座，分别为M2-925、926、927。这3座墓的墓葬形制极其相似，包括规模大小、土圹的样式，全部都是明券2组C型墓（前方后顺）。此类墓葬邙山发现非常少，只有4座。《烧沟汉墓》把前室穹窿顶后室小砖券定在三期后段、四期（王莽～明帝），是西汉晚期延续到东汉早期的墓葬类型，东汉一代流行的时间短，是比较早的东汉墓的类型。明券前方后顺墓的年代与之大体相当，为东汉早期墓葬。前文述帝陵土圹甬道部分由横长方形向竖长方形变化，大汉冢为横长方形，排队的结果显示其年代较早，是东汉陵区内最早的帝陵墓葬。这样大汉冢就和周围的陪葬墓衔接在一起了，二者的年代可以互证。二汉冢（M2-561）西侧有4座陪葬墓，分别是M2-563、564、568、507，墓葬形制也极为相似，均为明券3组F型Ⅱ型墓（前横后顺），甬道部位的土圹已经向外扩展，但甬道内部并无实质增宽，按前述横室墓的变化规律，其年代应在东汉中期偏早。二汉冢的甬道部分已经变成竖长方

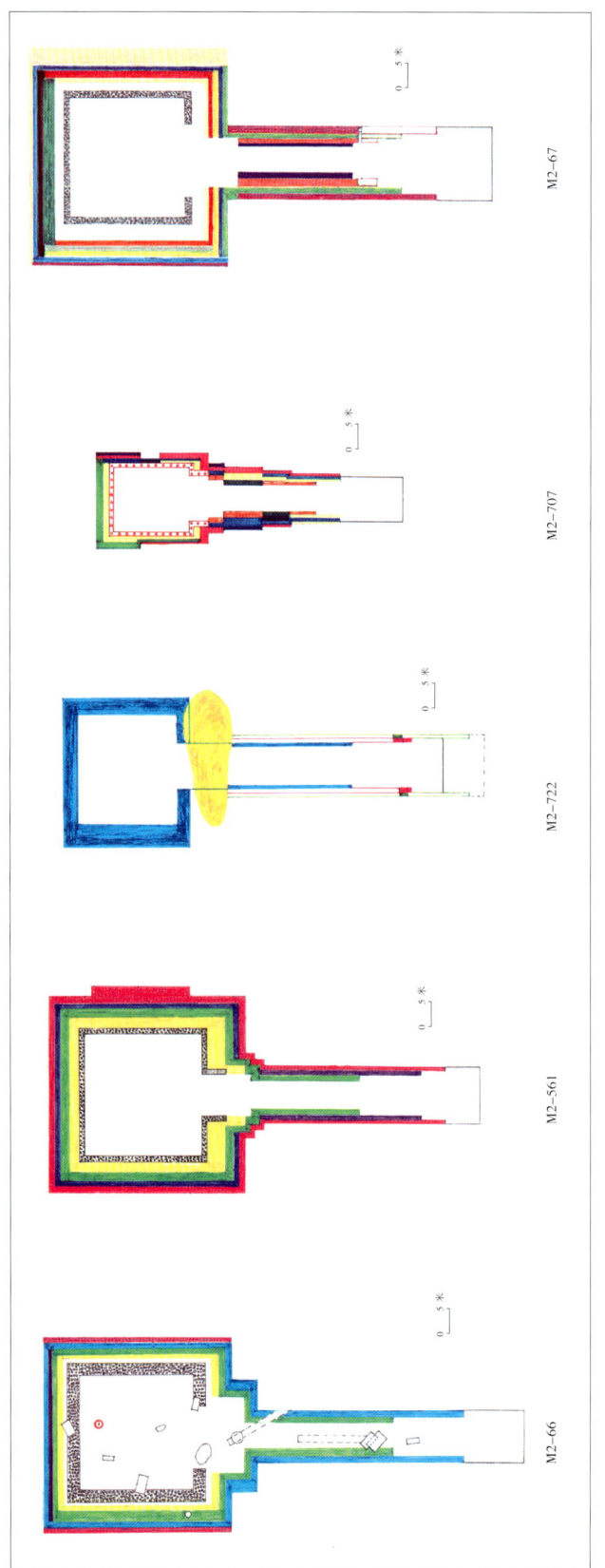

图一二七　东汉帝陵形制演变图

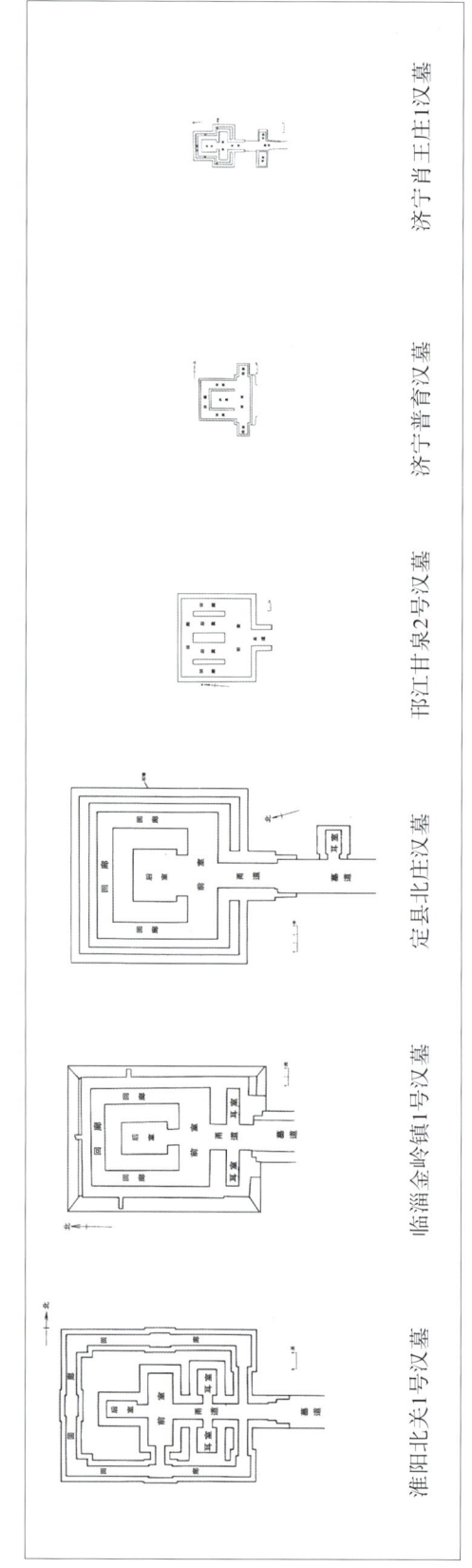

图一二八　汉代诸侯王墓

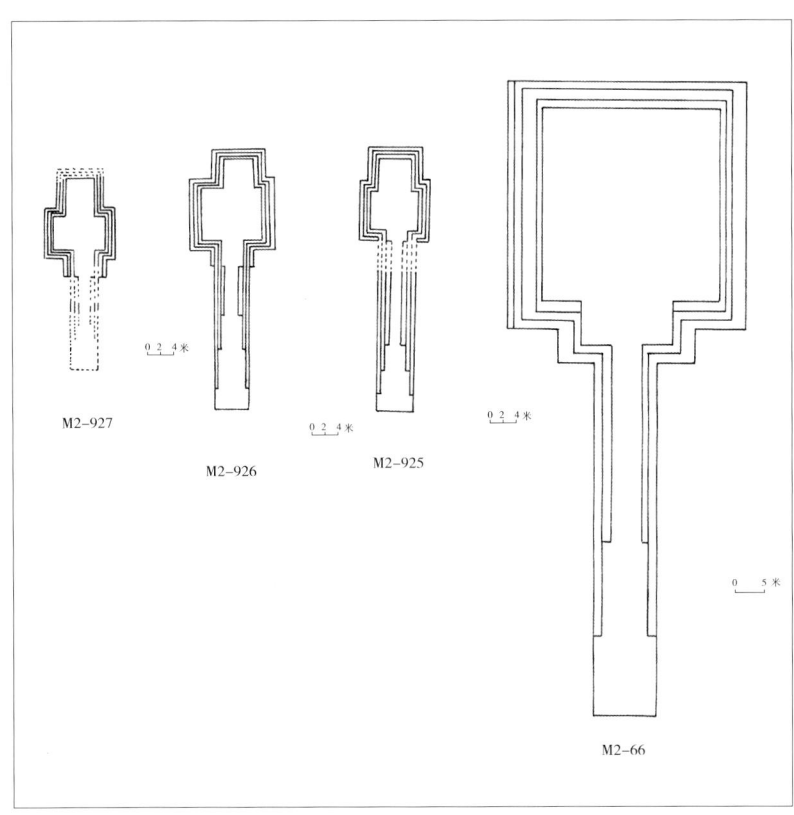

图一二九　帝陵和陪葬墓的配置图M2-66

形，它的年代晚于大汉冢。帝陵和陪葬墓互证，二汉冢的年代约在东汉中期（图一二九、一三〇）。

5．连霍高速改扩建工程考古发掘的三座大墓给我们的启示。2009年我们在连霍高速大汉冢附近发掘了3座大墓，3座墓墓葬形制相同，均为长斜坡墓道明券前横后顺墓，土圹内收5至7级台阶，无封土迹象，惟墓道方向有别。其中1座就是曹魏名将曹休墓（曹魏明帝太和二年），另外2座年代略早于曹休墓，应为东汉末年。3座墓葬的墓葬形制、土圹做法、构筑方法与东汉常见的横室墓接近，但也有所变化。初平年间以后东汉政局发生比较大的变化，直接影响到墓葬制度的发展进程。首先是封土消失，其次是墓葬形制的变化。甬道部分没有了小室及石门；横前室变宽变方；前室两侧的耳室转变成为较大的侧室。这种转变对于我们认识东汉末年至曹魏墓葬的形制和阶段性变化很有帮助（图一一九）。

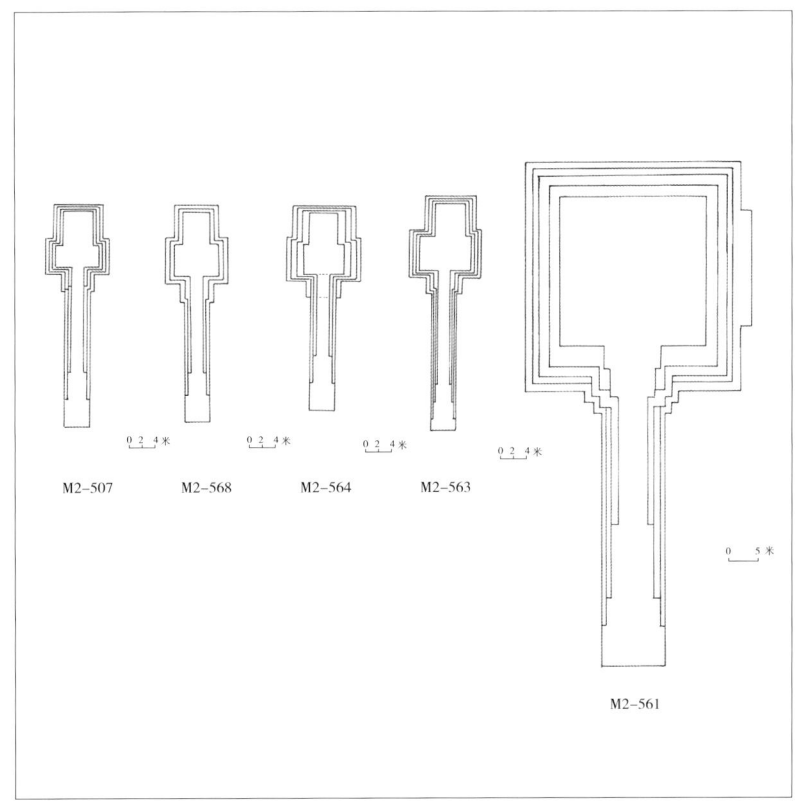

图一三〇　帝陵和陪葬墓的配置图M2-561

第六节　帝陵陵区述要

一、东周陵区

根据文献记载和考古发现，东周王陵位于洛阳附近区域，大致分成三个陵区：王城陵区、三山陵区和成周陵区（金村陵区）。金村东周陵区位于洛阳郊区白马寺镇金村附近，属于邙山陵墓群的范围。据文献记载，公元前510年周敬王出居成周，子朝居于王城，形成二王并立局面。敬王以后元、贞定、哀、思、考、威烈、安、烈、显、慎靓十一王均居于成周，到东周的最后一个王赧王才又迁回王城。这些周王的葬地应在成周附近，东周时期成周城即为汉魏故城，金村大墓就位于汉魏故城内北部。20世纪30年代金村村东被盗，发现了8座"甲"字形东周大墓，时称金村大墓。1961年中国社科院洛阳汉魏故城工作队又在汉魏故城东北方汉代太仓和武库附件发现1座"甲"字形大墓，并曾对该区域进行钻探调查，大墓的周围尚有20余座大小墓葬，还有陪葬的车马坑。我们的文物普查进行过地面踏查，对墓葬做了GPS定位，目前尚未做重点调查，区域的其他情况不能尽知（图一三一、一三二）。

二、东汉陵区

东汉陵区位于邙山陵墓群中区的中部和东部，洛阳汉魏故城的西北方。根据古墓冢文物普查的情况看，邙山东汉陵区指向孟津县送庄乡三十里铺村及其附近区域，包括送庄乡、平乐镇2个乡镇的三十里铺、刘家井、送庄、护庄、东山头、后沟、妯娌新村、朱家仓、天皇岭、张盘、新庄、裴坡、王窑、上屯、上古等15个村庄。陵区范围东西约6.8、南北约6公里，面积40余平方公里（图一三三）。

该区域位于邙山之巅，是邙山地区地势最为平坦开阔的地方。中部高亢宽广，起伏平缓。其外缘从海拔137～145米陡然提升到海拔180～200米，形成南北陡坡状，衬托出中部区间地理位置的显著和重要。这里墓冢密集，布局规律，且是大小冢结合，要件齐全。绝大部分古墓冢为东汉时期，封土规模相对较大，与《帝王世纪》、《古今注》等文献所记载的邙山东汉五陵的方位、里程相一致。[1] 所以，此即东汉帝陵陵区。

整个东汉陵区西侧与瀍河两岸的北魏陵区衔接，东侧有凤凰山、首阳山与曹魏、西晋陵区相隔。陵区的西侧有一座北魏帝陵，即位于孟津县送庄镇东山头村东南的玉冢。玉冢附近发现许多北魏的墓冢，其中一部分墓冢混入东汉陵区的西部。玉冢的北面，送庄镇护庄村南还有一处五代后唐的陵墓——明宗徽陵。陵区外围，南侧陡坡附近、邙山的西南、东南山麓，以及北侧陡坡黄河沿岸也有一些属于东汉时期的墓冢。这里的古墓冢的规模和分布密度较小，缺乏大型古墓冢，

---

1. 《后汉书》李贤注引《帝王世纪》，中华书局，1965年。《后汉书》《续汉书·礼仪志下》刘昭补注，中华书局，1965年。

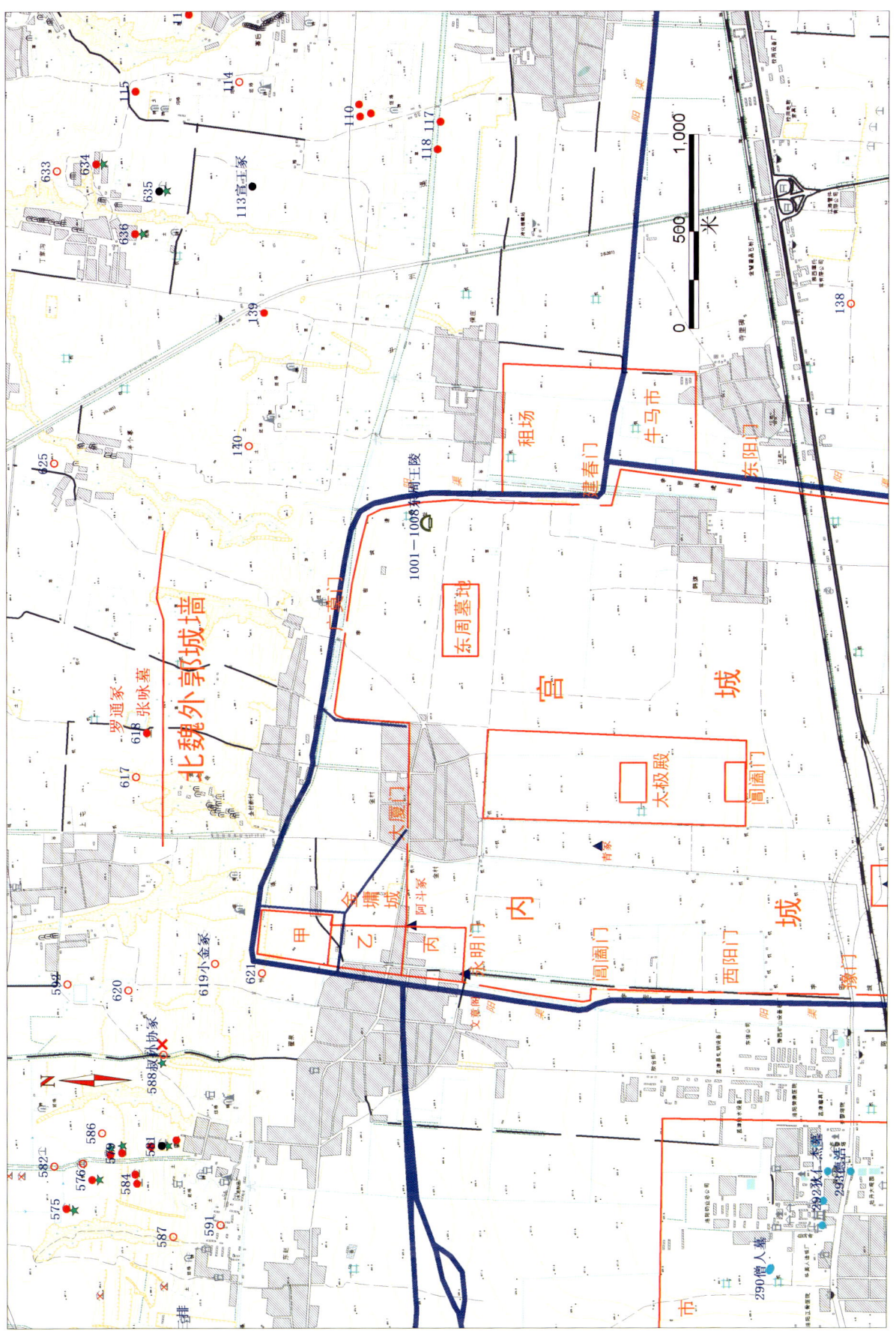

图一三一　金村东周王陵

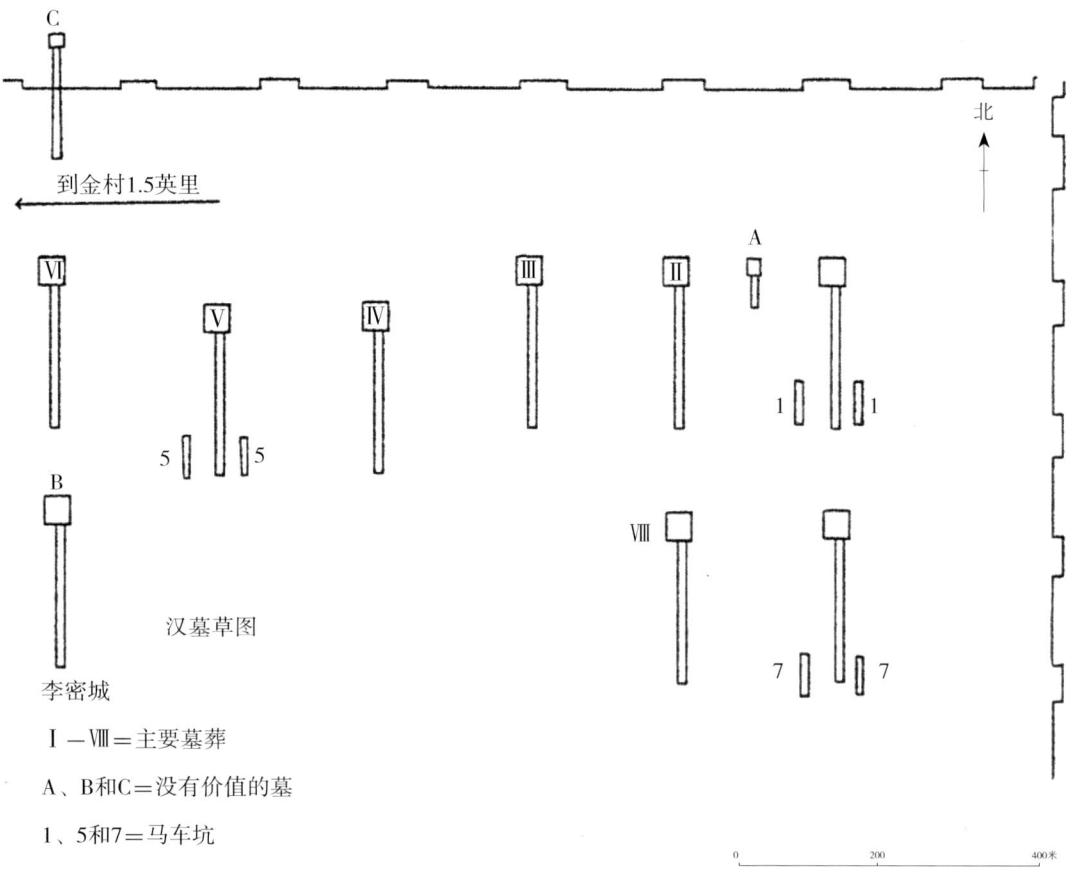

图一三二　金村东周陵区分布图

又与核心区域相距较远，应系陵区的外围系统。

陵区的中部墓冢稀疏，现存6座独立大冢。4座保存比较完整，2座封土破坏严重。其中有4座大致南北一线，分别为大汉冢（M2-066）、二汉冢(M2-561)、三汉冢(M2-560)、刘家井大冢(M2-067)，4冢的东侧还有2座，为朱仓大冢（M2-722）、朱仓升子冢（M2-707）。6座独立大冢的封土平面为圆形，呈低矮山丘状。现存封土直径，大汉冢130、二汉冢118、三汉冢70、刘家井大冢114、朱仓大冢10、朱仓升子冢55米。地面以下原始封土直径，大汉冢156、二汉冢150、三汉冢84、刘家井大冢130、朱仓大冢136、朱仓升子冢86米。6座大冢中只有大汉冢的封土外围发现了宽3～5米的环沟。经调查勘探，大汉冢、二汉冢、刘家井大冢、朱仓大冢、朱仓升子冢等5冢为长斜坡墓道明券砖室"甲"字形墓，三汉冢为长斜坡墓道明券砖室双横室墓。大汉冢、二汉冢、刘家井大冢墓室的周围分布积炭层，朱仓大冢、朱仓升子冢墓室的周围分布红烧土层，三汉冢没有发现积炭和烧土（图一三四～一三九）。

独立大冢与东汉帝陵关系密切，原因有五：第一，均位于邙山中段制高点，位置显著；封土的规模大，陵区内其他墓冢不能匹敌，是属于帝陵级别的墓冢。第二，封土规模和陵冢的位置符合或大致符合文献中有关东汉帝陵的记载。[1] 第三，墓葬的形制是"甲"字形明券墓，为东汉最

1.《后汉书》《续汉书·礼仪志下》刘昭补注，中华书局，1965年。

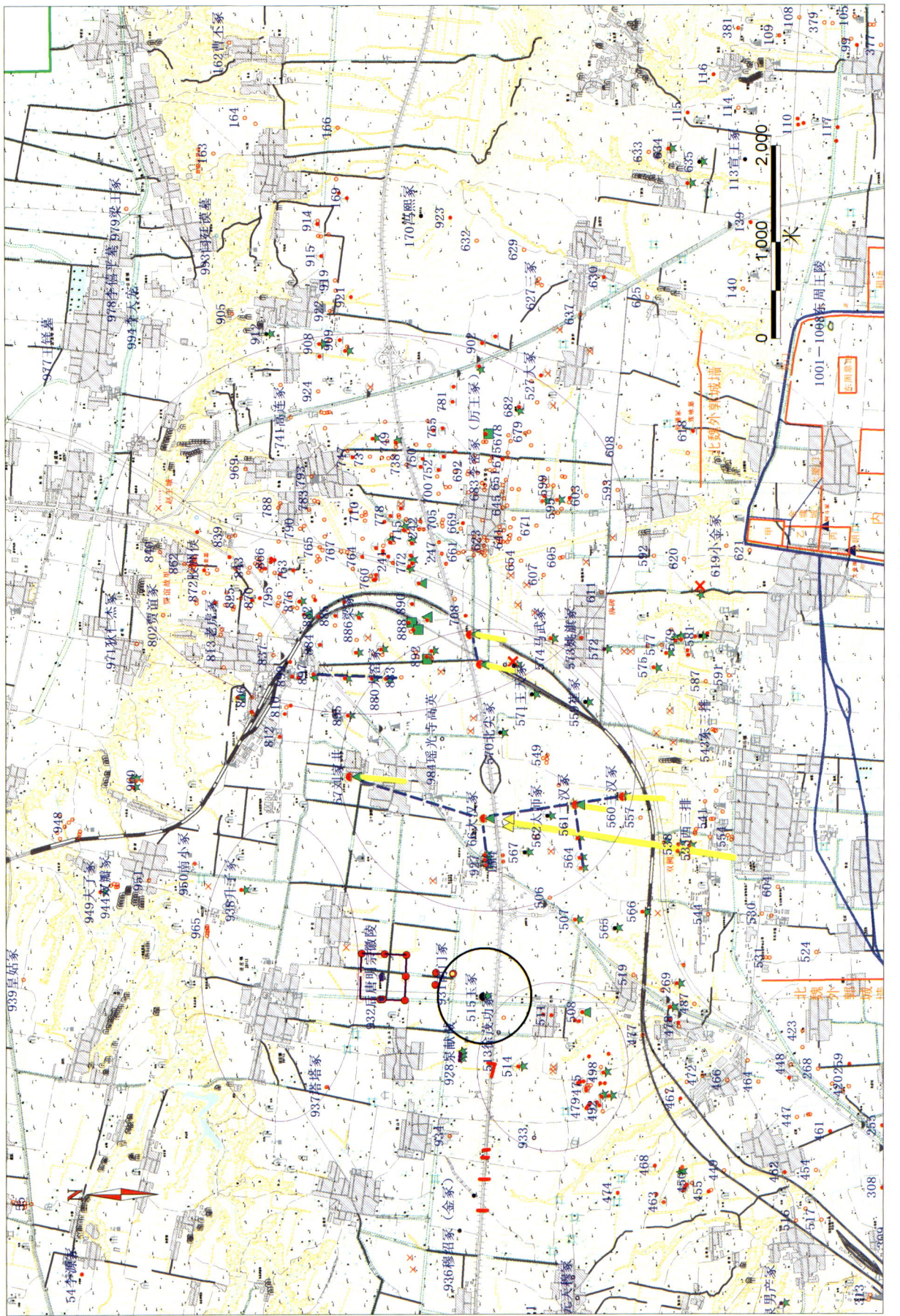

图一三三　邙山东汉陵区（汉魏故城）

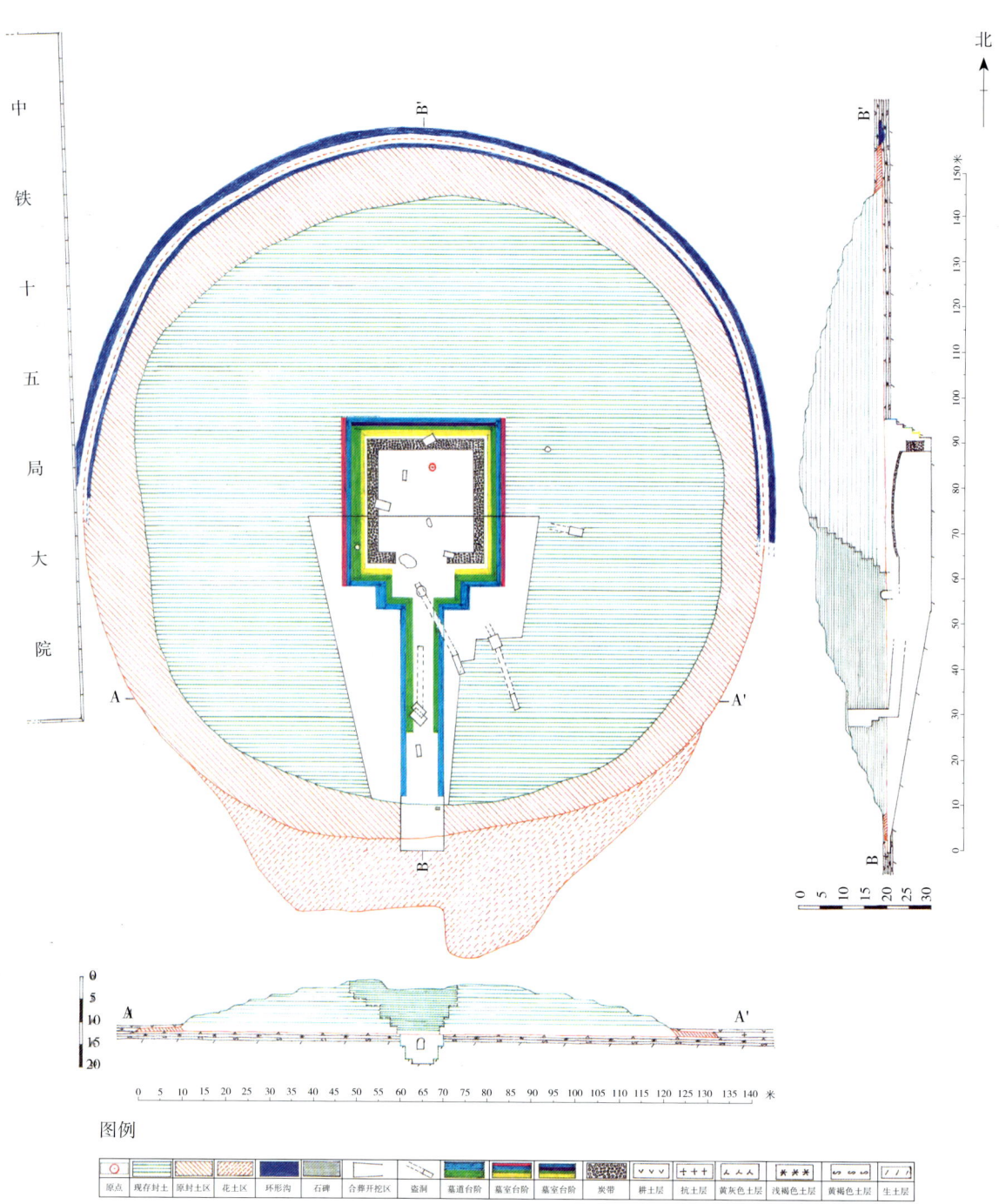

图一三四　大汉冢钻探平剖面图

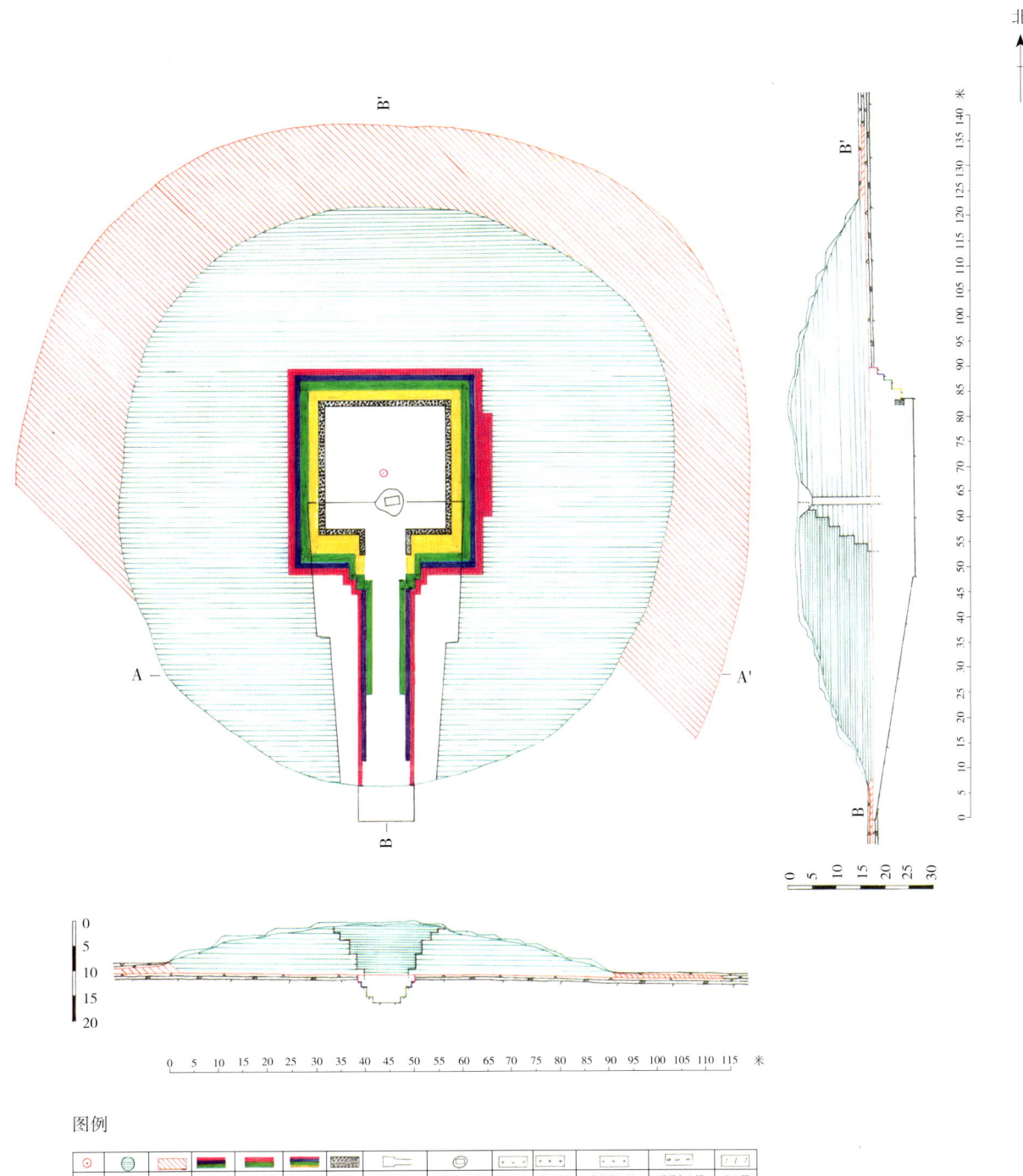

图一三五　二汉冢钻探平剖面图

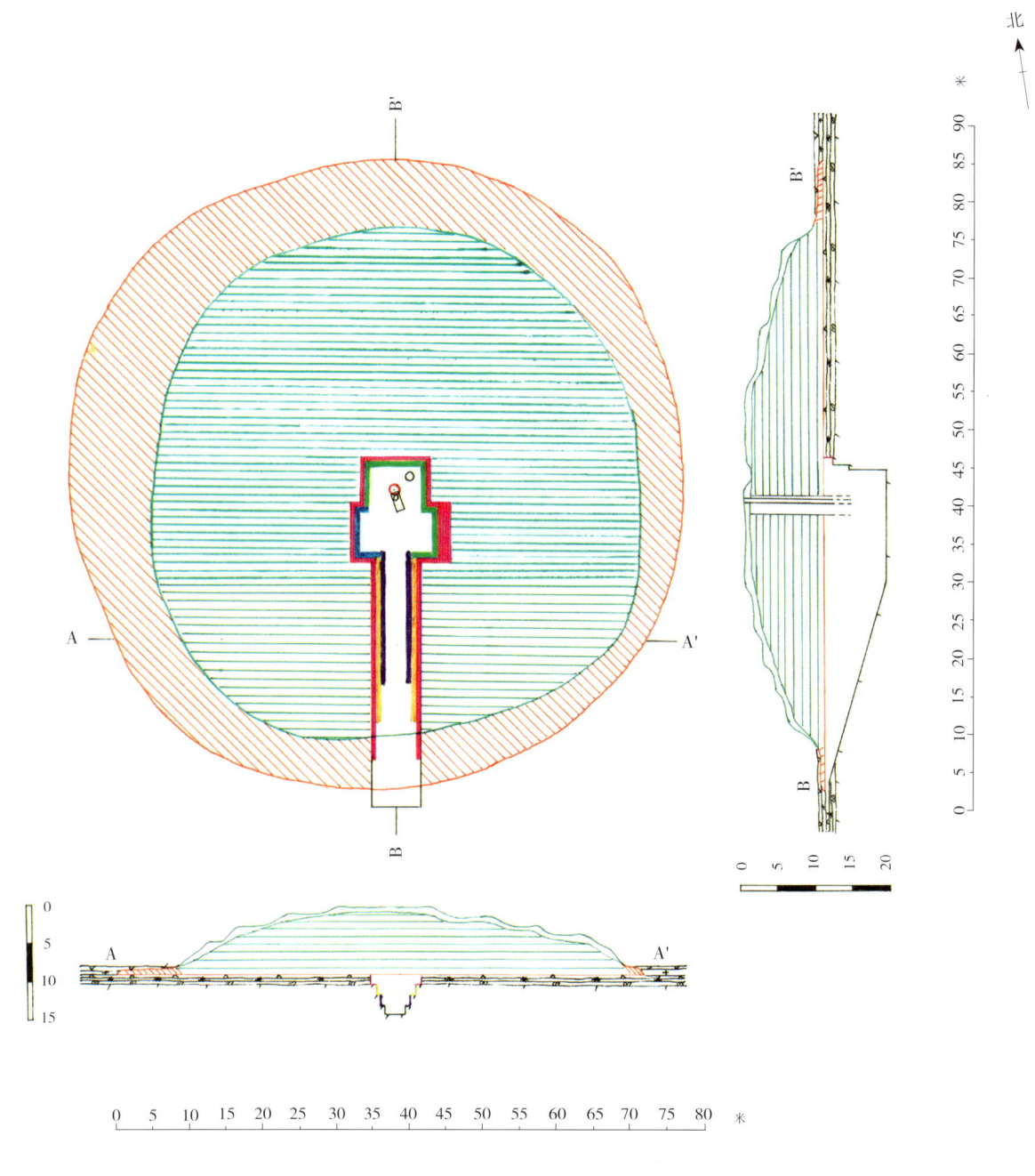

图例

原点	现存封土	残存封土	墓道台阶	墓室台阶	墓室台阶	盗洞	耕土层	扰土层	黄灰色土层	浅褐色土层	黄褐色土层	生土层

图一三六　三汉冢钻探平剖面图

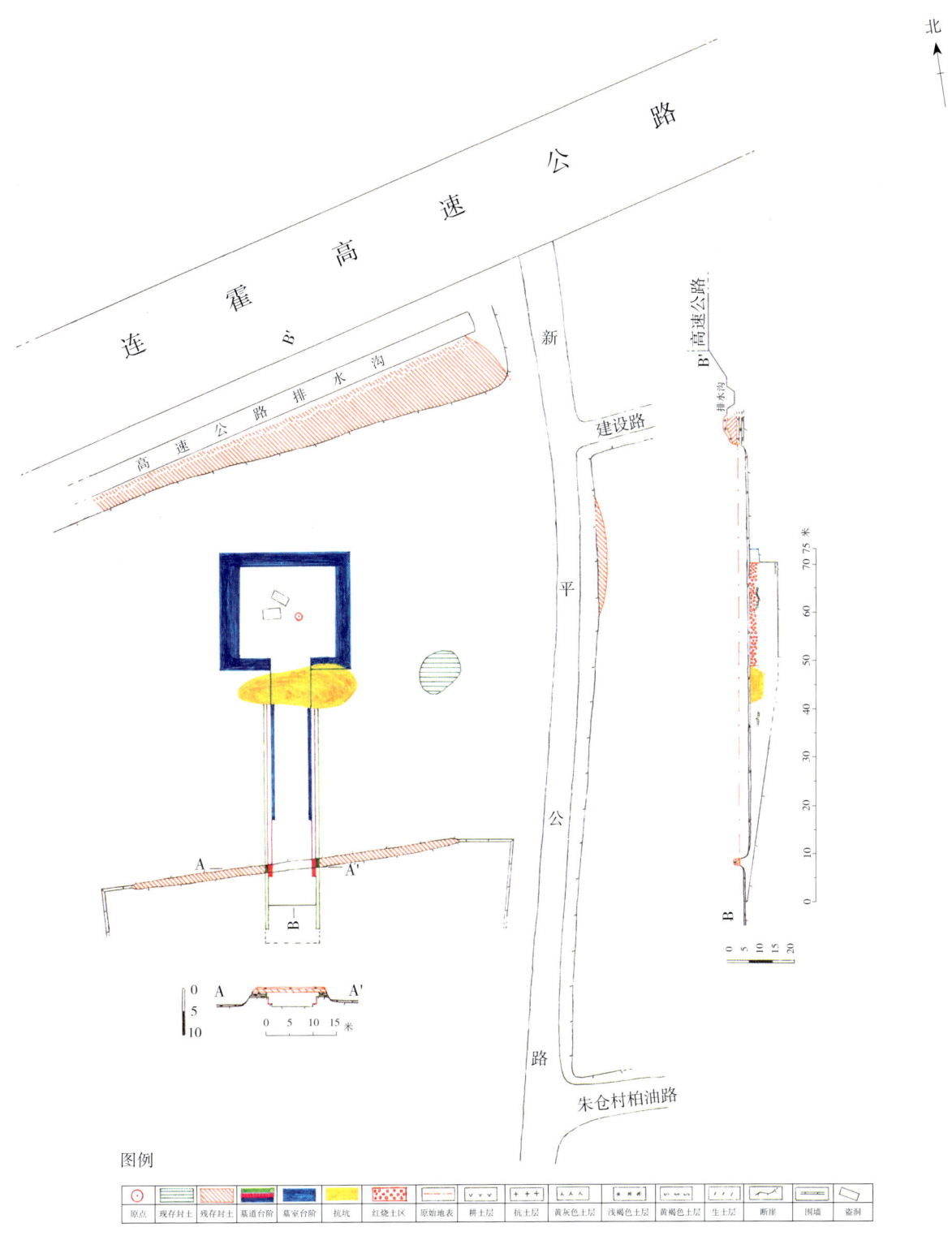

图一三七 朱仓M722钻探平剖面图

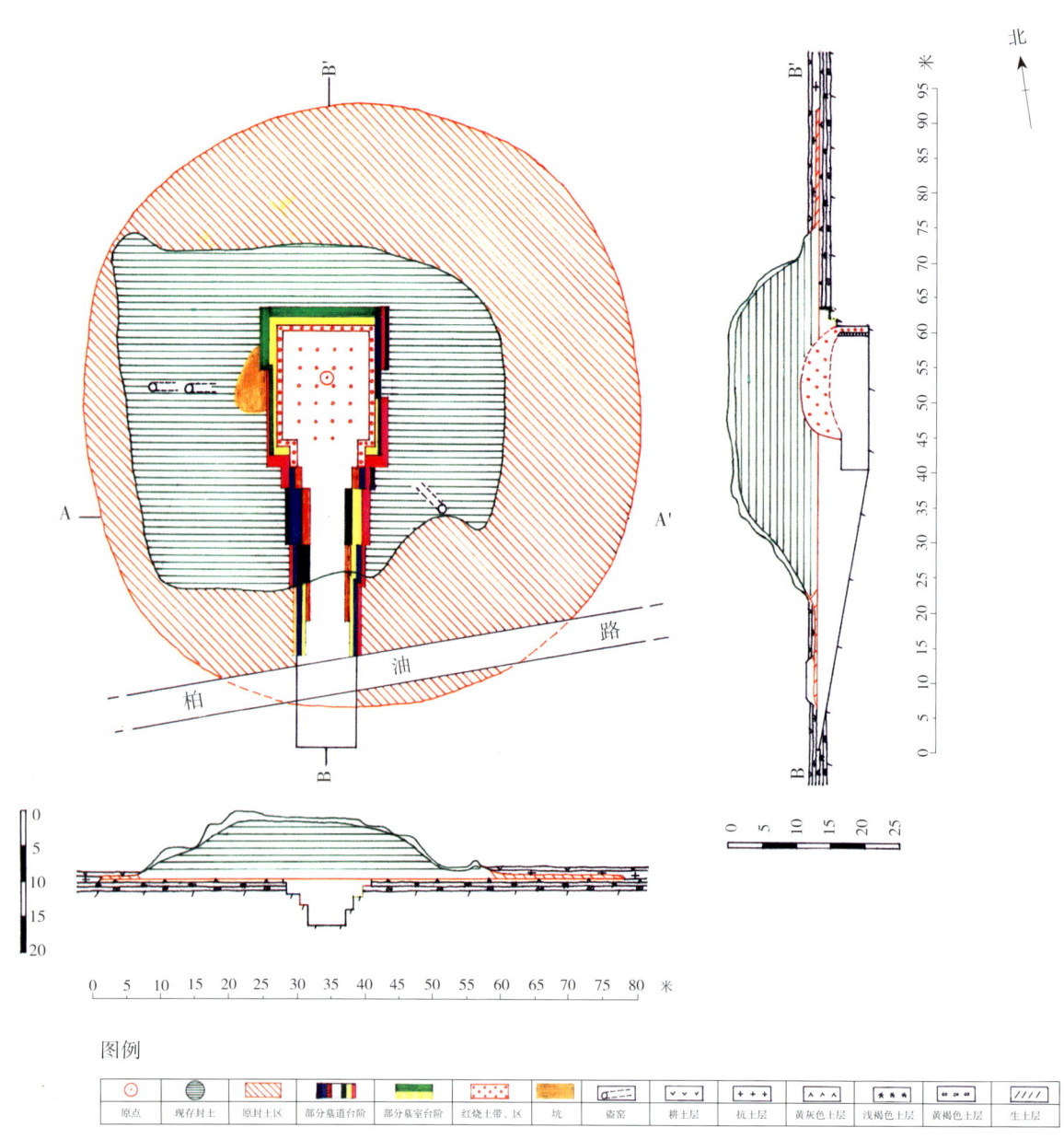

北

图例

原点	现存封土	原封土区	部分墓道台阶	部分墓室台阶	红烧土带、区	坑	窑窑	耕土层	扰土层	黄灰色土层	浅褐色土层	黄褐色土层	生土层

柏　油　路

图一三八　朱仓M707钻探平剖面图

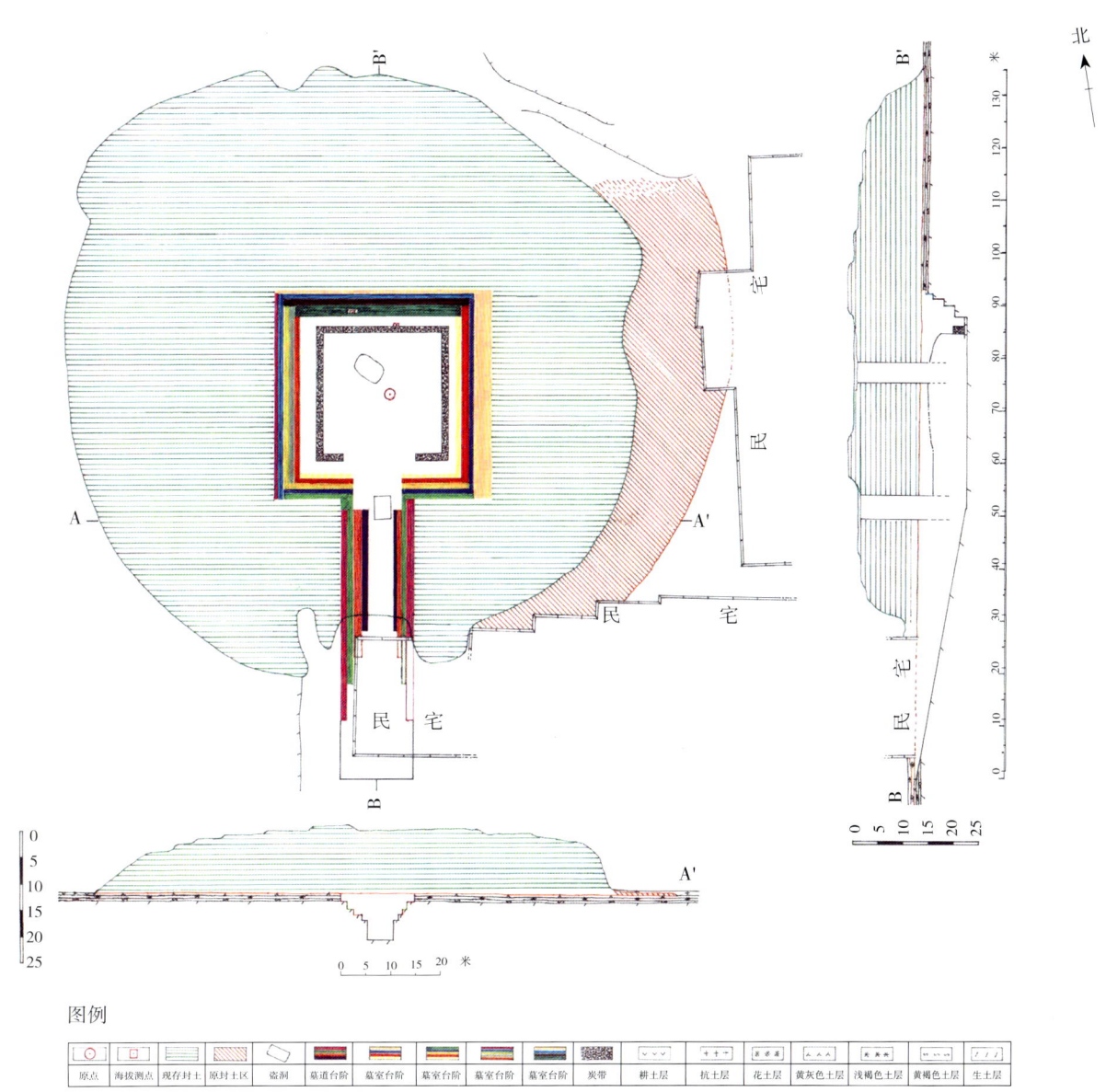

北

图例

| 原点 | 海拔测点 | 现存封土 | 原封土区 | 盗洞 | 墓道台阶 | 墓室台阶 | 墓室台阶 | 墓室台阶 | 墓室台阶 | 灰带 | 耕土层 | 坑土层 | 花土层 | 黄灰色土层 | 浅褐色土层 | 黄褐色土层 | 生土层 |

图一三九　刘家井冢钻探平剖面图

高级别的墓葬，符合东汉帝陵陵制。第四，与周围的墓冢存在着合理的配置和有机的联系。第五，独立大冢周边存在着大型建筑遗址群落（图一四〇）。独立大冢的归属问题目前虽然缺乏直接的证据，但是通过类型学排队大致有一个早晚的趋向。三汉冢没有使用"甲"字形回廊墓，为明券双横室墓，封土直径大于80米，墓葬规格略低，因为位于帝陵集中区，我们认为应为减制帝陵（表一八～二〇）。

表一八　东汉帝陵墓冢统计表　　　　　　　　　　　　　　单位：米

编号	原始封土直径	墓葬尺寸		
		墓道	甬道土圹	墓室土圹
M66（大汉冢）	156	长53、宽10、底深0.6～10.4	长5、宽21.4	长37、宽37.6、深10.4
M561（二汉冢）	150	长45、宽11.6、底深1.6～9.2	长4、宽11.4～17.2	长41、宽41.6、底深9.2
M560（三汉冢）	84	长32、宽7、底深1～8		前室长8、宽13.8、后室长6、宽9.2、深8
M722（朱仓大冢）	136	残长50、宽8.8～10.4、底深0.7～6.7	破坏	残长25、宽28.8、深6.7
M707（朱仓升子）	86	长40、宽8.8～13.6、底深1.2～8.2	内加宽	长23、宽18～19、深8.2
M67（刘家井）	130	长53、宽14.4 底深0.3～9	内加宽	长40、宽42.4、深9

表一九　东汉帝陵封土规模古今换算表

序号	帝王	陵墓	周长	折合直径	高	折合高度
1	光武	原陵	323步	149.98米	6丈6尺	16.04米
2	明帝	显节陵	300步	139.3米	8丈	19.44米
3	章帝	敬陵	300步	139.3米	6丈2尺	15.07米
4	和帝	慎陵	380步	176.45米	10丈	24.3米
5	殇帝	康陵	208步	96.58米	5丈5尺	13.37米
6	安帝	恭陵	260步	120.73米	15丈	36.45米
7	顺帝	宪陵	300步	139.3米	8丈4尺	20.41米
8	冲帝	怀陵	183步	84.97米	4丈6尺	11.18米
9	质帝	静陵	136步	63.15米	5丈5尺	13.37米
10	桓帝	宣陵	300步	139.3米	12丈	29.16米
11	灵帝	文陵	300步	139.3米	12丈	29.16米

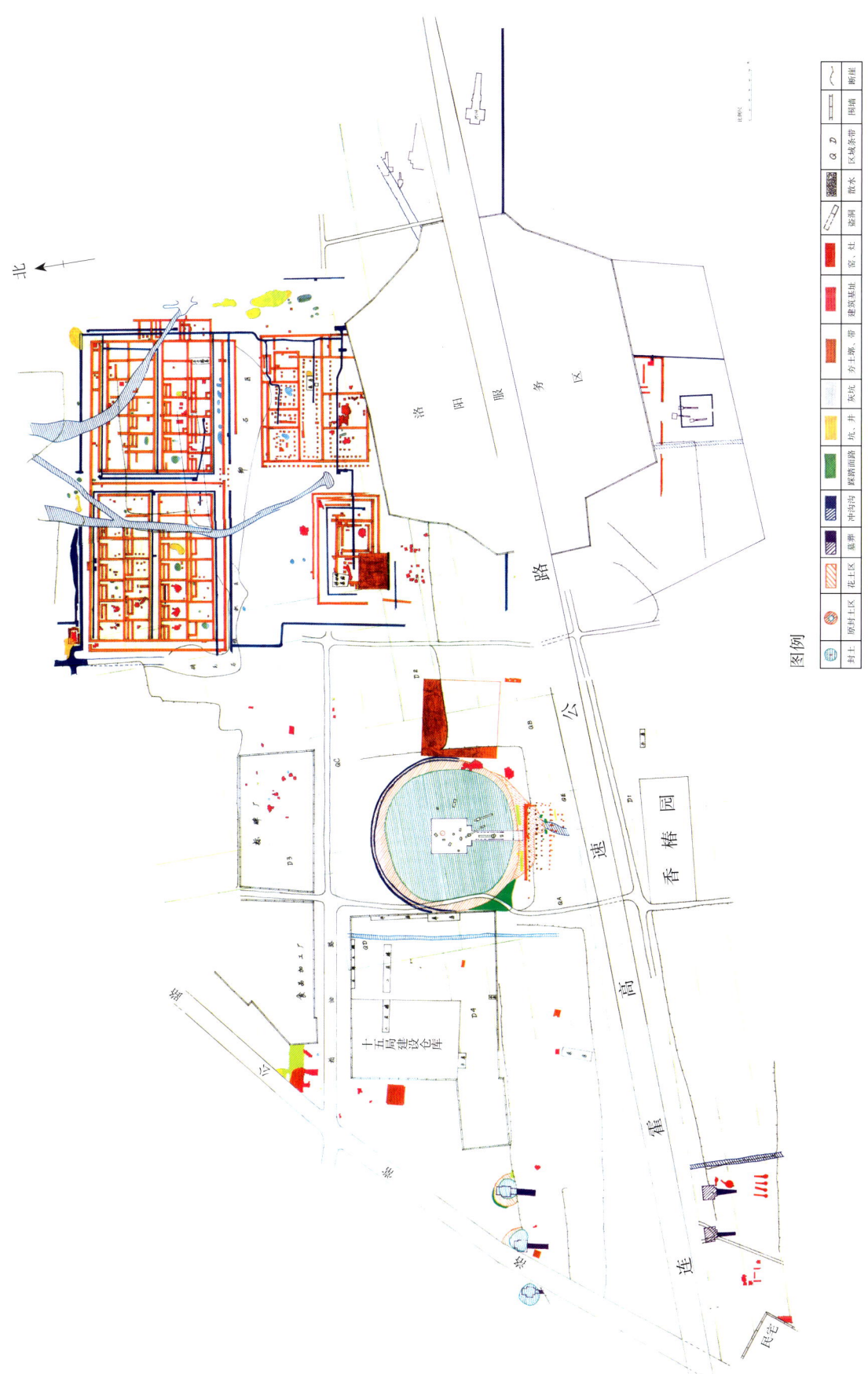

北

图例

封土　原封土区　　坑、井　坑、灶　　　区域条带 Q D
墓葬　花土区　　灰坑　建筑基址　　散水
　　　　分土腰带　宫、社　　围墙　断崖
冲沟沟　　　　　　　　　　瓷阙
跺路前路

图一四〇　大汉冢东汉帝陵陵园遗址

表二〇　东汉帝陵文献记载登记表[1]

陵名	《后汉书》刘昭注						《后汉书》李贤注
	引《古今注》					引《帝王世纪》	
	山方	直径（米）	高	今（米）	隗封田（平方米）		
光武原陵	323 步	149.98	6 丈 6 尺	16.038	12 顷 57 亩 85 步（640948.86）	在临平亭之南，西望平阴，东南去洛阳 15 里（6561 米）	引帝王纪：方 320 步，高 6 丈，在临平亭东南，去洛阳 15 里
明帝显节陵*	300 步	139.3	8 丈	19.44	74 顷 5 亩（3774772.8）	故富寿亭也，西北去洛阳 37 里（16183.8 米）	引帝王纪：方 300 步，高 8 丈，其地故富寿亭也，西北去洛阳 37 里
章帝敬陵*	300 步	139.3	6 丈 2 尺	15.066	25 顷 55 亩（1302436.8）	在洛阳东南，去洛阳 39 里（17058.6 米）	在洛阳城东南 39 里；引古今注：周 300 步，高 6 丈 2 尺
和帝慎陵*	380 步	176.45	10 丈	24.3	31 顷 20 亩 200 步（1590876）	在洛阳东南，去洛阳 41 里（17933.4 米）	在洛阳东南 30 里
殇帝康陵*	208 步	96.58	5 丈 5 尺	13.365	13 顷 19 亩 250 步（672904.44）	高 5 丈 4 尺（13.122 米），去洛阳 48 里（20995.2 米）	在慎陵茔中庚地，高 5 丈 5 尺，周 208 步
安帝恭陵	260 步	120.73	15 丈	36.45	14 顷 56 亩（742210.56）	高 11 丈（26.73 米），在洛阳西北，去洛阳 15 里（6561 米）	在今洛阳东北 27 里（14337 米）；引古今注：周 260 丈，高 15 丈
顺帝宪陵	300 步	139.3	8 丈 4 尺	20.412	18 顷 19 亩 30 步（927317.16）	在洛阳西北，去洛阳 15 里（6561 米）	在洛阳西 15 里，陵高 8 丈 4 尺，周 300 步
冲帝怀陵	183 步	84.97	4 丈 6 尺	11.178	5 顷 80 亩（295660.8）	在洛阳西北，去洛阳 15 里（6561 米）	在洛阳西北 15 里，引古今注：高 4 丈 6 尺，周 183 步
质帝静陵*	136 步	63.15	5 丈 5 尺	13.365	12 顷 54 亩（639239.04）	在洛阳东，去洛阳 32 里（13996.8 米）	在洛阳东南 30 里，陵高 5 丈 5 尺，周 138 步
桓帝宣陵*	帝王世纪：山方 300 步，高 12 丈（29.16 米），在洛阳东南，去洛阳 30 里（13122 米）						在洛阳东南 30 里，高 12 丈，周 300 步
灵帝文陵	帝王世纪：山方 300 步，高 12 丈（29.16 米），在洛阳西北，去洛阳 20 里（8748 米）						在洛阳西北 20 里，陵高 12 丈，周回 300 步
献帝禅陵	帝王世纪：深 5 丈，前堂方 1 丈 8 尺，后堂方 1 丈 5 尺，角广 6 尺，在河内山阳之浊城西北，去浊城直行 11 里（4811.4 米），斜行 7 里，去怀陵 110 里，去山阳 50 里，南去洛阳 310 里（135594 米）						引帝王纪：在浊鹿城西北 10 里（4374 米），在今怀州修武县北 25 里，陵高 2 丈，周回 200 步

1. 1 步 =6 尺，1 尺（晋尺）=0.243 米，1 顷 =100 亩，1 亩 =240 方步；（三国两晋）1 里 =300 步 =437.4 米；（唐）1 尺 =0.295 米，1 步 =5（大）尺，1 里 =360 步 =1800 尺 =531 米。加"*"者为南兆域。（宋）范晔撰、（唐）李贤等注：《后汉书》，中华书局，1964 年。伏侯：《古今注》；皇甫谧：《帝王世纪》大约成书于西晋时期。

　　紧邻独立大冢的西侧有一些零星的小冢。比如大汉冢西侧的M2-925、926、927，二汉冢西侧的M2-563、564、568、507。布局上靠近帝陵，呈东西一线分布。根据钻探的情况看，墓葬的形制相同，墓葬的规格较高，年代上与帝陵契合。应是文献记载的"西陵"等后妃的墓冢。

　　陵区的东部、东北部墓冢密集，是整个邙山地区墓冢最为集中的区域。大约有380余座夷平、实体墓冢。这些墓冢与西部独立大冢相比，规模要小得多。从查证的情况看，封土的平面多为圆形，直径一般在30~80米，为帝陵的陪葬墓群。这些墓冢密集分布，从布局上看似乎不是专为某一个帝陵陪葬的，属于集中式陪葬。陪葬墓群西部靠近帝陵的一侧，墓冢的规模都较大，墓葬的规制也较高，已经发现的"甲"字形墓、单方室墓、双横室墓多集中在这里，应是陪葬墓群比较重要的区域。

　　陵区的陵区的西部、西北部有二处墓葬群（区）——后沟墓群和送庄墓群。经过调查和钻探查证，墓葬的年代属于东汉时期，墓葬规格也比较高。送庄墓群内上世纪60年代曾发掘过送庄黄肠石墓，出土有桓帝纪年的黄肠石和铜缕玉衣。洛南东汉陵区（南兆域）帝陵附近也有类似的墓群，两区比对这类墓葬群和陵区的关系非同一般，是陵区的一个组成部分。考虑到刘家井大冢、朱仓大冢的西侧、北侧并没有后妃陪葬墓，二墓群又位于帝陵区的北部和西部，仍有可能是文献记载的后妃外戚集中埋葬的"北陵"和"西陵"（图一四一）。

　　从整体上看，邙山东汉陵区由中部的帝陵区，东部陪葬墓区以及西部、西北部的后妃墓区三部分组成。我们对帝陵区内所有现存墓冢都做了钻探查证和重点调查，了解了帝陵陵园遗址的布局、结构，帝陵陵冢陵墓的规模、形制，区域内其他墓冢的年代；对陪葬墓区和后妃墓葬区做了钻探抽查，了解了墓葬的形制、年代和封土规模。另外对陵区和外围系统之间，涉及平乐镇、送庄镇的后营、平乐、丁家口、午桥庄、裴坡等地的古墓冢进行了调查和钻探查证，发现陵区以外墓葬规模小，多洞室墓。初步确定陵区的范围，而邙山东汉陵区的布局结构目前已经显现，根据现有资料我们有以下粗浅认识：第一，帝陵集中埋葬，每个帝陵的兆域之间没有明显的地理分界。第二，大汉冢位于帝陵区的最西侧，封土和陵园遗址规模最大，它的墓道正对平乐北双阙及象庄神道石刻，为陵区最重要的帝陵。第三，陪葬墓群集中布局，靠近帝陵区地段比较重要。第四，后妃陪葬集中分布，既有附葬于帝陵的近旁，也有独立的墓区。第五，整个陵区明显经过整体规划，然后逐步形成。第六，文献记载东汉陪葬甚少，但是陵区内却大量存在陪葬墓。文献只记陪葬原陵或显节陵，二陵是邙山和洛南两大陵区的祖陵，陪葬墓又非是陪葬某一个帝陵，所以原陵和显节陵显然是两大陵区的通名。

三、曹魏、西晋陵区

　　位于邙山的东段，汉魏故城的东北方，东汉陵区的东侧，首阳山南北两麓。

　　据文献记载，曹魏文帝首阳陵、西晋宣帝高原陵、景帝峻平陵、文帝崇阳陵、武帝峻阳陵、惠帝太阳陵分布在这里。我们在这一区域的普查，没有发现确切属于曹魏、西晋时期的墓冢，多数墓冢为东汉时期。这与曹魏、西晋帝陵及其陪葬墓不封不树有关。

　　曹魏首阳陵的具体地望目前尚无线索。一说位于今偃师市区之北、首阳山东段虎头山、菊花

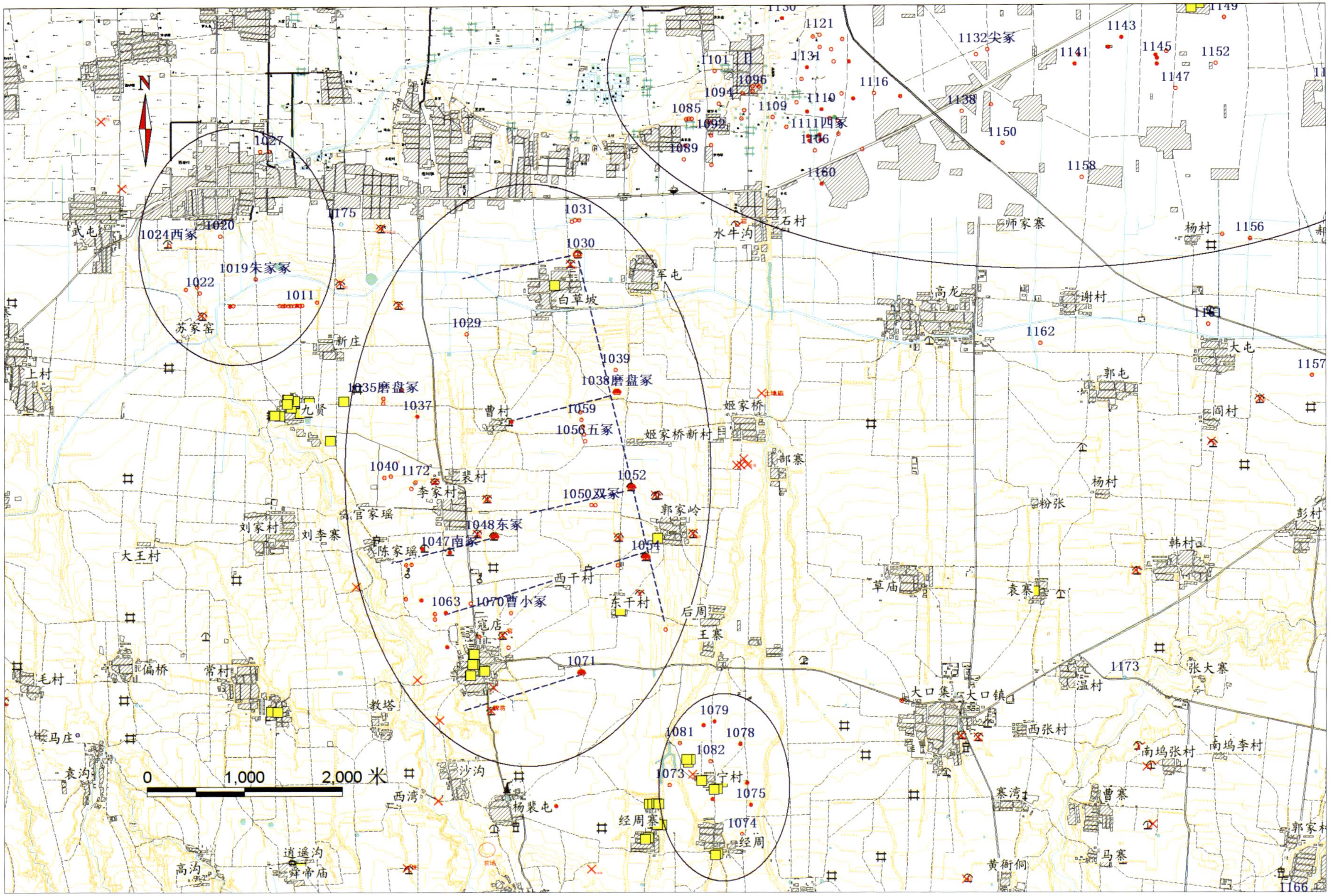
N
0
1,000
2,000 米
1024西冢
1020
1027
1019朱家冢
1022
1011
苏家窑
武屯
新庄
上村
1175
1031
1030
白草坡
军屯
1029
1039
1038磨盘冢
1035磨盘冢
1037
九贤
曹村
1059
1056五冢
1040
1172
裴村
李家村
1052
1050双冢
郭家岭
1048东冢
1047南冢
1054
官家瑶
刘家村
刘李寨
陈家瑶
大王村
西干村
东干村
1063
1070曹小冢
寇店
1071
后周
王寨
水牛沟
石村
姬家桥
姬家桥新村
部寨
1101
1096
1094
1085
1092
1089
1109
1110
1111西冢
1106
1160
1116
1121
1131
1132尖冢
1138
1150
1141
1143
1145
1147
1152
1149
1158
师家寨
杨村
1156
高龙
谢村
1162
1161
大屯
1157
郭屯
闫村
杨村
粉张
彭村
韩村
草庙
袁寨
1173
张大寨
温村
大口集
大口镇
西张村
南坞张村
南坞李村
寨湾
曹寨
马寨
黄衙泂
郭家村
1166
1079
1078
1081
1082
1073
宁村
1075
1074
经周
经周寨
杨裴屯
沙沟
西湾
教塔
毛村
偏桥
常村
马庄
袁沟
高沟
逍遥沟
舜帝庙

图一四一　洛南东汉陵区

山之间，偃师市城关镇窑头村与槐庙村附近；一说位于首阳山西端凤凰山的北坡，偃师邙岭乡赵坡村。2009年至2010年连霍高速改扩建工程中，我们在凤凰山西、三十里铺村东南，发掘了曹魏名将曹休的墓葬。曹休墓处于大汉冢东汉帝陵陵园遗址和朱仓东汉帝陵陵园遗址之间，根据我们的勘察附近地区有年代相近、形制类似的大型墓葬约11座。文献记载西晋宣帝高原陵、景帝峻平陵也位于近旁，司马懿、司马师生前为曹魏重臣，死葬在曹魏纪年内，后被追认为皇帝。曹休墓、司马懿墓、司马师墓集中在一起，陪葬曹魏帝陵的可能性很大。上述墓葬的发现为我们寻找曹魏、西晋帝陵，勘定帝陵陵区提供了新线索。

1982年，中国社会科学院考古研究所洛阳汉魏故城工作队对西晋帝陵进行了勘察（图一七），发现了位于偃师市南蔡庄北的晋武帝峻阳陵及位于后杜楼西北的文帝崇阳陵，并对两处帝陵陵园遗址进行了钻探和发掘。[1] 此次普查，我们对这两处陵园遗址进行了GPS定位。2002年7至9月，洛阳市第二文物工作队在偃师首阳山镇香峪村北四方砖厂发掘2座西晋墓。2008年8至10月，在首阳山镇新庄村北六和饲料厂发掘2座西晋墓。这4座墓葬规模较大，位于崇阳陵、峻阳陵的南侧，墓葬形制与二陵陵园内墓葬的形制基本相同。2008年10月我们又对西晋荀岳墓志、羊瑾墓碑、何桢墓表以及上述4座墓的方位做了地理定位。根据相关文献和出土墓志的记载，结合墓志和墓葬的发现地点，认定偃师市首阳山镇的新庄、南蔡庄、潘屯、坟庄、香峪、下洞、沟口头村一带是西晋文、武二帝陵的陪葬墓区（图一四二）。

四、北魏陵区

位于西段的全部、东区的西部，汉魏故城的西北方，东汉陵区的西侧，瀍河东西两岸。

陵区指向孟津县朝阳乡、送庄乡、城关镇，洛阳市红山乡、邙山乡、瀍河乡、白马寺镇等7个乡镇的50余个村庄。东西约20、南北16公里，面积近320平方公里。墓冢比较集中地分布在官庄、崔沟、高沟、冢头、老苍凹、徐家沟、安驾沟、河东、伯乐凹、北陈庄、煤窑新村、张扬（障阳）、南陈庄、朝阳村、向阳、南石山、小梁、凤凰台、权家岭、营庄、清河、后沟、东山岭头、西山岭头、白鹿庄、三十里铺村一带。在三十里铺、后沟、东山岭头、西山岭头、翟泉、马坡、小李村、五女冢、苗北一带和东汉墓群有交叉，整个区域内东汉墓冢数量极少，说明北魏陵区在规划时有意避开了东汉陵区（图一四三、一四四）。

北魏时期墓志已经大量出现，墓冢的年代和墓主人的身份有了准确的记载。这方面的资料《洛阳出土石刻时地记》比较集中也比较可靠，而且把时间、空间、人物对应在一起。由于墓冢的年代、墓主人的身份相对准确，再加上以往的研究工作较为充分，所以北魏帝陵地望、陵区的范围、陵区的内部结构都相对清晰。北魏陵区范围较东汉陵区大得多，但是由于北魏建陵的时间短，使用封土的墓主人身份相对较高，所以墓冢数量相对少，大约只有80余座。北魏陵区位于瀍河的两岸，这里山体破碎，缺乏面积广阔平坦的地域，不适于集中规划建造陵区。北魏墓冢的分布整体上呈分散状态，片状特点比较突出（孟津县朝阳镇附近区域陪葬墓相对集中）（图

---

1. 中国社会科学院考古研究所汉魏城工作队：《西晋帝陵勘查记》，《考古》1984年12期。

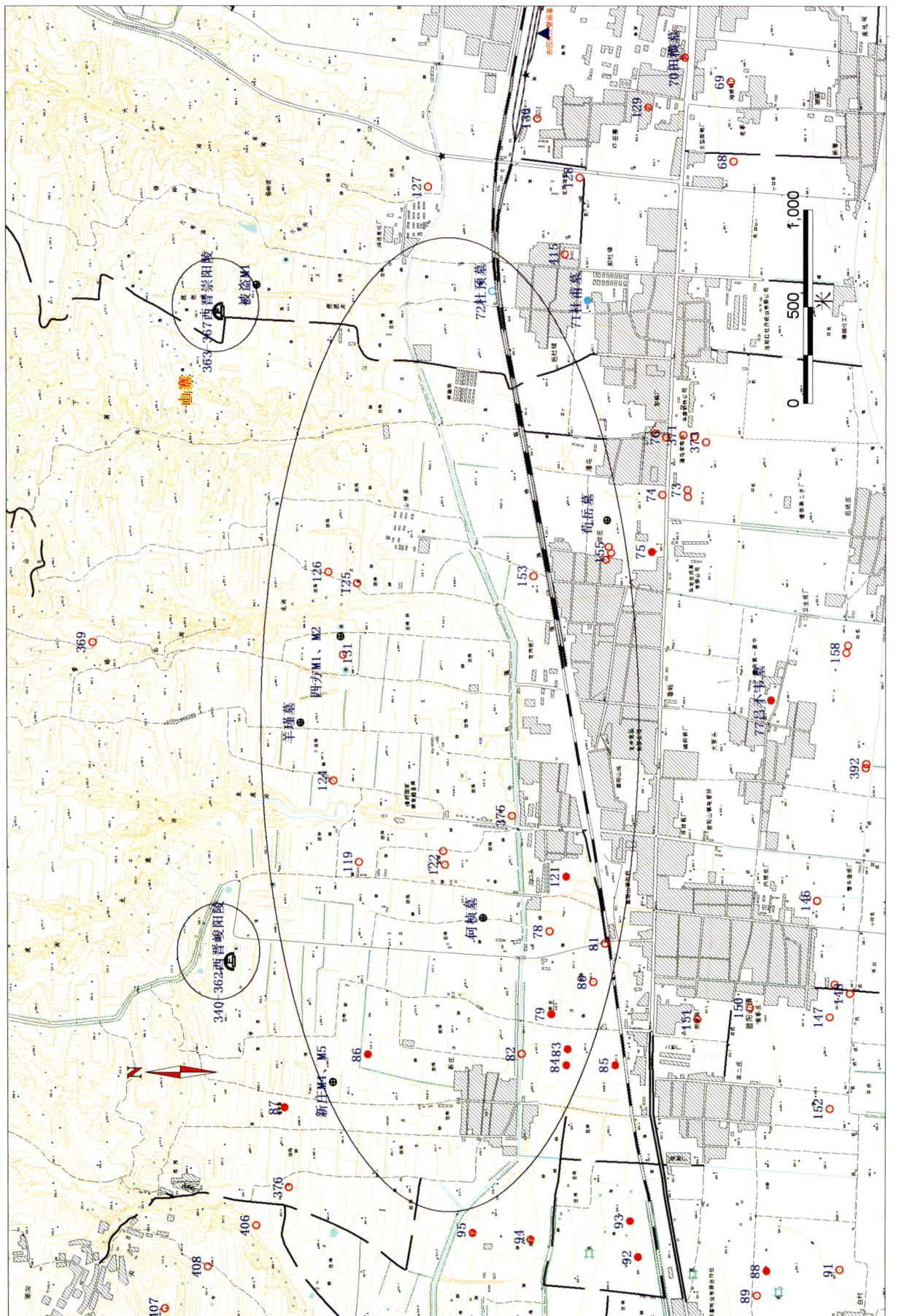

图一四二　邙山西晋崇阳陵、峻阳陵

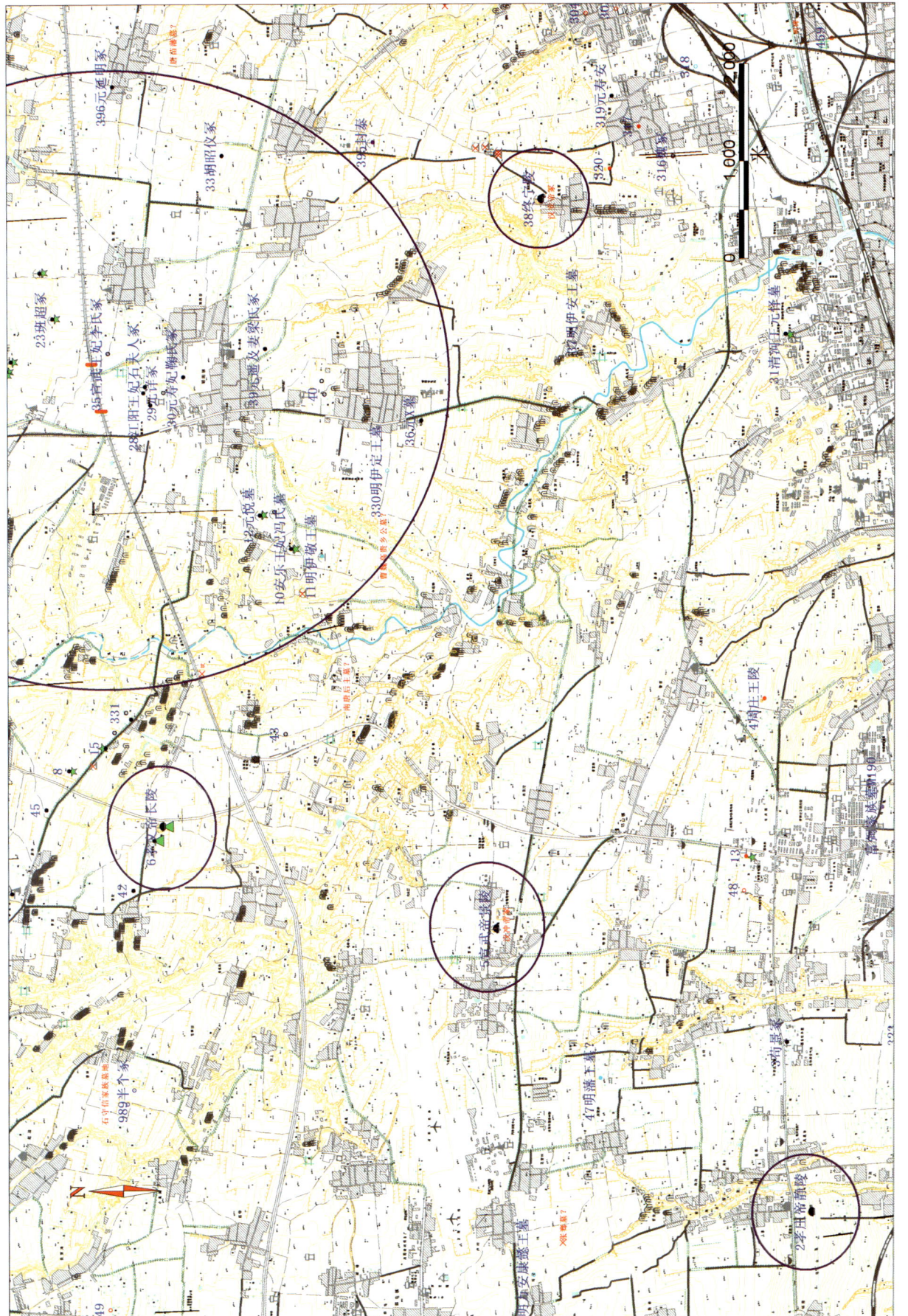

图一四三　邙山北魏陵区（西部）

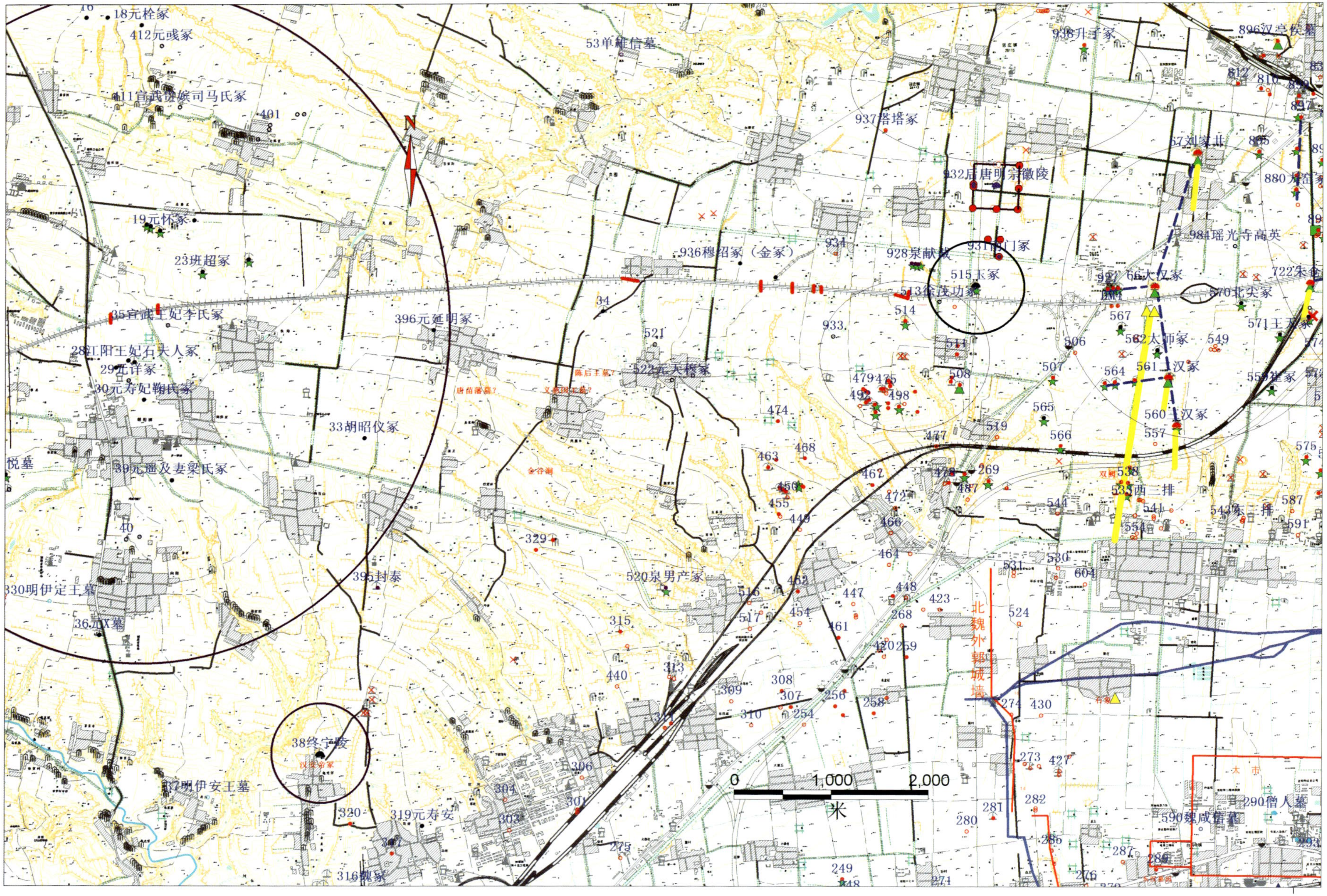

图一四四 邙山北魏陵区（东部）

一四五）。墓冢分布受地理环境的影响，同时地理环境又适合鲜卑民族传统的族葬需求。帝陵多位于瀍河西岸，而陪葬墓冢则集中在瀍河东岸。帝陵在东，陪葬墓在西，和东汉帝陵明显相似。但是陪葬墓群和帝陵有对应关系，这一点与东汉的集中式陪葬完全不同。

表二一　北魏帝陵墓冢统计表　　　　　单位：米

编号	原始封土直径	墓葬尺寸		
		墓道	甬道土圹	墓室土圹
M6（长陵）	111.5	长 34、宽 3.5、底深 0.6 ~ 6.8	前甬道长 3.2、宽 6.3、后甬道长 2、宽 4	长 11.4、宽 12.4、底深 6.8
M7（文昭皇后）	现存封土 42	长 24、宽 2.4、底深 1.4 ~ 6.8	长 6.6、宽 4.4	长 8.4、宽 9、底深 6.8
M5（景陵）	110	40.6、宽 28.5、底深 6.35	前甬道长 2.4、宽 3.4、后甬道长 5.12、宽 1.94	长 6.73、宽 6.92、高 9.36
M515（玉冢）	105	长 48、宽 2.9、底深 0.7 ~ 7.4	长 6.5、宽 8	长 12、宽 12、底深 7.4
M2（静陵）	现存封土东西 53.5、南北 58	？	？	？

关于帝陵地望问题，1946年魏文昭皇太后山陵志在官庄大小冢的小冢中被盗掘出土，[1] 确定了北魏孝文帝长陵的位置。根据数十方北魏隋唐墓志的记载，宣武帝景陵的地望也基本确定。[2] 孝明帝定陵、孝庄帝静陵的地望也根据出土墓志和考古调查获得了线索。

关于陵墓的形制和陵园遗址，1991年中国社会科学院考古研究所汉魏城考古队和洛阳古墓博物博物馆对景陵进行了考古发掘，[3] 北魏帝陵的墓葬形制已经基本清楚。2004年我们对孝文帝长陵进行了调查和钻探，首次发现了北魏帝陵陵园遗址，确定了陵园的范围、布局、结构和规模，发现了许多重要遗迹。[4] 北魏陵园遗址规模比东汉略小，内部结构区域简略（图一四六 ~ 一四九）。

---

1. 郭玉堂原著，（日）气贺泽保规编著《洛阳出土石刻时地记》，汲古书院，2002 年。

2. 黄明兰：《洛阳北魏景陵位置的确定和静陵位置的推测》，《文物》1978 年 7 期。

3. 中国社会科学院考古研究所汉魏城工作队、洛阳古墓博物馆：《北魏宣武帝景陵发掘报告》，《考古》1994 年 9 期。

4. 洛阳市第二文物工作队：《北魏孝文帝长陵的调查和钻探》，《文物》2005 年 7 期。

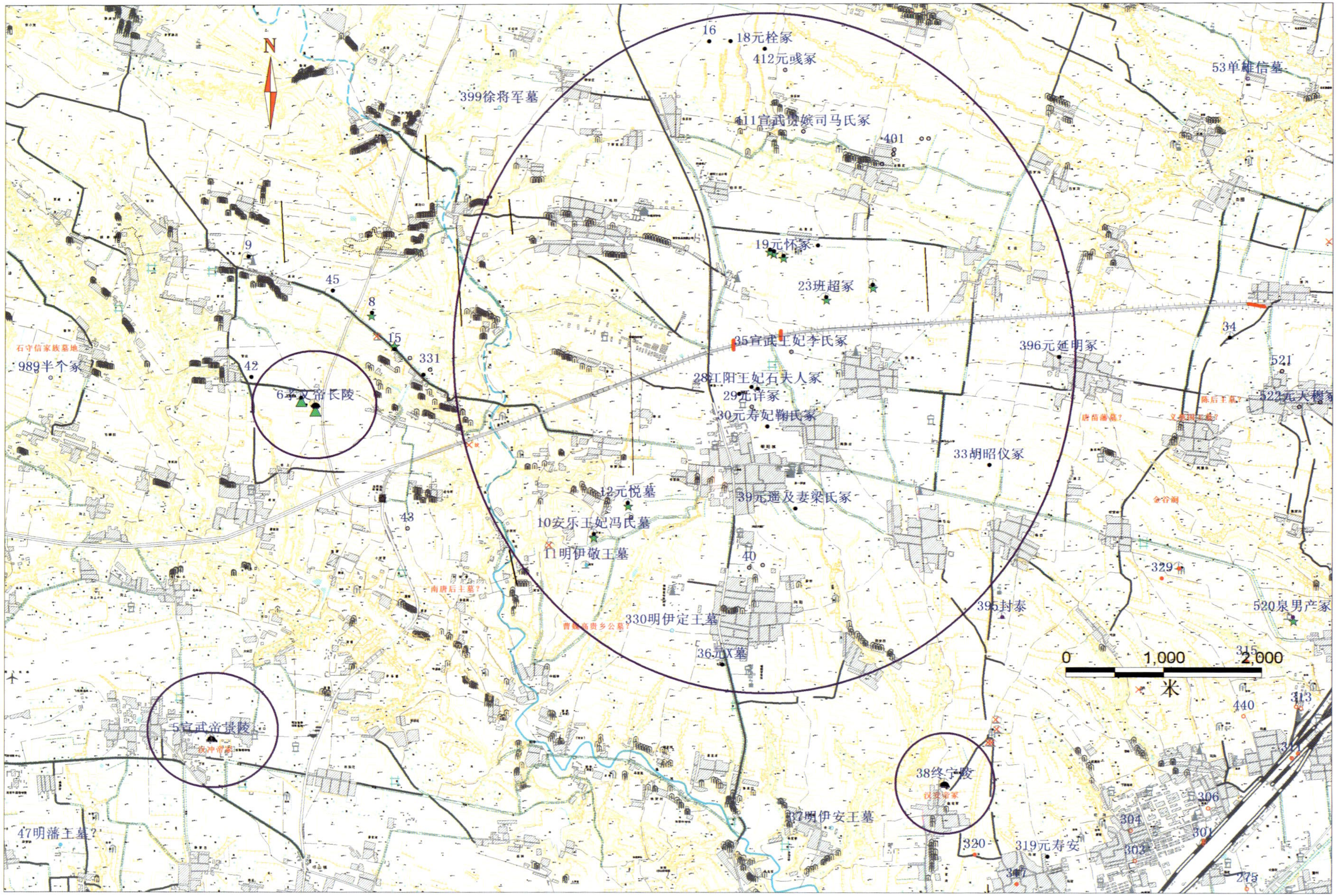

图一四五 邙山北魏陵区（陪葬墓集中区）

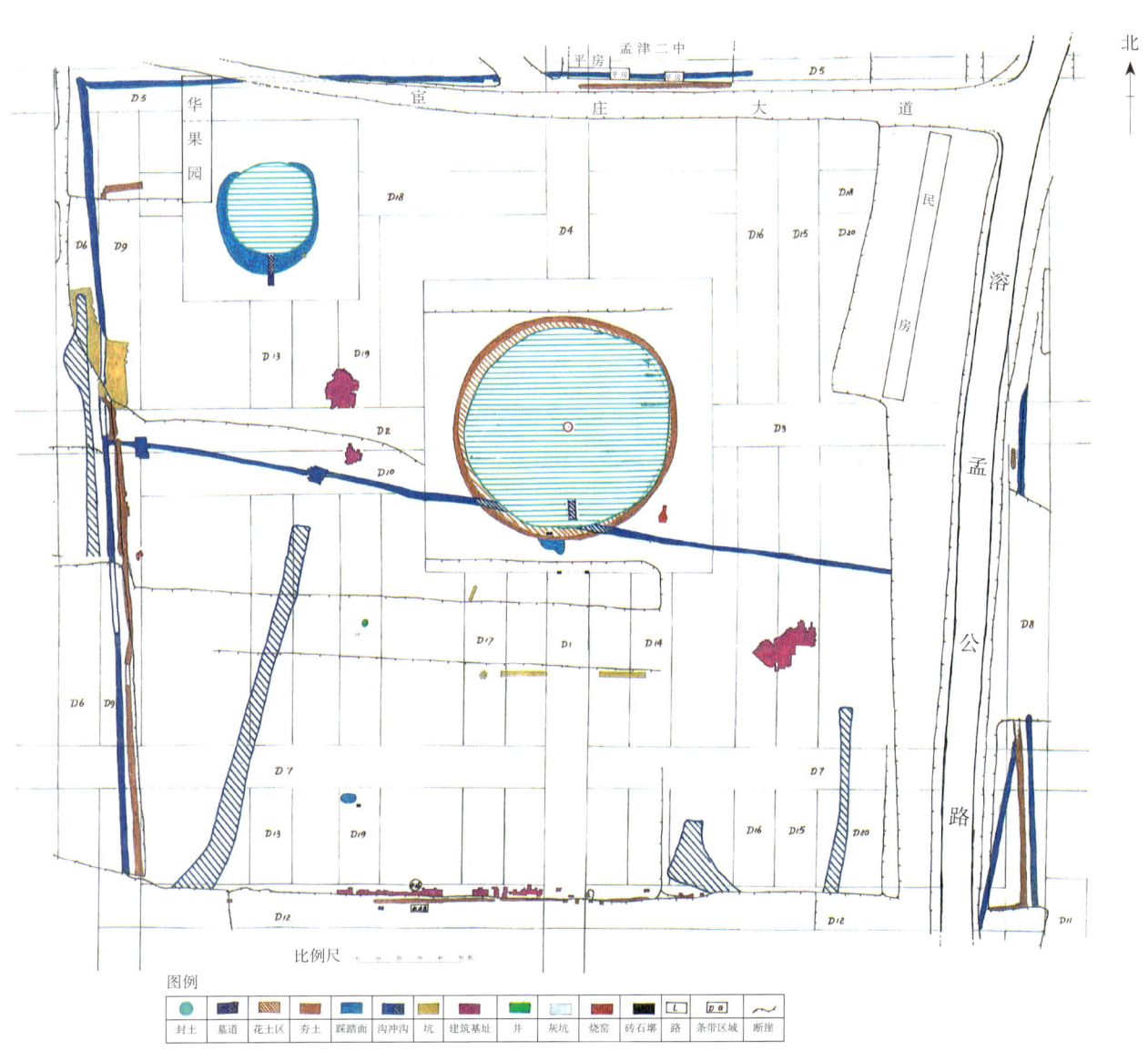

图一四六　长陵陵园遗址钻探平面图

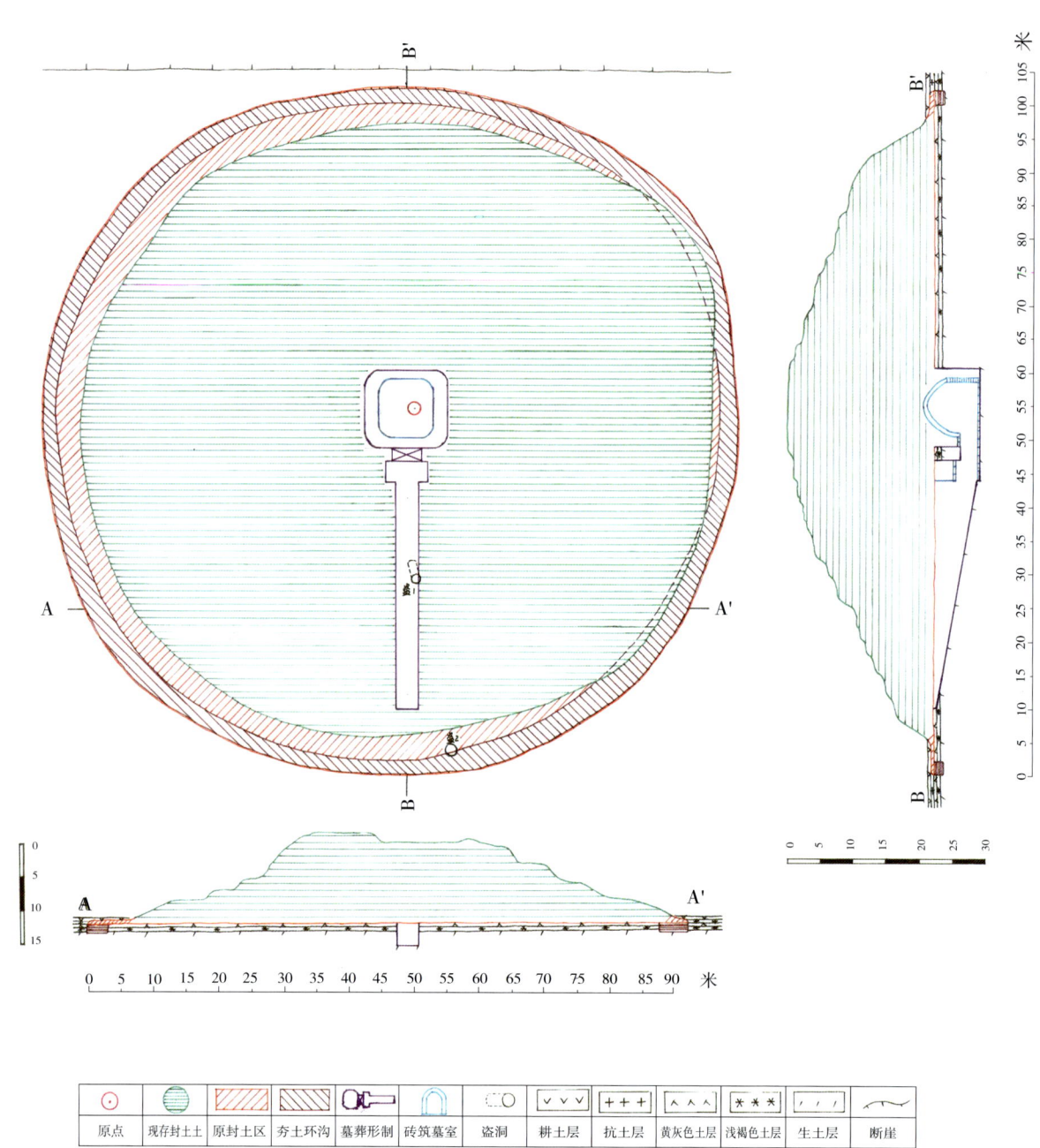

| 原点 | 现存封土 | 原封土区 | 夯土环沟 | 墓葬形制 | 砖筑墓室 | 盗洞 | 耕土层 | 扰土层 | 黄灰色土层 | 浅褐色土层 | 生土层 | 断崖 |

图一四七　长陵陵冢钻探平剖面图

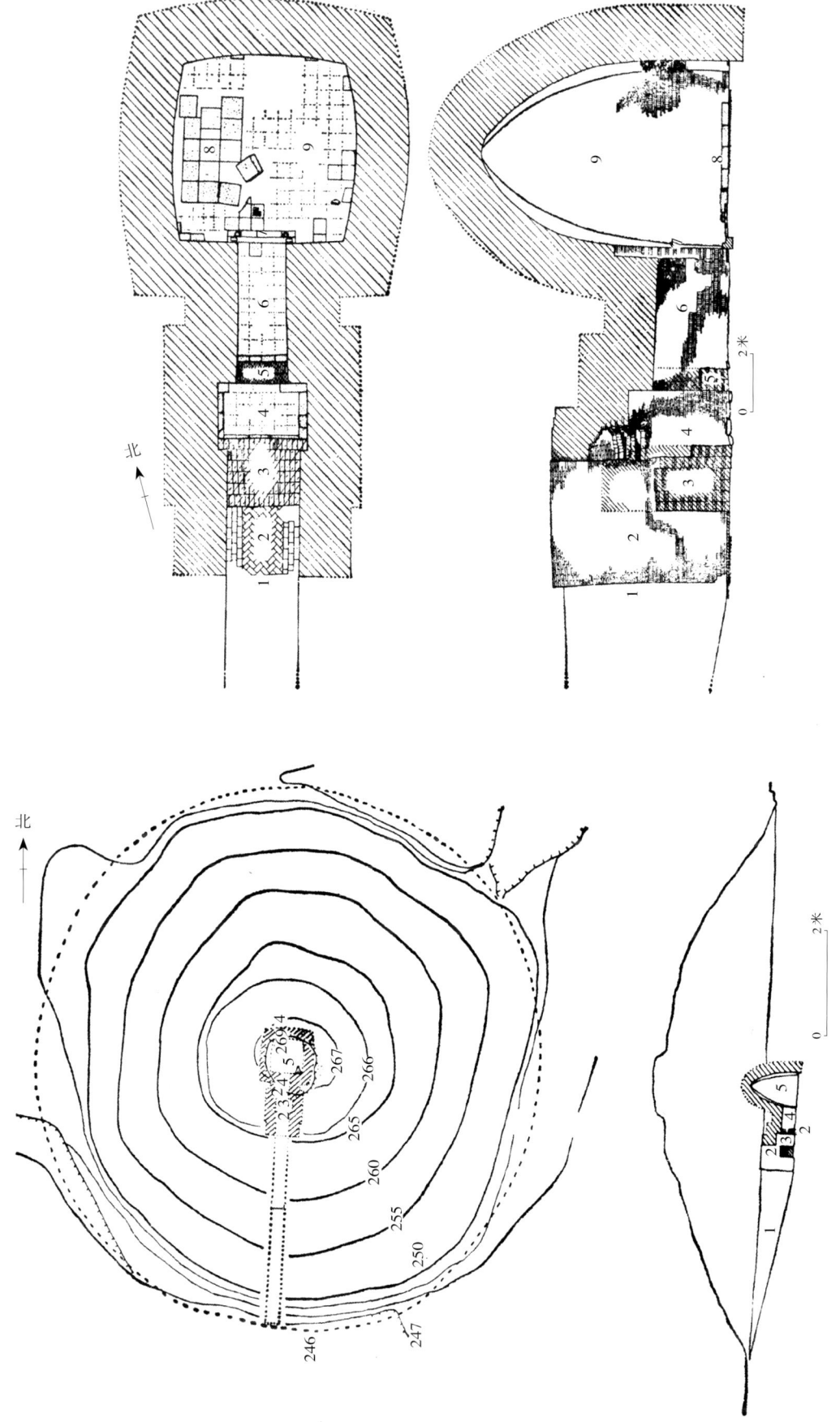

图一四九　北魏宣武帝景陵

图一四八　景陵墓冢与墓葬平剖面图

五、五代后唐陵区

宋王明清《挥麈前录》记："明宗葬徽陵，在洛阳东北"。[1] 清乾隆《洛阳县志》记载："后唐明宗徽陵在洛阳东北十里，今查在东北路护驾庄。"[2] 今洛阳市孟津县送庄乡的护庄村西南有1座覆斗形大冢，地望和文献记载相符，其封土又是唐以来帝陵通常采用的形制，可以确定此为后唐明宗徽陵。

早期航片显示，墓冢附近区域存在着对称的小土堆，可能和门址、角楼、神道上的阙台等陵园遗迹有关。我们在附近东侧访问出3个夷平小冢（M2-987、988、931），当地群众称西门冢、南门冢，对应早期航片应是当时的阙门遗址。这些情况需要第二阶段帝陵的重点调查钻探解决。陪葬墓的情况目前不明，根据文献记载，明宗徽陵建造以后，后唐的闵帝、末帝也先后入葬于徽陵陵域之中（图九二、九三）。

第七节　出土遗物

"邙山陵墓群考古调查与勘测"项目工作开展以来，在邙山古墓冢实地调查，及北魏长陵、东汉"大汉冢"两处帝陵建筑遗迹钻探、试掘中，采集、征集、发掘大量器物标本，主要为建筑材料，如砖、瓦、陶水管、黄肠石等，还有陶器残片、碑刻、石刻等。根据各种器物的具体特征，分别采用线图、拓本、照片等形式进行描述。下面分别对"大汉冢"、长陵试掘标本，邙山陵墓群采集标本以及征集到的一些器物标本进行介绍。

一、"大汉冢"器物标本

"大汉冢"位于孟津县送庄镇三十里铺村东，对其东北部陵寝建筑区域进行试掘，共发掘10×10探方2个（07LSDT1、07LSDT2），发现的遗迹有灰坑10个、沟4条、墙基3道、墓葬2座（西晋时期），器物标本37件，多为建筑材料，主要分以下几类。

1. 瓦当 8件，泥质灰陶，均残，为圆形，依纹饰不同分三型。

A型：5件。有边轮，高于当面，当面主体纹饰为卷云纹，中心为素面圆乳丁，当面外缘与当心乳丁外侧各饰一周凸弦纹，四朵蘑菇状卷云纹以双直线四界隔分。标本T2H3：3，直径14.6、边轮宽1、厚1.8厘米（图一五〇，1）。标本T2H3：1，直径15.2、边轮宽1.2、厚1.6厘米。标本T2H3：2，直径15.1、边轮宽1.2、厚1.8厘米。标本T2H3：5，直径14.9、边轮宽1、厚1.8厘米。标

1. （宋）王明清撰：《挥麈前录》卷二，文渊阁《四库全书》原文电子版，济南开发区汇文科技开发中心编制，武汉大学，1997年。
2. 龚崧林纂：《洛阳县志》卷四，乾隆十年（1745年）刊本。

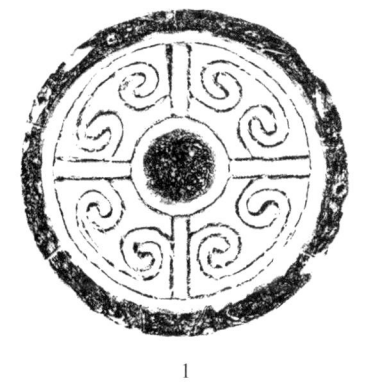  

1　　　　　　　　　　2　　　　　　　　　　3

图一五○　瓦当拓本

1.T2H3∶3　2.T2H3∶7　3.T1G1∶2

本T2H3∶6，直径15、边轮宽1.2、厚1.8厘米。

B型：2件。与Ⅰ型相比，形制略同，主体纹饰为卷云纹，向内卷曲更甚，内凸弦纹正对四朵卷云纹中心各有一个三角形凸起。标本T2H3∶7，直径14.6、边轮宽1.2、厚1.6厘米。标本T2H3∶4，直径15、边轮宽1.5、厚1.9厘米（图一五○，2）。

C型：1件。残，边轮高于当面，当面外缘饰一周凸弦纹，向内饰一周三角形联齿状纹带，内饰蘑菇状云纹，以三直线隔分。标本T1G1∶2，残径长5.5、边轮宽1.4、厚2厘米（图一五○，3）。

2．筒瓦　6件。泥质灰陶，均残，多外饰绳纹、里饰布纹，依纹饰不同分三型。

A型：2件，细直绳纹。标本T2H3∶14，外饰细直绳纹，里饰布纹，残长25、厚1.8厘米（图一五一，1）。标本T2H3∶18，头部抹平，有连接瓦当痕迹，残长13.5、厚1.5厘米。

B型：3件，粗直绳纹。标本T2H3∶15，外饰粗直绳纹，里饰布纹，瓦头抹平，瓦头前缘饰波浪形花纹，残长15、厚1.6厘米，瓦唇素面，长4.3、厚1.3厘米（图一五一，2）。标本T2H3∶17，残长15.5、厚1.4厘米，瓦唇素面，长4、厚1.5厘米。标本T2G3∶1，头部绳纹被抹平，残长13、残宽16、厚1.6厘米，瓦唇平素，长4、厚1.4厘米。

C型：1件，交错斜粗绳纹。标本T2H3∶16，外饰交错斜粗绳纹，里饰布纹、篮纹，残长16.2、厚1.4厘米（图一五一，3）。

3．板瓦　13件。泥质灰陶，均残，依外部纹饰不同分三型。

A型：5件，细直绳纹。外饰细直绳纹，里饰布纹。依瓦头有无纹饰分二亚型。

Aa型：4件。瓦头抹平。标本T2H3∶19，里饰横向凹弦纹，残长21.5、残宽20.1、厚1.6厘米（图一五二，1）。标本T2H3∶20，残长21.5、残宽26.5、厚1.6厘米（图一五二，2）。标本T1G4∶2，残长15.3、残宽24、厚1.8厘米。标本T1G4∶3，厚1.4、残长15.5、残宽10厘米。

Ab型：1件，瓦头细斜绳纹。标本T2H3∶23，头部细斜绳纹稍抹平，里饰布纹、篮纹，残长19、宽21.5、厚1.9厘米（图一五二，3）。

B型：8件，粗直绳纹。外饰粗直绳纹，里饰布纹。依瓦头有无纹饰分二亚型。

Ba型：6件，瓦头抹平。标本T2H3∶21，内部头处饰篮纹，外饰粗直绳纹，带凸棱，里饰布

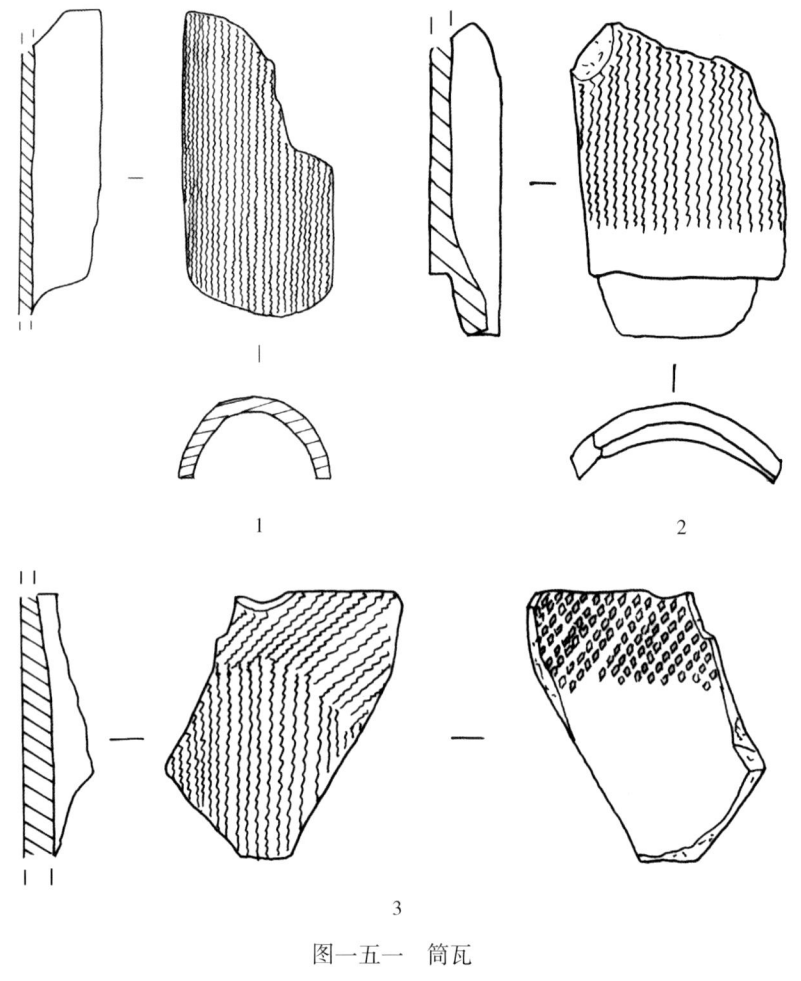

图一五一　筒瓦
1.T2H3：14　2.T2H3：15　3.T2H3：16

纹，残长14.3、残宽29.2、厚2.4厘米。标本T2H3：22，瓦头平素并被抹平，里饰横向凹弦纹，残长26、残宽21.2、厚1.8～2厘米（图一五二，4）。标本T2H3：24，残长12.3、残宽12.1、厚1.5厘米（图一五二，5）。标本T2H3：25，厚1.5厘米。标本T1G1：1，残长8、残宽11.5、厚1.3厘米。标本T1G4：4，残长12.8、残宽16.2、厚1.2厘米。

Bb型：2件，瓦头斜绳纹。标本T2H3：26，头部饰斜绳纹略被抹平，里饰布纹、刻划纹，残长16.5、残宽19.6、厚1.6厘米（图一五二，6）。标本T1G4：1，残长18、残宽19、厚1.5厘米。

4．器物残片　6件。有泥质灰陶、泥质红陶，分口沿、器底二类。

口沿：4件，仅1件泥质红陶。标本T1G1：3，素面，折沿方唇，沿宽1.2厘米（图一五三，1）。标本T2H3：8，器型为盆，折沿方唇，口沿上有小孔，孔直径0.5厘米，腹微折，厚0.06～1.2厘米（图一五三，2）。标本T2H3：12，器型为罐，泥质红陶，直口方唇，腹部横饰细直绳纹，厚1.5厘米（图一五三，3）。标本T2H3：13，器型为盆，折沿方唇，素面无饰，厚0.7厘米，沿上有小孔，孔直径0.6厘米。

器底：2件，均泥质灰陶。标本T2H3：10，器型为碗，外素面，平底内凹，内底中心有圆形突起，四周饰凸弦纹，残高5、底径11.5、厚0.5～1.5厘米（图一五四，1）。标本T2H3：11，器型为盆，平底内凹，素面无饰，底径16.9、厚0.9～1.6厘米（图一五四，2）。

5．五字砖　3件，均为泥质灰陶。标本T2H3：27，左上角完整，砖边有一周凸棱，宽0.9厘米，左侧由上及下有三个"✕"图案，中部上方有较大"✕"图案，周饰四个三角形凸弦纹图案，中部下方及右侧上方饰横向凸弦纹，右侧下方残留"✕"一角，残长35、残宽32、厚4.5厘米（图一五五，1）。标本T2H3：28，残长23、残宽20、厚4.5厘米（图一五五，3）。标本T2H3：29，残长17、残宽16.5、厚4.5厘米（图一五五，2）。

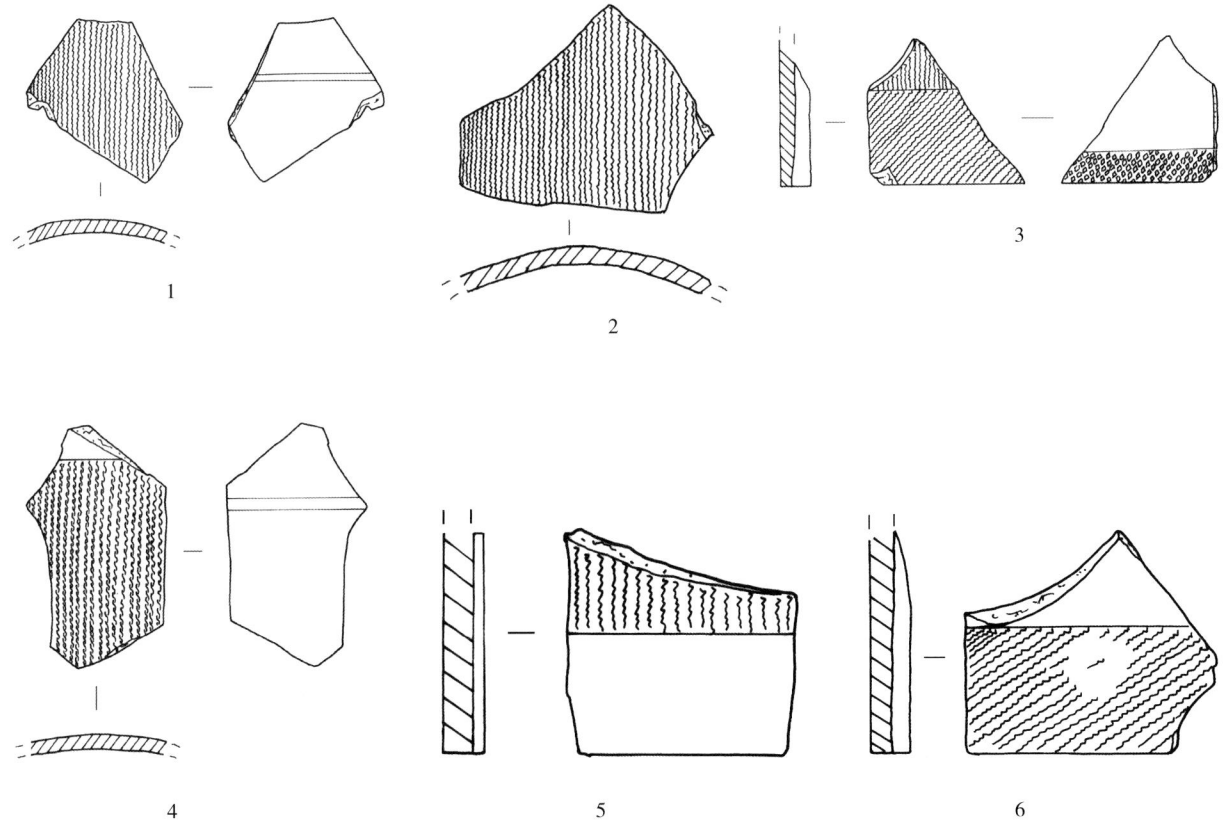

图一五二　板瓦
1.T2H3：19　2.T2H3：20　3.T2H3：23　4.T2H3：22　5.T2H3：24　6.T2H3：26

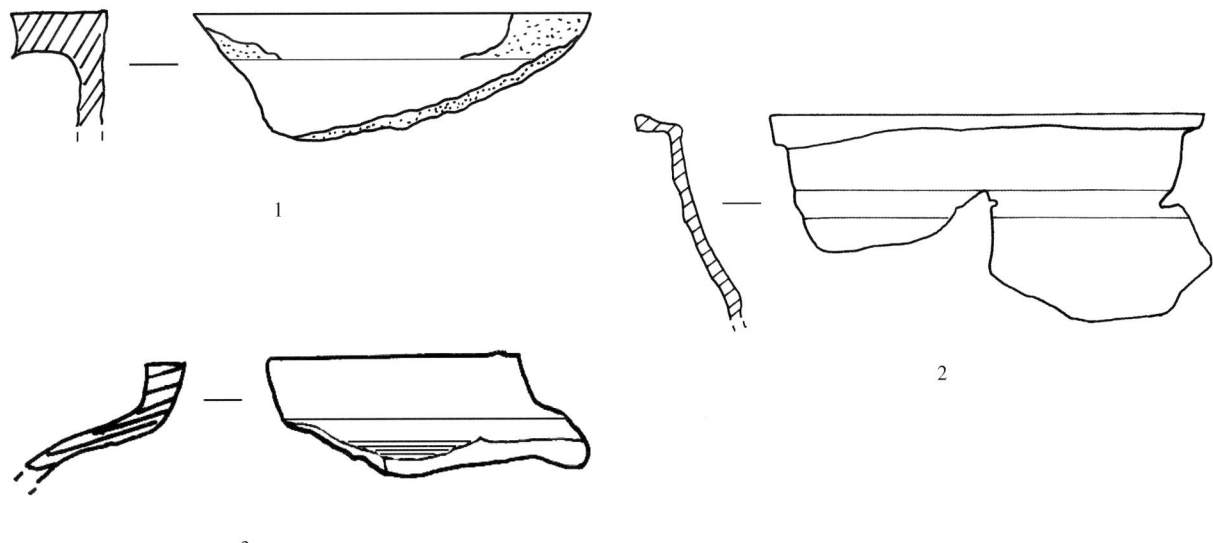

图一五三　器物残片
1.T1G1：3　2.T2H3：8　3.T2H3：12

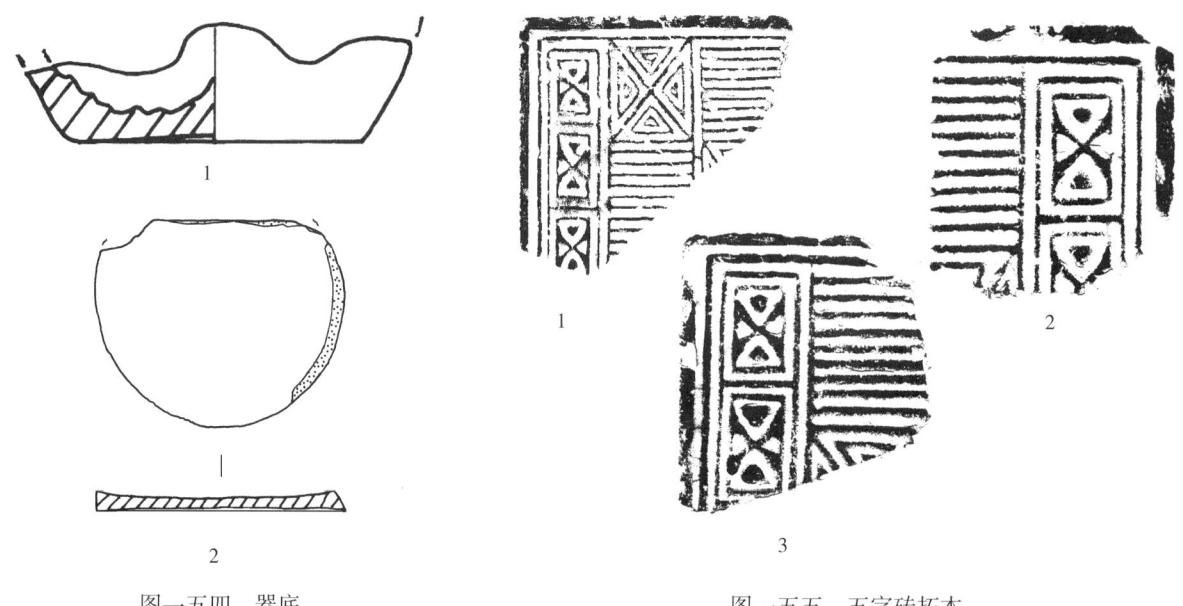

图一五四　器底　　　　　　　　　　图一五五　五字砖拓本
1.T2H3：10　2.T2H3：11　　　　1.T2H3：27　2.T2H3：29　3.T2H3：28

二、北魏孝文帝长陵器物标本

位于孟津县朝阳镇官庄村东，通过钻探及对陵园遗迹的试掘，共发现夯土遗迹16处、沟渠20处、建筑基址14处、路33段、踩踏面3处、各类坑7个、灰坑1个、井1个、烧窑2座、墓道2条、石墩3个、砖墩1个，器物标本35件，均为建材残件，分瓦当、筒瓦、板瓦3类。

1. 瓦当　1件。标本G9：1，泥制灰陶，圆形，略残，边轮宽平，中饰莲花纹。直径12、边轮宽1.5、厚1.2厘米（图一五六）。

2. 筒瓦　8件，泥制灰陶7件，夹砂灰陶1件，均残，形制略同，半圆筒形，外平素里布纹。3件保存了突出的瓦唇，少数标本凸面磨光。标本G9：2，残长20.6、直径12.3、厚2、瓦唇长3.5厘米（图一五七，1）。标本G9：3，残长9.3、残宽9.7、瓦唇长4厘米（图一五七，2）。标本G10：2，夹砂灰陶，残长11、残宽10.5、厚1.5厘米（图一五七，3）。

3. 板瓦　24件，泥制灰陶16件，夹砂灰陶8件，均残，拱形微弧，多数内外平素，3件例外，为外平素里布纹，个别标本凹面磨光。较完整的9件依瓦头不同分3型。

A型：瓦头平齐。共2件，均泥制灰陶。标本M1：3，残长12.7、残宽9.5、厚2.3厘米（图一五八，1）。标本G9：7，凹面磨光，残长15.3、残宽14.7、厚2厘米（图一五八，2）。

B型：5件，瓦头前缘用粗阴线分成两半，上二分之一或上三分之一处捏塑有波浪纹的花边。标本G9：8，泥制灰陶，残长15.3、残宽16、厚1.8厘米（图一五八，3）。标本G9：10，泥制灰陶，残长11.2、残宽10.7、厚1.8厘米（图

图一五六　瓦当拓本（G9：1）

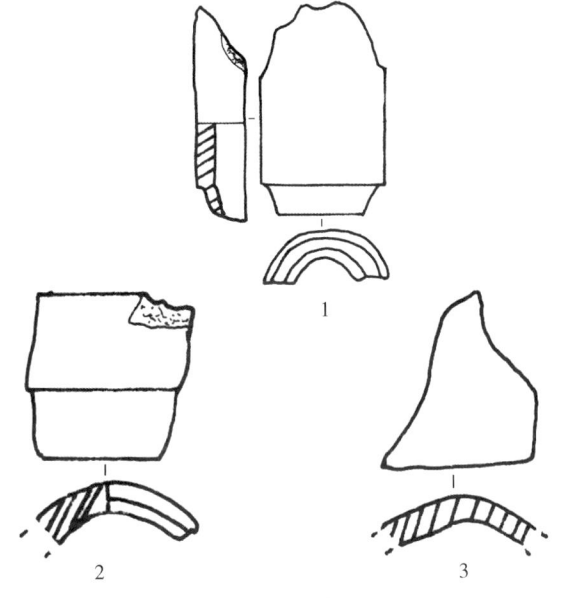

图一五七　筒瓦
1.G9：2　2.G9：3　3.G10：2

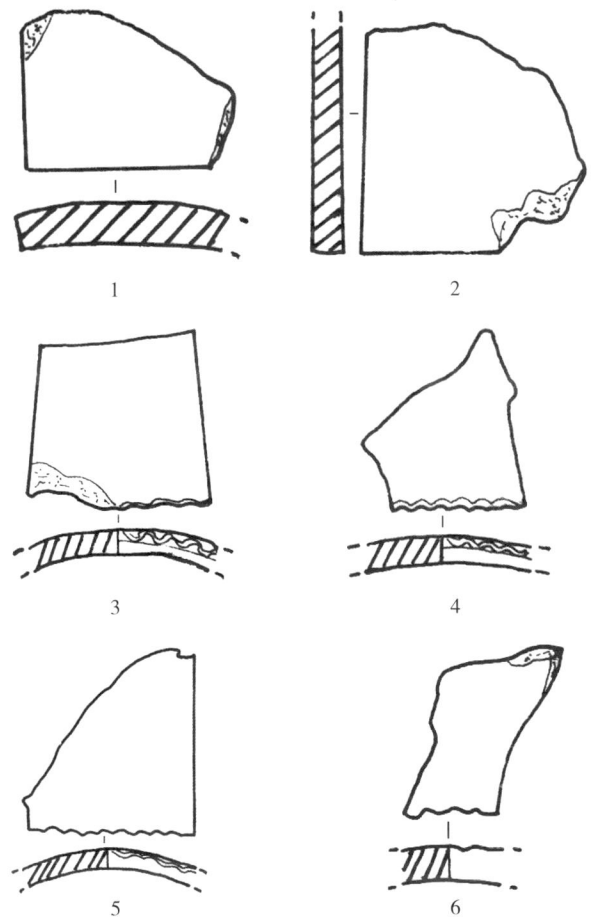

图一五八　板瓦
1.M1：3　2.G9：7　3.G9：8　4.G9：10　5.G10：3　6.M1：1

一五八，4）。

C型：2件，直接在瓦头前缘上部捏塑波浪纹花边，无阴线分割，均泥制灰陶。标本G10：3，残长19.5、残宽18.7、厚2厘米（图一五八，5）。标本M1：1，残长9、残宽6、厚2.3厘米（图一五八，6）。

三、普查采集器物标本

主要为建筑材料、陶器残片等，下面选取较为典型的器物标本37件，分以下几类。

1. 瓦当　3件，泥质灰陶，均残，外形似莲花瓣状，依主体纹饰不同分二型。

A型：2件，鹿纹。标本M11：1，当面外围饰凸起莲花纹，中间饰鹿纹、云纹，小鹿作回首顾盼、奔跑状，当后接筒瓦，筒瓦内外素面，长13.2、残宽14.5、厚1.3厘米，当面宽14、高10、厚0.9厘米（图一五九，1）。标本M11：2，当面残宽14、高11.5、厚0.9厘米（图一五九，2）。

B型：1件，龙纹。标本M330：1，当面外围饰凸起莲花纹，中间饰龙纹、云纹，龙作昂首舞爪腾翔状，当面残宽12.4、高12.4、厚1.1厘米（图一五九，3）。

2. 筒瓦　2件，泥质灰陶，均残，外饰直绳纹，头部抹平，里饰布纹，依纹饰不同分二型。

A型：1件，细直绳纹。标本M755：1，残长8.4、残宽6.3、厚1.2厘米（图一六〇，1）。

B型：1件，粗直绳纹。标本M757：

1，残长12、残宽7、厚1.2厘米，瓦唇较短，长1.5厘米（图一六〇，2）。

3．板瓦　15件，泥质灰陶，均残，多外饰绳纹，里饰布纹，依外部纹饰不同分四型。

A型：6件，外饰粗直绳纹。标本M455：1，外饰粗绳纹，部分被抹平，里饰布纹，残长11、残宽8、厚1.4厘米（图一六一，1）。标本M498：2，残长7.8、残宽6、厚1厘米（图一六一，2）。标本M514：2，残长8.5、残宽6.8、厚1.7厘米（图一六一，3）。标本M527：3，外面饰粗绳纹，部分被抹平，残长12.5、残宽8、厚1.4厘米（图一六一，4）。标本M601：1，残长8.3、残宽6.2、厚1厘米。标本M687：1，残长7.8、残宽11.6、厚8.5厘米（图一六一，5）。

B型：5件，外饰细直绳纹。标本M39：5，外饰细直绳纹，里饰布纹，瓦头素面抹平，残长8.2、宽8、厚1.8厘米（图一六一，6）。标本M495：2，头部抹平，残长9.5、残宽6.5、厚0.8厘米（图一六一，7）。标本M500：2，残长7.8、残宽7.3、厚1.5厘米（图一六一，8）。标本M509：2，部分被抹平，残长7、残宽6.5、厚1.1厘米（图一六一，9）。标本M2-749：1，残长8.3、残宽6、厚1.2厘米（图一六一，10）。

C型：2件，外饰交错绳纹。标本M527：2，外饰交错绳纹，里饰布纹，残长6.3、残宽4.3、厚1厘米（图一六一，11）。标本M747：4，外饰交错粗绳纹，里饰布纹，残长6.5、残宽4.5、厚1.4厘米（图一六一，12）。

D型：2件，外部素面。标本M581：1，外面平素，里饰布纹，残长9、残宽4.8、厚1.2厘米（图一六二，1）。标本M747：1，残长6、残宽3.3、厚1.4厘米（图一六二，2）。

4．器物残片　13件，有泥质灰陶、泥质红陶、加砂灰陶，分口沿、器底二类。

口沿：11件，陶质不同分三型。

A型：7件，泥质灰陶。依口沿不同分二亚型。

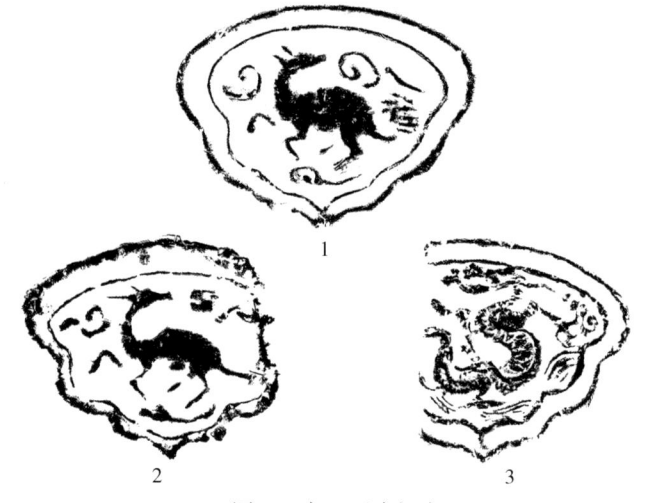

图一五九　瓦当拓本
1.M11：1　2.M11：2　3.M330：1

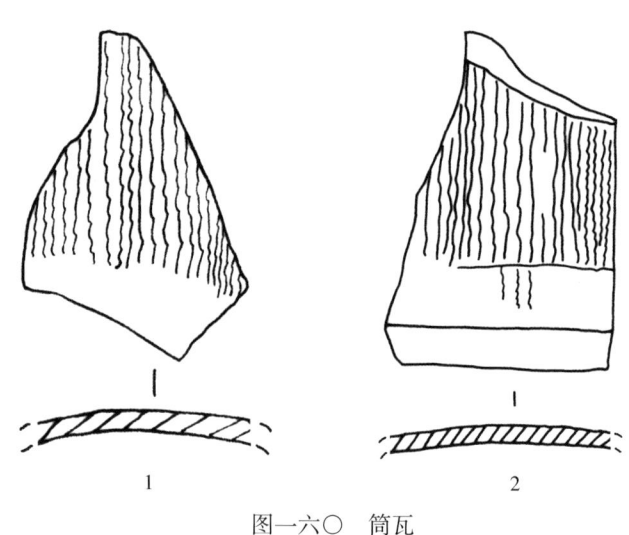

图一六〇　筒瓦
1.M755：1　2.M757：1

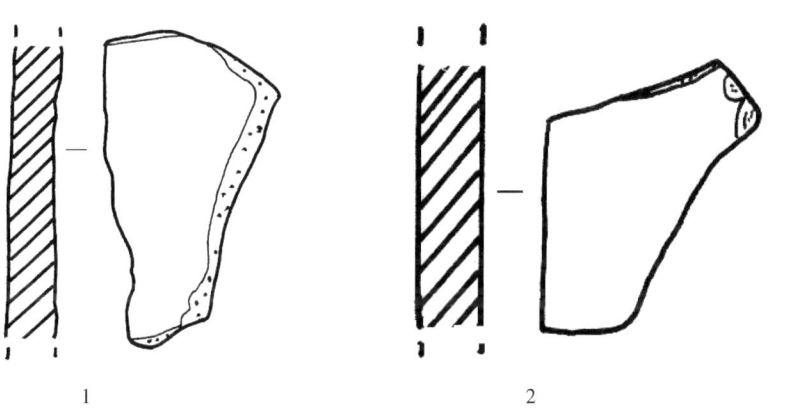

图一六一 板瓦拓本

1.M455：1 2.M498：2 3.M514：2 4.M527：3 5.M687：1 6.M39：5 7.M495：2 8.M500：2 9.M509：2
10.M749：1 11.M527：2 12.M747：4

图一六二 D型板瓦
1.M581：1 2.M747：1

Aa型：5件，折沿。标本M99：1，平折沿，外部颈以下饰凹弦纹，残宽15.3、高9.3、厚0.9厘米（图一六三，1）。标本M255：2，敞口，平沿方唇，素面，残宽9、高5.6、厚0.6厘米（图一六三，2）。标本M880：3，折沿方唇，残长8、残宽2.5、厚0.7～0.9厘米（图一六三，3）。标本M462：3，沿微折，内外素面，残长9、残宽6、厚0.8厘米。标本M470：1，沿直口微折，内外素面，残长13、残宽7、厚0.8厘米。

Ab型：2件，敞口或侈口。标本M85：1，敞口，平沿圆唇，外面颈部以下饰粗绳纹，残宽10、高7、厚1厘米（图一六三，4）。标本M195：1，侈口尖唇，外面颈部饰一圈附加堆纹，以下饰篮纹，残宽11.4、高8、厚1.2厘米（图一六三，5）。

B型：1件，泥质红陶。标本M298：1，口微敞，平沿圆唇，素面，残宽4.5、高4、厚0.9厘米（图一六三，6）。

C型：3件，夹砂灰陶。标本M79：1，敞口，平折沿方唇，素面，残宽8.2、高5、厚1厘米（图一六三，7）。标本M286：1，敞口尖圆唇，外面颈部以下饰粗绳纹，残宽9、高6.5、厚0.6～1.2厘米（图一六三，8）。标本M874：4，侈口圆唇，高2.5、残宽4.5、厚0.5～0.7厘米（图一六三，9）。

器底：2件，泥质灰陶。标本M462：2，素面，平底斜收，残宽5.8、高9、厚1厘米（图一六四，1）。标本M222：2，平底内收，外

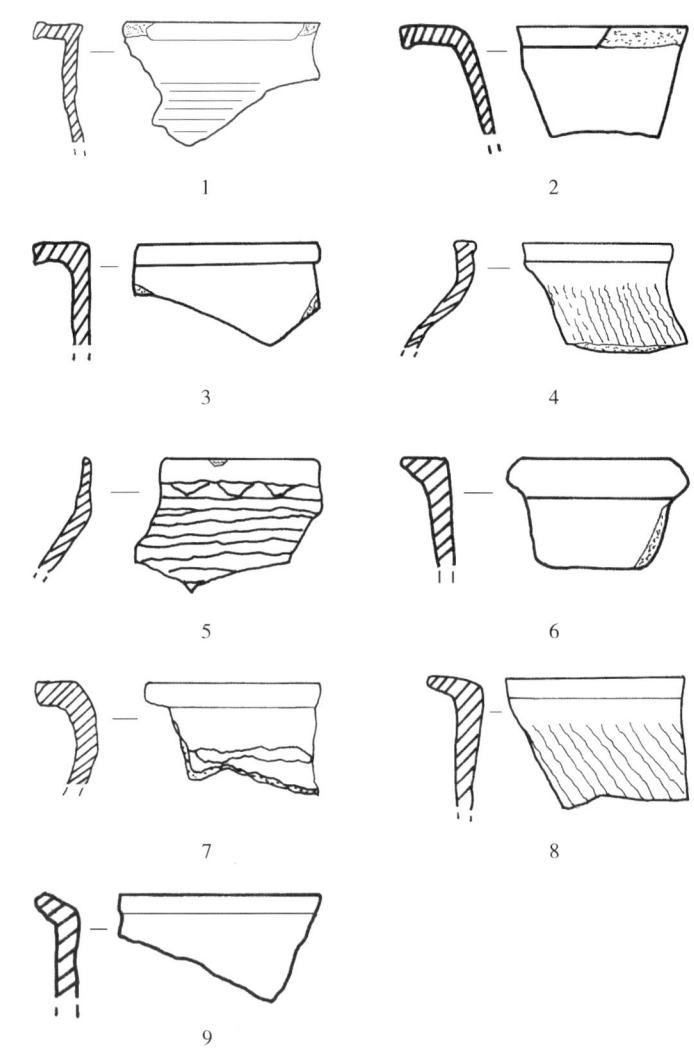

图一六三　器物残片
1.M99：1　2.M255：2　3.M880：3　4.M85：1　5.M195：1
6.M298：1　7.M79：1　8.M286：1　9.M874：4

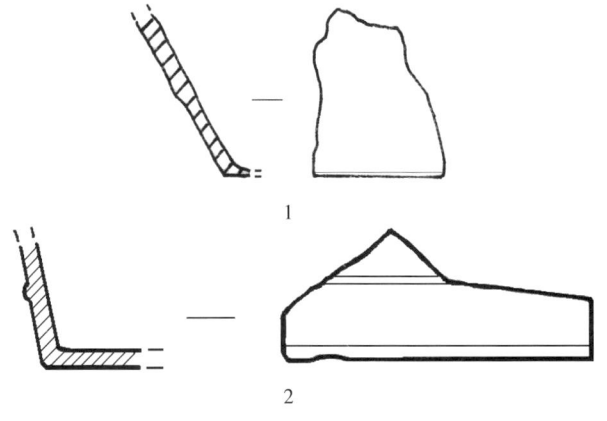

图一六四　器底
1.M462：2　2.M222：2

饰凸弦纹，残宽13、高5.2、厚0.6厘米（图一六四，2）。

5．空心砖　2件，均为残块，泥质灰陶。标本M65：3，外饰菱形纹、刻划纹，残长13、残宽7.5、厚1.8~2.4厘米（图一六五，1）。标本M559：3，残，外面饰柿蒂纹和卷云纹，残长7.3、残宽7.2、厚2.8厘米（图一六五，2）。

6．陶水管　1件，泥质灰陶。标本M228：1，圆形，头端直径小于管身直径，用于套接，外饰细绳纹，里饰布纹，残长46、直径19、厚2厘米（图一六六，1、2）。

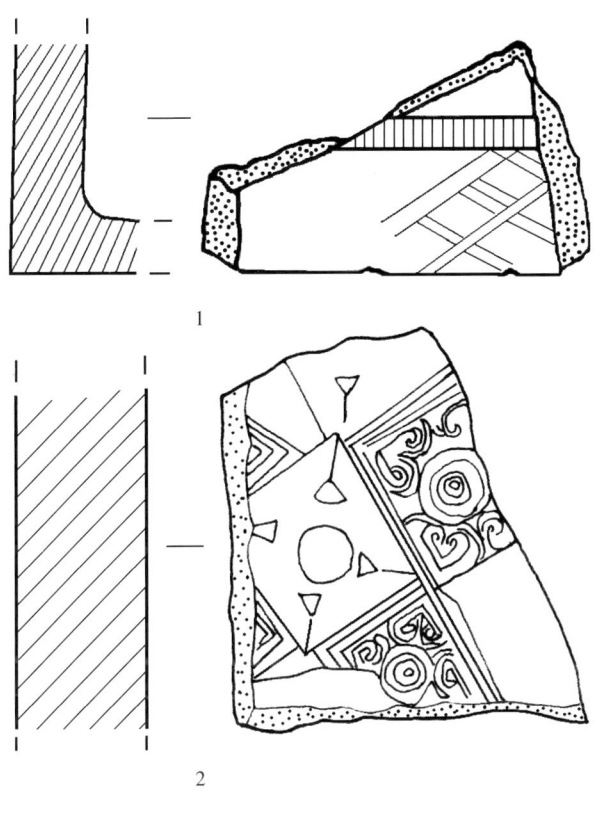

图一六五　空心砖
1.M65：3　2.M559：3

图一六七　席纹砖拓本（M241：2）

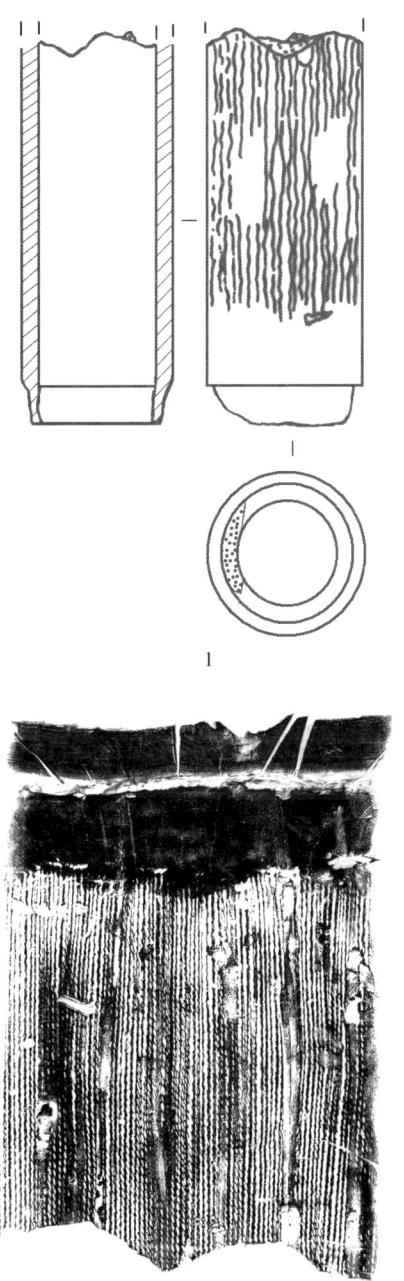

图一六六　陶水管
1.M228：1　2.M228：1拓本

7．席纹砖　1件，泥质灰陶，残。标本M241：2，一面饰席纹，另一面平素，残长35、宽22.8、厚6厘米（图一六七）。

四、石刻征集标本

通过对邙山上各个乡镇、村庄的走访调查，征集了一部分与邙山陵墓群密切相关的器物标本，主要有黄肠石，石羊、石虎、石翁仲等石象生，以及石棺床、石墓门、墓碑、墓志等（图一六八~图一七一），初步统计共74件，简单介绍如下。

1．黄肠石　30件。为东汉时期构筑帝王陵墓及高级贵族墓葬的大型石材，形制多为方形，少数为扇形，各面多经打磨，部分石体上有铭文，少数有纪年，由于邙山陵墓群长期以来缺乏有效保护，现有大量黄肠石散布于村庄大街小巷、田间地头。报告第二部分另有专门章节对黄肠石进行叙述，在此仅附以部分图片、拓片，不再赘述。标本07MSZ：1，扇形，一面磨光，阴刻"陈孟石自治五年二月省"。标本07MSZ：2，扇形，铭"二丈二尺"，标本07MSZ：11，方形，铭"樊仲"等（图一七二）。

图一六八　征集石刻

图一六九　征集石刻

图一七〇　邙山征集黄肠石

图一七一　邙山征集黄肠石

图一七二　黄肠石刻铭拓本

2．石羊　7件。标本07MSZ：32，较完整，双盘角，耳朵挃于头两侧，颌下长胡，颈部修长，短尾，表情温顺安详，体态顾长俊美，昂首跪卧于底座之上。底座长102、宽36、厚9厘米。整体高（含底座）117、长100、宽34厘米（图一七三）。标本07MSZ：59，头部雕饰已残，仅辨有双盘角，姿态同07MSZ：32，体态稍显浑圆，底座长80、宽41、厚20厘米，高（含底座）109、长82、宽40厘米（图一七四）。

3．石虎　8件。标本07MSZ：33，虎头大，短颈，背平直，胸前突，合口獠牙外露，怒视前方，蹲踞于底座之上，底座长45、宽36、厚13厘米，整体高（含底座）106、长43、宽32厘米（图一七五）。标本07MSZ：66，圆眼、龇牙，形制略同标本07MSZ：33，刻划更为细腻（图一七六）。

图一七三　石羊（07MSZ：32）

图一七四　石羊（07MSZ：59）

图一七五　石虎（07MSZ：33）

图一七六　石虎（07MSZ：66）

表二二　邙山石刻文物征集登记表

调查时间	编号	地点	收藏人	器物	征集时间	现存处	备注
07.8.28	07MSZ:1	三十里铺十一队	司陆军家门口	扇形黄肠石	07.9.5	文物二队	铭：陈孟石自治五年二月省
07.8.28	07MSZ:2	三十里铺十一队	司陆军家门口	扇形黄肠石	07.9.5	洛阳古墓馆	铭：二丈二尺
07.8.28	07MSZ:3	三十里铺四队	司长河家门口	黄肠石	07.9.5	洛阳古墓馆	
07.8.28	07MSZ:4	三十里铺四队	司长河家门口	黄肠石	07.9.5	洛阳古墓馆	
07.8.28	07MSZ:5	三十里铺老三队	司成山家门口	石刻底座			
07.8.28	07MSZ:6	三十里铺一队	司玉良家门口	石刻			
07.8.28	07MSZ:7	三十里铺一队	司朝安家北50米	石羊			残，无头
07.8.28	07MSZ:8	三十里铺老三队	司成山家门口	石刻底座			
07.8.30	07MSZ:9	后沟村五队	徐文钦家门口	黄肠石			
07.8.30	07MSZ:10	后沟村五队	徐玉轩家门口	黄肠石			
07.8.30	07MSZ:11	后沟村老六队	徐开简家门口	黄肠石			铭：樊仲
07.9.5	07MSZ:12	后沟村五队	徐玉轩家	石墓门			
07.9.5	07MSZ:13	后沟村五队	徐文钦家门口	黄肠石	07.8.28		残
07.9.5	07MSZ:14	后沟村五队	徐万祥家门口	石刻	07.9.5		
07.9.5	07MSZ:15	后沟村老六队	徐开简家门口	黄肠石	07.9.5		
07.9.5	07MSZ:16	后沟村三队	赵德明家门口	黄肠石	07.9.5		残
07.9.5	07MSZ:17	后沟村三队	徐庆磊家门口	黄肠石			残
07.9.5	07MSZ:18	后沟村五队	徐文治家门口	黄肠石			残，字不详

调查时间	编号	地点	收藏人	器物	征集时间	现存处	备注
07.9.5	07MSZ:19	后沟村六队	徐现清家门口	黄肠石			残，无头
07.9.5	07MSZ:20	后沟村六队	徐现清家门口	黄肠石			
07.9.5	07MSZ:21	后沟村五队	徐红亮家门口	扇形黄肠石			
07.9.5	07MSZ:22	后沟村五队	徐文治家	扇形黄肠石			
07.9.5	07MSZ:23	后沟村五队	徐文治家	黄肠石			
07.9.5	07MSZ:24	后沟村五队	杨正平家	扇形黄肠石			
07.9.5	07MSZ:25	后沟村四队	杨正平家	石墓门	07.9.5	洛阳古墓馆	残
07.9.6	07MSZ:26	平乐镇金村十五队	宁铁宝	东汉陶器	07.9.6	文物二队	九件
07.9.7	07MSZ:27	后沟村五队	徐小亮家	墓志盖	07.9.5		铭：唐东平府吕府君墓志铭
07.9.7	07MSZ:28	后沟村五队	徐庆轩家门口	黄肠石			残
07.9.7	07MSZ:29	后沟村五队	徐庆轩家门口	黄肠石			残
07.9.7	07MSZ:30	后沟村五队	徐里旦家门口	黄肠石			字不详
07.9.7	07MSZ:31	东山头小学		石羊			
07.9.7	07MSZ:32	营庄三队	郭现通家	石羊			
07.9.7	07MSZ:33	营庄三队	张玉立家	石虎			残，底座
07.9.7	07MSZ:34	三十里铺十二队	司晨楼家	条形石			

调查 时间	编号	地点	收藏人	器物	征集 时间	现存处	备注
07.9.10	07MSZ:35	冢头二队	张大孬家	石经幢			残
07.9.10	07MSZ:36	沟上三队	董右文家门口	柱底座			
07.9.10	07MSZ:37	营庄一队	莫利敏家门口	石羊			残，无头
07.9.11	07MSZ:38	凤凰台一队	宋建宝家门口	石刻			残，无头
07.9.11	07MSZ:39	凤凰台六队	宋红振家门口	石翁仲			残，无头
07.9.17	07MSZ:40	朱仓村四组	朱学宽家	石棺床			残
07.9.18	07MSZ:41	新庄八组	王水喜家	石碑帖	07.9.18	文物二队	残
07.9.18	07MSZ:42	新庄八组	王少辉家	石碑帖	07.9.18	文物二队	残
07.9.18	07MSZ:43	新庄八组	王现会家	石碑帖	07.9.18	文物二队	
07.9.24	07MSZ:44	东吕庙四队	吕广欣家	石刻			
07.9.24	07MSZ:45	护庄四队	程学道家门口	黄肠石			字"左右石"
07.9.24	07MSZ:46	护庄四队	赵健康家门口	石门			
07.9.25	07MSZ:47	护庄八队	王园璋家	空心砖	07.9.25		
07.9.26	07MSZ:48	东吕庙六队	王桂芹家门口	石门			残
07.9.26	07MSZ:49	东吕庙六队	吕永军家门口	石碑座			
07.9.26	07MSZ:50	东吕庙一队	吕开工家	石门			残

调查时间	编号	地点	收藏人	器物	征集时间	现存处	备注
07.9.26	07MSZ:51	东吕庙一队	吕开工家	石门			残
07.9.28	07MSZ:52	东山头三组	张天宝家门口	黄肠石			
07.9.28	07MSZ:53	西山头四队	李原康家	石羊			
07.10.7	07MSZ:54	凤凰台六队		石门			
07.10.7	07MSZ:55	送庄十组	高建设家门口	黄肠石			
07.10.7	07MSZ:56	送庄十组	高建设家门口	黄肠石			
07.10.10	07MSZ:57	白鹿村七队	黄军家老院	石虎			
07.10.10	07MSZ:58	白鹿村七队	黄俊伍家后院	石虎	07.10.10	洛阳古墓馆	残
07.10.11	07MSZ:59	土桥村三队	李丰资家门口	石羊	07.10.15	洛阳古墓馆	残
07.10.15	07MSZ:60	土桥村三队	卫建华家	石盒	07.10.15	文物二队	
07.10.15	07MSZ:61	土桥三队	卫建华家	石盒	07.10.15	文物二队	
07.10.20	07MSZ:62	送庄镇送庄村	村委会	石棺盖	07.10.20	送庄镇	
07.10.20	07MSZ:63	送庄镇十里村	刘虎	石虎	07.10.20	洛阳古墓馆	
07.10.20	07MSZ:64	送庄镇十里村	七队耕地	石羊	07.10.20	洛阳古墓馆	
07.10.25	07MSZ:65	邙山乡土桥村	卫建华	石刻	07.10.25	洛阳古墓馆	
07.10.26	07MSZ:66	麻屯镇后楼村	史可朋	石虎	07.11.3	洛阳古墓馆	
07.10.29	07MSZ:67	送庄镇送庄村	小学操场边	黄肠石	07.10.29	洛阳古墓馆	
07.10.29	07MSZ:68	送庄镇送庄村	小学操场边	黄肠石	07.10.29	洛阳古墓馆	

调查时间	编号	地点	收藏人	器物	征集时间	现存处	备注
07.10.29	07MSZ:69	送庄镇送庄村	小学操场边	黄肠石	07.10.29	洛阳古墓馆	
07.10.29	07MSZ:70	送庄镇送庄村	小学操场边	黄肠石	07.10.29	洛阳古墓馆	
07.10.29	07MSZ:71	送庄镇送庄村	小学操场边	黄肠石	07.10.29	洛阳古墓馆	
07.11.2	07MSZ:72	平乐镇二十村民组	郭新宽	石虎	07.11.2	文物二队	
07.11.2	07MSZ:73	平乐镇二十村民组	郭新宽	石虎	07.11.2	洛阳古墓馆	
07.11.6	07MSZ:74	邙山乡后沟村	第三村民组	石虎	07.11.6	洛阳古墓馆	

第八节　主要收获和存在的问题

邙山古墓冢的文物普查工作近4年，调查小组克服重重困难，踏遍陵墓群地域内的所有乡镇、村庄，行程5万余公里，访问当地群众千余人，获得了第一手资料，完成了调查勘测项目第一阶段的任务，取得了突破性的收获。首先，初步确定了邙山古墓冢的数量、年代和分布规律，邙山古墓冢的文物资源总量开始明晰，为今后的考古研究和建档工作奠定了基础。其次，初步了解了邙山古墓冢的文物保护现状和墓冢的破坏历史，为文物保护工作和大遗址保护规划提供了必须的条件。第三，由于信息系统的研制开发和使用，墓冢编号系统的初步建立，邙山的调查勘测工作建立了一个数字平台，确保今后的各项文物工作和科学研究的延续性。第四，通过对原始资料的分析，邙山陵墓群诸陵区的区域范围逐渐明朗，为利用考古学方法寻找并确定帝陵的地望指明了方向。

限于古墓冢普查对象的复杂性和特殊性，工作方式的主客观局限性，此次文物普查工作存在着一些问题和缺憾。其一，实体墓冢的年代依据不足，可能会造成某些墓冢的年代不确切。涉及到成区域的墓冢，由于有以往的考古发掘和文献资料参考，总体年代应该是准确的。其二，实体墓冢的数量、性质经过普查、复查、钻探查证，应该没有大的问题。受资料获得方式的局限，夷平墓冢的数量、性质、方位、年代都有可能存在遗漏和错误，只能作为重要的参考。其三，由于时间有限，和墓冢有关的遗迹、遗物发现较少。问题和缺憾都需要在第二阶段的工作中去努力弥补。

第三章 "3S"技术应用总结报告

第一节 概述

邙山陵墓群考古调查工作区，面积约750平方公里，墓冢数量众多，考古调查与勘测难度很大，若仅依靠传统的考古调查方法，工作量巨大，甚至无法达到预期的效果。采用先进的现代科学技术手段作为考古调查的技术补充，是此次考古调查的一个重要特点。

"3S"技术，即GPS（全球卫星导航定位系统）、RS（遥感）、GIS（地理信息系统），是目前地学界应用于野外工作的有效综合技术，在邙山陵墓群考古调查中，引入"3S"技术作为基本田野考古调查的补充，在实际工作中起到良好的作用。

GPS技术，是通过布设在太空中的导航卫星网，建立基于导航卫星的全球定位系统，实现对地面任何一个目标的精确定位。GPS技术能够解决田野考古调查中墓冢、遗迹点的准确定位问题，也是田野考古调查路线导航的辅助设备。

RS技术，是指利用星载、机载或地面传感器对地球进行探测，获取地球表面图像，并对图像进行处理、解释、定位等。利用遥感技术，可以从不同尺度空间、不同视角了解调查区域的过去和现状，可以通过遥感图像采集所需要的地貌、地形和考古调查信息，同时利用遥感技术还可能发现一些对考古调查有帮助的信息，比对验证田野考古调查结果。

GIS技术，是建立在空间数据基础上的管理信息系统，可对空间数据进行处理、分析、访问、可视化表示等。利用GIS技术，能实现对考古调查资料（地图、照片、线图、文字、视频等）进行综合管理，通过它可以建立基于空间地理位置的考古调查信息系统，实现对考古调查资料的空间管理。

"3S"作为一种辅助技术手段，应用于邙山陵墓群田野考古调查，其主要作用为：通过RS技术获取调查区图像、采集调查信息、比对调查结果；通过GPS技术确定调查墓冢、遗址位置，根据已知坐标导引到遗址位置；通过GIS技术管理调查区电子地图、调查数据。

第二节 调查区基础地理数据建设

此次调查，首先是要将田野考古调查的信息落实在地形图上，所以基础地理数据的选择是一个重要环节，当然，重新进行航摄测图，无疑是一种有效的途径，但一方面，由于调查区域面积很大，重新航测经费太高；另一方面新测绘的地形图也只能反映当前的地表信息，而大量的墓冢与遗迹，由于受到人为的破坏，地表特征已经不明显，所以新的地形资料不如早期的地形资料有价值，因此，放弃了重新进行航摄测图的方案。

一、调查区基础地理资料情况

为了了解调查区地形资料、影像资料情况，我们分别对地方测绘系统、军队测绘系统的多家测绘部门进行调研，基本摸清了调查区域的地形资料、遥感影像资料信息情况。在调查区域内，已有的地形图资料、遥感影像资料主要有：

1. 地形图资料

调查区的地形图资料主要有1∶1万～1∶5万地形图资料，沿高速路边的带状1∶500地形图资料，洛阳市区的1∶500～1∶2000地形图资料等，详细情况如（表二三）所示。

表二三　调查区地形图资料情况

资料名称	比例尺	制作年代	权属单位
军用地形图	1∶5万	1960年代	军事测绘
军用地形图	1∶5万	1980年代	军事测绘
地形图	1∶1万	1970年代	省测绘局
地形图	1∶1万	1980年代	省测绘局
地形图	1∶1万	2000年代	省测绘局
高速带状地形图	1∶500	1990年代	省交通厅
洛阳市区	1∶500-1∶2000	2000年代	洛阳市规划局

2. 航空航天遥感影像资料

据有关资料记载，在该工作区，最老的航空遥感资料应追溯到上世纪二三十年代，上世纪三十年代德国汉莎公司飞行员卡斯特尔（W.D.Graf zu Castell）驾驶飞机在该地区拍摄过照片，这些资料现存慕尼黑国家民族学博物馆和德意志博物馆。日本空军在1926年-1945年期间拍摄的照片，资料现存于美国国家档案馆。从1959年-1980年，美国KH系列高分辨率侦察卫星留下有该地区的图像，其地面分辨率达1.8米，这些资料分别于1996年、2002年解密，作为商业卫星遥感图像出售。我国自上世纪六十年代初开始在该区域进行航空摄影测量，为了测绘地图的需要，每隔十年左右都进行航空摄影，这些资料分别保存在军事测绘部门、河南省测绘局、黄河水利委员会等单位。上世纪八十年代以后，卫星遥感技术的快速发展，有上百颗遥感卫星从工作区经过，并拍摄了影像，大部分影像可通过商业途径获得，详细情况如（表二四）所示。

表二四 调查区航空航天遥感资料情况

资料名称	规格	比例尺／分辨率	拍摄年代	权属单位
德国汉莎公司航空照片	不详	不详	1930 年代	慕尼黑国家民族学博物馆和德意志博物馆
日本空军航空照片	不详	不详	1930、40 年代	美国国家档案馆
航空照片	18´18 厘米，黑白	1∶4 万	1960 年代	总参测绘局
航空照片	18´18 厘米，黑白	1∶2 万	1970 年代	河南省测绘局
航空照片	23´23 厘米，黑白	1∶3 万	1980 年代	总参测绘局
航空照片	23´23 厘米，假彩	1∶2 万	1990 年代初	河南省测绘局
航空照片	23´23 厘米，黑白	1∶2 万	1990 年代	河南省测绘局
美国 KH 系列侦察卫星	宽 7 厘米	低于 1.8 米	1960、70、80 年代	美国，已解密
存档遥感图像	数字图像	低于 5 米	1990、2000 年代	商业卫星运行商
高分辨率遥感图像	数字图像	0.6米–2.5米	2000 年代	商业卫星运行商

二、调查区基础地理数据建设方案

综合调研结果，结合调查区资料的具体情况与田野考古调查的特殊要求，确定了调查区基础地理数据的建设方案是：以现有的1∶1万地形图作为全区墓冢调查的基础框架数据，以1∶5万地形图、10米地面分辨率的遥感影像作为调查区的辅助基础地理数据；以早期的航空照片作为墓冢调查的补充数据；以较新的航空照片、高分辨率的卫星遥感影像作为测绘重点墓冢遗址图的基础数据。在统一坐标系统中，对所有地形图进行矢量化处理，对所有照片、影像进行数字化处理，从而建立统一坐标系统的调查区基础地理数据库。

三、调查区基础地理数据库建设

根据基础地理数据建设方案，将调查区46幅1∶1万的地形图按照统一的坐标系进行矢量化，拼接制作成调查区电子地图，并按控制点、居民地、工矿设施、交通设施、管线、水系、境界、地貌、等高线、植被的分层方式分层，用Mapinfo格式存储电子地图数据，作为调查区的基础地理框架数据。同时，在1∶1万地形图的基础上，编绘形成1∶5万比例尺的电子地图，作为辅助基础数据。

　　选用10米地面分辨率的SPOT4遥感图像，利用ERDAS遥感处理软件的SPOT遥感图像几何校正功能，将遥感图像制作成遥感影像地图，并将坐标系统归化到与基础地理数据统一的坐标系中，作为调查区的基础图像数据，可与电子地图叠加显示。

　　墓冢调查与勘测用的航空照片、高分辨率遥感图像，根据调查过程的需要，逐步引进补充。这些图像也要求作几何校正处理，并将坐标系统归化到与基础地理数据统一的坐标系中，实现基于空间地理位置的统一管理。

第三节　遥感技术在考古调查中的应用研究

　　地学遥感是一门相对独立的学科，它拥有自己的理论、方法和非常完整的技术系统。遥感技术是对地观测的实用技术，应用领域非常广泛。遥感技术在田野考古调查中的应用，是遥感技术应用领域之一，其主要体现在两个分面，其一是遥感技术和方法在发现、揭示、记录和研究田野古代文化遗存的应用，其二是成像遥感技术同常规田野考古方法的结合。将遥感技术引入考古领域，作为田野考古调查的辅助工具，能够提高田野考古的工作效率，加强考古工作的科学性与技术性。

一、多尺度遥感图像应用

　　根据搭载平台分类，遥感图像主要有卫星遥感图像和航空遥感图像两类，按照传感器分类有：光学遥感图像，雷达遥感图像，高光谱遥感图像等。卫星遥感图像一般是在距地球400公里-800公里的高度对地球观察获取，其地面分辨率比较低，一般是在0.6米-1000米，航空遥感图像是在低于5公里的高度摄影获取，其地面分辨率可达到厘米级。

　　不同尺度的遥感图像，在田野考古调查中的应用领域不同，卫星遥感图像具有反映大范围地表真实面貌和动态变化的特点，主要用于调查工作区和遗迹周围自然环境的分析，通过遥感卫星图像的分析，不仅能够掌握调查工作区的地理、地貌、土壤、植被、水文的现状，而且可以在很大程度上了解其历史变迁情况。例如，被现代农业用地破坏的古城址、大型古墓、古河道等，一般在卫星遥感图像上都能反映出来。航空遥感影像具有高地面分辨率的特点，可以反映出地表细微变化，比较适合于考古调查与勘测，由于大部分考古遗迹和遗物的目标都比较小，例如墓冢、祭祀场所、聚落遗址、石刻等，只有高地面分辨率的航空遥感图像才能反映出来。

　　在邙山陵墓群田野考古调查中，利用了10米地面分辨率的SPOT4卫星遥感图像制作成遥感影像图，作为表示调查区地理、地貌的现状资料；利用航空遥感图像和0.61米地面分辨率的QuickBird卫星图像，1米地面分辨率的IKONOS卫星图像作为调查与勘测的资料，辅助比对田野调查成果，测绘遗址的大比例尺平面图等。

　　SPOT4卫星遥感图像，制作成为遥感影像地图的方法是：首先利用主成分融合（Principle Component）技术，将10米地面分辨率的SPOT4全色波段数据与4个20米地面分辨率的多光谱波段数据进行图像融合处理，形成10米地面分辨率的多光谱图像，再经过自然色彩变换处理，形成真彩色图像，最后利用1∶1万地形图的基础地理框架（数字地面模型和定位点），根据SPOT4卫星的成像模型，对图像进行几何校正，得到具有地理坐标的遥感影像地图。

QuickBird、IKONOS卫星图像制作成影像图的方法与SPOT4相似，这里不再叙述。

航空遥感图像制作航空遥感影像地图的方法是：利用1∶1万地形图基础地理框架，通过在每张航空像片上选择均匀分布的四个以上控制点（最好选择明显地物点），利用航空摄影测量学的空间后方交会法，解算照片的摄影姿态，然后，在地面模型（DEM）的支持下，根据共线方程，对像片进行逐像素纠正处理，形成单张的航空遥感正射影像，最后将单张的正射影像按地理位置拼接，形成航空正射影像地图。

利用卫星遥感图像或航空遥感图像测绘遗址的大比例尺平面图，有两种测绘方法：最简单快捷的方法是，以制作的遥感影像地图作为工作底图，根据影像，提取所需要的图形信息，然后到现场进行调绘，补充影像图无法获得的信息（如地物的高度、深度、细微地物的点位等）。另一种方法是，利用专业的遥感测绘系统（如摄影测量工作站），经过模型定向，建立与实地对应的立体模型，然后在立体模式，用人机交互方式，采集图形数据，制作成遗址平面图（地形图）。

通过实验与工作实践，总结出不同尺度的遥感图像在田野考古中的作用，列为表二五。

表二五　不同尺度的遥感图像在田野考古中的作用

图像类型	分辨率/比例尺	能识别地物	适用对象
卫星遥感	10～30米	地貌特征、土地利用、土壤、地表沉积情况、植被、河流、主要道路、居民地等。	工作区的地貌、地理、土壤、植被、水文情况，修测1∶50000地形图。
	2～10米	土壤差异、各种道路、河沟、单株树木、封土墓冢等。	工作区详细的地形信息，修测1∶10000地形图。
	优于1米	田埂、人工建筑、封土墓冢形状等。	遗址遗迹调查，测绘1∶2000地形图。
航空遥感	1∶30000	各种道路、河沟、单株树木、封土墓冢等。	工作区详细的地貌、地理情况，测绘1∶1000-1∶25000地形图。遗址遗迹调查。
	1∶10000	田埂、人工建筑、封土墓冢形状等。	遗址遗迹调查，测绘1∶2000-1∶10000地形图。
	1∶5000	人工痕迹、单个物体	遗址遗迹调查，测绘1∶1000-1∶5000地形图。
	1∶2000	细微的人工痕迹	遗址遗迹详细调查，测绘1∶200-1∶2000地形图。

实际应用情况：图一七七是利用10米地面分辨率的SPOT4遥感卫星图像制作的调查区基本地理图；图一七八是利用地面分辨率为0.6米的卫星遥感图像制作的遗址平面图；图一七九是利用1∶3万航空照片，确定墓冢的形状特征；图一八○为1∶2000航空照片制作的遗址发掘平面图。

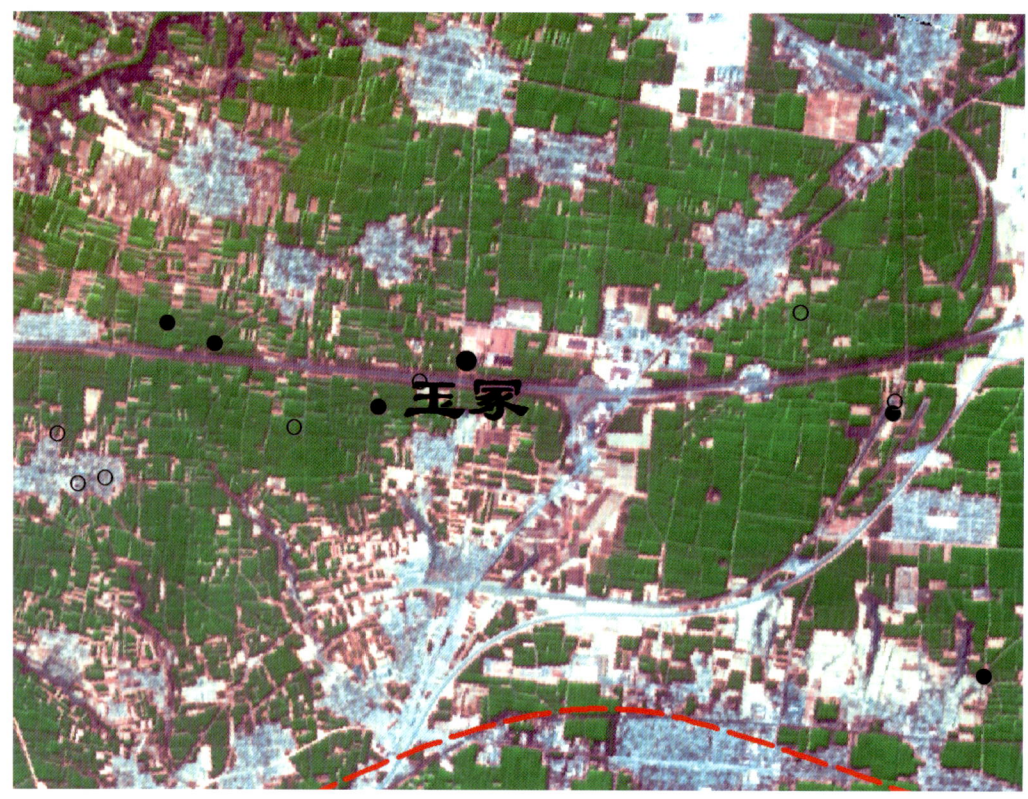

图一七七　10米卫星遥感图像制作的调查区地理图

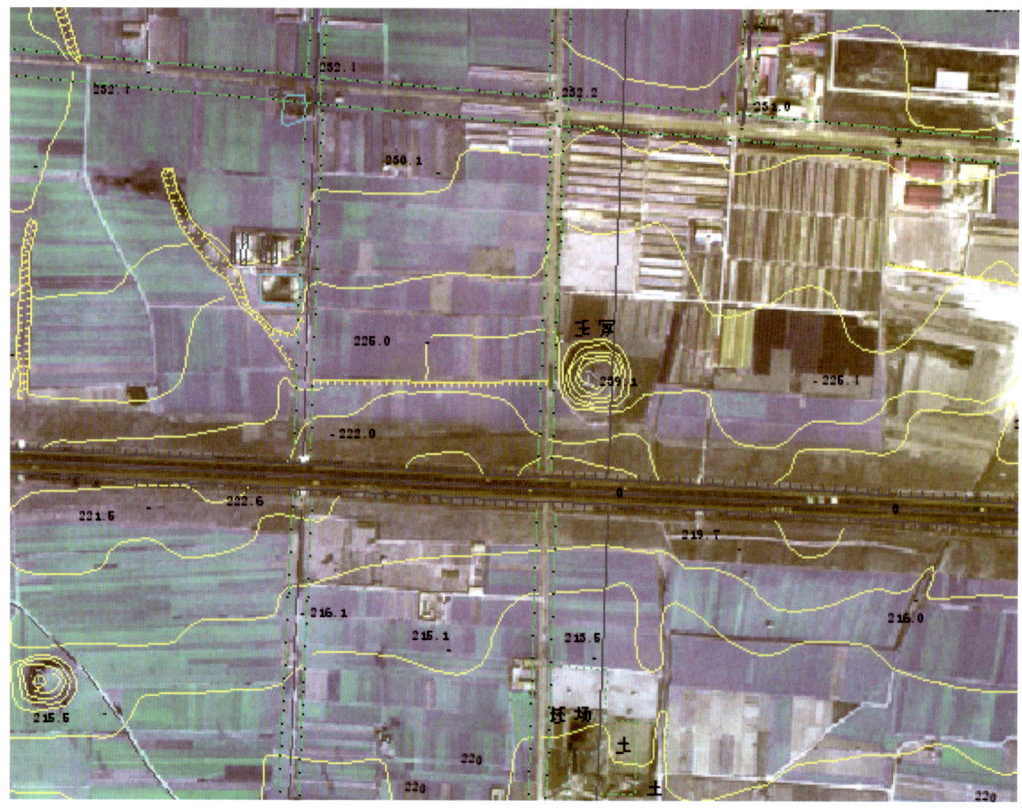

图一七八　0.6米卫星遥感图像制作的遗址平面图

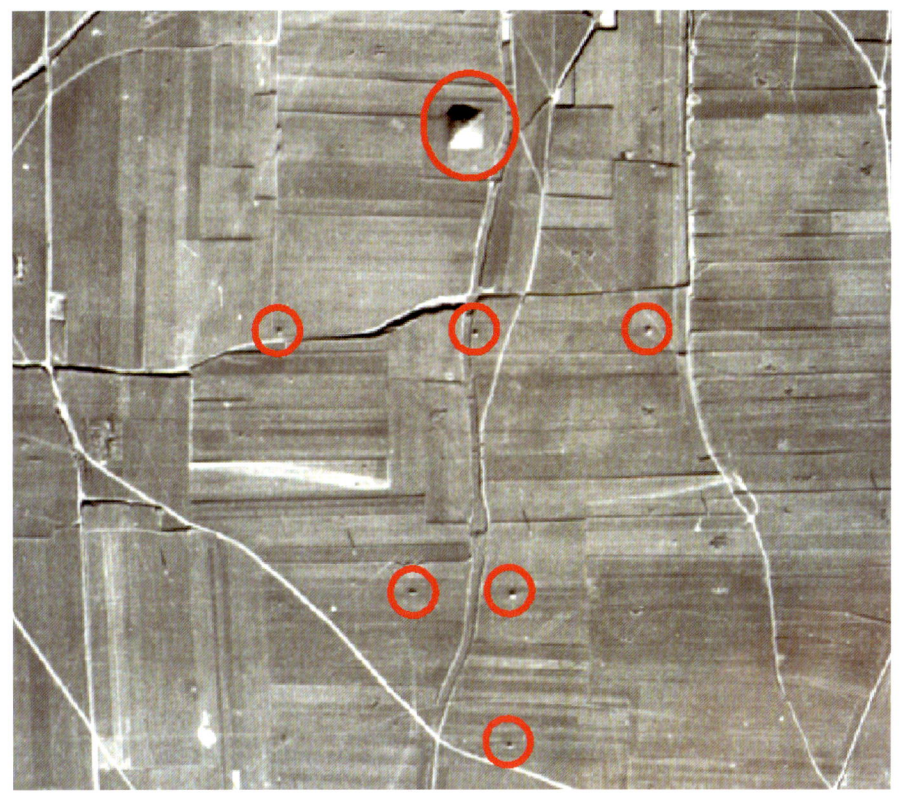

图一七九　1：3万航空照片用于遗址遗迹调查

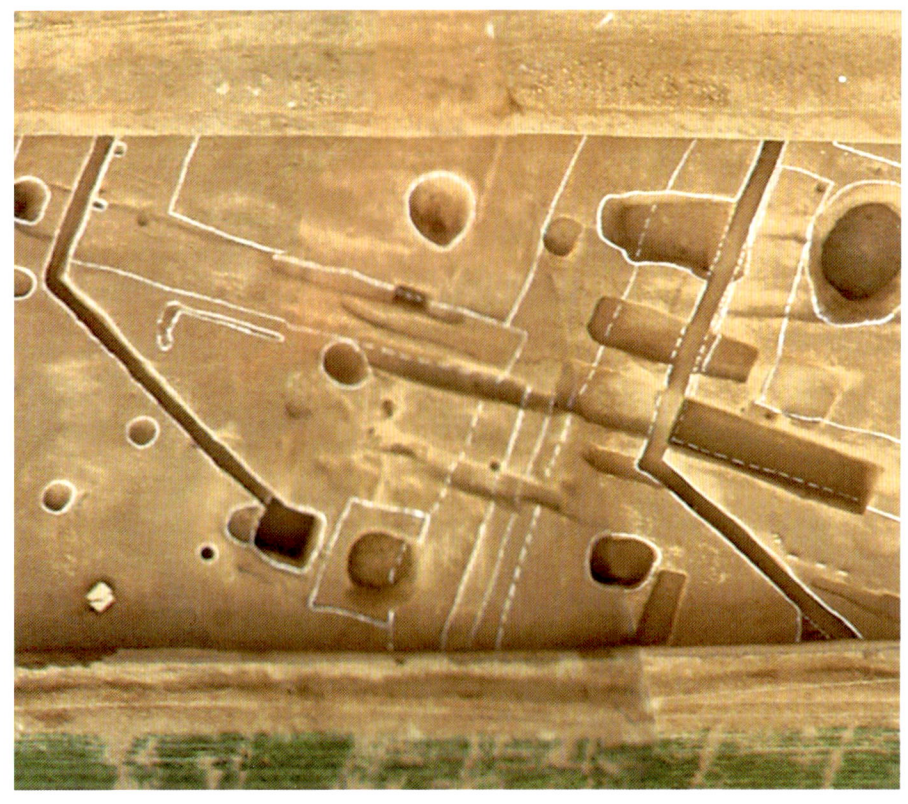

图一八〇　1：2000航空照片制作遗址发掘平面图

二、不同时期遥感图像应用

遥感图像的摄影年代、比例尺（分辨率）、摄影季节与时间是遥感考古应用的几个关键参数。从考古调查的角度看，拍摄年代越早的遥感图像，相对来说摄影现场受自然和人为的毁坏较轻，影像中保存着许多目前已经消失的痕迹，其考古应用价值比新摄影的遥感图像高。而从现势性的角度看，新摄影的遥感图像记录了当前现场的真实情况，对于了解遗迹现状和对遗迹作有针对性的保护具有现实的价值。在充分认识新老遥感资料的价值基础上，为新老遥感图像资料找到各自合适的应用。

在邙山陵墓群田野考古调查中，充分利用不同时期遥感资料数据，又收到了很好的效果。

1.早期遥感资料的应用

（1）利用早期航空照片辅助发现墓冢

众所周知，该工作区墓冢遭到最大的人为毁坏时间是在20世纪六七十年代，因此从遥感资料的考古价值来说，20世纪60年代初以前的资料最有价值。利用这些资料，可以发现很多目前无法找到的封土墓冢线索。如图一八一为1958年的航空照片，图一八二是2006年的卫星遥感照片，在所选择的区域内，1958年的照片，可找到的封土墓冢有20个，而2006年的照片中能找到的只剩下8个。

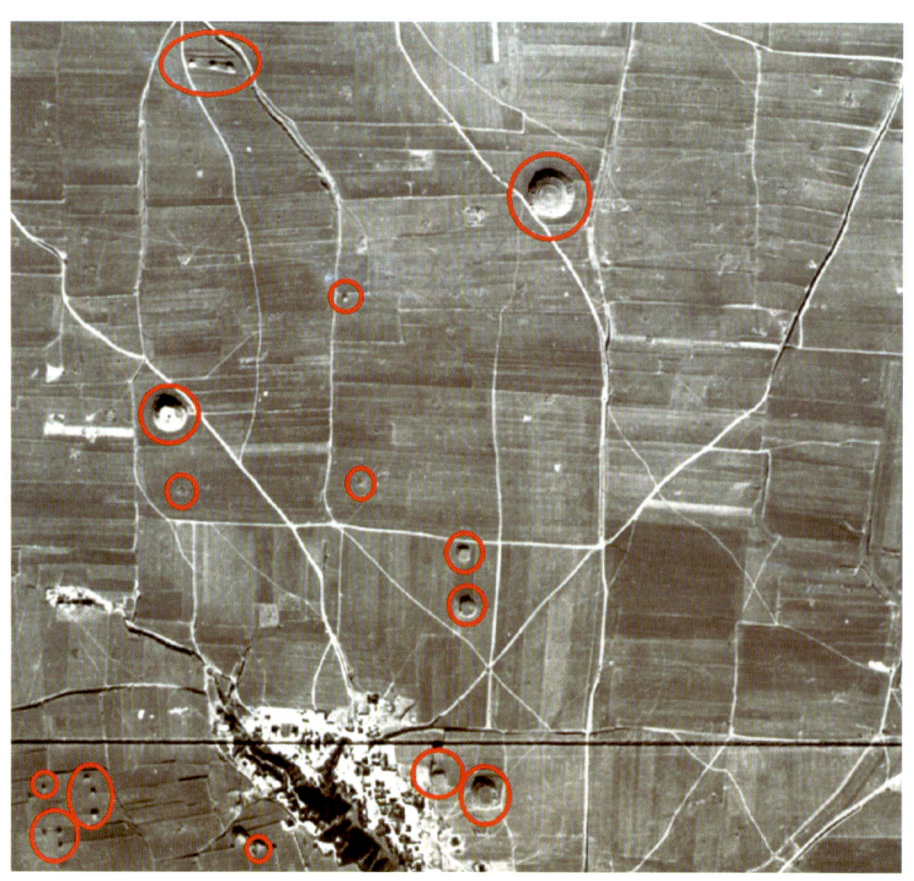

图一八一　1958年航空照片封土墓冢分布情况

图一八二　2006年卫星照片封土墓冢分布情况

（2）利用早期航空照片比对验证调查成果

田野考古调查中，对于被夷平的墓冢调查，只能通过当地人的回忆以及史料的记载，找到夷平墓冢的概略位置，但由于时间久远，人的记忆可靠性也逐步降低，如图一八三，是通过当地人回忆指引的夷平墓冢位置，在野外利用GPS实测位置坐标，按坐标标绘到航空照片，可以看出，所指的位置与照片所记录的墓冢位置出入较大，很明显，早期航空照片所记录的位置才是真正的墓冢位置，因此利用早期航空照片比对验证田野调查成果，能确保调查成果更可靠和准确。

2.新遥感资料的应用

(1)利用最新的遥感图像标注调查对象的地理位置

新的遥感图像资料，能真实反映地貌、地物、遗址的现实情况，可作为调查区辅助工作底图，与地形图配合，标注调查对象的地理位置。我们知道，再精确的地图也都是对地表自然地理要素和人文地理要素的一种人为的、抽象的概括，而遥感图像是反映地表真实面貌的载体，是地表真实缩影，其信息量、可视程度要远优于地图，因此在遥感图像中标绘调查对象的地理位置，比在地图上标绘更加直观，更便于与现场对照。图一八四是遥感图像标绘调查墓冢和地形图上标绘调查墓冢的效果对照图。

(2)利用最新遥感图像测绘遗址平面图修测地形图

在调查与勘测中，往往需要测绘某一重点区域的大比例尺平面图，用遥感测绘的方法测绘大比例尺平面图，是一种高效率的测绘方法。图一七八就是利用最新的遥感图像测绘的遗址平面图。

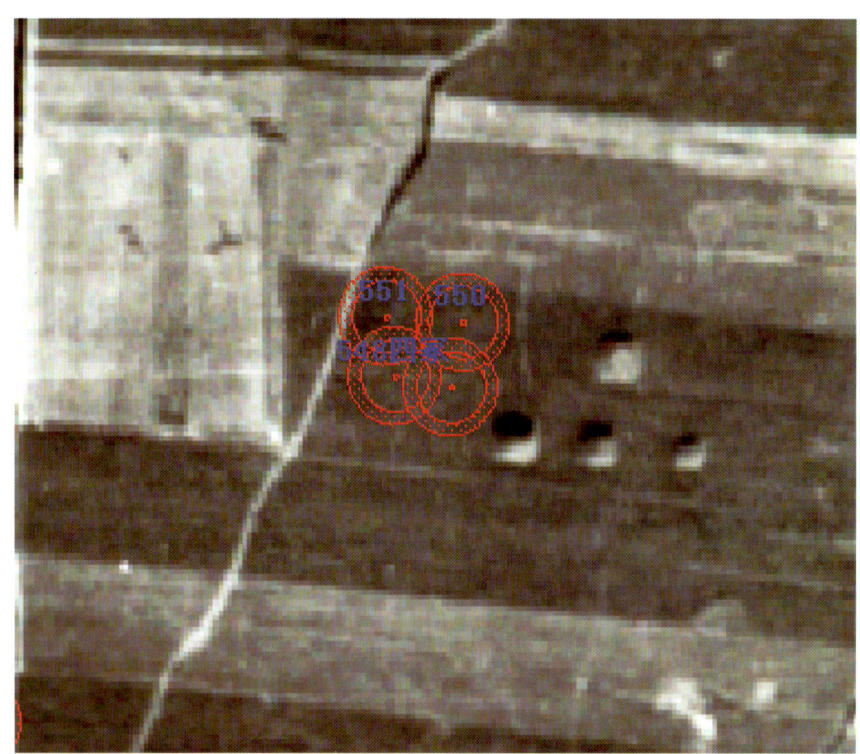

图一八三　早期航空照片比对验证调查成果

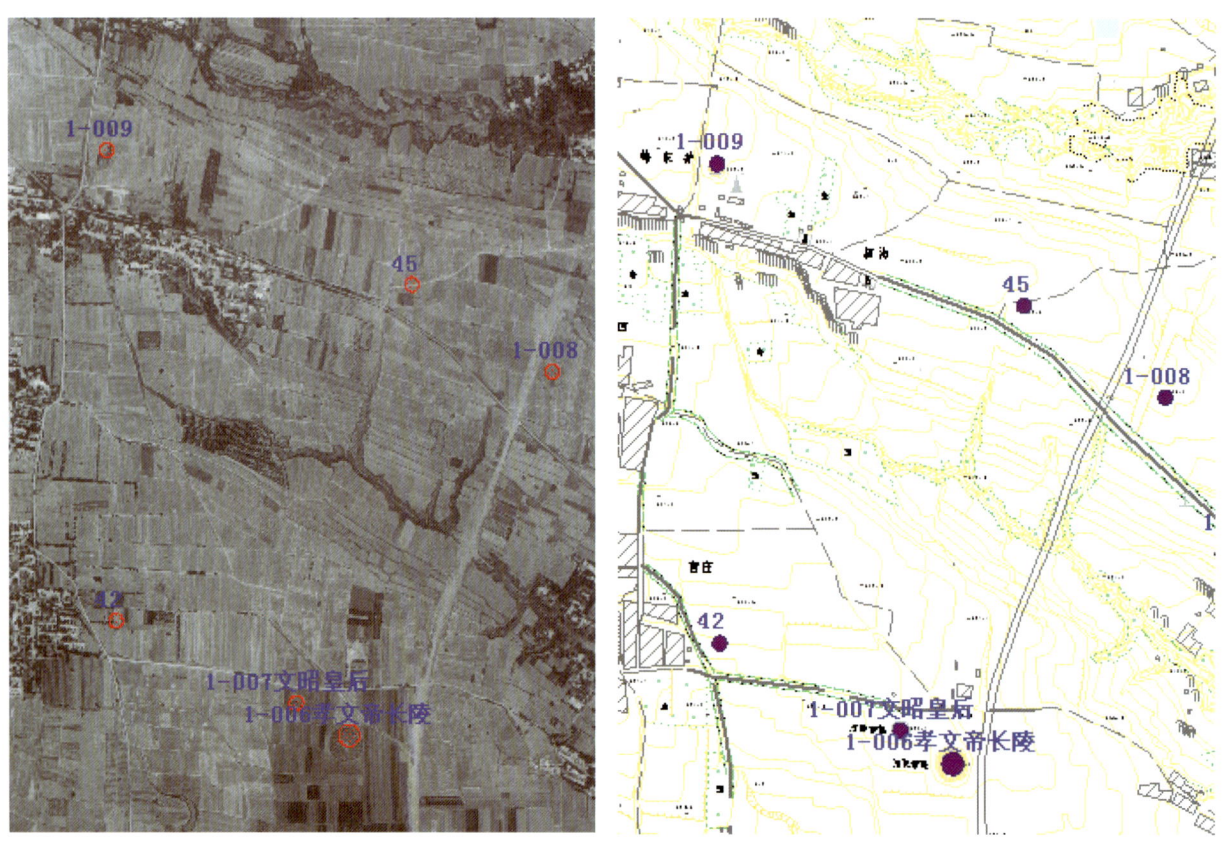

图一八四　遥感图像与地形图标绘调查墓冢效果对照图

3.新老遥感资料综合应用

(1)利用不同时期的遥感图像分析封土墓冢的变化

不同时期拍摄的遥感图像，可用于分析封土墓冢的变化情况，如图一八一为20世纪60年代初的航空照片，图一八二是2006年的卫星遥感照片，区域面积2.5平方公里，20世纪60年代的封土墓冢有20个，2006年8个。从中我们可以知道某一时期墓冢的毁坏率。

(2)利用不同时期的遥感图像监测保护区域

邙山陵墓群所涉及的区域很大，调查和保护难度也非常大，从保护的角度出发，利用遥感动态监测技术手段，是一种有效的手段，可以通过定期引进卫星遥感图像的方法，利用变化监测技术，对两个时期的遥感图像作变化处理、分析，可以找出该时期遭破坏的情况，追查破坏的根源。

三、多光谱遥感图像的应用

电磁波从宇宙射线（波长10-14cm）到工业用电(波长103cm)，各波段的电磁波，由于波长范围不同，它们的性质就不同，记录它们的方法也不同。遥感技术，主要是依靠传感器记录地物反射、发射电磁波的信息，从而识别地物的属性，目前，遥感技术记录的波谱段主要是从紫外到微波（波长0.01um-1m）范围，而在考古领域用到的遥感影像，一般都为光学遥感图像，波谱段主要是可见光到近红外波段（波长0.38um～2um）范围。

光学遥感图像分为单波段图像和多光谱图像，单波段图像上的影像特征反映为在该波段上景物的光谱平均辐射强度的分布，在影像上称为灰度分布。如所谓的黑白航空照片，以及卫星遥感图像的Pan波段，黑白航空照片采用的是可见光感光胶片，其感光波谱段主要为可见光段（波长0.38um～0.76um），卫星遥感图像的Pan波段，一般采用光探测元件（CCD或CMOS），其成像波谱段为可见光段到近红外段（波长0.38um～0.90um）。多光谱图像主要来源于卫星遥感，它是利用多光谱传感器（MSS）在同一时间探测同一景物的可见光、红外等波段，获得景物的光谱信息，由于地物的分类识别主要依靠光谱特征提供的信息，因此，多光谱图像的光谱特征更便于目标的识别和地物的有效区分。目前，在田野考古调查应用的遥感图像以高地面分辨率的多光谱图像为主，代表图像有：Quick Bird、IKONOS、SPOT5等卫星遥感图像，它们都有四个光谱波段，每个波段的特性如下（表二六）。

表二六 多光谱图像各波段影像的特性

波段名	光谱范围（um）	识别特征
蓝色	450～520	适宜反映水下特征、干燥区岩石和土壤等
绿色	520～600	适宜反映植被、文化特征（地物）、农业情况等，对水体有一定穿透性
红色	630～690	适宜反映土壤类型、地层、植被分布等
近红外	760～900	适宜反映地形、土地类型、水网、植被长势等

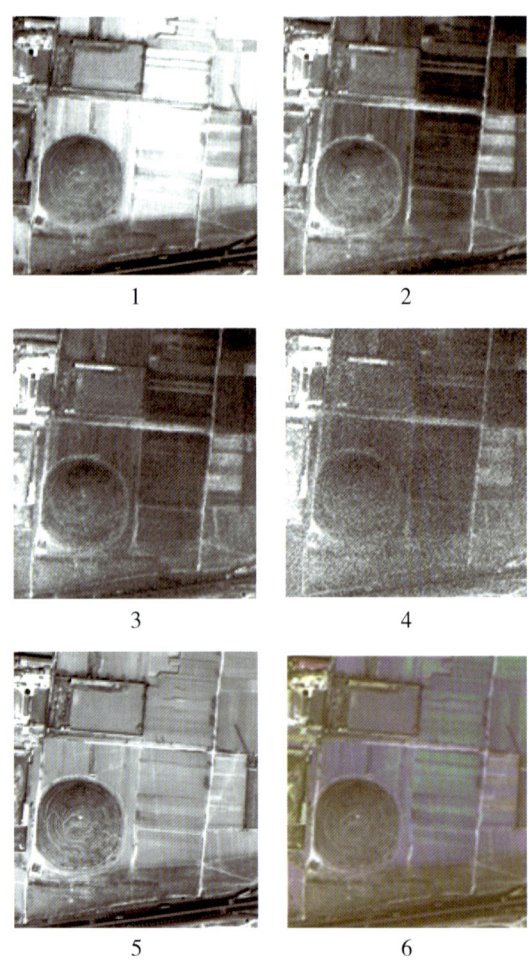

图一八五　遥感卫星多光谱图像

1.蓝色波段的图像　2.绿色波段的图像　3.红色波段的图像　4.近红外波段的图像　5.全色图像　6.四波段合成图像

下面以Quick Bird遥感卫星多光谱图像为例加以介绍，图一八五中的1是蓝色波段的图像，图一八五中的2是绿色波段的图像，图一八五中的3是红色波段的图像，图一八五中的4是近红外波段的图像。

四、遥感图像判释技术与应用

利用航空航天遥感图像进行考古调查勘察，相对于地面田野考古调查勘察而言，具有空中视野辽阔的观察优势，可以相对容易地寻找遗留在田野的各种遗迹，判断出遗迹各个组成部分的内在联系。

1. 遥感图像判释特征

利用航空航天遥感图像寻找和研究地上、地下遗迹，所采用的方法是有差异的。勘察地上遗存，是利用遗存直接暴露在地表面部分在某些特定情况下所显现的迹象；而勘察地下遗存往往是利用埋藏在地下的遗存通过一些中间媒介（土壤、植被等）间接显露在地表面的各种踪迹。地上、地下遗存直接或间接表现在地面的各种迹象或踪迹统称为勘察标志，而这些标志在遥感图像中的反映，称之为遥感图像判释标志或判释特征。

遥感图像主要的判释特征和勘察标志有：形状特征、大小特征、色调与色彩特征、阴影特征、纹形图案特征、位置布局特征、活动特征、霜雪标志、土壤标志、潮湿标志、植被标志等。勘察地上遗存一般使用形状、大小、色调（或颜色）、阴影、纹形、布局和位置等特征。勘察地下遗存通常使用土壤、霜雪、潮湿、植被等判释标志。

(1)形状特征

形状特征是指地物外部的轮廓在遥感图像上表现出的影像形状。影像形状在一定程度上反映地物的某些性质，所以形状特征是识别目标的重要依据之一。

如图一八六。利用遥感图像，可以区分封土墓冢的形状（圆形封土与方形封土）。

(2)大小特征

大小特征是指地物在图像上的影像尺寸。根据图像的比例尺或地面分辨率，能够明确给出地物大小的概念。

在相同比例尺的遥感图像，地物的尺寸大的，其成像也相对较大，如图一八七，通过量测影像可以估算出地物的实际尺寸。如孝文帝长陵，直径约95米，面积约6840平方米，文昭皇后墓，

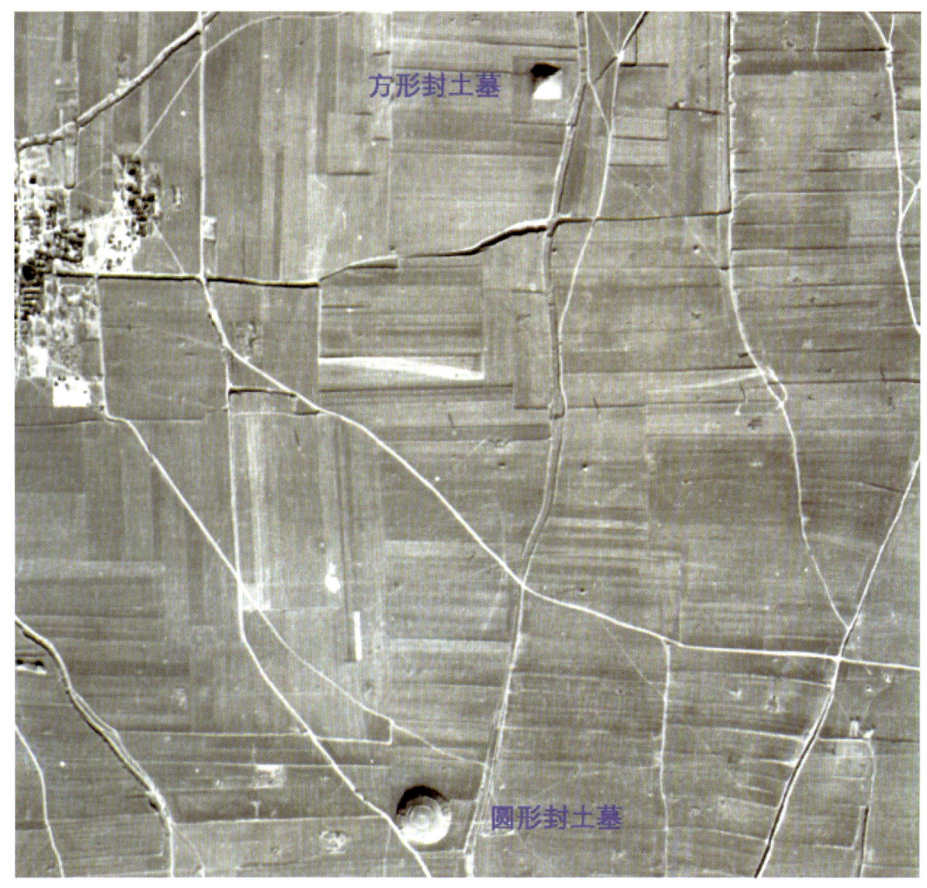

图一八六 遥感图像形状特征示例

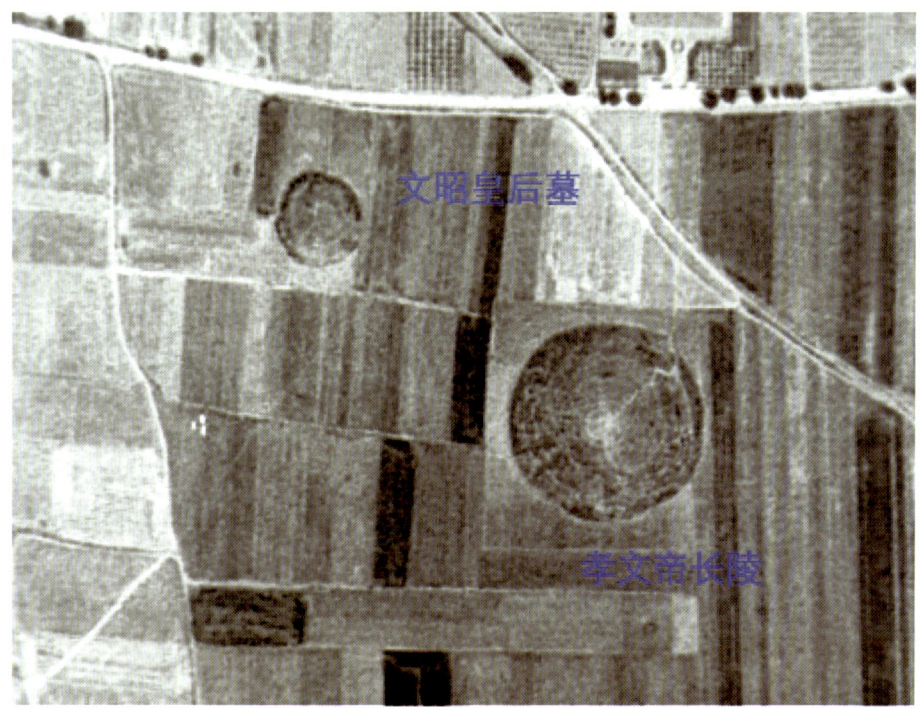

图一八七 遥感图像大小特征示例

直径约50米，面积约1920平方米。

（3）阴影特征

图像上的阴影是高出地面的目标遮挡光线直接照射的地段，在图像上所形成的深色调影像。凡高出地面的目标，在图像上不仅有本身的影像，同时还伴随着阴影的影像。阴影也有形状、大小和方向等特点。阴影特征有助于确定影像的方位，判释地物形状的高低、起伏情况，特别适合于判释较小的封土墓冢的位置。图一八八中，在樊梨花冢周围有很多小墓冢，通过阴影特征，可很容易地判读出这些小墓冢的位置。

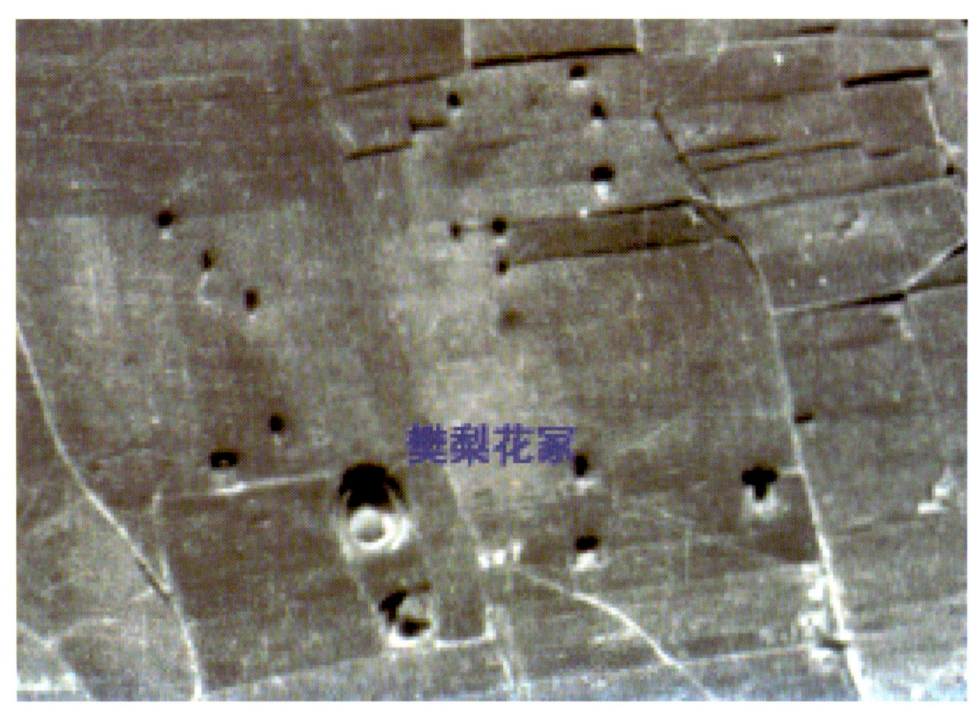

图一八八　遥感图像阴影特征示例

（4）纹形图案特征

细小地物在照片上有规律地重复出现所组成花纹图案的影像称之为纹形图案特征。纹形图案是形状、大小、阴影、空间方向和分布的综合表现，它反映色调变化的频率。纹形图案的形式有点、斑、纹、格、垅和栅等。每一种地物在图像上都有本身的纹形图案。因此，可以根据影像的这一特征识别相应地物性质。图一八九是早期的航空照片，在照片上可以看到，很多村庄的外围都由沟堑包围着，从这些图像纹理信息可以判断，该地区在古代是屯兵或用兵的重要场所。

（5）位置布局特征

位置布局特征是指地物的环境位置，以及地物间空间位置配置关系在图像上的反映，是重要的间接判释特征。图一九〇中，在后唐明宗徽陵的南面，分布着两排小墓冢（第一排三个，第二排2个），构成了非常整齐的几何形状，从该布局能解读出什么考古信息，有待考古人员进一步研究。

图一八九 遥感图像纹形图案特征示例

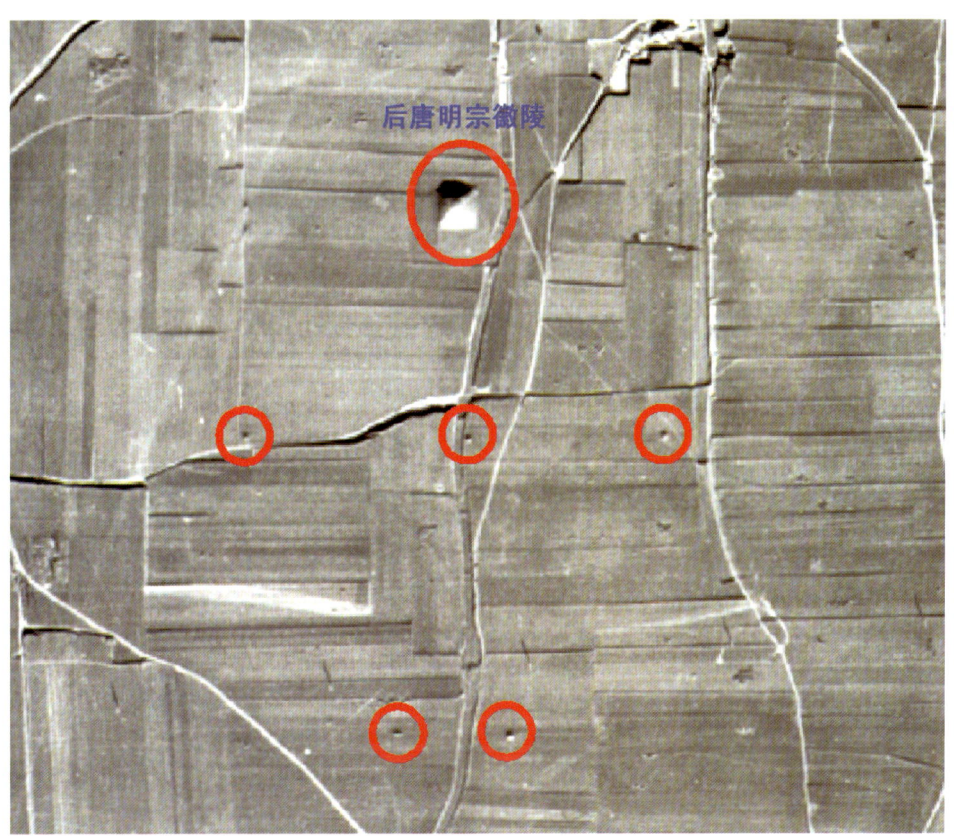

图一九〇 遥感图像位置布局特征示例

（6）霜雪标志

霜雪标志是遗迹通过霜或雪表现出来的各种迹象，它能勘察地上遗迹，也能勘察地下遗迹，但是地上遗迹和地下遗迹形成霜雪标志的原因不同，地上遗迹是通过其凸起或凹陷在地面部分所造成的分布不同，而地下遗迹则是通过所在地层同其周围自然土层之间存在的温差，导致地面霜雪融化速度不同而形成的，遗迹上面的霜雪较早融化，称其为负霜雪标志，反之为正霜雪标志。

在这次考古调查中，购进了原冢周围2006年2月11日Quick Bird遥感卫星拍摄的图像（图一九一），在原冢的南面，发现了几排规则排列的白点，这些白点是未融化的雪。通过从省气象局查询，2006年2月4日至5日该地区下了一场大雪，有这样的气象背景，可以断定，这些白点对应的地下一定有古代遗迹。后来经与该区域的勘探图对照（图一九二），验证了该判断，这是一个典型的正霜雪判释标志。

（7）土壤标志

土壤标志是指遗迹上面的土壤颜色有别于周围土壤所产生的迹象，可用于勘察地上和地下遗迹。地上遗迹的土质颜色同周围自然土壤的差异，有时在地面不易察觉，特别是当遗迹占地面积较大，而土壤标志又不十分明显时，由于观察者在地面视域狭小，缺少直接能够比较的参照

图一九一　遥感图像霜雪判释标志示例

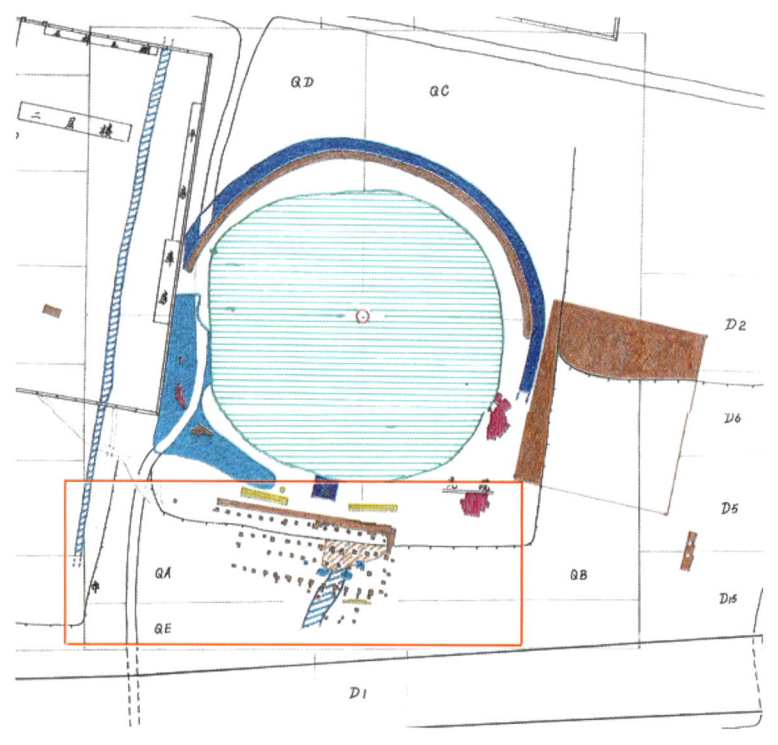

图一九二　原冢区域勘探图

物，所以一些遗迹现象很难得到发现。而在飞机或在卫星上俯视大地，视域扩大了，能够察看的参照物也多了，所以只要地上遗迹同周围土壤颜色有略微的区别，就会形成较容易发现的土壤标志。

(8)潮湿标志

潮湿标志是地上或地下遗迹通过土壤潮湿程度的差异反映出来的形迹。有些遗迹的土壤成分同周围未被干扰的自然土壤的成分区别不大或没有区别，所以从颜色上看不出差异，这样的遗迹即便暴露在地表面，一般也不易被发现。但这些遗迹有时可以通过潮湿标志显露出来，在比较干旱的季节，一场大雨过后，当田野里泥土中的雨水开始蒸发时，在很短时间里有可能出现潮湿标志。

(9)植被标志

植被标志是地下遗存影响其上面地表植物的生长，造成植物从颜色或长势高低上有别于周围的植物而显露出来的遗存迹象。一般来说，能引起霜雪标志、土壤标志和潮湿标志出现的地下遗迹也会造成植被标志。但是同其他勘察地下遗存的标志相比，植被标志有出现时间长，迹象清晰，容易辨认等优点。可作为勘察地下遗存的重要方法。植被标志有正植被标志和负植被标志之分。

2. 遥感图像判释方法

遥感图像判释方法很多，而在考古调查领域的遥感图像判释方法主要有：直判法、对比法、推断法、证据收敛法、线性追踪法等。在对遥感图像进行判释过程中，采用的判释方法是依据实际需要和所选用的遥感图像种类而确定，一般情况下都是将多种判释方法综合使用。

直判法是对遥感图像上呈现的某些地物影像，通过直接观察确定其属性，如封土墓冢、居民等，可直接从遥感图像上，一目了然地予以识别。

对比法是对遥感图像上所反映的地物影像，与另一套已知的标准遥感影像进行对比，从已知的情况推断未知的情况。

推断法是利用地物之间的相互关系，以推断分析的方法，间接地判释某些地物的属性和性质。

证据收敛法，是在对照片上呈现的地物情况，既不容易直接判定，又不易一下推断识别时，把所有的可能证据罗列出来，然后再依据综合情况的分析，逐一排除不相符合的项目，最后留下可能性最大的一项，再详细判释确定。

线性追踪法，当对一条河流、一条大的断裂带、一个人工线状建筑物进行判释时，使用线性追踪法可以获得较佳的判释结果。例如，详细分析河流的直流段、曲流段、分流段、折转处、跌水点等，能为地质构造提供确切的依据。

五、无人机在邙山陵墓调查勘察中应用

对于田野考古调查勘察，无人驾驶的航模飞机有其独特的优势。众所周知，卫星是按照设定的轨道绕地球运行，它只有通过考古调查区域上空才能获取到该区域的遥感图像，而往往过顶的时间是相对固定的，因此获取的遥感图像不一定能满足考古调查的需要。航空摄影无疑是考古调查的有效辅助手段，但由于航空飞行需要空域申请，并且受气候的影响很大，也很难及时满足考古调查的需要。无人驾驶的航模飞机，是近几年兴起的一种航拍方法，它具有设备简单、灵活机动性强、不需要申请空域、飞行成本低、实时性能好等优点，目前已经在小区域的地形测绘中得到很好的应用。在邙山陵墓群考古调查中，我们也尝试利用航模飞机进行勘探现场空中摄影，制作勘探现场图试验。

此次使用的无人机为"G8"型航模直升机，地面人工遥控，飞行高度在300米以内，最大巡航速度50千米/小时。在航模上吊装数码照相机，照相机型号为"SONY-CYBERSHOT"，像素为

图一九三　G8模型直升机外观图

图一九四　G8模型直升机工作图

2560*1920。图一九三为航模直升机外观图，图一九四为航模直升机起飞航拍工作图。

本次航拍区域为洛南调查区阎楼村西侧陵园遗址郑西高速铁路考古发掘现场，区域大小为，长200多米，宽10余米。航模直升机起飞后，遥控到该区域上空200米左右的高度，沿中心线自西南向东北，对区域进行摄影，获取有一定重叠的区域图像15幅，如图一九五，这些图像经过纠正拼接处理，制作成发掘现场影像图，如图一九六。影像图的地面分辨率达到2厘米，可以分辨出细微的物体，这样高的地面分辨率，航空航天遥感是无法得到的。

图一九五　G8模型直升机拍摄的发掘区图像

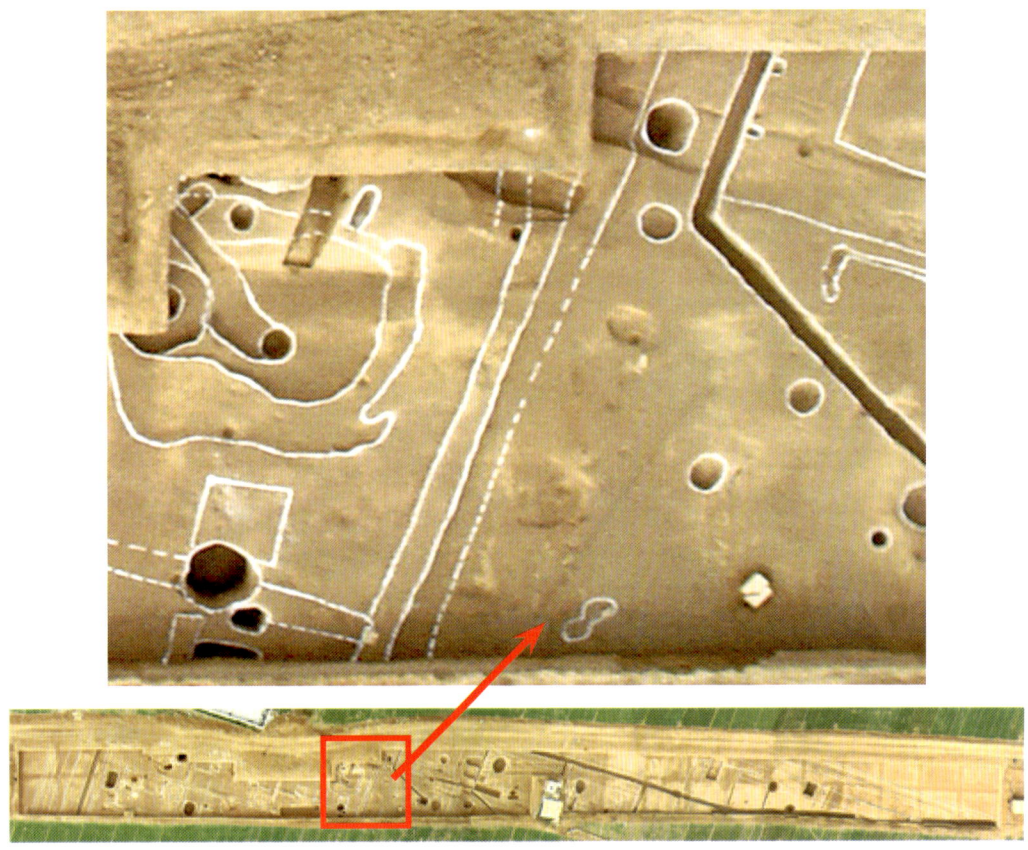

图一九六 制作的发掘区影像图

实用型的无人机摄影系统的构成如图一九七，它由无人机、机载系统、监控系统三部分组成。无人机一般有固定翼、直升机和热气球，机载系统由数字摄影系统、导航与飞行控制系统、通信系统组成，监控系统由任务系统、通信系统等构成。

六、近景摄影测量的应用

在考古调查过程中，对于重点的墓冢，需要测绘其立面图、横纵断面图等特殊图种，而这些图种的测量，采用近景摄影测量方法是最好的测绘手段之一。

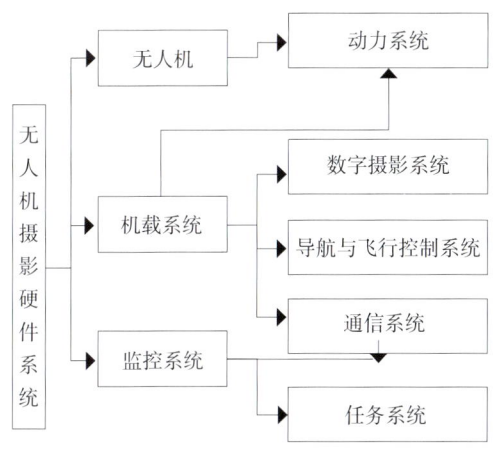

图一九七 无人机摄影系统的构成

近景摄影测量方法是利用近景测量仪或数码照相机，按照近景摄影测量的要求，拍摄被测对象的立体影像，然后在专业摄影测量仪器或摄影测量工作站中进行立体测绘，绘制出立面图、横纵断面图等。近景摄影测量方法在文物考古领域中的应用已经非常广泛，特别是在古建筑测绘、石窟测绘、古遗址测绘等。下面以封土墓冢测绘为例，阐述近景摄影测量技术方法。

1. 测图投影面的选择

根据所要求获得的图件种类不同选择投影面，目的是以较合理的方式和精度，图解表示被测物体各部分的形状、大小和相关位置。如测绘封土墓冢的立面图，一般选择能充分表示墓冢的形状的，垂直于地面的投影面，如墓冢的正投影面、背投影面、侧投影面等。

2. 近景摄影测量坐标系建立

近景摄影测量一般采用独立坐标系，需要时可以进行与其他坐标系的联测转换。墓冢全方位三维测量，需要建立一个统一的坐标系统，一般选择正北方向为坐标系Y轴，正东方向为X轴，垂直于地面方向为Z轴，坐标原点可选择在墓冢周围的任意一点，但所选择的原点，最好能保证墓冢测量的所有坐标值不出现负值。

3. 不同控制方式和技术要求

近景摄影测量需要现场提供一些控制条件作为测量的基础数据，现场控制的布设一般遵循从整体到局部的布设原则，控制方式可以是控制点方式或相对控制方式。相对控制是最方便的控制方式，相对控制可以是距离、平面、直线、角度等，在小型墓冢测绘中，最有效的相对控制方法是采用吊拉贴有标志点的尺或线，这种方法同时具有距离相对控制、平面相对控制和直线相对控制的作用。但对于大型封土墓冢测绘，相对控制方法很难满足测绘控制要求，一般需要采用控制点控制测量的方法，先在被测墓冢上布设一定数量的控制点标志，然后，用测角测距仪器（最好是全站仪）测量各控制点的在局部坐标系的三维坐标，这些点位坐标作为测图的控制点。

4. 不同类型摄影机的选择要求

用于近景摄影测量的摄影机有两类，测量型摄影仪、普通照相机。对于精度要求高的测绘，应采用专业的测量型摄影仪（如UMK10/1318、TMK-120近景摄影机等）。而普通的照相机、数码相机由于存在着焦距不定性、镜头畸变大等问题，一般只能用于对测量精度要求不高的测量，或作为局部测量的补充。

5. 摄影方式的选择

摄影方式有正直摄影、等偏摄影、交向摄影，等倾摄影等。要根据测量对象的现场条件、精度要求等因素综合考虑。封土墓冢测量的范围较大，现场较为宽阔，一般选择正直立体摄影方式，这样，建立的立体模型相对变形较小。

6. 成图比例尺和测图方法的选择

根据目标的大小与用图的要求，选择不同的成图比例尺。对于测制直径几十米到上百米的大型墓冢封土立面图，成图比例尺可选1∶50～1∶500之间。对于局部特写的立面图测绘，可选择更大的比例尺。

第四节　田野考古信息系统的设计与建立

田野考古信息系统（Field Archaeology Information System简称FAIS）是田野考古调查计算机处理应用系统，针对邙山陵墓群考古调查与勘测设计的野外考古信息系统，是建立在"3S"技术基础上的空间型管理信息系统。

邙山陵墓群田野考古信息系统的设计目标是：以田野考古现有的业务流程为依据，结合信息处理技术、GIS技术、GPS技术和RS技术，实现将野外考古的图文数据录入、数据规范化处理、考古数据库建立、考古数据管理、查询、浏览、专题图制作等功能。有效地为考古调查和考古研究工作服务。

一、需求分析

1.田野考古调查数据特点

田野考古调查资料，按数据性质可分为两大类：其一是空间数据（用空间地理坐标表示的数据），它包括调查区的各种比例尺地形图、调查区的航空航天遥感图、墓冢遗迹地理分布图、墓冢及遗迹平面图、反映墓冢形状的立面图和剖面图、遗址勘探图、发掘的遗迹遗物分布图等。其二是属性数据（或称文本数据），包括墓冢遗迹的特征描述数据（编号、类别、年代等）、勘探记录、发掘记录、出土文物记录、研究分析报告、现场照片、现场声像数据等。

2.田野考古调查业务特点

邙山陵墓群考古调查与勘测的工作内容包括：

墓冢普查：寻找遗迹、遗址的位置，了解内涵、面积、保存状况，采集遗物。

文物钻探：确定陵墓群、各个陵区的范围及布局情况。确定帝陵和陪葬墓墓冢大小和陵园的范围。

考古试掘：对个别重要的帝陵和陪葬墓的周边地方进行试掘。了解地层堆积、年代、结构、布局等情况。

从信息系统设计角度分析，作为考古调查与勘测的辅助信息系统，必须具有强大的多数据源录入、图形绘制与编辑、地理位置准确定位与地图标注、调查数据快速检索、多源数据综合管理等特点。

二、系统结构

邙山陵墓群田野考古调查信息系统，分为四个层面，一是建立集中、规范、统一的多源数据库，二是建立灵活方便的多源数据录入功能，三是建立快速查询、快速检索考古调查信息的管理功能，四是建立考古调查数据辅助分析功能。

系统结构图如图一九八所示。

三、系统设计

1.系统数据库设计

(1)基础地理数据库设计

基础地理数据存储在目录 "Geo" 中， "Geo" 下面设计了五个子目录， "Gmap" 存储地形图

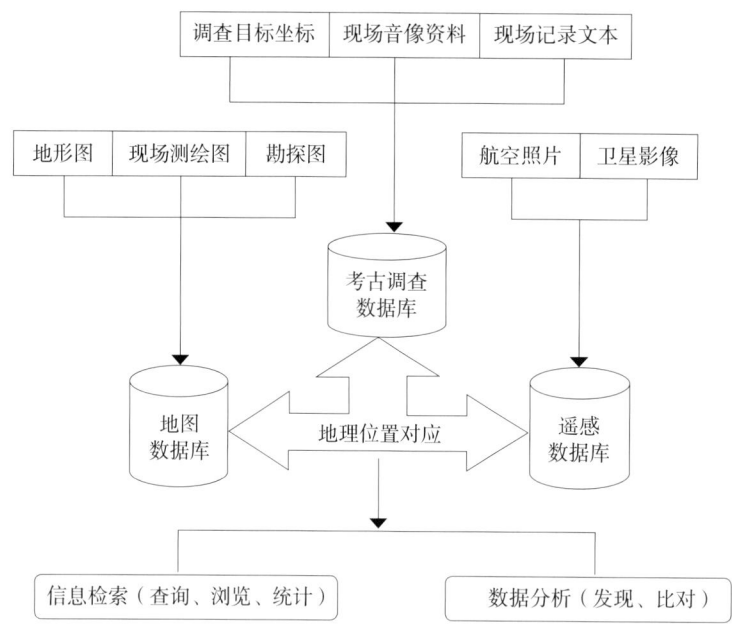

图一九八 田野考古调查信息系统结构图

数据，"Rmap"存储遥感图数据，"Kmap"存储勘探图数据，"Smap"存储特定区域大比例尺
地形图数据，"Tmap"预留存储其他图形数据。

选用1∶1万地形图作为邙山陵墓群调查基础地理框架数据，先将调查区的46幅1∶1万地形图
按地类属性作分层数字化处理，并统一归化到WGS84投影坐标系中，然后按层进行拼接，形成全
调查区的分层图数据，每一图层用一个mapinfo表文件存储，并存放于"Geo\Gmap\"目录中。

10米地面分辨率的SPOT4遥感图像，利用ERDAS遥感处理软件，制作成遥感影像地图，也归
化到与基础地理数据统一的坐标系中，然后通过转换，形成mapinfo表文件，作为调查区的一个图
层。存放于"Geo\Rmap\"目录中。

所有图层用一个mapinfo工程进行管理，在工程中对每一分类图层的显示范围作定义。具体的
分层和显示范围定义如下（表二七）。

表二七 地形图分层与显示范围定义

图层名	显示范围		标注内容
	最大	最小	
注记单位	1∶2000	1∶25000	名称
注记高程	1∶2000	1∶25000	高程值
工矿设施	1∶2000	1∶50000	

交通设施	1：2000	1：75000	
境界	1：2000	1：75000	
居民地	1：2000	1：50000	
水系	1：2000	1：75000	
植被	1：2000	1：50000	
地貌	1：2000	1：75000	
10米遥感影像图	1：25000	1：500000	

(2)考古调查数据库设计

考古调查数据种类繁多，可分为图形数据（墓冢分布图，遗址的各种比例尺地形图、平面图、勘探图，封土墓冢的立面图、断面图等），图像数据（现场照片、现场录像、空中照片等），文本数据（勘探记录、发掘记录、出土文物记录、研究分析报告等）。

墓冢分布数据，通过一个名为"调查索引表"的mapinfo表来管理，该表将墓冢分布的地理位置（分布图）和说明墓冢性质的属性数据统一管理，实现墓冢的地理位置与属性数据一一对应关系。"调查索引表"存储在"Index"目录中。表二八是"调查索引表"的内部结构。

表二八 "调查索引表"的结构

字段名	类型	说明
编号	Char(10)	墓冢在全调查区的唯一标识
名称	Char(30)	墓冢调查确定的名称
类别	Char(8)	按"帝陵"、"墓冢"、"其它"分类
现状	Char(8)	"封土"或"夷平"
发掘	Char(8)	"已发掘"或"未发掘"
年代	Char(8)	按系统定义的年代文件分
调查人	Char(10)	调查责任人
调查时间	Char(17)	调查的具体时间

备注	Char(100)	对墓冢需要进一步说明的内容
X 坐标	float	GPS 测量的经度
Y 坐标	float	GPS 测量的纬度
高程	float	墓冢的高程
obj	Symbol( )	表示墓冢的符号

每一墓冢按照统一给定的编号，在存储调查数据的目录 "DATA" 下面，建立一个以编号命名的子目录，用于存放该墓冢的调查数据，并将调查数据分为三类，分别存储到编号目录下的三个子目录中，"map" 子目录用于存储有地理坐标的图形数据，"Photo" 子目录用于存储现场图像资料，"Text" 子目录用于存储现场调查文本资料。

2.多数据源录入功能设计

(1)墓冢调查数据录入

墓冢调查数据包括地理位置数据、属性数据、文本数据、图像数据和图形数据等。在系统中，对于不同类型的数据，根据其特点，分别设计出不同的数据录入方式。地理位置数据采用电子地图图形界面交互录入并配合实测坐标录入方式，定位墓冢在电子地图中的位置。墓冢属性数据录入，通过属性录入对话框，由手工填写的方式录入。文本数据采用预设表格模板，利用Word或Excel工具录入，对于已建立的文本文件，可将文本文件直接导入系统。图像数据采用文件导入的录入方法，将图像文件、现场录像等数据直接导入到对应的存储单元，然后利用windows的文件属性信息填写补充说明该图像文件的属性数据。图形数据分要求统一坐标系和不要求统一坐标系两类数据，要求与基础地理数据统一地理坐标系统的图形数据，先通过系统设计的坐标配准功能，将图形数据归化到与基础地理数据相同的坐标系统，从而实现对图形数据的坐标配准与数据导入；另一类不要求统一坐标系的数据，直接将图形文件导入到对应的存储单元。

(2)基础地理数据录入与编辑

所有基础地理数据统一用Mapinfo的格式建立与存储，数据可在Mapinfo图形窗口做编辑修改，系统提供了点、线、面图形编辑的功能，可实现图形删除、局部修改、复制、新图形目标绘制等。由于电子地图是由若干图层构成的，用户可以对图层进行操作，如显示顺序调整、改变图层显示范围、改变图层标注方式、隐去图层、新建图层等。

(3)遥感图像的导入

遥感图像的导入，首先要解决的是遥感图像与电子地图的地理位置配准问题，由于遥感图像一般都是面中心投影（如航空照片）或线中心投影（如卫星遥感影像），而电子地图为正垂直投影，投影方式的不同，必然造成位置的差异，同时，由于图像拍摄瞬间很难保证拍摄姿态为正直，所以，需要对图像进行校正（包括投影变换、姿态改正、比例归化等）。

遥感图像校正是一个相当复杂的过程，但在遥感技术领域，已有很多专业的遥感图像处理系统可供使用，因此，在系统设计时，对于遥感图像校正问题，直接引用成熟的专业应用系统作校正处理，能够提供遥感图像校正的专业软件主要有：ERDAS Imagine、PCI Geomatica、ENVI等。

遥感图像校正方法是：在图像上选择一些明显地物点作为控制点，量测其图像坐标，然后在电子地图中读取这些点所对应的地理坐标，作为控制点的已知值，最后利用遥感传感器的校正模型以及图像所在区域的数字地面模型，进行图像校正处理，得到校正后的遥感影像图。

遥感影像图是有地理坐标的影像地图，系统设计了遥感影像图直接导入功能，通过新建立一个Mapinfo表头文件，实现遥感影像图向系统导入，成为电子地图中的一个图层，可与电子地图叠加显示。

(4)勘探图和实测图的导入

考虑到遗址勘探图和遗址实测图绘制时采用方式的多样化，常见的是根据实测结果直接在野外绘制草图、或用测量仪器采集数据，并形成数字图（如Auto CAD）等。因此，对于遗址勘探图和遗址实测图的导入，设计了三种导入方法，其一是直接将草图扫描成图像，然后通过图像与电子地图作概略配准，将遗址勘探图和遗址实测图作为影像地图保存。其二是在扫描与配准后，再进行矢量化处理，形成矢量地图保存。其三是针对于数字图，提供数据格式转换的接口，将非系统格式的图形数据转换为系统图形数据（如Auto CAD转换为Mapinfo）。

3.信息查询检索功能设计

作为一个管理系统，方便的信息查询检索功能是检验系统是否实用的关键。在系统中，设计了单个目标查询、按任意区域查询检索、根据编号或名称查询、组合查询检索、属性表查地理位置等功能。

单个目标查询，是在电子地图的图形窗口中，查询某一墓冢的属性信息，以及浏览该墓冢的调查详细信息（现场照片、文档资料、图形数据等）。

按任意区域查询检索，通过在电子地图的图形窗口中指定一任意区域，查询该区域内所有墓冢信息，浏览墓冢的调查详细信息。

根据编号或名称查询，给定一个编号或一个名称，查询该墓冢的地理位置和浏览墓冢的调查详细信息。

组合查询检索，根据类别、年代、现状、发掘情况、分区五个条件，可以按单个条件、两个条件、多个条件组合查询检索墓冢信息，统计墓冢数量，浏览墓冢的调查详细信息。

属性表查地理位置，在属性表窗口中，指定某一墓冢，查询该墓冢的地理位置，浏览墓冢的调查详细信息。

4.专题图生成与分析设计

数据库中的基础地理框架数据、遥感数据、调查数据，是全面反映调查区的公共数据，而在实际应用中，通常需要根据具体的要求，制作出能满足实际需要的图件，我们将此类图件称为专题图。专题图就是各种图形要素按照特定的要求进行必要的组合、渲染，从而达到突出主题的目的。

根据制作专题图的需要，系统设计了图层编辑、图像与矢量图叠加显示、三维地图制作与显示、图形编辑、多地图窗口显示、地图窗口另存为图像文件等基本功能。

图层编辑，能够管理当前地图窗口的所有图层（包括矢量图层、图像图层、标注图层等），并可对图层进行显示/隐藏、顺序调整、编辑设置、标注设置、图形样式替换等基本操作。

图像与矢量图叠加显示，对于有相同坐标系统的矢量图、遥感图、勘探图等，都能在同一地图窗口上叠加显示，同时可利用图层编辑功能，选择显示的矢量图层。

三维地图制作与显示，针对有三维模型数据的区域，设计了三维地图制作与显示功能，三维地图制作过程为，首先利用三维模型数据生成三维格网栅格数据，然后显示格网数据，叠加图像纹理或地图纹理，最后通过创建3D地图功能，建立三维地图窗口，显示三维地图。在三维地图窗口中，可通过鼠标拉动或数值设置，从不同视觉浏览三维地图。

图形编辑，提供对任一图层和新建图层的图形编辑功能，可利用绘图工具，绘制、修改所需要的图形要素。

多地图窗口显示，在系统中，可同时显示两个或两个以上不同内容的地图窗口，为利用不同时期、不同数据源的遥感数据比对和验证调查结果提供辅助手段。

地图窗口另存为图像文件，在系统设计好的专题图，往往都是要作为成果保存起来，而保存成通用的图像文件，将能方便地应用于考古调查研究。利用地图窗口另存为图像文件功能，用户可以将在系统地图窗口设计制作的专题图保存为图像文件，并能设置保存图像大小（越大分辨率越高），以及保存图像格式（JPG、BMP、TIF等）。

5.系统管理维护功能设计

系统管理维护，关系到系统的安全性、实用性和可拓展性。在系统管理维护功能设计上，设计了系统操作员信息设置和进入系统登陆密码验证、权限验证功能，初步解决系统的安全问题。通过数据存储路径设置、年代设置、调查图例设置等功能，解决系统的实用性和可拓展性问题。

操作员信息设置，为系统管理员提供一个合法操作者登陆列表，只有通过系统管理员登记的用户，并从管理员获取登陆密码，才能进入系统操作。

数据存储路径设置，用于指定系统的各类数据存放的位置。该功能的设计，既能保证系统在单机运行，也能将系统扩展到局域网环境运行。

年代设置，含有年代名称设置和年代对应图例色彩设置两项功能，可以根据需要增减年代的条目。

墓冢调查图例设置，通过可视化窗口，可以灵活地增加、减少、改变墓冢调查图例。

四、系统功能

邙山陵墓群田野考古信息系统，建立在Microsoft Windows环境，可在WINDOWS 2000、WINDOWS XP、WINDOWS NT等操作系统下运行。它既可以在单机模式下运行，也可以在局域网以C/S模式运行。

系统由数据录入（导入）、调查信息查询、专题图生成浏览与分析、打印输出、系统管理等功能模块组成。

数据录入（导入）模块：实现各种比例尺地形图的矢量化录入，航空航天遥感图像的录入与地形图定位配准，勘探图、发掘图的定位与导入，墓冢遗迹地理位置测量与地图标注，墓冢遗迹属性数据录入，现场照片导入，现场声像数据导入，勘探记录、发掘记录、出土文物记录、研究分析报告导入等。

调查信息查询模块：实现了基于地图的单个目标查询、区域查询，属性与地理位置双向查询，按编号、名称查询，按类别、年代、区域、发掘情况、封土与夷平等条件查询统计。查询内容包括：地理位置、属性信息、调查结果（照片、调查文档、勘探图等）等资料信息。

专题图生成浏览与分析模块：设计有遥感图与地形图、调查信息叠加显示，不同时期遥感图叠加显示，勘探图与地形图、调查信息叠加显示，测绘的特写图与地形图、调查信息叠加显示等，提供了利用不同时期、不同数据源获取的遥感信息比对田野考古调查结果的辅助分析功能。

打印输出模块：能自动生成调查分区图、局部调查图、墓葬平面图等专题图，能方便输出各类照片、调查记录表、钻探记录表和发掘记录表等。

系统管理模块：主要有员工信息设置、年代设置、调查图例设置、数据备份和恢复等功能。

五、系统主要特点

1. 实现田野考古调查的空间信息化管理

田野考古调查的对象都具有空间的特性，传统的方法是将调查结果标注到纸质地形图上，然后再通过文字和手绘的线图描述调查对象。而田野考古调查信息系统在继承传统方法的基础上，借助于计算机信息技术、地理信息系统技术，根据田野考古数据空间信息化管理的建设思路，设计了以电子地图（地形图）为基础地理框架，以调查对象的编号和地理坐标为索引的管理模式，对考古调查信息进行空间化的管理。

2. 较为完整的田野考古调查信息系统

作为一个实用型的田野考古调查信息系统，在设计时力求能够较为完整地反映田野考古调查的实际。所设计的多源数据录入、各种专题图件生成与浏览、调查信息查询统计、调查数据辅助分析等功能，以及按照田野考古调查流程将各个功能有机地联系起来，形成一个较为完整实用的田野考古调查信息系统。

3. 建立基于文本和空间的考古调查资料管理模型

田野考古调查的每一具体对象，涉及的调查资料包括位置坐标、遗迹线图、文字、照片及录像等，科学地管理好这些调查资料，是系统数据组织的核心问题。考虑到调查对象地理位置唯一性的客观现实，以及调查对象编号唯一性的主观愿望，设计了以编号作为文本索引，以地理坐标作为空间索引的考古调查资料管理模型，实现了基于文本和基于空间的检索功能，为考古调查资料查询检索提供多样化的手段。

4. 用统一的坐标系统管理所有图件

田野考古调查中，图的种类较多，尺度也不统一，为了实现各类图件能够方便地相互组合显示、相互叠加比对的功能，系统建立了统一的坐标系统，将不同比例的基础电子地图、遥感地图、调查图等所有表示空间地理位置的图件归化到统一坐标系统，并实现在同一坐标系统中无缝显示。

5. 利用GPS导航定位技术，提高田野考古调查的效率

田野考古调查配备了便携式GPS导航仪，它既能测量调查对象的地理坐标，也能记录调查的轨迹，同时能与信息系统的电子地图进行连接（直接、间接），一方面能将调查对象的坐标快速地表示到电子地图中，另一方面也能引导调查者到达在电子地图（或遥感图像）上初步判定的调查位置。较好地解决了田野考古调查中地图判读和目标定位问题。

6. 引入遥感技术，强化了田野考古调查的科学性与技术性

将遥感技术引入到邙山陵墓群考古调查，作为田野考古调查的辅助技术手段，对田野古代文化遗存的发现、揭示、记录和研究，对田野考古调查成果的验证等起到良好的作用，有效地增强考古工作的科学性与技术性。

7. 选择了适合田野考古调查需要的GIS平台

从田野考古的工作需求出发，一个理想的软件平台应该具备以下特点：能够兼容各类表格、文档、图形、图像，实现图文一体化；使用方便，可以使考古部门的人员方便地维护；绘图功能强大，可以方便绘制考古所需的图形；可直接从GPS设备获取坐标信息并动态地在地图上显示其位置；输出功能强大，可以输出符合标准的地形图、考古专题图和报告表格等；平台性价比好。综上所述，系统选择MapInfo作为开发平台，在其基础上进行二次开发，实现设计功能。

第五节 结束语

"3S"等现代信息技术，作为传统的田野考古调查方法的一种辅助技术手段，在邙山陵墓群考古调查实践中，已经收到了良好的效果。随着邙山陵墓群考古调查工作的进一步深入，现代信息技术的应用将会越来越广，发挥作用也会越来越显著，所以，现代信息技术对加快我国考古学的发展和现代化进程，以及加强文物保护工作具有重要的现实意义。

中编　邙山陵墓群相关历史文献的整理和研究

第一章　陵墓的破坏和保护

第一节　历史上的破坏活动

一、汉魏、西晋时期的盗掘

东汉 11 位皇帝及其皇后分别埋葬于洛阳城南（洛南）、城北（邙山）两大帝陵茔域，相对集中。先后历时近 200 年，陪葬其间的贵族重臣，何啻千百。《古诗十九首·驱车上东门》云："驱车上东门，遥望郭北墓；白杨何萧萧，松柏夹广路。"[1] 晋张载《七哀诗》云："北芒何累累，高陵有四五；借问谁家坟，皆云汉世主。恭文遥相望，原陵郁膴膴。"[2] 两首古诗吟咏东汉都城邙山上冢墓林立的景象。

汉陵不仅封土高大、雄峻如山，还随葬极为丰厚。《晋书·索綝传》云："时三秦人尹桓、解武等数千家，盗发汉霸、杜二陵，多获珍宝。帝问綝曰：'汉陵中物何乃多邪？'綝对曰：'汉天子即位一年而为陵，天下贡赋三分之，一供宗庙，一供宾客，一充山陵。汉武帝飨年久长，比崩而茂陵不复容物，其树皆已可拱。赤眉取陵中物不能减半，于今犹有朽帛委积，珠玉未尽。此二陵是俭者耳，亦百世之诫也。'"[3] 西晋愍帝与大臣索綝的这段著名对话，揭示了汉陵随葬极为丰厚。

东汉个别帝陵在建陵不久后即遭盗掘。顺帝于建康元年九月丙午获葬，"是岁，群盗发宪陵"[4]。《太平御览》曰："冲帝时，京时载震，三郡沙涌土裂。时帝年二岁，母后临朝，群盗大起，发掘宪陵，攻烧城邑。"[5] 皇帝初葬尸骨未寒，即遭坏棺之祸害。朝廷难保山陵完椁，可知殉葬之侈靡。周景曾为将作大匠，"及梁冀诛，景以故吏免官禁锢。朝廷以景素著忠正，顷之，复引拜尚书令"。李贤注曰："蔡质《汉仪》曰：'延熹中，京师游侠有盗发顺帝陵，卖御物于市，市长追捕不得。周景以尺一

---

1. （梁）萧统选，（唐）李善注：《文选》卷二九，《杂诗上·古诗十九首·驱车上东门》，中华书局，1977 年，第 411 页。

2. 《文选》卷二三，《咏怀诗·张孟阳七哀诗》，第 329 页。

3. 《晋书》卷六〇《索綝传》，中华书局，1974 年，第 1651 页。

4. 《后汉书》卷六《孝冲帝纪》，第 276 页。

5. （宋）李昉等编：《太平御览》卷八八〇，《咎征部七·地震》，四部丛刊本，第 120 册，第 2 页。

诏召司隶校尉左雄诣台对诘,雄伏于廷答对,景使虎贲左骏顿头,血出覆面,与三日期,贼便擒也。'"[1]
山陵虽高峻而再遭盗掘,可见侍卫疏于防范,游侠长于探冢。

东汉末年,统治黑暗,天下凶荒,资财乏匮,人或相食。战争纷起,军阀、饥民开始不约而同地发掘帝陵及其陪葬墓,以掠夺财宝。然而,对陵冢的大规模盗掘,起于董卓。

据《后汉书·孝献帝纪》等记载,中平六年四月,灵帝崩。八月,董卓率兵入洛阳,专断朝政。九月废少帝,立献帝,杀何皇后,趁丧葬之际,打开位于城北的文陵,悉取藏中珍物。灵帝居帝位20余年,积累必多,地宫埋藏丰厚,董卓大获其利。曹操、袁绍等起兵反对。献帝初平元年二月,董卓迫献帝迁都长安,自留洛阳指挥。三月,董卓焚洛阳宫庙及人家。初平二年二月,"袁术遣将孙坚与董卓将胡轸战于阳人,轸军大败。董卓遂发掘洛阳诸帝陵。夏四月,董卓入长安"[2]《后汉书·董卓传》详述曰:"于是尽徙洛阳人数百万口于长安,步骑驱蹙,更相蹈藉,饥饿寇掠,积尸盈路。卓自屯留毕圭苑中,悉烧宫庙官府居家,二百里内无复孑遗。又使吕布发诸帝陵,及公卿以下冢墓,收其珍宝。……明年,孙坚收合散卒,进屯梁县之阳人。卓遣将胡轸、吕布攻之。布与轸不相能,军中自惊恐,士卒散乱。坚追击之,轸、布败走。卓遣将李傕诣坚求和,坚拒绝不受,进军大谷,距洛九十里。卓自出与坚战于诸陵墓间,卓败走,却屯黾池,聚兵于陕。坚进洛阳宣阳城门,更击吕布,布复破走。坚乃埽除宗庙,平塞诸陵,分兵出函谷关,至新安、黾池间,以截卓后"。李贤注曰:"大谷口在故嵩阳西北三十五里,北出对洛阳故城。"[3]这场恶战的战场就在东汉南兆域帝陵区域。事亦见《后汉纪》和《三国志》。[4]

《七哀诗》述陵墓被盗惨状云:"季世丧乱起,贼盗如豺虎。毁坏过一抔,便房启幽户;珠柙离玉体,珍宝见剽虏。"[5]董卓应付战斗,发掘陵墓,动作仓促,时间短暂,而山陵雄峻,墓冢高大,数量特多,故开发难以彻底。

董卓的暴逆,引起诸州郡雄豪的一致声讨。曹操即是其中之一,他一边声讨董卓,一边效仿发冢,攫取财宝以供军需:"梁孝王,先帝母弟,坟陵尊显,松柏桑梓,犹宜恭肃,而操率将校吏士亲临发掘,破棺裸尸,略取金宝,至令圣朝流涕,士民伤怀。又署发丘中郎将、摸金校尉,所过隳突,无骸不露。身处三公之官,而行桀虏之态,殄国虐民,毒流人鬼。"[6]曹操设置机构与官员,专司刨坟挖金,可谓空前绝后。军队所过之处,皆破坏冢墓,公开盗掘,弥补财政不足。曹操二次驻扎洛阳,城外皇家陵园的无数高冢大坟,正是有司职责所系,施展功夫的大好去处。

西晋末年,五胡乱华,以洛阳为中心的河内、河东、河南三郡,被占领。司马氏五王南渡长

1.《后汉书》卷四五《周荣传附孙景传》,第1538页。

2.《后汉书》卷九《孝献帝纪》,第371页。

3.《后汉书》卷七二《董卓传》,第2327、2328页。

4.(东晋)袁弘撰、周天游校注:《后汉纪校注》,《后汉孝献皇帝纪》:"孙坚自阳人入洛阳,修复诸陵。"天津古籍出版社,1987年,第741页。《三国志》卷四六《吴书·孙坚传》:"卓寻徙都西入关,焚烧洛邑。坚乃前入至洛,修诸陵,平塞卓所发掘。"中华书局,1959年,第1097页。

5.《文选》卷二三,《咏怀诗·张孟阳七哀诗》,第329页。

6.《三国志》卷六《魏书·袁绍传》,第198页。

江，于建邺建立东晋王朝。中原朝廷官员自北迁徙，世家大族南奔渡江。而刘聪、石勒、刘曜、苻坚等相继入主中原，洛阳遭到极度蹂躏，成为马蹄践踏的焦土，诸帝山陵墓毁于永嘉之乱。刘曜、王弥"等遂陷宫城，至太极前殿，纵兵大掠。幽帝于端门，逼辱羊皇后，杀太子诠，发掘陵墓，焚烧宫庙，城府荡尽。"[1] 尤其是石勒、石季龙"并贪而无礼，既王有十州之地，金帛珠玉及外国珍奇异货不可胜纪，而犹以为不足，曩代帝王及先贤陵墓靡不发掘而取宝货焉"。[2] 在这种官盗浪潮中，西晋帝陵屡遭挖掘，几乎无一幸免。《晋书·慕容廆传》载廆上太尉陶侃笺云："自古有国有家，鲜不极盛而衰。自大晋龙兴，克平崤会，神武之略，迈踪前史。惠皇之末，后党构难，祸结京畿，衅成公族，遂使羯寇乘虚，倾覆诸夏，旧都沦灭，山陵毁掘，人神悲悼，幽明发愤。"[3]

二、明清时期的盗掘

历代战乱，大掘陵墓。唐末五代战乱之际，以及宋明以降，洛阳的古代帝王陵墓普遭盗挖。

明王士性《广志绎》云："洛阳水土深厚，葬者至四五丈而不及泉，辘轳汲绠有长十丈者。然葬虽如许，盗者尚能以铁锥入而嗅之，有金、银、铜、铁之气则发。周、秦、汉王侯将相多葬北邙，然古者冢墓大隧道至长里余者，明器多用金、银、铜、铁，今三吴所尚古董皆出于洛阳。然大冢禁于有司，不得发，发者其差小者耳。古器惟镜最多，……瓦羽觞不知其何始，冢大者得百千只，……郭公砖长数尺，空其中，亦以甃冢壁，能使千载不还于土。俗传，其女能之，遂杀女以秘其法。今吴越称以琴砖，宝之，而洛阳巨细家墙趾无不有也。"[4] 王氏曾在河南做官，注重亲身见闻和实地考察，所记具有相当规模的盗墓活动和多种出土古物当可信。洛阳白马寺现存建筑为明嘉靖时重修，其山门及天王殿用垒砌汉代帝王陵墓墓室的黄肠石为建筑材料，石上刻有"冯夏治""左仲""左部"等隶字。可见"大冢禁于有司，不得发"，并不尽然。明王鏊《震泽长语》亦云："古人行事殊非今人所及，而今人过古亦有一二事焉。古人多务厚葬，观《西京杂记》，广川王去疾发魏襄王、哀王、晋灵公之冢，金玉珍怪甚侈，盖不独秦始皇、吴阖闾也。近世山东、河南，鬻钟鼎尊匜，穷极巧丽，皆墓中物也。"[5] 毁灭性的破坏给洛阳历代陵墓考古造成许多难以逾越的困难和不可弥补的损失。

清朝末年，西方列强武力侵略中国，搜刮古物，盗运出境。汴洛铁路于1904年动工，1909年竣工，铁路通过邙山南麓，因工程动土，毁坏了一批古墓。出土的随葬明器使欧美人士竞相购求，于是乡人于农闲时节相率负镢荷锄遍野搜寻。[6]

1.《晋书》卷一〇〇《王弥传》，第22611页。

2.《晋书》卷一〇七《载记第七·石季龙》，第2781、2782页。

3.《晋书》卷一〇八《慕容廆传》，第2810页。

4.（明）王士性：《广志绎》卷三，《江北四省·河南》，中华书局，1981年，第38、39页。

5.（明）王鏊：《震泽长语·杂论》，《四库全书》第867册，上海古籍出版社影印文渊阁本，1987年，第225页。

6. 赵振华：《洛阳盗墓史略》，《中原文物特刊》第7辑，1987年，第220—233页。

三、近代的盗掘

近代以来，社会动乱不已，盗墓活动猖獗，盗掘的目标既包括突兀于地表的冢墓，还包括耕地下面的古墓。此处仅择要举例如下：

1. 周灵王陵

20世纪30年代，李健人撰书云："周灵王冢，《文献通考》：周灵王葬河南城西柏亭西周山上。龚崧林于今县城西南三山村考得之。惟前数年，冢中出古物，多秦汉间物，有大盘，铜鼎，疑非周墓。陵周二百八十七弓，高十六丈，占地十亩六分。"[1]以当时盗掘之物判断可以肯定是东周墓。当地老古董商吴圭洁以在墓地的亲身经历回忆说，1926年农历腊月，洛阳西郊孙旗屯村附近周山上传说的周灵王冢，被该地红枪会头子率领100多人，有组织地大事发掘，为期数十天。出土了三四十件东周青铜器，"内中最突出的是一个七八寸高的铜人，和带链条的祭盘大小各一，大的直径一尺四五，小的约尺许，花纹相当整齐。其余乃是些鼎彝之类"。[2]

2. 金村东周大墓

洛阳东郊金村位于邙山南麓，是周王陵和贵族墓区。1929年至1933年，这里盗掘了一批大型木椁墓。王广庆《洛阳访古记》略记其事云："民国十八年，自东城掘出大批古物，计银、玉、铜、竹、木数十件。银器多刻篆文，殊不可识，当系周秦时物。玉器多系玉杯、玉人，皆完好无瑕，温润有光，古玩家称为前此所未睹。余曾见张子美君所贻照片，为牛头形，铜质嵌银丝，此器售得十七八万元。其后挖掘之风，因之益甚。截至民国二十二年止，五六年中出土古物，售价可五十万元。……因斯时军兴，官府之力不能禁止。洛阳乡人，荷枪守卫，集资发掘。"[3]民国二十二年十月二十四日《北平晨报》发表一则消息："于洛阳县属西南金村地方，发现深不可测之穴窟，经人探视，确系古墓……"大概是事后的披露。

曾参与金村古物买卖的古董商吴圭洁回忆说："1927年冬，挖掘古物之风又移到东乡金村一带。在挖掘到一座战国后期的王侯大墓时，挖出金银器几十件、玉器百十件、金银错铜器几十件。因这一带刚开始发掘，城内古玩商人离这里又远，村人就将金银器拿到郑州卖给银楼；铜器、玉器直到次年正月始以2000多元价钱卖给本村张资美、张锡卿、王道中三人。他三人是先付了半价，俟东西出手后才将余款付清的。两三年内这地方发掘了战国晚期的帝王和后妃大墓七八座，还有许多其他古墓。金村那时成为洛阳古玩行业的重点收购地方，客商往来不断，一聚就是二三十人。这时张资美、张锡卿、王道中三人，除将东西卖给北京、上海客人外，还勾结加拿大人怀履光，使他从我国套购去大量有历史研究价值的和有高度艺术价值的玉器、金银错铜器。张资美等就发了二三十万元的横财。当时金村街有个顺口溜：'金村街，三富翁，资美、锡卿、王道中。'金村街还有三个强梁的人，是张澜堂、张实甫和马甲子，人称他们为'金村街三家什'，——洛阳人叫有权有势的强梁人为'家什'。其中马甲子因霸占坑内出土的小件精美东西，和何结、张资美等人，

---

1. 李健人：《洛阳古今谈》，第四编洛阳名胜古迹录，六历代帝王将相陵墓。1935年，洛阳铅印发行，第308页。

2. 吴圭洁：《洛阳古玩行史话》，《河南文史资料》第9辑，1984年，第144页。

3. 王广庆：《洛阳访古记》，《河南文史资料》第23辑，1987年，第132、133页。

当卖出东西时从中'吃黑'（'吃黑'系在正价外单独再得些钱）也发了大财。他在吸食鸦片烟时，随手拿出一张 5 元或 10 元钞票揩烟盘子，其奢侈情形可以想见。1931 年前后，加拿大传教士怀履光从张资美等三人手中套购去的古物有一二十万元。"[1]

怀履光，基督教圣公会河南教区第一任主教，他曾在洛阳大中街设立圣公会教堂。1907 年起到中国传教，创设教堂和盗运中国古物出境是他毕生的事业。他在得知消息后，亲临现场，觅人发掘，就地坐催，跟随了墓葬发掘的每一个阶段，获得了大量赃物。金村出土文物多半经他的手购买，运送加拿大，保存于多伦多（Toronto）博物馆。剩余部分为日本、英国、法国、瑞典等国公私收藏，一时间大量精美文物流落海外，国内所剩无几。怀氏著《洛阳故城古墓考》（White W C. Tombs of Old Lo-yang）详细记录了金村大墓的发现和盗掘经过，8 座墓的平面分布、墓葬形制结构以及随葬器物等，并就相关问题进行了专题讨论，并用 187 个图版介绍 500 余件文物。该英文书于 1934 年在上海出版，颇难觅见，近年国内有编译文章予以介绍。[2] 他说，8 座大墓只有 1 座大开口挖到底，其他的采用挖垂直深井的方法，墓中"凝重厚大的铜鼎压根儿搬不出来，只好砸碎，分件依次带出"，令人惊愕。

容庚教授所著《商周彝器通考》对这次历经数年的盗掘叙述较详："洛阳古冢遗物之发现，始于民国十七年，盗掘三年，始略竣事。发现之地，当洛阳故城遗址，北倚邙山，南临洛河。其地有古冢八，六冢自为一列，二冢平居其南，皆位于故李密城之东北隅，与故城遗址相平行。历年既久，丘墓已夷为平地，略无封树之迹，但有沙丘起伏，自邙山迤南毗连不绝而已。民国十七年，骤雨之后，一地陷落。有疑其地为古冢者，试行钻探，乃知此地地层系由木炭与小石间积而成，下有墓穴。及商得地主同意，乃从事发掘。初拟钻凿洞穴，直达墓底；继以为事不易，卒将全墓翻掘。其余七墓仅部分探采。由地面掘洞，达于墓门。再由墓门直入墓穴，为事较易也。发冢之事，始终甚秘，所获古物，局外人尟有知者。时怀履光任开封圣公会主教，于此事探访綦详，发掘之役且多目击，所著《洛阳故城古墓考》，皆其躬自采获及探访之所得也。

此书所收凡五百余品，分为六类。

(1)车马饰物类，凡九十品，如铜兽头、铜环、端饰、轴头联轴节、铜辖、铰链、承凹之属，间嵌金银纹饰，缕绘甚精，其于考核车制所裨甚大。是类器物，皆获于隧旁马坑中。

(2)冢中用器及兵器类，凡八十余种，如衔环、铜镫、三足镫、画具、周币一，文曰'东周'，镜属角足、铜兽、带钩、象箸、木梳、铜箍、铜护膝，及棺木残片之属，为数甚伙。兵器中则有铜匕首、双刃剑、铜凿、镰刀之类。

(3)明器及礼器类，凡六十余种，都百余件，如古俑、铜马、犬、猴、龙、虎之属，皆明器也。礼器之中，以令狐君嗣子壶为最著，余如三足鼎、球形器、椭圆铜碗、三足碗、酒器、三足铜盘、方壶、木壶、陶瓶，皆是。

(4)玉器及石器类，凡六十余种，近百件，如玉环、酒尊、玉饰之属，形制甚繁，其中如金质项链，

1. 吴圭洁：《洛阳古玩行史话》，第 141 — 142 页。

2. 郎保湘、赵振华编译：《关于洛阳三十年代考古的一本书》，《考古与文物》1995 年 5 期，第 78 页。霍宏伟编译：《洛阳故城古墓考》，《洛阳工学院学报（社会科学版）》2002 年 2 期，第 13 页。

系以玉佩，尤为罕见。有玉印一，文曰'公'。石圭，石环，石佩之属亦富。

（5）饰器类，玻璃属之。是类器物，名目綦繁，其最堪注意者，则玻璃一物，为冢中常见饰品，图绘纹饰中目珠之类多以玻璃为之。

（6）钟磬类，其最要者，为𪾢氏编钟，𪾢羌钟大小凡二十二器；其非编钟者凡三品，石磬之属凡十七品。以上二至六类，皆出墓穴中。

日本梅原末治著《洛阳金村古墓聚英》，分(1)铜器类，钟、铎、壶、盘、鼎、罍、鐏、钫诸器属之。(2)漆器类，彩画壶、奁、匣诸器属之。(3)银器类，杯、匣、盒、容器脚诸器属之。(4)小像类，银制人物像、铜制人物立像、人物座像、人物像、铜马诸器属之。(5)镜鉴类。(6)饰金具类。(7)带钩类。(8)玉器类。视怀氏所收更为精美而丰富。"[1]

日本考古学家梅原末治将星散于加拿大、日本、美国、英国、法国等国公家私人收藏的文物精品加以搜集，计238件，予以整理，摄影编辑为《洛阳金村古墓聚英》（日文）于1937年出版。该书前半部分为解说，后半部分为120页图版，刊出的器物，造形别致，纹饰华美，是世所罕见的文物精华。1939年复出增订版。

金村古物出土后，五、六十个古董商围聚该村。金村古董商张资美、张锡卿、王道中等将古物卖给北京、上海古董商及怀履光。怀履光把一大部分古物运往加拿大，入藏于多伦多博物馆。剩余古物为日本、英国、法国、瑞典等国公私收藏。1936年刘体智善斋所藏的十二件𪾢羌钟和同是洛阳出土的西周铜器臣辰卣售与日本住友男爵。[2]"传为昔年洛阳金村古墓中物，为从来世人所未知"的八件者沪编钟也藏于日本东烟谦三手中。《美帝国主义劫掠的我国殷周铜器集录》也著录了收藏于美国博物馆和私人手中的9件铜器，其中的豆、敦、壶、罍等5器上错有精致的金银纹饰。纽约已故垄断资本家文斯洛普的许多重要文物如金村等地出土的古玉精华，是在美国文化强盗华尔纳的唆使下，通过日本山中商会等古董商盗走的。[3]令狐君嗣子铜壶曾流失海外，陈梦家先生于1947年在纽约的华人古董商卢芹斋开的"卢公司"，请他将嗣子壶捐赠清华大学，获得同意。陈先生花了一年时间，经种种周折，于1948年使该壶回归祖国，藏于清华大学文物陈列室，并写《洛阳出土嗣子壶归国记》叙其事，他说："现在这件铜器居然平安的放在陈列室，我个人有无限的快慰。并不是在我们的收藏之中更多了一件重要的铜器，倒是为了这件重器渡重洋寄居巴黎、纽约二十年之久，现在又回到了老家。我个人特别感谢卢先生，因为他使我个人多年的梦想忽然实现：第一是大学的博物馆需要靠公私的交换与捐赠；第二是古物中有历史价值者应该保存在国内，其已出者设法请其回来。"[4]1959年调拨到中国历史博物馆陈列。铭文相同的另一壶在加拿大多伦多皇家安大略博物馆。[5]洛阳博物馆也陈列了一件素面大铜鼎。

1. 容庚：《商周彝器通考》，第二章《发现·洛阳》，哈佛燕京学社出版，1941年，第10—12页。

2. 容庚：《商周彝器通考》，第八章《价值》："民国以来，以外国购求，花纹佳者，辄价至巨万，于是国内精华，悉输海外。……二十五年，刘氏善斋所藏十二𪾢钟，及臣辰卣，以三万元归于日本住友男爵。"第168、169页。

3. 考古研究所资料室：《揭露美帝一贯掠夺我国文物的无耻罪行》，《考古》1960年4期，第1页。

4. 陈梦家：《洛阳出土嗣子壶归国记》，《文物天地》1997年2期，第19页。

5. 曹淑琴：《记我们看到的一批传世商周铜器》，《考古》1986年9期，第839页。

　　1935 年，中国组织的英国伦敦中国艺术国际展览会，名人张乃骥（叔驯）收藏的 65 件玉器珍品参展，其中第 41 ～ 第 47 号这 7 件系"河南洛阳金村出土"者，为"镂空花龙头玉带钩、满花玉剑把、金善骨链带雷纹勒（计玉勒二、密腊珠二）、玉盘龙凤、尖首带花纹玉、阴花纹玉蝉、镂龙凤花纹玉双连环。"[1] 这些玉器上的人物、动物，造形古朴奇特，为今日尚能见到图像资料的金村大墓出土战国玉器珍品。

　　南京大学藏有一件传 1931 年洛阳金村大墓出土的铜尺，为战国中晚期器物，横断面略呈拱形，长 23.1、宽 1.7、厚 0.4 厘米。[2] 学者吴承洛说："民国二十一年，洛阳金村周墓中，掘发铜尺一，为美人福开森购得（已赠与金陵大学保存），福氏撰《得周尺记》，文中云：'当时考释者，有认为周灵王时，有认为周安王时，则此尺为春秋或战国时物，可无疑也。呕驰书购得，其形如西域所出之木简，一端有孔，可以系组，分寸刻于其侧，惟第一寸有分，其余九寸无之，当五寸之处，并刻交午线。'"[3] 为极难发现的中国古代法定度量工具。

　　舀水器《甘斿银匜》，传金村出土。高 3.7、口径 11、通流宽 9.8 厘米。此匜为纯银制造，底部针刻"甘斿"二字，疑是宫观之名。"甘斿"匜是现在发现的中国最早的一件银制器皿。洛阳金村墓葬是战国时期东周王室的墓葬，因此这件器皿很可能是东周王室用器，[4] 藏中国国家博物馆。

　　据学者李学勤研究，金村古物与一般器物不同，只能属于王室专有。金村是东周天子及王室贵族的墓葬区。

3. 北魏宣武帝景陵

　　洛阳市北郊邙山乡冢头村东 1 华里处有个圆形大土冢，直径 110、高 24 米，平顶。清洛阳县知事龚崧林曾于冢前竖碑，误指为汉冲帝怀陵。20 世纪 70 年代，考古学者依据附近出土的 12 方北魏墓志的记述，确定了这座大冢是景陵。[5] 即今洛阳古代艺术博物馆西院内大冢。

　　经现场调查，发现两个盗洞。一个古代盗洞沿墓道通向墓室，一个近代盗洞从墓冢顶部下达墓室。1991 年 6 月考古发掘时发现。[6] 冢前古盗洞沿墓道土壁斜坡向下 40 余米，有宽 2.8、高 5、厚 2.44 米的封门墙。这道又高又厚的砖墙阻挡不住盗墓者，他们在墙下挖了个一人高的大洞，进入砖砌的前甬道，再向前有宽 1.94、厚 0.78 米的第二道封门墙，由于墙体不高，盗墓者在墙上部扒了个洞，钻进了砖砌的后甬道，又被石墓门阻挡于外。墓门由门楣与门额、左右立颊、门坎、左右门扇共 6 块青石构成，高 3.5、宽 2.4 米，高大坚固。盗墓者打碎门上部整石凿成的楣额，门

1. 伦敦中国艺术国际展览会筹备委员会编辑：《参加伦敦中国艺术国际展览会出品图说》第四册其他类，商务印书馆，1936 年。

2. 国家计量总局、中国历史博物馆、故宫博物院主编：《中国古代度量衡图集》，文物出版社，1984 年，第 2、3 页。

3. 吴承洛：《中国度量衡史》，上海书店，1984 年，第 137 页。

4. 中国历史博物馆编：《华夏之路》第二册，朝华出版社，1997 年，第 41 页。

5. 宿白：《北魏洛阳城和北邙陵墓——鲜卑遗迹辑录之三》，黄明兰：《洛阳北魏景陵位置的确定和静陵位置的推测》，均见《文物》1978 年 7 期。

6. 中国社会科学院考古研究所洛阳汉魏城队、洛阳古墓博物馆：《北魏宣武帝景陵发掘报告》，《考古》1994 年 9 期，第 801 — 814 页。

扇失去依托，倒入墓室。在盗洞中发现盗掘者带入墓内的宋元时期的瓷器、铜钱等物，由此判断景陵首次遭掘在宋元时期。

据当地村民回忆，冢顶的盗洞是 1941 年盗发的遗迹。这是一个竖井式盗洞，深约 30 米，向下直达砖壁墓道，与古盗洞汇合，沿同样路线进入墓室。墓室约 7 米见方，高 9 米余，由精制青砖垒砌，壁厚 2 米多，十分坚固。盗墓者劫掠随葬品后还在东壁中部刨了一个 3.2 米见方且洞穿墓壁的破口，挖到生土而后止。盗墓者把前后甬道和墓室的铺地砖几乎全部揭去运走。在后甬道近顶部的东西两壁上，各有一道硬物损伤壁面形成的条状浅沟，各宽数厘米至十数厘米，这是盗墓者将大件沉重物品拖往墓外留下的痕迹。

皇帝是中国封建社会的最高统治者，皇帝陵墓规格最高，体量最大，营造最久，随葬品数量最多，制作最精，其历史、文物价值也最高。目前已知洛阳邙山有东汉、曹魏、西晋、北魏等朝代的帝王陵墓，自古及今多遭盗发。北魏宣武帝景陵是第一座科学发掘的洛阳帝陵，由于被盗得彻底，考古发掘时在墓室只发现了少许陶、瓷器的残片。它不能提供比较完备的北魏陵墓资料，殊可惋惜。

第二节　历代王朝对陵墓的保护

自西汉迄清，朝代更迭，陵墓修废，警示着历代帝王，使其不得不对前代和本朝的陵墓加以保护、修葺和守卫，在显示本朝的仁政、太平盛世的同时，也隐含着将来自己能够获得同等关怀的祈愿。"盖夫兴灭修废者，仁政之攸先也。古之哲后，未有不先于兹道而天下归心焉。若乃躬膺天禄，陟于元后，享历弥久，传祚悠远，虽宗祀已绝，而德施未已。其或遗风余烈，蔼于旧邦；鸿猷大集，流于载籍。属巡豫之所出，瞻轨迹而匪遐，因庆贺之云，始著条式而咸备。繇是增饰园寝，申严庙貌，谨樵苏之禁，给扫除之户。秩以纪典，垂于令甲。虽余分闰位，亦俯及之。盖德之盛者，蔑以加此矣"。[1]

一、汉魏、北朝的保护

《汉书》卷一下《高帝纪》：高祖十一年（前 196 年）"十二月，诏曰：'秦皇帝、楚隐王、魏安釐王、齐愍王、赵悼襄王皆绝亡后。其与秦始皇帝守冢二十家，楚、魏、齐各十家，赵及魏公子亡忌各五家，令视其冢，复亡与它事'"。[2] 这是中国古代史上第一次由朝廷诏令保护前代帝王陵寝。

《三国志》卷二《魏书·文帝纪》：黄初二年（221 年）"春正月，郊祀天地、明堂。甲戌，校猎至原陵，遣使者以太牢祠汉世祖。"[3]

《三国志》卷三《魏书·明帝纪》：景初二年（238 年）"五月乙亥，月犯心距星，又犯中央大星。"裴松之注引《魏书》载戊子诏曰："昔汉高祖创业，光武中兴，谋除残暴，功昭四海，而坟陵崩颓，

1.（宋）王钦若等编：《册府元龟》卷一七四，《帝王部·修废》，中华书局，1960 年，第 2098 页。

2.《汉书》，中华书局，1962 年，第 76 页。

3.《三国志》，第 77 页。

童儿牧竖践蹈其上，非大魏尊崇所承代之意也。其表高祖、光武陵四面百步，不得使民耕牧樵采。"[1]

《魏书》卷七下《高祖纪》：孝文帝于太和十九年（495年）"八月甲辰，幸西宫，路见坏冢露棺，驻辇殣之。……丁亥，诏曰：'诸有旧墓、铭记见存，昭然为时人所知者，三公及位从公者去墓三十步，尚书令仆、九列十五步，黄门、五校十步，各不听垦殖。'壬辰，遣黄门郎以太牢祭比干之墓"[2]。太和二十年五月丙戌，"遣使者以太牢祭汉光武及明、章三帝陵。又诏汉、魏、晋诸帝陵，各禁方百步不得樵苏践蹋"，[3] 祭奠、保护前朝帝陵。

《魏书》卷九《肃宗孝明帝纪》：熙平元年（516年）八月丙午，诏曰："先贤列圣，道冠生民，仁风盛德，焕乎图史。暨历数永终，迹随物变，陵隧沓蔼，鞠为茂草，古帝诸陵，多见践藉。可明敕所在，诸有帝王坟陵，四面各五十步勿听耕稼"。[4]

二、东晋、南朝的保护

西晋末年，五胡乱华，西晋帝陵屡遭挖掘，几乎无一幸免。祖宗陵墓被掘，使偏安江南的东晋帝室蒙受酷辱大耻。

时传北陵被发，皇帝于建康将举哀，主簿熊远上疏曰："园陵既不亲行，承传言之者未可为定。且园陵非一，而直言侵犯，远近吊问，答之宜当有主。谓应更遣使摄河南尹案行，得审问，然后可发哀。即宜命将至洛，修复园陵，讨除逆类。……夫修园陵，至孝也。讨逆叛，至顺也。救社稷，至义也。恤遗黎，至仁也。若修此四道，则天下响应，无思不服矣。"[5] 一时未得实行。

为雪耻，东晋统治者屡次派使修复五陵，并遣军北伐，然历次行动无不以失败而告终。东晋元帝大兴二年（319年）"春正月丁卯，崇阳陵毁，帝素服哭三日。使冠军将军梁堪、守太常马龟等修复山陵。迎梓宫于平阳，不克而还"。"五月癸丑，太阳陵毁，帝素服哭三日"。[6] 穆帝永和八年（352年）"二月，峻平、崇阳二陵崩。戊辰，帝临三日，遣殿中都尉王惠如洛阳，以卫五陵"，没有结果。永和八年（352年）"八月，遣兼太尉、河间王钦修复五陵"。永和"十年（354年）春正月己酉朔，帝临朝，以五陵未复，悬而不乐"。[7]

两晋时期，桓氏家族先后出现过桓彝、桓温、桓玄等重要人物。桓温出将入相，执掌东晋军政大权多年，更是一位位极人臣、权倾朝野的显赫人物。他一生三次主持北伐，第二次取得较好的战绩。即东晋穆帝永和十二年（356年），率兵发动以收复故都洛阳、修复西晋五陵为目的北伐战争。

1.《三国志》，第112页。

2.《魏书》，中华书局，1974年，第178页。

3.《魏书》，第179页。

4.《魏书》，第224页。

5.《晋书》卷七一《熊远传》，第1884页。

6.《晋书》卷六《中宗元帝纪》，第151、152页。

7.《晋书》卷八《孝宗穆帝纪》，第198、199、200页。

永和十二年二月，"桓温请移都洛阳、修复园陵。章十余上，不许。拜温征讨大都督，督司、冀二州诸军事，以讨姚襄。……五月……姚襄自许昌攻周成于洛阳……。八月己亥，温至伊水。姚襄撤围拒之……，襄众大败……。襄西走，温追之不及……。周成帅众出降。温屯故太极殿前，既而徙屯金墉城。己丑，谒诸陵，有毁坏者修复之，各置陵令"。"十一月，……诏遣兼司空、散骑常侍车灌等持节如洛阳，修五陵。十二月，庚戌，帝及群臣皆服缌，临于太极殿三日"。[1]当时扬武将军毛穆之随桓温平洛。"温将旋师，以谢尚未至，留穆之以二千人卫山陵"。[2]这是东晋时期桓温北伐取得成功的记录，也是西晋灭亡、五陵遭劫后，东晋、南朝屡次发动以收复洛阳、修复国陵为目的的军事行动的第一次胜利。

《太平御览》引《晋中兴书》亦记，"十一年，温进征讨大都督督司冀州诸军事，委以专征之任。温乃合众治兵。七月，率众伐羌。十月，温次伊水。羌师姚襄来逆，军屯于北，遣使诣温，奉身归命，愿敕前锋小却，当拜伏路左。温答曰："我自修复中原，展敬山陵，无豫君事，欲来相迫，何复求却？"于是方轨齐进，襄率骁勇万余人距水前战。温命小弟冲及诸将奋击，襄大败奔北，自相杀害，死者数千，越北芒而奔走。温屯故太极殿前，贼周成率众降。温徙入金墉，谒先帝诸陵，被侵毁者皆缮复之，选陵令守护。"[3]温还军之后，司、豫、青、兖诸州复失陷。

穆帝升平年间，慕容恪侵逼山陵。时冠军将军陈祐守洛阳，众不过二千。吴兴男子沈劲自表求配祐效力，因以劲补冠军长史，令自募壮士，得千余人，以助祐击贼，频以寡制众。哀帝兴宁三年（365年），沈劲以五百人守城，为慕容恪杀害，[4]洛阳为燕攻取。

1988年在汉魏洛阳城东部、外郭城内，发现了东汉晚期至北魏的丛葬墓地两处，墓坑排列密集、有序，清理了28座。墓中出土数块朱书文字小砖，其中2块字迹明显，每块约20余字，记述墓穴方位与编号，上有"西人"字样。[5]通过对墓葬排列规律和埋葬状况特点的分析，并引用文献考证砖铭，可以认为"西人"是东晋随从桓温北伐的"义故西人"。他们受桓氏"累世之恩"，不乏桓温的幕僚亲信及积极追随者。桓温举行北伐这种大规模军事行动，将士中必然有一大批桓氏家族的"义故西人"。则汉魏洛阳城东廓城内丛葬墓，当是桓温北伐时"义故西人"在洛阳附近战死或因其他原因死亡者的葬地。汉魏洛阳城东廓城内"西人"丛葬墓的发现，证实了桓温的北伐与西晋帝陵的破坏和修复。[6]

孝武帝于太元九年（384年）"秋七月戊戌，遣兼司空、高密王纯之修谒洛阳五陵"。[7]淝水之战败后，苻坚逃至关中被杀（385年）。东晋将军刘波上疏曰："且苻坚灭亡，于今五年，旧京残毁，

1.《资治通鉴》卷一〇〇，中华书局，1997年，第812、813页。

2.《晋书》卷八一《毛穆之传》，第2125页。

3.（宋）李昉等编：《太平御览》卷三〇九，《兵部四十·战中》，第48册，第2、3页。

4.《晋书》卷八九《忠义传·沈劲传》，第2317页。

5. 中国社会科学院考古研究所洛阳汉魏城队：《洛阳汉魏故城北魏外廓城内丛葬墓发掘》，《考古》1992年1期，第22—31页。

6. 段鹏琦：《对汉魏洛阳城外廓城内丛葬墓地的一点看法》，《考古》1992年1期，第80—82页。

7.《晋书》卷九《孝武帝纪》，第233页。

山陵无卫，百姓涂炭，未蒙拯接。"[1] 淝水之战后，朱序为豫州刺史，屯洛阳。又加职都督司、雍、梁、秦四州军事。"帝遣广威将军、河南太守杨佺期，南阳太守赵睦，各领兵千人隶序。序又表求故荆州刺史桓石生府田百顷，并谷八万斛，给之。仍戍洛阳，卫山陵也"。[2]

安帝义熙十二年（416 年），后秦姚兴病死，太子泓即位，子侄争权。八月，东晋太尉刘裕自建康乘机进兵，兵分五路，北征姚泓。其中冠军将军檀道济将步兵自淮、淝向许、洛，十月，攻下后秦的洛阳。十月"己丑，诏遣兼司空高密王恢之修谒五陵，置守卫。太尉裕以冠军将军毛修之为河南、河内二郡太守，行司州事，戍洛阳"。[3] 刘裕北伐，袁湛兼太尉，随军至洛阳，"独至五陵展敬，时人美之"。[4]

宗室司马恢之，"义熙末，以给事中兼太尉，修谒洛阳园陵"。[5]

东晋诸帝于六十余年间，耿耿于五陵之盗毁，多次欲以修复，成功者鲜。傅亮（字季友）《为宋公至洛阳谒五陵表》记录了谒陵修陵置卫的经过："臣裕言：近振旅河湄，扬旆西迈。将届旧京，威怀司、雍。河流遄疾，道阻且长，加以伊洛榛芜，津涂久废。伐木通逵，淹引时月。始以今月十二日，次故洛水浮桥。山川无改，城阙为墟，宫庙隳顿，锺虡空列，观宇之余，鞠为禾黍。廛里萧条，鸡犬罕音。感旧永怀，痛心在目。以其月十五日奉谒五陵。坟茔幽沦，百年荒翳。天衢开泰，情礼获申。故老掩涕，三军凄感。瞻拜之日，愤慨交集。行河南太守毛修之等，既开剪荆棘，缮修毁垣，职司既备，蕃卫如旧。伏惟圣怀，远慕兼慰，不胜下情，谨遣传诏殿中中郎臣某，奉表以闻。"[6]

南朝宋武帝永初元年闰月壬午朔，"诏曰：'晋世帝后及藩王诸陵守卫，宜便置格。其名贤先哲，见优前代，或立德著节，或宁乱庇民，坟茔未远，并宜洒扫。主者具条以闻'"。[7]

南朝齐明帝建武二年十二月丁酉，"诏曰：'旧国都邑，望之怅然。况乃自经南面，负扆宸居，或功济当时，德覃一世，而茔垅横秽，封树不修，岂直嗟深牧竖，悲甚信陵而已哉。昔中京沦覆，鼎玉东迁，晋元缔构之始，简文遗咏在民，而松门夷替，埏路榛芜。虽年代殊往，抚事兴怀。晋帝诸陵，悉加修理，并增守卫'"。[8]

梁武帝天监六年四月癸未，诏曰："命世兴王，嗣贤传业，声称不朽，人代徂迁，二宾以位，三恪义在，时事浸远，宿草榛芜，望古兴怀，言念怆然。晋、宋、齐三代诸陵，有职司者勤加守护，勿令细民妄相侵毁。作兵有少，补使充足。前无守视，并可量给。"[9]

1.《晋书》卷六九《刘波传》，第 1840 页。

2.《晋书》卷八一《朱序传》，第 2133 页。

3.《资治通鉴》卷一一七，第 947 页。

4.《南史》卷二六《袁湛传》，中华书局，1975 年，第 697 页。

5.《晋书》卷三七《彭城穆王权传附纮子俊传》，第 1094 页。

6.《文选》卷三八《表》下，傅季友：《为宋公至洛阳谒五陵表》，第 534 页。

7.《宋书》卷三《武帝纪下》，中华书局，1974 年，第 56 页。

8.《南齐书》卷六《明帝纪》，中华书局，1972 年，第 88 页。

9.《梁书》卷三《武帝纪下》，中华书局，1973 年，第 84 页。

三、隋唐的保护

　　隋炀帝大业二年十二月庚寅，"诏曰：'前代帝王，因时创业，君民建国，礼尊南面。而历运推移，年世永久，丘垄残毁，樵牧相趋，茔兆堙芜，封树莫辨。兴言沦灭，有怆于怀。自古已来帝王陵墓，可给随近十户，蠲其杂役，以供守视'"。大业五年"二月戊戌，次于阌乡。诏祭古帝王陵及开皇功臣墓"。[1]

　　唐太宗贞观四年九月"壬午，令自古明王圣帝、贤臣烈士坟墓无得刍牧，春秋致祭"。[2]

　　唐高宗显庆二年"十月，幸许州，次自善顿。遣使祭魏明帝高平陵，帝自制祭文。又遣使祭后汉光武原陵、明帝节陵、晋武帝峻阳陵。"[3]

　　唐中宗神龙二年四月"制：'自古帝王及圣贤墓并禁樵采'。三年冬，幸温汤，境内有自古帝王陵致祭。玄宗开元十二年十一月幸东都，古帝王陵并精意致祭。十七年四月，谒诸陵，赦。制：'自古帝王陵宜令所在州县致祭。'六载正月诏曰：'……自古圣帝明王、忠臣烈士陵墓有颓毁者，先令修葺，并禁其采樵。岁月深久，摧坏或多。宜令所縣郡县，明申前敕处分'"。玄宗天宝三载十二月，祀九成宫礼毕，"诏：'自古圣帝明王陵墓，有颓毁者，宜令管内量事修葺，仍明立标记，禁其樵采'"。[4]之后肃宗、代宗、德宗、宪宗、穆宗等亦申令之。

　　玄宗开元"十二年十一月庚午，幸东都。敕有司所经名山大川，自古帝王陵，忠臣烈士墓，精意致祭，以酒脯时果用代牲牢。丙寅，至华州，命刺史徐知仁与信安王祎，勒石于华岳祠南之通衢，帝亲制其文"。[5]

四、五代的保护

　　后唐庄宗号昭宗嫡孙，同光元年（923年）十一月，庄宗自汴出发，十二月至洛，定为国都。"庄宗幸雒，车驾次汜水，翰林学士刘昫、赵凤、于峤等议，高祖、太宗庙在雒北，请帝亲行拜荐，庶天下知敬祖奉先之道……次偃师，又议昭宗园陵不远，道周既除，大憝车驾，宜请告谒。追思惋愤，号恸寝园，然后还宫，始为得礼"。[6]

　　同光二年"二月丁亥，遣宗正李纾朝拜和陵"。[7]

1.《隋书》卷三《炀帝纪上》，中华书局，1973年，第66、72页。

2.《旧唐书》卷三《太宗纪下》，中华书局，1975年，第40页。

3.《册府元龟》卷一七四《帝王部·修废》，第2099页。

4.《册府元龟》卷一七四《帝王部·修废》，第2100页。

5.《册府元龟》卷三三《帝王部·崇祭祀》，第359页。

6.《册府元龟》卷三三六《宰辅部·强很》，第3975页。

7.《册府元龟》卷三一《帝王部·奉先四》，第335页。

同光二年八月"乙未，中书门下上言：'诸陵台令丞请停，以本县令知陵台事。'从之"。[1] 庄宗《迁昭帝陵敕》云："朕顾惟寡德，获嗣丕图，奉先之道尝勤，送往之诚靡怠。爰自重兴庙社，载展郊禋，旋荡涤于瑕疵，复涵濡于庆泽。盖忧劳靖国，旷坠承祧，御朽若惊，涉川为惧。繇是推移岁月，郁滞情怀。恭念昭宗晏驾之辰，少帝登遐之日，咸罹虺毒，遽殒龙髯，委冠剑于仇雠，托山陵于枭獍。静惟规制，岂叶度程，存怆结以弥深，固寝兴而增惕。虔思改卜，式慰允怀。宜令所司别选园陵，备礼迁葬，贵雪幽明之故，以申追慕之心。凡百臣寮，体朕哀感。"[2] 因昭宗遭朱温之弑，葬故多阙，而有是敕。同光三年正月"丙申，诏以昭宗、少帝山陵未备，宜令有司别选园陵改葬，寻以年饥财匮而止"。[3]

同光三年六月辛未，以宗正卿李纾充昭宗、少帝改卜园陵使。丙戌，诏曰："关内诸陵，顷因丧乱，例遭穿穴，多未掩修。其下宫殿宇法物等，各令奉陵州府据所管陵园修制，仍四时各依旧例荐飨。每陵仰差近陵百姓二十户充陵户，以备洒扫。其寿陵等一十陵，亦一例修掩，量置陵户。"戊子，以刑部尚书李琪充昭宗、少帝改卜园陵礼仪使。己丑，以工部郎中李途为京兆少尹，充修奉诸陵使。[4]

后唐庄宗同光三年六月，巡简诸陵使、工部郎中李途奏："昨计三十三陵及合重修下宫殿宇法物等敕，关内诸陵，顷因襄乱，例遭穿穴，多未掩修。其下宫殿宇法物等，各令奉陵州府据所管陵园修制，仍四时各依例荐飨，及逐陵仰差近陵百姓二十户，放杂差遣，充陵户，备洒扫。其寿陵等十二陵，亦一例修掩，可量置陵户"。[5]

唐末哀帝于天祐五年（908年）二月为朱全忠所害，"以王礼葬于济阴县之定陶乡"。后唐庄宗"中兴之初，方备礼改卜，遇国丧而止。明宗时就故陵置园邑"。[6]

明宗天成元年（926年）十月，"宗正卿李纾奏，三京畿县有陵园处，每县请都置陵台令一员，冀专局分，免有旷遗。二年七月，宗正少卿李尧请修恭陵、和陵。"[7]

天成元年"十一月庚寅，宗正少卿李尧奏，恭陵所其山园之内，被民户起舍屋居止，台观皆被侵耕，柏城松迳，樵采殆尽，乞下本县与寺司，重定完本园林地亩，从之。"[8]

明宗天成二年二月庚戌，诏"河南府新安县宜为次赤，以雍陵在其界故也"。[9]

明宗天成二年三月丙寅，"宗正丞李郁奏，两京畿甸园陵之制，其地四十里曰封山，爰自唐室已来，收在公田之籍，今方绍袭，宜正规仪。四月，敕三京诸县有园陵处，每县宜置一员陵令，

1.《旧五代史》卷三二《唐书八·庄宗纪》，中华书局，1976年，第440页。

2.《全唐文》卷一○四《后唐庄宗》，中华书局，1983年，第1065页。

3.《旧五代史》卷三二《唐书八·庄宗纪》，第444页。

4.《旧五代史》卷三二《唐书八·庄宗纪》，第448、449页。

5.《册府元龟》卷一七四《帝王部·修废》，第2101、2102页。

6.《旧唐书》卷二○下《哀帝本纪》，第811页。

7.《册府元龟》卷六二一《卿监部·司宗》，第7471页。

8.《册府元龟》卷三一《帝王部·奉先四》，第336页。

9.《旧五代史》卷三八《唐书一四·明宗纪》，第520页。

都勒检校勾当"。[1] 为重申封域，再置陵令。

"末帝清泰元年十一月己未，宗正寺言，御史台转报百司，各抄六典令式，内本司事，举行职典。宗庙陵园，列圣陵寝，多在关西，梁季为贼臣盗发。同光初，曾差供奉官李说、工部郎中李途，往关西巡陵祭告，属朝廷有故不行。明宗天成初，差丞李郁检校。又长兴四年，诏掩闭无主坟墓。况列圣陵寝，伏遇中兴，虽有修奉之言，而无掩闭之实。乞差官检讨修奉，置陵令一员，应属陵之四封，各乞寺司管系。诏曰：'所请修奉列圣陵寝及差官，宜依其陵令，候事毕日以闻。'十二月丁卯诏曰：'列圣陵寝多在关西，中兴已来，未暇修奉。宜令京兆、河南、凤翔等府，耀州、乾州奉陵诸县，其陵园有所阙漏，本处量差人工修奉，仍人给日食祭告，下太常宗正寺参详奏闻。'三年五月丁酉，诏：'京兆、河南府，凤翔、耀州、乾州等奉陵州县，缘本庙陵寝，中为盗发，修奉未备，宜令本管州府，量事差人修奉，其人工给食祭料并从官给。'"[2]

后晋高祖天福二年三月丙寅，"诏：'车驾经过州府管界，所有名山大川、帝王陵庙、名臣祠墓，去路十里者，宜令本州排比祗候，驾经过日，以酒脯祭告。'"[3]

后汉高祖乾祐元年正月，"诏曰：'天下名山大川、圣帝明王、忠臣烈士祠庙坟墓，委所在量加修葺。'又诏曰：'恭惟列祖园陵，诸圣祠庙，桑田变海，当时之弓剑犹存；精爽在天，终古之威灵不泯。载惟追感，诚切永怀，其雍州西京及诸州府，应有诸帝陵庙，仰所在修奉，务令完葺。'"[4]

《册府元龟》卷一七四《帝王部·修废》："隐帝乾祐元年敕：我国家肇迹丰沛，膺录并汾，盖承积德之灵，再享配天之业。四百年之洪绪，一千载之遗风，乃祖陵园，先时庙貌，属累朝之隔越，谅如在之因循，将明追孝之心，当尽奉先之敬。天下州府，应有两汉诸帝王陵园庙宇，宜令所属长吏检讨，量加修饰，其陵园侧近，禁止刍牧樵采（时刘掞为宗正卿，谓宰相曰：'国家称汉，庙有高祖世室，而两都陵园、诸国王子坟墓，并合略加检饰，以光圣运也。'虽下此敕并无检行）。"[5]

后周太祖广顺元年正月丁卯，"制曰：'近代帝王陵寝，合禁樵采。唐庄宗、明宗、晋高祖，各置守陵十户，以近陵人户充。汉高祖皇帝陵置职员及守宫人，时月荐享。并守陵人户等，一切如故。仍以晋、汉之胄为二王后，委中书门下处分云'"。[6] "显德元年正月赦文，前代帝王陵庙及名臣坟墓无后者，所在官吏简较，勿令樵采耕犁"。[7]

五、宋明的保护

宋太祖建隆元年，"诏：'前代帝王陵寝、忠臣贤士丘垅，或樵采不禁、风雨不芘，宜以郡国

1.《册府元龟》卷一七四《帝王部·修废》，第 2101 页。

2.《册府元龟》卷一七四《帝王部·修废》，第 2101、2102 页。

3.《旧五代史》卷七六《晋书·高祖纪》，第 999 页。

4.《册府元龟》卷一七四《帝王部·修废》，第 2102 页。

5.《册府元龟》第 2 册，2102、2103 页。

6.《旧五代史》卷一一〇《周书·太祖纪》，第 1460 页。

7.《册府元龟》卷一七四《帝王部·修废》，第 2103 页。

置户以守，隳毁者修葺之'。乾德初，诏：'历代帝王，国有常享，著于甲令，可举而行。自五代乱离，百司废坠，匮神乏祀，阙孰甚焉。按《祠令》，先代帝王，每三年一享，以仲春之月，牲用太牢，祀官以本州长官，有故则上佐行事。官造祭器，送诸陵庙。'又诏：'先代帝王，载在祀典，或庙貌犹在，久废牲牢，或陵墓虽存，不禁樵采。其太昊、炎帝、黄帝、高辛、唐尧、虞舜、夏禹、成汤、周文王武王、汉高帝光武、唐高祖太宗，各置守陵五户，岁春秋祠以太牢；商中宗太戊高宗武丁、周成王康王、汉文帝宣帝、魏太祖、晋武帝、后周太祖、隋高祖，各置三户，岁一享以太牢。秦始皇帝、汉景帝武帝明帝章帝、魏文帝、后魏孝文帝、唐玄宗宪宗肃宗宣宗、梁太祖、后唐庄宗明宗、晋高祖，各置守陵两户，三年一祭以太牢。周桓王景王威烈王、汉元帝成帝哀帝平帝和帝殇帝安帝顺帝冲帝质帝献帝、魏明帝高贵乡公陈留王、晋惠帝怀帝愍帝、西魏文帝、东魏孝静帝、唐高宗中宗睿宗德宗顺宗穆宗代宗敬宗文宗武宗懿宗僖宗昭宗、梁少帝、后唐末帝诸陵，常禁樵采。'寻又禁河南府民耕晋、汉庙墙地。凡诸陵有经开发者，有司造衮冕服、常服各一袭，具棺椁以葬，掩坎日，所在长吏致祭"。[1]

建隆二年四月壬寅《前代圣后贤臣置守陵户诏》："前代圣帝明王。陵域咸在。忠臣贤士。邱垄尚存。或樵采不禁。或风雨不庇。永言旧典。阙孰甚焉。宜令郡国置守陵户。坟墓有隳坏者。量加修葺。务令严洁。以称朕意。"[2]

建隆四年六月丙申《前代帝王三年一享诏》："历代帝王，国有常享，著于甲令，可举而行。自五代乱离，百司废坠，匮祠乏祀，岂谓德馨。捍难御灾，或乖血食，永言祭法，阙孰甚焉。宜令有司准祠部令，应先代帝王三年一享。以仲春之月，牲用太牢，祠官以本州长官充。若有故，遣上佐行事。高辛庙在宋州谷熟，尧庙在晋州临汾，以稷契配。舜庙在河中，以皋陶配。夏禹庙在陕州夏县，以伯益配。商汤庙在偃师，以伊尹配。周文王在丰，以太公配。武王在镐，以周公召公配。与文王同，庙在咸阳。享汉高祖于长陵，以萧何配。自高辛以下诸帝，久停祭享，宜令有司准令文处分，起来年仲春行享。逐处长吏即差宾佐行事，太牢以羊豕代之，馔料官给，祭器有司制造给付。其诸帝祠庙，仍令本所修葺。有陵处，仰州县指挥，勿令摧毁，仍禁樵采。汉光武、唐太宗，道济生民，功高百世。或庙貌未立，或祀典未修，永言旧章，无乃有阙。光武宜就南阳立庙祭享，唐太宗宜就京兆府醴泉县立庙祭享，至时行享。其两庙配享功臣，宜令吏部尚书张昭检讨以闻。"[3]

乾德四年十月癸酉《前代帝王置守陵户祭享禁樵采诏》："自古帝王，受天眷命，功侔造化，道庇生民，咸载简编，宜崇典礼。或庙貌犹在，久废牲牷；或陵寝虽存，不禁樵采。朕顺考古道，咸秩无文，方怀景慕之心，敢怠寅恭之意。其太皞葬宛邱，炎帝葬长沙，黄帝葬乔山，颛顼葬临河，高辛葬濮阳，唐尧葬城阳，虞舜葬零陵，女娲葬赵城，夏禹葬会稽，商汤葬宝鼎县，周文王、武王葬咸阳县，汉高祖葬长陵，在长安北，后汉世祖葬洛阳界，唐高祖葬三原县东，太宗葬醴泉县北。凡已上一十六帝，各置守陵五户，每岁春秋二时，委所在长吏，各设一祭。商中宗太戊葬内

1.《宋史》卷一〇五《礼志八》，中华书局，1977 年，第 2558、2559 页。

2.《宋大诏令集》卷第一五六《政事九》，中华书局，1962 年，第 584 页。

3.《宋大诏令集》卷第一五六《政事九》，第 585 页。

黄县东南，高宗武丁葬西华县北，周成王、康王葬毕原，汉文帝葬霸陵，在长安东，宣帝葬杜陵，在长安南，魏太祖葬于邺，晋武帝葬洛阳，后周太祖文帝及隋高祖文帝并葬富平县。已上一十帝，各置守陵三户，每岁一享。秦始皇帝葬昭应县，汉景帝葬阳陵，在长安东北，武帝葬茂陵，在长安西，后汉明帝章帝并葬洛阳，魏文帝葬晋阳山，后魏孝文帝葬富平县，唐元宗葬奉先县，肃宗葬醴泉县，宪宗葬奉先县，宣宗葬云阳县，梁太祖葬伊阙县，后唐庄宗葬新安县，明宗葬洛阳东北，晋高祖葬寿安县。已上一十五帝，各置守陵两户，每三年一祭。仍并委所在长吏，祀以太牢，以羊代。周桓王葬渑池县，灵王葬河南柏亭西，景王葬洛阳太仓中，威烈王葬洛阳城西隅，前汉元帝葬渭陵，在长安县，成帝葬延陵，在咸阳县，哀帝葬义陵，在扶风，平帝葬慎陵，在洛阳东南，殇帝葬康陵，在慎陵茔中，安帝葬恭陵，在洛阳北，顺帝葬洛阳西，质帝葬洛阳东南，献帝葬渭城西，魏明帝葬河清县大石山，高贵乡公葬洛阳瀍涧之滨，陈留王葬平原，晋惠帝葬太阳陵，在洛阳，怀帝愍帝并葬平阳，西魏文帝葬富平县，东魏孝静帝葬邺郡，唐高宗葬奉天县，中宗葬富平县，睿宗葬奉先县，代宗葬富平县，德宗葬云阳县，顺宗葬富平县，穆宗葬奉天县，恭宗葬三原县，文宗葬富平县，武宗葬三原县，懿宗葬富平县，僖宗葬奉天县，昭宗葬缑氏县，梁末帝葬伊阙县，后唐清泰帝葬明宗陵南。已上三十八帝陵寝，常禁樵采。应已上帝王寝庙，委逐处长吏及本县令佐，常切检校。罢任日，具有无废阙批书历子。其祠祭仪注，仍令有司颁下。"[1]

宋真宗景德元年，"诏：'前代帝王陵寝，名臣贤士、义夫节妇坟垄，并禁樵采，摧毁者官为修筑。无主者碑碣、石兽之类，敢有坏者论如律。仍每岁首所在举行此令'"。[2]

景德元年十月辛巳《圣帝贤臣陵墓禁樵采诏》："历代圣贤，名标简策，咸有封树，载于图经。至于严禁樵苏，盖邦家之令典；盗发冢墓，有律格之明文。如闻奸凶，颇恣穿掘，特申约束，用警群伦。其诸路管内帝王陵寝、名臣贤士义夫节妇坟垄，并禁樵采。毁者官为修筑，无主坟墓碑碣石兽之类，敢坏者论如律，每岁首所在举行此令。"[3]

天禧元年六月乙卯《申禁历代陵寝樵采诏》："眷惟前代，崇建寝园，凡在部封，宜增严卫，矧屡颁于条诏，俾申禁于樵苏。尚或因循，致兹侵暴，特加告谕，用示轸怀。应有历代帝王陵寝之所，依元诏禁止樵采，违者特收捕严断。"[4]

真宗天禧元年六月"庚辰，盗发后汉高祖陵，论如律，并劾守土官吏，遣内侍王克让以礼治葬，知制诰刘筠祭告。因诏州县，申前代帝王陵寝樵采之禁"。[5]

神宗元丰六年正月乙未诏："周、汉以来帝王陵庙，久阙修治。其令州县以陵地所入租课葺之。"（两纪并书："诏修周、汉以来陵庙。"）[6]

《明史》卷五〇《礼志四》：太祖于"洪武三年遣使访先代陵寝，仍命各行省具图以进，凡七十有九。

1.《宋大诏令集》卷第一五六《政事九》，第 585 页。

2.《宋史》卷一〇五《礼志八》，第 2559 页。

3.《宋大诏令集》卷第一五六《政事九》，第 586 页。

4.《宋大诏令集》卷第一五六《政事九》，第 587 页。

5.《宋史》卷八《真宗纪三》，第 162 页。

6.（宋）李焘：《续资治通鉴长编》卷三三二《神宗元丰六年》，中华书局，2004 年，第 8000 页。

礼官考其功德昭著者，曰伏羲，神农，黄帝，少昊，颛顼，唐尧，虞舜，夏禹，商汤，中宗，高宗，周文王、武王、成王、康王、汉高祖、文帝、景帝、武帝、宣帝、光武、明帝、章帝，后魏文帝，隋高祖，唐高祖、太宗、宪宗、宣宗，周世宗，宋太祖、太宗、真宗、仁宗、孝宗、理宗，凡三十有六。各制衮冕，函香币。遣秘书监丞陶谊等往修祀礼，亲制祝文遣之。每陵以白金二十五两具祭物。陵寝发者掩之，坏者完之。庙敝者葺之。无庙者设坛以祭。仍令有司禁樵采。岁时祭祀，牲用太牢。四年，礼部定议，合祀帝王三十五。在河南者十：陈祀伏羲、商高宗，孟津祀汉光武，洛阳祀汉明帝、章帝，郑祀周世宗，巩祀宋太祖、太宗、真宗、仁宗。在山西者一：荥河祀商汤。在山东者二：东平祀唐尧，曲阜祀少昊。在北平者三：内黄祀商中宗、滑祀颛顼、高辛。在湖广者二：酃祀神农，宁远祀虞舜。在浙江者二：会稽祀夏禹、宋孝宗。在陕西者十五：中部祀黄帝，咸阳祀周文王、武王、成王、康王、宣王、汉高帝、景帝，咸宁祀汉文帝，兴平祀汉武帝，长安祀汉宣帝，三原祀唐高祖，醴泉祀唐太宗，蒲城祀唐宪宗，泾阳祀唐宣宗。岁祭用仲春、仲秋朔。于是遣使诣各陵致祭。陵置一碑，刊祭期及牲帛之数，俾所在有司守之。已而命有司岁时修葺，设陵户二人守视。又每三年，出祝文、香帛，传制遣太常寺乐舞生赍往所在，命有司致祭。其所祀者，视前去周宣王，汉明帝、章帝，而增祀娲皇于赵城，后魏文帝于富平，元世祖于顺天，及宋理宗于会稽，凡三十六帝。后又增祀隋高祖于扶风，而理宗仍罢祀。又命帝王陵庙所在官司，以春秋仲月上旬，择日致祭"。[1]

《明史》卷七二《职官志》："虞衡典山泽采捕、陶冶之事。……凡诸陵山麓，不得入斧斤、开窑冶、置墓坟。凡帝王、圣贤、忠义、名山、岳镇、陵墓、祠庙有功德于民者，禁樵牧。"[2]

六、清代的保护

清于开国之初，顺治元年十月诏曰："明国诸陵，春秋致祭，仍用守陵员户。帝王陵寝及名臣贤士坟墓毁者修之，仍禁樵牧。"[3] 各地遵照执行。

《清史稿》卷八四《礼志三》："陵寝之祭，太宗征明，至燕京，即遣贝勒阿巴泰等赴金太祖、世宗陵致祭。顺治建元，礼葬明崇祯帝、后，复诏明十二陵絜禋祀，禁樵牧，给地亩，置司香官及陵户。岁时祭品，户部设之。明年，定春、秋仲日致祭，遣官行。六年，定明陵仍设太监，并置房山、金陵陵户。八年，定帝王陵寝祀典，淮宁伏羲，滑县颛顼、帝喾，内黄商中宗，西华商高宗，孟津汉光武，郑周世宗，巩宋太祖、太宗、真宗、仁宗，赵城女娲，荥河商汤，曲阜少昊，东平唐尧，中都轩辕，咸阳周文、武、成、康，泾阳汉高祖、唐宣宗，咸宁汉文帝，长安宣帝，富平后魏孝文帝，三原唐高祖，醴泉太宗，蒲城宪宗，酃神农，宁远虞舜，会稽夏禹，江宁明太祖，广宁辽太祖，房山金太祖、世宗，宛平元太祖、世祖，昌平明宣宗、孝宗、世宗，各就地飨殿行之，

1.《明史》，中华书局，1974年，第1291、1292页。

2.《明史》，第1760页。

3.《清史稿》卷四《世祖本纪一》，中华书局，1976年，第90页。

或因陵寝筑坛，惟元陵望祭。十六年，幸畿辅，亲酹崇祯帝陵，谥曰庄烈愍皇帝。"[1]

　　唐代以后，邙山帝陵远离了人们的视线，已不能确知各帝陵的具体地望，洛阳知县龚崧林是最早的一位有心解谜的人，他也是邙山古墓冢保护的先驱。

　　乾隆九年（1744 年），龚崧林踏察洛阳邙山等处诸大冢，在 20 余冢前立碑，确定墓冢名称，划定陵域范围。同时在县志上明确规定各皇陵的范围亩积，禁止耕种樵采："查县治所隶有据者，画界立石，以志焉。其他古墓考据得实，亦为请丈地域，表识其处，仍不时稽查，盗占者罪之，用以稍安泉壤。"《洛阳县志》记载其文，体现了地方政府保护古代遗迹的意识。

　　"为恳请严饬停种陵地，以安灵爽，以大尊崇事，职委署巩邑，恭逢秋祭宋陵。瞻拜之下，仅见四陵完全，其余五陵，俱被农民垦种，止存一抔墓土，竟无尺寸余地，且石人石兽等类，俱皆倒陷不全。随讯之，该丞等据称，系前任巩县令，奉前河东督宪王檄令开垦，给贫民耕种。其石人石兽等类，亦被民人刨坑掩埋，上盖浮土种植等语。查得古帝王陵寝，山前山后，各有定界。原应地方官守护，不许樵采耕种、放牧牛羊，以昭崇重，典礼基隆，而例禁亦甚严也。今前宋在巩之陵共九座，其永昭等五陵，于雍正十二年间，经前任知巩县某，以不奉祭祀之陵，详奉开垦。殊不知永昭各陵，虽未动帑致祭，而志载陵寝，班班可考。在常人荒坟古墓，尚不应遽为开垦，宰相尚书大僚墓之前后，例有禁步，况前代帝王之陵乎。今以开垦为名，致令帝寝皇陵，不能保此一抔之土，诚觉道路伤心，人人增痛。设使愚民无知，以为无人看守之陵，久后竟行平毁，是陷斯民于不赦之重罪也。况我朝遣官致祭，已经七次，历载志书。倘我皇上又复遣官致祭，见此五陵俱被开垦成地，则守土之官，咎将谁诿？查今岁陵地农民，现在种麦，或不便即令毁弃，应请批示，俟明岁四月麦熟后，永禁耕种。将所埋石人石兽，逐一扶起，再于各陵地界内，周围密植榆柳，以作界址，不许附近民人，擅伐寸枝。俾数年之后，郁然成林，以护陵寝。"

　　"再查此项陵地，系前任县令，于雍正十二年详明，十年后起科，来岁始满十年，原立之碑，应请饬销，无庸升报，最为便易，合并声明，蒙批通行饬查，此外有无似此侵垦陵墓处所，确查汇覆，以凭查核。遵即逐一确查。除汉昭帝原不葬于洛邑，殇帝康陵、魏明帝高平陵、武帝峻阳陵、惠帝太阳陵、少帝陵，咨访遗老，俱不能指认，俟再行确查申报外，查得县志载有殷王陵，在成周东北故洛阳城中，今查在东北路冒郭村。周景王陵在古洛阳太仓中，今查在正北路蟠龙冢村。灵王陵在府城西南柏亭西，今查在西南路三山。威烈王陵在洛阳东金镛城东北隅，今查在正东路金镛城。定王陵、悼王陵、敬王陵在县西南柏亭东北，今查在西南路三山西岭。汉明帝显节陵西北去洛阳三十七里，后马氏伏波女，合葬于此，今查在东北路平乐保北。章帝敬陵在洛阳东北四十一里，今查在东北路平乐保北。安帝恭陵在洛阳十五里，后阎氏合葬于此，今查在正北路蟠龙冢村南。顺帝宪陵在洛阳西北十五里，梁氏合葬于此，今查在西北路冢头村。冲帝怀陵西北去洛阳十五里，今查在西北路冢头村东北。质帝静陵在洛阳东北三十三里，今查在正东路龙虎滩西北。桓帝陵在洛阳东北三十里，后窦氏合葬于此，今查在东北路刘家井村。灵帝文陵在洛阳西北二十里，今查在西北路大小冢村。郭后陵，光武后，建武十八年崩，葬北邙山，今查在正北路马家坡。晋宣帝高原陵在洛阳，后张氏合葬于此，今查在正北路县城北。元魏世宗景陵在洛阳北

1.《清史稿》，第 2529 页。

邙山，今查在正北路上瀍河村。后梁太祖宣陵在洛阳伊阙东南，今查在正南路朱家陵。后唐明宗徽陵在洛阳东北十里，今查在东北路护驾庄。以上共二十一陵，逐一勘验，并无地户侵垦其中，间有陵顶塌陷及陵前仪从等类倾倒者，现在捐俸，雇觅民夫，填修扶起，并于各陵之前竖立小碣，上书某代某陵，一垂不朽。又饬该管乡地等在于陵傍，遍插榆柳，务使成活，加意保护，毋许民人樵牧，以昭崇敬，再卷查各陵，从前并无详请开垦升科并领种出租之项，合并声明。"[1]

　　龚崧林自捐俸禄，将陵顶塌陷及陵前仪从倾倒者，雇觅民夫，填修扶起。于各陵之前划界立石，表识其处。石碑中心大字书汉某帝某陵，旁记陵墓周长弓数、高度丈尺、陵地及四周共占地亩数。类似于后世的文物保护碑。并在当年刊行的《洛阳县志·陵墓门》上详作记载，明令保护，严禁耕种樵采。帝王陵墓一般都受到各朝代的保护，此其一例。今孟津县三十里铺南、平乐村北有 3 个大冢自北向南一字排开，"今俗称显节陵为大汉冢，敬陵为二汉冢，慎陵为三汉冢"为龚氏所定。二汉冢前有洛阳知县龚崧林立碑云："陵周围三百一十五弓，高十六丈。四至：陵至东西各四弓二尺五寸，南六弓，北三弓。四方各八百余弓。以上连□□陵计地二十六亩六分六厘六毫，除陵十六亩零三厘九毫，旧占地七亩零六分二厘七毫，今查清正讫。"南部的三汉冢前龚崧林立碑云："陵周围二百五十九弓，高二十一丈。四至：陵至东西各一弓□□五寸，南□弓，北一弓。四方东西各□十弓，南北各八十九弓。以上连陵计地三十三亩三厘五毫，除陵二十三亩二分八厘五毫，占地九亩九分九厘，今查清正讫。大清乾隆十年岁次乙丑正月吉日洛阳县知县今任陕州直隶州知州纪录九次龚崧林立。"可是《后汉书》明确记载显节陵、敬陵、慎陵位于汉洛阳城南。又如邙山盘龙冢村北大冢之南的一通石碑，碑面中心纵刻"汉安帝恭陵" 5 个楷书大字，大字右边刻"清乾隆十年岁次己丑正月吉日，洛阳县知县、今升直隶陕州知州加六级、纪录九次龚崧林敬立石。"而此冢是北魏孝文帝文昭皇后高氏的终宁陵。古冢年代久远，史籍记载粗略，的确难以搞清楚。

　　龚氏依据县志等文献，并咨访遗老，为皇陵定名，张冠李戴者多，没有根据地制造了一些学术混乱。然而对三山村周王陵、朱家陵村后梁太祖宣陵、护驾庄唐明宗徽陵的认定却是对的。

---

1. 龚崧林纂：《洛阳县志》卷四，乾隆十年（1745 年）刊本，第 13 — 17 页。

第二章　陵墓制度的发展和演进

第一节　帝陵埋葬制度和埋葬风俗

一、西汉

　　西汉帝陵的考古工作始于 20 世纪 60 年代，至今 11 座帝陵的位置、范围、封土及陪葬墓等情况已大致清楚。文帝霸陵和宣帝杜陵位于渭河以南西安市东郊，其他 9 座帝陵均在渭河北岸的咸阳原上，自西而东依次排列着武帝茂陵、昭帝平陵、成帝延陵、平帝康陵、元帝渭陵、哀帝义陵、惠帝安陵、高祖长陵、景帝阳陵。七八十年代对长陵陪葬墓、茂陵陪葬墓、阳陵刑徒墓地、杜陵陵园及丛葬坑、汉高祖薄姬南陵丛葬坑等遗存进行了发掘。80 年代初对杜陵的发掘，推进了对汉代帝陵的研究。1997 年以来考古工作者对阳陵进行了全面考古钻探和较大面积的试掘。同时结合文献对帝陵形制、陵园建筑制度与都城长安的关系、陵庙陵邑制度等作了深入研究。西汉帝陵是当时都城长安的缩影，其陵园形制、布局是仿照都城进行建造的，使我们对汉代帝陵有了直观的了解。此简列有关文献和研究西汉帝陵取得的成果，[1] 以方便与东汉帝陵埋葬制度相比较。

1. 预作寿陵

　　汉天子即位一年而为陵，天下贡赋三分之，一供宗庙，一供宾客，一充山陵。[2]

　　《后汉书·礼仪志》刘昭补注引《汉旧仪》略载前汉诸帝寿陵曰：“天子即位明年，将作大匠营陵地，用地七顷，方中用地一顷。深十三丈，堂坛高三丈，坟高十二丈。武帝坟高二十丈，明中高一丈七尺，四周二丈，内梓棺柏黄肠题凑，以次百官藏毕。其设四通羡门，容大车六马，皆藏之内方，外陟车石。外方立，先闭剑户，户设夜龙、莫邪剑、伏弩，设伏火。已营陵，余地为西园后陵，余地为婕好以下，次赐亲属功臣。”《汉书音义》曰：“题，头也。凑，以头向内，所以为固也。便房，藏中便坐也。”《皇览》曰：“汉家之葬，方中百步，已穿筑为方城。其中开四门，四通，足放六马，然后错浑杂物，扞漆缯绮金宝米谷，及埋车马虎豹禽兽。发近郡卒徒，置将军尉候，以后宫贵幸者皆守园陵。元帝葬，

---

1. 刘庆柱、李毓芳：《西汉诸陵调查与研究》，《文物资料丛刊》（6），文物出版社，1982 年。刘庆柱：《关于西汉帝陵形制诸问题探讨》，《考古与文物》1985 年 5 期。刘庆柱：《汉宣帝杜陵陵寝建筑制度研究》，《中国考古学论丛》，科学出版社，1993 年。又见刘庆柱：《古代都城与帝陵考古学研究》，科学出版社，2000 年，第 207 — 253 页。

2.《晋书》卷六〇《索靖传附子綝传》，第 1651 页。

乃不用车马禽兽等物。"[1]

2. 帝、后陵的规模和布局

10 座帝陵筑有高大的覆斗形夯土坟丘，一般底部约 150 ～ 170 米见方，高约 20 ～ 30 米，以武帝茂陵坟丘最大。仅霸陵是因山为陵的形式，墓葬开凿于山崖中，不另起坟丘。已知的太上皇陵和杜陵、阳陵各有 4 条墓道。

皇后陵园称东园："邛成太后凡立四十九年，年七十余，永始元年崩，合葬杜陵，称东园"。颜师古曰："虽同茔兆而别为坟，王后陵次宣帝陵东，故曰东园也"。[2] 元帝傅昭仪元寿元年崩，合葬渭陵。哀帝时扶德侯马宫与丞相御史杂议帝祖母傅太后谥，曰："妇人以夫爵尊为号，谥宜曰孝元傅皇后，称渭陵东园。"[3] 帝后合葬于同一茔域而分别起陵，后陵大多在帝陵的东面，坟丘亦较帝陵为小，惟吕后坟丘大小几乎与高祖长陵坟丘相等。

3. 追尊帝、后

有些皇帝还按帝陵规格修建其父或其母之墓，或以皇帝、皇后的礼仪安葬，如汉太上皇陵、薄太后南陵、钩弋夫人云陵、以及宣帝父母史皇孙和王夫人的陵墓等。这些陵墓或在皇室帝陵陵区附近，或在陵区之外的京畿之地。

永元九年，窦太后崩。《后汉书》卷三四《梁竦传》李贤注曰："文帝即位，尊薄太后为皇太后，封弟昭轵侯。太后母前死栎阳，乃追尊太后父为灵文侯，会稽郡置园邑三百家，栎阳亦置灵文夫人园，令如灵文侯园仪也。"[4]

《后汉书》卷五六《张晧传》李贤注曰："赵人江充，字次倩。武帝时，为直指绣衣，劾太子家吏行驰道中，恐为太子所诛，见上年老，意多所恶，因言左右皆为巫蛊。上乃使充捕案巫蛊。既知上意太子，乃言宫中有蛊气，遂掘蛊太子宫，得桐木人。时上疾在甘泉宫，太子惧，不能自明，收充斩之，发兵与丞相刘屈氂战，败，亡走湖，自杀。后太子孙宣帝即位，追谥太子曰戾，于湖置园邑奉祠，故曰戾园。"[5]

4. 陵冢覆土

关于陵墓覆土工程，举二例如后。《汉书》卷四《文帝纪》：后元七年，文帝崩。令"郎中令张武为复土将军发近县卒万六千人，发内史卒万五千人，臧郭穿复土属将军武"。如淳曰："主穿圹填瘗事也。"师古曰："穿圹，出土下棺也。已而填之，又即以为坟，故云复土。"[6]《汉书》卷一一《哀帝纪》：建平二年（前 5 年）六月庚申，哀帝太后丁氏崩。"遂葬定陶。发陈留、济阴近郡国五万人穿复土。"[7]

1.《后汉书》志第六《礼仪志下》，第 3144 页。

2.《汉书》卷九七上《外戚传上·孝宣王皇后传》，第 3970 页。

3.《汉书》卷八一《马宫传》，第 3365 页。

4.《后汉书》，第 1173 页。

5.《后汉书》，第 1815 页。

6.《汉书》，第 132 页。

7.《汉书》，第 339 页。

5. 设陵园，建寝庙，置宫女

自阳陵始，在帝、后陵的四周筑平面方形的夯土垣墙，每面垣墙的中央各辟一门，门外立双阙。这种陵墓置于中央的方形陵园，是西汉帝、后陵园的通制。另外，考古工作者还发现了阳陵、茂陵的外园墙，将帝、后陵园、从葬坑以及另外几处遗址围于其中，外园墙的四面也有阙门建筑。

帝、后陵园之旁各建一套礼制建筑寝殿、便殿。《汉书》卷七三《韦贤传》："京师自高祖下至宣帝，与太上皇、悼皇考各自居陵旁立庙，并为百七十六。又园中各有寝、便殿。日祭于寝，月祭于庙，时祭于便殿。寝，日四上食；庙，岁二十五祠；便殿，岁四祠。又月一游衣冠。而昭灵后、武哀王、昭哀后、孝文太后、孝昭太后、卫思后、戾太子、戾后各有寝园，与诸帝合，凡三十所。一岁祠，上食二万四千四百五十五，用卫士四万五千一百二十九人，祝宰乐人万二千一百四十七人，养牺牲卒不在数中。"[1] 寝和便殿一般在陵园内或陵园附近。每座帝陵只立一座陵庙，其位置，从阳陵开始，由过去筑于都城内或近郊，移筑于陵旁。

《汉书》卷七二《贡禹传》："武帝时，又多取好女至数千人，以填后宫。及弃天下，昭帝幼弱，霍光专事，不知礼正，安多臧金钱财物，鸟兽鱼鳖牛马虎豹生禽，凡百九十物，尽瘞臧之，又皆以后宫女置于园陵，大失礼，逆天心，又未必称武帝意也。昭帝晏驾，光复行之。至孝宣皇帝时，陛下恶有所言，群臣亦随故事，甚可痛也。故使天下承化，取女皆大过度，诸侯妻妾或至数百人，豪富吏民畜歌者至数十人，是以内多怨女，外多旷夫。及众庶葬埋，皆虚地上以实地下。其过自上生，皆在大臣循故事之罪也。"[2]

宫人无子，乃守园陵。《汉书》卷一〇《成帝纪》：永始四年（前13年）六月，"出杜陵诸未尝御者归家。"[3]

《汉书》卷九七下《外戚传下·孝成班倢伃传》："至成帝崩，倢伃充奉园陵，薨，因葬园中。"[4]

6. 置陵邑

位于陵东或陵北，始自长陵。《汉书》卷二八下《地理志下》："汉兴，立都长安，徙齐诸田，楚昭、屈、景及诸功臣家于长陵。后世世徙吏二千石、高訾富人及豪桀并兼之家于诸陵。盖亦以强干弱支，非独为奉山园也"。[5]《汉书》卷七《昭帝纪》颜师古注引应劭曰："太常掌诸陵园，皆徙天下豪富民以充实之，后悉为县，故与三辅同赋。"[6] 把有实力的高官豪族控制在长安，以巩固统治。

《汉书》卷九《元帝纪》：永光四年（前40年）十月诏曰："今所为初陵者，勿置县邑，使天下咸安土乐业，亡有动摇之心。布告天下，令明知之。"[7] 又罢先后父母奉邑。自渭陵始废置陵邑。

1.《汉书》，第3115、3116页。

2.《汉书》，第3070、3071页。

3.《汉书》，第324页。

4.《汉书》，第3988页。

5.《汉书》，第1642页。

6.《汉书》，第232页。

7.《汉书》，第292页。

7. 陪葬

陪葬墓位于陵区的东部和北部。《汉书》卷五五《卫青霍去病传》：武帝诏大将军青尚平阳主，"与主合葬，起冢象庐山云。"师古曰："在茂陵东，次去病冢之西，相并者是也。"[1]

陪葬墓规模的大小，要根据死者身份确定。《周礼·冢人》郑注："汉律曰：'列侯坟高四丈，关内侯以下至庶人各有差。'"[2] 墓冢外形可分为3种：覆斗形、锥形和山形。锥形较多，覆斗形次之，山形最少。

陪葬墓周围也有各种建筑遗迹，如园邑或祠室。《汉书》卷九七上《外戚传上·孝景王皇后传》：王皇后"母臧儿为平原君，封田蚡为武安侯，胜为周阳侯。王氏、田氏侯者凡三人。盖侯信好酒，田蚡、胜贪，巧于文辞。蚡至丞相，追尊王仲为共侯，槐里起园邑二百家，长丞奉守。及平原君薨，从田氏葬长陵，亦置园邑如共侯法。"[3]《汉书》卷九七上《外戚传上·孝昭上官皇后传》：上官皇后"母前死，葬茂陵郭东，追尊曰敬夫人，置园邑二百家，长丞奉守如法。皇后自使私奴婢守冢、安家"。[4]

陪葬墓中有族葬或祔葬，西汉早期主要功臣名将陪葬，到了晚期则以皇戚或宦者为主了。据考古调查、钻探，阳陵陪葬墓区内有许多棋盘格式墓园，墓园内有数量不等的墓葬和陪葬坑，陪葬墓中当也祔葬有陪葬者的子孙。

8. 从葬坑和刑徒墓地

目前阳陵的考古工作最为全面，成果最为丰富，且西汉帝陵建制自阳陵始，已基本定型。此处即以阳陵为例，其陵园四门以内，封土以外，墓道两侧发现从葬坑81座，其中东侧21座，南侧19座，西侧20座，北侧21座。在外园墙西北侧发现有刑徒墓地，面积达8万平方米，葬式不一、排列无序，带有刑具，反映了修陵劳动力的使用情况。

二、东汉

东汉帝陵埋葬制度继承了前朝的制度，但是有明显的变化。

1. 预作寿陵

光武帝刘秀于建武二十六年（50年）"夏四月，初营寿陵。依孝文故事，务从省约，使迭兴之后，与丘陇同体。凡帝即位，必营寿陵，具终器，汉之制也。"[5] 于建武中元元年（56年），"是岁，初起明堂、灵台、辟雍及北郊兆域"。[6]

《后汉书》卷一《光武帝纪下》亦记云："初作寿陵。将作大匠窦融上言园陵广袤，无虑所用。帝曰：'古者帝王之葬，皆陶人瓦器，木车茅马，使后世之人不知其处。太宗识终始之义，景帝能述遵孝道，

1.《汉书》，第2490页。

2. 王文锦、陈玉霞点校，孙诒让：《周礼正义》，中华书局，1987年，第1697页。

3.《汉书》，第3947页。

4.《汉书》，第3959页。

5.《后汉纪校注》，《后汉光武皇帝纪》，第220页。

6.《后汉书》，第84页。

遭天下反复,而霸陵独完受其福,岂不美哉。今所制地不过二三顷,无为山陵,陂池裁令流水而已。'"李贤注曰:"初作陵未有名,故号寿陵,盖取久长之义也。汉自文帝以后皆预作陵,今循旧制也。""言不起山陵,裁令封土,陂池不停水而已。"[1]

"陂池",读若"陂陀",意为山丘、高阜。"刘秀的原意是不要建类似西汉时期的那种高山大陵;不是不建墓冢,只是让墓冢稍微隆起像自然界中的小山丘的样子,使得流水不停且不损坏墓圹而已"。[2]于是改西汉覆斗形的陵为高度小而直径大,外观呈低矮的山丘状陵。他总结历史经验,下令薄葬的意愿一贯强烈,而非不起陵。

《东观汉记》曰:建武二十六年"四月,始营陵地于临平亭南,诏曰:'无为山陵,陂池裁令流水而已。迭兴之后,亦无丘垄,使合古法。今日月已逝,当预自作。臣子奉承,不得有加。'乃令陶人作瓦器。"又曰:"临平望平阴,河水洋洋,舟船泛泛,善矣夫!周公、孔子犹不得存,安得松乔与之而共游乎!文帝晓终始之义,景帝所谓孝子也。故遭反复,霸陵独完,非成法耶!"[3]自建陵至光武帝崩,先后8年。

《后汉书》卷二《孝明帝纪》:刘庄于永平十四年"初作寿陵",[4]永平十八年(75年)八月壬子崩。八月壬戌,葬于显节陵。预作4年。

个别皇帝在位时间短,难以预作寿陵。如《后汉书》卷四《孝和孝殇帝纪》:刘隆于元兴元年(105年)"十二月辛未夜,即皇帝位,时诞育百余日",[5]次年八月崩。延平元年(106年)九月葬于康陵。在位仅九个月,在襁褓中夭折,不可能预作寿陵。时邓太后执朝政,国帑空虚。"以连遭大忧,百姓苦役,殇帝康陵方中秘藏,及诸工作,事事减约,十分居一"。[6]

质帝刘缵于永熹元年(145年)正月即皇帝位,时年8岁。本初元年(146年)闰六月被大将军梁冀鸩弑,"帝崩于玉堂前殿,年九岁",[7]七月葬于静陵。若依照皇帝即位一年后作寿陵,则自修陵到入葬,仅半年而已,比较仓促。建和元年(147年)四月丙午诏曰:"比起陵茔,弥历时岁,力役既广,徒隶尤勤。顷雨泽不沾,密云复散,倘或在兹。其令徒作陵者减刑各六月"。[8]谓建陵期间,九月未雨,农事不节,可能是刑徒人多役重,不予休息之过。皇帝下诏减刑,以示恩泽。

2. 皇帝初丧

(1)宗室诸王参加丧礼

太尉赵憙,长于礼仪。光武帝"中元元年,从封泰山。及帝崩,憙受遗诏,典丧礼。是时藩王皆在京师,自王莽篡乱,旧典不存,皇太子与东海王等杂止同席,宪章无序。憙乃正色,横剑

1.《后汉书》,第77、78页。

2. 严辉、慕鹏:《"陂池"——东汉帝陵封土的新形制》,《中国文物报》2006年10月20日。

3.《太平御览》卷九〇《皇王部十五·后汉世祖光武皇帝》引,《四部丛刊》本,第18册,第6页、第7页。

4.《后汉书》,第118页。

5.《后汉书》,第195页。

6.《后汉书》卷一〇上《皇后纪·和熹邓皇后纪》,第423页。

7.《后汉书》卷六《孝质帝纪》,第282页。

8.《后汉书》卷七《孝桓帝纪》,第290页。

殿阶，扶下诸王，以明尊卑"。[1] 冲帝崩，梁太后以扬州、徐州盗贼盛强，恐惊扰致乱，使中常侍诏太尉李固等，"欲须所征诸王侯到乃发丧"。太尉李固对曰："帝虽幼少，犹天下之父。今日崩亡，人神感动，岂有臣子反共掩匿乎？"太后从之，即暮发丧。[2] 此二例说明，同姓宗室诸王必须参加丧礼。

(2)地方官员不得赴京师吊丧

光武帝崩于中元二年（57年）二月戊戌，遗诏曰："朕无益百姓，皆如孝文皇帝制度，务从约省。刺史、二千石长吏皆无离城郭，无遣吏及因邮奏。"[3] 延光四年安帝崩，清河王傅杨伦"辄弃官奔丧，号泣阙下不绝声。阎太后以其专擅去职，坐抵罪。顺帝即位，诏免伦刑，遂留行丧于恭陵。服阕，征拜侍中"。[4] 太常赵典以谏争违旨，免官就国。会顺帝崩，"时禁藩国诸侯不得奔吊，典慨然曰：'身从衣褐之中，致位上列。且乌乌反哺报德，况于士邪。'遂解印绶符策付县，而驰到京师。州郡及大鸿胪并执处其罪，而公卿百寮嘉典之义，表请以租自赎，诏书许之"。[5] 由此二例可见，京外官员非得允许，不能来吊。

(3)免职或奉章官员奔丧

廉范字叔度，以侠气立名。章帝朝为蜀郡太守，在蜀数年，坐法免归乡里。"肃宗崩，范奔赴敬陵。时庐江郡掾严麟奉章吊国，俱会于路。麟乘小车，涂深马死，不能自进，范见而愍然，命从骑下马与之，不告而去。麟事毕，不知马所归，乃缘踪访之。或谓麟曰：'故蜀郡太守廉叔度，好周人穷急，今奔国丧，独当是耳。'麟亦素闻范名，以为然，即牵马造门，谢而归之"，[6] 世伏其好义。豫州刺史王允因罪入狱，后遇大赦释放，埋名隐居。及灵帝崩，"乃奔丧京师"，[7] 由此二例可知，天子崩，朝廷派官员奔赴各地报丧。免职的郡守一级官员或奉章官员可赴京师吊丧。

3.　皇帝葬仪

《后汉书》志第四《礼仪志下·大丧》：

不豫，太医令丞将医入，就进所宜药。尝药监、近臣中常侍、小黄门皆先尝药，过量十二。公卿朝臣问起居无间。太尉告请南郊，司徒、司空告请宗庙，告五岳、四渎、群祀，并祷求福。疾病，公卿复如礼。登遐，皇后诏三公典丧事。百官皆衣白单衣，白帻不冠。闭城门、宫门。近臣中黄门持兵，虎贲、羽林、郎中署皆严宿卫，宫府各警，北军五校绕宫屯兵，黄门令、尚书、御史、谒者昼夜行陈。三公启手足色肤如礼。皇后、皇太子、皇子哭踊如礼。沐浴如礼。守宫令兼东园匠将女执事，黄绵、缇缯、金缕玉柙如故事。饭唅珠玉如礼。槃冰如礼。百官哭临殿下。是日夜，下竹使符告郡国二千石、诸侯王。竹使符到，皆伏哭尽哀。小敛如礼。东园匠、考工令

1.《后汉书》卷二六《赵憙传》，第914页。

2.《后汉书》卷六三《李固传》，第2082页。

3.《后汉书》卷一《光武帝纪下》，第85页。

4.《后汉书》卷七九上《儒林传上·杨伦传》，第2564页。

5.《后汉书》卷二七《赵典传》，第948页。

6.《后汉书》卷三一《廉范传》，第1104页。

7.《后汉书》卷六六《王允传》，第2173页。

奏东园秘器，表里洞赤，虞文画日、月、鸟、龟、龙、虎、连璧、偃月，牙柜梓宫如故事。大敛于两楹之间。五官、左右虎贲、羽林五将，各将所部，执虎贲戟，屯殿端门陛左右厢，中黄门持兵陛殿上。夜漏，群臣入。昼漏上水，大鸿胪设九宾，随立殿下。谒者引诸侯王立殿下，西面北上；宗室诸侯、四姓小侯在后，西面北上。治礼引三公就位，殿下北面。特进次中二千石；列侯次二千石；六百石、博士在后；群臣陪位者皆重行，西上。位定，大鸿胪言具，谒者以闻。皇后东向，贵人、公主、宗室妇女以次立后；皇太子、皇子在东，西向；皇子少退在南，北面：皆伏哭。大鸿胪传哭，群臣皆哭。三公升自阼阶，安梓宫内珪璋诸物，近臣佐如故事。嗣子哭踊如礼。东园匠、武士下钉衽，截去牙。太常上太牢奠，太官食监、中黄门、尚食次奠，执事者如礼。太常、大鸿胪传哭如仪。三公奏《尚书·顾命》，太子即日即天子位于柩前，请太子即皇帝位，皇后为皇太后。奏可。群臣皆出，吉服入会如仪。太尉升自阼阶，当柩御坐北面稽首，读策毕，以传国玉玺绶东面跪授皇太子，即皇帝位。中黄门掌兵以玉具、随侯珠、斩蛇宝剑授太尉，告令群臣，群臣皆伏称万岁。或大赦天下。遣使者诏开城门、宫门，罢屯卫兵。群臣百官罢，入成丧服如礼。兵官戎。三公，太常如礼。故事：百官五日一会临，故吏二千石、刺史、在京都郡国上计掾史皆五日一会。天下吏民发丧临三日。先葬二日，皆旦晡临。既葬，释服，无禁嫁娶、祠祀。佐史以下，布衣冠帻，经带无过三寸，临庭中。武吏布帻大冠。大司农出见钱谷，给六丈布直。以葬，大红十五日，小红十四日，纤七日，释服。部刺史、二千石、列侯在国者及关内侯、宗室长吏及因邮奉奏，诸侯王遣大夫一人奉奏，吊臣请驿马露布，奏可。以木为重，高九尺，广容八历，裹以苇席。巾门、丧帐皆以簟。车皆去辅幡，疏布恶轮。走卒皆布褠帻。太仆驾四轮辀为宾车，大练为屋幰。中黄门、虎贲各二十人执绋。司空择土造穿。太史卜日。谒者二人，中谒者仆射、中谒者副将作，油缇帐以覆坑。方石治黄肠题凑便房如礼。

　　大驾，太仆御。方相氏黄金四目，蒙熊皮，玄衣朱裳，执戈扬楯，立乘四马先驱。旐之制，长三仞，十有二游，曳地，画日、月、升龙，书旐曰"天子之柩"。谒者二人立乘六马为次。大驾甘泉卤簿，金根容车，兰台法驾。丧服大行载饰如金根车。皇帝从送如礼。太常上启奠。夜漏二十刻，太尉冠长冠，衣斋衣，乘高车，诣殿止车门外。使者到，南向立，太尉进伏拜受诏。太尉诣南郊。未尽九刻，大鸿胪设九宾随立，群臣入位，太尉行礼。执事皆冠长冠，衣斋衣。太祝令跪读谥策，太尉再拜稽首。治礼告事毕。太尉奉谥策，还诣殿端门。太常上祖奠，中黄门尚衣奉衣登容根车。东园武士载大行，司徒却行道立车前。治礼引太尉入就位，大行车西少南，东面奉谥策，太史令奉哀策立后。太常跪曰"进"，皇帝进。太尉读谥策，藏金匮。皇帝次科藏于庙。太史奉哀策苇箧诣陵。太尉旋复公位，再拜立。太常跪曰"哭"，大鸿胪传哭，十五举音，止哭。太常行遣奠皆如礼。请哭止哭如仪。

　　昼漏上水，请发。司徒、河南尹先引车转，太常跪曰"请拜送"。载车著白系参缪绋，长三十丈，大七寸为辁，六行，行五十人。公卿以下子弟凡三百人，皆素帻委貌冠，衣素裳。校尉三百人，皆赤帻不冠，绛科单衣，持幢幡。候司马丞为行首，皆衔枚。羽林孤儿、《巴俞》擢歌者六十人，为六列。铎司马八人，执铎先。大鸿胪设九宾，随立陵南羡门道东，北面；诸侯、王公、特进道西，北面东上；中二千石、二千石、列侯直九宾东，北面西上。皇帝白布幕素裹，夹羡道东，西向如礼。容车幄坐羡道西，南向，车当坐，南向，中黄门尚衣奉衣就幄坐。车少前，太祝进醴献如礼。

司徒跪曰"大驾请舍"，太史令自车南，北面读哀策，掌故在后，已哀哭。太常跪曰"哭"，大鸿胪传哭如仪。司徒跪曰"请就下位"，东园武士奉下车。司徒跪曰"请就下房"，都导东园武士奉车入房。司徒、太史令奉谥、哀策。

东园武士执事下明器。筲八盛，容三升，黍一，稷一，麦一，粱一，稻一，麻一，菽一，小豆一。瓮三，容三升，醯一，醢一，屑一。黍饴。载以木桁，覆以疏布。甒二，容三升，醴一，酒一。载以木桁，覆以功布。瓦镫一。彤矢四，轩辌中，亦短卫。彤矢四，骨，短卫。彤弓一。卮八，牟八，豆八，笾八，形方酒壶八。盘匜一具。杖、几各一。盖一。钟十六，无虡，镈四，无虡，磬十六，无虡。壎一，箫四，笙一，篪一，柷一，敔一，瑟六，琴一，竽一，筑一，坎侯一。干、戈各一，笮一，甲一，胄一。辒车九乘，刍灵三十六匹。瓦灶二，瓦釜二，瓦甑一。瓦鼎十二，容五升。匏勺一，一升。瓦案九。瓦大杯十六，容三升。瓦小杯二十，容二升。瓦饭盘十。瓦酒樽二，容五斗。匏勺二，容一升。

祭服衣送皆毕，东园匠曰"可哭"，在房中者皆哭。太常、大鸿胪请哭止哭如仪。司徒曰"百官事毕，臣请罢"，从入房者皆再拜，出，就位。太常导皇帝就赠位。司徒跪曰"请进赠"，侍中奉持鸿洞。赠玉珪长尺四寸，荐以紫巾，广袤各三寸，缇里，赤缥周缘。赠币，玄三纁二，各长尺二寸，广充幅。皇帝进跪，临羡道房户，西向，手下赠，投鸿洞中，三。东园匠奉封入藏房中。太常跪曰"皇帝敬再拜，请哭"，大鸿胪传哭如仪。太常跪曰"赠事毕"，皇帝促就位。容根车游载容衣。司徒至便殿，并毂骑皆从容车玉帐下。司徒跪曰"请就幄"，导登。尚衣奉衣，以次奉器衣物，藏于便殿。太祝进醴献。凡下，用漏十刻。礼毕，司空将校复土。

皇帝、皇后以下皆去麤服，服大红，还宫反庐，立主如礼。桑木主尺二寸，不书谥。虞礼毕，祔于庙，如礼。先大驾日游冠衣于诸宫诸殿，群臣皆吉服从会如仪。皇帝近臣丧服如礼。释大红，服小红，十一升都布练冠。释小红，服纤。释纤，服留黄，冠常冠。近臣及二千石以下皆服留黄冠。百官衣皂。每变服，从哭诣陵会如仪。祭以特牲，不进毛血首。司徒、光禄勋备三爵如礼。[1]

《后汉书》志第四《礼仪志下·大丧》：

合葬：羡道开通，皇帝谒便房，太常导至羡道，去杖，中常侍受，至柩前，谒，伏哭止如仪。辞，太常导出，中常侍授杖，升车归宫。已下，反虞立主如礼。诸郊庙祭服皆下便房。五时朝服各一袭在陵寝，其余及宴服皆封以箧笥，藏宫殿后阁室。[2]

《后汉书》卷九《孝献帝纪》："魏青龙二年三月庚寅，山阳公薨。自逊位至薨，十有四年，年五十四，谥孝献皇帝。八月壬申，以汉天子礼仪葬于禅陵，置园邑令丞。"李贤注引《续汉书》曰："天子葬，太仆驾四轮辒为宾车，大练为屋幪。中黄门、虎贲各二十人执绋。司空择土造穿，太史卜日，将作作黄肠题凑、便房，如礼。大驾，大仆御。方相氏黄金四目，蒙熊皮，玄衣朱裳，执戈扬楯，立乘四马先驱。旐长三刃，十有二旒曳地，画日、月、升龙。书旐曰'天子之柩'。谒者二人，立乘六马为次。太常跪曰哭，十五举音，止哭。昼漏上水，请发。司徒、河南尹先引车转，太常曰请拜送。车著白丝三纠，绋长三十丈，围七寸；六行，行五十人。公卿已下子弟凡三百人，

1.《后汉书》，第3141—3149页。

2.《后汉书》，第3152页。

皆素帻，委貌冠，衣素裳，挽。校尉三人，皆赤帻，不冠，持幢幡，皆衔枚。羽林孤儿、《巴俞》
㜑歌者六十人，为六列。司马八人，执铎。至陵南羡门，司徒跪请就下房，都导东园武士奉入房，
执事下明器，太祝进醴献。司空将校复土。"[1]

《三国志》卷三《魏书·明帝纪》：青龙二年三月庚寅，山阳公薨，明帝素服发哀，遣使持节
典护丧事。四月丙寅，"诏有司以太牢告祠文帝庙。追谥山阳公为汉孝献皇帝，葬以汉礼"。裴松
之注引《献帝传》曰："帝变服，率群臣哭之，使使持节行司徒太常和洽吊祭，又使持节行大司空
大司农崔林监护丧事。诏曰：'盖五帝之事尚矣，仲尼盛称尧、舜巍巍荡荡之功者，以为禅代乃大
圣之懿事也。山阳公深识天禄永终之运，禅位文皇帝以顺天命。先帝命公行汉正朔，郊天祀祖以
天子之礼，言事不称臣，此舜事尧之义也。昔放勋殂落，四海如丧考妣，遏密八音，明丧葬之礼
同于王者也。今有司奏丧礼比诸侯王，此岂古之遗制而先帝之至意哉？今谥公汉孝献皇帝。'使太
尉具以一太牢告祠文帝庙，曰：'叡闻夫礼也者，反本修古，不忘厥初，是以先代之君，尊尊亲
亲，咸有尚焉。今山阳公寝疾弃国，有司建言丧纪之礼视诸侯王。叡惟山阳公昔知天命永终于己，
深观历数允在圣躬，传祚禅位，尊我民主，斯乃陶唐懿德之事也。黄初受终，命公于国行汉正朔，
郊天祀祖礼乐制度率乃汉旧，斯亦舜、禹明堂之义也。上考遂初，皇极攸建，允熙克让，莫朗于
兹。盖子以继志嗣训为孝，臣以配命钦述为忠，故《诗》称"匪棘其犹，聿追来孝"，《书》曰"前
人受命，兹不忘大功"。叡敢不奉承徽典，以昭皇考之神灵。今追谥山阳公曰孝献皇帝，册赠玺绶。
命司徒、司空持节吊祭护丧，光禄、大鸿胪为副，将作大匠、复土将军营成陵墓，及置百官群史，
车旗服章丧葬礼仪，一如汉氏故事。丧葬所供群官之费，皆仰大司农。立其后嗣为山阳公，以通
三统，永为魏宾。"[2]

4. 皇后葬仪

《后汉书》志第四《礼仪志下·大丧》："太皇太后、皇太后崩，司空以特牲告谥于祖庙如仪。
长乐太仆、少府、大长秋典丧事，三公奉制度，他皆如礼仪。"李贤注引丁孚《汉仪》曰："永平七年，
阴太后崩，晏驾诏曰：'枢将发于殿，群臣百官陪位，黄门鼓吹三通，鸣钟鼓，天子举哀。女侍史
官三百人皆著素，参以白素，引棺挽歌，下殿就车，黄门宦者引以出宫省。太后魂车，鸾路，青羽盖，
驷马，龙旂九旒，前有方相，凤皇车，大将军妻参乘，太仆妻御，女骑夹毂悉道。公卿百官如天
子郊卤簿仪。'后和熹邓后葬，案以为仪，自此皆降损于前事也。"[3]

孝桓窦皇后，"熹平元年六月，崩，合葬宣陵"。[4]《后汉书》卷一〇下《皇后纪下·桓思窦皇后纪》
亦云，灵帝"熹平元年，太后母卒于比景，太后感疾而崩。立七年。合葬宣陵"。[5]

孝桓窦皇后崩，宦官曹节、王甫等与廷尉陈球、太尉李咸等大臣朝议葬仪，争执激烈，褒贬不一，
终由灵帝拍板定案。

1.《后汉书》，第 391 页。

2.《三国志》，第 101、102 页。

3.《后汉书》，第 3151 页。

4.《太平御览》卷一三七《皇亲部三·东汉孝桓窦皇后》，第 25 册，第 8 页。

5.《后汉书》，第 446 页。

《后汉书》卷五六《陈球传》：熹平元年，窦太后崩。太后本迁南宫云台，宦者积怨窦氏，遂以衣车载后尸，置城南市舍数日。中常侍曹节、王甫欲用贵人礼殡，帝曰："太后亲立朕躬，统承大业。《诗》云：'无德不报，无言不酬。'岂宜以贵人终乎？"于是发丧成礼。及将葬，节等复欲别葬太后，而以冯贵人配祔。诏公卿大会朝堂，令中常侍赵忠监议。太尉李咸时病，乃扶舆而起，捣椒自随，谓妻子曰："若皇太后不得配食桓帝，吾不生还矣。"既议，坐者数百人，各瞻望中官，良久莫肯先言。赵忠曰："议当时定。"怪公卿以下各相顾望。球曰："皇太后以盛德良家，母临天下，宜配先帝，是无所疑。"忠笑而言曰："陈廷尉宜便操笔。"球即下议曰："皇太后自在椒房，有聪明母仪之德。遭时不造，援立圣明，承继宗庙，功烈至重。先帝晏驾，因遇大狱，迁居空宫，不幸早世，家虽获罪，事非太后。今若别葬，诚失天下之望。且冯贵人家墓被发，骸骨暴露，与贼并尸，魂灵污染，且无功于国，何宜上配至尊？"忠省球议，作色俛仰，蚩球曰："陈廷尉建此议甚健。"球曰："陈、窦既冤，皇太后无故幽闭，臣常痛心，天下愤叹。今日言之，退而受罪，宿昔之愿。"公卿以下，皆从球议。李咸始不敢先发，见球辞正，然后大言曰："臣本谓宜尔，诚与臣意合。"会者皆为之愧。曹节、王甫复争，以为梁后家犯恶逆，别葬懿陵。武帝黜废卫后，而以李夫人配食。今窦氏罪深，岂得合葬先帝乎？李咸乃诣阙上疏曰："臣伏惟章德窦后虐害恭怀，安思阎后家犯恶逆，而和帝无异葬之议，顺朝无贬降之文。至于卫后，孝武皇帝身所废弃，不可以为比。今长乐太后尊号在身，亲尝称制，坤育天下，且援立圣明，光隆皇祚。太后以陛下为子，陛下岂得不以太后为母？子无黜母，臣无贬君，宜合葬宣陵，一如旧制。"帝省奏，谓曹节等曰："窦氏虽为不道，而太后有德于朕，不宜降黜。"节等无复言，于是议者乃定。[1]

5. 山陵规模和陵园建制

关于东汉帝陵的山陵规模，在李贤注《后汉书·帝纪》与刘昭补注《后汉书·礼仪志》中均有记载，前者或自己做注或引《帝王世纪》《古今注》的记载，后者则完全引用《古今注》与《帝王世纪》中的记载，二者内容略有不同。兹将相关资料列举如下。

光武原陵，刘昭注：引《古今注》：山方三百二十三步，高六丈六尺。垣四出司马门。寝殿、钟虡皆在周垣内。隄封田十二顷五十七亩八十五步。《帝王世纪》曰："在临平亭之南，西望平阴，东南去洛阳十五里。"李贤注：引《帝王纪》：原陵方三百二十步，高六丈，在临平亭东南，去洛阳十五里。

明帝显节陵，刘昭注：引《古今注》：山方三百步，高八丈。无周垣，为行马，四出司马门。石殿、钟虡在行马内。寝殿、园省在东。园寺吏舍在殿北。堤封田七十四顷五亩。《帝王世纪》曰："故富寿亭也，西北去洛阳三十七里。"李贤注：引《帝王纪》：显节陵方三百步，高八丈，其地故富寿亭也，西北去洛阳三十七里。

章帝敬陵，刘昭注：引《古今注》：山方三百步，高六丈二尺。无周垣，为行马，四出司马门。石殿、钟虡在行马内。寝殿、园省在东。园寺吏舍在殿北。堤封田二十五顷五十五亩。《帝王世纪》曰："在洛阳东南，去洛阳三十九里。"李贤注：在洛阳城东南三十九里。引《古今注》：陵周三百步，高六丈二尺。

1.《后汉书》，第1832、1833页。

和帝慎陵，刘昭注：引《古今注》：山方三百八十步，高十丈。无周垣，为行马，四出司马门。石殿、钟虡在行马内。寝殿、园省在东。园寺吏舍在殿北。堤封田三十一顷二十亩二百步。《帝王世纪》曰："在洛阳东南，去洛阳四十一里。"李贤注：在洛阳东南三十里。

殇帝康陵，刘昭注：引《古今注》：山周二百八步，高五丈五尺。行马四出司马门。寝殿、钟虡在行马中。因寝殿为庙。园吏寺舍在殿北。隄封田十三顷十九亩二百五十步。《帝王世纪》曰："高五丈四尺。去洛阳四十八里。"李贤注：在慎陵茔中庚地，高五丈五尺，周二百八步。

安帝恭陵，刘昭注：引《古今注》：山周二百六十步，高十五丈。无周垣，为行马，四出司马门。石殿、钟虡在行马内。寝殿、园吏舍在殿北。堤封田一十四顷五十六亩。《帝王世纪》曰："高十一丈。在洛阳西北，去洛阳十五里。"李贤注：在今洛阳东北二十七里；伏侯《古今注》曰"陵山周二百六十丈，高十五丈"也。

顺帝宪陵，刘昭注：引《古今注》：山方三百步，高八丈四尺。无周垣，为行马，四出司马门。石殿、钟虡在司马门内。寝殿、园省寺吏舍在殿东。堤封田十八顷十九亩三十步。《帝王世纪》曰："在洛阳西北，去洛阳十五里。"李贤注：在洛阳西十五里，陵高八丈四尺，周三百步。

冲帝怀陵，刘昭注：引《古今注》：山方百八十三步，高四丈六尺。为寝殿行马，四出门。园寺吏舍在殿东。堤封田五顷八十亩。《帝王世纪》曰："在洛阳西北，去洛阳十五里。"李贤注：在洛阳西北十五里，伏侯《古今注》曰：高四丈六尺，周百八十三步。

质帝静陵，刘昭注：引《古今注》：山方百三十六步，高五丈五尺，为行马，四出司马门。寝殿、钟虡在行马中，园寺吏舍在殿北。堤封田十二顷五十四亩。因寝为庙。《帝王世纪》曰："在洛阳东，去洛阳三十二里。"李贤注：在洛阳东南三十里，陵高五丈五尺，周百三十八步。

桓帝宣陵，刘昭注：引《帝王世纪》曰："山方三百步，高十二丈。在洛阳东南，去洛阳三十里。"李贤注：在洛阳东南三十里，高十二丈，周三百步。

灵帝文陵，刘昭注：引《帝王世纪》曰："山方三百步，高十二丈。在洛阳西北，去洛阳二十里。"李贤注：在洛阳西北二十里，陵高十二丈，周回三百步。

献帝禅陵，刘昭注：引《帝王世纪》曰："不起坟，深五丈，前堂方一丈八尺，后堂方一丈五尺，角广六尺。在河内山阳之浊城西北，去浊城直行十一里，斜行七里，去怀陵百一十里，去山阳五十里，南去洛阳三百一十里。"李贤注：《帝王纪》曰：禅陵在浊鹿城西北十里，在今怀州修武县北二十五里，陵高二丈，周回二百步。刘澄之《地记》云："以汉禅魏，故以名焉。"

6. 追尊的帝与后

章帝妃宋贵人，为清河孝王刘庆之母。建初七年，章帝用窦皇后谮，废太子庆而立皇太子肇，杀宋贵人，"敕掖庭令葬于樊濯聚"，李贤注曰："在洛阳城北也。"[1] 宋贵人为后妃争宠的牺牲品，葬于城北邙山，而章帝山陵在洛阳城南。阮籍《乐论》曰："汉顺帝上恭陵，过樊濯，闻鸣鸟而悲，泣下横流。曰：'善哉！鸟鸣。'使左右吟之。使声若是，岂不佳乎！此谓以悲为乐也。"[2] 安帝刘祜，

1.《后汉书》卷五五《章帝八王传·清河孝王庆传》，第 1800 页。

2.《太平御览》卷三九二《人事部三十三·吟》，《四部丛刊》本，第 60 册，第 2 页。

清河孝王刘庆之第二子。顺帝刘保，安帝之子，则宋贵人为祜之祖母，保之曾祖母，故过而悲泣。

《后汉书》卷五五《章帝八王传·清河孝王庆传》：章帝子刘庆"立凡二十五年，乃归国。其年病笃，谓宋衍等曰：'清河埤薄，欲乞骸骨于贵人冢傍下棺而已。朝廷大恩，犹当应有祠室，庶母子并食，魂灵有所依庇，死复何恨。'乃上书太后曰：'臣国土下湿，愿乞骸骨，下从贵人于樊濯，虽殁且不朽矣。及今口目尚能言视，冒昧干请。命在呼吸，愿蒙哀怜。'遂薨，年二十九。遣司空持节与宗正奉吊祭。又使长乐谒者仆射、中谒者二人副护丧事。赐龙旂九旒，虎贲百人，仪比东海恭王。太后使掖廷丞送左姬丧，与王合葬广丘。"[1]

刘庆与左姬生安帝刘祜，父母因子而贵。《后汉书》卷五五《章帝八王传·清河孝王庆传》："太后崩，有司上言：'清河孝王至德淳懿，载育明圣，承天奉祚，为郊庙主。汉兴，高皇帝尊父为太上皇，宣帝号父为皇考，序昭穆，置园邑。大宗之义，旧章不忘。宜上尊号曰孝德皇，皇妣左氏曰孝德后，孝德皇母宋贵人追谥曰敬隐后。'乃告祠高庙，使司徒持节与大鸿胪奉策书玺绶之清河，追上尊号。又遣中常侍奉太牢祠典，护礼仪侍中刘珍等及宗室列侯皆往会事。尊陵曰甘陵，庙曰昭庙，置令、丞，设兵车周卫，比章陵。复以广川益清河国。尊耿姬为甘陵大贵人。又封女弟侍男为涅阳长公主，别得为舞阴长公主，久长为濮阳长公主，直得为平氏长公主。余七主并早卒，故不及进爵。追赠敬隐后女弟小贵人印绶，追封谥宋杨为当阳穆侯。杨四子皆为列侯，食邑各五千户。宋氏为卿、校、侍中、大夫、谒者、郎吏十余人。孝德后异母弟次及达生二人，诸子九人，皆为清河国郎中。耿贵人者，牟平侯舒之孙也。贵人兄宝，袭封牟平侯。帝以宝嫡舅，宠遇甚渥，位至大将军，事已见《耿舒传》。"[2]

和帝的生母是梁贵人。《后汉书》卷三四《梁竦传》：永元九年，窦太后崩，松子扈遣从兄禅奏记三府，以为汉家旧典，崇贵母氏，而梁贵人亲育圣躬，不蒙尊号，求得申议。太尉张酺引禅讯问事理，会后召见，因白禅奏记之状。帝感恸良久，曰："于君意若何？"酺对曰："《春秋》之义，母以子贵。汉兴以来，母氏莫不隆显，臣愚以为宜上尊号，追慰圣灵，存录诸舅，以明亲亲。"帝悲泣曰："非君孰为朕思之！"……于是追尊恭怀皇后。其冬，制诏三公、大鸿胪曰："夫孝莫大于尊尊亲亲，其义一也。《诗》云：'父兮生我，母兮鞠我，抚我畜我，长我育我，顾我复我，出入腹我。欲报之德，昊天罔极。'朕不敢兴事，览于前世，太宗、中宗，实有旧典，追命外祖，以笃亲亲。其追封谥皇太后父竦为褒亲愍侯，比灵文、顺成、恩成侯。魂而有灵，嘉斯宠荣，好爵显服，以慰母心。"遣中谒者与嬭及扈，备礼西迎竦丧，诣京师改殡，赐东园画棺、玉匣、衣衾，建茔于恭怀皇后陵傍。帝亲临送葬，百官毕会。李贤注曰："东园，署名，主知棺椁。《汉仪注》，王侯葬，腰已下玉为札，长尺，广二寸半；为匣，下至足，缀以黄金镂为之。'匣'字或作'柙'也。"[3]

章帝八子之一曰河间孝王刘开，开之子曰蠡吾侯刘翼。《后汉书》卷五五《章帝八王传·河间孝王开传》："翼卒，子志嗣。为大将军梁冀所立，是为桓帝。梁太后诏追尊河间孝王为孝穆皇，夫人赵氏曰孝穆后，庙曰清庙，陵曰乐成陵。蠡吾先侯曰孝崇皇，庙曰烈庙，陵曰博陵。皆置令、

1.《后汉书》，第1803、1804页。

2.《后汉书》，第1804页。

3.《后汉书》，第1172—1174页。

丞，使司徒持节奉策书、玺绶，祠以太牢。"[1]

《后汉书》卷一〇下《皇后纪下·孝崇匽皇后纪》："孝崇匽皇后讳明，为蠡吾侯翼媵妾，生桓帝。桓帝即位，明年，追尊翼为孝崇皇，陵曰博陵，以后为博园贵人。和平元年，梁太后崩，乃就博陵尊后为孝崇皇后。遣司徒持节奉策授玺绶，赍乘舆器服，备法物。宫曰永乐。置太仆、少府以下，皆如长乐宫故事。又置虎贲、羽林卫士，起宫室，分钜鹿九县为后汤沐邑。在位三年，元嘉二年崩。以帝弟平原王石为丧主，敛以东园画梓寿器、玉匣、饭含之具，礼仪制度比恭怀皇后。使司徒持节，大长秋奉吊祠，赙钱四千万，布四万匹，中谒者仆射曲护丧事，侍御史护大驾卤簿。诏安平王豹、河间王建、勃海王悝，长社、益阳二长公主，与诸国侯三百里内者，及中二千石、二千石、令、长、相，皆会葬。将作大匠复土，缮庙，合葬博陵。"李贤注："《汉官仪》曰：'天子车驾次第谓之卤簿。有大驾、法驾、小驾。大驾公卿奉引，大将军参乘，太仆御，属车八十一乘，备千乘万骑，侍御史在左驾马，询问不法者。'今仪比车驾，故以侍御史监护焉。"[2]

解渎亭侯刘淑，以河间孝王子封。《后汉书》卷五五《章帝八王传·河间孝王开传》："淑卒，子苌嗣。苌卒，子宏嗣。为大将军窦武所立，是为灵帝。建宁元年，窦太后诏追尊皇祖淑为孝元皇，夫人夏氏曰孝元后，陵曰敦陵，庙曰靖庙。皇考长为孝仁皇，夫人董氏为慎园贵人，陵曰慎陵，庙曰奂庙。皆置令、丞，使司徒持节之河间奉策书、玺绶，祠以太牢。常以岁时遣中常侍持节之河间奉祠。"[3]

7. 陵冢覆土与五营职责

(1)覆土官员

陵园建设，乃国家大事。陵园的土木工程由将作大匠负责，"掌修作宗庙、路寝、宫室、陵园木土之功。"[4]丧葬事毕，地宫封闭后，先用土填平墓道，然后于墓室、墓道之上覆土为陵。其程序为运土粉碎，分层铺垫，夯打坚实。东汉帝陵直径多在百米以上，高二三十米，工程浩大，力役繁重，须用大量劳力积数年之功方可藏事。

文献记载，由司空下属专职官员主持覆土工程。《后汉书》卷一一四《百官志一》云："司空，公一人。本注曰：掌水土事。凡营城起邑、浚沟洫、修坟防之事，则议其利，建其功。凡四方水土功课，岁尽则奏其殿最而行赏罚。凡郊祀之事，掌扫除乐器，大丧则掌将校复土。"[5]《后汉书》卷九六《礼仪志》亦云：丧葬"礼毕，司空将校复土"。[6]刘秀崩，使司空冯鲂"持节起原陵"，[7]做葬前准备。中元二年四月丙辰诏令：葬日，遣太尉赵憙于南郊告天而谥之；司徒李䜣奉安梓宫；葬讫，司空冯鲂将领五校兵复以土为山陵。李贤注曰："将校谓将领五校兵以穿圹也。《前书音义》曰：

1.《后汉书》，第 1809 页。

2.《后汉书》，第 441、442 页。

3.《后汉书》，第 1809 页。

4.《后汉书》志第二七《百官志四》，第 3610 页。

5.《后汉书》，第 3561 页。

6.《后汉书》，第 3148 页。

7.《后汉书》卷三三《冯鲂传》，第 1147 页。

'复土，主穿圹填塞事也。言下棺讫，复以土为坟，故言复土。'"[1] 樊鯈曾"为复土校尉"，李贤注曰："复土校尉主葬事，复土于圹也。"[2]

曹魏青龙二年三月庚寅汉献帝薨。八月壬申，以汉天子礼仪葬于禅陵，置园邑令丞。礼毕，"司空将校复土"。[3]

或由将作大匠主持覆土工程。桓帝于即位之明年，追尊父刘翼为孝崇皇，陵曰博陵。其母崩，诏诸王、公主"与诸国侯三百里内者，及中二千石、二千石、令、长、相，皆会葬。将作大匠复土，缮庙，合葬博陵"。[4]

或临时由地方长官主持覆土工程。献帝之母王美人为何皇后所害。兴平元年，献帝追尊王美人为灵怀皇后，改葬文昭陵。使光禄大夫持节行司空事奉玺绶，王美人兄王斌"与河南尹骆业复土"。[5]

(2)五营职责

五营，部队名称，又称五校。《后汉书》卷六《孝顺帝纪》云：永建元年（126年）十月鲜卑犯边，"调五营弩师，郡举五人，令教习战射"。李贤注曰："五营，五校也，谓长水、步兵、射声、屯骑、越骑等五校尉也。"[6]《后汉书》卷五《孝安帝纪》李贤注曰："营士谓五校营士也。《汉官仪》曰：'屯骑、越骑、步兵、射声各领士七百人。长水领士千三百六十七人'也。"[7] 五营是朝廷精锐部队，是作战、宿卫、大驾卤簿的先行者。又参与大傩逐鬼、护送丧葬、陵冢覆土。五营除了为皇帝护丧、覆土之外，还常作为赏赐为权贵送葬。

光武帝建武二十年，大司马、舞阳侯吴汉薨。"发北军五校、轻车、介士送葬，如大将军霍光故事"。[8]

安帝元初二年，侍中、西平侯邓弘卒。"将葬，有司复奏发五营轻车骑士，礼仪如霍光故事，太后皆不听，但白盖双骑，门生挽送。"李贤注曰："霍光薨，宣帝遣太中大夫、侍御史持节护丧事，中二千石修莫府冢，上赐玉衣、梓宫、便房、黄肠题凑、辒辌车、黄屋左纛，轻车材官五校士以送葬也。"[9]

(3)负土成坟

《后汉书》卷二《孝明帝纪》：永平十二年五月丙辰，诏曰："昔曾、闵奉亲，竭欢致养。仲尼葬子，有棺无椁。丧贵致哀，礼存宁俭。今百姓送终之制，竞为奢靡。生者无担石之储，而财力尽于坟土。

1.《后汉书》卷二《孝明帝纪》，第96、97页。

2.《后汉书》卷三二《樊鯈传》，第1122页。

3.《后汉书》卷九《孝献帝纪》，第391页。

4.《后汉书》卷一〇下《皇后纪下·孝崇匽皇后纪》，第442页。

5.《后汉书》卷一〇下《皇后纪下·灵思何皇后纪》，第452页。

6.《后汉书》，第253页。

7.《后汉书》，第213页。

8.《后汉书》卷一八《吴汉传》，第684页。

9.《后汉书》卷一六《邓骘传》，第615页。

伏腊无糟糠，而牲牢兼于一奠。糜破积世之业，以供终朝之费，子孙饥寒，绝命于此，岂祖考之意哉。"[1] 提倡节俭事死。

明帝马皇后，伏波将军马援之小女，生性谨慎节俭，章帝即位尊为皇太后。"太夫人葬，起坟微高，太后以为言，兄廖等即时减削"，[2] 不敢僭越。

谢夷吾为刺史，后左转县令。"豫克死日，如期果卒。敕其子曰：'汉末当乱，必有发掘露骸之祸。'使悬棺下葬，墓不起坟。"李贤注曰："墓谓茔域。坟谓筑土。"[3]《后汉书》多有负土成坟的记载，如祭遵"丧母，负土起坟"。[4] 桓荣的经学老师朱普卒，"荣奔丧九江，负土成坟，因留教授，徒众数百人"。[5] 负土又称担土，杨雄《蜀王本纪》云："武都丈夫化为女子，颜色美绝，盖山精也。蜀王纳以为妃，无几物故，乃发卒之武都担土，葬于成都郭中，号曰武担。以石作镜一枚表其墓。"《华阳国志》曰："王哀念之，遣五丁之武都担土为妃作冢，盖地数亩，高七丈。其石今俗名为石笋。"[6]

8. 不设陵邑，建寝殿、园省和园寺吏舍

西汉长安诸帝陵园，由太常管理，为守护陵园徙人以置陵邑，至今遗迹犹存。[7]

(1)不设陵邑

东汉最初的两位皇帝分葬于洛阳城之南北，从地理环境和地域范围来说，具备建置陵邑的条件。章帝即位后，下诏为二陵置园邑，东平宪王刘苍是光武帝之子、明帝之弟、章帝之叔，善言以劝。他以为，虽亲为父兄，诚以非礼之事，国君当谨慎。皇帝采纳。《后汉书》卷四二《光武十王传·东平宪王苍传》：后帝欲为原陵、显节陵起县邑，苍闻之，遽上疏谏曰："伏闻当为二陵起立郭邑，臣前颇谓道路之言，疑不审实，近令从官古霸问涅阳主疾，使还，乃知诏书已下。窃见光武皇帝躬履俭约之行，深睹始终之分，勤勤恳恳，以葬制为言，故营建陵地，具称古典，诏曰'无为山陵，陂池裁令流水而已。'孝明皇帝大孝无违，奉承贯行。至于自所营创，尤为俭省，谦德之美，于斯为盛。臣愚以园邑之兴，始自强秦。古者丘陇且不欲其著明，岂况筑郭邑，建都郓哉。上违先帝圣心，下造无益之功，虚费国用，动摇百姓，非所以致和气，祈丰年也。又以吉凶俗数言之，亦不欲无故缮修丘墓，有所兴起。考之古法则不合，稽之时宜则违人，求之吉凶复未见其福。陛下履有虞之至性，追祖祢之深思，然惧左右过议，以累圣心。臣苍诚伤二帝纯德之美，不畅于无穷也。惟蒙哀览。"帝从而止。[8]

《后汉纪·后汉孝章皇帝纪》叙此事于章帝建初二年（77年）秋：上欲为原陵、显节陵置国。于是东平王苍上疏谏曰："臣窃见光武皇帝躬俭约之质，睹终始之分，初营寿陵，具遵古制。孝明

1.《后汉书》，第115页。

2.《后汉书》卷一〇上《皇后纪上·明德马皇后纪》，第413页。

3.《后汉书》卷八二上《方术传上·谢夷吾传》，第2715页。

4.《后汉书》卷二〇《祭遵传》，第738页。

5.《后汉书》卷三七《桓荣传》，第1249页。

6.《后汉书》卷八二上《方术传上·任文公传》，第2708页。

7. 刘庆柱：《西汉诸陵调查与研究》，《古代都城与帝陵考古学研究》，科学出版社，2000年，第207—227页。

8.《后汉书》，第1437、1438页。

皇帝大孝不违，奉而行之，不敢有所加焉。至于自奉之礼，尤为俭约，谦谦之美，于斯为盛。臣愚以为园邑之兴，由秦以来，非古之制。丘陇且不欲其著明，岂况郭郭哉！上违先帝之心，下造无益之功，虚费国用，动摇百姓，非所以致和气，祈丰年也。又以吉凶之教言之，俗不欲无故缮修丘墓，有所兴起。考之古法，则乖礼典；稽之时宜，则违民欲；求之吉凶，未见其福。陛下追考祖祢，思慕无已，诚恐左右过议，以累圣心。臣苍诚伤二帝之美，不畅于无穷也。"帝雅敬苍，从之而止。[1]

此后续建的各座帝陵，间距较近，也是不设陵邑的一种安排，东汉废除了陵邑（园邑）制度。东汉末代皇帝汉献帝，薨于三国时期，葬以汉礼。献帝禅陵使用了园邑，"八月壬申，葬于山阳国，陵曰禅陵，置园邑。葬之日，帝制锡衰弁绖，哭之恸。適孙桂氏乡侯康，嗣立为山阳公。"[2]

(2)建寝殿、园省、园寺吏舍

《后汉书》卷九六《礼仪志下》有帝陵置"寝殿、园省在东。园寺吏舍在殿北"的记载，见前"皇帝山陵规模"节所引，此不赘。

寝殿用于陵墓祭祀，《后汉书》志第九《祭祀志下·宗庙》："汉诸陵皆有园寝，承秦所为也。说者以为古宗庙前制庙，后制寝，以象人之居前有朝，后有寝也。……庙以藏主，以四时祭。寝有衣冠几杖象生之具，以荐新物。秦始出寝，起于墓侧，汉因而弗改，故陵上称寝殿，起居衣服象生人之具，古寝之意也"。[3]

园省是守园陵贵人与宫人的居所，《后汉书》卷五《安帝纪》云：建光元年（121年）"二月癸亥，大赦天下。赐诸园贵人、王、主、公、卿以下钱布各有差。""诸园贵人"，李贤注曰："谓宫人无子守园陵者也。"[4]说明东汉时期确实有一部分后妃或宫人是居住在陵园内的，《故训汇纂》曰：省"本为禁中"，因此这个居住地应该就是园省。

园寺吏舍是陵园令、丞等管理陵园的办事机构。《后汉书》卷三〇下《郎颛传》："陵园至重，圣神攸冯，而灾火炎赫，迫近寝殿，魂而有灵，犹将惊动。寻宫殿官府，近始永平，岁时未积，便更修造。又西苑之设，禽畜是处，离房别观，本不常居，而皆务精土木，营建无已，消功单赇，巨亿为计。《易内传》曰：'人君奢侈，多饰宫室，其时旱，其灾火。'是故鲁僖遭旱，修政自救，下钟鼓之县，休缮治之官，虽则不宁，而时雨自降。由此言之，天之应人，敏于景响。今月十七日戊午，徵日也，日加申，风从寅来，丑时而止。丑、寅、申皆徵也，不有火灾，必当为旱。愿陛下校计缮修之费，永念百姓之劳，罢将作之官，减雕文之饰，损庖厨之馔，退宴私之乐。《易中孚传》曰：'阳感天，不旋日。'如是，则景云降集，眚沴息矣。"[5]由是可见陵园寝殿等建筑之侈靡奢华。

(3)守园陵贵人与宫人

1.《后汉纪校注》，第312页。

2.《三国志》卷三《魏书·明帝纪》，第101、102页。

3.《后汉书》，第3199页。

4.《后汉书》，第232页。

5.《后汉书》，第1058页。

前引《后汉书・礼仪志》:“以后宫贵幸者皆守园陵”, 出土墓记中也有相关记载。1929 年洛阳邙山出土殇帝延平元年(106 年)《贾武仲妻马姜墓记》云:“惟永平七年七月廿一日, 汉左将军特进胶东侯第五子贾武仲卒, 时年廿九。夫人马姜, 伏波将军新息忠成侯之女, 明德皇后之姊也。生四女, 年廿三而贾君卒, 夫人深守高节, 劬劳历载, 育成幼媛, 光□祖先, 遂升二女为显节园贵人。其次适鬲侯朱氏, 其次适阳泉侯刘氏, 朱紫缤纷, 宠禄盈门, 皆犹夫人, 夫人以母仪之德, 为宗族之覆。春秋七十三, 延平元年七月四日薨, 皇上闵悼, 两宫赙赠, 赐秘器, 以礼殡, 以九月十日葬于芒门旧茔, □□子孙, 惧不能章明, 故刻石纪”。[1] 即明帝马皇后的两个外甥女是明帝显节园陵的守陵贵人。另外由该墓记内容来看, 随时光的推移, 诸园须逐渐补充年轻的贵人与宫人。

元兴元年(105 年), 和帝崩。邓皇后采取措施, 力图节俭。“又诏诸园贵人, 其宫人有宗室同族若羸老不任使者, 令园监实覈上名, 自御北宫增喜观阅问之, 恣其去留, 即日免遣者五六百人”。[2] 其时放免的是居住于光武帝原陵、明帝显节陵、章帝敬陵三大园陵的守护者, 平均每陵约 200 人。安帝永宁二年(121 年)二月, 邓皇后病笃, “大赦天下, 赐诸园贵人、王、主、群僚钱布各有差”, [3] 其时和帝入山陵已 15 年, 受赐者为 4 座园陵的贵人。天子崩后, 终身守陵于荒原, 这是贵人、宫人的普遍命运。

三、曹魏、西晋

曹魏西晋不封不树、隐秘薄葬的丧葬制度迥异于前朝, 变化较大。

1. 曹魏——无为封树, 无立寝殿, 无造园邑

改革东汉丧葬制度, 树立新型的薄葬风气, 开始于曹操的提倡与实施。东汉献帝建安十年(205 年), “令民不得复私仇, 禁厚葬, 皆一之于法”。二十三年六月, 令曰:“古之葬者, 必居瘠薄之地。其规西门豹祠西原上为寿陵, 因高为基, 不封不树。”二十五年正月庚子, 操崩于洛阳, 年六十六。遗令曰:“天下尚未安定, 未得遵古也。葬毕, 皆除服。其将兵屯戍者, 皆不得离屯部。有司各率乃职。敛以时服, 无藏金玉珍宝。”谥曰武王。二月丁卯, 葬高陵。[4]

黄初三年(222 年)冬十月甲子, 文帝表首阳山东为寿陵, 作终制。《三国志》卷二《魏书・文帝纪》:“礼, 国君即位为椑, 存不忘亡也。昔尧葬谷林, 通树之, 禹葬会稽, 农不易亩, 故葬于山林, 则合乎山林。封树之制, 非上古也, 吾无取焉。寿陵因山为体, 无为封树, 无立寝殿, 造园邑, 通神道。夫葬也者, 藏也, 欲人之不得见也。骨无痛痒之知, 冢非栖神之宅, 礼不墓祭, 欲存亡之不黩也, 为棺椁足以朽骨, 衣衾足以朽肉而已。故吾营此丘墟不食之地, 欲使易代之后不知其处。无施苇炭, 无藏金银铜铁, 一以瓦器, 合古涂车、刍灵之义。棺但漆际会三过, 饭含无以珠玉, 无施珠襦玉匣, 诸愚俗所为也。季孙以璵璠敛, 孔子历级而救之, 譬之暴骸中原。宋公厚葬, 君子谓华

1. 赵万里:《汉魏南北朝墓志集释》卷一, 图版一。

2.《后汉书》卷一〇上《皇后纪上・和熹邓皇后纪》, 第 422 页。

3.《后汉书》卷一〇上《皇后纪上・和熹邓皇后纪》, 第 429 页。

4.《三国志》卷一《魏书・武帝纪》, 第 27、51、53 页。

元、乐莒不臣，以为弃君于恶。汉文帝之不发，霸陵无求也；光武之掘，原陵封树也。霸陵之完，功在释之；原陵之掘，罪在明帝。是释之忠以利君，明帝爱以害亲也。忠臣孝子，宜思仲尼、丘明、释之之言，鉴华元、乐莒、明帝之戒，存于所以安君定亲，使魂灵万载无危，斯则贤圣之忠孝矣。自古及今，未有不亡之国，亦无不掘之墓也。丧乱以来，汉氏诸陵无不发掘，至乃烧取玉匣金缕，骸骨并尽，是焚如之刑，岂不重痛哉！祸由乎厚葬封树。'桑、霍为我戒'，不亦明乎？其皇后及贵人以下，不随王之国者，有终没皆葬涧西，前又以表其处矣。盖舜葬苍梧，二妃不从，延陵葬子，远在嬴、博，魂而有灵，无不之也，一涧之间，不足为远。若违今诏，妄有所变改造施，吾为戮尸地下，戮而重戮，死而重死。臣子为蔑死君父，不忠不孝，使死者有知，将不福汝。其以此诏藏之宗庙，副在尚书、秘书、三府。"[1] 总结教训，制定俭薄隐秘的帝陵丧葬制度。

《晋书》卷一〇《礼志》云："古者天子诸侯葬礼粗备，汉世又多变革。魏晋以下世有改变，大体同汉之制。而魏武以礼送终之制，袭称之数，繁而无益，俗又过之，豫自制送终衣服四箧，题识其上，春秋冬夏，日有不讳，随时以敛，金珥珠玉铜铁之物，一不得送。文帝遵奉，无所增加。及受禅，刻金玺，追加尊号，不敢开埏，乃为石室，藏玺埏首，以示陵中无金银诸物也。汉礼明器甚多，自是皆省矣。魏文帝黄初三年，又自作终制曰：'礼，国君即位为椑，存不忘亡也。寿陵因山为体，无封树，无立寝殿，造园邑，通神道。夫葬者藏也，欲人之不得见也。礼不墓祭，欲存亡不黩也。皇后及贵人以下不随王之国者，有终没，皆葬涧西，前又已表其处矣。'此诏藏之宗庙，副在尚书、秘书、三府。明帝亦遵奉之。明帝性虽崇奢，然未遽营陵墓之制也"[2]

《晋书》卷一〇《礼志》又云："魏武葬高陵，有司依汉立陵上祭殿。至文帝黄初三年，乃诏曰：'先帝躬履节俭，遗诏省约。子以述父为孝，臣以系事为忠。古不墓祭，皆设于庙。高陵上殿皆毁坏，车马还厩，衣服藏府，以从先帝俭德之志。'文帝自作终制，又曰'寿陵无立寝殿，造园邑'，自后园邑寝殿遂绝。齐王在位九年，始一谒高平陵而曹爽诛，其后遂废，终于魏世。"[3] 拜谒祭奠高平陵的记载延续于初唐，而文献确无展谒、修葺首阳陵的记载，可见改革十分成功。

《宋书》卷一六《礼志》有大致相同的记载："汉献帝延康元年七月，魏文帝幸谯，亲祠谯陵，此汉礼也。汉氏诸陵皆有园寝者，承秦所为也。说者以为古前庙后寝，以象人君前有朝后有寝也。庙以藏主，四时祭祀，寝有衣冠象生之具以荐新。秦始出寝起于墓侧，汉因弗改。陵上称寝殿，象生之具，古寝之意也。及魏武帝葬高陵，有司依汉，立陵上祭殿。至文帝黄初三年，乃诏曰：'先帝躬履节俭，遗诏省约。子以述父为孝，臣以系事为忠。古不墓祭，皆设于庙。高陵上殿屋皆毁坏，车马还厩，衣服藏府，以从先帝俭德之志。'及文帝自作终制，又曰：'寿陵无立寝殿，造园邑。'自后至今，陵寝遂绝。"[4]

2. 西晋——不起陵，节葬用，不谒陵

《晋书》卷三〇《刑法志》：大晋垂制，深惟经远，山陵不封，园邑不饰，墓而不坟，同乎山壤，

1.《三国志》，第 81、82 页。

2.《晋书》，第 632 页。

3.《晋书》，第 632、634 页。

4.《宋书》，第 445 页。

是以丘阪存其陈草，使齐乎中原矣。[1]

《晋书》卷二〇《礼志》：宣帝豫自于首阳山为土藏，不坟不树，作《顾命终制》，敛以时服，不设明器。景、文皆谨奉成命，无所加焉。景帝崩，丧事制度又依宣帝故事。武帝泰始四年，文明王皇后崩，将合葬，开崇阳陵，使太尉司马望奉祭，进皇帝密玺绶于便房神坐。魏氏金玺，此又俭矣。江左初，元、明崇俭，且百度草创，山陵奉终，省约备矣。成帝咸康七年，皇后杜氏崩。诏外官五日一入临，内官旦一入而已，过葬虞祭礼毕止。有司奏，大行皇后陵所作凶门柏历门，号显阳端门。诏曰："门如所处。凶门柏历，大为烦费，停之。"案蔡谟说，以二瓦器盛始死之祭，系于木，裹以苇席，置庭中，近南，名为重，今之凶门是其象也。礼，既虞而作主，今未葬，未有主，故以重当之。礼称为主道，此其义也。范坚又曰："凶门非礼，礼有悬重，形似凶门。后人出之门外以表丧，俗遂行之。薄帐，即古吊幕之类也。"是时，又诏曰："重壤之下，岂宜崇饰无用，陵中唯洁扫而已。"有司又奏，依旧选公卿以下六品子弟六十人为挽郎，诏又停之。孝武帝太元四年九月，皇后王氏崩。诏曰："终事唯从俭速。"又诏："远近不得遣山陵使。"有司奏选挽郎二十四人，诏停之。

古无墓祭之礼。汉承秦，皆有园寝。正月上丁，祠南郊礼毕，次北郊、明堂、高庙、世祖庙，谓之五供。及宣帝，遗诏"子弟群官皆不得谒陵"，于是景、文遵旨。至武帝，犹再谒崇阳陵，一谒峻平陵，然遂不敢谒高原陵，至惠帝复止也。逮于江左，元帝崩后，诸公始有谒陵辞告之事。盖由眷同友执，率情而举，非洛京之旧也。成帝时，中宫亦年年拜陵，议者以为非礼，于是遂止，以为永制。至穆帝时，褚太后临朝，又拜陵，帝幼故也。至孝武崩，骠骑将军司马道子曰："今虽权制释服，至于朔望诸节，自应展情陵所，以一周为断。"于是至陵，变服单衣，烦黩无准，非礼意也。及安帝元兴元年，尚书左仆射桓谦奏："百僚拜陵，起于中兴，非晋旧典，积习生常，遂为近法。寻武皇帝诏，乃不使人主诸王拜陵，岂唯百僚！谓宜遵奉。"于是施行。及义熙初，又复江左之旧。[2]

四 、北 魏

《魏书》记载，鲜卑拓拔部昭成帝营都盛乐。386 年，道武帝统一北方，建立了北魏王朝，迁宅平城。494 年，孝文帝移京中原。迁都洛阳前，帝陵茔域在盛乐金陵（内蒙古林格尔县），其后，陵域选择在洛阳瀍河以西的北邙山。为巩固政权，北魏统治者吸收汉族文化，实行一系列改革，又以佛教作为思想统治的武器，从而加速了封建化的进程，恢复和发展了社会经济。在这样的历史背景下，其陵寝的建制也随之发生了一些变化。[3]

1. 恢复东汉陵墓制度

北魏统治者恢复东汉陵寝制度，重起封土，山陵高耸；设寝庙、置守陵人家、立碑表。

1.《晋书》，第 934 页。

2.《晋书》，第 633、634 页。

3. 宿白：《东北、内蒙古地区的鲜卑遗迹——鲜卑遗迹辑录之一》，《文物》1977 年 5 期；《盛乐、平城一带的拓跋鲜卑—北魏遗迹——鲜卑遗迹辑录之二》，《文物》1977 年 11 期；《北魏洛阳城和北邙陵墓——鲜卑遗迹辑录之三》，《文物》1978 年 7 期。

前期皇后多陪葬金陵，亦有特例："高宗乳母常氏，本辽西人。太延中，以事入宫，世祖选乳高宗。慈和履顺，有劬劳保护之功。高宗即位，尊为保太后，寻为皇太后，谒于郊庙。和平元年崩，诏天下大临三日，谥曰昭，葬于广宁磨笄山，俗谓之鸣鸡山，太后遗志也。依惠太后故事，别立寝庙，置守陵二百家，树碑颂德"。[1]孝文帝太和五年四月，行幸平城方山。为祖母冯氏"建永固石室于山上，立碑于石室之庭"。[2]太和五年起作，八年而成，刊石立碑，颂太后功德。十四年，冯氏崩于太和殿，时年四十九。谥曰文明太皇太后，葬于永固陵。"诏曰：'尊旨从俭，不申罔极之痛。称情允礼，仰损俭训之德。进退思惟，倍用崩感。又山陵之节，亦有成命，内则方丈，外裁掩坎，脱于孝子之心有所不尽者，室中可二丈，坟不得过三十余步。今以山陵万世所仰，复广为六十步。辜负遗旨，益以痛绝。其幽房大小，棺椁质约，不设明器。至于素帐、缦茵、瓷瓦之物，亦皆不置。此则遵先志，从册令，俱奉遗事。而有从有违，未达者或以致怪。梓宫之里，玄堂之内，圣灵所凭，是以一一奉遵，仰昭俭德。其余外事，有所不从，以尽痛慕之情。其宣示远近，著告群司，上明俭诲之善，下彰违命之失。'及卒哭，孝文服衰，近臣从服，三司已下外臣衰服者，变服就练，七品已下尽除即吉。设祔祭于太和殿，公卿已下始亲公事。高祖毁瘠，绝酒肉，不内御者三年"。[3]位于山西大同北的永固陵与孝文帝预修虚宫"万年堂"至今存焉。[4]

2. 迁洛之人，归骸邙岭

太和十八年（494年），孝文帝迁都洛阳，"乃自表瀍西以为山园之所"，[5]放弃了平城方山豫营的寿陵。

《魏书》卷二〇《广川王略传附子谐传》：太和十九年五月，广川王元谐薨。诏曰："朕宗室多故，从弟谐丧逝，悲痛摧割，不能已已。古者，大臣之丧，有三临之礼，此盖三公已上。至于卿司已下，故应（阙）。自汉已降，多无此礼。朕欲遵古典，哀感从情，虽以尊降伏，私痛宁爽。欲令诸王有期亲者为之三临，大功之亲者为之再临，小功缌麻为之一临。广川王于朕大功，必欲再临。再临者，欲于大殓之日，亲临尽哀，成服之后，缌衰而吊。既殡之缌麻，理在无疑，大殓之临，当否如何？为须抚枢于始丧，为应尽哀于阖棺？早晚之宜，择其厥中。"黄门侍郎崔光、宋弁，通直常侍刘芳，典命下大夫李元凯，中书侍郎高聪等议曰："三临之事，乃自古礼，爰及汉魏，行之者稀。陛下至圣慈仁，方遵前轨，志必哀丧，虑同宁戚。臣等以为若期亲三临，大功宜再。始丧之初，哀之至极，既以情降，宜从始丧。大殓之临，伏如圣旨。"诏曰："魏晋已来，亲临多阙，至于戚臣，必于东堂哭之。顷大司马、安定王薨，朕既临之后，复更受慰于东堂。今日之事，应更哭否？"光等议曰："东堂之哭，盖以不临之故。今陛下躬亲抚视，群臣从驾，臣等参议，以为不宜复哭。"诏曰："若大司马戚尊位重，必哭于东堂，而广川既是诸王之子，又年位尚幼，卿等议之，朕无异焉。"谐将大殓，高祖素服深衣哭之，入室，哀恸，抚尸而出。有司奏，广川王妃薨于代京，未审以新尊从

1.《魏书》卷一三《皇后传·文明昭太后常氏》，第327页。

2.《魏书》卷七上《高祖孝文帝纪》，第150页。

3.《魏书》卷一三《皇后传·文成文明皇后冯氏》，第330页。

4. 大同市博物馆、山西省文物工作委员会：《大同方山北魏永固陵》，《文物》1978年7期，第29页。

5.《魏书》卷一三《皇后传·文成文明皇后冯氏》，第330页。

于卑旧，为宜卑旧来就新尊。诏曰："迁洛之人，自兹厥后，悉可归骸邙岭，皆不得就茔恒代。其有夫先葬在北，妇今丧在南，妇人从夫，宜还代葬。若欲移父就母，亦得任之。其有妻坟于恒代，夫死于洛，不得以尊就卑。欲移母就父，宜亦从之；若异葬亦从之。若不在葬限，身在代丧，葬之彼此，皆得任之。其户属恒燕，身官京洛，去留之宜，亦从所择。其属诸州者，各得任意。"诏赠谐武卫将军，谥曰刚。及葬，高祖亲临送之。[1]

《魏书》卷七下《高祖纪》：太和十九年"六月己亥，诏不得以北俗之语言于朝廷，若有违者，免所居官。……丙辰，诏迁洛之民，死葬河南，不得还北。于是代人南迁者，悉为河南洛阳人。九月庚午，六宫及文武尽迁洛阳"。[2]此诏令至北魏分裂前，朝廷始终遵照施行。

孝文昭皇后高氏于自代迁洛途中，为冯氏所害。"后先葬城西长陵东南，陵制卑局。因就起山陵，号终宁陵，置邑户五百家"，[3]是效仿西汉薄太后母灵文夫人，孝武卫皇后，皆置园邑三百家，长丞奉守的故事。

孝文帝厉行汉化政策，恢复了东汉陵寝制度，陵园建制有以下特点：

(1)孝文帝迁洛以后，选择瀍河以西为陵园之所。孝文帝长陵在今孟津县官庄村，文昭皇后高氏陵在其西北，两个坟丘前后相望。高氏原葬长陵东南瀍河以东的终宁陵，神龟二年(519年)迁此。在瀍河以西长陵的右前方为宣武帝景陵。因此，在瀍河以西就成了北魏帝陵之域。而其他北魏墓葬则皆在瀍河以东。瀍东距长陵最近的墓区，是位于长陵左前方被称做"龙岗"的高地，在这里埋葬着孝文帝的近支皇族。其次在"龙岗"高地坡下，为妃嫔葬地。在瀍河以东长陵左侧的外围，则是"九姓帝族"、"勋旧八姓"和内入的"余部诸姓"，以及其他降臣的墓地。北魏洛阳北邙陵墓区的布局，保留着原始氏族族葬的遗风，与汉代以来帝陵的陪陵制度有所区别。[4]

(2)封土为圆形山陵，陵前建筑祭祀殿堂，外围方形垣墙。[5]

(3)设置守陵官员守冢人户居住的园邑。

(4)冢前立翁仲。

(5)陪葬冢前立碑表和随葬墓志形成风气。

第二节　祭祀制度

一、西汉

《史记》卷八《高祖本纪》：丙寅，葬。己巳，立太子，至太上皇庙。群臣皆曰："高祖起微细，拨乱世反之正，平定天下，为汉太祖，功最高。"上尊号为高皇帝。太子袭号为皇帝，孝惠帝也。

1.《魏书》，第526—528页。

2.《魏书》，第177、178页。

3.《魏书》卷一三《皇后传·孝文昭皇后高氏》，第335页。

4. 徐苹芳：《中国秦汉魏晋南北朝时代的陵园和茔域》，《考古》1981年6期，第525页。

5. 洛阳市第二文物工作队：《北魏孝文帝长陵的调查和钻探》，《文物》2005年7期，第50页。

令郡国诸侯各立高祖庙，以岁时祠。[1]

《史记》卷八《高祖本纪》：及孝惠五年，思高祖之悲乐沛，以沛宫为高祖原庙。高祖所教歌儿百二十人，皆令为吹乐，后有缺，辄补之。[2]

《史记》卷九《吕太后本纪》：七年秋八月戊寅，孝惠帝崩。……九月辛丑，葬。太子即位为帝，谒高庙。[3]

《史记》卷一〇《孝文本纪》：辛亥，（孝文）皇帝即阼，谒高庙。[4]

《汉书》卷五《景帝纪》：元年冬十月，诏曰："盖闻古者祖有功而宗有德，制礼乐各有由。歌者，所以发德也；舞者，所以明功也。高庙酎，奏《武德》《文始》《五行》之舞。孝惠庙酎，奏《文始》《五行》之舞。孝文皇帝临天下，通关梁，不异远方；除诽谤，去肉刑，赏赐长老，收恤孤独，以遂群生；减耆欲，不受献，罪人不帑，不诛亡罪，不私其利也；除宫刑，出美人，重绝人之世也。朕既不敏，弗能胜识。此皆上世之所不及，而孝文皇帝亲行之。德厚侔天地，利泽施四海，靡不获福。明象乎日月，而庙乐不称，朕甚惧焉。其为孝文皇帝庙为《昭德》之舞，以明休德。然后祖宗之功德，施于万世，永永无穷，朕甚嘉之。其与丞相、列侯、中二千石、礼官具礼仪奏。"[5]

《汉书》卷七《昭帝纪》：（后元二年）明日，武帝崩。戊辰，太子即皇帝位，谒高庙。[6]

《汉书》卷七《昭帝纪》：（始元四年）夏六月，皇后见高庙。[7]

《汉书》卷七《昭帝纪》：（元凤）四年春正月丁亥，帝加元服，见于高庙。[8]

《汉书》卷八《宣帝纪》：（元平元年七月）已而群臣奉上玺、绶，即皇帝位，谒高庙。[9]

《汉书》卷九《元帝纪》：黄龙元年十二月，宣帝崩。癸巳，太子即皇帝位，谒高庙。[10]

《汉书》卷九《元帝纪》：（永光五年）十二月乙酉，毁太上皇、孝惠皇帝寝庙园。[11]

《汉书》卷九《元帝纪》：（建昭元年冬）罢孝文太后。孝昭太后寝园。[12]

《汉书》卷九《元帝纪》：（建昭五年）秋七月庚子，复太上皇寝庙园、原庙，昭灵后、武哀王、昭哀后、卫思后园。[13]

1.《史记》，中华书局，1959 年，第 392 页。

2.《史记》，第 393 页。

3.《史记》，第 399 页。

4.《史记》，第 418 页。

5.《汉书》，第 137、138 页。

6.《汉书》，第 217 页。

7.《汉书》，第 221 页。

8.《汉书》，第 229 页。

9.《汉书》，第 238 页。

10.《汉书》，第 278 页。

11.《汉书》，第 293 页。

12.《汉书》，第 294 页。

13.《汉书》，第 297 页。

《汉书》卷九《元帝纪》：（竟宁元年）三月癸未，复孝惠皇帝寝庙园、孝文太后、孝昭太后寝园。……五月壬辰，帝崩于未央宫。毁太上皇、孝惠、孝景皇帝庙。罢孝文、孝昭太后、昭灵后、武哀王、昭哀后寝园。[1]

《汉书》卷一〇《成帝纪》：（河平元年）秋九月，复太上皇寝庙园。[2]

《汉书》卷二五《郊祀志》：元帝好儒，贡禹、韦玄成、匡衡等相继为公卿。禹建言汉家宗庙祭祀多不应古礼，上是其言。后韦玄成为丞相，议罢郡国庙，自太上皇、孝惠诸园寝庙皆罢。后元帝寝疾，梦神灵谴罢诸庙祠，上遂复焉。后或罢或复，至哀、平不定。[3]

《通典》卷五二《礼·上陵》：三代以前无墓祭，至秦，始起寝殿于墓侧。汉因秦，上陵皆有园寝，故称寝殿。起居衣服象生人之具，古寝之意也。[4]

《汉书》卷七三《韦贤传》：初，高祖时，令诸侯王都皆立太上皇庙。至惠帝尊高帝庙为太祖庙，景帝尊孝文庙为太宗庙，行所尝幸郡国各立太祖、太宗庙。至宣帝本始二年，复尊孝武庙为世宗庙，行所巡狩亦立焉。凡祖宗庙在郡国六十八，合百六十七所。而京师自高祖下至宣帝，与太上皇、悼皇考各自居陵旁立庙，并为百七十六。又园中各有寝、便殿，日祭于寝，月祭于庙，时祭于便殿。寝，日四上食；庙，岁二十五祠；便殿，岁四祠。又有一游衣冠。而昭灵后、武哀王、昭哀后、孝文太后、孝昭太后、卫思后、戾太子、戾后各有寝园，与诸帝合，凡三十所。一岁祠，上食二万四千四百五十五，用卫士四万五千一百二十九人，祝宰乐人万二千一百四十七人，养牺牲卒不在数中。[5]

《史记》卷九九《叔孙通传》：高帝崩，孝惠即位，乃谓叔孙生曰："先帝园陵寝庙，群臣莫习。"徙为太常，定宗庙仪法。及稍定汉诸仪法，皆叔孙生为太常所论箸也。孝惠帝为东朝长乐宫，及间往，数跸烦人，乃作复道，方筑武库南。叔孙生奏事，因请间曰："陛下何自筑复道高寝，衣冠月出游高庙？高庙，汉太祖，奈何令后世子孙乘宗庙道上行哉？"孝惠帝大惧，曰："急坏之。"叔孙生曰："人主无过举。今已作，百姓皆知之，今坏此，则示有过举。愿陛下为原庙渭北，衣冠月出游之，益广多宗庙，大孝之本也。"上乃诏有司立原庙。原庙起，以复道故。孝惠帝曾春出游离宫，叔孙生曰："古者有春尝果，方今樱桃孰，可献，愿陛下出，因取樱桃献宗庙。"上乃许之。诸果献由此兴。[6]

二、东汉

1. 上陵制度

《后汉书》卷一《光武帝纪》：光武帝建武六年（30年）"夏四月丙子，幸长安，始谒高庙，

1.《汉书》，第298页。

2.《汉书》，第309页。

3.《汉书》，第1253页。

4.《通典》，中华书局，1988年，第1447页。

5.《汉书》，第3115、3116页。

6.《史记》，第2725、2726页。

遂有事十一陵"。十年"秋八月己亥，幸长安，祠高庙，遂有事十一陵"。十八年二月幸长安，"三月壬午，祠高庙，遂有事十一陵"。"二十二年春闰月丙戌，幸长安，祠高庙，遂有事十一陵"。中元元年四月，"行幸长安，戊子，祀长陵"。[1]事，天子祭祀先人。

孝明帝永平二年十月"甲子，西巡狩，幸长安，祠高庙，遂有事于十一陵"。[2]章帝建初七年十月幸长安，"丙辰，祠高庙，遂有事十一陵"。[3]和帝永元三年十月幸长安，"十一月癸卯，祠高庙，遂有事十一陵"。[4]安帝延光三年冬十月，行幸长安。"闰月乙未，祠高庙，遂有事十一陵"。[5]顺帝永和二年"冬十月甲申，行幸长安。……十一月丙午，祠高庙。丁未，遂有事十一陵"。[6]桓帝延熹二年"冬十月壬申，行幸长安。乙酉，幸未央宫。甲午，祠高庙。十一月庚子，遂有事十一陵"。[7]

《后汉书》志第四《礼仪志上·上陵》：西都旧有上陵。东都之仪，百官、四姓亲家妇女、公主、诸王大夫、外国朝者侍子、郡国计吏会陵。昼漏上水，大鸿胪设九宾，随立寝殿前。钟鸣，谒者治礼引客，群臣就位如仪。乘舆自东厢下，太常导出，西向拜，折旋升阼阶，拜神坐。退坐东厢，西向。侍中、尚书、陛者皆神坐后。公卿群臣谒神坐，太官上食，太常乐奏食举，舞《文始》《五行》之舞。乐阕，群臣受赐食毕，郡国上计吏以次前，当神轩占其郡国谷价，民所疾苦，欲神知其动静。孝子事亲尽礼，敬爱之心也。周遍如礼。最后亲陵，遣计吏，赐之带佩。八月饮酎，上陵，礼亦如之。凡斋，天地七日，宗庙、山川五日，小祠三日。斋日内有污染，解斋，副倅行礼。先斋一日，有污秽灾变，斋祀如仪。大丧，唯天郊越绋而斋，地以下皆百日后乃斋，如故事。[8]

《后汉书》志第四《礼仪志上·上陵》，刘昭补注：《谢承书》曰："建宁五年正月，车驾上原陵，蔡邕为司徒掾，从公行，到陵，见其仪，忾然谓同坐者曰：'闻古不墓祭。朝廷有上陵之礼，始谓可损。今见其仪，察其本意，乃知孝明皇帝至孝恻隐，不可易旧。'或曰：'本意云何？''昔京师在长安时，其礼不可尽得闻也。光武即世，始葬于此。明帝嗣位逾年，群臣朝正，感先帝不复闻见此礼，乃帅公卿百僚，就园陵而创焉。尚书阶西祭设神坐，天子事亡如事存之意。苟先帝有瓜葛之属，男女毕会，王、侯、大夫、郡国计吏，各向神坐而言，庶几先帝神魂闻之。今者日月久远，后生非时，人但见其礼，不知其哀。以明帝圣孝之心，亲服三年，久在园陵，初兴此仪，仰察几筵，下顾群臣，悲切之心，必不可堪。'邕见太傅胡广曰：'国家礼有烦而不可省者，不知先帝用心周密之至于此也。'广曰：'然。子宜载之，以示学者。'邕退而记焉。"鱼豢曰："孝明以正月旦，百官及四方来朝者，上原陵朝礼，是谓甚违古不墓祭之义。"臣昭以为邕之言然。[9]

1.《后汉书》，第48、56、69、74、82页。

2.《后汉书》卷二《孝明帝纪》，第104页。

3.《后汉书》卷三《孝章帝纪》，第144页。

4.《后汉书》卷四《孝和帝纪》，第172页。

5.《后汉书》卷五《孝安帝纪》，第240页。

6.《后汉书》卷六《孝顺帝纪》，第267页。

7.《后汉书》卷七《孝桓帝纪》，第306页。

8.《后汉书》，第3103、3104页。

9.《后汉书》，第3103、3104页。

《后汉纪》所叙略同："五年春正月，车驾上原陵，诸侯王，公主及外戚家妇女，郡国计吏、匈奴单于、西域三十六国侍子皆会焉，如会殿之仪，礼乐阕，百官受赐爵，计吏以次向殿前，上先帝御座，具言俗善恶，民所疾苦。司徒掾蔡邕慨然叹曰：'闻古不墓祭，而上陵之礼如此其备也，察其本意，乃知孝明皇帝至孝恻隐，不易夺也。'或曰：'本意云何？'对曰：'西京之时，其礼不可得而闻也。光武即世，始葬于此，明帝嗣位逾年，群臣朝正，感先帝不复见此礼，乃率公卿百僚，就陵而朝焉。盖事亡如事存之意也。与先帝有瓜葛之亲，男女毕会，郡计吏各向神坐而言，庶几先帝魂神闻听之也。今者，日月久远，非其时人，但见其礼，不知其哀，烦而不省者，先帝孝思之心者也。'"[1]

《汉杂事》曰：光武弃天下，以再受命，复汉祚，更起庙，称世祖。孝明临崩，遗诏遵俭，无起寝庙，藏主于世祖庙，孝章不敢违。是后遵奉藏世祖庙，如孝明之礼，而园陵皆自起寝，孝明庙曰显宗，孝章曰肃宗。是后踵前，孝和为穆宗，孝安曰敬宗，孝顺曰恭宗，孝桓曰威宗。今洛阳诸陵，皆晦望二十四气伏社腊及四时上饭，太官送用物，园令食监典省。其亲陵一所，宫人随鼓漏理被枕，具盥水，陈严具。天子以正月五月供毕后，上原陵，以次周遍，公卿百官皆从。四姓小侯诸家妇，凡与先君有瓜葛者及诸侯王大夫、郡国计吏、匈奴朝者、西国侍子皆会。尚书官属西除下，在先帝神坐后，大夫计吏皆当前下，占其郡国谷价、四方改异，欲先帝魂神具闻之也。遂于亲陵各赐计吏而遣之。[2]

2. 寝庙祭祀礼仪

灵帝建宁元年（168 年），"是时，京都四时所祭高庙五主，世祖庙少帝七主三陵，追尊后三陵，凡牲用十八太牢。殷祭之岁，出祖庙主，皆合于高庙。如毁庙，三太牢皆有副牲。故高庙三主亲毁之后，亦俱殷祭之岁奉祠。自建武以来，关西诸陵以远，但四时牲。帝每事长安谒诸陵，乃太牢祠。自雒阳诸陵至灵帝，皆以晦望二十四气伏腊，及四时祠庙日上饭，太常送用物，园令食监典省其亲陵所，宫人随鼓漏理被枕，具甾水，阵严具"。[3]

《后汉书》志第九《祭祀志下·宗庙》：古不墓祭，汉诸陵皆有园寝，承秦所为也。说者以为古宗庙前制庙，后制寝，以象人之居前有朝，后有寝也。《月令》有"先荐寝庙"，《诗》称"寝庙奕奕"，言相通也。庙以藏主，以四时祭。寝有衣冠几杖象生之具，以荐新物。秦始出寝，起于墓侧，汉因而弗改，故陵上称寝殿，起居衣服象生人之具，古寝之意也。建武以来，关西诸陵以转久远，但四时特牲祠。帝每幸长安谒诸陵，乃太牢祠。自洛阳诸陵至灵帝，皆以晦望二十四气伏腊及四时祠。庙日上饭，太官送用物，园令、食监典省，其亲陵所宫人随鼓漏理被枕，具盥水，陈严具。[4]

《宋书》卷一八《礼志》：汉制，乘舆御大驾，公卿奉引，太仆御，大将军参乘，备千乘万骑。属车八十一乘。古者诸侯贰车九乘，秦灭九国，兼其车服，故八十一乘也。汉遵弗改。汉都长安时，祠天于甘泉用之。都洛阳，上原陵，又用之，大丧又用之。法驾则河南尹、洛阳令奉引，奉

1.《后汉纪校注》，《后汉孝灵皇帝纪》，第 659 页。

2.《太平御览》卷五三一《礼部十》，《四部丛刊》本，第 5、6 页。

3.《册府元龟》卷二八《帝王部·奉先一》，第 310 页。

4.《后汉书》，第 3199、3200 页。

车郎御，侍中参乘。属车三十六乘。凡属车皆皂盖赤里。后汉祠天郊用法驾，祠宗庙用小驾。小驾，减损副车也。前驱有九斿云罕，皮轩鸾旗，车皆大夫载之。鸾旗者，编羽旄列系幢傍也。金钲黄钺，黄门鼓车，乘舆之后有属车，尚书、御史载之。最后一车悬豹尾。豹尾以前，比于省中。每出警跸清道，建五旗。太仆奉驾条上卤簿，尚书郎侍御史令史皆执注以督整车骑，所谓护驾也。春秋上陵，尤省于小驾。直事尚书一人从，其余令史以下皆从行，所谓先置也。薛综《东京赋》注以云罕九斿为旌旗别名，亦不辨其形。[1]

《后汉书》志第四《礼仪志中·貙刘》：立秋之日，白郊礼毕，始扬威武，斩牲于郊东门，以荐陵庙。其仪：乘舆御戎路，白马朱鬣，躬执弩射牲。牲以鹿麚。太宰令、谒者各一人，载以获车，驰送陵庙。于是乘舆还宫，遣使者赍束帛以赐武官。武官肄兵，习战阵之仪、斩牲之礼，曰貙刘。兵、官皆肄孙、吴兵法六十四阵，名曰乘之。立春，遣使者赍束帛以赐文官。貙刘之礼：祠先虞，执事告先虞已，烹鲜时，有司告，乃逡巡射牲。获车毕，有司告事毕。[2]

《后汉书》卷三《孝章帝纪》：永平十八年"十二月癸巳，有司奏言：'孝明皇帝圣德淳茂，劬劳日昃，身御浣衣，食无兼珍。泽臻四表，远人慕化，僬侥、儋耳，款塞自至。克伐鬼方，开道西域，威灵广被，无思不服。以烝庶为忧，不以天下为乐。备三雍之教，躬养老之礼。作登歌，正予乐，博贯六艺，不舍昼夜。聪明渊塞，著在图谶。至德所感，通于神明。功烈光于四海，仁风行于千载。而深执谦谦，自称不德，无起寝庙，埽地而祭，除日祀之法，省送终之礼，遂藏主于光烈皇后更衣别室。天下闻之，莫不凄怆。陛下至孝烝烝，奉顺圣德。臣愚以为更衣在中门之外，处所殊别，宜尊庙曰显宗，其四时禘祫，于光武之堂，间祀悉还更衣，共进《武德》之舞，如孝文皇帝祫祭高庙故事。'制曰：'可。'"李贤注曰："《续汉书》曰：'五年再殷祭，三年一祫，五年一禘。父为昭，南向。子为穆，北向。禘以夏四月，祫以冬十月。禘之为言谛，谛审昭穆尊卑之义。祫者，合也。冬十月五谷成，故骨肉合饮食于祖庙，谓之殷祭。四时正祭外，有五月尝麦，三伏立秋尝粢盛酎，十月尝稻等，谓之间祀，即各于更衣之殿。更衣者，非正处也。园中有寝，有便殿。寝者，陵上正殿。便殿，寝侧之别殿，即更衣也。'"[3]

3. 宗庙祭祀礼仪

《后汉书》志第九《祭祀下·宗庙》：光武帝建武二年正月，立高庙于洛阳。四时袷祀，高帝为太祖，文帝为太宗，武帝为世宗，如旧。余帝四时春以正月，夏以四月，秋以七月，冬以十月及腊，一岁五祀。三年正月，立亲庙洛阳，祀父南顿君以上至舂陵节侯。时寇贼未夷，方务征伐，祀仪未设。至十九年，盗贼讨除，戎事差息，于是五官中郎将张纯与太仆朱浮奏议："礼，为人子事大宗，降其私亲。礼之设施，不授之与自得之异意。当除今亲庙四。孝宣皇帝以孙后祖，为父立庙于奉明，曰皇考庙，独群臣侍祠。愿下有司议先帝四庙当代亲庙者及皇考庙事。"下公卿、博士、议郎。大司徒涉等议："宜奉所代，立平帝、哀帝、成帝、元帝庙，代今亲庙。兄弟以下，使有司祠。宜为南顿君立皇考庙，祭上至舂陵节侯，群臣奉祠。"时议有异，不著。上可涉等议，诏曰："以

1.《宋书》，第 499 页。

2.《后汉书》，第 3123 页。

3.《后汉书》，第 130、131 页。

宗庙处所未定，且祫祭高庙。其成、哀、平且祠祭长安故高庙。其南阳舂陵岁时各且因故园庙祭祀园庙去太守治所远者，在所令长行太守事侍祠。惟孝宣帝有功德，其上尊号曰中宗。"于是洛阳高庙四时加祭孝宣、孝元，凡五帝。其西庙成、哀、平三帝主，四时祭于故高庙。东庙京兆尹侍祠，冠衣车服如太常祠陵庙之礼。南顿君以上至节侯，皆就园庙。南顿君称皇考庙，钜鹿都尉称皇祖考庙，郁林太守称皇曾祖考庙，节侯称皇高祖考庙，在所郡县侍祠。

二十六年，有诏问张纯，禘祫之礼不施行几年。纯奏："礼，三年一祫，五年一禘。毁庙之主，陈于太祖。未毁庙之主，皆升合食太祖。五年再殷祭。旧制，三年一祫，毁庙主合食高庙，存庙主未尝合。元始五年，始行禘礼。父为昭，南向。子为穆，北向。父子不并坐，而孙从王父。禘之为言谛。谛諟昭穆，尊卑之义。以夏四月阳气在上，阴气在下，故正尊卑之义。祫以冬十月，五谷成熟，故骨肉合饮食。祖宗庙未定，且合祭。今宜以时定。"语在《纯传》。上难复立庙，遂以合祭高庙为常。后以三年冬祫五年夏禘之时，但就陈祭毁庙主而已，谓之殷。太祖东面，惠、文、武、元帝为昭，景、宣帝为穆。惠、景、昭三帝非殷祭时不祭。光武皇帝崩，明帝即位，以光武帝拨乱中兴，更为起庙，尊号曰世祖庙。以元帝于光武为穆，故虽非宗，不毁也。后遂为常。

明帝临终遗诏，遵俭无起寝庙，藏主于世祖庙更衣。孝章即位，不敢违，以更衣有小别，上尊号曰显宗庙，间祠于更衣，四时合祭于世祖庙。语在《章纪》。章帝临崩，遗诏无起寝庙，庙如先帝故事。和帝即位不敢违，上尊号曰肃宗。后帝承尊，皆藏主于世祖庙，积多无别，是后显宗但为陵寝之号。永元中，和帝追尊其母梁贵人曰恭怀皇后，陵曰西陵。以窦后配食章帝，恭怀后别就陵寝祭之。和帝崩，上尊号曰穆宗。殇帝生三百余日而崩，邓太后摄政，以尚婴孩，故不列于庙，就陵寝祭之而已。安帝以清河孝王子即位，建光元年，追尊其祖母宋贵人曰敬隐后，陵曰敬北陵。亦就陵寝祭，太常领如西陵。追尊父清河孝王曰孝德皇，母曰孝德后，清河嗣王奉祭而已。安帝以谗害大臣，废太子，及崩，无上宗之奏。后以自建武以来无毁者，故遂常祭，因以其陵号称恭宗。顺帝即位，追尊其母曰恭愍后，陵曰恭北陵。就陵寝祭，如敬北陵。顺帝崩，上尊号曰敬宗。冲质帝皆小崩，梁太后摄政，以殇帝故事，就陵寝祭。凡祠庙讫，三公分祭之。桓帝以河间孝王孙蠡吾侯即位，亦追尊祖考，王国奉祀。语在《章和八王传》。帝崩，上尊号曰威宗，无嗣。灵帝以河间孝王曾孙解犊侯即位，亦追尊祖考。语在《章和八王传》。灵帝时，京都四时所祭高庙五主，世祖庙七主，少帝三陵，追尊后三陵，凡牲用十八太牢，皆有副倅。故高庙三主亲毁之后，亦但殷祭之岁奉祠。灵帝崩，献帝即位。初平中，相国董卓、左中郎将蔡邕等以和帝以下，功德无殊，而有过差，不应为宗，及余非宗者追尊三后，皆奏毁之。四时所祭，高庙一祖二宗，及近帝四，凡七帝。[1]

三、曹魏——宗庙建于城内

曹魏时期武帝高陵依汉制建有寝庙，文帝时予以拆除，其他陵墓的则废除了，陵祭制度遂绝。[2]

1.《后汉书》，第 3193 — 3197 页。

2.《晋书》卷一〇《礼志中》，第 634 页。

洛阳宗庙未成，神主在邺庙。明帝于"太和元年春正月，郊祀武皇帝以配天，宗祀文皇帝于明堂以配上帝"，四月"甲申，初营宗庙"。[1]太和三年十一月，"庙始成，使太常韩暨持节迎高皇帝、太皇帝、武帝、文帝神主于邺，十二月己丑至，奉安神主于庙"。"臣松之按：黄初四年，有司奏立二庙，太皇帝大长秋与文帝之高祖共一庙，特立武帝庙，百世不毁。今此无高祖神主，盖以亲尽毁也。此则魏初唯立亲庙，祀四室而已。至景初元年，始定七庙之制。孙盛曰：事亡犹存，祭如神在，迎迁神主，正斯宜矣"。[2]《三国志》卷二四《魏书·韩暨传》亦云："时新都洛阳，制度未备，而宗庙主祏皆在邺都。暨奏请迎邺四庙神主，建立洛阳庙，四时蒸尝，亲奉粢盛。"[3]

《三国志》卷二《魏书·明帝纪》：青龙二年（234年）三月庚寅，山阳公薨，魏明帝素服发哀，遣使持节典护丧事。四月丙寅，"诏有司以太牢告祠文帝庙。追谥山阳公为汉孝献皇帝，葬以汉礼"。[4]由此可以概见文帝庙的建造与祠祀。其后，方大治洛阳宫殿。

《三国志》卷五《魏书·文昭甄皇后传》："太和六年，明帝爱女淑薨，追封谥淑为平原懿公主，为之立庙。"[5]"帝爱女淑，未期而夭，帝痛之甚，追封平原公主，立庙洛阳，葬于南陵"，明帝亲为孩抱之赤子送葬，[6]茔畤或于高平陵。此为曹魏时期陵、庙分立之显例。

《晋书》卷一九《礼志上》：《王制》，天子七庙，诸侯以下各有等差，礼文详矣。汉献帝建安十八年五月，以河北十郡封魏武帝为魏公。是年七月，始建宗庙于邺，自以诸侯礼立五庙也。后虽进爵为王，无所改易。延康元年，文帝继王位，七月，追尊皇祖为大王，丁夫人曰大王后。黄初元年十一月受禅，又追尊大王曰大皇帝，皇考武王曰武皇帝。二年六月，以洛京宗庙未成，乃祠武帝于建始殿，亲执馈奠，如家人礼。案《礼》将营宫室，宗庙为先，庶人无庙，故祭于寝，帝者行之，非礼甚矣。明帝太和三年六月，又追尊高祖大长秋曰高皇，夫人吴氏曰高皇后，并在邺庙。庙所祠，则文帝之高祖处士、曾祖高皇、祖大皇帝共一庙，考太祖武皇帝特一庙，百世不毁，然则所祠止于亲庙四室也。其年十一月，洛京庙成，则以亲尽迁处士主置园邑，使行太傅太常韩暨、行太常宗正曹恪持节迎高皇以下神主，共一庙，犹为四室而已。至景初元年六月，群公有司始更奏定七庙之制，曰："大魏三圣相承，以成帝业。武皇帝肇建洪基，拨乱夷险，为魏太祖。文皇帝继天革命，应期受禅，为魏高祖。上集成大命，清定华夏，兴制礼乐，宜为魏烈祖。于太祖庙北为二祧，其左为文帝庙，号曰高祖昭祧，其右拟明帝，号曰烈祖穆祧。三祖之庙，万世不毁。其余四庙，亲尽迭迁，一如周后稷、文武庙祧之礼。"文帝甄后赐死，故不列庙。明帝即位，有司奏请追谥曰文昭皇后，使司空王朗持节奉策告祠于陵。三公又奏曰："自古周人归祖后稷，又特立庙以祀姜嫄。今文昭皇后之于后嗣，圣德至化，岂有量哉。夫以皇家世妃之尊，神灵迁化，而无寝庙以承享祀，非以报显德，昭孝敬也。稽之古制，宜依周礼，别立寝庙。"奏可。太和元年二月，

1.《三国志》卷二《魏书·明帝纪》，第92页。

2.《三国志》卷二《魏书·明帝纪》，第96、97页。

3.《三国志》，第678页。

4.《三国志》，第101页。

5.《三国志》卷五《魏书·文昭甄皇后传》，第163页。

6.《三国志》卷二五《魏书·杨阜传》，第707页。

立庙于邺。四月，洛邑初营宗庙，掘地得玉玺，方一寸九分，其文曰"天子羡思慈亲"。明帝为之改容，以太牢告庙。至景初元年十二月己未，有司又奏文昭皇后立庙京师，永传享祀，乐舞与祖庙同，废邺庙。[1]

　　自汉景帝阳陵起，终有汉一代，陵庙建于陵旁。[2]魏明帝恪守终制，恢复了西汉初年的宗庙建于城内的旧有制度。

四、西晋——一庙七室，建于城内

　　《晋书》卷一九《礼志》：魏元帝咸熙元年，进文帝爵为王，追命舞阳宣文侯为宣王，忠武侯为景王。是年八月，文帝崩，谥曰文王。武帝泰始元年十二月丙寅，受禅。丁卯，追尊皇祖宣王为宣皇帝，伯考景王为景皇帝，考文王为文皇帝，宣王妃张氏为宣穆皇后，景王夫人羊氏为景皇后。二年正月，有司奏置七庙。帝重其役，诏宜权立一庙。于是群臣议奏："上古清庙一宫，尊远神祇。逮至周室，制为七庙，以辩宗祧。圣旨深弘，远迹上世，敦崇唐虞，舍七庙之繁华，遵一宫之远旨。昔舜承尧禅，受终文祖，遂陟帝位，盖三十载，月正元日，又格于文祖，遂陟帝位，此则虞氏不改唐庙，因仍旧宫。可依有虞氏故事，即用魏庙。"奏可。于是追祭征西将军、豫章府君、颍川府君、京兆府君，与宣皇帝、景皇帝、文皇帝为三昭三穆。是时宣皇未升，太祖虚位，所以祠六世，与景帝为七庙，其礼则据王肃说也。七月，又诏曰："主者前奏，就魏旧庙，诚亦有准。然于祇奉神明，情犹未安，宜更营造。"于是改创宗庙。十一月，追尊景帝夫人夏侯氏为景怀皇后。任茂议以为夏侯初嫔之时，未有王业。帝不从。太康元年，灵寿公主修丽祔于太庙，周汉未有其准。魏明帝则别立平原主庙，晋又异魏也。六年，因庙陷，当改修创，群臣又议奏曰："古者七庙异所，自宜如礼。"诏又曰："古虽七庙，自近代以来皆一庙七室，于礼无废，于情为叙，亦随时之宜也。其便仍旧。"至十年，乃更改筑于宣阳门内，穷极壮丽，然坎位之制犹如初尔。庙成，帝用挚虞议，率百官迁神主于新庙，自征西以下，车服导从皆如帝者之仪。及武帝崩则迁征西，及惠帝崩又迁豫章。而惠帝世愍怀太子、太子二子哀太孙臧、冲太孙尚并祔庙，元帝世，怀帝殇太子又祔庙，号为阴室四殇。怀帝初，又策谥武帝杨后曰武悼皇后，改葬峻阳陵侧，别祠弘训宫，不列于庙。[3]

第三节　陵园职官制度

一、西汉

　　《汉书》卷一九上《百官公卿表》：奉常，秦官，掌宗庙礼仪，有丞。景帝中六年更名太常。属官有太乐、太祝、太宰、太史、太卜、太医六令丞，又均官、都水两长丞，又诸庙寝园食官令长丞，有廱太宰、太祝令丞，五畤各一尉。又博士及诸陵县皆属焉。景帝中六年更名太祝为祠祀，

1.《晋书》，第 601、602 页。

2. 刘庆柱：《关于西汉帝陵形制诸问题探讨》，《古代都城与帝陵考古学研究》，科学出版社，2000 年，第 231 页。

3.《晋书》，第 602 页。

武帝太初元年更曰庙祀，初置太卜。博士，秦官，掌通古今，秩比六百石，员多至数十人。武帝建元五年初置《五经》博士，宣帝黄龙元年稍增员十二人。元帝永光元年分诸陵邑属三辅。王莽改太常曰秩宗。[1]

苏林曰："太常主诸陵，有民，故亦课田种也。"[2] 玄成兄弘为太常丞，职奉宗庙，典诸陵邑。[3]

《汉书》卷一九上《百官公卿表》：少府，秦官，掌山海池泽之税，以给共养，有六丞。属官有尚书、符节、太医、太官、汤官、导官、乐府、若卢、考工室、左弋、居室、甘泉居室、左右司空、东织、西织、东园匠十六官令丞。师古曰："太官主膳食，汤官主饼饵，导官主择米。若卢，如说是也。左弋，地名。东园匠，主作陵内器物者也。"[4]

《汉书》卷一九上《百官公卿表》：将作少府，秦官，掌治宫室，有两丞、左右中候。景帝中六年更名将作大匠。属官有石库、东园主章、左右前后中校七令丞又主章长丞。武帝太初元年更名东园主章为木工。成帝阳朔三年省中候及左右前后中校五丞。如淳曰："章谓大材也。旧将作大匠主材吏名章曹掾。"师古曰："今所谓木钟者，盖章声之转耳。东园主章掌大材，以供东园大匠也。"[5]

《通典》卷二七《职官九·诸卿》：东园主章令：汉有之，武帝更名木工。如淳曰："章谓木材也。旧将作大匠主材史名章曹掾。"颜师古曰："今所谓木锺者，盖章声之转耳。东园主章掌材以供东园匠。"东园匠，官名，主作陵内器物，属少府。大唐无。[6]

《汉书》卷六八《金日磾传附子安上传》："元帝崩，故事，近臣皆随陵为园郎，敞以世名忠孝，太后诏留侍成帝，为奉车水衡都尉，至卫尉。"[7] 平帝即位，太后临朝，王莽秉政，使各地上颂歌，班稚无所上，"上书陈恩谢罪，愿归相印，入补延陵园郎，太后许焉。食故禄终身"。[8]

《汉书》卷六六《车千秋传》："车千秋，本姓田氏，其先齐诸田徙长陵。千秋为高寝郎"。颜师古曰："高庙卫寝之郎。"[9] 冯参为元帝冯昭仪少弟。"竟宁中，以王舅出补渭陵食官令。以数病徙为寝中郎，有诏勿事。阳朔中，中山王来朝，参擢为上河农都尉。病免官，复为渭陵寝中郎"。[10]

二、东汉

《后汉书》卷一一四《百官志》：司空，公一人。本注曰：掌水土事。凡营城起邑、浚沟洫、

1.《汉书》，第726页。

2.《汉书》卷二四上《食货志上》，第1140页。

3.《汉书》卷七三《韦贤传附子玄成传》，第3108页。

4.《汉书》，第731页。

5.《汉书》，第733页。

6.《通典》，第762、763页。

7.《汉书》，第2963页。

8.《汉书》卷一〇〇上《叙传上》，第4204页。

9.《汉书》，第2883页。

10.《汉书》卷七九《冯奉世传附子参传》，第3306页。

修坟防之事，则议其利，建其功。凡四方水土功课，岁尽则奏其殿最而行赏罚。凡郊祀之事，掌扫除乐器，大丧则掌将校复土。[1]

《后汉书》卷一一五《百官志》：太常，卿一人，中二千石。本注曰：掌礼仪祭祀，每祭祀，先奏其礼仪。及行事，常赞天子。每选试博士，奏其能否。大射、养老、大丧，皆奏其礼仪。每月前晦，察行陵庙。丞一人，比千石。本注曰：掌凡行礼及祭祀小事，总署曹事。其署曹掾史，随事为员，诸卿皆然。高庙令一人，六百石。本注曰：守庙，掌案行扫除。无丞。世祖庙令一人，六百石。本注曰：如高庙。先帝陵，每陵园令各一人，六百石。本注曰：掌守陵园，案行扫除。丞及校长各一人。本注曰：校长，主兵戎盗贼事。先帝陵，每陵食官令各一人，六百石。本注曰：掌望晦时节祭祀。右属太常。本注曰：有祠祀令一人，后转属少府。有太卜令，六百石，后省并太史。中兴以来，省前凡十官。[2]

蔡质《汉仪》曰："十二陵令见河南尹无敬也。"[3] 蔡质《汉仪》曰："出府丞、长史、陵令，皆选仪容端正，任奉使者。"[4]

《后汉书》志第二七《百官志》："将作大匠一人，二千石。本注曰：承秦，曰将作少府，景帝改为将作大匠。掌修作宗庙、路寝、宫室、陵园木土之功，并树桐梓之类列于道侧。丞一人，六百石。左校令一人，六百石。本注曰：掌左工徒。丞一人。右校令一人，六百石。本注曰：掌右工徒。丞一人。"[5] 将作大匠亦为少数皇帝宠臣营建冢园。

《后汉书》志第二五《百官志》："谒者三十人。其给事谒者，四百石。其灌谒者郎中，比三百石。本注曰：掌宾赞受事，及上章报问。将、大夫以下之丧，掌使吊。"[6]

《后汉书》卷一四《宗室四王三侯传·城阳恭王祉传》：初，建武二年，以皇祖、皇考墓为昌陵，置陵令守视。后改为章陵，因以舂陵为章陵县。十八年，立考侯、康侯庙，比园陵，置啬夫。诏零陵郡奉祠节侯、戴侯庙，以四时及腊岁五祠焉。置啬夫、佐吏各一人。[7]

三、西晋、东魏

《晋书》卷二四《职官志》：太常，有博士、协律校尉员，又统太学诸博士、祭酒及太史、太庙、太乐、鼓吹、陵等令，太史又别置灵台丞。光禄勋，统武贲中郎将、羽林郎将、冗从仆射、羽林左监、五官左右中郎将、东园匠、太官、御府、守宫、黄门、掖庭、清商、华林园、暴室等令。[8]

1.《后汉书》，第 3561 页。

2.《后汉书》，第 3571、3573、3574 页。

3.《后汉书》志第六《礼仪志下》，刘昭注补，第 3150 页。

4.《后汉书》志第二五《百官志二》，刘昭注补，第 3578 页。

5.《后汉书》，第 3610 页。

6.《后汉书》，第 3578 页。

7.《后汉书》，第 562 页。

8.《晋书》，第 735、736 页。

《晋书》卷三《世祖武帝纪》：泰始四年（268年）"二月庚子，增置山阳公国相、郎中令、陵令、杂工宰人、鼓吹车马各有差。"[1]

《晋书》卷九八《桓温传》：桓温北伐，"师次伊水，姚襄屯水北，距水而战。温结阵而前，亲被甲督弟冲及诸将奋击，襄大败，自相杀死者数千人，越北芒而西走，追之不及，遂奔平阳。温屯故太极殿前，徙入金墉城，谒先帝诸陵，陵被侵毁者皆缮复之，兼置陵令。遂旋军，执降贼周成以归，迁降人三千余家于江汉之间。遣西阳太守滕畯出黄城，讨蛮贼文卢等，又遣江夏相刘岵、义阳太守胡骥讨妖贼李弘，皆破之，传首京都。温还军之后，司、豫、青、兖复陷于贼。"[2]

《魏书》卷一一三《官氏志》：武定二年（544年）十一月，有司奏："齐献武王勋高德重，礼绝群辟。昔霍光陵邑亦置长、丞主陵，今请置长一人，丞一人，录事一人，户曹史一人，禁备史一人，侍一人，皆降帝陵官品一等。其侍依旧。"诏"可"。[3]

四、隋唐

《隋书》卷二七《百官志》：太常，掌陵庙群祀、礼乐仪制，天文术数衣冠之属。其属官有博士、协律郎、八书博士等员。统诸陵、太庙、太乐、衣冠、鼓吹、太祝、太史、太医、廪牺、太宰等署令、丞。而太庙兼领郊祠、崇虚二局丞，太乐兼领清商部丞，鼓吹兼领黄户局丞，太史兼领灵台、太卜二局丞。光禄寺，掌诸膳食，帐幕器物，宫殿门户等事。统守宫、太官、宫门、供府、肴藏、清漳、华林等署。宫门署，置仆射六人，以司其事。余各有令、丞。又领东园局丞员。[4]

《通典》卷二五《职官七·诸卿》：诸陵署：汉有诸陵园寝官，属太常。（长陵令，秩二千石，为高祖陵也，故尊其秩。）元帝永光元年，分诸陵邑属三辅。（《史记》曰："司马相如为孝文园令。"）后汉每陵园令各一人，掌按行扫除，丞及校长各一人。（校长，主戒盗贼。）晋宋皆曰令，而梁初为监，后亦改为令。梁以下皆有之。大唐每陵令、丞各一人，初属太常，开元二十五年，并属宗正寺。太庙令：汉有诸庙寝园令、长、丞。（《宋志》曰："汉西京曰长，东京曰令。"）晋有太庙令。宋太庙令领斋郎二十四人。齐梁以下皆有。（后魏有太常斋郎。《汉书》曰："田千秋为高庙寝郎。"）旧属太常，大唐开元二十五年二月敕："宗庙所奉，尊敬之极，因以名署，情所未安，宜令礼官详择所宜奏闻。"至五月，太常少卿韦绦奏曰："谨详经典，兼寻令式，宗庙享荐，皆主奉常，别置署司，事非稽古。其太庙署请废省，本司专奉其事。"许之。二十五年敕："宗正设官，实司属籍。而陵寝崇敬，宗庙惟严，割隶太常，殊乖本系奉先之旨，深所未委。自今已后，诸庙置并隶宗正寺"。[5]

《唐六典》卷一四《太常寺》：献陵、昭陵、乾陵、定陵、桥陵、恭陵署：令各一人，从五品上；（《周礼》有冢人下大夫二人、中士四人，掌公墓之地，辨其兆域，先王之葬居中，以昭穆为左右。

1.《晋书》，第56页。

2.《晋书》，第2572页。

3.《魏书》，第3005页。

4.《隋书》，第755页。

5.《通典》，第704、705页。

至汉，奉常管诸陵县，诸陵亦各有令、丞。至元帝永光元年，分诸陵邑属三辅。后汉先帝陵令每陵各一人，秩六百石，每陵所皆置万户。晋太常统陵令、丞、主簿、录事、户曹史、禁备吏各一人，侍一人；凡吏四人，卒一人。宋太常统陵令。《齐职仪》："每陵令一人，品第七，秩四百石，铜印、墨绶，进贤一梁冠，绛朝服。旧用三品勋位，孝建三年改为二品。"梁太常统陵监，其后改为令，班第二，品正第九。陈承梁制，秩六百石。北齐太常寺亦统诸陵令、丞。后周守陵，每陵上士一人。隋令："诸署，每陵令一人。"皇朝因之。开元二十五年，诸陵、庙隶宗正寺。）丞一人，从七品下；（汉、魏、晋诸陵并有丞；宋、齐、梁、陈并有陵令，无丞；北齐有丞。隋诸陵丞各一人，有主衣、主辇、主药等员；皇朝因之。）录事一人；（皇朝置。）陵户。（乾陵、桥陵、昭陵各四百人，献陵、定陵、恭陵各三百人。）陵令掌先帝山陵，率户守卫之事；丞为之贰。凡朔望、元正、冬至、寒食，皆修享于诸陵。若桥陵，则日献羞焉。凡功臣、密戚请陪陵葬者听之，以文武分为左右而列。（坟高四丈已下。三丈已上。）若父、祖陪陵，子、孙从葬者，亦如之。（若宫人陪葬，则陵户为之成坟。凡诸陵皆置留守，领甲士，与陵令相左右。兆域内禁人无得葬埋，古坟则不毁。）永康、兴宁二陵署：令各一人，从七品下；丞一人，从八品下。陵令掌山陵营兆之事，率其户而守陵焉（兵仗并皆给之）。丞为之贰。隐、章怀、懿德、节愍、惠庄、惠文、惠宣七太子陵署：各令一人，从八品下（按：汉武帝戾太子园有官吏，自后不见，并皇朝置之。）丞一人，从九品下。太子陵令、丞皆掌陵园守卫。[1]

《通典》卷二七《职官九·诸卿》：今将作，亦少皞氏以五雉为五工正，以利器用。（雉有五种，故曰五雉。）唐虞共工，周官考工之官，盖其职也。秦有将作少府，掌治宫室。汉景帝中元六年，更名将作大匠。后汉位次河南尹，中元二年省，以谒者领之。章帝建初元年复置。初以任隗为之，掌修作宗庙、路寝、宫室、陵园木土之功，并树桐梓之类列于道侧。（《后汉志》注曰："古者制以表道。"《续汉书》曰："李固字子坚，迁大匠，常推贤贡士。孔融以将作大匠迁少府。"）魏晋因之。江左至宋、齐，皆有事则置，无事则省。而梁改为大匠卿，陈因之。后魏亦有之。北齐有将作寺，其官曰大匠。（兼领功曹、主簿、长史、司马等官属。）后周有匠师中大夫，掌城廓宫室之制；又有司木中大夫，掌木工之政令。隋与北齐同，至开皇二十年，改寺为监，大匠为大监，初加置副监。炀帝改大监、少监为大匠、少匠，五年，又改为大监、少监；十三年，又改大令、少令。大唐复皆为匠。龙朔二年，改将作为缮工监，（大匠、少匠随监名改。）咸亨元年复旧。光宅元年，改为营缮监。神龙元年复旧。大匠一人，（总判。）少匠二人。（通判。初一人，太极元年加置一人。）天宝中，改大匠为大监，少匠为少监，领左校、右校、甄官、中校四署。[2]

第四节　贵族丧葬制度

一、西汉

《汉书》卷六八《霍光传》：光薨，上及皇太后亲临光丧。太中大夫任宣与侍御史五人持节护

1.（唐）李林甫等撰，陈仲夫点校：《唐六典》，中华书局，1992年，第400－401页。

2.《通典》，第761、762页。

丧事。中二千石治莫府冢上。赐金钱、缯絮，绣被百领。衣五十箧，璧珠玑玉衣，梓宫、便房、黄肠题凑各一具，枞木外臧椁十五具。东园温明，皆如乘舆制度。载光尸柩以辒辌车，黄屋左纛，发材官轻车北军五校士军陈至茂陵，以送其葬。谥曰宣成侯。发三河卒穿复土，起冢祠堂，置园邑三百家，长丞奉守如旧法。[1]

《汉书》卷九三《佞幸传·董贤传》："董贤字圣卿，云阳人也。父恭，为御史，任贤为太子舍人。哀帝立，贤随太子官为郎。……迁贤父为少府，赐爵关内侯，食邑，复徙为卫尉。又以贤妻父为将作大匠，弟为执金吾。诏将作大匠为贤起大第北阙下，重殿洞门，木土之功穷极技巧，柱槛衣以绨锦。下至贤家僮仆皆受上赐，及武库禁兵，上方珍宝。其选物上弟尽在董氏，而乘舆所服乃其副也。及至东园祕器，珠襦玉柙，豫以赐贤，无不备具。又令将作为贤起冢茔义陵旁，内为便房，刚柏题凑，外为徼道，周垣数里，门阙罘罳甚盛。"师古曰："东园，署名也。《汉旧仪》云东园祕器作棺梓，素木长二丈，崇广四尺。珠襦，以珠为襦，如铠状，连缝之。以黄金为镂，要以下，玉为柙，至足，亦缝以黄金为缕。"[2]

二、东汉

1. 宗室、贵族葬仪

《后汉书》志第四《礼仪志下·大丧》：诸侯王、列侯、始封贵人、公主薨，皆令赠印玺、玉柙银缕。大贵人、长公主铜缕。诸侯王、贵人、公主、公、将军、特进皆赐器，官中二十四物。使者治丧，穿作，柏椁，百官会送，如故事。诸侯王、公主、贵人皆樟棺，洞朱，云气画。公、特进樟棺黑漆。中二千石以下坎侯漆。朝臣中二千石、将军，使者吊祭，郡国二千石、六百石以至黄绶，皆赐常车驿牛赠祭。宜自佐史以上达，大敛皆以朝服。君临吊若遣使者，主人免绖去杖望马首如礼。免绖去杖，不敢以戚凶服当尊者。自王、主、贵人以下至佐史，送车骑导从吏卒，各如其官府。载饰以盖，龙首鱼尾，华布墙，纁上周，交络前后，云气画帷裳。中二千石以上有辒，左龙右虎，朱鸟玄武。公侯以上加倚鹿伏熊。千石以下，缁布盖墙，鱼龙首尾而已。二百石黄绶以下至于处士，皆以箪席为墙盖。其正妃、夫人、妻皆如之。诸侯王，傅、相、中尉、内史典丧事，大鸿胪奏谥，天子使者赠璧帛，载日命谥如礼。下陵，群臣醳麤服如仪，主人如礼。[3]

《后汉书》志第四《礼仪志下·大丧》，刘昭注引丁孚《汉仪》曰："孝灵帝葬马贵人，赠步摇、赤绂葬，青羽盖、驷马。柩下殿，女侍史二百人著素衣挽歌，引木下就车，黄门宦者引出宫门。"[4]

《后汉书》卷一〇上《皇后纪上·和熹邓皇后纪》：及新野君薨，太后自侍疾病，至乎终尽，忧哀毁损，事加于常。赠以长公主赤绶、东园秘器、玉衣绣衾，又赐布三万匹，钱三千万。骘等

1.《汉书》，第2948页。

2.《汉书》，第3733、3734页。

3.《后汉书》，第3152页。

4.《后汉书》，第3152页。

遂固让钱布不受。使司空持节护丧事，仪比东海恭王，谥曰敬君。[1]

2. 陵与墓的等级差别

皇帝、皇后、诸侯王之墓为陵。建武二年正月，"赤眉焚西京宫室，发掘园陵，寇掠关中"。李贤注曰："园谓茔域，陵谓山坟。"[2]永平十八年（75年）八月壬子，明帝崩。"帝初作寿陵，制令流水而已，石椁广一丈二尺，长二丈五尺，勿得起坟"。[3]此所谓坟，即山坟，"省薄坟陵"[4]之意。

贵人、公卿及刺史二千石称为冢。董卓"又使吕布发诸帝陵，及公卿已下冢墓，收其珍宝"。[5]延熹二年七月，桓帝懿献梁皇后兄梁冀谋乱受诛。八月壬午，"立皇后邓氏，追废懿陵为贵人冢"。[6]

陵与冢之间有严格的等级差别，不仅反映在文献对墓冢名称的不同记载，主要还表现在园陵的建制规模上。权贵冢墓或超过等级标准，然而不可能比绩王陵。

3. 诸侯王陵

西汉长沙定王之子刘买，封于零道之春陵乡，为春陵侯。子戴侯刘熊渠嗣。熊渠卒，子考侯刘仁嗣。刘仁求减邑内徙。元帝初元四年，徙封南阳白水乡，仍以春陵为国名。仁卒，子刘敞嗣。敞子即城阳恭王刘祉，刘秀族侄，随其起兵。光武帝建武二年，封为城阳王，追谥刘敞为康侯。《后汉书》卷一四《宗室四王三侯传·城阳恭王祉传》："以皇祖、皇考墓为昌陵，置陵令守视。后改为章陵，因以春陵为章陵县。十八年，立考侯、康侯庙，比园陵，置啬夫。诏零陵郡奉祠节侯、戴侯庙，以四时及腊岁五祠焉。置啬夫、佐吏各一人。"[7]

《后汉书》卷一四《宗室四王三侯传·安成孝侯赐传》：光武帝族兄刘赐，"建武二年，封为慎侯。十三年，更增户邑，定封为安成侯，奉朝请。以赐有恩信，故亲厚之，数蒙宴私，时幸其第，恩赐特异。赐辄赈与故旧，无有遗积。帝为营冢堂，起祠庙，置吏卒，如春陵孝侯。"[8]

东海恭王刘强，光武帝之子。永平元年，病薨于封国鲁。其异母弟明帝十分悲痛，"从太后出幸津门亭发哀。使司空持节护丧事，大鸿胪副，宗正、将作大匠视丧事，赠以殊礼，升龙、旄头、鸾辂、龙旂、虎贲百人。诏楚王英、赵王栩、北海王兴、馆陶公主、比阳公主及京师亲戚四姓夫人、小侯皆会葬。帝追惟强深执谦俭，不欲厚葬以违其意，于是特诏中常侍杜岑及东海傅相曰：'王恭谦好礼，以德自终，遣送之物，务从约省，衣足敛形，茅车瓦器，物减于制，以彰王卓尔独行之志。将作大匠留起陵庙。'"。[9]

章帝建初八年正月，东平宪王刘苍薨，诏"遣大鸿胪持节，五官中郎将副监丧，及将作使者

1.《后汉书》，第424页。

2.《后汉书》卷一上《光武帝纪上》，第28页。

3.《后汉书》卷二《孝明帝纪》，第123页。

4.《后汉书》卷二《孝明帝纪》，第125页。

5.《后汉书》卷七二《董卓传》，第2327页。

6.《后汉书》卷七《孝桓帝纪》，第305页。

7.《后汉书》，第562页。

8.《后汉书》，第565页。

9.《后汉书》卷四二《光武十王传·东海恭王强传》，第1424页

凡六人，令四姓小侯诸国王主悉会诣东平奔丧，赐钱前后一亿，布九万匹。及葬，策曰：'惟建初八年三月己卯，皇帝曰：咨王丕显，勤劳王室，亲受策命，昭于前世。出作蕃辅，克慎明德，率礼不越，傅闻在下。昊天不吊，不报上仁，俾屏余一人，夙夜茕茕，靡有所终。今诏有司加赐鸾辂乘马，龙旗九旒，虎贲百人，奉送王行。匪我宪王，其孰离之。魂而有灵，保兹宠荣。呜呼哀哉。'"[1]

光武帝子中山简王刘焉，和帝永元二年薨。"自中兴至和帝时，皇子始封薨者，皆赙钱三千万，布三万匹。嗣王薨，赙钱千万、布万匹。是时窦太后临朝，窦宪兄弟擅权，太后及宪等，东海出也，故睦于焉而重于礼，加赙钱一亿。诏济南、东海二王皆会。大为修冢茔，开神道，平夷吏人冢墓以千数，作者万余人。发常山、钜鹿、涿郡柏黄肠杂木，三郡不能备，复调余州郡工徒及送致者数千人。凡征发摇动六州十八郡，制度余国莫及。"[2]

4.朝廷赏赐勋臣冢茔地和赐修冢茔

建武四年，太傅卓茂薨，光武帝"赐棺椁冢地，车驾素服亲临送葬"。[3]

建武十三年，大司农高诩卒官，"赐钱及冢田"。[4]

光武帝建武十三年夏，不其侯病卒。"赐秘器，帝亲吊祠，遣使者送丧修冢"。[5]

建武二十三年，太中大夫郭伋卒，"帝亲临吊，赐冢茔地"。[6]

永元十六年，张酺"复拜为光禄勋。数月，代鲁恭为司徒。月余薨。乘舆缟素临吊，赐冢茔地，赗赠恩宠异于它相。酺病临危，敕其子曰：'显节陵埽地露祭，欲率天下以俭。吾为三公，既不能宣扬王化，令吏人从制，岂可不务节约乎？其无起祠堂，可作槁盖庑，施祭其下而已'"。[7]

召驯，累仕州郡，辟司徒府。建初元年，侍讲肃宗。拜左中郎将，入授诸王。帝嘉其义学，恩宠甚崇。"元和二年，入为河南尹。章和二年，代任隗为光禄勋，卒于官，赐冢茔陪园陵"。[8]

廷尉郭镇免官后，顺帝永建四年卒于家。"诏赐冢茔地"。[9]

桓帝延熹七年，宦官徐璜卒，"赗赠钱布，赐冢茔地"。[10]

杨震之子杨秉，桓帝延熹"八年薨，时年七十四，赐茔陪陵"。[11]

亦有不受赏赐，归葬故里者：护羌校尉温序遇害后，其下属持尸归敛。光武帝命送丧到洛阳，"赐城傍为冢地，赗谷千斛、缣五百匹，除三子为郎中。长子寿，服竟为邹平侯相。梦序告之曰：'久

1.《后汉书》卷四二《光武十王传·东平宪王苍传》，第 1441 页。

2.《后汉书》卷四二《光武十王传·中山简王焉传》，第 1450 页。

3.《后汉书》卷二五《卓茂传》，第 871 页。

4.《后汉书》卷七九下《儒林传下·高诩传》，第 2569 页。

5.《后汉书》卷二六《伏湛传》，第 897 页。

6.《后汉书》卷三一《郭伋传》，第 1093 页。

7.《后汉书》卷四五《张酺传》，第 1533 页。

8.《后汉书》卷二五《儒林传下·召驯传》，第 2573 页。

9.《后汉书》卷四六《郭镇传》，第 1545 页。

10.《后汉书》卷七八《宦者列传·徐璜传》，第 2522 页。

11.《后汉书》卷五四《杨震传附子秉传》，第 1775 页。

客思乡里。'寿即弃官，上书乞骸骨归葬。帝许之，乃反旧茔焉"。[1] 侍中祭酒承宫，"建初元年，卒，肃宗褒叹，赐以冢地。妻上书乞归葬乡里，复赐钱三十万"。[2]

《后汉书》卷四四《胡广传》：自在公台三十余年，历事六帝，礼任甚优，每逊位辞病，及免退田里，未尝满岁，辄复升进。凡一履司空，再作司徒，三登太尉，又为太傅。其所辟命，皆天下名士。与故吏陈蕃、李咸并为三司。蕃等每朝会，辄称疾避广，时人荣之。年八十二，熹平元年薨。使五官中郎将持节奉策赠太傅、安乐乡侯印绶，给东园梓器，谒者护丧事，赐冢茔于原陵，谥文恭侯，拜家一人为郎中。故吏自公、卿、大夫、博士、议郎以下数百人，皆缞绖殡位，自终及葬。汉兴以来，人臣之盛，未尝有也。[3]

光禄勋耿秉于和帝永元三年卒，时年五十余。和帝"赐以朱棺、玉衣，将作大匠穿冢，假鼓吹，五营骑士三百余人送葬。谥曰桓侯"。[4]

中常侍单超病，帝遣使者就拜车骑将军。桓帝延熹三年薨，"赐东园秘器，棺中玉具，赠侯将军印绶，使者理丧。及葬，发五营骑士，侍御史护丧，将作大匠起冢茔。"。[5]

5.葬于洛阳的宗室与高官

刘祉，刘秀族侄，建武二年，封为城阳王。建武十一年，"祉薨，年四十三，谥曰恭王，竟不之国，葬于洛阳北芒"。[6]

千乘贞王刘伉，建初四年封，立十五年薨。子刘宠嗣，立二十八年薨。"父子薨于京师，皆葬洛阳"。[7]

颍阳侯祭遵，深得光武帝倚重，建武九年卒于军。"遵丧至河南县，诏遣百官先会丧所，车驾素服临之，望哭哀恸。还幸城门，过其车骑，涕泣不能已。丧礼成，复亲祠以太牢，如宣帝临霍光故事。诏大长秋、谒者、河南尹护丧事，大司农给费""至葬，车驾复临，赠以将军、侯印绶，朱轮容车，介士军陈送葬，谥曰成侯。既葬，车驾复临其坟，存见夫人室家"。[8]

光武帝建武十一年，中郎将来歙入蜀平公孙述遇刺身亡。"帝闻大惊，省书揽涕，乃赐策曰：'中郎将来歙，攻战连年，平定羌、陇，忧国忘家，忠孝彰著。遭命遇害，呜呼哀哉。'使太中大夫赠歙中郎将、征羌侯印绶，谥曰节侯，谒者护丧事。丧还洛阳，乘舆缟素临吊送葬"。[9]

汝南太守邓晨，取光武帝姊刘元，光武起兵，元死于军阵。邓晨卒于建武二十五年，"诏遣中谒者备公主官属礼仪，招迎新野主魂，与晨合葬于北芒。乘舆与中宫亲临丧送葬。谥曰

1.《后汉书》卷八一《独行传·温序传》，第 2673 页。

2.《后汉书》卷二七《承宫传》，第 945 页。

3.《后汉书》，第 1510 页。

4.《后汉书》卷一九《耿秉传》，第 718 页。

5.《后汉书》卷七八《宦者列传·单超传》，第 2521 页。

6.《后汉书》卷一四《宗室四王三侯传·城阳恭王祉传》，第 562 页。

7.《后汉书》卷五五《章帝八王传·千乘贞王伉传》，第 1797 页。

8.《后汉书》卷二〇《祭遵传》，第 741、742 页。

9.《后汉书》卷一五《来歙传》，第 589 页。

惠侯"。[1]

明帝朝，五更桓荣卒，"帝亲自变服，临丧送葬，赐冢茔于首山之阳"。[2]

上蔡侯邓骘为和熹邓皇后之兄，安帝建光元年，为宫人陷害，不食而死。大司农朱宠上疏鸣冤。"帝意颇悟，乃遣让州郡，还葬洛阳北芒旧茔，公卿皆会丧，莫不悲伤之。诏遣使者祠以中牢，诸从昆弟皆归京师。"[3]

张晧于顺帝"阳嘉元年，复为廷尉。其年卒官，时年八十三。遣使者吊祭，赐葬地于河南县"。[4]

顺帝汉安元年，济北相崔瑗卒，"临终，顾命子寔曰：'夫人禀天地之气以生，及其终也，归精于天，还骨于地。何地不可藏形骸？勿归乡里。其赗赠之物，羊豕之奠，一不得受。'寔奉遗令，遂留葬洛阳"。[5]

公孙瓒为太守刘君女婿。灵帝朝，刘君犯罪，当徙日南，公孙瓒自愿陪行。"瓒具豚酒于北芒上，祭辞先人，酹觞祝曰：'昔为人子，今为人臣，当诣日南。日南多瘴气，恐或不还，便当长辞坟茔。'"[6] 则公孙瓒家族墓地在焉。

6. 丧葬活动的奢与俭

桓帝宦官侯览，专权骄横敛聚。灵帝"建宁二年，丧母还家，大起茔冢。督邮张俭因举奏览贪侈奢纵，前后请夺人宅三百八十一所，田百一十八顷。起立第宅十有六区，皆有高楼池苑，堂阁相望，饰以绮画丹漆之属，制度重深，僭类宫省。又豫作寿冢，石椁双阙，高庑百尺，破人居室，发掘坟墓。虏夺良人，妻略妇子，及诸罪衅，请诛之。而览伺候遮截，章竟不上。俭遂破览冢宅，藉没资财，具言罪状"。[7]

赵娆，灵帝乳母。蔡邕曰："前者乳母赵娆，贵重天下，生则贳藏侔于天府，死则丘墓逾于园陵，两子受封，兄弟典郡。"[8] 园陵，指皇帝陵园。

赵岐，东汉晚期经学家，仕历数帝，献帝朝为太常。建安六年卒，年九十余。"先自为寿藏，图季札、子产、晏婴、叔向四像居宾位，又自画其像居主位，皆为赞颂。敕其子曰：'我死之日，墓中聚沙为床，布簟白衣，散发其上，覆以单被，即日便下，下讫便掩。'"[9] 赵岐是丧事从俭而墓室图绘壁画者，这条史料明确记载了东汉墓葬壁画的情况。

王符主张丧葬节俭，他的名作《浮侈篇》云："古之葬者，厚衣之以薪，葬之中野，不封不树，

1.《后汉书》卷一五《邓晨传》，第 584 页。

2.《后汉书》卷三七《桓荣传》，第 1253 页。

3.《后汉书》卷一六《邓骘传》，第 617 页。

4.《后汉书》卷五六《张晧传》，第 1816 页。

5.《后汉书》卷五二《崔瑗传》，第 1724 页。

6.《后汉书》卷七三《公孙瓒传》，第 2358 页。

7.《后汉书》卷七八《宦者列传·侯览传》，第 2523 页。

8.《后汉书》卷六〇下《蔡邕传》，第 1999 页。

9.《后汉书》卷六四《赵岐传》，第 2124 页。

丧期无数。后世圣人易之以棺椁，桐木为棺，葛采为缄，下不及泉，上不泄臭。中世以后，转用楸梓槐柏杶樗之属，各因方土，裁用胶漆，使其坚足恃，其用足任，如此而已。今者京师贵戚，必欲江南檽梓豫章之木。边远下土，亦竞相放效。夫檽梓豫章，所出殊远，伐之高山，引之穷谷，入海乘淮，逆河沂洛，工匠雕刻，连累日月，会众而后动，多牛而后致，重且千斤，功将万夫，而东至乐浪，西达敦煌，费力伤农于万里之地。……今京师贵戚，郡县豪家，生不极养，死乃崇丧。或至金缕玉匣，檽梓梗楠，多埋珍宝偶人车马，造起大冢，广种松柏，庐舍祠堂，务崇华侈。案鄗毕之陵，南城之冢，周公非不忠，曾子非不孝，以为褒君爱父，不在于聚财，扬名显亲，无取于车马。昔晋灵公多赋以雕墙，《春秋》以为不君。华元、乐举厚葬文公，君子以为不臣。况于群司士庶，乃可僭侈主上，过天道乎？"[1]

《后汉书》卷三四《梁商传》云：永和"六年秋，商病笃，敕子冀等曰：'吾以不德，享受多福。生无以辅益朝廷，死必耗费帑臧，衣衾饭唅玉匣珠贝之属，何益朽骨？百僚劳扰，纷华道路，祇增尘垢，虽云礼制，亦有权时。方今边境不宁，盗贼未息，岂宜重为国损！气绝之后，载至冢舍，即时殡敛。敛以时服，皆以故衣，无更裁制。殡已开冢，冢开即葬。祭食如存，无用三牲。孝子善述父志，不宜违我言也。'及薨，帝亲临丧，诸子欲从其诲，朝廷不听，赐以东园朱寿之器、银镂、黄肠、玉匣、什物二十八种，钱二百万，布三千匹。皇后钱五百万，布万匹。及葬，赠轻车介士，赐谥忠侯。中宫亲送，帝幸宣阳亭，瞻望车骑。"[2]

7. 墓冢石刻

《水经注·睢水》记载位于睢阳城北的东汉太尉乔玄墓："冢东有庙，……庙南列二柱，柱东有二石羊，羊北有二石虎。庙前东北，有石驼，驼西北有二石马。"[3]《水经注·滍水》记载位于鲁阳县南彭山的汉安邑长尹俭墓："冢西有石庙，庙前有两石阙，阙东有碑，阙南有二狮子相对，南有石碣二枚，石柱西南有两石羊，中平四年立。"[4]太尉杨震蒙冤自绝。顺帝即位，重新安葬。"以礼改葬于华阴潼亭，远近毕至。先葬十余日，有大鸟高丈余，集震丧前，俯仰悲鸣，泪下沾地，葬毕，乃飞去。郡以状上。……于是时人立石鸟象于其墓所"[5]。

三、曹魏

诸王勋臣依制节葬。明帝太和六年二月，以陈四县封曹植为陈王。"十一年中而三徙都，常汲汲无欢，遂发疾薨，时年四十一。遗令薄葬"。[6]青龙三年秋，中山恭王曹衮得疾病，敕令官属曰："吾寡德忝宠，大命将尽。吾既好俭，而圣朝著终诰之制，为天下法。吾气绝之日，自殡及葬，务奉诏书。……

1.《后汉书》卷四九《王符传》，第1636、1637页。

2.《后汉书》，第1177页。

3. 郦道元：《水经注》，王国维校《水经注校》，上海人民出版社，1984年，第770页。

4. 郦道元：《水经注》卷三一《滍水》，王国维校：《水经注校》，第986页。

5.《后汉书》卷三二《杨震传》，第1767、1768页。

6.《三国志》卷一九《魏书·陈思王植传》，第576页。

其年薨。诏沛王林留讫葬，使大鸿胪持节典护丧事，宗正吊祭，赠赗甚厚。"[1]

明帝景初二年四月，太中大夫韩暨薨。《三国志》卷二四《魏书·韩暨传》，裴松之注引《楚国先贤传》曰：暨临终遗言曰："夫俗奢者，示之以俭，俭则节之以礼。历见前代送终过制，失之甚矣。若尔曹敬听吾言，敛以时服，葬以土藏，穿毕便葬，送以瓦器，慎勿有增益。"又上疏曰："生有益于民，死犹不害于民。况臣备位台司，在职日浅，未能宣扬圣德以广益黎庶。寝疾弥留，奄即幽冥。方今百姓农务，不宜劳役，乞不令洛阳吏民供设丧具。惧国典有常，使臣私愿不得展从，谨冒以闻，惟蒙哀许。"帝得表嗟叹，乃诏曰："故司徒韩暨，积德履行，忠以立朝，至于黄发，直亮不亏。既登三事，望获毗辅之助，如何奄忽，天命不永。曾参临没，易箦以礼。晏婴尚俭，遣车降制。今司徒知命，遗言恤民，必欲崇约，可谓善始令终者也。其丧礼所设，皆如故事，勿有所阙。特赐温明秘器，衣一称，五时朝服，玉具剑佩。"[2]

光禄大夫裴潜，正始五年薨，追赠太常，谥曰贞侯。"遗令俭葬，墓中惟置一坐，瓦器数枚，其余一无所设"。[3]

议郎沐并，年六十余，自虑身无常，豫作终制，戒其子以俭葬。"至嘉平中，病甚。临困，又敕豫掘坎。戒气绝，令二人举尸即坎，绝哭泣之声，止妇女之送，禁吊祭之宾，无设拊治粟米之奠。又戒后亡者不得入藏，不得封树。妻子皆遵之"。[4]

明帝朝高堂隆卒，"遗令薄葬，敛以时服"。[5]

由上可知，曹魏时期自上至下，实行的是节俭薄葬的葬仪。

四、西晋

西晋时期，诸王贵族葬仪侈靡。《晋书》卷六四《琅邪悼王焕传》：司马焕薨年二岁，"帝悼念无已，将葬，以焕既封列国，加以成人之礼，诏立凶门柏历，备吉凶仪服，营起陵园，功役甚众。琅邪国右常侍会稽孙霄上疏谏曰：……棺椁舆服旐翣之属，礼典旧制，不可废阙。凶门柏历，礼典所无，天晴可不用，遇雨则无益，此至宜节省者也。若琅邪一国一时所用，不为大费，臣在机近，义所不言。今天台所居，王公百僚聚在都辇，凡有丧事，皆当供给材木百数、竹薄千计，凶门两表，衣以细竹及材，价直既贵，又非表凶哀之宜，如此过饰，宜从粗简。"[6]

《晋书》卷三七《安平献王孚传》：孚虽见尊宠，不以为荣，常有忧色。临终，遗令曰："有魏贞士河内温县司马孚，字叔达，不伊不周，不夷不惠，立身行道，终始若一。当以素棺单椁，敛以时服。"泰始八年薨，时年九十三。帝于太极东堂举哀三日。诏曰："王勋德超世，尊宠无二，

1.《三国志》卷二○《魏书·中山恭王衮传》，第583、584页。

2.《三国志》，第678页。

3.《三国志》卷二三《魏书·裴潜传》，第673页。

4.《三国志》卷二三《魏书·常林传》，第661、662页。

5.《三国志》卷二五《魏书·高堂隆传》，717页。

6.《晋书》，第1729、1730页。

期颐在位，朕之所倚。庶永百龄，咨仰训导，奄忽殂陨，哀慕感切。其以东园温明秘器、朝服一具、衣一袭、绯练百匹、绢布各五百匹、钱百万、谷千斛以供丧事。诸所施行，皆依汉东平献王苍故事。"其家遵孚遗旨，所给器物，一不施用。帝再临丧，亲拜尽哀。及葬，又幸都亭，望柩而拜，哀动左右。给銮辂轻车，介士武贲百人，吉凶导从二千余人，前后鼓吹，配飨太庙。[1]

《晋书》卷四〇《贾充传》：及疾笃，上印绶逊位。帝遣侍臣谕旨问疾，殿中太医致汤药，赐床帐钱帛，自皇太子宗室躬省起居。太康三年四月薨，时年六十六。帝为之恸，使使持节、太常奉策追赠太宰，加衮冕之服、绿綟绶、御剑，赐东园秘器、朝服一具、衣一袭，大鸿胪护丧事，假节钺、前后部羽葆、鼓吹、缇麾，大路、銮路、辒辌车、帐下司马大车，椎斧文衣武贲、轻车介士。葬礼依霍光及安平献王故事，给茔田一顷。与石苞等为王功配飨庙庭，谥曰武。追赠充子黎民为鲁殇公。[2]

《晋书》卷一一六《姚弋仲载记》：子襄之入关也，为苻生所败，弋仲之枢为生所得，生以王礼葬之于天水冀县。苌僭位，追谥曰景元皇帝，庙号始祖，墓曰高陵，置园邑五百家。[3]

《晋书》卷一〇三《刘曜载记》：曜命起酆明观，立西宫，建陵霄台于滈池，又将于霸陵西南营寿陵。侍中乔豫、和苞上疏谏曰："臣闻人主之兴作也，必仰准乾象，俯顺人时，是以卫文承乱亡之后，宗庙社稷流漂无所，而犹上候营室以构楚宫。彼其急也犹尚若兹，故能兴康叔、武公之迹，以延九百之庆也。奉诏书将营酆明观，市道凸嚣咸以非之，曰一观之功可以平凉州矣。又奉敕旨复欲拟阿房而建西宫，模琼台而起陵霄，此则费万酆明，功亿前役也。以此功费，亦可以吞吴蜀，翦齐魏矣。陛下何为于中兴之日而踪亡国之事。自古圣王，人谁无过。陛下此役，实为过举。过贵在能改，终之实难。又伏闻敕旨将营建寿陵，周回四里，下深二十五丈，以铜为棺椁，黄金饰之，恐此功费非国内所能办也。且臣闻尧葬谷林，市不改肆。颛顼葬广阳，下不及泉。圣王之于终也如是。秦皇下锢三泉，周轮七里，身亡之后，毁不旋踵，暗主之于终也如此。向魋石椁，孔子以为不如速朽。王孙倮葬，识者嘉其矫世。自古无有不亡之国，不掘之墓，故圣王知厚葬之招害也，故不为之。臣子之于君父，陵墓岂不欲高广如山岳哉。但以保全始终，安固万世为优耳。兴亡奢俭，固然于前，惟陛下览之。"曜大悦，下书曰："二侍中恳恳有古人之风烈矣，可谓社稷之臣也。非二君，朕安闻此言乎。以孝明于承平之世，四海无虞之日，尚纳钟离一言而罢北宫之役，况朕之暗眇，当今极弊，而可不敬从明诲乎。今敕悉停寿陵制度，一遵霸陵之法。《诗》不云乎：'无言不酬，无德不报。'其封豫安昌子，苞平舆子，并领谏议大夫。可敷告天下，使知区区之朝思闻过也。自今政法有不便于时，不利社稷者，其诣阙极言，勿有所讳。"[4]

《晋书》卷一二五《冯跋载记》：(义熙六年)跋下书曰："昔高祖为义帝举哀，天下归其仁。吾与高云义则君臣，恩逾兄弟。其以礼葬云及其妻子，立云庙于韮町，置园邑二十家，四时供荐。"……

1.《晋书》，第 1085 页。

2.《晋书》，第 1170 页。

3.《晋书》，第 2961 页。

4.《晋书》，第 2689 页。

遣其太常丞刘轩徙北部人五百户于长谷，为祖父园邑。[1]

五、北魏

1. 贵戚、勋臣，树碑立庙，置官守冢

《魏书》记载的宗室王、贵戚、勋臣亡卒后诏赐给东园秘器等陪葬之物，或皇帝亲临吊丧，或由大鸿胪等监护丧事，或公家营造坟域，或起庙立碑埋铭，或给羽葆、班剑、鼓吹、卫士，或置守冢人家。

《魏书》卷五三《李冲传》：仆射李冲发病旬有余日而卒，时年四十九。"高祖为举哀于悬瓠，发声悲泣，不能自胜。诏曰：'冲贞和资性，德义树身，训业自家，道素形国。太和之始，朕在弱龄，早委机密，实康时务。鸿渐瀍洛，朝选开清，升冠端右，惟允出纳。忠肃柔明，足敷睿范，仁恭信惠，有结民心。可谓国之贤也，朝之望也。方升宠秩，以旌功旧，奄致丧逝，悲痛于怀。既留勤应陟，兼良宿宜褒，可赠司空公，给东园秘器、朝服一具、衣一袭，赠钱三十万、布五百匹、蜡二百斤。'有司奏谥曰文穆。葬于覆舟山，近杜预家，高祖之意也。后车驾自邺还洛，路经冲墓，左右以闻，高祖卧疾望坟，掩泣久之。诏曰：'司空文穆公，德为时宗，勋简朕心，不幸徂逝，托坟邙岭，旋銮覆舟，躬睇茔域，悲仁恻旧，有恸朕衷。可遣太牢之祭，以申吾怀。'及与留京百官相见，皆叙冲亡没之故，言及流泪。高祖得留台启，知冲患状，谓右卫宋弁曰：'仆射执我枢衡，总厘朝务，清俭居躬，知宠已久。朕以仁明忠雅，委以台司之寄，使我出境无后顾之忧，一朝忽有此患，朕甚怀怆慨。'其相痛惜如此。"[2]外戚诸王勋臣葬仪亦十分侈靡。

《魏书》卷八三《外戚传下·胡国珍传》：国珍少好学，雅尚清俭。太和十五年袭爵，例降为伯。女以选入掖庭，生肃宗，即灵太后也。肃宗践祚，以国珍为光禄大夫。灵太后临朝，加侍中，封安定郡公，给甲第，赐帛布绵谷奴婢车马牛甚厚。追崇国珍妻皇甫氏为京兆郡君，置守冢十户。尚书令、任城王澄奏，安定公属尊望重，亲贤群瞩，宜出入禁中，参谘大务。诏可。乃令入决万几。寻进位中书监、仪同三司，侍中如故，赏赐累万。又赐绢岁八百匹，妻梁四百匹，男女姊妹兄弟各有差，皆极丰赡。国珍与太师、高阳王雍，太傅、清河王怿，太保、广平王怀，入居门下，同厘庶政。诏依汉车千秋、晋安平王故事，给步挽一乘，自掖门至于宣光殿得以出入，并备几杖。后与侍中崔光俱授帝经，侍直禁中。国珍寻上表，陈刑政之宜。诏皆施行。熙平初，加国珍使持节、都督、雍州刺史、骠骑大将军、开府。灵太后以国珍年老，不欲令其在外，且欲示以方面之荣，竟不行。迁司徒公，侍中如故，就宅拜之。灵太后、肃宗率百僚幸其第，宴会极欢。又追京兆郡君为秦太上君。太上君景明三年薨于洛阳，于此十六年矣。太后以太上君坟瘗卑局，更增广，为起茔域门阙碑表。侍中崔光等奏："案汉高祖母始谥曰昭灵夫人，后为昭灵后，薄太后母曰灵文夫人，皆置园邑三百家，长丞奉守。今秦太上君未有尊谥，陵寝孤立，即秦君名，宜上终称，兼设扫卫，以慰情典。请上尊谥曰孝穆，权置守冢三十户，立长丞奉守。"太后从之。封国珍继室梁氏为赵平

1.《晋书》，第3129、3130页。

2.《魏书》，第1188页。

郡君，元义妻拜为女侍中，封新平郡君，又徙封冯翊君。国珍子祥妻长安县公主，即清河王怿女也。

国珍年虽笃老，而雅敬佛法，时事斋洁，自强礼拜。至于出入侍从，犹能跨马据鞍。神龟元年四月七日，步从所建佛像，发第至阊阖门四五里。八日，又立观像，晚乃肯坐。劳热增甚，因遂寝疾。灵太后亲侍药膳。十二日薨，年八十。给东园温明秘器、五时朝服各一具、衣一袭，赠布五千匹、钱一百万、蜡千斤。大鸿胪持节监护丧事。太后还宫，成服于九龙殿，遂居九龙寝室。肃宗服小功服，举哀于太极东堂。又诏自始薨至七七，皆为设千僧斋，令七人出家。百日设万人斋，二七人出家。[1]

《魏书》卷八三上《外戚传上·常英传》：先是高宗以乳母常氏有保护功，既即位，尊为保太后，后尊为皇太后。兴安二年，太后兄英，字世华，自肥如令超为散骑常侍、镇军大将军，赐爵辽西公。弟喜，镇东大将军、祠曹尚书、带方公。三妹皆封县君，妹夫王睹为平州刺史、辽东公。追赠英祖、父，苻坚扶风太守亥为镇西将军、辽西简公，勃海太守澄为侍中、征东大将军、太宰、辽西献王，英母许氏博陵郡君。遣兼太常卢度世持节改葬献王于辽西，树碑立庙，置守冢百家。[2]

2. 宗室子弟葬以王礼

北魏丧葬等级制度明确，各具相应凶礼。宗室王夥，王礼是其中之一。

太和十八年，安定王元休"薨，赗帛三千匹。自薨至殡，车驾三临。高祖至其门，改服锡衰，素弁加绖。皇太子、百官皆从行吊礼。及将葬，又赠布帛二千匹，谥曰靖王。诏假黄钺，加羽葆、鼓吹、虎贲、班剑六十三人，悉准三老尉元之仪。高祖亲送出郊，恸哭而返，诸王恩礼莫比焉。世宗世，配飨庙庭"。[3]

赵郡王元干太和"二十三年薨，年三十一。给东园秘器、敛服十五称，赗帛三千匹，谥曰灵王，陪葬长陵"。[4]

广陵王元羽薨，"世宗亲临，哀恸，诏给东园温明秘器、朝服一具、衣一袭、钱六十万、布一千匹、蜡三百斤，大鸿胪护丧事。大殓，帝亲临之，举哀都亭。赠使持节、侍中、骠骑大将军、司徒公、冀州刺史，给羽葆鼓吹、班剑四十人，谥曰惠。及葬，帝亲临送"。[5]

常山王元晖"神龟元年卒，赐东园秘器，赠使持节、都督中外诸军事、司空公，谥曰文宪。将葬，给羽葆、班剑、鼓吹二十人，羽林百二十人"。[6]

元澄"神龟二年薨，年五十三。赗布一千二百匹、钱六十万、蜡四百斤，给东园温明秘器、朝服一具、衣一袭。大鸿胪监护丧事，诏百僚会丧。赠假黄钺、使持节、都督中外诸军事、太傅，领太尉公。加以殊礼，备九锡，依晋大司马、齐王攸故事。谥曰文宣王。澄之葬也，凶饰甚盛。

1.《魏书》，第 1833、1834 页。

2.《魏书》，第 1817 页。

3.《魏书》卷一九下《安定王休传》，第 517 页。

4.《魏书》卷二一上《赵郡王干传》，第 543 页。

5.《魏书》卷二一上《广陵王羽传》，第 551 页。

6.《魏书》卷一五《常山王遵传附忠从子晖传》，第 380 页。

灵太后亲送郊外，停舆悲哭，哀动左右。百官会赴千余人，莫不歔欷。当时以为哀荣之极"。[1]

《魏书》记载葬以王礼者9人，则另有原因，或降级，或夺爵者死后恢复，或异姓而死后赠谥等等，此略举数例。

太昌初，前废帝殂于门下外省，时年三十五。"出帝诏百司赴会，大鸿胪监护丧事，葬用王礼，加以九旒、銮辂、黄屋、左纛，班剑百二十人，二卫、羽林备仪卫"。[2]

安乐王元长乐，"承明元年拜太尉，出为定州刺史。鞭挞豪右，顿辱衣冠，多不奉法，为人所患。百姓诣阙讼其过。高祖罚杖三十。贪暴弥甚，以罪征诣京师。后与内行长乙肆虎谋为不轨，事发，赐死于家。葬以王礼，谥曰厉"。[3]永平元年"冬十月丁巳，诏复故北海王详本封，葬以王礼"。[4]

真君三年冬，卢鲁元薨，"世祖甚悼惜之。还，临其丧，哭之哀恸。东西二宫命太官日送奠，晨昏哭临，讫则备奏钟鼓伎乐。舆驾比葬三临之。丧礼依安城王故事，而赠送有加。赠襄城王，谥曰孝。葬于崞山，为建碑阙。自魏兴，贵臣恩宠，无与为比"。[5]

3. 立碑藏志形成风气

太和十九年，冯熙薨于代。"车驾在淮南，留台表闻，还至徐州乃举哀。为制缌服，诏有司豫辨凶仪，并开魏京之墓，令公主之枢俱向伊洛。凡所营送，皆公家为备。又敕代给彩帛前后六千匹，以供凶用。皇后诣代都赴哭，太子恂亦赴代哭吊。将葬，赠假黄钺、侍中、都督十州诸军事、大司马、太尉、冀州刺史，加黄屋左纛，备九锡，前后部羽葆鼓吹，皆依晋太宰、安平献王故事。有司奏谥，诏曰：'可以威强恢远曰"武"，奉谥于公。'枢至洛七里涧，高祖服衰往迎，叩灵悲恸而拜焉。葬日，送临墓所，亲作志铭"。[6]

冯诞从驾南伐，太和十九年，遇疾薨于钟离，高祖恸哭极哀。"诏侍臣一人兼大鸿胪，送枢至京。礼物辒仪，徐州备造。陵兆葬事，下洛候设。丧至洛阳，车驾犹在钟离。诏留守赐赗物布帛五千匹、谷五千斛，以供葬事。赠假黄钺、使持节、大司马，领司徒、侍中、都督、太师、驸马，公如故。加以殊礼，备锡九命，依晋大司马、齐王攸故事。……帝又亲为作碑文及挽歌，词皆穷美尽哀，事过其厚。车驾还京，诏曰：'冯大司马已就坟茔，永潜幽室，宿草之哭，何能忘之。'遂亲临诞墓，停车而哭。使彭城王勰诏群官脱朱衣，服单衣介帻，陪哭司徒，贵者示以朋友，微者示如僚佐"。[7]

王肃"景明二年薨于寿春，年三十八。世宗为举哀。诏曰：'肃奄至不救，痛惋兼怀，可遣中书侍郎贾思伯兼通直散骑常侍抚慰厥孤，给东园秘器、朝服一袭、钱三十万、帛一千匹、布五百匹、蜡三百斤，并问其卜迁远近，专遣侍御史一人监护丧事，务令优厚。'又诏曰：'死生动静，卑高有域，胜达所居，存亡崇显。故杜预之殁，窆于首阳。司空李冲，覆舟是托。顾瞻斯所，诚亦二代之九

1.《魏书》卷一九中《任城王云传附子澄传》，第480页。

2.《魏书》卷一一《前废帝纪》，第278页。

3.《魏书》卷二○《安乐王长乐传》，第525页。

4.《魏书》卷八《世宗宣武帝纪》，第206页。

5.《魏书》卷三四《卢鲁元传》，第801页。

6.《魏书》卷八三上《外戚传上·冯熙传》，第1820页。

7.《魏书》卷八三上《外戚传上·冯诞传》，第1821页。

原也。故扬州刺史肃诚义结于二世，英惠符于李杜，平生本意，愿终京陵，既有宿心，宜遂先志。其令葬于冲、预两坟之间，使之神游相得也。'赠侍中、司空公，本官如故。有司奏以肃忠心大度，宜谥匡公，诏谥宣简。肃宗初，诏为肃建碑铭"。[1]

世宗朝，徐州刺史元寿兴命笔自作《墓志铭》曰："洛阳男子，姓元名景，有道无时，其年不永。"[2]

---

1. 《魏书》卷六三《王肃传》，第1411页。
2. 《魏书》卷一五《常山王遵传附忠子寿兴传》，第377页。

第三章　洛阳历代帝陵

第一节　东周王陵

据《史记》等文献记载，公元前 770 年西周覆亡，平王东迁洛邑为都，史称东周。至公元前 256 年赧王卒，期间 515 年，历 25 位天子。王次世袭：平王宜臼；桓王林；庄王佗；釐（僖）王胡齐；惠王阆；襄王郑；顷王壬臣；匡王班；定王瑜；简王夷；灵王泄心；景王贵；悼王猛；敬王匄；元王仁；贞定王介；哀王去疾；思王叔；考王嵬；威烈王午；安王骄；烈王喜；显王扁；慎靓王定；赧王延。

公元前 770 年平王定都王城（涧河旁的东周王城），春秋中叶景王卒，发生王子朝争位之乱。公元前 519 年，敬王即位，因王城王子朝之党势盛，迁居到其东的成周城。晋人率诸侯为敬王修筑成周城。理论上讲，周王去世后应葬于都城及其附近。敬王以上 13 王共 250 年，居住在王城，他们的陵墓当在王城附近；敬王以下 11 王历 205 年均居成周，他们的陵墓很可能位于成周城附近。末代的赧王又迁回王城，秦灭周，或云赧王卒葬他乡。由于文献的缺失，目前能够检索到的只有桓王、灵王、景王、悼王、敬王和威烈王陵墓茔域的记载，且景王的葬地还有两种不同的说法。文献缺失是认识东周王陵的巨大障碍，田野中获得的考古资料是东周王陵研究的主要依据。正因如此，本节在叙述过程中，援引大量的考古发掘资料进行说明。

洛阳的考古工作者根据文献记载和考古发掘资料进行过探索，认为东周王陵主要分成王城、周山和成周三大陵区，[1] 并且对已知的大、中型墓作过考古分期。[2] 随着考古工作的不断开展，将会有更多新的资料出现。东周王陵之中位于洛阳之西的传说中的桓王冢也值得注意。

一、王城王陵

1. 东周王城遗址

东周王城遗址于 20 世纪 50 年代中期，经中国科学院考古研究所洛阳工作队在涧河两岸的数年工作而查明，整理发表《洛阳涧滨东周城址发掘报告》[3] 和《洛阳发掘报告（1955 — 1960 年洛阳

---

1. 李德方：《东周王陵分区考辨》，《中原文物》特刊（总 7 期），1987 年，第 45 页。

2. 张剑：《洛阳东周墓葬的型制与考古分期》，《洛阳博物馆建馆四十周年纪念文集》，科学出版社，1999 年，第 54 页。

3. 考古研究所洛阳发掘队：《洛阳涧滨东周城址发掘报告》，《考古学报》1959 年 2 期，第 15 — 34 页。

涧滨考古发掘资料）》。公布了有关东周王城城址与城墙的资料以及城墙范围以内发掘的属于东周时代的窑场、房屋、夯土基础与文化遗物。"这座古城坐落在涧河入洛河的三角形地带上面，恰好包在汉河南县城外面，平面略作正方形。北墙以东干沟村北的土冢为起点，沿干渠东行，至隋唐东都城约 200 米处终止，全长 2900 米。西墙沿涧河的流向保存有三段，北段北起北墙的西端，南行至东干沟村中断；中段沿涧河东岸南行，在王城公园附近西行跨过涧河，至七里河村北再南行，直入七里河村下面终段；南段在七里河西南面西行，然后转向南行，至兴隆寨村西北与南墙西端相交。南墙在兴隆寨村西北东行跨过涧河，至瞿家屯东面，因靠近洛河地势低洼而不复见。东墙从北墙东端而下，至唐沽路终止。城基全部由夯土筑成。……推测筑城墙的年代应早于春秋晚期，晚于西周初年或西周。在这座城基的上面还保留有多处战国、秦汉之际和唐代的夯土城墙。这又说明这座建于春秋晚期之前的古城，在战国时代以至秦汉之际均曾迭加修补，到了西汉后期就逐渐荒废了。代之而起的，当是大城圈内的小城圈——汉河南县城"。[1]

20 世纪 50 年代以来，东周王城逐渐被当代的洛阳城市建设所淹没。王城内外基本建设的考古发掘工作迄未停止，可谓遍地开花。1954 年秋至 1955 年春中国科学院考古研究所配合市政建设，担负了洛阳中州路的考古发掘任务。该路东西贯东周王城中部而过。在横跨西城墙往东，在城内东部未到东墙而止的 27 个发掘段、全长 2100 米的范围内，分布着 260 座东周墓，或稀疏或密集，或先后打破，没有空白之处。相关资料发表在 1995 年出版的《洛阳中州路（西工段）》。[2]除此之外，建国以来散见于各个学术期刊的有关东周王城单篇报告，绝大部分是考古发掘的墓葬材料，很少见遗址资料。[3]资料表明，东周王城城内有关生产、生活的遗迹较少，分布的范围也有限。除了在王城内的西南隅发现了大面积的夯土基址和贮存粮食的仓窖群；在城内中部西部（小屯村等地）发现有手工制石工场、制陶窑场、铸币工场外，城内其他地方尚未发现具有一定规模的宫殿、道路、居住区。城内各处，同时期的墓葬却广为分布，排列密集，几乎无处不在。时代从春秋早期到战国晚期，没有缺遗。这里根本不像一座体现王朝统治充满生活气息的城市，却像一座专门用于环卫王陵的陵城，埋葬故人的墓城。

有的学者认为"现在发现的东周城址，既没有发现重要的遗迹，亦没有异乎寻常百姓家的辉煌遗物。它比已知的东周各诸侯国，如曲阜鲁城、临淄齐城、侯马晋城、凤翔秦雍城乃至纪南、新郑、邯郸、易县等古城，都大为逊色，无论从规模及内涵方面，都不能相与比拟。经过几十年的考古发掘实践，对于过去发掘的所谓东周王城的性质，似可重新加以考虑"。[4]也有学者提出自平王迁都至慎靓王，东周天子居住的宫城在今汉魏故城内的成周城，东周王城是其廓城，即末代

1. 中国社会科学院考古研究所编著：《洛阳发掘报告（1955 — 1960 年洛阳涧滨考古发掘资料）》，北京燕山出版社，1989 年，第 192、193 页。

2. 中国科学院考古研究所编著：《洛阳中州路》（西工段），科学出版社 1995 年。

3. 洛阳师范学院河洛文化国际研究中心编：《洛阳考古集成——夏商周卷》、《洛阳考古集成——补编》，北京图书馆出版社，2005 年。

4. 周永珍：《关于洛阳周城》，《洛阳考古四十年——1992 年洛阳考古学术研讨会论文集》，科学出版社，1996 年，第 227 页。

赧王所迁居者。东周王城是因为周王陵墓及祭庙所在而得名。[1]此观点不同于文献记载的传统说法。

建国以来，王城内外已经发掘属于这一时期的墓葬6000余座，其中，"亚"、"甲"、"中"字形积石积炭的大型墓葬以及所附属车马坑为数不少。这些高等级的墓葬，成组散布于古城内，整体上位于东周王城城内东部和东北部。因为王城的东城墙南段缺失，这里的走向不明，不排除位置偏南的大墓可能处于城墙之外。大墓和周王陵关系密切，虽然目前还不能完全将它们和诸周王直接对接，但是它们对于探索东周王陵却是至关重要的。

2. 东周王城内外的主要大型墓葬

第1区：王城东部偏南（或城外东部）（6座）

（1）洛阳27中学大墓

① 大墓

九都路与体育场路交汇口的东北角，洛阳市第27中学校院内的1、2号楼下，亦即东周王城遗址的东墙偏南附近，有3座南北向的大墓东西排开，中心相距约20米。M1为"亚"字形，居东。形制最大，墓室长8、宽7米，北墓道长18、宽5米，南墓道长20、宽5米，西墓道长12、宽5米，东墓道长11.4、宽4.5米。M2、M3为"中"字形墓，在西侧。M2墓室长6.5、宽6米，北墓道长3、宽4米，南墓道长10、宽4米。M3的墓室长8.5、宽7米，北墓道长14.5、宽3.5米，南墓道出探区。在"亚"字形大墓之东，学校东围墙下还探出1条南北向的墓道，墓室在学校外面，无法钻探完整。则这一带至少有4座大墓毗邻。

2001年12月至2002年春，洛阳市文物工作队发掘了其中的钻M1和钻M3。两墓均被盗，清理出200多件青铜器、玉石器、蚌器等文物。其中，M1出土的1个铜鼎内壁有5字铭文"王作□尊鼎"。据其形制、纹饰、铭文可知，鼎是春秋早期的周王自作的用器，与迄今所见惟一的西周时期的王所作的鼎[2]铭文的书写方式相同。该墓是迄今我国发现的东周早期级别最高的墓葬，于是发掘者根据墓葬形制、出土器物及铜器铭文判断，亚字形墓可能是周平王的墓葬，2座中字形墓可能是周平王夫人的墓葬。[3]

② 车马坑

1974年夏，七一路南段路西的28号院，武警0219部队卫生队的院子里清理1座约6米见方的马坑，内殉马32匹。其西间隔1米，清理1座大小相同的方形车坑，内殉车8辆。时代约在春秋前期，该坑位于27中学大墓之东约100米。

1995年3月，洛阳市文物工作队在东周王城东南部的洛阳市第三建筑工程公司住宅楼工地发掘长方形马坑1座，长7、宽5.7、深2.7米。殉马22匹，时代约为春秋或稍晚。[4]马坑东边约10米处有个车坑，与马坑同大。马坑在"亚"字形墓北数十米处，其西北约180米即C1M5239号春秋大墓。

---

1. 胡进驻：《关于洛阳周都与东周王陵的几个问题》，《考古与文物》2006年5期，第72页。

2. 李学勤：《王鼎的性质与时代》，《文物》2001年12期，第60页。

3. 洛阳市文物工作队：《洛阳体育场路东周墓发掘简报》，《文物》2011年5期。

4.《洛阳东周王城马坑》，《中国考古学年鉴·1996年》，文物出版社，1998年，第172页。

2001 年 8 月至 12 月,在体育场路东,洛阳市租赁公司院内住宅楼工地,即在"亚"字形大墓东北,距离北墓道 16 米处,发掘了 1 座车坑(西)和 1 座马坑(东),东西并列,间隔 1 米。车坑南北长 6.7、东西宽 6.5、深 4.4 米,方向 0°,被盗扰,清理出 53 个车轮以及数量不等的舆、辕、衡、轴等遗迹。马坑方形,边长 7.1、深 4.6 米,方向 0°,也被盗扰,清理出 56 匹马骨架,相互叠压,排列无规律。据分析,车马坑的时代应为春秋早期。[1]

(2)公安局、中级法院大墓

① 大墓

1995 年 12 月,洛阳市文物工作队为配合洛阳市公安局第 5 号宿舍楼的基建工程,清理了 1 座东周时期的大型墓葬(编号 C1M5239)。该墓东邻体育场路,南依中州大渠。平面形制为"甲"字形,方向 175°,斜坡墓道居南,宽 4.4 米,最深 7.5 米,因南近中州渠而只发掘了 15.4 米。墓底南北长 6.45、东西宽 4.6、深 11 米。该墓被盗严重,只清理出小件器物 126 件,铜器有镞、铃、锯、合页、贝、包金铜贝等。据分析,墓的时代约当春秋晚期。[2]

20 世纪末,C1M5239 东 170 余米,洛阳二十七中学"亚"字形墓的西北方向数十米处,"612"研究所建宿舍楼时,探出一条大型墓道,通往市中级法院楼下。

② 车马坑及中小型墓

1991 年 7 月,在 C1M5239 的西南部,洛阳市文物工作队发掘了 1 座马坑,长方形,南北长 4.4、北宽 3、南宽 2.5 米,殉马 4 匹、狗 1 条。[3]

2000 年 11 月,洛阳市文物工作队在 C1M5239 之东 30 米处,配合洛阳市公安局第 6 号家属楼的基建工程,清理了一座车马坑(编号 C1M6768)。方向 0°,南北长 7、东西宽 6、深 4.2 米,因其北部有现代建筑,故未挖掘到边。该坑被盗,下层放马,上层置车。清理出 3 车 14 马,及铜軎辖、毂饰等车器。该坑的东南角被一座战国早期墓(C1M6767)打破,时代大约在春秋晚期。[4]

2005 年 3~10 月,洛阳市文物工作队在 C1M5239 的西南部,八一路凯旋路口南约 220 米处,洛阳空空导弹研究院生活区的 50、51 号高层住宅楼工地发掘了东周时期的 1 座马坑、2 座车马坑及一批东周墓葬。马坑与车马坑的编号为 K19、K72 和 K73。其中 K19 位于该工地发掘区西部,长方形,南北向,长 7.4、宽 3、深 1.53 米,坑内放置 5 辆车。K73 长 7、宽 2.86、深 2.2 米,马头向南,坑内共放置 5 辆车。K72 近方形,长 2.9、宽 2.7 米,坑内仅有 2 匹马,头向南,被后期的墓葬打破。共清理东周墓 95 座,其中随葬有铜礼器的墓葬 15 座。随葬铜器的主要组合为鼎、方壶、簋、圆壶、盘、舟、敦、戈、剑、镞以及车马器等,陶器的主要组合为鬲、盆、罐、鼎、豆、

1. 刘富良、安亚伟:《洛阳:从车马坑找到东周王陵》,《文物天地》2002 年 2 期,第 15 页。《洛阳市租赁公司春秋车马坑》,《中国考古学年鉴·2002 年》,文物出版社,2003 年,第 236 页。洛阳市文物工作队:《洛阳体育场路春秋车坑、马坑发掘简报》,《文物》2011 年 5 期。

2. 洛阳市文物工作队:《洛阳东周王城第 5239 号大墓发掘简报》,《考古与文物》2000 年 4 期,第 3 页。

3.《洛阳东周王城马坑》,《中国考古学年鉴·1992 年》,文物出版社,1994 年,第 243 页。

4. 洛阳市文物工作队:《洛阳东周王城内春秋车马坑发掘简报》,《考古与文物》2003 年 4 期,第 10 页。

罐，鼎、豆、壶等。从器型上分析，时代从春秋早期一直延续到战国晚期。[1]

第 2 区：王城中东部（9 座）

（3）电业局大墓

八一路与凯旋西路丁字路口东北角，电业局大楼院内原供电局办公大楼（20 世纪 70 年代末建的 5 层楼）下边，有一条南北向长数十米的墓道。20 世纪 90 年代，此楼拆除，于其东建电业局大楼，重新钻探出此墓。据钻探资料，该墓平面形制呈"甲"字形，墓道长 48、宽 5.2、口深 1.3、底深 8.1 米，墓室长 7.4、宽 6.5、口深 1.3、底深 12.8 米。墓室东 20 米为长 22、宽 4.8、深 3.2 米的马坑，马坑东 9 米为并列的长 21、宽 3.5、深 2.2 米的车坑。[2]

2004 年 10 月，洛阳市文物工作队在八一路与凯旋西路交汇口向西约 20 米处路北，即宏伟世纪大厦工地清理了一座车马坑，南北向，底长 7.2、宽 2.7、深 2.7 米。残存 1 辆车 2 匹马，出土了陶、铜、铅、玉、蚌等质地的遗物 27 件套，分析其形制特征，该车马坑时代应为春秋晚期。[3]

（4）迎宾馆大墓

在人民西路与凯旋路丁字路口的西北角迎宾馆（当时称为国际旅社南楼）附近，发现有 4 座战国时期的大墓，平面形制均为"甲"字形，南向。1974 年 4 月洛阳博物馆发掘了其中的 2 座，其中 74C1M4 墓室底长 7.4、宽 6.4 米，深 14.12 米，墓道朝南，大部压在凯旋路下。葬具为一棺二椁，墓室四周和墓底积石积炭。该墓被盗，出土铜玉等遗物 359 件，多是小件，其中以套有象牙剑鞘、饰以珍珠的"繁阳之金"铜剑最为著名。[4] 其西数十米处的另一座墓形制相若，被盗严重，只剩几个石磬。

（5）商业局大墓

1956 年 11 月，在汉河南县城东边，今中州路（西工段）南边约 170 米处的洛阳商业局工地，清理了一座大墓。墓道在墓室南端，墓道长 31.4、宽 4.2 米，墓室口大底小，底长 6、宽 5.4、深 13.1 米，墓内活土二层台上残留有积石、积炭。该墓多次被盗，仅出土了铅鼎、豆、壶、爵、铃、编钟等明器和铜车马饰、铃、镞等，是战国晚期的遗物。[5]

（6）公安局办公楼、洛阳航空城商务酒店、王城广场南大墓

20 世纪 70 年代，在体育场路与凯旋路丁字路口西南，市公安局大楼的东侧，下挖主干防空洞时，钻出一条长大的墓道，由于大墓伸入凯旋路下，墓葬形制无法探明。

2004 年秋，洛阳市文物工作队为配合洛阳天仁置业公司的基建工程，在体育场路与凯旋路丁字路口东南，洛阳航空城商务酒店之东，开探方发掘了一条南北向的斜坡墓道，墓道约长 20、宽 6、深 4 米，由于墓道与墓室往北伸入凯旋路下，墓葬形制不明。

---

1. 申建伟：《洛阳再次发现东周车马坑》，《中国文物报》2006 年 9 月 27 日。洛阳市文物工作队：《洛阳体育场路西东周墓发掘报告》，文物出版社，2011 年。

2. 洛阳市文物钻探管理办公室编：《洛阳文物钻探报告（第 1 辑）》，文物出版社，2008 年，第 59 页。

3. 洛阳市文物工作队：《洛阳市西工区八一路东周车马坑》，《中原文物》2007 年 2 期，第 4 页。

4. 洛阳博物馆：《河南洛阳出土繁阳之金剑》，《考古》1980 年 6 期，第 488 页。

5. 冯蕴华：《河南洛阳战国墓清理记》，《考古通讯》1957 年 6 期，第 40 页。

2005 年，在体育场路与凯旋路丁字路口之北拆除市中心的老政府楼时，发现有一座大墓。据钻探资料，该墓平面形制为"甲"字形，东西向，墓道长 65、宽 5.5 米，墓室长 13.5、宽 8、底深 12.2 米。在墓道南侧顺墓道方向，有 3 个呈"品"字形排列的车坑，坑 1 长约 20、宽 12、深 2.2 米，坑 2 长约 27.5、宽约 13、深 4.1 米，坑 3 长 22.5、宽 9.5、深 3.8 米。

第 3 区：东周王城中部（2 座）

（7）新都汇大墓

据 2004 年新都汇商业步行街的钻探资料，在中州中路与解放路交汇口西北角，发现有两座大墓，钻探编号 M15、M16。M15 平面形制呈"中"字形墓，南北 2 条墓道均长 30、宽 12、深 11.2 米，墓室长 17.6、宽 16、深 12.2 米。M16 呈"甲"字形，墓道朝西，长 43、宽 3.5~11、深 14.8 米，墓室长 24、宽 17.2、深 14.8 米。墓道的末端正好打破了 M15 南墓道与墓室的结合处，结合处的西北角有一个东西向的陪葬坑，长 11.5、宽 6、深 7.2 米。当时因大墓所在地设计为广场而未发掘。[1]

1972 年 2 月，在中州路南侧，东风轴承厂院内，东北距新都汇大墓 150 米，洛阳市博物馆发掘了一座车马坑（东轴 M19），形制为长方形竖穴，口长 7.7、宽 6 米，底长 6.55、宽 5.4、深 5 米。葬 1 车 4 马 1 犬。出土遗物 270 件，有铜车马器和铜兵器等，坑的年代应为战国中期。[2]

第 4 区：东周王城东北部（3 座）

（8）唐宫西路大墓

① 大墓

八一路与唐宫路丁字路口北 70 米处，商业局第二百货公司办公楼之北，1974 年探出大墓 1 座，此墓西距洛阳西郊一号墓约 500 米。1988 年 5 月发掘，编为 C1M2621 号墓。该墓南向，土圹竖穴式，平面形制呈"甲"字形。墓道宽 6.44、深 5.4 米，长度不明。墓口长 9.8、宽 8.3 米，墓底长 8、宽 6.88 米，墓深 12.3 米。三重棺椁之外，墓室四周上下积石积炭，4 个盗洞将随葬器物盗掘殆尽，仅余一些小件玉器、铜器等物。[3]

1996 年 9 月，在八一路唐宫西路丁字路口西 300 米，洛阳市针织厂综合楼（唐宫大厦）工地清理了一批东周墓葬。其中的 C1M5269 为长方形土坑竖穴墓。墓底长 5.8、宽 4.9、深 12.8 米。被盗，出土铜器有鼎、提梁盉、方壶、壶、莲花炉、炭箕、灶、匜以及铜兵器、玉器等。在铜鼎、铜提梁盉和玉鼎上有铭文"公赐鼎"。墓的时代在战国中期偏晚。[4]C1M5269 南边约 20 米处，清理了 1 座长方形竖穴大墓（编号 C1M5272）。墓底长 7.85、宽 6.45、深 16 米，墓圹与外椁之间积石积炭厚 3 米。有 7 个盗洞，仅清理出 8 件石磬和一些铜器碎片。[5]

2001 年 6 月，在上述地点附近唐鼎商贸有限公司工地发掘了 15 座东周墓。[6]C1M5269 西边毗

1.《洛阳文物钻探报告（第 1 辑）》，第 97 页。

2. 洛阳博物馆：《洛阳中州路战国车马坑》，《考古》1974 年 3 期，第 171 页。

3. 洛阳市文物工作队：《洛阳王城广场东周墓》，文物出版社，2009 年，第 475 页。

4. 洛阳市文物工作队：《洛阳市针织厂东周墓（C1M5269）的清理》，《文物》，2001 年 12 期，第 41 页。

5.《洛阳市西工区东周墓》，《中国考古学年鉴·2002 年》，文物出版社，2003 年，第 264 页。

6.《洛阳市西工区东周墓》，《中国考古学年鉴·2002 年》，文物出版社，2003 年，第 264 页。

邻还发掘了 2 座东周积石积炭大墓，东西相距约 70 米。两墓形制均为长方形竖穴，均遭盗扰。其中 C1M7984 长 8、宽 7.5、深 11.2 米。出土铜器有马、牺、刀、镞、铃和石磬玉器等。C1M7983 长 7.4、宽 6.4、深 15.5 米。出土石磬 27 件和铜铃玉璧等。据分析，这 2 座墓的时代为战国中期。[1]

② 车马坑及中小型墓

1983 年 3 月，洛阳市文物工作队在八一路与唐宫路交口处的洛阳市供电局加工厂综合楼工地清理了 1 座东周墓（编号 C1M203），墓底长 3.6、宽 2.5、深 9.7 米。出土铜器有鼎、豆、提梁壶以及陶器鼎、豆、壶、盆和玉器多件，时代在战国早期。[2]

1993 年 4 月，洛阳市文物工作队在八一路北端与唐宫西路交汇处北侧 60 米处的洛阳市西工区房管局基建工地清理了一座东周墓（编号 C1M4028），墓底长 3.2、宽 2.05、深 7.3 米，方向 0°。出土彩绘陶器鼎、豆、壶、盘、匜等，时代在战国中期。[3]

2006 年 3 月，洛阳市文物工作队在唐宫大厦东约 80 米的唐宫西路小学校园大门内，即在小学规划综合楼工地清理了 2 座坐北向南的车马坑，两坑中间有生土墙隔开。位于北边的 1 号车马坑长 4.3、宽 3.8，深 1.7 米，一车六马，为车前两马，车左右两侧又各有两马，和周王城广场发现的六马在车前一字排列有很大的区别。南边的 2 号坑长 5.7 至 6.9、宽 3.5，深 1.7 米，有 2 辆车，均是 1 车 2 马。[4]

1996 年 12 月，洛阳市文物工作队在八一路与唐宫西路交汇处向西 100 米处的路北，在车马坑的北偏东约 150 米处的唐宫路小学住宅楼工地清理了一座东周墓（编号 C1M5560），方向 0°。墓底长 5.2、宽 4.2、深 11.6 米。该墓被盗，出土有铜器、玉器等珍贵文物，其中 1 件玉戈上有铭刻"毕公左徒"，时代在战国中期之前。[5]

（9）东周文化广场大墓

①大墓

2002 年 7 月 ~2003 年 3 月，在东周王城内东部偏北处，东距王城东墙约 200 米处，即金谷园路与中州路交界处的河洛文化广场工地，在中州路以北的 1.6 万平方米范围内钻探发现了 397 座东周墓葬、18 座马坑和车马坑。在密集的墓葬群中有 2 座南北向的"甲"字形大墓，据钻探资料，西区 M66 的墓口长 8.5、宽 7.8、深 13.8 米，有 5 个盗洞，墓道长 68、宽 6.2，墓道南端出探区，压在中州路下。其北 81 米的西区 M153，墓道长 60、宽 4.7 米，墓道北端与墓室出探区。限于现场情况，这 2 座墓没有发掘。

②车马坑及中小型墓

上述钻探发现的墓葬中，共发掘了 208 座中小型墓葬、9 座马坑、7 座车马坑，其中中型墓 6 座，

1. 洛阳市文物工作队：《洛阳市唐宫西路东周墓发掘报告》，《文物》2003 年 12 期，第 12 页。《洛阳市西工区两座大型积石炭东周墓》，《中国考古学年鉴·2002 年》，文物出版社，2003 年，第 263 页。

2. 洛阳市文物工作队：《洛阳市西工区 203 号战国墓清理简报》，《中原文物》1984 年 3 期，第 29 页。

3. 洛阳市文物工作队：《洛阳市西工区东周墓》，《文物》1995 年 8 期，第 4 页。

4. 陈小伟：《我市又发现东周"天子驾六"》，《洛阳晚报》2006 年 8 月 17 日。

5. 洛阳市文物工作队：《洛阳唐宫路小学 C1M5560 战国墓发掘简报》，《文物》2004 年 7 期，第 4 页。

墓室长5~5.5、宽4~4.8米，中小型墓的时代以春秋晚期至战国中期为主。西区M153东南54米处，亦即西M66的东北22米处的1座大型车马坑，与墓的方向一致，南北长41.7~42.3、东西宽6.9~7.9、深2.5米。清理出残存车25辆，马70匹、犬7条、人1个。据现存遗迹推测，当葬车27辆，殉马76匹。车辆呈纵向东西两列摆放，西列车队从北往南数第2辆车子的车辕两侧置6马，东侧3匹侧卧向东，西侧3匹侧卧向西，排列整齐，明确显示6马驾1车的配置。[1]据此有人认为该遗存印证了古代文献关于"天子驾六马"的记载，[2]为西M66可能是周王陵的推测增添了依据。发掘后将这座大型车马坑就地保护，建洛阳周王城天子驾六博物馆，原址保护展示。

1986年7~9月，洛阳市文物工作队在东周王城内东部，清理东周马坑2座，坑长方形，南北向，左右并列相距10米。1号坑长11.8、宽3.7、深3.4米，殉马12匹，殉狗3条；2号坑长6.3、宽3.4、深2.7米，殉马6匹，排列有序，当是杀殉。依埋葬规律，估计马坑附近有大墓。[3]

1996年11月，洛阳市文物工作队在东周王城内东南部的市政府住宅楼工地发掘了两处4座马坑。第一处1号马坑长方形，方向0°，南北长10.5、东西宽6、南宽2.5、深3米。殉马24匹，分4排，每排6匹。殉狗2条。第二处3座马坑，西距1号马坑16.5米。2号马坑与3号马坑均为长方形竖穴单葬马坑，方向356°，南北长2.3、东西宽1.7、深2.7米。4号马坑被3号马坑打破，残长6、宽3.5、深3米。现存马10匹，排列有序。另外，1号马坑北临1座较大的东周铜器墓，二者可能有一定的联系。[4]

1981年3月，在中州中路北侧，距周王城东墙约210米处，即洛阳市第二轻工业局基建工地，发现了一批东周墓葬。其中的M131，东北距王城广场"天子驾六"车马坑约200米，底长4.2、宽3.4、距地表11.5米。方向北偏东5°。出土有铜器鼎、豆、壶、盘、编钟以及玉器、石磬等，时代在战国中期稍晚。[5]

1991年8月，洛阳市文物工作队中州中路北侧约100米，东周王城内东北部，汉河南县城东墙外的5408厂住宅楼工地清理了1座东周墓，编号C1M3352。墓底长3.6、宽2.9、深9.8米。出土陶器有鼎、豆、壶等，铜器有簠、衔、带钩、吴王夫差剑等，时代为战国早期。[6]

1992年6~8月，在中州中路北侧20米的洛阳市工商银行大楼工地发掘清理了30余座东周墓葬。其中的C1M3750较为重要，为长方形土圹竖穴墓，方向0°，长4.35、宽3.8、深11.4米，葬具为二棺一椁，该墓保存完好，出土有铜鼎、敦、壶、罐、盘、匜、簠辖，陶鼎、豆、壶等以及玉

1. 俞凉亘：《洛阳东周大型墓地及车马坑群》，《2003中国重要考古发现》，文物出版社，2004年，第80页。《洛阳市东周王城》，《中国考古学年鉴·2004年》，文物出版社，2005年，第253—255页。洛阳市文物工作队：《洛阳王城广场东周墓》，文物出版社，2009年。

2. 杨朝明：《东周王陵"六马之驾"发现的学术史意义》，《河南科技大学学报》(社会科学版)2003年4期。戴雨林《论"天子驾六"车制产生的年代》，《洛阳大学学报》2004年1期。

3. 《洛阳市西工东周马坑》，《中国考古学年鉴·1987年》，文物出版社，1988年，第186页。

4. 《洛阳西工区市政府住宅楼东周王城马坑》，《中国考古学年鉴·1998年》，文物出版社，2000年，第159页。

5. 蔡运章等：《洛阳西工131号战国墓》，《文物》1994年7期，第4页。

6. 洛阳市文物工作队：《洛阳C1M3352出土吴王夫差剑等文物》，《文物》1992年3期，第23页。

器多件。[1]

2004 年 6 月，洛阳市文物工作队在北距东周王城广场约 50 米处的中州中路与人民西路交汇口西南角的原国际旅社大楼下，即国际商贸中心综合楼工地发掘了一批东周墓，其中的 C1M8371是一座规模较大的长方形竖穴土坑墓，方向 346°，底长 4.3、宽 3.1、深 14.2 米。墓被盗，出土铜器有鼎、甗、壶等，陶器有鼎、壶、盆、杯、匜、豆等以及铅器、玉器等。墓的时代为战国中期。[2]

第 5 区：王城中北部（5 座）

（10）健康西路——洛阳西郊一至四号墓

①大墓

东周王城内北部中心，东西排列 4 座"甲"字形大墓，墓室居北，墓道在南，在总长约 150米的距离内东西排开（1957 年编号洛阳西郊一至四号墓），墓道南端均被压在汉河南县城北墙下，墓室在城墙外，压在健康西路下。

1957 年 5 月，中国科学院考古研究所洛阳发掘队发掘了最东端的 M1。墓口南北长 10、东西宽 9.1米，墓底长 7.9、宽 7.2、深 12.5 米。长斜坡墓道在南壁正中，方向 0°，全长近 40 米，两壁略微倾斜，上口宽 5.9、底宽 4.8 米，墓道距二层台高 1.3 米。墓圹四周墙壁、墓道两壁有残存的彩绘痕迹。棺椁之外积石积炭。该墓被盗，出土陶鼎、豆、壶、盆、甗、俑等。铜器有辖、軎、车饰、铃、环、衔、镳。铁器有锸、凿、斤等。这座战国墓出土的 1 件残长 14 厘米的墨书"天子"石圭是探讨墓主人身分的参考依据。[3] 有学者认为，墨书"天子"石圭"可能是周王的赙赠，说明墓主与王有较密切的关系"。[4]

1973 年 10 月~1974 年 2 月，洛阳市文物工作队对 M4 进行了发掘。墓口长 10.8、宽 9.05 米，墓底长 9.05、宽 7.43、深 14 米。斜坡墓道长 77.2 米，北宽南窄，与墓室交接处宽 7 米，南端宽 5.8 米。墓底积石厚 0.6 米，其中夹带红砂石板 2 条。有三重棺椁，外椁盖顶上是南北两面坡屋脊形木构建筑，这种情况在中原地区尚属首例。椁室与墓壁间四周亦积石，宽度不同，东壁 1.6、南壁 5、西壁 2、北壁 0.84 米，高约 5 米。有盗坑 3，随葬遗物大部被盗。出土陶器有鼎、豆、壶、盆、甗、俑等。铜器有鬲、舟、勺、壶盖、斧、刀、矛等。铁器有刀、锛、锸、凿、斤等。还有玉、石、骨、蚌、玛瑙、玻璃、料器等 1637 件，多为小件。据出土器物分析，墓的时代在战国中期。[5]

1980 年，洛阳市文物工作队的李德方先生探查了 M2，墓道长 60 米，方形墓室边长约 10 米。[6]

1990 年 12 月，洛阳西郊一号战国墓之南 100 余米处发掘了 1 座大墓，该墓形制为"甲"字形土圹竖穴（编号 C1M3509），方向 162°，斜坡墓道，上口长 21 米，南窄为 2.1 米，北宽为 3.9 米，深 1.1~7.9 米，墓道东壁设壁龛。墓室长 5.3、宽 4.3、深 8.2 米。葬具为单棺重椁。墓被盗，出土

1. 洛阳市文物工作队：《洛阳市中州中路东周墓》，《文物》1995 年 8 期，第 7 — 18 页。

2. 洛阳市文物工作队：《洛阳中州中路东周墓发掘简报》，《文物》2006 年 3 期，第 20 页。

3. 考古研究所洛阳发掘队：《洛阳西郊一号战国墓发掘记》，《考古》1959 年 12 期，第 653 页。

4. 李学勤：《东周与秦代文明》（增订本），文物出版社，1991 年，第 19 页。

5. 洛阳市文物工作队：《洛阳西郊四号墓发掘简报》，《文物资料丛刊》第 9 辑，文物出版社，1985 年，第 141 页。

6. 李德方：《东周王陵分区考辨》，《中原文物》特刊（总 7 期），1987 年，第 45 页。

小件铜器、铜镞、残铁剑、石圭、石环和玉石片。壁龛为以往发掘的大型东周墓所未见，就壁龛与陶器组合而言，时代应在战国中期。[1]

②陪葬坑及中小型墓

1982年8月，为配合外贸局家属楼建设，发掘了一号墓东北约30米的1座陪葬坑（编号C1M395）。坑口长6.8、宽2.6米，底长5.8、宽1.1、深10.5米，保存完好。随葬器物包括铜鼎、簋、簠、壶、豆、盒、罐、碗、舟、罍、盘、匜、盆、杯、匕、斗、甗、釜、灶、箕、爪、夹、火钎、矩形器、俑、编钟、镈钟、钮钟、石磬、玉耳杯等共计148件。分析器物组合及其形制花纹，其时代为战国晚期。[2]

1988年，在解放路东侧，健康路北侧，西南距洛阳西郊一号战国大墓约200米处发掘了1座战国早期墓（编号C1M2528），底长2.6、宽1.5、深5.2米。出土有"越王者旨于赐"矛和戈、剑等铜兵器。[3]

1992年12月，在配合洛阳市针织厂住宅楼基建工程的考古发掘中，清理了20余座东周时期墓葬。其中编号C1M3943，位于洛阳西郊二号墓以东约100米处，形制为长方形土坑竖穴，墓底长3.1、宽2.1、深7.2米。随葬器物数量、种类较多，共计63件（组），包括金、玉、玛瑙、玻璃、铜、陶器等，并出有玉印，印文为"事君子"，据此墓主人可能是一位女性。出土的陶器组合是鼎、壶、盘、碗，具战国晚期特征。从该墓的位置及随葬品等看，此墓应属周王室的陪葬墓。[4]

3. 王城内外重要的中型墓

形制规模较大的墓葬对于研究东周王陵意义重大，但较为重要的中型墓也不容忽视，除了上述大墓附近的中型墓外，在王城城外东部及城内也发掘有一批，择要举例如下。

(1)城外

1966年5月，洛阳市博物馆在洛阳玻璃厂的东南部，西距周王城东墙约1公里处，发掘了10余座东周墓。其中的M439，方向北偏东10°，墓底长3.2、宽1.8、深6.4米。出土铜器有鼎1、豆1、盒1等。3件容器都有铭文，器主是哀成叔，时代在春秋晚期。[5]

1981年，洛阳市文物工作队在北距中州路约50米，西距王城约3公里的洛阳地区运输公司西院，发掘清理了一批东周墓葬，其中C1M4墓底长3.4、宽2.05、深7.75米，出土铜器有鼎、簋、舟、匜等。C1M124位于C1M4西北约1.2公里的玻璃厂东门内，西距东周王城1.5公里，东距哀成叔墓约80米。墓底长3.6、宽2.2、深8.2米。出土铜器有鼎、簋、舟、盘、匜等。[6]

1989年11月，中国社会科学院考古研究所洛阳唐城队在周王城东墙外的长乐街西侧发掘2座长方形土坑竖穴墓，1座马坑。M1底长4.8、宽4.8、深14.2米，出土铜器有列鼎、编钟、编镈、壶、罍、豆、簋、戈、剑、石磬。M2底长4.8、宽3.6、深10.65米，出土铜器有鼎4，豆、罍各2件。

1.《洛阳市西工区大型东周墓》，《中国考古学年鉴·1993年》，文物出版社，1995年，第181页。

2. 洛阳市文物工作队：《洛阳解放路战国陪葬坑发掘报告》，《考古学报》2002年3期，第359页。

3. 洛阳市文物工作队：《河南洛阳发掘一座战国墓》，《考古》1989年5期，第414页。

4. 洛阳市文物工作队：《洛阳市西工区C1M3943战国墓》，《文物》1999年8期，第4页。

5. 洛阳博物馆：《洛阳哀成叔墓清理简报》，《文物》1981年7期，第65页。

6. 洛阳市文物工作队：《洛阳两座东周铜器墓》，《中原文物》1983年4期，第17页。

马坑位于 M1 的东北部，相距约 13 米，坑南北长 12.1、宽 3.3 米，葬马 12 匹。墓葬时代可能为战国晚期。[1]

（2）城内

1975 年 5 月，洛阳博物馆在汉河南县城的东北角、北距东周王城北墙约 1 公里处，清理 1 座春秋晚期墓（M60），墓底长 3.7、宽 2.4、深 7.1 米。出土铜器有鼎 5、簋 4、豆 1、壶 1、盘 1、匜 1、舟 2 等。铜壶有铭文"申伯谇多之行"。[2]1994 年 12 月，洛阳市文物工作队于其东侧，发掘了 1 座东周墓，墓底长 5.3、宽 3.7、深 9.4 米。出土铜器有鼎、豆、簋、盘、匜、罍等。年代比 M60 稍晚。[3]

1991 年 12 月，洛阳市文物工作队在芳林路北端的洛阳康乐食品厂厂区东部，小屯村东，亦即东周王城内中部偏西处发掘了 1 座东周墓，编号 C1M3427，方向 358°。墓底长 3.6、宽 2.8、深 9.8 米。出土铜器有无盖鼎 3、盖鼎 2、方壶 2、罍 2、簠 2、簋、盘、匜、舟、勺各一件等，是春秋时期的墓葬。[4]

1998 年 12 月，洛阳市文物工作队在凯旋西路与芳林路交汇口东北，航天部 613 研究所住宅楼工地，原东周王城内中部偏西，发掘清理出 30 余座春秋、战国时期墓葬。其中 C1M6112 为长方形土坑竖穴墓，底长 3.9、宽 2.6、深 7.5 米。出土的铜器有鼎 3、莲花盖方壶 2、簋 2、舟 1、敦 1、盘 1、匜 1 等，时代在春秋中晚期。[5]

2001 年 11 月，洛阳市文物工作队在凯旋中路南侧 300 米，涧东路南头西侧 60 米，即周王城遗址中部，航空工业部 613 研究所、洛阳得天置业有限公司两个单位基建考古工作中，发掘东周墓葬 50 余座。其中 C1M7226、C1M7039、C1M7258、C1M7256、C1M7257 最为重要，墓室最大的长 4、宽 2.6 米（C1M7039），最小的长 3.1、宽 2、深 8.5~6.5 米。出土铜器鼎、盘、匜、舟、簋、豆、罍等，时代在春秋中、晚期。[6]

二、成周王陵

1.东周成周城遗址

文献记载，西周早期周公营建洛邑成周，东周沿用。秦代于洛阳置三川郡，郡治成周。东汉刘秀称帝后，建都于此。

考古工作者通过对汉魏洛阳城遗址城垣的解剖，初步掌握了该城自西周经东周、汉魏由小到大的沿革轨迹。始建最早的西周城址，位于该城中部，呈东西长方形，长 2500~2650 米，宽 1800~1900 米，约合当时东西六里，南北四里余；以后在西周城址的北部增扩的东周城址，略呈

1.《洛阳隋唐宫城内大型战国墓》,《中国考古学年鉴·1990 年》, 文物出版社, 1991 年, 第 252 页。

2. 洛阳博物馆：《河南洛阳春秋墓》,《考古》1981 年 1 期, 第 24 页。

3. 李德方：《洛阳市西工区第 4630 号东周墓》,《中国考古学年鉴·1995 年》, 文物出版社, 1997 年, 第 167 页。

4. 赵振华：《洛阳 C1M3427 号东周墓》,《中国考古学年鉴·1992 年》, 文物出版社, 1994 年, 第 243 页。

5. 洛阳市文物工作队：《洛阳市 613 所东周墓》,《文物》1999 年 8 期, 第 14 页。

6. 洛阳市文物工作队：《洛阳市西工区几座春秋墓的清理》,《考古与文物》2003 年 2 期, 第 9 页。

南北长方形，东西仍为六里，南北已扩为 3000~3200 米，约合当时七里，使城呈纵长方形且城东北隅向北外凸；战国末至秦代的城址，东周城址开始向南部增扩，南北达到九里，已经具有了汉晋洛阳大城的规模。东汉、曹魏、西晋洛阳都城和北魏都城的内城，均是在这个城圈基础上修建并使用的。[1]

关于成周城内东周王陵文献记载较多，集中指向景王和威烈王。《史记·周本纪》云：灵王崩，"子景王贵立。景王十八年，后太子圣而蚤卒。二十年，景王爱子朝，欲立之，会崩，子丐之党与争立，国人立长子猛为王，子朝攻杀猛。猛为悼王。晋人攻子朝而立丐，是为敬王。"裴骃《集解》引《皇览》曰："景王冢在洛阳太仓中。秦封吕不韦洛阳十万户，故大其城并围景王冢也。"《后汉书·郡国志》云："洛阳周时号成周。有狄泉，在城中"。刘昭补注云：《左传》僖二十九年'盟于狄泉'，杜预曰城内太仓西南池水。或曰本在城外，定元年城成周乃绕之。案：此水晋时在东宫西北。《帝王世纪》曰：'狄泉本殷之墓地，在成周东北，今城中有殷王冢是也。又太仓中大冢，周景王也。'"[3]《太平寰宇记》引文献云："翟泉，《左传》曰，王子虎会诸侯之大夫于翟泉，今城中大仓西南池水是也。……又《帝王纪》云，景王葬于翟泉。今东阳门内有大街，北有大仓，中有景王陵。西南望步广里，北眺翟泉，二处相距远近约略之也。"[4]言之凿凿。

《史记·周本纪》云，考王十五年，崩。子威烈王午立，在位二十四年崩。裴骃《集解》："徐广曰：'皇甫谧曰元丙辰，崩己卯。'骃案：宋衷曰'威烈王葬洛阳城中东北隅'也。"[5]《后汉书·郡国志》亦云："洛阳周时号成周"。刘昭注引《晋元康地道记》曰："城内南北九里七十步，东西六里十步，为地三百顷一十二亩有三十六步。城东北隅周威烈王冢。"[6]

综观文献所叙，景王、威烈王冢似位于同一地域，而二王世次之间隔了7个王，相距颇远。《世本》曰："翟泉，地在成周东北，今洛阳城中有周王冢是也。"[7]未指何王，概言诸王墓群。《水经注》"……翟泉在洛阳东北，周之墓地"。

2. 汉魏故城内的东周大墓

⑴金村大墓

金村位于孟津县平乐镇，今洛阳市老城以东约 20 公里，汉魏洛阳故城遗址内的东北部。北依邙山，南临伊洛河平原。金村大墓因当年的公开盗掘而闻名于世。1929~1933 年，村东的 8 座东周大墓被当地村民盗掘，7 座墓采用挖垂直深井的方法，只有 5 号墓大开口挖到底，墓坑长宽各

1. 中国社会科学院考古研究所洛阳汉魏故城队：《汉魏洛阳故城城垣试掘》，《考古学报》1998 年 3 期，第 361~388 页。钱国祥：《汉魏洛阳故城沿革与形制演变初探》，杜金鹏、钱国祥主编《汉魏洛阳城遗址研究》，科学出版社 2007 年，第 396~411 页。

2.《史记》卷四《周本纪》，第 156 页。

3.《后汉书》志第十九《郡国志一·河南尹》，第 3389 页。

4.（宋）乐史撰：《太平寰宇记》卷三《河南道三·河南府》，中华书局，2000 年，第 32 页。

5.《史记》卷四《周本纪》，第 159 页。

6.《后汉书》志第十九《郡国志一·河南尹》，第 3389 页。

7.（宋）李昉等撰：《太平御览》卷一五五《郡部一·叙京都上》，《四部丛刊》本，第 28 册，第五页 a。

约 12 米，深约 14 米，墓道长 70 余米。木构椁室的周围积石积炭，有门与墓道相通。

关于金村古墓群的国别，出土的属氏编钟上有"韩"字，时人有"韩墓"说。著名学者唐兰在 1946 年 10 月 23 日的《大公报》发表《洛阳金村古墓为东周墓而非韩墓考》，澄清谬说，为学界认同。关于金村古墓群的年代，有学者认为："金村所出有明确纪年的铜器中，属羌钟的铭文内容可与古本《竹书纪年》相印证，记载周威烈王二十二年（前 404 年）三晋伐齐入长城事，年代属战国早期；嗣子壶的作器者为'令狐君嗣子'，令狐氏系魏颗的别封，'嗣子'是其后裔，年代约属周威烈王十年或周安王十年（前 392 年）。但有些器物明显作于战国晚期，如两件漆卮的银足有'卅七年'和'卌年'的刻铭，应为秦昭襄王时遗物。因此，金村古墓群的年代下限可延至战国晚期。"[1]

李学勤先生撰文论述了金村古墓群，研究了金村文物的一批铭刻后认为："金村墓葬群不是秦墓、韩墓，也不是东周君墓，而是周朝的墓葬，可能包括周王及附葬臣属。……金村墓葬群是周朝的墓葬，说明了这里发现异常珍贵华美文物的原因。在中国古代，王室大墓的随葬品每每特别华丽，形制特殊，非其他墓葬所能比。这是因为王家的匠师有独特的工艺传统，也是王室政治地位的曲折反映。安阳殷墟的商朝大墓如此，金村的墓葬群也是这样。"[2] 有人认为"金村古墓应为东周威烈、安、烈、显四王及王后之墓"，以凑足怀氏所叙 8 座被盗的大墓之数，[3] 大概是不知当地墓葬数量情况的猜想。

⑵**太仓大墓**

汉魏故城的东北部向北外凸，系沿袭东周城的形制。这里为汉代的太仓、武库所在地。1962 年，中国科学院考古研究所经勘查发现这一时期的建筑遗址和周代墓葬。其中有 1 座大墓（编号 M1），平面形制为"甲"字形，墓室长方形，墓道在南。该墓位于汉魏故城东北角，金村大墓的东北方约 300 米处。勘探者根据《水经注》的记载认为是景王墓。[4]《洛阳市志·文物志》对此墓的规模记载较详，"长 19 米，宽 14 米，深 12 米的大墓，墓道长达 60 米，大墓的周围另有 20 余座大小墓葬，还有陪葬的车马坑"。[5]

据考古研究所洛阳汉魏城队队长钱国祥先生介绍，这一带的墓葬大致排列为三排。大型墓室长宽一般在 8~12 米之间，小型墓室长宽也在 5~7 米之间。从文献资料及金村大墓出土器物来看，结合考古勘探的情况，这里应为东周时期的王陵区无疑。

三、周山王陵

周山为秦岭余脉，位于洛河北岸，今洛阳市西三山村西 1.5 公里处，东周王城的西南部。山

1. 王世民：《金村古墓》，《中国大百科全书·考古学》，中国大百科全书出版社，1986 年，第 232 页。

2. 李学勤：《东周与秦代文明》（增订本），第二章周，文物出版社，1991 年，第 29 页。

3. 胡进驻：《关于洛阳周都与东周王陵的几个问题》，《考古与文物》2006 年 5 期，第 71 页。

4. 中国科学院考古研究所洛阳工作队：《汉魏洛阳城初步勘查》，《考古》1973 年 4 期，第 207 页。

5. 洛阳地方史志编纂委员会：《洛阳市志》卷 14，《文物志》，中州古籍出版社，1995 年，第 78 页。

巅现存 4 座高大土堆，东西一字排开。西部为一方座平顶大冢，相对独立，俗称"灵王冢"。东部 3 个土堆东西骈列，当地俗称"三山"或"三王冢"。1981 年，洛阳市政府公布周灵王陵、周三王陵为市级重点文物保护单位。

周山上的四冢，文献中有记载。《史记·周本纪》云："二十七年，灵王崩"。裴骃《集解》引《皇览》曰："灵王冢在河南城西南柏亭西周山上。盖以灵王生而有髭，而神，故谥灵王。其冢，民祀之不绝。"[1]《后汉书·郡国志》云："河南周公时所城洛邑也，春秋时谓之王城。东城门名鼎门，北城门名乾祭"。刘昭注引《皇览》曰："城西南柏亭西周山上周灵王冢，民祠之不绝。"[2]

《水经注》云："洛水又东，枝渎左出焉。东出关，绝惠水。……枝渎又东，迳周山，上有周灵王冢。《皇览》曰：周灵王葬于河南城西南周山上。盖以王生而神，故谥曰灵。其冢，人祠之不绝。又东北，迳柏亭南。《皇览》曰：周山在柏亭西，谓斯亭也。又东北迳三王陵，东北出焉。三王，或言周景王、悼王、定王也。魏司徒公崔浩注《西征赋》云：定当为敬，子朝作难，西周政弱人荒，悼敬二王与景王俱葬于此，故世以三王名陵。《帝王世纪》曰：景王葬于翟泉，今洛阳太仓中大冢是也。而复传言在此，所未详也。又悼敬二王，稽诸史传，复无葬处。今陵东有石碑，录靲王以上世王名号，考之碑记，周墓明矣。"[3] 郦氏于景王的两个葬地的记载，难以辩说，不能确定，存疑至今；但是周墓是明确的。

《水经注》又云：天渊"池水又东流于洛阳县之南池，池即故狄泉也，南北百一十步，东西七十步。皇甫谧曰：悼王葬景王于翟泉，今洛阳太仓中大冢是也。《春秋》定公元年，晋魏献子合诸侯之大夫于翟泉，始盟城周。班固、服虔、皇甫谧咸言翟泉在洛阳东北，周之墓地。今按周威烈王葬洛阳城内东北隅。景王冢在洛阳太仓中，翟泉在两冢之间，侧广墓门道东，建春门路北，路即东宫街也，于洛阳为东北。后秦封吕不韦为洛阳十万户侯，大其城，并得景王冢矣，是其墓地也。"[4]

隋唐之际，三王陵之名复见于文献。

大业十三年，李渊、李世民父子自太原起兵反隋，克长安，立杨侑。义宁二年，以李世民为右元帅，"率兵十万攻东都，不克而还，设三伏于三王陵，败隋将段达兵万人"。[5]《太平御览》叙曰："太宗初为右元帅，总兵十万徇东都。军屯西苑，营于三王陵，自三月而旋。俄而隋将段达率万余人自后而至，太宗发伏以击之，贼师大败，亲自追奔至金城下，斩四十余级。"[6] 从上述记载看，三王陵是隋唐洛阳城西的制高点。其他若《太平寰宇记》、《文献通考》、《明一统志》、《大清一统志》、《河南通志》等文献，对于周王陵墓的记载则多沿袭旧说。

由于文献关于景王的葬地说法不一，三王冢所葬三王之名颇存争议。龚崧林在《洛阳县志》中认为周景王陵在古代洛阳太仓中，"定王陵、悼王陵、敬王陵在县西南柏亭东北"，即三王为定王、

1.《史记》卷四《周本纪》，第 156 页。

2.《后汉书》志第十九《郡国志一·河南尹》，第 3389 页。

3. 郦道元：《水经注》卷一五《洛水》，王国维校：《水经注校》，第 495、496 页。

4. 郦道元：《水经注》卷一六《谷水》，王国维校：《水经注校》，第 535 页。

5.《新唐书》卷二《太宗纪》，中华书局，1975 年，第 25 页。

6.《太平御览》卷三〇二《兵部三十三·伏兵》，《四部丛刊》本，第 47 册，第九页 a。

悼王、敬王。也有人认为"周山四冢中居东相依的 3 个极有可能是慎靓王及王后之墓，而西面孤立处之冢则很有可能是赧王之墓。"[1]与文献记载大相径庭。

2002 年初，洛阳市第二文物工作队对周山地区内的 4 座大型封土墓作了考古调查，结合文献的记载可以初步确定 4 座封土墓为东周王陵。钻探显示封土是人工夯筑堆积，"灵王冢"呈覆斗形，底部边长约 110、高约 20 米；墓道位于南侧，残长 40、宽约 6 米。东部东西骈列的三个冢也为覆斗形，远望如"山"形，总长 130、宽 70、通高约 14 米。三冢南北两侧都有斜坡墓道，共 6 条。分而言之，中部的冢最大，平面长方形，东西长 82、南北宽 70、高约 14 米。墓道位于冢南北两侧正中，北墓道残长 40、宽 4 米；南墓道残长 16.5、宽 6 米。西侧的冢平面长方形，南部遭破坏，东西长 25、南北宽 41、高约 12 米。北墓道残长 24.5、宽 4 米；南墓道残长 16、宽 6 米。东侧的冢平面长方形，东西长 25、南北宽 55、高约 12 米。北墓道残长 35、宽 4 米；南墓道残长 15、宽 25 米，遭到破坏。这三座大墓平面形制为"中"字形，但也不排除为"亚"字形的可能。[2]

四、其他东周王陵

东周王陵除了位于王城、成周与周山地区的之外，文献记载还有一处在河南渑池县。

《史记·周本纪》记载，桓王，平王孙。立二十三年，崩，是东迁后的第二代周王。《春秋谷梁传》庄公三年"五月，葬桓王。传曰，改葬也"。杨士勋疏曰："《感精符》云：'恒星不见，夜中，星陨如雨，而王不惧，使荣叔改葬桓王冢，奢丽大甚。'"[3]

《太平寰宇记·渑池县》云："周桓王陵在县东北一百二十里"[4]《隆平集》云：北宋"乾德四年，诏先代帝王各置守陵户。……周桓王至后唐清泰帝三十八陵，止禁樵采。"[5]《记纂渊海》引《纪胜》云："桓王山在渑池县北，上有周桓王庙。"[6]《文献通考》云："桓王葬河南渑池县东北。灵王葬河南城西南桓亭西周山上。景王葬河南洛阳县太仓中。威烈王葬河南洛阳城中西北隅。以上四墓，宋乾德四年，诏州县常禁樵采。"[7]

《明一统志》云："桓王山，在渑池县北九十七里，以山颠有周桓王庙而名。"[8]《大清一统志》云："桓

1. 胡进驻：《关于洛阳周都与东周王陵的几个问题》，《考古与文物》2006 年 5 期，第 71 页。
2. 洛阳市第二文物工作队：《洛阳西郊周山东周王陵调查记》，《中原文物》2005 年 6 期，第 4 页。
3.（清）阮元校刻：《十三经注疏》，（晋）范宁集解，（唐）杨士勋疏：《春秋谷梁传注疏》卷五《庄公》，中华书局，1980 年，第 2380 页。
4.（宋）乐史撰：《太平寰宇记》卷五《河南道·渑池县》，《四库全书》第 469 册，上海古籍出版社影印文渊阁本，1987 年，第 32 页。
5.（宋）曾巩：《隆平集》卷三《祠祭》，《四库全书》第 371 册，第 25、26 页。
6.（宋）潘自牧撰：《记纂渊海》卷一九《郡县部京西北路河南府》，《四库全书》第 930 册，1987 年，第 431 页。
7.（元）马端临撰：《文献通考》卷一二三《王礼考十八·山陵》，《四库全书》第 612 册，上海古籍出版社影印文渊阁本，1987 年，第 847 页。
8.（明）李贤等撰：《明一统志》卷二九《河南府》，《四库全书》第 472 册，第 727 页。

王陵在渑池县东北百二十里，临河。"[1] 又云："桓王山，在渑池县北九十七里，有周桓王墓。"[2] 所述距离有差异。《河南通志》云："桓王陵在渑池县城北一百里桓王山上。"[3] 又云："桓王山，在渑池县北一百里，以山巅有周桓王陵，故名。"[4] 民国十七年版《渑池县志·古迹》载："嘉庆十五年（1810年），知县甘扬声饬巡检沈守纯查明陵地四至，南北以山根为界，东西以大沟为界，绘图具详存档。"

"桓王陵"位于今渑池县城北 50 公里南村乡南村村南凤凰山巅，又称桓王山，传说为周桓王姬林埋葬于此而得名。桓王山海拔 731 米，地势险峻。北滨黄河，南望韶峰，东依岱嵋，西傍青山。两道涧水环流，小狮山、柏树山左右延伸，远望恰似展翅欲飞的凤凰。桓王陵依山势凌顶而建，陵高 10 余米，周长近 200 米，黄土封顶。桓王山上风景秀丽，碧草葱郁，深秋不衰，故"桓陵秋草"为渑池八大景之一。1987 年县政府把桓陵列为重点文物保护单位，桓王山辟为林场，覆以植被。

1933 年春，渑池县保卫团总团长郭庆长派部下刘干臣伙同该县第六区（区公署驻南村）区团长王世英带领 30 多个区丁，悍然挖掘周桓王陵，盗窃殉葬文物，由于陵墓结构坚固，经月余才挖开陵堂，灵寝未曾掘开。其中有价值的文物被郭庆长挑选拿走，剩余的交县政府财务委员会保管。渑池县长姬脉惠等前往察看，计有铜器狗 2、鹿 2、觯 2、鼎 6、高角灯 2、壶 2、瓿 4、尊 6 等，还有一些陶器。据说，姬脉惠曾经争夺被郭庆长拿走的 1 柄宝剑，后来铜剑落入陕州专员欧阳珍之手。翌年县政府财务委员会伙同古董商吕宗堂将文物运到洛阳卖掉，收入交县。[5] 盗墓的传说大致可信，然而我们需要通过考古钻探调查获知地下情况方可予以确定。

据笔者 2007 年 8 月的现场踏查，这座突兀陡立于黄河南岸的所谓桓王山是自然山头，山顶东坡的放羊人开挖了 3 个并列的 1 人多高进深约 3 米的土窑洞。顶部是否有人工封土尚需探究。这里交通不便，距水源太远，无开阔地，不适合人类居住。山坡上散落着一些素面布纹板瓦等碎片，大约是宋代桓王庙的遗物。

王城内的考古钻探、发掘以配合地方基本建设为主，局限性很大。因为没有做过主动调查项目，很难依据线索详细追寻，还会有未知的大墓、车马坑等遗迹埋藏于地下。墓葬多数遭盗掘，尤其是大墓无一幸免，甚至被挖空，给研究工作造成无法克服的困难。文献材料的缺佚，考古资料的不足和研究的粗疏，已经发掘的大墓多数难以确定墓主人的准确身分。20 世纪 30 年代金村大墓的发现，开始揭开成周王陵的神秘的一角。目前社科院考古所未对成周城、成周王陵作全面详细钻探、调查，城内他处是否有有关王陵的遗迹需要关注。周山王陵的考古调查工作仅仅是个开始。总的来说东周王陵的探索还有漫长的道路。

《洛阳涧滨东周城址发掘报告》和《洛阳发掘报告·五章东周城遗址》对城的始建年代的表述略异：城墙大约始建于春秋中叶以前；城墙的年代应早于春秋晚期。《史记·周本纪》云，平王立，东迁于洛邑，王室衰微，诸侯并强，政由方伯。东周的第一代王在位 51 年后去世，倘若已经发掘

1.（清）和珅等撰：《大清一统志》卷一六三《河南府·二古迹》，《四库全书》第 477 册，第 298 页。

2.《大清一统志》卷一六二《河南府》，《四库全书》第 477 册，第 273 页。

3.（清）孙灏、顾栋高纂修：《河南通志》卷四九《陵墓》，《四库全书》第 537 册，第 64 页。

4.（清）孙灏、顾栋高纂修：《河南通志》卷七《河南府》，《四库全书》第 535 册，第 211 页。

5. 李高清、史道祥：《周桓王陵及其文物被盗始末》，《中州今古》1990 年 3 期，第 44、45 页。

的 27 中大墓确实是平王陵，那么，这座春秋时期的第 1 座王陵，它的修建早于城的夯筑年代。王城东部偏南的大墓是春秋时期的，向北年代渐次变化，最北部的最晚，是战国的晚期。金村大墓和太仓大墓属于战国时期，分布在城的东北部，这一点成周和王城是一致的。周山王陵的年代介乎二者之间，属于春秋的中晚期。

数十年来钻探、发掘发现的大墓汇总如下：王城附近共有 25 座大墓，其中"亚"字形墓 1 座，"中"字形墓 3 座，"甲"字形墓 17 座，不详 4 座；周山附近大墓 4 座，其中"甲"字形墓 1 座，"中"字形墓 3 座；汉魏故城附近资料没见公布，相传 20 余座（含金村大墓和太仓大墓），确知形制的是 9 座"甲"字形，以金村和太仓大墓考量它们可能均为"中"字形墓；渑池桓王陵的形制不明。已知大墓的形制、数量为"亚"字形墓 1 座，"中"字形墓 6 座，"甲"字形墓 27 座，不详的 16 座，共约 50 座。这一数字已超过了 25 位周王的总数。

考古发掘已取得的资料有助于判断这些大墓等级和认识周王陵。考古常识告诉我们，王陵是当时所有墓葬中规模最大、棺椁最多，随葬品最精美最丰富的墓葬，王陵包含在已知的和有待发现的大墓之中，王陵必定是大墓而大墓未必是王陵。墓葬的大小和殉葬品的多少反映了墓主生前的政治地位，墓室的大小和墓道的有无、多少是区别墓主人等级高下的重要标志。周山大墓、太仓大墓有较明确的文献证据，金村大墓、27 中大墓、西郊 M1 有重要的出土证物，我们知道东周天子的葬仪使用了"亚"、"中"、"甲"等几种墓型。除此之外，王后和陪臣的墓如何？如何与王陵区分开来？27 中相距较近的 3 座并列大墓，健康西路 4 座位置毗连的大墓，是否夫妇并穴合葬？战国时期西周君陵和王城大墓是什么关系？也是需要考虑的问题。不必讳言，东周王陵的发现确定，是洛阳的考古难题之一。

春秋战国之际，冢墓开始发生。国内发现的春秋战国时期列国大贵族的冢墓多利用自然地势，占据山头高岗，呈覆斗形或方锥形。有学者对其产生的原因作了认真的探索，提出了可信的理论。[1]文献记述东周王陵有称之为冢，若桓王冢、灵王冢、景王冢、威烈王冢。所谓冢就是在墓葬之上有人工夯筑堆积隆起的封土。春秋时期的周山上的灵王、景王、悼王、敬王陵皆以垒土于山巅为特点。通过对周山王陵的钻探调查，初步了解了周王的山陵形制，而其陵园建制尚需探索。

"商周时期，王及诸侯方国国君（包括夫人、宗族成员在内）死后普遍实行多代集中埋葬于同一公共墓地的公墓制度。这种'集中公墓制'是阶级、国家产生之初级阶段君权确立但还带有氏族遗痕的一种墓地形态。'集中公墓制'作为一定历史阶段的产物，随着社会的发展也必然发生变化，这就是春秋战国时期以每代国君为中心的'独立陵园制'的出现。但春秋战国时期的'独立陵园制'尚处在创立与发展阶段，而到了秦汉时期，由于大一统帝国的建立及君主集权的高度强化，'独立陵园制'最终确立并进一步完善，从而奠定了尔后中国近两千年专制社会帝王陵园制度的基础"。[2]以此论述来考察洛阳东周王陵，也是适用的。这里主要实行的是"集中公墓制"，多代国君集中埋葬于同一墓域。由于王的位数多，年代跨度长，社会变化大，使得一国的统治者分葬于若干个茔域。古墓距今年代久远，地貌变化较大，位于王城、成周的排列较近的大墓和密集的小墓，是否有兆

1. 王世民：《中国春秋战国时代的冢墓》，《考古》1981 年 5 期，第 459 页。

2. 赵化成：《从商周"集中公墓制"到秦汉"独立陵园制"的演化轨迹》，《文物》2006 年 7 期，第 41 页。

沟、封土或是围墙等建置以显示墓地范围，每个陵区包括了多少位周王及其年代，大墓分布的规律、年代、性质、陪葬等问题，关于周天子丧葬制度等等问题，需要展开讨论深入思考获得启迪，以期推动今后的发掘和研究。

第二节　东汉帝陵

东汉是中国封建社会的发展时期。期间 196 年，历 12 帝。5 帝葬于汉洛阳城之北的邙山，位于今河南省孟津县境内，为光武帝原陵、安帝恭陵、顺帝宪陵、冲帝怀陵、灵帝文陵。6 帝葬于汉洛阳城之南，万安山北麓，位于今河南省偃师市境内，为明帝显节陵、章帝敬陵、和帝慎陵、殇帝康陵、质帝静陵、桓帝宣陵。1 帝葬于汉河内郡山阳县，位于今河南省修武县境内，为献帝禅陵。此据《后汉书》等文献，依皇帝在位次序，分述葬于洛阳的 11 位皇帝陵墓的基本情况。

一、光武帝原陵

1. 山陵与园寝

《后汉书》卷一《光武帝纪》云："世祖光武皇帝讳秀，字文叔，南阳蔡阳人，高祖九世之孙也，出自景帝。"[1] 他是西汉皇族后裔，世系脉络清楚。后来，其乘王莽末年农民起义，加入绿林军，不断壮大，建武元年（25 年）六月于鄗即皇帝位。中元二年（57 年）二月戊戌，崩于南宫前殿，年 62，在位 32 年。遗诏曰："朕无益百姓，皆如孝文皇帝制度，务从约省。刺史、二千石长吏皆无离城郭，无遣吏及因邮奏。"[2]

建武二十六年（50 年）初作寿陵，"令所制地不过二三顷，无为山陵，陂池裁令流水而已。"[3] 即不起高大的山陵，墓冢封土像小山丘形。自建陵至光武帝崩，先后 8 年。司空冯鲂"持节起原陵"，[4] 作葬前准备。中元二年"三月丁卯，葬光武皇帝于原陵。有司奏上尊庙曰世祖"。李贤注曰："《帝王纪》曰：'原陵方三百二十步，高六丈，在临平亭东南，去洛阳十五里。'"[5]《后汉书·礼仪志》引《古今注》对原陵的述记比较详细："光武原陵，山方三百二十三步，高六丈六尺。垣四出司马门。寝殿、钟虡皆在周垣内。堤封田十二顷五十七亩八十五步。《帝王世纪》曰：'在临平亭之南，西望平阴，东南去洛阳十五里。'"[6] 原陵位于汉洛阳城的西北方向。明帝于悲痛中对父皇的葬事作了精心安排，中元二年四月丙辰诏曰："大尉熹告谥南郊，司徒䜣奉安梓宫，司空鲂将校复土。其封熹为节乡侯，

1.《后汉书》，第 1 页。

2.《后汉书》卷一《光武帝纪下》，第 85 页。

3.《后汉书》卷一《光武帝纪下》，第 77、78 页。

4.《后汉书》卷三三《冯鲂传》，第 1147 页。

5.《后汉书》卷二《孝明帝纪》，第 95 页。

6.《后汉书》志第六《礼仪志下》，引《古今注》，第 3149 页。

诉为安乡侯，鲂为杨邑侯。"[1]

桓帝延熹四年（161年）"五月辛酉，有星孛于心。丁卯，原陵长寿门火。"[2]《后汉书·五行志》所记相同。[3]结合上述《后汉书·礼仪志》对原陵的记载，可知原陵有墙垣，垣周设门，各具其名。

光武原陵使用了神道石刻。《水经注》记载，涹水环绕谯县故城，城南有东汉曹嵩冢，冢北有二碑，碑间有庙堂、双阙。"夹碑东西，列对两石马，高八尺五寸，石作粗拙，不匹光武隧道所表象马也"。[4]北魏一尺约合今29.6厘米，[5]则曹嵩冢的石马高约2.5米。光武帝陵前两侧安置石马以表饬坟垄，形体高大，作工精细，如生前之仪卫。

洛南东汉陵区的陪葬冢墓前发现有羊、天禄、辟邪等石兽。[6]邙山东汉陵区南侧，平乐镇象庄村南，有高2.5、长3.7米的石象。有先生认为"邙山脚下的邙山五陵的神道石象，是迄今所知帝陵前最早的石刻"。[7]根据我们的调查，该石象位于邙山陵墓群最大的东汉帝陵墓冢——送庄镇三十里铺村大汉冢墓道的延长线上，距大汉冢直线距离4.3公里。二者之间，即大汉冢南2公里处还发现了2座方形夯土台基。这处台基可能与墓阙有关。墓道、墓阙、石象三点一线，说明石象和帝陵的神道相关，是神道上的石刻之一。

2. 合葬与陪葬

文献记载原陵的合葬、陪葬很少。《续汉书》曰："光武郭皇后，真定槀人也。安阳思侯昌女，曰圣通。世祖至真定，纳圣通，有宠。世祖即位，圣通为贵人。建武元年，生皇子强。二年，贵人立为皇后，强为太子。是后宠衰，数怀怨怼，废。二十八年薨，葬北陵。"[8]所谓"北陵"，即位于原陵茔域之北，为异穴合葬。《后汉书》则云："二十八年，（郭）后薨，葬于北芒。"

明帝即位，尊光烈阴皇后为皇太后。永平七年（64年）崩，"在位二十四年，年六十，合葬原陵"。[9]

勋臣胡广，"自在公台三十余年，历事六帝，礼任甚优，每逊位辞病，及免退田里，未尝满岁，辄复升进。凡一履司空，再作司徒，三登太尉，又为太傅。其所辟命，皆天下名士。与故吏陈蕃、李咸并为三司。蕃等每朝会，辄称疾避广，时人荣之。年八十二，熹平元年薨。使五官中郎将持节奉策赠太傅安乐乡侯印绶，给东园梓器，谒者护丧事，赐冢茔于原陵，谥文恭侯，拜冢一人为郎中。故吏自公、卿、大夫、博士、议郎以下数百人，皆缞绖殡位，自终及葬。汉兴以来，人臣之盛，未尝有也"。[10]是光武皇帝葬后115年而陪葬者。

1.《后汉书》卷二《孝明帝纪》，第96页。

2.《后汉书》卷七《孝桓帝纪》，第308页。

3.《后汉书》志第一四《五行志二·灾火》："延熹四年……五月丁卯，原陵长寿门火。"第3295页。

4. 郦道元：《水经注》卷二三《阴沟水》，王国维校《水经注校》，第743页。

5.《中国历代度制演变测算简表》，《汉语大词典》，《附录·索引》，汉语大词典出版社，1994年，第5页。

6. 王竹林、赵振华：《洛阳东汉南兆域皇陵初步研究》，《古代文明》（4），文物出版社，2005年。

7. 陈长安：《简述帝王陵墓的殉葬、俑坑与石刻》，《中原文物》1985年4期，第74、75页。

8.《太平御览》卷一三七《皇亲部三·东汉光武郭皇后》，第二五册，第1页。

9.《后汉书》卷一〇上《皇后纪上·光烈阴皇后纪》，第407页。

10.《后汉书》卷四四《胡广传》，第1510、1511页。

3. 上陵祭祀

文献记载较多。光武皇帝葬后未足一年，明帝于"永平元年春正月，帝率公卿已下朝于原陵，如元会仪。"李贤注云："《汉官仪》曰：'古不墓祭。秦始皇起寝于墓侧，汉因而不改。诸陵寝皆以晦、望、二十四气、三伏、社、腊及四时上饭。其亲陵所宫人，随鼓漏理被枕，具盥水，陈庄具。天子以正月上原陵，公卿百官及诸侯王、郡国计吏皆当轩下，占其郡国谷价，四方改易，欲先帝魂魄闻之也。'"[11]明帝性孝爱，永平"十七年正月，当谒原陵，夜梦先帝、太后如平生欢。既寤，悲不能寐，即案历，明旦日吉，遂率百官及故客上陵。"[12]当时实行"上陵礼"，皇帝率百官及亲属到祖先陵墓进行祭祀。

章帝建初二年，"时新平主家御者失火，延及北阁后殿。太后以为己过，起居不欢。时当谒原陵，自引守备不慎，惭见陵园，遂不行。"[13]安帝永宁二年（121年）二月，和熹邓皇后诏曰："自谓感彻天地，当蒙福祚，而丧祸内外，伤痛不绝。顷以废病沉滞，久不得侍祠，自力上原陵，加欬逆唾血，遂至不解。"[14]

4. 盗掘与荒芜

魏文帝曹丕于黄初三年（222年）十月作终制下令薄葬，《三国志》卷二《魏书·文帝纪》载其文有云："汉文帝之不发，霸陵无求也。光武之掘，原陵封树也。霸陵之完，功在释之。原陵之掘，罪在明帝。是释之忠以利君，明帝爱以害亲也。'"[15]明确记录了原陵至迟于汉末遭盗掘。

《三国志》卷二《魏书·文帝纪》：黄初二年（221年）"春正月，郊祀天地、明堂。甲戌，校猎至原陵，遣使者以太牢祠汉世祖。"[16]原陵及其周围，这个陵冢林立的巨大的皇家坟场，因朝代的倾覆，失去管理与保卫，荒无人烟而湮为猎场。

《三国志》卷三《魏书·明帝纪》：景初二年（238年）"五月乙亥，月犯心距星，又犯中央大星"。裴松之注曰："《魏书》载戊子诏曰：'昔汉高祖创业，光武中兴，谋除残暴，功昭四海，而坟陵崩颓，童儿牧竖践蹋其上，非大魏尊崇所承代之意也。其表高祖、光武陵四面百步，不得使民耕牧樵采。'"[17]是将"方三百二十步"的原陵周回四百步范围内，设为保护区，可见陵垣已坍塌毁坏。

数百年后，乱草杂树覆盖，原陵荒芜为田野。承圣三年（554年）梁元帝萧绎遭囚禁，制诗四绝。其四曰："夜长无岁月，安知秋与春？原陵五树杏，空得动耕人。"[18]梁沈约《郊居赋》云："徒征言于石椁，遂延灾于金缕。忽荒秽而不修，同原陵之臕臕。宁知蝼蚁之与狐兔，无论樵刍之与牧竖。

11.《后汉书》卷二《孝明帝纪》，第99页。

12.《后汉书》卷一○上《皇后纪上·光烈阴皇后纪》，第407页。

13.《后汉书》卷一○上《皇后纪上·明德马皇后纪》，第413页。

14.《后汉书》卷一○上《皇后纪上·和熹邓皇后纪》，第429页。

15.《三国志》，第81页。

16.《三国志》，第77页。

17.《三国志》，第112页。

18.《南史》卷八《梁本纪下第八·元帝纪》，第245页。

睇东巘以流泪，心凄怆而不怡。”[1] 以古讽今，世易时移，满目萧然，胸襟凄婉。或直言所见，“陟彼北邙山，累累满昔贤。松柏摧为薪，原陵犁为田”了。

二、明帝显节陵

1. 山陵与园寝

孝明皇帝刘庄是光武帝第4子，30岁即皇帝位。永平十四年（71年）五月，“初作寿陵”。[2] 永平十八年（75年）“秋八月壬子，帝崩于东宫前殿。年四十八”。“遗昭勿起寝庙，藏主于光烈皇后更衣别室。帝初作寿陵，制令流水而已，石椁广一丈二尺，长二丈五尺，勿得起坟。万年之后，埽地而祭，杅水脯糒而已。过百日，唯四时设奠，置吏卒数人供给洒埽，勿开修道。敢有所兴作者，以擅议宗庙法从事”。李贤注曰：“《礼》‘藏主于庙’，既不起寝庙，故藏于后之易衣别室。更，易也”。[3]

《后汉书》卷三《孝章帝纪》：八月“壬戌，葬孝明皇帝于显节陵”。李贤注曰：“《帝王世纪》曰：显节陵方三百步，高八丈。其地故富寿亭也，西北去洛阳三十七里。”[4] 显节陵的规模及陵地建筑，《后汉书》志第六《礼仪下》引《古今注》云：“明帝显节陵，山方三百步，高八丈。无周垣，为行马，四出司马门。石殿、钟虡在行马内。寝殿、园省在东。园寺吏舍在殿北。隄封田七十四顷五亩。”[5] 陵园规模相当大。

明帝是入葬洛阳城南帝陵兆域的第一位皇帝。显节陵的营造时间，《后汉书·明帝纪》记载为永平十四年（71年）五月。《东观汉记》亦云：永平“十四年，帝作寿陵。制令流水而已，陵东北作庑，长三丈，五步外为小厨，财足祠祀。帝自置石椁，广丈二尺，长二丈五尺。”[6] 显节陵从选茔、规划、地面建筑以及地宫和棺椁，都是严格按照明帝的旨意建造的。

明帝还是是中国第一个关注佛教的皇帝，遣使西域拜求佛法回国后兴建寺院。“时于洛阳城西雍门外起佛寺，于其壁画千乘万骑，绕塔三匝；又于南宫清凉台及开阳城门上作佛像。明帝存时，预修造寿陵，陵曰显节，亦于其上作佛图像”。[7] 这是有别于其他陵墓的地方。

马端临《文献通考》误说后汉明、章二帝陵在洛阳邙山。[8]

1.《梁书》卷一三《沈约传》，第240页。

2.《后汉书》卷二《孝明帝纪》，第118页。

3.《后汉书》卷二《孝明帝纪》，第123页。

4.《后汉书》，第129页。

5.《后汉书》，第3149页。

6.（汉）刘珍撰：《东观汉记》卷二《帝纪二·显宗孝明皇帝》，《四库全书》第370册，第81页。

7.（汉）牟融撰：《牟子》（一名《理惑论》），第5页。《百子全书》第6册，浙江人民出版社，1984年据扫叶山房1919年石印本影印。

8.（元）马端临：《文献通考》卷三二〇，《舆地考六·河南府》：“洛阳（古成周地。有邙山。东北有孟津，武王会诸侯处。有后汉明、章二帝陵）。”《四库全书》第616册，第344页。

2. 合葬与陪葬

显节陵的合葬，《后汉书》记载，明德马皇后为伏波将军马援之小女，建初四年六月崩，"在位二十三年，年四十余。合葬显节陵"。[1]

文献记载显节陵的陪葬较他陵略多。刘般是西汉宣帝的玄孙，章帝授以宗正卿。建初二年"般妻卒，厚加赗赠，及赐冢茔地于显节陵下"。建初三年，刘般卒，当入妻之茔地，陪葬显节陵。[2] 牟融建初四年薨，章帝车驾亲临其丧，"又赐冢茔地于显节陵下"。[3] 伏恭为三老，"年九十，元和元年卒，赐葬显节陵下"。[4] 汉左将军特进胶东侯贾复第五子贾武仲妻马姜是伏波将军马援之女，明德皇后之姊，生育四女，其中"二女为显节园贵人"。[5] 马姜73岁卒时距明帝之丧已历31年，其时两女尚在。此二女曾为显节陵贵人，卒后有可能陪葬显节陵。皇后嫔妃、同姓贵族、达官宠臣等人物，均可获享陪葬之荣宠。

《太平御览》卷九一云："《帝王世纪》曰：孝章皇帝以中元三年生于京师，其母姓秘不出，号其墓曰长信冢。"[6] 长信冢或在显节陵茔域。

3. 盗掘

《晋书·束皙传》云："时有人于嵩高山下得竹简一枚，上两行科斗书，传以相示，莫有知者。司空张华以问皙，皙曰：'此汉明帝显节陵中策文也。'检验果然，时人伏其博识。"[7]

三、章帝敬陵

1. 山陵与园寝

孝章皇帝刘炟，明帝第五子，19岁即位，在位14年。章和二年二月壬辰，"帝崩于章德前殿，年三十三。遗诏无起寝庙，一如先帝法制"。[8] 章和二年（88年）三月"癸卯，葬孝章皇帝于敬陵"。李贤注曰："在洛阳城东南三十九里。《古今注》曰：'陵周三百步，高六丈二尺。'"[9] 敬陵的规模及陵地建筑，《后汉书·礼仪志下》刘昭注补引《古今注》云："章帝敬陵，山方三百步，高六丈二尺。无周垣，为行马，四出司马门。石殿、钟虡在行马内。寝殿、园省在东。园寺吏舍在殿北。堤封田二十五顷五十五亩。《帝王世纪》曰：'在雒阳东南，去雒阳三十九里。'"[10]

1.《后汉书》卷一〇上《皇后纪上·明德马皇后纪》，第414页。

2.《后汉书》卷三九《刘般传》，第1306页。

3.《后汉书》卷二六《牟融传》，第916页。

4.《后汉书》卷七九下《儒林列传·伏恭》，第2571、2572页。

5. 赵万里：《汉魏南北朝墓志集释》第三册，图版一。

6.《太平御览》卷九一《皇王部十七·肃宗孝章皇帝》，《四部丛刊》本，第18册，第5页。

7.《晋书》卷五一《束皙传》，第1433页。

8.《后汉书》卷三《孝章帝纪》，第159页。

9.《后汉书》卷四《孝和帝纪》，第166页。

10.《后汉书》志第六《礼仪下》，第3149页。

丹阳太守郭旻卒于延熹元年（158 年）十月，生前曾任"敬陵园令"。[1]

2. 后妃合葬

章帝配窦皇后、宋贵人、梁贵人，两贵人因生子而被窦皇后害死。和帝永元九年闰八月，章德窦皇后崩，"未及葬，而梁贵人姊嫕上书陈贵人枉殁之状。太尉张酺、司徒刘方、司空张奋上奏，依光武黜吕太后故事，贬太后尊号，不宜合葬先帝。百官亦多上言者。帝手诏曰：'窦氏虽不遵法度，而太后常自减损。朕奉事十年，深惟大义，礼，臣子无贬尊上之文。恩不忍离，义不忍亏。案前世上官太后亦无降黜，其勿复议。'于是合葬敬陵。"[2]

章帝妃宋贵人，为清河孝王庆之母。"太后崩后，窦皇后宠盛，以贵人姊妹并幸，庆为太子，心内恶之，与母比阳主谋陷宋氏"，建初七年，章帝废太子庆而立皇太子肇。肇，梁贵人子。"遂出贵人姊妹置丙舍，使小黄门蔡伦考实之，皆承讽旨傅致其事，乃载送暴室。二贵人同时饮药自杀。帝犹伤之，敕掖庭令葬于樊濯聚"。李贤注曰：樊濯聚，"在洛阳城北也。""庆多被病，或时不安，帝朝夕问讯，进膳药，所以垂意甚备，庆小心恭孝，自以废黜，尤畏事慎法。每朝谒陵庙，常夜分严装，衣冠待明。约敕官属，不得与诸王车骑竞驱。常以贵人葬礼有阙，每窃感恨，至四节伏腊，辄祭于私室。窦氏诛后，始使乳母于城北遥祠。及窦太后崩，庆求上冢致哀，帝许之，诏太官四时给祭具。庆垂涕曰：'生虽不获供养，终得奉祭祀，私愿足矣。'欲求作祠堂，恐有自同恭怀梁后之嫌，遂不敢言。常泣向左右，以为没齿之恨"。[3]宋贵人为后妃争宠的牺牲品，葬于洛阳城北邙山，而章帝山陵位于城南。

"宋贵人遇窦氏之谮，葬礼有阙，清河王庆涕泣不敢言，常私祭于室。及梁后改葬，庆乃上书求上贵人冢，诏听许。"[4]后来，"安帝以清河孝王子即位，建光元年，追尊其祖母宋贵人曰敬隐后，陵曰敬北陵"。[5]

史籍关于恭怀梁皇后丧葬的记载较多，梁贵人乃和帝之母，先是葬礼有阙，窦太后崩后，乃改殡之。永元九年九月"甲子，追尊皇姊梁贵人为皇太后。冬十月乙酉，改葬恭怀梁皇后于西陵"，[6]"帝以贵人酷殁，敛葬礼阙，乃改殡于承光宫，上尊谥曰恭怀皇后，追服丧制，百官缟素，与姊大贵人俱葬西陵，仪比敬园"。[7]《后汉纪》叙梁贵人家事颇详："初，梁贵人生和帝，窦后以为己子，养而隐之。贵人者，梁竦女也。……竦生二男三女，长男棠及翟，长女凭及二贵人。初，马太后求良家女，贵人与姊以选入宫，得幸于帝，生和帝。竦不胜喜……窦氏欲专名太子外家。心恶梁氏，欲毁贬之，乃诬以恶逆。诏郡县考竦，死狱中。……贵人与姊以忧死，葬礼有阙。窦后崩，舞阴公主兄子梁扈遣从兄擅奏记三府曰：'春秋之义，母以子贵，汉家旧典也。今梁贵人亲育圣躬，而

1. 严可均校辑：《全后汉文》卷九九《丹阳太守郭旻碑》，中华书局，1958 年，第 1006 页。

2.《后汉书》卷一〇上《皇后纪上·章德窦皇后纪》，第 416 页。

3.《后汉书》卷五五《章帝八王传·清河孝王庆传》，第 1799 — 1801 页。

4.《后汉纪校注》，《后汉孝和皇帝纪》，第 399 页。

5.《后汉书》志第九《祭祀下》，第 3197 页。

6.《后汉书》卷四《孝和帝纪》，第 184 页。

7.《后汉书》卷一〇上《皇后纪上·梁贵人纪》，第 417 页。

不蒙尊号。'三府甫得记，谢遣擅。太尉张酺独见擅，具问之，曰：'此公之职，而梁氏之福也。'会以蝗飞过京师，召见对说，因具言擅记，上曰：'意云如酺，不知葬礼有阙也。'对曰：'陵上宜置长史，加祠祭之礼，收录诸舅以明亲亲。'上复曰：'于义如何？'酺曰：'今春秋之义，汉家有行事，梁、窦并为名姓，保守河西，以忠获封。窦宪兄弟不轨，太后谤议籍籍，闻于天下。姓族无以逾梁氏，加以亲外家，诚宜尊显。'上曰：'非君孰为朝廷思！大家事籍籍，君所知。'上深纳酺言。"永元九年九月"甲子，改殡梁贵人于承光宫，追尊为皇太后，谥曰恭怀，葬于西陵。上乃别见凭，凭具自陈说。上歔欷流涕，留凭宫中，连日不出，赏财物第宅，旬月之间，赀累千万。凭素有行，遂宠之，加号梁贵夫人；擢奖凭夫调为羽林佐监。追加谥竦为褒亲愍侯，遣中谒者迎竦丧于京师，改殡之，赐东园画棺、玉匣，冢葬于西陵旁，上亲临送"。[1]是梁家父女三人同葬于敬陵茔域。《后汉书·梁竦传》亦云："建茔于恭怀皇后陵傍。"[2]

四、和帝慎（顺）陵

1. 山陵与园寝

《后汉书·和殇纪》载："孝和皇帝讳肇，肃宗第四子也，母梁贵人，为窦皇后所谮，忧卒，窦后养帝为己子。建初七年，立为皇太子。章和二年二月壬辰，即皇帝位，年十岁"，[3]元兴元年（105年）崩。延平元年（106年）"三月甲申，葬孝和皇帝于慎陵"，李贤注曰："在洛阳东南三十里"。[4]慎陵陵园形制与规模，《后汉书·礼仪志下》注引《古今注》云："和帝慎陵，山方三百八十步，高十丈。无周垣，为行马，四出司马门。石殿、钟虡在行马内。寝殿、园省在东。园寺吏舍在殿北。隄封田三十一顷二十亩二百步。"[5]

魏霸"永元十六年，征拜将作大匠。明年，和帝崩，典作顺陵。时盛冬地冻，中使督促，数罚县吏以厉霸。霸抚循而已，初不切责，而反劳之曰：'令诸卿被辱，大匠过也。'吏皆怀恩，力作倍功"。[6]

2. 合葬与陪葬

和熹邓皇后，永宁二年"三月崩。在位二十年，年四十一。合葬顺陵"。[7]

和帝阴皇后有殊宠。自和熹邓后入宫，爱宠稍衰，数有恚恨。于是挟巫蛊道，事发觉，"迁于桐宫，以忧死。立七年，葬临平亭部"。[8]邙山临平亭在城北邙山，而和帝葬洛阳城南，阴皇后挟蛊，大逆无道，不能合葬。

1.《后汉纪校注》，《后汉孝和皇帝纪》，第 395 — 398 页。

2.《后汉书》卷三四《梁竦传》，第 1174 页。

3.《后汉书》卷四《孝和孝殇帝纪》，第 165 页。

4.《后汉书》卷四《孝和孝殇帝纪》，第 196 页。

5.《后汉书》志第六《礼仪下》，第 3149 页。

6.《后汉书》卷二五《魏霸传》，第 886 页。

7.《后汉书》卷一〇上《皇后纪上·和熹邓皇后纪》，第 430 页。

8.《后汉书》卷一〇上《皇后纪上·和帝阴皇后纪》，第 417 页。

司徒袁安，卒于和帝永元四年（92 年），临终遗令曰：备位宰相，当陪山陵，不得归骨旧葬。[1]民国年间印行的《洛阳出土石刻时地记》云：“汉司徒公袁安碑，民国十八年（1929 年）发现于偃师城西南廿余里辛村东牛王庙中，地在洛阳故城东南”；“汉司徒袁敞碑，民国十一年（1922 年）偃师西南二十余里辛村、阎楼村间发现，地在洛阳故城东南，距袁安碑发现处三里”。[2]袁安卒于和帝朝。其子袁敞卒于安帝朝，朝廷“以三公之礼葬之”，[3]其墓地位置属南兆域帝陵的陪葬茔域。

3. 和帝慎陵为顺陵辨

《后汉书》关于和帝所葬山陵名称，有“慎陵”、“顺陵”两说，未能统一。

记载和帝葬于慎陵的文献，如《后汉书·孝和孝殇帝纪》云：延平元年“三月甲申，葬孝和皇帝于慎陵，尊庙曰穆宗。”李贤注：“在洛阳东南三十里。俗本作‘顺’者，误。”[4]

而记载和帝陵名为“顺陵”的文献较多。《东观汉纪》云：元兴元年“十二月，帝崩于章德前殿，在位十七年，时年二十七。葬顺陵，庙曰穆宗”。[5]《太平御览》卷一三七引《续汉书》云：“殇帝生百余日，后欲自养长，立为皇子。其夜即位，尊皇后为皇太后。帝在襁褓，皇太后临朝。建元元年三月，太后崩。丙午，合葬顺陵。”[6]《文献通考·帝系考》云：邓皇后“永宁二年崩，在位二十年，临朝十七年，年四十一，合葬顺陵。”[7]永宁二年与建光元年为同一年。

《后汉书》记载，汉灵帝的父亲的陵墓曰“慎陵”。孝仁董皇后，河间人，为解犊亭侯刘苌夫人，生灵帝。“建宁元年，帝即位，追尊苌为孝仁皇，陵曰慎陵，以后为慎园贵人”。[8]中平六年秋七月“庚寅，孝仁皇后归葬河间慎陵”。[9]《后汉书》卷五五《河间孝王开传》亦如是记载。自延平元年（106年）殇帝葬和帝，至建宁元年（168年），灵帝追尊其父之陵曰慎陵。六十余年间，同一朝代的皇室不可能重复使用同一个皇帝的山陵名称，因此和帝所葬山陵名应为顺陵。

五、殇帝康陵

孝殇皇帝刘隆，和帝少子。“元兴元年十二月辛未夜，即皇帝位，时诞育百余日”，[10]次年八月辛亥崩，年 2 岁。延平元年九月“丙寅，葬孝殇皇帝于康陵”。李贤注曰：“陵在慎陵茔中庚地，

1.《后汉纪校注》，《后汉孝和皇帝纪》，第 375 页。

2. 郭培育、郭培智主编：《洛阳出土石刻时地记》，大象出版社，2005 年，第 3 页。

3.《后汉书》卷四五《袁安传》，第 1517、1525 页。

4.《后汉书》卷四《孝和孝殇帝纪》，第 196 页。

5.（汉）刘珍撰：《东观汉纪》卷二《帝纪二·穆宗孝和皇帝》，《四库全书》第 370 册，第 85 页。

6.《太平御览》卷一三七《皇亲部三·东汉》，《孝和邓皇后》，《四部丛刊》本，第二五册，第 5 页。

7.（元）马瑞临撰：《文献通考》卷二五一，《帝系考二》，《四库全书》第 615 册，第 7 页。

8.《后汉书》卷一〇下《皇后纪下·孝仁董皇后纪》，第 446 页。

9.《后汉书》卷八《孝灵帝纪》，第 358 页。

10.《后汉书》卷四《孝殇帝纪》，第 195 页。

高五丈五尺，周二百八步"。[1]

殇帝在位仅九个月，在襁褓中夭折。"及殇帝崩，太后定策立安帝，犹临朝政。以连遭大忧，百姓苦役，殇帝康陵方中秘藏，及诸工作，事事减约，十分居一"。李贤注曰："方中，陵中也。冢藏之中，故言秘也。"[2] 安帝永初元年九月壬午诏，"诸所造作，非供宗庙园陵之用，皆且止"。[3] 可见当时财力匮乏，民生凋敝。

关于康陵的陵园形制与规模，《后汉书·礼仪志下》注引《古今注》云："殇帝康陵，山周二百八步，高五丈五尺。行马四出司马门。寝殿、钟虡在行马中。因寝殿为庙。园吏寺舍在殿北。堤封田十三顷十九亩二百五十步。"[4] 茔域面积和山陵规模比顺陵小多了。

康陵陵园灾异的记载很少，桓帝延熹五年"五月，康陵园寝火"。[5] 延熹六年"四月辛亥，康陵东署火"。[6]

六、安帝恭陵

1. 山陵与园寝

《后汉书·孝安帝纪》记载，安帝刘祜，肃宗孝章皇帝之孙，清河孝王刘庆之第二子。延平元年（106年）八月即皇帝位，年13。延光四年（125年）三月崩，在位19年，时年32。延光四年四月"己酉，葬孝安皇帝于恭陵。庙曰恭宗"。李贤注曰："在今洛阳东北二十七里。伏侯《古今注》曰'陵山周二百六十丈，高十五丈'也。"[7]《后汉书·礼仪志》引《古今注》曰："安帝恭陵，山周二百六十步，高十五丈。无周垣，为行马，四出司马门。石殿、钟虡在行马内。寝殿、园吏舍在殿北。堤封田一十四顷五十六亩。《帝王世纪》曰：'高十一丈。在洛阳西北，去洛阳十五里。'"[8] 上引文献中有两个问题值得注意，李贤的注"在今洛阳东北"，指的应是唐代洛阳城东北。"陵山周二百六十丈"可能有误，应是"二百六十步"。《后汉书·礼仪志》引《古今注》的记载是对的，符合实际情况。

太仆来历因事被安帝免官。"及帝崩，阎太后起历为将作大匠"，[9] 主持陵园工程。文献记载皇帝葬礼之后，留于山陵行孝子礼的外官很少，清河王傅杨伦是其中之一："是岁，安帝崩，伦辄弃官奔丧，号泣阙下不绝声。阎太后以其专擅去职，坐抵罪。顺帝即位，诏免伦刑，遂留行丧于恭陵。

1.《后汉书》卷五《孝安帝纪》，第205页。

2.《后汉书》卷一〇上《皇后纪上·和熹邓皇后纪》，第423页。

3.《后汉书》卷五《孝安帝纪》，第208页。

4.《后汉书》志第六《礼仪下》，第3149页。

5.《后汉书》卷七《孝桓帝纪》，第310页。《后汉书》志第一四《五行志》，第3295页。

6.《后汉书》卷七《孝桓帝纪》，第311页。《后汉书》志第一四《五行志》，第3296页。

7.《后汉书》卷五《孝安帝纪》，第242页。

8.《后汉书》志第六《礼仪志下》，李贤注引《古今注》，第3149页。

9.《后汉书》卷一五《来历传》第593页。

服阕，征拜侍中"。[1]

2. 后妃合葬

安思皇后阎姬有才色，元初二年立为皇后。其父阎畅封北宜春侯，兄显及弟景、耀、晏并为卿校，典禁兵。"后宠既盛，而兄弟颇与朝权"，废皇子刘保为济阴王，并鸩杀其母李氏。

安帝崩，阎皇后欲久专国政，贪立幼年，与兄弟定策禁中，立济北惠王子北乡侯刘懿为皇帝而家天下。少帝立二百余日病亡。延光四年十一月，刘保得宦官之助为帝，阎氏兄弟党与皆伏诛。"迁太后于离宫，家属徙比景。明年，太后崩。在位十二年，合葬恭陵"。[2]《后汉书·孝顺帝纪》云，永建元年（126 年），正月"辛未，皇太后阎氏崩"，"二月甲申，葬安思皇后"。[3]

"延光四年冬，京都大疫"。李贤注曰：张衡明年上封事："臣窃见京师为害兼所及，民多病死，死有灭户。人人恐惧，朝廷焦心，以为至忧。臣官在于考变禳灾，思任防救，未知其由，夙夜征营。臣闻国之大事在祀，祀莫大于郊天奉祖。方今道路流言，佥曰'孝安皇帝南巡路崩，从驾左右行憸之臣欲征诸国王子，故不发丧，衣车还宫，伪遣大臣，并祷请命'。臣处外官，不知其审，然尊灵见罔，岂能无怨。且凡大祀小有不蠲，犹为谴谪，况以大秽，用礼郊庙？孔子曰：'曾谓泰山不如林放乎。'天地明察，降祸见灾，乃其理也。又间者，有司正以冬至之后，奏开恭陵神道。陛下至孝，不忍距逆，或发冢移尸。《月令》：'仲冬土事无作，慎无发盖，及起大众，以固而闭。地气上泄，是谓发天地之房，诸蛰则死，民必疾疫，又随以丧。'厉气未息，恐其殆此二事，欲使知过改悔。《五行传》曰：'六沴作见，若时共御，帝用不差，神则不怒，五福乃降，用章于下。'臣愚以为可使公卿处议，所以陈术改过，取媚神祇，自求多福也。"[4]张衡上书时安帝初葬，不到一年，虽山陵覆土未多，神道易开。

李氏为阎皇后所害。"帝母李氏瘗在洛阳城北，帝初不知，莫敢以闻。及太后崩，左右白之，帝感悟发哀，亲到瘗所，更以礼殡，上尊谥曰恭愍皇后，葬恭北陵，为策书金匮，藏于世祖庙"。李贤注曰："在恭陵之北，因以为名。《汉官仪》曰：'置陵园令、食监各一人，秩皆六百石。'金匮，缄之以金。"[5]《后汉书·孝顺帝纪》云，永建二年"夏六月乙酉，追尊谥皇妣李氏为恭愍皇后，葬于恭北陵"。[6]《续汉书》曰："永建二年，葬北陵，谥曰愍皇后。"[7]

3. 灾异

顺帝阳嘉元年（132 年）闰十二月"庚子，恭陵百丈庑灾"。[8]"阳嘉元年，恭陵庑灾，及东西莫府火。太尉李固以为奢僭所致。陵之初造，祸及枯骨，规广治之尤饰。又上欲更造宫室，益台观，

1.《后汉书》卷七九上《儒林传上·杨伦传》，第 2564 页。

2.《后汉书》卷一〇下《皇后纪下·安思阎皇后纪》，第 437 页。

3.《后汉书》卷六《孝顺帝纪》，第 252 页。

4.《后汉书》志第一五《五行三》，第 3350 页。

5.《后汉书》卷一〇下《皇后纪下·安思阎皇后纪》，第 437、438 页。

6.《后汉书》卷六《孝顺帝纪》，第 254 页。

7.《太平御览》卷一三七《皇亲部三·东汉孝安李皇后》，《四部丛刊》本，第二五册，第 7 页。

8.《后汉书》卷六《孝顺帝纪》，第 262 页。

故火起莫府，烧材木"。[1] 莫府即幕府，恭陵治所。"百丈庑"可谓宏广，顺帝为壮丽恭陵，继续扩大其父陵园建筑而招致火患。

桓帝延熹五年（162 年）"四月乙丑，恭北陵东阙火"，[2] 与《后汉书·孝桓帝纪》所记同。[3]

4. 葬于邙山的原因

东汉朝廷妥光武帝灵于汉洛阳城北之原陵，其后明帝显节陵、章帝敬陵、和帝慎陵与殇帝康陵皆安置于汉洛阳城之东南，即今偃师市境内万安山北坡。之后，安帝返葬邙山恭陵，是依照当时的礼制悉心安排的。

安帝乃章帝之孙，辈分同于殇帝而年长，不能从属殇帝聚葬一处而在北邙另辟陵地。而后乃子顺帝，乃孙冲帝跟随聚葬。随后即位的质帝与冲帝同辈，不能从葬冲帝之后，故又回到南兆域，葬于殇帝康陵之次。

关于这个问题，《后汉书·孝质帝纪》云，永熹元年（145 年）五月丙辰，太后诏曰："孝殇皇帝虽不永休祚，而即位逾年，君臣礼成。孝安皇帝承袭统业，而前世遂令恭陵在康陵之上，先后相逾，失其次序，非所以奉宗庙之重，垂无穷之制。昔定公追正顺祀，《春秋》善之。其令恭陵次康陵，宪陵次恭陵，以序亲秩，为万世法。"[4]

七、顺帝宪陵

1. 山陵与园寝

《后汉书·孝顺帝纪》记载，孝顺皇帝讳保，安帝之子，永宁元年，立为皇太子。延光四年十一月丁巳即皇帝位，年 11。建康元年（145 年）八月庚午崩，在位 19 年，时年 30。冲帝于建康元年"九月丙午，葬孝顺皇帝于宪陵，庙曰敬宗"。李贤注曰："在洛阳西十五里，陵高八丈四尺，周三百步。"[5]《后汉书·礼仪志》引《古今注》曰："顺帝宪陵，山方三百步，高八丈四尺。无周垣，为行马，四出司马门。石殿、钟虡在司马门内。寝殿、园省寺吏舍在殿东。堤封田十八顷十九亩三十步。《帝王世纪》曰：'在洛阳西北，去洛阳十五里。'"[6]《东观汉记》曰："遗诏无起寝庙，衣以故服，珠玉玩好皆不得下，务为节约。"[7] 宣示薄葬于世。

沛相栾巴征拜尚书后，"会帝崩，营起宪陵。陵左右或有小人坟冢，主者欲有所侵毁，巴连上书苦谏。时梁太后临朝，诏诘巴曰：'大行皇帝晏驾有日，卜择陵园，务从省约，茔域所极，裁二十顷，而巴虚言主者坏人冢墓。事既非实，寝不报下，巴犹固遂其愚，复上诽谤。苟肆狂瞽，

1.《后汉书》志第一四《五行二》，第 3294 页。

2.《后汉书》志第一四《五行二》，第 3295 页。

3.《后汉书》卷七《孝桓帝纪》，第 309 页。

4.《后汉书》卷六《孝顺孝冲孝质帝纪》，第 278、279 页。

5.《后汉书》卷六《孝冲帝纪》，第 275 页。

6.《后汉书》志第六《礼仪志下》，李贤注引：《古今注》，第 3149 页。

7.《太平御览》卷九二《皇王部十七·后汉孝顺皇帝》，《四部丛刊》本，第十八册，第 1 页。

益不可长。'巴坐下狱，抵罪，禁锢还家。"[1]国家因建造帝陵而平毁百姓坟墓，栾巴为民请愿，梁太后诬陷之为臣下无故诽谤朝廷，对其革职论罪。《后汉书·五行志》从另外一个角度记述此事：建康元年九月丙午，"京都地震。是时顺帝崩，梁太后摄政，欲为顺帝作陵，制度奢广，多坏吏民家。尚书栾巴谏事，太后怒，癸卯，诏书收巴下狱，欲杀之。丙午地震，于是太后乃出巴，免为庶人"。[2]

任城王刘尚之孙节王刘崇，"顺帝时，羌虏数反，崇辄上钱帛佐边费。及帝崩，复上钱三百万助山陵用度，朝廷嘉而不受"。[3]山陵用度为国库收入的三分之一，皇帝丧葬靡费，并不以宗室孝敬巨款为意。

顺帝崩后，有司向朝廷呕言皇帝生前统业圣明，遗诏后事俭约，如先帝故事。《后汉书·祭祀志》李贤注引《东观书》曰："有司奏言：'孝顺皇帝弘秉圣哲，龙兴统业，稽乾则古，钦奉鸿烈。宽裕晏晏，宣恩以极，躬自菲薄，以崇玄默。遗诏贻约，顾念万国。衣无制新，玩好不饰。茔陵损狭，不起寝庙，遵履前制，敬敕慎终，有始有卒。《孝经》曰："爱敬尽于事亲，而德教加于百姓。"《诗》云："敬慎威仪，惟民之则。"臣请上尊号曰敬宗庙。天子世世献奉，藏主祫祭，进《武德》之舞，如祖宗故事。'露布奏可。"[4]与栾巴对宪陵奢广，多坏吏民家墓的揭露形成鲜明反差。

段颍少习弓马，尚游侠，轻财赂，"长乃折节好古学。初举孝廉，为宪陵园丞、阳陵令，所在有能政"。李贤注曰："宪陵，顺帝陵。阳陵，景帝陵。《汉官仪》曰'丞秩三百石，令秩六百石'也。"[5]

2. 皇后合葬

桓帝和平元年春，顺烈梁皇后"在位十九年，年四十五。合葬宪陵"。[6]

3. 盗掘、灾异

前已述及，位于洛阳城北的宪陵于建康元年初葬即遭群起之饥民开掘，延熹年间又为游侠盗发。这种现象极少，反证陵中财宝极多。

桓帝建和元年六月"乙卯，震宪陵寝屋"，[7]《后汉书·五行志》再记之。[8]

"灵帝建宁中，群狼数十头入晋阳南城门啮人"。李贤注曰：《袁山松书》曰：'光和三年正月，虎见平乐观，又见宪陵上，啮卫士。蔡邕封事曰："政有苛暴，则虎狼食人。"'"[9]可见当时的帝陵区域地处远郊十分荒凉，帝陵宿值卫队士卒竟遭虎啮。

事亦见《后汉纪》。光和三年"夏，虎见平乐观下，又见宪陵。上诏问司徒杨赐，赐对曰：'虎

1.《后汉书》卷五七《栾巴传》，第 1841 页。

2.《后汉书》志第一六《五行志四》，第 3330、3331 页。

3.《后汉书》卷四二《光武十王传·东平宪王苍传附子任城孝王尚传》，第 1443 页。

4.《后汉书》志第九《祭祀下》，第 3198 页。

5.《后汉书》卷六五《段颍传》，第 2145 页。

6.《后汉书》卷一〇下《皇后纪下·顺烈梁皇后纪》，第 440 页。

7.《后汉书》卷七《孝桓帝纪》，第 294 页。

8.《后汉书》志第一五《五行志三》，第 3316 页。

9.《后汉书》志第一三《五行志一》，第 3286 页。

者金行，参代之精，狼戾之兽也。今在位率多奢暴贪残酷虐乎！'中郎将张均上言曰：'虎见宪陵，又见平乐观下，皆隶讹言也。洪范之论，言之不从，则毛虫之孽。虎者，西方之兽，为禽刚猛强梁之物也，居而穴处，不可睹见。今于先帝园陵为害，又言见于城下，皆在位者仁恩不著，有苛克杀之意乎！此乃大兵剧贼之征，不可不防也。'"[1]

八、冲帝怀陵

1. 山陵与园寝

《后汉书·孝冲帝纪》云，冲帝刘炳，顺帝之子。建康元年（144 年）立为皇太子，其年八月庚午，即皇帝位，年 2 岁。尊皇后曰皇太后。太后临朝。永嘉元年（145 年）春正月戊戌崩，年 3 岁。《东观汉记》曰："孝冲皇帝讳炳，顺帝之少子也。年三岁，是时皇太子数不幸，国副未定，有司上言宜建圣嗣。建康元年四月，立为太子。顺帝崩，太子即帝位，尊皇后梁氏为皇太后。帝幼弱，太后临朝。永嘉元年正月，帝崩于玉堂前殿，在位一年，葬怀陵。"[2]

朝廷上下对冲帝山陵的规模与安排，有一番讨论，太尉李固的意见获得通过。"时冲帝将北卜山陵，固乃议曰：'今处处寇贼，军兴用费加倍，新创宪陵，赋发非一。帝尚幼小，可起陵于宪陵茔内，依康陵制度，其于役费三分减一。'乃从固议。"[3]《后汉纪》亦有记载，太尉李固言于太后曰："'今东面有事，役费方兴，新有宪陵之役，百姓疲矣。大行皇帝尚幼，可于宪陵茔中造陵，依康陵之制，三分减一，以舒人力。从之。'……己未，葬孝冲帝于怀陵。……夏五月丙辰，太后诏曰：'孝殇皇帝虽不永祚，即位逾年，君臣礼成。孝安皇帝承袭统业，而前世命恭陵为康陵之上。追览前代位第之宜，先后相逾。昔定公追顺祀礼，春秋善之。其令恭陵次康陵，宪陵次恭陵。'"[4]

永嘉元年正月"己未，葬孝冲皇帝于怀陵"。李贤注曰："在洛阳西北十五里。伏侯《古今注》曰：'高四丈六尺，周百八十三步。'"[5]《后汉书·礼仪志》引《古今注》曰："冲帝怀陵，山方百八十三步，高四丈六尺。为寝殿行马，四出门。园寺吏舍在殿东。堤封田五顷八十亩。《帝王世纪》曰：'在洛阳西北，去洛阳十五里。'"[6]

安帝、顺帝、冲帝为嫡系祖孙三代，葬于北兆域帝陵的同一茔域，盖三陵相次，距离较近。过去有先生认为邙山大汉冢、二汉冢、三汉冢即恭陵、宪陵、怀陵。[7]是否符合实际需要研究。也

1.《后汉纪校注》，《后汉孝灵皇帝纪》，第 683 页。

2.《太平御览》卷九二《皇王部十七·后汉孝冲皇帝》，《四部丛刊》本，第十八册，第 1 页。

3.《后汉书》卷六三《李固传》，第 2083 页。

4.《后汉纪校注》，《后汉孝质皇帝纪》，第 547、548 页。

5.《后汉书》卷六《孝质帝纪》，第 277 页。

6.《后汉书》志第六《礼仪志下》，李贤注引《古今注》，第 3149 页。

7. 陈长安：《洛阳邙山东汉陵试探》，《中原文物》1982 年 3 期，第 32 页。宫大中：《洛都美术史迹》，第七章《东汉帝陵及其神道石象》，湖北科技出版社，1991 年，第 135 页。

有先生认为恭陵在马坡村，则失之甚远。[1]

2. 祭祀

灵帝熹平四年（175 年），"小黄门赵祐、议郎卑整上言：'隆汉盛典，尊崇母氏，凡在外戚，莫不加宠。今冲帝母虞大家，质帝母陈夫人，皆诞生圣皇，而未有称号。夫臣子虽贱，尚有追赠之典，况二母见在，不蒙崇显之次，无以述遵先世，垂示后世也。'帝感其言，乃拜虞大家为宪陵贵人，陈夫人为渤海孝王妃，使中常侍持节授印绶，遣太常以三牲告宪陵、怀陵、静陵焉。"[2] 皇帝夭亡，得非常之祀之机缘甚少。

3. 灾异

文献记载十分简略。灵帝"中平三年八月中，怀陵上有万余爵，先极悲鸣，已因乱斗相杀，皆断头，悬著树枝枳棘。到六年，灵帝崩，大将军何进以内宠外嬖，积恶日久，欲悉纠黜，以隆更始冗政，而太后持疑，事久不决。进从中出，于省内见杀，因是有司荡涤虔刘，后禄而尊厚者无余矣。夫陵者，高大之象也。天戒若曰：诸怀爵禄而尊厚者，还自相害至灭亡也"，[3] 以自然灾异暗喻人事《后汉书·孝灵帝纪》亦云："秋八月，怀陵上有雀万数，悲鸣，因斗相杀"，李贤注曰："怀陵，冲帝陵也。《续汉志》曰：'天戒若曰：诸怀爵禄而尊厚者，还自相害也。'"[4]

九、质帝静陵

孝质皇帝刘缵，章帝玄孙。8 岁即皇帝位，在位 1 年崩。本初元年（146 年）"秋七月乙卯，葬孝质皇帝于静陵"。[5] 李贤注曰："在洛阳东南三十里，陵高五丈五尺，周百三十八步"。关于静陵的规模及陵地建筑，《后汉书·礼仪志下》李贤注引《古今注》云："质帝静陵，山方百三十六步，高五丈五尺，为行马，四出〔司马〕门。寝殿、钟虞在行马中，园寺吏舍在殿北。隄封田十二顷五十四亩。因寝为庙。《帝王世纪》曰：'在雒阳东，去雒阳三十二里。'"[6]

桓帝建和元年四月丙午诏曰："比起陵茔，弥历时岁，力役既广，徒隶尤勤。顷雨泽不沾，密云复散，倘或在兹。其令徒作陵者减刑各六月"。李贤注曰："作静陵也。"[7]

章帝之孙安帝，辈分同于殇帝而年长，不能从属殇帝聚葬一处，故在北邙另辟陵地。而后顺帝、冲帝跟随聚葬。质帝与冲帝同辈，不能从葬冲帝之后，故又回到南兆域。

1. 黄明兰：《洛阳历代皇陵》，《中原文物》1987 年特刊，第 32 页。

2.《后汉书》卷一〇下《皇后纪下·陈夫人纪》，第 441 页。

3.《后汉书》志第一四《五行志二》，第 3301 页。

4.《后汉书》卷八《孝灵帝纪》，第 353 页。

5.《后汉书》卷七《孝桓帝纪》，第 288 页。

6.《后汉书》志第六《礼仪下》，第 3149、3150 页。

7.《后汉书》卷七《孝桓帝纪》，第 290 页

一〇、桓帝宣陵

1. 山陵与园寝

桓帝为章帝曾孙。15 岁即皇帝位，在位 21 年，36 岁崩。建宁元年（168 年）"二月辛西，葬孝桓皇帝于宣陵，庙曰威宗"。[1]《后汉书·礼仪志下》记载"桓帝宣陵，《帝王世纪》曰：'山方三百步，高十二丈。在雒阳东南，去雒阳三十里。'"[2]

从辈分上看，桓帝是章帝的曾孙，而质帝是章帝玄孙，桓帝高于质帝一辈，虽即位次序在后，但不能从葬于质帝，故于城南另辟山陵。

孝桓皇帝刘志生前，将作大匠陈球"作桓帝陵园，所省巨万以上"。[3]

熹平六年四月，"市贾民为宣陵孝子者数十人，皆除太子舍人"。[4] 灵帝授意，将"市贾小民，为宣陵孝子者，复数十人，悉除为郎中、太子舍人"。六年七月，灵帝制书引咎，诰群臣各陈政要所当施行。蔡邕上封事，第七事专门论说宣陵孝子，斥为"虚伪小人，本非骨肉，既无幸私之恩，又无禄仕之实，恻隐思慕，情何缘生"？于是灵帝"诏宣陵孝子为舍人者，悉改为丞尉焉"。[5] 为一代皇帝借人尽孝的闹剧。

2. 皇后合葬

孝桓窦皇后，"熹平元年六月，崩，合葬宣陵"。[6]《后汉书》亦云，灵帝"熹平元年，太后母卒于比景，太后感疾而崩。立七年。合葬宣陵"。[7]

桓帝懿献梁皇后，兄梁冀专朝。"帝虽迫畏梁冀，不敢谴怒，然见御转稀。至延熹二年，后以忧恚崩，在位十三年，葬懿陵。其岁，诛梁冀，废懿陵为贵人冢焉"。[8] 梁后家犯恶逆而废懿陵为贵人冢。

桓帝邓皇后，恃尊骄忌，与帝所幸郭贵人更相谮诉。延熹"八年，诏废后，送暴室，以忧死。立七年。葬于北邙。从父河南尹万世及会皆下狱死。"[9] 桓帝葬洛阳城南，而葬废后于城北。

3. 盗掘

冯贵人为汉桓帝妃，陪葬宣陵。建宁三年（170 年），段颎为河南尹，"有盗发冯贵人冢，坐左转谏议大夫，再迁司隶校尉"。[10]《后汉书·陈球传》叙盗掘惨状云："冯贵人冢墓被发，骸骨暴露，

1.《后汉书》卷八《孝灵帝纪》，第 328 页。

2.《后汉书》志第六《礼仪下》，第 3149、3150 页。

3.《后汉书》卷五四《陈球传》，第 1832 页。

4.《后汉书》卷八《孝灵帝纪》，第 339 页。

5.《后汉书》卷六〇下《蔡邕列传》，第 1992、1997、1998 页。

6.《太平御览》卷一三七《皇亲部三·东汉孝桓窦皇后》，第二五册，第 8 页。

7.《后汉书》卷一〇下《皇后纪下·桓思窦皇后纪》，第 446 页。

8.《后汉书》卷一〇下《皇后纪下·懿献梁皇后纪》，第 444 页。

9.《后汉书》卷一〇下《皇后纪下·邓皇后纪》，第 445 页。

10.《后汉书》卷六五《段颎传》，第 2153 页。

与贼并尸，魂灵污染。"[1]是河南尹对辖境内的帝陵安全保卫事宜负有责任，地方长官因守护失职而遭受贬谪惩处。

一一、灵帝文陵

1. 山陵与园寝

孝灵皇帝刘宏，章帝玄孙，世封解渎亭侯。桓帝崩，无子，皇太后窦妙与父城门校尉窦武定策禁中，使者至河间奉迎。建宁元年（168年）春正月庚子，即皇帝位，年12。中平六年（189年）四月丙辰崩，年34，在位22年。中平六年六月"辛西，葬孝灵皇帝于文陵"。李贤注曰："在洛阳西北二十里，陵高十二丈，周回三百步。"[2]《后汉书·礼仪志》引《古今注》曰："灵帝文陵，《帝王世纪》曰：'山方三百步，高十二丈。在洛阳西北，去洛阳二十里。'"[3]

2. 后妃合葬

《后汉书》记载灵思何皇后丧葬云："中平六年，帝崩，皇子辩即位，尊后为皇太后。太后临朝。……董卓又议太后蹴迫永乐宫，至令忧死，逆妇姑之礼，乃迁于永安宫，因进鸩，弑而崩。在位十年。董卓令帝出奉常亭举哀，公卿皆白衣会，不成丧也。合葬文昭陵"。[4]《续汉书》曰："太后暴崩，群臣奏谥曰灵思皇后，合葬文陵。"[5]文昭陵、文陵一字之差，或文夺"昭"字。合葬的记载是一致的，灵思何皇后同穴合葬文陵。

《续汉书》曰："孝灵灵怀王皇后，孝献帝母，王璋女也。才明聪敏，能书会计，以良家子应法相选入掖庭。光和三年中夏，幸，妊身，后怖畏何皇后，服药欲除妊，胎安不动。又后数梦负日，遂不敢摇。四年三月癸巳，生上。庚子，渴饮米粥，遂暴薨。上归掖庭，暴室啬夫朱直拥养，独择乳母。岁余，永乐后自将护。至三岁，灵帝闵上早失所生，追思后令美，乃作《追德赋》、《令仪颂》。陵曰文昭陵，起坟文陵园北。"[6]言明坟在文陵陵园北，当为文北陵，属异穴合葬。

献帝之母王美人为何皇后所害。献帝于"兴平元年……二月壬午，追尊谥皇姑王氏为灵怀皇后，甲申，改葬于文昭陵"。[7]"兴平元年，帝加元服。有司奏立长秋宫。诏曰：'朕禀受不弘，遭值祸乱，未能绍先，以光故典。皇母前薨，未卜宅兆，礼章有阙，中心如结。三岁之感，盖不言吉，且须其后。'于是有司乃奏追尊王美人为灵怀皇后，改葬文昭陵，仪比敬、恭二陵，使光禄大夫持节行司空事奉玺绶，斌与河南尹骆业复土"。[8]

1.《后汉书》卷五六《陈球传》，第1832页。

2.《后汉书》卷八《孝灵帝纪》，第358页。

3.《后汉书》志第六《礼仪志下》，李贤注引《古今注》，第3150页。

4.《后汉书》卷一〇下《皇后纪下·灵思何皇后纪》，第450页。

5.《太平御览》卷一三七《皇亲部三·东汉孝灵何皇后》，《四部丛刊》本，第二五册，第9页。

6.《太平御览》卷一三七《皇亲部三·东汉孝灵何皇后》，《四部丛刊》本，第二五册，第9页。

7.《后汉书》卷九《孝献帝纪》，第375页。

8.《后汉书》卷一〇下《皇后纪下·王美人纪》，第452页。

灵帝宋皇后，"建宁三年，选入掖庭为贵人。明年，帝立为皇后"。无宠，为中常侍王甫及后宫幸姬等所谮，坐废，以忧死。父酆及兄弟并被诛。诸常侍、小黄门，皆怜宋氏无辜，收葬废后及其父兄，归宋氏旧茔皋门亭。[1]

3. 盗掘

汉末战乱，帝陵遭掘，文陵不能幸免。"是时洛中贵戚室第相望，金帛财产，家家殷积。卓纵放兵士，突其庐舍，淫略妇女，剽虏资物，谓之'搜牢'。人情崩恐，不保朝夕。及何后葬，开文陵，卓悉取藏中珍物。"[2]

第三节　曹魏帝陵

曹魏立国46年，历5帝。其中齐王曹芳在帝位而遭废黜，归藩于齐；元帝曹奂禅位于晋，终馆于邺。仅文帝曹丕、明帝曹叡、废帝曹髦葬于洛阳。

一、文帝首阳陵

1. 陵墓建制

东汉建安二十一年五月，献帝进爵曹操为魏王，执掌国柄，二十五年正月崩于洛阳，葬邺县西高陵。其子曹丕嗣位为丞相、魏王。当年十月献帝逊位，曹丕称天子，即魏文帝，改元黄初。

黄初三年冬十月甲子，文帝表首阳山东为寿陵，作终制曰："寿陵因山为体，无为封树，无立寝殿，造园邑，通神道。……欲使易代之后不知其处。"并且要求节葬，藏以瓦器。[3]终制总结前代帝陵因厚葬、封树而遭盗掘的惨痛教训，制定迥异前代的丧葬制度，突出殡葬俭薄隐秘。鉴古识今，可谓洞明事理。

黄初七年五月"丁巳,帝崩于嘉福殿,时年四十,六月戊寅,葬首阳陵。自殡及葬,皆以终制从事",在位7载。裴松之注引曹操之子鄄城侯植为诔有云："明监吉凶，体远存亡，深垂典制，申之嗣皇。圣上虔奉，是顺是将，乃创玄宇，基为首阳，拟迹谷林，追尧慕唐，合山同陵，不树不疆，涂车刍灵，珠玉靡藏。"[4]证明确实遵制而葬。

《魏书·明帝纪》云，青龙三年"三月庚寅，葬文德郭后，营陵于首阳陵涧西，如终制"，[5]即葬制同首阳陵。其本传云："青龙三年春，后崩于许昌，以终制营陵，三月庚寅，葬首阳陵西"。裴松之注引魏书载哀策曰："维青龙三年三月壬申，皇太后梓宫启殡，将葬于首阳之西陵"，可见帝、后异穴合葬，中隔一涧。文帝制定的"终制"得到遵照执行，郭后十分赞同，身体力行。

1.《后汉书》卷一〇下《皇后纪下·宋皇后纪》，第448页。

2.《后汉书》卷七二《董卓传》，第2325页。

3.《三国志》卷二《魏书·文帝纪》，第81页。

4.《三国志》卷二《魏书·文帝纪》，第86、87页。

5.《三国志》卷三《魏书·明帝纪》，第104页。

孟武母卒，欲厚葬，起祠堂，太后坚定否决：“自丧乱以来，坟墓无不发掘，皆由厚葬也；首阳陵可以为法。”[1]

北魏孝文帝于太和二十年五月丙戌，“遣使者以太牢祭汉光武及明、章三帝陵。又诏汉、魏、晋诸帝陵，各禁方百步不得樵苏践蹋”，[2] 祭奠、保护前朝帝陵。由于首阳陵无标识，随着时光推移，淡出人们的视线，基本看不到陵墓及其地望的记载，可见突破传统，实施终制之意义。

2. 地望臆测

邙山为崤山余脉，西起新安县，经孟津县、洛阳市、偃师市、东迄巩义市，绵亘 100 余公里，北临黄河，海拔高度 200~300 米。属于黄土丘陵，虽不高峻，而自古为洛阳北部的天然屏障和军事战略要地。汉魏的史籍、词赋所说邙山，是个特定的地理概念，它不泛指整座邙山，而是专指横亘于都城洛阳之北，西到瀍河，东至首阳山，长约 20 公里，宽约 10 公里的黄土丘陵。有“邙山”、“北芒”等称呼。其东称首阳山，因日出先照而得名。位于今偃师境内，是古代偃师县北部屏障，邙山之最高峰。自洛阳、孟津与偃师的交界处凤凰山开始，突兀而起，由黄土高坡变为石山，入巩义境又变为土岭。首阳山东西长约 22 公里，南北宽窄不等，约 6~8 公里，海拔高度 250~280 米，最高达 403.9 米。《元和郡县图志》云：“北邙山，在县北二里，西自洛阳县界东入巩县界。旧说云北邙山是陇山之尾，乃众山总名，连岭修亘四百余里。首阳山，在县西北二十五里。”[3] 唐人所云即此意。

阮籍《咏怀诗十七首》之十云：“步出上东门，北望首阳岑；下有采薇士，上有嘉树林。”颜延年注曰：“《河南郡图经》曰：东有三门，最北头曰上东门。《河南郡境界簿》曰：城东北十里首阳山上，有首阳祠一所。”[4] 上东门至其北的凤凰山脚下，约合晋十里，是首阳山西端，山有冯王庙。

《隋书·地理志》记河南郡辖县：“偃师，旧废，开皇十六年置。有关官。有河阳仓。有都尉府。有首阳山、郦山、乾脯山。巩，后齐废，开皇十六年复。有兴洛仓。有九山，有天陵山、猴山、东首阳山。”[5] 首阳山高低起伏，较大的山头都有名字。首阳山中西部当地叫做鳖子山，西晋武帝峻阳陵所在。再向东叫作枕头山，即古文献记载的覆舟山，晋文帝崇阳陵所在。

据文献，文帝寿陵在首阳山东部，山涧之东。涧西为后妃宗室墓域。但由于年代久远，且首阳陵因山为体、不封不树、不立寝庙，其方域已很难确指。

今偃师市区之北、首阳山东段有虎头山，再东为菊花山，二山相距略远，间隔一道宽阔的山谷，山间谷地称之为涧。菊花山是一座独立突起的山包，山的南面凹弧，再往下为缓坡高阜，与其东西两侧的山沟共同形成大簸箕形的开阔之地，藏风聚气。具体位置在偃师市城关镇窑头村与槐庙村之间。山下的涧，即窑头河沟。整体来看，此处地理条件与文献记载颇相符，如是，首阳陵则有可能位于菊花山之阳。

1.《三国志》卷五《魏书·后妃传》，第 166 页。

2.《魏书》卷七下《高祖孝文帝纪》，第 179 页。

3.（唐）李吉甫撰：《元和郡县图志》卷五《河南道一》，中华书局，1983 年，第 132 页。

4.《文选》卷二三，第 324 页。

5.《隋书》卷三〇《地理志中·河南郡》，第 834 页。

偃师邙岭乡赵坡村位于首阳山西头的北坡，西与孟津县接壤。当地相传，魏文帝首阳陵在此村左近，可是地点与文献记载不合。

二、明帝高平陵

明帝曹叡，文帝太子。黄初七年五月丁巳，即皇帝位。景初三年（239 年）正月丁亥，"帝崩于嘉福殿，时年三十六。癸丑，葬高平陵"，[1] 在位 13 年。《晋书·礼志》曰："魏文帝黄初三年，又自作终制曰……明帝亦遵奉之。明帝性虽崇奢，然未遽营陵墓之制也。"[2] 可见明帝是遵奉文帝所定制度而葬的。

明元郭皇后于元帝 "景元四年十二日崩，五年二月，葬高平陵西"，[3] 后陵位于帝陵之西，是曹魏葬制。明悼毛皇后因失宠赐死，"然犹加谥，葬愍陵"。[4]

齐王曹芳于 "嘉平元年春正月甲午，车驾谒高平陵"。裴松之注引孙盛《魏世谱》曰："高平陵在洛水南大石山，去洛城九十里。"[5]《册府元龟》所记与此同。[6]

关于高平陵的位置，《水经注》曰：伊水支流 "来需之水，出于半石之山，西南流，迳斌轮城北，西历芰涧，以其水西流，又谓之小狂水也。其水又西南迳大石岭南，《开山图》所谓大石山也。山下有《大石岭碑》。河南隐士通明，以汉灵帝中平六年八月戊辰，于山堂立碑，文字浅鄙，殆不可寻。魏文帝猎于此山，虎超乘舆，孙礼拔剑投虎于是山。山在洛阳南。而刘澄之言在洛东北，非也。山阿有魏明帝高平陵。王隐《晋书》曰：惠帝使校尉陈总仲元诣洛南山请雨，总尽除小祀，唯存大石而祈之，七日大雨。即是山也。来需之水，又西南迳赤眉城南，又西至高都城东，西入伊水，谓之曲水也"。[7] 据郦氏所记，北魏时期此陵方位还是明确的。

唐高宗显庆二年 "十月，幸许州，次自善顿。遣使祭魏明帝高平陵，帝自制祭文"。[8] 唐代尚知此陵方位。

元人纳新《河朔访古记》曰："魏明帝高平陵，在洛阳县东南四十里大石山，即万安山也。"[9]《文献通考》曰："魏明帝（平陵，在河南河清县大石山）。"[10] 元人所记陵域或模糊或错误。汉代洛阳在

1.《三国志》卷三《魏书·明帝纪》，第 114 页。

2.《晋书》卷二〇《礼志中》，第 632 页。

3.《三国志》卷五《魏书·明元郭皇后传》，第 169 页。

4.《三国志》卷五《魏书·明悼毛皇后传》，第 168 页。

5.《三国志》卷四《魏书·齐王芳纪》，第 123 页。

6.（宋）王钦若等编：《册府元龟》卷一七四《帝王部·奉先》："嘉平元年正月甲午谒高平陵（在雒水南大石山，去雒城九十里）。"中华书局，1960 年，第一册，第 312 页。

7. 郦道元：《水经注》卷一五《洛水》，王国维校：《水经注校》，上海人民出版社，1984 年，第 514 页。

8.（宋）王钦若等编：《册府元龟》卷一七四《帝王部·修废》，中华书局，1960 年，第二册，第 2099 页。

9.（宋）黄伯思：《东观余论》卷上，《四库全书》第 593 册，上海古籍出版社，1987 年，第 57 页。

10.（元）马端临撰：《文献通考》卷一〇三《宗庙考十三》，《四库全书》第 612 册，第 464 页。

今汉魏故城，而元代洛阳县位于今洛阳老城。所记的距离高平陵的里程和前代记载也有大的差距。可能指的是洛阳至大石山的距离，而非高平陵。元代的洛阳县东南距万安山的直线距离约 45 华里。

清人顾祖禹亦曰，大石山"在府东南四十里，亦曰大石岭，一名万安山。山阿有魏明帝陵，曰高平陵。曹爽从魏主芳谒高平陵，司马懿因之诛爽。后魏主修永熙末，西迁关中，散骑常侍裴宽不附高氏，逃于大石岭，即此。"[1] 元、清二代，河南府县治同在洛阳县城，顾氏沿袭前人之说而已。

明帝崩后，不依怀先人茔域，而另择葬域陵畴，即首阳陵在洛阳城北而高平陵在城南。可能效仿东汉光武帝明帝父子，分占陵域于城北城南。

三、废帝高贵乡公墓

太后（明元郭皇后）与司马师废齐王芳，于嘉平六年九月丁丑令曰："高贵乡公髦有大成之量，其以为明皇帝嗣。"曹髦为文帝孙，东海定王曹霖之子。即于当年十月庚寅"即皇帝位于太极前殿，百僚陪位者欣欣焉"。[2]

曹髦因贰臣制国，威权日去，心不能甘，发甲于凌云台，亲讨司马昭，反遭其害。《帝王世纪》曰："高贵乡公为太子舍人成济所害。年二十，以公礼葬之"。[3]《三国志》讳言之，仅云甘露五年"五月己丑，高贵乡公卒，年二十"。诸臣奏请"可加恩以王礼葬之。太后从之"。裴松之注引习凿齿《汉晋春秋》曰："丁卯，葬高贵乡公于洛阳西北三十里瀍涧之浜。下车数乘，不设旌旗，百姓相聚而观之，曰：'是前日所杀天子也。'或掩面而泣，悲不自胜。臣松之以为若但下车数乘，不设旌旗，何以为王礼葬乎？斯盖恶之过言，所谓不如是之甚者。"[4]《后汉书·礼仪志》记载，东汉的 5 位皇帝葬于北邙山，位于汉洛阳城西北十五里至二十里，今在焉。则曹髦墓当位于汉陵之西十里左右。依照先帝葬法，则没有墓冢。

第四节　西晋帝陵

西晋代曹魏仍建都洛阳，历 4 帝 52 年。为武帝司马炎、惠帝司马衷、怀帝司马炽、愍帝司马邺。武帝、惠帝崩葬洛阳；怀帝、愍帝先后遇弑于平阳，死于国乱。

武帝受禅，追尊其三位葬于洛阳的先人为帝，陵、庙各有称号。则洛阳有晋五陵。

一、宣帝高原陵

司马懿出生士族，初为曹操主簿，多谋略，善权变，后为曹魏重臣。齐王曹芳嘉平三年四月，

1. （清）顾祖禹：《读史方舆纪要》卷四八《河南府·洛阳县》，道光己卯年敷文阁刻本，第 15 页。

2.《三国志》卷四《魏书·高贵乡公纪》，第 131 页。

3. （宋）李昉等撰：《太平御览》卷九四《皇王部十九·废帝高贵乡公》，《四部丛刊》本，第 19 册，第 6 页。

4.《三国志》卷四《魏书·高贵乡公纪》，第 143、145 页。

天子策命司马懿为相国，封安平郡公。固让相国、郡公不受。六月，寝疾。"秋八月戊寅，崩于京师，时年七十三。天子素服临吊，丧葬威仪依汉霍光故事，追赠相国、郡公。弟孚表陈先志，辞郡公及辒辌车。九月庚申，葬于河阴，谥曰文，后改谥宣文。先是，预作终制，于首阳山为土藏，不坟不树。作《顾命》三篇，敛以时服，不设明器，后终者不得合葬。一如遗命。晋国初建，追尊曰宣王。武帝受禅，上尊号曰宣皇帝，陵曰高原，庙称高祖"。[1]

司马懿之殡葬，似乎完全模仿魏文帝首阳陵的葬制与葬地，甚至不准后人谒陵："及宣帝，遗诏'子弟群官皆不得谒陵'，于是景、文遵旨。至武帝，犹再谒崇阳陵，一谒峻平陵，然遂不敢谒高原陵，至惠帝复止也。"。[2]

司马懿妻张春华，先夫6年而亡。"魏正始八年崩，时年五十九，葬洛阳高原陵，追赠广平县君。咸熙元年，追号宣穆妃。及武帝受禅，追尊为皇后"。[3]

惠帝元康"八年十一月，高原陵火"。[4]由此推测，必有陵园建筑。

1932年1月，国民政府由南京移驻行都洛阳办公。钱王倬为教育部职员，奉令至洛，教育部次长钱乙藜谆嘱探访古迹石刻，其于1932年3月27日考察所谓"晋宣帝高原陵"云："出洛阳北门三里许，有呼为司马懿墓者，高大若丘（龚崧林《洛阳县志》称陵周一百二十五号，高十丈五尺）。然仅有细草，无一松一柏之覆。墓前有碑，题'晋宣帝高原陵'，清乾隆时所立（龚志：'晋宣帝高原陵。旧志云，在洛阳，后张氏合葬。知县龚崧林于正北路青菜冢考得之。'碑即是时所立），亦倾圮欲仆矣。游人往往乐登其巅，以观览左右之形势，上下之处，已介然成路，肃敬之心泯焉。"[5]据出土墓志，此冢是北魏清河王元怿墓，他是孝文帝之子，宣武帝元恪之弟。墓在瀍河区五股路以北，俗称"司马懿坟"、"秦宰冢"，讹传而称"青菜冢"，体量颇高大。

二、景帝峻平陵

司马懿之子司马师，继其父为魏大将军，专国政。废魏帝曹芳，立曹髦。高贵乡公曹髦正元二年（255年）闰月"辛亥，崩于许昌，时年四十八"。二月，灵柩移至洛阳，天子素服临吊。"谥曰忠武。晋国既建，追尊曰景王。武帝受禅，上尊号曰景皇帝，陵曰峻平，庙称世宗"。[6]

景怀夏侯皇后，为曹魏皇室之甥，司马师"深忌之。青龙二年，遂以鸩崩，时年二十四，葬峻平陵。武帝登阼，初未追崇，弘训太后每以为言，泰始二年始加号谥"。[7]

景献羊皇后聪敏有才行。"武帝受禅，居弘训宫，号弘训太后。泰始九年，追赠蔡氏济阳县君，

1.《晋书》卷一《高祖宣帝纪》，第20页。

2.《晋书》卷二〇《礼志中》，第634页。

3.《晋书》卷三一《宣穆张皇后传》，第949页。

4.《晋书》卷二七《五行志上》，第805页。

5. 钱王倬：《洛阳名胜记》下编，大东印书馆（南京），1933年，第15页。

6.《晋书》卷二《世宗景帝纪》，第31页。

7.《晋书》卷三一《景怀夏侯皇后传》，第949页。

谥曰穆。咸宁四年，太后崩，时年六十五，祔葬峻平陵"。[1]

三、文帝崇阳陵

司马懿之子、司马师之弟司马昭，继其兄为魏大将军，专国政，日谋代魏。甘露五年（260年）杀曹髦，立曹奂为帝。

曹魏咸熙二年（265年）"秋八月辛卯，帝崩于露寝，时年五十五。九月癸酉，葬崇阳陵，谥曰文王。武帝受禅，追尊号曰文皇帝，庙称太祖"。[2]

晋武帝泰始四年（268年）四月"己亥，祔葬文明皇后王氏于崇阳陵"。七月"己卯，谒崇阳陵"。[3]《晋书·文明王皇后传》云：泰始"四年，后崩，时年五十二，合葬崇阳陵。"[4]《晋书·礼志》云："武帝泰始四年，文明王皇后崩，将合葬，开崇阳陵，使太尉司马望奉祭，进皇帝密玺绶于便房神坐。"[5]为同穴合葬。

泰始二年八月，武帝于其父司马昭驾崩一周年之际下诏，"欲瞻奉山陵，以叙哀愤，体气自佳耳"。[6]君臣间引发了一场关于丧服礼制的讨论。

驱赶新设帝陵茔域内的原始居民，是朝廷的一贯做法。泰始二年十月"丁未，诏曰：'昔舜葬苍梧，农不易亩。禹葬成纪，市不改肆。上惟祖考清简之旨，所徙陵十里内居人，动为烦扰，一切停之'"。[7]为时已晚。

惠帝永康元年六月"癸卯，震崇阳陵标"。[8]《晋书·五行志》记载同一事云："惠帝永康元年六月癸卯，震崇阳陵标西南五百步，标破为七十片。是时，贾后陷害鼎辅，宠树私戚，与汉桓帝时震宪陵寝同事也。后终诛灭。"[9]标，是立于神道左右的石质墓表。永元二年（90年）光武帝子刘焉薨，"大为修冢茔，开神道"。李贤注曰："墓前开道，建石柱以为标，谓之神道"。[10]司马昭以曹魏大将军的身分安葬时，于神道前立墓表石柱等陵墓石刻。

《宋书》记载帝后葬礼曰："文帝崇阳陵先开一日，遣侍臣侍梓宫，又遣将军校尉当直尉中监各一人，将殿中将军以下及先帝时左右常给使诣陵宿卫。文明皇后崩及武元杨后崩，天下将吏发

1.《晋书》卷三一《景献羊皇后传》，第950页。时在七月己丑。《晋书》卷三，《世祖武帝纪》，第69页。

2.《晋书》卷二《太祖文帝纪》，第44页。

3.《晋书》卷三《世祖武帝纪》，第57页。

4.《晋书》卷三一《文明王皇后传》，第951页。

5.《晋书》卷二〇《礼志中》，第633页。

6.《晋书》卷二〇《礼志中》，第615页。

7.《晋书》卷三《世祖武帝纪》，第54页。

8.《晋书》卷四《孝惠帝纪》，第96页。

9.《晋书》卷二九《五行志下》，第877页。

10.《后汉书》卷四二《光武十王传·中山简王焉传》，第1449页。

哀三日止。"[1]

四、武帝峻阳陵

司马昭之子司马炎于曹魏咸熙二年（265 年）十二月代魏称帝，建立晋朝，改元泰始，是为武帝。

太熙元年（290 年）四月"己酉,帝崩于含章殿,时年五十五,葬峻阳陵,庙号世祖"。[2]《晋书·孝惠帝纪》记是年"夏五月辛未,葬武皇帝于峻阳陵"。[3]

武帝初奠，惠帝于永平元年（291 年）正月乙酉，"诏子弟及群官并不得谒陵"。[4]

武帝"泰始十年,武元杨皇后崩,及将迁于峻阳陵,依旧制,既葬,帝及群臣除丧即吉",[5]八月"戊申,葬元皇后于峻阳陵",[6]是先于武帝入葬陵园者。

武悼杨皇后为元后从妹，咸宁二年立。武帝崩，即为贾后所害。17 年后，"怀帝初，又策谥武帝杨后曰武悼皇后，改葬峻阳陵侧，别祠弘训宫，不列于庙"。[7]

五、惠帝太阳陵

司马衷为武帝第二子，武帝崩日即皇帝位。光熙元年（306 年）"十一月庚午,帝崩于显阳殿,时年四十八,葬太阳陵。"[8]当年十二月"己酉,葬孝惠皇帝于太阳陵"。[9]

关于五陵的名称，李善注引郭缘生《述征记》曰："北邙东则乾脯山，山西南晋文帝崇阳陵；陵西武帝峻阳陵；邙之东北宣帝高原陵、景帝峻平陵；邙之南，则惠帝陵也。"[10]

六、愍怀太子显平陵

愍怀太子司马遹，惠帝长子。幼而聪慧，武帝爱之，恒在左右。及长成，贾后恣意陷害。元康九年（299 年）十二月废徙于许昌宫。永康元年（300 年）三月被害，时年 23。己卯，丧柩发

1.《宋书》卷一五《礼志二》，第 391 页。

2.《晋书》卷三《世祖武帝纪》，第 80 页。

3.《晋书》卷四《孝惠帝纪》，第 89 页

4.《晋书》卷四《孝惠帝纪》，第 90 页。

5.《晋书》卷二〇《礼志中》，第 618 页。

6.《晋书》卷三《世祖武帝纪》，第 64 页。

7.《晋书》卷一九《礼志上》，第 603 页。

8.《晋书》卷四《孝惠帝纪》，第 107 页。

9.《晋书》卷五《孝怀帝纪》，第 116 页。

10.《文选》卷三八，《表》下，傅季友：《为宋公至洛阳谒五陵表》，第 534 页。

许昌还洛。"谥曰愍怀。六月己卯，葬于显平陵。帝感阎缵之言，立思子台，故臣江统、陆机并作诔颂焉"。[1] 所记葬日有误，《晋书·孝惠帝纪》云："六月壬寅，葬愍怀太子于显平陵。"[2]

第五节　北魏帝陵

孝文帝建都洛阳后，历 6 帝 41 年。前 4 位皇帝埋葬于洛阳城北的邙山，即孝文帝长陵、宣武帝景陵、孝明帝定陵、孝庄帝静陵。

一、孝文帝长陵

太和十八年（494 年），孝文帝元宏迁都洛阳，"乃自表瀍西以为山园之所"，[3] 并诏令南迁者悉可归骸邙岭，不得就茔恒代，无有违者。

太和二十三年，"夏四月丙午朔，帝崩于谷塘原之行宫，时年三十三。秘讳，至鲁阳发哀，还京师。上谥曰孝文皇帝，庙曰高祖。五月丙申，葬长陵"。[4] 彭城王元勰参与制定了高祖谥议："谨案谥法，协时肇享曰'孝'，五宗安之曰'孝'，道德博闻曰'文'，经纬天地曰'文'，仰惟大行皇帝，义实该之，宜上尊号为孝文皇帝，庙曰高祖，陵曰长陵"。[5]

《魏书》记载，两位皇后先后入葬长陵茔域。孝文帝病重，诏赐皇后冯氏死。孝文帝崩，乃行遗诏，殡以后礼。"谥曰幽皇后，葬长陵茔内"。[6]

皇后高氏于自代迁洛途中，为冯氏所害。"后先葬城西长陵东南，陵制卑局。因就起山陵，号终宁陵，置邑户五百家。肃宗诏曰：'文昭皇太后，德协坤仪，美符文姒，作合高祖，实诞英圣，而凤世沦晖，孤茔弗祔。先帝孝感自衷，迁奉未遂，永言哀恨，义结幽明。废吕尊薄，礼伸汉代。'又诏曰：'文昭皇太后尊配高祖，祔庙定号，促令迁奉，自终及始，太后当主，可更上尊号称太皇太后，以同汉晋之典，正姑妇之礼。庙号如旧。'文昭迁灵榇于长陵兆西北六十步。初开终宁陵数丈，于梓宫上获大蛇长丈余，黑色，头有'王'字，蛰而不动。灵榇既迁，置蛇旧处"。[7]

文献记载长陵陪葬极少。赵郡王元干"二十三年薨，年三十一。给东园秘器、敛服十五称，赙帛三千匹，谥曰灵王，陪葬长陵"。[8]

宣武帝于太和二十三年十月丙戌，景明元年春正月壬寅，十月丁卯朔和景明二年正月丙申朔，

1.《晋书》卷五三《愍怀太子传》，第 1463 页。

2.《晋书》卷四《孝惠帝纪》，第 96 页。

3.《魏书》卷一三《皇后传·文成文明皇后冯氏》，第 330 页。

4.《魏书》卷七《高祖孝文帝纪》，第 185 页。

5.《魏书》卷二一下《彭城王勰传》，第 577 页。

6.《魏书》卷一三《皇后传·孝文幽皇后冯氏传》，第 335 页。

7.《魏书》卷一三《皇后传·孝文昭皇后高氏传》，第 335 页。

8.《魏书》卷二一上《赵郡王干传》，第 543 页。

三年内先后 4 次"车驾谒长陵"。[1]

二、宣武帝景陵

世宗宣武皇帝元恪,高祖孝文皇帝第二子,太和二十三年四月即皇帝位。延昌"四年春正月甲寅,帝不豫,丁巳,崩于式乾殿,时年三十三。二月甲戌朔,上尊谥曰宣武皇帝,庙号世宗。甲午,葬景陵"。[2] 在位 16 年。延昌四年十月丁卯,肃宗孝明帝与皇太后谒景陵。[3] 世宗崩,元融"兼司空,营陪景陵"。[4]

《魏书》卷一三《皇后列传》[5]记载宣武皇帝的三位后妃,顺皇后于氏葬永泰陵;皇后高氏遭灵皇后胡氏之害暴薨,"丧还瑶光佛寺,嫔葬皆以尼礼";灵皇后胡氏于武泰元年,遭尔朱荣之害,"太后及幼主并沉于河。太后妹冯翊君收瘗于双灵佛寺。出帝时,始葬以后礼而追加谥"。都应葬于景陵附近。

景陵,初唐战乱时为俯瞰洛阳形势的军事制高点。隋末,王世充据东都。唐高祖武德三年,李世民往征之。九月"辛巳,世民以五百骑行战地,登魏宣武陵。王世充帅步骑万余猝至,围之",[6]世民得尉迟敬德护卫出围。武德四年二月"辛丑,世民移军青城宫,壁垒未立,王世充帅众二万自方诸门出,凭故马坊垣堑,临谷水以拒唐兵,诸将皆惧。世民以精骑陈于北邙,登魏宣武陵以望之",[7]观察敌情,并引骑南下,挺身先进,与世充鏖战半日,各有胜负。其后史籍便无记载。其称"宣武陵"者,乃撰者为有别于唐宪宗所葬之景陵。

三、孝明帝定陵

肃宗孝明皇帝,讳诩,世宗宣武皇帝之第二子。永平三年三月生,延昌四年正月即皇帝位。武泰元年二月崩,时年十九。三月"甲申,上尊谥曰孝明皇帝,乙酉,葬于定陵,庙号肃宗"。[8]《魏书》卷一三《皇后列传》记载孝明皇后胡氏,"武泰初,后既入道,遂居于瑶光寺",乃迫于情势,虽不言所终,当祔葬于定陵。

1.《魏书》卷八《世宗宣武帝纪》,第 191、192、193 页。

2.《魏书》卷八《世宗宣武帝纪》,第 215 页。

3.《魏书》卷九《肃宗孝明帝纪》,第 223 页。

4.《魏书》卷一九下《章武王太洛传附彬子融传》,第 514 页。

5.《魏书》卷一三《皇后列传》,第 336 页。

6.《资治通鉴》卷一八八,第 1499 页。

7.《资治通鉴》卷一八八,第 1502 页。

8.《魏书》卷九《肃宗孝明帝纪》,第 249 页。在位 13 年。

四、孝庄帝静陵

孝庄皇帝讳子攸，是彭城王元勰之第三子，武泰元年四月戊戌即帝位于动荡之中。永安三年十二月，尔朱兆弑帝于洛阳城内三级佛寺，时年24，在位3年。"中兴二年谥为武怀皇帝，太昌元年又谥孝庄皇帝，庙号敬宗。十一月，葬于静陵"。[1] 此处，中兴为后废帝元朗年号，出帝改中兴二年为太昌元年（532年）。

《魏书》卷一三《皇后列传》记载孝静皇后高氏，为齐献武王之第二女。天平四年，诏娉以为皇后，"齐受禅，降为中山王妃。后降于尚书左仆射杨遵彦"。皇后改嫁他人，则不入帝陵。

第六节　唐代帝陵

唐代东都洛阳有帝陵二，曰恭陵、和陵。《新唐书·地理志》云，河南府河南郡，本洛州，辖县二十，有缑氏，"贞观十八年省，上元二年复置。有恭陵，有和陵，在太平山，本懊来山，天祐元年更名"。[2]

一、孝敬皇帝恭陵

1. 陵墓建制

唐高宗李治第五子、武则天长子李弘字宣慈，生于永徽三年（652年），显庆元年（656年）立为太子，上元二年（675年）死于洛阳合璧宫，时年24，追谥为"孝敬皇帝"，以天子礼制葬于缑氏县景山，庙号恭陵。"上元二年，太子从幸合璧宫，寻薨，年二十四。制曰：……慈惠爱亲曰'孝'，死不忘君曰'敬'，谥为孝敬皇帝。其年，葬于缑氏县景山之恭陵。制度一准天子之礼，百官从权制三十六日降服"。[3]

恭陵，今俗称"太子冢"，唐代文献偶称之为"太子陵"。[4] 位于今偃师市缑氏镇东北二里景山之巅。景山，古称懊来山，亦称白云岭，是一道东西走向的土岭，地处高阜，形势开阔。《太平寰宇记》云，缑氏县，"恭陵，唐孝敬皇帝陵在县东北五里"。[5]

高宗颁《赐谥皇太子宏孝敬皇帝制》，[6] 通报全国。《旧唐书》云，"高宗亲为制《睿德纪》，并自书之于石，树于陵侧"，[7]《睿德纪》碑保存至今。碑带座高7.23米，碑身高6.03、宽1.94、厚0.65米，

1.《魏书》卷一〇《敬宗孝庄帝纪》，第255、268页。

2.《新唐书》卷三八《地理志二》，第982－983页。

3.《旧唐书》卷八六《高宗中宗诸子列传·孝敬皇帝弘》，第2830页。

4.（唐）郑还古：《博异志》，《张竭忠》，丛书集成初编本，中华书局，1985年，第5页。

5.（宋）乐史撰：《太平寰宇记》卷五《河南道五》，《四库全书》第469册，第33页。

6.《全唐文》卷一一《高宗》，第139页。

7.《旧唐书》卷八六《高宗中宗诸子列传·孝敬皇帝弘》，第2830页。

首身一体，晕首方趺，额题"孝敬皇帝睿德之记"，飞白书。碑文行书 33 行，每行 82~89 字不等，全文约 3000 字。清代王昶据拓本著录碑文于《金石萃编》，惜仅存 1600 余字。《全唐文》亦录此碑，[1] 两本之纪词出于一拓之文。太子弘"天资仁厚，孝心纯确"，有治国之德才，朝廷寄以厚望，而青年殒命。高宗痛失爱子，不胜其悲，援管寄思。至于礼葬洛阳的原因，碑文记述太子生平后说，本应瘗弘于京都长安，"近侍昭陵，申以奉先之礼，顺其既往之志。但以农星在候，田务方殷，重归关辅，恐为劳废，遂割一己之慈"，就近起陵。究其实，未曾登基为帝，约是李弘魂不西迁之主因。入葬之物"赗赠绝于珠玑，明器惟资瓦木"，显系虚浮之辞。为营建恭陵，奴役百姓数千，"营陵费钜亿"，[2] 物多难容，续开便房四间，激起民怨，役夫逃亡。

高宗上元二年"秋七月辛亥，洛州复置缑氏县，以管孝敬皇帝恭陵。"[3]

2. 建造与修葺

《旧唐书·李弘传》云："初，将营筑恭陵，功费巨亿，万姓厌役，呼嗟满道，遂乱投砖瓦而散。"[4] 是陵之营造，朝廷征调河北河南民夫，四月而成，时间紧急，工务繁重，主司逼迫，民不堪负，一时逃散，文献多有记载。《旧唐书·狄仁杰传》："时司农卿韦机兼领将作、少府二司，高宗以恭陵玄宫狭小，不容送终之具，遣机续成其功。机于埏之左右为便房四所，又造宿羽、高山、上阳等宫，莫不壮丽。仁杰奏其太过，机竟坐免官。"[5]《新唐书·韦弘机传》："太子弘薨，诏蒲州刺史李冲寂治陵，成而玄堂陿，不容终具，将更为之。役者过期不遣，众怨，夜烧营去。帝诏弘机嗣作，弘机令开程左右为四便房，搏制礼物，裁工程，不多改作，如期而办。"[6] 以《唐会要》所述较详："孝敬皇帝恭陵，在河南府缑氏县界，上元二年八月十九日葬。初修陵，蒲州刺史李仲寂充使。将成，而以元宫狭小，不容送终之具，遽欲改拆之，留役滑、泽等州丁夫数千人，过期不遣。丁夫恚苦，夜中投砖瓦，以击当作官，烧营而逃，遂遣司农卿韦机，续成其功。机始于隧道左右，开便房四所，以贮明器。于是搏节礼物，校量功程，不改元宫，及期而就。"[7] 礼葬三年后的仪凤三年（678 年）十月，高宗以韦泰真为"恭陵覆土"有劳而加授朝散大夫。[8] 由是可知偌大的黄土陵台，动用无数农民车拉肩挑，苦累三年方才竣工。

孝敬帝陵由恭陵署料理其奠仪、修葺等日常事务，至唐亡而终，历二百余年。五代后唐皇帝号李唐裔孙，明宗天成元年（926 年）十月，"宗正卿李纾奏，三京畿县有陵园处，每县请都置陵

1.《全唐文》卷一五《高宗》，《孝敬皇帝睿德记》，第 184 页。

2.《新唐书》卷八一《三宗诸子列传·孝敬皇帝弘》，第 3590 页。

3.《旧唐书》卷五《高宗本纪下》，第 100 页。

4.《旧唐书》卷八六《高宗中宗诸子列传·孝敬皇帝弘》，第 2830 页。

5.《旧唐书》卷八九《狄仁杰传》，第 2886 页。

6.《新唐书》卷一〇〇《韦弘机传》，第 3944 页。

7.《唐会要》卷二一《诸陵杂录》，中华书局，1955 年，第 417 页。

8. 洛阳艺术馆编：《隋唐五代墓志汇编·洛阳卷》，《大唐故使持节怀州诸军事怀州刺史上柱国临都县开国男韦泰真墓志》，第 6 册，天津古籍出版社，1991 年，第 151 页。

台令一员，冀专局分，免有旷遗。二年七月，宗正少卿李尧请修恭陵、和陵。"[1] 又曰：其年"十一月庚寅，宗正少卿李尧奏，恭陵所其山园之内，被民户起舍屋居止，台观皆被侵耕，柏城松迳，樵采殆尽，乞下本县与寺司，重定完本园林地亩，从之。"[2] 则是年至后唐之亡（936 年），10 年间重修恭陵，祀典有续。

3. 合葬陪葬

咸亨四年（673 年）"二月壬午，以左金吾将军裴居道女为皇太子弘妃"，[3] 时李弘 22 岁。中宗神龙元年八月甲子，"尊孝敬妃裴氏为哀皇后"。[4] 裴氏在宫中孤独地度过 45 年后去世，开元六年（718 年）"夏五月乙未，孝敬哀皇后祔于恭陵"，[5] 而宋温璟代朝廷作《哀皇后哀册文》则为次日："维开元六年岁次戊午夏五月甲午朔三日景申，哀皇后裴氏梓宫启自先殡，将迁祔于恭陵之山茔，礼也。"[6] 另起墓冢于恭陵之侧。文献中关于哀皇后的记载甚少。以往邙山出土葬于天宝四年（745 年）的《汝阴县令裴琨墓志》记其"是哀皇后之再从弟也"。[7]

唐代的陪陵制度始于太宗之时。贞观十一年（637 年）二月，太宗诏令："自今已后，功臣密戚及德业佐时者，如有薨亡，宜赐茔地一所，及以秘器，使窀穸之时，丧事无阙。所司依此营备，称朕意焉。"[8] 又于贞观二十年八月，"许陪陵者子孙从葬"，[9] 进一步规定了父祖陪陵、子孙从葬，从此，陪陵遂成定制，成为封建最高统治者给予功勋宠臣的特殊待遇和荣誉。

高宗朝的两位宰相死后获陪葬恭陵之崇荣：张文瓘，龙朔年累授东西台舍人、参知政事。上元二年，拜侍中，兼太子宾客。仪凤二年（677 年）卒，"以其经事孝敬皇帝，特敕陪葬恭陵"。[10] 许绍少子圉师，有器干，博涉艺文，举进士。显庆二年，累迁黄门侍郎、同中书门下三品，兼修国史，龙朔中为左相，仪凤四年卒，"陪葬恭陵，谥曰简"。[11] 两宰辅亡故时距孝敬之葬年未远，由高宗钦定陪葬恭陵。

《唐六典》云："若宫人陪葬，则陵户为之成坟。"[12] 恭陵所处的景山，是一道东西走向绵延约 10 公里长的土岭，在恭陵以东约 8 公里的巩县安头镇西南张飞嘴村出土过两方唐代宫女墓志。民国年间出土的《唐九品宫人墓志》记载，武则天载初元年（689 年），这位宫人"即以其年正月廿三

1.《册府元龟》卷六二一《卿监部·司宗》，第 8 册，中华书局，1960 年，第 7471 页。

2.《册府元龟》卷三一《帝王部·奉先四》，第 1 册，第 336 页。

3.《旧唐书》卷五《高宗本纪下》第 97 页。

4.《旧唐书》卷七《中宗本纪》第 140 页。

5.《旧唐书》卷八《玄宗本纪上》第 179 页。

6.《全唐文》卷二九六，宋温璟：《哀皇后哀册文》，第 2999 页。

7.《隋唐五代墓志汇编·洛阳卷》，第 11 册，第 65 页。

8.《旧唐书》卷三《太宗本纪下》，第 47 页。

9.《新唐书》卷二《太宗本纪》，第 45 页。

10.《旧唐书》卷八五《张文瓘传》，第 2816 页。

11.《旧唐书》卷五九《许绍传附子圉师传》，第 2330 页。

12.《唐六典》卷一四《太常寺》，第 401 页。

日葬于共陵西，礼也"。[1] 近年张飞嘴出土的《九品亡宫志》记："宫人无姓氏，不知何许人也"，于万岁通天贰年肆月柒日"葬于墓所，礼也。"[2] "共陵"即恭陵，"共陵西"当是"东"之误，看来李弘之陵域幅员广大，包括了整个景山，中有专门瘗埋陪葬宫女的茔地。这两方宫人墓志是武则天登上皇位前后入葬的，即是由她允准后入葬于其亲子之陵域。

4. 设置恭陵署令

据《新唐书·百官志》，宗正寺领陵台、崇玄二署，"诸陵台令各一人，从五品上；丞各一人，从七品下……掌守卫山陵。凡陪葬，以文武分左右，子孙从父祖者亦如之；宫人陪葬，则陵户成坟。诸陵四至有封，禁民葬，唯故坟不毁"。天宝"十载，改献、昭、乾、定、桥五陵署为台，升令品，永康、兴宁二陵称署如故……陵台有录事各一人，府各二人，史各四人，主衣、主辇、主药各四人，典事各三人，掌固各二人，陵户各三百人，昭陵、乾陵、桥陵增百人。诸陵有录事各一人，府各一人，史各二人，典事各二人，掌固各二人，陵户各百人"。[3] 玄宗据祖先之亲疏远近、帝位之虚实短长，明确规定了当时管理山陵机构为台、署二个等级，恭陵为署。"献陵昭陵恭陵桥陵八陵令"之秩品为"从第五品上阶"，[4] 台令、署令，简称令。

孝敬始葬至唐亡，期间 230 余年，依唐制，官吏三年易任，则恭陵令可谓夥矣，然确知名姓者无多。许敬宗相高宗，其子果为"恭陵令"，[5] 是时代较早的一位东都陵官。

徐坚约于开元初"拜恭陵令"。[6] 玄宗开元二年（714 年）二月，"上思徐有功用法平直，乙亥，以其子大理司直愉为恭陵令"。[7] 开元六年（718 年），"乾元院更号丽正书院"，一批擅长整理图籍的官员，如"恭陵令陆绍伯、扶风县丞马利贞，并别敕收入院"。[8] 时朝廷所藏文籍盈漫，皆炱朽蟫断，签縢纷舛，乃诏"恭陵令陆绍伯"等饱学之士分部撰次，是正文字。[9] 徐、陆二令是开元年间任职先后相衔的两位专职管理陵寝的官员。

1. 民国《巩县志》卷一六《金石志·唐九品宫人墓志》抄录墓志全文，端题："载初元年正月。正书。今存县西南五十里安头镇。""石高一尺零七分，广同。十六行，行十六字。"1929 年刊。

2. 刘洪淼、孙角云：《巩义市出土唐代九品宫人墓志》，《文物》1997 年 2 期，第 94 页。《九品亡宫志》，系近年巩义市公安局打击盗掘古墓分子缴获的，现藏巩义市博物馆。经市公安、文物部门联合调查，墓志出土于巩义市安头镇张飞嘴。

3.《新唐书》卷四八《百官志三》，第 1251 页。

4.《旧唐书》卷四二《职官一》，第 1795 页。

5.《新唐书》卷七三上《宰相世系表三上》，第 2876 页。

6.《全唐文》卷三一八，李华：《庆王府司马徐府君碑》，第 3226 页。

7.《资治通鉴》卷二一一，第 1702 页。

8.《唐会要》卷六四，第 1118 页。

9.《新唐书》卷一九九《儒林列传·马怀素传》，第 5681 页。

恭陵署令王大刀精研琴音乐谱,承诏撰《琴声律图》一卷。[1]《新唐书·艺文志一》作王大力。《全唐诗补编》卷 105 录唐《珠英集》中胡皓作诗,并记载他的"爵里"是"恭陵丞安定胡皓"。

近年洛阳龙门西山新出乾元二年(759 年)道州刺史薛郑宾志,记其曾任"恭陵令",地参花县,官奉寝园。1998 年出土,现藏洛阳古代艺术馆、合葬于开元二十一年的《唐鄂州刺史卢正道墓志》,记其有子五人,次子朝散大夫、恭陵令卢宽。[2]近年邙山新出《唐故舒州刺史兼御史中丞韩憬继室李夫人墓志》,为"恭陵台令韩昃撰"于永贞元年(805 年)八月廿四日。新中国成立前洛阳出土葬于咸通七年(866 年)的《缪逵妻姜夫人墓志》,记逵为"文林郎、前权知恭陵台令",[3]二志称台而不言署,系用旧称。

5. 祀典的简化

恭陵初奠,依照国家帝陵制度,祭典繁缛而隆重。就庙祭而言,直到开元二十年,还享受国家最高礼遇。"太庙九室,每岁五享。又三年一祫以孟冬,五年一禘以孟夏。祫禘之时,功臣配享于庭。每时享,因祭七祀。肃明皇后庙,孝敬皇帝庙。(二庙新修,享仪准大庙例)"[4]《旧唐书·音乐志》记载"孝敬皇帝庙乐章九首",[5]为有数的几位太子庙乐章最多者。金代人研究古制说:"检讨唐礼,孝敬皇帝庙时享用庙舞、宫县、登歌",[6]当有所本。

随着高宗入葬乾陵和时光推移,这位不曾登基又无子嗣的空头皇帝的祀事,在朝廷的祀典中逐渐冷淡下来:"太子无子,长寿中,制令楚王讳继其后。中宗践祚,制祔于太庙,号曰义宗,又追赠妃裴氏为哀皇后。景云元年,中书令姚元之、吏部尚书宋璟奏言:'准礼,大行皇帝山陵事终,即合祔庙。其太庙第七室,先祔皇昆义宗孝敬皇帝、哀皇后裴氏神主。伏以义宗未登大位,崩后追尊,至神龙之初,乃特令升祔。《春秋》之义,国君即位未逾年者,不合列昭穆。又古者祖宗各别立庙,孝敬皇帝恭陵既在洛州,望于东都别立义宗之庙,迁祔孝敬皇帝、哀皇后神主,命有司以时享祭,则不违先旨,又协古训,人神允穆,进退得宜。在此神主,望入夹室安置,伏愿陛下以礼断恩。'诏从之。开元六年,有司上言:'孝敬皇帝今别庙将建,享祔有期,准礼,不合更以义宗为庙号,请以本谥孝敬为庙称。'于是始停义宗之号。"[7]除祖宗之号而不以为忌。景云元年(710 年)冬,"将葬中宗孝和皇帝于定陵",为了安排新主,姚、宋奏本将孝敬皇帝皇后神主请离太庙之位,扃于藏远祖神主之夹室,[8]令东都有司建庙、祭陵。开元六年(718 年),又将孝敬从皇帝的宗序中抉出。《河

1.(元)马瑞临著,华东师大古籍所标校:《文献通考·经籍考》卷一三,《经》:"《琴声律图》一卷。《崇文总目》:唐恭陵署令王大刀承诏撰。国琴制度,以六十律旋宫之法次其上,前序历引诸家律吕相生之术。"华东师范大学出版社,1985 年,第 329 页。

2. 赵振华、张胜钢:《唐卢正道墓志与有关碑刻研究》,《洛阳出土墓志研究文集》,朝华出版社,2002 年,第 304 页。

3.《隋唐五代墓志汇编·洛阳卷》,第 14 册,《唐故谯郡姜夫人墓志》,第 122 页。

4.(唐)杜佑撰:《通典》卷一〇六《礼·开元礼纂类》,第 2770 页。

5.《旧唐书》卷三一《音乐志四》,第 1143 页。

6.《金史》卷三三《礼志六》,第 796 页。

7.《旧唐书》卷八六《高宗中宗诸子列传·孝敬皇帝弘》,第 2830、2831 页。

8.《旧唐书》卷二五《礼仪志五》,第 950 页。

南志》唐"从善坊"条下云："孝敬皇帝庙,《礼阁新仪》曰:开元七年,建庙于东都从善里。天宝之后,祠缞遂绝。"[1]

开元二十三年（735 年）四月,"敕献、昭、乾、定、桥、恭六陵,朔望上食,岁冬至寒食日,各设一祭,如节祭共,朔望日相逢,依节祭料"。[2]大历十四年（779 年）九月,礼仪使颜真卿上奏,重申此祠部式。代隔愈远益疏,祭祀典仪,大为简化。

宗室嗣曹王李戢于天宝二载由玄宗"制加恭陵使",[3]是临时差遣。前引郑还古《博异志》云,天宝中,河南缑氏县东太子陵仙鹤观常有道士七十余人,皆精专修习,法箓斋戒皆全,后观中渐无道士。晚唐时期休废,"为守陵使所居也",[4]已无专门的处所。

晚唐以后,随着帝陵位数不断增多,晚辈对先代的亲情日渐淡漠。宝历二年（826 年）二月,"太常奏:'追尊孝敬皇帝以下四陵,宜停朝拜事（孝敬皇帝恭陵,让皇帝惠陵,奉天皇帝齐陵,承天皇帝顺陵）。前件四陵,昔年追尊大号,皆是恩制,缘情而行,当时已不合经典。今乃二时朝拜,上拟祖宗,窃以情礼之差,过犹不及。谨按《礼记》及历代礼文,并国朝故事,皇帝旁亲无服。又云,五代而亲属尽,伏以四陵,亲非祖宗,事无功德,缘情权制,礼合变更。有司因循,尚为常典。况今宗庙之上,迁世已远,尊卑降杀,朝谒须停。'敕旨依奏。"[5]帝陵群中,恭陵地位明显降落,直有多余之嫌。

6. 贬谪流配恭陵之官员

恭陵令之品阶低于郡守一级,"凡诸陵皆置留守,领甲士,与陵令相左右",[6]至迟于晚唐由东都内侍省管辖之。[7]陵园地处荒原,此时,这里甚至成了流配贬谪官员、使之幽居思过的清凉去处。

对犯罪官员的革职流放,是大唐朝廷官吏管理制度的规定。晚唐时期有几位中、高级官吏因过失而遭皇帝之惩罚:"吕如金,宪宗时为翰林使,元和四年（809 年）,杖四十,配恭陵,行至阌乡而卒"。[8]"吐突士昕、武自和皆中使也。敬宗宝历初（825 年）,入新罗取鹰鹞,咸受其问遗,不以进献。各杖四十,剥邑,士昕流恭陵,自和配南衙。"[9]武宗会昌（843 年）三年,昭义节度使刘从谏已死,其从子稹秘不发丧,朝廷遣中人与医至,受阻不得入视。"解朝政复命,上怒,杖之,配恭陵"。[10]宣宗大中八年（854 年）"秋,九月,丙戌,以右散骑常侍高少逸为陕虢观察使。有敕

1.（清）徐松辑、高敏点校《河南志》,中华书局,1994 年,第 21 页。

2.《唐会要》卷二一《缘陵礼物》,第 406、407 页。

3.《隋唐五代墓志汇编·洛阳卷》,第 11 册,《唐故宁远将军守左卫率府中郎嗣曹王李戢墓志》,第 94 页。

4.（唐）郑还古:《博异志》,《张竭忠》,第 5 页。

5.《唐会要》卷二〇《陵议》,第 400 页。

6.《唐六典》卷一四《太常寺》,第 401 页。

7.《唐会要》卷六五《内侍省》:大中三年（849 年）九月敕:"杨施礼缑氏县庄,宜赐东都内侍省新配恭陵守当贫穷官正居住。"第 1134 页。

8.《册府元龟》卷六六九《内臣部·谴责》,第 8 册,第 7998 页。

9.《册府元龟》卷六六九《内臣部·贪货》,第 8 册,第 8000 页。

10.《资治通鉴》卷二四七,第 2024 页。

使过硖石，怒饼黑，鞭驿吏见血；少逸封其饼以进。敕使还，上责之曰：'深山中如此食岂易得！'谪配恭陵"，[1] 由陕赴洛。宣宗大中九年"九月，乙亥，贬李讷为朗州刺史，监军王宗景杖四十，配恭陵"。[2] 这五位官员，因过错和犯罪，贬谪发配恭陵，四人还承受杖刑处罚。

会昌五年（845 年）九月七日，左神策军都判官、武德副使孟秀荣"为王妃连累，贬在东都恭陵，已夺朱绂"，[3] 遇挫一时。

二、昭宗和陵

唐昭宗李晔是懿宗第七子，僖宗之弟，于文德元年（888 年）三月即位，时年 22，改名晔，在位 16 年。期间，宦官、朝臣、藩镇为争夺朝廷的控制权，斗争激烈，战乱不断，皇权衰微。司马光曰：唐代"宦者之祸，始于明皇，盛于肃、代，成于德宗，极于昭宗。"[4] 光化三年（900 年），宦官左右军中尉刘季述、王仲先废昭宗而囚之，拥立太子李裕为帝。势力强大的藩镇朱温（全忠），觊觎皇位已久，趁机派兵杀宦官，挟李晔，掌国权。

藩臣跋扈，天子孤弱。昭宗于天祐元年（904 年）正月受朱温挟迫离开长安，闰四月，迁都洛阳，八月壬寅夜，朱全忠令朱友恭、氏叔琮、蒋玄晖"弑昭宗于椒殿"。叛臣弑君，朝野震悼，天下纷崩，五代十国之乱，自兹始矣。"帝殂，年三十八，群臣上谥曰圣穆景文孝皇帝，庙号昭宗。二年二月二十日，葬于和陵"。[5] 哀册文、谥册文、谥议齐备。[6] "二年二月己未，昭宗皇帝神主祔太庙，礼院奏昭宗庙，乐曰咸宁之舞，时左仆射裴贽等议迁庙，合迁顺宗一室，从之"。[7]

唐帝陵多在长安，时权在藩镇，大唐气数已尽，李晔不得西归，屈葬洛阳。《文献通考》云："昭宗崩，葬和陵，在河南府缑氏县界"，[8]《太平寰宇记》云，缑氏县，"唐昭宗陵在县东北五里"。[9]《唐会要》曰："和陵（无陪葬）。"[10] 天祐二年"四月己丑朔。壬辰，敕河南府缑氏县令宜兼充和陵台令，仍升为赤县"，[11] 以奉昭宗和陵也。

1.《资治通鉴》卷二四九，第 2042 页。

2.《资治通鉴》卷二四九，第 2043 页。

3. 周绍良、赵超主编：《唐代墓志汇编续集》，大中 035 号墓志《唐故振武麟胜等州监军使孟秀荣墓志》，上海古籍出版社，2001 年，第 993、994 页。

4.《资治通鉴》卷二六三，第 2179 页。

5.《旧唐书》卷二〇上《昭宗本纪》，第 782、783 页。

6.《唐会要》卷二，《帝号下》："葬和陵（在河南府缑县界）。谥曰圣穆景文孝皇帝，庙号昭宗。哀册文（中书侍郎、平章事柳璨撰），谥册文（右仆射、平章事裴枢撰），谥议（太常卿王溥撰）。年号七。"第 17 页。

7.《册府元龟》卷三一《帝王部·奉先四》，第 1 册，第 335 页。

8.《文献通考》卷一二五《王礼考》二十，《山陵》，《四库全书》第 612 册，第 898 页。

9.（宋）乐史撰：《太平寰宇记》卷五《河南道五》，《四库全书》第 469 册，第 33 页。

10.《唐会要》卷二一《陪陵名位》，第 416 页。

11.《旧唐书》卷二〇下《哀帝本纪》，第 791 页。

后唐庄宗李存勖，沙陀部人，号唐昭宗嫡孙。同光元年（923 年）十一月，庄宗自汴出发，十二月至洛，定为国都。"庄宗幸雒，车驾次氾水，翰林学士刘昫、赵凤、于峤等议，高祖、太宗庙在雒北，请帝亲行拜荐，庶天下知敬祖奉先之道……次偃师，又议昭宗园陵不远，道周既除，大慙车驾，宜请告谒。追思惋愤，号恸寝园，然后还宫，始为得礼"。[1]

同光二年"二月丁亥，遣宗正李纾朝拜和陵"。[2] 二年八月"乙未，中书门下上言：'诸陵台令丞请停，以本县令知陵台事。'从之"。[3] 庄宗之《迁昭帝陵敕》云："朕顾惟寡德，获嗣丕图，奉先之道尝勤，送往之诚靡怠。爰自重兴庙社，载展郊禋，旋荡涤于瑕疵，复涵濡于庆泽。盖忧劳靖国，旷坠承祧，御朽若惊，涉川为惧。繇是推移岁月，郁滞情怀。恭念昭宗晏驾之辰，少帝登遐之日，咸罹虺毒，遽殒龙髯，委冠剑于仇雠，托山陵于枭獍。静惟规制，岂叶度程，存怆结以弥深，固寝兴而增惕。虔思改卜，式慰允怀。宜令所司别选园陵，备礼迁葬，贵雪幽明之故，以申追慕之心。凡百臣寮，体朕哀感。"[4] 因遭朱温之弑，葬故多阙，而有是敕。三年正月"丙申，诏以昭宗、少帝山陵未备，宜令有司别选园陵改葬，寻以年饥财匮而止"。[5]《资治通鉴》记此事亦云"竟以用度不足而止"。[6]

后唐庄宗同光三年六月"辛未，以宗正卿李纾充昭宗、少帝改卜园陵使……戊子，以刑部尚书李琪充昭宗、少帝改卜园陵礼仪使"，[7] 惜其详情不得而知。唐末哀帝于天祐五年二月为朱全忠所害，"以王礼葬于济阴县之定陶乡"。后唐庄宗"中兴之初，方备礼改卜，遇国丧而止。明宗时就故陵置园邑"，[8] 则昭宗之和陵或亦于此时置园邑，以补其阙。

后唐明宗天成二年（927 年）三月丙寅，"宗正丞李郁奏，两京畿甸园陵之制，其地四十里曰封山，爰自唐室已来，收在公田之籍，今方绍袭，宜正规仪。四月，敕三京诸县有园陵处，每县宜置一员陵令，都勒检校勾当"。[9] 则重申封域，再置陵令。

末帝清泰三年（936 年）五月丁酉诏："京兆、河南府、凤翔、耀州、乾州等奉陵州县，缘本庙陵寝，中为盗发，修奉未备，宜令本管州府量事，差人修奉，其人工给食、祭料，并从官给。"[10] 是知唐末五代战乱之际，恭陵、和陵等帝王陵寝遭盗发。

和陵虽经晚唐五代两次修葺，而其形制规模不可媲迹恭陵。

1.《册府元龟》卷三三六，第四册，《宰辅部·强很》，第 3975 页。

2.《册府元龟》卷三一《帝王部·奉先四》，第 1 册，第 335 页。

3.《旧五代史》卷三二《唐书八·庄宗纪》，第 440 页。

4.《全唐文》卷一〇四《后唐庄宗》，第 466 页。

5.《旧五代史》卷三二《唐书八·庄宗纪》，第 444 页。

6.《资治通鉴》卷二七三中华书局，1997 年，第 2262 页。

7.《旧五代史》卷三二《唐书八·庄宗纪》，第 448、449 页。

8.《旧唐书》卷二〇下《哀帝本纪》，第 811 页。

9.《册府元龟》卷一七四，第二册，《帝王部·修废》，第 2101 页。

10.《册府元龟》卷一七四，第二册，《帝王部·修废》，第 2102 页。

第七节　五代帝陵

"朱李石刘郭，梁唐晋汉周，都来十五帝，播乱五十秋"，乃《水浒传》开篇所述。朝廷频繁杀戮，皇帝勤于更换，人主死于非命，凸显骚乱惨烈。土宇割裂，民无定主，国家政治中心洛阳地位滑落。承隋唐帝京之余绪，五代时期梁、唐、晋朝均曾都于洛阳，并有7位皇帝葬于此。马端临《文献通考》疏记云："梁太祖（宣陵，在河南伊阙县东北），后唐庄宗（雍陵，在河南新安县东），明宗（徽陵，在河南洛阳县东北），晋高祖（显陵，在河南寿安县西北）。……梁少帝（葬河南伊阙县），后唐末帝（葬河南洛阳县东北）。"[1]今多有遗迹可以寻觅。

一、后梁太祖宣陵

朱温于天祐四年（907年）废唐哀帝自立，都汴，国号梁，史称后梁太祖。乾化二年（912年）六月戊寅为其子朱友珪所杀，年六十一。十一月"甲寅，葬神武元圣孝皇帝于宣陵，庙号太祖"。胡三省注："宣陵在河南伊阙县。"[2]《旧五代史》亦云："友珪葬太祖于伊阙县，号宣陵。"[3]

太祖元贞皇后张氏，生末帝。"天祐元年，后以疾卒。太祖即位，追册为贤妃。初葬开封县润色乡，末帝立，追谥曰元贞皇太后，祔于宣陵"。[4]

后梁末帝贞明三年（917年）十二月"己巳，帝幸洛阳，为来年有事于南郊也。遂幸伊阙，亲拜宣陵"。[5]

同光元年（923年）十月，后唐灭后梁于汴京。是月丙戌，唐庄宗"又诏除毁朱氏宗庙神主，伪梁二主并降为庶人。天下官名府号及寺观门额，曾经改易者，并复旧名。时帝欲发梁祖之墓，斲棺燔枢，河南尹张全义上章申理，乞存圣恩，帝乃止，令刬去阙室而已"。[6]阙室，陵园门阙两侧的房屋。则宣陵除土冢外，其他建筑可能遭到不同程度的拆毁。

清代乾隆年间洛阳县知事龚崧林云："后梁太祖宣陵在洛阳伊阙东南，今查在正南路朱家陵。"[7]20世纪30年代，李健人叙五代后梁太祖宣陵云："今陵在县南五十里，龙门东南，地称朱家岭，旧属洛阳。今为伊川县辖境。陵周一百二十二号，高五丈，占地九亩八分。"[8]

该陵现存封土面积约50平方米，残高约5米。冢前因当地群众于1958年多次挖墓取石，而留下一个深约3米的竖洞。陵南有神道，神道东西两侧有二排人、马、狮、羊等石象生，为难得

1.（元）马端临撰：《文献通考》卷一○三，《宗庙考十三》，《四库全书》第612册，第464页。

2.《资治通鉴》卷二六八，第2220页。

3.《旧五代史》卷七《梁书七·太祖纪》，第109页。

4.《新五代史》卷一三《梁家人传第一·元贞皇后张氏传》，中华书局，1974年，第130页。

5.《旧五代史》卷九《梁书九·末帝纪》，第132页。

6.《旧五代史》卷三○《唐书六·庄宗纪》，第414页。

7. 龚崧林纂：《洛阳县志》卷四，乾隆十年（1745年）刊本，第17页。

8.《洛阳古今谈》，第四编洛阳名胜古迹录六，历代帝王将相陵墓，第312页。

的五代石刻。[1] 今多遭破坏。

二、后梁末帝陵

末帝朱瑱，朱温四子。乾化三年二月十七日即皇帝位于洛阳。龙德三年（923年）十月九日自刭于开封，亦不得其死。后唐庄宗"寻诏河南尹张全义收葬之，其首藏于太社。晋天福二年五月，诏太社先藏唐朝罪人首级，许亲属及旧僚收葬。时右卫上将军娄继英请之，会继英得罪，乃诏左卫上将军安崇阮收葬焉"。[2] 则其死后14年（937年），由后晋高祖石敬瑭安排土葬，而未叙瘗埋于何处。王明清《挥麈前录》云："梁末帝葬伊阙县。"[3]

李健人在上引书中云："今考陵亦在朱家岭，与梁太祖陵近接。"

三、后唐庄宗雍陵

后唐庄宗李存勖，沙陀部人，号唐昭宗嫡孙，同光元年十二月自汴至洛，定为国都。同光四年四月丁丑，中叛军流矢，死于洛阳宫城，时年43。"是时，帝之左右例皆奔散，唯五坊人善友敛廊下乐器簇于帝尸之上，发火焚之。及明宗入洛，止得其烬骨而已。天成元年七月丁卯，有司上谥曰光圣神闵孝皇帝，庙号庄宗。是月丙子，葬于雍陵"。[4]

《旧五代史·明宗纪》曰：天成元年（926年）七月"乙亥，庄宗皇帝梓宫发引，帝缞服临送于楼前。是日，葬庄宗于雍陵。"[5]《新五代史》亦云：同光四年"夏四月丁亥朔，皇帝崩"。徐无党注曰："年四十三。帝尸为伶人焚之，明宗入洛，得其骨烬。天成元年七月，葬之河南新安县，号雍陵，至晋避庙讳，更曰伊陵"。[6] 天成二年二月庚戌，诏"河南府新安县宜为次赤，以雍陵在其界故也"。[7]

石敬瑭之父名绍雍，天福二年（937年）正月丁巳，诏曰："唐庄宗陵名与国讳同，宜改为伊陵。应京畿及诸州县，旧有唐朝诸帝陵，并真源等县，并不为次赤，却以畿甸紧望为定。其逐处县令，不得以陵台结衔，考满日，依出选门官例指挥，隔任后准格例施行。"[8]

新安县位于今洛阳市西，县名沿用于今。传说雍陵在今洛阳市新安县北部的邙山西沃乡下坂沟村附近的败仗沟，1997年，河南省文物研究所的考古工作者曾在这一带调查，惜未发现。

1.《洛阳市志》第14卷，《文物志》，中州古籍出版社，1995年，第88页。

2.《旧五代史》卷一〇《梁书一〇·末帝纪》，第152页。

3.（宋）王明清撰:《挥麈前录》卷二,《四库全书》第1038册,上海古籍出版社影印文渊阁本,1987年,第373页。

4.《旧五代史》卷三四《唐书一〇·庄宗纪》，第478页。

5.《旧五代史》卷三六《唐书一二·明宗纪》，第502页。

6.《新五代史》卷五《唐本纪第五·庄宗纪》，第51页。

7.《旧五代史》卷三八《唐书一四·明宗纪》，第520页。

8.《旧五代史》卷七六《晋书二·高祖纪》，第995页。

四、后唐明宗徽陵

李嗣源，代北人，李克用养子。臣事于李克用、李存勖父子。李存勖死于兵变，李嗣源入洛阳监国。同光四年四月丙午即帝位，甲寅改元天成。长兴四年（933年）十一月戊戌，病死于洛阳内宫，年67。"十二月癸卯朔，迁梓宫于二仪殿，宋王从厚自邺都至。是日发哀，百僚缟素于位，中书侍郎、平章事刘昫宣遗制，宋王从厚于枢前即皇帝位，服纪以日易月，一如旧制云。明年四月，太常卿卢文纪上谥议曰圣智仁德钦孝皇帝，庙号明宗，宰臣冯道议请改'圣智仁德'四字，为圣德和武钦孝皇帝。宰臣刘昫撰谥册文，宰臣李愚撰哀册文，是月二十七日葬于徽陵"。[1]即后唐闵帝李从厚清泰元年（934年）四月"丙申，葬明宗皇帝于徽陵。丁酉，奉神主于太庙"。山陵使为司空兼门下侍郎、平章事冯道。[2]《新五代史》云："葬河南洛阳县。"[3]

王明清《挥麈前录》云："后唐庄宗葬伊陵，在新安县。明宗葬徽陵，在洛阳东北。"[4]

《古今图书集成》记载较明确，云："后唐明宗徽陵　在洛阳东北十里今护驾庄地。"[5]清代乾隆年间洛阳县知事龚崧林云："后唐明宗徽陵在洛阳东北十里，今查在东北路护驾庄。"[6]20世纪30年代，李健人叙五代后唐明宗徽陵云："龚崧林于今城东北护驾庄考得之。陵周一百零七弓，高七丈五尺，占地十亩余。"[7]即今洛阳市孟津县送庄乡的护庄村和东山岭头村之间的覆斗形大土冢，考察其所在地域和冢台形制，可以确定。

闵帝应顺元年（934年）二月庚寅，"幸山陵工作所。……山陵使奏：'伏睹御札，皇帝亲奉灵驾至园陵。伏见累朝故事，人君无亲送葬之仪，请车驾不行。'不从"。[8]则葬虽十月，而园陵仍在施工，可见工程浩繁。

《册府元龟》记载，清泰元年七月，诏："应徽陵行事官各无遗阙，已议奖酬，比少阙员，难于减选。遂许合赴集日，各与超资。今又恳有披论，宜特与减一，选其今年合格者，便委南曹磨勘，送铨注。拟来年合选者，勒赴冬集。所司磨勘无遗阙。旋送铨免取文解，其去冬判成，未得官者，宜先注拟，应前任正授，宾从亦宜减一年。无年可减，便与拟授先有。"[9]

清泰二年正月戊申，宗正寺奏："'北京、应州、曹州诸陵，望差本州府长官朝拜。雍、坤、和、

1.《旧五代史》卷四四《唐书二〇·明宗纪》，第610页。

2.《旧五代史》卷四六《唐书二二·末帝纪》，第634页。

3.《新五代史》卷六《唐本纪第六·明宗纪》，第65页。

4.（宋）王明清撰：《挥麈前录》卷二，《四库全书》第1038册，第373页。

5.《古今图书集成》第10册，《职方典》第四三九卷，《河南府部汇考》十三，《河南府古迹考四》，中华书局、巴蜀书社，1987年，第11687页。

6. 龚崧林纂：《洛阳县志》卷四，乾隆十年（1745）刊本，第17页。

7.《洛阳古今谈》，第四编洛阳名胜古迹录六，历代帝王将相陵墓，312页。

8.《旧五代史》卷四五《唐书二一·闵帝纪》，第618页。

9.《册府元龟》卷六三三，第8册，《铨选部·条制第五》，第7594页。

徽四陵,差太常宗正卿朝拜.'从之."[1]《册府元龟》记叙较详:"二年正月戊申,宗正寺言:北京永兴、长宁、建极三陵,应州遂、衍、奕三陵,曹州温陵例,下本州府长官朝拜。雍、坤、和、徽四陵,朝廷从之。乙丑,遣太常少卿萧愿、宗正卿李郁朝拜徽陵。右庶子韦华雍陵。宗正少卿李知新、殿中丞李延昭和陵。太子中允刘贺、太子中舍李均坤陵。"[2]

《册府元龟》云:清泰三年"九月戊申,帝亲行太原,太常博士段颙白宰臣曰:'帝未尝谒陵,今河阳路当徽陵前,安得经繇不行礼乎!'是日午时至陵园,于仗舍前陈谒陵礼"。[3]时距明宗之葬已经五月。后唐末帝李从珂为拒石敬瑭而由洛阳车驾北幸,路当徽陵,乃至陵所朝谒。《旧五代史·卢文纪传》云:其年"八月,亲征,过徽陵,拜于阙门,休于仗舍。"[4]由此可见,徽陵位于唐洛阳城之北,从洛阳北上黄河桥的当途,距离不会太远;亦可推知徽陵有山陵、陵园、阙门、寝庙、仗舍等建筑。

许王李从益,明宗幼子,石敬瑭之侄。由王淑妃抚养,长兴末,封许王。晋天福中,"与母归洛阳守陵"。[5]后汉高祖刘暠至洛阳,杀王淑妃与从益。

后周太祖广顺元年(951年)十一月丁亥,"诏:'唐朝五庙,旧在至德宫安置,应属徽陵庄田园舍,宜令新除右监门将军李重玉为主。其缘陵缘庙法物,除合留外,所有金银器物,充迁葬故淑妃王氏及许王从益外其余并给与重玉及尼惠英、惠灯、惠能、惠严等。令重玉以时祀陵庙,务在丰洁。'重玉,故皇城使李从璨之子,明宗之孙,惠英等亦明宗亲属也,故帝授重玉官秩,令主先祀,恤王者之后也"。[6]《册府元龟》记载此敕,行文略有不同"十一月敕:'唐明宗五庙在至德宫安置。其徽陵上下宫所管土田舍宇,宜令新除右监门卫将军李重玉为主。其徽陵下宫及至德宫缘庙合留物外,宜令内养刘延韬于金银器物数内,量事给李重玉。迁葬故淑妃王氏及许王外,余并付李重玉并尼惠能、惠灯、惠严等。令重玉以时祀陵庙,务在丰洁。'"[7]由此敕等文献确知,后唐皇帝陵庙分置。至德宫位于洛阳城内,宫城东立德坊南,毗邻月陂堤,明宗李嗣源登基前的居处。后改为宗庙,祠祀诸帝后。至后晋后周,仍以西京至德宫为庙,奉唐之祀,服色旌旗一依旧制,牲币器服悉从官给。[8]上宫、下宫等是徽陵的陵园建筑。

文献记载徽陵之陪葬极少。李周,后唐勋将,后晋大臣。年老多病,"上章请退,寻卒于官,时年七十四。诏赠太师,陪葬于明宗徽陵之北。"[9]

1.《旧五代史》卷四七《唐书二四·末帝纪中》,第643页。

2.《册府元龟》卷三一《帝王部·奉先四》,第1册,第337页。

3.《册府元龟》卷三一《帝王部·奉先四》,第1册,第339页。

4.《旧五代史》卷一二七《周书一八·卢文纪传》,第1668页。

5.《旧五代史》卷五一《唐书二七·许王从益传》,第696页。

6.《旧五代史》卷一一二《周书三·太祖纪》,第1478页。

7.《册府元龟》卷一七四第二册,《帝王部·修废》,第2103页。

8.《旧五代史》卷七八《晋书四·高祖纪》,第1032页。

9.《旧五代史》卷九一《晋书一七·李周传》,第1204页。

五、后唐闵帝、末帝陵

明宗葬徽陵。之后，闵帝、末帝亦先后入葬于徽陵域中，而无陵名。

后唐闵帝李从厚，明宗第三子。长兴四年十二月癸卯朔，即帝位。改元应顺。软弱无能，大权旁落。潞王李从珂反于凤翔，于应顺元年四月入洛阳，废闵帝自立，改元清泰。当月九日鸩杀闵帝，时年二十一。"晋高祖即位，谥曰闵，与秦王及末帝子重吉并葬于徽陵域中，封才数尺，路人观者悲之"[1]。《新五代史》亦云："及愍帝之亡也，穴于徽陵，其土一垅，路人见者，皆为之悲。"[2] 闵与愍同音。

闵帝之葬未足 5 年，即遭盗掘。后晋天福"四年春正月，盗发唐愍皇帝墓"。徐无党注曰："愍帝附于明宗徽陵域中，无陵名，故曰'墓'，晋高祖即位，追谥为愍皇帝。"[3]

后唐末帝李从珂，本姓王，明宗养子。时内忧外患，年灾库虚。河东节度使石敬瑭勾结契丹，称帝于太原，为晋高祖，率兵南下。清泰三年闰月"庚辰，晋高祖至河阳。辛巳辰时，帝举族与皇太后曹氏自燔于玄武楼。晋高祖入洛，得帝烬骨于火中，来年三月，诏葬于徽陵之封中。帝在位共二年，年五十三"[4]。

六、后晋高祖显陵

石敬瑭，沙陀部人，李嗣源婿，助翁夺取帝位。清泰三年得契丹之助，灭后唐，立为帝，改元天福，国号晋。先都洛阳，后迁汴京。称帝七年，兵乱不断。天福七年六月崩，寿51。"遗制齐王重贵于枢前即皇帝位，丧纪并依旧制，山陵务从节俭"[5]。六月"丙子，以司徒、兼侍中冯道为大行皇帝山陵使，门下侍郎窦贞固副之，太常卿崔梲为礼仪使，户部侍郎吕琦为卤簿使，御史中丞王易简为仪仗使"[6]。"八月，太常卿崔梲上谥曰圣文章武明德孝皇帝，庙号高祖，以其年十一月十日庚寅葬于显陵，宰臣和凝撰谥册哀册文"[7]。

《新五代史》记曰：天福七年十一月"庚寅，葬圣文章武孝皇帝于显陵。……庚子，祔高祖神主于太庙。辛丑，蠲高祖灵车所过民租之半"。徐无党注曰："陵在河南寿安县。"天福八年二月庚午是寒食节，出帝于汴京"望祭显陵于南庄，焚御衣、纸钱"。徐无党注曰："焚衣野祭之类，皆闾巷人之事也。用之天子，见礼乐坏甚。"[8] 因山陵遥在数百里外不能远幸，礼难便近而苟且遥奠。

寿安县，即今洛阳市西南的宜阳县。显陵位于今宜阳县城北 25 里的石陵村西 400 米处。封土

1.《旧五代史》卷四五《唐书二一·闵帝纪》，第 622 页。

2.《新五代史》卷七《唐本纪第七·废帝纪》，第 75 页。

3.《新五代史》卷八《晋本纪第八·高祖纪》，第 83 页。

4.《旧五代史》卷四八《唐书二四·末帝纪下》，第 668 页。

5.《旧五代史》卷八〇《晋书六·高祖纪》，第 1062 页。

6.《旧五代史》卷八一《晋书七·少帝纪》，第 1068 页。

7.《旧五代史》卷八〇《晋书六·高祖纪》，第 1062 页。

8.《新五代史》卷九《晋本纪第九·出帝纪》，第 91 页。

呈覆斗形，冢底周长 100 米。高 20 米，保存完好。墓冢坐北向南，前有石碑一通，立于清雍正二年九月，上书"晋高祖墓冢"5 个大字。墓前原有石人、石兽九对，因地势低洼，已陷于淤土中。只有墓前 300 米处的两根六棱形石望柱露出地表 1.5 米，柱间距 25 米。陵东有"邱灵寺"，为石敬瑭灵輀停放处，护陵人居处，今为小学。1966 年前，尚有宋景德年间所立巨碑一通，今已不存。[1]

　　洛阳五代帝陵继承唐代的陵寝制度，限于国力，规模气魄大逊于唐代多数帝陵。缘于时代的特殊性，有的皇帝槁葬草草，了无规格。即便如此，五代帝陵开启了后世陵寝制度的先河，有的学者认为，五代帝陵的葬仪为北宋帝陵所效仿。[2]

1.《洛阳市志》第 14 卷，《文物志》，中州古籍出版社，1995 年，第 88 页。

2. 孙新民：《五代帝陵葬制考略》，《中原文物考古研究》，大象出版社，2003 年，第 275 页。

下编　洛阳出土的墓志、黄肠石

第一章 邙山出土墓志的调查、整理

洛阳是我国历史上建都朝代最多的城市，文明影响世界。洛阳出土西晋、北魏以降的历代墓志数量居全国之最。究其原因，乃国家都城之大小政治人物，各自具备相当的经济实力，在社会厚葬风习的煽动下，事死如生，铺张炫耀，随波逐流，代代因袭之缘故。墓志作为丧葬礼制必备物品之一，用以记载与展示墓主的身分，光耀后世，确不可少。洛阳周围的邙山、龙门山、万安山等地域是亘古知名、竞相入瘗、重叠埋葬的国家级墓域，殡葬之风水宝地，历朝积年埋藏的文物，自无底数。本书仅就洛阳古代墓志（主要是出土于洛阳邙山）的发现、收藏、著录和研究略作梳理。

第一节 墓志的发现

一、清末以前——偶然之发现

往事悠悠，天下名都及其人物被历史的尘埃封埋，荒芜成为田野。先朝文物因偶然发现于地下，为世所重而诱人寻觅，引发了盗掘古代墓葬挖财取宝。于是，近百年来，沉霾千年之久的墓志大显于世，成为时人瞩目的研究古代精神文化之重要资料来源。

1. 唐代

唐封演《封氏闻见记》石志条云："东都殖业坊十字街有王戎墓，隋代酿家穿旁作窖，得铭曰：'晋司徒尚书令安丰侯王君铭。'有数百字。"[1]因建窖动土，隋代人掘出了晋代官员墓中随葬的墓志，十分偶然，是为洛阳历史上最早发现的一方古代墓志。隋唐洛阳城域之中，晋墓很少，随葬墓志的更少。唐应天门东侧有晋砖室墓，出土裴祗墓志。[2]

新中国成立前洛阳出土的王玄墓志，墓主葬于唐咸亨三年（672年），石藏开封市博物馆。细观该志，纵横刻字，二次使用。第一次刻字墓志文字未被彻底磨平，仍能读出一些完整的句子，如"夫人姓斛斯□，洛阳人也"。[3]从残留文字的书体看可能是隋至初唐墓志。洛阳出土的万德墓

---

1. （唐）封演撰，赵贞信校注：《封氏闻见记校注》卷六，《石志》，中华书局，1958年，第51页。

2. 黄明兰：《西晋裴祗和北魏元暐两墓拾零》，《文物》1981年1期，第70页。

3. 洛阳古代艺术馆编：《隋唐五代墓志汇编·洛阳卷》第五册，天津古籍出版社，1991年，第130页。

志，墓主葬于唐贞观二十一年（647年），石藏开封市博物馆。系利用旧志磨平重刻，多处显露原有字迹笔划。[1]这种事情在当时一点也不稀奇，唐诗人王建《北邙行》有句云："涧底盘陀石渐稀，尽向坟前作羊虎；谁家石碑文字灭，后人重取书年月。"[2]

2. 宋代

宋代兴起的金石学开始对传世古物作系统的整理著录，当时的一批学者的著述收录了部分洛阳文物，如：赵明诚《金石录》、郑樵《通志·金石略》等都数量不等地著录了石存洛阳的宋以前的名人碑刻。当时出土了一些唐代墓志、塔铭等墓中随葬品，朱长文撰《墨池编》保留了几方私人收藏的著名书法家的作品目录："唐温彦博墓志，欧阳询书，在西京范雍家"、"唐郭揆墓志，颜真卿书，在西京范雍家"、"唐韦器墓志，通微书，在西京范雍家"、"唐高匡墓志，在洛州永年"、"唐张德墓志，在洛州永年"、"唐僧邕禅师舍利塔铭，欧阳询书，在西京范雍家"。[3]

3. 明代

明代的金石学著作也有一定的述记。宋、明以降，洛阳常有墓葬文物出土，但很少有人重视和研究。《唐韩昶墓志》，"孟县城西五十里苏庄即古尹村，庄南有茔地，周围数里，其东南有冢甚高，俗呼尹丞相坟，万历间盗发一小墓，得此石。"[4]

4. 清代

清代金石学炽盛，有关的金石著作多著录洛阳出土的历代墓志。毕沅《中州金石记》、武亿《金石三跋》、杨铎《中州金石目》、罗振玉《洛阳存古阁藏石目》、郭玉堂《洛阳出土石刻时地记》等皆有之，只是数量不多而已。

《唐罗周敬墓志》，"乾隆五十五年（1790年），洛水激岸，墓陷于水，惟石为土人移置仅存"。[5]

广西雒容县知县，河南汝州人杜梦麟，字丹圃，曾任河南府训导。"君久为校官，勤撰述，考订金石著录若干卷。洛阳古名都，尝访碑得南北朝、唐墓志甚夥，北魏韩显宗其尤也"。[6]《北魏韩显宗墓志》"清同治间出土于洛阳城西北水口村，夏日大雨冲露出土，无冢。广庆按，石初为宋殿超所得，知县陈传薪以四千文购之，后经教谕杜梦麟贻藩司朱寿镛。幼时，先父赴海资市物，得拓本一纸，吾家有魏志石本自此始"。[7]墓志圭形，两面刻字，高56、宽33厘米，尖首上额题阳文篆书3行9字："魏故著作郎韩君墓志"，十分罕见。早期拓本之额题左刻跋："光绪十六年出

1. 《隋唐五代墓志汇编·洛阳卷》第二册，第110页。

2. 《全唐诗》卷298，王建《北邙行》，中州古籍出版社，1996年，第1822页。

3. （宋）朱长文撰：《墨池编》卷六，文渊阁《四库全书》原文电子版，济南开发区汇文科技开发中心编制，武汉大学，1997年，第312盘，第3363号，第6册，第33、34、43页。

4. （清）黄本骥：《古志石华》卷二十，道光二十七年（1847年）开雕，三长物斋藏版。

5. 《古志石华》卷二十五。

6. 何家琪：《天根斋文抄》续集，《广西雒容县知县汝州杜君墓志铭》，光绪丙午（1906年）大梁刊本。

7. 郭培育、郭培智主编：《洛阳出土石刻时地记》，大象出版社，2005年，第11页。

土，明年八月市存河南府学恝余斋，训导杜梦麟另有跋"。[1]后磨去，现藏上海博物馆。

洛阳古代艺术馆藏《王基碑》是清代乾隆年间发现的曹魏时期的著名石刻，流传有绪。或曰《王基墓志》，以方形如墓志。左上部有杜梦麟撰隶书刻字一段："右魏东武侯王基碑，诸家考证详矣。惟汪容甫先生据装本，以碑字裁刻下方，上方尚未开凿，大谬。此石上方未刻者前三行，每行一字，后每行二字。下方则每行各缺五字。麟惧后人误信，述学一语。致有赝此石者，因详志焉。并伐木作盖，以防损伤。光绪八年冬，河南府训导汝州杜梦麟谨跋。"

隋末社会动乱，隋臣王世充镇压农民起义军，废杨侗于洛阳，自称皇帝。建国号"郑"，立年号"开明"，前后三年（619—621年）。由于"郑"朝地狭祚短，写具"开明"年号的墓志凤毛麟角。而清中期却出土了《韦匡伯墓志》和《元氏买得墓志》。金石学者吴士鉴说："匡伯于大业十三年薨于江都行在所，至伪郑开明二年（即唐武德三年）始权殡于洛阳县。其时世充僭窃，作志者用其年号，而碑额乃云'郑故大将军'，实则匡伯未尝拜世充伪职也。此碑光绪中叶于河南洛阳出土。同时又有开明二年《大郑上柱国邓国公夫人元氏买得墓志》，亦出于洛阳。伪郑碑碣并显于世，前人著录家所不及见也。"[2]

嘉庆十八年(1813年)，举人陆继辂、知县魏襄修纂的《河南洛阳县志》，首创《金石卷》，收录石刻489种，注意了当地碑志文物拓本的收集与著录。其中唐志7、后晋志1、北宋志1。

道光二十年(1840年)，洛阳令马恕在县城东门外千祥庵北跨院内建"存古阁"贮藏经他收集的碑碣墓志石刻68件，成为洛阳历史上第一个由公家修建的保存地方文物的场所，也是第一个可供人观览的展室，使一批石刻文物得以传世。

二、清末至民国——主动之盗掘

邙山是古代埋葬死者的风水宝地，"邙岭无卧牛之地"是形容这块风水宝地墓葬密集的古老谚语，洛阳北邙的古冢自古至今几乎全被盗掘过。清末民国时期出土的东汉、北魏等朝代的墓志，在社会上引起很大的轰动。

1. 汴洛铁路修建与盗掘缘起

1840年的鸦片战争以后，中国逐步沦为半殖民地半封建社会。同时帝国主义也开始了对中国文化的侵略和文物的劫夺。洛阳近代大规模的盗掘古墓之风渐渐刮起。1900年，英美等八国联军侵华，外国人搜刮中国古物之风以此为开端，洛阳近代大规模盗掘古墓之风也根源于此。

光绪宣统年间，汴洛铁路于1904年10月动工，1910年1月1日正式通车。1913年5月，陇海铁路洛阳至观音堂段开工，1915年9月完工。铁路通过邙山南麓。修筑铁路期间，因工程动土，毁坏了一批古墓。带来了古墓文物的批量出土。外籍铁路职员的收购和径自偷运出境，开始了帝国主义国家的文化强盗对洛阳古物的劫夺，引发了主动的盗掘。出土的古物又为古董商带到北京、上海等地古玩市场销售，成为任人价买的古董。官僚、军阀、商人、文士的玩好与收藏、古

1. 北京图书馆金石组编：《北京图书馆藏中国历代石刻拓本汇编》，第三册，中州古籍出版社，1989年，第44页。

2. 吴士鉴：《九钟精舍金石跋尾》甲编，《伪郑韦匡伯墓志》，宣统二年（1910年）刻，第58页。

董商人的倒卖所获得的优厚利润，刺激了盗墓活动。本地乡民世代贫困，生活无着，刨古卖钱以求生计，是直接的盗墓群体。民国八年，邙山安驾沟村民刘宗汉在村北自家地中盗掘古墓，一月之间先后掘出北魏元篡、元晫、元熙墓志三石，刘"喜甚，谓志石售价与地价埒也"，[3] "到了民国十年左右，古物因中外人士之购买，价值最昂，盗发者愈多。"[4]如民国八年，邙山乡民盗掘北魏元遥墓，"同时出土瓦器甚多，值数千元。"民国九年，盗掘北魏元珍墓，"所出陶器以千元售之"。[5]自民国初年始，洛阳邙山乡民对于地下古物由偶然的发现逐渐转为多方的搜寻与盗掘。而邙岭上突出于地面大大小小难以数计的历代帝王将相、贵族官僚的冢墓，则是最便利的盗掘对象。到了民国十四、五年，洛阳四郊成立民团、红枪会等武装组织后，乡民们依靠枪枝，就从夜间偷挖变为白昼公开挖掘。

此以墓志为线索，观察盗掘与出土情况。盗墓风遍及洛阳全境，"尤以正北和东北部马坡、北窑、塔湾、金村及邙山一带为最。地痞流氓无业游民群起，从事盗掘古墓，不下万人之多。仅马坡一村即有二三百人。"[6]被盗掘的古墓不可数计，使洛阳这座古代文物的地下宝库十墓九空。洛阳考古工作者估计，新中国成立前，洛阳出土约三千方历代墓志，平均10座墓出土1方，即被盗掘3万座墓，平均每座墓出土10件文物，即有30万件之巨，而其中绝大部分的文物都流失国外。

外地人偶然经过洛阳或专程来洛阳购古董者极多，其中有学者教授和社会闻达。北京琉璃厂是全国最大的古玩市场，这个市场也是洛阳出土古物的一大集散地。罗振玉于此购得了相当数量的洛阳古物。洛阳出土古物运到北京古董肆后，任人估买。

1911年四月初五，罗振常等受邀随当地人到河南府城东北八里，邙山南麓的马坡村观览唐代刘栖楚、田通、郑瞻墓志和各类古物。[7]

1917年初夏，无锡许同莘游历嵩洛，周览名胜古迹。他说："洛阳冢墓最多，背邙面洛，佳气葱郁，北朝多志墓之文。近岁居民发掘，获利不赀，有以此为业者，其法于雨后视水渗入处掘之，往往有得。若发一大冢，则明器偶人，盈千累百，不独铭幽佳刻，可得善价而已。骨董商设肆城中，百方搜掘，使古人于千数百年以后，无端受暴骨析骸之惨，背天害理，莫此为甚。……铁路委员孙君幼田，尝目击其事，为言某得墓志若干石，某得铜器若干事，豪夺强取，有因此构隙者。余谓大利所在，势不能禁。"[8]

一代文豪、金石学者鲁迅也曾收集过洛阳文物。其日记有云：1919年12月31日"午后，往留黎厂买孔神通、李弘柸墓志各一枚，券四元"，[9]孔神通墓志出土于洛阳。

盗墓自民国初年兴起到洛阳解放终结，40年内从未停止，其间以民国十年至民国十七八年

3. 郭玉堂：《洛阳出土石刻时地记》，洛阳大华书报供应社印刷发行，1941年，第31页。

4. 卫聚贤：《中国考古学史》，《余论》，商务印书馆，1937年，第114页。

5. 郭培育、郭培智主编：《洛阳出土石刻时地记》，大象出版社，2005年，第17页。

6. 吴圭洁：《解放前洛阳文物古迹盗损情况概述》，《洛阳文史资料》第1辑，第131页。

7. 罗振常：《洹洛访古游记》，河南人民出版社，1987年，第125页。

8. 许同莘：《嵩洛游记》，民国铅印本，第22页。

9. 《鲁迅日记》，人民文学出版社，1976年，第326页。

军阀混战时期和日伪时期最甚，遍及洛阳全境。1927年至1928年，驻洛军阀韩复榘成立古玩特税局，古董经营合法化，掀起了盗掘狂潮，墓志之出土亦夥。

2. 清末、民国出土的历代墓志

(1)魏晋墓志

史载曹魏西晋帝陵在洛阳之东首阳山，依山为陵，不封不树，使易代之后不知其处，故鲜为人知。曹魏"其皇后及贵人以下，不随王之国者，有终没皆葬涧西"。[1]由清代民国时期出土的石刻墓志可知其大略。

清嘉庆年间邙山安驾沟出土的东武侯王基墓碑，现存洛阳古代艺术馆。周进于《居贞草堂汉晋石影》记其藏有沛国丰张盛墓志、西掖门卫士颍川张君神坐。平寇将军关中侯广平曲梁苏君神道碑曾归洛阳县知事曾炳章。1925年马衡在洛阳获得处士鲍寄神坐和仆射鲍捐神坐，现藏故宫博物院，以上为曹魏时期墓中随葬之物。西晋墓志就比较多了，清乾隆年间出土的刘韬墓志曾归金石学者武亿。1919年出土的幽州刺史石尟墓志，处士石定墓志曾归周进，现藏故宫博物院。1930年出土的徐君夫人管洛碑由于右任收藏后移赠西安碑林。1925年出土的处士成晃碑由张钫收藏于新安县千唐志斋。另有张圭妻砖志、乐生柩志、贾充妻郭槐柩铭、武威将军魏雏柩铭、贵人左棻墓志、骠骑将军韩寿墓表、荀岳暨妻刘简训墓志、沛国相张朗碑、虎牙将军王君墓志、郑舒夫人刘氏墓志等或下落不明，或为公私收藏，或远涉域外。如西晋沛国相张朗碑，隶书俊美。"此石形制小巧，埋入土中，名虽曰碑，实墓志也。一九一六年在洛阳城东北二十里后营村西北出土。一九一九年为一日本商人在洛阳某古董店售去，归日本太仓集古馆。一九二四年（日历大正十二年）九月一日，日本大地震，馆毁碑也焚裂。"[2]后为日本雕刻家新海竹太郎修整复原，然文字大半残缺。荀岳暨妻刘简训墓志现在偃师商城博物馆。

(2)北魏墓志

太和十八年（494年）孝文帝元宏迁都洛阳。"乃自表瀍西以为山园之所。"[3]十九年下诏："诏迁洛之民，死葬河南，不得还北。于是代人南迁者，悉为河南洛阳人。"[4]同时"诏曰：'迁洛之人，自兹厥后，悉可归骸邙岭，皆不得就茔恒代。'"[5]

在今洛阳市北东西长30余里、南北宽20余里的"瀍河两侧的北邙山域，是北魏统治集团的一个大墓区。这个大墓区，既包括了帝陵，又包括了元氏皇室、'九姓帝族'、'勋旧八姓'和其他内入的'余部诸姓'以及此外的一些重要降臣的墓葬。"[6]帝王陵墓多有高大的封土堆。这一带自清末始就偶有墓志出土。"元魏墓葬，民国以前，无敢恣为发掘，志石出土者少，即偶一见之，亦

1. 《三国志》卷二《魏书·文帝纪》，中华书局，1959年，第82页。

2. 王壮弘、马成名：《六朝墓志检要》，《沛国相张郎碑并阴》，上海书画出版社，1985年，第16页。

3. 《魏书》卷一三《皇后传·文成文明皇后冯氏》，中华书局，1974年，第330页。

4. 《魏书》卷七下《高祖纪》，第178页。

5. 《魏书》卷二〇《广川王传》，第527页。

6. 宿白：《北魏洛阳城和北魏陵墓》，《文物》1978年7期，第48页。

复不为世重。"[1]

　　民国年间数赴洛阳考察古迹的学者马衡云："北朝墓志多于南朝,而近年所出更倍蓰于前人之所著录,其中尤以北魏元氏为多。盖洛阳之芒山,自古为丘墓之虚,而北魏陵寝多在其间,王侯贵族胥祔葬于此。嗜利之徒,私自发掘,时有所获。"[2]

　　自民国初元至民国二十五六年的近30年内,邙山的北魏墓葬几乎全部被盗掘了。郭玉堂《洛阳出土石刻时地记》记录了这一大陵区盗掘出土的北魏墓志约250方。墓志多鸿篇巨制,除有裨益于史学外,其书法上承秦汉隶书,下启隋唐楷书,字体浑厚凝重,遒劲刚健,为今人习字楷模,书家誉为"魏碑体",故一出土即被古董商高价买去。据估计,被盗的北魏墓最少不下于五百座。[3]此以墓志为线索,略述于下。

　　1915年,罗振玉在日本作《海外贞珉录》,其序云"尝闻我关津税吏言,古物之由中州运往商埠者,岁价恒数百万,而金石刻为大端。……予尝谓古刻而至异域,殆不殊再入重泉也。予居东以来,颇见我国古石刻之流入东土者。"[4]书中记日本太仓喜八郎收藏的洛阳出土北魏墓志有燕州刺史元飏墓志、元飏妻王夫人墓志、齐郡王妃常氏墓志。这3方志石于1924年毁于地震。

　　于右任收藏后捐赠西安碑林的北魏墓志为136种,为目前国内收藏魏志最多者。著录于于氏《鸳鸯七志斋藏石目录》的有80余方。

　　据见闻所及,洛阳古代艺术馆藏20余方。辽宁博物馆藏20方,多为罗振玉旧藏。开封博物馆藏8方。上海博物馆藏5方。张伯英收集于新安千唐志斋的现存2方,总计尚不足200种之数。他处如故宫博物院、中国国家博物馆等文博单位,都收藏有洛阳出土的北魏墓志。

　　1931年春,燕京大学教授容庚、顾颉刚以及郑德坤等"访古到洛阳时,古董商郭某曾带我们去看被发掘了的大魏贞景王墓,有墓志一方,已卖与当地长官了。冢高三丈许,乡人由顶凿穴而入,尽得圹中器物,由边凿穴而出。将穴填塞之后,草木复长,谁也不知其已被盗发了。洛阳一带人民,多为穴居,有凿洞的本能,也就是盗墓的妙手。"[5]贞景王元谧墓于1930年被盗,墓志出土"后与宁懋墓中所出石室同售之国外。"[6]

　　(3)隋代墓志

　　隋都洛阳,其祚虽短,但仍留下了为数众多的墓葬。《洛阳出土石刻时地记》载隋志170余方,是1940年以前民国年间盗掘数目的不完全统计,《六朝墓志检要》列目187志。被盗的墓葬当数倍于此,因为不是任何一座隋墓都以墓志随葬。

　　洛阳出土的隋志亦为世人所重,公私家竞为收藏,隋墓志的流散与北魏墓志略同,此举数例以见一斑。三原于右任搜储最多(所说数量均不包括志盖),1935年移赠西安碑林112方,其中38

1. 王广庆:《洛阳访古记》,《河南文史资料》第23辑,1987年,第135页。

2. 马衡:《凡将斋金石丛稿》,《中国金石学概要》下,中华书局,1977年,第90页。

3. 黄明兰:《洛阳北魏世俗石刻线画集》,人民美术出版社,1987年,第2页。

4. 罗振玉:《海外贞珉录·序》,民国乙卯年(1915),罗氏家刻本。

5. 郑德坤、沈维钧:《中国明器》,哈佛燕京社出版,1933年,第59页。

6. 郭培育、郭培智主编:《洛阳出土石刻时地记》,第26页。

方宫人志1925年出土于洛阳城北后洞村，这里是隋朝宫女的葬地，1300年后集体遭到盗贼洗劫。开封博物馆藏14方，辽宁省博物馆藏4方，洛阳古代艺术馆藏9方，洛阳雷氏捐赠古代艺术馆3方，千唐志斋博物馆藏2方。

(4)唐代墓志

唐诗人王建《北邙行》曰："洛阳城北复城东，魂车村马常相逢。车辙广如长安路，葛草少于松柏树。涧底盘陀石渐稀，尽向坟前作羊虎。谁家碑石文字灭，后人重取书年月"。反映唐代北邙山葬人极多。

唐代墓志大批出土始于修汴洛、洛潼铁路时，有外籍铁路职员径自盗运出国的。多数为古董商收购后运往北京、上海古玩市场任人购买。《中国明器》记英国所藏洛阳唐墓文物：贺孙氏书中载有唐高宗永淳二年（683年）正月十六日死于河南河阳县的文寿正墓志，黑得宁顿氏书中亦载有武后时仕刘氏（显庆二年至开元八年）墓志等文物。[1]该书还叙述了"北大研究所国学门收藏唐明器两组。一系唐封泰墓中所得……一系唐开元二年戴令言墓中所得……其出土地为洛阳。"[2]

民国至新中国成立前夕，盗掘的唐墓出土了数以千计的墓志，多是中、下层官僚、地主的。这些墓志大部流散国内，也有被盗运出国的。

"千唐志斋"藏唐人墓志1191件。洛阳关林古代艺术馆藏唐墓志500多方，另有志盖200多方，一部分是新中国成立后从旧政府办的"河洛图书馆"、"中原社会教育馆"（周公庙）等处接管过来的，一部分是20世纪五六十年代在邙山各村收集的。洛阳雷氏（旧古董商）后裔于1996年捐赠洛阳古代艺术馆16方，另有志盖9方。开封博物馆藏唐墓志409方，还有志盖250多方，是19世纪二三十年代旧省会的古物保管委员会等收集的。原李根源旧藏，现保存于南京博物院的93方。西安碑林藏20世纪30年代于右任移赠的唐代墓志35方。辽宁博物馆藏8方。以上几处共保存洛阳出土唐代墓志约2278方（不包括洛阳、开封二地的墓志盖），墓志内涵丰富，堪称石刻唐史。

洛阳还有一批五代时期的墓葬被盗，就出土墓志而言，洛阳古代艺术馆15方，千唐志斋22方，西安碑林藏1方，洛阳雷氏捐赠1方，合计39方。

(5)宋元明清墓志

自宋代以后，中国政治中心南移，洛阳便逐渐衰落了。宋代墓葬和随葬品与唐代相比要少得多。除了陶器等，也有品质较好的各窑口的瓷器。墓志亦少，《千唐志斋》藏88方；洛阳古代艺术馆藏56方，后洛阳雷氏捐赠2方；开封博物馆藏13方；西安碑林藏3方；合计约162方。

洛阳发现元人墓葬最少，洛阳古代艺术馆藏元志4方，千唐志斋藏1方。

明初，朱元璋封其第廿五子朱㰡为伊王，明后期，神宗朱翊钧又封其子朱常洵为福王，均就藩洛阳。藩王世袭，其墓葬多在洛阳，形制甚大，惜多遭盗掘，有墓志出土。[3]其他墓葬亦或有墓志出土，是墓中唯一得以保存至今的文物。洛阳古代艺术馆藏86方，后洛阳雷氏捐赠3方；千唐志斋藏30方；开封博物馆藏2方；约合121方。

---

1. 郑德坤、沈维钧：《中国明器》，第59、60页。

2. 郑德坤、沈维钧：《中国明器》，第60页。

3. 黄明兰：《洛阳明藩王墓考古实录》，赵振华主编：《洛阳出土墓志研究文集》，朝华出版社，2002年，第484页。

1986年4月，孟津县文管会征集到明福王朱常洵墓志一合，该志系1924年在南麻屯乡庙槐村南约500米处盗掘出土。志79厘米见方，厚10厘米，由其子朱由崧撰文，楷书21行，满行25字，盝顶盖篆"明忠福王圹志"。[1]朱常洵《明史》有传，但关于其生卒、谥号及被李自成起义军处死后的尸体去向等问题，没有记载。墓志记叙了其生卒、册封、就藩及李自成攻克洛阳的具体日期。

清代民间墓葬亦被盗掘，洛阳古代艺术馆藏清代墓志14方，民国墓志2方；千唐志斋藏清代墓志2方，民国墓志7方。

三、新中国成立以来——考古之发现

1. 墓葬发掘与墓志出土

洛阳盆地，地理环境特殊。北面的邙山是中国古代最负盛名的墓地。因封建社会的厚葬风习，在墓中随葬了丰富的文化遗物，邙山又成为我国最大最珍贵的地下文物仓库，也是中国出土古代墓志的渊薮。

邙山为古人心中的风水宝地，身后的安眠之处。以唐代为例，有唐近300年，上自王侯将相，下至平民百姓，或籍贯河南，或寓宦于东都，多葬于邙山。亦有非本乡贯，又不在此就职者，身后或"卜葬"、"迁窆"、"迁神"或"祔葬"、"合葬"于北邙。尤为奇者，本或卒于关陇、或终乎江淮、或身死岭南、或命亡幽燕，其家人却一路艰辛，千里迢迢，"安神"于邙山之阳。故近代以来，洛阳唐志多出土于邙山，数量之多，居全国之最。邙山在唐东都外郭城以北，城外的东、南部为平原，也是密集的墓葬区。邙山之外尚有风水宝地万安山、龙门山。

万安山，是位于洛阳南部的一道东西走向的山脉，系嵩山的西延部分，西至伊阙。为今偃师市与登封、伊川县的自然分界。山势高低起伏不一，绵延百里，宽约12～20公里，南坡平缓，北坡陡峭。唐伊汭乡包括了今万安山南伊川县境内山前洪积冲积形成的半坡台地。此地背以峻岭为屏障，前面高阔宽敞，水深土厚。古人择此佳地为兆域，依制而葬。清代以来，这一带即有墓志出土，唐代崔、卢、李、郑等世家豪族支裔多瘗于此，还有宰相姚崇、张说的家族兆域。至今光禄少卿姚彝碑、唐鄂州刺史卢正道碑等唐代神道碑仍矗立于许营村北的乡间田野。这里山重水复、气聚风藏，万安山南麓这一处广袤之地成为东都居民倾心倚重的风水宝地，仅次于北邙的著名墓地。若宋代宰相范仲淹墓园在焉，至今茔域古柏郁郁葱葱。

龙门山，为洛阳城的南部天然屏障，石山高耸，中分如阙，伊水北流，景色秀丽。其左右为丘陵土埠，高燥宽阔。自北魏至隋唐，龙门佛教石窟的雕造和周围丛林的建立使之成为国家佛教的中心地区。从出土墓志知，以龙门石窟为中心，方圆周回以家族为单位集葬着隋唐时期的高官世宦各色人等，志主一部分为结缘佛法之善男信女。而以佛教法系为纽带，寂灭之僧尼亦广树塔幢，聚葬于此，成为古都具有宗教特色的茔域。伊阙之东保存至今的白居易墓是颇具个性的墓葬之一。

洛阳的历史文化积淀异常丰厚。1952年，由中央人民政府文化部社会文化事业管理局、北京

---

1. 李献奇、张钦波：《明福王朱常洵圹志》，《中原文物》1987年3期，第47—49页。

大学历史系、中国科学院考古研究所合办的全国第一届考古工作人员训练班，于当年10月至11月来洛阳实习，并设立工作站。于东郊发掘殷代遗址和39座墓葬。这是洛阳历史上第一次由国家组织的科学考古发掘。随着城市的建设发展，配合基本建设，把地下蕴藏的古代文物用科学方法发掘出来，整理研究后发表，这项工作在洛阳便逐渐开展起来。此外，为解决重大学术问题也进行有计划的主动发掘。墓志作为随葬品之一种，时见问世。

2. 新中国成立以来考古发现的历代墓志

(1)东汉刑徒墓砖

汉魏洛阳城南郊，今偃师县西大郊村西南，有一大片东汉刑徒墓地，纵横密集，排列有序。每个浅小的墓坑中有用筑砌城墙的残砖铭刻死者姓名、刑名、籍贯、死亡年月等字，死者是由全国各地狱所押送至京师服役的刑徒。刻铭砖于光绪末年出土，1909年，《神州国光集》第7集上首先发表刑徒砖的拓本。当时端方收集了103块，于1909年作《匋斋藏砖记》二卷，将砖铭录文，附《匋斋藏石记》后，并著录拓本于《匋斋藏砖》。因误传砖出河南灵宝，1915年，罗振玉据端方藏拓本，摹勒其文字佳丽者31砖为《恒农冢墓遗文》，1917年，罗氏又录231块砖文于《恒农砖录》中。

1958年，中国科学院黄盛璋在洛河南岸西大郊村找到两个汉代筑城刑徒集体坟场，坟场出土很多古代刻字葬砖，有一定书写格式，《光明日报》予以报道。[1]同年，洛阳文物工作者黄士斌报道了1965年在该坟场发现的10块刻字砖。[2]

中国科学院考古研究所洛阳工作队1964年发掘的522座刑徒墓出土了820块刑徒墓刻铭砖，估计是把棺材下于墓坑后，即将墓砖扔置于棺上。其埋设之目的为标志墓主，可用于后人迁葬时据以识别尸骨。发掘者将刻铭砖依铭刻格式分为7种，并考释名词，判断墓地年代，推动了对东汉刑狱制度的研究。[3]吴荣曾等就这批墓砖铭刻的某些内容谈了个人看法。[4]张政烺的《秦汉刑徒的考古资料》用秦上郡戈和后汉洛阳刑徒砖志等考古资料结合文献记载，论证刑徒在周、秦是奴隶身份，汉代虽在逐渐减缓其罪刑，但奴隶身份未变。论者指出，"所以刑徒执役者大部分都成了终身的奴隶"，为学界之一说。[5]

(2)西晋墓志

蒋若是、郭文轩的《洛阳晋墓的发掘》，系统整理了1953年至1955年在邙山南坡发掘的54座西晋墓资料，是发表时间最早、整理数量最多的一批晋墓资料。随葬品中有圭形墓志3方，M1出土《太康八年残墓志》（287年），陶质。M8出土《徐美人墓志》（元康九年，299年），志主为

1. 《光明日报》1958 年 2 月 4 日第 2 版。

2. 黄士斌：《汉魏洛阳城刑徒坟场调查记》，《考古通讯》1958 年 6 期，第 40 — 44 页。

3. 中国科学院考古研究所洛阳工作队：《东汉洛阳城南郊的刑徒墓地》，《考古》1972 年 4 期，第 2 — 19 页。

4. 吴荣曾：《汉刑徒砖志杂释》，《考古》1977 年 3 期，第 193 页。周菲：《偃师西大郊村出土东汉刑徒墓砖》，《史学月刊》1982 年 3 期。

5. 张政烺：《秦汉刑徒的考古资料》，《北京大学学报》（人文科学版）1958 年 3 期。

西晋贾皇后乳母。M22出土《孙世兰女墓志》（永宁二年，302年）。[1]

　　1979年，洛阳博物馆在周公路、定鼎路口东南角发掘了晋元康三年裴祗墓，《裴祗墓志》于1936年盗掘出土，1969年捐献给洛阳博物馆。墓志青石质，长方形，下有榫，置于一石座上，志高43、宽20、厚4厘米，正背两面刻字，有界格，面有字6行，行12字。[2]

　　1984年夏，在偃师市杏园村发掘一座西晋墓（杏园34号墓），其中的墓志被盗墓者打碎后零散地弃置在前、后室填土中。将6块碎石拼合成墓志的左下半，已残缺不全。残高44、宽45、厚11厘米，下有榫头。志隶书，正面残留 "子孙号咷，断绝九族" 等70余字，背面残留20余字。依惯例，可定其为《晋 "子孙号咷" 残墓志》。[3]

　　1988年在汉魏洛阳城东部、外郭城内，发现了东汉晚期至北魏的丛葬墓地两处，墓坑排列密集、有序，清理了28座。墓中出土数块朱书文字小砖，其中2块字迹明显，每块约20余字，记述墓穴方位与编号，上有 "西人" 字样。[4]通过对墓葬排列规律和埋葬状况特点的分析，并引用文献考证砖铭，可以认为 "西人" 是东晋随从桓温北伐的 "义故西人" 在洛阳附近战死或因其他原因死亡者的葬地。[5]

　　(3)北魏墓志

　　北魏帝陵坐落于邙山的瀍河两岸，亦有高大的墓冢为标志。这个大型墓区既包括了孝文帝长陵、宣武帝景陵、孝明帝定陵、孝庄帝静陵，又包括了元氏皇室、"九姓帝族"、"勋旧八姓" 和其他入内的 "余部诸姓"，以及此外的一些重要降臣的墓葬。[6]1991年曾发掘了北魏宣武帝景陵，[7]这是洛阳考古史上科学发掘的第一座帝陵。

　　洛阳已发掘北魏墓葬数十座，一些因墓中随葬志石而确定了墓主人，此列述所见：《燕州刺史寇猛墓志》，[8]《常山王元邵墓志》，[9]《燕州治中从事史侯掌墓志》，[10]《洛州刺史元睿墓

1. 河南省文化局文物工作队二队：《洛阳晋墓的发掘》，《考古学报》1957 年 1 期，第 169 — 185 页。

2. 黄明兰：《西晋裴祗和北魏元暐两墓拾零》，《文物》1982 年 1 期，第 70 页。

3. 中国社会科学院考古研究所河南第二工作队：《河南偃师杏园村的两座魏晋墓》，《考古》1985 年 8 期，第 721 — 735 页。

4. 中国社会科学院考古研究所洛阳汉魏城队：《洛阳汉魏故城北魏外廓城内丛葬墓发掘》，《考古》1992 年 1 期，第 22 — 31 页。

5. 段鹏琦：《对汉魏洛阳城外廓城内丛葬墓地的一点看法》，《考古》1992 年 1 期，第 80 — 82 页。

6. 宿白：《北魏洛阳城和北邙陵墓》，《文物》1978 年 7 期，第 42 — 52 页。

7. 中国社会科学院考古研究所洛阳汉魏城队等：《北魏宣武帝景陵发掘报告》，《考古》1994 年 9 期，第 801 — 814 页。

8. 侯鸿钧：《洛阳西车站发现北魏墓一座》，《文物参考资料》1957 年 2 期，第 86 页。

9. 洛阳博物馆：《洛阳北魏元邵墓》，《考古》1973 年 4 期，第 218 — 224 页。

10. 洛阳市文物工作队：《洛阳孟津晋墓、北魏墓发掘简报》，《文物》1991 年 8 期，第 48 — 61 页。

志》，[1]《镇远将军染华墓志》，[2]《阳平王元冏墓志》（永平四年，511年），[3]《瀛州刺史王温墓志》（太昌元年，527年），[4]《河涧太守郭定兴墓志》（正光三年，522年）。[5]

还有一些墓志出土后，有拓本流传而原石下落不明，后重新发现者。如1975年底、1976年初的河南省文物普查工作，时间较长，铺面较广。笔者时供职于洛阳博物馆，与王恺老师等3人为一个小组，分查孟津县的几个公社。1976年1月19日在朝阳公社大姚凹村，听该村小学教师告知，大姚凹村小学内有一块石头墓志，即入校查寻，志石平放于校内后门旁边地上，个体较大，上边堆了一些碎砖头，去砖后见字面朝上，即记录、录文，乃《元诞墓志》。让学校派人将志石送到周公路洛阳博物馆文物仓库，并开据见石付款条，不久送致，现在洛阳古代艺术馆保存。而此石于"民国十九年（1930年）阴历三月，洛阳城北护驾庄村南出土"。[6]

(4)隋唐五代墓志

隋祚甚短，仅27年，故出土墓志亦少。唐运300年，唐代墓志在洛阳地区出土最多、最为常见。新中国成立后，洛阳发掘的隋唐墓约500座，发表的多是单个墓或一个墓地数座墓的零星资料。除了城市基本建设、农村平整土地、兴修水利时常有发现外，因主动的考古发掘乃至不法之徒的盗掘，亦时有发现，甚至偶然动土即有大获。1990年，距偃师县城西南约15公里的高龙乡逯寨村某村民在家中打井时正好打在一座唐墓上，并发现3合墓志，墓志出土于距地表深约10米的井壁上，墓室延伸到住宅下面，无法清理。这3合墓志是：《唐江西道都团练副使郑高墓志》（贞元廿一年，805年），《唐郑高夫人崔氏权厝墓志》（元和二年，807年），《唐郑高与夫人崔氏合祔墓志》（长庆三年，823年）。[7]

《唐舒州司马陈曦墓志》、《唐陈曦夫人王氏墓志》，1955年发掘出土。[8]拓本著录于《洛阳出土历代墓志辑绳》。[9]《陈公砖墓志》，砖墓志长35、宽32、厚8厘米，用墨书写，另以一块方砖作盖，字迹大部还可以看清。[10]以上二墓志主人是父子关系。《唐文林郎崔沈墓志》（神龙二年，706年），1957年发掘出土。[11]《郑开明二年裴氏砖墓志》（开明二年，620年），1975年发掘

1. 中国社会科学院考古研究所河南二队：《河南偃师杏园村的四座北魏墓》，《考古》1991年9期，第818—831页。

2. 偃师商城博物馆：《河南偃师两座北魏墓发掘简报》，《考古》1993年5期，第414—425页。

3. 310国道孟津考古队：《洛阳孟津邙山西晋北魏墓发掘报告》，《华夏考古》1993年1期，第42—51页。

4. 洛阳市文物工作队：《洛阳孟津北陈村北魏壁画墓》，《文物》1995年8期，第26—35页。

5. 洛阳市第二文物工作队：《洛阳纱厂西路北魏HM555发掘简报》，《文物》2002年9期，第9—19页。

6. 郭培育、郭培智主编：《洛阳出土石刻时地记》，大象出版社，2005年，第37页。

7. 偃师商城博物馆郭洪涛、王万杰：《河南偃师市高龙逯寨出土唐代墓志》，《考古》1997年2期，第183—186页。

8. 河南省文化局文物工作队第二队：《洛阳十六工区76号唐墓清理简报》，《文物参考资料》1956年5期，第41—44页。

9. 洛阳市文物工作编：《洛阳出土历代墓志辑绳》，中国社会科学出版社，1991年，第575、597页。

10. 王与纲、赵国壁：《洛阳十六工区清理唐墓一座》，《文物参考资料》1956年12期，第77页。

11. 河南省文化局文物工作队：《河南偃师唐崔沈墓发掘简报》，《文物参考资料》1965年12期，第41—44页。

出土于隋唐洛阳城的皇城内。[1]

　　《唐张庭珪墓志》，[2]《唐卢夫人墓志》（天宝九年，750年），1970年发掘出土，[3]《唐安菩与何夫人合葬墓志》1981年发掘出土，[4]以墓葬保存完整，出土唐三彩等文物丰富，志主为安国人、陆胡州大首领，人物事迹重要而备受关注。《唐卢氏崔夫□方塔铭》（神龙二年，706年），1976年冬洛阳徐村发现，塔是埋葬遗骨的。[5]

　　《唐李廷祯墓志》（景龙二年，709年）、《唐卢州参军李存墓志》（会昌五年，845年），1984年于偃师发掘出土。[6]《唐李元璬墓志》，《唐李元璬夫人郑氏墓志》，1983年于偃师发掘出土。[7]《唐李守一墓志》（系墨书砖墓志，长寿三年，694年）、《唐宋祯墓志》（神龙二年，706年）、《唐李嗣本墓志》（景龙三年，709年）、《唐李景由墓志》（开元廿六年，738年）、《唐郑绍方墓志》（元和五年，810年）、《唐李梲墓志》（咸通十年，869年），1984—1985年于偃师发掘出土。[8]《唐张思忠与夫人赵氏合葬砖墓志》（长安三年，703年），1985年于偃师发掘出土。[9]

　　《唐卢从愿夫人郑德曜墓志》，1988年洛阳市龙门镇魏湾村出土。[10]《唐试光禄少卿牛子珍与夫人赵氏同葬墓志》，1984年宜阳县高村乡王沟村出土。[11]《唐东都荷泽寺禅宗七祖神会塔铭》，1983年洛阳龙门石窟南国家粮库出土。[12]《唐杨堂砖墓志》（咸亨三年，672年），墨笔楷书，《唐崔凝妻李夫人墓志》（咸通八年，867年）、《唐崔凝墓志》（乾宁三年，896年），1991年偃师发掘出土。[13]《唐定城县令柳凯墓志》，1988年偃师发掘出土。[14]《唐龙门县尉严仁墓志》，1992年偃师发掘出土。[15]

1. 曾意丹：《洛阳发现郑开明二年墓》，《考古》1978年3期，第215—216页。

2. 伊川县人民文化馆：《河南省伊川县出土土徐浩书张庭珪墓志》，《文物》1980年3期，第55页。

3. 洛阳博物馆：《洛阳关林唐墓》，《考古》1980年4期，第382—383页。

4. 洛阳市文物工作队：《洛阳龙门唐安菩夫妇墓》，《中原文物》1982年3期，第21—26页。

5. 洛阳市文物工作队：《洛阳徐村发现一批唐代石刻造像》，《中原文物》1984年3期，第56—58页。

6. 中国社会科学院考古研究所河南第二工作队：《河南偃师杏园村的两座唐墓》，《考古》1984年10期，第904—914页。

7. 洛阳行署文物处、偃师县文管会：《偃师唐李元璬夫妇墓发掘简报》，《中原文物》1985年1期，第19—22页。

8. 中国社会科学院考古研究所河南第二工作队：《河南偃师杏园村的六座纪年唐墓》，《考古》1986年5期，第429—457页。

9. 偃师县文物管理委员会：《河南偃师县隋唐墓发掘简报》，《考古》1986年11期，第994—999页。

10. 朱亮、赵振华：《唐郑德曜墓志与湛然书法》，《中原文物》1991年4期，第57—60页。

11. 张敏志、赵苗远：《唐代试光禄少卿牛子珍夫妇墓》，《中州今古》1991年4期，第46页。

12. 洛阳市文物工作队：《洛阳唐神会和尚身塔塔基清理》，《文物》1992年3期，第64—67页。

13. 偃师商城博物馆：《河南偃师县四座唐墓发掘简报》，《考古》1992年11期，第1004—1017页。

14. 洛阳市第二文物工作队、偃师县文物管理委员会：《河南偃师唐柳凯墓》，《文物》1992年12期，第21—33页。

15. 樊有升、李献奇：《河南偃师唐严仁墓》，《文物》1992年12期，第34—36页。

《唐燕郡公屈突季札墓志》、《唐尉氏县令衡公夫人卢氏墓志》，1991年孟津出土。[1]《唐兵部尚书马炫墓志》，1981年伊川县白沙乡范村出土。[2]《唐棣州刺史令狐梅墓志》，1991年伊川县彭婆乡许营村北出土。[3]

《唐盛才墓志》（圣历元年，698年），砖质，1992年偃师县刘坡村出土；《唐谷熟县丞郑炅墓志》（天宝十三年，754年），偃师县南蔡庄村出土；《唐杭州司兵参军徐君季女墓志》（会昌五年，845年），偃师县城出土。[4]《唐卢氏郑夫人墓志》（大中十二年，858年），1985年伊川县出土。[5]《唐睿宗大圣真皇帝故贵妃豆卢氏墓志》，1992年洛阳市龙门镇花园村出土，《唐崔望之与夫人王氏合葬墓志》，1992年洛阳龙门西山出土。[6]《唐齐国太夫人吴氏墓志》，1991年伊川县鸦岭乡杜沟村出土。[7]

《唐乐昌县令王协妻肖贞墓志》（垂拱元年，685年），1947年孟津出土；《唐李准墓志》（长寿三年，694年），1988年伊川县彭婆乡许营村北沟出土；《唐镇军大将军高足酉墓志》（万岁通天二年，697年），1990伊川县平等乡楼子沟出土；《唐砀山县令李义琳墓志》（长安二年，702年），1976年伊川县彭婆乡柏树沟村出土；《唐司农寺主簿崔日新墓志》（景龙二年，708年），1987年洛阳市郊区邙山乡井沟村出土；《唐房承先与吴夫人墓志》（天宝十年，751年），偃师县出土；《唐右领军卫仓曹参军杜鈠墓志》（大历四年，769年），1988年洛阳龙门西山出土；《唐白马县尉柳公夫人薛氏墓志》（大历五年，770年），1989年偃师县南蔡庄北邙山出土；《唐席府君夫人杨云墓志》（大历九年，774年），1987年洛阳市南郊古城乡西杨屯出土；《唐窦伯阳夫人郭氏墓志》（贞元十年，794年），1991年偃师县城关镇嘛田寨村砖厂出土；《唐武宁县令房从会墓志》（贞元十二年，796年），1964年嵩县库区乡桥北村出土；《唐洛阳县尉崔可准墓志》（贞元十七年，801年），1991年偃师县出土。[8]

《唐郑洵墓志》（大历五年，769年），《唐郑洵夫妇合祔墓志》（大历十三年，778年），《唐李郁墓志》（会昌三年，843年），《唐李郁妻崔氏墓志》（会昌三年），1984～1992年偃师发掘出土。[9]

《大郑国柱国刘开妻孟氏墓志》（开明元年，619年），1996年洛阳东郊塔湾村出土。[10]《唐

1. 310国道孟津考古队：《洛阳孟津西山头唐墓发掘报告》，《华夏考古》1993年1期，第52—68页。

2. 李献奇：《洛阳伊川出土的唐代墓志和神道碑》，《中原文物》1994年3期，第72—76页。

3. 乔栋：《唐棣州刺史令狐梅墓志考释》，《中原文物》1994年3期，第77—80页。

4. 偃师商城博物馆：《河南偃师商城唐墓发掘报告》，《华夏考古》1995年1期，第14—31页。

5. 李献奇、乔栋：《唐郑夫人墓志考释》，《中原文物》1995年4期，第36—40页。

6. 洛阳市文物工作队：《唐睿宗贵妃豆卢氏墓发掘简报》，《文物》1995年8期，第37—51页。

7. 洛阳市第二文物工作队：《伊川鸦岭唐齐国太夫人墓》，《文物》1995年11期，第24—44页。

8. 李献奇：《洛阳新发现唐志丛识》，《中原文物》1996年2期，第102—112页。

9. 中国社会科学院考古研究所河南二队：《河南偃师杏园村唐墓的发掘》，《考古》1996年12期，第1057—1080页。

10. 马三鸿、张书良：《洛阳发现"郑"刘开妻孟氏墓志》，《文物》1999年1期，第92页。

颖上县丞贾公夫人陈氏墓志》，砖质（无年月），1992年邙山南麓出土。[1]《唐镇军大将军李多祚墓志》（先天二年，713年），1990年洛阳龙门山南麓出土。[2]

《唐行大理丞李震墓志》（天宝十四年，755年），《唐李震夫人王氏墓志》（大历八年，773年），《唐乡贡进士卢厚德墓志》（会昌四年，844年），此三志为河南博物院于2000年从郑州市铁路工商局征集，据志文，葬于洛阳。[3]

《唐工部尚书郭虚己墓志》（天宝九载，750年），1997年偃师出土。[4]《唐尚书左丞相张说墓志》（开元廿年，732年），1999年伊川出土。[5]《唐西充县令张希会墓志》（景龙三年，709年），2001年伊川县出土。[6]

《后梁高继蟾墓志》，1986年洛阳北郊邙山南麓、瀍河东岸出土。[7]《后唐驸马宋廷浩墓志》，2000年出土于龙门东山寡沟村。[8]《后晋李俊墓志》，[9]拓本著录于《洛阳出土历代墓志辑绳》。[10]

(5)宋元明墓志

新中国成立以来发掘宋墓数百座，多为小型土洞墓，也有少量砖室墓。洛阳地区元墓发现不多，随葬仿商周青铜器的陶质礼器是明显的特征，出土的墓志具较高史料价值。明代墓葬数量不少，出土的一批皇室藩王家族墓志颇有特色。

《宋王拱辰墓志》，1976年伊川县窑底村出土。[11]1972年，洛阳北窑的一座宋墓，出土了20多块废弃后被用于该墓封门的漏泽园丛葬墓砖，砖上镌刻铭文，其中一块属于禁军，大都属于厢军士兵。[12]

《维大元国河南府……砖墓志》，墓志利用方砖，未经加工，长31、宽30、厚4.8厘米，朱色楷书9行，字迹多脱落。[13]《元王述墓志》，1969年发掘出土。[14]《元龙川和尚塔铭》，1978年发掘

1. 洛阳市文物工作队：《洛阳北郊唐颍川陈氏墓发掘简报》，《文物》1999年2期，第41—51页。

2. 张乃翥、张成渝：《洛阳龙门出土的唐李多祚墓志》，《考古》1999年12期，第77—79页。

3. 刘小磊：《河南博物院新藏唐代墓志》，《中原文物》2000年6期，第62—68页。

4. 樊有升、鲍虎欣：《偃师出土颜真卿撰并书郭虚己墓志》，《文物》2000年10期，第85—90页。

5. 李献奇：《唐张说墓志考释》，《文物》2000年10期，第91—96页。

6. 洛阳市第二文物工作队：《唐张希会墓志的发现及其价值》，《中原文物》2002年4期，第62—64页。

7. 洛阳市文物工作队：《洛阳后梁高继蟾墓发掘简报》，《文物》1995年8期，第52—59页。

8. 赵振华：《五代宋廷浩墓志考》，《华夏考古》2004年4期，第63—68页。

9. 侯鸿钧：《伊川县窑底乡发现后晋墓一座》，《文物参考资料》1958年2期，第82页。

10. 洛阳市文物工作编：《洛阳出土历代墓志辑绳》，第731页。

11. 洛阳地区文物工作队：《北宋王拱辰墓及墓志》，《中原文物》1985年4期，第16—23页。

12. 贺官保：《从西京洛阳漏泽园墓砖看北宋时期的兵制及其任务》，《中原文物》1981年特刊，第122—126页。

13. 黄士斌：《洛阳涧西发现元代墓葬》，《文物参考资料》1958年6期，第76页。

14. 洛阳博物馆：《洛阳元王述墓清理》，《考古》1979年6期，第569—570页。

出土。[1]《元太尉赛因赤答忽墓志》，1990年洛阳东郊西吕庙出土。[2]《元大都路都总管府判官王英墓志》（延祐四年，1317年），洛阳邙山南麓出土。[3]

《明山西平顺县儒学教谕刘相墓志》（嘉靖三十六年，1557年），1978年洛阳邙山出土。[4]《明福忠王朱常洵圹志》（崇祯十六年，1643年），1924年孟津盗掘出土，1986年孟津县文管会征集。[5]《明正贡徐伯子玄初公暨配王太孺人合葬墓志》（崇祯十年，1637年），1998年新安县发掘出土。[6]

第二节　墓志的收藏

一、清末、民国墓志的收藏

1. 洛阳存古阁及其藏石

洛阳古代石刻固多。鸦片战争以前，向无搜集、保存之所。道光朝，邑令马恕创设存古阁搜储石刻，为近代保护洛阳地方文物的先行者，使一批石刻得以传世。兹考述其事，以彰源流。

(1)千祥庵与存古阁

清末民初，洛阳城东郊祠、庙颇多。爽明街路东一寺名千祥庵，其废址位于今中州东路北边，洛阳林业学校西围墙内。据陆继辂、魏襄纂《洛阳县志》，千祥庵为明末福王府宫人景禄、景泰建，清康熙十四年僧庆成重修。庵坐东朝西，南北各一跨院。正院约长二十丈，宽七、八丈。千祥庵山门建在三尺多高的台阶上，进门往后，依次为天王殿、大雄宝殿、钟鼓楼、观音堂。

南跨院三间宽，窄长，约正院之半。

北跨院即是存古阁。院子比南跨院稍长，呈矩尺形，正院北墙一方形门洞上镶一横长青石，上刻篆书"存古阁"三个大字。院中建筑有八卦亭、寿星堂、万石山和存古阁等。

存古阁西临爽明街，面阔三间，东面无墙，以二根檐柱支顶阑额，颇便搬运石刻，自然采光亦佳。其内地面上四楞八方的经幢等石刻以方形石座固定，行行竖立，各有间距，以便观览。

日本学者常盘大定、关野贞于1918年和1921年先后两次前来访察，所记实况云："存古阁在千祥庵之内。……朝东而建，宽约20尺，长30尺，正面敞开，其他三面是砖墙。内存八角经幢30、塔形经幢2、塔形墓志2、神道柱1、方形经幢1、造像石3。另有嵌在墙壁上的，北壁5石（其中墓志石4、画像石1，均唐宋间物），西壁12石（其中龛铭石2，余皆墓志石，均唐宋间物），南壁9石（其中造像石3、墓志盖石2、墓志石3，皆六朝至唐宋之物）。此外于北壁附近设有一道砖

1. 徐治亚、张剑：《元代龙川和尚墓的发现和白马寺内的有关石刻》，《文物》1983年3期，第94—95页。

2. 洛阳市铁路北站编组站联合考古发掘队：《元赛因赤答忽墓的发掘》，《文物》1996年2期，第22—33页。

3. 洛阳市第二文物工作队：《洛阳道北元墓发掘简报》，《文物》1999年2期，第52—56页。

4. 梁晓景：《明刘相墓志考略》，《考古与文物》1985年3期，第32—36页。

5. 李献奇、张钦波：《明福忠王朱常洵圹志》，《中原文物》1987年3期，第47—49页。

6. 谢新建、李永强：《洛阳发现王铎篆书墓志铭》，《文物》1999年7期，第71—72页。

墙，上嵌11块残损的碑、幢、画像石等。于此建筑东北侧的廊子内还有14石，多为墓志，并立唐高元裕的大碑。"还拍摄了照片。[1]依此记录，时存古阁的全部藏石为90石。

民国十年（1921年）前后，庵中有老少9僧，靠收地租以供衣食。民国十六年，冯玉祥部进驻洛阳，毁庙宇神像。民国十七八年，韩复榘的兵士占驻千祥庵一年多。和尚或离开或还俗，慢慢散去。民国二十年前后，千祥庵逐渐倾圮。新中国成立后，该地圈归林校，现废址保持原东高西低的地貌，殿基附近10多个光滑的方座圆面的青石柱础和4个高大精致的圆鼓形石础作为千祥庵和存古阁的见证半掩在泥土里。

(2)马恕与存古阁的创建

存古阁的建造者是清代道光年间的洛阳令马恕。马恕字又海，山西介休人，道光丁亥年（1827年）出任洛阳县令。上任读志，看到由知县龚崧林修纂，于乾隆十年（1745年）刊行的《洛阳县志》未收石刻；由知县魏襄于嘉庆十八年（1813年）修纂的《河南洛阳县志》金石卷所列石刻目录不足500种。他认为与本地之富有极不相称，于是致力搜寻拓片与石刻，将搜集到的梵幢墓志等建屋贮藏，并于道光癸卯年（1843年）秋作文纪事：

存古阁记

洛阳为金石渊薮，较之他邑，有不倍徙过之者欤。予于道光丁亥之春，承乏是邑，取志读之，乃龚志既未收列，魏志仅又修入四百八十八种。予固疑有脱略也，时因甫莅此土，顾不有求为先之者乎。慎职不遑，遂未暇及。甲午岁，猝以忧去，迨免忧重来，而民俗浮良，仍能藏吾之拙。于是因吏牍之暇，次第搜访。其于浮屠老子之宫，古洞幽岩之僻，攀萝剔藓，询里咨乡，度可登无不搜也，度可致无不索也。自晋至宋，计得一千三百余种，较魏志所收，增广九百余种。除龙门题名造象，洎夫散藏于好古之家者，止存拓本。其得于荒塍野寺间，如梵幢、墓竭等石，因就东门外千祥寺隙地建存古阁贮之。阁凡三楹，贮石六十八种。嗟乎！洛阳固金石渊薮也，予为此役盖以补魏志之脱略焉耳。所憾汉魏间物终无一获，而熹平石经尤难获龙片甲，仅得晋骠骑将军韩寿墓石。是犹游岱者引瞩培堘，酌海者取饮涓流，不几转为魏志所讥邪。然天下之宝日出不穷，安知后来不有继出于废址破冢中，如《集古》、《闻见》诸录所载，是又在后来同志随时搜访之已。

道光癸卯秋介休马恕记。

文以工整的隶书刻于高50、宽46.5厘米的青石上，为宛平王桢书丹，李宽镌字。而院门额横石上三个秀美的玉箸体大篆字"存古阁"是马氏的亲笔。署曰"道光庚子，介山马恕"，[2]则存古阁建于是年，即1840年。

存古阁落成后，鸦片战争中的抵抗派领袖林则徐于道光二十二年（1842年）流放新疆。三月，西戌途中路过洛阳，河陕汝道尹叶小庚与邑令马恕邀游龙门，并观览千祥庵。林在《小庚邀

---

1. 常盘大定、关野贞：《支那佛教史迹·第一集评解》，昭和四年（1929年）四月印刷发行。照片见《支那佛教史迹》第一集图版三（2），为关野贞于明治三十九年（1906年）所摄。

2. 原石下落不明，此二石据日本大道书院横山苍凤先生所赠拓本复印件。

集千祥庵叠僚字韵奉谢》中以"三唐乐石奇同访，九老香山会许邀"[1]的诗句，吟咏了欣赏存古阁藏石与谒拜白居易墓的情趣。

(3)存古阁藏石的著录与流传

《存古阁记》云，建阁前搜访石刻拓本自晋至宋，计得一千三百余种。其中龙门造像题记即有千百十种之多，马氏于道光庚子嘱访古洛阳的金石学者刘喜海以之"编次洛阳金志"，[2]"刘氏辑《金石苑》八种"，其中二种是《洛阳存古录》、《龙门造象录》，[3]惜未付梓传世。顾燮光谓："洛阳存古阁藏有道光年间马氏所编《洛阳存古录》，编列龙门造象目录由北魏迄唐开元间止，只六百余种，较今所得仅及三分之一耳。"[4]所云与马氏搜集的拓本数相差约五百种。

阁中藏石数量不多，品类却不少，时代也较长。马恕搜罗的石刻因无簿记流传，故无明确的石目、出土地点或由来。后来，石刻有个别遗失和部分增益。阁中藏石拓片流传海内外，散见于清末以来的多种金石著录。吴式芬（？～1856年）的《金石汇目》分地域著录石刻，在河南府洛阳县下记载藏于存古阁的石刻40种，比入藏总数少28种。

存古阁的早期储石资料目前可以借助于陆增祥（1816～1882年）的《八琼室金石补正》，而知其大概。散见于书中各卷、指明石"在洛阳存古阁"者61石，并照录原文。

独立成篇，专门记载存古阁藏石的著录是罗振玉（1866～1940年）的《洛阳存古阁藏石目》。

1915年阴历四月，于辛亥革命后东渡的罗振玉由日本返国访古至洛阳。初四日午后："欲至存古阁，畏尘畏热而止。"但他了解的当时情况为："近数十年间，士夫藏石之风颇盛，此非古刻之福也。石入人家，禁拓墨少流传，一也。子孙不知爱惜，或以镇肉奠柱，二也。转相售鬻，移徙无定，易于纷失，三也。然在公地，若关中之碑林，洛下之存古阁，其制善矣，而典守不严，仍有纷失。刘估言，辛亥之变，存古阁所藏之墓志失去数石。又闻李超墓志，曾为某学官携去，土人争之，乃得复返。"[5]当年十月，罗氏在日本作《洛阳存古阁藏石目》，有序述其原委："宋孙莘老守吴兴，作墨妙亭于府第之北，取境内自汉以来古文遗刻三十种以实之，此为作堂聚境内石刻所自昉。至南渡淳熙中，蜀有集古堂，聚近郊石刻，列植秦汉隋唐以至有宋，其碑凡十。今虽遗迹已湮而堂记犹在。厥后关中有碑林，洛阳有存古阁，并嗣音前哲，有功艺林。存古阁创于道光癸卯，距今未百年。介休马又海（恕）令洛阳时，储石六十有八，刻石为之记而未备列其目。后来有所增益，亦无记录其名物者。予夏间游洛，闻辛亥国难作，阁中储石多被攘窃。现阁中所存，仍仅六十有九石耳。乃亟倩工拓墨，并簿记之，为《存古阁存石目》，俾来者有考焉。"[6]虽然罗氏未核检原石，所收拓本亦可能不全，但留下了一部基本完整的存古阁藏石

1. 林则徐：《云左山房诗钞》卷六。

2. 刘喜海：《嘉荫簃集》卷上。

3. 陆增祥：《八琼室金石札记·筠清馆金石记目序》。

4. 顾燮光：《梦碧簃石言》卷四，《伊阙龙门魏造像》，民国八年（1919年）内务部注册给照，乙丑（1925年）二月二十日三版。

5. 罗振玉：《五十日梦痕录》，第31页，《雪堂丛刻》，民国四年上虞罗氏校刊（家刻本）。

6. 罗振玉：《洛阳存古阁藏石目》第1页，《雪堂丛刻》，民国四年上虞罗氏校刊（家刻本）。

目录资料。

民国十年前后，和尚正林常在阁中施拓，用于出售与馈赠。也有担书挑子的来收购，拓本以字优劣论价。

(4)藏石的种类

《八琼室金石补正》（下称《八琼》）著录存古阁的石刻61种。从时代上分：晋1石（墓碣）。北魏2石（皆造象记）。北齐1石（造象记）。隋2石（皆造象记）。唐27石（墓志3、墓志盖3、墓碣1、造象记3、经幢11、塔铭2、龛记1、龛铭1、经刻1、诗刻1）。五代5石（后梁墓志1、后唐经幢1、造象赞1、后晋经幢1、后周经幢1）。宋22石（墓志6、墓志盖1、碑4、经幢7、经记1、塔铭2、堂记1）。金1石（诗刻）。

《洛阳存古阁藏石目》（下称《洛存》）所著录的69石按时代可分为：晋1石（墓表）。北魏2石，附2石，共4石（皆造象记）。唐24石，附9石，共33石（墓志8、墓志盖3、造象记1、塔铭1、经幢12、龛记1、龛铭1、碑5、刻经1）。五代7石（后梁墓志1、后唐经幢2、造象记1、后晋经幢2、后周经幢1）。宋22石（墓志6、墓志盖1、经幢12、碑1、刻经1、堂记1）。金1石，附1石，共2石（诗刻1、图刻1）。

将上述两种著录作一简单的目录核对（详见目录对照表），统一其中个别石刻时代的不同划分，名称的不同写法，可知《八琼》的61石中49石与《洛存》相同，12石为《洛存》所无。另有常岳百余人造象碑、南阳张对墓志铭，《八琼》未注明在存古阁，而《洛存》著录之。罗氏《洛存》的69石中，16石不见于《八琼》的明确著录。其中部分由于王昶《金石萃编》（下称《金萃》）（是书早于存古阁创建30余年）已著录。如《八琼》仅对郭思谟墓志、高元裕碑略作补正，注明在《金萃》某卷，不复言石在何处。郭思训墓志因《金萃》已正确著录，《八琼》则从略。除了著录难免存在一定的缺失错误外，存古阁的藏石从1840年至1915年的半个多世纪中有部分的遗失和增益。

(5)藏石的部分来源

马恕收集的68石中如郭思训、郭思谟志、高元裕碑等入存古阁前即见于多种著录，来源清楚。毕沅（1730～1797年）《中州金石记》云：唐"孝子郭思训墓志，景云二年十二月立，正书。在洛阳史家湾王宅。"唐"常熟令孝子郭思谟墓志，开元九年十一月立，孙翌撰，正书。在洛阳城内董金瓯宅"。墓志云"附葬洛阳东门平川"，隋唐洛阳故城上东门与今史家湾毗邻，清代志石出土后为村中王姓所得。该书著录唐"右仆射高元裕神道碑，大中七年十月立，……在洛阳。……云归葬河南府伊阙县白沙之南原，今碑在县南三官凹田间，是其墓也"。著录金"郎然子诗，天德二年正月立，……在洛阳栖霞庄"。孙星衍（1753～1818年）、邢澍撰的《寰宇访碑录》著录上述四石，仅注明所在地为"河南洛阳"。武亿（1745～1799年）《金石三跋》云唐郭思训、郭思谟志"今在洛阳"。乾隆年间刊行的《河南府志》卷一百八《金石志·洛阳》，录郭思训志，引《金石补遗》"在洛阳东十里铺史家湾王姓家，卖于洛阳董金瓯家。"录郭思谟志亦引《金石补遗》："石在洛阳城内董金瓯家。"嘉庆年间陆继辂、魏襄纂修的《河南洛阳县志》，即马氏《存古阁记》所谓"魏志"卷五十九《金石录》，亦录有郭思训、郭思谟志和高元裕碑的简单条目。上引诸书说明，收入存古阁的个别藏石曾著录有序。石刻有来自私人收藏的

（郭思训、郭思谟志），有来自墓地的（高元裕碑），有来自乡里的（郎然子诗）。

(6)民国早年入藏在存古阁的墓志

清末民初，洛阳盗墓风起。墓志等文物不断出土，存古阁略有收藏。1911年秋，罗振玉在北京翰文斋书肆见到五代后周勋臣韩通墓志、韩通夫人董氏墓志，惊讶之余，欲往洛阳访察墓址，重新封树，因辛亥革命，亡命日本而不行。1915年春返国，只身游历，到洛阳仍欲封树名贤遗陇而未果。是秋，常熟曾炳章调署洛阳任知事，续罗氏之初衷，劝藏志之家将石入公，先移县署，旋将二石储存古阁。[1]

北魏假节辅国将军东豫州刺史元显魏墓志于1915年夏出土，曾炳章将石"辇至署中，珍如拱璧。"并复刻一石以应求墨本者，几可乱真。1917年调任时拟将原石携走，因地方人士力争而载复本以去，原石庋存古阁。[2]

这是民国年间入藏存古阁的三块重要石刻。据说曾氏任职洛阳时修整过存古阁。

(7)藏石的流传

千祥庵存古阁是官办的地方石刻保存所，民国年间无专人典守，由庵中和尚看管。1927年，冯玉祥驻军士兵与洛阳各校学生在豫西民政长任佑民率领下破除迷信打神像，千祥庵亦罹难。县长束清文派人把存古阁藏石运往北营平民小学保存。1931年春，张钫、刘镇华、武庭麟等在城内创办洛阳县河洛图书馆（馆址在今图书馆街）。张钫说："当组织河洛图书馆时，将各处断碑残碣以及存古阁旧藏古刻尽移置其间。"[3]

"馆所宏敞雅洁，原为北营故址。……馆内藏书不富，仅四部丛刊、万有文库各一部，余国学古籍若干卷而已。……另设金石部，藏有极名贵之魏正始三体石经残碑数方并北魏隋唐宋墓志、佛幢、碑碣、造象记等百数十方。其古物陈列室中，则置有洛阳出土之三代铜器、汉唐古镜、六朝鎏金铜佛、唐代殉葬之泥人马等百余件，至堪珍贵。"[4]然而这些藏石也无簿录流传。检民国三十五年（1946年）雷福祥、孙诒鼎纂修的《洛阳县志》（稿本）金石卷，自汉至来，墓志石刻数以千计，多无石存地点。记藏于河洛图书馆者仅30余石，其中原属于存古阁的石刻更少，只有韩寿墓表、元显魏志、兰师志、郭思谟志、高元裕碑、韩通夫人董氏志、韩通志、王氏双松堂记8石。连递藏有序的郭思训志亦沿袭旧说"在洛阳东十里铺史家湾王姓，售洛阳董金瓯"。该志金石卷对石存地点等的记载缺遗颇多，间有疏误。

抗日战争时期地方警察局曾驻图书馆。1944年洛阳沦陷时为日军司令部占据，日寇投降后由国民党部队接管。因战乱无人管理，馆中石刻零乱地散置于前院、二进院厦房走廊、后边天井窑院上以及西跨院。二进院左右厦房内还有镶砌在墙内供观览的墓志等。1948年4月洛阳解放。6月，市长杨少桥批准成立市民众教育馆，是年冬搬进河洛图书馆址，将石刻略作整理集中，部分移入前院过厅东边三间屋保存，后因需用房，将厦房等屋石刻搬出，集中放置。

1. 顾燮光：《梦碧簃石言》卷二。

2. 顾燮光：《梦碧簃石言》卷二。

3. 关百益：《伊阙石刻图表·张钫序》，民国二十四年版。

4. 李健人：《洛阳古今谈》，民国二十五年版。

1981年元旦，设在关林的洛阳古代艺术馆开馆，存古阁的旧藏韩寿墓表、常岳等百余人造像记等在西展厅陈列，王氏双松堂记等在东展厅陈列。

2. 洛阳县知事曾炳章收集墓志与拓片

清代至民国，洛阳地上地下文物破坏殆尽。一些学者、官员、军阀等实地考察古城遗址、古墓葬，对出土墓志的采访、收集、播迁、研究、出版专著等，收获颇丰，功绩卓著，成果斐然。

曾炳章，字辛庵，江苏昭文县人，附贡，民初任新安县令，[1]1915年7月至1917年2月，曾氏宰洛阳。曾氏性嗜金石，在洛阳这个可称之为古物渊薮的帝王旧都任地方官吏一年零七个月，以其爱好和权势，串演了一系列的与金石文物有关的节目。

清末民初，洛阳邙山一带有了盗掘古墓的行径。1911年秋，这里出土了见于《宋史》列传的后周大臣韩通及其夫人董氏墓志，不久这两方墓志的拓片出现在北京翰文斋书肆，被学者罗振玉见到。1915年阴历四月，罗氏访游洛阳，欲寻求墓址重为封树，引起县署的关注。[2]曾炳章任洛阳知县后，致函河北道尹、金石学者范寿铭云："前罗君振玉寻求周韩太尉夫妇墓而不可得。今秋炳章调任洛阳，与彼都人士素相熟悉，访明两墓志即在张绅仲鲁家，劝其公诸同好。现移县署，拟送存古阁中，俾广流传。一面即托张仲鲁在原出墓志地方购地一区，炳为之重立墓碑，保存古冢，是亦守土之责也。"[3]经曾氏斡旋，二志后来送到存古阁。存古阁是清道光年间的洛阳令马恕于1840年在东关千祥庵内建造的，为官办的保存地方古代石刻墓志的处所，据说存古阁曾经曾炳章修葺。[4]

"魏志出土者，自以洛阳为多，民国初年，一石恒数百金，有至千余金者。其始为洛阳县知事曾炳章所重。"[5]"书体至元魏，如河之星宿，山之昆仑，包罗万有，无体不精。古碣丰碑，存于天壤者，风雨摧残，半已残蚀。惟铭幽之文，新出土者，神采焕如发硎，无异置身正始、延昌之际。近年以来，洛下所出各魏志约百余种，而元显魏，元诠尤为杰出。元显魏书体与李超极似而隽永过之。乙卯（1915年）夏间，石出洛阳某区，常熟曾辛庵先生适宰是邑，辇至署中，珍如拱璧，拓本秘不示人。……嗣曾先生复刻一本，以应求者，几可乱真。丁巳（1917年）仲夏，先生解组，洛绅争此石甚力。以原石庋存古阁，载复本以去。"安乐王元诠墓志书法锋锻如新，字体严正有法，为魏志上品，"丁巳正月出土，即为曾先生之子虞民所得，宝爱逾恒，外间拓本极稀。"[6]不久，洛阳便出现了两种复刻本，与真拓相比，鉴别极难。元诠墓志现在在开封博物馆碑

1. 民国三年（1914年）重刊石印清乾隆年间邱璋五撰《新安县志》，曾炳章有序云："余戊申春二月莅任新安。"即清光绪三十四年（1908年）。新疆巡抚袁大化于1911年西行途经河南，二月初一日，"曾辛庵大令炳章备午饭新安界也。"见其所著《辛亥抚新纪程》。

2. 见罗振玉：《五十日梦痕录》。

3. 顾燮光：《梦碧簃石言》卷二，《后周韩太尉夫妇墓志》，第34、35页。

4. 洛阳市地方史志编纂委员会编：《洛阳市大事记》，1913年，河南省新闻出版局豫内资料准印通字新出发第93008号，1991年12月，第249页。

5. 王广庆：《洛阳访古记》。

6. 顾燮光：《梦碧簃石言》卷二，《魏元显魏元诠墓志》，第6、7页。

廊陈列。

北魏墓志以其书法隽美、极具时代特色而引人注目，一朝出土，土人争购。曾炳章以原石之复刻本拓墨欺世，混淆真伪，造成混乱，为始作俑者。《河南碑志叙录》说：元显魏志"现存开封市博物馆"。[1]原古董商洛阳雷氏藏有复刻本，现归洛阳古代艺术馆。

1918年10月，金石学者顾燮光据宇内新出土的墓志作《古志新目》，自跋云："常熟曾氏辛庵所藏墓志拓本各均千余，倘得读之，是亦大快。"[2]是目采录"曾氏郁苍阁藏石"三十有六，计曹魏1、北魏3、隋3、唐29石，是曾氏宰洛时盗掘出土的。北魏三石即江阳王次妃石夫人志、安乐王元诠志、敦煌镇将元倪志，今在上海博物馆，隋唐墓志今多在开封博物馆保存。

清末民初，曾炳章在河南任县级地方长官有年，其政绩尚难考究。然其热心于洛阳地方文物古迹的调查搜集，研究著录，虽囿于金石一隅，或出于己心，却起了一定的保护作用。尤其是对龙门石窟的调研、佛像数目和造像题记拓本的梳理，虽然在今天看来有不少的错误和很大的不足，但不可否认，他是近代中国官方整理龙门石窟资料的先行者。

3. 罗振玉收集洛阳墓志与拓片

罗振玉（1866～1940年），字叔言，号雪堂，晚年又号贞松老人。祖籍浙江上虞，生于江苏淮安。清朝末年，曾任学部参议、京师大学堂农科监督等职。他一生对学术界的贡献，特别是关于史料的搜集整理和书籍的印刷传播，成绩很大，均有专集刊行。为我国近代成就卓著的学者。罗氏一生又极关注洛阳出土墓志，收集、整理、研究、著录，留下了丰富的考古资料与研究成果。

罗振玉早年即留心于古器物的鉴别，几乎一生未断。他收藏宏富，多获精品。1911年2月，罗氏在北京使其胞弟罗振常、妻弟范兆昌去河南安阳小屯村收购龟甲兽骨，并嘱道："彰德仅出龟骨，洛阳近出俑及志石甚多，其他古物亦夥，亦可至彼一游。"[3]四月初二至十五日，罗、范在洛阳古董肆及乡间获得了一批文物，运到北京。有唐、宋墓志，唐石造像，汉、唐陶俑及不同时代的墓志、石刻拓片等。其中的二方唐志（徐州刺史李诞志、桂州刺史刘栖楚志）、一方宋志（资教大师卯塔记）为罗氏在其弟寄京的多种拓片中选择购置的。

被视作墓志雏形的东汉延平元年"贾武仲妻马姜墓记"，1929年出土后，为罗氏所得。[4]他说："汉人墓记前人所未见，此为墓志之滥觞。"[5]他先后获北魏墓志8石，"元魏墓志罕具书撰人名者，惟吾家所藏比丘尼统兹庆墓志末，有'常景文、李宁民书'，魏志石中所仅见者也"。[6]是

1. 河南省文物局编《河南碑志叙录》，中州古籍出版社，1992年，第64页。

2. 顾燮光：《古志新目》，戊午（1918年）年版。

3. 罗振常：《洹洛访古游记》，第7页。

4. 罗振玉：《蒿里遗文目录续编·序》。

5. 罗振玉：《贾武仲妻马姜墓记跋》，见《辽居稿》。王森然：《近代二十家评传·罗振玉先生评传》："又著汉贾夫人马姜墓石刻考释，谓'先生由洛经沪，留蟫隐庐三月，摩挲辨释，行字愈明，因考释之，皆有长跋。'"沈云龙主编《近代中国史料丛书》第九十辑，第900种，（台湾）文海出版社，1973年，第158页。蟫隐庐，罗振常于上海开设的书店，兼事古籍搜辑刊印。

6. 罗振玉：《雪堂类稿》，甲《笔记汇刊》，《石交录》卷三，辽宁教育出版社，2003年，第229页。

志1923年出于洛阳山岭头村，书体遒美。1922年洛阳拦驾沟村出土的北周邵州刺史寇峤妻薛夫人墓志，也归雪堂。[1]我们还可从《芒洛冢墓遗文》等书中得知罗氏早年藏有多方唐宋墓志。

近年新出《辽宁省博物馆藏碑志精粹》，将20世纪前期由罗振玉收藏的河南洛阳出土的著名碑志汉袁敞碑、汉熹平石经（4件）、曹魏正始石经（1件）、北魏墓志（20件）、隋墓志（4件）、唐墓志（8件）的初拓本缩小影印予以系统刊布。乃孙罗继祖有序云："先祖雪堂公好蓄碑刻，尝欲广集传世金石文字为一编，造端广袤，志弗克逮，乃分地为之，即《芒洛冢墓遗文》是也。金文甲骨别自成编，然已及身未竟。晚年购致元魏志铭数十品，后以赠伪满沈阳博物馆，即今辽博之前身，今俱见书中。"[2]据说"贾武仲妻马姜墓记"，亦在其中，是红砂石质，易风化，字已全蚀，至为可惜。

"中州之碑版"为罗氏的搜集对象，但囿于一人之力而不能尽得。1915年阴历2月，罗氏从日本回国，只身作访古游，记述旅途见闻于《五十日梦痕录》。四月，在洛阳的五天，罗氏浏览了东大街会友斋等古董店，购买、收受了数十种隋唐墓志等拓片，并通过当地士绅着力寻访北宋韩通夫妇墓址与墓志。

4. 马衡收集洛阳墓志

考古学家马衡（1881～1955年），字叔平，出生于浙江鄞县。1917年，受聘至北京清史馆任纂修，后任北京大学、清华大学等校考古教授。1933年任故宫博物院院长。抗日战争时期，为保护文物，马衡等人主持将故宫两万余箱古物，由北京运往上海、南京、贵州、四川，妥善保存，抗战胜利后又全部运回。

马衡治学严谨，不满足于仅在书斋中对古物拓片的研究，而重视野外的实物勘察和科学的考古发掘。每闻有新发现的文物古器，常不辞长途跋涉，或亲自参加发掘整理，以亲睹为快。古都洛阳，便是他经常来往之地，这里出土的汉魏石经等古代文物，不少因他而得到阐明和保护。

1923年5月，国立北京大学研究所成立古迹古物调查会。7、8月，河南新郑、孟津发现周代古物甚多。研究所国学门即特派马衡前往两处调查，他在洛阳一星期，调查访问，作《调查河南孟津县出土古器报告书》[3]详记经过。并为国学门考古学教研室购回一批流散到洛阳古玩肆上的孟津所出古物，供研究之用。

马衡搜集整理洛阳太学遗址出土汉魏石经多种，研究甚勤，并亲赴现场考察。对洛阳古墓出土的各类文物亦历历在心，且研究多有创获。1923年，东郊杨坟村出土了两块曹魏时期的石刻，即《魏故处士陈郡鲍寄之神座》和《魏故持节仆射陈郡鲍揖之神座》。过了两年，民国"十四年春，玉堂与马叔平游洛阳城外，至东关夹马营北，遇乡人售揖、寄两神座者，叔平以五十元得

1. 罗振玉：《松翁近稿》，《周冠峤妻薛氏墓志跋》："墓志壬戌冬出洛阳，今归雪堂。"

2. 罗继祖：《馆藏碑志精粹序》，《辽宁省博物馆藏碑志精粹》，文物出版社、日本中教出版株式会社合作出版，2000年，第8页。

3. 马衡：《调查河南孟津县出土古器报告书》，载国立北京大学《国学季刊》第一卷第四号，《国立北京大学研究所国学门重要纪事》附录二，民国十二年（1923年）十二月，第764—767页。

之，至北平，徐森玉慕之，以拓阄法各存其一"。[1]这两块希见的洛阳石刻，现藏故宫博物院。民国十四年阴历闰四月，刘家坡发现一块汉代买地铁券，"马叔平以二十元得之"，[2]当时他正在洛阳。据《洛阳出土石刻时地记》，马衡还得到两块隋代墓志。一为"齐君丞唐直墓志"，"民国十四年阴历六月初三日洛阳城北十里前海资村东南出土。……志石初出土，洛阳李铭三买去。民国十六年转售鄞县马叔平"。[3]一为"讳敏字怀文"墓志，"民国十九年洛阳东北大马村出土。字为朱书，马叔平购置西湖博物馆"。[4]他早年撰关于洛阳汉、晋、北魏碑碣墓志的跋文多种。[5]

马衡的生平成就，郭沫若给予了高度评价："马衡先生是中国近代考古学的前驱。他继承了清代乾嘉学派的朴学传统，而又锐意采用科学的方法，使中国金石博古之学趋于近代化。"[6]马衡对洛阳考古文物所作的出色贡献，永远令人怀念。

5. 李根源"曲石精庐"藏洛阳唐代墓志

李根源（1879～1965年），字印泉，号雪生，出生于云南腾冲。19岁考取秀才，1904年考取留日官费生，进入东京振武学校，1905年在东京参加中国同盟会。1909年任云南陆军讲武堂监督兼步兵科教官，后来长期在北洋政府和国民政府中任职。建国后，被人民政府任命为西南军政委员会委员。1953年后，任全国政协第二、三届委员。他虽然是行武出身，但中国传统文化的根底很深。一生尤好金石碑刻，写了很多题跋。

1925年阴历正月，李根源自天津赴开封，旅居二月余，在河南督办胡景翼（字励生）支持下办了几件有益于河南文化、教育之事。期间与河南图书馆馆长何日章共同编纂《河南图书馆藏石目》，他"亲核条目，厘其异同，次之年代，旬翔积淹，斐然成书"，[7]于当年印行。该书著录229石，中以洛阳出土的墓志、石刻为大宗，现保存于开封市博物馆。

李根源对洛阳的文物墓志具有特殊的爱好，1922年，洛阳出土了唐右卫大将军泉男生墓志铭，书丹者欧阳通是著名书法家欧阳询之子，父子齐名，时称小欧阳。李氏说该志"民国十一年十一月在洛阳出土，为陶北溟所得，转卖日人，已捆载登车矣。张省长凤台截回，出资千元，交馆收存"。[8]他在整理细目时，不断观摩泉志，并于墓志左侧花纹边刻隶书一行："民国十四年二月腾冲李根源观题"以为纪念。

原河南财政厅厅长吴县人蒋允斑曾藏有洛阳出土的9块魏、唐墓志：北魏寇臻、王绍、寇演、寇凭、刘华仁、寇治、陆绍墓志、幽郢二州寇使君墓志盖，唐刘穆墓志。蒋去世后，"其家售之

1. 郭培育、郭培智主编《洛阳出土石刻时地记》，《魏故持节仆射陈郡鲍揖之神座》，第5页。

2. 郭培育、郭培智主编《洛阳出土石刻时地记》附录，《汉买地铁券》第72页。

3. 郭培育、郭培智主编《洛阳出土石刻时地记》，《隋唐直墓志》第66页。

4. 郭培育、郭培智主编《洛阳出土石刻时地记》，《隋讳敏字怀文墓志》第67页。

5. 马衡：《凡将斋金石丛稿》卷五，中华书局，1977年。

6. 马衡：《凡将斋金石丛稿》，郭沫若《序》，扉页。

7. 冯飞：《河南图书馆藏石目·序》，李根源、何日章编次《河南图书馆藏石目》，民国十四年（1925）铅印本。

8. 李根源、何日章编《河南图书馆藏石目·泉男生墓志铭》，民国十四年（1925）铅印本。

来青阁，余以三千八百圆购得，不欲自私，仍以原价归之苏州古物保存会保管”，[1]时在1925年5月。可惜，这批名人墓志毁于抗日战争时期。[2]

　　1932年“一·二八”事变，日寇侵占上海，1月30日，国民政府宣布临时迁都洛阳。4月，召开“国难会议”，李应邀赴会，由其三子希纲侍陪同行。会议期间游览龙门，刻石留念；察看偃师辛村新发现的汉代篆书袁安碑。其子李希泌回忆道：“时北邙山正发掘唐墓葬群，出土唐志甚多。先父生前珍爱古代文物，以银洋二千圆购得唐志九十三石。石之大小不一，小者一人可举，而大者须壮夫四人始能扛，重量总约数十吨。先父商之当时军政部次长滇人杨杰，租赁得车皮一辆，运载唐志渡江而南。及运抵苏州后，建‘曲石精庐藏九十三唐志室’以藏弆之，室额为章太炎先生所书。”[3]李根源在著名诗人王之涣墓志跋中写道：“今春小游洛下，得北邙唐志九十三方，以黑齿常之、王之涣两志值最高。常之唐书有传，之涣则阙。……余髫龄时读唐诗三百首，‘白日依山’、‘黄河远上’两绝犹能背颂。今其墓被毁，可谓不幸之至。然其志石得落余手而保存之，知其生平事迹而表章之，亦不幸中之幸矣。”[4]关于黑齿常之、黑齿俊父子的墓葬，作了如下的记录：“按黑齿父子两志，民国十八年十月在邙山下同处出土，隧椁深广，骨体犹存。躯干一长一短，长者近九尺。同时出汉玉、金银铜器、陶瓦器甚多，被北京古董商购去，惟志石索价昂，且难载运出境，竟留待余得之。并得汉玉羊一件，刻工亦精，余时佩玩焉。”[5]李氏自编《曲石唐志目》云：“近岁魏唐志石出土，收藏之多，以开封图书馆、洛阳存古阁、三原于右任、新安张钫为最著。然皆在北方，而过江者实寥寥。民国二十有一年春，余游洛下，周历北邙，获唐志九十三石（并见魏墓志七八方、造像数躯，汉篆袁安一石，索价过昂，无力购致），载之过江，藏于苏州敝庐，编成目，略备世之同好者观览焉。”[6]王广庆《洛阳访古记》有云：民国“十四年，腾冲李根源自开封得五六十方，运存苏州十全街阙园，编目刻《曲石丛书》中”，[7]或是上事之传闻。李希泌回忆道：“一九三七年，抗日战争爆发，日本侵略军迫近苏州，先父深恐家藏唐志沦于敌手，连夜将唐志在宅前码头上船，沿河渠运至先祖母葬所小王山，沉入山麓关帝庙前小池中，唐志因此赖以保存。解放初，先父将苏州寓所所藏书画与金石文物（包括唐志），全部捐赠苏州市文物保管委员会。该会派人将唐志从池中取出，运回苏城存放。”[8]当时归苏南文管会保管。1956年前后，苏南文管会与苏北文管会合并为江苏省文管会，会址设在南京。于是，李氏的这批志石从苏州运到南京，归南京博物院保存，[9]后来这批墓志中的王之涣志上调北京中国历史博

1. 李根源：《雪生年录》卷三，《近代中国史料丛刊》第二辑，台湾文海出版社，第116页。

2. 王壮弘、马成名：《六朝墓志检要》，第63页。

3. 李希泌编：《曲石精庐藏唐墓志》，《前言》，齐鲁书社，1986年。

4. 李根源：《景邃堂题跋》，《王之涣志》，曲石精庐藏版，1932年。

5. 李根源：《景邃堂题跋》卷三，《黑齿俊志》，第23、24页。

6. 李根源：《景邃堂题跋》卷三，《曲石唐志目》，第23页。

7. 王广庆：《洛阳访古记》，《河南文史资料》第23辑，1987年，第134页。

8. 李希泌编：《曲石精庐藏唐墓志》，《前言》。

9. 苏州博物馆钱公麟先生1986年6月16日函告。

物馆。1986年，李希泌将这批墓志拓本编次为《曲石精庐藏唐墓志》，由齐鲁书社出版，以广流传。后来这批资料又收入《唐代墓志》。[1]

李根源收藏"碑石墨拓一万余件"，连同图书、书画于1958年捐赠给苏州市文物保管委员会。[2]他与张钫交谊颇深，情同手足。二人都曾追随孙中山革命。李氏影息苏州时，张钫多次往访。张氏铁门"千唐志斋"有1931年前后李根源赠张的一副隶书对联，刻于石上："大翼垂天九万里，长松拔地三千年。"上款书"伯英如弟总指挥雅鉴"，下款书"如小兄李根源"。笔力雄健，波磔遒劲，词意豪迈，志向高远。二人以兄弟相称，可知为金兰契交。他们几乎同时收集保存唐代墓志，共同的嗜好，在一定程度上保护了洛阳文物。

6. 于右任与鸳鸯七志斋藏石

于右任（1879～1964年），名伯循，以字行。陕西三原县人。1903年中举人。后追随孙中山加入同盟会，1912年南京临时政府成立，任交通部次长。1918年8月，在孙中山授意下从上海到三原就靖国军总司令职，反对北洋军阀。1932年就任国民政府监察院院长。1949年去台湾。于氏旧学功底深厚，擅长书法，以草书著名于世。其书艺多汲取"北碑"精华而有创新，故对当时洛阳出土的元魏墓志、汉代石经等甚为注重，搜集保藏。

历史学家顾颉刚说，新中国成立前洛阳北邙山出土了很多的墓志铭，有两个人下功夫去加以收集，一是张钫、一是于右任，[3]他们都是民国元老。于、张曾分别担任陕西靖国军正、副司令，二人私谊甚笃。于氏喜临魏碑，张所获志石，属于北魏者归于氏。

20世纪一二十年代，在邙山北魏帝王陵墓区域内盗掘出土了约250方北魏墓志。河南大学校长王广庆于20世纪40年代初说："魏志出土者，自以洛阳为多，民国初年，一石值数百金，有至千余金者。其始为洛阳县知事曾炳章所重……武进董康等，购至北平者亦多。而三原于先生右任，最后亦得七八十方，分藏洛阳、北平，今移赠西安碑林矣。"[4]概是约数。据马文彦回忆，现在西安碑林的北魏墓志等，原是于右任在胡景翼任河南军务督办时（1924年），由洛阳古董商人手里买到的，时陇海铁路方通灵宝，志石西运不便，就全部运到北平，埋藏在西直门内菊儿胡同一座旧王府古木参天的大后院内。[5]

1935年9月，在中央古物保管委员会第三次委员大会上，黄文弼、滕固、徐炳昶三委员共同提议，与陕西省政府联合整修年久失修的西安碑林，旋即得到批准，并予拨款。同年11月9日，陕西省政府主席邵力子在收到中央古物保管委员西安办事处主任、碑林工程监修委员黄文弼拟就的整修碑林计划书后，给黄的复信中，首次提出将于右任所捐墓志收入碑林的问题："于院长有唐以前墓志二百余石，允捐归公有，而保留其拓售之权利，为三原民治小学经费。此实一盛事，正洽

1. 袁道俊编著：《唐代墓志》，上海人民美术出版社，2003年。

2. 钱镛：《李根源先生捐赠大批文物图书》，《文物参考资料》1958年6期。

3. 顾颉刚口述，何启君整理：《中国史入门》，中国青年出版社，1983年。

4. 王广庆：《洛阳访古记》，《河南文史资料》第23辑，1987年，第134页。

5. 马文彦：《碑林"熹平石经"残石与北魏墓志运西安之经过》，陕西省博物馆碑林研究室《西安碑林研究文稿汇编》（一），1982年，第24－26页。

南迁回藏庋办法，众意亦附入碑林，此须于整理计划中加入。"[1]当年冬季，于院长面托杨虎城将军设法将墓志运回西安。杨将军委派马文彦去北平晤见行营主任宋哲元。经一番周折，宋派人帮助，将志石盖合起来，用麻袋包装，外用粗麻绳紧密地捆绑起来，装载了两铁皮车，由北京经郑州过轨转陇海路运抵西安。[2]省政府教育厅予以接收。因当时整修碑林尚未开始，所以墓志暂存孔庙，派专人看管。

　　1936年4月，于氏又从上海、南京、洛阳运到西安一批墓志，加上由北京运来的，有汉石经等残石2种、汉黄肠石4种、西晋墓石4种、北魏墓志136种、造像1种、东魏墓志7种、北齐墓志8种、北周墓志5种、隋墓志113种、唐墓志35种、后梁墓志1种、宋墓志3种，共计318种，387石（包括墓志盖）。关于于氏所藏墓志收入碑林一事，黄文弼也曾致函于右任，提出："如承慨允，将来建筑陈列室时，拟另辟一专室以为纪念，此不特增光艺林，而先生与此石亦且同垂不朽矣。"1938年碑林整修工程告竣，3月底，将这批志石由孔庙运入碑林，砌在新建的专门收藏于捐墓志的第八陈列室楼下墙上。[3]1952年，全面修整碑林时，陕西省博物馆对碑石进行调整，在原《鸳鸯七志斋》藏石中选择了对历史和书法研究很有参考价值的精品56方，陈列在第二室和第三室之间左右走廊的墙壁上，[4]供人观摩欣赏。

　　于氏和当时其他的金石收藏家一样，好将新获志石名目一一著录，公之于世，以飨同好。1930年于氏手编《鸳鸯七志斋藏石目录》出版。同时还刊登于当年的《东方杂志》第二号第二十七卷中国美术专号上，著录北魏、北齐、后周、隋、唐、燕、宋等前代的墓志和墓志盖共161石。其斋名的由来，缘于其中有北魏时期七对夫妻的墓志：穆亮及妻穆太妃墓志，元遥及妻梁氏墓志，元玷及妻穆玉容墓志，元谭及妻司马氏墓志，元诱及妻薛伯徽和冯氏墓志，丘哲及妻鲜于仲儿墓志，元鉴及妻吐谷浑氏墓志。

　　1942年，于氏在《说文月刊》第三卷第10期上再次公布藏石目录。他在《鸳鸯七志斋藏石记目录序》中说："往余积年藏石四百余方，而南北迁徙，每有散佚。二十四年春，始聚而赠至西安碑林，建阁庋藏，以飨士林。抗战军兴，典守者穿窟贮藏，久欲录其目而考订之，未暇及。箧中所存之拓本，堆积杂厕，且阙失未备。今略事整理，组成此目。上起炎汉，下迄赵宋，凡不同之时代十有三。爰依次编年，以月系年，以日系月，分别先后而比列之，得二百八十五则，他时旁求遗拓，可期汇成巨帙。区区所藏，二十年佳趣寄焉。每览志文，于征伐官制诸端，可补前史之疏漏，于氏族之可考南北播迁之原委，于文辞可增列代骈散之别录，于书法可知隶楷递变之途径。学者寻绎史材，且不止此，亦治文史考之一助也。"坦言这批志石的历史资料价值和书法艺术价值。于氏在1930年前后收集了161石，到1936年已达387石。短短的几年之内，收获颇丰，夫妇成对的墓志亦不止七数，已达十余。

　　于右任的外甥周伯敏曾简括地回忆说："他以十余万圆的资金，二十年的搜集，陆续收购到汉

1. 路远：《1937—1938年整修碑林始末》，《文博》1987年5期，第49页。

2. 马文彦：《碑林"熹平石经"残石与北魏墓志运西安之经过》。

3. 路远：《1937—1938年整修碑林始末》，《文博》1987年5期，第50页。

4. 王翰章：《碑林简史》，《文博》1984年3期，第64页。

熹平石经一块和魏、隋墓志三百余方，因其中有夫妇成双的墓志七对，而名之曰：‘鸳鸯七志斋藏石’。抗战前夕，他把这些藏石全部移赠陕西碑林，碑林为辟专室嵌陈。”[1]于氏任监察院长时买到汉魏洛阳故城太学遗址出土“熹平石经”《周易》残石1块，上存400字，现在碑林第三陈列室。

现存西安碑林的原于氏藏石中，有洛阳出土的“晋待诏中郎将徐君夫人管氏墓碑”，该碑“民国十九年阴历六月于洛阳城北门外后坑村出土，隶书，表里刻字。……出土后乡人以六百元售出，复以千二百元归三原于右任先生鸳鸯七志斋”。[2]该碑的碑头为圆首形，上刻弧形晕线与螭首。当时禁止于墓前立碑，这件埋于墓中高仅26厘米的小形墓碑，是碑碣与墓志中间的过渡式样，十分稀有。

长于寻访、搜集墓志石刻和拓片的洛阳古董商郭玉堂，也曾为于氏收购魏志。据郭著《洛阳出土石刻时地记》，魏故咨议元弼墓志，“民国十五年阴历五月二十三日洛阳城北……出土……石出土时玉堂自往，以三百五十元得之，运至城内，车费一元。民国二十年归三原于先生右任。”魏武卫将军侯氏张夫人墓志，“出土时地不明，石裂后玉堂市得，以生漆粘之”，后归于氏。魏冀州刺史博野县开国公笱景墓志，“民国十七年阴历六月……出土……石初出存村中爆竹商家，玉堂即往购得。”后亦归于氏，现都在西安碑林保存。于氏所获北魏墓志的出土时间和地点，在郭玉堂的《洛阳出土石刻时地记》有明确的记录。

1932年1月1日，于氏在南京国民政府宣誓就任监察院院长，年54。“一·二八”事变后，日军突袭上海，政府由南京迁都洛阳，至11月返回。2月29日，于氏在洛阳出席中央委员会第十次常会，任主席。4月7日，在洛阳出席“国难会议”，任主席团成员。[3]以迁都期间往来于行都，对洛阳名胜古迹、文物碑刻亦多了解。他常去县前街碑估郭玉堂开设的墨景堂购置石刻、拓本。亦挥毫写字，为洛阳留下了一批墨宝。

多年追随于右任的周伯敏回忆道：“他买魏碑，经我手者不少。有些索价过高，我认为应该还价。他说：‘这些碑石，上海的日本人和走私商都在收买。你如勒价过紧，他们就会卖给那些人。’我认为对盗卖者应严办，他说：‘政府并没有说不严办，可有什么用！你不要为了爱惜钱而见小失大。要是对这些人摆出一付有权力的架子，也只能作一次买卖，以后他们就吓得不再来了。你好好想想我的话吧！’”[4]

于氏收藏的这批墓志，仅有目录与单张拓本流传。1936年，赵万里著《汉魏六朝冢墓遗文图录》10卷，1956年扩编为《汉魏南北朝墓志集释》（8册）。辑入于氏藏志拓本。1983年李域铮等编著的《西安碑林书法艺术》收录了很少一部分于氏藏石拓片，而在附录的《西安碑林藏石细目》中将于氏藏石悉数列目，散见于碑石、墓志部分。1988年，张伯龄等编著的《北朝墓志英

1. 周伯敏：《我所知道的于右任》，《上海文史资料选辑》，1980年6辑，第104页。

2. 郭培育、郭培智主编：《洛阳出土石刻时地记》，第7页。

3. 王云五主编，刘延涛编：《新编中国名人年谱集成》第十二辑，《民国于右任先生年谱》，（台北）商务印书馆发行，1981年，第70页。

4. 周伯敏：《我所知道的于右任》，《上海文史资料选辑》，1980年6辑，第109页。

华》收录了于氏旧藏的大部分志石拓本。1995年，赵力光编《鸳鸯七志斋藏石》[1]出版，前附《藏石概论》，将西安碑林所藏于氏捐赠墓志石刻悉数入录，是一部系统整理、完整收录于氏藏石（拓本）的专著。

于右任竭资倾力收集洛阳出土墓志石刻，悉数捐归公有，为后人留下了一批不可再得的原始史料。其精神、其文物，弥可珍贵，同垂不朽。

7. 张钫与千唐志斋藏石

张钫（1886～1966年），字伯英，号友石山人，河南新安县人。青年时期参加孙中山领导的同盟会。辛亥革命时期任陕西起义军东路都督，民国成立，任陕西陆军第二师师长。20世纪30年代任国民革命军第二十路军总指挥，一度担任河南省建设厅厅长、河南省代理主席等职。解放战争时期在川西策划起义，是一位具有爱国思想的开明人士。新中国成立后，曾任中国人民政治协商会议第二届全国委员会委员。1986年6月，在张钫延辰一百周年之际，由其子女将骨灰归葬新安铁门"千唐志斋"故园。

张钫身为军人而能文，1934年在洛阳创建河洛图书馆时，"将各处断碑残碣以及存古阁旧藏石刻尽移置其间"，[2]使一批洛阳文物得以辗转递藏至今。

他酷爱金石书画，清末以来洛阳邙山出土的北魏墓志为人珍视，争相购置，其中于右任收藏最丰。但数量更多的唐墓志石却弃置于田间村头，无人问津。有的砌墙磴台，有的把字磨掉刻写新志，以至损失严重。张钫的新安同乡王广庆早年随张在陕西从军反清，后留学日本，回国后从政从教，曾任河南大学校长，研究国学，极有建树，于河洛出土古物颇为关注，时加研讨。认为墓志保存了很多官名、人名、地名，史料价值很高，应当收集保存。他说："唐志初不为世人所重。余于民国十年间，闻洛阳北街某存唐志百片，久未能售。"[3]在1931年春季怂惥张钫搜集已经挖出来的墓志，运到铁门老家镶嵌在窑洞内。并由他命名，请章太炎题匾曰"千唐志斋"。

1964年，张钫回忆"千唐志斋"兴建的情况时说："我的老朋友和老部下有时来看我，有的要送我点钱，给我三千五千的都有。我要这些钱没有什么其它用处，因我热爱石刻墓志，所以就把这些钱交给郭玉堂先生，委托他给我在洛阳代买石刻墓志。郭玉堂先生酷爱石刻墓志，为购买收集这些墓志历尽了千辛万苦。当时洛阳盗墓风极盛，邙岭一带古墓大部被盗掘一空，珍贵文物大都被倒卖出国，唯有这些墓志因体重无法运出，多不被重视，有的甚至作墙基或作他用。郭玉堂先生跑遍了邙岭各个角落，把这些墓志收买后用牛车运到洛阳车站，然后用火车运到铁门。"[4]

曾经给千唐志斋运送过墓志的孟津小梁村人石庚寅先生回忆说："铁门千唐志斋是张伯英的管家老吴头（吴树德）负责修的。给千唐志斋收石头，洛阳的主管是郭玉堂，他找手下的人去办。我家和他是亲戚，我父亲在邙山各村收石头（墓志），一块现洋买一块石头，大的字多的两三块钱买一块。民国二十一二年，我十四五岁，帮着运，我家的铁脚（轮）车上插着二十路军的小白

1. 赵力光编：《鸳鸯七志斋藏石》，三秦出版社，1995年。

2. 关百益：《伊阙石刻图表》张钫序，民国廿四年河南省博物馆出版。

3. 王广庆：《洛阳访古记》，《河南文史资料》第23辑，1987年，第134页。

4. 黄士斌：《郭玉堂先生与千唐志斋》，《河洛春秋》1888年1期，第50页。

旗去洛阳，没人敢抓车。拉到北关，过去的火车西站，找站办公室的人一打招呼，卸车点数就走了。运一块石头给一块现洋，铁路管车人叫李少白。孟津张岭村的马根清、马宽照父子俩从张岭一带往洛阳运石头。三十里铺的郭玉清（老四）的兄弟郭老五也在方圆左近村里收石头、运石头。邙山上三里五村的，在哪儿买下，就用哪村的牛车拉，有些让亲戚家帮办，或者让进城拉末子粪的车捎带，挣个脚力。"[1]

曾经给千唐志斋办过事务的洛阳人李西发先生回忆说："张钫在其老家修千唐志斋是在民国二十一年至二十四年。民国十九年我在洛阳军官训练班毕业后曾亲自运过。收购、运送石头（墓志）的总办是郭翰臣（玉堂）。郭比我大二、三十岁，住城里县前街，我们是街坊。往铁门运石头前，当时张钫在洛阳，由我把郭翰臣领到洛阳铁路总务段长李少白处，李给人的印象是个老官僚。我对李说，郭是张老总请来的，让他们接洽运送墓志的事。

当时邙山四乡盗掘出来的墓志很多，没啥用处，到处扔搬的都有。收墓志可便宜，无盖的2圆一块，带盖的3块钱一套。后来带盖的涨到6块现洋一套，又涨到8块，价钱贵了就不收了。石墓志很重，买好后用乡里的牛车送到西车站。运价是送一块墓志给一块钱。当时的洛阳火车站是现在的东站，当时的西站是运货的，在郏鄏寺街（现含嘉仓160号窑上坡处），墓志运到站台边一扔了事，由郭翰臣交给铁路警务段巡长袁振华保管。墓志积够一车皮了，由李少白调车运到新安县铁门镇。"[2]

20世纪二三十年代，在邙山上盗掘古墓、家住洛阳东北郊马坡村的马银川等几位老人回忆说："张钫收墓志，魏志几百块现洋一块，唐志四块现洋一块。专门有人套车来村里收，买好后往车上搬。或买后集中在村头堆好，也没人动，隔天人家套车过来拉走。"[3]经过四、五年的时间，陆续运到铁门一千多块。

张钫的新安同乡王广庆早年随张在陕西从军反清，后留学日本，回国后从政从教，曾任河南大学校长，研究国学，极有建树，于河洛出土古物颇为关注，时加研讨。认为墓志保存了很多官名、人名、地名，史料价值很高，应当收集保存。他说："唐志初不为世人所重。余于民国十年间，闻洛阳北街某存唐志百片，久未能售"。[4]在1931年春季怂恿张钫搜集已经挖出来的墓志，运到铁门老家镶嵌在窑洞内。1950年1月，王广庆在台湾撰《洛阳墓葬与志石》，追述千唐志斋藏志与名称由来云："进来洛阳唐志出土者，为数极多，虽有文无取者。然所存地名官名，大裨益于治史且为修地方志者所必需，当时此石为人遗弃，散置乡村槽枥庭阶之间，每方直银币只三元，不及新石每方尚须工料八元之直。余促邑友张氏蛰庐斥资托郭君玉堂从事广收以存史料，数及七八百方时，又名其嵌置之室曰'千唐志斋'，民国二十三年至吴，请余杭章太炎先生为之篆额。其后续得，几千七八百石，郭玉堂有拓本行世，蔚为古今巨观。又洛阳碑志石材，其精者取之伊洛南岸万安山，质细无暇，与陕西平青瑶相埒，其粗者取之伊阙附近，多斑驳纹，唐志多

---

1. 1991年12月24日，笔者在千唐志斋访问石庚寅先生的记录。

2. 1986年9月11日、10月31日，笔者在洛阳老城李西发先生家中的访问记录。

3. 1983年4月1日，笔者在洛阳马坡村的调查访问记录。

4. 王广庆：《洛阳访古记》，《河南文史资料》第23辑，1987年，第134页。

用之。"[1]

　　郭玉堂是孟津刘坡人，在洛阳城里开有"墨景堂"，出售碑帖拓本。他对洛阳出土历代石刻墓志和拓本，广为收集，用力甚勤，与王广庆、张钫等私交颇谊，故张钫委托他为千唐志斋收购墓志。

　　20世纪20年代，张钫在铁门镇西北隅购地百亩，营建山水房舍，广植奇花异木，历时二年。时康有为来访，为题曰"蛰庐"。1932年至1935年，张钫在此花园内建造了一座具有豫西地方特色的砖券窑院。将收集的墓志分排整齐地嵌在15孔窑洞、3个天井和1道走廊的里外墙壁上，章太炎题榜也镶砌在廊外墙醒目处。1934年千唐志斋将要建起时，"郭玉堂给千唐志斋买了很多纸、墨，由他当家，让孟津三十里铺的郭玉清、史某、徐某三人包下打100套千唐志斋全份拓片，六七个拓工花了两三年时间才打好。我当时16岁，是学徒，光打拓片，不给开工钱。张伯英拿走50套送中外客人，50套归郭玉堂出售。"[2]

　　1935年，郭玉堂编《千唐志斋藏石目录》由上海西泠印社印行。藏石计1578件。郭玉堂曾在洛阳为千唐志斋新收购唐代墓志150种。未运铁门时打印最初之拓本多套，编目、装袋，以每套30元之价格出售，每张拓片只合两毛钱，若已购得铁门千唐志斋藏志全份者，按20元结算。[3]后经变乱，未镶砌上墙的千唐志斋藏石略有散失。如"豫西出土的珍贵石刻三体石经、司马光写的范纯仁作的王尚恭墓志及魏始平王墓志，都是稀有的文物。……后经新安、渑池两县人民政府在渑池刘村石窑张钫佃户家找出来，现已运到省文物保管委员会"。[4]

　　新中国成立后为政府收管，1986年设千唐志斋管理所，后更名为千唐志斋博物馆。1963年列为河南省重点文物保护单位，1996由国务院公布为全国重点文物保护单位。

　　1953年6月，张钫编《千石斋藏石目录》出版，关于印书的缘由，他说："原为千唐志斋藏石目录，继因历代石均集，改今名。旧目续编，印而未行，又三续。今按纪元自唐起（唐前明后另编）至明止，汇编为一册。"[5]编者不以藏石斋为书名，且裁去占藏石比重很小的唐前明后部分，除自述缘由外，或以新著书名不与郭编相类同，是编著录藏志1492件。

　　张钫收藏墓志以唐代的为主，早于唐代的极少，是另有缘故的。张钫与于右任之友谊始于1918年，同奉孙中山先生之命入陕领导陕西靖国军，共同艰苦奋斗四五年之久，以后的政治关系多受的影响，"不管天南地北人各一方，但总是消息互通，共策前进。"[6]于右任善书，喜爱北碑书艺，好收藏北魏、隋代墓志。二人有约，凡见魏志归于而唐志属张。故邙山出土唐志极多而于氏仅藏唐宫人志35件，出土魏隋志甚夥而张氏斋中仅各藏2件而已。如郭玉堂说，民国十九年（1930年），西晋左棻墓志于偃师县蔡庄村出土，"石初归洛阳经司门马得清，玉堂与广庆商之新

1.《王广庆先生百龄诞辰纪念册》，1988年，第24页。

2. 1991年12月24日，笔者在千唐志斋访问石庚寅先生的记录。

3. 宣纸铅印"千唐志斋藏石拓本出售"广告。

4.《豫西出土的珍贵石刻寻回已运藏省文管会》，《文物参考资料》1951年6期，第140页。

5. 张钫编：《千石斋藏石目录》，（北京）石墨斋石印，1953年6月发行。

6. 张钫：《风雨漫漫四十年·北伐期间逐鹿中原的军事混乱局面》，中国文史出版社，1986年。

安张伯英先生，以四百元得之，后归三原于先生右任”，[1]由此可见一斑。

建国前洛阳出土的唐代墓志约3000方，大部分留存国内，少数流散海外。而铁门保藏的唐墓志是全国数量最多、最集中的地方，张钫先生以其一人之力，保存大批祖国文物的功绩千古不朽。

8. 洛阳雷明德收藏墓志石刻

雷明德（1877～1957年）字靖臣，或称靖丞、俊臣，洛阳老城人。清末民国时期在北京、上海、南京开设古玩字画行，经营古玩字画、金石碑刻，与时贤名流于右任、张钫等交游颇广。当时洛阳邙山等地出土的碑碣墓志，雷氏多有所获，以记流水帐形式作《售石记》，惜已佚。据说，民国十一年（1922年）雷明德在偃师新村发现东汉《司空袁敞碑》，[2]篆书隽雅，初拓面世，引起轰动。此碑于1925年归金石学家罗振玉，其有云：“此石出洛阳，已再逾岁，乙丑夏予始购致之……此碑不仅为寒斋藏石第一，亦宇内之奇迹矣。”[3]罗振玉在其石刻著述中亦或提到他：“往在春明，于洛估雷姓许，见晋残碑。……予与以厚值，许售矣，后又售之建德周氏。晋人石刻中，未见有画像者，仅见此一刻耳。”[4]因内容重要，并录文于后。此石现藏故宫博物院。

曹魏《皇女残碑》也是雷明德发现于乡间村民的门槛下，隶书俊逸，后归收藏家建德周进，[5]其后人捐于故宫博物院。

雷明德与于右任交谊颇深，将收集的元瞻墓志、公孙略墓志并盖、赫连子悦墓志并盖、赫连子悦夫人间炫墓志并盖等，赠“鸳鸯七志斋”，后于氏将所有藏石捐西安碑林。

1958年“大跃进”，大炼钢铁，雷氏洛阳老宅所藏墓志碑刻，部分砸成碎块，抛进了炼铁炉。

1959年，洛阳博物馆文物干部郭文轩从雷明德长子雷权衡手中无偿征集隋萧玚、云麾将军等6方墓志刻石。

1996年，雷权衡长子雷建国将祖上家藏的墓志石刻等文物捐献给洛阳都城博物馆。[6]为便于统一管理，这批墓志石刻于1999年转洛阳古代艺术馆保存，时笔者供职该馆而参理其事。其中包括北魏墓志2，隋墓志3、隋墓志盖2，唐墓志16、唐墓志盖9，五代墓志1，宋墓志2，明墓志3、明墓志盖1，以及伪志1（《北魏垣猷墓志》）。

9. 清末、民国公私所藏墓志流散

清末民国时期，洛阳出土墓志流散四方，由公私收藏。如北魏《穆绍墓志》，“民国十一年阴历十二月十四日，洛阳城东白鹿庄村东南出土，有冢”。[7]未久，由北京大学研究所国学门购得，还购得当时出土的唐代“朝鲜人”《泉男产墓志》。[8]

---

1. 郭培育、郭培智主编：《洛阳出土石刻时地记》，第8页。

2. 宫大中：《“洛阳雷氏”的碑志搜集及其传人的现有收藏》，《中国书法》1994年6期，第21－24页。

3. 罗振玉：《松翁近稿》，《司空袁敞残碑跋》，民国十五年（1926年）石印本。

4. 罗振玉：《雪堂类稿》，甲《笔记汇刊》，《石交录卷二·晋当利里社碑为唯一有画像者》，第203页。

5. 周进：《居贞草堂汉晋石影》，己巳（1929年）仲夏秋浦周氏印本。

6. 吕九卿：《洛阳雷氏石刻藏品简介》，《河洛春秋》1999年3期，第37、38页。

7. 郭培育、郭培智主编《洛阳出土石刻时地记》，第43页。

8. 《国立北京大学研究所国学门重要纪事·C考古学教研室》，国立北京大学《国学季刊》第一卷，第三号，

今墓志收藏比较集中的新安千唐志斋博物馆、洛阳古代艺术馆、开封博物馆等单位，都有很多墓志的志、盖分离，由于志盖文字过于简略，璧合难题至今无法解决。目前已知志盖分废两处者甚少：北魏元海墓志藏辽宁省博物馆，元海墓志盖藏西安碑林。唐扶余隆墓志藏开封博物馆，扶余隆墓志盖藏洛阳古代艺术馆。

清末至民国数十年间，洛阳出土的历代墓志亦有流失海外者。《晋故沛国相张朗碑》（永康元年），石为小碑形，螭首，无盖，名为碑，实墓志也。《魏元飔妻王夫人墓志》（延昌二年），《魏燕州刺史元飔墓志》（延昌三年），《魏齐郡王祐妃常氏季繁墓志》（正光四年），"考此三志为宣统二年在河南洛阳同时出土，为碑估郭玉堂所得。后售与武进董康诵芬室，未几董氏即售与日本，藏太仓集古馆中。一九二四年（日历大正二年）九月一日，日本大地震，此三志与《晋张朗碑》等与馆俱毁。今《张朗碑》已重加修复。此三志惟《王夫人志》尚以铁束紧缚残损不多，余二志皆已碎成数小块。"《魏泾州刺史齐郡王元祐墓志》（神龟二年），"书体遒美，光绪间洛阳高沟村西出土，民国间为日本东京太仓氏于洛阳古董肆售去。"《魏冯邕妻元氏墓志》（正光三年）、《魏元谧墓志》（正光五年）亦流散日本。《魏宁懋墓志并石椁》（孝昌三年），"此在今在美国"。《隋周德墓志》（大业十一年），"石初出洛阳，后为武进陶兰泉所得。今已输出国外，为日本中村襄氏所藏"。[1]

洛阳盗掘出土的墓志，有至今不知其下落者，或流散海外，一时亦难以查考。《唐故朝议郎行尚书司封员外郎柱国清河崔用恕墓志》，长61.5、宽60厘米，楷书36行，行37字。志记"葬河南府寿安县甘泉乡连理村"。许同莘云："志石以上年出土，伊川县民造屋，掘地得之，并崔慎由墓志、崔柅墓志、崔柅妻李氏墓志而四。……乡民得此石，不甚爱惜。又掘得明器数事，诧为瑰宝，酿赍至上海求售，则瓦器也，丧气而返。集赍无以偿，则控诸官。马君负图知县事，讯得颠末，椎拓若干本，以此见贻。余语君宜购其地归官，为之封树，存崔氏遗烈，此盛德事也。伊川为唐寿安县地，密迩东都，故多唐贤坟墓。宋贤若范文正、文潞公、邵康节、程明道、伊川，墓亦在此。范氏程氏后人犹在，康节墓亦存。惟潞公墓虽存，而盗者于数十步外，穴地横达其下，得墓志铭，石方广不能负之而出，遂逸去。马君为余言如此，此亟宜修复者。"[2]此4志中，《崔慎由墓志》（咸通九年）拓本见于著录，[3]《崔用恕墓志》拓本仅见于《河南博物馆刊》第五集之著录，余二志目前尚不知所终。盗掘之恶果，岂仅此哉！

二、新中国成立以来墓志的收藏

1. 洛阳古代艺术馆藏志

洛阳出土古代墓志以公家收藏者居多。民国时期，洛阳的历任县长等也将公家收集到的一些

民国十二年（1923年）七月，第550页。

1. 王壮弘：《历代碑刻外流考》，《书法研究》1984年2期，第57—80页。

2. 许同莘：《跋崔用恕墓志》，《河南博物馆刊》第五集，民国二十五年（1936年），第1页。

3. 张宁主编：《隋唐墓志汇编·北京卷》，第二册，《崔慎由墓志》，天津古籍出版社，1992年，第127页。

墓志石刻等文物，存留当地。

1915年至1917年，对金石颇有偏好的洛阳县知事曾炳章将少数当地出土墓志庋置于存古阁。

清末秀才李肯堂（1874～1927年）是辛亥革命洛阳领导人之一，地方知名教育家。曾任洛阳劝学所所长。1926年，任洛阳古物保存委员会会长。该会保存了一批墓志石刻，置于中山公园（冯玉祥破除迷信，改城隍庙为中山公园，即今洛阳三十中、六中所在地）后边的陈列室，其地位于城隍庙（今洛阳市第六中学）大殿后边的五椽平房内，墓志用砖或木板凳起，一排排置放。室内放不下，则置于房外地上，约百十方之多。时在20世纪20年代前后。

1918年，顾燮光《古志新目》录"洛阳金石保存所藏石"2，为《北魏临淮王元彧墓志》、《北魏雍州刺史元固墓志》。[1]所记虽少，却证实了当时县政府鉴于古物碑志日出不穷而设此管理保存机构。

洛阳首任专员王次甫派人把存古阁藏石运往北营平民小学保存，即后来的河洛图书馆。1931年春，张钫、刘镇华、武庭麟等在城内创办洛阳县河洛图书馆，将存古阁旧藏与各地的断碑残碣尽移置其间。馆内"设金石部，藏有极名贵之魏正始三体石经残石数方并北魏隋唐宋墓志、佛幢、碑碣、造像记等百数十方，其古物陈列室中，则置有洛阳出土之三代铜器、汉唐古镜、六朝鎏金铜佛、唐代殉葬之泥人马等百余件"。[2]

1932年1月国民政府迁都洛阳后，考试院进驻周公庙，5月30日国民党中央常务会对行都建设作了决议，于周公庙成立中原社会教育馆为决议所定。委派江苏人陈大白为馆长，由南京来洛，陈是文化人，知道金石之价值，于是收集洛阳北乡（邙山）所出墓志石刻约二三百块，在周公庙后殿建石刻馆。"定鼎堂后，有屋数间。中原社会教育馆购洛阳新出土唐人墓志数百方，砌立之于内，俨然唐碑林也。"[3]抗日战争、解放战争时期，遭受一定损失，或弃于战壕，或被市民拉回家凳石台、做捶布石，丢失一些。

1951年，洛阳市文教局设文物保管室并管理周公庙、碑林，"该室在洛阳城内，碑林在洛阳西门外，所藏文物计：铜器29件；石刻370件（碑林256件）；砖瓦10件；杂器3件。由洛阳市文教局领导。"[4]碑林设于周公庙大殿后之厢房、后殿内。

1951、1952年，洛阳市文教局还专门指派文物专职人员赴邙山各村收集墓志约百十块，运到河洛图书馆，所获颇丰。

1955年春，洛阳专区文物工作组派员，将在原河洛图书馆西跨院东墙边靠放的和前院堆放的石刻，全部运到周公庙北边的河南省第二文物工作队仓库院（现洛阳市文物工作队所在地）收存。

征集包括墓志在内的文物是文物管理部门的工作职能。20世纪50年代，河南省第二文物工作队在洛阳城乡陆续收集了一些墓志。

---

1. 顾燮光：《古志新目》，民国戊午年（1918年）印行。

2. 李健人：《洛阳古今谈》，第三编《洛阳历代都会之变迁》，第十一章《今日之洛阳及其新建设》，第六节《文化教育情况·图书馆》，1935年，洛阳印刷发行，第242—243页。

3. 李健人：《洛阳古今谈》，第四编《洛阳名胜古迹录》，一，《城厢附近名胜古迹·周公庙》，第249页。

4. 《中南区博物馆概况》四，《洛阳市文教局文物保管室及周公庙碑林》，《文物参考资料》1951年12期。

1958年成立洛阳博物馆,馆址借用明清古建筑群落关林,一般文物运往关林保存,墓志石刻仍留在周公庙。洛阳博物馆建立后也指派专人下乡收墓志,其中1964年,派员赴邙山各村,专门征集墓志,获437方,是历年来收获最多的一次。从乡里直接拉到王城公园,摊放于"墓志长廊"外空地。

1959年,洛阳博物馆在王城公园内涧河北岸筹建"墓志长廊"。时国家遭遇三年自然灾害,工程暂停,1963年建好。数年间将洛阳保存、收集的约千方墓志、石刻陆续搬迁过去,选择陈列于"墓志长廊",供游客观览。"文革"中,学校红卫兵来造反,收集墓志的原始档案多被毁。1968年秋,将墓志从砖台上拆下,在"墓志长廊"外挖地沟掩埋。1969年"墓志长廊"改为反映旧社会地主剥削农民的"收租院"泥塑展,运动过后撤销。1978年,将长沟中的墓志石刻重新取出,暂存于长廊,后运往关林。

1981年元旦,设在关林的洛阳古代艺术馆开馆,将庙东、西长廊辟为"碑刻墓志"和"石刻艺术"两大专题陈列室。"碑刻墓志"室展出墓志精品400余方,"石刻艺术"室展出石刻精品近百件,具有很高的文物欣赏和历史研究价值。

1999年,洛阳古代艺术馆藏西晋徐美人墓志、北魏元延明墓志、北魏常岳等百余人造像碑等墓志石刻调往新建成的河南省博物院,充实陈列。

据2003年10月统计,洛阳古代艺术馆旧藏墓志:曹魏1,十六国1,北魏16,隋9,唐505,五代15,宋44,元4,明86,清14,民国2。共697件,另有志盖272件。百十年来,洛阳出土之墓志被乡民或裂为建材,或凿孔盖井,遭到不同程度的损毁,故馆藏有数十块字迹不清的残碎、半截墓志,未统计于内。洛阳雷氏捐北魏墓志2,隋墓志3,隋墓志盖2,唐墓志16,唐墓志盖9,五代墓志1,宋墓志3,明墓志3、明墓志盖1,以及伪志1(《北魏垣猷墓志》)。共28件,另有志盖12件,伪志1。近年新征集北魏4,隋2,唐36,五代2,宋5,共49件。以上三项墓志之和为774。

2. 洛阳千唐志斋博物馆藏志

千唐志斋博物馆位于新安县铁门镇。是以珍藏、陈列洛阳等地出土的西晋至明清历代墓志为主的专题博物馆。原系民国元老张钫故居,他将生平收储的1400余件墓志石刻集中于此,其中唐代墓志达1000余方,故名。1947年铁门解放,千唐志斋为政府收管,1984年,成立县文物保护管理所,办公机构设于此。1985年单设千唐志斋管理所,后更今名。

千唐志斋博物馆收藏张钫所集历代墓志1346件,其中西晋志1件、北魏志2件、隋志2件、唐志1191件、五代志22件、宋志88件、元志1件、明志30件、清志2件、民国志7件。此外尚有墓志盖19件、造像、经幢、碑碣以及书法、绘画等54件,总计各类藏石1419件。

1979年改革开放以来,城乡不法之徒盗掘古墓之风又起,走私流失文物不可数计。青石墓志虽形体大、分量重,仍有不少远徙他乡,为公私收藏,千唐志斋博物馆收藏约600方之多。

3. 洛阳偃师商城博物馆藏志

偃师商城博物馆收藏历代墓志约50方,其中有著名的《东汉姚孝经砖墓记》、《晋荀岳墓志》。收藏的5方北魏墓志系《北魏凉州刺史皮演墓志》、《北魏泾州三水县令张府君与夫人殷伯姜合葬墓志》、《北魏东代郡太守尹祥墓志》、《北魏镇远将军染华墓志》、《北魏沧州刺史石育墓志》，已著录。[1]收藏唐志约40方，宋志1方，清志2方。《偃师县志》择西晋2(其中《晋左棻墓志》系复刻品)、北魏2、唐24志分别简介概况。[2]

4. 洛阳市博物馆、文物工作队、第二文物工作队等单位藏志

洛阳市第二文物工作队。藏历代墓志259方，多系近十年间于民间征集者，其中唐代墓志近200方。

洛阳市文物工作队收藏历代墓志100多方，多为考古发掘品。

洛阳古墓博物馆收藏墓志20多方。

洛阳博物馆收藏墓志9方，其中北齐1，隋1，唐7。

洛阳市属孟津县、新安县、宜阳县、伊川县、嵩县、汝阳县、栾川县、洛宁县文物管理、陈列机构都收藏有当地出土的历代墓志，与洛阳市第二文物工作队的墓志，凡1996年以前入藏者，均已著录。[3]

中国社会科学院考古研究所洛阳隋唐城工作队等单位收藏发掘出土的墓志100多方。

洛阳师范学院图书馆收藏近年出土墓志约100方，其中以唐代墓志居多。

5. 开封博物馆藏洛阳出土墓志

民国时期，开封为河南省省府，地位重要。其先，政府将于河南当地收集的古物藏河南图书馆附设的古物保存所，保存全省各地文物，以新近出土品多，其中又以洛阳出土的各类文物为主要藏品。民国初元至二三十年，洛阳四乡盗掘古墓盛行，出土文物极多，流散国内外。洛阳的历任县长等也将公家征集、收购到的一些墓志石刻、陶空心砖、陶俑、铜器等上交省府保存，其中又以墓志为多数，后来转河南博物馆收藏。

顾燮光云："开封城内西北隅积水成湖，广袤数十顷，中有高阜，贯以长堤，高台翼然，缭以僧舍。……湖东南隅台榭参差，花木森秀，曰二曾祠。……最高之楼颜曰'瓣香'，极为轩敞，……甲寅（1914年）改为图书馆（现为陆军测量局）。学宫藩库旧有石刻三种，及壬子（1912年）癸丑（1913年）所得隋唐各志，砌于楼之西南榭壁间。丙辰秋日赴汴，审视摩挲，记其目于后。"[4]附《开封图书馆隋唐墓志目录》，列北魏造像2、隋志10、唐志16、宋二体石经1、金宴台国书碑1。其中的墓志乃出土于洛阳者，这是民国以来，较早由省政府收藏的洛阳出土墓志。

1916年，顾氏汇新出土各墓志得200余种，编《琬琰新录》一卷，"而洛下北邙等处发现墓志自晋迄元又将百种，爰踵前书例增益而再印之，易名曰《古志新目》"，[5]凡500余种，于1918年刊行。其中录洛阳县知事曾炳章（辛庵）郁苍阁藏洛阳出土墓志拓本36种，为曹魏1，北魏3，隋2，唐30。其中隋唐墓志原石后来多移存于河南图书馆，依此可约见该馆藏石踵续之迹也。

---

1. 洛阳市第二文物工作队编：《洛阳新获墓志》，文物出版社，1996年，第11—15页。

2. 偃师县志编纂委员会编：《偃师县志》，卷二十八，《文物·第三章》，第712—719页。

3. 洛阳市第二文物工作队编：《洛阳新获墓志》。

4. 顾燮光：《梦碧簃石言》卷四，《开封图书馆隋唐墓志》，第20页。

5. 顾燮光：《古志新目》跋，民国戊午年（1918年）印行。

　　1925年春，李根源旅居开封二月余，与河南图书馆馆长何日章共同编纂《河南图书馆藏石目》，当年由"河南官印刷局代印"发行。李氏于书末"附识"云："开封存石，多安阳张省长凤台在任时所获，旧分庋于图书馆及金石编纂处。今春余游汴梁，白于富平胡励生督办，……因与馆长何君日章编定目次如右，俾考古之君子得观览焉。"[1]该书著录229石，其中墓志140，墓志盖44，除《金进士题名》等为开封等地的石刻外，绝大多数是洛阳出土的墓志。张凤台于1913年任河南省民政长，1920年秋至1924年冬任省长。[2]所谓督办系1925年之河南军务督办胡景翼（1892～1925年），字笠僧，一作励生。

　　后来，河南博物馆创建碑林，以保存这批墓志、石刻。民国"十九年（1930年）夏，奉省府令取消古物保存所，改组为河南古物保存委员会，而地址仍旧。至二十年春，奉省府令，取消河南古物保存委员会，归并河南民族博物院，又改河南民族博物院为河南博物馆。"[3]是今开封博物馆之前身。

　　民国十八年，河南省政府与中研院订立发掘殷墟条款时，始有建造碑林之动机。直至二十四年八月，省府始令河南博物馆建造碑林，谓"应本发扬固有文化之旨，将馆藏历代碑碣妥为陈列，以便社会人士之参观研究"。河南博物馆奉令即赶筹兴工，至二十五年元月始全部落成。碑林设于馆址东院，东西长约40米，南北宽约20米。"南北为庑凡二十五间，东西依垣为亭二，均以储石，中树茅亭为参观憩息之所。"南北两庑共列砖基54座，嵌石756品。剩余61品，列置南北廊下32，东亭内外17，西亭9，林外3，合计817品。辅以碑林总说明，分室说明书，分组说明表。每件石刻都贴以简签，以识其名，写以编码，以备检查。[4]

　　原河南博物馆藏石刻来源，据原河南省图书馆馆长何日章于1930年6月"答复古物保存委员会书面记载：第九条洪字一号至五九四号之石刻来源，谓：'一部分系由河南图书馆搬来，其一部分系督署（按此指民国十四年胡景翼督豫时而言）派副官往洛阳购置之件。由吴宜常、陈承修二君鉴定后，交日章保管，并未给有何项文件。嗣由日章与李根源编有《藏石目》一册'等语。此项《藏石目录》亦无出土地点，大概以洛阳附近出土者为多。又据古物保存委员会新收各处石刻品类数目清册（由民国十九年五月至十九年十二月），开列由河南建设厅移交石刻一百六十块，由河南图书馆移交石刻十七块，由前河南金石志修纂处送交石刻四块，亦不详出土地点"。[5]

　　据1936年的资料，河南省博物馆藏石刻800余石，其中洛阳出土的758石，约占全部石刻数量的93％，其有明确时代者为：汉黄肠石30，北魏花纹石棺1，北魏墓志8、志盖2，隋墓志15、志盖8，唐墓志396、志盖219，五代墓志2、志盖1，宋墓志2、志盖1，明墓志2。另有志盖54石，多为

1. 李根源、何日章编次：《河南图书馆藏石目》，民国十四年（1925年）铅印本，第21页。

2. 刘亚荃：《1912 — 1949河南省军政长官更迭一览表》，《河南文史资料》第五辑，第153、154页。

3. 关百益：《登封如意考》（续），《河南博物馆馆刊》第十辑，民国二十六年（1937年），第二页。

4. 孙文青：《馆藏石刻整理经过及其序说·碑林概况谱》，《河南博物馆馆刊》第六辑，民国二十六年（1937年），第7 — 10页。

5. 赵惜时：《本馆皮藏之物品（续）·（七）历代石刻》，《河南博物馆馆刊》第四集，民国二十五年（1936年），第二页。

洛阳出土的唐墓志盖。还有一些其他石刻。这批石刻是具有重要历史与艺术价值的瑰宝，黄肠石系垒砌东汉帝陵的方形大青石，此30石上皆刻有石工姓名，除2块外，皆刻有年号，起自永建二年（127年），讫于元嘉二年（152年），保留了东汉民间石匠书迹。北魏石棺雕墓主人乘龙升仙图，线条流畅，图案绮丽。就墓志而言，北魏8志、隋15志，皆可裨益《魏书》《隋书》，于书艺无一不精。《卞国公泉男生墓志》、百济太子《带方郡王扶余隆墓志》，志主为朝鲜半岛贵族后裔，仕唐为显宦，可增补与高丽史传之未备。《唐康达墓志》《唐康绩墓志》《唐康留买墓志》《唐康摩伽墓志》《唐康庭兰墓志》等，志主为昭武九姓胡之入仕中唐朝廷者，论人述事，多往所未知。比1924年所藏，品类、数量大增。

据开封博物馆编《馆藏石刻目录初稿》（1963年油印本）前言，藏石近900，洛阳出土的墓志448、墓志盖264，共712石。为北魏墓志10、志盖2，隋墓志14、志盖10，唐墓志409、志盖250、宋墓志13、志盖2，明墓志2。又略有增益。

1949年后，定郑州为河南省会。1961年河南省博物馆迁郑，石刻留存当地。1962年3月，开封市博物馆在三圣街省馆原址挂牌，碑林依旧。1988年，于包公湖中路新建的开封市博物馆开馆，石刻悉数移去，于新馆大楼外左右碑志廊陈展一批具有较高历史与艺术价值的北魏、隋、唐墓志。1998年，少数精品调到河南博物院。

6. 西安碑林博物馆、上海博物馆等单位收藏洛阳出土墓志

西安碑林博物馆，藏于右任旧藏后捐赠于西安碑林的洛阳出土墓志293方，其中西晋1，北魏136，北齐1，北周4，隋112，唐35，后梁1，宋3。

河南博物院藏洛阳出土墓志约40方，著名的有：《晋徐美人墓志》《北魏元怀墓志》《北魏元乂墓志》《北魏元延明墓志》《唐泉男生墓志》《唐屈突季扎墓志》《唐张庭珪墓志》《唐崔暟墓志》《唐王媛墓志》《唐崔沔墓志》《唐崔祐甫墓志》《宋王拱辰墓志》等。

辽宁省博物馆收藏有原罗振玉旧藏洛阳出土墓志32方，其中北魏20、隋4、唐8。

上海博物馆藏洛阳出土墓志20多方，其中唐11、隋2、北周1、北魏6、晋1。

北京大学、中国历史博物馆、故宫博物院等单位，也收藏有洛阳出土墓志。

第三节　墓志的著录

近代以来，地下文字材料的出土犹如打开了一间新史料库的大门，前所未闻的资料令人目不暇接。学者纷纷寻觅、采撷、著录、研究，用新材料做学问，开辟了不少新学科、产生了一批新成果，对传统经学、文学、史学、哲学的冲击、震撼达到前所未有的烈度。地下出土墓志的收集整理与研究，是中古史研究开拓史料范围的重要方向，成为史学大河中一股涌涌前奔的新浪。

洛阳出土墓志数量至夥，朝代亦广。有人认为，年代最早者为汉永平十六年（73年）《东汉姚孝经墓记》，砖质，[1]延平元年（106年）《贾武仲妻马姜墓记》，石质，[2]《东汉黄君法葬孝女

---

1. 偃师商城博物馆王竹林：《河南偃师东汉姚孝经墓》，《考古》1992年3期，第227页。

2. 赵万里：《汉魏南北朝墓志集释》第三册，科学出版社，1956年，图版一。

墓记》，砖质，[1]是三志为洛阳出土墓志之滥觞。[2]历曹魏（出土5石）、西晋（出土17石）至北魏而渐盛（出土约250石）。隋唐以降，盛行墓志（出土约4000石），形成固定的文体。般先叙述死者名讳、籍贯和家世谱系；再记生平事迹，履历官职，并颂扬其政绩德行；其后记卒葬年月和葬地。志文之后缀以"铭"，一般以四字为句而押韵，赞叙生平，悼念哀思。

近代洛阳盗墓成风，邙山等地出土的历代墓志辗转流徙，散失各地，亦有辇载出境者，收藏于公门私家。拓本流传于世，载入金石专著。清代以降，著录研究洛阳碑碣墓志的书籍繁多，或刊目、或录文、或题跋。或影印拓本、或考释文史；或散见于一书之各卷，或按地域撮录于一处。兹择要分类简述，文中已叙及者，此不赘言。

一、目录之著录

清代以来有关的金石著作已注意著录石存洛阳的墓志，由于受乾嘉朴学的影响，洛阳传世的金石和出土碑版受到金石学者的普遍关注，如乾隆四十四年（1779年）的《河南府志·金石志》，引《金石考》《金石补遗》等书，著录少量墓志，注明存佚和所在地。毕沅（1730～1797年）《中州金石记》著录洛阳自曹魏至元20余石，散见各卷。其中洛阳出土墓志5方，偃师出土墓志5方。孙星衍、邢澍《寰宇访碑录》成书于嘉庆七年（1802年）春，亦著录20余石，散见各卷。其中洛阳出土墓志11种。道光进士、内阁学士吴式芬（1796～1856年）撰《金石汇目分编》，将石刻按省、府、县分地域编列，河南府所辖洛阳等县均列细目，容量较大，且便检览。依时代先后，前列现存者，后附待访者。在《洛阳县》下收录唐代墓志19、后晋墓志1、宋墓志7，合计27种。以上诸书，专列目录。

知县魏襄、陆继辂修纂的《河南洛阳县志》，刊印于嘉庆十八年（1813年），卷59《金石录》所列石刻墓志489种，始于"魏东武侯王基碑、后魏孙秋生等二百人造像记"，止于宋"赠中书令李昭亮神道碑、龙门山前河南尹蔡居厚题名、太庙杜诜题名"。其中唐代墓志7、后晋墓志1、北宋墓志1，合计出土墓志9种。这是清代洛阳官方第一次将金石载入县志，可知清中叶洛阳已积累了少量地方出土的古代墓志，亦可见清后期洛阳出土古代墓志渐夥。

《古志新目》：1916年，顾燮光汇集各地新出墓志200余种成《琬琰新录》一卷。后来增益洛阳北邙等处发现墓志自晋迄元约百种，更名曰《古志新目》，于1918年刊行，民国前后洛阳新出墓志包揽其中。如录洛阳出土墓志藏于开封图书馆者隋5志，唐12志；录关百益藏唐志1（《石州刺史刘穆志》）。

《洛阳石刻录》：（清）常茂徕（1789～1874年）辑，常氏字秋崖，祥符（今开封）人，收藏

---

1. 赵振华：《河南洛阳市东汉孝女黄晨、黄芍合葬墓》，《考古》1997年7期。

2.《东汉姚孝经墓记》记载了买地的情况，一般说来，是一块买墓地砖券。其内容与洛阳出土的东汉房桃枝、樊利家、王未卿、王当买地铅券互有异同详略，标明墓主。东汉晚期《东汉黄君法葬孝女墓记》有人认为是道教厌胜文，见陆锡兴：《"黄君法行"朱字刻铭砖的探索》，《考古》2002年4期。东汉刑徒墓地出土的1000余块刑徒墓砖，是一批特殊的志墓砖。

石墨拓本甚富，后归罗振玉。是书经罗振玉据常氏旧藏拓本与稿本《续中州金石考》写定，并删去他省石刻，改正伪误，载罗氏《雪堂丛刻》（民国三年，1915年，上虞罗氏校刊）。录曹魏1、晋1、北魏106种。北魏石刻中绝大多数为龙门造像题记，以及郑道忠墓志1（正光二年十二月，正书）、大觉寺碑1。东魏147、西魏8、北齐20、隋5种，均龙门山造像题记。唐204种，亦绝大多数为龙门山造像题记，少数墓志、神道碑。后梁2、后唐1、后晋2、后周1、宋35种（包括龙门山造像题记、白马寺碑刻、神道碑等），元4种，无朝代9种。是录依时代序列石刻，有年号者照登，石存何处亦甚详明。

《海外贞珉录》：罗振玉旅居日本时，通过了解日本收藏者，检阅西方人的著作，调查中国古董商等方式，得知140多种中国石刻流入日本、欧美诸国，便于1915年作此书以记其名目。其序云："我国古金石刻最富之地曰山左、曰关中、曰中州。……予尝谓古刻而至异域，殆不殊再入重泉也。"[1]书中记录日本大仓喜八郎收藏的洛阳出土北魏墓志有燕州刺史元颺志、元颺妻王夫人志、齐郡王妃常氏志。此三石1924年毁于日本大地震。[2]

赵惜时的《本馆庋藏之物品——历代石刻》：[3]将河南博物馆（后归开封市博物馆）藏的历代石刻816品依时代编号列出。就墓志而言，有446石，志盖228石。这批石刻（《河南图书馆藏石目》所有石刻包括在内）除40余石外，其他皆来自洛阳。

民国《洛阳县志·金石卷》（稿本）：民国三十五年（1946年）雷福祥、孙诒鼎纂修。卷中的墓志载于县志之第九、一〇、十一、十二、十三、十四卷，共六卷，依时代、年号排列。第九卷前半所列为商周青铜器。后半列自汉晋石刻，晋代列出土碑、志多种。第一〇卷列北魏、北齐、隋墓志、墓碑、造像记等。此二卷之石刻，多采自郭玉堂《洛阳出土石刻时地记》汉至隋部分所载。第一一卷载唐代武德至长安年间的墓志目录，第一二卷载唐代神龙至建中年间的墓志目录，第一三卷载唐代贞元年间至唐末的墓志目录，第一四卷载五代、宋、元、明诸朝的墓志目录。约1/3注明墓志所在，石藏地点，如千唐志斋藏、河南图书馆藏、河洛图书馆藏、北平图书馆藏、京师历史博物馆藏及私人如于右任、王宏先、郭玉堂、李铭三藏等。半数记载出土时间地点，其亦源自郭玉堂未刊稿《洛阳出土石刻时地记》唐至明代部分。由于唐代墓志多，据各志所载亡卒地域、坊里与出土地，扩大了墓志的历史地理研究领域。《洛阳县志·金石卷》记录了20世纪前半叶洛阳出土的墓志碑刻，为集大成之著录。

《六朝墓志检要》：王壮弘、马成名编纂，上海书画出版社1985年出版。该书收集各地出土汉至隋墓志近1000种，简要介绍各志名称、真伪、时代、年月、尺寸、行数、书体、原石出土时地、拓本著录以及复刻本等概况，资料性强，检索方便。其中收录洛阳出土墓志汉1、曹魏4、西晋17、北魏247、东魏2、北周7、隋187种，约占全书之半。

《北京大学图书馆藏金石拓片草目》（一）（二）（三）（四）（五）（六）（七），系孙贯文遗作。分载《考古学辑刊》（科学出版社，1991年起陆续出版，尚未出齐）。石刻拓本依

1. 罗振玉：《海外贞珉录》第1页，见《雪堂丛刻》。

2. 王壮弘、马成名：《六朝墓志检要》，《沛国相张郎碑并阴》，第16页。

3. 赵惜时：《本馆庋藏之物品（续）·（七）历代石刻》，《河南博物馆馆刊》第四集，民国二十五年（1936年）。

时代排列，各辑所录为汉代、三国魏、东魏西魏、北齐北周、隋代（开皇～仁寿）、隋代（仁寿～大业）、唐代（武德～显庆）。洛阳出土之历代碑刻墓志拓本多有记录，且遍览金石著作，将已见于著录之拓本一一标明著录书籍之卷页。

《洛阳出土墓志目录》：余扶危、张剑主编，2001年，朝华出版社出版。该书是根据原洛阳文教局、河南省文化局文物工作二队、洛阳博物馆等单位收藏的洛阳出土的墓志、拓片和洛阳市文物工作队、洛阳市第二文物工作队发掘、收集的志石，以及洛阳古代艺术馆、洛阳博物馆、洛阳古墓博物馆、洛阳文物商店、新安县铁门千唐志斋、洛阳郊县文馆所（会）、博物馆等单位收藏的志石和拓片整理而成的。所谓墓志存石，是指新中国成立前后在洛阳近郊，特别是邙山一带征集、发掘出土的志石而言；所谓现存拓片，是指洛阳市文物工作队保存的志石流散在外地的拓片。另外，洛阳既无志石，又无拓片，但散见于著录者，也收入该书，其资料主要来源于1998年以前有著录者。

该书共收洛阳出土的东汉至民国时期的墓志和墓志拓片3386方，内容包括志石首题、大小尺寸、出土时间地点、收藏单位、著录，墓主人卒时、葬时、志盖铭文、志文撰书、镌刻者等。编排顺序以朝代先后，有东汉、西晋、北魏、东魏、北齐、北周、隋、唐、后梁、后唐、后晋、后周、北宋、元、明、清、民国等；然后按葬年、月、日的早晚。《洛阳出土墓志目录》将洛阳出土的志石和洛阳市文物工作队保存的拓片全部公诸于世，为学术研究提供方便。

《新版唐代墓志所在综合目录（增订版）》：日本学者气贺泽保规编，为明治大学东洋史资料丛刊5，由明治大学东亚西亚石刻文物研究所于2009年发行。该书据发表资料统计，清代末年以来截止2008年，全中国出土唐代墓志8367种，墓志盖370种。

2004年由日本汲古书院出版了《新版唐代墓志所在总合目录》，为明治大学东洋史资料3。该书是在1997年出版的《唐代墓志综合目录》基础上，增加了2003年以前所出墓志石刻图书中的唐代墓志，并改变体例而编成的，因此冠之以"新版"。新版《目录》收墓志（及盖）超过6800方，比1997年版《目录》多近1000方。新版《目录》按年号和年代顺序排列，不仅标有同一墓志在不同著作中的详细出处，而且最后附有《墓志名索引》，使用十分方便。

二、拓本之著录

《六朝墓志菁英》：1917年，罗振玉编辑了《六朝墓志菁英》初、二编，刊出拓本。他在序中说，六朝时期的墓志，"非贵胄显仕，无敢滥用，故传世至罕，而文字则皆华赡可喜……光、宣之间，中州古志出邱垄间者多魏、齐物，予有所闻知，必购求精拓。"于其历年所搜集的50余种墨本中精选18种，依时间先后编为初集，复选14种为二编当年印行。[1]这32种墨本中，25种为洛阳出土的北魏、隋墓志，2种为偃师出土的西晋墓志。

《居贞草堂汉晋石影》：周进（1893～1937年），字季木，安徽秋浦人。富收藏，以多储汉

---

1. 中国书店于1990年7月出版是书初、二编之合刊本，名曰《六朝墓志精华》。

晋石刻、印玺封泥、三代彝器知名，且精于鉴定，长于书法，为世所重。[1]他一生用力最多的藏品是汉、魏、晋三朝的石刻，晋以后的不收。他在1929年编订出版的《居贞草堂汉晋石影》[2]刊印拓本131种，以原式缩影石印，石刻多未见于著录。编目之下详载原石修广尺寸、格径字径、出土时地、见否著录，以备参考。书中著录之石刻，出土于洛阳者，达95石之多。其中东汉熹平石经、黄肠石，曹魏正始石经、皇女残碑，西晋当利里社残碑等，墓志有晋幽州刺史石尠、处士石定墓志，是周进首先发现、不曾著录的丰碑巨碣。他的后人已将全部石刻捐给故宫博物院，二方稀见的晋代墓志对研究晋史也提供了资料。

　　洛阳出土的墓志多为新中国成立前盗掘出土的。20世纪80年代以来已见数种影印的墓志拓本集出版。

　　《千唐志斋藏志》上、下两册：武志远、郭建邦编辑，文物出版社1983年出版，是书收录新安县铁门镇千唐志斋所藏墓志的拓本共计1360件（志、盖配合为一件，志文刻于二石者，亦按一件记）。其中西晋1、北魏3、隋2、唐1209、五代22、宋8、明31、清1、民国6件。以年代先后为序编排，是一部完整地著录千唐志斋所藏历代墓志的专门图录，向学术界提供了收藏于一处的全部原始资料。

　　《唐宋墓志：远东学院藏拓片图录》：饶宗颐编，香港中文大学出版社1981年出版。收录法国远东学院(EFEO)所藏墓志拓片，起自唐高祖武德(618～626年)，迄于宋徽宗宣和(1119～1125年)，共388件，精印成册。附录一《武德、贞观墓志目》，附录二《新出重要唐宋墓志目》为30年来所新出土者。末附"姓氏索引"，将墓志主人、撰文、书丹、篆额者以及墓志中记述的人物一一列出。所收墓志大抵以出自邙洛为多。

　　《唐代墓志铭汇编附考》：（历史语言研究所专刊第八一种），18册，毛汉光编，"中央研究院"历史语言研究所1984～1994年陆续出版。有图版和录文与考证，每册100种，收录1800种。建国前洛阳邙山出土墓志多收录其中。毛汉光先生系历史语言研究所研究员、中正大学历史学系教授。

　　《曲石精庐藏唐墓志》：李希泌编次，由齐鲁书社1986年出版，系李根源旧藏的93方洛阳唐志拓本，章太炎为其中的唐诗人王之涣、高丽名将黑齿常之、黑齿俊等4石的题跋亦一并刊出。原志石已归南京博物院。

　　《北京图书馆藏中国历代石刻拓本汇编》（共100册）：1990年，北京图书馆金石组，在这部著录全国石刻拓本的巨帙中，囊括了近百年来洛阳地下出土的历代墓志、碑刻、汉魏石经和白马寺院碑刻、龙门石窟造像题记、地面散存石刻等。

　　《北魏墓志二十品》：辽宁省博物馆编，文物出版社1990年出版。仿《龙门二十品》之例，将该馆藏魏志汇为一集，而其中18志乃洛阳出土者。各志前置全拓本，后列开条剪装本，以便临池习用。

　　《隋唐五代墓志汇编》30册：隋唐五代墓志汇编总编委员会编辑，天津古籍出版社1991年

1. 周珏良：《收藏家周季木先生》，《收藏家》1994年2期。

2. 周进：《居贞草堂汉晋石影》，己巳（1929年）仲夏秋浦周氏印本。

出版。其中，《洛阳卷》共收墓志拓本2957种，其中隋175种、唐2728种、五代54种，装订为15册，集近现代收藏洛阳出土隋唐五代墓志之大成。在编辑过程中，对洛阳及其周围的偃师、孟津、伊川、宜阳、嵩县、登封、巩义等县(市)的新旧墓志进行了广泛的搜集和系统的整理。同时对出土于本地区而流传他地的墓志进行了必要的征集和清理。个别早期出土墓志拓片，或见于《北京大学卷》等。陈长安撰写的前言对洛阳墓志的出土、流散、征集、著录、研究等方面作了阐述。

《洛阳出土历代墓志辑绳》：洛阳市文物工作队编，中国社会科学出版社1991年出版，总计835志。其中西晋13、北魏42、隋14、唐646、五代21、宋20、元6、明65、清8石。前言略述了墓志丰富的文化内涵和珍贵的史料价值。本图录虽收集有一批尚未著录之新近出土品，然而其中的隋唐五代墓志部分，多与《隋唐五代墓志汇编·洛阳卷》重复。

《鸳鸯七志斋藏石》：赵力光编，三秦出版社1995年出版。影印了于右任鸳鸯七志斋旧藏、后移赠西安碑林的墓志等的拓片317种、388石，时代最早的是汉黄肠石，最晚的是宋墓志，而以北魏墓志为主。书端有编者撰《鸳鸯七志斋藏石概论》，述论了藏石的来源与鸳鸯七志的由来、志石的历史价值与书法艺术成就等。

《洛阳新获墓志》：李献奇、郭引强编著，文物出版社1996年出版。所收录的是洛阳市第二文物工作队等市属各文博单位、市属各县文保所征集和发掘的藏品和个别散存民间的墓志，以及保存于伊川、偃师县境内的神道碑。计收东汉2、北魏7、北齐1、隋2、唐113、五代后唐4、宋20、金1、元2、明22、清8、民国1，凡183石，附志盖8石。该书以时代先后为序，依拓本、录文与考释、纹饰线图三个部分编次。其中市属各县文保所征集和发掘的藏品中的隋唐五代墓志部分，与《隋唐五代墓志汇编》之洛阳卷重复。

《辽宁省博物馆藏碑志精粹》：王绵厚、王海萍主编，2000年由文物出版社、日本中教出版株式会社合作出版。辽宁省博物馆藏碑志200余件，年代始于汉魏，终乎明清。该书将其中109件碑志拓本缩小影印，每件拓本之后以"概说"和"书法鉴赏"为题说明，特别是"概说"较全面地阐述了碑石的内容及其入藏经过。书前除四家序文外，还有王绵厚、王海萍的《辽宁省博物馆藏碑志精粹概说》，可资研究参考。

书中所收碑志按时代序列，除将流传有绪的著名碑志汉袁敞碑、汉熹平石经（4件）、曹魏正始石经（1件；以上洛阳出土）、毋丘俭纪功碑、刘贤墓志一一介绍外，其总体特点有四：一是将20世纪前期由罗振玉收藏的河南洛阳邙山出土的北魏（20件）、隋（4件）、唐（8件）墓志悉数列出。二是将20世纪前期河北磁县出土的东魏、北齐墓志14件逐一介绍。三是将辽宁省各地市出土的唐、宋墓志择要公布。四是著录了20世纪20年代内蒙古巴林右旗辽庆陵的圣宗、兴宗、道宗三代帝、后的哀册，以及20世纪中国北方地区出土的一批辽代名臣及其眷属的墓志，共26件。另外，还以鉴赏角度精选其中书艺珍品之初拓开条剪裱本，予以原大影印，分装3册，颇便临池习用。

《中国书法全集》第30册，《隋唐五代编·隋唐五代墓志卷》：宫大中主编，荣宝斋出版社2002年出版。立足书法角度，从出土墓志中精选名家和无名氏作品。

《洛阳出土北魏墓志选编》：朱亮、何留根主编，科学出版社2001年出版。该书收录了洛阳出土的北魏墓志273方，精心录文，并对照原拓本认真校对，加以厘定和标点。每篇墓志录文之后，一般扼要注明原石出土时地、尺幅以及藏石处或藏拓本者等。附以墓志拓本204幅。该书编有志目年号索引与墓志目录。书末附墓志中出现的有关人名索引，以方便使用。该书还收录73件洛阳北魏伪刻墓志目录，将其中49件亦予以录文、标点，不作正误，并附伪刻墓志拓本43件，供参考鉴别。

《邙洛碑志三百种》：赵君平编，中华书局2004年出版。收录碑志拓片306方，少数为汉魏隋宋墓志外，其他则为未发表过的唐代墓志，间有少量碑刻。

《河洛墓刻拾零》：赵君平、赵文成编，北京图书馆出版社2007年出版。本书是编者继《邙洛碑志三百种》之后，陆续收集的河洛地区出土墓志拓本的汇集。所收墓刻拓片（包括砖刻和石刻）计510种，695幅。其中多为新出土和世所未刊者，具有较高的文献和书法价值。由于拓本来源渠道颇繁杂，一些内容并非首次刊布，个别拓片须鉴别真伪，是使用者要注意的，此略举数例。如本书列为首石的《汉都乡水利客舍约束石券碑》拓片，说来自孟津乡间，以为新出。其实即民国年间出土的《张仲有修通利水大道刻石》的复刻本。原拓著录于《北京图书馆藏中国历代石刻拓本汇编》第1册32页，名《张仲有修通利水大道刻石》。早年罗振玉写有《予购新出永元十刻而石久不至录文》见《石交录》。《河洛墓刻拾零》第117页的《唐康磨伽墓志》（永淳元年，682年），拓片是个残本，残缺了2行字。其实完整的拓片著录于《北京图书馆藏中国历代石刻拓本汇编》第16册第177页、《隋唐五代墓志汇编·洛阳卷》第6册第79页。其本人所编图录也偶有重出：《邙洛碑志三百种》的"唐王璲妻李明高墓志盖"在145页、"唐王璲妻李明高墓志"在146页。又见于《河洛墓刻拾零》258页、259页。此书的约百十种墓志的录文见于三秦出版社2005年出版的《全唐文补遗》（八），与洛阳市第二文物工作队藏墓志、拓片重合。

《新中国出土墓志河南（叁）·千唐志斋（壹）》：上下册，中国文物研究所、千唐志斋博物馆编，文物出版社2008年出版。为《新中国出土墓志》系列之一。此书首次将该馆于20世纪90年代至2006年征集洛阳地区新出土350种墓志拓本（上册）、录文（下册）予以公布，其中绝大部分为唐代墓志。拓片清晰，录文准确，印制精良，学术价值极高。全书按人名索引，甚便使用。因该馆新征集的墓志约600方，尚有《新中国出土墓志河南（叁）·千唐志斋（贰）》待出版。

《洛阳新获墓志续编》：乔栋、李献奇、史家珍编著，科学出版社2008年。《洛阳新获墓志》出版以后，洛阳市第二文物工作队在洛阳市区、孟津、伊川等地征集新近出土的墓志原石200多方，制作成拓片，还收集了部分新出土但未著录的墓志拓片，集中整理。本书共收录东汉1、西晋1、北魏8、隋9、郑1、唐258、五代1、宋16、元1、明8，计304方墓志。刊布了拓片、录文并简作考释。

《隋代墓志铭汇考》，6册：王其祎、周晓薇主编，线装书局2007年出版。本书共计收录了643方隋代墓志（不含塔铭、塔记、砖志）其中有墓志录文者512种。其中有近230方未见著录。全书体例为先图后文,每方墓志汇集了卒葬时间、行款书体、撰书人名、志文标题、志盖标题、形制纹饰、出土时地、存佚状况、主要著录情况等9个方面的信息。全书对每方志文进行了隶定和标点，并附有相关金石志著录和研究文献对各方墓志的考证和整理者评语。收录墓志包括河南285种，陕西157种、河北64种、山东27种、山西27种、甘肃7种、安徽6种、江苏3种、广东3种、北京2种、辽宁2种、浙江2种、宁夏2种、湖北1种、四川1种、内蒙古1种、湖南1种、不能确知出土地的54种等。《隋书》列传收录传主362人，本书收录的志主643人中绝大部分与《隋书》列传不重复。是迄今为止隋代墓志断代性资料最齐全、完备的出版物。本书特点：1. 弥补了隋史多学科研究重要基础资料的缺乏和不足。2. 图版、志文、考据、附录体例完备详尽。3. 编制人名、地名索引便于检索利用。

三、录文之著录

对墓志石刻文字的全文抄录，始于清代王昶《金石萃编》以及《金石续编》《金石萃编补正》，录有洛阳碑刻墓志30余石，依时代排列，散见于各卷。其后，清代陆增祥《八琼室金石补正》，录洛阳石刻文字74种（龙门山造像记等除外），其中造像记13种、墓碣2种、墓志13种、墓志盖4种、碑7种、经幢24种、塔铭4种、龛铭龛记2种、经记1种、堂记1种、诗刻2种、经刻1种，散见于各卷，并附各家考跋。

《古志石华》：黄本骥(1781～1856年)专抄各地自汉至元历代墓志文282种，其中以唐代墓志为最多，道光以前出土的多已采录。当时墓志多出自长安，此检出各卷所录洛阳出土的8方墓志名称：《唐马怀素墓志》（卷九）《唐张嘉祐墓志》（卷十一）《唐某氏墓志》《唐卢涛墓志》（卷十三）《唐裴复墓志》《唐韩昶墓志》（卷二十）《后晋罗周敬墓志》（卷二十五）《宋楚通叔妾朱氏墓志》（卷二十八）。[1]此8志中《唐裴复墓志》现藏西安碑林，《唐卢涛墓志》《后晋罗周敬墓志》尚有拓本流传，余志只能依靠有关录文来了解墓主生平了。

《匋斋藏石记》与《匋斋藏砖记》：端方（1861～1911年），字午桥，满州镶白旗人。光绪八年举人，官至直隶、两江总督。笃嗜金石书画，海内孤本精拓，宋元明以来名迹，闻风以萃，悉归储藏。丰碑断碣，辇致京邸，庋廊庑几满。得陕西凤翔府斗鸡台出土之禁，上列十二酒器，为彝器之冠。陈介祺所藏毛公鼎亦归之。著录所藏金为《匋斋吉金录》及《续录》，所藏石为《匋斋藏石记》于1909年刊行，录文后附跋尾，中有洛阳出土汉黄肠石与历代墓志等。如清末出土于隋唐洛阳城建春门外的波斯酋长《阿罗憾墓志》由是书著录。[2]

汉魏故城南，今偃师市西大郊村西南的高地上，有一片东汉时期的刑徒墓地。墓坑极浅，大仅容人，排葬密集。一般没有随葬品，但每个坑中都有一两块墓砖，上刻死者姓名、刑名、籍贯、死亡年月等字。清光绪末年，当地村民在这里刨出一批字砖，被古董商收买，运到北京，流入大官僚兵部尚书端方手中。当时罗振玉据见闻所及，记曰："洛中近治铁道，出平面刻字之汉砖无数，多永元、元和、延熹年号，多署髡钳、城旦、鬼薪、人名，乃葬罪人志也。字有极佳丽者，皆阴文，宛如石刻。匋斋尚书得三百余枚，惜完全者无几耳。"[3]简括地予以介绍，但墓砖与当时修建的汴洛铁路无关。除了关注新出古物，他还有意于著录："洛中近年所出砖志，皆以前好

1. （清）黄本骥：《古志石华》，道光二十七年（1847年）开雕，三长物斋藏版。

2. 端方：《匋斋藏石记》卷二一，第9页为墓志录文，同书刊印墓志拓本。

3. 罗振玉：《俑庐日札·汉墓砖》。

古冢所未见而尚无为之著录者，然则予古砖图录之作又乌可已乎。"[1]后于1907年误信古董商传砖出河南灵宝的谎言："徒隶诸砖，予以光绪丁未见一二于京估，叩其所出之地，曰灵宝。明年于两江节署再见之，问之购致此砖之三河郝君，亦云出灵宝。"[2]1908年，于南京两江总督府拜访总督端方，摩挲其藏砖。（灵宝西汉为弘农郡，东汉又名恒农）

《恒农冢墓遗文》和《恒农砖录》：1915年罗氏在日本据端方藏砖拓本23种，已藏拓本8种，"摹勒其文字佳者三十一砖，为《恒农冢墓遗文》"，并作长序考证砖的使用年代、刑徒籍贯、汉代文献中的刑徒名称、刑期与劳役、词义解说等。[3]此作刊布后，1917年于日本又作《恒农砖录》印行，自序云："浭阳端忠敏公得灵宝所出汉徒役砖志，予既援其殊尤勾勒为《恒农冢墓遗文》，序以行之矣。明年友人自关中来，为予得徒役砖墨本百七十余纸，纸尾皆有匋斋藏砖朱记。合以旧藏总得陌卅有一品，取校《匋斋藏砖记》，则著录才百有三品，其中予无墨本者廿有三，予有而《砖记》无者百卅有一。"鉴于匋斋之书失录大半，且文字多有讹误，而"竭数夕之力，拾遗正误，别为校写，颜之曰《恒农砖录》"，这231块砖的录文是一批早期出土的刑徒墓砖资料。

《芒洛冢墓遗文》：罗振玉浮海日本时带去了"图书、长物百余箧"。[4]在岛国著书多种。他将历年收集的1000多种墓志拓片，"爰就出土之地，分类校录，自芒洛始，岁律再更，成书三卷，颜之曰《芒洛冢墓遗文》。念洛阳之在往昔，屡为都会，古刻如林，《中州金石记》所载，乃不及什一，而异邦人之访古于我河朔，购古刻以去者趾相接。有朝出重泉，夕登市舶，未传拓一纸者。士夫所获，或亦展转归于海外，其幸存者，亦不谋流传。及一入肆贾之手，则列石以市，不许施墨，谓伤古泽。一旦得善价，乃亟毡包，席裹以去，如是者比比。故集录之事，其在今日，诚不宜或后"。[5]时在1914年2月。该书将105方墓志按时代先后排列，首列志石名称，序列长宽尺寸、行数、字数、书体、篆盖，有的还注明出土时间及石藏何处，然后照录志文。第二年作《芒洛冢墓遗文续编》，自序云："宣统甲寅春，予既写定《芒洛冢墓遗文》，其明年夏始游洛，复得中州近年所出志石墨本百余纸，其出芒洛间者凡五十有六。长夏度门，手自厘辑，益以汉建宁、中平两地券，总得五十八品，命儿子福苌传录为《芒洛冢墓遗文续编》三卷。"1915年撰《芒洛冢墓遗文补遗》，录30石；1916年作《芒洛冢墓遗文续补》，录28石。[6]其后又据新旧材料作《芒洛冢墓遗文三编》《芒洛冢墓遗文四编》《芒洛冢墓遗文四编补遗》。历年所成各编共辑自汉迄金各朝墓志、神道碑、塔铭、塔记、地券等620种，以墓志铭为绝大多数。[7]其间尚辑《东都冢墓遗文》一卷，录以偃师出土晋刘韬墓志为首，豫西地区的晋、唐、金等朝代墓志、塔铭41

1. 罗振玉：《俑庐日札·南北藏砖之盛衰》。

2. 罗振玉：《恒农砖录跋》，见《丙寅稿》。

3. 罗振玉：《恒农冢墓遗文·序》。

4. 罗振玉：《梦郼草堂吉金图·序》。

5. 《芒洛冢墓遗文·序》。

6. 《芒洛冢墓遗文续补·序》。

7. 《贞松老人遗稿甲集》附录三，《贞松老人著述总目）未刊目中有《芒洛冢墓遗文》五编六卷。

石。《中州冢墓遗文》一卷，补遗一卷，录晋至元等朝代的河南出土石刻84石，其中以孟县的魏四"司马"墓志为著名。编辑的还有襄阳、广陵、吴中、山左、三韩、邺下冢墓遗文等多种，向学术界提供了研究历史的原始材料。罗氏生前所辑《芒洛冢墓遗文五编》，近年已经出版，收入《罗雪堂合集》（全39函188册，张本义、萧文立编纂，西泠印社2005年出版）和《地方金石志汇编》（全八十册，国家图书馆出版社辑，国家图书馆出版社2011年出版）。

《汉魏南北朝墓志汇编》：赵超著，天津古籍出版社1992年出版。该书在《汉魏南北朝墓志集释》一书及北京图书馆、北京大学图书馆藏拓片的基础上，补充收集了1949至1986年间全国各地出土的汉魏南北朝墓志，均依据拓本与照片，以通用繁体字录写成文，供研究使用。清末民国时期的碑估，将重要的北朝墓志一一翻刻，并仿造、伪造南北朝墓志，致使真伪混淆，是非难辨，给使用者造成困难。作者将业经考证的伪志及有明显疑点的墓志92件附列目录于后，不收录文，为使用者提供了一个资料可靠、厘定准确的579件汉魏南北朝墓志录文。该书将洛阳出土的汉、魏、晋、北魏诸朝墓志悉数囊括。后来著者对原书重加厘定，纠正谬讹，2008年由原出版社再版。

《唐代墓志汇编》上、下册：由周绍良主编，上海古籍出版社1992年出版，将近百年来全国出土唐代墓志铭文的内容用繁体字厘定，用新式标点断句后，尽录其中，这3600多件唐志中，洛阳出土的占大多数。

《唐代墓志汇编续集》：周绍良、赵超主编，上海古籍出版社2001年出版，该书既收录传世材料，又注意收集新发现的材料，截止于1986年，厘定1564件，其中洛阳出土的墓志又占了很大比重，近百年来洛阳出土唐代墓志尽录此二编之中。

《全唐文补遗》第八辑：陕西省古籍整理办公室、洛阳市第二文物工作队编，三秦出版社2005年出版。本书主要收录了洛阳市第二文物工作队近10年来收藏的洛阳地区新发现的唐代墓志的录文，还收录了全国其他地区发现的唐代墓志录文，多是首次面世的新资料，为唐史研究提供了宝贵的素材。

《全唐文补遗·千唐志斋新藏专辑》：陕西省古籍整理办公室编，三秦出版社2006年出版。本书收录的材料是千唐志斋博物馆20世纪90年代至2005年新入藏的墓志录文，全书收入墓志共589方，其中唐五代墓志凡521方，多为首次公布。这批墓志大多出于洛阳北邙山、洛阳南万安山、龙门西山及偃师、关林等地。唐代墓志包括许多大家族墓志、与皇家有关联的人物墓志，为研究唐史提供了新的极为重要的原始资料。本书还把唐以前的35方和宋以后33方新藏墓志一并收录，其中有北朝到隋弘农杨氏约20方墓志、北宋苏氏家族墓志，还有范仲淹夫人张氏墓志等，价值弥足珍贵。

《全唐文补遗》第九辑：陕西省古籍整理办公室编，三秦出版社2007年出版。收录了《洛阳新出土墓志释录》一书中40多方墓志的录文，原石藏洛阳师范学院。

《全隋文补遗》：韩理洲辑校编年，三秦出版社2004年出版。收录文章700余篇，将洛阳出土的约200方隋代墓志悉数收入并注明来源。

《洛阳出土少数民族墓志汇编》：李永强、余扶危、缪韵主编，河南美术出版社2011年出版。本书收录洛阳出土93个姓氏的历代少数民族墓志554方，志主无论出生居住于何地，凡其墓志出土于洛阳者均予以收录。外国人墓志亦一并收录，墓志录文予以标点。计西晋1、北魏212、东魏2、隋27、唐298（含神道碑1）、后唐1、后晋1、后周2、北宋9、元1，时间跨度长达1000余年。全部墓志姓氏按笔画顺序排列，书末附以按葬年编排的志主人名索引。

四、人物事略等专题著录

《隋墓志人物传》：冯吾现主编，中州古籍出版社1994年出版，收录的173位人物，系根据出土隋代墓志整理编辑而成，依葬年先后排列，为隋史研究者提供了集中的素材。

《刺史行事录》：余扶危等主编，北京图书馆出版社于2006年出版。本书取材于墓志和碑碣，共收录从汉至辽的各代刺史506人，涉及州559个。这些刺史的资料都是当时历史的客观写照，是了解和研究当时历史必不可少的史料。本书将分散于各种著作、期刊之中的这些刺史的墓志和碑碣集中汇编，择录其与仕历有关部分，极大地方便了研究者对这些资料的使用。

《洛阳古代官吏事约》：杨作龙主编，余扶危、张剑执行主编，朝华出版社2007年出版。本书检阅洛阳出土的数千方北魏至清代的墓志，将①洛阳人为官者；②在洛阳为官的外地人；③卒葬在洛阳的官吏；④皇帝赐葬洛阳者；⑤外地迁葬在洛阳者；⑥葬于洛阳先茔者的墓志略去铭语，只录序文部分。分为中央官吏和地方官吏两大类，依时代先后序列。计收录中央官吏231类，531人；州郡、府官吏44类，299人；县级官吏8类，252人。总计283类，1082人。其中唐代官吏670人。所有这些官吏只有部分在正史中有传，多不见于纪传。其一生事迹的浓缩，亦是社会历史、社会变化的反映，是当代人研究当时历史的第一手资料。

五、游记、图录与墓志的著录

1. 罗振常与《洹洛访古游记》

罗振常（1875～1942年），字子敬。生平于史学、版本目录学均有作述。《洹洛访古游记》是他受兄长罗振玉之托，于1911年阴历二月至四月由北京赴河南安阳小屯，从事龟甲兽骨及其他古器物收集，继而游历洛阳和龙门石窟所写的日记，对当地文物古迹、风土人情、城乡面貌均有涉及。四月，罗在洛阳古董肆及乡间还收购了一批古物、墓志和墓志石刻拓本运到北京，墓志有宰相李逢吉篆文之《唐桂州刺史刘栖楚墓志》《唐豪、鄂二州别驾李诞墓志》《宋资教大师卯塔记》。这是清末洛阳出土的少许墓志之一部分，成为罗振玉私人藏品中最早搜罗的洛阳墓志实物。是书民国年本不易寻觅，其后人整理本由河南人民出版社于1987年出版。

2. 王广庆与《洛阳访古记》

王广庆(1889～1974年)，字宏先，河南新安县东乡掌礼沟人。1911年，随同乡张钫在西安参加辛亥革命，从军东征。后赴日本求学，归国从政，又从章太炎先生研究小学，尤重声韵学。1930年之后，于右任为国民政府监察院长，王任监察委员，后膺选国大代表、立法委员，对吏治法制，均有贡献。1938年任河南大学校长，时日寇入侵河南，王率师生辗转豫南，艰辛跋涉，暂定嵩县，开学上课，1945年离职，后去台湾。王广庆出身书香门第，自幼博览经史，国学根基踏实，尤长于金石、训诂之学，著有《河洛方言》《洛阳先后出土正始三体石经记》《复音词声义

《阐微》等学术著作。[1]王氏所著《洛阳访古记》发表在《河南大学文学院学术丛刊》第一卷，河南大学文学院编辑，河南大学发行，大华书报供应社印刷，民国三十年一月出版。《洛阳访古记》1933年完成初稿，1939年写定，记述了民国年间王氏在洛阳访察古墓葬、碑刻墓志等情况，文笔质朴，状物详尽，对研究民国时期洛阳文物发现情况有参考价值。《河南文史资料》第23辑（1987年9月）刊出经整理之全文。

3. 关百益与《审美堂藏石录》《河南金石志图》

关百益（1882～1956年），名葆谦，字百益，以字行。满族人，原籍吉林省长白县，生于河南开封。1907年毕业于京师大学堂师范科，曾任河南通志馆编纂、河南博物馆馆长等职，1956年病逝于西北大学，终年74岁。关百益是河南著名学者，近代金石学和博物馆事业的开拓者。他著述宏富，于史学、金石学、考古学、甲骨文、方志学等均有深邃的造诣和卓越的成就。

1914年，关百益《审美堂藏石录》一卷印行，原序云："谦性颛而好古，平日以搜罗汉唐金石文字为乐，初无意于藏石也。共和二载（1912年），自京回汴，见洛阳新出土墓志造像甚多，心甚爱慕，然仍不敢萌收藏之念。因自揣力薄，恐终不能足愿也。孰意金石有缘，聚合有数，凡吾所注意诸石，为势限时迫，将逾周载，半已归吾所有。其中若有不期然而自然，且有却之不容却者，非与金石有缘，其能如是乎。每于闲暇之际，摩挲其间，古色苍苍，甚觉可人。因就愚见所及，录之于简，积久成册，题曰《审美堂藏石录》。自知学问谫陋，谬误孔多，不供大雅一晒。近因友人索观者甚众，应付不暇，不得已付诸铅印，以省抄录之繁。"[2]关氏所藏北魏墓志3方、北齐造像2通（一通非洛阳所出）、唐墓志1方。《北魏徐州刺使王绍墓志》，清末宣统辛亥（1911年）出土于洛阳，旋归茹古阁，癸丑（1913年）夏，典于关氏，后因无力赎取，甲寅（1914年）夏五月，复其值，石遂归关氏。《北魏宫品一太监刘华仁墓志》，壬子年出土于洛阳，癸丑年秋，经茹古阁售于关氏。《北魏司空城局参军陆绍墓志》，壬子年出土于洛阳，甲寅五月，关氏得之。《北齐张离造像》，癸丑洛阳出土，为开封文宝斋所得，甲寅九月关氏得之。《唐石州刺史刘穆墓志》，癸丑春出土于洛阳北乡，是年夏为关氏所得。关氏皆著录全文并为之考证、跋尾、评论书法，俱有心得。

以上诸志出土年代较早，关氏记载出土时地明确，可以纠正郭玉堂《洛阳出土石刻时地记》的一些不正确记载。这些墓志后归河南财政厅厅长蒋央斑，又经李根源归苏州古物保存会保管，皆毁于抗日战争时期。

关氏编《河南金石志图》，民国廿一年影印本。分正编、附编两部分。正编四集，以金石为主，金类主要收录新郑彝器及各地铜器；石类集录有墓志、塔铭、碑记、神道阙、造像、刻经等。附编分二集，收录有陶器、玉石、砖瓦文、角骨牙蚌、甲骨文等。本书所收录的器物，选自《河南金石志》一书的精品，造形优美，颇具历史、艺术价值。

他对龙门石窟的考察很早，数十年间编撰关于龙门的图录、论文、著作达20种。其中以1935年出版的《伊阙石刻图表》最为有名。1932年春，关百益自洛阳张氏处得汉残石百余块，编成

1. 孟志昊：《回忆王广庆先生事迹》，《河南文史资料》第18辑，1986年。

2. 关百益：《审美堂藏石录》序，民国甲寅年（1914年），开封铅印本。

《汉熹平石经残字谱》一书。他著有《魏正始石经残石影本附跋》《魏石经考证》《魏三体石经尚书春秋残石序例》等。

六、墓志出土时地的著录

郭玉堂与《洛阳出土石刻时地记》

郭玉堂(1888～1957年)，字翰臣，居号"十石经斋"，铺号"墨景堂"。孟津县刘坡村人，少年家贫务农，长以金石碑刻、拓片收售为业。数十年来洛阳地下每有发现，即亲赴现场调查，从不或缺，所藏金石碑刻拓本为中州第一，故广交游，学问日增。与著名金石考古学家故宫博物院院长马衡、故宫博物院古物馆馆长徐森玉、民国政府监察院院长于右任、燕京大学教授容庚，以及罗振玉、顾燮光、周季木、李根源等人均为文字交。与新安县人民国元老张钫、中央大学教授王广庆为洛阳同乡。曾受聘为北平图书馆名誉调查员、[1]故宫博物院考古采访员。1941年，《国立北平图书馆藏碑目》出版，总计收世俗墓志和释氏塔铭3481种。学者袁同礼跋云：此墓志目"皆本馆历年征集购置所得，前京师图书馆及福山王氏（王懿荣）之藏约十之一，余皆近世邺下邙洛所出，赖郭君玉堂之力得以入藏"者。[2]新中国成立后先后在河南省文管会、省文史馆工作。[3]

1923年7月，孟津县黄河南岸发现大批周代铜器，国立北京大学研究所国学门闻讯后，特派马衡（字叔平）前往调查、购买。他作《调查河南孟津县出土古器报告书》，开首即云："孟津县出土古器，前经本校研究所驻洛阳调查员郭玉堂君亲往发见地调查。"[4]可见马氏到洛阳后首先与郭玉堂联系，也是郭氏每闻古物出土必躬亲采访之明证。郭氏在《洛阳出土石刻时地记》自序中也说到"森玉、叔平两先生数游河洛，下榻寒舍，殷勤教诲，且频频以金石刊物见贻，十载以来，获益不少"。他还为马衡购置了一些重要石刻。[5]

清末民国年间，军阀纷争，洛阳盗掘古墓形成风气，出土文物无数。墓志、石刻仅是古墓随葬品中的一种而已。关于访查的经历与成书的过程，郭氏于1939年自述云："玉堂居北邙之阳。……幼贫失学，乃鬻碑帖以自给。往来南北宏达之士，询以洛阳石刻出土端委，有时莫知所对，而足迹甚勤，颇蒙嘉许。复承鄞县马叔平先生衡、吴兴徐森玉先生鸿宝，新安王宏先先生广庆之指示，谓履访原出地点，可以征事实；购读金石刊物，可以广异闻；汇集拓本，可以窥全貌、存史料。遂乃遍走亩邱，登陟岗垅，片石只器之出，询及童妇，有资异闻，信笔注记；搜求墨本，无分真伪。廿年来，无间风雨寒暑，拉杂撮录，蔚成四册，比次年月，寝馈都忘。迩来邑

1. 郭培育、郭培智主编：《洛阳出土石刻时地记》，扉页《聘书》影印件。

2. 徐自强主编：《北京图书馆藏墓志拓片目录》前言，中华书局，1990年，第1页。

3. 蒋若是：《郭玉堂先生诞辰百年祭》，《河洛春秋》1988年1期，第45－46页。

4. 马衡：《调查河南孟津县出土古器报告书》，载国立北京大学《国学季刊》第一卷第四号，《国立北京大学研究所国学门重要纪事》附录二，民国十二年（1923年），第764页。

5. 赵振华：《马衡与洛阳文物研究》，《河南文物考古论集》二，中州古籍出版社，2000年，第372页。

境内外，石刻出土经过，略备于此，间有未详，则付阙如。……森玉、叔平两先生，数游河洛，下榻寒舍，殷勤教诲，且频频以金石刊物见贻，十载以来，获益不少。宏先先生，距离较近，质疑问难，获益尤多。于是，文体字迹，入目能辩，墓区岗原，心记之而口能言之矣。"[1]当时处于抗日战争时期，洛阳时遭空袭，因惧半生心血之积稿散佚，而付梓印行。

王广庆为该书撰《序》云："民国九年，余归自三原，识洛阳郭翰臣君玉堂，以拓售碑志为生，而嗜古异于恒众。耳有所闻，必以目遇。为述北邙魏志，故城残石，出土时地甚备。……其拓本流传，虽可雠正史之异同，供艺林之玩赏，然千百年后，兆域无征，邑乘无考，古迹淹没，治史地者将何所据依乎？如于访览之余，记其发掘时地原委，异日助君写定，必可成为信史。"多年来，在王氏的指导帮助下，"翰臣治金石之术益进"。抗日战争时期，身为河南大学校长的王广庆率师生辗转于豫南、豫西各县，烦难之中抽暇于1938年底，将郭氏稿本，"以旬月之力，依为校录，拟即署曰《洛阳出土石刻时地记》"。[2]

民国年间，洛阳一地出土墓志即有数千方之多，郭玉堂惧史料散佚沦亡，奔走于荒山野壑之间，每有发现即拓印收存。对墓志、石刻出土时间、地点、经过、内涵，或亲自验证，或访自乡老，每有所得，辄笔记不辍。足迹所至，遍及河洛，并将成果公之于世。1941年，洛阳大华书报社出版他整理的《洛阳出土石刻时地记》上册，录汉9、曹魏5、西晋19、北魏253、东魏3、北齐1、北周6、隋175、附录11件，合计482件石刻墓志等，王广庆择其显要者以按语形式引史籍予以考证，纳入相关条目中，与郭玉堂的记录相辅相成。书末附有洛阳出土石刻地图一幅。限于当时的困难，印制粗糙，文字错讹颇多，附勘误表二页。本书的记录对西晋皇陵的发现、北魏皇陵的确定、汉魏太学石经和东汉刑徒墓砖的发现与发掘等文物考古工作提供了可靠的第一手数据和确凿的证据。而唐、宋、元、明、清部分仅存手稿，1952年，中央文化部郑振铎部长知讯后，指示河南省人民政府文物管理委员会，派人帮助整理，初稿已就，乃孙郭建邦又多次修改，而未印行。[3]

郭玉堂曾受张钫的委托，在1929~1932年间，将邙山各村出土的唐代墓志1000余块悉数收购，运到新安县铁门镇张的老家保存，这就是著名的"千唐志斋"藏石的由来。[4]1935年这些藏石经他编辑为《千唐志斋藏石目录》《续目》《三目》，由西泠印社印行。他曾著《千唐志斋藏石文集》三十卷、《朱、粉砖志铭》五卷、《洛阳伪造墓志》《洛阳古物记》等书稿，不曾印行。

1940年，洛阳县成立修志馆，聘郭玉堂为修志馆成员，负责石经、碑刻、墓志等金石方面的调查采访和编纂。检民国三十五年（1946年）《洛阳县志》（稿本）金石卷，自汉至来，墓志石刻数以千计，载于县志之第九、一〇、十一、十二、十三、十四卷，共六卷，依时代、年号排

1. 郭培育、郭培智主编：《洛阳出土石刻时地记》，郭玉堂《洛阳出土石刻时地记序三》，第4页。

2. 郭培育、郭培智主编：《洛阳出土石刻时地记》，王广庆《洛阳出土石刻时地记序二》，第3页。

3. 郭建邦：《回忆我的先祖父郭玉堂》，《河洛春秋》1988年2期，第49页。

4. 黄士斌：《郭玉堂先生与千唐志斋》，《河洛春秋》1988年1期，第50—51页。

列。[1]第九卷前半所列为商周青铜器。后半列自汉晋石刻，晋代列出土碑、志多种。第一〇卷列北魏、北齐、隋墓志，墓碑，造像记等。此二卷之石刻，多采自郭玉堂《洛阳出土石刻时地记》汉至隋部分所载。第一一卷载唐代武德至长安年间的墓志目录，第一二卷载唐代神龙至建中年间的墓志目录，第一三卷载唐代贞元年间至唐末的墓志目录，第一四卷载五代、宋、元、明诸朝的墓志目录。约三分之一注明墓志所在、石藏地点，如千唐志斋藏、河南图书馆藏、河洛图书馆藏、北平图书馆藏、京师历史博物馆藏及私人如于右任、王宏先、郭玉堂、李铭三藏等。半数记载出土时间地点，其亦源自郭玉堂未刊稿《洛阳出土石刻时地记》唐至明代部分。由于唐代墓志多，据各志所载亡卒地域、坊里与出土地，扩大了墓志的历史地理研究领域。《洛阳县志·金石卷》记录了20世纪前半叶洛阳出土的墓志碑刻，为集大成之著录。

1954年夏，北京大学教授阎文儒来洛阳调查邙山出土墓志，专程去刘坡郭府拜访，留宿其家，交谈三日，对洛阳邙山陵墓分布，出土古墓志年月，志主姓氏与葬地等，详述备记。"郭公告余曰，君既到北邙，如再游历诸村，定可见余所未曾见之墓志多方"。[2]阎教授以郭玉堂之嫡孙郭建邦为向导，遍访各村，历时月余，捶拓墓志532种，记录所得墓志的名称、时日、地址。这批墓志后来由洛阳博物馆从乡间收回。

据《洛阳出土石刻时地记》，郭氏也收存了一些墓志，如《北魏元澄残志》《北魏笱景墓志》《隋郭王墓志》《隋郭世昌墓志》《隋郭宠墓志》《隋王衮墓志》等。1957年，"郭玉堂先生把所保存的各代墓志67方以及一些文物捐献给政府"，[3]墓志为北魏、隋、唐、五代、宋、明等朝代的遗物。1966年8月，其后人将家藏拓片12.8万张捐献给河南省文物研究所。[4]

《洛阳出土石刻时地记》，是特殊年代的一本记录百姓盗掘邙山古墓葬群出土墓志的专书。该书先记墓志题目、年号年月，然后记出土时间、地点，有否墓冢、志盖，字体书法等。或记其出售价格，收藏人物，伴出文物流散等情况。一些重要的墓志由著名学者、河南大学校长王广庆简为考述其史料价值。该书的出版，正值抗日战争时期，洛阳的经济状况恶劣，故印数少而质量差。然而此书在学术界的影响颇巨，是案头必备、广为征引之工具书，非一般金石书籍可比。新中国成立后，《人文杂志》刊专文评价介绍。[5]考古学者、北大教授宿白以是书的记载为基础，研究北魏统治集团在邙山的陵园、墓域布局，著有专文，[6]是其一例。

1988年2月29日上午，洛阳市历史学会主持召开"纪念郭玉堂先生诞辰一百周年学术报告会"，[7]缅怀先人，追述功绩。

日本汲古书院于2002年12月出版了明治大学气贺泽保规教授编著的日本版《洛阳出土石刻时

1. 雷福祥、孙诒鼎纂修（民国）：《洛阳县志》稿本，民国三十五年（1946年），现藏洛阳市档案局。

2. 阎文儒：《蒙郭玉堂先生指导赴北邙调查唐墓志记》，《河洛春秋》1988年1期，第47—49页。

3. 侯鸿钧：《洛阳郭玉堂先生捐献墓墓志》，《文物参考资料》1958年5期，第74页。

4. 郭建邦：《回忆我的先祖父郭玉堂》，《河洛春秋》1988年2期，第51页。

5. 程仲皋：《介绍〈洛阳出土石刻时地记〉》，《人文杂志》1957年4期，第86页。

6. 宿白：《北魏洛阳城和北邙陵墓——鲜卑遗迹辑录之三》，《文物》1978年7期，第42—52页。

7. 《市历史学会举行学术报告会，纪念郭玉堂先生诞辰一百周年》，《洛阳日报》1988年3月2日5版。

地记》，附解说、所载墓志碑刻目录。气贺泽教授积数年之功对此书认真校勘、整理，为学术界提供了宝贵的资料。首先，对原书文本作了细致的校勘订正。其次，根据书中的信息将所收石刻资料编制成详细的目录，为了方便读者，还提供了这些资料在《石刻题跋索引》《汉魏南北朝墓志集释》《汉魏南北朝墓志汇编》等几部通行的石刻著作中的页码。最后，还以"郭玉堂与《洛阳出土石刻时地记》"为题对民国时期洛阳地区北朝隋唐墓志的盗掘与搜集做了详尽的介绍与分析，不仅有益于了解郭氏其人其书，对于认识整个民国时期石刻资料的出土与搜集均有重要的价值。国内学者撰文予以介绍。[8]

2005年，由郭玉堂访记，王广庆校录，郭培育、郭培智（郭玉堂曾孙）校补，郭建邦通审的《洛阳出土石刻时地记》由大象出版社出版。该书的上部即1941年出版部分。下部为未刊部分，录唐2128、五代后梁3、后唐11、后晋9、后汉3、后周12、宋134、元1、明35，共2336方。上下两部合计2818方墓志石刻。本书收集了郭玉堂从清末民初至1946年前洛阳古墓葬被盗掘时出土的历代墓志碑刻，其原书稿条目基本保持原貌。其后人仅对原稿作必要的整理、修改和校补。增加了目录和编号，介绍了重要墓志，增补了墓志石的现藏单位和志文中所载葬地，颇便使用者。

洛阳出土汉代以来墓志石刻数以千计，出土地点，石存何处，或不明了。出土的墓志是研究中国历史的宝贵资料，或誉之为"石刻史书"。一旦离开了原生地，将失去一部分研究价值。郭玉堂先生数十年如一日，专注于此，为后人留下了一份原始的研究资料，至可宝贵。

第四节　墓志的研究

一、墓志对于历史研究的意义和作用

洛阳是我国出土墓志数量最多的地区，截止目前，出土约5000方，多数已经整理刊布，从东汉至民国历代俱备。墓志记载内容十分广泛，涉及各个历史朝代的政治、经济、军事、文化、风俗、宗教、民族、外交、地理以及墓志主人的家族世系和生平事迹等等，或补史阙或纠史谬。因而可以说，墓志是中国历史人物传记，是研究我国历史的大百科全书，是极为珍贵的历史档案资料。

清代乾嘉以来治朴学者多兼治金石，碑刻墓志之跋文、考证散见于各家文集、专著。若乾隆朝偃师人武亿的《金石三跋》《授堂金石文字续跋》研究洛阳碑刻墓志15石。其书斋"小石山房"亦因获《晋征东将军刘韬墓志》而得名。[9]

民国以来，相关著述多见于报刊、文集、专著。各路学者，多有撰作。其研究邙洛墓志较为集中者，如何日章撰《河南图书馆藏石跋》一卷，于1925年印行。

8.　王素：《日本新版〈洛阳出土石刻时地记〉读后》，《中国文物报》2003年8月27日4版。侯旭东：《气贺泽保规教授〈复刻本洛阳出土石刻时地记〉简介》，《中国史研究动态》2003年第11期。

9.　（清）吴庆坻撰：《蕉廊脞录》卷七，黄小松（易）记其所画《嵩洛访碑图》云："小石山房（偃师武虚谷得晋征东将军刘韬碣，因构小石山房）。"中华书局，1990年，第216页。

就志主而言，或为皇族官吏、帝妃宫娥、诰命夫人，或为文人学士、平民百姓、殇子夭女，或为僧尼道人、少数民族、外国侨民。如此众多的人物生平，俨如一部正史列传而又远非其所能包容，具有无可替代的史料价值，久为识者倚重。数十年来研究成果十分显著，多为以单篇论文的形式发表于报刊或专业杂志，殆难数计。

二、主要研究成果

1. 补史、证史

罗振玉研究邙洛墓志的主要成果：《魏书宗室传注》和《魏宗室世系表》

罗氏青年时即有校勘全史之志，苦于见闻不广。1903年先成《五史斠议》，续校《魏书》，"以传记诸志互校，复取《北史》比勘。惟《魏书》多佚卷，且有佚页，非兼据宋刊善本校之不可……宋本亦有佚页，求未佚者垂三十年，卒不可得，旧稿遂置箧中。近年洛阳出元魏宗室墓志数十，每得墨本辄取史传比勘……予既一一据以校订，复取旧校，先将《宗室传》写定，并录其全文为注十二卷"，又作《魏宗室世系表》一卷，与《注》并行。[1]该书刊印于1924年，为当时以北魏墓志研究《魏书》的一部专著。其后，"遇新获元魏墓志墨本，时取校勘，每有补正，辄记诸书眉，涂乙殆遍"。逝世后，其子福颐"移录补订各条，凡得四百余则，厘为一卷"，[2]成《魏书宗室传注校补》，入《贞松老人遗稿》乙集。始终以新获出土材料与文献相比勘研究，并不断充实已成著作，是罗氏治学的一大特点。

《唐折冲府考补》

西魏在权臣宇文泰执政时建立府兵制，选拔体力强壮者为府兵，设军府百。北周、隋与唐前期继续推行之。唐代在全国主要各州设立军府，称为"折冲府"。《新唐书·地理志》所载府名多亡佚，仅得四百四十八。清道光年间劳经原著《唐折冲府考》四卷，"凡补府百单九（又存疑者五府）"，[3]"罗氏读而有感，自宣统初元（1909年）始，迄于1937年，每于石刻及隋唐兵符见有府名为劳氏所未及者，辄补录之。1911年成《唐折冲府考补》一卷，1922年成《考补补遗》一卷，1924年成《考补拾遗》一卷，并附以隋兵府之见于金石刻者。其后凡见即摘录，随时刊出，1932年辑历年所补，将旧著增订重刊，仍名《唐折冲府考补》。1934年新作《唐折冲府考补拾遗》，自序云："予补仁和劳氏《唐折冲府考》凡六易稿，癸酉（1933年）夏，取末次稿印入《辽居杂著乙编》中。今年春得中州新出唐墓志二百余通，有可补益曩编者，复得兵府三十有四，隋兵府三，成《拾遗》一卷。"1937年复序新成《补遗》云："……岁丙子（1936年）复有增订，计补注唐志百五十九，劳氏所补加证者十有八，志及劳补所无又补府八十有六，乃不复别行，遂并入劳书而附以隋兵府之可考者四十有八。既付缮印矣，乃于一岁中又于石刻得补注二十四，补府四，补隋兵府五，不及增入，因别为《拾遗》附焉。"罗氏历年之校订、考补多据洛阳出土唐

---

1. 罗振玉：《魏书宗室传注·序》。

2. 罗振玉：《魏书宗室传注校补》，罗福颐后记，1943年刊本。

3. 赵钺：《唐折冲府考·序》，徐乃昌《鄦斋丛书》本。

代墓志与洛阳龙门造像题记，间有隋志。

《唐书宰相世系表补正》

1892年罗氏曾著《唐书宰相世系表考证》二卷，后佚失。但续校之稿岁有增益，则于晚年将数十年逐渐积累的资料作《唐书宰相世系表补正》。1937年自序校订之依据云："三十年来中州所出唐志千余品，每得墨本，辄取以校雠，久之遂得如干则。今始以养疴余暇，别纸缮录，成书二卷……其大端根据志墓之文而辅以诸家文集，复校以宋刊本。与前书盖稍异，故名之曰《补正》。"[1] 以出土文物、文字材料与历史文献相结合，印证、补充、纠正文献记载，俾近于史实，是该书的特色。

罗氏研究墓志除收集拓本、刊印遗文、创作专著外，还写下了大量的考跋。辑入《丙寅稿》《丁戊稿》《辽居乙稿》《辽居杂著丙编》与《后丁戊稿》者即多达170余篇。其中大部为研究邙洛墓志的成果。

《新唐书宰相世系表集校》：赵超著，中华书局1998年出版，主要汇集了清以来校订《新表》卓有成效的《唐书宰相世系表定讹》《新唐书宰相世系表补正》《元和姓纂四校记》有关《新表》部分、《新唐书宰相世系表校异》的成果以及作者的心得。根据文献和出土文字材料对《新唐书·宰相世系表》作大量补充，洛阳出土墓志资料为其首选。

《唐折冲府汇考》：张沛编著，三秦出版社2003年出版。这是一部研究唐代府兵制的专书。本书在清人劳经原的《唐折冲府考》，罗振玉的《唐折冲府考补》《唐折冲府考补拾遗》，近人谷霁光的《唐折冲府考校补》等的基础上，搜集了20世纪30年代以来，特别是新中国成立以来新发现的唐折冲府资料。经过整理，汇为一集，进行了考释。作者经过多年稽考唐人墓志碑石史料，在前人研究基础上取得新的进展，增补了府名若干，并作了大量考释。

2. 墓志集释

赵万里与《汉魏南北朝墓志集释》

赵万里(1906～1980年)，字斐云，浙江宁海人，清华学校研究院毕业，曾任北京图书馆善本部主任，是著名的版本目录学家。1921年考入东南大学，从吴梅研究词曲。1925年到北京，拜王国维为师，刻苦学习。1928年到北海图书馆，在徐森玉指导下，从事版本目录学研究。后在北京大学、清华大学、辅仁大学等校执教。北海图书馆改建为北京图书馆后，历任编纂委员、善本部主任等职，新中国成立后任研究员兼善本特藏部主任，著述多种。

1936年，赵万里著《汉魏六朝冢墓遗文图录》10卷，由中央研究院历史语言研究所石印出版。1953年扩编为《汉魏南北朝墓志集释》(一函八册)，1956年由科学出版社出版，该书共收汉魏至隋墓志等的新旧拓本609通，按时代分为十卷及补遗一卷。起自东汉延平元年马姜墓记（洛阳出土），止于隋大业十一年宫人刘氏墓志（洛阳出土）。绝大部分为墓志，亦有少数墓记、椁铭、神座、枢铭等。清末民国时期洛阳盗掘出土的汉、魏、晋、北魏、隋墓志等都予以收录。每种墓志，力求整纸初拓足拓本或损字较少之本，下均记拓本尺寸、行款、书体、出土地点，并对有关史实加以考证，对记有关史事及原石出土流传情况的重要题跋，亦选录原文附后，颇便参考，是

---

1. 《七经堪丛书》本。

书集近代收藏隋以前墓志之大成，是研究魏晋南北朝历史与考古的基本史料。

是书之墓志一般依朝代葬日排列，夫妇各勒一志者，则俪妇志于夫志之后，不依葬日为次，以便检寻。北魏宗室墓志，依《魏书·宗室传》世系为次，不依葬日。北齐墓志亦仿北魏例，以宗室冠首。是书于石质墓志拓本有见必录，砖志则仅选印文字精好易于制版或志文有关史事者。

3. 历史地理研究

(1)洛阳历史地理研究

《邙山北魏墓志中的洛阳地名及相关问题》[1]：通过对北魏墓志的整理，研究了北魏邙山的一些地名，列举出北魏13个乡和50个里，为研究北魏洛阳的行政区划提供了资料。

《关于北魏洛阳城里坊的几个问题》[2]：据洛阳出土墓志中所记北魏洛阳城里坊，洛阳县为8乡16里，河阴县为5乡11里，并划出二县管辖之大体方位。同时据墓志资料等，确定北魏洛阳城内88个里坊名称。

《隋代洛阳政区改革与隋志中洛阳乡里初探》[3]：不仅列出了部分隋东都的里坊，还对隋代河南县、洛阳县、河阴县的乡、里、村作了排列，并划定出其相当于今的大致位置。共列出28个乡，29个里，6个村，12个地名，为研究隋代洛阳的行政区划提供了资料。

《唐代洛阳乡里方位初探》[4]：利用编纂于民国三十六年（1947年）的《洛阳县志·金石卷》的第十一、十二、十三、十四卷所著录的20世纪前半叶出土的1873方唐代墓志，其中的733方记录了该志的出土时间和地点，作为研究这一课题所依据的主要资料。根据唐代墓志记载的乡里村名称、葬地以及墓志的出土地点进行综合研究，致力于探索唐代东都乡里方位和洛阳现代乡、村的位置关系。目前可知河南县有29乡、35里、12村，洛阳县有18乡、8里、5村。

《洛阳出土墓志卒葬地资料汇编》：余扶危、张剑主编，北京图书馆出版社2002年出版。墓志卒葬地是墓志研究的内容之一。该书将见于1998年以前著录的洛阳出土的东汉、西晋、北魏、隋、唐、五代、北宋、金、元、明等朝代的3000方墓志丰富的内容中，仅就墓主人的卒葬地资料及墓志的出土地点进行了收录整理，共收录了4347条。每条资料内容包括志石题首、墓主讳字、籍贯、卒葬时间和地点、志石出土时间地点及著录书籍等。书后并附有志主人名索引。

卒葬地的范围主要有洛阳几个建都朝代的都城城门、里坊、寺院、道观及其京畿的县、乡、里、村、山川和陵墓等，其中最重要的有北魏洛阳城内的50个里，城外的19个乡里；唐代东部外廓城内的160个里坊，唐代都城外河南府所辖之24个县；河南、洛阳两县所属的60个乡、79个乡里、80个村；分布在洛阳故都周围的帝陵有汉光武帝刘秀的原陵，晋武帝司马炎的峻阳陵，晋文帝司马昭的崇阳陵，魏孝文帝元宏的长陵，魏宣武帝元恪的景陵，魏孝明帝元翊的定陵等。此

---

1. 陈长安：《邙山北魏墓志中的洛阳地名及相关问题》，《中原文物》1987年特刊，第76 — 89页。

2. 张剑：《关于北魏洛阳城里坊的几个问题》，《洛阳考古四十年——1992年洛阳考古学术研讨会论文集》，科学出版社，1996年，第263 — 269页。

3. 陈长安：《隋代洛阳政区改革与隋志中洛阳乡里初探》，冯吾现编：《隋墓志人物传》，中州古籍出版社，1994年，第202 — 261页。

4. 赵振华、何汉儒：《唐代洛阳乡里方位初探》，《洛阳出土墓志研究文集》，朝华出版社，2002年，第45—117页。

外，还有北魏、隋唐几个朝代河南府（洛州）以外的西京长安城的里坊和其他州、郡、府所辖的县、乡、里、村。其中仅唐代涉及的就有151个州、43个郡、20个府。

将洛阳墓志卒葬地资料与墓志的具体出土地点相结合，不难看出，对洛阳古代都城里坊制度、洛阳都城京畿的行政区划、地理山川形势、帝王陵墓的位置、一般贵族墓葬的分布，以及有关人物的研究具有重要史料价值。

(2)隋唐东都里坊研究

对隋唐东都城坊的记述与研究有唐代的《两京新记》，元代的《河南志》、清代的《唐两京城坊考》等文献，然而由于历史的局限，使之在内容上也存在一些错误和遗漏。通过对出土墓志关于里坊记载的梳理，结合文献材料，可以补充隋唐东都城里坊的资料。

《唐东都洛阳城坊里之考证——从唐代墓志看东都坊里名称及数目》[1]：陈久恒在《隋唐东都城址的勘查和发掘续记》[2]中，据徐松的《唐两京城坊考》和考古学资料绘制"唐洛阳东都坊里复原示意图"。但因坊市数目及名称至今尚无确论，难免有纰缪之处。故作者从1415方唐代墓志中择出记载东部坊名的562方来检验唐坊名称和数目，补充新材料，订正旧说，对唐东都洛阳城坊市问题，再作进步探讨。知唐坊总数为113坊3市，与《唐两京城坊考》所计总数相同。

《唐代洛阳城坊补考》[3]：亦据洛阳出土的唐代墓志，列补不见于文献的8个坊名，分析了唐代洛阳坊里的关系并就洛阳城内洛阳、河南两县的区划和洛阳城坊的复原提出了个人的看法。

《唐代东都里坊的几个问题》[4]：也就唐代墓志对东都坊里居民及其分布、东都坊里的归属县辖、坊里、村里和市里等问题作了讨论。

《唐两京坊宅补遗》[5]和《唐东都洛阳坊里宅第补》[6]：据洛阳出土的唐代墓志所载，补前人著作之未备。

《两京城坊考补》：阎文儒、阎万钧编著，河南人民出版社1992年出版。手写体字印刷，繁体竖排版间有双行注疏文字。

阎文儒系北京大学教授。本书作者多年来汇集了各种图籍，翻阅了大量拓片，参考历年发掘报告，除采集有关唐代西京长安和东京洛阳的金石传记、碑碣墓志，以及有关的笔记稗抄、类书、方志等外，还参以汉唐正史中关于长安、洛阳的城坊、政制、礼仪、故事，以大量的考古和文献资料对《唐两京城坊考》作了详尽的补充。全书以徐书为框架，将各种材料依类排比，并详加考订，比清人徐松的《唐两京城坊考》所记多出不少。为便利读者还加入了程鸿诏《唐两京城

---

1. 陈久恒：《唐东都洛阳城坊里之考证——从唐代墓志看东都坊里名称及数目》，1985年《中国考古学会第五次年会论文集》，文物出版社，1988年，第118—127页。

2. 中国社会科学院考古研究所洛阳工作队：《隋唐东都城址的勘查和发掘续记》，图一〇，唐洛阳东都坊里复原示意图。《考古》1978年6期，第373页。

3. 赵超：《唐代洛阳城坊补考》，《考古》1987年9期，第835—841页。

4. 张剑：《唐代东都里坊的几个问题》，《河洛文化论丛》第2辑，河南大学出版社，1991年，第311—321页。

5. 张忱石：《唐两京坊宅补遗》，《古籍整理与研究》1987年2期，第38—72页。

6. 陈久恒：《唐东都洛阳坊里宅第补》，《中国考古学研究》第2辑，科学出版社，1988年。

坊考校补记》、曹元忠辑韦述《两京新记》、日本金泽文库旧存韦述《两京新记》，作者补记按语等。展示了唐代长安、洛阳的城坊布局、社会风习、礼俗。为研究唐代东西两京的城市风貌、社会、历史、经济、人文等提供了丰富而翔实的资料。该书基本上可以满足研究唐两京之需要，似不必再翻阅其他各图籍。书后附录有《九代帝都洛阳》一文，约2.5万字。

《增订唐两京城坊考》：清代著名学者徐松倾注40年精力撰著《唐两京城坊考》一书，详尽记述了隋唐长安、洛阳的城市规划、宫殿官署、街市坊里、苑囿渠道、水陆交通、风土人物等，其后历有学者予以增补。西北大学李健超教授自20世纪70年代开始，即根据历史资料，尤其是考古新资料和古今学者著述，依原著体例和顺序，给予订正和补充，由三秦出版社于1996年出版了此书，深受学者欢迎。其后他又用十年之功，根据出土资料对原著予以补充，由三秦出版社于2006年出版《增订唐两京城坊考》(修订版)。该书一出版就受到广大读者和专家学者的赞誉，它不仅是研究隋唐两京的必备之书，而且还是古都学和城市地理学的经典之作。

该书以近现代西安、洛阳两地出土的隋、唐和部分宋代墓志、经幢、碑石资料与散见于唐人文集、唐史中的点滴记载为基本材料，依照原书体例和顺序，吸收前人研究成果，予以订证和补充，同时校正了原著的错误。另外也增补该书遗漏的、错改的坊里，并增补了其他相当广泛的内容，具有很强的资料性。唐两京城坊和近郊区是构成唐代长安和洛阳城市风貌的有机整体。《唐两京城坊考》只收录城坊资料，《增订》将两京坊里中的居民殁后埋葬于近郊的乡、里、村及其他地名，也一并收录。为方便读者，对收录在本书中的唐人墓志或其他文献中提到的人和事略加考释。附以唐长安城图与隋唐洛阳城图等10幅。

《隋唐两京坊里谱》：杨鸿年著，上海古籍出版社1999年出版。对隋唐长安、洛阳两京外郭城的坊里的史料进行叙述、增补和考证。本书虽然是仍以徐松《唐两京城坊考》为基础进行增补校订，但却有自己的特色。作者把《长安志》《唐两京城坊考》对两京外郭城的建置沿革、变迁等记述重新整理编排，改变以往先西京后东都，从街东到街西的形式，以笔画顺序来排列两京各坊。书前附东西京坊里图各一幅，作者以按语的形式总结有关的研究成果，参照城图，研究论证相关问题，提出自己的观点。该书内容分为四部分：一、坊里目录；二、各坊具体的内容记载；三、附录缺名坊资料；四、隋唐两京各种建筑所在坊里索引。

第一部分坊里目录，按笔画顺序排列长安及洛阳的坊里，便于查找。第二部分是本书的主体部分。作者在每一坊名下说明该坊位居某京某街，更列"坊内建筑"，征引多种传世文献、出土墓志，将名人宅寓、寺观、馆舍、亭院、里肆、漕渠、桥梁、墓葬等分行列出，条理清晰。作者先是分别述录《长安志》《唐两京城坊考》对每一建置的记载，说明《城坊考》对于《长安志》取舍及其原因，这使读者对《长安志》和《唐两京城坊考》的记载一目了然。之后，作者以按语形式结合今人的研究，比较论证。对于不能究其实的地方，并存诸说，以存疑的方式列出待考。本书并不是仅对别人的研究进行汇编，对于一些有争议的问题也作以考证研究，在这一部分既有前人研究总结，又有自己的论证和增订。首先，作者对《长安志》与《唐两京城坊考》及《唐两京城坊考校补记》的讹误有所订正。一方面是对所记有所混淆的坊里的考证，另一方面是对各坊里的记载进行考订纠误。此外，作者在利用出土墓志进行增补时，比较注意京兆城内的里与郊区的里的区别。最后，本书对传世文献史料收集翔实，对所引史籍、墓志、碑刻和诗文俱给予明确的出处，这为研究者进一步的利用和理解资料提供了便利。本书的第三部分，主要是收集《全唐文》《千唐志斋藏志》《八琼室金石补正》以及《芒洛冢墓遗文》所录碑文中坊名缺一字者，作者不妄加填补，别列出以供参考。第四部分，《隋唐两京各种建筑所在坊里索引》，分为宅（包括园林、山池、亭馆、家庙等等）、寺、观、衙署、杂类五项，每项以称谓首字笔画顺序排列，颇便检查其在两京中具体的坊里，这也是本书的突出特点。

4. 东西交通与文化交流

光绪末年，罗振玉备官学部，唐春卿尚书主部事，以所注《新唐书》稿与罗氏相商榷。当时唐氏正为《东夷传》作注，因《隋书》《唐书》皆言高丽官制凡十二级，《册府元龟》虽言十三等，而其所书官名则仍是十二。唐以为十三等“三”字必为“二”字之讹，罗却不同意遽改，以为须得善本才能定从违。因无书可考校，当以唐代石刻文字为资材。1921年以后，罗氏得中州石刻墨本甚多，遂留心于此，1928年前后为高震等墓志作跋。[1]1937年，在旅顺寓居时检寻出有关“东夷”的墓志七种：卞国公泉男生、带方郡王扶余隆、左豹韬卫郎将高慈、左卫大将军泉献诚、营缮大匠泉男产、淄川县子泉毖、安东都护郯国公高震，其中高慈志为其家藏。高姓为高丽王裔；泉姓为高丽酋长盖苏文的后代；扶余隆则是百济王子。唐早期一度灭高丽、百济，遗裔入唐，封官授爵，死葬北邙。“泉男产志实有十三等之班次，语与《册府元龟》同，足释往者尚书之疑”。罗氏以这几方洛阳出土的唐代墓志“多为学者所未知，因录为一编，旧有跋尾者增损录后，其无跋尾者补加考证，颜之曰：《唐代海东藩阀志存》”，[2]于1937年刊印。是书正文首列墓志名称，次言志石高广尺寸，行、字数，书体等等，再次照录墓志全文，末为考证，颇便读者。后来以《泉献诚墓志跋》[3]补考武则天于洛阳定鼎门内造天枢事。1932年前后，邙山盗掘出土的唐志还有数方是朝鲜人的，[4]惜其未见。

20世纪80年代，有人对洛阳汉唐时代的外国人、外族墓葬简为解说。[5]后来，李健超的《汉唐时期长安、洛阳的西域人》、[6]刘铭恕的《洛阳出土的西域人墓志》、[7]卢兆荫的《唐代洛阳与西域昭武诸国》，[8]以洛阳出土的数十方墓志为论据，梳理封建社会繁荣时期外域人在洛阳的活动，

1. 罗振玉：《安东都护炎邑国公高震墓志跋》，见《丁戊稿》；《泉献诚墓志跋》、《泉毖墓志跋》，见《丙寅稿》。

2. 罗振玉：《唐代海东藩阀志存·序》，丁丑（1937年）仲冬校印。

3. 罗振玉：《贞松老人遗稿》甲集，《后丁戊稿》。

4. 李根源：《景邃堂题跋》卷三，《曲石唐志目》《黑齿常之墓志》《黑齿俊墓志》，第23页。拓本见李希泌编：《曲石精庐藏唐墓志》，齐鲁书社，1986年。

5. 丰州：《考古杂记》（二），《西安、洛阳汉唐时代的外国人、外族墓葬》，《考古与文物》1983年3期，第96页。

6. 李健超：《汉唐时期长安、洛阳的西域人》，《西北历史研究》1988年，第41—83页。

7. 刘铭恕：《洛阳出土的西域人墓志》，洛阳市地方史志编纂委员会办公室编：《洛阳——丝绸之路的起点》，中州古籍出版社，1992年，第204页。

8. 卢兆荫：《唐代洛阳与西域昭武诸国》，《洛阳考古四十年——1992年洛阳考古学术研讨会论文集》，科学出版社，1996年，第372—377页。

讨论东西方的经济文化交流，阐述中西文化交流及其意义。赵超研究了唐代墓志中所见的高句丽与百济人士。[1]

近年，研究者以新资料对突厥、月支族来华人士墓志及其家族墓志简作考述。[2]并对朝鲜半岛人墓志及与之相关的人物、问题作综合研究。[3]

5. 文物考古综合研究

利用墓志材料做多方面的综合研究，成果显著。

《洛都美术史迹》：宫大中著，湖北美术出版社1991年出版，从美术史角度研究洛阳文物。以本地区出土美术文物和地面古建筑、石刻为主，文献资料为辅，重点讲述古建筑、雕刻、壁画和碑志书法，也旁及工艺美术。以都洛朝代为序，分编列章，依类成篇，较为系统地介绍了洛阳作为古都期间1000多年的美术史迹。其中的《魏碑故乡的邙洛魏志》《邙洛地下碑林的千唐志》等章于各朝墓志亦有述评。

《偃师杏园唐墓》：中国社会科学院考古研究所编著，科学出版社2001年出版。该报告报道了中国社会科学院考古研究所河南二队于1984～1993年在河南省偃师市杏园村配合洛阳首阳山电厂基建中发掘的69座唐墓的全部资料。其中2座墓被盗，余皆保存完整。随葬器物十分丰富，出土有常见的陶俑、陶器、三彩器、瓷器以及金、银、铜、铁器，还有不多见的铅器、玉石玻璃器、漆器、象牙器等。在37座纪年墓中还出土了46方墓志，在12方盛唐墓志中，有5方砖志，其中1方为长方形、4方为方形。15方中唐墓志、19方晚唐墓志均为石志。报告分节叙述盛、中、晚唐墓志之形状、工艺、纹样，类似的研究，国内还不多见。报告专列第七章《墓志录文及考释》，以近120页篇幅将46方墓志逐一研究，诠释志文精要，同时展示了41方石墓志的志、盖拓片，1方长方形砖志摹本，在390页的报告中占了比较大的份量。墓志提供的新史料起到了补史之无、证史之误的重要作用，报告显示了墓葬与墓志综合研究之学术成果，初建了洛阳地区隋唐墓葬断代的标准。

《画像砖石刻墓志研究》：李献奇、黄明兰主编，中州古籍出版社于1994年出版。这本论文集由墓志碑刻部分的31篇文章和画像空心砖、石刻造像、画像石棺部分的14篇文章组成。每篇文章相对独立地对洛阳及其周围地区出土和发现的墓志等文物进行研究和考释。其中研究北魏、唐、宋、元、明时期墓志的论文20余篇。

《洛阳出土墓志研究文集》：赵振华主编，朝华出版社2002年出版。本书主要收集了近几年来对洛阳出土墓志进行研究总结而形成的论文29篇，既有《洛阳西安出土隋唐墓志与隋唐两京城

---

1. 赵超：《唐代墓志中所见的高句丽与百济人士》，《揖芬集——张政烺先生九十华诞纪念文集》，社会科学文献出版社，2002年，第485—494页。

2. 赵振华：《唐阿史那感德墓志考释》，《史林》2004年5期。郭茂育、赵振华：《〈唐张义之夫人阿史那氏墓志〉与胡汉联姻》，《西域研究》2006年2期。董延寿、赵振华：《唐代支谟及其家族墓志研究》，《洛阳大学学报》2006年1期。

3. 张福有、赵振华：《洛阳、西安出土北魏与唐高句丽人墓志及泉氏墓地》，《东北史地》2005年4期。董延寿、赵振华：《洛阳、鲁山、西安出土的唐代百济人墓志探索》，《东北史地》2007年2期。赵振华：《北宋杨畏妻王氏墓志与王彦英相国新罗》《东北史地》2006年5期。

坊（里）的研究》《试谈北魏墓志的等级制度》《唐代洛阳乡里方位初探》《从洛阳新出墓志论北朝婚姻的相关问题》《论墓志在古代家族史研究中的价值——以唐代宦官家族为中心》等综合研究的成果，又有《北魏于昌容墓志研究》《唐孙简墓志考释》《洛阳龙门出土唐彭绍墓志考略》《五代苏逢吉墓志考证及相关史实钩沉》等单篇墓志的个案研究的成果。对研究中国墓志以及墓志所处时代的社会文化历史背景均有重要意义。

《洛阳新出土墓志释录》：杨作龙，赵水森等编著，北京图书馆出版社2004年出版。自2000年开始，洛阳师范学院图书馆陆续征集到洛阳新出土墓志170余方，为河洛文化研究提供了一批极为难得的原始文献。本书内容分为三编，第一编，墓志研究与考释，由17篇论文组成；第二编，新出土部分墓志释录，由32方墓志拓本、录文与相关资料组成；第三编，新出土墓志目录，公布馆藏北魏至清的162方墓志目录与基本资料。后附人名索引。向学界公布有关洛阳新出土墓志的最新研究成果与基本资料。

《新出魏晋南北朝墓志疏证》：罗新、叶炜著，中华书局2005年出版。本书所收魏晋南北朝墓志，起三国之始，迄杨隋之末，将1986年至2003年底发表的魏晋南北朝墓志搜集起来，利用拓片图版重新录文，并附简短的研究。皆为赵万里《汉魏南北朝墓志集释》和赵超《汉魏南北朝墓志汇编》两书所未收。本书汇集的231方墓志，包括录文和疏证两部分，具有很高的资料价值和学术价值。"疏证"部分提供了关于该墓志的重要信息，并对志文涉及到的史实和制度作了初步研究，便于读者阅读使用。书中收录洛阳出土墓志41方，其中晋2方、十六国1方、北魏18方、北齐1方、隋19方。

《汉魏洛阳故城南郊东汉刑徒墓地》：中国社会科学院考古研究所编著，文物出版社2007年出版。东汉洛阳刑徒墓地位于河南洛阳市与偃师市交界的汉魏洛阳故城南郊偏西南处，据勘查，墓地濒临汉魏时期的洛河南岸，其位置在今河南省偃师市佃庄镇西大郊村西南的一片高地上。洛阳汉魏故城是1961年国务院公布的第1批全国重点文物保护单位，1964年春季经批准开始对东汉洛阳刑徒墓地进行考古发掘。墓地面积约5万平方米左右，东西长约250米，南北长约200米，共有500多座排列整齐、形制结构相同的刑徒墓，从墓葬中还出土了800多块镌刻铭文的刑徒砖志。本书公布了500余座刑徒墓的墓葬布局、形制、结构和刑徒人骨骼资料和研究成果，并且将公布的800多块刑徒砖铭文拓片进行分析研究。对于汉代社会历史、刑法、地理、文字研究均具有重要的学术价值。

《洛阳书法新论》：洛阳大学东方文化研究院编，赵金昭、董延寿主编，河南人民出版社2007年出版。收入洛阳新出土墓志研究、墓志碑刻书法艺术研究等文章30篇，附墓志拓片22幅。

《富弼家族墓地》：洛阳市第二文物工作队编，中州古籍出版社2009年出版。2008年在洛阳邙山南麓史家屯村北发掘宋代墓葬11座，墓葬排列有序，层次分明，其中8座墓葬据出土墓志可以确认为北宋宰相富弼夫妇及其家族成员之墓，另外3座虽未发现墓志，但根据墓葬形制及所处位置推断它们也应为富弼家族成员之墓。墓地出土了富弼三兄弟及其子孙三代人的墓志14方，其中富弼墓志方1.41米，碑文近7000字，内容丰富，涉及北宋中期许多重大历史事件。这批墓志文辞优美，书法兼备楷、行、篆、隶，是探讨北宋中后期的政治、经济、文化、艺术等方面的重要实物资料。这本发掘报告系统公布了墓葬资料，并对墓志做了多视角的研究。

　　《洛阳古代铭刻文献研究》：赵振华著，三秦出版社2009年出版。本书收入论文83篇，虽然上起先秦铜器铭文和汉代石刻，下迄清代银锭和民国纸币，但其大宗仍为唐代墓志（包括个别碑和经幢）研究。全书依照内容分为墓志碑刻综论（6篇）、汉魏晋北魏碑志研究（9篇）、唐代官吏平民墓志研究（27篇）、唐代民族异域人物墓志研究（9篇）、唐代宗教阶级人物墓志研究（5篇）、五代宋金元碑志研究（14篇）、其他铭刻文献研究（8篇）、铭刻辨伪鉴赏（5篇）八编。随文附以170多张图像清晰的铭刻拓片和两幅唐代洛阳乡里方位区划示意图，多前所未知，极具史料价值。本书特点是：注重新材料与新问题。所收论文绝大部分都是根据新材料、探讨新问题的论文。第二，注重热点视角与热点课题。利用出土文献探讨地方史地，成为热点视角；根据入华外族墓志研究中外关系，成为热点课题。第三，注重综合性研究与综合性命题。近年来随着学术研究积淀日深，学术清理工作也显得日益重要。

第二章 邙山、万安山出土黄肠石的调查、整理

洛阳邙山东汉帝陵茔域出土黄肠石的历史已达数百年之久，20世纪二三十年代盗掘出土最多，因有隶书题铭而引人注意。80年来，未有全面的收集与研究。近年偃师万安山东汉帝陵茔域也发现了数量可观的黄肠石，或有题铭。虽然全面收集深入研究有一定的困难，但还是需要系统地整理分析现有材料，以期引起业内人士的关注和批评，推进研究的深度。

第一节 黄肠题凑、黄肠石和黄肠石墓

一、历史文献对于黄肠题凑和黄肠石的记载

先秦丧葬制度，王公贵族以木为棺椁，椁室周围以方木累积为框壁结构，称之为"题凑"。《礼记·檀弓上》云："柏椁以端长六尺。"郑玄注曰："以端题凑也，其方盖一尺。"孔颖达疏曰："以端者，犹头也。积柏材作椁，并葺材头也，故云以端。"《吕氏春秋·节丧篇》所云："诸养生之具，无不从者。题凑之室，棺椁数袭，积石积炭，以环其外。"高诱注曰："室，椁藏也，题凑，复垒也。"倘若以黄色的柏木为枋堆垒，便是"黄肠题凑"。"黄肠题凑"最早见于《汉书·霍光传》的记载："光薨，上及皇太后亲临光丧。……赐金钱、缯絮、绣被百领，衣五十箧，璧珠玑玉衣、梓宫、便房、黄肠题凑各一具，枞木外藏椁十五具。东园温明，皆如乘舆制度。"颜师古注引苏林曰："以柏木黄心致累棺外，故曰黄肠。木头皆向内，故曰题凑。"目前所知时代最早的例证是春秋时期陕西凤翔秦（景）公一号大墓椁室。[1]北京大葆台西汉广阳王墓地宫整个木墙一般用90厘米长、10厘米见方的栗木叠垒而成，按现有高度推测，约15000多根。个别条木尺寸稍大，截面有20×20或20×10厘米的，尚未开料就垒在墙中了。[2]考古所见典型的"黄肠题凑"墓葬，主要流行于西汉时期。"黄肠"是指颜色黄而长的柏木，"题凑"是指堆垒时柏木头向内聚齐。1981年发现的江苏高邮天山M1、M2是西汉广陵王和王后的墓葬，后来复原于扬州汉广陵

---

1. 韩伟、焦南峰：《秦都雍城考古发掘研究综述》，四《秦公陵区的钻探和秦公一号大墓的发掘》，《考古与文物》1988年5、6期，第120页。

2. 中国社会科学院考古研究所：《北京大葆台汉墓》，文物出版社,1989年。鲁琪：《试谈大葆台西汉墓的"梓宫"、"便房"、"黄肠题凑"》，《文物》1977年6期。

王墓博物馆。其楠木"黄肠题凑"三椁两棺，规模宏大保存完好，惜资料未发表。

东汉时期，丧葬制度和墓葬形制发生了根本性的变化，帝陵和高级别的贵族墓葬由木椁墓转变为砖石结构的室墓。《后汉书》记帝陵地宫制作程式云："司空择土造穿。……油缇帐以覆坑。方石治黄肠题凑便房如礼。"[1]表明东汉时黄肠题凑已改为方石，用这种以石代木的黄肠建造的地宫，它改换了"黄肠题凑"的原有的材质和性质，是汉代丧葬制度的变革之一。

《东观汉纪》卷二记载，明帝于永平十四年（71年）作寿陵，"帝自置石椁，广丈二尺，长二丈五尺"。[2]"石椁"很可能指的就是用石垒砌的地宫，因丧事从简而规模不大。这种葬制也可由皇帝赏赐而用于诸侯国王、后妃公主、勋戚大臣等，是统治阶级上层所专用的高规格的葬制。

东汉帝陵以方石垒砌地宫成为制度，所用的长方形石材，仍称之为"黄肠题凑"。这时的"黄肠题凑"与西汉之前的"黄肠题凑"在性质、意义上有根本不同。洛阳邙山出土垒砌地宫的方石上多有黄肠二字题铭，如"黄肠掾王条主""黄肠史袁康主"。为了与木质黄肠相区别，近代学者罗振玉在研究洛阳邙山陵区出土的这种有题铭的方石时，首先定名为"黄肠石"，获得学界的认同。此后约定俗成，东汉建造陵墓的方形石块就叫做"黄肠石"，以黄肠石建造的墓葬就叫黄肠石墓。

二、墓葬用石和黄肠石的形制源流

东周时期，风行盗墓，于是防盗技术兴起。春秋时期已有在木椁四周积石块，做法与积石积炭相类。20世纪70年代初发掘的山东临淄齐故城5号齐景公墓为甲字形大型土坑墓，现存墓口长26.3、宽23.35米，椁室建于墓室中部，椁室底部比较规整地平铺一层自然石块，椁壁用二至三层石块垒砌，厚达1.5～2.5米，以卵石充填缝隙，清理前上部石块已被挖掉。石椁南北长7.9、东西宽6.85、残高2.8米。这种墓多见于春秋战国时期的山东地区，以石为椁是古代陵墓的防盗设施之一。这种垒石成椁的做法到西汉时期仍有延用者，临沂西汉刘疵墓就是垒石成椁的墓。[3]

新中国成立后，国内发掘了一批两汉时期的诸侯王陵墓，墓葬形制多样，建筑用材不同。其中有用黄肠石为椁的，有用塞石封堵墓门甬道墓道的，或有题铭。

山东巨野红土山西汉昌邑哀王刘髆墓，为凿山竖穴墓，上有封土。前室长4、后室长5.64，宽均4.7米，墓室高3.75米，以横木为顶，木顶上平砌方石4层，其上以夯土石块（3层）分层填筑。墓门以石墙封堵。墓道长60.5米，内垒筑两堵石墙。现存4种尺寸的方形条形石500块，大中号石长度、厚度相若，为95～92、24～22厘米。大号宽91厘米，中号约为其半。似乎有一定规律。其中17块阴刻题记，14块朱书题记，题记内容有的似工匠姓氏和地名，有的是数码标记。[4]这些石块

1. 《后汉书》志第六，《礼仪下》，中华书局，1965年，第3144页。
2. （汉）刘珍撰：《东观汉记》卷二，《帝纪二·显宗孝明皇帝》，文渊阁《四库全书》原文电子版，济南开发区汇文科技开发中心编制，武汉大学，1997年，第214盘，第2100号，第1册，第34页。
3. 杨爱国：《先秦两汉时期陵墓防盗设施略论》，《考古》1995年5期，第436页。
4. 山东省菏泽地区汉墓发掘小组：《巨野红土山西汉墓》，《考古学报》1983年4期，第471页。

用于砌筑墓顶，封堵墓门和防盗。

　　陕西咸阳西汉帝陵陵区发掘的西汉济南王刘咸墓，是王莽时期的大型积石墓，在砖室四周及顶部均填以石，约400余块，用以防盗。在已清理的207块大石上，170块写有文字，以隶书为多，也有少量篆书与行书。多朱书，少刻写。内容有属于将作大匠的五令丞之简称："左""右""前""后""中"以及"中校""宫府""宫石"等。根据铭文可以知道这些石块由地方官署与个人贡献以及采石地点，为研究当时的官制、行政地理、社会状况等提供了重要原始资料。[1]

　　河南永城僖山一号墓，是西汉末年梁国王陵。为凿山竖穴墓，平面呈"甲"字形，墓顶封土达10米以上。墓室凿石山为穴，用方形石块垒砌为壁，墓上口盖以14块长条石板。根据汉代埋葬制度，这些石块石板应是由黄肠题凑演变而来，用石料代替木材，当为黄肠石。这种用方石建筑的墙代替了方木建筑，便演变成黄肠石墓。墓道后段用408块方石（塞石）封堵，大部分石上刻有文字，内容为石块的方位、编号和工匠的姓名等。出土了金缕玉衣、大量精美的玉器等文物。[2]该墓体现了从黄肠题凑向黄肠石过渡的特点，年代在西汉晚期。[3]

三、洛阳地区发现的黄肠石墓

　　截止目前，洛阳尚未发现先秦两汉墓葬的黄肠题凑遗迹。大中型的东周墓用多重棺椁，一般腐朽成灰。偶然有小块木芯的孑遗，经鉴定为柏木。[4]战国大墓中或用石板衬垫木椁。在洛阳东周王城内北部中心，有4座"甲"字形贵族大墓，墓室居北，墓道在南，东西排开（1957年编号洛阳西郊一至四号墓）。1973年10月发掘西边的四号。墓底长9.05、宽7.43米，深14米。斜坡墓道长77.2米，与墓室交接处宽7米。墓底、椁室与墓壁间四周积石，为河卵石。其中墓底积石厚约0.6米，上表平整，以承棺椁。其中嵌有平铺南北向红砂石板2条，各长6.7米，东侧一条放置砂石板11块，西侧一条放置10块；石板形状不规则，或长方或菱形或多边形，最大者长0.9、宽0.55、最小者长0.35、宽0.27米，一般厚0.1～0.15米。石板上表平滑，低于河卵石层约0.1米，外椁东西两壁的圆木正置其上。据出土器物分析，墓的时代在战国中期。[5]

　　洛阳地区西汉多空心砖墓，偶见以石片砌筑椁室的小型墓，[6]其形制与空心砖墓同，一般称之为石椁墓。以砖代木，以石代木，只是木椁墓的变型，真正的黄肠石墓出现在东汉时期。黄肠石墓，一般以砖石混砌的居多。

　　1986年12月，考古工作者在洛阳涧西发掘了一座大型东汉中期黄肠石墓，墓道朝北。墓葬为

1. 孙德润：《咸阳清理一座汉代大型积石沙墓》，《中国文物报》1995年1月18日。

2. 河南省文物考古研究所编：《永城西汉梁国王陵与寝园》，中州古籍出版社，1996年，第13页。

3. 赵化成、高崇文：《秦汉考古》，文物出版社，2000年，第86页。

4. 洛阳市文物工作队：《洛阳市唐宫西路东周墓发掘报告》，《文物》2003年12期，第28页。

5. 洛阳市文物工作队：《洛阳西郊四号墓发掘简报》，《文物资料丛刊》第9辑，文物出版社1985年，第141页。

6. 洛阳市文物工作队：《洛阳西汉石椁墓》，《考古》1984年9期，第807页。

砖石结构，由天井、前堂后室构成，通长13.5米，前堂宽8.35米。此墓门外两侧各有一石墩，各由4块黄肠石叠砌，大小不一，相当于东汉广三尺、厚一尺至二尺、长三尺至四尺的黄肠石。四壁砖砌，顶部起券两层，内层以扇面形黄肠石、外层以扇面形小砖起券。墓葬多次被盗，只余大量铜、铁、陶器碎片和1只石羊。墓室坍塌，堆积的长方形、方形、条形和扇形石块上，4块由朱砂书写符号，当是营建墓葬时石料位置的编号。其他大部分石上的朱砂字迹已模糊不清。[1]

1987至1988年，考古工作者在洛阳市东白马寺镇西发掘了一座砖石结构的东汉墓。墓葬位于东汉时期的大型墓园遗址中，东距汉洛阳城西垣2.5公里，院墙东西约190米，南北约135米，总面积25650平方米。墓园之内，东区为建筑群，由三进院落组成，西区上为土冢，下为多室砖券墓室，墓道朝南。清理出的玉衣残片，说明墓主人的地位在列侯以上，《洛阳伽蓝记》《水经注》等文献记载皇女埋于洛阳城西，推想墓主人可能是汉皇之早殇稚女。[2]在这座东汉中晚期大墓的甬道北口、后室和耳室门口，皆以长方形青石砌壁。石一般长71厘米，厚36或46厘米，宽62～90厘米。即相当于东汉广三尺、厚尺五寸或二尺、长二尺六寸至三尺八寸的黄肠石。

1971年1月，考古工作者在洛阳市东关旭升村清理了一座砖石混合结构的大型东汉晚期墓，有封土，墓道朝东。墓内使用不多的石材，凿制细致规整，分长方形和扇形两种。长方形石材主要用作石墩和叠砌墙的转角，平面长70、宽60厘米，乃常见的黄肠石。扇形石材主要用作券顶。墓分前中后室，通长12米，中室带耳室亦通长12米。此墓新中国成立前多次被盗，出土少量残碎陶器和陶俑19件，玉衣片42片。砖上印有人名"北张卿"和"二丈一""二丈五"等表示尺寸的文字，此墓有一特殊现象，即在墓门券顶上的夯土内清理出5男5女共10个殉人，其下夯土中发现殉狗1。[3]

1990年秋至1991年春，考古工作者在洛阳市东花坛东、洛阳机车工厂厂区东南角发掘了一座砖石混砌的东汉墓，地上为椭圆形土冢，长径62、短径35.5、高10.5米。地下为砖石结构券顶多室墓，前中后室由甬道相连通，南北通长19.12、东西通宽16.65米，墓道朝南。石材多青石，也有少量红砂石。墓门、中门石构。前甬道、中甬道、后甬道两壁石构。前、中、后室砖砌，以石块为基础。东、西、南耳室与东侧室壁、券顶石构。石材规格不一，最大的长2.6、宽0.4、厚0.63米；最小的长0.25、宽0.2、厚0.08米；扇形石一般长0.46、上宽0.34、下宽0.24、厚0.12至0.2米。[4]由于室内抹白膏泥，上彩绘壁画，故不知石上有否题铭。仅从墓室底部的石基础看，墙厚0.7米左右，相当于当时三尺，与常见的"广三尺"的黄肠石尺度相同。这也是一座局部使用黄肠石的东汉晚期贵族墓。

上述几座汉墓，远离邙山中部高处的东汉帝陵区域，多位于邙山脚下，汉魏故城的西侧；地宫用砖石混砌，规模宏敞，墓主身份地位比较高。

---

1. 洛阳市第二文物工作队：《洛阳涧滨东汉黄肠石墓》，《文物》1993年5期，第24—26页。

2. 中国社会科学院考古研究所洛阳汉魏城队：《汉魏洛阳城西东汉墓园遗址》，《考古学报》1993年3期，第351—380页。

3. 余扶危、贺官保：《洛阳东关东汉殉人墓》，《文物》1973年2期，第55—62页。

4. 洛阳市文物工作队：《洛阳机车工厂东汉壁画墓》，《文物》1992年3期，第27—34页。

汉魏故城的北面为东汉帝陵区域，1964年河南省文化局文物工作队在孟津县送庄西南清理了1座黄肠石墓，[1]墓葬位于东汉帝陵核心区的西侧，出土了铜缕玉衣，虽然仍是砖石结构的墓葬，但是使用的石材量特别巨大，墓主人的身份非同一般。由于陵区内的墓葬很少发掘，整体情况还不甚明了。这几座汉墓所出黄肠石的特点：一是，尺度有规律。"广""厚"有定规，长度在二尺以上五尺以下。配以少数特大石和小石以及券顶的扇形石，灵活结合使用。二是，具备通用性。黄肠石和砖一样，能够据自身的形状和工程的需要，砌筑不同样式和面积各异的墓室，保持宽度统一的墙体。各地宫所用黄肠石，依据预先设计所需，准备足够数量即可，需要单独制作的门用石材等数量很少。

由于黄肠石墓的资料较少，未有系统的整理。白寿彝总主编《中国通史》第四卷这样写道："东汉时期，砖室墓占居绝对优势，费工巨大的崖洞墓走向衰退，'黄肠题凑'葬制也因不能适应砖室墓墓制而一度改用象征性的'题凑石'（方石）。东汉中期以后，大型多室砖墓更加流行，强宗豪右僭越诸侯王列侯葬制的越来越多，'题凑石'实际上归于消失，玉衣也不仅是王侯的专用品。"[2]东汉时期砖室墓墓制和黄肠石墓墓制并行不悖，或砖石并用，黄肠石墓可能多用于帝陵区域的高级贵族的墓葬。还有同志认为："据考古资料，大约从东汉安帝起，中原地区的大型墓葬皆实行前、中、后三室之制，题凑之制因而受到多室墓制冲击，石材题凑从此逐渐在历史舞台上消踪隐迹"，[3]这种说法既不合《后汉书·礼仪志》的记载，又悖逆了考古发现的实际情况。本小节所述东汉中晚期的大型多室墓，墓室也由前堂后室和东耳室组成，皆是此论的反证，而且与帝陵区域出土黄肠石题铭中安帝之后的诸年号也相牴牾。

四、全国其他地区发现的黄肠石墓（河北、山东、江苏的东汉王陵）

1. 中山简王刘焉墓

(1)以石代木的原因

《后汉书》记载中山简王刘焉超越规格的葬仪颇详。《水经注》曰："范晔《汉书》云：中山简王焉之窆也，厚其葬，采涿郡山石以树坟茔。陵隧碑兽，并出此山，谓之石虎山。"[4]

1959年发掘了位于河北定县北庄东汉前期的中山简王刘焉墓，地面土冢高20米，长宽各约40米。墓道长50、宽4.5米。墓室用砖砌筑，四周加围石块作墙，顶盖石块，墙四边长宽各20米，高8.4米，厚1米。顶部平铺石块3层，共厚0.8米。全部石块共约4000余块，均为青砂岩。大部分凿成

1. 郭建邦：《孟津送庄汉黄肠石墓》，《河南文博通讯》，1978年4期，第31—33页。《文物资料丛刊》4期（1981年），第121—123页。

2. 白寿彝总主编《中国通史》第四卷，《中古时代·秦汉时期》上册，第二章考古资料，第六节汉代诸侯王列侯墓，上海人民出版社，1995年，第60页。

3. 田立振：《汉代的黄肠题凑与石材题凑》，《文史知识》2000年10期，58页。

4. 郦道元注，王国维校《水经注校》卷一一，《易水》，上海人民出版社，1984年，第383页。

近方形，每块长宽各约1米，厚约0.25米。[1]

《周礼·方相氏》郑玄注："天子之椁柏，黄肠为里，而表以石焉"。贾公彦疏云："言椁柏，则亦取柏之心黄肠为椁之里，故汉依而用之。而表之以石。"[2]此葬为石椁砖室，仅室内棺椁用木，与《水经注》所记大同。刘焉之葬，因三郡之柏木杂树不敷其用，而改以石。因石厚重坚硬，治运繁难，故征调之石来自数个郡国，发掘情况和文献记载契合。

《后汉书·梁商传》云：永和"六年秋，商病笃，敕子冀等曰：'吾以不德，享受多福。生无以辅益朝廷，死必耗费帑臧，衣衾饭唅玉匣珠贝之属，何益朽骨？百僚劳扰，纷华道路，祇增尘垢，虽云礼制，亦有权时。方今边境不宁，盗贼未息，岂宜重为国损！气绝之后，载至冢舍，即时殡敛。敛以时服，皆以故衣，无更裁制。殡已开冢，冢开即葬。祭食如存，无用三牲。孝子善述父志，不宜违我言也。'及薨，帝亲临丧，诸子欲从其诲，朝廷不听，赐以东园朱寿之器、银镂、黄肠、玉匣、什物二十八种，钱二百万，布三千匹。皇后钱五百万，布万匹。及葬，赠轻车介士，赐谥忠侯。中宫亲送，帝幸宣阳亭，瞻望车骑"。[3]梁商葬于洛阳，朝廷赙赠之"黄肠"必定是石制品，而非木制品。与黄肠石题铭"黄肠史""黄肠掾"除去官名后的物品质地、内涵一致。

桓帝延熹九年六月，山阳人张俭举劾宦官中常侍侯览专权敛聚，强夺民田，大起高楼，类于宫省，"豫作寿冢石椁，双阙高十余丈，以准陵庙"。[4]从中央到地方，均由西汉的木质外椁制度改变为东汉的石质外椁制度。

黄肠石墓是丧葬制度改革的产物。考古发现的木质"黄肠"由多种生长缓慢的柏木或硬杂木制作，其中黄心侧柏要经历一二百年的生长期，方能成材。柏多身干挺直，长期大量的砍伐必然导致数郡之木不敷一葬之用，故丧葬制度的改革，势在必行。而且柏木虽醇香耐腐，但终不如天然石块历久长新，这大概也是东汉时期以石代木的原因。

(2)黄肠石题铭考察

发现的174块石材上有刻字及少量墨书文字，其内容为地名、石工姓名、籍贯等，少数有尺寸。如第33号石："北平石，北新城工付伯明作"，北新城，县名，属中山国。第59号石："望都石，鲁国文阳石工于鱼作"，文阳，县名，属鲁国。第86号石："望都石，唐工重伯石二尺二□"，唐，县名，属中山国。石刻题铭为当时部分国、郡、县等地名和石工名，包括有中山国的11县，还有邻近的东平国、鲁国、梁国、常山郡、山阳郡、河东郡、河内郡等部分县名。上述各国郡县都派工匠来建墓修冢，其中以开山凿石、运输成品、垒砌石椁之工程最为艰巨。

2. 济宁萧王庄任城王墓

1992年发掘的济宁萧王庄1号汉墓，是目前山东地区发掘规模最大的一座东汉中期诸侯王陵墓。这座砖石结构券顶墓由墓道、耳室、天井、甬道、前室、后室、回廊、石壁外郭等部分组

---

1. 河北省文化局文物工作队：《河北定县北庄汉墓发掘报告》，《考古学报》1964年2期，第127 — 194页。

2. （清）阮元校刻：《十三经注疏》四，《周礼注疏》卷三一，《夏官司马》，中华书局，1980年，第851页。

3. 《后汉书》卷三四《梁统传附曾孙商传》，第1177页。

4. （晋）袁弘撰，周天游校注：《后汉纪校注》卷二二，《后汉孝桓皇帝纪》下卷，天津古籍出版社，1987年，第619页。

成。外郭残高8米，用数千块近1米见方的青石砌成。在这周围的黄肠石壁上近800块石上有题铭。垒压在墙内无法观睹的题铭约是可见者的4至6倍。题铭竖刻在黄肠石的侧面，一般4至6字，多者10字，共4000余字。包括任城国周围的封国、郡、县名20多处，大约分属50余位石工及其属下，他们将石料制作好后，按要求在石的某一面刻下自己的国（县）名和人名。任城王墓黄肠石题铭，刻前一般不经过书丹，而是由石工捉钻子镌凿。这些字体用笔简洁、结体自然、作风朴实，是明显区别于汉代碑版隶书的一种民间书体，因刻者众多，故风格多样。按其风格，可将题字分为率意、工整、拘谨、飘逸四大类。[1]

任城王墓黄肠石题铭数量之多在同类汉墓中是空前的。铭刻内容多为地名、石工姓名，或有尺寸、编号等。如"无盐，石工浩大""须昌沐，孙有大石十五头，尺"，或略写作"时生十八"。题铭如"王文治""孙子石"的格式与洛阳黄肠石题铭同。而比较题铭可见多将"石工""治"等词省略，如"鲁石工柏元、仲筆""鲁柏元、仲筆"；"金乡马初治""金乡马初"。

任城王墓黄肠石的尺寸似有定规，约合汉四尺见方。据题铭，多数厚一尺，少数厚九寸、尺一。如"薛，颜别、徐文，九寸""薛，颜别、徐文，尺""薛，颜别、徐文，尺一"；"驹，石治章，九寸""驹，石治章，尺"。由于未见发掘报告，不知详情。

上述各地汉墓发现两汉黄肠石题铭与洛阳汉墓黄肠石题铭不同，各具特点，简单实用。

3. 徐州土山1号汉墓（彭城王陵）

(1)墓葬形制

土山汉墓位于徐州市云龙山北麓，是1969年群众取土烧砖时发现的一座大型封土堆墓，现存高度约18米，底径约65米。1970年南京博物院发掘了1号墓，清理出土银缕玉衣、鸟兽饰铜壶、鎏金兽形砚、雁足灯等珍贵文物100多件。这是座砖石结构墓葬，墓道居北。甬道、前室、后室全长8.6米，平面呈十字形。建造墓室用的材料有3种：长方形砖、扇形砖（券砖）、黄肠石。这里主要介绍黄肠石与题铭。为青石质地，宽70、厚35.5厘米，长度不一致，最长者90厘米，最短者仅32厘米。用于砌筑甬道前端墓壁和封门墙，甬道两壁用石23块，其余用长条砖砌筑；封门墙用35石砌成，层5石，共7层。石面皆精工凿制，六面光平，有铲痕。石上刻铭位于立面。上下面无字，字数2至11字不等。从已塌陷券顶的前室东部断面看出，墓顶亦用黄肠石封盖。[2]

(2)黄肠石题铭

关于黄肠石题铭，《徐州土山东汉墓清理简报》说，字体均属汉隶，所刻文字多为工匠姓氏，少数刻有年份，并列出题铭15种：

1.官十四年省苑伯□□廿六

2.左湖石官工田阳治

3.左大石官工左寅治官

4.□大石官工左□治官

5.左大石官工左旦治

---

1. 山东省济宁市文物局编：《汉任城王墓刻石精选》，山东美术出版社，1998年。

2. 南京博物院：《徐州土山东汉墓清理简报》，《文博通讯》15期，1977年9月，第18—23页。

6.□□石□□治

7.尺山石□□治

8.□季

9.大□治

10.冯文治

11.□□左□治

12.□伯治

13.赵伯治

14.张仲石宋巨治

15.官十四年

同时《简报》认为，土山东汉墓条石的有些铭刻体例与洛阳汉墓黄肠石相近或相同，说明它们完全可能同出于一个官手工业作坊，或者不同作坊按同一格式生产的。当时中央政府可以派遣官吏主持派工匠修筑臣下坟墓、诸侯王陵庙，因此土山墓刻石与洛阳出土的黄肠石体例相近是可以理解的。题铭的"十四年"应是东汉彭城王第二代考王十四年（顺帝永建六年，131年）或是第四代孝王十四年（桓帝延熹六年，163年），即墓的时代在公元2世纪中叶。

《徐州土山汉墓葬年考》说，黄肠石所刻多为采石人和工匠姓名，工匠多冠有"官工"二字，似官府专门设置的建筑机构所属的工匠。铭刻计有："官十四年省苑伯治第廿六""左湖石官工田阳治""左大石官工左寅治""左大石官工左旦治""张仲石宋巨治"等30余种。还有一铭为朱色隶书"田阳治第三十一"。刻铭多为隶书，笔力浑实，刀法娴熟。这些文字所刻地点，上、下、左、右方向不一，有的一块石上在不同的侧面刻两行相同的文字，亦有在一个侧面刻两行文字，一行正刻，一行倒刻。个别文字有反刻现象，如"胡""治"二字偏旁各自左右调换等。刻铭地点无格式，较随便，说明刻铭的作用仅是供检查质量的一种记号。

土山1号墓计有黄肠石58块，其中可见（个别刻面因砌于墙内不好统计不计）有刻铭者36块，约40条。土山墓所出黄肠石与孟津送庄所出黄肠石完全一致，唯大小稍有差异。从石料上看，皆用青灰色石灰岩作原料；从制作上看，全部是六面加工，使之六面光洁，以利砌筑；从刻铭位置上看，皆在侧面；从字的排列上看，皆为竖行；从刻铭内容上看，皆为负责采运石料的官员（如"张仲"石、"商文"石等）和治作黄肠石的工匠姓名（如"宋巨"治、"左山"治等），个别还有刻年号者（如"官十四年"）。也有的刻有尺寸大小（如送庄墓所出"刘仲石长三尺二寸广四尺厚尺五寸第卅五"等）；从书体上看，皆为隶书，但有不少字确系楷书。书写都比较自由，这些文字可能是为官员们检查质量而作的记号。在二墓所出土的黄肠石刻铭中，送庄墓有"却文石宋巨治"，而土山墓有"张仲石宋巨治"，两石刻铭之形式完全一致。特别是"石宋巨治"四字，从字的结构、用刀技法、字形的排列、笔画的用运搭配等，都可以证明出自一人之手。

土山1号墓和送庄墓所共出的"宋巨治"刻石，从形制、刻工及字的结构上看，送庄墓石似更加成熟：其石面修饰平滑，其宋字"宀"加宽，其"治"字形体布笔更加合理，送庄墓的建筑时代应晚于土山墓。至于相隔千里之遥的徐州和洛阳，在交通不太方便的汉代为什么会出现这种现象，可能是"宋巨"等一批工匠是当时洛阳东园将作大匠掌管下的一批官工，受遣所至，正因为如此，土山墓石上多冠以"官工"二字。[1]

(3)洛阳邙山与徐州土山东汉黄肠石题铭的比较

王恺先生所论多允当。由于笔者未见徐州土山汉墓黄肠石题铭拓本，此仅利用两地东汉黄肠石题铭，比较异同。关于石的尺寸，徐州土山汉墓黄肠石的尺寸有定规，相当于东汉广三尺、厚一尺五寸、长一尺至三尺八寸，其中长二尺七寸左右的数量较多，即一般长71、宽64、厚35.5厘米的石居多。总体看来，两地黄肠石质地、制作工艺、外形和尺寸相同。

关于黄肠石题铭，书写格式雷同。内容大体相同，多左姓人，"官工"后署以人名。周进《居贞草堂汉晋石影》第13石"官工樊东"，北京图书馆藏黄肠石拓本第33号："官石。左渊治。"徐州黄肠石题铭亦多见"官工"一词，如"左大石官工左寅治。官""□大石官工左□治。官""治"字左刻一篆书"官"字，即官府，相当于"官石"，意为官府生产管理的石头。左寅、张仲、宋巨三人两地互见。题铭多为凿刻隶书，也有少数朱书，未加契刻。据王恺先生研究，文字书写风格雷同。关于反书，亦非徐州黄肠石所特有。洛阳宁村陪葬冢出土黄肠石第3号："左遂治，孔少石"，"石"字反写。第21号："左遂治，孔少石""治"字反写。

徐州黄肠石的形制题铭受都城皇家御制黄肠石的直接影响是显而易见的。

五、塞石的发现及其与黄肠石的区别

1. 山东曲阜九龙山三号西汉崖墓塞石

1970年发掘。用19块长方形巨石堵塞墓门，分作4层，层四五块。石大小厚薄不一，最长2.3、宽1.18、厚0.5米。其中14块的前后侧刻有篆体阴文。[2]或刻人名，如"得于文""胡纪国"，是治石工匠名；或刻尺寸如"一尺八寸""二尺九寸半"，是石的某一面尺寸；1石刻"王陵塞石广四尺"，王陵表示墓主身分（鲁王）和墓葬等级，塞石是封堵填塞墓门墓道的特制专用石块。石宽92.5、长229、厚47厘米，现存孔庙东庑。

2. 江苏徐州西汉楚王陵塞石

(1)狮子山楚王陵

凿于山岩之中，南北方向，规模宏大，结构奇特。墓门之内甬道平顶平底，长39.36米，门内用四组16块塞石封堵，每组4块，南北纵列，每块长约2.5、宽厚各约0.9米。塞石做工较精，六面平整，并于一端铲出约10厘米见方的平面，用朱砂写出该石的尺寸及在甬道中所在的位置："第乙下易，东方二，简道。广三尺九寸，高四尺半寸，裹丈五寸"。[3]

(2)龟山二号汉墓

为西汉第六代楚王襄王刘注的夫妻合葬墓，两墓墓道朝西，南北并列相通，相距20米。均

1. 王恺：《徐州土山汉墓葬年考》，《徐州博物馆三十周年纪念文集》，北京燕山出版社，1992年，第87—95页。

2. 山东省博物馆：《曲阜九龙山汉墓发掘简报》，《文物》1972年5期，第39—43页。

3. 狮子山楚王陵考古发掘队：《徐州狮子山西汉楚王陵发掘简报》，《文物》1998年8期，第4—32页；图一三。

为横穴崖洞式。南刘注墓全长82.5米，北夫人墓全长83.5米。由两条墓道、两条甬道以及15间大小配套、互相连通的墓室组成。墓道与甬道均由26块塞石分上下两层堵塞，每层13块，每块塞石重达6～7吨。此墓工程浩大，气势雄伟。[1]随葬有刘注的龟钮银印。[2]南墓甬道的26块塞石刻有铭文、朱书文字及画像。刻铭文字主要镌刻于塞石的前后两端，以编号为主，如"第十""第廿七""第卅四""第五十七""第六十八""第八十三"等。被造墓者有意安置在甬道最外边的一块塞石刻篆书48字："第百上石。楚古尸王，通于天述，葬棺郭不布瓦鼎盛器，令群臣已葬去服，毋金玉器。后世贤大夫幸视此书，目此也仁者悲之。"[3]首句为塞石编号。刘注后人厚葬墓主而刻此文字表示俭薄，欺瞒他人。朱书文字有14块，内容多为塞石的大小尺寸或制作的完成情况，如"广小三分，高小四分""已成"等。考察曲阜、徐州的西汉诸侯王陵地宫的发掘情况，从这些石的位置、作用和题铭可见为封堵墓门填墓道预制的长方形石块叫做"塞石"，多用于"斩山作郭，穿石为藏"的西汉诸侯王墓。

3. 河南永城县芒砀山西汉梁国王陵塞石、壁石题铭

从梁孝王刘武开始，西汉梁王、王后嫔妃死后可能全部葬于芒砀山群，凿山为陵。现已查明梁国王陵21座，发掘7座。

(1)保安山二号墓

凿于山岩之中，规模宏大，结构复杂，凿制精细。墓道、甬道、前庭及甬道内各侧室门道内者用巨型塞石封堵，清理出近3000块，凿制规整，多长方形，几乎每石上都刻有文字，总数上万。字面上多发现有朱砂痕迹，有的保留有朱书文字。刻字内容可分为8大类，1.序号，表示塞石所在位置的序号，有的在序号的数字之间，刻标点符号作为断句。2.尺度，表示塞石长广厚尺寸。3.干支纪时。4.崖工姓名。5.宫室方位。6.施工次序。7.墓葬部位尺度。8.其他零星刻字。总的说来，每块塞石刻的内容多寡不一，最多的刻四类内容，如Y3:340401，刻有序号、尺度、干支、名字："第十，一十。厚九寸，广三尺三寸，长五尺九。丙寅。何徒印"。而只刻序号的塞石数量最多，另外在3号甬道塞石上还有一些朱书序号文字。[4]

(2)柿园汉墓、窑山一、二号墓，僖山二号墓

封石或墓壁上也多有刻字。柿园汉墓的100余块墓道和甬道塞石上的刻字内容可分为：1.石条尺寸，2.刻石日期，3.刻工姓名，4.刻石序号，5.官府名称，6.完工日期，如030207号："厚尺三寸，广三尺三寸，长五尺。八月戊戌，佐则工。"发掘者认为："柿园汉墓封石刻字无论从刻字数量之多，还是记载的内容之广泛，都是汉代诸侯王陵或其他汉代考古发掘中罕见的。许多刻字都

1. 南京博物院、铜山县文化馆：《铜山龟山二号西汉崖洞墓》，《考古学报》1985年1期，第119—132页。

2. 南京博物院、铜山县文化馆：《〈铜山龟山二号西汉崖洞墓〉一文的重要补充》，《考古学报》1985年3期，第352页。

3. 徐州博物馆：《江苏铜山县龟山二号西汉崖洞墓材料的再补充》，《考古》1997年2期，第36—46页。

4. 河南省文物考古研究所：《永城西汉梁国王陵与寝园》，第四章《保安山二号墓》，第三节《塞石》，中州古籍出版社，1996年，第127—194页。

刻满全石，多达20余字，几乎是一篇短文。"[1]

僖山二号墓的刻石文字有53处，主要刻于墓室南北两壁和顶部斜坡条石上。内容较柿园汉墓塞石文字简略。垒砌南北墓壁的石块，长50～141厘米不等，厚24～42厘米不等；宽均60厘米，为墓壁的厚度。[2]

前已述及，洛阳东汉帝陵茔域专门用于建造地宫的特制长方形石块叫做"黄肠石"。而当代有人认为洛阳的垒砌帝陵地宫的黄肠石可能为塞石，或者说是塞石。[3]我们知道，曲阜九龙山三号西汉崖墓就石山开凿，填塞封堵墓道用方形大石块，或自铭"塞石"。而洛阳东汉陵墓穿圹黄土中，以黄肠石垒砌地宫，故不可称其为塞石。墓道填塞黄土夯打坚实，其上积土为陵。是否以塞石封堵填塞墓道，有待证实。

第二节　帝陵兆域与拆毁地宫

一、洛阳黄肠石的早期发现

刘秀重建汉朝（25年），定都洛阳，史称东汉，是中国封建社会的发展时期。期间12帝在位，历196年。除了献帝葬于汉河内郡山阳县（位于今河南省修武县境内）的禅陵，11位皇帝分别埋葬于汉洛阳城的南北两大茔域。光武帝原陵、安帝恭陵、顺帝宪陵、冲帝怀陵、灵帝文陵位于城北之邙山。据考古调查资料，洛阳市孟津县刘家井、三十里铺、平乐村一带，是东汉北兆域帝陵区，区域的东北一带是陪葬冢群。明帝显节陵、章帝敬陵、和帝慎陵、殇帝康陵、质帝静陵、桓帝宣陵位于城南之万安山北麓。据考古调查资料，偃师万安山南坡的干村向北经郭家岭村、姬家桥至李家村、白草坡村、军屯村一带，是东汉南兆域帝陵区，区域的东北一带是帝陵的陪葬冢群。关于各陵的地理位置、营建规模、埋葬年代以及陪葬、盗掘等情况，《后汉书》帝纪、礼仪志等有明确记载。

南北茔域帝陵十一，封土高大雄峻如山。陪葬墓冢群聚堆累，集百成千。封建社会的厚葬风习，在陵墓中留下了丰富的文化遗产，邙山、万安山等风水宝地又成为我国最大最珍贵的地下文物仓库，黄肠石便是其中之一。陵墓为历代官私盗掘者所觊觎。东汉末年统治黑暗，军阀饥民屡掘帝陵，抢夺财宝不约而同。明代高启有诗云："黄肠岂不锢？盗发取所藏"。西晋时期，掘冢毁碑，几成风气。唐宋明清，盗掘未已。近代以来刨墓挖宝外贩古董，其风尤炽。近百年来，村民或平冢为田，或裁土烧砖，夷毁甚多。甚至开圹取石，以黄肠石为建材。

1. 阎根奇主编：《芒砀山西汉梁王墓地》，文物出版社，2001年，第101－115页。

2. 阎根奇主编：《芒砀山西汉梁王墓地》，第283－288页。

3. 宫大中：《洛都美术史迹》，第七章《东汉帝陵及其神道石象》，湖北科技出版社，1991年，第138页。

二、黄肠石的出土地点

邙山东汉帝陵茔域屡遭劫掠，其中文物不知所终。而劫后残余之黄肠石由于体积大份量重，或遗留于冢下，或取出作他用。明人王士性《广志绎》云："洛阳水土深厚，葬者至四五丈而不及泉，辘轳汲绠有长十丈者。然葬虽如许，盗者尚能以铁锥入而嗅之，有金、银、铜、铁之气则发。周、秦、汉王侯将相多葬北邙，然古者冢墓大隧道至长里余者，明器多用金、银、铜、铁，今三吴所尚古董皆出于洛阳。"[1]王氏曾在河南做官，注重亲身见闻和实地考察，所记具有相当规模的盗墓活动和多种出土古物当可信。

清末民国，陵墓又遭反复盗掘，或发冢取石，地无完椁。乡民用于修桥铺路、筑寨砌井、造房垫基，或散落民家。民国洛阳人郭玉堂说："汉黄肠石，刻永建、阳嘉等年号。出土处在洛阳城东北卅里邙岭上鹞店寨村、后沟村、卅里铺村、象庄村一带。上有铲凿草隶书，记石广几尺几寸，厚几尺几寸，长几尺几寸。所刻人名下往往有'治'字，或为治石人。其刻'黄肠'字样者仅见一二，亦有朱书者。"[2]河南大学校长王广庆于1933年春考察邙山帝陵，他说平乐村北东汉"三陵附近，时见古时葬用枕形小石，及巨型黄肠石，皆掘自地下者"。[3]据考古调查资料显示，这一带位于东汉五座帝陵茔域的东北，是帝陵的陪葬冢群，现仍残留二三百个大小土冢兀凸于耕地之上。至今走访当地村庄仍可觅得黄肠石，或丢弃道旁，或安置门前，是帝戚与臣僚陪葬墓冢被盗的见证。

三、早期出土的实证

1. 明代白马寺以汉墓黄肠石和青砖为建材

洛阳的文物工作者揭示，白马寺现存建筑为明嘉靖时重修，其山门及天王殿用垒砌汉陵地宫的黄肠石为建筑材料，石上刻有"冯夏治""左仲""左部"等隶书文字。[4]

据白马寺大佛殿前的《重修古刹白马禅寺记》碑记载，明代司礼监掌印太监、兼总督东厂黄锦是白马寺东南5里的龙虎滩村人，于嘉靖三十四年春至次年冬，大规模整修白马寺，奠定了今日寺院的规模和布局，在白马寺沿革史上意义重大。[5]

(1)山门

南京政府古物保管委员滕固于1934年考察洛阳白马寺景况有云："第一进山门，标横额'白马寺'，系明嘉靖间重建；门前有一对石狮，殆亦系明刻。"[6]山门面南，长11.5、宽3.3米，为砖石

1. （明）王士性：《广志绎》卷三，《江北四省·河南》，中华书局，1981年，第38、39页。

2. 郭培育、郭培智主编《洛阳出土石刻时地记》，第4页。

3. 王广庆：《洛阳访古记》，《河南文史资料》第23辑，1987年，第128页。

4. 李南可：《从东汉建宁、熹平两块黄肠石看灵帝文陵》，《中原文物》1985年3期，第81—84页。

5. 赵振华：《洛阳白马寺历史与寺名影响研究》，《河洛文化研究》，解放军外语音像出版社，2006年，第266页。

6. 滕固：《征途访古述记》，《视察豫陕古迹记》五《洛阳白马寺》，商务印书馆（上海），民国二十五年（1936年）第28页。

砌筑的三门洞结构。各门洞以中间的木门为界，外（南）窄内（北）宽。门洞弧顶，券以扇形黄肠石。靠外两端错缝砌以扇形石3至4层，较低。中间的弧顶砌得比两端高74厘米。石大小厚薄略有差异，题铭刻于下头的小面。此分门简述。

东门洞木门扇南面宽175厘米，券石4层，总厚104厘米，每层10块，见刻工姓名9，分刻于9石：王、王少、左、左仲、李、李卪、李卪、冯夏、冯夏治。木门扇北面门洞宽201厘米，中段券石6层，每层10或11块，总厚148厘米。见刻工姓名3，分刻于3石：史、弋、尹卯。北段券石3层，总厚68厘米，每层10块，见刻工姓名7，分刻于7石：左仲、李卪、李卪、李卪、冯夏、冯夏治、冯夏治。见题铭共19种。

中门洞木门扇南面宽238厘米，券石4层，总厚110厘米，每层13块，见刻工姓名4，分刻于4石：木、王少、李伯、李伯。木门扇北面门洞宽268米，中段券石7层，每层14或15块，总厚151厘米。见刻工姓名3，分刻于3石：史、王、尹。北段券石3层，总厚71米，每层15块，见刻工姓名12，分刻于12石：王少、左、左仲、左逄、李卪、李伯、李伯、冯夏治、冯夏治、冯夏治、冯夏治、左大古治。见题铭共19种。

西门洞木门扇南面宽175厘米，券石4层，总厚100厘米，每层10块，见刻工姓名5，分刻于5石：李卪、冯夏治、左逄、李卪、左大古治。木门扇北面门洞宽202厘米，中段券石6层，每层11块，总厚150厘米。见刻字1：五。北段券石3层，总厚71厘米，每层12块，见刻工姓名9，分刻于石9：木、王、王少、左仲、左仲、左达、李卪、李伯、冯夏治。见题铭共15种。

砌山门的青砖一般长44～47.5、宽19～20、厚12厘米；有的近方形，长44、宽34、厚11厘米，是大型汉墓用砖。

(2)天王殿

白马寺的天王殿和大佛殿建筑中也大量使用扇形石、砖。相邻两石或两砖皆上下颠倒左右对齐垒砌上墙，故不见题铭。上下层之间隔以1层平铺的大青砖。大青砖也自汉墓拆卸而来。具体情况如下：

南墙：大门西边底部用扇形黄肠石砌墙1层15块，其上3层砌以扇形砖，上、中层因圆形窗户所占，数量为五六块。上述3层黄肠石皆被红色染料所涂，上下各层之间为大青砖平铺1层相隔。大门东边同。西山墙：用扇形石、砖砌墙5层，各层数量基本相同，其中底2层为石，约35块左右，最下2层为黑色染料涂抹，上面3层皆为红色染料涂抹，上下各层之间由青砖平铺1层相隔。东山墙同。扇形砖高47、大头宽36、小头宽28厘米，扇形石略小。

(3)大佛殿

西墙：用扇形石、砖砌墙6层，各层数量基本相同，其中底层约40块左右，最下2层为石染料涂黑，上面4层为砖，染料涂红，上下各层之间由青砖平铺1层相隔。东墙同。北墙：大门东边用黄肠石6层，下层20块左右，也是下2层涂黑，上4层涂红，由于上面中间有圆形窗户2个，上中层数量较少。大门西边同。

据洛阳市佛教协会（设于白马寺院内）的老人讲，白马寺院内原有大堆的扇形黄肠石，在20世纪90年代修建东西长廊时，因无处可用、无处堆放而在院内挖坑将其掩埋于地下。现清凉台西有一口小砖砌的古井，井口即用七块扇形黄肠石包边，小头朝里围成圆口，适当其用。

扇形黄肠石块的数量虽不算少，主要保存于白马寺院内，这批石料由木、王、左、李、冯、史、尹等诸姓工人制作，每人打造多块。由于石块体积不大，刻字面小，题铭最为简略，一般刻工人姓名，少则一二字，多不过三四字。左仲、左达、李伯等人名常见于其他的黄肠石题铭。其书体亦与其他的黄肠石题铭同。可以肯定地说，这批扇形黄肠石和大青砖是汉墓遗物。题铭刻于扇形黄肠石的小头的面上，乃蓄意而为，石砌于地宫甬道、门之上部，小面朝下，举首可见，颇便视察。那么由今日所见可知当时修建白马寺缺乏建材，太监黄锦组织四乡百姓开掘寺院附近的汉冢，拆卸地宫砖石直接用于修建寺院殿宇。因山门通体刷以红色涂料，掩盖了部分字迹，天王殿和大佛殿的题铭面砌于墙内，还有一部分石头埋于地下。故目前所见扇形黄肠石题铭资料只是其中的一部分而已。

(4)清凉台天桥

接迎殿后，清凉台前的连通天桥由砖石混砌，独拱桥洞宽2.53米，券顶东西两端各砌1层14块扇形黄肠石包边，大小厚薄略有差异，一般石长47、上宽40、下宽30、厚18～22厘米左右。东端2石有刻字：任、佢。西端2石有刻字：年、佢。

(5)清凉台

四周墙由汉墓的大青砖砌筑，其西北角砌有2块黄砂石质的黄肠石，1块广71、厚36、长59厘米，1块广72、厚36厘米，长度不明。

2. 明代洛阳县小石桥、大石桥以黄肠石为建材

洛阳地方名家、清人何家琪云："洛阳东门外有小石桥焉，不知其何年桥也。嗜古士王君砚耕一日过桥侧，见桥石有字状，谛视之，若汉隶，大抵纪姓名、石丈尺而已。久之，得一石秽污中，有'熹平年造'四字，果汉石也，走示予。"[1]这是当地文人对桥侧外露的黄肠石及其题铭的最早记载，因为它符合已知黄肠石题铭的书写规律：隶书刻石工姓名、石尺寸和年号。"熹平"绝非杜撰，目前见有熹平元年、二年、六年的黄肠石。

小石桥位于明清洛阳城东门外，是一座单孔石桥，建桥青石是东汉帝陵茔域所出之黄肠石。始建于明嘉靖元年（1522年），2004年重修时全部拆除。

大石桥位于小石桥之北，是一座架于瀍河上的五孔桥石拱桥，据桥东所立"黄公广济桥记"碑记载，为明代嘉靖三十八年朝廷宦官大司礼黄锦捐银所建。当年11月动工，次年5月竣工，桥长二十五丈（79.25米），宽三丈三尺（10.461米），中间高三丈六尺（11.412米）。桥身坚固，400多年来未翻建过。近年修路时将其东西两端的引桥掩埋于路下，目前桥全长50.9米。从桥的左右侧面看，用方形和长方形青石垒砌而成，表面风化。桥下水深，2007年9月10日上午笔者与洛阳民俗博物馆同行利用外架于桥南侧面的管道，测量了可以触及的30块青石的尺寸，此列表如下（单位：厘米）：

此为两侧可视青石的一小部分，其中的35、36厘米相当于东汉的一尺五寸，46、47厘米相当于东汉的二尺，即黄肠石的厚度。70、71厘米相当于东汉的三尺，即黄肠石的广度，厚与广的尺寸有定规。其余尺寸是黄肠石的长度，无定规。可见桥体使用黄肠石的数量不少。当然其中也有

---

1. 何家琪：《天根斋文抄》卷四，《洛阳熹平残石记》，光绪丙午（1906年）大梁刊本。

43×35	55.5×55	59×49	60×48	61.5×47	64×47
67×45	68×55	69×51.5	69×51.5	70×40	70×46.5
70×50	70×52	71×45.5	71×49	72×51	73×37
73×52	73×62	74×39	74×45	77×49	77×52
86×38	92×33	94×44	94×58	96×36	98×35

一些石的尺寸与常见黄肠石的尺寸不合。

第三节 题铭黄肠石的出土和收藏

东汉改木为石，一墓所用的"黄肠石"，可达数十、数百立方米。砌墙用长方形石，顶部券以扇形石，也有少许特殊尺寸的长方形石。本节所谈的主要是有刻写、朱书题铭的黄肠石。

一、出土于东汉帝陵北兆域的黄肠石

1. 新中国成立前的发现及收藏

(1)开封市博物馆藏黄肠石

开封为民国时期河南省会，政府将于河南当地收集的古物藏河南图书馆附设的古物保存所，收贮全省各地文物，其中以洛阳出土文物为主要藏品。1925年，李根源、何日章编纂的《河南图书馆藏石目》著录汉黄肠石30方，是"民国十三年二月在洛阳东二十里平乐村出土"[1]的，后归河南博物馆，新中国成立后由开封博物馆收藏。每块石上刻有石工姓名，28块石上刻有年号，起自永建二年（127年），讫于元嘉二年（152年）。《河南博物馆藏黄肠石题要》[2]介绍来源，公布尺寸，厘定题铭，惜未发表拓本。

1961年，河南省博物馆由开封迁至省会郑州，黄肠石和墓志等文物留归开封市博物馆（本文表中简称汴博）。2006年9月，笔者在开封市博物馆曾广庆馆长、赵龙主任的帮助下于历代石刻展廊考察题铭，丈量尺寸。参考《北京图书馆藏中国历代石刻拓本汇编》所录和原石拓本，此纠正《题要》的尺寸、录文的个别失误，补入20号"苏利石"侧面所刻未见著录的4字，补入未见著录的方柱形石尺寸与柱端3字题铭为第31石，依《题要》序号列"开封市博物馆藏黄肠石题铭统计表"于后。

---

1. 李根源、何日章编次：《河南图书馆藏石目》，民国十四年（1925年）铅印本。

2. 孙文青：《河南博物馆藏黄肠石题要》，一《谷水堰石三十方》，《河南博物馆刊》三集，民国二十五（1936年）年，第26—34页。

这批黄肠石题铭中有几个字的写法比较特殊。叔原举石"永建二年六月省","省"字写作上目下少，位置上下置换。索孙石"永建三年四月小"，"小"为"省"的缺笔；"苏利石"侧面题铭的"苏"字，上"艹"下"禾"，省略了繁体"苏"字的"鱼"。都是石工用于黄肠石题铭的一种简写。尹仲石"永建三年十二月省。左兴。""省"叠压在"兴"字上。

方柱形石不同于一般具备固定广厚尺寸砌墙用石，据其形制与题铭考察，可以用于地宫东南角作门的立柱，一条棱角切去部分朝外可视，与扇形石等同为特制构件。

表二九　开封市博物馆藏黄肠石题铭统计表

单位：厘米

号	广	厚	长	录　文	页
1	71	47.3	63.5	牛羌石，广三尺，厚二尺，长二尺七寸，第十三。永建二年四月省	二六
2	70	47.5	67	叔原举石，广三尺，厚二尺，长二尺八寸。永建二年六月省	二六
3	71	47	69.5	樊仲石，广三尺，厚二尺，长二尺九寸，第三。永建二年六月省	二七
4	71.2	36	68	左一石，广三尺，厚尺五寸，长二尺八寸，第七一。永建二年六月省	二七
5	71	35.5	57.5	左达石，广三尺，厚尺五寸，长二尺四寸，第卅二。永建二年六月省	二七
6	71.5	35.5	69	尹仲石，广三尺，厚尺五寸，长二尺九寸，第廿八。永建三年十二月省 左兴	二七
7	71	47.2	76	索市石，广三尺，厚二尺，长三尺二寸，第二。永建三年四月省	二八
8	71	47	48（残）	索大石，广三尺，厚二尺，长二尺八寸，第四。永建三年四月省	二八
9	71	34.5	62	吕值石，广三尺，厚尺五寸，长二尺六寸，第九。永建三年四月省	二八
10	71	35.5	65	商孟石，广三尺，厚尺五寸，长二尺七寸，第十一。永建三年四月省	二八
11	71.5	35.5	65	商孟石，广三尺，厚尺五寸，长二尺七寸，第十四。永建三年四月省	二九
12	70.5	35.5	68.2	郝叔石，广三尺，厚尺五寸，长二尺九寸，第十六。永建三年四月省	二九
13	71.3	35.5	68	李节石，广三尺，厚尺五寸，长二尺九寸，第廿四。永建三年四月省	二九
14	71.2	35.2	56.5	索叔石，广三尺，厚尺五寸，长二尺四寸，第廿五。永建三年四月省	三十
15	71.5	35	70.5	郭知石，广三尺，厚尺五寸，长三尺，第廿六。永建三年四月省	三十
16	71	47.5	65	索孙石，广三尺，厚二尺，长二尺七寸，第廿一。永建三年四月小	三十
17	71.2	35.6	78	石仲石，广三尺，厚尺五寸，长三尺三寸，第卅。永建三年四月省	三十
18	71	35.5	63	左孟石，广三尺，厚尺五寸，长二尺六寸，第卅八。永建三年四月省	三一
19	71	35.5	66	左达石，广三尺，厚尺五寸，长二尺八寸，第六十八。永建三年四月省	三一
20	71	35	68.5	苏利石，广三尺，厚尺五寸，长二尺九寸，第七十三。永建三年四月省 苏利左少治（侧面）	三一
21	71	35.5	70.5	左开石，广三尺，厚尺五寸，长二尺九寸，第十四。永建三年十二月省	三一

22	70.5	35	60	罗由石，广三尺，厚尺五寸，长二尺五寸，第十二。永建三年十二月省	三二
23	70.2	35.5	52	左次石，广三尺，厚尺五寸，长二尺二寸，第十二。永建三年十二月省	三二
24	71	47	68.5	左开石，广三尺，厚二尺，长二尺八寸，第十二。永建三年十二月省	三二
25	71	35.5	68.5	石仲石，广三尺，厚尺五寸，长二尺九寸，第十五。永建三年十二月省	三三
26	71	36	76	泠仲石，广三尺，厚尺五寸，长三尺二寸，第七十九。阳嘉元年十一月省	三三
27	71.5	36	65	王师石，广三尺，厚尺五寸，长二尺七寸，第十五。元嘉二年九月省	三三
28	71.3	36	59	毕巨石，广三尺，厚尺五寸，长二尺五寸，第十。元嘉二年月省	三三
29	72	36	69	工王届治	三四
30	70	35.5	59.2	工房睹治	三四
31	58	35.2	34.5	东南角	

(2)故宫博物院藏周进"居贞草堂"石刻

安徽秋浦人周进富收藏，以多储汉晋石刻、印玺封泥、三代彝器知名，且精于鉴定，长于书法，为世所重。流入厂肆的端方藏石精品10余种归其所有。周进中年辞世，一生用力最多的藏品是汉、魏、晋三朝的石刻，晋以后的不收。他于1929年编订出版《居贞草堂汉晋石影》，[1]刊印藏石拓本131种，以原式缩影石印，多未见于著录。其中出土于洛阳者，达95石之多，而黄肠石占15。周进所储石刻总数达二百三四十，其后人悉数捐公保存，现藏故宫博物院。其中的黄肠石上书是否悉数予以著录，目前笔者尚不清楚。此录书刊尺寸与拓本题铭于"《居贞草堂汉晋石影》著录黄肠石题铭统计表"，以便观览。

表三〇　《居贞草堂汉晋石影》著录黄肠石题铭统计表

单位：厘米

号	尺　寸	录　文	拓本号
1	高存七寸五分，广存一尺三寸（残石）	贯平石……。永初元年五月……	四
2	高三尺，广一尺四寸九分	李名日石，广三尺，厚尺五寸，长二尺八寸。第廿一。永建三年四月省	五
3	高三尺，广一尺五寸	索大石，广三尺，厚尺五寸，长二尺四寸，第十七。永建三年四月省	六
4	高三尺，广一尺五寸	左达石，广三尺，厚尺五寸，长三尺，第六十九。永建三年四月省	七
5	高三尺，广一尺五寸。	路伯石，广三尺，厚尺五寸，长三尺，第八。永建四年二月省	八

1. 周进：《居贞草堂汉晋石影》，己巳（1929 年）仲夏秋浦周氏印本。

6	高二尺九寸七分，广一尺五寸	罗由石，广三尺，厚尺五寸，长二尺五寸，第廿六。永建四年十月省	九
7	高三尺，广一尺五寸	韩廉石，广三尺，厚尺五寸，长二尺□，第六。永建五年月省	十
8	高存二尺六寸，广一尺四寸三分（残石）	□建五年。侯世石，……。第十	十一
9	高存二尺八寸三分，广存五寸（残石）	樊阳石，广三尺，厚尺五寸，长三尺二寸，第十□	十二
10	高存二尺五寸六分，广二尺（残石）	土伯石，广三尺，厚二尺，长三尺三寸，第□。阳嘉元年十一月省	十三
11	高二尺四寸七分，广存一尺二寸四分（残石）	六百二，广三尺，厚尺五寸，长二尺五寸五□。建宁五年三月十四日更，黄肠掾王条主	十四
12	高三尺九寸三分，广一尺五寸	第九百廿五，广三尺，厚尺五寸，长三尺九寸二分。熹平元年十月廿九日更，黄肠掾王条主	十七
13	高存二尺五寸，广一尺五寸（残石）	胡。官工樊东。第六册六，广三尺，厚尺五寸，长二尺□寸。熹平二年□月省，掾陈宫主 樊□治（倒书）。石（侧面）	十八
14	高存一尺六寸五分，广一尺四寸四分（残石）	吕仲□。左郎石	三五
15	高存一尺二寸四分，广存九寸（残石）	厚二尺，长……。 ……日更，黄肠史袁康主	四九

序号11、12，"五"字写法与众不同，中间一直笔，一作"S"形方折，非常见的二直笔交叉。

民国学者罗振玉对序号14有记载："周氏藏方石，径尺余，文二行，曰'吕仲左郎石'五字，字逾数寸，雄伟可爱。予往以振卹京旗贫民在春明，洛估来乞售，议价未成，遂归周氏。洛估云石出白马寺旧址，一时出小石颇多，或记人名，或记数字。予藏百册一石，亦白马寺基所出也。"[1]京旗冬赈举办于1920年，是知有取洛阳寺院所存明代用于修葺殿宇的东汉黄肠石运售于北京者。石归周氏，即周进。

(3)西安碑林藏于右任"鸳鸯七志斋"石刻

民国元老于右任旧学功底深厚，擅长书法。其书艺多汲取"北碑"精华而有创新，故对当时洛阳出土的汉石经、汉黄肠石、北魏墓志等甚为注重，倾资搜集，妥为保藏。1935年，于氏将收藏的石刻墓志共计318种、387石（包括墓志盖）捐给西安碑林。其中的4方黄肠石拓本著录于《西安碑林书法艺术》[2]和《鸳鸯七志斋藏石》[3]诸书。其中的4号苏丙石，为繁体"苏"字取消"鱼"旁的简写。此列"西安碑林藏于右任捐赠黄肠石题铭统计表"以便观览。

1. 罗振玉：《雪堂类稿》，甲《笔记汇刊》，《石交录》，第175页。

2. 李域铮等编著：《西安碑林书法艺术》，陕西人民美术出版社，1983年，第24、25、277页。

3. 赵力光编：《鸳鸯七志斋藏石》，图版一、二、三、四。

表三一　西安碑林藏于右任捐赠黄肠石题铭统计表

单位：厘米

号	广	厚	录文
1	71	35	尹任石，广三尺，厚尺五寸，长二尺七寸，第廿六。永建三年四月省
2	70	48	费孙石，广三尺，厚二尺，长二尺七寸，第十九。永建三年四月省
3	70	35	许伯石，广三尺，厚尺五寸，长二尺七寸，第卅。阳嘉元年九月省
4	70	35	苏丙石，广三尺，厚尺五寸，长二尺六寸。第十□

(4)新安县"千唐志斋"博物馆藏黄肠石

民国元老张钫于20世纪30年代收集洛阳出土墓志等1000多块，藏于新安县铁门镇私家花园"千唐志斋"。后因变乱未镶砌上墙的藏石略有散失。[1]1985年，"千唐志斋"博物馆工作人员于斋院前铁门公社院内发现1块半掩于土中的黄肠石，运回存放于"千唐志斋"2号天井院。拓本著录于《北京图书馆藏中国历代石刻拓本汇编》。[2]此列"千唐志斋博物馆藏黄肠石题铭统计表"以便观览。

表三二　千唐志斋博物馆藏黄肠石题铭统计表

单位：厘米

号	广	厚	长	录文	出土地
1	70	35	59	许伯石，广三尺，厚尺五寸，长二尺七寸，第五十八。永建三年四月省	孟津

目前，我们可以依据《北京大学图书馆藏金石拓片草目》的著录了解张钫收集的7块黄肠石的题铭概况：许伯石，永建三年四月；费孙石，永建三年四月；左孙石；张房治左孙石；左山治石；卫女石；官石左渊治石。[3]（还可以在后面的"洛阳民俗博物馆藏黄肠石拓本"部分知其详细）

2. 新中国成立后的发现和收藏

(1)孟津汉光武帝陵园藏刘家井村出土黄肠石

1984年，文物工作者李献奇在孟津县刘家井村西北调查帝陵时，在该冢顶部的低凹处拾到1块玉衣残片，又在村民家见到2块题铭黄肠石。石出土于冢东南10余米处，距地表约50厘米的耕土下。他认为2石题铭尺寸与实际尺寸差距较大，发表了拓本、录文、尺寸，验算表示。并据石上年号，考定此大冢为邙山东汉五大帝陵之一的灵帝文陵。[4]

1. 赵振华：《于右任、张钫收集保藏洛阳出土墓志研究》，《河洛文化论丛》（三），中州古籍出版社，2006年，第364页。

2. 北京图书馆金石组编：《北京图书馆藏中国历代石刻拓本汇编》，第一册，第71页。

3. 孙贯文：《北京大学图书馆藏金石拓片草目》（一），《考古学辑刊》7，科学出版社，1991年，第235、237页。

4. 李南可：《从东汉建宁、熹平两块黄肠石看灵帝文陵》，《中原文物》1985年3期，第81页。

此2石现藏孟津县汉光武帝陵保管所，笔者于2005年6月7日于陵园内细审2石，制作相当规整，题铭尺寸与实际尺寸相符合。已往发表者将2块石头尺寸搞反了。另外，"掾邵慎主"石题铭的序号是"第千一百卅"，原录文漏释"千"字，这是继"第九百""第九百廿五"后，目前所知题铭序号最大的一块黄肠石。石可能是砌筑地宫后剩余的石料，弃置于冢旁的。山陵的埋葬日期必然要晚于黄肠石题铭年月。灵帝崩于中平六年（189年），石上的"建宁五年"（172年）和"熹平六年"（177年）说明，至少这五年间有司都在为建陵准备石材。

就洛阳东汉南北帝陵茔域发现的黄肠石分布的地域看，主要出土于帝陵周围的陪葬冢内。就从地下向外运出黄肠石的已知经验看，须平冢开坑拆卸地宫。而仅利用盗洞向上拉，靠人力几乎不可能运出。那么孟津刘家井大冢旁边出土的2块题铭黄肠石，也就不是出自冢下地宫。由此推测，11座帝陵虽然多次被盗而地宫黄肠石却很有可能尚未面世。此列"孟津县汉光武帝陵保管所藏黄肠石题铭统计表"以便观览。

表三三 孟津县汉光武帝陵保管所藏黄肠石题铭统计表

单位：厘米

号	广	厚	长	录　文	出土地
1	71	36	79	熹平六年二月省，掾邵慎主。第千一百卅。广三尺，厚尺五寸，长三尺三寸	刘家井
2	71.5	47.5	44.5	索。第百五十一。广三尺，厚二尺，长尺八寸。建宁五年二月省，掾陈宫主	刘家井

(2)洛阳古代艺术馆藏黄肠石

已往文物工作者于1984年考察邙山帝陵，调查有关文物，在孟津县鹞店寨内发现十六七块黄肠石。发表了一件"李伯石"题铭的全文和尺寸，[1]未附拓本。此石后来收归洛阳古代艺术馆，陈列于展室。

洛阳古代艺术馆藏黄肠石7方，第1、2、5、6号系1998年从孟津县汉陵区征集的。第3、4号已残缺，系20世纪80年代从孟津县鹞店寨征集的。第7号石残存大半块，系旧古董商洛阳雷氏于新中国成立前收集的，其后人雷建国于1996年捐公。1、2、3、4号现在展厅陈列，其中1、2号拓本已发表。[2]此列"洛阳古代艺术馆藏黄肠石题铭统计表"以便观览。

表三四 洛阳古代艺术馆藏黄肠石题铭统计表

单位：厘米

号	广	厚	长	录　文	征集时地
1	71	35	59	李伯石，广三尺，厚尺五，长三尺四寸，第一。永建二年四月省	1998 年 3 月，鹞店寨

---

1. 宫大中：《洛都美术史迹》，湖北科技出版社，1991 年，第 142 页。

2. 赵振华主编：《中国关林》，中国摄影出版社，2000 年，第 73 页。

2	71	36	63.5	苏仲石,广三尺,厚尺五寸,长二尺七寸,第十七。永建四年十月省	1998 年 3 月,鹞店寨
3	71	32	78（残）	永建六年月日。左尹石,广三尺,厚尺五寸,长四尺。第百五	鹞店寨
4	70	35.5	53.5	□石,广三尺,厚尺五寸,长三尺九寸。第六十四	鹞店寨
5	26	45.5	23	……二尺。七年三月省	1998 年 8 月,三十里铺
6	29	46.5	23	郭公石,丈七	1998 年 8 月,三十里铺
7	38	30（残）	22	朱白同石,自治。五年二月省	1996 年,洛阳雷氏捐

(3)洛阳民俗博物馆藏黄肠石

2003年,洛阳市瀍河区启明东路南侧、三门峡党校大门前,市政修建地下管道,在距地表约10米处,打穿一堵石墙。墙由青石和黄砂石交错垒砌,石间或以铁细腰辖锔,嵌以石灰。石墙是东汉墓壁。打掉的几块石头,归洛阳民俗博物馆收藏。其中一块石长95、宽66、厚36厘米,折合成东汉尺度,广未足三尺,厚尺五寸,长四尺,三面有题铭。此列"洛阳民俗博物馆藏黄肠石题铭统计表"以便观览。

表三五　洛阳民俗博物馆藏黄肠石题铭统计表

单位：厘米

号	广	厚	长	录　文	出土地
1	66	36	95	张仲石,左孟治（短侧面） 张仲石,左孟治。光和六年四月二十日（长侧面） 弟子（正面）	启明东路

(4)洛阳师范学院藏黄肠石

洛阳师范学院图书馆藏黄肠石2方,系近年从鹞店寨征集。"种平"石仅刻广、厚尺寸,测量后换算其长度为东汉二尺四寸。"富开"黄肠石体积,相当于汉代广三尺,厚尺五寸,长二尺七寸。此列"洛阳师范学院藏黄肠石题铭统计表"以便观览。

表三六　洛阳师范学院藏黄肠石题铭统计表

单位：厘米

号	广	厚	长	录　文	征集地
1	71	35.5	57	种平石,广三尺,厚尺五,长。永建年月省	鹞店寨
2	71	36	62	富开治,富开	鹞店寨

(5)洛阳理工学院藏黄肠石

洛阳理工学院（原洛阳大学）图书馆藏黄肠石1块,系近年从鹞店寨征集的扇形石。上大下小，上面微鼓，下面微凹。这种石专门用于券砌地宫的甬道、门，室上部的弧顶，合成整体，联成弧曲，坚固美观。其高47厘米相当于汉二尺，厚23.5厘米相当于汉一尺，大头宽44.5厘米相当于汉一尺九寸，小头宽36厘米相当于汉一尺五寸。字刻于石上下的两个弧面上。上面顺石的长面刻字1行。下面顺石的宽面刻字3行。此列"洛阳理工学院藏黄肠石题铭统计表"以便观览。

表三七　　洛阳理工学院藏黄肠石题铭统计表

单位：厘米

号	高	厚	上宽	下宽	录　文	征集地
1	47	23.5	44.5	36	左公石，东宫市工苏甫史（上面） 丈七尺次。丈七尺次。廿一（下面）	鹞店寨

(6)洛阳市第二文物工作队藏黄肠石

2007年8月8日，笔者与洛阳市第二文物工作队严辉、王文浩等于孟津三十里铺村作考古调查，发现新中国成立前出土的有题铭的扇形黄肠石2，后由该队征集。字刻于石的下弧面上。其中的"陈孟石"的5面剁錾较平整，一扇面的大錾道却极粗糙，且厚薄不匀，大头厚17.5，小头厚16厘米。此列"洛阳市第二文物工作队藏黄肠石题铭统计表"以便观览。

表三八　　洛阳市第二文物工作队藏黄肠石题铭统计表

单位：厘米

号	高	厚	上宽	下宽	录　文	征集地
1	47.5	17.5	44	37.5	陈孟石，自治。五年二月省	三十里铺
2	46.5	24	44	37	二丈二尺	三十里铺

(7)河南博物院藏孟津送庄"塌冢"发掘出土的黄肠石

1964年，河南省文化局文物工作队在孟津县送庄西南邙山上清理了一座黄肠石墓，位于东汉帝陵区域内。这座陪葬墓坐北向南，由于多次被盗，墓室坍塌，封土下陷，俗称"塌冢"。墓室平面长方形，由前堂、后室、东耳室、墓道四部分构成，前堂长3.34、宽7.78米，后室长4.18、宽6.9米。墓距地表深10.3米。墓葬底铺立砖，壁砌黄肠石，顶券小砖。用石达400多立方米。出土有铜缕玉衣片、铜镜、陶器等遗物。"送庄汉墓曾于1927年和1929年被盗掘过，被盗走的玉片有两竹篮，玉片的孔内也有铜丝。"其质地、形状和钻孔与河北满城的中山靖王刘胜墓金缕玉衣、江苏徐州东汉墓银缕玉衣相同，一件玉衣由2000多玉片穿缀而成。10块黄肠石上有刻文，1块有朱书文字，发表拓本。黄肠石有元嘉二年（152年）、永兴二年（154年）刻字，为桓帝年号，墓的年代当在东汉晚期。[1]核对文中《黄肠石刻登记表》知，"却文石，左仲治"为2种，拓本只入表登记1种。

---

1. 郭建邦：《孟津送庄汉黄肠石墓》，《河南文博通讯》1978年4期，第31—33页；《文物资料丛刊》第4期（1981年），第121—123页。

而表列的其第40号石题铭为朱书，未发表原字迹。黄肠石题铭凡尺寸字，均为"广、厚、长"，故疑朱书录文"宽"为"厚"之误。此列"孟津送庄汉墓出土黄肠石题铭统计表1"以便观览。

　　2005年8月17日，送庄汉墓的发掘者郭建邦先生在郑州电话告诉笔者说，墓葬清理后，题铭黄肠石用畜车拉到洛阳，又用火车运到郑州，保存于河南博物馆，现在河南博物院的后院陈列。

表三九　　孟津送庄汉墓出土黄肠石题铭统计表 1

单位：厘米

号	广	厚	长	录　文	出土地
37	71	61	31	左子石，左卩治	送庄
38	70	48	83	尹汐	送庄
39	76	34	94	刘仲石，长三尺二寸，广四尺，厚尺五寸，第卅五。刘仲石	送庄
41	70	36	74	程卩治	送庄
44	70	47	70	毕巨石，广三尺，厚二尺，长三尺，第七十七。元嘉二年月省	送庄
42	71	36	59	却文石，左仲治	送庄
43	77	36	66	却文石，宋巨治	送庄
45	67	36	94	孟次石，尹次治	送庄
46	71	46	61	左子石，容卩治	送庄
40	71	35	97	第二。永兴二年十月廿四日，史□石，广三尺，宽尺五寸，长四尺	送庄

　　(8)孟津送庄保存的"塌冢"出土黄肠石

　　2007年6月29日，笔者与送庄村人洛阳市历史文物考古研究所《河洛春秋》编辑部的王化昆主任同赴送庄考察，据村民说，"塌冢"清理后，村里派四类分子把剩余的石头青砖拉出利用，近年觉得这些大石头没有什么用处，大部分被推土机推到村边篮球场周围，扔在那里。村民家里也有一些，有刻字的，压在房下，不能看到。"塌冢"出土的黄肠石是粗疏起层的黄砂石，和坚硬细腻的青石比较，石质较差，易于风化起层剥落。与"游伯石"放在一起的一块无字的黄肠石其尺寸是71×38×108厘米，即合东汉尺广三尺，厚尺五寸，长四尺五寸。与前引《匋斋藏石记》著录的黄肠石的尺寸相同："阳嘉元年三月日。冷攸，广三尺，厚尺五寸，长四尺五寸，第卅二。程仲。"是目前已知最长的黄肠石。村里还有一些制作比较粗糙的青石质黄肠石，只有一面錾剁平整，余五面錾道粗糙，尺寸也不规范，这也是前所未知的。我们在村里找到2块有字的，王化昆的父亲是退休教师，热心地方古迹，抄来了村民家的2块黄肠石题铭，此一并列于"孟津送庄汉墓出土黄肠石题铭统计表2"。

　　(9)孟津鹞店保存的黄肠石

　　2007年8月8日，笔者等于孟津鹞店寨做考古调查，其南寨门的门边东西墙各砌以数块黄肠石，东西各1块有题铭，为黄砂石质。南寨门内村中的二仙庙南门外砌有黄肠石3块。据村民说，这里原有1块刻字石头，近年遗失了。鹞店东寨门下也压有1块黄肠石。凡建筑用石，因一般只有一

表四〇　孟津送庄汉墓出土黄肠石题铭统计表2

单位：厘米

号	广	厚	长	录　文	保存地
1	73	47	67	张仲石，左二少治	高效果门前
2	70	46	94	游伯石	高旦门前
3				游伯石，文少治	高旦门前
4				游伯石，左少治	送庄

　　两个面外露，是否有字，难以确知。寨门和二仙庙的建筑多用汉墓出土的厚大青砖。此列"孟津鹞店保存的黄肠石题铭统计表"以便观览。

　　"樊孙石""孙"字简写；"左开石""开"字简写。

表四一　孟津鹞店保存的黄肠石题铭统计表

单位：厘米

号	广	厚	长	录　文	保存地
1	71	36	74	刘叔石，左少治	南寨门东
2	71	35	73.5	樊孙石，左派治	南寨门西
3	70			左开石，广三尺，厚尺五寸，长二尺五寸，第九。永建三年四月省	二仙庙
4				左开石	二仙庙

　　⑽孟津后沟村保存的黄肠石

　　2007年8月8日，笔者等于孟津后沟村做考古调查，其北街各住户门外散置约10块黄肠石，其中2块有字。据村民说，是新中国成立前村东南的一个冢里起出的，因出石块，人们称之为"石冢"。此列"孟津后沟村保存的黄肠石题铭统计表"以便观览。

　　"左冋治"石的尺寸特殊，相当于汉尺广二尺三寸六，厚尺五寸，长四尺。

表四二　孟津后沟村保存的黄肠石题铭统计表

单位：厘米

号	广	厚	长	录　文	保存地
1	71	47	73.5	樊仲。	后沟北街
2	55.5	37	94	左冋治。	后沟北街

　　⑾孟津朱家仓村汉冢发掘出土黄肠石

　　21世纪初，河南省文物研究所配合二广高速公路在孟津县朱家仓村发掘一批汉冢，其中有1块黄肠石3面刻题铭。文中的人名苏世，为繁体"苏"字取消"鱼"旁的简写。此列"孟津朱家仓村汉冢发掘出土黄肠石题铭统计表"以便观览。

表四三　孟津朱家仓村汉冢发掘出土黄肠石题铭统计表

单位：厘米

号	广	厚	长	录　文	出土地
1	70.5	35.5	88.5	……三月日。泠叔石，广三尺，厚尺五寸，长三尺七寸。第□（顶面） 苏世治（左侧面） 苏世治（右侧面）	朱家仓村

二、出土于东汉帝陵南兆域的黄肠石

在汉魏洛阳故城南，位于万安山北麓的东汉帝陵南兆域也发现了黄肠石。自古迄今，南兆域帝陵区几经盗掘损毁。帝陵区周围的村落、田野中，散落有盗挖出土的黄肠石。20世纪六七十年代的"十年动乱"期间，村民掘冢，取石为建材。偃师商城博物馆王竹林先生与笔者在《洛阳东汉南兆域皇陵初步研究》一文中首次披露了东汉南兆域帝陵区域3个村庄出土的29块黄肠石的题铭录文，[1]于是，偃师商城博物馆征集了一些。因多数散落于村庄和农户家中，题铭黄肠石尚难以精确统计。此自南而北，依照黄肠石所在村落简述如次。

1. 经周寨村与经周村出土的黄肠石

经周寨村位于经周村之西。2007年8月22日，笔者与洛阳市第二文物工作队赵晓军博士等在此二村调查，村民说，1968年修大寨田，平村东北角地，发现大青砖和大青石，出土了8个铜盆，一个铜龟等物。现村内北街街道两旁有一些大青砖长46、宽23、厚11厘米，空心砖长88、宽36、厚17厘米。十几块黄肠石散布于4队村民家门口，少数在院内。此列"经周寨村出土黄肠石题铭统计表"以便观览。

村中刻有"永建"年号的"左达石"是一个重要发现，这是南兆域陵区首次发现年号石。3号石为完整石的下半部，只余部分尺寸和"省"字，依照题铭文词规律，"省"字之前一般也有年号年月。

此二村见有方形无字黄肠石，如经周寨村后寨街村民家1块石长71、宽70、厚19厘米（破开了）；1块石长70、宽73、厚19厘米（破开了）。经周村南公路口的路边有2块，尺寸分别是长71、宽72、厚36厘米，长71、宽71、厚35厘米。

表四四　经周寨村出土黄肠石题铭统计表

单位：厘米

号	广	厚	长	题　铭	保存地
1	70.5	47	31（残）	左迁	经周寨村北街西头
2	41（残）	48	68	左达石，广三尺，厚二尺，长……。永建……	经周寨村北街西头
3	39（残）	36	61	……，尺五寸，长二尺六寸，第十三。……省	经周寨村北街西头

---

1. 王竹林、赵振华：《洛阳东汉南兆域皇陵初步研究》，（北大）《古代文明》（4），文物出版社，2005年，第183—206页。

2. 宁村保存的黄肠石

大口乡宁村与经周寨村、经周村二村毗邻，呈品字形分布，宁村居北。宁村东有2冢，西有3冢。1958年至1961年，村民将村西的2冢挖开；1966年"文革"期间，村民将村东的1冢挖开。3座冢墓地宫文物及砌筑地宫的黄肠石被发掘一空，挖出的大青砖长46、宽23、厚11厘米，扇形砖长46、大头宽34、小头宽23、厚12厘米，散落于村内。挖出的黄肠石多散存在宁村的住宅前后，十多块石上有题铭。部分石不便翻动，题记与尺寸不详不全。此列"宁村出土黄肠石题铭统计表"以便观览。

第1石的"石"字反写。第15石放在某村民家后院石是被凿开后做井上担辘轳轴的垫石，石上开凹槽以承纳木轴，据石厚35厘米及其行文格式推断，凿去了"厚尺五"3字。"尺"字简写。

表四五　宁村出土黄肠石题铭统计表

单位：厘米

号	广	厚	长	题 铭	保存地
1	40（残）	47	62.5	左遂治，孔少石	宁丙全家门口1石
2	71	35.5		牛生	宁丙全家门口1石
3	71	35.5		□□石，广三尺，厚二尺□寸，长□□	宁世光家门口1石
4	残石			□少石，广三尺，厚二尺□寸，长□□	宁会通家门口1石
5	71	35.5	68	王公石，广三尺，厚尺五寸，长三尺四寸	宁中一家门口1石（破为2块）
6	71	35.5	74	王公石，广三尺，厚尺五寸，长三尺四寸	宁中一家门口1石（破为2块）
7	71	35.5	31.5（残）	宋寿一，安一则，王少。石孟石，广三尺，厚尺五寸，长三尺七寸，第廿六。王小	宁海波家门口，1石（破2）作门撞石，左边的有题铭
8	71	46.5	78	苑伯石，广三尺，厚尺五，长三尺四寸，第七	李振流家院内1石
9	71	35.5	83	王仲石，广三尺，厚尺五，长三尺四寸，第卅二	宁村西队机井架下1石
10		35.5	64	孙桓石，广三尺，厚尺五，长三尺，第□□	宁龙奇家门口2石
11	70	35.5	58	李威石，广三尺，厚尺五寸，长二尺四寸，第十	宁村南街街南村民家门口
12	70.5	35.5	64	孙桓石，广三尺，厚尺五寸，长二尺六寸，第六	宁村南街街北村民家门口
13	71	47	96	王□石，广三尺，厚二尺，长……	宁村代销点附近路口
14	72	35	50（残）	……三尺，厚尺五寸，长二尺六寸，第八	宁村某村民家门口

| 15 | 70 | 35 | 41（残） | 王公石，广三尺，……，长三尺二，第十九 | 宁村某村民家后院 |

3. 偃师商城博物馆藏黄肠石

2005年，偃师商城博物馆在宁村征集了十几块黄肠石，陈列于次年开展石刻长廊中。此列"偃师商城博物馆藏黄肠石题铭统计表"以便观览。

第5石"治"字反写，第6石"石"字反写，第10、11石的几个"尺"字简写，像"人"字上加一短横。

表四六　偃师商城博物馆藏黄肠石题铭统计表

单位：厘米

号	广	厚	长	题　铭	保存地
1	70	36	36（残）	左建石	东长廊
2	71	36	35（残）	左建石，左功治（一端） □建石，左功治（另一端）	东长廊
3	71	35	41.5（残）	胥文石，左阝治	东长廊
4	71	35（残）	41.5	胥文石，左阝治	东长廊
5	30（残）	47	62.5	孔少石，左遂治（二行）	东长廊
6	41（残）	47	61	左遂治，孔少石（一行）	东长廊
7	71	35	44（残）	商元石，商元治	东长廊
8	71	35	58	牛伯石，广三尺，厚尺五，长二尺四寸，第卅四	东长廊
9	70	35.5	44（残）	李威石，广三尺，厚尺五寸，长三尺四寸，第五	东长廊
10	71	35.5	33（残）	王公石，广三尺，厚尺五，长二尺八，第廿二	东长廊
11	71	35	38.5（残）	王公石，广三尺，厚尺五，长二尺五，第廿六	东长廊
12	71	32（残）	41（残）	王次石，广三尺，厚二尺，长三尺三寸，第一	东长廊
13	71	35.5	45	傅文石，广三尺，厚……，第十□	东长廊
14	71.5	36	68	□□石，广三尺，厚尺五，长二尺八寸，第十二	东长廊
15	32.5（残）	35	56	丽少石，广三尺，厚……	东长廊
16	37（残）	35	78	……厚尺五寸，长三尺……第……	东长廊

4. 寇店村保存的黄肠石

20世纪60年代，偃师县寇店公社寇店村外土冢很多。20世纪70年代，村民将村北小学院内1个、村西北角1个、村北怡香阁大酒店南边1个、村正东1个（东大冢）平了。1968年"文革"中，寇店大队拟盖房缺乏建材。听过去盗墓者传说村东北角一小土冢下有很多青石和青砖，于是派村民开冢取石。古墓深约五六米，下为方块青石砌墙，上为青砖券顶，砌筑牢固，未见他物。砖石运往村中盖剧院舞台和大队办公房。镶砌在寇店村剧院舞台前台下方有两三层黄肠石；原大队办公室东、西、南三面墙基下砌有三层黄肠石；村内公路边武桃芬妇科门诊部门前置1石，共计83块，目前在外露的石面上发现8块有题字。其中的7号人名苏咸，为繁体"苏"字取消"鱼"旁的简写。此列"寇店村小冢出土的黄肠石题铭统计表"以便观览（石砌墙上尺寸不全）。

表四七 寇店村小冢出土的黄肠石题铭统计表

单位：厘米

号	广	厚	长	题 铭	保存地
1	71	35	50	李少石，左育治	村剧院舞台前
2		38	90	李少石，左育治	村剧院舞台前
3	71		90	史从	村委办公室东墙下
4	70		70	左世治	村委办公室东墙下
5	71	47	71	王伯治	村委办公室南墙东头
6	76	36	63	左寅	村委办公室南墙西头
7	71		97	苏咸	村委办公室西墙
8	70	33	90	左渊石，广三尺，厚尺五，长三尺八寸	武桃芬妇科门诊部门前

5. 东干村保存的黄肠石

2007年9月26日，笔者与洛阳市第二文物工作队李继鹏等在东干村调查，本村中街东的朱发旺家门口有一块长方形黄肠石，长103厘米，约合东汉四尺四寸，形体比一般的黄肠石大些。石的两个侧面都有题铭。此列"东干村保存的黄肠石题铭统计表"以便观览。

这块本村唯一的黄肠石，据说是几代老人传下来的，不知从何处拉来，一直放在大门外当坐石。石表面经长期坐摩光滑，几条龟裂纹又显示了多年风化的痕迹。他家前屋的大梁上有墨书题记："大清光绪二十三年九月二十二日立"，是本村最老的房子。第二个"吴"字的"口"部借用"石"字的下部。

表四八 东干村保存的黄肠石题铭统计表

单位：厘米

号	广	厚	长	题 铭	保存地
1	70	46	103	许吴石，吴珏省。第卅四。（宽侧面） 程卟治。（长侧面）	朱发旺家门口

6. 九贤村保存的黄肠石

寇店镇九贤村东原有4个汉冢，位于李家村西北约1公里，现残存其1。1968年"文革"期间，大队平掉3冢扩大耕地，并开掘其1，出了很多玉衣片，被孩子们拿去玩。拆毁地宫，公社将部分黄肠石运到寇店村建舞台用。现有21块散存村内，初步检出6块刻字。有题铭"王伯治"者，寇店村也有，可为搬运之证。近年有人将九贤的2块题铭黄肠石运到洛阳，则刻字石已达8块。此列"九贤村小冢出土黄肠石题铭统计表"以便观览。

表四九　　九贤村小冢出土黄肠石题铭统计表

单位：厘米

号	广	厚	长	题　铭	保存地
1	71	47	71	樊文石，文自治（正面） 樊文石，樊少（背面）	洛阳
2	71	47	63	张次石，左仲治	洛阳
3	70.5	35	57	吕	鑫辉铁箱厂东北墙外水闸口
4	70	35	56	苑伯石	鑫辉铁箱厂东北墙外水闸口
5	71	35	67	王伯治	九贤村二队宫玉臣家门口西
6	71	35	62	左牛治	九贤村二队宫玉臣家门口东
7	60（残）	35	64	左牛治	九贤村宫玉臣家门外西水池
8				……治	九贤村四队旧机井水池上
9	70	35	60	商文石，自治	九贤村四队新机井架下

从上述南兆域帝陵区的六个村庄出土材料看，寇店村和九贤村出土的黄肠石题铭相对简单，多为领工和匠工姓名，偶有石的尺寸，而宁村出土的黄肠石题铭多有石工姓名和石的尺寸。我们知道，东汉一尺约合23.5厘米。那么，这5个村庄出土黄肠石的尺寸多为宽（广）三尺(71厘米)，厚二尺（47厘米）和厚一尺五寸（35厘米），长二尺至四尺，这种尺寸的黄肠石也是邙山汉陵陪葬区最常见的。这六个村子都见有正方形的黄肠石，其长宽相等，也许有特殊用途。

7. 关庄村保存的黄肠石

在东汉故城东南的关庄村北的洛河南岸有一座土冢，曾经中国社会科学院考古研究所洛阳汉魏城队发掘，据说是石砌单室墓，墓中的11块黄肠石至今放置在冢南的河堤下面。这批青石中8块1面斧剁平整，3块2面斧剁平整，余皆是冲錾而成的毛面，而且略大于一般黄肠石的尺寸，大概垒砌地宫时光面朝向墓室，石间填以白灰，石边均残留有宽约五六厘米的白石灰痕迹。此将11块石的长度列于下表（单位：厘米）：

据《三国志·关羽传》记载，东汉建安二十四年（219年），孙权杀害关羽嫁祸于人。"权送羽首于曹公，以诸侯礼葬其尸骸"。当地传说，曹操礼葬其首于洛阳城南，墓葬后来称之为"关冢"。长期守冢的关氏后裔的居住地后来形成村落关庄。这里出土的黄肠石和孟津送庄保存的

| 71×37×73 | 72×37×87 | 72×37×94 | 74×37×78 | 74×36×80 | |
| 70×47×103 | 73×47×73 | 73×47×45 | 73×50×83 | 74×47×44 | 74×47×66 |

"塌冢"出土的一面錾剁平整，余五面錾道粗糙，尺寸也不规范的青石质黄肠石的相似。

第四节　黄肠石题铭的著录

　　清末以来，邙山东汉帝陵区域出土的刻字黄肠石散播各地。黄肠石上常见刻字，隶书工整，结体扁平，笔划挺拔。这种民间石匠书迹，为汉代书法之特殊品类，引起近代金石家的注意。最早收藏与著录黄肠石的是清末官僚端方，将题铭记载于《匋斋藏石记》。于是得识者蒐集，公私保藏。据《鲁迅日记》，他曾于20世纪二三十年代于古董肆购藏黄肠石拓本若干。早期的著录或照抄题铭，或影印拓本。1918年，《广仓古石录》著录黄肠石拓本1件，[1]与前引《居贞草堂汉晋石影》第12号拓本同。晚近如《汉代刻石隶书》，著录已知黄肠石拓本3件，[2]数量很少，不再列表。

一、端方《匋斋藏石记》记录题铭

　　满人端方笃嗜金石书画，依凭权势，海内孤本精拓，宋元明以来名迹，闻风以萃，悉归储藏。丰碑断碣，辇致京邸，庋廊庑几满。古董商由洛阳贩运黄肠石至北京，归其所有。记录于《匋斋藏石记》者4种，另2种存疑。[3]此据所录题铭，列表于下，以便观览。（表中的"号"，即序号的简称。尺寸、录文录自原书，并标出页码。本文所录题铭黄肠石的文字、尺寸主要依据发表资料，为便于统一与理解，石的尺寸亦以广厚长表示。同时据发表的拓本核对题铭，改动个别文字，不再注明。）

表五〇　《匋斋藏石记》记录黄肠石题铭表

单位：厘米

号	尺　寸	录　文	页
1	石高二尺二寸五六分，广一尺而弱	永建五年二月日。董黄石，广三尺，厚尺五，长三尺……	卷一，十四
2	高二尺一寸，广一尺许	□石，广三尺，厚尺五寸，长二尺二寸	卷一，十四
3	石合今营造尺广八寸五分，长三尺三寸五分	阳嘉元年三月日。冷攸，广三尺，厚尺五寸，长四尺五寸，第卅二。程仲	卷一，十五

---

1. 姬佛陀辑：《广仓古石录》，《汉黄肠石题字》，民国七年（1918年）影印，第3页。

2. 唐吟方、夏冰编：《汉代刻石隶书》，知识出版社，1992年，第21、66、121页。

3. 端方：《匋斋藏石记》，（清）宣统元年（1909年）刊行，卷一第14、15、16页；卷二第6页。

4	石已断缺，现存长一尺九寸四分，广一尺四寸八分	伯禹石，广三尺，厚二尺，长三尺三寸。第□。阳嘉元年十一月省	卷一，十六
5	残石高四寸四分，宽一尺三寸二分	第九百，建宁五……	卷二，六
6	残石纵四寸许，横约七寸	第百廿。建宁……	卷二，六

二、北京图书馆藏黄肠石拓本

《北京图书馆藏中国历代石刻拓本汇编》著录35种，[1]个别未拓到石边，个别字厘定未当。此列表将题铭移录于下，所示尺寸系拓本长宽。（序号双列，下列为开封市博物馆藏黄肠石序号，参见"开封市博物馆藏黄肠石题铭表"；或居贞草堂藏黄肠石序号，参见"《居贞草堂汉晋石影》著录黄肠石题铭表"。就拓本而言，北京图书馆与开封市博物馆相重复者23种；北京图书馆与《居贞草堂汉晋石影》重复7种，在"北京图书馆藏黄肠石拓本题铭表"的序号栏中予以标明。）

检中国国家图书馆网站《中文拓片资源库》（http://202.106.125.11:9080/ros/servlet/

表五一　北京图书馆藏黄肠石拓本题铭表 1

单位：厘米

	广	厚	录　文	页
1 汴 4	70	35	左一石，广三尺，厚尺五寸，长二尺八寸，第七一。永建二年六月省	55
2 汴 5	70	35	左达石，广三尺，厚尺五寸，长二尺四寸，第卌二。永建二年六月日省	56
3 汴 2	70	47	叔原举石，广三尺，厚二尺，长二尺八寸，第二。永建二年六月省	57
4 汴 3	70	47	樊仲石，广三尺，厚二尺，长二尺九寸，第三。永建二年六月省	58
5 汴 1	70	47	牛羌石，广三尺，厚二尺，长二尺七寸，第十三。永建三年四月省	59
6 汴 18	70	35	左孟石，广三尺，厚尺五寸，长二尺六寸，第卅八。永建三年四月省	60
7 汴 17	70	35	石仲石，广三尺，厚尺五寸，长三尺三寸，第卅。永建三年四月省	61
8 居 2	70	35	李名日石，广三尺，厚尺五寸，长二尺八寸。第廿一。永建三年四月省	62
9 汴 13	70	35	李节石，广三尺，厚尺五寸，长二尺九寸，第廿四。永建三年四月省	63

1. 北京图书馆金石组编：《北京图书馆藏中国历代石刻拓本汇编》，第一册，中州古籍出版社，1989 年。

号	广	厚	录　文	页
10 汴 9	70	34	吕值石，广三尺，厚尺五寸，长二尺六寸，第九。永建三年四月省	64
11 汴 8	70	47	索大石，广三尺，厚二尺，长二尺□寸，第四。永建三年四月省	65
12 汴 7	70	46	索市石，广三尺，厚二尺，长三尺二寸，第二。永建三年四月省	66
13 汴 14	70	35	索叔石，广三尺，厚尺五寸，长二尺四寸，第廿五。永建三年四月省	67
14 汴 16	70	46	索孙石，广三尺，厚二尺，长二尺七寸，第廿一。永建三年四月省	68
15 汴 12	70	35	郝叔石，广三尺，厚尺五寸，长二尺九寸，第十六。永建三年四月省	69
16 汴 10	70	35	商孟石，广三尺，厚尺五寸，长二尺七寸，第十一。永建三年四月省	70
17	70	30	许伯石，广三尺，厚尺五寸，长二尺七寸，第五十八。永建三年四月省	71
18 汴 15	70	35	郭知石，广三尺，厚尺五寸，长二尺，第廿六。永建三年四月省	72
19	70	27	费孙石，广三尺，厚尺五寸，长二尺三寸，第十一。永建三年四月省	73
20 汴 20	70	35	苏利石，广三尺，厚尺五寸，长二尺九寸，第七十三。永建三年四月省	74
21 汴 6	70	36	尹仲石，广三尺，厚尺五寸，长二尺九寸，第廿八。永建三年十二月省	75
22 汴 23	70	36	左次石，广三尺，厚尺五寸，长二尺二寸，第十二。永建三年十二月省	76
23 汴 24	70	35	左开石，广三尺，厚二尺，长二尺八寸，第十二。永建三年十二月省	77
24 居 6	70	36	罗由石，广三尺，厚尺五寸，长二尺五寸，第廿六。永建四年十月省	79
25 居 5	70	36	路伯石，广三尺，厚尺五寸，长三尺，第八。永建四年二月省	80
26	66	32	永建五年七月日。董君石，广三尺，厚尺五，长三尺	82
27 居 7	71	35	韩廉石，广三尺，厚尺五寸，长二尺□，第六。永建五年月省	83
28 居 10	60 残	40 残	禹伯石，广三尺，厚二尺，长三尺三寸，第。阳嘉元年十一月省	84
29 汴 26	72	35	泠仲石，广三尺，厚尺五寸，长三尺二寸，第七十九。阳嘉元年十一月省	85

30 汴28	71	35	毕巨石，广三尺，厚尺五寸，长二尺五寸，第十。元嘉二年月省	102
31 居11	56	28	六百二，广三尺，厚尺五寸，长二尺五寸五囗。建宁五年三月十四日更，黄肠掾 王条主	148
32 汴29	71	36	工王届治	190
33	38	21	官石。左渊治	191
34	23	20	张房治，左孙石（纵刻二行）	198
35 居9	61	21	樊阳石，广三尺，厚尺五寸，长三尺二寸，第十囗	200

msearch?pos=−1&clause=&pagec=&fld=D01&vlu=%E9%BB%83%E8%85%B8%E7%9F%B3），2006
年5月公布了53件黄肠石题铭目录与拓片，经核对，第18、19号相同，29、30号相同，重复2件，

表五二　北京图书馆藏黄肠石拓本题铭表2

单位：厘米

号	广	厚	录　文
42	64	35	苏利左少治
43	31	19	左山治
45	29	19	卫女治
50	40	21	左孙石，张房治（纵刻一行）

实公布51种（当年6月，取消了41、42和49号）。这51种中，拓本或题铭未见于著录者4种：

后3种拓片未拓到石边。其中44号为开封市博物馆藏黄肠石20号苏利石之侧面，其中的42号苏
利石，为繁体"苏"字取消"鱼"旁的简写。2种"左孙石"，"孙"字简写。

三、洛阳民俗博物馆藏黄肠石拓本

洛阳民俗博物馆藏新中国成立前洛阳郭玉堂为张钫收集的黄肠石拓本7种，以字为主，均未拓
到石边。其中3种与北图第17、33、34号拓本同，此不收录。下表列出4种拓本的文字与尺寸，以
便观览。北图藏拓本34号题铭曰："张房治，左孙石"，系纵刻二行，与下表3号同文不同石。

1、2、3号与中国国家图书馆网站《中文拓片资源库》的43、45、50号拓本同，见上表。此列
"洛阳民俗博物馆藏黄肠石拓本题铭表"以便观览。

表五三 洛阳民俗博物馆藏黄肠石拓本题铭表

单位：厘米

号	广	厚	录 文	来 源
1	28	14	左山治	原郭玉堂藏拓
2	33	19	卫女治	原郭玉堂藏拓
3	31	12	左孙石，张房治（纵刻一行）	原郭玉堂藏拓
4	68	23	费孙石，广三尺，厚尺五寸，长二尺三寸，第十一。永建三年四月省	原郭玉堂藏拓

四、《翰墨石影》著录的黄肠石拓本

河南文史馆收藏清代民国以来拓本7000余件，选其具有代表性的墨本著录于《翰墨石影》，

表五四 《翰墨石影》著录黄肠石拓本题铭表

单位：厘米

号	广	厚	录 文	页
1	71	27	□□石，广三尺，厚二尺，长三尺，第。永建二年六月省	4
2	71	47	费孙石，广三尺，厚二尺，长二尺七寸，第十九。永建三年四月省	5
3			许伯石，广三尺，厚尺五寸，长二尺七寸，第卅。阳嘉元年九月省	6
4	71	35	苏丙石，广三尺，厚尺五寸，长二尺六寸。第十六。……省	8

线装本两函八册。其中收录黄肠石拓本4件。此列"《翰墨石影》著录黄肠石拓本题铭表"以便观览。

核对拓本后知上表2、3、4号即前述西安碑林藏黄肠石2、3、4号；《翰墨石影》著录拓本保存状况较好，2号的左上角未残，4号的文字相对完好，仅个别释文不够准确；1号未见于著录，宽度未拓到边。1、2、4号据原《存目》卷一载，"石存河南博物馆"，为当时不准确的记录，3号的基本情况漏载。[1]

五、《汉碑全集》著录的黄肠石拓本

新出《汉碑全集》第二卷以《洛阳黄肠石》[2]为题，选取河南省新乡市博物馆藏有代表性的黄肠石拓本8种缩小影印，不标明拓本尺寸、石藏何处，录文附于拓本之侧，有一些明显错误。经核

---

1. 李河源主编：《翰墨石影》卷一，扬州广陵古籍刻印社，2003年，第4、5、6、8页；释文第2、3页。

2. 徐玉立主编：《汉碑全集》，河南美术出版社，2006年，第645页。

表五五　《汉碑全集》著录黄肠石拓本题铭表

单位：厘米

号	本文题铭表号	录　文	页
1	居贞草堂 3	索石广三尺厚尺五寸长二尺五寸二第十一永建三年四月省	646
2	汴博 20	苏伯石广三尺厚尺五寸长二尺九寸第二十三永建三年四月省	647
3	汴博 8	索大石广三尺厚二尺长二尺□寸第四永建三年四月省	648
4	汴博 12	郝□石广三尺厚尺五寸长二尺九寸第十七永建三年四月省	649
5	汴博 1	中著石广三尺厚二尺长二尺九寸第十五永建三年四月省	650
6	居贞草堂 5	路伯石广三尺厚尺五寸长二尺第八永建四年二月省	651
7	汴博 26	□仲石广三尺厚□□□□□□□第□□阳嘉元年四月省	652
8	汴博 27	王师石广二尺厚尺五寸长二尺七寸第十五元嘉二年二月省	653

对，均见于著录，其中6种为开封市博物馆藏石拓片，2种为周进居贞草堂藏石拓片，石藏故宫博物院。此列"《汉碑全集》著录的黄肠石拓本题铭表"抄其录文，附以本文所列题铭表与相关石号，以便观览审定。

六、洛阳私家收藏的黄肠石拓本

流传于世的黄肠石或有拓本或散存于民间。有的未拓到边，有的石已残，故拓本尺寸与原石不符。此列"洛阳私人收藏黄肠石拓本题铭表"以便观览。

石近年流散外地，拓本已在网上公布。

表五六　洛阳私人收藏黄肠石拓本题铭表

单位：厘米

号	广	厚	长	录　文	收藏者
1		35	32（残）	……寸，长二尺三寸。第廿三……省	王木铎

第五节　黄肠石题铭研究（上）

邙山汉陵茔域出土的黄肠石颇受金石学者罗振玉、王国维关注。1915年，罗氏访古洛阳后云："予尝闻洛贾某言，曾入汉某陵中，实已先被发。且闻他陵亦然，故宝物已尽，但存残石耳。问何以知其已发？曰：盗掘者自圹之，此方穴之既入，必见他方已先有穴，是其证也。"[1]所谓"残石"，即黄肠石。他据搜集的59种拓本考证之："古石刻，邙墓间物为多，著录家往往不知为何物。如汉陵中黄肠石，其一也。此石始著录于《匋斋藏石记》，漫称永建五年墓石题字、冷

---

1. 罗振玉：《雪堂类稿》，丙《金石跋尾》，《黄肠石拓本跋》，第 349 页。

攸石题字、禹伯石题字、建宁残石，凡四品。予据《周礼·夏官·方相氏》郑注，及《水经·济水》篇注，始定为黄肠石。洛中先后所出甚多，开封图书馆所藏多至三十石。闻洛估言，各处所见尚不少，以重大难运，且数见不得善价，大半弃置。岂知于此可考见古帝王陵中制度，所关固非细耶！"[1]并在《蒿里余载》中著目46种。[2]

王国维云："余曩见浭阳端氏藏一石，上刻三十三字，曰'第九百二十五，广三尺，厚尺五寸，长三尺九寸二分。熹平元年十月更黄肠掾王条主。'案此种墓石古代已有出土者。《水经·济水注》，'汉灵帝建宁四年，于敖城西北，叠石为门，以遏渠口（浚仪渠），谓之石门。石铭曰：建宁四年十一月黄肠石也，而主吏姓名磨灭不可复识'云云。实则郦氏所见石门乃后世发汉建宁旧墓石为之，郦氏误以治石之年为作门之年，不悟水门之铭不得称黄肠石也。然则黄肠本用木，后代以石。端氏藏石所谓'更黄肠者'，更者代也。"[3]

近代考古学者、北京大学马衡收集洛阳汉魏石经的同时，还对东汉帝王陵墓出土的黄肠石等文物、墓葬作考古学调查："一九二三年夏，洛阳某村发见此类之石无虑数百方，多为永建年号。其广长厚之尺寸，度以建初尺，一如其所纪者。此类之建筑，费工多而历时久，数量又若是之多，颇疑为汉帝之陵墓。此纪永建年号，当为顺帝之宪陵。《匋斋藏石记》所著录者，亦为顺帝年号，或亦自此村出土者也。"[4]当年，北京大学考古学研究室购入"黄肠石七块"，"洛阳最近出土。时代：汉顺帝永建二、三年"。[5]大概经马氏之手而得，题铭是否见于著录，目前尚不清楚。马衡以黄肠石题铭为"建筑品附刻之文"，是对的。有人主张是"附刻于建筑物上的文字""墓室黄肠石上的刻字"，说法不够准确，因为这些文字不是建筑竣工后的刻字。而是制作建筑材料时于其上的刻字，犹如窑场制砖瓦时，于其上刻辞或戳印。

1925年8月，河南图书馆馆长何日章将馆藏30块黄肠石由洛阳运抵开封，将拓本寄予罗振玉，嘱为考订，罗氏报以《汉黄肠石拓本跋》，刊于何编《河南图书馆藏石跋》。[6]罗氏亦将跋收入《松翁近稿》："汉石刻三十，中有二石，但纪石工名，其他二十八石，则均详纪年月尺寸与人名及石之次第，近年出洛阳。先是，光绪中叶，曾出数石，归浭阳端忠敏公方，载之《匋斋藏石记》，顾不能定为何物，题为'永建五年墓石题字''冷攸石题字''禹伯石题字''建宁残石'者是也。公别有建宁五年一石，于年月、尺寸、人名外，更有'黄肠掾王条主'等字，予考字为古陵墓中之黄肠石。《周礼·夏官·方相氏》郑注，'天子之椁柏，黄肠为里，而表以石焉'，是黄肠里以木，而表以石。《水经·济水篇》注称，'汉灵帝建宁四年，于敖城西北，

1. 罗振玉：《雪堂类稿》，甲《笔记汇刊》，《石交录·予考知黄肠石》，第169页。

2. 罗振玉：《雪堂类稿》，戊《长物簿录》，《金石文字目·蒿里余载·121. 黄肠石》，第369页。

3. 王国维：《南越黄肠木刻字跋》，《王国维遗书》卷一八，上海古籍出版社1983年据商务印书馆1940年版影印，第三册，第24页。

4. 马衡：《凡将斋金石丛稿》卷二，《中国金石学概要下》，《一切建筑品附刻之文·墓门、黄肠》，第99页。

5. 《国立北京大学研究所国学门重要纪事》，C.考古学研究室，《国学季刊》第一卷第三号，民国十二年（1923年），第550页。

6. 何日章编《河南图书馆藏石跋·叙》，河南官印刷局印，民国乙丑年 (1925年)。

叠石为门，以遏渠口，谓之石门。石铭曰：建宁四年十一月黄场石也，而主吏姓名，磨灭不可复识'云云，黄场殆黄肠之讹，此石门，殆后世偶取建宁四年所作黄肠石修之，郦氏遂误据石文，谓石门为建宁中所造，然黄肠石之名，正赖郦氏所记，及匋斋藏石，而始知之也。至于黄肠石之形制，前籍无征，据此二十七石中所记尺寸，则广皆三尺，厚则尺五寸者，十有九；二尺者，六尺三寸及三尺者各一；长则自二尺二寸至三尺八寸不等；殆广有定而长无定也。验以建初尺，与石上所记尺寸正符，是石文所记，不但可考黄肠形制，且可验汉度矣。其所记人名，如曰郭知石，曰索孙石，曰郝叔石，殆记治石者姓名；其次第，有第二、第三，其数最多者，有第七十、七十三、七十五；其所记年月，永建二三年者，二十有六，记元嘉者二，记阳嘉者一，殆非出自一陵中矣。年月之下，皆有省字，殆由官吏省定，汉铜器题识，亦多有之，知石工治石，必由主吏考其工矣。此石今藏开封图书馆。往岁游汴，闻省中长吏购此石，以重不易致，需费甚多而置之，予深以为惜。商城何君日章，适主图书馆事，乃慨然任运输之费，逾年乃得由洛运至省垣。何君任事之勇，亦今人之所难矣。何君曩寄墨本至，属为考订，今既逾数月，乃书此寄之。乙丑闰四月。

建德周氏藏一残石，石工姓名及年月尺寸均残损，惟'更黄肠史袁庚主'七字独完。匋斋旧藏建宁五年三月，有'更黄肠掾王条主'一石，今亦归周氏。此二石，黄肠上均冠以更字，疑石损，更易，而命掾史主其事也。五月又记。"[1] "袁庚"宜厘定为"袁康"。

《北京大学图书馆藏金石拓片草目》著录洛阳出土黄肠石的拓本目录60种，其中注明石藏开封图书馆、河南博物馆者30余石，归周进者13石。另外列出伪刻3种，[2]品类较多。

罗振玉曾数次汇总、简列黄肠石拓本目录，一次为12种，[3]一次为46种，[4]一次为32种，[5]合计总数可观。

统计本文所述，白马寺现存题铭扇形黄肠石55块。现存北兆域帝陵区出土题铭黄肠石87块，南兆域帝陵区出土题铭黄肠石44块，合计186块。

作为建筑材料，黄肠石面不磨光，刻字笔划或与契凿錾剁形成的錾道斑痕平行交叉混淆，有些字不易精确辨识，颇难认定。如河南图书馆与北京图书馆，两家发表的同一资料，题铭隶定不尽相同，但于解释文意无大妨碍。据以往罗振玉、王国维、马衡等学者的研究，题铭释读、含义问题基本解决。此作进一步分析。

一、题铭程式分类

1. 罗振玉：《雪堂类稿》，丙《金石跋尾》，《汉黄肠石拓本跋》，第350、351页。
2. 孙贯文：《北京大学图书馆藏金石拓片草目》（一），《考古学辑刊》7，第234—237页。
3. 罗振玉：《雪堂类稿》，戊《长物簿录》，《蒿里余载目录》，《蒿里遗文六·黄肠木石》，第352页。
4. 罗振玉：《雪堂类稿》，戊《长物簿录》，《蒿里遗文目录补遗》，《蒿里余载·黄肠石》，第369页。
5. 罗振玉：《雪堂类稿》，戊《长物簿录》，《蒿里遗文目录续编》，《蒿里余载·汉》，第390页。

题铭是批量生产的黄肠石经有司验收的文字凭据。黄肠石题铭简单且程式化，少者数字，20余字者常见，30余字者罕见。由简至繁，细分约三类12型：

1. 以工人名为核心

(1)石工姓名或增加制作动词、表示身份的定语等，如"王""左""李""王伯""左寅""冯夏治""工王屈治""工房睹治"，多见于扇形石。

(2)石工与石的性质，如"官石。左渊治"。

(3)工头与工人名，如"张次石，左仲治""李少石，左育治"。

(4)石工与尺寸，如"郭公石，丈七""左渊石，广三尺，厚尺五，长三尺八寸"。

(5)石工、尺寸与序号，如"刘仲石，长三尺二寸，广四尺，厚尺五寸，第卅五"。

2. 人名与年号并列

(6)石工、年月与验记，如"张仲石，左孟治。光和六年四月二十日""朱白同石，自治。五年二月省"。

(7)石工、尺寸、序号与年号年月，如"永建六年月日。左尹石，广三尺，厚尺五寸，长四尺。第百五"。

(8)工头、石工、尺寸、序号与年号年月，如"阳嘉元年三月日。泠攸，广三尺，厚尺五寸，长四尺五寸，第卅二。程仲"。

(9)石工、尺寸、序号、年号年月与验记，如"李伯石，广三尺，厚尺五，长三尺四寸，第一。永建二年四月省"。

3. 完整的题铭格式

(10)尺寸、序号、年号年月、验记与衙署主管，如"熹平六年二月省，掾邵慎主。第千一百卅。广三尺，厚尺五寸，长三尺三寸"。

(11)石工、尺寸、序号、年号年月、验记与衙署主管，如"索。第百五十一。广三尺，厚二尺，长尺六寸。建宁五年二月省，掾陈宫主"。

(12)工头、石工、尺寸、序号、年号年月、验记与衙署主管，如"胡。官工樊东。第六册六，广三尺，厚尺五寸，长二尺□寸。熹平二年□月省，掾陈宫主。"

二、题铭内容和意义

1. 石工姓名

主要是治石工人的姓名。分两个层次，一是工人名，题铭开首的人名多是。最明显的如"官工樊东""工王屈治""工房睹治"。"官工"即官府的工匠，"工"是"官工"的省称。二是不脱产的工头名与工人名，如孟津送庄同一座汉墓出土有："却文石，左仲治""却文石，宋巨治""左子石，左卩治""左子石，容卩治"，其中却文、左子为工头。"苏利石"侧面题铭"苏利左少治"，相当于"苏利石，左少治"。又如"朱白同石，自治""樊文石，文自治"，也说明朱、樊是不脱产的工头。工头自己制石，还要负责归自己管理的若干工人凿制产品的数量与质量。"富开治，富开"，文义相当于"樊文石，文自治"。所谓"官石"即官府生产管理的石头。"物勒工名"是产品质量责任到人的生产制度。

"治"字习见于黄肠石题铭，均是人名后的动词，意为制作。光武帝建武三十二年封禅泰山，"马第伯自云，某等七十人先之山虞，观祭山坛及故明堂宫郎官等郊肆处。入其幕府，观治石"。[1]可知汉代加工制作专用石材谓治石。

2. 规格尺寸

为建造地下宫室定制的黄肠石的规格尺寸是有规律的，即前引罗振玉跋文所谓"殆广有定而长无定也"。题铭的"广"度均为三尺，确定了地宫墙的宽度。题铭"厚"是垒砌上墙的高度，多为"一尺五寸"，尺前的"一"、五后的"寸"或省略不写。厚"二尺"的少些。用相同厚度的石料，方便施工。石不宜太厚，厚则沉重，不便搬运举高。石的"长"度比较自由，在二尺几寸至四尺几寸之间。题铭所见一般丈量到寸，个别石长精确至分（《居贞草堂》藏11、12号石）。长度不一致既能充分利用大小坯材，灵活确定尺度，又能错缝垒砌，叠压牢固。

洛阳古代艺术馆藏石题铭"郭公石，丈七"，所记可能为其凿治广、厚确定的数块黄肠石的总长度。洛阳理工学院藏扇形黄肠石题铭："丈七尺次。丈七尺次。廿一。"前两句是重复刻写。"次"是顺序，次序。一丈七尺的长度是排列若干石块的总长度。东汉一尺长约23.5厘米，依照其垒砌后的长度计算，设"廿一"是这批石的总数。21块石总长"丈七尺"，合399.5厘米，则平均每石厚19厘米。参考白马寺清凉台天桥所用扇形石一般长47、上宽40、下宽30、厚18～22厘米左右，也是合理的。洛阳市第二文物工作队藏扇形黄肠石题铭："二丈二尺"，其理论总长度为排列24块厚21.54厘米石之和，约合517厘米。这两个扇形石的总长度也许是某种地宫的某个堂室的长度。参考洛阳师范学院图书馆藏5块与扇形石同样大小的东汉扇形砖，于其小头一端均捺长方形小印戳"二丈一"，寓意相同。

2003年5月至2004年1月，河南省文物考古研究所为了配合济（源）—洛（阳）高速公路建设，对洛阳邙山陵墓群朱家仓西北汉墓群进行考古发掘工作。发掘汉墓10座，其中有7座墓葬有大型封土，另外3座无封土。一般墓葬结构为：土坑竖穴砖室墓，由墓道、甬道、回廊、前室、主室、侧室六部分组成。该墓葬均多次被盗。建墓材砖及砖上印章：一般墓砖分为2种，一种为条形砖，长48、宽24、厚12厘米，制作规整，在背面有粗细席纹及方格印纹等，主要用于墓内铺地平和砌墙，在部分条形砖的一头和侧面有印章，印章有2、3和6字，能识出的有："北张卿""北谷园"和"北阑"，在条形砖上还有朱书"丈四二寸"等文字；另一种为扇形砖，长47、大头宽38、小头宽28、厚12厘米，制作规整，质量较高，主要用于各墓门和各墓室的顶部券砖，在M1前室顶部还保留了部分原券结构，在部分券砖的两头也发现有印章，印章字体分为阴、阳两种，印章内容为："三丈""二丈六""二丈五""二丈一""二尺二"等文字。[2]可供参考。这批墓葬位于邙山东汉帝陵东北，是帝陵的陪葬墓群。据说出土有黄肠石。

本文所列有题铭的黄肠石中，有3块石的尺寸无规律，显得十分特殊：开封市博物馆藏"东南角"石，洛阳古代艺术馆藏"郭公石"，孟津后沟的"左卩治"石，大概为预制构件，用于指

---

1. 《后汉书》志第七，《祭祀上》，第3167页。

2. 郭培育、王利彬：《洛阳朱家仓汉墓群考古取得重要收获》，《中国文物报》2004年7月21日。

定的地方。有3块最短：偃师商城博物馆的"傅文石"长45厘米，寇店村的"李少石"长50厘米，开封市博物馆的"左次石"长52厘米，自题"长二尺二寸"。长石较少，多不足1米，为94、95、96、97厘米，约合东汉四尺。最长的一块是东干村的"程卩治"石，长103厘米，合四尺四寸。

成品验收合格，题刻实际尺寸，便于使用。

3. 年号与帝陵

石上所刻年号年月为成品的验收日期。东汉11帝，目前所见仅有3位皇帝的年号，年月有：

顺帝永建二年四月、二年六月、三年四月、三年十二月、四年二月、四年十月、五年二月、五年七月、六年等。阳嘉元年三月、元年九月、元年十一月等。期间先后相隔5年多。

桓帝元嘉二年四月，永兴二年十月廿四日。期间相隔2年多。

灵帝建宁五年二月、五年三月十四日。熹平元年十月廿九日、二年□月、六年二月。光和六年四月二十日等。期间先后相隔11年。

顺帝、桓帝在东汉中期，灵帝在东汉晚期。洛阳民俗博物馆藏光和六年（183年）黄肠石是近年新出年代最晚的产品。上述早晚年号的绝对年代相差不足60年，年号种类也比较少。石上年号，将来可能有新的发现。东汉晚期，献帝少年即位，为董卓所控，迁都长安，焚毁洛阳，黄肠石的生产大概废止了。

为数不少的黄肠石题铭比较简单，不刻年号，是否东汉早期题铭特征，有待证实。

罗振玉谓："石上纪'永建'、'阳嘉'者乃顺帝宪陵物；纪'元嘉'者桓帝宣陵物；纪'建宁'、'熹平'者灵帝文陵物也，"[1]马衡亦如是说，是早年的认识。以石上的年号确定墓葬为使用本年号皇帝之陵墓，有此可能而非惟一根据。要综合考察墓葬的历史记载、方位地域、规模形制、随葬器物等才能确定。因为皇帝在位时间长，生产同年号的黄肠石数量多，备足帝陵所用，其余即可附用于皇后陵或其他陪葬墓冢。如邙山帝陵陵区内已发掘的孟津送庄汉墓，其位置、形制均不能与已经确定为帝陵的山陵大冢相比拟，出土的铜缕玉衣规格明显低于皇帝所用金缕玉衣，故不能仅依靠石上"元嘉""永兴"年号来确定此墓是桓帝刘志的山陵。文献记载桓帝宣陵在汉洛阳城之东南，[2]今偃师市境内万安山北坡，并不在邙山。换言之，黄肠石专用于营造陵墓，但某一年号之石并不专用于某一座地宫。如题铭"永建"年号黄肠石，南北兆域都有出土，有二、三、四、五、六年的；灵帝朝至少生产了11年的黄肠石。累积若干年的产量很大，可以为皇帝和受朝廷赐葬者营造多座地宫。使用黄肠石说明墓葬规格高级，墓主身份高贵。纪年可以确定墓主所葬的时日必然晚于题铭之年月，有助于判断墓葬年代的上限，这是年号的重要作用之一。

《晋书·索綝传》载："汉天子即位一年而为陵，天下贡赋三分之，一供宗庙，一供宾客，一充山陵。"[3]顺帝即位一年后所治的"永建二年"黄肠石，可为此说之证。右扶风郡守王堂，"永

---

1. 罗振玉：《雪堂类稿》，丙《金石跋尾》，《黄肠石拓本跋》，第349页。

2. 《后汉书》志第六，《礼仪下》："桓帝宣陵，《帝王世纪》曰：'山方三百步，高十二丈。在雒阳东南，去雒阳三十里。'"第3149、3150页。

3. 《晋书》卷六〇《索靖传附子綝传》，中华书局，1974年，第1651页。

建二年，征入为将作大匠。四年，坐公事左转议郎"，[1]则此公先后3年，主理陵事，生产储备黄肠石是职责之一。

洛阳市第二文物工作队藏黄肠石题铭："陈孟石，自治。五年二月省。"洛阳古代艺术馆藏黄肠石残石题铭曰："朱白同石，自治。五年二月省""二尺。七年三月省"，将年号省略了，批量生产物勒工名或省略年号，无碍于当时验收。目前此类无年号而有年份的石数量较少。就已知黄肠石题铭年号而言，永建、延熹、熹平、光和，皆有七年，颁用五年的年号更多。故具年份而无年号之石，为何时期之特点，可归属于何帝，尚待研究。

4. 衙署与官员

《后汉书》说魏霸于"永元十六年，征拜将作大匠。明年，和帝崩，典作顺陵。时盛冬地冻，中使督促，数罚县吏以厉霸，霸抚循而已，初不切责，而反劳之曰：'令诸卿被辱，大匠过也。'吏皆怀恩，力作倍功"。[2]则一如《后汉书·百官志》所言，中央衙署将作大匠为监修皇帝陵园的专门机构。而黄肠石的开采与凿治，由官员管理，工徒承担。《后汉书·百官志》云："将作大匠一人，二千石"。本注曰：承秦，曰将作少府，景帝改为将作大匠。掌修作宗庙、路寝、宫室、陵园木土之功，并树桐梓之类列于道侧。"丞一人，六百石。左校令一人，六百石"。本注曰：掌左工徒。丞一人。"右校令一人，六百石"。本注曰：掌右工徒。丞一人。[3]概述机构的各级官员构成与职责。北图藏拓题铭云，"官石。左渊治"，意为官府的黄肠石，工人左渊制作。可能管理监造黄肠石是将作大匠职责之一。

孟津刘家井村大冢出土1号石题铭："建宁五年（172年）二月省，掾陈宫主"；居贞草堂藏13号石题铭："熹平二年（173年）□月省，掾陈宫主。""省"，意为省视审察，是官府检查验收的标记性文字，一般置于题铭的年月之后。"掾"即"黄肠掾"的简称。"主"，典领，主守其事。《文选》卷七，扬雄《甘泉赋》："伏钩陈使当兵"，李善注引郑玄《礼记注》曰："当，主也。主，谓典领也。"[4]四川郫县出土东汉《王孝渊碑》云："永建三年六月始旬丁未，造此石碑，羊吉万岁，子孙官贵。工张伯严主。"[5]即由张伯严主理其事。东汉摩崖《石门颂》（桓帝建和二年，148年）云："五官掾南郑赵邵字季南，属褒中晁汉强字产伯，书佐西成王戒字文宝主。"[6]即赵邵嘱托晁汉强、王戒二人主管镌刻摩崖文字之事。合观二石题铭知，黄肠掾陈宫至少于此两年间在治石工场主持黄肠石生产与验收。刘家井村大冢出土2号石题铭："熹平六年二月省，掾邵慎主"，书写格式与之相同。

居贞草堂11号石（北图拓本31号）题铭云："建宁五年三月十四日更，黄肠掾王条主。"居贞草堂12号石题铭云："熹平元年十月廿九日更，黄肠掾王条主。"所谓"更，言主领更卒，部其役

---

1. 《后汉书》卷三一《王堂传》，第1105页。

2. 《后汉书》卷第二五《魏霸传》，第886页。

3. 《后汉书》志第二七《百官志四·将作大匠》，第3610页。

4. （梁）萧统选，（唐）李善注：《文选》卷七，中华书局，1977年，第111页。

5. 谢雁翔：《四川郫县犀浦出土的东汉残碑》，《文物》1974年4期，68页。

6. 高文：《汉碑集释》，河南大学出版社，1985年，第89页。

使也"。[1]较前引罗振玉的更易坏石说、王国维的以石代木说为长。建宁五年五月改元熹平，两个年号在同一年里，二石制作时间相隔七个半月，可知期间黄肠掾王条与陈宫同时分别主管验收石头事。与黄肠掾类似的低秩官员有"铸钱掾"[2]"兵马掾"[3]等，职责明确。

居贞草堂15号石题铭云："……日更，黄肠史袁康主"。《后汉书·百官志》云：太尉属官"长史一人，千石"。本注曰：署诸曹事。"掾史属二十四人"。本注曰："《汉旧注》东西曹掾比四百石，余掾比三百石，属比二百石，故曰公府掾，比古元士三命者也。"李贤注："《汉书音义》曰：'正曰掾，副曰属。'"[4]同在官府，黄肠掾之秩级在将作大匠之属员丞、左、右校之下。史的秩级在掾之下，"史谓府吏也"。[5]东干村保存的黄肠石题铭"许吴石，吴珏省。第卅四"，吴珏也是掾、史秩级的官员。

洛阳理工学院藏扇形黄肠石题铭云："左公石。东宫市工苏甫史。"东宫，太子所居之宫。市工即寺工，江陵张家山汉简《二年律令》有"寺工"，秩六百石，为朝廷衙署。可见寺工是东宫管辖的主营制造业的官府。太子参与为父皇预修山陵，以表忠孝。苏甫史为寺工生产扇形石的主管。

题铭显示，建造陵墓地下宫殿的扁方形石块叫做"黄肠"。现场管理机构拥有一定数量的不同品秩官员，陈宫、王条、邵慎、袁康、来□等为建陵衙署的掾、史级低秩官员，直接领导黄肠石的生产。甚至东宫市工也参与其事。

前引罗振玉跋文说汉铜器题识多有省字，"殆由官吏省定"。检《汉金文录》知，两汉时期官府所造铜器题识格式相对统一，各级官吏名之后多有"主""省"字，为执掌事务验器考工官员的专用词。如西汉《永始乘舆鼎》铭文曰："乘舆十涷铜鼎，容一斗，并重十斤四两。永始二年，考工工林造，护臣博，守佐臣褒，啬夫臣康，掾臣□主，守右丞臣闳，守令臣立省。第一。"《永始三年乘舆鼎》铭文曰："乘舆十涷铜鼎，容二斗，并重十八斤。永始三年，考工工蒲造，佐臣立，守啬夫臣彭，掾臣□主，守右丞臣光，令臣禁省。第二百八十。"《五凤熨斗》铭文曰："五凤元年四月，考工贤友，缮作府啬夫赵良、平阳付。守长吴安光主，左丞万福并省。重三斤十二两。第二。"[6]铭文的器名、容量重量、年号序号等与黄肠石题铭的格式雷同。由此可见虽然工场不同，产品不同，但同是官府作器，题铭格式相同。

5. 序号与产量

目前所知序号最小为"第一"（洛阳古代艺术馆藏黄肠石题铭），最大为"第千一百卅"

---

1. 《汉书》卷一九上《百官公卿表第七上》："十二左更，十三中更，十四右更"，颜师古注。中华书局，1962年，第739页。

2. 《后汉书》卷四一《第五伦传》："时长安铸钱多奸巧，乃署伦为督铸钱掾，领长安市。"第1396页。

3. 《后汉书》卷七二《董卓传》：董卓"为州兵马掾，常徼守塞下。"第2319页。

4. 《后汉书》卷二四《百官志一》，第3557、3558页。

5. 《后汉书》卷五四《杨震传》："震部掾高舒召大匠令史考校之。"李贤注。第1766页。

6. 容庚撰集：《秦汉金文录》，民国二十年（1921年）印于北平。《汉金文录》卷一，第4页、第5页，《汉金文录》卷四，第9页。

（孟津刘家井村大冢出土黄肠石题铭）。为石制品的生产序数，有司检阅产量的依据，显示在确定的工期中完成预定的工作量，验收合格，刻于尺寸之后。

下表的费孙石、索大石是否各由同一座墓葬所出，已不得而知。由序号和年号知，一个人于某时段内的产品必有连续的序号。也就是说，有司于1个月中至少验收了费孙制作的18块黄肠石、索大制作的14块黄肠石。即产量可能按月计数，逐一检收，刻石为记。而每位石工的实际月产量，目前还难以确知。

北图 19	费孙石，广三尺，厚尺五寸，长二尺三寸，第二。永建三年四月省
民俗 4	费孙石，广三尺，厚尺五寸，长二尺三寸，第十一。永建三年四月省
碑林 2	费孙石，广三尺，厚二尺，长二尺七寸，第十九。永建三年四月省
汴博 8	索大石，广三尺，厚二尺，长二尺□寸，第四。永建三年四月省
居贞堂 3	索大石，广三尺，厚尺五寸，长二尺四寸，第十七。永建三年四月省

由下表题铭可见，罗由于某月至少治石13块，于某月至少治石26块。石仲于某月至少治石15块，于某月治石30块，也许还不是最高月产量。左开于某月至少治石9块，于某月至少治石14块。

汴博 22	罗由石，广三尺，厚尺五寸，长二尺五寸，第十三。永建三年十二月省
居贞堂 6	罗由石，广三尺，厚尺五寸，长二尺五寸，第廿六。永建四年十月省
汴博 25	石仲石，广三尺，厚尺五寸，长二尺九寸，第十五。永建三年十二省
汴博 17	石仲石，广三尺，厚尺五寸，长三尺三寸，第卅。永建三年四月省
孟津鹞店 3	左开石，广三尺，厚尺五寸，长二尺五寸，第九。永建三年四月省
汴博 24	左开石，广三尺，厚二尺，长二尺八寸，第十二。永建三年十二月省
汴博 21	左开石，广三尺，厚尺五寸，长二尺九寸，第十四。永建三年十二月省

由下表题铭可见，毕巨治石序号，少者10石，多者77石，有年无月，则非个人月产量，其产品序号可能按年度排列。

| 北图 30 | 毕巨石，广三尺，厚尺五寸，长二尺五寸，第十。元嘉二年月省 |
| 送庄 44 | 毕巨石，广三尺，厚二尺，长三尺，第七十七。元嘉二年月省 |

假设下表二石题铭为连续作业的记录，二石的制作相隔7个半月，约225天。将所记序数相减，得出王条监管的工人共治石324块，平均2天生产3块。无作工姓名，推测是工人班组的产量。

居贞堂 11	六百二，广三尺，厚尺五寸，长二尺五寸五□。建宁五年三月十四日更，黄肠掾王条主
居贞堂 12	第九百廿五，广三尺，厚尺五寸，长三尺九寸二分。熹平元年十月廿九日更，黄肠掾王条主

　　开山治石，劳动繁重。从事者众，力健与体弱者会有分工。题铭中的石工，也许是最后一道工序斩剁成品的完成者，故有较高的产量。然而据有限资料所作猜测，与事实或有差距。

第六节　黄肠石题铭研究（下）

　　《皇览》云："汉家之葬，方中百步，已穿筑为方城。……发近郡卒徒，置将军尉侯。"[1]《水经注》记洛阳东汉太学汉碑云："石经东有一碑，是汉顺帝阳嘉元年立。碑文云：建武二十七年造太学，年积毁坏。永建六年九月，诏书修太学。刻石记年，用作工徒十一万二千人，阳嘉元年八月作毕。"[2]一般说来，国家大型土木工程的直接建造者为服役的刑徒和征调的农民。建造皇帝陵寝，耗时费工，与建设都城洛阳一样，集中全国刑徒参与苦重劳役，相当多的服刑者死于苦役与疾病。[3]刑徒的构成以男性百姓为多，也有官员。

一、题铭者的身份和刑期

1. 身份分析

　　永元二年（90年）光武帝子刘焉薨，"自中兴至和帝时，皇子始封薨者，皆赙钱三千万，布三万匹。嗣王薨，赙钱千万、布万匹。是时窦太后临朝，窦宪兄弟擅权，太后及宪等，东海出也，故睦于焉而重于礼，加赙钱一亿。诏济南、东海二王皆会。大为修冢茔，开神道，平夷吏人冢墓以千数，作者万余人。发常山、钜鹿、涿郡柏黄肠杂木，三郡不能备，复调余州郡工徒及送致者数千人。凡征发摇动六州十八郡，制度余国莫及"。[4]皇子之葬如此，皇帝则更加靡费。《后汉书》云：建和元年四月"丙午……诏曰：'比起陵茔，弥历时岁，力役既广，徒隶尤勤。顷雨泽不沾，密云复散，倘或在兹。其令徒作陵者减刑各六月'"。李贤注曰："作静陵也。"[5]故陵墓修建者、黄肠石生产者的身份多是服刑工徒、徒隶。《后汉书》又云："及殇帝崩，太后定策立安帝，犹临朝政。以连遭大忧，百姓苦役，殇帝康陵方中秘藏，及诸工作，事事减约，十分居一"。李贤注曰："方中，陵中也。冢藏之中，故言秘也。"[6]所谓"百姓苦役"，则亦征调民夫若

1. 孙冯翼辑：《皇览》，丛书集成初编本，中华书局，1985年，第11页。

2. 郦道元注，王国维校：《水经注校》卷一六，《谷水》，第551页。

3. 中国科学院考古研究所洛阳工作队：《东汉洛阳城南郊的刑徒墓地》，《考古》1972年4期，第2—19页。

4. 《后汉书》卷四二《光武十王传·中山简王焉传》，中华书局，1965年，第1449页。

5. 《后汉书》卷七《孝桓帝纪》，第290页。

6. 《后汉书》卷一〇上《皇后纪上·和熹邓皇后》，第423页。

"送致者"，为修陵人。

2. 刑期确定

东汉洛阳城南郊的刑徒墓地出土的数百块刻铭砖，其上多有死者姓名、刑名和年号等内容。因作用不同，作为建筑材料的黄肠石题铭只有姓名和年号，没有刑名。我们只有根据石工参与生产的年月，大致推测个别人的服刑或服役的年限。

由下表可知，左达于永建二年六月至永建三年四月做工11个月，至少为服刑1年的刑徒。前《序号与产量》小节列表所引题铭中的石仲、罗由、左开三人亦至少是刑期1年的刑徒。

河图 005	左达石，广三尺，厚一尺五寸，长二尺四寸，第卅二。永建二年六月省
河图 019	左达石，广三尺，厚尺五寸，长二尺八寸，第六十八。永建三年四月省
居贞 4	左达石，广三尺，厚尺五寸，长三尺，第六十九。永建三年四月省

由下表可知，许伯在永建三年（128年）四月至阳嘉元年（132年）九月，辛苦治石四年零五个月，当是判罪服役五年的刑徒。从另外一个角度看，许伯的身体素质较好，忍耐于恶劣的生存环境和繁重的体力劳动之中。

北图 17	许伯石，广三尺，厚尺五寸，长二尺七寸，第五十八。永建三年四月省
碑林 3	许伯石，广三尺，厚尺五寸，长二尺七寸，第卅。阳嘉元年九月省

二、黄肠石的石质、产地和治石工匠

1. 石质

(1)青石质

东汉南、北兆域帝陵茔域所出黄肠石多由青石制成。修建陵墓耗费的大量石材从哪里来，目前还没有确凿的证据。

南兆域帝陵区南靠的万安山古称大石山。是座青石山，石质坚硬细腻，得就近取材之便。我们可以推测，东汉南北兆域帝陵所用之石材，出自偃师万安山，就山取石规划尺寸，核定数量确保质量，凿治成品物勒工名，北运茔域建筑陵墓。

万安山的开采石料活动自古及今未曾停止，偃师、巩县唐宋帝陵地宫与神道石刻亦来自此山。遗存于今的大规模的牛心山宋陵采石场的石质最好，[1]后来的开采活动毁坏了前代采石遗迹。

(2)黄砂石质

---

1. 中国社会科学院考古研究所洛阳汉魏城考古队、偃师县文物管理委员会：《河南巩县宋陵采石场调查记》，《考古》1984 年 11 期，第 980 页。

白马寺清凉台基的2块黄肠石，送庄汉墓"塌冢"出土的一批黄肠石，鹞店寨南门的部分黄肠石和洛阳民俗博物馆藏的2块黄肠石是黄砂石。和坚硬细腻的青石比较，石质较差，易于风化起层剥落。

据调查，今洛阳市西的新安县的邙山起点之西的石山和今洛阳市东北的孟津县东的凤凰山、偃师市北的首阳山一带，出产这种黄砂石，一般覆盖于红砂石层之下。

(3)红砂石质

关于红砂石制作的黄肠石，目前所知甚少。邙山多丘陵，不产青石而产红砂石。而位于小浪底村北的黄河水库大坝建在两岸的红砂石崖间。邙山东段偃师的首阳山又称红石山，亦产红褐色砂石。与坚硬细密的青石相比，红砂石质地粗糙疏松，易于风化。如1929年出土的东汉延平元年（106年）《贾武仲妻马姜墓记》，就是这种石头所刻。郭玉堂说："民国十八年阴历六月，洛阳、孟津、偃师三县接壤处王窑村出土，有冢。质为红沙石，甚大，形似黄肠石，字刻石端，工人剖取刻字一端，而弃其余。"[1]石为罗振玉所得。[2]他说："汉人墓记前人所未见，此为墓志之滥觞。"[3]出土未久即开裂，[4]后由辽宁省博物馆收藏，自然风化数十年，已一字无存。

夫人马姜，伏波将军马援之女，明德皇后之姊，左将军胶东侯贾复第五子贾武仲之妻，于延平元年七月四日薨。"皇上闵悼，两宫赗赠，赐秘器，以礼殡，以九月十日葬于芒门旧茔"。拓本著录于《汉魏南北朝墓志集释》[5]等。有学者认为："王窑村一带系东汉帝陵区，曾多次发现黄肠石和黄肠石刻，马姜墓石为黄肠石无疑，马姜墓应是黄肠石墓，此墓石原来很可能是嵌在墓室壁的明显部位。"[6]依据前所分析黄肠石题铭尺寸规律，马姜墓记石拓片高46厘米，合汉尺二尺，是石的厚度；拓片宽58厘米，合汉尺二尺五寸，是石的长度。而依照已知黄肠石题铭均"广三尺"推测，马姜墓记石亦应是此尺寸。此地的马姜墓，临近首阳山西端的凤凰山，当是就近取材，以红砂石制作黄肠石营造地宫。

前已谈及，东汉皇帝分葬于洛阳的两大茔域。中元二年（57年）葬光武帝于邙山原陵之后，明帝、章帝、和帝、殇帝葬万安山北麓。马姜葬于殇帝延平元年（106年），其时邙山只有一座原陵而原陵目前不能确指。王窑村位于诸帝陵的东北，直线距离约5公里，即位于邙山帝陵陪葬冢茔域的最北端，或与早亡的贾武仲随先人陪葬帝陵，而墓记言其入葬贾氏自家旧茔。

2. 万安山北麓的治石工匠

寇店、九贤、宁村汉冢出土黄肠石因砌于墙上和散存民间，一时难以全面检查，相信刻有题

1. 郭培育、郭培智主编：《洛阳出土石刻时地记》，第3页。

2. 《嵩里遗文目录续编·序》。

3. 《贾武仲妻马姜墓记跋》，见罗振玉《辽居稿》。王森然：《近代二十家评传·罗振玉先生评传》："又著汉贾夫人马姜墓石刻考释，谓'先生由洛经沪，留蟫隐庐三月，摩挲辨释，行字愈明，因考释之，皆有长跋。'"沈云龙主编《近代中国史料丛书》第九十辑，第900种，文海出版社，1973年，第158页。蟫隐庐，罗振常于上海开设的书店，兼事古籍搜辑刊印。

4. 罗振玉：《雪堂类稿》，甲《笔记汇刊》，《石交录》，第153、154页。

5. 赵万里：《汉魏南北朝墓志集释》第三册，图版一。

6. 黄展岳：《早期墓志的一些问题》，《文物》1995年12期，第54页。

记的肯定多于目前所知。其上左姓石工有8：左育、左世、左寅、左渊、左仲、左牛、左建、左遂。白马寺的扇形石有左仲、左逢、左大古、左达。前引《北京图书馆藏中国历代石刻拓本汇编》著录的35种邙山出土黄肠石拓本中，左姓石工多达7人，为左一、左达、左孟、左次、左开、左渊、左孙，加上他处所见左少、左郎、左子、左阝、左公、左山、左沠，人数更多。一般说来，修陵刑徒来自各州郡，姓氏繁杂。可是"左"姓人如此集中令人思索。

1973年，在缑氏公社郑瑶村出土的《汉侍廷里父老僤买田约束石券》[1]所列25人中，有2位当地的左姓人物："左巨""左中"。石券系汉代缑氏县侍廷里居民于建初二年（77年）刻立。

生产黄肠石的"左"姓工人，肯定会有刑徒。我们认为，东汉南北帝陵区出土的凿治黄肠石的诸多"左"姓工人中，亦应有在偃师万安山北麓当地招募的石匠。即国家也征调本地石匠，即所谓"官工"，领作细活，传授技术，确保成品。毫无疑问，黄肠石上保留了东汉民间石匠书迹。

万安山北麓这块富饶的黄土地具备优越的地理环境和自然条件，是聚居于此的先民以农业为基础，以石工为副业过稳定生活的根本。他们生息劳作于此，薪火相传，绵延不绝。今偃师市缑氏镇程子沟村、大口乡吕桥村、高龙镇左村等地仍聚居着不少"左"姓之人，是否是当地汉代左氏之后裔，不得而知。

3. 生产黄肠石的工场

偃师寇店村小冢出土的黄肠石题铭有"左渊石"，北京图书馆藏孟津出土黄肠石拓本题铭有"左渊治"。偃师宁村出土黄肠石和北京图书馆藏黄肠石拓本题铭表6号相同，是"左孟石"。偃师经周寨村的"左达石"已残，治于永建年间。而出土于邙山的有开封博物馆藏"左达石"2，一治于永建二年六月，一治于永建三年四月。周进旧藏"左达石",治于永建三年四月。白马寺山门扇形石也有"左达"之名。这是具有明确出土地点的，由同一石工在万安山同一工场制作的黄肠石，分别用于不同茔域的例证。题铭常见的同姓名石工如却文、左子、石仲、罗由、左开、左达、许伯等，即由同一个石工在某时间段内制作的有连续序号的批量产品，分用于不同的陵域，其书体也是一致的。又若出土于不同村落的黄肠石中，刘叔、樊仲凡2见，左少凡3见。

青石黄肠石生产于偃师万安山北麓。那么，黄砂石质的黄肠石必然制作于邙山的石头产地。偃师宁村出土的2块青石黄肠石题铭有"胥文石，左阝治"。孟津后沟村出土的青石黄肠石题铭有"左阝治"，孟津送庄汉墓发掘出土的黄砂石黄肠石题铭有"左子石，左阝治"。偃师东干村保存的青石黄肠石和孟津送庄"塌冢"发掘出土41号黄砂石黄肠石题铭相同，是"程阝治"。偃师九贤村小冢出土青石黄肠石题铭有"张次石，左仲治"，白马寺山门的扇形青石黄肠石题铭有"左仲"，孟津送庄汉墓的2块黄砂石黄肠石题铭有"却文石，左仲治"。可见官府控制的同一批工匠分别在洛阳城南和城北的工场制作不同石质的黄肠石。

也有同姓名而非同一人者。北京图书馆藏黄肠石拓本6号由石工左孟治于永建三年（128年）四月，洛阳民俗博物馆藏1号黄肠石由石工左孟治于光和六年（183年）四月。二石的制作前后相差55年，书体风格迥异，石质也不同，显非一人所作。

---

1. 黄士斌：《河南偃师县发现汉代买田约束石券》，《文物》1982年12期，第17页。

三、题铭的书刻方式和书法艺术

隶书是秦汉六体之一。始造于秦，"起于官狱多事，苟趋省易"。颜师古谓秦始皇时，官员程邈所献，"主于徒隶，从简易也"。[1]是说有理。洛阳出土黄肠石、刑徒墓砖上的刻字，由服役刑徒以当时通行文字"隶书"刊刻而成，比起同时代的太学《熹平石经》，是真正意义上的隶书。

官府主事验收黄肠石合格后，要求石工刻题铭于成品，郑重其事，表示完成。一般刻于石的侧面，即垒砌上墙后可以看到。侧面为长方形，顺其长面而刻。也有少数刻于石的上面，即砌墙的叠压面上。上石的刻手，就是治石的工匠。一般说来，考古所见东汉刑徒墓砖隶书文字，为服劳役的刑徒死后随葬的题记，系专作埋葬事务的刑徒捉斧捏刀向砖信手刊刻而成。书写和镌刻没有行格，用刀刻成，笔划纵横错落，比较草率随意，有一种奔放不羁的趣味。黄肠石题铭颇似刑徒墓砖的契刻手法，具有粗犷率真面貌多变的特点，其作者就是治石的工徒。

东汉的文字石刻，若碑若志，立于庄严之地，藏于穆肃之所，多治石成型，研磨光平，布局打格，书丹校雠而后刻之，其慎重与细心，溢显于字里行间。作为建筑材料，黄肠石表面粗糙，刻字笔划或与砸凿錾刹形成凹斑錾道混淆，斑驳模糊，颇难认定，这是材料的差异所造成的。有的石工不识字，依样摹描，若结构出错，便不易辨别。故同样是勒字于石，书写与契刻，也大相径庭。如洛阳民俗博物馆收藏光和六年黄肠石三面有题铭，长侧面刻"张仲石，左孟治。四月二十日"；短侧面刻"张仲石，左孟治"。两面题铭笔划草率而不规范，"张"的"长"十分简化；"孟"的"子"两横，"皿"一上不封口，一右不封口；"和"的"禾"两横；"四"右不封口等，可知书写镌刻者文化水平低下，如文盲依样画葫芦，或似或非。石正面刻字"弟子"，隶书规范，大小一致，似由熟手所写，以教初学者。

汉隶在笔画上具有波、磔之美。如《熹平石经》，隶书撇、捺等点画，向上挑起，轻重顿挫富有变化，笔势飞动，姿态优美。它表现的毛笔书法艺术美是黄肠石题铭所不具备的，后者在碑刻中更显其刚劲的气势和独特的韵味。题铭一般为两行，字距窄、行距宽是其章法上的一大特点。

隶书是当时的通行文字，隶书直笔是黄肠石题铭的时代特征和书写特征。题铭年代各有早晚，书体出自众手，个人风格异趣。对于操作熟练的治石工匠来讲，一些反复用字可直接用斧凿刻石，故其书法不拘绳尺，结体宽博，刻划劲整，别具风格，或称之为草隶。也可以先写后刻，所以黄肠石上也偶有毛笔朱书文字，尚未加契。这样照刻出来的字比较规矩整齐，不易错漏，也适宜于文化水平低下者操作。所刻字体厚朴古拙，趣味天真。即使先写后刻，也很难找出书体笔划的起笔和收尾的细微用笔情况。造成这一情况的原因，除了石面粗糙，还在于不用专门的刻字工具，粗刻后不再修整笔划。物勒工名，无须精到。黄肠石题铭用斧凿冲刻而就，粗直笔道易于上手，极少弧笔曲笔，失去毛笔书写的状态，形成特殊的书法艺术风格，这种斩钉截铁的拙辣之美，颇耐欣赏。而像建宁五年的《黄肠掾王条主》题铭两行，规整划一，先书后刻，通篇笔划略弧曲，十分少见。

石工在刻字时常省略合并字的笔划以图省事，"尺"字须刻5道成字，或只刻3道，在"人"

---

1. 《汉书》卷三〇《艺文志》，第 1721 页。

字上加一短横而成。"左孙石""樊孙石"的"孙"字右旁的"系"简写为"小",与现在的简化字同。开封市博物馆藏20号"苏利石"侧面题铭的"苏"字,取消了繁笔的"鱼"旁,刻字笔划大为省略而通行于石工间,此字的简化形态在题铭中凡6见。孟津鹞店寨二仙庙的2块"左开石",其"开"字一繁一简,须对照考察,才可辨识出简化的"开"字。开封市博物馆藏16号索孙石题铭的"省"字简写作"小",因为是特定的文辞,虽然简化成与其他的字形相同,但也不会产生歧义。

由于汉代石刻传世无多,劳动者粗犷的刀笔迥异于专门家对丰碑大碣的精雕细琢,故黄肠石题铭占中国古代书法艺术一席之地。

四、治石造墓程序推测

黄肠石细腻纯粹,极少夹杂红筋白条,可能取材于石质最好的偃师万安山四道沟。北宋陵寝用石皆由此出。

有司集结刑徒于万安山北麓,就地辟场,开山取石,切凿毛坯,照尺刿鏨。官府主事验收成品,工徒刻铭记成。笔者目验洛阳师范学院图书馆藏石,题铭曰:"种平石,广三尺,厚尺五,长。永建年月省。""长"后未刻尺寸为空白,"年""月"前亦均留有空白。洛阳古代艺术馆藏石题铭曰:"永建六年月日。左尹石,广三尺,厚尺五寸,长四尺。第百五。"题铭排列紧密而"月""日"前留有空白。是石工先刻上通用格式,空白处候验收时填补。然而也有个别特例,如孟津送庄汉墓出土黄肠石题铭:"刘仲石,长三尺二寸,广四尺,厚尺五寸,第卅五。刘仲石。"就没有遵照广、厚、长的次序刻写。

东汉天子之葬,司空选择茔地挖坑,太史卜日,将作大匠建地宫,执事下明器,太祝进醴献,复土将军营成陵墓,[1]用工时极多。前引《东观汉记·显宗孝明皇帝》,山陵地宫称之为"石椁"。即根据需要数量,将黄肠石运往指定地点建筑地下宫殿。已发现的黄肠石都比较整齐,四角方正合矩,六面斧刿平整,垒砌细密无缝,即所谓"治石工密"。

简言之,预制规划,选择地域,露天开坑,石砌地宫,殡埋封门,填平墓道,封土为陵。围园建置官寺吏舍。

2007年春,洛阳市第二文物工作队的严辉先生陪笔者考察孟津大汉冢发掘工地。利用冢南低矮的断崖解剖地层,夯土表面散铺一层青石碎礓片,其下为一层层薄而坚硬的夯土。2007年9月26日,东干村的朱发旺告诉笔者,郭家岭村南,东干村北有一个大冢,冢的南面叫冢坡地,地里都是青石礓子。2005年11月8日,老家在偃师寇店镇郭家岭村的洛阳师范学院图书馆的郭茂育副馆长对笔者说,郭家岭村南北各有一大冢,当地称之为南冢、北冢。1970年前后,拖拉机在北冢的东北方犁地,犁出来一条青石礓铺的路面,通向冢。则郭家岭村南北这两个东汉帝陵周围也铺有青石礓。另外在冢东北400米处,姬家桥村民挖出一个青石礓片坑,坑周长约100多米,地面以下一两米深见石礓碎片,大小不等。当时正修顾(县)—龙(门)公路,都拉去垫路基了。这些青石

---

1. 《后汉书》卷九《孝献帝纪》,第391页。

碎碴片是垒砌地宫时，修正尺寸不合用的黄肠石的孑遗。

五、近代对黄肠石用途的误解

虽然罗振玉、王国维、马衡等学者早已考察黄肠石的来历与名称，郭玉堂更有实地调查的记录。然而，20世纪30年代的《河南博物馆藏黄肠石题要》还误认为是垒砌谷水堤岸的石方。或云："石出今洛阳城东二十里平乐村，地滨旧渎，随处皆是"，[1]显系盲目之言，平乐在邙岭旱坡，向无河渎。稿本民国《洛阳县志》《金石卷》九云："黄肠石，刻有永建、阳嘉、元嘉年号，又有某人石及工某治并尺寸次第。以刻字及其时与地证之，确系当时修筑堤防之用。或谓石有'黄肠掾王条主'字，认为墓石，此则臆断，不足为据。象庄、平乐、翟泉、送驾庄各村出土约有百方。河南博物馆、北京大学、千唐志斋均有藏者，朱书未刻者亦多。"[2]本地县志未作调查，沿袭堰石谬说，可谓不慎。这种认识源于《水经注》的记载与郦道元的误解，原文曰："明帝永平十五年，东巡至无盐，帝嘉景功，拜河堤谒者。汉灵帝建宁四年，于敖城西北，垒石为门，以遏渠口，谓之石门。故世亦谓之石门水。门广十余丈，西去河三里。石铭云：建宁四年十一月，黄场石也。而主吏姓名，磨灭不可复识。魏太和中，又更修之。撤故增新，石字沦落，无复在者。"[3]罗振玉、王国维等学者已予以辨证。

东汉王景修建浚仪渠，地在今洛阳东、郑州西。距渠口最近的石场，就是位于今登封、偃师二市境内的万安山系。将治石工场或汉陵茔域的黄肠石运来垒砌这座大型砌石结构引水石门——浚仪渠水门，适当其用。

---

1. 许平石：《东汉谷堰石方题字考证》：《河南博物馆刊》三集，民国二十五年（1936年），第1页。

2. 雷福祥、孙诒鼎纂修：（民国）《洛阳县志》（稿本），《金石卷》九，民国三十五年（1946年），第18页。现藏洛阳市档案局。

3. 郦道元注，王国维校：《水经注校》卷七《济水》，第241页。

第三章 墓志、碑刻、黄肠石与帝陵地望的探索

第一节 墓志碑刻、黄肠石与东汉帝陵

一、东汉陵区地望

民国洛阳人郭玉堂《洛阳出土石刻时地记》记述说："汉黄肠石，刻永建、阳嘉等年号。出土处在洛阳城东北三十里邙岭上鹞店寨村、后沟村、三十里铺村、象庄村一带。"[1]根据新中国成立后的考古发掘和我们的调查，除上述地点之外，黄肠石在邙山地区的出土地还包括了孟津县的送庄村、朱仓村、平乐村、刘家井村、王窑村等；洛南东汉陵区（东汉南兆域）的黄肠石主要出土在偃师市的经周寨村、经周村、宁村、寇店村、东干村、九贤村、关庄村、高崖村等地。考虑到黄肠石这种特殊的建筑材料，主要用于帝陵和高级别墓葬中，与东汉帝陵、高级别贵族墓的建造有关，其发现区域应与帝陵和帝陵陪葬墓群的范围紧密相连。黄肠石的出土地为我们指明了帝陵和陪葬墓群的大致方位，是我们探索东汉帝陵陵区的重要旁证。实际工作中，我们初步确定的帝陵陵区方位和黄肠石的出土区域契合。

二、光武帝原陵地望

1. 北魏墓志记载原陵

以往，邙山盗掘出土的250余方北魏墓志中，有3方墓志自记葬于马鞍山之阳，其中的《宋灵妃墓志》不仅记载葬于马鞍山之阳，还记录汉原陵、北魏长陵的方位。3方墓志出土地点明确，可以作为原陵地望研究的资料。

材料来源于《洛阳出土石刻时地记》[2]《洛阳出土北魏墓志选编》[3]和《鸳鸯七志斋藏石》[4]（备注中分别简称《时地记》《选编》和《七志斋》）。

---

1. 郭培育、郭培智主编：《洛阳出土石刻时地记》，第4页。

2. 郭培育、郭培智主编：《洛阳出土石刻时地记》，大象出版社，2005年。

3. 朱亮主编：《洛阳出土北魏墓志选编》，科学出版社，2001年。

4. 赵力光编：《鸳鸯七志斋藏石》，图版三一七。

表五七　北魏墓志所见东汉原陵

号	墓志名称	葬年葬地	出土时地	备　注
1	侍中使持节都督冀州诸军事车骑大将军仪同三司冀州刺史武阳县开国公侯刚墓志	孝昌二年十月十八日葬于马鞍山之阳	此地应在今洛阳城东北马沟村北地一带	《时地记》30页、《选编》337页
2	车骑大将军平舒文定邢公继夫人大觉寺比丘尼元纯陀墓志	永安二年十一月七日，窆于洛阳城西北一十五里芒山西南别名马鞍小山之朝阳	民国十五年阴历十二月，洛阳城东北马沟村西岭出土，俗称此墓冢曰平冢	《时地记》41页、《七志斋》115页
3	侍中太傅录尚书事冯翊郡开国公第四子散骑常侍征东将军金紫光禄大夫西华县开国侯长孙士亮妻宋灵妃墓志	永兴（熙）二年正月卅日葬于洛阳城西廿里，汉原陵南七里，魏长陵东南十里，马鞍山之阳	民国廿五年阴历六月十五日，洛阳城东北十五里，西吕庙村北数十步处出土	《时地记》45页、《选编》409页

根据墓志的出土地点可知，北魏的马鞍山位于今西吕庙村和马沟村之北。二村位于邙山南麓，东西毗邻。《宋灵妃墓志》所记，墓主"葬于洛阳城西廿里"，而文献记载光武帝原陵、安帝恭陵、顺帝宪陵、冲帝怀陵位于洛阳西北，距离洛阳十五里。墓志又位于原陵南七里，那么原陵必定在马鞍山之北。虽然里数不够准确，但是必定毗邻，相去不会太远。北魏文献虽无原陵的记载，然而西晋北魏时代系连，原陵所在尚清楚。故北魏《宋灵妃墓志》记载了处于邙山之阳的原陵的具体位置值得关注。

经过考察邙山地理形势后，陈长安先生认为刘家井的大冢是原陵；[1]他认定《宋灵妃墓志》真伪犹疑，不足为凭。黄明兰先生则认为位于盘龙冢村北的大冢——"盘龙冢"是原陵，[2]《太平广记·何让之》云："唐神龙中，庐江何让之赴洛，遇上巳日，将陟老君庙，瞰洛中游春冠盖。庙之东北二百余步，有大丘三四，时亦号后汉诸陵，故张孟阳七哀诗云：'恭文遥相望，原陵郁阰阰。'原陵即光武陵。一陵上独有枯柏三四枝，其下盘石，可容数十人坐。"[3]唐代对邙山汉陵方位、数目、状况的简略描述，可供参考。

2.　《叔孙协墓志》辨伪

北魏《叔孙协墓志》因有"葬光武陵东南二里许"的文字，格外引人注意。为于右任旧藏，现在西安碑林，原文如下：

> 魏平北将军怀朔镇都大将终广男叔孙公墓志铭。君讳协，字地力勲，河南洛阳人也。其先轩辕皇帝之裔胄。魏冯翊景王渴罗侯之孙，仓部尚书敕俟堤之子。其考德茂兰松，志真镜玉。持除平东大将军黄龙将，化同姬辅，弈赞东州。君为人猛惠恭勲，算合忠恩。召除平北将军怀朔镇将。春秋卅，游神放世。夫人百宇文氏，六壁镇将胡活拨女。功容备四，慈真声教。年六十八，逝矣都里。正光元年太岁庚子十一月辛未朔

1. 陈长安：《洛阳邙山东汉陵试探》，《中原文物》1982年3期，第32页。

2. 黄明兰：《洛阳历代皇陵》，《中原文物》1987年特刊，第30页。黄明兰：《东汉光武帝刘秀原陵浅谈》，《中今昔谈》1982年2期，第35页。

3. （宋）李昉：《太平广记》卷四四八《何让之》，中华书局，1961年，第9册，第3661页。

十五日乙酉葬光武陵东南二里许。千春万代，山移地改，刊颂铭曰：崇峰峭极，岳峙清渊，是燿豁干荆山。楚表云光，塞外晖烟，何灵何祐，歼我良贤。池兰景郁，桂萼悬庄，匪伊宝质，伊御斯霜。世非常世，胡宁有常，人百其身，物无永昌。刊之以璧，昭述前王。

郭玉堂说："民国十八年阴历十月，洛阳城东北卅里，翟泉人刘士廉于镇北邙山上玉仙庙西掘得之。"后附河南大学校长王广庆按语，"广庆按：光武陵在北邙之阴，孟津县境黄河南岸，距叔孙协墓廿里，以汉魏葬制推之，今所谓光武陵即和帝陵"。[1]对墓志深信不疑。数十年来所出之专书，如《汉魏南北朝墓志集释》[2]《北京图书馆藏中国历代石刻拓本汇编》[3]《鸳鸯七志斋藏石》[4]《洛阳出土北魏墓志选编》，[5]著录拓本。《汉魏南北朝墓志汇编》[6]著录志文。以上诸书，均纳其入真志之列。《汉魏南北朝墓志集释》还作简考。[7]

翟泉与其西北的诸汉陵直线距离约5公里。从《叔孙协墓志》的"出土"地，联系墓志的关键词"葬光武陵东南二里许"，可见所记与文献记载的汉光武帝陵的方位相悖。由于事关刘秀坟究在何处的学术问题，文物工作者宫大中先生于20世纪80年代专程下乡访问当事人，刘士廉承认叔孙协墓志是他伪造的。于是混沌了半个世纪的谜团解开，并予以披露。[8]此志文气不通，编造多个外族姓氏。北魏夫妇墓志，均言合葬，此志则但言夫人之葬，于时俗扞格未洽。后半部有数行字明显增多，字体缩小以及书风虚浮以及葬光武陵的方位等，都是伪造的硬伤。

《洛阳出土石刻时地记》的作者受作伪人的蒙骗而记述之，书中这种情况极少。故数十年来，学者因信任此书而同受到刘氏的欺惑。伪志制造学术混乱的严重性，于此可见一斑。

3. 刘秀坟与北魏方泽

在今洛阳市孟津县白合乡铁谢村西南的黄河南岸，有一座所谓"光武帝原陵"的陵园，当地百姓称之为"刘秀坟"。陵园北部有一土冢，高20米，底边周长约487米，直径约155米。冢上下古柏1500株，葱郁茂盛，苍劲挺拔。冢西有宋代开宝六年（973年）《新修后汉光武帝庙碑》一通，是陵园保存最早的碑刻。杨宽教授认为，这座位于孟津老城西北7华里，邙山以北，靠近黄河的"刘秀坟"是原陵，并考证文献记载的"临平亭""平阴"的地望，还认为《帝王纪》所说"东南去洛阳十五里"，里数有错误，"十"字上当脱去"二"字。[9]

北邙山现存历代帝王陵冢，都在邙山之阳，是丧葬礼俗所确定的。而这座高大的土冢却坐落

1. 郭培育、郭培智主编：《洛阳出土石刻时地记》，第22页。

2. 赵万里：《汉魏南北朝墓志集释》第四册，图版二二九。

3. 北京图书馆金石组编：《北京图书馆藏中国历代石刻拓本汇编》四册，第94页。

4. 赵力光编：《鸳鸯七志斋藏石》，图版五二。

5. 朱亮主编：《洛阳出土北魏墓志选编》，图版七八，第54页。

6. 赵超：《汉魏南北朝墓志汇编》，天津古籍出版社，1992年，第117页。

7. 赵万里：《汉魏南北朝墓志集释》第一册，第48页。

8. 宫大中：《洛阳美术文物的鉴赏与辨伪》，《美术观察》，1996年10期，第55、56，65 — 67页。

9. 杨宽：《中国古代陵寝制度史研究》，上海古籍出版社，1985年，第208页。

在邙山之阴的黄河滩原上，因此，它不是陵墓。宋碑记载"新修"，而不是"重修"，故宋以前此土冢当无"汉光武帝陵"或"原陵"的称呼。那么，"刘秀坟"是什么时代什么性质的人工封土堆呢？陈长安先生认为它是北魏孝文帝所筑之方泽坛。[1]

古代君王冬日至，祀天于地上之圜丘，在国都之南；夏日至，祭地于泽中之方丘。在国都之北。所以顺阴阳，因高下，而事天地以其类。河水之旁，土特堆起，是泽中方丘，故谓之方泽。祭地，以方象地形。

晋司马彪撰《后汉书志·祭祀志》，记刘秀于鄗即皇帝位时祭告天地。刘昭注补引《黄图》载元始仪，曰："元始四年，宰衡莽奏曰：'帝王之义，莫大承天。承天之序，莫重于郊祀。祭天于南，就阳位。祠地于北，主阴义。圆丘象天，方泽则地。圆方因体，南北从位。燔燎升气，瘗埋就类。牲欲茧栗，味尚清玄。器成匏勺，贵诚因质。天地神所统，故类乎上帝，禋于六宗，望秩山川，班于群神。皇天后土，随王所在而事祐焉。'"[2]祭祀父天于圜丘，母地于方泽，仪式繁缛隆重，乃国之重典。

北魏太祖天兴三年正月郊天瘗地。"其后，冬至祭上帝于圆丘，夏至祭地于方泽"。[3]孝文帝太和"十三年正月，帝以大驾有事于圆丘。五月庚戌，车驾有事于方泽"，[4]为都平城时事。太和十八年正月南迁洛阳后，于当年"二月乙丑，行幸河阴，规建方泽之所"。[5]将建立方泽作为迁都后亲自主办的大事。太和二十年五月"丙戌，初营方泽于河阴。遣使者以太牢祭汉光武及明、章三帝陵。又诏汉、魏、晋诸帝陵，各禁方百步不得樵苏践蹋。丁亥，车驾有事于方泽"，[6]歌舞礼乐齐备。

东汉、北魏建山陵于邙山之阳。北魏立方泽于黄河之阴，祭祀土地神祇。

山南为阳，水南为阴。洛阳之北，黄河南岸，"刘秀坟"是个人工大土冢。目前虽略呈圆丘，站于其顶观察，覆斗方形原貌依稀尚存，即北魏之祭坛。北宋误以为汉光武帝陵，清代沿续之，黄河西来，自新安县向东入孟津县，"迳光武陵"，[7]或承说于今。[8]

三、灵帝文陵地望

陈长安先生认为位于护庄西南、东山岭头村东北的大冢是文陵。[9]此冢为覆斗形，与唐恭陵形

---

1. 陈长安：《洛阳邙山东汉陵试探》，《中原文物》1982 年 3 期，第 35 页。

2. 《后汉书》志第七《祭祀上》，第 3158 页。

3. 《魏书》卷一〇八《礼志》，第 2735 页。

4. 《魏书》卷一〇八《礼志》，第 2741 页。《魏书》卷七下《高祖孝文帝纪》，第 165 页。

5. 《魏书》卷七下《高祖孝文帝纪》，第 174 页。

6. 《魏书》卷七下《高祖孝文帝纪》，第 179 页。

7. 《清史稿》卷六二《地理志》，第 2076 页。

8. 宫大中：《洛都美术史迹》，第七章《东汉帝陵及其神道石象》，第 130 页。

9. 陈长安：《洛阳邙山东汉陵试探》，《中原文物》1982 年 3 期，第 34 页。

制相同。而与洛阳汉陵汉冢的覆釜形寰丘迥异，尺寸又明显小于汉陵的"周三百步"，即直径小于100米。清乾隆年间，洛阳县令龚崧林定此冢为后唐明宗徽陵，清距唐年代较近，徽陵可信。也有先生认为文陵在马坡村。[1]

《后汉书》记载原陵、恭陵、宪陵、怀陵位于洛阳西北，距离洛阳十五里。记载文陵也位于洛阳西北，距离洛阳二十里。即以都城中心为坐标，此四陵处于同一方向。而文陵距离洛阳比其他四陵更远一些。

孟津县送庄镇刘家井村西北有一大冢，俗称"鳌子冢"。1984年实测这个椭圆形大冢，高20米，周长340米。长年来，村民在冢东部和北部取土，可看出厚度不等的冢土夯层，平均在25厘米左右。从冢的规模形制看，必是皇帝山陵。1984年，文物工作者李献奇考察此陵，在冢顶发现1片穿孔玉衣残片，发现2块于冢东南10余米处、地表下0.5米处出土的黄肠石。石上刻有题铭，分别有"建宁五年二月"和"熹平六年二月"等20余字。陵南有南北长57、东西宽50、1.2米的陵寝建筑的台基遗存和大量砖瓦。由玉衣片知墓主身份地位高。黄肠石是预修寿陵事先准备的建筑材料。石可能是砌筑地宫后剩余的石料，弃置于冢旁的。石上年号，是这座山陵年代的上限，即山陵的埋葬年代必然要晚于黄肠石所刻年月。即晚于熹平六年（177年）二月。而灵帝是晚于此12年辞世的，从年代上看无悖逆之隙。[2]利用新材料获知的看法，得到一些认同。[3]此陵东北约500米处，残存一周长127、高约4米的墓冢，李献奇认为应是陪葬的皇后陵。

此2石不大可能是盗掘的遗物即来自此冢下地宫，因石的体量重大，依靠人力非大揭顶难以拆除取出。倘若石是从他处迁移来的，那么，大冢是何帝之陵，则要另作考量。

四、《张禹碑》与东汉南兆域帝陵陪葬区

1993年春，偃师商城博物馆在中友电力公司电厂基建工程考古发掘中发掘一座西晋小墓。墓葬位于偃师市西南20公里的高龙镇火神凹以西，阎楼村以东，顾（县）龙（门）公路以南。编号为93YSDZM51。该墓甬道口置两层封门，第一层系用长46、宽24、厚10厘米的汉代青砖侧立直砌四层，其内层用残碑直立紧靠在小砖拱券的甬道门口。碑残高120、宽72、厚6厘米，表面粗糙，凿剁痕迹明显。阴刻隶书16行，满行25字，古朴典雅，略存篆味。由于凿剁地纹与阴刻文字笔划粗细相若，一些字迹模糊不清。碑石右上角缺损6字，左上角及左侧末行缺损51字，右下角缺损1字。加上碑额仅余1篆书残字，全碑残存331字。另外，在额题与碑身正文结合处的正中部位，残存"碑穿"之少半个圆弧。笔者曾反复观察碑石，咀读碑文，并查阅有关文献，初步认定此碑系《汉故安乡侯张公碑》。[(1)]此辨析文字，厘定标点，略作考释。

1. 墓碑原文

□□□七年[(2)]八月廿五日己丑公薨，遗孤[(3)]伤怀，悲慕叹息。昔有□□，□年休德，哀

1. 黄明兰：《洛阳历代皇陵》，《中原文物》1987年特刊，第32页。

2. 李南可：《从东汉建宁、熹平两块黄肠石看灵帝文陵》，《中原文物》1985年3期。

3. 宫大中：《洛都美术史迹》，第七章《东汉帝陵及其神道石象》，第138页。

而不宣，毋以垂则。乃割情心，府述所哀。追公建迹，□自赵举^{（4）}；入侍紫宫^{（5）}，出司二州^{（6）}。敦德配哉，嘉政四流；述职行县，至于海偶^{（7）}。前人所艰，靡不悉周；幽隐得理，帝命宣休。至俭不烦，克忌毋畴；百姓歌迹，东征西思。明试以功，乃宰下邳^{（8）}；推诚上省，教民度财。斥逐贪叨，为民除灾^{（9）}；兴利万顷，众有黍储^{（10）}；功犹姬弃^{（11）}，东土赖之。德音昭闻，入迁农官^{（12）}；典国渊海^{（13）}，上下以安。事如薶尔^{（14）}，不迷其烦；临朔交刺，圣人所叹。而公处之，糸眦不干^{（15）}；四海会同，商人说骦^{（16）}；国用□盈，戎狄允平^{（17）}。命为太尉，掌司天官^{（18）}；日月光泽，星辰顺行。贤人显□，野毋逸民；五载之间，边竟方安^{（19）}。延平之际，荣拜太傅^{（20）}；众宰之任，□□□□。若涉渊水，临事而惧^{（21）}；封爵安乡^{（22）}，忠诚是报。居高思危，满□□□；□□□举，谢病退去^{（23）}。七十有六，搆疾不豫^{（24）}。圣朝闵悼^{（25）}，两宫□□；□□□□，□□悉备。薨亡之日，二使亲吊，哀憧咨嗟；赗选祕□^{（26）}，□□□□。□□□载，九月乙卯^{（27）}，祀行东征，度宅成阳，在陵之滨^{（28）}。□□□□，□□□□，□□成周，永不忘君^{（29）}。推公行迹，与彼同勤，孤□□□，□□□□，□□□□，□□□□。

2. 碑文考释

除开首年月，通篇是4字为句的韵文。

（1）碑的定名。碑主于"延平之际，荣拜太傅"且"封爵安乡"。"延平"，是殇帝年号，仅一年，《后汉书·孝殇皇帝纪》云："延平元年春正月辛卯，以太尉张禹为太傅，……参录尚书事"。[1]《后汉书·张禹传》载，禹在安帝"永初元年，以定策功，封安乡侯，食邑千二百户"。[2]张禹是高官大吏，生平最高封爵为"安乡侯"，故而死后碑首应题"安乡侯"。碑额残存的"乚"之笔迹，是繁体"鄉"字的中间下部残字。与《汉故泰山都尉孔庙碑》碑阴"门生魏郡馆陶乡"的"鄉"字、银雀山汉简《孙膑》一三五中的"鄉"字下边笔划同。按照汉碑额题惯例，乡字以上应为"汉故安"，其左侧竖行当是"侯张公碑"四字对称，故可定名为《汉故安乡侯张公碑》。

(2)该碑首行前缺三字。《后汉书·张禹传》记载其于永初元年（107年）封安乡侯，"五年，以阴阳不和策免。七年，卒于家"。则按汉碑贯用行文格式，首行缺损三字应是"惟永初"。若洛阳出土的《贾武仲妻马姜墓记》，"惟永平七年"；[3]若济宁孔庙《北海相景君碑》，"惟汉安二年"。[4]

（3）"遗孤"，据《后汉书·张禹传》，系指其长子盛、次子曜等。

（4）"□自赵举"，疑前方缺字为"始"或"初"。按《后汉书·张禹传》云："张禹，字伯达，赵国襄国人"，"永平八年（65年）举孝廉"。《后汉书·郡国志》云：赵国辖五城，襄国为其一。[5]可见文中"赵"，即赵国，张禹祖籍。"举孝廉"是汉代选拔官吏的科目之一，为求仕

1. 《后汉书》卷四《孝和孝殇帝纪》，第196页。

2. 《后汉书》卷四四《张禹传》第1496—1500页。

3. 赵万里：《汉魏南北朝墓志集释》第三册，图版一。

4. 山东省文物总店编：《山东秦汉碑刻》，一二《北海相景君铭》，齐鲁书社，1984年。

5. 《后汉书》志第二十《郡国二》，第3437页。

者必由之路。

（5）"紫宫"本指天帝的居室，在这里指帝王宫禁所在——京城洛阳。《东观汉记》云："永平六年，禹为廷尉府北曹吏，处事执平，为京师所称。明帝以其明达法理，有张释之风，超迁非次，拜廷尉。"[1]廷尉，九卿之一。是其初出茅庐崭露头角已为京城之显宦，即碑文所谓"入仕紫宫"。

（6）"出司二州"，《后汉书·张禹传》云："建初中，拜扬州刺史"；"元和二年，转兖州刺史"。即是张禹于章帝时出宰之二州。

（7）"至于海偶"，海隅，即海角、海边，扬州所辖东南沿海一带。《尚书·益稷》云："禹曰：'俞哉！帝光天之下，至于海隅苍生'"[2]句谓指张禹在刺史任上，经常到辖区属县及偏远之地巡视。"《续汉书》曰：张禹拜扬州刺史，当济江行部，土人皆以江有子胥之神，难于济涉。禹厉声云：'子胥若其有灵，知吾志在理察枉讼，岂危我哉！'令鼓楫而过。历行部邑，吏民希见使者，人怀喜悦。"[3]即《后汉书·张禹传》云："历行郡邑，深幽之处，莫不毕到，亲录囚徒，多所名举"。

（8）"乃宰下邳"。《后汉书·张禹传》记其于元和三年（86年）"迁下邳相"。《后汉书·郡国志》云："下邳国，武帝置为临淮郡，永平十五年（72年）更为下邳国。"[4]相为郡国的实际执政者，相当于郡守。碑文"邳"从不从邑，盖不、丕同音相假。

（9）"斥逐贪叨，为民除灾"，见于文献。《后汉书·张禹传》云："功曹吏戴闰，故太尉掾也，权动郡内，有小谴，禹令自致徐狱，然后正其法，自长史以下，莫不震肃"。《东观汉记》亦云："闰当从行县，从书佐假车马什物。禹闻知，令直符责问，闰具以实对，禹以宰士惶恐首实，令自致徐狱。"[5]

（10）"兴利万顷，众有黍储"，亦于文献有征。《后汉书·张禹传》中云："徐县北界有蒲阳坡，傍多良田，而堙废莫修，禹为开水门，通引灌溉，遂成孰田数百顷，劝率吏民，假与种粮，亲自勉劳，遂大收谷实。邻郡贫者归之者千余户，室庐相属，其下成市。后岁至垦千余顷，民用温给。"《东观汉记》亦云："坡水广二十里，径且百里，在道西，其东有田可万顷"，"禹巡行守舍，止大树下，食糒饮水而已，后年，邻国贫人来归之者，茅屋草庐千户，屠酤成市。垦田千余顷，得谷百万余斛。"[6]

（11）"姬弃"，周人之祖弃，黄帝族后裔，帝喾之子，古代主管农事的官。《尚书·舜典》云："帝曰：'弃，黎民阻饥，汝后稷，播时百谷。'"孔颖达疏曰："稷是五谷之长，立官主

1. （汉）刘珍撰：《东观汉记》卷一一，《列传六·张禹》，文渊阁《四库全书》原文电子版，济南开发区汇文科技开发中心编制，武汉大学，1997年，第214盘，第2100号，第2册，第59页。

2. （清）阮元校刻：《十三经注疏》二，《尚书正义》卷五，《益稷》，第143页。

3. （唐）欧阳询撰：《艺文类聚》卷六，《州部·扬州》，上海古籍出版社，1982年，第112页。

4. 《后汉书》志第二一《郡国三》，第3461页。

5. 《后汉书》李贤注引，见《后汉书》卷四四《张禹传》，第1498页。

6. 《后汉书》李贤注引，见《后汉书》卷四四《张禹传》，第1498页。

此稷事。"[1] "功猶姬弃，东土赖之" 句乃撰文者誉美张禹，为其任大司农作铺垫。

（12）"农官"，专管农业的官员。此句意为张禹任职 "下邳相" 期间，开垦废田，民用丰给，声名远播，由和帝拔擢为 "大司农"，任职于京城，管理全国的农业。与《后汉书·张禹传》："永元六年，迁禹为大司农" "和帝甚礼之" 的记载吻合。

（13）"典国渊海"。典，掌管、任职。深渊和大海，比喻事物包容深广。《后汉书·百官志》云：大司农 "掌诸钱谷金帛诸货币"，[2]张禹所职掌乃国家经济命脉。

（14）"事如蕰尔" "蕰"，草丛生貌，指事情繁杂而集中。

（15）"糸𩭽不干"，"糸"，连。后一字左从繁体 "长"，右似从简体 "龙"，《龙龛手鉴》云："𩭽，直也。" 从长的字与人的长头发有关。"不干"，不干预，不干扰。《左传·文公五年》云："天为刚德，犹不干时，况在人乎？"。[3]则句意为有关连、联系，而不干预。

"糸" 与 "系" 同声。而 "系" 与 "繋" 通用，说见《古字通假会典》。[4]则扬雄《太玄经·玄摛》所谓："能以偶物者，通也。无所系辁者，圣也。"[5]与碑文意思大同。

（16）"四海会同，商人说骦"，四海，犹四方。"说"，通悦。"骦" 通欢，与《汉孔耽神祠碑》"骦乐寿考"、《汉李翊碑》"得殊俗骦心" 同。[6]同音字相假通用，乃汉碑习见之俗。

（17）"国用□盈，戎狄允平"，由上下文看，缺损字应为 "充"。"戎狄"，泛指我国古代西北方少数民族。

（18）"命为太尉，掌司天官"，《后汉书·百官志》："太尉，公一人"。本注曰：掌四方兵事功课，岁尽即奏其殿最而行赏罚。凡郊祀之事，掌亚献；大丧则告谥南郊。凡国有大造大疑，则与司徒、司空通而论之。国有过事，则与二公通谏争之。[7]太傅、太尉与司空并称三公。《后汉书·张禹传》："永元六年（94年），入为大司农，拜太尉，和帝甚礼之。十五年，南巡祠园庙，禹以太尉兼卫尉留守。" 而据《后汉书·孝和皇帝纪》，大司农张禹为太尉时在 "永元十二年九月丙寅"。[8]

"天官"，"天官冢宰" 的简称。《周礼》称冢宰为天官，为百官之长。

元兴元年（105年）三月，为追谥和熹皇后之父护羌校尉邓训为平寿敬侯一事，司空陈宠以为旧典无先例，不可封。"太尉张禹、司徒徐防以为宜封，争之连日，乃从禹、防议"，陈宠便遭

1. 《十三经注疏》二，《尚书正义》卷三，《舜典》，第 130 页。

2. 《后汉书》志第二六《百官志》三，第 3590 页。

3. （晋）杜预：《春秋左传集解》第八，《文公》上，上海人民出版社，1977 年，第 442 页。

4. 高亨：《古字通假会典》，齐鲁书社，1989 年，第 454 页。

5. （汉）扬雄：《太玄经》卷七，《玄摛》,《百子全书》第 4 册，浙江人民出版社据扫叶山房 1919 年石印本影印，1984 年，第 4 页。

6. 张廷兑编撰：《汉碑古字通训》，北京图书馆出版社，2003 年，第 241 页。

7. 《后汉书》志第二四《百官一》，第 3557 页。

8. 《后汉书》卷四《孝和孝殇帝纪》，第 188 页。

邓族忌恨。于是可见，禹等颇善谀媚外戚。[1]事亦见《后汉书·陈宠传》。任职期间，荐补擅长经义的周防为博士。[2]

（19）"五载之间，边竟方安"。张禹于永元十二年（100年）为太尉，至延平元年（106年），前后六年。碑云"五载"，是其任期内。"边竟"，边境。《汉裴岑纪功碑》的"边竟艾安"，《汉北海相景君碑》的"轻黠踰竟"，《汉郃阳令曹全碑》的"廓土斥竟"，均以"竟"为"境"。[3]

（20）"延平之际，荣拜太傅"。《后汉书·张禹传》云："延平元年，迁为太傅，录尚书事。"前引《后汉书·孝殇帝纪》记为是年正月辛卯。殇帝初即位，诏曰："昔唐虞之盛，犹待四辅；周文之宁，实在多士。汉兴，旧制咸宜，保傅并建左右，以参听断。太尉禹，三世在位，黄发罔愆；司徒防，竭力致身，先帝嘉之。其以禹为太傅，防为太尉，参录尚书事，百官总己以听。"[4]时已年近70，德高望重。《后汉书·百官志》云："太傅，上公一人。本注曰：掌以善导，无常职。"[5]

《后汉书·法雄传》云：其"初仕郡功曹，辟太傅张禹府，举雄高第，除平氏长"，[6]以善政事而官至刺史。

（21）"众宰之任，□□□□，若涉渊水，临事而懼"，句中"众"字写法同碑文"众有黍储"。而此读若"冢""冢宰"，掌邦治，统百官，以佐王均邦国。"若涉渊水"，为习用语，如汉武帝诏书有"今朕获奉宗庙，夙兴以求，夜寐以思，若涉渊水，未知所济"[7]之类谦虚语。汉明帝诏书亦有"方今上无天子，下无方伯，若涉渊水而无舟楫"[8]等自谦之词。

太傅为三公之首，时张禹位高权重，比古冢宰，故处事深思熟虑，小心谨慎。

《后汉书·张禹传》言："邓太后以殇帝初育，欲令重臣居禁内，乃召禹舍宫中"，处理国家事务，极得信任。然殇帝不满周岁而崩，张禹自以为要担负一定责任。故安帝即位后，"数上疾乞身"，然而安帝给予恩赐优待，"劝令就第"。

（22）"封爵安乡"，前已引《后汉书·张禹传》的有关记载。《后汉纪》云：永初元年"夏四月，太傅张禹为安乡侯。"[9]

《后汉书》本传记张禹封侯之后，于永初年间，"更拜太尉"。《后汉书·寒朗传》云：

---

1. （晋）袁弘撰，周天游校注：《后汉纪校注》卷一六《后汉孝和皇帝纪》下卷，第417页。

2. 《后汉书》卷七九上《儒林列传·周防传》云：防聪慧，"撰《尚书杂记》三十二篇，四十万言。太尉张禹荐补博士。"第2560页。

3. 《汉碑古字通训》，第271、5、135页。

4. （晋）袁弘撰，周天游校注：《后汉纪校注》卷一四，《后汉孝和皇帝纪》下，第418页。

5. 《后汉书》志第二四，《百官一》，第3556页。

6. 《后汉书》卷三八，《法雄传》第1276页。

7. 《汉书》卷六，《武帝纪》，第161页。

8. 《后汉书》卷二，《孝明帝纪》，第96页。

9. 《后汉纪校注》卷一六，《后汉孝安皇帝纪》上，第437页。

"永初三年，太尉张禹荐朗为博士"[1]可证。

（23）"谢病退去"，这句话与《后汉书·张禹传》说他于永初"五年，以阴阳不和策免"的记载吻合。《后汉书·孝安帝纪》亦有永初五年正月"己丑，太尉张禹免"的记载。[2]

（24）"遘疾不豫"，"遘疾"，生病。"不豫"，尊长有疾。

（25）"圣朝闵悼"，"圣朝"，皇帝。"闵悼"，怜恤伤悼。

（26）"薨亡之日，二使亲吊；哀憧咨嗟，赗选祕□"。"二使"，皇帝皇后二宫使者。《后汉书·张禹传》云："七年，卒于家。使者吊祭。""憧"读若恸。赗，赠予丧家随葬物品，此指皇家所赗东园秘器，即棺材。祕后当是"器"字，东园为汉代专造丧葬器物的官署。

（27）"□□□载，九月乙卯"，据碑文与文献知，张禹卒于永初七年（113年）八月二十五日。此句应是"永初七载"。"九月乙卯"，即九月二十一日，为下葬之日。

（28）"祀行东征，度宅成阳，在陵之滨"。石碑出土地在汉洛阳城东南。"度宅"，即改迁阴宅墓地。"成阳"，城南，指洛阳城之南郊。《汉鲁峻碑》碑阴记各郡县的门生故吏及出钱数目，如"高成昌图""阜成东乡晨子""阜成东乡恭公"，翁方纲《两汉金石记》云，"城皆省作成"。[3]刘庆柱研究员以汉"新成右祭酒"和"新城令印"为例，引《汉书·地理志》"新成县，惠帝四年置"，《续志》作新城，认为成与城通假。[4]

"陵"，皇帝陵墓；"滨"，旁边。

（29）"成周"，谓东周"成周城"，东汉国都洛阳的前身。指陪葬于先帝陵旁以示不忘君恩。其残缺文字，大意若"陪葬慎陵，南依万安，北望成周"。

3. 张禹墓与帝陵陪葬区

张禹碑文字精简，以四字为句而押韵。现存碑文虽不见碑主姓氏名讳，而碑主生平与《后汉书·张禹传》相符，史传是碑文的确切疏解。张禹为东汉位至三公的大官僚，然而其墓碑与同时代之官僚袁安碑、袁敞碑比较，其用石粗糙而材薄；虽前者为篆书，后为隶书，然而工刻隶书手法粗犷，惜时减刀，字痕浮浅毛糙。如不少字之捺划，浅刻双钩，不凿燕尾。何以如此，不易考究，或与张禹生前节俭有关系。

根据张禹碑出土现场情况分析，晋人在建造墓穴时，破坏汉墓，就近取材，以汉砖和汉碑改作封门材料。以往偃师出土汉碑，也有类似情况。1939年，河南大学校长王广庆云："东京文物炳蔚，碑刻应亦不少，而今存汉碑，希为晨星，殆由魏晋以后之制禁，毁弃而已。……近出《甘陵相》《皇女》诸残碑，皆魏晋之间折为墓门。"[5]汉墓旧物虽被晋人移动了原位，但我们认为，晋墓距碑主张禹的墓穴不远。碑文说张禹葬于先帝陵寝的旁边，为确定洛阳东汉南兆域帝陵的方位提供了可资参考的依据。据实地勘察，张禹碑出土地周围的农田上存有许多高出地面的土冢，是

1. 《后汉书》卷四一《寒朗传》第 1418 页。

2. 《后汉书》卷五《孝安帝纪》第五，第 216 页。

3. 《汉碑古字通训》，第 114 页。

4. 刘庆柱：《秦都咸阳遗址陶文通考》，《古代都城与帝陵考古学研究》，科学出版社，2000 年，第 97 页。

5. 郭培育、郭培智主编：《洛阳出土石刻时地记》，第 3 页。

东汉南兆域帝陵区的一部分。

由文献与碑文知,张禹生于光武帝建武十四年（38年）,明帝永平八年举孝廉,在京城为廷尉;章帝建初中至元和年间,出为扬州、兖州刺史和下邳相。和帝永元六年为大司农,后为太尉,"和帝甚礼之";殇帝登基,为太傅,录尚书事;安帝朝封安乡侯,于永初七年去世。四位皇帝都擢拔张禹,委以重任,恩宠有加;张禹于任上亦大展抱负,业绩显著。尤其是他交通外戚,庇护殇帝在襁褓中登上皇位。

那么,张禹陪葬何帝呢?据文献记载,从年代上看,东汉洛阳城南的六陵中,唯明帝显节陵、章帝敬陵、和帝慎陵、殇帝康陵之葬,早于张禹卒年,则碑文的"陵"当与此四陵有关。后两帝均葬于延平元年,距张禹之卒仅七年。我们认为,禹既为和、殇两帝大臣,据陪葬制度,安帝赐予特殊荣誉,使陪葬其中一帝,合于情理。

据文献记载,明帝显节陵西北去洛阳三十七里,章帝敬陵在洛阳城东南三十九里,和帝慎陵在洛阳东南三十里,殇帝康陵在慎陵茔中庚地。汉六尺为步,三百步为里,一尺约23.5厘米,一里约合今423米,则三十里约合今12.69公里。张禹碑出土地所在陵区距东汉洛阳故城实际距离约为12.5公里,从字面上看位于以上诸陵之北,与文献记载的"三十里"基本吻合。文献还记载,后葬的质帝静陵在洛阳东南三十里,桓帝宣陵也在洛阳东南三十里。那么,张禹墓当位于此六陵之北。据田野调查资料,东汉南北两兆域帝陵的陪葬家群,均集中分布于帝陵区域的东北一带。张禹碑的出土地正位于南兆域帝陵的陪葬区内。

第二节　墓志、碑刻与西晋帝陵

西晋都洛,历武帝(司马炎)、惠帝(司马衷)、怀帝(司马炽)、愍帝(司马邺),仅前二帝葬于洛阳。追封的三位皇帝即宣帝(司马懿)、景帝(司马师)和文帝(司马昭)也葬于都城附近。《晋书》只记载宣帝葬高原陵、景帝葬峻平陵、文帝葬崇阳陵、武帝葬峻阳陵、惠帝葬太阳陵,陵址均略而不详,确切位置不得而知。

民国年间出土的《晋故中书侍郎颍川颍阴荀岳及妻刘简训墓志》和《晋武帝贵人左太冲之妹左棻墓志》,记载二人分别陪葬文帝崇阳陵和武帝峻阳陵;20世纪90年代出土的《晋高阳元侯羊瑾碑》记载"陪葬崇、峻之阳"。《晋娄侯何桢墓表》出土于峻阳陵南1公里。因碑志出土地点明确,为寻找、证实崇阳陵和峻阳陵提供了依据。

一、荀岳、左棻墓志的出土地域及其主要内容

1. 《荀岳墓志》

近代金石学者顾燮光云:"丁巳（1917年）夏季,郦禾农先生邮赠偃师新出晋《荀岳墓志》一方,为文千余,至可宝爱。出土所在县西二十里汶庄（乡人穿井得之,以钱四十千售诸鲍姓,

曾存蔡庄小学堂）。"[1]丁巳为1917年，这是记录墓志出土时地的早期记录。近代金石学者、洛阳郭玉堂述《荀岳墓志》云："民国七年阴历六月，洛阳故城东十里蔡庄人掘井得之，石四面刻字。"[2]所记出土时间地点已异。于是，同一方墓志的出土地有两种不同的记载。

墓志呈竖长方形，四面刻字，隶书，拓本见于多种著录，[3]现藏偃师商城博物馆。其文如下：

晋故中书侍郎颍川颍阴荀君之墓。君以元康五年七月乙丑朔八日丙申岁在乙卯疾病卒。君乐平府君之第二子，时年五十。先祖世，安措于颍川颍阴县之北。其年七月十二日，大雨过常，旧墓下湿，崩坏者多。圣诏嘉悼，愍其贫约，特赐墓田一顷，钱十五万，以供葬事。是以别安措于河南洛阳县之东，陪附晋文帝陵道之右。其年十月戊午朔廿二日庚辰葬。写诏书如左：诏中书侍郎荀岳，体量弘简，思识通济，不幸丧亡，甚悼愍之。其赐钱十万以供丧事。诏故中书侍郎荀岳，忠正简诚，秉心不苟，早丧才志，既愍惜之。闻其家居贫约，丧葬无资，修素至此，又可嘉悼也。旧墓遇水，欲于此下权葬。其赐葬地一顷，钱十五万，以供葬事。皇帝闻中书侍郎荀岳卒，遣谒者戴璇吊。皇帝遣谒者戴璇以少牢祭具祠故中书侍郎荀岳。尚飨！（志阳）

岳字于伯，小字异姓，以正始七年正月八日癸未生于谯郡府丞官舍。以咸宁二年七月本郡功曹史在职，廿四日还家。十月举孝不行。三年七月司徒府辟。四年二月十九日戊午应命署部徐州田曹属。太康元年十二月举秀才，二年正月廿日被戊戌诏书除中郎。三年八月廿七日庚戌诏书除太子舍人。六年十月七日辛巳除尚书左中兵郎。七年七月十七日丁卯疾病去职，被壬申诏书除中郎。十年五月十七日除屯骑始平王司马。十二月廿七日除中郎参平南将军楚王军事。永熙元年九月除参镇南将军事。永平元年二月三日除河内山阳令，元康元年三月廿五日到官。三年五月四日除领军将军长史，六月六日拜。四年五月五日除中书侍郎，六月二日拜。夫人刘，年卅五，东莱刘仲雄之女。息女柔，字徽音，年廿，适乐陵石庶祖。次息男隐，字鸣鹤，年十九，娶琅耶王士玮女。次女和，字韶音，年十七，适颍川许昌陈敬祖三日妇。次女恭，字惠音，年十四，适弘农杨士产拜时。晚生二女皆不育。（志阴）

夫人刘氏，年五十四，字简训。永安元年岁在甲子三月十六日癸丑卒于司徒府，乙卯殡。其年多故，四月十八日乙酉附葬。（志右侧）

隐司徒左西曹掾和夫卒。子男琼，年八，字华孙。（志左侧）

晋文帝葬于曹魏咸熙二年（265年），30年后，元康五年（295年）荀岳薨，惠帝特赐墓田一顷，钱十五万，以供葬事，"陪附晋文帝陵道之右"。夫人刘简训于永安元年（304年）祔葬荀岳之墓。

---

1. 顾燮光：《梦碧簃石言》卷一，《晋荀岳碣》，第3页。

2. 郭培育、郭培智主编：《洛阳出土石刻时地记》，第8页。

3. 赵万里：《汉魏南北朝墓志集释》，第三册，图版一四。北京图书馆金石组编：《北京图书馆藏中国历代石刻拓本汇编》，第二册，第59页。

2. 《左棻墓志》

　　《左棻墓志》系"民国十九年阴历十二月，偃师城西十五里蔡庄村鲍姓，自地中掘出，地在汉魏洛阳故城东十里"。[1]石较小，表里刻字，隶书，拓本见于多种著录。[2]其文如下：

　　　　左棻，字兰芝，齐国临菑人，晋武帝贵人也。永康元年三月十八日薨。四月廿五日葬峻阳陵西徼道内。父熹，字彦雍，太原相、弋阳太守。兄思，字泰冲。兄子髦，字英髦。兄女芳，字惠芳。兄女媛，字纨素。兄子聪奇，字骦卿，奉贵人祭祠。嫂翟氏。

　　《晋书·后妃传》云：武帝"左贵嫔名芬。兄思"。[3]与墓志所记同。武帝葬于太熙元年（290年），左棻葬于永康元年（300年），显然，贵人后来陪葬于亡夫武帝之陵侧。

二、西晋二陵位置的确定

1. 文帝崇阳陵

　　民国早年，偃师出土的《晋荀岳墓志》记志主"安措于河南洛阳县之东，陪附晋文帝陵道之右"，则据荀岳墓址可追寻晋文帝崇阳陵之墓域。那么，首先要确定荀岳墓志的出土地点。

　　1982年10月至1983年1月，中国社会科学院考古研究所洛阳汉魏故城工作队实地勘察西晋帝陵，寻找到文帝崇阳陵和武帝峻阳陵。[4]

　　1982年10月，考古工作者在南蔡庄村东的潘屯、潘屯西北的坟庄（即顾氏所谓汶庄）访问10余位农民，获知潘屯村西出土的荀岳墓志，是坟庄人刘德发在自家地里打井掘得，后为偃师大乡绅南蔡庄村人鲍奇灿霸去。实地调查得知，顾氏所述是对的，郭氏记错了。

　　出荀岳墓志的水井当即填平，经刘德发后人和当时下井见过墓志的老人张海超现场指点，知其位置在邙山脚下的潘屯、坟庄之间旧东西向小关道南侧地里。依此线索，在枕头山上找到一处西晋大型墓地崇阳陵。

　　墓地在后杜楼村以北1.5公里一座无名山丘的南坡。山丘海拔233.3米，顶隆圆如盖，老乡称其为鳖盖地。东隔小东沟、大东沟与杨岭坡（山梁名）、唐山相望。西隔下洞沟和200米高的无名山梁直对，其背后跨过一带低地，即是拔地而起的平顶山峰枕头山，海拔290.4米；其前面，地势逐级下降，与低平、富庶的伊洛平原衔接，视野极其开阔。由枕头山顶俯瞰墓地，恰似在簸箕当心横身而卧的灵龟。

　　这里共探出墓葬5座，均为坐北朝南，墓的形制布局等都与峻阳陵墓地相同。其中位于墓地东端的一号墓是枕头山中规模最大的一座，墓道长46、宽11米；墓室长4.5、宽3.7、高2.5米。其他4座墓均较一号墓为小，分布在墓地的西部。墓地周围残存有陵园及建筑遗迹。东陵垣长384米，

1. 郭培育、郭培智主编：《洛阳出土石刻时地记》，第8页。

2. 赵万里：《汉魏南北朝墓志集释》，科学出版社，1956年，第三册，图版一二。北京图书馆金石组编：《北京图书馆藏中国历代石刻拓本汇编》，第二册，第66页。

3. 《晋书》卷三一《左贵嫔传》，第957页。

4. 中国社会科学院考古研究所洛阳汉魏故城工作队：《西晋帝陵勘察记》，《考古》1984年12期，第1096—1107页。

西陵垣长330米，北陵垣长80米，南陵垣未见痕迹。这三面陵垣围成一个北窄南宽的梯形，南端宽250米。在陵区内探出两处建筑遗迹：一处位于东垣最北端，居墓地东北角，为一长方形夯土台。另一处位于西垣南侧，由三块夯土基址组成。以其位置看，两处建筑遗迹当与陵区守卫有关。

如以枕头山墓地的墓葬方向估计其"陵道"的方位，则应在墓地与杜楼村相对应的南北线上，这样，荀岳墓志出土地潘屯村西，便恰在"陵道之右"，与墓志所云相合。可以确定，枕头山墓地即晋文帝的崇阳陵。

由于郭氏的记载不确切，已往有的学者以此为依据，得出文帝崇阳陵在南蔡庄村的错误结论。[1]

2. 武帝峻阳陵

根据《左棻墓志》记载"葬峻阳陵西徼道内"的线索，1982年秋，中国社会科学院考古研究所洛阳汉魏故城工作队实地勘察西晋帝陵。

考古工作者访问南蔡庄村民10余人，在南蔡庄以北的邙山坡上找到墓志出土地，这一带俗称"峻陵儿地"。即虽然经历了1700余年，在当地居民口中，此地仍然简称峻阳陵为"峻陵"。

峻阳陵墓地位于南蔡庄村北2.5公里的山坡上，背靠海拔252.8米的鏊子山，面对低平、开阔的伊洛平原；巍峨伏牛瞻于前，邙山主脉障其后，地理形势蔚为壮观。鏊子山两端，各有一独立山头，它们分别向南伸出一条较为平缓的山梁，对墓地形成三面环抱之势，实为一处"风水宝地"。经钻探，这里有墓葬23座，均坐北朝南，墓地内墓葬布局排列有序，主次分明，显示出死者生前的尊卑关系。

墓的形制布局等都与崇阳陵墓地相同。其中位于墓地最东部的1号墓，居于尊位，规模最大，墓道长36、宽10.5米；墓室长5.5、宽3、高2米。其他22座墓的规模都小于1号墓，分布在墓地的西部。左棻墓志出土于峻阳陵墓地西部边缘，与墓志所记相合，是此陪葬墓之一。那么，其他21座墓有可能都是后妃之类后宫女性墓。东部的1号墓则是武帝墓，这与史书中关于晋武帝多内宠的记载吻合。墓地四周没有发现任何陵垣痕迹，这既可能是陵垣早已尽毁无遗，更可能是当初就未筑陵垣，而以自然山峰、山梁代之。经过分析，可以认为这个俗称"峻陵儿"的墓地就是峻阳陵。

中国社会科学院考古所汉魏洛阳城队实地考察西晋诸陵，探明了文帝崇阳陵和武帝峻阳陵的位置，二陵背靠首阳山的鏊子山和枕头山，东西相距3公里。郭缘生《述征记》曰："北邙东则乾脯山，山西南晋文帝崇阳陵；陵西武帝峻阳陵；邙之东北宣帝高原陵、景帝峻平陵；邙之南，则惠帝陵也。"[2]陵域与所记的前二句合契，解决了一个重大学术问题和历史疑问。对峻阳陵和崇阳陵的基本确定，就为进一步勘察西晋宣帝高原陵、景帝峻平陵、惠帝太阳陵奠定了基础，三座帝陵当亦在此附近。

三、何桢墓表、羊瑾神道碑等与西晋帝陵陪葬墓群

2006年9月，偃师商城博物馆石刻长廊竣工开幕，展出的许多新资料中，有2件西晋碑刻。

---

1. 蒋若是：《从荀岳左棻两墓志中得到的晋陵线索和其他》，《文物》1961年10期，第49—52页。

2. 《文选》卷三八《表》下，傅季友：《为宋公至洛阳谒五陵表》，第534页。

1.《娄侯何桢墓表》

1992年秋，偃师文管会在晋武帝峻阳陵下（正南）约1000米处的首阳山镇南蔡庄村砖厂挖土区，抢救性发掘清理了一座被早年多次盗扰的西晋残墓，墓葬坐东朝西，顺邙山走向。在该墓中部偏北处，平置一块青石，平面方形，高41、宽43、厚7厘米。正面磨光，阴刻隶书4行，行4字："晋故光禄大夫娄侯庐江何公墓之神道"。石的上侧面，设楔形石榫，横长17、竖高2厘米。由此特殊形状分析，此石原系插镶在石柱之上物，即通常称之为墓表者。其包含的信息是我们探索墓表主人的根据。于是检阅文献，寻绎主人。

先说庐江何氏。东汉、三国、两晋均设庐江郡。庐江灊（文献或作潜）具有何氏，如："穆章何皇后讳法倪，庐江灊人也"。[1]

再说光禄大夫娄侯。后汉的"零娄"，为庐江郡十四城之一，"侯国"。[2]三国时期吴国的辅吴将军张昭，"改封娄侯，食邑万户"；孙权以陆逊为"右护军、镇西将军，进封娄侯"。[3]从姓氏籍贯与时代认定二人与墓表主人无关。《晋书·礼志》云，东晋穆帝升平元年（357年），将纳皇后何氏。太常王彪之大引经传及诸故事以定其礼。六礼版文之问名版文由皇帝遣使臣咨询女方家世出身。"主人曰：'皇帝嘉命，使者某到，重宣中诏，问臣名族。臣族女父母所生，先臣故光禄大夫、零娄侯祯之遗玄孙，先臣故豫州刺史、关中侯恽之曾孙，先臣故安丰太守、关中侯叡之孙，先臣故散骑侍郎准之遗女'"。[4]出身簪缨世家，门第高贵。《晋书·何充传》云："何充字次道，庐江灊人，魏光禄大夫祯之曾孙也。祖恽，豫州刺史。父叡，安丰太守。"[5]由这两条证据可以确定何祯是墓表的主人，时代、姓氏、乡贯、官爵均合。中华书局标点本的"校勘记"云："魏光禄大夫祯。《斠注》：《武纪》《四夷传》《魏志管宁传注》引《文士传》'祯'均作'桢'，按桢字元干，用'国之桢干'义。《类聚》五六引《文士传》亦作'桢'。"[6]可知"桢"为正字，以二字音同形近，当时多混同使用。本文所引文献，二名时出迭现，实为一人。可惜这位重要人物正史无传，唐代刘知己在《史通·内篇》亦确指其疏漏而为之鸣不平："当三国异朝，两晋殊宅，若元则、仲景，时才重于许、洛；何桢、许询，文雅高于扬、豫。而陈寿《国志》、王隐《晋史》，广列诸传，而遗此不编。此亦网漏吞舟，过为迂阔者"。[7]文苑传不录，可谓史馆之疏略，修撰之失职。

此以何桢墓表的发现为契机，梳理文献略叙生平。《事类赋》引《晋书》云："桢字元干，常以缚笔织扇为业，以奉供养。"[8]《太平御览》引《何祯别传》曰："祯，庐江潜人。父他，字文

---

1. 《晋书》卷三二《穆章何皇后传》，第 977 页。

2. 《后汉书》卷一一二《郡国志四》，第 3487 页。

3. 《三国志》，《吴书》卷五二《张昭传》，第 1221 页；《吴书》卷五八《陆逊传》，第 1345 页。

4. 《晋书》卷二一《礼志下》，第 667 页。

5. 《晋书》卷七七《何充传》，第 2028 页。

6. 《晋书》卷七七"校勘记"，第 2050 页。

7. （唐）刘知己撰，赵吕甫校注：《史通新校注》，《内篇·人物》，重庆出版社，1990 年，第 529 页。

8. （宋）吴淑撰注，冀勤、王秀梅、马蓉校点：《事类赋》卷一四，中华书局，1989 年，第 300 页。

奇，有俊才，早卒。祯在孕而孤，生遇荒乱，归依舅氏。豁龀乃追行丧，哀泣合礼，乡邑称焉。十余岁，耽志博览，研精群籍，名驰淮、泗"。[1]家道中落，坚苦刻厉于逆境，学成扬名。文献亦零星叙其做官的经历。《晋书·职官志》云，魏文帝黄初初（220年），置中书令，典尚书奏事，"而秘书改令为监。后以何祯为秘书丞，而秘书先自有丞，乃以祯为秘书右丞"。[2]《唐六典》引《魏志》云："何桢，文帝时上《许都赋》，帝异之，公车征到为秘书郎。后月余，桢阅事，帝问外：'吾本用桢为丞，何故为郎？'案主者罪，遂改为丞。时秘书丞尚未转，遂以桢为右丞。"[3]直接得到皇帝的眷顾，起家所拜品阶颇高，秩四百石。《三国志·魏书·杜挚传》裴松之注引《庐江何氏家传》则云，魏明帝时，何祯为秘书丞，[4]是承前续任。明帝青龙元年（233年），何桢任扬州别驾，[5]由朝廷外放，改任地方官。

《艺文类聚》卷六云："何祯集曰：以正始六年，为弘农太守"，[6]官位升擢。任上举荐所看重的人才，不以臣属视之："何桢，字元干，为弘农郡守。有杨嚣生为县吏，桢一见便待以不臣之礼，遂贡之天朝。"[7]杨嚣系杨修之子，位至晋典军将军，历官清廉，朝廷可谓得人。《三国志·魏书·管宁传附胡昭传》记齐王曹芳正始中，何桢为弘农太守。裴松之注引《文士传》曰："桢字元干，庐江人，有文学器干，容貌甚伟。历幽州刺史、廷尉，入晋为尚书、光禄大夫。桢子龛，后将军；勖，车骑将军；恽，豫州刺史；其余多至大官。自后累世昌阜，司空文穆公充，恽之孙也，贵达至今。"[8]则《晋书·何充传》所谓何桢是"魏光禄大夫"的说法不确。

高贵乡公曹髦甘露二年（257年）五月，镇东大将军诸葛诞以淮南作乱。七月，大将军司马昭奉天子及皇太后东征，会师淮北。"师次于项，假廷尉何桢节，使淮南，宣慰将士，申明逆顺，示以诛赏"。[9]参与了战役，全胜而归。

主掌曹魏国政的司马昭卒于咸熙二年（265年）八月。不久，晋武帝受禅，追尊号曰文皇帝。吴末帝孙皓于宝鼎元年（266年）正月，"遣大鸿胪张俨、五官中郎将丁忠吊祭晋文帝"。到洛阳后，"尚书仆射羊祜、尚书何桢，并结缟带之好"。[10]两国高官聚首，各示人格魅力而深结友谊。因

1. （宋）李昉等撰：《太平御览》卷三八五，《人事部二十六·幼知下》，《四部丛刊》三编子部，上海书店，1985年，第44册，第四页。

2. 《晋书》卷二四《职官志》，第735页。

3. （唐）李林甫等撰，陈仲夫点校：《唐六典》卷一〇《秘书省》，中华书局，1992年，第297页。

4. 《三国志》卷二一《魏书》三，《杜挚传》，第622页。

5. （宋）李昉等撰：《太平御览》卷五八七，《文部三·赋》："《文士传》曰：何桢字元干。青龙元年，天子特诏曰：'扬州别驾何桢有文章才，试使作《许都赋》，成封上，不得令人见。'桢遂造赋，上甚异之。"《四部丛刊》三编子部，第48册，第六页。

6. （唐）欧阳询：《艺文类聚》卷六《地部州部郡部·关》，第103页。

7. （唐）徐坚等编纂：《初学记》卷二〇《政理部》引虞预《晋书》，中华书局，1962年，第478页。

8. 《三国志》卷一一《魏书·管宁传附胡昭传》，第362、363页。

9. 《晋书》卷二《文帝纪》，第34页。

10. 《三国志》卷四八《吴书》三，《孙皓传》，第1165页。裴松之注，第1166页。

听命于司马氏，魏晋代禅之后何桢即叙阶于新朝。《宋书·礼志》云："汉、魏废帝丧亲三年之制，而魏世或为旧君服三年者。至晋泰始四年（268年），尚书何祯奏：'故辟举纲纪吏，不计违适，皆反服旧君齐衰三月。'于是诏书下其奏，所适无贵贱，悉同依古典。"[1]托古改制缩短丧期，简化程序以利家国。又云："何桢《冠仪约制》及王堪私撰《冠仪》，亦皆家人之可遵用者也。"[2]凸显其谙熟古代礼仪迎合国情适时改革的文臣风骨。武帝泰始七年，"单于猛叛，屯孔邪城。武帝遣娄侯何桢持节讨之。桢素有志略，以猛众凶悍，非少兵所制，乃潜诱猛左部督李恪杀猛，于是匈奴震服，积年不敢复反"。[3]战事延宕至第二年，《晋书·世祖武帝纪》云：泰始"八年春正月，监军何桢讨匈奴刘猛，累破之，左部帅李恪杀猛而降。"[4]在朝为官制礼作乐，经略边疆谋勇果决，为国建勋是其人生亮点。武帝于咸宁五年（279年）十一月命大将王浚、王浑等帅军伐吴，太康元年（280年）四月，王浑大破吴军，接受吴末帝孙皓派司徒何植、建威将军孙晏送上降书。《资治通鉴》卷八一胡三省注引《三十国春秋》云："四月，甲子，王浑斩张悌。丙寅，杀岑昏，与何桢书。"[5]是向何桢通报征战克捷的书信，则其时老臣犹在关注国事。

《隋书·经籍志》载："晋金紫光禄大夫《何桢集》一卷"。[6]《旧唐书·经籍志》《新唐书·艺文志》均载有"《何祯集》五卷"，[7]惜不传，《全晋文》卷三二有辑本，录《许都赋》等残句，文字不多。

由所引文献铺叙曹魏西晋两朝老臣何桢小传如下：何桢字元干，庐江郡灊县人。父他，字文奇，有俊才，早卒。祯在孕而孤，生遇荒乱，归依舅氏。龆龀乃追行丧，哀泣合礼，乡邑称焉。常以缚笔织扇为业，以奉供养。十余岁，耽志博览，研精群籍，名驰淮、泗。魏文帝黄初中为秘书右丞。明帝青龙元年任扬州别驾。齐王曹芳正始六年（245年）为弘农太守，举荐县吏扬器，待以不臣之礼，遂贡之天朝。历幽州刺史。高贵乡公曹髦甘露二年七月，随大将军司马昭东征，以廷尉假节淮南，宣慰将士，申明逆顺，示以诛赏。入晋为尚书，光禄大夫，封零娄侯。泰始二年孙吴大鸿胪张俨、五官中郎将丁忠赴洛阳吊祭晋文帝，尚书何桢与之并结缟带之好。有集五卷，不传。三子：龛，后将军；勖，车骑将军；恽，豫州刺史、关中侯。恽子叡，安丰太守、关中侯。叡子充，司空文穆公；子准，散骑侍郎，穆章皇后父。其家累世昌阜，贵达至今。

设何桢黄初元年20岁，则太康元年已是80岁的耄期老人。何桢墓表的出土地点北距峻阳陵约1000米，是陪葬武帝陵的元勋心膂。

以往洛阳出土过类似何祯墓表的石刻。现陈列于洛阳古代艺术馆的《晋韩寿墓表》，屡见于

1. 《宋书》卷一五《礼志二》，中华书局，1974年，第403页。

2. 《宋书》卷一四《礼志一》，第336页。

3. 《晋书》卷九七《四夷传·北狄传附匈奴传》，第2549页。

4. 《晋书》卷三《武帝纪》，第61页。

5. 《资治通鉴》卷八一《晋纪三·武帝太康元年》，中华书局，1997年，第664页。

6. 《隋书》卷三五《经籍志》四，中华书局，1973年，第1061页。

7. 《旧唐书》卷四七《经籍志下》，中华书局，1975年，第2058页。《新唐书》卷六〇《艺文志四》，中华书局，1975年，第1578页。

清代以来的金石学著作。石呈圆柱体，高113、直径33厘米。底平，顶有榫头。通体纵刻24条半圆形凸棱，中部偏上处为一外凸的方形石面，面高48、残宽32、厚7厘米。面下与柱顶各刻二周绳索纹。石面上刻隶书4行，行5字："晋故散骑常侍骠骑将军南阳堵阳韩府君墓神道"，书法隽美，韩寿卒于惠帝元康初。[1]《后汉书·中山简王焉传》记刘焉死后，"大为修冢茔，开神道"。李贤注："墓前开道建石柱以为标，谓之神道。"即华表，通常称它为"墓表"。一般由三部分组成，下为础，上立柱，柱顶榫头置带座的雕兽。另一块《晋故虎牙将军王君表》，隶书3行，行3字，拓片宽12、高11厘米，见于著录。[2]金石学者柯昌泗云："丁卯春日，洛阳郭玉堂为予致晋王君表两石。其石高二寸，广三寸许。文曰晋故虎牙将军王君表，为神道阙之最小者。郭言出土时尚有两圆柱承其下，以无字并未携取。据知凡石阙上下无连缀之石，盖皆别有石柱以承之也。"为1927年事。[3]这3件墓表的时代、题铭格式、出土地域相同。将《何桢墓表》和《韩寿墓表》比较，前者是圆柱和柱上外凸的方形石面分体镌刻后插合(见何桢墓表安装示意图)，后者为通体镌刻。即这2件墓表的制作方法不同而整体形状相同，且刻字面尺寸相若。虽然从文字看墓表是立于墓前地面用于标识坟茔的，可是《何桢墓表》却未立于墓前而仅将方形石面平置于墓室内，用如后世的墓志。何以如此，大概是咸宁四年晋武帝下诏禁断于墓前立置石兽碑表的缘故。而韩寿墓表之立距离碑禁已经13年，武帝也已去世，于是便有恢复旧俗之举。

2.《高阳元侯羊瑾碑》

20世纪90年代于偃师市首阳山镇沟口头村薛旭亚砖厂征集，据说是过去推土机推出来的。残碑长方形，长92、宽38、厚16厘米，碑两面有字，正面右边和下边残断，考察复原通体宽度，碑阳的碑额题记应有6行，残留5行。碑文应有16行，残留12行，第5行亦仅保留5个残字而已。碑的长度以及每行缺失的字数，不易复原。若按铭词复原，4字1句，为20句。则倒数第3行缺失7字，倒数第2行缺失6字。估计原碑高112、宽52厘米左右。此将碑额抄为1行，碑文依行照录如下：

　　　　□□□将军特进高阳元侯羊府君之碑

　　　　1.□□□□□□□□□□□虎旅宿卫文□……

　　　　2.至于三四，严诏敦逼，扶舆就职。固执逊尚，苃而□……

　　　　3.以重赉。君立朝忠正，守拙纯固，不峻治以要功，不……

　　　　4.皇宇遗勋□以□□宜升□□□□□礼。享年不永，春秋六……

　　　　5.则世殒□□□□□天子□□，□□恸怀，矧我臣子，号咷……

　　　　6.酉，陪葬崇、峻之阳，□□□行□日永□又□赠使持节、都督……

　　　　7.安措。王人吊祭□□众事□□□□□□□也。夫人……

　　　　8.殒，祔合于葬。有二子曰玄之、同之。□□故吏主簿桓豹等人，……

　　　　9.琰之遗义，庶既殒而弗□，乃刊石铭勋，□羡来叶。其辞曰：

1. 北京图书馆金石组编：《北京图书馆藏中国历代石刻拓本汇编》，第2册，第69页。黄明兰：《西晋散骑常侍韩寿墓表跋》，《文物》1982年1期，第65页。

2. 北京图书馆金石组编：《北京图书馆藏中国历代石刻拓本汇编》，第2册，第93页。

3. （清）叶昌炽撰，柯昌泗评，陈公柔、张明善点校：《语石·语石异同评》卷五，中华书局，1994年，第347页。

10.维岳降灵，乃诞□德；于穆元侯，□此□则。如山之崇，如渊之□；□□□□，□□

11.且直。作镇于外，文武允敕；扶我皇纲，是亮是翼。宜享遐□，登此□□；□□□□，

12.泣血靡诉。敢勒玄石，对□□□；瞻□勋轨，慨□□墓。

碑阴的左边和下边残断，按复原的整碑尺寸计算碑阴文字，分六段横列，每段24人，共约144人，皆为碑主故吏的籍贯姓名和字。现残存五段，排列整齐。此自左而右、自上而下，分段照录残文如下：

故吏□郡□□世□，故吏吴兴施维茂□，故吏荥阳桓豹茂弘，故吏天水杨俶道伯，故吏梁国胡滕世初，故吏荥阳程秀伦叔，故吏平原所琓元瑜，故吏乐陵董延季陵，故吏济南赵瘔子凤，故吏冯翊李绾弘仲，故吏赵国赵雅世伟，故吏阳平兆冗宽容，故吏泰山卜群令始，故吏项丘吕曼林甫，故吏济阴司宝颖泰，故吏冯翊贾振忠明，故吏陈留范舒处叔，故吏□□□□叔平。

故吏沛国夏侯深季玄，故吏平原淳于瞻望芝，故吏高平夏侯彪长老，故吏颍川王默初玄，故吏东郡成茂中舒，故吏顺阳王道衡明，故吏赵国李芳万芝，故吏平原李雄万衡，故吏清河夏顺灵芝，故吏冯翊王靖永宣，故吏天水赵猗伟弘，故吏平原卫坦元初，故吏阳平杨巘彦祖，故吏阳平□□良基，故吏汲郡董佐国治，故吏汲郡郝载长玄，故吏高阳刘平伯兴，故吏清河李谭处元，□□□□□武叔由。

故吏□平□尹彦始，故吏长乐孟汰休宗，故吏济北□嗣祖明，故吏高平许嗣永业，故吏高平□穆公□，故吏高平单谈景玄，故吏项丘成琨安□，故吏清河□延伟□，故吏济阴□□□龙，故吏济□□赞道宣，故吏昌□董肇延士，故吏上□□□士□，故吏武□赵纯彦□，故吏阳平李演巨龙，故吏阳平邢万弘龙，故吏长乐高访元始，故吏平原□军景狄，故吏乐安刘豹君□，故吏范阳刘统□□。

故吏陈留□□□□，故吏高平万英世雄，故吏乐陵□□□□，故吏中山马□元□，故吏□安□□□平，故吏高阳成统巨文，故吏□□□□景□，故吏□平周□□叔，故吏任城葵铨公□，故吏济南孙万万幸，故吏□□□□万坚，故吏□平□□后宗，故吏陈留□□元超，故吏齐北□茂□玄，故吏广平□□钦元，故吏渤海郎漠洪谋，故吏阳平□□泰初，故吏河东□□世□。

故吏梁国□□□□，故吏阳平赵谦元□，故吏渤海宋靖处□，故吏□国马诞长□，故吏□□□□□，故吏中山王觐伟卿，故吏巨鹿冀俭元约，故吏渤海牟雄伟□，故吏长乐董济玄元，故吏阳平曹雄元舒，故吏高平苏扬颀玄，故吏高平翟晖稚□，故吏高平邢浚士玄，故吏高平周渊世□，故吏高平严彪道□，故吏高平辽膺祖□，故吏□城高腾□□，故吏南阳冯□□□。

碑文断续，句意难明。考察其书体风格，乃典型的晋隶，故时代大体可定。额题显示碑主是羊姓高官。残碑第8行的3个人物即碑主的两个儿子羊玄之、羊同之和故吏桓豹的身份及其所处时代的确定，是考绎神道碑主人的关键。

先看羊玄之，《晋书》有传："羊玄之，惠皇后父，尚书右仆射瑾之子也。玄之初为尚书郎，以后父，拜光禄大夫、特进、散骑常侍，更封兴晋侯。迁尚书右仆射，加侍中，进爵为公。成都王颖之攻长沙王乂也，以讨玄之为名，遂忧惧而卒。追赠车骑将军、开府仪同三司。"[1]讨伐事在惠帝太安二年（303年）八月，卒于其年九月癸巳。[2]《惠羊皇后传》亦云，"惠羊皇后讳献容，泰山南城人。祖瑾，父玄之"，[3]叠出互见之文可以确定碑主是羊瑾。

再看桓豹，复见于碑阴残文第一段第3人："故吏荥阳桓豹茂弘"。惠帝永宁元年（301年）正月赵王伦篡位，六月齐王冏以起兵匡救之功，入居洛阳辅政，揽权骄恣，不可一世。"殿中御史桓豹奏事，不先经冏府，即考竟之。于是朝廷侧目，海内失望矣"。[4]《册府元龟》卷二九九、《资治通鉴》卷八四所记同。由此可见神道碑与文献记载的人物姓名相同时代一致，那么碑主肯定就是羊瑾了。

羊瑾出身名门世家，尚可证之于《晋书·羊琇传》："羊琇字稚舒，景献皇后之从父弟也。父耽，官至太常。兄瑾，尚书右仆射。"[5]他既是景帝皇后羊徽瑜的堂弟，又是惠帝皇后羊献容的祖父，出身才干与外戚的身份确保他必然是朝廷显宦。

神道碑第2行残文谓皇帝严诏督迫，羊瑾老病，勉强扶持就职。以国之耆老，特蒙优礼。这个皇帝应是惠帝司马衷。此类文辞通识于两晋，《晋书·山涛传》云："涛辞以丧病，章表恳切。会元皇后崩，遂扶舆还洛。逼迫诏命，自力就职。"[6]《晋书·皇甫谧传》叙其不受辟举，"其后武帝频下诏敦逼不已"，谧上疏自称久病难起，"仰迫天威，扶舆就道，所苦加焉"。[7]3行誉其操行端悫吏治得方。4行5行叙其60多岁亡故，天子伤悼，妻子恸怀，臣僚嚎啕，朝野闻之，莫不洒泪。6行叙皇帝给予羊瑾陪葬"崇、峻之阳"、追赠官爵的荣宠。山南为阳，茔地位于崇阳陵之西南，峻阳陵之东南，与碑文"陪葬崇、峻之阳"的记载吻合。《晋书·太祖文帝纪》云：司马懿之子、司马师之弟司马昭于曹魏咸熙二年（265年）"九月癸酉，葬崇阳陵，谥曰文王。武帝受禅，追尊号曰文皇帝，庙称太祖"。[8]《晋书·孝惠帝纪》云，太熙元年（290年）"夏五月辛未，葬武皇帝于峻阳陵"。[9]

前已述及，20世纪80年代，社科院考古所汉魏洛阳故城考古队探明了文帝崇阳陵和武帝峻阳陵的位置，二陵背靠偃师市西北面首阳山的枕头山和鏊子山，东西相距3公里。羊瑾神道碑出土处东北距文帝崇阳陵5公里，西北距武帝峻阳陵2公里。7、8、9三行谓天子遣使臣前往吊丧祭祀。其

1. 《晋书》卷九三《外戚传·羊玄之传》，第2413页。

2. 《晋书》卷四《孝惠帝纪》，第101页。

3. 《晋书》卷三一《惠羊皇后传》，第966页。

4. 《晋书》卷五九《齐王冏传》，第1607页。

5. 《晋书》卷九三《外戚传·羊琇传》，第2410页。

6. 《晋书》卷四三《皇甫谧传》，第1225页。

7. 《晋书》卷五一《皇甫谧传》，第1415页。

8. 《晋书》卷二《太祖文帝纪》，第44页。

9. 《晋书》卷四《孝惠帝纪》，第89页。

妻先亡，同日合葬。子玄之、同之与故吏桓豹等人怀报深恩，寄思先烈，刻石铭勋。

羊氏望出泰山郡南城县，在今山东省泰安县。泰山羊氏源于春秋晋国公族羊舌氏，秦末徙居泰山，东汉时期发展成天下甲族，举朝瞩目。据《后汉书·羊续传》记载，南阳太守羊续"其先七世二千石卿校。祖父侵，安帝时司隶校尉。父儒，桓帝时为太常"。入魏之后，其子羊秘与司马懿以佐命之功，行爵出禄，历践华阶。羊续三子之中，长子秘，京兆太守；次子衜，上党太守；三子耽，官太常，皆载于《三国志》和《晋书》。羊氏还与曹魏权臣司马氏结为姻戚，羊衜之女徽瑜，为司马师之妻；太常王肃与羊氏所生之女王元姬，为文帝司马昭之妻（文明皇后）、武帝司马炎之母，羊氏受封平阳靖君。衜子、徽瑜之弟祜和耽子琇等于魏晋嬗代中功勋卓异，立传晋史。耽子瑾、孙玄之一支联姻皇室，宠遇甚厚。士族门阀累世显贵，蝉联政治成为制度。

碑阴所刻为羊瑾立碑颂德的故吏姓名，第二、三段各19人，余段各18人，共92人。籍贯分布，西达天水，东至渤海，而以中原士人为主。碑阴刻故吏门生姓名现象，求之碑碣，始于东汉，若《永建五年食堂画像题记》《阳嘉残碑》《北海相景君碑》《孔宙碑》《孔彪碑》《鲁峻碑》《张迁碑》。时争标郡望讲究门第，培植私党形成风气。三国两晋踵袭跟进，若曹魏《上军大将军曹真残碑》《汉庐江太守范式碑》、西晋《南乡太守郛休碑》。甚至国都太学所立《大晋龙兴皇帝三临辟雍皇太子又再莅之盛德隆熙之颂碑》（现仍耸立于偃师市佃庄镇东大郊村的太学遗址附近），碑阴刻学官太常、散骑，教职人员博士、助教、主事、司成，以及学员的郡籍、姓名等，多达400余人，可见风气之盛。封建社会门阀专政，形成于这一时期。汉魏晋三朝，羊氏为爪牙虎臣，门庭显赫，历代树恩，门生攀援世族，故吏遍布天下，士族积久不衰的政治文化权势于是残碑可见一斑。

何桢墓表、羊瑾神道碑为西晋帝陵陪葬和陪葬区域提供了新线索。《荀岳墓志》曾明确记载："安措于河南洛阳县之东，陪附晋文帝陵道之右"，既是"陪附"就说明陪葬习俗或者陪葬制度在当时是实际存在的。《晋书》中有王沈、贾充、魏舒之妻、滕修、周处、羊祜、鲁芝等大臣及家属都有被赐葬地的记录。《晋书·羊祜传》载："赐去城十里外近陵葬地一顷"。陪葬文帝的荀岳，他的墓志中也有"特赐墓田一顷"的记载，所以文献所说的"赐葬地"很有可能就是陪陵。这是陪葬制度存在的一个重要佐证。荀岳陪葬的地点在洛阳县的东面，晋文帝陵之外陵道的西侧。羊瑾墓碑有"陪葬崇、峻之阳"的记载，进一步言明了陪葬的位置，即位于二陵的南侧。西晋残墓出土的西晋名臣何桢墓表也位于附近区域。

2002年7～9月，洛阳市第二文物工作队在偃师首阳山镇香峪村北四方砖厂基建工程中，发掘清理西晋墓2座（编号02YXM1、02YXM2）。2008年8～10月，在首阳山镇新庄村北六和饲料厂基建工程中发掘清理西晋墓2座（编号08YXM4、08YXM5）。4座墓葬规模较大，毗邻鏊子山和枕头山墓地（西晋崇阳陵、峻阳陵），墓葬形制和鏊子山、枕头山墓地的墓葬形制基本相同。这种墓葬形制仅发现在首阳山南坡，说明它们之间显然关系密切。2008年10月我们对荀岳墓志、羊瑾墓碑、何桢墓表的出土地点和四方砖厂、六和饲料厂4座墓的方位做了地理定位，绘制了分布图。可以看到，相关碑志的出土地点和墓葬的位置是在一个大范围内，即均位于崇阳陵、峻阳陵的南侧，偃师市首阳山镇的新庄、南蔡庄、潘屯、坟庄、香峪、下洞、沟口头村一带。碑志和墓葬综合在一起，这一区域应是西晋文、武二帝的陪葬墓区。

四、西晋帝陵的几个相关问题

北魏孝文帝于太和二十年五月丙戌，"遣使者以太牢祭汉光武及明、章三帝陵。又诏汉、魏、晋诸帝陵，各禁方百步不得樵苏践蹋"，[1]祭奠、保护前朝帝陵。唐高宗显庆二年"十月，幸许州，次自善顿。遣使祭魏明帝高平陵，帝自制祭文。又遣使祭后汉光武原陵、明帝节陵、晋武帝峻阳陵"。[2]

据中国社会科学院考古研究所洛阳汉魏故城工作队对文帝崇阳陵、武帝峻阳陵的调查、勘探和试掘得知，无山陵而有陵园，墙垣遗迹尚存。有小面积的建筑遗迹，或是陵户所居。未发现寝庙建筑遗迹。[3]证实魏文帝终制"寿陵无立寝殿，造园邑"、晋宣帝遗诏"子弟群官皆不得谒陵"，得以实施，则魏晋陵寝遂绝。这是对两汉的山陵寝庙一体的陵寝制度的显著改革，晋陵对曹魏首阳陵规制的效仿，有待于将来的发现与研究。

《晋书·五行志》云："穆帝永和七年九月，峻平、崇阳二陵崩。十二年十一月，遣散骑常侍车灌修峻平陵，开埏道，崩压，杀数十人。"[4]所谓"陵崩"，就是覆盖于地宫上的黄土向下塌陷了。由于不起山陵大冢，塌陷成坑的原因有三，一是地宫建筑塌顶；二是地宫之上的覆土夯打不实，日久下沉遇雨堕落；三是盗掘破坏。要加以修复，须顺着墓道向下挖出覆土。在清理积土时，墓道壁塌方伤人。这就是邙山历代帝陵崩颓的记载不多，唯晋代有两座后代追封的帝陵崩塌的原因。

司马昭以曹魏大将军的身份安葬时，建设陵园墙垣，设门；于神道前立墓表石柱等陵墓石刻，其后的西晋帝陵大概取消了这种明显标识性的附属建筑。

由于崇阳陵等陵墓有陵园墙垣为标识，峻阳陵等无标识的当朝帝陵去古未远，社会动乱则屡遭盗掘，故东晋皇室密切关注，屡使臣僚北上修葺。东晋穆帝永和十二年，大司马桓温欲经纬中国，以河南粗平，将移都洛阳。朝廷畏温，不敢为异，而北土萧条，人情疑惧，虽并知不可，莫敢先谏。孙绰乃上疏曰："臣之愚计，以为且可更遣一将有威名资实者，先镇洛阳，于陵所筑二垒以奉卫山陵，扫平梁许，清一河南，运漕之路既通，然后尽力于开垦，广田积谷，渐为徙者之资。"[5]这两座营垒是否建置、设于何处及其与陵园墙垣的关系，以及东晋修复陵墓的遗迹是今后考古调查所要注意的。

第三节　墓志碑刻与北魏帝后陵墓

1.《魏书》卷七下《高祖孝文帝纪》，第 179 页。

2.（宋）王钦若等编：《册府元龟》卷一七四，《帝王部·修废》，中华书局，1960 年，第二册，第 2099 页。

3. 中国社会科学院考古研究所洛阳汉魏故城工作队：《西晋帝陵勘察记》，《考古》1984 年 12 期，第 1096 — 1107 页。

4.《晋书》卷二九《五行志下》，第 900 页。

5.《晋书》卷五六《孙绰传》，第 1546 页。

太和十九年（495年），孝文帝"诏迁洛之民，死葬河南，不得还北。于是代人南迁者，悉为河南洛阳人"。[1]同时"诏曰：'迁洛之人，自兹厥后，悉可归骸邙岭，皆不得就茔恒代'"。[2]此诏令至北魏分裂前，朝廷始终遵照施行。位于今洛阳市孟津县"瀍河两侧的北邙山域，是北魏统治集团的一个大墓区。这个大墓区，既包括了帝陵，又包括了元氏皇室、'九姓帝族'、'勋旧八姓'和其他内入的'余部诸姓'以及此外的一些重要降臣的墓葬"。[3]帝陵及其随葬墓就座落于邙山的瀍河两岸，有高大的墓冢为标志。

一、孝文帝长陵的位置

1. 北魏墓志记载的长陵

元宏5岁即位，冯太后临朝，太和十四年亲政。太和二十三年崩，时年33，葬长陵。记载长陵的文献无多，而洛阳出土记载陪葬于长陵及其别称的北魏墓志甚夥，此条理简述。

近百年来，洛阳邙山出土北魏墓志约300方。墓志的出土地点，是研究的基础之一。本文采用墓志的"出土时地"录自《洛阳出土石刻时地记》，此书所记，乃撰者于新中国成立前多年采访调查的记录，多可凭信。也有存疑者，如《隋王钊墓志》记其于大业三年十月"葬于宫城东北魏孝文后高氏陵北三里"。[4]此书记曰："民国廿五年阴历正月，洛阳城北徐沟村出土。并出红陶俑四件。"[5]徐沟村位于高氏陵东南，方向错了。其地于隋代已是墓冢累累，是古人错，还是今人错，难以确究。

墓志中记载附葬于长陵（或作苌陵）茔域及其周边的墓志32方，为简明计，列表以示。表中"序号"依埋葬年月为次；"墓志主人"一般照录墓志首题，加上名讳；"葬年葬地"录自墓志，为求简洁，略去干支；"备注"中简称《洛阳出土石刻时地记》为《时地》，标明页码；"位置"指墓志出土地位于该陵的方向；墓志拓本也标明出处与页码，以便检索：

1.《洛阳出土历代墓志辑绳》，[6]"备注"中简称《辑绳》。

2.《鸳鸯七志斋藏石》，"备注"中简称《七志》。

3.《辽宁省博物馆藏碑志精粹》，[7]"备注"中简称《辽志》。

4.《洛阳出土北魏墓志选编》，[8]"备注"中简称《选编》。

以上诸书未著录者，则采用：

1.《魏书》卷七下《高祖纪》，第178页。

2.《魏书》卷二〇《广川王传》，第527页。

3. 宿白：《北魏洛阳城和北邙陵墓—鲜卑遗迹辑录之三》，《文物》1978年7期，第48页。

4. 赵力光编：《鸳鸯七志斋藏石》，第192页。

5. 郭培育、郭培智主编：《洛阳出土石刻时地记》，大象出版社，2005年。

6. 洛阳市文物工作编：《洛阳出土历代墓志辑绳》，中国社会科学出版社，1991年。

7. 王绵厚、王海萍主编：《辽宁省博物馆藏碑志精粹》，文物出版社、日本中教出版株式会社，2000年1月合作出版。

8. 朱亮主编：《洛阳出土北魏墓志选编》，科学出版社，2001年。

5.《千唐志斋藏志》，[1]"备注"中简称《千唐》。

6.《汉魏南北朝墓志集释》，[2]"备注"中简称《集释》。

7.《北京图书馆藏中国历代石刻拓本汇编》，[3]"备注"中简称《北图》。

8.《河洛墓刻拾零》，[4]"备注"中简称《河洛》。

个别墓志拓本未见于著录，则采用《汉魏南北朝墓志汇编》的录文，[5]"备注"中简称《汇编》。

本文其他的表格亦采用上述图书。

表五八　记载长陵的北魏墓志

序号	志主姓名	葬年葬地	出土时地	位置	备　注
1	侍中司徒公广陵王元羽	景明二年七月廿九日迁窆于长陵之东岗	民国七年，洛阳城北南陈庄村西第一冢内出土	东	《时地》11页、《选编》223页
2	武昌王河南尹齐徐二州刺史元鉴	正始四年春三月廿六日附窆于长陵之东岗	民国十七年阴历五月初一日，洛阳城北前海资村北地出土，无冢	东	《七志》23页、《时地》13页
3	城阳康王元寿妃曲氏	正始四年八月十六日薨于京师。葬于长陵之东。窳于其子怀王之茔	民国八年阴历十月廿七日，洛阳城北十六里，后海资村北平冢之西第三冢内出土	东南	《时地》14页、《选编》239页
4	侍中太傅领司徒公录尚书事北海王元详	永平元年十一月六日卜窆于长陵北山	民国九年，洛阳城北十八里张杨村西，后海资村北平冢内出土	东南	《时地》14页、《选编》243页
5	使持节侍中假黄钺都督中外诸军事太师领司徒公彭城武宣王元勰	永平元年十一月六日窆于长陵北山	民国八年，洛阳城北张杨村西一里小冢内出土	东	《时地》14页、《辽志》50页、《选编》242页
6	太尉府参军元侔	永平四年十一月五日窆于长陵之北岗	民国十五年阴历七月，洛阳城北四十里陈凹村出土	北	《时地》15页、《辽志》54页、《选编》248页
7	北海王妃李元姜	延昌元年八月廿六日附葬于长陵北山	民国十年，洛阳城北南陈庄村西，后海资村北，平冢东第三冢内出土	东南	《时地》16页、《选编》252页

1. 武志远、郭建邦：《千唐志斋藏志》，文物出版社，1984年。

2. 赵万里：《汉魏南北朝墓志集释》，科学出版社，1956年。

3. 北京图书馆金石组编：《北京图书馆藏中国历代石刻拓本汇编》，中州古籍出版社，1989年。

4. 赵君平、赵文成编：《河洛墓刻拾零》，北京图书馆出版社，2007年。

5. 赵超：《汉魏南北朝墓志汇编》，天津古籍出版社，1992年。

8	尚书左仆射骠骑大将军冀州刺史元珍	延昌三年十一月四日窆于河南东垣之长陵	民国九年，洛阳城北北陈庄村南岭出土，无冢	东北	《时地》17页、《选编》261页
9	宁远将军洛州刺史元广	筮龟启吉，永即芒阜之阳，长陵之左熙平元年十一月廿二日记	民国十五年阴历五月廿三日夜，洛阳城北姚凹村北大道之北出土	东北	《时地》19页、《七志》40页、《选编》270页
10	轻车将军太尉中兵参军元珽妻穆玉容	神龟二年十月廿七日窆于长陵大堰之东	民国十一年阴历五月，洛阳城北南陈庄村南地出土，无冢	东	《时地》21页、《七志》44页、《选编》281页
11	城门校尉元腾与夫人程法珠	神龟二年十一月九日合窆于长陵之东北皇宗之兆	民国十四年阴历前四月廿八日，洛阳城北徐家沟村东北出土，无冢	东	《时地》21页、《选编》282页
12	镇远将军朔州刺史元瓒	神龟二年十一月十日葬于长陵之左	2004年春，孟津县		《河洛》25页
13	文昭皇后高照容	神龟二年……祔高祖长陵之右	一九四六年二月，洛阳城北官庄村大小冢之小冢内出土……其小冢东南之大冢即孝文皇帝之长陵	西北	《时地》21页、《辑绳》28页、《选编》283页
14	使持节侍中都督中外诸军事司空公领雍州刺史文宪公元晖	神龟三年三月迁葬于洛阳西四十里长陵西北一十里西乡瀍源里瀍涧之滨	民国十五年阴历六月十九日，洛阳城北四十里陈凹村西出土，有冢	北	《时地》21页、《七志》49页、《选编》284页
15	元氏夫人赵光	正光元年十月廿一日永窆于芒陵之侧。西去瀍涧之水五里有余。东去武穆王陵二里之半	民国十五年阴历五月廿三日，洛阳城北姚凹村东出土。地在元怀冢之东，与元悌冢相近	东北	《时地》22页、《七志》50页、《选编》289页
16	征虏将军平州刺史元灵曜	正光四年三月廿三日祔葬长陵	民国十六年，洛阳城北后海资村西北出土，无冢	东南	《时地》25页、《七志》61页
17	襄威将军大宗正丞元斌	正光四年十一月廿七日葬于长陵之东	民国十六年，洛阳城北后海资村西北出土，无冢	东南	《时地》26页、《七志》65页、《选编》304页
18	使持节散骑常侍安南将军都官尚书冀州刺史元子直	正光五年八月六日窆于长陵之东北	民国十一年阴历九月，洛阳城北南陈庄村张姓地中出土，无冢	东	《时地》27页、《七志》67页、《选编》309页
19	持节辅国将军平州刺史元崇业	正光五年十一月十四日葬于长陵之东北	民国十六年阴历六月，洛阳城北安驾沟村出土，无冢	东	《时地》27页、《七志》70页、《选编》313页
20	乐安王元悦妃冯季华	正光五年十一月十四日合葬于长陵之东	民国九年阴历六月，洛阳城北徐家沟村东南出土，墓冢甚大	东	《时地》27页、《选编》312页
21	玄州刺史元悫	孝昌元年十二月二日迁窆西芒长陵之东		东	《辑绳》44页
22	使持节侍中骠骑大将军仪同三司尚书令冀州刺史江阳王元义	孝昌二年七月廿四日窆于成周之北山长陵茔内	民国十四年阴历三月廿六日，洛阳城北前海资村西南大冢内出土	东	《时地》30页、《选编》333页

23	使持节车骑大将军仪同三司雍州刺史元固	孝昌三年十一月二日葬于长陵之东	民国七年阴历六月，洛阳城北南陈庄村东寨濠出土	东	《时地》33页、《选编》354页
24	平西将军瓜州刺史元均之	建义元年七月六日葬于长陵之东	民国十七年五月，洛阳城北徐家沟村南安驾沟村北出土，无冢	东	《时地》35页、《七志》100页、《选编》366页
25	龙骧将军太常少卿元俊	建义元年七月十二日窆于洛阳西卌里长陵西北一十里西乡灅原里灅涧之滨	民国十五年阴历六月廿二日，洛阳城西北陈凹村出土	北	《时地》36页、《七志》103页、《选编》367页
26	辅国将军广州刺史元憻	建义元年七月十二日窆于洛阳西卌里长陵西北十里西乡灅源里灅涧之滨	民国十五年，洛阳城西北陈凹村出土	北	《时地》36页、《七志》104页
27	使持节卫大将军仪同三司定州刺史俊仪县开国男元周安	建义元年九月七日迁葬于长陵之东	民国十四年阴历九月初十日，洛阳城北南陈庄村东出土	东	《时地》39页、《七志》108页、《选编》379页
28	员外散骑侍郎元恩	永安二年十一月十九日迁葬于长陵之左	民国十年冬，洛阳城北安驾沟村出土	东	《时地》41页、《选编》391页
29	使持节镇东将军冀州刺史长平县开国男元液	永安三年二月十三日迁窆于长陵之东岗	民国十八年阴历三月廿日，洛阳城北瓦店村西张杨村东北出土，无冢	东	《时地》42页、《七志》121页
30	使持节散骑常侍都督青州诸军事中军大将军青州刺史元袭	太昌元年十一月十九日倍葬长陵	民国十六年，洛阳城北安驾沟村出土	东	《时地》45页、《七志》129页、《选编》408页
31	侍中太傅录尚书事冯翊郡开国公第四子散骑常侍征东将军金紫光禄大夫西华县开国侯长孙士亮妻宋灵妃	永熙二年正月卅日葬于洛阳城西廿里，汉原陵南七里，魏长陵东南十里，马鞍山之阳	民国廿五年阴历六月十五日，洛阳城东北十五里，西吕庙村北数十步处出土	东南	《时地》45页、《选编》409页
32	使持节都督齐州诸军事平南将军齐州刺史广川县开国侯元钻远	永熙二年十一月廿五日陪葬长陵之东岗	民国九年，洛阳城北南陈庄村南出土	东	《时地》46页、《辽志》86页、《选编》411页

2. 北魏墓志记载长陵的其他名称

除西陵外，墓志记载的东垣之陵、大陵等均为长陵之别称，此列表汇录有关资料，引用前人研究成果，简为考述，供研究者参考。

个别墓志直称高祖孝文陵。关于"东垣之陵"，《记载长陵的北魏墓志表》第8号《元珍墓志》记"延昌三年十一月四日窆于河南东垣之长陵"可证。元珍、元孟辉系父子，葬于同一茔域。"大陵"之记述亦如是，阅表可知。

下表序号5《元子永墓志》与前表《元礼之墓志》，二志主为兄弟，"同日遇害于河阴之难，二人同日葬，志石又同时出土"，[1]则志主的葬地"窆于荒山之西岭""窆于大陵之□"，在长陵

---

1. 郭培育、郭培智主编：《洛阳出土石刻时地记》，第39页。

表五九　记载孝文陵、东垣之陵、大陵的北魏墓志

序号	志主姓名	葬年葬地	出土时地	位置	备　注
1	征东大将军大宗正卿洛州刺史乐安王元绪	正始四年十月卅日葬于洛阳城之西北。祔茔于高祖孝文陵之东	民国八年冬，洛阳城北瀍河东岸安驾沟村出土	东	《时地》14 页、《选编》241 页
2	给事中晋阳男元孟辉	神龟三年十一月十五日窆于东垣之陵	民国十五年阴历十月，洛阳城北北陈庄村出土，无冢	东北	《时地》22 页、《七志》48 页
3	直寝奉车都尉汶山侯吐谷浑玑	熙平元年十一月廿一日葬于孝文皇帝大陵之东北	民国十八年，洛阳城北姚凹村东北出土，无冢	东北	《时地》19 页、《七志》39 页、《选编》269 页
4	轻车将军元宁	正光五年十一月十五日迁兆于大陵东北，冀刚之阳	民国十五年阴历六月，洛阳城北伯乐凹村出土，无冢	东北	《时地》27 页、《七志》71 页
5	故镇军将军豫州刺史元子永	永安元年十一月廿日窆于大陵之□	民国十五年阴历六月初一日，洛阳城北北陈庄村西南岭出土，无冢	东北	《时地》39 页、《七志》110 页、《选编》384 页

之东北。荒山即邙山。

文献的山陵，指皇帝（天子）皇后的陵墓，墓志亦如之。《中山王元熙墓志》云："世宗晏驾，皇上龙飞，山陵严重，任属亲贤，拜将作大匠。"[1]《荆河雍四州刺史七兵尚书寇治墓志》云："世宗晏驾，入奔山陵，除将作大臣。"[2]二志所言山陵系指宣武帝景陵。而其他墓志所云葬于山陵，特指孝文帝长陵。所谓"陵山"，亦特指长陵，此陵系北魏都城西的当代第一座也是最大的一座山陵，故名。

《元珍墓志》云"窆于河南东垣之长陵"，《元孟辉墓志》云"窆于东垣之陵"，《元珽妻穆玉容墓志》云"窆于长陵大堰之东"。东垣、大堰指何？指的是长陵四周的墙垣。据最新考古资料，长陵园平面近方形，东西长443米，南北宽390米，长陵的圆形封土现存直径96、高约21米。文昭皇后陵位于长陵的西北约104米处，直径42、高约15米。[3]陵区位于北魏洛阳城之西，陪葬墓都在长陵的东部，举办宗室显宦丧葬礼仪活动时，遥望西方，田野中最醒目的东西是高大的长陵及阔长的东墙垣，故墓志有如是记载。

3. 长陵位置的确定

前引《魏书·孝文昭皇后高氏传》云："文昭迁灵榇于长陵兆西北六十步。"文献记载二陵毗邻。《文昭皇后高照容墓志》见《记载长陵的北魏墓志》表52第13号，是确定长陵位置的关键。

---

1. 朱亮主编：《洛阳出土北魏墓志选编》，第 326 页。

2. 朱亮主编：《洛阳出土北魏墓志选编》，第 344 页。

3. 洛阳市第二文物工作队：《北魏孝文帝长陵的调查和钻探》，《文物》2005 年 7 期，第 50 页。

郭玉堂说，此志"一九四六年二月，洛阳城北官庄村大小冢之小冢内出土。石径厚，运石不便，剖两段，今魏文昭皇太后山陵志在随中打碎。墓是马道坡，出土陶器数十件。本年二月初四日，玉堂在后海资村小饭馆见前李村人李姓一一告之。墓内淤土满室，系八卦穿顶，室内陶器未出完。十二月廿八日，志石运海资集，玉堂购得保存。一九五六年，玉堂将高皇太后志石，捐献给河南省文物工作队第二队，后转交洛阳博物馆。"现藏洛阳市文物工作队。1966年，郭玉堂之孙郭建邦根据《洛阳出土石刻时地记》所载此志的出土地点，结合墓志所记的葬地"祔高祖长陵之右"，考得官庄村东之小冢即文昭皇太后之墓冢，其小冢东南之大冢即孝文皇帝之长陵。[1]实地考察与文献记载相符，故黄明兰等学者亦循是说。[2]

有资格围绕长陵而葬的是元魏宗室及其夫人。统计本节表52、53各村出土墓志：表52记载葬于长陵的30方墓志的出土地域：南陈庄村7、北陈庄村1、前海资村2、后海资村3、张杨村2、陈凹村4、姚凹村2、徐家沟村3、官庄村1、安驾沟村3、瓦店村1、西吕庙村1。表53记载葬于孝文陵、东垣之陵、大陵的5方墓志的出土地域：安驾沟村1、北陈庄村2、姚凹村1、伯乐凹村1。据洛阳市地图，分析墓志出土地与长陵的方位关系可知，以上村庄分布在长陵的北、东北、正东和东南，呈扇形分布于半径约6.5公里的范围内。墓志主要出土在这一带，而且与不少墓志记载的葬于长陵东、东北相合。

邙山，或作芒山、茫山、北芒，文献与墓志习见，因在洛阳城北，又称北山，如元义墓志云："窆于成周之北山长陵茔内"。元详、元飖、李元姜墓志记窆于"长陵北山"，而墓志出土于长陵之东。这里北山系指邙山，意为葬于长陵附近的邙山上。

二、孝文昭皇后终宁陵（破陵）的位置

1. 终宁陵迁葬开挖成破陵

孝文昭皇后高氏，世宗宣武皇帝元恪之生母。《魏书》卷一三《孝文昭皇后高氏传》，文昭皇后先葬长陵东南的终宁陵，《资治通鉴》叙其具体时日为南齐永元元年，即北魏太和二十三年"六月，戊辰，魏追尊皇姊高氏为文昭皇后，配飨高祖，增修旧冢，号终宁陵。"[3]而去长陵实远，后迁祔长陵西北六十步。据表一引《文昭皇后高照容山陵志》，皇后薨于太和廿年（496年），于神龟二年（519年）祔高祖长陵之右。《魏书·肃宗孝明帝纪》亦云：神龟二年正月"改葬文昭皇太后高氏"。[4]即25年后由终宁陵迁葬长陵。

清末民国，邙山出土的北魏墓志中有3方墓志自记葬于终宁陵茔域，此列表以便观览。

关于终宁陵，罗振玉云："志称僧男瘗于终宁陵之北阿。考《魏书·皇后传》孝文昭皇后高氏，先葬城西长陵东南，陵制卑局，因就起山陵，号终宁陵，置邑五百家。后肃宗诏迁灵榇于长

---

1. 河南省文物工作队：《洛阳北魏长陵遗址调查》，《考古》1966年3期，第155－158页。

2. 黄明兰：《洛阳历代皇陵》，《中原文物》1987年特刊，第34页。

3. 《资治通鉴》卷一四二《齐纪八·东昏侯永元元年》，第1135页。

4. 《魏书》卷九《肃宗孝明帝纪》，第228页。

表六〇　记载葬于终宁陵茔域的北魏墓志

号	墓志主人	葬年葬地	出土时地	备 注
1	傅姆王遗女	正光二年八月廿日瘗于终宁陵之北阿	民国八年，洛阳城北杨凹村北地出土，无冢	《时地》23 页、《七志》55 页、《选编》296 页
2	女尚书王僧男	正光二年九月廿日瘗于终宁陵之北阿	民国六年，洛阳城北南石山村东南地出土，无冢	《时地》23 页、《北图》4 册 114 页
3	假节东夏州刺史公孙猗	孝昌二年十一月十四日迁葬于终宁陵	民国十五年阴历二月十六日夜，洛阳城北小梁村北出土，在元延明墓东，无冢	《时地》31 页、《七志》86 页、《选编》343 页

陵兆西北六十步，是终宁陵初为孝文昭皇后陵寝，及昭后移葬长陵，遂以为宫人葬地。故品一王遗女墓志亦云，瘗于终宁陵之北阿也。"[1]赵万里跋《公孙猗墓志》说："猗卒于东夏州治所，而迁葬于终宁陵。终宁陵初为孝文昭皇后高氏陵寝，后高后迁葬长陵，遂为臣僚葬所。王僧男王遗女均瘗终宁陵北阿。知其地不仅葬臣僚，且葬宫人矣。"[2]"王遗女墓志出杨凹村，王僧男墓志出南石山村，均称瘗于终宁陵北阿。终宁陵初为孝文昭后陵寝，后昭后迁葬长陵，遂为宫人及臣寮葬所，亦当在长陵左右。"[3]学者所述均为史实。南石山、杨凹二村东西骈列为近邻，杨凹村北与小梁村相邻。三村位于长陵之东约15华里处，属于长陵茔域。从墓志记载和墓志出土地看，南石山东南、杨凹、小梁之北也是终宁陵之茔域。换言之，作为迁都洛阳第一代君主夫人的墓冢，终宁陵是这一带最高大显著的陵山，迁葬时掘开。

南石山、杨凹二村之南有村曰盘龙冢。盘龙冢村得名于村北的大冢，位于长陵的东南。陈长安先生认为，盘龙冢位于长陵东南，与文献记载终宁陵方位一致。《王遗女墓志》《王僧男墓志》所记"瘗于终宁陵之北阿"，则终宁陵必在南石山、杨凹之南。而二村之南，盘龙冢是唯一大冢。以现今的知识来看，盘龙冢的等高线是200米，南石山、杨凹的等高线是250米，此地正是古人所谓"终宁陵之北阿"。迁葬孝文昭皇后高氏时在正月，因地宫位于冢中心地下，顺墓道下葬，迁葬须将冢顶部和墓道破开，方能大揭顶至墓室。当时"于梓宫上获大蛇长丈余，……蛰而不动"，处冬眠期。"灵榇既迁，置蛇旧处"。古人或以大蛇为龙，这也许是后来称"破陵"为"盘龙冢"的又一根据。[4]

1989年7月20日，笔者去邙山盘龙冢村考查此大冢，其平面像个倒写的"凹"字，也近似半个玉璧，北边为半圆，南边向北凹弧。立面像个簸箕，东西北三周高，中间低，与南边地面平。冢东西长约60米，南北宽约50米。一通弧顶石碑倒在冢南边，碑高1.48、宽0.7、厚0.17米（不包括

1. 罗振玉：《雪堂类稿》，丙《金石题跋》，《女尚书王僧男墓志跋》，第 166 页。

2. 赵万里：《汉魏南北朝墓志集释》第一册，《公孙猗墓志》，第 54 页。

3. 赵万里：《汉魏南北朝墓志集释》第一册，第 8 页。

4. 陈长安：《洛阳北魏定陵、终宁陵考》，《中原文物》1987 年特刊，第 57 页。

碑座）。面中心纵刻"汉安帝恭陵"5个楷书大字，大字右边刻"清乾隆十年岁次己丑正月吉日，洛阳县知县、今升直隶陕州知州加六级、纪录九次□□□敬立石。"立石人为龚崧林。冢北面在冢土上打了两孔窑洞，洞内周壁上可见层层夯土，厚约12厘米，十分坚硬，是人工覆土为陵的实证。冢东西为扰动的活土。据该村老乡谈，该冢本名"破陵冢"，音念转了成为"盘龙冢"。20世纪50年代，文管会来人，在簸箕里钻探好几天，立碑处是墓道。下面四五米深，有3孔砖窑，中间高两边低。由于古冢年代久远，史籍记载粗略，故龚氏为帝陵定名，多张冠李戴，然而由县衙署划定保护范围，树立标志的做法，体现了一种地方政府主动保护古代遗迹的意识。

古代遭大开挖而保存至今的大陵不多，近年笔者考察曾有所见。吉林集安的高句丽王陵，七星山墓区0871号墓（规模48×40×3米），当是第6位王太祖大王陵，疑被毌丘俭（？~255年）发掘。七星山墓区0211号墓（规模66×58×7米），是第13位王西川王陵，被鲜卑大单于慕容廆（269~333年）所发。麻线墓区0500号墓（规模62.5×53.5×11米）即"西大墓"，是第15位王美川王陵，为前燕文明帝慕容皝（297~348年）所发，见《三国志》《三国史记》等文献记载。以上3座王陵照片可参阅《东北史地》2007年4期的图版。[1]就外貌言，终宁陵与之极有可比性，与麻线0500号墓外形一样，三周高中间低。七星山0871号墓，只是中间略浅些，也近于地平面。七星山0211号墓，也略呈三周高中间低的形状，只是后部的碎石也去除了一些。这些由碎石堆积成的大冢，只有用这种办法才能开挖到墓室。

2.　文献记载的破陵

大业九年六月，礼部尚书杨玄感反于黎阳，进逼东都。炀帝"遣左翊卫大将军宇文述、左候卫将军屈突通等驰传发兵，以讨玄感"。[2]屈突通奉诏驰救，自河阳济河，"军于破陵"，[3]大战于邙山，玄感屡败，遂释洛阳，西图关中。《北史·杨玄感传》和《资治通鉴》卷一八二所记同。惟后者所记有胡三省注曰"破陵，当在河阳南岸，洛城东北"，[4]根据文意粗略指其地域。

《旧唐书·杨恭仁传》记其于"大业初，转吏部侍郎。杨玄感作乱，炀帝制恭仁率兵经略，与玄感战于破陵，大败之。玄感兄弟挺身遁走，恭仁与屈突通等追讨获之。军旋，炀帝召入内殿，谓曰：'我闻破陵之阵，唯卿力战，功最难比。虽知卿奉法清慎，都不知勇决如此也'"，[5]功简帝心。《新唐书·杨恭仁传》所记同。

上引文献资料可见破陵之名至迟出现于隋。

3.　唐代墓志记载的破陵

近代以来，邙山出土唐代墓志多达数千方，其中自记葬于破陵茔域的墓志3方，此予表示。备

---

1. 张福有、孙仁杰、迟勇：《高句丽王陵通考要报》，《东北史地》2007年4期。七星山0871号墓，图版三，图6；七星山0211号墓，图版四，图13和封面；麻线0500号墓，图版五，图15。

2. 《隋书》卷四《炀帝杨广纪下》，第84页。

3. 《隋书》卷四《杨玄感传》，第1618页。

4. 《资治通鉴》卷一八二《炀帝大业九年》，第1446页。

5. 《旧唐书》卷六二《杨恭仁传》，第2381页。

表六一　记载葬于破陵的唐代墓志

号	墓志主人	葬年葬地	出土时地	备　注
1	宣州司法参军事夫人杜丑	粵以麟德二年七月廿四日，迁窆于洛阳之界，破陵东	洛阳北邙出土	《时地》131 页、《洛阳卷》4 册 199 页、《汇编》428 页
2	处士乐岂	以上元三年五月十八日与夫人胡氏窆于河南县邙山破陵北三里之平原，礼也		《洛阳卷》5 册 204 页、《汇编》614 页
3	朝散大夫行著作佐郎中山郎余令故妻赵国李道真	以垂拱三年四月一日假窆于河南县北邙山破陵东北		《洛阳卷》6 册 142 页、《汇编》754 页

注中的《洛阳卷》为《隋唐五代墓志汇编·洛阳卷》[1]的简称；《汇编》为《唐代墓志汇编》[2]的简称。

上引墓志资料可见破陵之名沿用于唐。百姓口授相传，流传于今。可惜的是这几方以往邙山盗掘出土的墓志都无出土地点，难以以此确定破陵的具体地域。

三、宣武帝景陵的位置

1. 北魏墓志记载的景陵

洛阳考古学者黄明兰先生认为文献记载的宣武陵景陵地势险要，土冢高大，故宣武帝之葬至唐初100余年间，山陵及其名称传于人口。他根据十几方有出土地点、志文记载葬于景陵附近的北魏、唐、宋墓志，确定景陵即邙山冢头村东1华里之大冢，[3]宿白教授阐述北邙陵墓的布局，亦引北魏墓志列表说明景陵的具体位置。[4]二人考史有据，观点一致，学界认同。惟所引资料未备，此增补之，列表展示。

表六二　记载葬于景陵茔域的北魏墓志

号	墓志主人	葬年葬地	出土时地	位置	备　注
1	世宗宣武皇帝第一贵嫔夫人司马显姿	正光二年二月廿二日倍葬景陵	民国六年，洛阳城北廿里伯乐凹村东出土，有冢	东北	《时地》22 页、《选编》293 页
2	东荆州长史征房将军颍川太守穆纂	正光二年二月廿八日迁窆景陵之右	民国十五年阴历六月，洛阳城西北水泉村出土，无冢	西北	《时地》23 页、《七志》53 页

1. 洛阳古代艺术馆编：《隋唐五代墓志汇编·洛阳卷》，天津古籍出版社，1991 年。

2. 周绍良主编：《唐代墓志汇编》，上海古籍出版社，1992 年。

3. 黄明兰：《洛阳北魏景陵位置的确定和静陵位置的推测》，《文物》1978 年 7 期，第 36 页。

4. 宿白：《北魏洛阳城和北邙陵墓》，《文物》1978 年 7 期，第 48 页。

3	直阁将军辅国将军长乐冯邕之妻元氏	正光三年十月廿五日葬于景陵之南岗	民国十五年阴历六月，洛阳城西北东陡沟村西地出土，无冢	南	《时地》24页、《集释》3册三七页a
4	正平太守元仙	（正光）四年二月廿七日葬于景陵之东阿	民国十六年，洛阳城北徐家沟村出土，无冢	东北	《时地》24页、《七志》58页
5	宁远将军燉煌镇将元倪	正光四年二月廿七日迁葬于景陵东山之阳	民国初年，洛阳城北姚凹村东张杨村西北出土，冢甚小，在元飏冢北	东北	《时地》24页、《选编》300页
6	威烈将军元尚之	正光四年十一月廿七日卜窆于景陵之东阿	民国廿五年阴历十月十九日，洛阳城北安驾沟村西，徐家沟村南出土，无冢	东北	《时地》25页、《集释》6册三八〇页a
7	金城郡君元华光	孝昌元年九月廿四日乃卜窆于景陵之东，龙刚之西	民国十二年阴历六月廿日，洛阳城北徐家沟村南，安驾沟村西北出土，无冢	东北	《时地》28页、《选编》318页
8	世宗宣武皇帝嫔李氏	孝昌二年八月六日葬于洛阳景陵垣	民国十五年阴历五月初五日，洛阳城北南石山村南地出土，无冢	东北	《时地》30页、《七志》80页、《选编》334页
9	齐州平东府中兵参军元则	孝昌二年闰月七日窆于景陵之东北	民国十八年阴历三月初三日，洛阳城北安驾沟村出土，无冢	东北	《时地》31页、《集释》3册五五页a
10	安西将军银青光禄大夫元朗	孝昌二年闰十一月十九日葬景陵东冈	民国十六年阴历十二月，洛阳城北后李村出土，其地在尖冢东南数十步，无冢	东	《时地》32页、《七志》88页、《选编》346页
11	雍州刺史南平王元暐	武泰元年三月十六日归窆于景陵东山之阳	民国十七年阴历六月，洛阳城北八里金家沟之西，盘龙冢村东南出土，无冢	东	《时地》34页、《选编》359页
12	征东大将军瀛州刺史元廞	建义元年七月十八日窆于竟陵之东	民国十年，洛阳城北安驾沟村北半里处出土，无冢	东北	《时地》38页、《七志》105页、《选编》373页
13	平南将军太中大夫元玕	天平二年七月廿八日窆于景陵东山之处	民国六年阴历六月，洛阳城北，盘龙冢村西南一里处出土，无冢	东	《时地》48页、《选编》414页

与陪葬长陵相比，元氏宗室、嫔妃陪葬景陵者相对少些。将墓志自叙葬地与《洛阳出土石刻时地记》记载的出土地相比较，郭氏的记载基本准确。上表第2号《穆纂墓志》称"迁窆景陵之右"，出土地水泉村位于景陵西北3华里许；第3号《冯邕妻元氏墓志》称"葬于景陵之南岗"，出土地东陡沟村位于景陵之南，方位正确。上表第4至第13号墓志皆称葬于景陵之东，其出土地徐家沟村、姚凹村、张杨村、安驾沟村、南石山村、后李村、金家沟村、盘龙冢村等位于景陵之东北和正东，相对距离或远或近，都对。仅1号《司马显姿墓志》称"倍（陪）葬景陵"，而《洛阳出土石刻时地记》说是"伯乐凹村东出土"，村在长陵陪葬茔域内，西南距景陵甚远。

景陵北距孝文帝长陵约10华里，上述诸村出土过不少陪葬长陵的墓志。8号《宣武皇帝嫔李氏墓志》称"葬于洛阳景陵垣"，而出土于南石山村，可见景陵茔域与长陵茔域已南北交融。

　　景陵偶称竟陵，罗振玉《瀛州刺史元廞墓志跋》："志称廞以建义元年四月十三日薨，其年七月十八日窆于竟陵之东。考自孝文卜洛，定瀍西为长陵，廞后宣武葬景陵，孝明葬定陵，孝庄葬静陵，皆在洛，无名竟陵者。当时宗室王公多陪葬，以长陵为最盛；其陪葬景陵者，若元倪，若元珝，若元仙，若金城郡君元华光，若宫嫔司马氏，仅五人而已。长陵当时亦称西陵，意者竟陵或即景陵异称，抑或为景陵之讹耶？元氏诸帝陵，在洛者，多湮没，惟《洛阳县志》载知县龚崧林考得景陵，在正北路上瀍河村，不审从葬景陵诸志，果得于此否？异日当就土人一访询之。"[1]是早期研究的成果，而清乾隆朝人龚崧林于冢前竖碑，误指为汉冲帝怀陵，张冠李戴，所考无据。

2. 唐代墓志记载的景陵

　　笔者在邙山出土的数千方唐代墓志中，检出7方墓志，自叙埋葬地在北魏宣武帝陵旁边，或葬于宣武帝陵派生出来的地名所属地域左近，多数墓志还可查见出土时间地点。下面列表展示。拓本资料主要来自《隋唐五代墓志汇编·洛阳卷》，[2]"备注"中简称《洛阳卷》；录文资料主要来自《唐代墓志汇编》，[3]"备注"中简称《汇编》，均标明页码。

表六三　记载葬于宣武陵、宣武原、宣武村、宣武里的唐代墓志

号	墓志主人	葬年葬地	出土时地	位置	备　注
1	元君妻独孤其	景龙二年九月十三日，权殡于洛州合宫县梓泽乡后魏宣武皇帝陵北一里，礼也	民国十九年，洛阳城西北十五里冢头村出土	北	《洛阳卷》8 册 112 页、《汇编》1082 页、《时地》204 页
2	李琪	以开元十年……三月十三日权厝于北邙旧茔南原礼也。……乃勒铭曰：……洛阳城北，宣武陵东，陇昏朝日，松悲夕风	民国十九年，洛阳北十四里后李村出土	东北	《洛阳卷》9 册 81 页、《汇编》1259 页、《时地》226 页
3	王令	祖以天册万岁二年正月十七日安厝于盐坎，祖姚李氏以景云元年十一月十三日殡于老君庙之西宣武陵之北，因迁奉亡考，孤子尚贤以开元廿年二月甲申并徙此原，合葬之礼，谨祔铭后，刻纪千秋	民国廿年，洛阳东北十七里太仓村西北小冢内出土	东	《洛阳卷》10 册 35 页、《汇编》1390 页、《时地》250 页
4	张之绪妻李氏	天宝壬辰岁（十一年）二月壬申，权厝于宣武原，仪也			《洛阳卷》11 册 173 页、《汇编》1670 页、《时地》291 页
5	裴铣	以天宝十三载闰十一月十一日，迁窆于河南县宣武陵之北原礼也	洛阳西北十七里沟上村出土	北	《洛阳卷》11 册 220 页、《汇编》1711 页、《时地》298 页

---

1. 罗振玉：《雪堂类稿》，内《金石题跋》，《瀛州刺史元廞墓志跋》，第 154 页。

2. 洛阳古代艺术馆编：《隋唐五代墓志汇编·洛阳卷》，天津古籍出版社，1991 年。

3. 周绍良主编：《唐代墓志汇编》，上海古籍出版社，1992 年。

| 6 | 裴适 | 以大历十四年夏四月辛未廿日庚寅，权窆于河南县梓泽乡宣武陵之北原，从其便也。……乃为铭曰……龟筮宅兆，配合乾坤，邙山之阳，宣武之村 | | | 《洛阳卷》12册85页、《汇编》1816页 |
| 7 | 裴暄 | 大和三年十二月九日葬于河南府河南县梓泽乡宣武里 | 民国十六年，洛阳西北十三里周家寨村出土 | 东北 | 《洛阳卷》13册101页、《汇编》2113页、《时地》348页 |

由上表知，唐代河南县梓泽乡的宣武原、宣武村、宣武里，皆由宣武帝景陵而得名，亦可见景陵是距离洛阳城最近的最高大的陵冢。

冢头村位于景陵东，沟上村位于景陵北，周家寨村、后李村位于景陵东北，墓志自叙葬地与《洛阳出土石刻时地记》记载的出土地多可契合，唐代墓志也证实了冢头村东之大冢是宣武帝景陵。唯太仓村距离景陵之东数十华里，太远，恐记载有误。

《魏书》卷一三《皇后列传》[1]记载宣武皇帝的三位后妃，顺皇后于氏葬永泰陵；皇后高氏遭灵皇后胡氏之害暴薨，"丧还瑶光佛寺，嫔葬皆以尼礼"；灵皇后胡氏于武泰元年，遭尔朱荣之害，"太后及幼主并沉于河。太后妹冯翊君收瘗于双灵佛寺。出帝时，始葬以后礼而追加谥"。都应葬于景陵附近。

3. 景陵的考古发掘

景陵位于洛阳市北郊邙山乡冢头村东1华里处，为一圆形大土冢，直径110、高24米，平顶。墓冢用黄土夯筑而成。陵墓的墓道及墓室全部覆盖在这一高大墓冢之下。陵墓已遭古代和近代多次盗掘。为便于就地保护，洛阳古墓博物馆将冢圈围于馆院内西部。

1991年6月，考古工作者对其进行了发掘，这是洛阳考古史上科学发掘的第一座帝陵。

发掘时看到，景陵已遭受盗掘，但墓葬形制与结构基本完整。从总体看，它是一座坐北面南的砖室墓，全长54.8米，由墓道、前甬道、后甬道、墓室四部分组成，平面略呈"甲"字形。墓道系由原地面直接下挖而成，全部为墓冢所覆盖，南起墓冢南缘，北接前甬道，长40.6米。墓道南段为土壁，北段为砖壁。前甬道南接砖壁墓道，拱券顶，券高3.78米，地面铺石。后甬道位于墓葬中轴线上，连结前甬道和墓室，平面呈纵长方形，拱券顶。石门安装在后甬道北端，或者说是嵌于墓室南壁中部，由门楣、门额、立颊、门下坎、门扇等青石构件组成。墓室位于后甬道之北，青砖筑砌，平面近方形，石板铺地。墓顶作四角攒尖式，高9.36米。整个墓室结构严密，十分坚固。

冢前古盗洞沿墓道土壁斜坡向下40余米，遇到宽2.8、高5、厚2.44米的封门墙，这道又高又厚的砖墙阻挡不住盗墓者，他们在墙下挖了个一人高的大洞，进入小砖砌就的前甬道，再向前遇到了宽1.94、厚0.78米的第二道封门墙，由于墙体不高，盗墓者在墙上部扒了个洞，钻进了小砖砌筑的后甬道，又被石墓门阻挡于外。墓门由门楣与门额、左右立颊、门坎、左右门扇共6块青石构成，高3.5、宽2.4米，高大坚固。盗墓者打碎门上部整石凿成的楣额，门扇失去依托，倒入墓室。

---

1. 《魏书》卷一三《皇后列传》，第336页。

在盗洞中发现盗掘者带入墓内的宋元时期的瓷器、铜钱等物，由此判断景陵首次遭掘时在宋元时期。考古工作者清理墓室时只发现了少许陶、瓷器的残片。民国年间的盗墓者挖过千年前先行者劫后雨水渗入形成的层层淤土，掘穿了墓底的生土，由此可见宋代的盗掘比较彻底。

从墓室内残存状况看出，墓室分作东西两半，东半摆放随葬品，西半为石棺床占据。棺床南北长，由15块方形石块拼砌而成。该墓因盗掘严重，随葬器物仅剩下一小部分，多不在原位，计有青瓷器12件、釉陶器1件、陶器20件、石器2件、铁器10件。[1]

一般说来，皇帝是中国封建社会统治集团中至高无上的孤家寡人。严格的等级制度界定了皇帝的陵墓规格最高，体量最大，营造最久，随葬品数量最多，制作最精。而陵墓个体数量最少，其历史、文物价值最高。目前已知洛阳邙山是东汉、曹魏、西晋、北魏等朝代的帝王陵墓区，惜自古及今多遭盗发。虽然北魏宣武帝景陵是第一座科学发掘的洛阳帝陵，但已不能提供比较完备的北魏陵墓资料，殊可惋惜。

四、孝明帝定陵、孝庄帝静陵的位置

1. 孝明帝定陵

目前已知葬于定陵茔域的北魏墓志3方，此以表简示。

表六四　记载葬于定陵茔域的北魏墓志

号	墓志主人	葬年葬地	出土时地	备　注
1	充华嫔卢令媛	年甫九龄，召充椒掖。天不慭遗，构疾弥留。正光三年，四月十六日卒于京室，时年十二。以其月卅日窆于芒山成周西北廿里	民国十八年阴历四月，洛阳城北十八里小梁村南地出土，无冢	《时地》24页、《七志》57页
2	持节督南岐州诸军事前将军南岐州刺史张宁	永熙二年八月廿八日窆于孝明皇帝陵西南二里，马村西北亦二里	民国廿一年阴历七月七日，洛阳城东北太仓村西北，西山岭头村南出土，无冢	《时地》45页、《七志》133页
3	使持节平西将军秦洛二州刺史王悦郭夫人	永熙二年。兆入定陵，……合葬于芒山南岭，定陵西岗	民国十六年冬，洛阳城东北，西山岭头村东南地出土	《时地》46页、《七志》135页

金石学者赵万里云："卢令媛墓志谓'窆于芒山成周西北二十里'，其地在今城北十八里小梁村南，殆即孝明之定陵矣。"[2]

---

1. 中国社会科学院考古研究所洛阳汉魏城队、洛阳古墓博物馆：《北魏宣武帝景陵发掘报告》，《考古》1994年9期，第801—814页。

2. 赵万里：《汉魏南北朝墓志集释》第一册，第8页。

前引宿白教授根据《洛阳出土石刻时地记》所述墓志出土地点，认为定陵在长陵、景陵之东，各代帝陵实际都在一处。陈长安先生认为，在西山岭头村南、太仓村北有后沟村，后沟村南的大冢即定陵。太仓村西南的马村就是北魏时期的马村，沿袭至今。[1]所说与墓志记载、邙山地理相合，而陵冢有待考古学证实确定。

《魏书》卷一三《皇后列传》记载孝明皇后胡氏，"武泰初，后既入道，遂居于瑶光寺"，乃迫于情势，虽不言所终，或祔葬于定陵。

2. 孝庄帝静陵

自宣武帝以后，政纲不张。孝明帝幼龄统业，灵太后妇人专制，于是衅起四方，祸延畿甸，陪葬之家已稀。庄帝即位，潜思变化，诛尔朱氏，终受其害。时天下淆然，外侮内乱，帝祚不长，陪葬之臣，迄未发现。

洛阳北郊邙山乡上砦村南有一座大冢，直径约30米，高15、1976年，大冢前出土一件石翁仲，头部已失，高3.14米，底有榫，当立于石座上。同时还出土一个石人头，与石翁仲为一体之物。经考证为北魏中晚期的作品，据此推测上砦村大冢为孝庄帝静陵。[2]由陵前使用石翁仲及其宽袍广袖造型，反映当时推行汉化政策波及丧葬制度。

《魏书》卷一三《皇后列传》记载孝静皇后高氏，为齐献武王之第二女。天平四年，诏娉以为皇后，"齐受禅，降为中山王妃。后降于尚书左仆射杨遵彦"。皇后改嫁他人，则不入帝陵。

宣武帝元恪，孝文帝第二子。孝庄帝元子攸，孝文帝之弟彭城王元勰之第三子。二帝为堂兄弟。上砦大冢位于冢头大冢西南约10华里，对于长陵而言，亦位于其南。推测的静陵位置，有待证实。

长陵雄峻如山，在北魏皇帝陵墓中首屈一指，景陵、定陵亦体量高大。静陵在国家日渐衰落的大环境中，体积规模屈降明显，已成定势。

五、北魏帝陵茔域的共称——西陵和金陵

1. 北魏墓志记载的西陵和西岭

记载葬于"西陵"的墓志28方，其中2方为近年出土的，著录于《洛阳新获墓志》[3]和《邙洛碑志三百种》。[4]

《泾州刺史齐郡王元祐墓志》，清末洛阳城北高沟村西出土，元祐妻《齐郡王妃常季繁墓志》同穴出土。[5]1911年阴历四月初七日，罗振常从北京来洛阳收购古董，得《元祐墓志》拓本一纸，十五日于古董肆得《卫尉少卿谥镇远将军梁州刺史元演墓志》拓本，"葬于魏高祖文皇帝之

1. 陈长安：《洛阳北魏定陵、终宁陵考》，《中原文物》1987年特刊，第51页。

2. 黄明兰：《洛阳北魏景陵位置的确定和静陵位置的推测》，《文物》1978年7期，第36页。

3. 洛阳市第二文物工作队编：《洛阳新获墓志》，文物出版社，1996年。

4. 赵君平编：《邙洛碑志三百种》，中华书局，2004年。

5. 郭培育、郭培智主编：《洛阳出土石刻时地记》，第20页。

西陵。按：西陵，县志云；'其地失考'。前齐郡王志石，土人云出于洛阳城南二十里之白老瓦村（彼志云葬于旧茔）。如此石亦出其处，则可考西陵之所在矣"。[1]当时出土北魏墓志不多，提出的问题十分重要。志主葬于城北，洛阳也无白老瓦村。与罗氏所记村名音近者，见本文《葬于景陵茔域的北魏墓志》《世宗宣武皇帝第一贵嫔夫人司马显姿墓志》，"民国六年，洛阳城北廿里伯乐凹村东出土，有冢"。伯乐凹村位于高沟村东北约5公里。信口雌黄，欺瞒外地人是古董商的惯用伎俩。

后来金石学者罗振玉提出了对西陵的看法："考自孝文卜洛，定瀍西为长陵，厥后宣武葬景陵，孝明葬定陵，孝庄葬静陵，皆在洛。……长陵当时亦称西陵。"[2]金石学者赵万里也有相同意见，他说："考《魏书·后妃传》：'孝文迁洛阳，自表瀍西为陵园之所。'诸志叙葬地泛称山陵或山陵之域，吴光、于仙姬、胡昭仪三志俱称'葬于西陵'。西陵即孝文之长陵，又称西岭（见《高宗嫔耿氏墓志》）。文成献文两朝嫔御，随孝文迁洛，未能归葬云中，故皆祔葬西陵。其地在今洛阳城北杨凹村、南石山村，《孝文昭皇后传》所谓'城西长陵'者是也。"[3]又说："飏志云'窆于洛阳之西陵'，西陵即孝文之长陵。此云'葬于瀍涧之东'，元思墓志'窆于瀍涧之滨山陵东埠'，则长陵在涧水东无疑矣。"[4]近年有人说："墓志称元冏'窆于西陵'，西陵作为葬地在墓志中常见，其位置及所指尚有待研究。据元冏墓的发掘简报，元冏墓位于孟津县朝阳村以北1.5公里，应即所谓西陵。"[5]视域名为陵冢了。

《魏书·高祖孝文帝纪》，孝文皇帝于太和二十三年四月崩，"五月丙申，葬长陵"。《太尉府咨议参军元弼墓志》记志主于"太和廿三年九月廿九日薨于洛阳，与夫人张氏合窆于西陵"，是较早入葬帝陵茔域的宗室。《卫尉少卿谥镇远将军梁州刺史元演墓志》记志主于延昌二年三月七日"葬于西陵高祖孝文皇帝之兆域"，肯定了西陵系指帝陵茔域。

表六五　记载葬于西陵的北魏墓志

序号	志主姓名	葬年葬地	出土时地	位置	备注
1	太尉府咨议参军元弼	太和廿三年九月廿九日薨于洛阳。与夫人张氏合窆于西陵	民国十五年阴历五月廿三日，洛阳城北十六里南陈庄村西北，张杨村西南，姚凹村东南出土	东	《时地》11页、《七志》14页
2	元始和	正始二年十一月十八日迁葬西陵之北岗	民国三年出土，具体地点不详，据志载，迁葬西陵之北岗，此地当在洛阳北南陈庄村一带	东	《时地》12页、《选编》231页

1. 罗振常：《洹洛访古游记》，第 134、174 页。

2. 罗振玉：《雪堂类稿》，丙《金石题跋》，《瀛州刺史元廞墓志跋》，第 154 页。

3. 赵万里：《汉魏南北朝墓志集释》第一册，第 8 页。

4. 赵万里：《汉魏南北朝墓志集释》第一册，《元飏妻王氏墓志》，第 23 页。

5. 罗新、叶炜：《新出魏晋南北朝墓志疏证》，中华书局，2005 年，第 70 页。

3	辅国将军汲郡太守阳平王元阿墓志	永平四年二月十八日窆于西陵	1991年8月，孟津县朝阳村（后海资）北约1.5公里，310国道发掘	东南	《洛阳新获墓志》10页
4	卫尉少卿谥镇远将军梁州刺史元演	延昌二年三月七日葬于西陵高祖孝文皇帝之兆域	清末洛阳城北张杨村西北二里出土	东	《时地》17页、《选编》255页
5	使持节冠军将军燕州刺史元飚	延昌三年十一月四日窆于洛阳之西陵	清宣统二年，洛阳城北张杨村西北，姚凹村东出土，有冢，周围四十步。与其妻王氏墓志，同时出土	东	《时地》17页、《集释》三册页六二b
6	皇内司吴光	熙平元年八月廿六日岁于西陵	民国十五年，洛阳城北十五里，南石山村高长茂于村北数十步掘得，无冢	东	《时地》18页、《七志》38页
7	右光禄大夫中护军饶阳男元遥	熙平二年九月二日徙殡于洛阳西陵	民国八年，洛阳城北后海资村南凹出土，有冢甚大，约三四亩	东南	《时地》20页、《七志》42页
8	使持节大将军阳平幽王太妃李氏	熙平二年十一月廿八日窆于洛阳之西陵	民国九年，洛阳城北张杨村北岭出土，冢甚大，位于赴北陈庄大道旁	东	《时地》20页、《选编》273页
9	夫人孟元华	正光四年正月十六日葬在西陵	民国廿五年阴历七月五日，洛阳城北杨凹村南出土	东	《时地》24页、《选编》298页
10	龙骧将军元引	正光四年二月廿七日葬于西陵	民国十四年阴历十月，洛阳城北姚凹村东南岭出土，无冢	东北	《时地》24页、《七志》59页
11	使持节散骑常侍车骑大将军仪同三司尚书左仆射冀州刺史元昭	正光五年三月十一日窆于洛阳之西陵瀍涧之东	民国十一年阴历十二月九日，洛阳城东北六里，马坡村北地出土，无冢	东南	《时地》26页、《选编》307页
12	龙骧将军荆州刺史广川孝王元焕	孝昌元年十一月八日葬于西陵之阴	民国十五年阴历四月廿八日，洛阳城北张杨村西北姚凹村东出土，无冢。地在元悌、元怀、元海三墓冢之西一里许	东北	《时地》28页、《七志》74页、《选编》320页
13	使持节车骑大将军仪同三司都督秦雍二州诸军事雍州刺史恭惠元诱	孝昌元年十一月廿日窆于西陵	民国十二年阴历二月初，刘宗汉在洛阳城北安驾沟村北地掘得，无冢。同时出土有继妻薛伯徽墓志石	东	《时地》29页、《七志》75页、《选编》323页
14	使持节仪同三司车骑大将军雍秦二州刺史都昌侯元诱夫人薛伯徽	孝昌元年十一月廿日祔葬于洛阳西陵旧茔	民国十二年，洛阳城北安驾沟村北出土，无冢。刘宗汉在自己地中掘得之。与其夫元诱同日合葬，二人志石同时出土	东	《时地》29页、《七志》76页、《选编》324页
15	青州刺史元晫	孝昌元年十一月廿日葬于西陵	民国八年夏，洛阳城北安驾沟村北出土，无冢。刘宗汉在自己地中先后掘得元纂、元晫、元熙三志	东	《时地》29页、《选编》322页

序号	志主姓名	葬年葬地	出土时地	位置	备注
16	文成皇帝夫人于仙姬	孝昌二年四月四日葬于西陵	民国十五年阴历五月廿一日，洛阳城北南石山村西北莫姓地中出土，南陈庄村东南一里，墓冢甚小	东	《时地》29页、《七志》78页、《选编》331页
17	左军将军司徒属赠持节督豫州诸军事龙骧将军豫州刺史元珽	孝昌二年十月十九日迁窆西陵	民国十一年阴历五月，洛阳城北南陈庄村南地出土，无冢	东	《时地》31页、《七志》85页、《选编》339页
18	昭仪胡明相	孝昌三年五月廿三日迁窆于西陵	民国八年夏，洛阳城北杨凹村西北小方冢内出土。地在张杨村东南。	东	《时地》33页、《选编》353页
19	征北将军相州刺史元宥	武泰元年七月既望后二日窆于西陵	民国十八年阴历五月初一日，洛阳城北安驾沟村出土，无冢	东	《时地》36页、《选编》371页
20	侍中骠骑大将军仪同三司尚书令徐州刺史太保东平王元略	建义元年七月十八日窆穸于洛城之西陵	民国八年，洛阳城北安驾沟村北半里处出土，地点与元廞墓志出土地同	东	《时地》37页、《辽志》74页、《选编》374页
21	使持节抚军将军光州刺史元昉	建义元年七月卅日葬于西陵之兆	民国十七年，洛阳城北安驾沟村北出土，无冢	东	《时地》38页、《选编》376页
22	使持节卫大将军仪同三司冀州刺史赵郡宣恭王元毓	建义元年七月卅日窆于西陵之兆	民国初年，洛阳城北安驾沟村北出土，无冢	东	《时地》38页、《集释》三册页一〇四a
23	侍中特进骠骑大将军尚书左仆射司州牧司空公巨平县开国侯元钦	永安元年十一月八日迁窆于西陵之阿	民国五年阴历六月十日，洛阳城北张杨村北一里处出土	东	《时地》39页、《辽志》76页、《选编》382页
24	辅国将军南秦州刺史元道隆	永安元年十一月十八日窆于北邙之西陵			《邙洛碑志三百种》27页
25	元景略妻兰将	永安元年十一月廿日葬于西陵	民国六年，洛阳城北南陈庄村西北出土。与其夫乐陵王元彦合葬，二志石同时出土	东	《时地》40页、《辽志》78页、《选编》383页
26	平州刺史巨鹿郡开国公于君妻和丑仁	太昌元年十月廿四日葬于西陵之旧茔	民国十五年阴历六月廿二日，洛阳城北伯乐凹村出土，在元诠墓西北	东北	《时地》44页、《七志》127页、《选编》404页
27	车骑大将军仪同三司林虑哀王元文	太昌元年十一月十九日迁窆于西陵	民国九年，洛阳城北后海资村北，南陈庄村西平冢东南出土，无冢	东南	《时地》44页、《辽志》84页、《选编》407页
28	使持节中司徒公鲁郡王元肃	永熙二年二月廿六日窆于西陵	民国十五年阴历六月廿日，洛阳城北安驾沟村出土，无冢	东	《时地》45页、《七志》131页

表六六 记载葬于西岭的北魏墓志

序号	志主姓名	葬年葬地	出土时地	位置	备注

1	高宗文成皇帝嫔耿氏	延昌三年七月十五日窆祔于洛阳西岭	民国二年，洛阳城北安驾沟村南出土，无冢	东	《时地》17页、《辽志》56页、《选编》259页
2	安东将军光州刺史元礼之	永安元年十一月廿日窆于荒山之西岭	民国十五年阴历六月初一日，洛阳城北北陈庄村西南岭出土，无冢	东北	《时地》39页、《七志》111页
3	使持节都督河凉二州诸军事卫大将军河州刺史宁国伯乞伏宝	永熙二年三月廿一日窆于北芒之西岭	民国十七年阴历六月，洛阳城东北白鹿庄村南，营庄村北出土，无冢	东北	《时地》45页、《七志》132页、《选编》410页

2. 北魏墓志记载的山陵、陵山和金陵、金山

表六七　记载葬于山陵的北魏墓志

序号	志主姓名	葬年葬地	出土时地	位置	备注
1	镇北大将军元思	正始四年三月廿五日窆于瀍涧之滨，山陵东埠	民国五年，洛阳城北徐家沟村出土，无冢	东	《时地》13页、《选编》237页
2	高祖九嫔赵充华	延昌三年九月廿八日葬于山陵之域	民国十七年冬，洛阳城北张杨村北岭，北陈庄村南岭出土	东	《时地》17页、《七志》33页、《选编》260页
3	显祖成嫔	延昌四年二月壬午葬于山陵之域	民国十五年阴历四月，洛阳城北南石山村西北出土，无冢	东	《时地》17页、《七志》35页、《选编》262页
4	宫御作女尚书冯迎男	正光二年三月十六日窆于洛阳之山陵	民国十四年，洛阳城北南石山村西头高姓窑院上方出土，无冢	东	《时地》23页、《选编》294页
5	始平王元子正	建义元年八月廿四日葬于山陵	民国廿年阴历二月廿四日，洛阳城北十余里东陡沟村大平内冢出土	南	《时地》38页、《千唐》3页、《选编》378页
6	使持节侍中太尉公尚书令骠骑大将军都督雍华岐三州诸军事雍州刺史东海王元顼	太昌元年八月廿三日窆于山陵	民国九年夏，洛阳城北南陈庄村西，后海资村北平冢东第三冢内出土	东	《时地》44页、《七志》126页、《选编》401页
7	使持节假车骑将军都督晋建南汾三州诸军事镇西将军晋州刺史大都督节度诸军事兼尚书左仆射西北道大行台平阳县开国子元恭	太昌元年十一月十九日迁窆于山陵谷山	民国廿二年阴历七月十六日，洛阳城北南陈庄村西北一里，后海资村北出土	东	《时地》44页、《千唐》4页、《选编》406页

表六八　记载葬于陵山的北魏墓志

序号	志主姓名	葬年葬地	出土时地	位置	备 注
1	魏宫内太监刘阿素	正光元年十月迁窆于陵山	民国七年，洛阳城北南石山村东出土，地在杨凹村西	东	《时地》22 页、《七志》51 页、《选编》288 页
2	魏宫品一太监刘华仁	正光二年三月十七日迁窆于陵山	民国十四年，洛阳城北南石山村东出土，无冢	东	《时地》23 页、《北图》4 册 103 页
3	宫第一品张安姬	正光二年三月廿九日迁窆于陵山	民国十一年阴历十一月十六日，洛阳城北杨凹村北一里许出土，无冢	东	《时地》23 页、《七志》54 页、《选编》295 页

记载葬于"山陵"的墓志7方、"陵山"的墓志3方。

记载葬于"金陵"的墓志7方、"金山"的墓志3方，数量较少。罗振玉跋《元彦墓志》云："志称彦以熙平元年十一月十日，窆于金陵。又东豫州刺史元显魏墓志亦称显魏以孝昌元年十月廿六日葬于金陵。考元魏时诸帝，自昭成以下，若道武，若明元，若太武，若文成，若献文，皆葬云州之金陵，其它在今山西太原祁县东。至孝文卜洛，遂不复远葬云州。今此二志，固明明出洛阳，而文乃云葬金陵，殊不可晓，岂本欲葬云州，而不果耶？书以俟考。"[1]一时未明其意。

赵万里跋《元显魏墓志》云："'孝昌元年十月廿六日葬于金陵'，而志石则出邙洛。金陵者，长陵也。孝文迁洛，子孙不得归葬恒代，自后长陵遂袭用云中金陵旧名。元彦墓志亦云"葬于金陵"，知熙平间已有此称，不自孝昌始矣。"[2]赵万里跋《平南府功曹参军元茂墓志》云，"称'窆于都西金山之东'。邙埠傍长陵者称金山，亦犹长陵称金陵矣"。[3]认为是专指孝文帝陵。

表六九　记载葬于金陵、金山的北魏墓志

序号	志主姓名	葬年葬地	出土时地	位置	备 注
1	持节督幽豫二州诸军事冠军将军豫州刺史乐陵王元彦	熙平元年十一月十日窆于金陵	民国六年，洛阳城北南陈庄村西北出土，无冢	东	《时地》18 页、《选编》267 页
2	假节辅国将军东豫州刺史元显魏	孝昌元年十月廿六日葬于金陵	民国五年，洛阳城北后海资村北出土，无冢	东	《时地》28 页、《选编》319 页
3	假节辅国车骑大将军青州刺史元伯阳	孝昌二年十月廿六日葬于金陵			《汇编》194 页

1. 罗振玉：《雪堂类稿》，丙《金石题跋》，《乐陵王元彦墓志跋》，第 139 页。

2. 赵万里：《汉魏南北朝墓志集释》第一册，《元显魏墓志》，第 31 页。

3. 赵万里：《汉魏南北朝墓志集释》第一册，《元彦墓志》，第 33 页。

| 4 | 平南府功曹参军元茂 | 正光六年三月十七日窆于都西金山之东 | 民国廿五年阴历三月廿五日，洛阳城北南陈庄村北寨出土 | 东 | 《时地》28页、《选编》317页 |

统计本节诸表各村出土墓志可知：

1.记载葬于西陵的28方元魏宗室墓志的出土地域：南陈庄村4、后海资村3、张杨村4、南石山村2、杨凹村2、姚凹村2、马坡村1、安驾沟村8、伯乐凹村1。其中1方近年出土，地点不明。

2.记载葬于西岭的3方墓志的出土地域：安驾沟村1、北陈庄村1、白鹿庄村1。

3.记载葬于山陵、陵山的10方墓志的出土地域：徐家沟村1、张杨村1、南石山村4、东陡沟村1、后海资村1、南陈庄村1、杨凹村1。

4.记载葬于金陵、金山的4方墓志的出土地域：南陈庄村2、后海资村1，其中1方无出土时地。

村落分布与围绕长陵而葬的墓志出土地域一致。

太和十八年（494年），孝文帝迁都洛阳，"乃自表瀍西以为山园之所"，[1]确定帝陵茔域。宿白教授对北魏北邙陵墓的布局研究取得重要成果。他说，"景、长、定三陵左右毗连，北魏皇室这样安排帝陵，大约还是承袭了盛乐、平城时期金陵的制度，即各代帝陵实际都在一处，洛阳北魏墓志常见的'西陵'，可能就是他们的共名。因此，熙平元年元彦墓志和孝昌元年元显魏墓志干脆也叫这个范围作'金陵'，正光六年元茂墓志叫这里作'都西金山'，就都可以理解了。"[2]记载葬于西陵的28方墓志中，5方是宣武帝时期的，14方是孝明帝时期的，6方是孝庄帝时期的，3方是孝武帝时期的。西陵是位于北魏洛阳城西的帝陵茔域的简称，宣武帝时期始称之，后来沿用。而记载葬于金陵、金山的4方墓志都是孝明帝时期的，说明金陵、金山之名出现并使用于这一时期。

1.《魏书》卷一三《皇后传·文成文明皇后冯氏》，第330页。

2.宿白：《北魏洛阳城和北邙陵墓——鲜卑遗迹辑录之三》，《文物》1978年7期，第48页。

后 记

　　"洛阳邙山陵墓群"是国务院公布的第五批国保单位，驰名中外的著名的大遗址。洛阳邙山陵墓群作为全国最大的陵墓群遗址，是中国帝陵体系的重要组成部分，对于研究古代历史具有极其重要价值。古墓冢分布之密集，数量之众多，延续年代之长久，堪称中国之最。为了加强文物保护和科学研究，2002年5月27日国家文物局正式批准设立"邙山陵墓群考古调查与勘测"项目。我们编制了《"邙山陵墓群考古调查与勘测"工作方案》，2004年4月国家文物局审核批准。根据方案"邙山陵墓群考古调查与勘测"项目的工作共分三个阶段：第一阶段，邙山古墓冢的文物普查；第二阶段，帝陵的重点调查与钻探；第三阶段，陪葬墓群的调查和发掘。项目于2003年10月正式启动，2007年6月完成了第一级阶段的全部工作。本报告为第一阶段的工作报告。

　　报告的编写始于2007年6月，2007年11月完成《考古报告》的初稿编写。但是随着工作的深入开展，新的资料不断涌现、不断更新。我们也不断地修改，不断地补充，直到2011年3月才最终完成第二稿的编写。本报告的多数资料截至于2010年。由于第一阶段的工作任务是古墓冢的文物普查，考古内容相对比较弱，所以我们在第一阶段考古报告中增加了邙山陵墓群相关历史文献和重要出土遗物等方面的内容。历史文献是邙山陵墓群赖以存在的人文大背景，墓志、黄肠石是邙山最著名和最有代表性的遗物，它们和考古调查的成果结合在一起，读者可以从更广泛的角度来认识邙山陵墓群的这个整体。

　　报告的编写内容和结构体例由严辉同志统一设计，严辉同志撰写了上编的第一章、第二章；第三章由黄小波同志撰写；卢青峰同志撰写了上编第一章第二节；王咸秋同志撰写了上编第二章第三节；张鸿亮同志撰写了上编第二章第七节。中编由赵振华、严辉同志共同撰写，下篇由赵振华同志撰写。附录一由严辉编写，附录二、附录三由王咸秋、李继鹏编写，王咸秋同志还参与了墓葬的分期排队的研究工作。初稿完成以后，严辉同志进行了通审和校对。校样稿完成之后，严辉、赵振华、王咸秋、卢青峰同志又分别进行了审校。

参加田野调查、发掘和考古钻探的同志有严辉、马利清、李会韬、黄吉军、蔡孟珂、王文浩、程木坤、王咸秋、贾晓龙、孙建国、陈文超、曹俊声、马胜利、马利强、海民生、李继鹏、张鸿亮、卢青峰等（以参加项目工作的先后为序）

田野调查和报告的编写过程中得到了国家文物局、河南省文物局、郑州大学、洛阳市文物局、洛阳市文物考古研究院的领导和专家学者们的热情鼓励和关怀，郑州大学副校长韩国河先生为本书撰写了热情洋溢的序言，对邙山陵墓群的考古工作进行了高屋建瓴的总结，谨此表示最真挚感谢！

编　者

2018 年 1 月 25 日

附录 古墓冢文物普查资料总录

附录一　相关文献

一、邙山陵墓群考古、文物保护工作总汇

（一）考古工作

邙山古墓散于旷野，历史上的动荡、战乱兵火，致使古墓冢自古至今几乎全被盗掘过，有的曾反复被盗。清乾隆年间，洛阳知县龚松林编写《洛阳县志》时，对邙山东汉帝陵进行调查记述，但大多帝陵张冠李戴，以讹传讹。新中国成立后，邙山古墓群不在主要基建范围内，文物部门对邙山古墓群有冢古墓只做了有限的考古调查和发掘。

1. 1958年2月，河南省省文化局文物工作队根据1946年2月出土的《魏文昭皇后山陵志》以及23方北魏墓志的记载，对北魏孝文帝长陵进行考古调查，首次确定了魏孝文帝长陵和文昭皇太后陵的位置在孟津朝阳乡官庄村东南大小冢，对了解北魏皇陵区的分布范围和这一时期的陵墓制度有重要历史价值。

2. 1964年8月，河南省文化局文物工作队在孟津送庄三十里铺村发掘东汉黄肠石墓，出土"铜缕玉衣"残片，时代为东汉晚期。该墓因严重被盗，无法判断墓主身份，发掘者推断墓主与东汉皇室有较亲密关系。

3. 1974年，洛阳博物馆对位于孟津县朝阳向阳村的北魏元乂墓做了勘察，发现墓室顶部彩绘星相图，对研究中国古代天文学有重要历史价值。

4. 1975年冬，洛阳博物馆在孟津县开展考古调查，对邙山陵墓做了登记工作。

5. 1982年10月至1983年1月，中国社会科学院考古研究所洛阳汉魏故城工作队对西晋帝陵进行了勘察，发现峻阳陵墓地和枕头山墓地，通过调查、钻探、发掘了解了两座西晋帝陵的布局和方位。

6. 1984年5月至11月，洛阳市进行文物普查和复查，再次对邙山东汉帝陵进行调查。

7. 1985年春，中国社会科学院考古研究所洛阳汉魏故城工作队在洛阳市东郊发现东汉墓园遗址，进行了调查、钻探和发掘。1988年3月又对墓园中的墓葬进行了发掘。在洛阳地区首次发现墓园建筑遗址。

8. 1987年7月，中国社会科学院考古研究所洛阳工作站汉魏故城队对邙山东汉帝陵实地考察和部分钻探。

9. 1988年6月至9月，为配合207国道建设，洛阳市文物工作队在孟津平乐镇张盘、丁沟村一带发掘战国、汉、晋、北魏中小型墓葬120余座。

10. 1988年12月，洛阳市文物工作队配合洛北22万伏变电站建设，在孟津朝阳向阳村南发掘唐墓100余座。

11. 1990年10月，孟津县文物保护管理委员会对邙山东汉帝陵进行踏查。

12. 1991年6月至8月，中国社会科学院考古研究所洛阳汉魏故城工作队和洛阳古墓博物馆对北魏宣武帝景陵进行了考古发掘，通过钻探、发掘了解了北魏帝陵的封土、墓室规模和结构。这次工作没有发现帝陵陵园遗址。

13. 1991年7月至10月，为配合310高速公路（今连霍高速）孟津段建设，河南省文物研究所、洛阳市文物工作队联合在孟津县朝阳、送庄、平乐一带发掘汉、晋、北魏、唐、宋墓葬80

余座。

14．2003年6月至12月，河南省文物考古研究所配合洛济高速（今二广高速）建设，在邙山陵墓群孟津县境内发掘大型封土墓9座。

除文物部门组织力量对邙山陵墓进行调查外，还有不少专家如宿白、杨宽等都亲往邙山对东汉帝陵进行考察。

（二）保护管理

1．保护管理工作概况

（1）保护管理历史

晋安帝义熙十二年（416年）十月，檀道济克洛阳，帝命高密王恢，修谒景帝及洛阳、河阴东汉五陵。

宋太祖开宝元年（973年）诏在原陵右修谒陵庙，并立"大宋新修后汉武皇帝庙碑"记其事，今碑尚存。

清及民国初年，自白鹤至铁谢沿黄河岸筑堤十余华里，护卫汉光武帝陵，并在铁谢村设汉陵坝工局，专司其职。

1950年至1991年，孟津县园艺场负责保护汉光武帝陵，设专人具体负责安全管理工作。

1963年6月，光武帝原陵由河南省人民委员会公布为第一批省级文物保护单位。

1975年7月，安帝恭陵、顺帝宪陵、冲帝怀陵及石象由洛阳市革命委员会公布为市级文物保护单位，并同时公布其保护范围。

1983年10月，灵帝文陵由孟津县人民政府公布为县级文物保护单位。

1984年8月，孟津县人民政府发布《关于基建施工中做好文物保护工作的几项规定》。

1985年元月、4月，孟津县人民政府和北邙东汉帝陵所在地平乐乡政府分别发布《关于加强文物资源管理与保护的有关规定》。

1985年5月，孟津县人民政府发布《关于加强文物保护的通告》和《关于加强对古文化遗址、古墓冢保护工作的布告》。

1989年12月，河南省人民政府发布文件，公布光武帝陵的保护和建设控制地带范围。

1990年11月，孟津县文管会发布《关于在农田水利建设中做好文物保护工作的通知》。

1991年9月，洛阳市公安局、文物局、工商局联合发布《关于严禁文物走私和盗掘古墓活动的布告》。

1992年9月，光武帝陵设立原陵管理处，加强陵园文物保护和管理。

1994年5月，孟津县文管会发布《关于加强经济开发区和砖瓦厂文物保护工作的通知》。

1998年4月，洛阳市文物局转发河南省文物局《关于切实加强古墓葬保护工作的紧急通知》。

1998年8月，孟津县人民政府发布文件，落实业余文物保护员制度，加强邙山东汉帝陵及田野文物保护工作。

1998年9月，孟津县文管会发布《汉光武帝陵古柏加固保护实施方案》。

1998年12月，孟津县人民政府批转下发县文管会《关于实施北邙古墓冢绿化保护方案的意见》。

1998年12月，洛阳市人民政府发布《关于加强田野文物保护和古墓葬保护工作的紧急通知》。

1999年6月，孟津县人民政府发布《关于加强田野文物保护工作、确保田野文物安全的通知》。

（2）保护现状

北邙五座东汉帝陵，光武帝陵因有陵园、围墙及保护机构、管理措施，保护现状较好；其余四座帝陵及众多的陪葬墓冢，因分布密集，且大多处于旷野，墓冢基本保存完好。

（3）保护规划

以《中华人民共和国文物保护法》为依据，遵循"有效保护，合理利用，加强管理"的文物工作指导思想，为抢救保护日渐减少的北邙古墓冢，防治水土流失和人为破坏，孟津县委、县政府把邙山古墓冢绿化保护纳入1998年工作思路，并由县文物旅游局和县林业局共同制定了北邙古墓冢保护绿化方案。

（4）历年保护工程项目、经费的投入和来源

北邙东汉帝陵的保护项目主要是防治古墓冢水土流失，修筑光武帝陵园围墙、山门及支撑保护陵园内古柏。经费主要来自上级文物部门和县财政的拨款。

2. "四有"工作情况

（1）保护管理机构

孟津县文物旅游局负责全县文物保护和管理工作。下设光武帝原陵管理处，有干部职工15名，具体负责光武帝陵的保护管理工作。其余东汉四陵与陵区所在乡（镇）签定文物保护管理责任书，并落实业余文物保护员制度，县文物旅游局实行定期检查与抽查的办法，做到责任落实、制度落实，建立起县、乡、村三级文物保护网络。

（2）保护范围

北邙东汉帝陵分为重点保护区和一般保护区。

光武帝原陵重点保护范围：自陵园围墙起，向外至10米处；一般保护范围：自重点保护区边线向东80米，向北50米，向西、南各60米。

安帝恭陵、顺帝宪陵、冲帝怀陵的重点保护范围：自封土外20米以内为重点保护区；一般保护范围：自20米以外、100米以内为一般保护区。

灵帝、文帝陵的重点保护范围：自封土外20米以内为重点保护区；一般保护范围：自20米以外、50米以内为一般保护区（附保护范围文件）。

（3）保护标志

1987年12月，洛阳市文物部门出资在北邙东汉五座帝陵前各竖立石质保护标志碑一块。

（4）保护档案

1988年，根据省、市文物部门要求，孟津县文物部门组织专人对东汉帝陵建立保护档案。

1991年，为建立省级文物保护单位档案，孟津县文物部门组织力量，对光武帝陵进行了较全面的调查、绘图、摄影、测量、资料搜集等工作，保护档案于1991年上报省文物局存档。

参考资料：河南省文物管理局：《第五批全国重点文物保护单位推荐材料——北邙东汉帝

陵》，2000年6月28日；洛阳市孟津县文物旅游局：《大遗址保护材料——邙山陵墓群》，2000年，4月15日。

二、洛阳邙山陵墓群历史、考古文献目录

（一）考古调查、发掘简报

1.黄士斌：《汉魏洛阳城刑徒坟场调查记》，《考古通讯》1958年6期。

2.河南省文化局文物工作队：《洛阳北魏长陵遗址调查》，《考古》1966年3期。

3.中国科学院考古研究所洛阳工作队：《东汉洛阳城南郊的刑徒墓地》，《考古》1972年4期。

4.余扶危、贺官保：《洛阳东关东汉殉人墓》，《文物》1973年2期。

5.社会科学院考古研究所：《汉魏洛阳城初步探查》，《考古》1973年4期。

6.洛阳博物馆：《洛阳北魏元邵墓》，《考古》1973年4期。

7.洛阳博物馆：《河南洛阳北魏元乂墓调查》，《文物》1974年12期。

8.郭建邦：《孟津送庄汉黄肠石墓》，《河南文博通讯》1978年4期。

9.洛阳博物馆：《洛阳北魏画像石棺》，《考古》1980年3期。

10.黄展岳：《中国西安、洛阳汉唐陵墓的调查与发掘》，《考古》1981年6期。

11.中国社会科学院考古研究所洛阳汉魏城工作队：《西晋帝陵勘察记》，《考古》1984年12期。

12.中国社会科学院考古研究所河南第二工作队：《河南偃师杏园村东汉壁画墓》，《考古》1985年1期。

13.蒋若是：《唐恭陵调查纪要》，《文物》1985年3期。

14.徐殿魁、王竹林：《唐恭陵实测记要》，《考古》1986年5期。

15.洛阳市文物工作队：《洛阳孟津晋墓、北魏墓发掘简报》，《文物》1991年8期。

16.中国社会科学院考古研究所洛阳汉魏城队：《洛阳汉魏故城北魏外郭城内丛葬墓发掘》，《考古》1992年1期。

17.洛阳市文物工作队：《洛阳机车工厂东汉壁画墓》，《文物》1992年3期。

18.河南省偃师县文管会：《偃师县南蔡庄乡汉肥致墓发掘简报》，《文物》1992年9期。

19.洛阳市第二文物工作队：《洛阳市朱村东汉壁画墓发掘简报》，《文物》1992年12期。

20.310国道孟津考古队：《洛阳孟津三十里铺西晋墓发掘报告》，《华夏考古》1993年1期。

21.310国道孟津考古队：《洛阳孟津邙山西晋北魏墓发掘报告》，《华夏考古》1993年1期。

22.中国社会科学院考古研究所洛阳汉魏城队：《汉魏洛阳城西东汉墓园遗址》，《考古学报》1993年3期。

23.洛阳市第二文物工作队：《洛阳涧滨东汉黄肠石墓》，《文物》1993年5期。

24.310国道孟津考古队：《洛阳孟津汉墓发掘简报》，《华夏考古》1994年2期。

25.中国社会科学院考古研究所洛阳汉魏城工作队、洛阳古墓博物馆：《北魏宣武帝景陵发掘

报告》，《考古》1994年9期。

26.洛阳市文物工作队：《洛阳孟津北陈村北魏壁画墓》，《文物》1995年8期。

27.洛阳市文物工作队：《洛阳发掘的四座东汉玉衣墓》，《考古与文物》1999年1期。

28.徐婵菲：《洛阳北魏元怿墓壁画》，《文物》2002年2期。

29.郭培育、王利彬：《洛阳朱家仓汉墓群考古取得重要收获》，《中国文物报》2004年7月21日。

30.朱亮、严辉：《洛阳北魏孝文帝长陵调查钻探取得重要收获》，《中国文物报》2005年1月7日。

31.韩国河：《东汉陵墓踏查记》，《考古与文物》2005年3期。

32.郑州大学历史学院考古系、洛阳市第二文物工作队、偃师市文物管理委员会：《偃师市高崖村东汉墓（陵）冢钻探、试掘简报》，《中原文物》2006年3期。

（二）论文

1.刘敦桢：《东汉陵寝》，《中国营造学社刊》3卷4期（1932年12月）。

2.竹岛单一：《风水说与支那历代帝王陵》，《东亚学》二辑（1940年）。

3.蒋若是：《从荀岳、左棻两墓志中得到的晋陵线索和其它》，《文物》1961年10期。

4.镰田重雄：《汉代的帝陵》，《石田和田龙、中山先生颂寿纪念史学论文集》，1962年。

5.宿白：《北魏洛阳城和北邙陵墓——鲜卑遗迹辑录之三》，《文物》1978年7期。

6.黄明兰：《洛阳北魏景陵位置的确定和静陵位置的推测》，《文物》1978年7期。

7.卢兆荫：《论述两汉的玉衣》，《考古》1981年1期。

8.徐苹芳：《中国秦汉魏晋南北朝时代的陵园和茔域》，《考古》1981年6期。

9.宫大中：《邙山北魏墓志初探》，《中原文物》1981年特刊。

10.杨宽：《中国古代陵寝制度的起源及其演变》，《复旦学报》1981年5期。

11.黄明兰：《东汉光武帝刘秀原陵浅谈》，《中州今古》1982年2期。

12.陈长安：《洛阳邙山东汉陵试探》，《中原文物》1982年3期。

13.杨宽等：《秦汉陵墓考察》，《复旦学报》（社科版）1982年6期。

14.尤振尧：《黄肠题凑葬制的探讨》，《南京博物馆集刊》1982年4期。

15.太田有子：《东汉光武帝原陵位置探讨》，《复旦学报》（社科版）1983年4期。

16.宫大中：《邙洛唐志研究》，《中原文物》1983年特刊。

17.李南可：《从东汉"建宁"、"熹平"两块黄肠石看灵帝文陵》，《中原文物》1985年3期。

18.陈长安：《简述帝王陵墓的殉葬、俑坑与石刻》，《中原文物》1985年4期。

19.俞伟超：《汉代诸侯王与列侯墓葬的形制分析——兼论"周制""汉制""晋制"的三阶段》，《先秦两汉考古学论集》，文物出版社，1985年。

20.刘炜：《东汉帝王陵寝制度》，《文博》1986年6期。

21.陈长安：《唐恭陵及其石刻》，《考古与文物》1986年3期。

22.刘德增：《也谈汉代"黄肠题凑葬制"》，《考古》1987年4期。

23.刘凤君：《东汉魏晋陵墓神道石刻的造型艺术》，《美术研究》1987年3期。

24.陈长安：《洛阳邙山北魏定陵终宁陵考》，《中原文物》1987年特刊。

25.陈长安：《邙山北魏墓志中的洛阳地名及相关问题》，《中原文物》1987年特刊。

26.黄明兰：《洛阳历代皇陵》，《中原文物》1987年特刊。

27.肖淮雁：《洛阳市东汉陵园遗址》，《中国考古学年鉴》1988年。

28.宫大中：《东汉帝陵及其神道石象》，《洛都美术史迹》，湖北科技出版社，1991年。

29.朱亮：《新中国建立以来洛阳秦汉魏晋北朝考古的发现与研究》，《洛阳考古四十年》，科学出版社，1994年。

30.宫大中：《洛阳美术文物的鉴赏与辨伪》，《美术观察》1996年10期。

31.黄展岳：《秦汉陵寝》，《文物》1998年4期。

32.郭洪涛：《唐恭陵哀皇后墓部分出土文物》，《考古与文物》2002年4期。

33.王竹林、赵振华：《东汉南兆域皇陵初步研究》，《古代文明》第4卷，文物出版社，2006年。

34.韩国河：《东汉帝陵有关问题的探讨》，《考古与文物》2007年5期。

35.杨哲峰：《从陵到冢——关于东汉"懿陵"的思考》，《中国文物报》2008年2月1日。

36.刘庆柱、李毓芳：《西汉帝陵的考古发现与研究》，《洛阳汉魏陵墓研究论文集》，文物出版社，2009年。

37.王学理：《论秦汉陵墓的从葬之制》，《洛阳汉魏陵墓研究论文集》，文物出版社，2009年。

38.韩国河：《洛阳东汉陵寝变制原因探析》，《洛阳汉魏陵墓研究论文集》，文物出版社，2009年。

39.刘振东：《东汉诸侯王墓考古发现与研究》，《洛阳汉魏陵墓研究论文集》，文物出版社，2009年。

40.罗火金：《焦作市汉献帝史迹调查报告》，《洛阳汉魏陵墓研究论文集》，文物出版社，2009年。

41.马永赢：《谈谈汉代帝陵制度变化的几个阶段》，《洛阳汉魏陵墓研究论文集》，文物出版社，2009年。

（三）著作、文物志

1.郭玉堂：《洛阳出土石刻时地记》，洛阳大华书报供应社，1941年。

2.洛阳区考古发掘队：《洛阳烧沟汉墓》，科学出版社，1959年。

3.杨宽：《中国古代陵寝制度史研究》，上海古籍出版社，1985年。

4.洛阳古代艺术馆：《隋唐五代墓志汇编·洛阳卷》，天津古籍出版社，1991年。

5.洛阳市文物工作队：《洛阳出土历代墓志辑绳》，中国社会科学出版社，1991年。

6.河南省地方史志编纂委员会：《东汉皇陵》，《河南省志·文物志》，河南人民出版社，1993年。

7.洛阳市地方史志编纂委员会：《东汉皇陵》，《洛阳市志·文物志》，中州古籍出版社，

1995年。

　　8.李献奇、郭引强：《洛阳新获墓志》，文物出版社，1996年。

　　9.韩国河：《秦汉魏晋丧葬制度研究》，陕西人民出版社，1999年。

　　10.朱亮：《洛阳出土北魏墓志选编》，科学出版社，2001年。

　　11.黄明兰、朱亮：《洛阳名碑集释》，朝华出版社，2003年。

　　12.洛阳市第二文物工作队：《洛阳新获墓志续编》，科学出版社，2008年。

　　13.洛阳市第二文物工作队：《洛阳汉魏陵墓研究论文集》，文物出版社，2009年。

（四）历史文献

　　1.（刘宋）范晔：《后汉书》，中华书局，1965年。

　　2.（西晋）陈寿撰、裴松之注：《三国志》，中华书局，1962年。

　　3.（唐）房玄龄等：《晋书》，中华书局，1974年。

　　4.（梁）沈约等：《宋书》，中华书局，1974年。

　　5.（梁）萧子显：《南齐书》，中华书局，1972年。

　　6.（唐）姚察、姚思廉：《梁书》，中华书局，1973年。

　　7.（北齐）魏收：《魏书》，中华书局，1974年。

　　8.（唐）李大师、李延寿：《南史》，中华书局，1975年。

　　9.（唐）魏征：《隋书》，中华书局，1973年。

　　10.（后晋）赵莹、刘昫等：《旧唐书》，中华书局，1975年。

　　11.（宋）欧阳修、宋祁：《新唐书》，中华书局，1975年。

　　12.（宋）薛居正：《旧五代史》，中华书局，1976年。

　　13.（宋）欧阳修：《新五代史》，中华书局，1974年。

　　14.（元）脱脱等：《宋史》，中华书局，1977年。

　　15.（清）张廷玉：《明史》，中华书局，1974年。

　　16.（民国）赵尔巽：《清史稿》，中华书局，1977年。

　　17.（汉）刘珍撰：《东观汉纪》，中华书局，1912年。

　　18.（东晋）袁宏撰、周天游校注：《后汉纪》，天津古籍出版社，1987年。

　　19.（宋）司马光：《资治通鉴》，中华书局，1997年。

　　20.（宋）李焘：《续资治通鉴长编》，中华书局，2004年。

　　21.（唐）杜佑：《通典》，岳麓书社，1995年。

　　22.（宋）王溥：《唐会要》，中华书局，1955年。

　　23.（宋）李昉：《太平广记》，中华书局，1961年。

　　24.（宋）王钦若等：《册府元龟》，中华书局，1960年。

　　25.（宋）李昉等：《太平御览》，中华书局，1960年。

　　26.（宋）乐史：《太平寰宇记》，中华书局，2000年。

　　27.（元）马端临：《文献通考》，中华书局，1986年。

　　28.（清）顾祖禹：《读史方舆纪要》，道光己卯年敷文阁刻本。

29.（北魏）郦道元注、王国维校：《水经注校》，上海人民出版社，1984年。

30.（明）王士性：《广志绎》，中华书局，1981年。

31.（梁）萧统选、（唐）李善注：《文选》，商务印书馆，1931年。

32.（宋）王明清：《挥麈前录》，中华书局，1961年。

（五）地方史志目录

1.（清）田文镜等修、孙灏等纂：雍正《河南通志》八十卷，雍正十三年（1735年）刻本：国图、北大，道光六年（1826年）补刻本：北大，同治八年（1869年）补刻本：国图、考古所、北大、郑大、河南师大，光绪二十八年（1902年）补刻本：国图、河南博、河南文物、郑大、河南师大，民国三年（1914年）河南教育司历次补修本：国图、文物、国博、北大、郑大、河南师大。

2.（清）阿思哈、嵩贵纂修：乾隆《续河南通志》八十卷首四卷，乾隆三十二年（1767年）刻本：国图、考古所、国博、北大、河南师大、洛阳，光绪二十八年（1902年）补刻本：国图、河南师大，民国三年（1914年）河南教育司历次补修本：国图、考古所、国博、文物、北大、郑大、河南师大。

3.（清）朱明魁修、何柏如纂：顺治《河南府志》二十七卷，清顺治十八年（1661年）刻康熙增刻本：国图、河南社科。

4.（清）张圣业修、董正纂：康熙《河南府志》二十八卷，清康熙三十四年（1695年）刻本：国图。

5.（清）张汉纂修：雍正《河南府续志》四卷，清雍正六年（1728年）刻本：国图。

6.（清）施诚修、童钰、裴希纯纂：乾隆《河南府志》一百十六卷首四卷，清乾隆四十四年（1779年）刻本：国图、文物、北大、洛阳，清同治六年（1867年）陈肇镛补刻本：国图、北大、文物。

7.（清）武攀龙等修纂：顺治《洛阳县志》十二卷首一卷，清顺治十五年（1658年）刻本：北大。

8.（清）龚崧林修、汪坚纂：乾隆《重修洛阳县志》二十四卷图考一卷，清乾隆十年（1745年）刻本：国图、国博、文物、北大、河南博、洛阳，民国十三年（1924）于廷鉴石印本：国图、文物、国博、郑大、河南师大。

9.（清）魏襄修、陆继辂纂：嘉庆《洛阳县志》六十卷，清嘉庆十八年（1813年）刻本：国图、历博、北大、河南文物，民国五年（1916年）石印本：国图、国博、文物、北大、河南文物、河南师大。

10.雷福祥修、孙饴鼎纂：民国《洛阳县志》五十八卷，民国三十五年（1946年）稿本：洛阳档案馆。

11.（清）孟常裕修、徐元灿增补：康熙《孟津县志》四卷，清康熙四十七年（1708年）增刻顺治十六年（1659）本：国图、文物、北大、河南博。

12.（清）赵擢彤修、宋缙纂：嘉庆《孟津县志》十二卷首一卷，清嘉庆二十年（1815年）刻本：国图。

13.（明）魏津纂修：弘治《偃师县志》四卷，1962年《天一阁藏明代地方志选刊》本：国图、考古所、国博、文物、北大、河南博、河南文物、河南师大。

14.（清）汤毓倬修、孙星衍、武亿纂：乾隆《偃师县志》三十卷首一卷，清乾隆五十四年（1789年）刻本：国图、国博、文物、北大、河南文物、河南师大、洛阳。

15.丹卿修：民国《续偃师县志》，民国二十五年（1936年）稿本：洛阳地区档案。

三、"邙山陵墓群考古调查与勘测"项目大事记

（一）申报工作（2001年4月10日至2002年5月27日）

2001年6月25日，"洛阳邙山陵墓群"被国务院公布为第五批全国文物保护单位。

1.2001年4月10日，撰写《关于洛阳东周东汉北魏诸帝陵红外航拍及测绘的申请》。

2.2002年4月8日，制订《关于对洛阳邙山陵墓群进行考古调查和勘测的方案》，撰写《关于对洛阳邙山陵墓群进行考古调查和勘测的申请报告》。

3.2002年5月27日，国家文物局正式批准"邙山陵墓群考古调查与勘测"立项。

（二）前期准备（2002年5月27日至2003年10月29日）

1.2002年6月至12月，搜集整理历史文献和考古资料，对陵墓群的历史和以往的考古工作进行调研，掌握相关的基础情况。

2.2002年11月12日至12月10日，组织力量展开初步田野调查，对于邙山陵墓群田野状况有了一个详细的了解，为制定工作规划准备了第一手资料。

3.2003年2月至7月，与解放军信息工程大学、河南省遥感测绘院开展合作，协商讨论"邙山陵墓群"的信息采集、遥感考古、考古测绘等方面的问题。邀请二单位为本项目研发地理信息系统，制作配套的电子地图。

4.2003年3月18日，《"调查与勘测"初步工作方案》拟订完成，4月8日至9日邀请国内30余位专家学者召开了专题研讨会，与会的专家们对方案提出了许多有益的意见和建议。

5.根据专家学者的意见对初步工作方案进行了补充修改。2003年10月9日《"邙山陵墓群考古调查与勘测"工作方案》拟订完成，呈报上级有关部门。2004年4月国家文物局正式批准。

（三）项目实施（2003年10月29日至2012年10月）

1.第一阶段（2003年10月至2006年12月，文物普查阶段）

（1）2003年10月29日，"邙山陵墓群考古调查与勘测"正式启动，第一阶段邙山陵墓群古墓冢文物普查全面展开。2007年6月6日全部结束，历时3年7个月，调查面积750余平方公里，行程5万余公里，20余个乡镇，360多个自然村，访问当地群众千余人。勘测古墓冢、古墓葬1006座。除了完成规定任务，还先后进行了4期田野工作：

第一期，2003年10月至2004年2月，调查区域包括洛阳市老城区、洛龙区、西工区和孟津县的朝阳镇、老城乡、常袋乡、送庄乡、白合镇、平乐镇，偃师县的城关镇、首阳山镇、山化乡、佃庄乡、翟镇镇，共调查墓冢座329座。第二期，2004年11月至2005年5月，对第一次调查的墓冢进行了复查，总结了前一阶段的工作经验，重新获取了完整的资料，共复查墓冢329座，并调查墓

冢36座。第三期，2005年11月至2006年4月，调查区域包括新安县磁涧镇，孟津县的朝阳镇、麻屯乡、常袋乡、平乐镇，偃师县的山化乡、首阳山镇、佃庄乡，洛龙区的白马寺镇、老城区、西工区，共调查墓冢333座。第四期，2006年12月至2007年6月，调查区域包括偃师县的山化乡，洛龙区的李楼乡，孟津县的平乐镇、送庄乡、老城乡、长华镇、常袋乡、白合镇，共调查墓冢272座，并对邙山陵墓群区域内的石刻和存在疑点的墓冢进行复查。

（2）第一阶段调查资料整理和考古报告编写。2007年6月7日至7月18日整理发掘简报。2007年7月19日开始整理考古报告。

（3）文物普查的钻探查证。2007年4月15日开始。实冢抽查20%，约68座，夷平冢查证10%，约60座。了解墓葬结构、封土形制、年代性质等情况，建立墓冢演变序列。

（4）偃师杜楼村被盗北魏石棺墓抢救性考古发掘

2005年11月2日至2006年2月14日，偃师市杜楼村北被盗1座北魏石棺墓。由于该墓位于西晋崇阳陵南侧，两地的直线距离只有200米，对于研究西晋帝陵的废弃状况很有意义，所以我们将该墓并入邙山陵墓群调查与勘测项目，进行了抢救性考古发掘。

2. 第二阶段（2005年12月29至2009年12月）

（1）长陵调查钻探

2004年2月28日至5月26日，为了配合孟津县文化文物局的文物保护工程，我们调整了工作计划，先期对北魏孝文帝长陵进行了重点调查和钻探。钻探面积16万平方米，基本上搞清了长陵陵园遗址的布局、结构、文化内涵和保存状况。2005年10月10日至11月2日，又对相关问题做了第二次补充钻探，钻探面积4万平方米。该项成果已经在《文物》和《中国文物报》上发表。

2004年6月24日至7月14日，我们和郑州大学历史系合作对偃师高崖村南的1座东汉南兆域的大墓进行了考古钻探。这座墓被认为可能是桓帝的宣陵或质帝静陵。钻探面积1.2万平方米。通过钻探确定了墓冢的封土的形制规模，发现了封土东侧的陵园建筑基址。

（2）大汉冢调查钻探

2005年12月开始，第二阶段邙山帝陵的重点钻探调查开始实施。我们首先对邙山地区最大的东汉帝陵——大汉冢进行了重点调查和考古钻探。截至2006年7月钻探面积已达40万平方米，目前已经有了突破性的发现。这座墓冢的封土直径130米，高19米。封土西侧发现3座规格很高的陪葬墓冢，封土的南侧、东侧发现了2处规模巨大的建筑遗址，其中的1座面积达2100平方米。大冢的东北方向发现了一片面积大约20万平方米的建筑遗址群。工作尚未完成，情况不甚明了，估计应是陵庙遗址。另外陵园的范围已经有了线索，但没有最终解决，需要进一步做工作。

（3）玉冢调查钻探

2006年3月8日开始，我们对位于孟津县东山头村东南的玉冢进行了重点调查和钻探。这个墓冢的直径94米，也是属于帝陵级别的墓冢。处于东汉陵区和北魏陵区的结合点上，其性质对于解决邙山东汉和北魏陵墓的布局至关重要。目前已经钻探15万平方米，陵园的东面垣墙和垣壕已经找到，在墓冢东南200米处发现了1处约有1万平方米左右的建筑遗址。其余工作正在进行当中。

（4）郑西铁路考古调查

2006年7月至10月，结合郑州至西安高速铁路建设工程，对洛南的东汉帝陵南兆域进行了调查。调查、钻探东汉帝陵陵园遗址1处，发现直径125米大型夷平封土墓1座，大墓的东北方发现了12.5万平方米建筑遗址群1处；调查、钻探东汉大型墓园遗址1处，面积15.4万平方米，墓园遗址外围发现了闭合型环沟，墓园内部还有现存封土墓7座。除此之外还发掘大型封土墓2座，其他类型墓葬30余座，发掘遗址面积3800余平方米，钻探面积共计36万平方米。通过上述工作对洛南东汉陵区有了一个全新的认识。

（5）国家文物局专家组来洛检查邙山陵墓群考古工作

2006年5月13日，国家文物局专家组专家张忠培、严文明先生受国家文物局的委派来洛阳考察"邙山陵墓群考古调查与勘测"项目的工作进展情况。陪同考察的还有国家文物局文保司文物处张磊处长、河南省文物局文物处司治平处长、河南省文物研究所秦文生副所长等领导。5月14日上午，专家领导们到邙山大汉冢钻探工地进行了实地查看，随后又听取了洛阳市第二文物工作队关于邙山陵墓群考古工作的专题汇报。两位专家对该项目前一阶段的工作表示满意，提出了一些建议和意见。同时对邙山古墓的文物保护工作提出了批评，希望进一步加强邙山陵墓群的文物保护和规划工作。14日下午，国家文物局专家一行离开洛阳返回北京。

四、"邙山陵墓群考古调查与勘测"项目报告、简报、论文目录

（一）论文集、考古报告

1．史家珍、吴业恒：《富弼家族墓地》，中州古籍出版社，2009年。

2．史家珍主编，严辉、卢青峰副主编：《洛阳汉魏陵墓研究论文集》，文物出版社，2009年。

（二）宣传报道

1．严辉：《洛阳市邙山陵墓群》，《中国考古学年鉴》2003年，文物出版社，2004年。

2．朱亮、严辉：《洛阳北魏孝文帝长陵调查钻探取得重要收获》，《中国文物报》2005年1月7日。

3．严辉：《扎实工作求实创新，努力完成调查勘测任务》，《中国文物报》2006年11月1日。

4．史家珍、严辉、李继鹏：《洛阳偃师发现东汉帝陵陵园和陪葬墓园遗址》，《中国文物报》2007年10月26日。

5．严辉、王文浩、王咸秋：《洛阳邙山陵墓群完成古墓冢的文物普查工作》，《中国文物报》2007年11月21日。

6．严辉、史家珍：《"3S"技术在邙山陵墓群考古调查中的应用实践》，《中国文物报》2008年1月25日。

7．史家珍、严辉：《洛阳汉魏陵墓学术研讨会综述》，《中国文物报》2008年4月4日。

8．史家珍、吴业恒：《洛阳发现北宋宰相富弼家族墓地》，《中国文物报》2009年5月15日。

9．史家珍、严辉：《理念提升质量，责任重于泰山——洛南东汉帝陵调查、勘测与考古发掘的工作汇报》，《中国文物报》2009年10月2日。

10．史家珍、严辉：《洛阳邙山陵墓群考古新发现——连霍高速改扩建发掘东汉帝陵陵园遗

址和曹魏贵族墓》，《中国文物报》2010年9月10日。

（三）报告、简报

1、洛阳市第二文物工作队：《北魏孝文帝长陵的调查和钻探》，《文物》2005年7期。

2、郑州大学历史学院考古系、洛阳市第二文物工作队、偃师市文物管理委员会：《偃师市高崖村东汉墓（陵）冢钻探、试掘简报》，《中原文物》2006年3期。

3、洛阳市第二文物工作队、偃师市文物管理委员会：《偃师白草坡东汉帝陵陵园遗址》，《文物》2007年10期。

4、洛阳市第二文物工作队、偃师市文物管理委员会：《偃师阎楼东汉陪葬墓园》，《文物》2007年10期。

5、洛阳市第二文物工作队：《邙山陵墓群的文物普查》，《文物》2007年10期。

6．洛阳市第二文物工作队：《邙山陵墓群考古调查与勘测》，《2007年中国重要考古发现》，文物出版社，2008年。

7．洛阳市第二文物工作队：《洛阳北宋富弼家族墓发掘》，《2008年重要考古新发现》，文物出版社，2009年。

8．洛阳市第二文物工作队：《偃师白草坡东汉帝陵陵园遗址》，《中国考古学》（英文版）第9卷，中国社会科学出版社，2010年。

9．洛阳市第二文物工作队：《河南偃师首阳山西晋帝陵陪葬墓》，《考古》2010年2期。

10．洛阳市第二文物工作队：《洛阳偃师吴家湾东汉封土墓》，《考古》2010年9期。

11．洛阳市第二文物工作队：《洛阳邙山"大汉冢"东汉陵区西晋纪年墓》，《考古》2010年10期。

12．洛阳市第二文物工作队：《洛阳偃师阎楼魏晋封土墓》，《考古》2011年2期。

（四）论文

1．朱亮、严辉：《洛阳邙山陵墓群的现状与调查勘测的总体设想》，北京大学《古代文明研究通讯》2003年12月。

2．严辉：《陂池——东汉帝陵封土的新形制》，《中国文物报》2006年10月20日。

3．严辉：《邙山东汉帝陵地望的探索之路》，《中国文物报》2006年11月3日。

4．严辉：《东汉帝陵封土的新形制》，《河洛春秋》2006年6期。

5．严辉：《邙山东汉帝陵地望的探索之路》，《河洛春秋》2006年6期。

6．蔡运章：《东汉帝陵封土考辨》，《中国文物报》2007年10月19日。

7．赵振华：《洛阳出土墓志与北魏帝后陵墓的方位》，《中国文物报》2007年11月2日。

8．蔡运章、赵晓军：《我国古代墓葬名称考略》，《洛阳汉魏陵墓论文集》，文物出版社，2009年。

9．卢青峰：《东汉帝陵有关陪葬墓问题的思考》，《洛阳汉魏陵墓研究论文集》，文物出版社，2009年。

10．张鸿亮：《魏晋时期赗赙制度探讨》，《洛阳汉魏陵墓论文集》，文物出版社，2009年。

11．张鸿亮、韩战坡：《洛阳地区西晋墓出土钱币初探》，《中原文物》2010年2期。

12．卢青峰、严辉：《"北邙山头少闲土，尽是洛阳人旧墓"——洛阳邙山陵墓群漫谈》，《文史知识》2010年6期。

13．严辉：《曹操墓和曹休墓的比较与研究》，《中国文物报》2010年9月17日，又收入河南省文物考古研究所编：《曹操高陵考古发现与研究》，文物出版社，2010年。

14．蔡运章：《曹氏家族墓向与曹魏代汉的思想基础》，《中国文物报》2010年9月17日。

15．严辉：《曹操墓和曹休墓的对比研究》，河南内黄"汉代城市和聚落考古与汉文化国际学术研讨会"论文，2010年9月。

附录二　夷平墓冢统计表

编号	位置	坐标	高程	夷平时间	调查时间	受访者	备注
M1-29	孟津朝阳南陈村西旧果园	112° 28.049′ 34° 45.961′	275.9		2005.1.4		
M1-32	孟津朝阳徐家沟村东	112° 27.244′ 34° 45.333′	246.1	1960 年代	2005.3.5		
M2-35	孟津朝阳张阳村西	112° 28.313′ 34° 46.277′	276.4	1940 年代	2005.3.4	赵竹子（59 岁）	
M1-37	瀍河区井沟村北	112° 28.591′ 34° 43.579′	190.3		2003.12.27		俗称"老皇冢"
M1-40	孟津朝阳棉花厂东南向阳 8 组	112° 28.035′ 34° 45.048′	260.0	1980 年	2005.1.12	马留红（50 岁）	
M1-41	孟津朝阳棉花厂东南向阳 3 组	112° 28.125′ 34° 45.063′	262.7	1970 年代	2005.1.12	马留红（50 岁）	
M1-43	孟津朝阳老苍凹村西南 150 米	112° 25.746′ 34° 45.271′	244.4		2004.12.8	张大宏（75 岁）	
M1-46	西工区红山乡刘楼村东 40 米	112° 22.061′ 34° 43.823′	221.3	1978 年	2003.12.29		
M1-48	西工区红山乡中沟村东北电子学校内	112° 24.688′ 34° 42.654′	210.7	1958 年	2003.12.29		俗称"尖冢"
M1-49	孟津常袋乡半坡村东北	112° 21.873′ 34° 46.269′	293.9	1965 年	2005.3.4	周中欣（48 岁）	
M1-50	孟津常袋乡酒留洼村东	112° 20.478′ 34° 48.203′	380.4	1965 年	2005.3.4	周中欣（48 岁）	
M1-51	孟津常袋乡酒留洼村东	112° 20.512′ 34° 48.197′	367.2	1965 年	2005.3.4	杨景让（75 岁）	
M2-53	孟津送庄朱寨村一组西南	112° 31.371′ 34° 47.834′	225.9	1960 年代	2005.3.8	陈万成	
M2-55	孟津白合崔窑道班门前偏东路南	112° 32.368′ 34° 49.094′	218.5	1960 年前	2005.3.10	雷六森（89 岁）	
M2-56	孟津县白合镇崔窑道班北	112° 32.375′ 34° 49.133′	215.7	1950 年前	2005.3.10	雷六森（89 岁）	
M2-57	孟津县白合镇崔窑道班西北角	112° 32.345′ 34° 49.131′	212.7	1950 年前	2005.3.10	雷六森（89 岁）	

编号	位置	坐标	高程	夷平时间	调查时间	受访者	备注
M2-58	孟津县白合镇四家村东北约300米	112°34.254′ 34°49.947′	185.9		2005.3.9		
M2-59	孟津县白合镇四家村西北	112°33.961′ 34°49.915′	190.5	1960年代	2005.3.9	魏庆汉（63岁）	
M2-60	孟津县白合镇四家村西北	112°.′ 34°.′	190.5	1960年代	2005.3.9	魏庆汉（63岁）	
M3-68	偃师市城关镇新寨村北	112°44.779′ 34°43.559′	113.0	1970年代	2005.3.28	董双有（66岁）	
M3-69	偃师市城关镇新寨村东北	112°45.049′ 34°43.567′	108.2	1960年代	2005.3.28	董双有（66岁）	
M3-72	偃师市城关镇后杜楼村北	112°44.339′ 34°44.249′	121.6		2005.3.28		
M3-73	偃师市城关镇潘屯变电站西南角	112°43.666′ 34°43.690′	115.6		2005.3.26		
M3-74	偃师市城关镇潘屯村西南约60米	112°43.649′ 34°43.762′	120.0	1970年代	2005.3.30	潘灵山（51岁）	
M3-76	偃师市城关镇潘屯村张忠彬门前	112°43.843′ 34°43.751′	120.5	1960年代	2005.3.30	潘灵山（51岁）	
M3-78	偃师市首阳山镇沟口头村西北化工厂东80米	112°42.169′ 34°44.086′	120.2	2000年代	2005.4.3		
M3-80	偃师市首阳山镇羊二庄村东北铁路北100米	112°41.998′ 34°43.961′	123.8		2005.4.2		
M3-81	偃师市首阳山镇南蔡庄村北铁路北	112°42.128′ 34°43.928′	119.8	1960年代	2005.4.3		
M3-82	偃师市首阳山新庄村东南140米	112°41.754′ 34°44.165′	127.0		2005.4.3	鲍喜宏	
M3-89	偃师首阳山白村东北约500米	112°40.936′ 34°43.492′	116.8		2005.4.12	张崇轩（68岁）	
M3-90	偃师首阳山白村北白马集团围墙东南角	112°40.754′ 34°43.548′	115.2	1950年代	2005.4.12	张崇轩（68岁）	
M3-91	偃师首阳山白村东400米	112°41.024′ 34°43.256′	115.8	1950年代	2005.4.12	张崇轩（68岁）	
M3-98	偃师首阳山镇石桥村	112°40.676′ 34°44.001′	124.8	1958年	2005.4.6	李志真（69岁）	
M3-100	偃师首阳山镇北庄村东北	112°40.267′ 34°44.417′	121.0	1960年	2005.4.9	李志真（69岁）	

编号	位置	坐标	高程	夷平时间	调查时间	受访者	备注
M3-101	偃师首阳山镇北庄村东北	112°40.273′ 34°44.374′	121.3		2005.4.9	李志真（69岁）	
M3-103	偃师首阳山镇石桥村东500米	112°40.369′ 34°44.266′	117.8	1958年	2005.4.7	张天保（80岁）	
M3-104	偃师首阳山镇后张村砖厂内	112°40.782′ 34°44.260′	116.0		2005.4.6	李志真（69岁）	
M3-105	偃师首阳山镇石桥村东北约600米	112°40.425′ 34°44.354′	117.5		2005.4.9	李志真（69岁）	
M3-106	偃师首阳山镇石桥村东北	112°40.705′ 34°44.310′	131.9	1970年代	2005.4.6	李志真（69岁）	
M3-107	偃师首阳山镇石桥东砖厂	112°40.379′ 34°44.481′	120.5	1970年代	2005.4.9	李志真（69岁）	
M3-108	偃师首阳山镇石桥村东砖厂北300米	112°40.419′ 34°44.672′	145.8		2005.4.10	李志真（69岁）	
M3-114	偃师首阳山镇郭坟新村东一砖厂	112°39.807′ 34°45.023′	161.4		2005.4.11		
M3-119	偃师市首阳山镇沟口头村杨镇海砖厂	112°42.404′ 34°44.634′	156.3		2005.4.1	谢树林	
M3-122	偃师市首阳山镇沟口头村西北600米	112°42.395′ 34°44.385′	140.8		2005.4.1	杨金水（65岁）	
M3-123	偃师市首阳山镇沟口头村杨新海砖厂	112°42.441′ 34°44.390′	142.9		2005.4.1	杨金水（65岁）	
M3-124	偃师市首阳山镇沟口头村北环路北100米	112°42.680′ 34°44.707′	161.2		2005.4.1	杨金水（65岁）	
M3-125	偃师市首阳山镇香玉北沟东80米	112°43.349′ 34°44.638′	146.2	1975年	2005.3.29	张书轩（61岁）	
M3-126	偃师市首阳山镇香玉北北环路北	112°43.387′ 34°44.721′	147.1	1970年代	2005.3.29	张书轩（61岁）	
M3-127	偃师市城关镇吓田寨中原耐火厂西南	112°44.693′ 34°44.432′	129.5	2003年	2005.3.28	王来水（50岁）	
M3-128	偃师市城关镇吓田寨西南150米	112°44.724′ 34°43.999′	120.1		2005.3.28	王来水（50岁）	
M3-130	偃师市城关镇吓田寨东北	112°44.924′ 34°44.120′	118.9		2005.3.28	王来水（50岁）	
M3-131	偃师市首阳山镇香玉村北沟西100米	112°43.106′ 34°44.679′	152.8		2005.4.10	张书轩（61岁）	

编号	位置	坐标	高程	夷平时间	调查时间	受访者	备注
M3-134	偃师市首阳山镇鱼骨村西约200米	112°39.602′ 34°43.043′	120.3	1960年代	2005.4.13	郭树茂（80岁）	
M3-135	偃师市首阳山镇鱼骨村西北250米	112°39.603′ 34°43.094′	119.5	1960年代	2005.4.13	郭树茂（80岁）	
M3-136	偃师市首阳山镇鱼骨村内	112°39.789′ 34°43.026′	114.5	1960年代	2005.4.13	郭树茂（80岁）	
M3-137	偃师市首阳山镇宋湾村西北	112°39.250′ 34°42.994′	115.2	1960年代	2005.4.13		
M3-138	偃师市首阳山镇义井村东北约500米	112°39.057′ 34°43.272′	116.8		2005.4.16		
M3-140	偃师市首阳山镇保庄村西北	112°38.577′ 34°44.997′	140.8	1970年代	2005.4.13	苏高欣（64岁）	
M3-141	偃师市首阳山镇后张村东约200米	112°40.572′ 34°43.476′	114.9	1960年代	2005.4.12	张崇轩（68岁）	
M3-142	偃师市首阳山镇古城村西北约400米	112°41.551′ 34°42.732′	123.1	1950年代	2005.4.10	陈洪久（70岁）	俗称"看花冢"
M3-143	偃师市首阳山镇古城村西北约1公里	112°41.169′ 34°42.853′	121.1	1950年代	2005.4.10	陈洪久（70岁）	俗称"平冢"
M3-144	偃师市首阳山镇古城村北约500米	112°4169.9′ 34°42.879′	118.9	1950年代	2005.4.10	陈洪久（70岁）	
M3-145	偃师市首阳山镇古城村北约530米	112°41.990′ 34°42.908′	118.7	1960年代	2005.4.10	陈洪久（70岁）	
M3-146	偃师市首阳山镇南蔡庄东南80米	112°42.274′ 34°43.320′	111.8	1958年	2005.4.2	鲍黑蛋（80岁）	
M3-147	偃师市首阳山镇南蔡庄西南200米	112°41.879′ 34°43.284′	111.8	1950年代	2005.4.2	郭东（74岁）	
M3-148	偃师市首阳山镇南蔡庄南150米	112°41.959′ 34°43.226′	112.0	1960年代	2005.4.2	鲍黑蛋（80岁）	
M3-149	偃师市首阳山镇南蔡庄南郭周宅前	112°41.990′ 34°43.270′	112.0	1960年代	2005.4.2	郭荣耀（55岁）	
M3-150	偃师市首阳山镇南蔡庄鲍志兵宅西	112°41.911′ 34°43.512′	116.5	1950年代	2005.4.2	鲍英柱（82岁）	俗称"匍塌冢"
M3-151	偃师市首阳山镇羊二庄村东约200米	112°41.871′ 34°43.662′	117.2		2005.4.2	鲍小秋（60岁）	俗称"布袋冢"
M3-152	偃师市首阳山镇羊二庄村南250米	112°41.569′ 34°43.284′	129.1	1958年	2005.4.10	刘永安（58岁）	

编号	位置	坐标	高程	夷平时间	调查时间	受访者	备注
M3-153	偃师市首阳山镇坟庄村北铁路北	112°43.373′ 34°44.131′	120.6	1990 年代	2005.3.28	刘云生（83 岁）	
M3-154	偃师市首阳山镇坟庄村东约 60 米	112°43.472′ 34°43.916′	126.1	1958 年	2005.3.28	刘云生（83 岁）	
M3-155	偃师市首阳山镇坟庄村东 40 米	112°43.452′ 34°43.909′	126.8	1958 年	2005.3.28	刘云生（83 岁）	
M3-156	偃师市首阳山镇前纸庄村南	112°43.174′ 34°42.860′	118.2	1958 年	2005.11.2	侯安敬（70 岁）	
M3-157	偃师市首阳山镇前纸庄塑料厂门口	112°43.198′ 34°42.995′	118.3	1958 年	2005.11.2	侯安敬（70 岁）	
M3-158	偃师市首阳山镇后纸张村西约 200 米	112°43.114′ 34°43.236′	119.2	1960 年代	2005.3.31	田家洛（60 岁）	
M3-159	偃师市首阳山镇后纸张村西约 180 米	112°43.139′ 34°43.231′	118.9	1970 年代	2005.3.31	田家洛（60 岁）	
M3-160	偃师市邙岭乡丁门口村东（偏北）	112°41.083′ 34°47.870′	209.3	1970 年代	2005.4.14	王曾（57 岁）	
M3-161	偃师市邙岭乡丁门口村东约 80 米	112°41.122′ 34°47.866′	210.1	1970 年代	2005.4.14	王曾（57 岁）	
M3-162	偃师市邙岭乡赵坡村东北角	112°40.256′ 34°47.946′	219.5	1979 年	2005.4.14	贺灿斌（65 岁）	
M3-163	偃师市邙岭乡刘坡村北约 400 米	112°39.503′ 34°48.037′	214.3	1958 年	2005.4.15	贺灿斌（65 岁）	
M3-164	偃师市邙岭乡刘坡村东北约 200 米	112°39.744′ 34°47.858′	218.8	1970 年代	2005.4.15	梁倩友（60 岁）	俗称"东冢"
M3-165	偃师市邙岭乡刘坡村东北约 100 米	112°39.704′ 34°47.797′	223.2	1965 年	2005.4.15	梁倩友（60 岁）	
M3-166	偃师市邙岭乡刘坡村东南约 600 米	112°39.676′ 34°47.328′	240.6	1950 年前	2005.4.14	郭金锁（52 岁）	
M3-167	偃师市邙岭乡刘坡村西南公路南 100 米	112°39.328′ 34°47.337′	234.8	1958 年	2005.4.14	郭金锁（52 岁）	
M3-173	偃师市山化乡官窑村西约 150 米	112°49.303′ 34°44.663′	234.6	1960 年代	2005.3.25	康支书（53 岁）	
M3-176	偃师市山化乡蔺窑村东约 200 米	112°51.017′ 34°44.661′	231.4		2005.3.22		
M3-179	偃师市山化乡忠义村北山坡上	112°52.809′ 34°44.183′	238.1	1982 年	2005.3.24	石松江（63 岁）	俗称"黄冢"

编号	位置	坐标	高程	夷平时间	调查时间	受访者	备注
M3-180	偃师市山化乡忠义村北山坡上	112°52.901′ 34°43.870′	215.3	1980年	2005.3.24	石松江（63岁）	
M3-185	偃师市山化乡游店新村西约70米	112°53.144′ 34°45.079′	252.2	1958年	2005.3.23		
M3-186	偃师市山化乡游店新村东小学校西北	112°53.640′ 34°45.027′	257.1		2005.3.23		
M3-187	偃师市山化乡光明新村一组东北	112°52.422′ 34°45.030′	247.2	1970年	2005.3.23	魏科（73岁）	
M3-189	偃师市山化乡尚家沟村西北	112°50.760′ 34°43.671′	197.7	1980年	2005.3.16	孟广维（59岁）	俗称"单冢"
M4-193	偃师市佃庄乡牛王庙村东南约450米	112°35.556′ 34°41.157′	116.1		2005.4.19		
M4-194	偃师市佃庄乡牛王庙村东南约300米	112°35.571′ 34°41.179′	115.9		2005.4.19		
M4-197	偃师市佃庄乡牛王庙村东南约700米	112°35.293′ 34°40.845′	117.4		2005.4.18		
M4-198	偃师市佃庄乡牛王庙村东北约80米	112°35.585′ 34°41.575′	117.2		2005.4.20		
M4-199	偃师市佃庄乡大郎庙村南约80米	112°34.891′ 34°40.598′	118.9	1960年代	2005.4.20	商文中（71岁）	俗称"尖冢"
M4-200	偃师市佃庄乡大郎庙村南约50米	112°34.882′ 34°40.626′	118.5	1960年代	2005.4.20	孟伍松（61岁）	
M4-201	偃师市佃庄乡大郎庙村南约180米	112°34.889′ 34°40.565′	120.4	1960年代	2005.4.23	孟伍松（61岁）	
M4-202	偃师市佃庄乡大郎庙村南约230米	112°34.891′ 34°40.538′	120.7	1960年代	2005.4.23	孟伍松（61岁）	
M4-203	偃师市佃庄乡大郎庙村东约100米	112°35.086′ 34°40.693′	118.4	1960年代	2005.4.20	商文中（71岁）	
M4-204	偃师市佃庄乡大郎庙村东约100米	112°35.078′ 34°40.710′	118.3	1960年代	2005.4.21	商文中（71岁）	
M4-205	偃师市佃庄乡大郎庙村东约100米	112°35.073′ 34°40.664′	120.1	1960年代	2005.4.21	商文中（71岁）	
M4-206	偃师市佃庄乡西马庄村北约400米	112°34.151′ 34°40.248′	126.1	2002年	2005.4.21		
M4-208	偃师市佃庄乡西马庄村约80米	112°34.316′ 34°40.212′	120.4		2005.4.22		

编号	位置	坐标	高程	夷平时间	调查时间	受访者	备注
M4-209	偃师市佃庄乡西马庄村约350米	112° 34.108′ 34° 40.213′	126.5	1970年代	2005.4.21		
M4-210	偃师市佃庄乡西马庄村北千寨北	112° 33.994′ 34° 40.193′	126.4	1979年代	2005.4.21		
M4-211	偃师市佃庄乡西马庄村西	112° 34.172′ 34° 40.042′	124.3	1950年代	2005.4.21		
M4-212	偃师市佃庄乡董圪垱村吕建筑宅北	112° 38.340′ 34° 41.228′	115.2	1960年代	2005.4.27	董红军（51岁）	
M4-213	偃师市佃庄乡陈圪垱村东800米	112° 39.210′ 34° 41.391′	117.1	1950年代	2005.4.25	王成安（57岁）	
M4-214	偃师市佃庄乡东大郊村东北600米	112° 38.569′ 34° 41.609′	116.3	1960年代	2005.4.27	李天勇（65岁）	
M4-215	偃师市佃庄乡东大郊村东北800米	112° 38.616′ 34° 41.693′	116.8	1960年代	2005.4.27	李天勇（65岁）	
M4-217	偃师市佃庄乡关庄村东北	112° 39.281′ 34° 42.062′	116.7	1994年	2005.4.26		
M4-218	偃师市翟镇镇西罗洼村北200米	112° 39.618′ 34° 41.952′	117.5	1960年代	2005.4.26		
M4-219	偃师市翟镇镇北许村东200米	112° 40.631′ 34° 42.041′	116.0		2005.4.26	许栓（79岁）	
M4-220	偃师市翟镇镇北许村东南	112° 40.627′ 34° 41.772′	117.0	1960年代	2005.4.26	许栓（79岁）	
M4-223	偃师市翟镇镇长庄村南张龙朝宅西	112° 39.120′ 34° 40.650′	117.5	1960年代	2005.4.27		俗称"田横冢"
M4-224	偃师市翟镇镇东罗洼村小学教学楼南	112° 39.787′ 34° 41.577′	114.6	1950年代	2005.4.25	王成安（57岁）	俗称"罗成冢"
M4-225	偃师市翟镇镇东罗洼村小学教学楼东南	112° 39.795′ 34° 41.573′	114.5	1950年代	2005.4.25	王成安（57岁）	
M2-234	洛龙区白马寺镇扁担赵村西高速桥南	112° 32.483′ 34° 42.578′	119.6		2003.7.24		
M2-236	洛阳市机车工厂家属区东北角	112° 31.428′ 34° 41.924′	132		2003.7.24		
M2-251	洛龙区白马寺镇凹杨村内	112° 33.090′ 34° 42.934′	126.7		2003.11.3	杨相益（89岁）	
M2-253	洛龙区白马寺镇凹杨村西	112° 32.927′ 34° 42.957′	134.7		2003.11.3		

编号	位置	坐标	高程	夷平时间	调查时间	受访者	备注
M2-254	洛龙区白马寺镇大里王村北约500米	112°32.614′ 34°43.997′	140.1	1990年	2003.11.12		
M2-260	洛龙区白马寺镇扁担赵村南约300米	112°32.588′ 34°42.540′	118.2		2003.11.29	杨向荣	
M2-261	洛龙区白马寺镇扁担赵村南约300米	112°32.639′ 34°42.548′	118.2		2003.11.29	杨向荣	
M2-262	洛龙区白马寺镇杨湾村北	112°32.476′ 34°42.384′	114.5		2003.11.29	杨向荣	
M2-263	洛龙区白马寺镇杨湾村北	112°32.471′ 34°42.406′	111.3		2003.11.29	杨向荣	
M2-264	洛龙区白马寺镇杨湾村西北	112°32.248′ 34°42.108′	118.7		2003.11.29	杨向荣	俗称"破冢"
M2-265	洛龙区白马寺镇杨湾村东约60米	112°32.742′ 34°42.190′	130.9	1960年代	2003.11.29	杨向荣	
M2-266	洛龙区白马寺镇杨湾村西北	112°32.195′ 34°42.069′	122.3		2003.11.29	杨向荣	
M2-267	洛龙区白马寺镇扁担赵村西南	112°32.449′ 34°42.568′	119.6		2003.11.29		
M2-268	洛龙区白马寺镇下黄村西约200米	112°33.273′ 34°44.560′	162.1	1958年	2003.11.17		
M2-271	洛龙区白马寺镇游王村与黑王村西	112°33.550′ 34°43.045′	128.0	1960年代	2003.11.19		
M2-272	洛龙区白马寺镇黑王村与白王村之间	112°34.019′ 34°42.944′	128.0		2003.11.19	王太和	
M2-273	洛龙区白马寺镇竹园村东	112°34.142′ 34°43.759′	124.3	1980年代	2003.11.19		
M2-274	洛龙区白马寺镇齐郭村北	112°34.016′ 34°44.056′	125.3	1980年代	2003.11.19		
M2-275	洛龙区白马寺镇董村西 洛孟公路北	112°31.378′ 34°43.236′	186.7	1958年	2003.11.19		
M2-276	洛龙区白马寺镇分金沟村东	112°34.525′ 34°43.080′	131.2		2003.11.20	何守文(65岁)	
M2-277	洛龙区白马寺镇分金沟村南	112°34.531′ 34°43.015′	131.2		2003.11.20	何守文(65岁)	
M2-278	洛龙区白马寺镇分金沟村东南	112°34.670′ 34°43.037′	128.6	1970年代	2003.11.20	何守文(65岁)	

编号	位置	坐标	高程	夷平时间	调查时间	受访者	备注
M2-279	洛龙区白马寺镇分金沟村东北	112°34.688′ 34°43.006′	132.1		2003.11.20	何守文（65岁）	
M2-280	洛龙区白马寺镇孙村东北约400米	112°33.716′ 34°43.391′	125.3	1990年代	2003.11.20		
M2-282	洛龙区白马寺镇白王村北0.75公里	112°34.182′ 34°43.511′	125.3		2003.11.21		
M2-283	洛龙区白马寺镇白王村北0.76公里	112°34.182′ 34°43.522′	125.2		2003.11.21		
M2-285	洛龙区白马寺镇白王村北后王村西400米	112°34.292′ 34°43.282′	125.3		2003.11.21		
M2-287	洛龙区白马寺镇陈屯村西北角	112°34.773′ 34°43.218′	118.3	1974年	2003.11.26	村书记	
M2-288	洛龙区白马寺镇陈屯村西南	112°34.753′ 34°43.068′	116.9		2003.11.26	村书记	
M2-294	洛龙区白马寺镇杨湾村东北	112°32.833′ 34°42.338′	130.1		2003.11.29	杨向荣	
M2-297	洛阳市荣康医院院内	112°36.152′ 34°43.360′	123.2		2003.11.3		
M2-299	洛龙区白马寺镇十里铺村南	112°30.820′ 34°42.410′	133.8	1990年代	2003.12.10	潘政强（65岁）	
M2-300	洛龙区白马寺镇十里铺村南	112°30.906′ 34°42.400′	131.6	1980年代	2003.12.10	潘政强（65岁）	
M2-303	洛龙区白马寺镇拦驾沟村南	112°30.628′ 34°43.392′	153.9		2003.12.19		
M2-304	洛龙区白马寺镇下拦驾沟村委南侧	112°30.599′ 34°43.566′	169.7	1970年代	2003.12.19	陈尧（48岁）	
M2-305	洛阳机车工厂北	112°31.316′ 34°42.370′	132.5		2005.12.29	马胜利	
M2-306	洛龙区白马寺镇马沟村南100米	112°31.119′ 34°43.700′	161.5	1970年代	2003.12.15	吕东来、吕永田	
M2-309	孟津县平乐镇吕庙村东400米	112°32.124′ 34°44.130′	150.3		2003.12.15	吕东来、吕永田	
M2-310	孟津县平乐镇吕庙村东400米	112°32.259′ 34°43.993′	145.5	1970年代	2003.12.15	吕东来、吕永田	
M2-313	孟津县平乐镇东吕庙村北车辆厂内	112°31.736′ 34°44.258′	162.4	1990年	2003.12.15	吕来大	

编号	位置	坐标	高程	夷平时间	调查时间	受访者	备注
M2-314	孟津县平乐镇东西吕庙村北车辆厂内	112° 31.704′ 34° 44.267′	158.1	1990 年	2003.12.15	吕来大	
M2-316	瀍河区马坡村西约 80 米	112° 29.632′ 34° 43.067′	163.2	1980 年代	2003.12.16		
M2-318	洛阳市洛北供电段南	112° 30.234′ 34° 42.936′	145.8	1958 年	2003.12.19	马明章	
M1-323	西工区洛北乡大路口村西北	112° 23.711′ 34° 41.738′	155.3	1958 年	2005.12.27	刘伯弓（59 岁）	
M1-324	西工区洛北乡下沟村东南铁路南	112° 22.833′ 34° 41.547′	168.3	1958 年	2005.12.27	吴老邦（63 岁）	
M1-327	西工区洛北乡五女塚村东	112° 24.494′ 34° 40.976′	154.9		2005.12.27	吴周子（72 岁）	
M1-330	孟津朝阳向阳村西 500 米	112° 27.518′ 34° 44.694′	235.2		2005.1.11		
M1-331	孟津朝阳高沟老村西北	112° 25.894′ 34° 46.177′	270.0	1960 年代	2005.3.6		
M1-332	孟津朝阳高沟村西北	112° 25.757′ 34° 46.221′	260.0	1960 年代	2005.3.6		
M2-333	孟津白合镇四冢村西北 50 米	112° 33.976′ 34° 49.907′	190.3		2005.3.9		
M2-334	孟津白合镇崔窑村道班北	112° 32.378′ 34° 49.166′	214.2	1950 年前	2005.3.10	雷六森（89 岁）	
M2-335	孟津白合镇崔窑村道班北村内	112° 32.383′ 34° 49.199′	214.2		2005.3.10	雷六森（89 岁）	
M3-368	偃师市首阳山镇坟庄村刘建设宅西	112° 43.429′ 34° 43.924′	124.2		2005.3.28	刘云生（83 岁）	
M3-369	偃师市首阳山镇香玉北沟 9 组老羊圈西	112° 43.149′ 34° 45.404′	196.3	1975 年后	2005.3.29	张书轩（61 岁）	
M3-370	偃师城关镇潘屯村张杏宅内	112° 43.856′ 34° 43.781′	121.5	1970 年代	2005.3.30	潘灵山张忠彬	
M3-371	偃师城关镇潘屯村内张忠彬门前	112° 43.851′ 34° 43.702′	119.5	1970 年代	2005.3.30	张五森（72 岁）	
M3-372	偃师城关镇潘屯村南	112° 43.845′ 34° 43.670′	119.3	1970 年代	2005.3.30	张五森（72 岁）	
M3-373	偃师城关镇潘屯村南约 200 米	112° 43.827′ 34° 43.637′	116.8	1970 年代	2005.3.30	张五森（72 岁）	

编号	位置	坐标	高程	夷平时间	调查时间	受访者	备注
M3-374	偃师城关镇潘屯村南约200米	112°43.642′ 34°43.689′	115.5	1970年代	2005.3.30	张五森（72岁）	
M3-375	偃师市首阳山镇沟口头村内谢树林宅东	112°42.561′ 34°44.192′	123.5	1970年代	2005.4.1	谢树林	
M3-376	偃师市首阳山镇形沟新村东北80米	112°41.302′ 34°44.840′	167.8	1960年代	2005.4.4	郭留柱	
M3-377	偃师市首阳山镇石桥北庄东50米	112°40.231′ 34°44.203′	115.5		2005.4.7	张天保（80岁）	
M3-378	偃师市首阳山镇石桥村东约500米	112°40.368′ 34°44.245′	117.8		2005.4.7	李志真（69岁）	
M3-379	偃师市首阳山镇石桥村砖厂北30米	112°40.383′ 34°44.528′	135.5		2005.4.9	李志真（69岁）	
M3-380	偃师首阳山镇石桥村东约300米	112°40.355′ 34°44.154′	118.2		2005.4.9	李志真（69岁）	
M3-382	偃师山化乡官窑村西130米	112°49.326′ 34°44.660′	234.5	1970年代	2005.3.25	康支书	
M4-383	偃师佃庄乡牛王庙村东南	112°35.558′ 34°41.181′	116.2		2005.4.19		
M4-384	偃师佃庄乡牛王庙村东南	112°35.538′ 34°41.240′	117.2		2005.4.20		
M4-385	偃师佃庄乡牛王庙村东南	112°35.582′ 34°41.274′	117.3		2005.4.20		
M4-386	偃师佃庄乡西马庄村西小学校北	112°34.179′ 34°40.054′	124.1		2005.4.22		
M4-387	偃师翟镇圪垱头村西小学西	112°41.702′ 34°41.600′	117.9	1950年代	2005.4.28	郭运川（70岁）	
M4-388	偃师翟镇圪垱头村内部郭雪通宅北	112°41.868′ 34°41.657′	116.8	1940年代	2005.4.28	郭凤奇（69岁）	
M4-389	偃师翟镇冉庄村西北50米	112°40.865′ 34°40.965′	115.7		2005.4.29		
M4-390	洛龙区李楼乡潘寨老村西南	112°33.336′ 34°40.651′	117.5		2005.5.8	王彬午（66岁）	俗称"潘豹冢"
M4-391	偃师佃庄乡西石桥村东北	112°35.106′ 34°42.514′	131.1		2005.5.9	张登云（56岁）	
M3-392	偃师首阳山大冢头村南约500米	112°42.724′ 34°43.180′	115.2	1960年代	2005.3.31	田家洛（60岁）	

编号	位置	坐标	高程	夷平时间	调查时间	受访者	备注
M3-393	偃师首阳山大冢头村南约500米	112°42.738′ 34°43.178′	115.0	1960年代	2005.3.31	田家洛（60岁）	
M1-397	孟津南麻屯南凹村东500米	112°19.810′ 34°45.981′	292.1	1958年	2005.11.9	王铁申（56岁）	
M1-398	孟津长华镇牛步河王湾北公里	112°25.339′ 34°48.309′	276.1		2005.11.9	李校仓（63岁）	
M1-399	孟津长华镇师家庄西	112°26.355′ 34°47.674′	270.0		2005.11.9		
M1-401	孟津朝阳镇北陈村东	112°29.000′ 34°47.433′	274.0	1960年代	2005.11.15	薛本善（60岁）	
M1-402	孟津朝阳镇北陈村东	112°28.994′ 34°47.409′	269.4	1960年代	2005.11.15	薛本善（60岁）	
M1-403	孟津朝阳镇北陈村内	112°28.918′ 34°47.352′	272.9	1970年代	2005.11.15	薛本善（60岁）	
M1-404	孟津朝阳镇北陈村东北150米	112°29.231′ 34°47.496′	264.0		2005.11.15	薛本善（60岁）	
M1-405	孟津朝阳镇北陈村东北	112°29.185′ 34°47.495′	266.0		2005.11.15	薛本善（60岁）	
M3-406	偃师首阳山镇形沟新村西北200米	112°41.174′ 34°44.933′	190.0	1950年代	2005.11.17	邓定（60岁）	俗称"看花冢"
M3-407	偃师首阳山镇形沟村北老寨上	112°40.892′ 34°45.199′	250.5		2005.11.17	赵德林（60岁）	
M3-408	偃师首阳山镇形沟村西北	112°41.033′ 34°45.074′	213.4		2005.11.17	邓定（60岁）	
M2-410	孟津白合镇四冢村西约400米	112°33.772′ 34°49.756′	186.4	1958年	2005.11.18	魏书芳（80岁）	
M1-411	孟津朝阳伯乐凹村内王同欣宅前	112°28.391′ 34°47.537′	273.8	1970年代	2005.11.18	王尚智（76岁）	
M1-412	孟津朝阳伯乐凹村东北	112°28.269′ 34°47.888′	303.5	1970年代	2005.11.22	王郝修（60岁）	
M3-413	偃师山化乡蔺窑村北	112°51.135′ 34°44.912′	238.1	1958年	2005.11.23	蔺鸿发（55岁）	
M3-414	偃师市城关镇西寺庄村内	112°46.824′ 34°42.355′	110.0	1960年代	2005.11.23	张全有（57岁）	
M3-415	偃师市城关镇后杜楼村小学内	112°44.464′ 34°44.041′	121.8	1950年代	2005.11.23	马红田（76岁）	

编号	位置	坐标	高程	夷平时间	调查时间	受访者	备注
M3-416	偃师市邙岭乡东蔡庄村北 500 米	112°42.158′ 34°47.268′	226.3	1958 年	2005.11.24	石双学（72 岁）	
M3-417	偃师市邙岭乡东蔡庄村北 500 米	112°42.193′ 34°47.277′	224.0	1958 年	2005.11.24	石双学（72 岁）	
M3-418	偃师市邙岭乡省庄村南	112°44.112′ 34°46.441′	244.8	1950 年代	2005.11.25	马有栓（70 岁）	俗称"玉冢"
M3-419	偃师市山化乡石家庄村内	112°55.124′ 34°43.127′	127.6		2005.11.28	石钦（80 岁）	
M2-420	洛龙区白马寺镇下黄村西南	112°33.153′ 34°44.383′	128.7	1970 年代	2005.12.9	张大宝（75 岁）	
M2-421	洛龙区白马寺镇下黄村西	112°33.120′ 34°44.417′	139.1	1990 年代	2005.12.9	张大宝（75 岁）	
M2-422	洛龙区白马寺镇下黄村西（偏南）	112°33.171′ 34°44.480′	137.6	1970 年代	2005.12.10	魏孟有（82 岁）	
M2-423	洛龙区白马寺镇下黄村北 40 米	112°33.530′ 34°44.650′	137.9	1958 年	2005.12.10	魏文兴（64 岁）	
M2-424	洛龙区白马寺镇下黄村北	112°33.419′ 34°44.651′	137.5	1950 年代	2005.12.10	魏文兴（64 岁）	俗称"半个冢"
M2-425	洛龙区白马寺镇竹园村东 100 米	112°34.108′ 34°43.775′	125.2	1957 年	2005.12.13	郭金河（68 岁）	
M2-426	洛龙区白马寺镇竹园村东	112°34.204′ 34°43.763′	124.8	1950 年代	2005.12.13	郭金河（68 岁）	
M2-427	洛龙区白马寺镇竹园村东约 300 米	112°34.342′ 34°43.729′	125.2	1950 年代	2005.12.13	郭金河（68 岁）	
M2-428	洛龙区白马寺镇竹园村东	112°34.415′ 34°43.800′	122.6		2005.12.13	郭金河（68 岁）	
M2-429	洛龙区白马寺镇竹园村东	112°34.339′ 34°43.726′	125.1		2005.12.13	郭军朝（78 岁）	
M2-430	洛龙区白马寺镇齐郭村东北	112°34.217′ 34°44.051′	128.1		2005.12.14	郭灿明（68 岁）	
M2-431	洛龙区白马寺镇凹杨村	112°33.094′ 34°42.917′	126.4	1970 年代	2005.12.14	杨改成（67 岁）	
M2-432	洛龙区白马寺镇凹杨村东南	112°33.279′ 34°42.936′	126.5		2005.12.15	杨改成（67 岁）	
M2-433	洛龙区白马寺镇凹杨村东南	112°33.263′ 34°42.945′	126.1		2005.12.15	杨改成（67 岁）	

编号	位置	坐标	高程	夷平时间	调查时间	受访者	备注
M2-434	洛龙区白马寺镇凹杨村南60米	112°33.232′ 34°42.895′	126.3		2005.12.15	杨改成（67岁）	
M2-436	洛龙区白马寺镇扁担赵村北	112°32.516′ 34°42.744′	126.1	1973年	2005.12.19	李留申（62岁）	
M2-437	洛龙区白马寺镇扁担赵村北	112°32.653′ 34°42.783′	126.8	1970年代	2005.12.19	李留申（62岁）	
M2-438	洛龙区白马寺镇扁担赵村北	112°32.627′ 34°42.687′	126.5	1960年代	2005.12.19	李留申（62岁）	
M2-439	洛龙区白马寺镇小潘村南	112°32.643′ 34°42.986′	127.3	1980年	2005.12.20	潘太龙（58岁）	
M2-440	洛龙区白马寺镇西吕庙村北	112°31.352′ 34°44.213′	167.5	1950年代	2005.12.20	吕木欣（74岁）	
M2-441	洛龙区白马寺镇西吕庙村北	112°31.421′ 34°44.441′	192.3	1990年	2005.12.20	吕小聚（72岁）	
M2-442	洛阳市机车工厂家属院	112°31.351′ 34°41.865′	134.1		2005.12.21		
M2-444	洛阳市机车工厂医院南	112°31.296′ 34°41.805′	136.2	1987年	2005.12.28	潘振平（40岁）	
M2-447	孟津县平乐镇马村南约100米	112°32.946′ 34°44.682′	139.3	1974年	2005.12.28	马要子（68岁）	
M2-448	孟津县平乐镇马村东南洛常路东30米	112°33.303′ 34°44.718′	152.3	1987年	2005.12.28	马要子（68岁）	
M2-449	孟津县平乐镇马村西北约500米	112°32.583′ 34°45.104′	168.1	1969年	2005.12.28	马要子（68岁）	
M2-450	孟津县平乐镇马村西北约1公里	112°32.489′ 34°45.306′	182.1		2005.12.28	马要子（68岁）	
M2-451	孟津县平乐镇马村西北约1公里	112°32.450′ 34°45.179′	174.2		2005.12.28	马要子（68岁）	
M2-452	孟津县平乐镇马村南约100米	112°32.962′ 34°44.618′	139.2	1960年代	2005.12.29	左丙和（85岁）	
M2-453	孟津县平乐镇马村南约125米	112°32.964′ 34°44.606′	139.2	1960年代	2005.12.29	左丙和（85岁）	
M2-454	孟津县平乐镇左坡西南约100米	112°32.584′ 34°44.572′	150.6	1956年	2005.12.29	左进良（58岁）	俗称"半个冢"
M2-459	洛龙区白马寺镇唐寺阎村西南	112°30.426′ 34°42.155′	134.5		2005.12.29	马胜利	

编号	位置	坐标	高程	夷平时间	调查时间	受访者	备注
M2-464	孟津县平乐镇太仓村南约100米	112°33.186′ 34°44.906′	148.2		2006.1.8	潘龙奇（72岁）	
M2-465	孟津县平乐镇太仓村南	112°33.330′ 34°44.969′	149.0	1950年代	2006.1.8	潘龙奇（72岁）	
M2-466	孟津县平乐镇太仓村内	112°33.197′ 34°45.086′	151.5	1950年前	2006.1.8	潘柱（80岁）	
M2-472	孟津县平乐镇太仓村东北约150米	112°33.227′ 34°45.230′	145.5		2006.1.10	潘龙奇（72岁）	
M2-473	孟津县平乐镇太仓小学校北约200米	112°33.185′ 34°45.323′	145.8	2002年	2006.1.10	潘龙奇（72岁）	
M2-475	孟津县平乐镇后营村北	112°33.164′ 34°45.903′	212.7	1960年代	2006.1.14	李保池（65岁）	
M2-476	孟津县平乐镇后营村北	112°33.287′ 34°45.823′	210.7	1950年代	2006.1.14	李保池（65岁）	
M2-477	孟津县平乐镇后营村北	112°33.503′ 34°45.581′	174.5	1960年代	2006.1.14	李保池（65岁）	
M2-478	孟津县平乐镇后营村内	112°33.561′ 34°45.368′	172.1	1970年代	2006.1.14	李保池（65岁）	
M2-485	孟津县平乐镇后营村东	112°33.739′ 34°45.356′	151.5	2003年	2006.2.9	李凤林（65岁）	
M2-486	孟津县平乐镇后营村东	112°33.809′ 34°45.470′	153.0	1960年代	2006.2.9	李凤林（65岁）	
M2-487	孟津县平乐镇后营村东	112°33.716′ 34°45.278′	152.0	1990年	2006.2.9	李凤林（65岁）	
M2-490	孟津县平乐镇后营村北	112°33.148′ 34°45.888′	213.4	1960年代	2006.2.9	李凤林（65岁）	
M2-491	孟津县平乐镇后营村北	112°33.164′ 34°45.883′	212.3	1960年代	2006.2.9	李凤林（65岁）	
M2-492	孟津县平乐镇后营村北	112°32.987′ 34°45.812′	205.5	1960年代	2006.2.9	李凤林（65岁）	
M2-505	孟津县平乐镇后营村西北	112°33.123′ 34°45.442′	175.0	1962年	2006.2.16	黄全来（82岁）	
M2-506	孟津县平乐镇跃店村东北	112°34.470′ 34°46.133′	202.1	1980年	2006.2.17	许明尊（56岁）	
M2-513	孟津县送庄镇后沟村西北	112°33.522′ 34°46.414′	218.5	1970年代	2006.2.18	徐广朝（52岁）	俗称"徐茂公家"

编号	位置	坐标	高程	夷平时间	调查时间	受访者	备注
M2-516	孟津县平乐镇刘坡村东	112°32.243′ 34°44.687′	152.7	1958年	2006.2.20	王天兴（74岁）	
M2-517	孟津县平乐镇刘坡村东南	112°32.248′ 34°44.540′	149.5	1950年前	2006.2.20	王天兴（74岁）	
M2-518	孟津县平乐镇刘坡村东砖厂内	112°32.323′ 34°44.632′	146.0	1958年	2006.2.20	王天兴（74岁）	
M2-519	孟津县平乐镇跃店新村东	112°33.912′ 34°45.633′	175.2	1960年代	2006.2.22	郭元发（72岁）	
M2-521	孟津县送庄镇营庄村西北角	112°31.601′ 34°46.166′	234.1	1970年代	2006.2.23	郭堆（85岁）	
M2-522	孟津县送庄镇营庄村内	112°31.717′ 34°45.961′	222.1	1970年代	2006.2.24	郭少敏（80岁）	
M2-523	孟津县送庄镇营庄村东	112°31.857′ 34°45.987′	218.2	1970年代	2006.2.24	郭少敏（80岁）	
M2-524	洛龙区白马寺镇尤村北	112°34.066′ 34°44.572′	132.6	1950年代	2006.2.25	杨震（75岁）	
M2-525	孟津县平乐镇东吕庙村南	112°32.456′ 34°44.095′	140.7	1980年代	2006.3.1	吕书堂（82岁）	
M2-526	孟津县平乐镇天皇岭村北200米	112°37.950′ 34°46.223′	203.1	1971年	2006.3.2	庆景太（53岁）	
M2-529	孟津县平乐镇翟泉村东南	112°36.794′ 34°44.385′	122.2	1970年	2006.3.2	袁安远（65岁）	
M2-530	孟津县平乐镇平乐村西	112°34.329′ 34°44.886′	134.5	1970年代	2006.3.3	郭来（74岁）	
M2-531	孟津县平乐镇平乐村西约300米	112°34.029′ 34°44.842′	134.9	1970年代	2006.3.3	郭来（74岁）	
M2-532	孟津县平乐镇平乐村西约300米	112°34.031′ 34°44.863′	134.8	1970年代	2006.3.3	郭来（74岁）	
M2-533	孟津县平乐镇平乐村北	112°34.902′ 34°45.269′	148.4	1970年代	2006.3.3	郭来（74岁）	
M2-534	孟津县平乐镇平乐村北	112°34.882′ 34°45.276′	148.5	1970年代	2006.3.3	郭来（74岁）	
M2-535	孟津县平乐镇平乐村北	112°34.872′ 34°45.275′	148.5	1970年代	2006.3.3	郭来（74岁）	
M2-536	孟津县平乐镇平乐村北	112°34.848′ 34°45.187′	138.2	1970年代	2006.3.3	郭来（74岁）	

编号	位置	坐标	高程	夷平时间	调查时间	受访者	备注
M2-537	孟津县平乐镇平乐村西北	112°34.790′ 34°45.310′	145.1	1970 年代	2006.3.3	郭来（74 岁）	
M2-539	孟津县平乐镇平乐村西北	112°34.811′ 34°45.458′	164.9	1990 年代	2006.3.3	郭来（74 岁）	
M2-541	孟津县平乐镇平乐村北	112°34.974′ 34°45.170′	139.2	1970 年代	2006.3.4	郭来（74 岁）	
M2-542	孟津县平乐镇平乐村北	112°34.973′ 34°45.182′	139.1	1970 年代	2006.3.4	郭来（74 岁）	
M2-543	孟津县平乐镇平乐村东北	112°35.571′ 34°45.154′	120.1	1958 年	2006.3.4	郭红勋（60 岁）	
M2-544	孟津县平乐镇平乐村西北	112°34.324′ 34°45.197′	148.1	1980 年代	2006.3.4	郭红勋（60 岁）	
M2-545	孟津县平乐镇平乐村北	112°35.092′ 34°45.216′	144.3	1970 年代	2006.3.4	郭锁（85 岁）	
M2-546	孟津县平乐镇平乐村北 100 米	112°35.023′ 34°45.114′	131.8		2006.3.4	郭锁（85 岁）	
M2-547	孟津县平乐镇平乐村北约 100 米	112°35.164′ 34°45.152′	139.8	1970 年代	2006.3.5	郭锁（85 岁）	
M2-548	孟津县平乐镇平乐村北	112°35.330′ 34°46.144′	195.9	1958 年	2006.3.5	郭锁（85 岁）	
M2-549	孟津县平乐镇平乐村北	112°35.346′ 34°46.141′	196.1	1958 年	2006.3.5	郭锁（85 岁）	
M2-550	孟津县平乐镇平乐村北	112°35.350′ 34°46.156′	196.1	1958 年	2006.3.5	郭锁（85 岁）	
M2-551	孟津县平乐镇平乐村北	112°35.328′ 34°46.158′	195.7	1958 年	2006.3.5	郭锁（85 岁）	
M2-552	孟津县平乐镇平乐村东北	112°35.575′ 34°45.163′	138.5	1958 年	2006.3.6	郭锁（85 岁）	
M2-553	孟津县平乐镇平乐村东北	112°35.580′ 34°45.174′	138.6	1958 年	2006.3.6	郭来（74 岁）	
M2-554	孟津县平乐镇平乐村西北	112°34.850′ 34°45.060′	147.6	1970 年代	2006.3.6	郭来（74 岁）	
M2-555	孟津县平乐镇平乐村西北	112°34.831′ 34°45.064′	147.9	1970 年代	2006.3.6	郭来（74 岁）	
M2-556	孟津县平乐镇平乐村西北	112°34.860′ 34°45.085′	147.8	1970 年代	2006.3.6	郭来（74 岁）	

编号	位置	坐标	高程	夷平时间	调查时间	受访者	备注
M2-557	孟津县平乐镇平乐村北	112° 34.982′ 34° 45.593′	183.6	1970 年代	2006.3.6	郭花中（61 岁）	
M2-558	孟津县平乐镇平乐村	112° 35.204′ 34° 46.067′	196.8		2006.3.6	郭花中（61 岁）	
M2-569	孟津县平乐镇平乐村西	112° 34.316′ 34° 44.832′	163.1	1970 年代	2006.3.12	郭来（74 岁）	
M2-577	孟津县平乐镇翟泉村北	112° 36.138′ 34° 45.429′	193.5	1960 年代	2006.3.14	王中央（71 岁）	
M2-582	孟津县平乐镇翟泉村北 350 米	112° 36.146′ 34° 45.554′	180.5	1958 年	2006.3.15	王中央（71 岁）	
M2-586	孟津县平乐镇翟泉村北	112° 36.258′ 34° 45.417′	172.0	1966 年	2006.3.15	王中央（71 岁）	
M2-587	孟津县平乐镇东赵村北	112° 35.908′ 34° 45.213′	153.8	1970 年代	2006.3.17	赵来栓（78 岁）	
M2-590	孟津县平乐镇平乐村南	112° 35.296′ 34° 43.408′	128.9	1960 年代	2006.3.21	郭红勋（60 岁）	俗称"魏征冢"
M2-591	孟津县平乐镇东赵砖厂东南角	112° 35.947′ 34° 45.078′	140.8	1950 年代	2006.3.21	赵来栓（77 岁）	
M2-592	孟津县平乐镇上屯村西	112° 36.761′ 34° 45.516′	180.9	1965 年	2006.3.21	朱武旭（77 岁）	
M2-593	孟津县平乐镇上屯村东北	112° 37.210′ 34° 45.726′	188.1	1950 年代	2006.3.21	苏栓（59 岁）	
M2-594	孟津县平乐镇上屯村北	112° 37.056′ 34° 46.072′	185.5		2006.3.22	苏栓（59 岁）	
M2-595	孟津县平乐镇上屯村北约 750 米	112° 37.083′ 34° 46.051′	185.7	1960 年代	2006.3.22	苏栓（59 岁）	
M2-596	孟津县平乐镇上屯村北约 700 米	112° 37.127′ 34° 46.008′	190.7	1960 年代	2006.3.22	苏栓（59 岁）	
M2-598	孟津县平乐镇上屯村北	112° 37.241′ 34° 46.128′	198.3	1950 年代	2006.3.23	苏栓（59 岁）	
M2-599	孟津县平乐镇上屯村北	112° 37.240′ 34° 46.097′	198.3	1960 年代	2006.3.23	苏栓（59 岁）	
M2-602	孟津县平乐镇上屯村北	112° 37.208′ 34° 45.984′	187.6	1960 年代	2006.3.24	葛延德（82 岁）	
M2-603	孟津县平乐镇上屯村北	112° 37.172′ 34° 45.909′	186.4	1960 年代	2006.3.24	葛延德（82 岁）	

编号	位置	坐标	高程	夷平时间	调查时间	受访者	备注
M2-604	孟津县平乐镇上屯村西	112° 34.510′ 34° 44.795′	129.4	1950 年前	2006.3.25	郭耀廷（81 岁）	
M2-605	孟津县平乐镇上屯村西北	112° 36.753′ 34° 46.046′	184.4	1980 年代	2006.3.25	朱正才（64 岁）	
M2-606	孟津县平乐镇上屯村西北	112° 36.749′ 34° 46.059′	184.5		2006.3.25	朱正才（64 岁）	
M2-607	孟津县平乐镇上屯村西北	112° 36.633′ 34° 46.155′	187.9		2006.3.25	朱正才（64 岁）	
M2-608	孟津县平乐镇上屯村东北约 500 米	112° 37.502′ 34° 45.711′	181.9		2006.3.26	朱正才（64 岁）	
M2-609	孟津县平乐镇上屯村北约 100 米	112° 37.260′ 34° 45.799′	183.7		2006.3.26	鲍新宽（61 岁）	
M2-610	孟津县平乐镇上屯村北	112° 37.059′ 34° 46.093′	192.1		2006.3.26	鲍新宽（61 岁）	
M2-611	孟津县平乐镇上屯村西北	112° 36.516′ 34° 45.822′	158.6		2006.3.26	鲍新宽（61 岁）	
M2-612	孟津县平乐镇上屯村北	112° 37.171′ 34° 46.151′	198.5	1960 年代	2006.3.27	鲍新宽（61 岁）	
M2-613	孟津县平乐镇上屯村北	112° 37.278′ 34° 46.152′	202.3	1960 年代	2006.3.27	葛延德（82 岁）	
M2-614	孟津县平乐镇上屯村东北	112° 37.352′ 34° 46.127′	195.9		2006.3.27	葛延德（82 岁）	
M2-615	孟津县平乐镇上屯村北	112° 37.303′ 34° 46.047′	193.4	1960 年代	2006.3.27	葛延德（82 岁）	
M2-616	孟津县平乐镇上屯村北	112° 37.299′ 34° 46.032′	193.0		2006.3.27	葛延德（82 岁）	
M2-617	孟津县平乐镇上屯村东	112° 37.460′ 34° 45.302′	172.8	1958 年	2006.3.27	葛延德（82 岁）	
M2-619	孟津县平乐镇翟泉村东北约 500 米	112° 36.829′ 34° 45.094′	146.5	1960 年代	2006.3.28	吕新芝（70 岁）	
M2-620	孟津县平乐镇翟泉村东北	112° 36.740′ 34° 45.342′	175.1	1968 年	2006.3.28	吕新芝（70 岁）	
M2-621	孟津县平乐镇翟泉村北约 300 米	112° 36.797′ 34° 44.960′	125.0	1960 年代	2006.3.28	吕新芝（70 岁）	
M2-623	孟津县平乐镇朱仓村西南	112° 36.868′ 34° 46.477′	209.1	1960 年代	2006.3.30	朱铁军（66 岁）	

编号	位置	坐标	高程	夷平时间	调查时间	受访者	备注
M2-624	孟津县平乐镇朱仓村西南	112° 36.865′ 34° 46.414′	207.9	1960 年代	2006.3.30	朱云仓（77岁）	
M2-625	孟津县平乐镇半个寨村北约 60 米	112° 38.520′ 34° 45.553′	170.8	1963 年	2006.3.30	池天仓（76岁）	
M2-626	孟津县平乐镇天皇岭村西北 400 米	112° 37.808′ 34° 46.191′	192.1	1975 年	2006.3.30	霍铁军（55岁）	
M2-627	孟津县平乐镇张凹村西北 300 米	112° 38.604′ 34° 46.163′	199.7	1960 年代	2006.3.31	崔廷选（61岁）	
M2-628	孟津县平乐镇张凹村西北	112° 38.618′ 34° 46.188′	201.1	1960 年代	2006.3.31	崔廷选（61岁）	
M2-629	孟津县平乐镇张凹村西北约 1 公里	112° 38.844′ 34° 46.262′	212.8		2006.3.31	崔廷选（61岁）	
M2-631	孟津县平乐镇张凹村西北	112° 38.647′ 34° 46.179′	202.1		2006.4.1	崔廷选（61岁）	
M2-632	孟津县平乐镇张凹村北偏东约 1.5 公里	112° 38.907′ 34° 46.533′	236.1		2006.4.1	崔廷选（61岁）	
M2-633	孟津县平乐镇丁沟新村东北 2 公里	112° 39.507′ 34° 45.543′	218.6		2006.4.2	黄松木（54岁）	
M2-637	孟津县平乐镇天皇岭村东 200 米	112° 38.404′ 34° 45.942′	187.0	1980 年代	2006.4.5	贾岳（57岁）	
M2-638	孟津县平乐镇朱仓村内朱建红宅内	112° 36.960′ 34° 46.405′	210.3	1960 年代	2006.4.6	朱江河（67岁）	
M2-639	孟津县平乐镇朱仓村内朱正路宅内	112° 36.924′ 34° 46.409′	212.1	1972 年	2006.4.6	朱殿章（65岁）	
M2-640	孟津县平乐镇朱仓村内朱万通宅内	112° 36.898′ 34° 46.404′	210.2	1960 年代	2006.4.6	朱殿章（65岁）	
M2-641	孟津县平乐镇朱仓村南约 60 米	112° 36.879′ 34° 46.349′	203.7	1960 年代	2006.4.6	朱殿章（65岁）	
M2-642	孟津县平乐镇朱仓村南	112° 36.904′ 34° 46.344′	203.5	1960 年代	2006.4.6	朱殿章（65岁）	
M2-643	孟津县平乐镇朱仓村南约 50 米	112° 36.957′ 34° 46.343′	202.8	1960 年代	2006.4.6	朱殿章（65岁）	
M2-644	孟津县平乐镇朱仓村南约 60 米	112° 37.016′ 34° 46.323′	200.5	1960 年代	2006.4.6	朱殿章（65岁）	
M2-645	孟津县平乐镇朱仓村南	112° 37.106′ 34° 46.361′	207.1	1960 年代	2006.4.6	朱殿章（65岁）	

编号	位置	坐标	高程	夷平时间	调查时间	受访者	备注
M2-646	孟津县平乐镇朱仓村南偏西	112°36.858′ 34°46.360′	201.2	1970年代	2006.4.7	朱现（57岁）	
M2-647	孟津县平乐镇朱仓村南	112°36.859′ 34°46.385′	202.5		2006.4.7	朱现（57岁）	
M2-648	孟津县平乐镇朱仓村南约100米	112°36.879′ 34°46.292′	200.1		2006.4.7	朱现（57岁）	
M2-649	孟津县平乐镇朱仓村内古小军宅南	112°37.201′ 34°46.386′	209.8	1960年代	2006.4.7	朱东周（72岁）	
M2-650	孟津县平乐镇朱仓村王节生宅东南角	112°37.245′ 34°46.386′	209.5	1960年代	2006.4.7	朱东周（72岁）	
M2-651	孟津县平乐镇朱仓村东	112°37.280′ 34°46.368′	205.5	1970年代	2006.4.7	朱东周（72岁）	
M2-652	孟津县平乐镇朱仓村东南	112°37.219′ 34°41.333′	208.3		2006.4.7	朱东周（72岁）	
M2-653	孟津县平乐镇朱仓村内	112°36.938′ 34°46.380′	204.1	1960年代	2006.4.8	朱东周（72岁）	
M2-654	孟津县平乐镇朱仓村西南250米	112°36.730′ 34°46.282′	195.8		2006.4.8	朱东周（72岁）	
M2-655	孟津县平乐镇朱仓村西南150米	112°36.703′ 34°46.343′	202.2		2006.4.8	朱江河（67岁）	
M2-656	孟津县平乐镇朱仓村内	112°36.890′ 34°46.494′	210.5		2006.4.8	朱学夏（72岁）	
M2-657	孟津县平乐镇朱仓村东约200米	112°37.409′ 34°46.459′	204.6		2006.4.8	朱东周（72岁）	
M2-658	孟津县平乐镇朱仓村东约100米	112°37.348′ 34°46.461′	207.9		2006.4.8	朱东周（72岁）	
M2-659	孟津县平乐镇朱仓村西	112°36.767′ 34°46.491′	210.5		2006.4.9	朱学夏（72岁）	
M2-660	孟津县平乐镇朱仓村西	112°36.769′ 34°46.553′	209.2	1960年代	2006.4.9	朱学夏（72岁）	
M2-661	孟津县平乐镇朱仓村西北约20米	112°36.793′ 34°46.611′	204.5		2006.4.9	朱学夏（72岁）	
M2-662	孟津县平乐镇朱仓村西北	112°36.784′ 34°46.639′	204.2		2006.4.9	朱学夏（72岁）	
M2-663	孟津县平乐镇朱仓村西北	112°36.809′ 34°46.558′	201.1		2006.4.9	朱学夏（72岁）	

编号	位置	坐标	高程	夷平时间	调查时间	受访者	备注
M2-664	孟津县平乐镇朱仓村西	112°36.788′ 34°46.509′	209.5		2006.4.9	朱学夏（72岁）	
M2-665	孟津县平乐镇朱仓村西	112°36.800′ 34°46.488′	213.5	1958年	2006.4.9	朱学路（72岁）	
M2-666	孟津县平乐镇朱仓村西	112°36.833′ 34°46.495′	211.5		2006.4.9	朱学路（72岁）	
M2-667	孟津县平乐镇朱仓村偏西	112°36.870′ 34°46.520′	213.5	1950年代	2006.4.10	朱学路（72岁）	
M2-668	孟津县平乐镇朱仓村内	112°36.893′ 34°46.551′	213.8		2006.4.10	朱学路（72岁）	
M2-670	孟津县平乐镇朱仓村西南	112°36.861′ 34°46.398′	207.5		2006.4.10	朱云仓（77岁）	
M2-671	孟津县平乐镇朱仓村南约200米	112°36.968′ 34°46.196′	200.5	1960年代	2006.4.11	朱东周（72岁）	
M2-672	孟津县平乐镇朱仓村电器厂内	112°37.094′ 34°46.388′	201.5	1960年代	2006.4.11	朱东周（72岁）	
M2-673	孟津县平乐镇朱仓村南	112°37.155′ 34°46.379′	202.9	1960年代	2006.4.11	朱东周（72岁）	
M2-674	孟津县平乐镇朱仓村南	112°37.216′ 34°46.294′	205.8	1960年代	2006.4.11	朱东周（72岁）	
M2-675	孟津县平乐镇朱仓村东约150米	112°37.433′ 34°46.359′	205.1	1960年代	2006.4.11	朱东周（72岁）	
M2-676	孟津县平乐镇朱仓村东约150米	112°37.465′ 34°46.356′	204.2	1960年代	2006.4.11	朱东周（72岁）	
M2-677	孟津县平乐镇朱仓村东约400米	112°37.544′ 34°46.340′	206.5	1950年代	2006.4.14	朱四辈（70岁）	
M2-678	孟津县平乐镇朱仓村东约460米	112°37.583′ 34°46.353′	203.8	1959年	2006.4.14	朱四辈（70岁）	
M2-679	孟津县平乐镇朱仓村东南约0.6公里	112°37.606′ 34°46.237′	200.5	1970年代	2006.4.14	朱四辈（70岁）	
M2-680	孟津县平乐镇朱仓村东南约1公里	112°37.597′ 34°46.258′	201.8	1970年代	2006.4.14	朱四辈（70岁）	
M2-681	孟津县平乐镇朱仓村东南约500米	112°37.515′ 34°46.225′	203.5	1970年代	2006.4.14	朱东周（72岁）	
M2-684	孟津县平乐镇朱仓村东	112°37.539′ 34°46.482′	204.7	1970年代	2006.4.15	朱东周（72岁）	

编号	位置	坐标	高程	夷平时间	调查时间	受访者	备注
M2-685	孟津县平乐镇朱仓村东	112°37.539′ 34°46.497′	204.5	1970年代	2006.4.15	朱东周（72岁）	
M2-686	孟津县平乐镇朱仓村东	112°37.439′ 34°46.448′	205.4	1970年代	2006.4.15	朱东周（72岁）	
M2-688	孟津县平乐镇朱仓村东约80米	112°37.347′ 34°46.434′	204.5	1970年代	2006.4.15	古狗旺（68岁）	
M2-689	孟津县平乐镇朱仓村东约30米	112°37.260′ 34°46.506′	206.3	1970年代	2006.4.15	古留武（65岁）	
M2-690	孟津县平乐镇朱仓村东古红灿宅东5米	112°37.244′ 34°46.489′	206.1	1970年代	2006.4.15	古留武（65岁）	
M2-691	孟津县平乐镇朱仓村东偏北	112°37.328′ 34°46.530′	204.9	1970年代	2006.4.15	古留武（65岁）	
M2-692	孟津县平乐镇朱仓村东约100米	112°37.338′ 34°46.582′	204.8	1970年代	2006.4.16	朱四辈（72岁）	
M2-693	孟津县平乐镇朱仓村东约70米	112°37.320′ 34°46.587′	204.1	1970年代	2006.4.16	朱四辈（72岁）	
M2-694	孟津县平乐镇朱仓村东北约120米	112°37.336′ 34°46.660′	203.4	1970年代	2006.4.16	朱四辈（72岁）	
M2-695	孟津县平乐镇朱仓村东约200米	112°37.403′ 34°46.550′	204.6	1970年代	2006.4.16	朱四辈（72岁）	
M2-696	孟津县平乐镇朱仓村东约250米	112°37.447′ 34°46.546′	204.2		2006.4.17	朱四辈（72岁）	
M2-698	孟津县平乐镇朱仓村东	112°37.213′ 34°46.492′	206.0		2006.4.17	古留武（65岁）	
M2-699	孟津县平乐镇朱仓村东北	112°37.197′ 34°46.582′	205.1		2006.4.17	古留武（65岁）	
M2-700	孟津县平乐镇朱仓村北约150米	112°37.188′ 34°46.754′	206.5	1970年代	2006.4.17	朱学灿（63岁）	
M2-701	孟津县平乐镇朱仓村东北约200米	112°37.304′ 34°46.762′	205.8	1970年代	2006.4.17	朱学灿（63岁）	
M2-702	孟津县平乐镇朱仓村东北约100米	112°37.231′ 34°46.711′	206.0	1970年代	2006.4.17	朱学灿（63岁）	
M2-703	孟津县平乐镇朱仓村东北约60米	112°37.233′ 34°46.688′	205.7	1970年代	2006.4.17	朱学灿（63岁）	
M2-704	孟津县平乐镇朱仓村东	112°37.183′ 34°46.543′	207.1	1970年代	2006.4.18	朱学灿（63岁）	

编号	位置	坐标	高程	夷平时间	调查时间	受访者	备注
M2-705	孟津县平乐镇朱仓村北约100米	112°37.010′ 34°46.729′	207.4	1970年代	2006.4.18	朱学灿（63岁）	
M2-706	孟津县平乐镇朱仓村北约100米	112°36.965′ 34°46.731′	209.8	1970年代	2006.4.18	朱学灿（63岁）	
M2-709	孟津县平乐镇朱仓村西北约800米	112°36.472′ 34°46.661′	215.2		2006.4.18	朱学灿（63岁）	
M2-710	孟津县平乐镇张盘村西南约50米	112°37.063′ 34°47.173′	196.1	1960年代	2006.4.19	崔东山（80岁）	
M2-711	孟津县平乐镇张盘村西南	112°37.045′ 34°47.171′	196.6	1960年代	2006.4.19	崔东山（80岁）	
M2-712	孟津县平乐镇张盘村西南	112°37.004′ 34°47.175′	198.5	1960年代	2006.4.19	崔东山（80岁）	俗称"方冢"
M2-713	孟津县平乐镇张盘村西南约600米	112°36.855′ 34°47.012′	200.1	1970年代	2006.4.19	崔东山（80岁）	
M2-714	孟津县平乐镇张盘村西南约600米	112°36.907′ 34°47.024′	200.3	1970年代	2006.4.19	崔东山（80岁）	
M2-715	孟津县平乐镇张盘村西南	112°36.931′ 34°46.931′	201.1	1970年代	2006.4.19	崔东山（80岁）	
M2-716	孟津县平乐镇张盘村西南约150米	112°36.882′ 34°47.189′	194.0		2006.4.19	崔东山（80岁）	
M2-717	孟津县平乐镇朱仓小学西北约50米	112°36.950′ 34°46.627′	209.2	1980年代	2006.4.20	古留武（65岁）	
M2-718	孟津县平乐镇朱仓村北	112°36.989′ 34°46.735′	207.1	1980年代	2006.4.20	古留武（65岁）	
M2-719	孟津县平乐镇朱仓村西高梅宅东5米	112°36.802′ 34°46.528′	207.5		2006.4.20	古留武（65岁）	
M2-720	孟津县平乐镇朱仓村内	112°37.006′ 34°46.503′	207.3		2006.4.20	古留武（65岁）	
M2-721	孟津县平乐镇朱仓村西南角	112°36.022′ 34°46.375′	209.5		2006.4.20	古留武（65岁）	
M2-723	孟津县平乐镇张盘村西南	112°37.079′ 34°47.259′	196.5	1960年代	2006.4.23	崔东山（80岁）	
M2-724	孟津县平乐镇张盘村西南	112°37.063′ 34°47.256′	196.7	1960年代	2006.4.23	崔东山（80岁）	
M2-725	孟津县平乐镇张盘村西南	112°37.036′ 34°47.193′	196.3	1960年代	2006.4.23	崔东山（80岁）	

编号	位置	坐标	高程	夷平时间	调查时间	受访者	备注
M2-726	孟津县平乐镇张盘村西南	112°36.833′ 34°47.071′	201.3		2006.4.23	崔东山（80岁）	
M2-727	孟津县平乐镇张盘村西南	112°37.042′ 34°46.983′	197.7	1950年代	2006.12.21	崔东山（80岁）	
M2-728	孟津县平乐镇张盘村西南	112°37.029′ 34°46.981′	198.1	1950年代	2006.12.21	崔东山（80岁）	
M2-729	孟津县平乐镇张盘村西南	112°37.014′ 34°46.941′	198.6		2006.12.21	崔东山（80岁）	
M2-730	孟津县平乐镇张盘村南	112°37.481′ 34°47.276′	190.2		2006.12.23	宋祥水（87岁）	
M2-731	孟津县平乐镇张盘村南约100米	112°37.440′ 34°47.146′	192.5	1960年代	2006.12.23	宋祥水（87岁）	
M2-732	孟津县平乐镇张盘村东南约300米	112°37.535′ 34°47.093′	191.9	1971年	2006.12.23	宋祥水（87岁）	俗称"包子冢"
M2-733	孟津县平乐镇张盘村东南约400米	112°37.433′ 34°47.078′	192.1	1960年代	2006.12.23	宋祥水（87岁）	
M2-734	孟津县平乐镇张盘村南	112°37.545′ 34°47.048′	197.5	1970年代	2006.12.23	宋祥水（87岁）	
M2-735	孟津县平乐镇张盘村南	112°37.506′ 34°46.997′	200.8	1970年代	2006.12.23	宋祥水（87岁）	
M2-736	孟津县平乐镇张盘村南	112°37.429′ 34°47.040′	195.6	1970年代	2006.12.23	宋祥水（87岁）	
M2-737	孟津县平乐镇张盘村南	112°37.446′ 34°47.008′	197.9	1970年代	2006.12.23	宋祥水（87岁）	
M2-738	孟津县平乐镇张盘村	112°37.385′ 34°46.938′	203.3	1970年代	2006.12.23	宋祥水（87岁）	
M2-739	孟津县平乐镇张盘村南	112°37.521′ 34°46.883′	199.6	1970年代	2006.12.23	崔东山（80岁）	
M2-740	孟津县平乐镇张盘村南	112°37.516′ 34°46.808′	201.6	1970年代	2006.12.23	宋祥水（87岁）	
M2-741	孟津县平乐镇张盘村东207国道西约40米	112°37.709′ 34°47.601′	206.0	1970年代	2007.3.5	宋祥水	俗称"高连冢"
M2-742	孟津县平乐镇张盘村东约300米	112°37.633′ 34°47.404′	200.0	1970年代	2007.3.5	宋祥水	俗称"王先冢"
M2-743	孟津县平乐镇张盘村东	112°37.744′ 34°47.379′	202.0		2007.3.5	宋祥水	

编号	位置	坐标	高程	夷平时间	调查时间	受访者	备注
M2-744	孟津县平乐镇张盘村东	112°37.741′ 34°47.391′	202.0		2007.3.5	宋祥水	
M2-745	孟津县平乐镇张盘村东	112°37.738′ 34°47.408′	202.1		2007.3.5	宋祥水	
M2-746	孟津县平乐镇张盘村东	112°37.743′ 34°47.426′	202.1		2007.3.5	宋祥水	
M2-754	孟津县平乐镇张盘村东南	112°37.676′ 34°47.059′	202.5		2007.3.7	宋祥水	
M2-762	孟津县平乐镇张盘村西	112°36.631′ 34°47.143′	194.1	1970年代	2007.3.9	梁长安（63岁）	
M2-765	孟津县平乐镇张盘村西焦化厂内	112°36.825′ 34°47.436′	194.8	1970年代	2007.3.10	梁长安（63岁）	
M2-766	孟津县平乐镇张盘村西焦化厂内	112°36.804′ 34°47.420′	194.5	1970年代	2007.3.10	梁长安（63岁）	
M2-767	孟津县平乐镇张盘村西焦化厂内	112°36.796′ 34°47.313′	194.6	1970年代	2007.3.10	梁长安（63岁）	
M2-768	孟津县平乐镇张盘村西焦化厂内	112°36.764′ 34°47.448′	194.5	1970年代	2007.3.10	梁长安（63岁）	
M2-780	孟津县平乐镇张盘村东南	112°37.681′ 34°46.818′	199.9	1970年代	2007.3.13	梁长安（63岁）	
M2-783	孟津县平乐镇张盘村内	112°37.142′ 34°47.466′	188.5	1960年代	2007.3.14	梁会朝（55岁）	
M2-784	孟津县平乐镇张盘村内	112°37.135′ 34°47.445′	188.4	1960年代	2007.3.14	梁会朝（55岁）	
M2-785	孟津县平乐镇张盘村内	112°37.083′ 34°47.495′	190.2	1960年代	2007.3.14	梁会朝（55岁）	
M2-786	孟津县平乐镇张盘村西南	112°37.012′ 34°47.409′	192.1	1960年代	2007.3.14	梁会朝（55岁）	
M2-787	孟津县平乐镇张盘村西南	112°36.791′ 34°47.278′	200.1	1960年代	2007.3.14	梁会朝（55岁）	
M2-788	孟津县平乐镇张盘村内	112°37.095′ 34°47.672′	189.5	1960年代	2007.3.14	梁同栓（73岁）	
M2-789	孟津县平乐镇张盘村内	112°37.125′ 34°47.660′	185.3	1930年代	2007.3.14	梁同栓（73岁）	
M2-790	孟津县平乐镇张盘村西南	112°36.951′ 34°47.547′	187.7	1960年代	2007.3.14	梁同善（68岁）	

编号	位置	坐标	高程	夷平时间	调查时间	受访者	备注
M2-791	孟津县平乐镇张盘村西南	112°36.969′ 34°47.524′	188.2		2007.3.14	梁同善（68岁）	
M2-792	孟津县平乐镇张盘村西	112°36.865′ 34°47.671′	190.4		2007.3.14	梁同善（68岁）	
M2-793	孟津县平乐镇张盘村小学	112°37.308′ 34°47.481′	192.3	1960年代	2007.3.19	梁同善（68岁）	
M2-794	孟津县平乐镇张盘村西	112°36.897′ 34°47.407′	191.1	1960年代	2007.3.19	梁同善（68岁）	
M2-795	孟津县平乐镇新庄村东	112°36.487′ 34°47.669′	187.1	1960年代	2007.3.19	王振卿（62岁）	
M2-796	孟津县平乐镇新庄村东	112°36.486′ 34°47.606′	185.2	1960年代	2007.3.19	王振卿（62岁）	
M2-797	孟津县平乐镇新庄村东	112°36.418′ 34°47.593′	186.1	1960年代	2007.3.19	王振卿（62岁）	
M2-798	孟津县平乐镇新庄村东	112°36.413′ 34°47.565′	187.2	1960年代	2007.3.19	王振卿（62岁）	
M2-799	孟津县平乐镇新庄村西焦化厂内	112°36.729′ 34°47.451′	192.3	1960年代	2007.3.20	梁同栓（73岁）	
M2-800	孟津县平乐镇新庄村西焦化厂内	112°36.742′ 34°47.436′	192.1	1960年代	2007.3.20	梁同栓（73岁）	
M2-801	孟津县平乐镇新庄村西焦化厂内	112°36.677′ 34°47.245′	194.2	1960年代	2007.3.20	梁同栓（73岁）	
M2-802	孟津县平乐镇新庄村北	112°36.365′ 34°48.331′	178.1	1967年	2007.3.20	王南方（81岁）	俗称"贾窑冢"
M2-803	孟津县平乐镇新庄村东	112°36.447′ 34°48.139′	180.0	1960年代	2007.3.20	王南方（81岁）	
M2-804	孟津县平乐镇新庄村东	112°36.469′ 34°48.139′	180.0	1960年代	2007.3.20	王南方（81岁）	
M2-805	孟津县平乐镇新庄村东	112°36.519′ 34°48.097′	178.6	1960年代	2007.3.20	王南方（81岁）	
M2-806	孟津县平乐镇新庄村内西南	112°35.808′ 34°47.823′	184.1	1960年代	2007.3.21	王俊堂（63岁）	
M2-807	孟津县平乐镇新庄村西南	112°35.693′ 34°47.819′	187.2	1960年代	2007.3.21	王志斌（52岁）	
M2-808	孟津县平乐镇新庄村二组住宅区内	112°36.010′ 34°47.985′	189.3	1960年代	2007.3.21	王俊堂（63岁）	

编号	位置	坐标	高程	夷平时间	调查时间	受访者	备注
M2-810	孟津县平乐镇新庄村西南	112°35.738′ 34°47.628′	193.6		2007.3.22	王俊堂（63岁）	
M2-813	孟津县平乐镇新庄村内王再轩宅内	112°36.266′ 34°47.995′	169.1		2007.3.22	王俊堂（63岁）	
M2-815	孟津县平乐镇新庄村东南化工厂内	112°36.232′ 34°47.779′	189.5	1960年代	2007.3.23	王振乾（54岁）	
M2-816	孟津县平乐镇新庄村东南	112°36.066′ 34°46.794′	213.5	1960年代	2007.3.23	王振乾（54岁）	
M2-817	孟津县平乐镇新庄村东南	112°36.076′ 34°46.799′	213.2	1960年代	2007.3.23	王振乾（54岁）	
M2-818	孟津县平乐镇新庄村东	112°36.388′ 34°47.639′	189.3	1970年代	2007.3.23	王振乾（54岁）	
M2-819	孟津县平乐镇新庄村东	112°36.449′ 34°47.673′	187.5	1970年代	2007.3.23	王振乾（54岁）	
M2-820	孟津县平乐镇新庄村东	112°36.430′ 34°47.675′	187.7	1970年代	2007.3.23	王振乾（54岁）	
M2-821	孟津县平乐镇新庄村东约100米	112°36.406′ 34°47.930′	181.5	1970年代	2007.3.24	王天义（74岁）	
M2-822	孟津县平乐镇新庄村东约130米	112°36.421′ 34°47.926′	181.5	1970年代	2007.3.24	王天义（74岁）	
M2-823	孟津县平乐镇新庄村东约100米	112°36.435′ 34°47.976′	185.5	1970年代	2007.3.24	王天义（74岁）	
M2-824	孟津县平乐镇新庄村东约200米	112°36.519′ 34°47.968′	180.5	1970年代	2007.3.24	王天义（74岁）	
M2-825	孟津县平乐镇新庄村东约180米	112°36.481′ 34°47.886′	188.5	1970年代	2007.3.24	王天义（74岁）	
M2-826	孟津县平乐镇新庄村东约100米	112°36.412′ 34°47.840′	188.6	1970年代	2007.3.24	王天义（74岁）	
M2-827	孟津县平乐镇新庄村东南焦化厂西	112°36.491′ 34°47.471′	189.1	1970年代	2007.3.25	王天义（74岁）	
M2-828	孟津县平乐镇新庄村东南	112°36.493′ 34°47.488′	189.1	1970年代	2007.3.25	王天义（74岁）	
M2-829	孟津县平乐镇新庄村南	112°36.093′ 34°47.077′	196.4	1970年代	2007.3.25	王天义（74岁）	
M2-830	孟津县平乐镇新庄村南	112°36.097′ 34°47.126′	196.5	1970年代	2007.3.25	王天义（74岁）	

编号	位置	坐标	高程	夷平时间	调查时间	受访者	备注
M2-831	孟津县平乐镇新庄村南	112° 36.194′ 34° 47.224′	195.6	1970 年代	2007.3.25	王天义（74 岁）	
M2-832	孟津县平乐镇新庄村南	112° 36.293′ 34° 47.349′	194.5	1970 年代	2007.3.25	王天义（74 岁）	
M2-833	孟津县平乐镇新庄村南	112° 35.940′ 34° 46.970′	195.2	1970 年代	2007.3.26	王天义（74 岁）	
M2-834	孟津县平乐镇新庄村南	112° 36.108′ 34° 46.888′	197.5	1970 年代	2007.3.26	王天义（74 岁）	
M2-835	孟津县平乐镇新庄村南	112° 36.079′ 34° 46.883′	196.1	1970 年代	2007.3.26	王天义（74 岁）	
M2-836	孟津县平乐镇新庄村南	112° 36.250′ 34° 46.916′	209.5	1970 年代	2007.3.26	王天义（74 岁）	
M2-837	孟津县平乐镇新庄村南	112° 36.092′ 34° 47.702′	183.2	1970 年代	2007.3.26	王天义（74 岁）	
M2-838	孟津县平乐镇新庄村内王军章宅东 5 米	112° 36.232′ 34° 48.002′	187.6	1970 年代	2007.3.26	王天义（74 岁）	
M2-839	孟津县平乐镇新庄村东汉陵面粉厂	112° 36.895′ 34° 47.953′	180.5	1980 年代	2007.3.27	王都堂（57 岁）	
M2-840	孟津县平乐镇新庄村 6 组（王窑）北	112° 36.795′ 34° 48.349′	177.1	1970 年代	2007.3.27	王都堂（57 岁）	
M2-841	孟津县平乐镇新庄村东汉陵面粉厂东南	112° 36.906′ 34° 47.919′	180.3	1970 年代	2007.3.27	王天明（72 岁）	
M2-842	孟津县平乐镇新庄村 6 组（王窑）南	112° 36.654′ 34° 47.844′	180.8	1970 年代	2007.3.27	王都堂（57 岁）	
M2-843	孟津县平乐镇新庄 6 组（王窑）南	112° 36.688′ 34° 47.835′	180.5	1970 年代	2007.3.28	王都堂（57 岁）	
M2-844	孟津县平乐镇新庄 6 组（王窑）南	112° 36.683′ 34° 47.777′	179.6	1970 年代	2007.3.28	王都堂（57 岁）	
M2-845	孟津县平乐镇新庄 6 组（王窑）南	112° 36.668′ 34° 47.770′	179.5	1970 年代	2007.3.28	王都堂（57 岁）	
M2-846	孟津县平乐镇新庄 6 组（王窑）南	112° 36.701′ 34° 47.778′	179.0	1970 年代	2007.3.28	王都堂（57 岁）	
M2-847	孟津县平乐镇新庄 6 组（王窑）南	112° 36.714′ 34° 47.777′	179.0	1970 年代	2007.3.28	王都堂（57 岁）	
M2-848	孟津县平乐镇新庄 6 组（王窑）南	112° 36.747′ 34° 47.781′	179.2	1970 年代	2007.3.28	王都堂（57 岁）	

编号	位置	坐标	高程	夷平时间	调查时间	受访者	备注
M2-849	孟津县平乐镇新庄6组（王窑）南	112°36.652′ 34°47.694′	179.1		2007.3.28	王都堂（57岁）	
M2-850	孟津县平乐镇新庄6组（王窑）南	112°36.679′ 34°47.915′	182.3		2007.3.29	王都堂（57岁）	
M2-851	孟津县平乐镇新庄6组（王窑）南	112°36.674′ 34°48.022′	181.2	2000年	2007.3.29	王都堂（57岁）	
M2-852	孟津县平乐镇新庄6组（王窑）南	112°36.648′ 34°48.078′	181.1	1970年代	2007.3.29	王都堂（57岁）	
M2-853	孟津县平乐镇新庄6组（王窑）村内	112°36.671′ 34°48.160′	181.2	1970年代	2007.3.29	王天明（72岁）	
M2-854	孟津县平乐镇新庄6组（王窑）村内	112°36.694′ 34°48.154′	180.1	1970年代	2007.3.29	王天明（72岁）	
M2-855	孟津县平乐镇新庄6组（王窑）南	112°36.715′ 34°48.163′	181.3	1970年代	2007.3.29	王天明（72岁）	
M2-856	孟津县平乐镇新庄6组（王窑）南	112°36.712′ 34°48.145′	182.1	1970年代	2007.3.29	王天明（72岁）	
M2-857	孟津县平乐镇新庄6组（王窑）村南	112°36.711′ 34°48.154′	181.3	1970年代	2007.3.30	王天明（72岁）	
M2-858	孟津县平乐镇新庄6组（王窑）村南	112°36.744′ 34°48.154′	180.2	1970年代	2007.3.30	王天明（72岁）	
M2-859	孟津县平乐镇新庄6组（王窑）村南	112°36.767′ 34°48.147′	179.1	1970年代	2007.3.30	王天明（72岁）	
M2-860	孟津县平乐镇新庄6组（王窑）村南	112°36.731′ 34°48.149′	181.5	1970年代	2007.3.30	王天明（72岁）	
M2-861	孟津县平乐镇新庄6组（王窑）村南	112°36.702′ 34°48.174′	180.2	1970年代	2007.3.30	王天明（72岁）	
M2-862	孟津县平乐镇新庄6组（王窑）村内	112°36.715′ 34°48.207′	181.7	1970年代	2007.3.30	王天明（72岁）	
M2-869	孟津县平乐镇新庄6组（王窑）村南	112°36.716′ 34°47.804′	183.2	1970年代	2007.4.1	王天明（72岁）	
M2-873	孟津县平乐镇新庄6组（王窑）村东	112°37.026′ 34°48.138′	181.9	1970年代	2007.6.6	王永阔（61岁）	
M2-905	孟津县平乐镇上古村北	112°38.412′ 34°47.933′	194.5	1980年代	2007.4.11	古沫子（83岁）	
M2-906	孟津县平乐镇上古村西南约150米	112°38.230′ 34°47.373′	198.2	1970年代	2007.4.11	古沫子（83岁）	

编号	位置	坐标	高程	夷平时间	调查时间	受访者	备注
M2-911	孟津县平乐镇上古村西南	112°38.189′ 34°47.275′	201.5	1970年代	2007.4.12	古沫子（83岁）	
M2-914	孟津县平乐镇上古村东	112°39.044′ 34°47.442′	212.8	1970年代	2007.4.13	张红斌（73岁）	
M2-916	孟津县平乐镇上古村东	112°38.941′ 34°47.440′	215.1	1960年代	2007.4.14	张红斌（73岁）	
M2-917	孟津县平乐镇上古村东	112°38.938′ 34°47.425′	214.8	1960年代	2007.4.14	张红斌（73岁）	
M2-918	孟津县平乐镇上古村东	112°38.951′ 34°47.381′	216.5	1970年代	2007.4.14	张红斌（73岁）	
M2-919	孟津县平乐镇上古村东	112°38.639′ 34°47.345′	218.5	1970年代	2007.4.15	张红斌（73岁）	
M2-920	孟津县平乐镇上古村东5米	112°38.571′ 34°47.342′	217.4	1970年代	2007.4.15	张红斌（73岁）	
M2-922	孟津县平乐镇上古村内东南	112°38.431′ 34°47.374′	215.1	1970年代	2007.4.15	张红斌（73岁）	
M2-924	孟津县平乐镇上古村西南约200米	112°37.886′ 34°47.442′	190.5	1960年代	2007.4.17	张红斌（73岁）	
M2-931	孟津县送庄镇东山头村东南	112°33.895′ 34°46.674′	225.4	1970年代	2007.4.20	黄松茂（55岁）	
M2-933	孟津县送庄镇西山头村南约1公里	112°32.856′ 34°46.211′	206.2	1958年	2007.4.20	李根耐（80岁）	
M2-934	孟津县送庄镇西山头村南	112°32.846′ 34°46.722′	227.5	1970年代	2007.4.20	李根耐（80岁）	
M2-939	孟津县送庄镇梁凹村东北	112°33.892′ 34°49.138′	184.5	1970年代	2007.4.22	王乃欣（73岁）	
M2-940	孟津县白合镇沟口村东约200米	112°35.263′ 34°49.411′	128.3	1970年代	2007.4.23	张通（69岁）	
M2-941	孟津县白合镇沟口村东约250米	112°35.298′ 34°49.433′	128.8	1970年代	2007.4.23	张通（69岁）	
M2-942	孟津县白合镇王沟村西约100米	112°32.894′ 34°49.712′	203.9	1970年代	2007.4.23	王广玉（72岁）	俗称"罗通冢"
M2-943	孟津县送庄镇裴坡村西北约200米	112°34.542′ 34°48.616′	185.8	1970年代	2007.4.24	裴敬鸽（60岁）	
M2-944	孟津县送庄镇裴坡村西北	112°34.519′ 34°48.604′	184.5	1970年代	2007.4.24	裴敬鸽（60岁）	

编号	位置	坐标	高程	夷平时间	调查时间	受访者	备注
M2-945	孟津县送庄镇裴坡村西北	112°34.522′ 34°48.595′	184.3	1970年代	2007.4.24	裴敬鸽（60岁）	
M2-946	孟津县送庄镇裴坡村西北	112°34.538′ 34°48.597′	184.2	1970年代	2007.4.24	裴敬鸽（60岁）	
M2-947	孟津县送庄镇裴坡村西北	112°34.530′ 34°48.636′	186.4	1970年代	2007.4.25	裴敬鸽（60岁）	
M2-948	孟津县送庄镇许家寨东北约400米	112°34.958′ 34°48.875′	182.9	1970年代	2007.4.25	程洪斌（53岁）	
M2-951	孟津县送庄镇裴坡村内裴少奇宅南	112°34.565′ 34°48.414′	183.5	1960年代	2007.4.26	王运凯（66岁）	
M2-952	孟津县送庄镇许家寨村东铁路东	112°34.856′ 34°48.818′	184.6	1960年代	2007.4.26	许广运（74岁）	
M2-953	孟津县送庄镇许家寨村东	112°34.879′ 34°48.814′	183.8	1958年	2007.4.26	许广运（74岁）	
M2-954	孟津县送庄镇许家寨村东	112°34.897′ 34°48.811′	183.4	1958年	2007.4.26	许广运（74岁）	
M2-955	孟津县送庄镇许家寨村东北	112°34.979′ 34°48.854′	182.5	1960年代	2007.4.27	许广运（74岁）	
M2-956	孟津县送庄镇许家寨村东北	112°34.999′ 34°48.928′	176.8	1960年代	2007.4.27	许广运（74岁）	
M2-957	孟津县送庄镇许家寨村东北	112°34.929′ 34°48.899′	182.8	1960年代	2007.4.27	许广运（74岁）	
M2-958	孟津县送庄镇许家寨村东北	112°34.848′ 34°48.926′	183.5	1960年代	2007.4.27	许广运（74岁）	
M2-959	孟津县送庄镇许家寨村东北	112°34.889′ 34°48.942′	182.3	1960年代	2007.4.27	许广运（74岁）	
M2-964	孟津县送庄镇送庄村东北约1公里	112°34.250′ 34°48.080′	198.9	1960年代	2007.4.29	王玉（74岁）	
M2-965	孟津县送庄镇送庄村东北约1公里	112°34.238′ 34°48.081′	198.8	1960年代	2007.4.29	王玉（74岁）	
M2-966	孟津县送庄镇送庄村东北约1公里	112°34.220′ 34°48.078′	199.1	1960年代	2007.4.29	王玉（74岁）	
M2-967	孟津县送庄镇送庄村东北约1公里	112°34.207′ 34°48.079′	199.1	1960年代	2007.4.29	王玉（74岁）	
M2-968	孟津县送庄镇送庄村东北约1公里	112°34.187′ 34°48.081′	199.2	1960年代	2007.4.29	王玉（74岁）	

编号	位置	坐标	高程	夷平时间	调查时间	受访者	备注
M2-969	孟津县平乐镇张盘村2组（北寨）村北	112°37.359′ 34°47.859′	180.0	1958年	2007.4.30	赵随森（68岁）	
M2-970	孟津县平乐镇张盘村2组（北寨）村东	112°37.930′ 34°47.658′	194.1	1960年代	2007.4.30	赵随森（68岁）	
M2-971	孟津县会盟镇屋鸾村东约100米	112°36.264′ 34°48.570′	129.7	1958年	2007.5.3	韩木旺（67岁）	俗称"狄仁杰冢"
M2-972	孟津县会盟镇屋鸾村内梅书申宅东	112°36.172′ 34°48.484′	130.5	1950年代	2007.5.3	韩木旺（67岁）	
M2-973	孟津县会盟镇油坊村南	112°35.993′ 34°49.849′	124.1	1960年代	2007.5.4	崔怀全（70岁）	俗称"姚旗冢"
M2-974	孟津县会盟镇油坊村西约300米	112°35.621′ 34°49.962′	125.5	1970年代	2007.5.4	崔怀全（70岁）	
M2-975	孟津县会盟镇油坊村西约400米	112°35.576′ 34°49.965′	125.7	1970年代	2007.5.4	崔怀全（70岁）	俗称"娘娘冢"
M2-976	孟津县会盟镇陈河村东北	112°37.852′ 34°49.806′	113.3	1958年	2007.5.6	陈振衡（67岁）	
M2-977	孟津县会盟镇老城村东北	112°38.181′ 34°48.931′	116.7		2007.5.6		俗称"王铎坟"
M2-979	孟津县会盟镇西下古杨树洼村北	112°39.129′ 34°48.538′	115.5	1958年	2007.5.9	史韶（60岁）	
M2-980	孟津县白合镇铁谢村西南	112°35.619′ 34°50.542′	118.7	1970年代	2007.5.12	张立（63岁）	
M2-981	孟津县白合镇铁谢村西南	112°35.689′ 34°50.542′	119.5	1970年代	2007.5.12	张立（63岁）	
M2-982	孟津县会盟镇下河图村东南	112°35.377′ 34°49.800′	120.4	1960年代	2007.5.13	杨景涛（67岁）	
M2-983	孟津县会盟镇下河图村东南	112°35.381′ 34°49.817′	119.5	1960年代	2007.5.13	杨景涛（67岁）	
M2-984	孟津县送庄镇三十里铺村东南约400米	112°35.518′ 34°46.735′	215.9	1950年前	2007.5.15	司丛法	
M2-985	孟津县白合镇七里头村西北约40米	112°31.485′ 34°49.864′	249.2	1990年代	2007.5.18	杨水清（68岁）	俗称"马腾墓"

编号	位置	坐标	高程	夷平时间	调查时间	受访者	备注
M1-986	孟津县常袋乡石碑凹村西北	112°23.257′ 34°46.168′	275.3	1950 年代	2007.5.24	张元彬（54 岁）	俗称"石保兴冢"
M2-987	孟津县送庄镇送庄村东南	112°33.763′ 34°47.104′	213.7	1950 年代	2007.5.24	王庆有（77 岁）	
M2-988	孟津县送庄镇送庄村东南	112°33.762′ 34°47.094′	213.8	1960 年代	2007.5.24	王庆有（77 岁）	
M1-989	孟津县常袋乡石碑凹村西北	112°23.351′ 34°46.131′	268.5	1950 年代	2007.5.25	张元丰（65 岁）	俗称"石保吉冢"
M1-990	孟津县长华镇长华村西	112°25.677′ 34°50.057′	333.3	1970 年代	2007.5.29	梁合轩（63 岁）	
M1-991	孟津县长华镇保障村南	112°25.561′ 34°50.343′	344.5	1970 年代	2007.5.29	李旺（65 岁）	
M2-992	孟津县白合镇七里头村东北	112°32.018′ 34°49.759′	228.7	1960 年代	2007.5.29	雷景灿（57 岁）	
M2-993	孟津县会盟镇下古杨树洼村南（偏西）	112°38.942′ 34°48.021′	153.3		2007.5.31	杨世彬（58 岁）	
M2-994	孟津县会盟镇靳村东北	112°38.389′ 34°48.446′	123.2	1920 年代	2007.6.2	靳长寿（87 岁）	
M4-998	洛龙区李楼乡焦寨村内白进学宅内	112°33.042′ 34°39.388′	132.5	1960 年代	2007.6.4	王成学（57 岁）	俗称"焦赞冢"

邙山陵墓群考古调查与勘测第一阶段考古报告

（下册）

洛阳市文物考古研究院　编著

文物出版社

附录三　实体墓冢调查表

邙山陵墓群考古调查表

单位：米

名称			编号	1	类别		分区	西区
位置	红山乡杨冢村南		经度	112°20.363′	纬度	34°42.211′	高程	180.2
照相号			录像号		绘图号	1—1	时代	北魏
工作过程	2003 年文物普查				调查时间	2003 年 12 月 31 日	历时	1 天
封土	形制		东西 27.50、南北 28.80、高 4.70				直径	
	筑法	平夯	夯层厚	0.4	密度	疏松	土色	黄褐、灰褐
	保存状况	不完整			盗洞数量		位置	
	遗物	筒瓦片：3，泥质灰陶，外绳纹内布纹，火候高，厚 0.014 米，残长 0.08～0.16 米。 板瓦片：5，泥质灰陶，外绳纹内布纹，火候高，厚 0.015 米，残长 0.07～0.18 米。 板瓦片：2，泥质灰陶，外绳纹素面组合，内布纹绳纹组合，火候高，厚 0.013～0.015 米，残长 0.07～0.09 米。						
陵园	位置		面积		地层深度			
	堆积		形状		保存状况			
	遗物							
碑刻								
备注	封土南部及西南角取土破坏，现大致呈方形，封土内含少量烧土。在冢上有三块现代墓碑，为 1962 年、1997 年杨氏后裔立。传说此冢为北魏时期杨金之冢。							

M1　南—北

M1　东北—西南

M1　东—西

邙山陵墓群考古调查表

单位：米

名称			编号	2	类别		分区	西区
位置	西工区红山乡上寨村南		经度	112°22.518′	纬度	34°42.273′	高程	194.8
照相号			录像号		绘图号	1—1	时代	北魏
工作过程	2003 年文物普查				调查时间	2003 年 12 月 30 日	历时	1 天
封土	形制		东西 53.50、南北 58.00				直径	
	筑法	平夯	夯层厚	0.2 ~ 0.25	密度	坚硬	土色	黄褐
	保存状况	不完整			盗洞数量		位置	
	遗物	瓦片：6，泥质灰陶，外绳纹内布纹，火候较高。砖块：1，泥质灰陶，素面，模制，火候高。						
陵园	位置		面积			地层深度		
	堆积		形状			保存状况		
	遗物							
碑刻								
备注	封土南侧破坏较严重，顶部较平。1982 年前后，黄明兰先生曾带队发掘至甬道处，后因水淹塌方而停工，据说曾发现有壁画。							

M2 西南—东北

M2 北—南

M2 东南—西北

邙山陵墓群考古调查表

单位：米

名称			编号	3	类别		分区	西区
位置		红山乡中沟村西 250 米	经度	112°23.665′	纬度	34°42.408′	高程	199.8
照相号			录像号		绘图号	1—1	时代	北魏
工作过程		2003 年文物普查			调查时间	2003 年 12 月 30 日	历时	1 天
封土	形制						直径	
	筑法	夯筑	夯层厚	0.25 ~ 0.50	密度	坚硬	土色	黄褐、灰褐、红褐
	保存状况	破坏严重			盗洞数量		位置	
	遗物							
陵园	位置		面积		地层深度			
	堆积		形状		保存状况			
	遗物							
碑刻								
备注		位于 310 国道外环线南侧，洛阳市国色牡丹园（牡丹基因库）院内，原破坏较严重，现牡丹园把周围用石头、水泥加固，而且在冢上修建一水池，盖一小亭。封土东、南、北侧已坍塌为直壁。						

M3 西—东

M3 东—西

M3 南—北

邙山陵墓群考古调查表

NO.

单位：米

名称	刘秀坟	编号	4	类别		分区	西区
位置	苗北村北，310 国道南	经度	112°52.911′	纬度	34°42.528′	高程	241.4 米
照相号		录像号		绘图号	1－1	时代	北魏
工作过程	2003 年文物普查			调查时间	2003 年 12 月 31 日	历时	1 天

封土	形制				直径	
	筑法	夯筑	夯层厚	0.25～0.50	密度	坚硬	土色	黄褐、灰褐、红褐
	保存状况	破坏较严重		盗洞数量		位置	
	遗物					

陵园	位置		面积		地层深度	
	堆积		形状		保存状况	
	遗物					

碑刻	
备注	

M4 东—西

M4 南—北

M4 西南—东北

邙山陵墓群考古调查表

NO：

单位：米

名称	北魏孝文帝北陵		编号	6	类别			分区	西区
位置	孟津县朝阳乡官庄村东 0.8 公里		经度	112°25.12′	纬度	34°45.96′		高程	299.3
照相号			录像号		绘图号	1－1		时代	北魏
工作过程	2003 年文物普查				调查时间	2003 年 12 月 31 日		历时	1 天
封土	形制	平面圆形						直径	
	筑法	夯筑	夯层厚	0.25 ～ 0.50	密度	坚硬		土色	黄褐、灰褐、红褐
	保存状况	较好			盗洞数量			位置	
	遗物								
陵园	位置		面积			地层深度			
	堆积		形状			保存状况			
	遗物								
碑刻									
备注									

M6 南—北

M6 西—东

M6 东南—西北

邙山陵墓群考古调查表

　　　　　　　　　　　　　　　　　　　　　　　　　　　　　　　　　　　单位：米

名称			编号	7	类别		分区	西区
位置		孟津县朝阳乡官庄村东0.8 公里	经度	112°34.960′	纬度	34°46.006′	高程	278.9
照相号			录像号		绘图号	1－1	时代	北魏
工作过程		2003 年文物普查			调查时间	2003 年 12 月 31 日	历时	1 天
封土	形制	平面圆形					直径	
	筑法	夯筑	夯层厚	0.25 ～ 0.50	密度	坚硬	土色	黄褐、灰褐、红褐
	保存状况	较好		盗洞数量			位置	
	遗物							
陵园	位置		面积		地层深度			
	堆积		形状		保存状况			
	遗物							
碑刻								
备注								

M7 南—北

M7 西—东

M7 东—西

邙山陵墓群考古调查表

单位：米

名称			编号	8	类别		分区	西区
位置		孟津县高沟村西北	经度	112°25.503′	纬度	34°46.503′	高程	282.0
照相号			录像号		绘图号	1－1	时代	北魏
工作过程		2003 年文物普查			调查时间	2004 年 11 月 19 日	历时	1 天
封土	形制		东西 20.50、南北 15.00、高 5.50				直径	
	筑法	平夯	夯层厚	0.20 ~ 0.25	密度	疏松	土色	黄褐、灰褐、红
	保存状况	破坏严重		盗洞数量			位置	
	遗物	瓦片：泥质灰陶，外绳纹内布纹。 陶片：泥质灰陶，素面。						
陵园	位置		面积		地层深度			
	堆积		形状		保存状况			
	遗物							
碑刻								
备注		取土破坏严重，现呈圆形。						

M8 北—南

M8 南—北

M8 西—东

邙山陵墓群考古调查表

单位：米

名称			编号	9	类别		分区	西区
位置		孟津县庙沟村北	经度	112°24.676′	纬度	34°46.827′	高程	302.6
照相号			录像号		绘图号	1－1	时代	北魏
工作过程		2004 年文物普查			调查时间	2004 年 12 月 7 日	历时	1 天
封土	形制		东西 40.50、南北 43.00、高 13.00				直径	
	筑法	平夯	夯层厚	0.05 ~ 0.20	密度	硬	土色	红褐
	保存状况	较完整		盗洞数量		1	位置	封土中部偏北
	遗物	陶片：泥质灰陶，素面。						
陵园	位置		面积		地层深度			
	堆积		形状		保存状况			
	遗物							
碑刻								
备注		封土顶部为一不规则坑，内有一盗洞，呈圆形，直径 0.60 米。据说该墓盗至墓门。						

M9 东—西

M9　东南—西北

M9　北—南

邙山陵墓群考古调查表

单位：米

名称		编号	10	类别		分区	西区
位置	孟津朝阳河东村与徐家沟之间	经度	112°26.993′	纬度	34°45.238′	高程	256.6
照相号		录像号		绘图号	1—1	时代	北魏
工作过程	2004 年文物普查			调查时间	2004 年 11 月 29 日	历时	1 天
封土	形制		东西 30.50、南北 30.00、高 4.80			直径	
	筑法	平夯	夯层厚	0.25 ~ 0.30	密度	较硬	土色	黄褐
	保存状况	不完整		盗洞数量		位置	
	遗物	砖块：灰色，饰绳纹。					
陵园	位置		面积		地层深度		
	堆积		形状		保存状况		
	遗物						
碑刻							
备注	封土破坏严重，现大致呈圆形，封土东为一现代民房，北为一民居。						

M 10 南—北

M10 西—东

M10 北—南

邙山陵墓群考古调查表

单位：米

名称			编号	11	类别		分区	西区
位置	孟津朝阳河东村东南		经度	112°26.944′	纬度	34°45.062′	高程	260
照相号			录像号		绘图号	1—1	时代	明
工作过程	2004 年文物普查				调查时间	2003 年 12 月	历时	1 天
封土	形制		东西 44.50、南北 49.50、高 15.80				直径	
	筑法	园夯	夯层厚	0.09～0.2	密度	较硬	土色	红褐色黄褐色
	保存状况	不完整			盗洞数量		位置	
	遗物	瓦片：泥质灰陶，外素内布纹。						
陵园	位置	冢南侧	面积	东西 240×南北 150	地层深度		1.6～2	
	堆积	夯层及其下有鹅卵石	形状	夯土断面三重，呈阶梯状	保存状况		不完整	
	遗物	瓦当：当面大致呈三角形，饰有鹿纹和云纹，瓦体外素内布纹。						
碑刻								
备注	封土夯窝直径 0.11、深 0.02 米。封土破坏较轻，现大致呈椭圆形。							

M11 西—东

M11 北—南

M11 南—北

邙山陵墓群考古调查表

单位：米

名称			编号	12	类别		分区	西区
位置		孟津朝阳徐家村沟东	经度	112°27.220′	纬度	34°45.416′	高程	260.1
照相号			录像号		绘图号	1－1	时代	北魏
工作过程		2004 年文物普查			调查时间	2004 年 11 月 29 日	历时	1 天
封土	形制		东西 21.50、南北 22.20、高 5.00				直径	
	筑法	平夯	夯层厚	0.15 ~ 0.20	密度	较硬	土色	灰褐、黄褐
	保存状况	破坏严重		盗洞数量	1		位置	封土东部
	遗物	砖块：灰色、饰绳纹。						
陵园	位置		面积		地层深度			
	堆积		形状		保存状况			
	遗物							
碑刻								
备注		封土破坏严重，现大致呈圆形，顶大部被削去，为农田。 封土东部有一圆形盗洞，直径 0.60 米。						

M12　南—北

M12 东—西

M12 北—南

邙山陵墓群考古调查表

单位：米

名称			编号	13	类别		分区	西区
位置		老城区邙山乡望朝岭村南	经度	112°24.935′	纬度	34°42.655′	高程	221.4
照相号			录像号		绘图号	1－1	时代	北魏
工作过程		2003年文物普查			调查时间	2003年12月29日	历时	1天
封土	形制	覆斗形	东西31.50、南北32.00、高6.50				直径	
	筑法		夯层厚		密度		土色	
	保存状况	完整			盗洞数量		位置	
	遗物	板瓦片：1，泥质灰陶，外绳纹内布纹，火候较高。						
陵园	位置		面积		地层深度			
	堆积		形状		保存状况			
	遗物							
碑刻								
备注		传说此冢被盗过，冢南侧有一盗洞，该冢为砖室墓。 访问望朝岭村村民陈相，老百姓俗称"平冢"。						

M13 东—西

M13 南—北

邙山陵墓群考古调查表

单位：米

名称			编号	14	类别			分区	西区
位置	邙山乡桩王山村北		经度	112°25.970′	纬度	34°42.548′		高程	236.3
照相号			录像号		绘图号	1—1		时代	东汉
工作过程		2003 年文物普查			调查时间	2003 年 12 月 29 日		历时	1 天
封土	形制		东西 29.50、南北 30.50、高 6.0					直径	
	筑法	堆筑	夯层厚		密度	疏松		土色	黄褐
	保存状况		完整		盗洞数量	3		位置	南、北、顶部
	遗物	琉璃瓦片：6，外饰绿釉，内布纹，火候较高。 瓦片：2，泥质灰陶，外素面内布纹，火候较高。 瓦片：4，外素内素瓦片。							
陵园	位置		面积			地层深度			
	堆积		形状			保存状况			
	遗物								
碑刻									
备注									

M14 西—东

M14 北—南

M14 南—北

邙山陵墓群考古调查表

单位：米

名称			编号	15	类别		分区	西区
位置		孟津朝阳高沟村西北	经度	112°25.654′	纬度	34°46.294′	高程	272.5
照相号			录像号		绘图号	1－1	时代	不明
工作过程		2004 年文物普查			调查时间	2004 年 11 月 19 日	历时	1 天
封土	形制		东西 23.50、南北 15.50、高 4.00				直径	
	筑法	平夯	夯层厚	0.18～0.26	密度	较硬	土色	黄、红、黄褐、灰褐
	保存状况	不完整		盗洞数量			位置	
	遗物	瓦片：泥质灰陶，外素面内布纹。陶片：泥质灰陶，素面。						
陵园	位置		面积		地层深度			
	堆积		形状		保存状况			
	遗物							
碑刻								
备注		封土破坏严重，现大致呈长方形。						

M15 北—南

M15 南—北

M15 西—东

邙山陵墓群考古调查表

单位：米

名称			编号	16	类别		分区	西区
位置		瀍河东伯乐凹村东北	经度	112°27.762′	纬度	34°48.051′	高程	328.2
照相号			录像号		绘图号	1－1	时代	不明
工作过程		2005 年文物普查			调查时间	2005 年 1 月 5 日	历时	1 天
封土	形制		东西 30.00、南北 30.50、高 6.80				直径	
	筑法	平夯	夯层厚	0.18～0.25	密度	较硬	土色	红、灰褐
	保存状况		破坏严重		盗洞数量		位置	
	遗物		瓦片：泥质灰陶，素面。 陶片：泥质灰陶，饰绳纹。					
陵园	位置		面积			地层深度		
	堆积		形状			保存状况		
	遗物							
碑刻								
备注		封土破坏严重，现大致呈圆形，东、西、南侧被晚期取土破坏，冢顶部被削平，为农田						

M16 北—南

M16　东—西

M16　南—北

邙山陵墓群考古调查表

单位：米

名称			编号	17	类别		分区	西区
位置		瀍河东伯乐凹村东北	经度	112°27.904′	纬度	34°48.052′	高程	327.9
照相号			录像号		绘图号	1—1	时代	北魏
工作过程			2004 年文物普查		调查时间	2004 年 12 月 10 日	历时	1 天
封土	形制	现大致呈圆形		东西 24.00、南北 24.50、高 7.50			直径	
	筑法	平夯	夯层厚	0.18～0.28	密度	较硬	土色	黄褐、红、灰褐
	保存状况		较完整		盗洞数量	1	位置	封土中部
	遗物		瓦片：泥质灰陶，外绳纹内布纹。					
陵园	位置		面积			地层深度		
	堆积		形状			保存状况		
	遗物							
碑刻								
备注		封土保存较完整，东南角被取土形成一坑，顶部已平整。封土中心为一盗洞，呈圆形，直径 0.40 米。						

M17 北—南

M17 东—西

M17 南—北

邙山陵墓群考古调查表

单位：米

名称			编号	18	类别		分区	西区
位置		廛河东伯乐凹村东北	经度	112°28.133′	纬度	34°48.008′	高程	318.5
照相号			录像号		绘图号	1－1	时代	北魏
工作过程		2004 年文物普查			调查时间	2004 年 12 月 10 日	历时	1 天
封土	形制	现大致呈椭圆形	东西 14.50、南北 17.50、高 6.50				直径	
	筑法	平夯	夯层厚	0.20～0.28	密度	较松	土色	灰褐、黄褐
	保存状况	较完整			盗洞数量		位置	
	遗物	瓦片：泥质灰陶，外绳纹内布纹。陶片：泥质灰陶，素面。						
陵园	位置		面积		地层深度			
	堆积		形状		保存状况			
	遗物							
碑刻								
备注		封土保存较好，四周已辟为农田。						

M18 北—南

M18 东—西

M18 南—北

邙山陵墓群考古调查表

单位：米

名称			编号	19	类别		分区	西区
位置		孟津煤窑新村	经度	112°28.259′	纬度	34°46.827′	高程	293.9
照相号			录像号		绘图号	1—1	时代	北魏
工作过程		2005 年文物普查			调查时间	2005 年 1 月 6 日	历时	1 天
封土	形制		东西 53.50、南北 55.50、高 9.50				直径	
	筑法	平夯	夯层厚	0.15～0.25	密度	较硬	土色	红褐、黄褐
	保存状况		较完整		盗洞数量		位置	
	遗物		板瓦片：泥质灰陶，外绳纹内布纹。					
陵园	位置		面积			地层深度		
	堆积		形状			保存状况		
	遗物							
碑刻								
备注		封土较完整，现大致呈圆形，顶及四周已辟为农田。						

M19 西—东

M19　东—西

M19　西南—东北

邙山陵墓群考古调查表

单位：米

名称			编号	20	类别		分区	西区
位置	孟津煤窑新村		经度	112°28.195′	纬度	34°46.853′	高程	296.0
照相号			录像号		绘图号	1－1	时代	北魏
工作过程		2005 年文物普查			调查时间	2005 年 1 月 6 日	历时	1 天
封土	形制			东西 19.00、南北 21.20、高 3.20			直径	
	筑法	平夯	夯层厚	0.15 ~ 0.25	密度	较硬	土色	灰褐、黄褐
	保存状况		不完整		盗洞数量	1	位置	封土南部
	遗物			瓦片：泥质灰陶，外绳纹内布纹。				
陵园	位置		面积			地层深度		
	堆积		形状			保存状况		
	遗物							
碑刻								
备注		盗洞呈圆形，直径 0.70 ~ 0.80 米。 封土破坏严重，现大致呈椭圆形。						

M20　西—东

M20 北—南

M20 南—北

邙山陵墓群考古调查表

单位：米

名称			编号	21	类别		分区	西区
位置	孟津煤窑新村		经度	112°28.168′	纬度	34°46.862′	高程	292.8
照相号			录像号		绘图号	1—1	时代	北魏
工作过程		2005 年文物普查			调查时间	2005 年 1 月 6 日	历时	1 天
封土	形制			东西 20.10、南北 22.50、高 3.50			直径	
	筑法	平夯	夯层厚	0.15 ~ 0.20	密度	较硬	土色	黄褐
	保存状况		破坏严重		盗洞数量		位置	
	遗物		陶片：泥质灰陶，素面。 砖块：灰色，素面。					
陵园	位置		面积		地层深度			
	堆积		形状		保存状况			
	遗物							
碑刻								
备注		封土破坏严重，现大致呈扁圆形，被取土破坏，上部仅存中心顶部分。						

M21 东—西

M21 西—东

M21 北—南

邙山陵墓群考古调查表

单位：米

名称			编号	22	类别		分区	西区
位置	孟津煤窑新村		经度	112°28.857′	纬度	34°46.662′	高程	270.50
照相号			录像号		绘图号	1－1	时代	北魏
工作过程		2005 年文物普查			调查时间	2005 年 1 月 7 日	历时	1 天
封土	形制	大致呈圆形		东西 46.50、南北 42.50、高 13.00			直径	
	筑法	平夯	夯层厚	0.12 ~ 0.20	密度	较硬	土色	黄褐
	保存状况		较完整		盗洞数量		位置	
	遗物		陶片：泥质灰陶，素面，并饰有一层黑色陶衣。 瓦片：有筒瓦片和板瓦片，均为泥质灰陶，外绳纹内布纹。					
陵园	位置		面积			地层深度		
	堆积		形状			保存状况		
	遗物							
碑刻								
备注			封土破坏较轻，东南有一现代窑洞。					

M22 南—北

M22 西—东

M22 东—西

邙山陵墓群考古调查表

单位：米

名称			编号	23	类别		分区	西区
位置	孟津煤窑新村		经度	112°28.547′	纬度	34°46.591′	高程	268.8
照相号			录像号		绘图号	1－1	时代	东汉
工作过程	2005 年文物普查				调查时间	2005 年 1 月 7 日	历时	1 天
封土	形制		东西 30.50、南北 29.80、高 7.00				直径	
	筑法	平夯	夯层厚	0.12 ~ 0.15	密度	硬	土色	黄褐、红褐
	保存状况	不完整		盗洞数量			位置	
	遗物	瓦片：泥质灰陶，外绳纹内布纹。 陶片：泥质灰陶，素面。						
陵园	位置		面积		地层深度			
	堆积		形状		保存状况			
	遗物							
碑刻								
备注	该冢地处低洼处，东北角取土破坏严重，顶平整为农田。现呈不规则形。							

M23 东—西

M23　南—北

M23　西—东

邙山陵墓群考古调查表

单位：米

名称			编号	24	类别		分区	西区
位置	孟津县保障村东南		经度	112°25.704′	纬度	34°50.269′	高程	336.2
照相号			录像号		绘图号	1－1	时代	北魏
工作过程		2005 年文物普查			调查时间	2005 年 3 月 3 日	历时	1 天
封土	形制	现呈圆形	东西 20.00、南北 19.00、高 8.00				直径	
	筑法	堆筑	夯层厚	0.12 ～ 0.15	密度	松	土色	黄褐
	保存状况	不完整			盗洞数量	2	位置	封土顶及北部
	遗物	砖块：灰色，饰绳纹。						
陵园	位置		面积			地层深度		
	堆积		形状			保存状况		
	遗物							
碑刻								
备注	封土北部盗洞呈圆形，直径约 2.00 米。封土顶部偏西南盗洞呈不规则形，长 1.80、宽 1.00 米。							

M24 北—南

M24 东—西

M24 南—北

邙山陵墓群考古调查表

单位：米

名称			编号	25	类别		分区	西区
位置	孟津县城西0.5公里		经度	112°25.643′	纬度	34°49.994′	高程	331.9
照相号			录像号		绘图号	1—1	时代	北魏
工作过程		2005年文物普查			调查时间	2005年3月3日	历时	1天
封土	形制			东西27.50、南北29.00、高8.50			直径	
	筑法	平夯	夯层厚	0.10～0.25	密度	较硬	土色	黄褐
	保存状况	不完整			盗洞数量		位置	
	遗物							
陵园	位置		面积			地层深度		
	堆积		形状			保存状况		
	遗物							
碑刻								
备注		封土周边取土破坏严重。						

M25 东—西

M25　北—南

M25　南—北

邙山陵墓群考古调查表

单位：米

名称			编号	26	类别		分区	西区
位置	孟津朝阳一中东		经度	112°27.965′	纬度	34°46.035′	高程	291.2
照相号			录像号		绘图号	1—1	时代	北魏
工作过程	2005年文物普查				调查时间	2005年1月4日	历时	1天
封土	形制			东西14.50、南北15.00、高4.60			直径	
	筑法	平夯	夯层厚	0.20～0.25	密度	较硬	土色	红、灰褐
	保存状况		破坏严重		盗洞数量		位置	
	遗物		瓦片：泥质灰陶，外绳纹内布纹。砖块：灰色，素面。					
陵园	位置		面积			地层深度		
	堆积		形状			保存状况		
	遗物							
碑刻								
备注	封土破坏严重，现呈不规则形。							

M26 西—东

M26 北—南

M26 南—北

邙山陵墓群考古调查表

单位：米

名称			编号	27	类别		分区	西区
位置	孟津朝阳一中东		经度	112°28.047′	纬度	34°46.075′	高程	286.2
照相号			录像号		绘图号	1－1	时代	北魏
工作过程	2005 年文物普查				调查时间	2005 年 1 月 4 日	历时	1 天
封土	形制		东西 10.50、南北 16.50、高 5.10				直径	
	筑法	平夯	夯层厚	0.18 ~ 0.25	密度	较硬	土色	灰褐
	保存状况	破坏严重			盗洞数量		位置	
	遗物	瓦片：泥质灰陶，外绳纹内算纹。 砖块：泥质灰陶，素面。						
陵园	位置		面积			地层深度		
	堆积		形状			保存状况		
	遗物							
碑刻								
备注	封土破坏严重，残存西半部，现呈不规则形。							

M27 南—北

M27 北一南

M27 东一西

邙山陵墓群考古调查表

单位：米

名称			编号	28	类别			分区	西区
位置		孟津朝阳一中东	经度	112°28.086′	纬度	34°46.068′		高程	289.5
照相号			录像号		绘图号	1—1		时代	北魏
工作过程		2005年文物普查			调查时间	2005年1月4日		历时	1天
封土	形制			东西20.00、南北21.50、高6.50				直径	
	筑法	平夯	夯层厚	0.20～0.24	密度	较硬		土色	黄褐
	保存状况		不完整		盗洞数量			位置	
	遗物		陶片：泥质灰陶，素面。 瓦片：泥质灰陶，外绳纹内布纹。						
陵园	位置		面积			地层深度			
	堆积		形状			保存状况			
	遗物								
碑刻									
备注		封土晚期取土破坏严重，现呈不规则形。							

M28 西—东

M28　东—西

M28　南—北

邙山陵墓群考古调查表

单位：米

名称			编号	30	类别			分区	西区
位置		孟津朝阳南陈村西	经度	112°28.153′	纬度	34°45.849′		高程	271.5
照相号			录像号			绘图号	1—1	时代	北魏
工作过程		2005 年文物普查			调查时间	2005 年 3 月 7 日		历时	1 天
封土	形制			东西 20.00、南北 20.50、高 3.50				直径	
	筑法	平夯	夯层厚	0.12 ～ 0.18	密度	较硬		土色	红褐
	保存状况		破坏严重		盗洞数量			位置	
	遗物		筒瓦片：泥质灰陶，外绳纹内布纹。 砖块：灰色，素面。						
陵园	位置		面积			地层深度			
	堆积		形状			保存状况			
	遗物								
碑刻									
备注		封土大部破坏严重，残存封土呈"L"形。							

M30 西—东

M30 南—北

M30 东北—西南

邙山陵墓群考古调查表

NO:

单位：米

名称			编号	31	类别		分区	西区
位置	市铁一中北		经度	112°28.424′	纬度	34°42.430′	高程	173.7
照相号			录像号		绘图号	1－1	时代	元代
工作过程			2005 年文物普查		调查时间	2005 年 3 月 11 日	历时	1 天
封土	形制			东西 53.50、南北 57.00、高 15.00			直径	
	筑法	平夯	夯层厚	0.12 ~ 0.28	密度	较硬	土色	黄褐色
	保存状况		不完整		盗洞数量		位置	
	遗物			陶片：泥质灰陶，饰凹弦纹。				
陵园	位置		面积			地层深度		
	堆积		形状			保存状况		
	遗物							
碑刻								
备注			封土西侧，东北取土破坏，现存封土平面近方形。					

M31 西南－东北

M31　北—南

M31　西南—东北

邙山陵墓群考古调查表

NO: 单位：米

名称			编号	33	类别		分区	西区
位置		孟津朝阳南石山村东北	经度	112°29.642′	纬度	34°45.628′	高程	268.2
照相号			录像号		绘图号	1—1	时代	北魏
工作过程		2005 年文物普查			调查时间	2005 年 1 月 11 日	历时	1 天
封土	形制	现大致呈椭圆形	东西 13.00、南北 17.50、高 3.50				直径	
	筑法	平夯	夯层厚	0.09～0.15	密度	硬	土色	红褐、黄褐
	保存状况	不完整		盗洞数量	2		位置	封土西侧，顶正中
	遗物	瓦片：泥质灰陶，外素面内布纹。砖块：灰色，饰细绳纹。						
陵园	位置		面积		地层深度			
	堆积		形状		保存状况			
	遗物							
碑刻								
备注		封土破坏严重，周边取土近乎直壁，顶正中一圆形盗洞，直径 0.40 米。 封土西侧一盗洞，呈圆形，直径 0.50 米。该冢俗称"东王冢"。						

M33 北—南

M33 南—北

M33 西—东

邙山陵墓群考古调查表

单位：米

名称			编号	34	类别		分区	中区
位置		孟津凤凰台东北	经度	112°31.258′	纬度	34°46.369′	高程	244.0
照相号			录像号		绘图号	1—1	时代	北魏
工作过程		2005年文物普查			调查时间	2005年3月7日	历时	1天
封土	形制	大致呈圆形	东西33.50、南北34.00、高10.50				直径	33.50~37.50
	筑法	平夯	夯层厚	0.09~0.15	密度	硬	土色	红褐、黄褐
	保存状况	较完整			盗洞数量	2	位置	封土南部及顶部
	遗物							
陵园	位置		面积		地层深度			
	堆积		形状		保存状况			
	遗物							
碑刻								
备注		封土顶部及南部各有一盗洞，大致呈圆形，直径0.40~0.50米。						

M34 东—西

M34　西—东

M34　南—北

邙山陵墓群考古调查表

NO:

单位：米

名称			编号	36	类别		分区	西区
位置	孟津朝阳镇南		经度	112°27.854′	纬度	34°44.511′	高程	236.2
照相号			录像号		绘图号	1－1	时代	元代
工作过程		2005 年文物普查			调查时间	2005 年 3 月 11 日	历时	1 天
封土	形制		东西 40.00、南北 34.00、高 14.00				直径	
	筑法	平夯	夯层厚	0.12 ~ 0.18	密度	较硬	土色	红褐、黄褐
	保存状况		不完整		盗洞数量		位置	
	遗物		陶片：泥质灰陶，素面。 瓦片：泥质灰陶，外绳纹内布纹。					
陵园	位置		面积		地层深度			
	堆积		形状		保存状况			
	遗物							
碑刻								
备注		封土周边被取土而陡峭，现呈不规则形。						

M36 东—西

M36 北—南

M36 南—北

邙山陵墓群考古调查表

NO:

单位：米

名称			编号	38	类别		分区	中区
位置		廛河蟠龙村北侧	经度	112°29.348′	纬度	34°43.831′	高程	232.1
照相号			录像号		绘图号	1—1	时代	汉魏
工作过程		2003年文物普查			调查时间	2003年12月23日	历时	1天
封土	形制	呈"C"字形	东西74.00、南北66.50、高8.00				直径	
	筑法	平夯	夯层厚	0.08~0.10	密度	坚硬	土色	黄褐
	保存状况	不完整			盗洞数量	3	位置	封土西、北、东北
	遗物	筒瓦片：2，泥质灰陶，外素面内素面，火候较高，厚1.4厘米、残长5.5~9.0厘米。						
陵园	位置		面积			地层深度		
	堆积		形状			保存状况		
	遗物							
碑刻								
备注		封土形如蟠龙，南面内凹，西壁破坏较严重，为取土所致。传为文昭皇后迁坟所致，西侧有一防空洞。						

M38 北—南

M38　东—西

M38　西—东

邙山陵墓群考古调查表

NO:

单位：米

名称			编号	39	类别		分区	西区
位置	孟津朝阳村东南		经度	112°28.342′	纬度	34°45.384′	高程	257.7
照相号			录像号		绘图号	1－1	时代	北魏
工作过程	2005年文物普查				调查时间	2005年3月4日	历时	1天
封土	形制			东西21.50、南北22.50、高6.50			直径	
	筑法	平夯	夯层厚	0.18～0.25	密度	较松	土色	黄褐、红褐
	保存状况	不完整			盗洞数量		位置	
	遗物	瓦片：筒瓦片，凸面磨光，凹面饰布纹，泥质灰陶。板瓦片，泥质灰陶，外素内布纹。板瓦片，泥质灰陶，外绳纹内布纹。						
陵园	位置		面积			地层深度		
	堆积		形状			保存状况		
	遗物							
碑刻								
备注	封土顶部及四周破坏严重，现呈不规则形。							

M39 西—东

M39 南—北

M39 北—南

邙山陵墓群考古调查表

NO:

单位：米

名称			编号	42	类别		分区	西区
位置		孟津朝阳官庄村东	经度	112°24.696′	纬度	34°46.136′	高程	277.7
照相号			录像号		绘图号	1－1	时代	北魏
工作过程		2004年文物普查			调查时间	2004年12月7日	历时	1天
封土	形制			东西15.50、南北20.50、高3.00			直径	
	筑法	平夯	夯层厚	0.05～0.18	密度	硬	土色	黄褐、红褐
	保存状况		破坏严重		盗洞数量		位置	
	遗物		砖块：灰色，饰绳纹。					
陵园	位置		面积			地层深度		
	堆积		形状			保存状况		
	遗物							
碑刻								
备注		封土破坏严重，现呈不规则形。 该冢俗称"塔冢"。						

M42 西—东

M42　东—西

M42　北—南

邙山陵墓群考古调查表

单位：米

名称			编号	44	类别		分区	西区
位置		孟津高沟新村北	经度	112°25.849′	纬度	34°46.148′	高程	258.3
照相号			录像号		绘图号	1—1	时代	北魏
工作过程		2004 年文物普查			调查时间	2004 年 12 月 7 日	历时	1 天
封土	形制		东西 13.50、南北 15.50、高 5.00				直径	
	筑法	平夯	夯层厚	0.25 ~ 0.35	密度	较松	土色	红褐
	保存状况	不完整		盗洞数量			位置	
	遗物	砖块：灰色，素面。						
陵园	位置		面积		地层深度			
	堆积		形状		保存状况			
	遗物							
碑刻								
备注		封土东、南、西三面破坏严重，现呈不规则形。						

M44 东—西

M44 南—北

M44 西—东

邙山陵墓群考古调查表

NO:
　　　单位：米

名称			编号	45	类别		分区	西区
位置	孟津常袋乡韩家岭村东		经度	112°25.241′	纬度	34°46.631′	高程	285.1
照相号			录像号		绘图号	1－1	时代	北魏
工作过程	2004 年文物普查				调查时间	2004 年 11 月 21 日	历时	1 天
封土	形制		东西 24.50、南北 24.00				直径	
	筑法		夯层厚		密度		土色	
	保存状况		破坏严重		盗洞数量		位置	
	遗物							
陵园	位置		面积			地层深度		
	堆积		形状			保存状况		
	遗物							
碑刻								
备注	封土破坏严重，现大致呈圆形，据当地村民讲，曾平掉部分，后新培土垒上去，呈攒尖状，封土表面非夯土。							

M45　东—西

M45 北一南

M45 西一东

邙山陵墓群考古调查表

NO:

单位：米

名称			编号	47	类别			分区	西区
位置		红山乡土桥村西北 0.5 公里	经度	112°23.425′	纬度	34°43.480′		高程	218.7＋3.5
照相号			录像号		绘图号	1－1		时代	明清
工作过程		2003 年文物普查			调查时间	2003 年 12 月 29 日		历时	1 天
封土	形制	圆形		东西 15.00、南北 15.00、高 3.50			直径		
	筑法	不祥	夯层厚		密度	疏松		土色	黄褐、灰褐
	保存状况	较完整		盗洞数量	1		位置		南
	遗物	砖块：泥质灰陶，素面，火候较高，27×14×7 厘米。瓦片：泥质灰陶，外素面内布纹，火候较高。							
陵园	位置		面积			地层深度			
	堆积		形状			保存状况			
	遗物								
碑刻									
备注		位于洛阳土桥花木有限公司内，顶部较尖，该冢曾被盗过，内有大量书籍（访问该公司员工李龙章）。							

M47 北—南

M47　西南—东北

M47　西—东

邙山陵墓群考古调查表

NO: 单位：米

名称			编号	52	类别		分区	中区
位置		孟津东槐树岭村东北	经度	112°30.374′	纬度	34°48.952′	高程	282.5
照相号			录像号		绘图号	1—1	时代	
工作过程		2005 年文物普查			调查时间	2005 年 3 月 12 日	历时	1 天
封土	形制		东西 12.00、南北 9.50、高 6.00				直径	
	筑法	堆筑	夯层厚		密度	疏松	土色	黄褐色、红褐色
	保存状况	不完整		盗洞数量			位置	
	遗物							
陵园	位置		面积		地层深度			
	堆积		形状		保存状况			
	遗物							
碑刻								
备注		封土破坏十分严重，现呈不规则形，未现夯土。						

M52 南—北

M52 东—西

M52 北—南

邙山陵墓群考古调查表

NO:

单位：米

名称			编号	54	类别		分区	中区
位置		孟津送庄朱寨村西	经度	112°31.890′	纬度	34°48.805′	高程	221.5
照相号			录像号		绘图号	1－1	时代	唐代
工作过程		2005年文物普查			调查时间	2005年3月8日	历时	1天
封土	形制		东西18.00、南北17.50、高6.50				直径	
	筑法	平夯	夯层厚		密度	较硬	土色	黄褐、红褐
	保存状况	不完整		盗洞数量			位置	
	遗物	板瓦片：泥质灰陶，外素内布纹。 陶片：泥质灰陶，素面。						
陵园	位置		面积		地层深度			
	堆积		形状		保存状况			
	遗物							
碑刻								
备注		该冢破坏严重，西、南两侧已削成陡壁，现呈不规则形。 该冢俗称"李源冢"，据村民讲李源字子登，年39岁卒。						

M54 东—西

M54　西—东

M54　南—北

邙山陵墓群考古调查表

NO:

单位：米

名称			编号	61	类别		分区	中区
位置		孟津白鹤镇四冢村北	经度	112°34.209′	纬度	34°50.089′	高程	195.2
照相号			录像号		绘图号	1－1	时代	东汉
工作过程		2005 年文物普查			调查时间	2005 年 3 月 9 日	历时	1 天
封土	形制			东西 8.50、南北 13.30、高 4.50			直径	
	筑法	平夯	夯层厚	0.12 ~ 0.16	密度	较硬	土色	黄褐
	保存状况		不完整		盗洞数量		位置	
	遗物		瓦片：泥质灰陶，外素内布纹。					
陵园	位置		面积			地层深度		
	堆积		形状			保存状况		
	遗物							
碑刻								
备注		封土破坏严重，现呈椭圆形。						

M61　北—南

M61　南—北

M61　西—东

邙山陵墓群考古调查表

NO:

单位：米

名称			编号	62	类别		分区	中区
位置		孟津王圪垱村东	经度	112°35.245′	纬度	34°50.868′	高程	117.5
照相号			录像号		绘图号	1—1	时代	东汉
工作过程		2005 年文物普查			调查时间	2005 年 3 月 14 日	历时	1 天
封土	形制		东西 10.50、南北 17.00、高 2.30				直径	
	筑法		夯层厚		密度		土色	黄褐
	保存状况		不完整		盗洞数量		位置	
	遗物		瓦片：泥质灰陶，外绳纹内布纹。 砖块：灰色，素面。					
陵园	位置		面积		地层深度			
	堆积		形状		保存状况			
	遗物							
碑刻								
备注		封土破坏严重，现大致呈长方形，未现夯土。						

M62 南—北

M62 东—西

M62 北—南

邙山陵墓群考古调查表

NO:

单位：米

名称			编号	63	类别		分区	中区
位置	孟津王圪垱村东		经度	112°35.237′	纬度	34°50.928′	高程	117.2
照相号			录像号		绘图号	1－1	时代	东汉
工作过程		2005 年文物普查			调查时间	2005 年 3 月 14 日	历时	1 天
封土	形制			东西 13.50、南北 23.00、高 2.50			直径	
	筑法	平夯	夯层厚	0.18 ~ 0.25	密度	较硬	土色	黄褐
	保存状况		不完整		盗洞数量	1	位置	封土西侧
	遗物							
陵园	位置		面积			地层深度		
	堆积		形状			保存状况		
	遗物							
碑刻								
备注		封土破坏严重，现呈不规则形，封土西侧盗洞呈圆形，直径 0.60 米。						

M63 北—南

M63　西—东

M63　南—北

邙山陵墓群考古调查表

NO:

单位：米

名称			编号	64	类别		分区	中区
位置		孟津王圪垱村东	经度	112°35.169′	纬度	34°50.993′	高程	115.5
照相号			录像号		绘图号	1—1	时代	东汉
工作过程		2005 年文物普查			调查时间	2005 年 3 月 14 日	历时	1 天
封土	形制			东西 29.50、南北 12.50、高 1.00			直径	
	筑法		夯层厚		密度	疏松	土色	黄褐
	保存状况		破坏严重，近乎成平地		盗洞数量		位置	
	遗物							
陵园	位置		面积			地层深度		
	堆积		形状			保存状况		
	遗物							
碑刻								
备注		封土破坏严重，近乎成平地，现呈不规则形，未现夯土。						

M64 东—西

M64　北—南

M64　西—东

邙山陵墓群考古调查表

单位：米

名称			编号	65	类别			分区	中区
位置		孟津王圪垱村东	经度	112°34.203′	纬度	34°50.435′		高程	125.8
照相号			录像号		绘图号	1—1		时代	东汉
工作过程			2005 年文物普查		调查时间	2005 年 3 月 14 日		历时	1 天
封土	形制			东西 22.50、南北 23.00、高 6.20				直径	
	筑法	平夯	夯层厚	0.12 ~ 0.18	密度	较硬		土色	黄褐
	保存状况		不完整		盗洞数量	7		位置	封土东、西北、南、北、顶
	遗物		砖块：空心砖残片，灰陶，饰菱形纹。瓦片：泥质灰陶，外绳纹内布纹。						
陵园	位置		面积			地层深度			
	堆积		形状			保存状况			
	遗物								
碑刻									
备注		封土现大致呈方形，西北、南、北各有一盗洞，直径 0.3 ~ 0.6 米，东部和顶部各有两盗洞，直径 0.4 ~ 0.65 米，俗称"赤眉冢"。							

M65　东—西

M65　北—南

M65　南—北

邙山陵墓群考古调查表

NO:

单位：米

名称	大汉冢	编号	66	类别		分区	中区
位置	孟津洛开高速北	经度	112°34.975′	纬度	34°46.520′	高程	235.1
照相号		录像号		绘图号	1—1	时代	东汉
工作过程	2005年文物普查			调查时间	2005年3月18日	历时	1天

封土	形制	呈圆形		东西135.00、南北137.00、高17.50		直径	135.0～142.0
	筑法		夯层厚		密度	土色	黄褐
	保存状况		较完整		盗洞数量	位置	
	遗物		瓦片：泥质灰陶，外绳纹内布纹、菱形纹。				

陵园	位置		面积		地层深度		
	堆积		形状		保存状况		
	遗物						

碑刻	封土南有清代龚松林立"汉明帝显节陵"碑，保存完好。
备注	在封土东侧断面距地表约1米处，发现有一层碎石（青石块）其下部有夯土遗迹，夯土呈红褐色，为平夯，质硬，厚度0.08～0.13米。

M66 西南—东北

M66 北—南

M66 东—西

邙山陵墓群考古调查表

单位：米

名称			编号	67	类别		分区	中区
位置	孟津三十里铺北		经度	112°35.239′	纬度	34°47.244′	高程	215.7
照相号			录像号		绘图号	1—1	时代	东汉
工作过程		2005 年文物普查			调查时间	2005 年 3 月 15 日	历时	1 天
封土	形制		东西 90.00、南北 111.00、高 16.80				直径	
	筑法	平夯	夯层厚	0.12～0.38	密度	较硬	土色	黄褐、红褐
	保存状况		不完整		盗洞数量		位置	
	遗物		瓦片：泥质灰陶，外绳纹内布纹。					
陵园	位置		面积			地层深度		
	堆积		形状			保存状况		
	遗物							
碑刻								
备注		在封土南刘家井住户房后有一处疑为盗洞。						

M67 北—南

M67 南—北

M67 西—东

邙山陵墓群考古调查表

　　　单位：米

名称			编号	71	类别		分区	东区
位置		偃师前杜楼村三中院内	经度	112°44.308′	纬度	34°43.977′	高程	120.50
照相号			录像号		绘图号	1—1	时代	明清
工作过程		2005 年文物普查			调查时间	2005 年 3 月 26 日	历时	1 天
封土	形制		东西 6.10、南北 6.00、高 3.00				直径	
	筑法		夯层厚		密度		土色	
	保存状况		破坏严重		盗洞数量		位置	
	遗物							
陵园	位置		面积			地层深度		
	堆积		形状			保存状况		
	遗物							
碑刻		封土南为"唐工部拾遗少陵杜文贞公之墓"碑，乾隆五十五年立。						
备注		杜甫墓。破坏十分严重，周围已用青石及水泥封砌加固，封土之上又加培土。						

M71 北—南

M71　西—东

M71　南—北

邙山陵墓群考古调查表

NO:

单位：米

名称			编号	75	类别		分区	东区
位置		偃师首阳山镇香玉村东	经度	112°43.455′	纬度	34°43.792′	高程	117.2
照相号			录像号		绘图号	1—1	时代	东汉
工作过程			2005 年文物普查		调查时间	2005 年 4 月 17 日	历时	1 天
封土	形制		东西 5.00、南北 6.10、高 5.50				直径	
	筑法	平夯	夯层厚	0.08 ~ 0.15	密度	硬	土色	黄褐
	保存状况		破坏严重		盗洞数量		位置	
	遗物							
陵园	位置		面积			地层深度		
	堆积		形状			保存状况		
	遗物							
碑刻								
备注		封土破坏十分严重，只剩中心很小一部分，现呈椭圆形。						

M75 西—东

M75　西北—东南

M75　南—北

邙山陵墓群考古调查表

NO:

单位：米

名称			编号	77	类别		分区	东区
位置	偃师大冢头村县一中院内		经度	112°42.953′	纬度	34°43.451′	高程	139.6
照相号			录像号		绘图号	1—1	时代	东汉
工作过程	2005 年文物普查			调查时间	2005 年 3 月 26 日	历时	1 天
封土	形制		东西 28.50、南北 27.50、高 6.80				直径	
	筑法	平夯	夯层厚	0.08～0.15	密度	较硬	土色	红褐、黄褐
	保存状况	不完整			盗洞数量		位置	
	遗物	瓦片：泥质灰陶，外绳纹内布纹。						
陵园	位置		面积			地层深度		
	堆积		形状			保存状况		
	遗物							
碑刻	封土东有 1994 年张岂之等撰文刻书的"秦相国吕不韦陵墓"石碑。							
备注	封土破坏严重，周边陡峭，现呈方形，据传为吕不韦墓。							

M77　西—东

M77　西北—东南

M77　南—北

邙山陵墓群考古调查表

NO:

单位：米

名称			编号	79	类别			分区	东区
位置		偃师羊二庄东北	经度	112°41.889′	纬度	34°44.081′		高程	134.5
照相号			录像号		绘图号	1—1		时代	东汉
工作过程		2005 年文物普查			调查时间	2005 年 4 月 2 日		历时	1 天
封土	形制		东西 29.50、南北 30.00、高 8.50					直径	
	筑法	平夯	夯层厚	0.09 ~ 0.2	密度	较硬		土色	红褐、黄褐
	保存状况	不完整		盗洞数量				位置	
	遗物	陶片：夹砂灰陶，饰方格纹，器型有口沿，平沿，方唇，口微敞。							
陵园	位置		面积		地层深度				
	堆积		形状		保存状况				
	遗物								
碑刻									
备注		封土破坏严重，现大致呈方形。西面有三个现代窑洞，西南角、南、东面各有一窑洞。							

M79 北—南

M79 南—北

M79 西—东

邙山陵墓群考古调查表

NO:

单位：米

名称			编号	83	类别		分区	东区
位置		偃师新庄东南	经度	112°41.770′	纬度	34°44.034′	高程	129.3
照相号			录像号		绘图号	1—1	时代	东汉
工作过程		2005 年文物普查			调查时间	2005 年 4 月 3 日	历时	1 天
封土	形制		东西 10.50、南北 12.00、高 4.20				直径	
	筑法	平夯	夯层厚	0.06 ~ 0.18	密度	硬	土色	黄褐色
	保存状况	破坏严重			盗洞数量		位置	
	遗物	板瓦片：泥质灰陶，外绳纹，内有菱形纹和布纹两种。						
陵园	位置		面积			地层深度		
	堆积		形状			保存状况		
	遗物							
碑刻								
备注		封土破坏严重，残存部分呈方形。冢西被改造成一现代烧窑。						

M83 南—北

M83　东—西

M83　北面夯层

邙山陵墓群考古调查表

NO:

单位：米

名称			编号	84	类别		分区	东区
位置	偃师新庄村东南		经度	112°41.716′	纬度	34°44.038′	高程	128.9
照相号			录像号		绘图号	1－1	时代	东汉
工作过程		2005 年文物普查			调查时间	2005 年 4 月 3 日	历时	1 天
封土	形制		东西 14.50、南北 16.20、高 4.00				直径	
	筑法	平夯	夯层厚	0.12 ~ 0.23	密度	硬	土色	红褐色、黄褐色
	保存状况		破坏严重		盗洞数量	1	位置	封土顶
	遗物							
陵园	位置		面积		地层深度			
	堆积		形状		保存状况			
	遗物							
碑刻								
备注	封土破坏严重，现残留部分呈 "凵" 形，北侧建一现代烧窑，封土南部残高 1.30、北部残高 4.00 米，冢上部盗洞呈圆形，直径 0.50 米。 在冢东南有一口径 0.30 米的坑，口小内大，内见有券砖，疑为冢券顶。							

M84 东—西

M84 北—南

M84 西—东

邙山陵墓群考古调查表

NO:

单位：米

名称			编号	85	类别		分区	东区
位置		偃师首阳山镇羊二庄东北	经度	112°41.716′	纬度	34°43.898′	高程	136.8
照相号			录像号		绘图号	1－1	时代	东汉
工作过程			2005年文物普查		调查时间	2005年4月4日	历时	1天
封土	形制		东西25.50、南北26.00、高9.50				直径	
	筑法	平夯	夯层厚	0.12～0.18	密度	硬	土色	红褐、黄褐
	保存状况	不完整		盗洞数量			位置	
	遗物	陶片：均为泥质灰陶，外饰绳纹内素面。陶器口沿，侈口，平沿，圆唇，外饰绳纹。瓦片：泥质灰陶，外绳纹内布纹。						
陵园	位置		面积			地层深度		
	堆积		形状			保存状况		
	遗物							
碑刻								
备注		封土破坏严重，北面、西南角各一窑洞，东面有一废弃烧窑。封土现呈不规则圆形。						

M85 南—北

M85　西—东

M85　北—南

邙山陵墓群考古调查表

单位：米

名称			编号	86	类别		分区	东区
位置		偃师新庄东北1公里	经度	112°41.752′	纬度	34°44.609′	高程	145.7
照相号			录像号		绘图号	1－1	时代	东汉
工作过程			2005年文物普查		调查时间	2005年3月29日	历时	1天
封土	形制			东西10.50、南北12.50、高3.00			直径	
	筑法	平夯	夯层厚	0.10～0.18	密度	较硬	土色	黄褐
	保存状况		破坏严重		盗洞数量	1	位置	封土东
	遗物			板瓦片：泥质灰陶，外绳纹内布纹。筒瓦片：泥质灰陶，外绳纹内布纹。				
陵园	位置		面积			地层深度		
	堆积		形状			保存状况		
	遗物							
碑刻								
备注		封土破坏严重，现残存呈椭圆形，封土南面有一废弃现代窑洞。东侧盗洞大致呈圆形，直径1.50米。						

邙山陵墓群考古调查表

单位：米

名称			编号	87	类别		分区	东区
位置		偃师新庄村北	经度	112°41.539′	纬度	34°44.874′	高程	
照相号			录像号		绘图号	1－1	时代	东汉
工作过程			2005年文物普查		调查时间	2005年4月4日	历时	1天
封土	形制			东西13.00、南北17.00、高4.00			直径	
	筑法	堆筑	夯层厚		密度	较松	土色	红褐、黄褐
	保存状况		破坏严重		盗洞数量	1	位置	封土北部
	遗物							
陵园	位置		面积			地层深度		
	堆积		形状			保存状况		
	遗物							
碑刻								
备注		封土破坏严重，现存大致呈长方形，北部盗洞呈不规则圆形，直径0.40～0.60米。该冢俗称"看花冢"，封土南部有一现代迁葬墓。						

M87 东—西

M87 南—北

邙山陵墓群考古调查表

NO: 单位：米

名称			编号	88	类别		分区	东区
位置	偃师白村东北		经度	112°41.019′	纬度	34°43.464′	高程	120.9
照相号			录像号		绘图号	1—1	时代	东汉
工作过程		2005年文物普查		调查时间	2005年4月12日	历时	1天

封土	形制		东西11.50、南北12.00、高6.50			直径	
	筑法	平夯	夯层厚	0.09~0.18	密度	较硬	土色	红褐、黄褐
	保存状况		破坏严重		盗洞数量		位置	
	遗物		瓦片：泥质灰陶，外绳纹内布纹。 陶片：泥质红陶，素面。				

陵园	位置		面积		地层深度	
	堆积		形状		保存状况	
	遗物					

碑刻	
备注	封土破坏严重，现存封土呈不规则形，周边陡峭直立，封土南高北低。

M88 东南—西北

M88　南一北

M88　西北一东南

邙山陵墓群考古调查表

NO:

单位：米

名称			编号	92	类别		分区	东区
位置		310 国道北首阳山镇羊二庄七组	经度	112°41.066′	纬度	34°43.832′	高程	111.6＋6.0
照相号			录像号		绘图号	1－1	时代	东汉
工作过程		2003 年文物普查			调查时间	2003 年 11 月 5 日	历时	1 天
封土	形制		东西 8.00、南北 4.30、高 6.00				直径	
	筑法	平夯	夯层厚	0.20	密度	疏松	土色	黄褐
	保存状况	破坏严重			盗洞数量		位置	
	遗物	陶瓦 1：泥质灰陶，内外皆素面，火候较高。瓦片 2：泥质灰陶，外绳纹内布纹，火候较高，厚 0.8 厘米。						
陵园	位置		面积			地层深度		
	堆积		形状			保存状况		
	遗物							
碑刻								
备注		封土自然坍塌与人为取土破坏，呈不规则柱状。						

M92 北—南

M92　西—东

M92　南—北

邙山陵墓群考古调查表

NO:

単位：米

名称			编号	93	类别		分区	东区
位置	洛偃公路北 200m 羊二庄五队耕地内		经度	112°41.188′	纬度	34°43.855′	高程	113.1＋5.2
照相号			录像号		绘图号	1－1	时代	东汉
工作过程	2003 年文物普查				调查时间	2003 年 11 月 5 日	历时	1 天
封土	形制	不详		东西 14.40、南北 17.00、高 5.20			直径	
	筑法	平夯	夯层厚	0.20	密度	疏松	土色	黄褐，含大量细沙
	保存状况	不规则椭圆形			盗洞数量	1	位置	东壁
	遗物	瓦片：外饰绳纹，内素面，泥质灰陶，火候较高，2 片，厚 1 厘米，残长 7.7 厘米。 砖块：泥质灰陶，模制，火候较高，1 块，厚 5 厘米，宽 17 厘米，残长 9 厘米。						
陵园	位置		面积			地层深度		
	堆积		形状			保存状况		
	遗物							
碑刻								
备注	顶部平整，东侧有一盗洞。							

M93 西—东

M93 北—南

M93 南—北

邙山陵墓群考古调查表

NO:

单位：米

名称			编号	96	类别		分区	东区
位置		偃师县华润电厂西北角	经度	112°40.816′	纬度	34°44.398′	高程	139.9
照相号			录像号		绘图号	1—1	时代	东汉
工作过程		2005 年文物普查			调查时间	2005 年 4 月 6 日	历时	1 天
封土	形制		东西 12.00、南北 16.20、高 5.50				直径	
	筑法	平夯	夯层厚	0.15 ~ 0.27	密度	较硬	土色	红褐
	保存状况	破坏严重			盗洞数量		位置	
	遗物	板瓦片：外素面内布纹和外绳纹内布纹，均为泥质灰陶。						
陵园	位置		面积			地层深度		
	堆积		形状			保存状况		
	遗物							
碑刻								
备注		封土破坏严重，残存封土大致呈长方形，周边较陡，东面有一现代窑洞。						

M96 西—东

M96 北—南

M96 南—北

邙山陵墓群考古调查表

NO:

单位：米

名称			编号	97	类别		分区	东区
位置		偃师后张村纺纱厂北	经度	112°40.662′	纬度	34°43.878′	高程	127.1
照相号			录像号		绘图号	1－1	时代	东汉
工作过程		2005 年文物普查			调查时间	2005 年 4 月 6 日	历时	1 天
封土	形制			东西 5.00、南北 10.00、高 2.30			直径	
	筑法	平夯	夯层厚	0.11～0.15	密度	硬	土色	黄褐
	保存状况		破坏严重		盗洞数量		位置	
	遗物							
陵园	位置		面积			地层深度		
	堆积		形状			保存状况		
	遗物							
碑刻								
备注		封土破坏严重，现存大致呈椭圆形，南侧有一直径 0.30 米的圆坑，疑为盗洞。						

M97 西—东

M97 南—北

M97 北—南

邙山陵墓群考古调查表

NO:

单位：米

名称			编号	99	类别		分区	东区
位置	偃师北庄村东		经度	112°40.231′	纬度	34°44.341′	高程	134.8
照相号			录像号		绘图号	1－1	时代	东汉
工作过程	2005 年文物普查				调查时间	2005 年 4 月 5 日	历时	1 天
封土	形制			东西 13.00、南北 14.50、高 6.50			直径	
	筑法	平夯	夯层厚	0.12～0.22	密度	较硬	土色	黄褐，红褐
	保存状况		破坏严重		盗洞数量		位置	
	遗物	筒瓦片：泥质灰陶，外绳纹内布纹。陶片：陶器口沿，泥质灰陶，口微敞，平折沿，尖唇，外饰凹弦纹。						
陵园	位置		面积			地层深度		
	堆积		形状			保存状况		
	遗物							
碑刻								
备注	封土破坏严重，现呈不规则形，西面有一个废弃窑洞，东面有三个废弃窑洞，据北庄一组李志真（69 岁）讲，此冢为曹丕冢，曾出墓志。							

M99 南—北

M99 北一南

M99 西一东

邙山陵墓群考古调查表

单位：米

名称			编号	102	类别		分区	东区
位置		偃师石桥北庄东	经度	112°40.574′	纬度	34°44.253′	高程	138.9
照相号			录像号		绘图号	1－1	时代	东汉
工作过程		2005 年文物普查			调查时间	2005 年 4 月 6 日	历时	1 天
封土	形制			东西 6.00、南北 8.00、高 5.00			直径	
	筑法	平夯	夯层厚	0.08 ～ 0.15	密度	较硬	土色	黄褐、红褐
	保存状况		破坏严重		盗洞数量	1	位置	封土东侧
	遗物		瓦片：泥质灰陶，外绳纹内布纹。 陶片：泥质灰陶，素面。					
陵园	位置		面积			地层深度		
	堆积		形状			保存状况		
	遗物							
碑刻								
备注		封土破坏严重，现呈长方形，北有一现代废弃住房，东侧盗洞呈圆形，直径 0.80 米。 据李志真先生讲，此冢称"官帽冢"。						

M102 西—东

M 102 南—北

M 102 北—南

邙山陵墓群考古调查表

NO:　　　　　　　　　　　　　　　　　　　　　　　　　　　　　　　　　　单位：米

名称			编号	110	类别		分区	东区
位置		偃师首阳山镇石桥西	经度	112°39.707′	纬度	34°44.619′	高程	151.1
照相号			录像号		绘图号	1－1	时代	东汉
工作过程		2005 年文物普查			调查时间	2005 年 4 月 8 日	历时	1 天
封土	形制		东西 6.90、南北 9.80、高 3.50				直径	
	筑法	平夯	夯层厚	0.13～0.15	密度	较硬	土色	黄褐
	保存状况	破坏严重		盗洞数量	1		位置	封土南
	遗物							
陵园	位置		面积			地层深度		
	堆积		形状			保存状况		
	遗物							
碑刻								
备注		封土破坏严重，大部被现代砖窑破坏，现大致呈长方形，南部盗洞为圆形，直径 0.40 米。						

M110 东—西

M110 南—北

M110 西—东

邙山陵墓群考古调查表

NO:
单位：米

名称			编号	111	类别		分区	东区
位置		偃师首阳山镇石桥西	经度	112°39.731′	纬度	34°44.682′	高程	149.6
照相号			录像号		绘图号	1—1	时代	东汉
工作过程		2005年文物普查			调查时间	2005年4月8日	历时	1天
封土	形制			东西8.10、南北7.80、高3.00			直径	
	筑法	堆筑	夯层厚		密度	较松	土色	黄褐色
	保存状况		破坏严重		盗洞数量		位置	
	遗物							
陵园	位置		面积			地层深度		
	堆积		形状			保存状况		
	遗物							
碑刻								
备注		封土被现代烧窑破坏，现呈不规则圆形，无见夯土。						

M111 北—南

M111　西南—东北

M111　西—东

邙山陵墓群考古调查表

NO: 单位：米

名称			编号	112	类别		分区	东区
位置		偃师石桥西砖场内	经度	112°39.700′	纬度	34°44.648′	高程	
照相号			录像号		绘图号	1—1	时代	东汉
工作过程		2005 年文物普查			调查时间	2005 年 4 月 8 日	历时	1 天
封土	形制		东西 6.00、南北 12.00、高 1.00				直径	
	筑法	平夯	夯层厚	0.10 ～ 0.15	密度	较硬	土色	黄褐
	保存状况		破坏严重		盗洞数量		位置	
	遗物							
陵园	位置		面积			地层深度		
	堆积		形状			保存状况		
	遗物							
碑刻								
备注		封土破坏十分严重，残存部分高仅 1 米，呈不规则形，被现代砖窑破坏。						

M112 西—东

M112 南—北

M112 北—南

邙山陵墓群考古调查表

NO:
单位：米

名称			编号	113	类别		分区	东区
位置		偃师郭坟新村西	经度	112°39.454′	纬度	34°44.986′	高程	156.0
照相号			录像号		绘图号	1－1	时代	东汉
工作过程		2005 年文物普查			调查时间	2005 年 3 月 29 日	历时	1 天
封土	形制			东西 17.50、南北 19.00、高 7.50			直径	
	筑法	平夯	夯层厚	0.09～0.12	密度	硬	土色	红褐、黄褐
	保存状况		破坏严重		盗洞数量		位置	
	遗物		板瓦片：泥质灰陶，外素内布纹。泥质灰陶，外绳纹内布纹。					
陵园	位置		面积			地层深度		
	堆积		形状			保存状况		
	遗物							
碑刻								
备注		封土破坏严重，现呈椭圆形，南部有一废弃窑洞，西边和东边接现代民房，有人居住。该冢俗称"宣王冢"。						

M113 北—南

M113 南—北

M113 西—东

邙山陵墓群考古调查表

NO:

单位：米

名称			编号	115	类别		分区	东区
位置	偃师郭坟二砖厂北		经度	112°39.777′	纬度	34°45.339′	高程	188.3
照相号			录像号		绘图号	1－1	时代	东汉
工作过程	2005 年文物普查				调查时间	2005 年 4 月 11 日	历时	1 天
封土	形制		东西 6.00、南北 6.00、高 4.00				直径	
	筑法	平夯	夯层厚	0.12～0.18	密度	较硬	土色	红褐、黄褐
	保存状况	破坏严重			盗洞数量		位置	
	遗物							
陵园	位置		面积		地层深度			
	堆积		形状		保存状况			
	遗物							
碑刻								
备注	封土破坏严重，现呈方形，封土西面有一废弃窑洞，周边陡峭。							

M115 南—北

M115 西—东

M115 北—南

邙山陵墓群考古调查表

单位：米

名称			编号	116	类别		分区	东区
位置		偃师寨后村西北角	经度	112°40.034′	纬度	34°45.167′	高程	171.2
照相号			录像号		绘图号	1—1	时代	东汉
工作过程		2005 年文物普查			调查时间	2005 年 4 月 11 日	历时	1 天
封土	形制		东西 9.50、南北 17.00、高 3.50				直径	
	筑法	堆筑	夯层厚		密度	较松	土色	黄褐
	保存状况	破坏严重		盗洞数量	1		位置	冢南面窑洞内
	遗物	瓦片：泥质灰陶，外绳纹内布纹。						
陵园	位置		面积			地层深度		
	堆积		形状			保存状况		
	遗物							
碑刻								
备注		封土破坏严重，现大致呈长方形，在冢南北各有一现代窑洞（已废弃）。南面窑洞内底部为一圆形盗洞，直径 0.50 米，封土无见夯土。						

M116 南—北

M116 西—东

M116 北—南

邙山陵墓群考古调查表

NO:

单位：米

名称			编号	117	类别		分区	东区
位置		偃师石桥村西北	经度	112°39.672′	纬度	34°44.451′	高程	130.9
照相号			录像号		绘图号	1－1	时代	东汉
工作过程		2005年文物普查			调查时间	2005年4月9日	历时	1天
封土	形制		东西5.00、南北5.10、高2.20				直径	
	筑法	平夯	夯层厚	0.12～0.15	密度	较硬	土色	黄褐、红褐
	保存状况		破坏严重		盗洞数量	1	位置	封土顶
	遗物							
陵园	位置		面积			地层深度		
	堆积		形状			保存状况		
	遗物							
碑刻								
备注		封土破坏严重，现存大致呈方形，顶部有一盗洞，呈圆形，直径0.50米。						

M117 北—南

M117 西—东

M117 南—北

邙山陵墓群考古调查表

NO:

单位：米

名称			编号	118	类别		分区	东区
位置	偃师石桥村西北		经度	112°39.579′	纬度	34°44.459′	高程	132.7
照相号			录像号		绘图号	1－1	时代	东汉
工作过程		2005年文物普查			调查时间	2005年4月9日	历时	1天
封土	形制			东西19.00、南北21.00、高3.50			直径	
	筑法	平夯	夯层厚	0.10～18	密度	较硬	土色	黄褐
	保存状况		破坏严重		盗洞数量		位置	
	遗物							
陵园	位置		面积			地层深度		
	堆积		形状			保存状况		
	遗物							
碑刻								
备注		封土破坏严重，现存封土大致呈方形，封土西南为一现代配电房。						

M118 北—南

M118 西—东

M118 南—北

邙山陵墓群考古调查表

NO:　　单位：米

名称			编号	120	类别		分区	东区
位置		偃师东蔡庄邙山顶峰	经度	112°42.575′	纬度	34°45.827′	高程	364.1
照相号			录像号		绘图号	1—1	时代	东汉
工作过程		2005 年文物普查			调查时间	2005 年 4 月 15 日	历时	1 天
封土	形制		东西 40.50、南北 30.00、高 8.00				直径	
	筑法		夯层厚		密度		土色	黄褐
	保存状况		不完整		盗洞数量		位置	
	遗物		板瓦片：泥质灰陶，外绳纹内布纹。					
陵园	位置		面积			地层深度		
	堆积		形状			保存状况		
	遗物							
碑刻								
备注		封土现呈不规则椭圆形，东侧有一圆形坑，直径 0.60 米，疑为盗洞。						

M120 东—西

M120　东南—西北

M120　北—南

邙山陵墓群考古调查表

NO: 单位：米

名称			编号	121	类别		分区	东区
位置		偃师沟口头村西南	经度	112°42.355′	纬度	34°44.038′	高程	138.2
照相号			录像号		绘图号	1—1	时代	东汉
工作过程		2005 年文物普查			调查时间	2005 年 3 月 31 日	历时	1 天
封土	形制		东西 22.50、南北 22.00、高 6.50				直径	
	筑法	平夯	夯层厚	0.13 ~ 40	密度	较硬	土色	黄褐
	保存状况	破坏严重			盗洞数量	1	位置	封土南
	遗物	板瓦片：泥质灰陶，外绳纹内布纹。 砖块：青灰色，素面。						
陵园	位置		面积			地层深度		
	堆积		形状			保存状况		
	遗物							
碑刻								
备注	封土破坏严重，现呈不规则形。西、北、东三面各有一窑洞，其口相互连通，呈"T"形。南有一盗洞，呈圆形，直径上口 2.00 米，下口 0.80 米。该冢俗称"老美冢"。							

M121 北—南

M121　南—北

M121　东—西

邙山陵墓群考古调查表

NO:

单位：米

名称			编号	132	类别			分区	东区
位置		偃师鱼骨村南	经度	112°39.765′	纬度	34°42.597′		高程	121.4
照相号			录像号		绘图号	1－1		时代	东汉
工作过程			2005 年文物普查		调查时间	2005 年 4 月 12 日		历时	1 天
封土	形制		东西 29.50、南北 38.50、高 8.50				直径		
	筑法	平夯	夯层厚	0.08 ~ 0.16	密度	较硬		土色	黄褐、红褐
	保存状况	破坏严重			盗洞数量	1		位置	封土西南
	遗物	陶片：泥质灰陶，外绳纹内布纹。器物口沿，泥质黑陶，平沿，方唇，口微敛。 砖块：灰色，素面，宽 0.18、厚 0.09 ~ 0.10 米。							
陵园	位置		面积			地层深度			
	堆积		形状			保存状况			
	遗物								
碑刻									
备注		苏秦张仪墓之一。破坏十分严重，现呈不规则形。西面已被取土形成一个大凹槽，西南角为一现代废弃烧窑，北侧为二窑洞，南侧有一现代废弃窑洞。南侧窑洞与西南角盗洞相连通，盗洞呈圆形，直径 1.20 米。该冢传说为苏秦墓。							

M132 南—北

M132 北—南

M132 西—东

邙山陵墓群考古调查表

NO:

单位：米

名称			编号	133	类别		分区	东区
位置		偃师鱼骨村南	经度	112°39.706′	纬度	34°42.594′	高程	120.1
照相号			录像号		绘图号	1－1	时代	东汉
工作过程		2005 年文物普查			调查时间	2005 年 4 月 12 日	历时	1 天
封土	形制		东西 34.50、南北 35.50、高 7.50				直径	
	筑法	平夯	夯层厚	0.09 ~ 0.15	密度	较硬	土色	黄褐、红褐
	保存状况	破坏严重		盗洞数量			位置	
	遗物	瓦片：泥质灰陶，外绳纹内布纹。						
陵园	位置		面积			地层深度		
	堆积		形状			保存状况		
	遗物							
碑刻								
备注	苏秦张仪墓之二。东与 132 号冢相对，破坏严重，北侧陡峭，西侧有二个废弃窑洞，西北有一现代废弃烧窑，北部有一个废弃窑洞。							

M133 西—东

M133 北—南

M133 南—北

邙山陵墓群考古调查表

NO:

单位：米

名称			编号	139	类别		分区	东区
位置		偃师东保庄东北	经度	112°39.027′	纬度	34°44.953′	高程	147.1
照相号			录像号		绘图号	1－1	时代	东汉
工作过程			2005 年文物普查		调查时间	2005 年 4 月 16 日	历时	1 天
封土	形制			东西 14:00、南北 14:50、高 4:50			直径	
	筑法	平夯	夯层厚	0.10 ～ 0.18	密度	较硬	土色	红褐、黄褐
	保存状况		破坏严重		盗洞数量		位置	
	遗物		陶片：泥质灰陶，素面，器型不可辨。					
陵园	位置		面积			地层深度		
	堆积		形状			保存状况		
	遗物							
碑刻								
备注			封土破坏严重，现呈不规则形，封土南、北各一废弃窑洞。					

M139 北—南

M139　西—东

M139　南—北

邙山陵墓群考古调查表

NO:

单位：米

名称			编号	168	类别		分区	东区
位置		偃师刘坡村西南	经度	112°39.233′	纬度	34°47.322′	高程	236.2
照相号			录像号		绘图号	1—1	时代	
工作过程		2005年文物普查			调查时间	2005年4月14日	历时	1天
封土	形制			东西8.00、南北6.20、高2.50			直径	
	筑法	平夯	夯层厚	0.10~0.17	密度	较硬	土色	黄褐、红褐
	保存状况		破坏严重		盗洞数量		位置	
	遗物			陶片：泥质灰陶，素面。 瓦片：泥质灰陶，外绳纹内布纹。				
陵园	位置		面积			地层深度		
	堆积		形状			保存状况		
	遗物							
碑刻								
备注				封土破坏严重，现呈不规则形。				

M168 西—东

M168　北—南

M168　南—北

邙山陵墓群考古调查表

NO:

单位：米

名称			编号	169	类别		分区	东区
位置		偃师刘坡村西南	经度	112°39.193′	纬度	34°47.290′	高程	239.7
照相号			录像号		绘图号	1—1	时代	
工作过程		2005 年文物普查			调查时间	2005 年 4 月 14 日	历时	1 天
封土	形制		东西 5.20、南北 5.70、高 4.50				直径	
	筑法	平夯	夯层厚	0.11 ～ 0.16	密度	较硬	土色	红褐、黄褐
	保存状况		破坏严重		盗洞数量	1	位置	封土顶部西北角
	遗物		瓦片：泥质灰陶，外绳纹内布纹。					
陵园	位置		面积		地层深度			
	堆积		形状		保存状况			
	遗物							
碑刻								
备注		封土破坏严重，现呈不规则形，封土上部西北角盗洞呈圆形，直径 1.00 米。						

M169 北—南

M169 东—西

M169 南—北

邙山陵墓群考古调查表

NO:

单位：米

名称			编号	170	类别		分区	东区
位置		偃师凤凰山顶	经度	112°39.074′	纬度	34°46.855′	高程	332.5
照相号			录像号		绘图号	1—1	时代	北魏
工作过程		2005 年文物普查			调查时间	2005 年 4 月 15 日	历时	1 天
封土	形制	椭圆形		东西 41.50、南北 37.00、高 7.00			直径	
	筑法	平夯	夯层厚	0.08 ~ 0.14	密度	硬	土色	黄褐、红褐
	保存状况		较完整		盗洞数量	2	位置	西北角及顶部偏南
	遗物		砖：灰色绳纹砖。 瓦片：泥质灰陶，外绳纹内布纹。					
陵园	位置		面积		地层深度			
	堆积		形状		保存状况			
	遗物							
碑刻								
备注		该冢称"冯王冢"，保存较好，封土西北角底部为一盗洞，呈圆形，直径 0.70 米，封土顶部偏南一盗洞，呈圆形，直径 1.20 ~ 1.30 米。						

M170 西—东

M170 东—西

M170 南—北

邙山陵墓群考古调查表

单位：米

名称			编号	171	类别			分区	东区
位置	偃师首阳山顶		经度	112°45.741′	纬度	34°45.464′		高程	357.5
照相号			录像号			绘图号	1—1	时代	明清
工作过程		2005 年文物普查			调查时间	2005 年 4 月 17 日		历时	1 天
封土	形制	大致呈圆形		东西 25.50、南北 25.00、高 4.00				直径	
	筑法		夯层厚		密度	较松		土色	黄褐
	保存状况		较完整		盗洞数量			位置	
	遗物								
陵园	位置		面积			地层深度			
	堆积		形状			保存状况			
	遗物								
碑刻		冢南有 1988 年立"商伯夷叔齐墓"石碑。							
备注		该冢为伯夷叔齐墓，封土内含砂石块，无见夯土。							

M171 北—南

M171　南—北

M171　东—西

邙山陵墓群考古调查表

NO: 单位：米

名称			编号	172	类别			分区	东区
位置		偃师瑶头村砖厂北	经度	112°47.906′	纬度	34°44.338′		高程	201.2
照相号			录像号		绘图号	1－1		时代	东汉
工作过程			2005 年文物普查		调查时间	2005 年 3 月 25 日		历时	1 天
封土	形制			东西 20.00、南北 19.50、高 3.90				直径	
	筑法	平夯	夯层厚	0.08 ~ 0.20	密度	较硬		土色	红褐
	保存状况		破坏严重		盗洞数量	3		位置	封土南
	遗物								
陵园	位置		面积			地层深度			
	堆积		形状			保存状况			
	遗物								
碑刻									
备注			封土破坏严重，封土南有盗洞三个，盗洞口大部被浮土掩盖。						

M172 北—南

M172 南—北

M172 东—西

邙山陵墓群考古调查表

NO:

单位：米

名称			编号	174	类别		分区	东区
位置		偃师蔺窑村东	经度	112°51.078′	纬度	34°44.644′	高程	234.8
照相号			录像号		绘图号	1—1	时代	明清
工作过程		2005 年文物普查			调查时间	2005 年 3 月 22 日	历时	1 天
封土	形制			东西 9.80、南北 10.50、高 2.00			直径	
	筑法		夯层厚		密度	疏松	土色	黄褐色
	保存状况		破坏严重		盗洞数量	2	位置	封土东、封土北
	遗物		瓦片：泥质灰陶，外绳内布。					
陵园	位置		面积		地层深度			
	堆积		形状		保存状况			
	遗物							
碑刻		封土南立石碑"敕授文林郎吏科掌印都给事中蔺公之墓"，清乾隆三十年立。						
备注		蔺挺达冢，蔺挺达，字金芝，为顺治四年进士。 封土东、北各一盗洞，均呈圆形，直径 0.50～0.60 米。						

M174 南—北

M174 西—东

M174 东—西

邙山陵墓群考古调查表

NO:　　　　　　　　　　　　　　　　　　　　　　　　　　　　　　　　　　　　　　　单位：米

名称			编号	175	类别		分区	东区
位置		偃师蔺窑村东	经度	112°51.137′	纬度	34°44.635′	高程	233.5
照相号			录像号		绘图号	1—1	时代	东汉
工作过程		2005 年文物普查			调查时间	2005 年 3 月 22 日	历时	1 天
封土	形制			东西 8.50、南北 9.10、高 3.00			直径	
	筑法	平夯	夯层厚	0.10～0.15	密度	较松	土色	红褐
	保存状况		破坏严重		盗洞数量		位置	
	遗物		瓦片：泥质灰陶，外绳纹内布纹。					
陵园	位置		面积			地层深度		
	堆积		形状			保存状况		
	遗物							
碑刻								
备注		封土破坏严重，东、南、西三面陡峭，现大致呈方形。						

M175 东—西

M175　南—北

M175　西—东

邙山陵墓群考古调查表

单位：米

名称			编号	177	类别		分区	东区
位置		偃师蔺窑村东北	经度	112°51.108′	纬度	34°44.892′	高程	237.2
照相号			录像号		绘图号	1—1	时代	明清
工作过程			2005年文物普查		调查时间	2005年3月22日	历时	1天
封土	形制			东西20.50、南北18.00、高3.20			直径	
	筑法		夯层厚		密度	疏松	土色	黄褐
	保存状况		不完整		盗洞数量		位置	
	遗物							
陵园	位置		面积		地层深度			
	堆积		形状		保存状况			
	遗物							
碑刻		冢前立有现代石碑"商成汤陵"。						
备注		封土平面呈方形，剖面呈阶梯状，四周被山化乡政府用水泥浇砌。该冢称为商成汤陵。据说该冢20世纪70年代被平，2000年乡政府为开发旅游项目重新封土而成。						

M177 东—西

M177　西—东

M177　南—北

邙山陵墓群考古调查表

单位：米

名称			编号	178	类别		分区	东区
位置		偃师东屯村南	经度	112°49.858′	纬度	34°42.989′	高程	122.5
照相号			录像号		绘图号	1—1	时代	东汉
工作过程		2005 年文物普查			调查时间	2005 年 3 月 24 日	历时	1 天
封土	形制		东西 23.00、南北 12.00、高 3.50				直径	
	筑法	堆砌	夯层厚		密度	疏松	土色	灰褐
	保存状况		严重破坏		盗洞数量		位置	
	遗物							
陵园	位置		面积			地层深度		
	堆积		形状			保存状况		
	遗物							
碑刻								
备注		该冢原封土已无存，现封土为当地群众近年堆砌，呈不规则形。						

M178 南—北

M178 西—东

M178 北—南

邙山陵墓群考古调查表

NO:

单位：米

名称			编号	181	类别		分区	东区
位置	偃师游店西北		经度	112°52.713′	纬度	34°45.160′	高程	267.6
照相号			录像号		绘图号	1－1	时代	东汉
工作过程		2005 年文物普查			调查时间	2005 年 3 月 23 日	历时	1 天
封土	形制		东西 20.00、南北 15.50、高 4.50				直径	
	筑法	平夯	夯层厚	0.08 ~ 0.15	密度	较硬	土色	红褐、黄褐
	保存状况		破坏严重		盗洞数量	3	位置	封土北
	遗物		瓦片：泥质灰陶，外绳纹内布纹。					
陵园	位置		面积			地层深度		
	堆积		形状			保存状况		
	遗物							
碑刻								
备注	封土破坏严重，现大致呈长方形，西、南、东三面较陡峭。北面有三个盗洞，均为圆形，直径 0.50 ~ 0.70 米。东、南、西三面各一废弃窑洞。							

M181　东—西

M181 南—北

M181 北—南

邙山陵墓群考古调查表

NO:

单位：米

名称			编号	182	类别		分区	东区
位置		偃师游店新村西北	经度	112°53.002′	纬度	34°45.108′	高程	285.0
照相号			录像号		绘图号	1－1	时代	东汉
工作过程		2005年文物普查			调查时间	2005年3月23日	历时	1天
封土	形制		东西8.20、南北8.10、高3.70				直径	
	筑法	平夯	夯层厚	0.10～0.13	密度	较硬	土色	红褐色
	保存状况	破坏严重			盗洞数量		位置	
	遗物							
陵园	位置		面积			地层深度		
	堆积		形状			保存状况		
	遗物							
碑刻								
备注		封土破坏严重，四壁陡直，现大致呈椭圆形。						

M182 南—北

M182 北—南

M182 东—西

邙山陵墓群考古调查表

NO:　　　　　　　　　　　　　　　　　　　　　　　　　　　　　　　　　　　　单位：米

名称			编号	183	类别		分区	东区
位置		偃师游店新村西北	经度	112°53.047′	纬度	34°45.109′	高程	294.0
照相号			录像号		绘图号	1－1	时代	东汉
工作过程		2005 年文物普查			调查时间	2005 年 3 月 23 日	历时	1 天
封土	形制		东西 7.90、南北 8.00、高 5.30				直径	
	筑法	平夯	夯层厚	0.09 ~ 0.25	密度	较硬	土色	红褐
	保存状况	破坏严重			盗洞数量		位置	
	遗物							
陵园	位置		面积			地层深度		
	堆积		形状			保存状况		
	遗物							
碑刻								
备注		封土破坏严重，现大致呈圆形。						

M183　南—北

M183 北—南

M183 东—西

邙山陵墓群考古调查表

NO:　　　　　　　　　　　　　　　　　　　　　　　　　　　　　　　　　　　单位：米

名称			编号	184	类别		分区	东区
位置		偃师游店新村北	经度	112°53.233′	纬度	34°45.231′	高程	260.0
照相号			录像号		绘图号	1－1	时代	东汉
工作过程		2005 年文物普查			调查时间	2005 年 3 月 23 日	历时	1 天
封土	形制						直径	
	筑法	平夯	夯层厚	0.10 ~ 0.20	密度	较硬	土色	红褐、黄褐
	保存状况	破坏十分严重			盗洞数量		位置	
	遗物	板瓦片：泥质灰陶，外绳纹内布纹。						
陵园	位置		面积			地层深度		
	堆积		形状			保存状况		
	遗物							
碑刻								
备注	封土破坏十分严重，冢体已被分为两半，大部分被平，只余两块独立小封丘，相距 22 米，东南部分土丘南侧有一废弃窑洞。西北部分：东西 4.20、南北 6.00、高 5.8 米，东南部分：东西 5.00、南北 5.30、高 4.40 米。							

M184 南—北

M184 北—南

M184 东—西

M184 东侧部分—西—东

M184 东侧部分—东—西

M184 西侧部分—西—东

M184 西侧部分—东—西

邙山陵墓群考古调查表

NO:　　　单位：米

名称		编号	188	类别		分区	东区
位置	偃师东沟村北	经度	112°50.222′	纬度	34°43.958′	高程	212.1
照相号		录像号		绘图号	1—1	时代	东汉
工作过程		2005 年文物普查		调查时间	2005 年 3 月 16 日	历时	1 天
封土	形制		东西 10.00、南北 11.50、高 3.20			直径	
	筑法	平夯	夯层厚	0.11 ~ 0.15	密度	硬	土色	黄褐
	保存状况		破坏严重	盗洞数量	2	位置	封土南、北
	遗物						
陵园	位置		面积		地层深度		
	堆积		形状		保存状况		
	遗物						
碑刻							
备注	封土破坏严重，现呈不规则形，墓道部分暴露，南面有窑洞，盗洞各一，北面有一盗洞与南面盗洞相通，盗洞直径 0.40 ~ 0.50 米。						

M188 北—南

M188　南—北

M188　东—西

邙山陵墓群考古调查表

NO:

单位：米

名称			编号	190	类别		分区	东区
位置		偃师王瑶村北山顶上	经度	112°51.141′	纬度	34°43.654′	高程	216.1
照相号			录像号		绘图号	1－1	时代	东汉
工作过程		2005 年文物普查			调查时间	2005 年 3 月 16 日	历时	1 天
封土	形制			东西 12.50、南北 11.70、高 4.30			直径	
	筑法	平夯	夯层厚	0.11～0.15	密度	较硬	土色	黄褐
	保存状况	破坏严重			盗洞数量	1	位置	封土南
	遗物							
陵园	位置		面积			地层深度		
	堆积		形状			保存状况		
	遗物							
碑刻								
备注		封土破坏严重，现大致呈方形，封土南侧为一盗洞，呈圆形，直径 0.50 米。						

M190 东—西

M190 北—南

M190 西—东

邙山陵墓群考古调查表

NO:

单位：米

名称			编号	191	类别		分区	东区
位置		偃师汤泉小学西北角	经度	112°49.286′	纬度	34°43.503′	高程	129.6
照相号			录像号		绘图号	1—1	时代	明清
工作过程		2005 年文物普查			调查时间	2005 年 3 月 24 日	历时	1 天
封土	形制			东西 15.00、南北 22.50、高 6.50			直径	
	筑法		夯层厚		密度		土色	
	保存状况				盗洞数量		位置	
	遗物							
陵园	位置		面积			地层深度		
	堆积		形状			保存状况		
	遗物							
碑刻		冢南有 1993 年山化乡及汤泉村立"吏部尚书充礼使上柱国 唐鲁郡开国公颜真卿墓"石碑，旁有两块清代石碑，其中一块为乾隆五十五年立。						
备注		颜真卿墓，原封土已无存，现为现代重新封砌，下部用水泥修筑。						

M191 西—东

M 191　东南—西北

M 191　南—北

邙山陵墓群考古调查表

NO:

单位：米

名称			编号	192	类别		分区	夹河段
位置		偃师牛王庙村东南	经度	112°35.581′	纬度	34°41.222′	高程	123.6
照相号			录像号		绘图号	1—1	时代	东汉
工作过程			2005 年文物普查		调查时间	2005 年 4 月 18 日	历时	1 天
封土	形制			东西 9.00、南北 6.30、高 5.00			直径	
	筑法	平夯	夯层厚	0.13 ～ 0.30	密度	较硬	土色	黄褐、红褐
	保存状况		破坏严重		盗洞数量		位置	
	遗物			陶片：泥质灰陶，素面，器形不可辨。				
陵园	位置		面积			地层深度		
	堆积		形状			保存状况		
	遗物							
碑刻								
备注			封土破坏严重，仅余西南一角，现呈不规则形。					

M192 东—西

M192 南—北

M192 北—南

邙山陵墓群考古调查表

NO:

単位：米

名称			编号	195	类别		分区	夹河段
位置		偃师牛王庙村东南	经度	112°35.651′	纬度	34°40.960′	高程	123.1
照相号			录像号		绘图号	1－1	时代	东汉
工作过程			2005 年文物普查		调查时间	2005 年 4 月 18 日	历时	1 天
封土	形制		东西 15.00、南北 11.50、高 6.00				直径	
	筑法		夯层厚		密度	疏松	土色	黄褐、红褐
	保存状况		破坏严重		盗洞数量		位置	
	遗物		陶片：泥质灰陶，器物口沿，口沿下饰一圈附加堆纹，并饰有篮纹、绳纹。					
陵园	位置		面积			地层深度		
	堆积		形状			保存状况		
	遗物							
碑刻								
备注		封土破坏严重，现呈不规则形，已被改造成现代烧砖窑，西面为一废弃窑洞，北侧断面上有一处遗迹现象，宽约 1.2 米，疑为墓道。封土无见夯土。						

M195 北—南

M195 南—北

M195 东—西

邙山陵墓群考古调查表

NO: 单位：米

名称			编号	196	类别		分区	夹河段
位置		偃师牛王庙村东南	经度	112°35.513′	纬度	34°40.856′	高程	123.8
照相号			录像号		绘图号	1—1	时代	东汉
工作过程		2005 年文物普查			调查时间	2005 年 4 月 18 日	历时	1 天
封土	形制		东西 34.50、南北 35.00、高 6.00				直径	
	筑法		夯层厚		密度	较松	土色	黄褐、灰褐
	保存状况		不完整		盗洞数量		位置	
	遗物		陶片：有夹砂灰陶，饰凸弦纹，绳纹。泥质灰陶，素面。泥质红陶，素面。					
陵园	位置		面积			地层深度		
	堆积		形状			保存状况		
	遗物							
碑刻								
备注		封土破坏较严重，现大致呈方形，西北为一废弃现代烧窑，顶部已平为梯田，无见夯土。						

M196 东—西

M196 北—南

M196 南—北

邙山陵墓群考古调查表

NO:

单位：米

名称			编号	207	类别		分区	夹河段
位置	偃师西马庄村北		经度	112°34.134′	纬度	34°40.286′	高程	131.6
照相号			录像号		绘图号	1—1	时代	东汉
工作过程		2005年文物普查			调查时间	2005年4月22日	历时	1天
封土	形制		东西34.50、南北31.50、高8.50				直径	
	筑法	平夯	夯层厚	0.08～0.15	密度	较硬	土色	黄褐、红褐
	保存状况	不完整		盗洞数量	2		位置	封土南
	遗物	瓦片：泥质灰陶，外绳内布。 砖块：灰色，素面。						
陵园	位置		面积		地层深度			
	堆积		形状		保存状况			
	遗物							
碑刻								
备注	封土破坏较严重，现大致呈方形，西侧有一废弃窑洞，西侧的南半部封土断面处有约8个大小不等的圆洞，直径0.30～0.40米。封土南有两个盗洞，均为圆形，直径0.60～0.70米。							

M207 东—西

M207　西—东

M207　南—北

邙山陵墓群考古调查表

NO:　　　　　　　　　　　　　　　　　　　　　　　　　　　　　　　　　　单位：米

名称			编号	221	类别		分区	夹河段
位置		偃师北许村南	经度	112°40.556′	纬度	34°41.221′	高程	115.2
照相号			录像号		绘图号	1—1	时代	东汉
工作过程		2005 年文物普查			调查时间	2005 年 4 月 26 日	历时	1 天
封土	形制		东西 21.50、南北 12.00、高 2.60				直径	
	筑法	平夯	夯层厚	0.12 ~ 0.18	密度	较松	土色	黄褐、红褐
	保存状况		破坏严重		盗洞数量		位置	
	遗物		瓦片：泥质灰陶，外绳纹内布纹。砖块：灰色，素面。					
陵园	位置		面积			地层深度		
	堆积		形状			保存状况		
	遗物							
碑刻								
备注		封土破坏严重，现呈不规则形，顶已削平。呈东西长南北短的狭长形制。该冢传说为"徐茂公冢"。						

M221 南—北

M221 北—南

M221 西—东

邙山陵墓群考古调查表

NO:

单位：米

名称			编号	222	类别		分区	夹河段
位置		偃师二里头村南	经度	112°41.410′	纬度	34°41.859′	高程	127.1
照相号			录像号		绘图号	1－1	时代	东汉
工作过程		2005 年文物普查			调查时间	2005 年 4 月 26 日	历时	1 天
封土	形制			东西 51.50、南北 47.00、高 9.50			直径	
	筑法	平夯	夯层厚	0.08 ~ 0.20	密度	较硬	土色	黄褐、红褐
	保存状况		不完整		盗洞数量		位置	
	遗物		陶片：泥质灰陶，有素面和外饰绳纹两种。器型有口沿和器底，口沿为折沿，圆唇。					
陵园	位置		面积		地层深度			
	堆积		形状		保存状况			
	遗物							
碑刻								
备注		封土破坏较严重，现大致呈椭圆形，封土上建一老年活动中心，顶部已辟为游乐场所，传说为"陆医家"。						

M222 东—西

M222　南—北

M222　北—南

邙山陵墓群考古调查表

NO:

单位：米

名称			编号	226	类别		分区	西区
位置	洛阳油脂公司北侧		经度	112°25.887′	纬度	34°41.471′	高程	162.0
照相号			录像号		绘图号	1—1	时代	元代
工作过程	2003 年文物普查				调查时间	2003 年 7 月 22 日	历时	1 天
封土	形制			东西 42.00、南北 31.00、高 10.58			直径	
	筑法		夯层厚	0.20 ~ 0.30	密度	硬	土色	黄褐、黑褐、黄
	保存状况		不完整		盗洞数量		位置	
	遗物		砖块：泥质，青灰色，素面，饰手印纹，残长 0.20、宽 0.156、厚 0.056 米。					
陵园	位置		面积		地层深度			
	堆积		形状		保存状况			
	遗物							
碑刻								
备注	封土现呈覆斗形，长方形台状阶梯。访问苗南村张宝中，此冢称为"铁木耳坟"，另烈土陵园前为"皇姑冢"，现无存。							

M226 东南—西北

M226　西北—东南

M226　西南—东北

邙山陵墓群考古调查表

NO:

单位：米

名称			编号	227	类别		分区	西区
位置		洛阳机务段洛阳公寓	经度	112°26.709′	纬度	34°41.300′	高程	151.0
照相号			录像号		绘图号	1－1	时代	东汉
工作过程			2003年文物普查		调查时间	2003年7月22日	历时	1天
封土	形制		东西28.00、南北19.00、高9.00				直径	
	筑法		夯层厚	0.10～0.20	密度	硬	土色	黄褐、白
	保存状况		破坏严重		盗洞数量		位置	
	遗物		陶片：泥质灰陶，外素面内饰凹弦纹，火候稍高，轮制。 瓦片：泥质灰陶，外细绳纹内布纹，火候高，轮制。					
陵园	位置		面积		地层深度			
	堆积		形状		保存状况			
	遗物							
碑刻								
备注			封土破坏严重，呈不规则形，中间砌现代围墙。 访问苗南村张宝中，此冢应为"张柴坟"。					

M227 西南—东北

邙山陵墓群考古调查表

单位：米

NO:

名称			编号	228	类别		分区	中区
位置		瀍河史家湾东北	经度	112°32.026′	纬度	34°42.061′	高程	135.9
照相号			录像号		绘图号	1−1	时代	东汉
工作过程		2003 年文物普查			调查时间	2003 年 7 月 23 日	历时	1 天
封土	形制			东西 15.80、南北 24.60、高 7.70			直径	
	筑法		夯层厚	0.15～0.30	密度	较硬	土色	黑褐、黄褐、白
	保存状况		破坏严重		盗洞数量	1	位置	东北角
	遗物	砖块：泥质灰陶，条形砖，火候较高，残长 17、残宽 10、厚 7 厘米。陶片：罐残片，泥质灰陶，外饰中绳纹，另口沿，直口，平沿，素面。陶水管、筒瓦：泥质灰陶，火候高，较完整，残长 46、直径 19、厚 2 厘米，圆柱形，上有瓦舌，外饰中绳纹，内饰布纹。						
陵园	位置		面积			地层深度		
	堆积		形状			保存状况		
	遗物							
碑刻								
备注	封土破坏严重，现呈不规则形。陶水管：在二层台上，上下埋制法，内填花土，疏松，含有残砖块。冢东侧面积约 150×40 平方米。地面有明、清、汉红陶、褐陶、白瓷片，新中国成立前被盗过，夯层面斜形。							

M228 南—北

M228　东—西

M228　北—南

邙山陵墓群考古调查表

单位：米

NO:

名称			编号	229	类别		分区	中区
位置		瀍河史家湾东北角	经度	112°31.969′	纬度	34°42.393′	高程	135.2
照相号			录像号		绘图号	1—1	时代	东汉
工作过程		2003 年文物普查			调查时间	2003 年 7 月 23 日	历时	1 天
封土	形制			东西 12.20、南北 15.40、高 4.90			直径	
	筑法		夯层厚	0.15 ~ 0.25	密度	一般	土色	黑褐、黄、黄褐、灰褐
	保存状况		破坏严重		盗洞数量	1	位置	东北角
	遗物	筒瓦片：外中绳纹内布纹，厚 1.3 厘米。陶片：泥质灰陶，器形有甑、罐。甑：素面，底有孔。罐口沿，侈口内敛，平沿，尖圆唇，折肩，外饰中绳纹。泥质夹砂灰陶，外饰粗绳纹，火候较高。泥质灰陶罐残口沿，侈口内敛，尖圆唇，束颈、折肩、肩饰细绳纹、凹弦纹。甑：泥质灰陶，侈口、卷沿、斜腹、饰两道凹弦纹。						
陵园	位置		面积		地层深度			
	堆积		形状		保存状况			
	遗物							
碑刻								
备注		封土破坏严重，现呈不规则台状阶梯。该冢位于陇海铁路南约 100 米。夯土内含有东周陶片，有灰土。						

M229 东—西

M229　北—南

M229　夯层

邙山陵墓群考古调查表

单位：米

NO:

名称			编号	230	类别		分区	中区
位置		瀍河史家湾北约两公里	经度	112°31.808′	纬度	34°42.370′	高程	131.80
照相号			录像号		绘图号	1－1	时代	东汉
工作过程		2003 年文物普查			调查时间	2003 年 7 月 23 日	历时	1 天
封土	形制		东西 11.40、南北 10.04、高 4.20				直径	
	筑法		夯层厚	0.15～0.30	密度	一般	土色	黑褐、黄褐、白
	保存状况		破坏严重		盗洞数量		位置	
	遗物		瓦片：筒片，瓦舌，外细绳纹、中绳纹、内布纹，泥质灰陶。 筒瓦片：2，厚 0.01 米。 板瓦片：2，厚 0.01 米。 陶片：泥质灰陶，素面，火候高。					
陵园	位置		面积			地层深度		
	堆积		形状			保存状况		
	遗物							
碑刻								
备注			封土现呈不规则形土台，该冢位于陇海铁路南约 80 米。					

M230　南—北

M230 东—西

M230 夯层

邙山陵墓群考古调查表

单位：米

NO:

名称			编号	231	类别		分区	中区
位置	机车工厂北侧 70 米 陇海线南 500 米		经度	112°31.319′	纬度	34°42.283′	高程	124.7
照相号			录像号		绘图号	1－1	时代	东汉
工作过程	2003 年文物普查				调查时间	2003 年 7 月 23 日	历时	1 天
封土	形制	圆形		东西 50.00、南北 50.00			直径	50.0
	筑法	堆筑	夯层厚		密度	疏松	土色	黄褐
	保存状况	完整			盗洞数量		位置	
	遗物							
陵园	位置		面积			地层深度		
	堆积		形状			保存状况		
	遗物							
碑刻								
备注								

M231 北—南

M231 东—西

M231 南—北

邙山陵墓群考古调查表

单位：米

NO:

名称			编号	232	类别		分区	中区
位置		洛阳机车工厂北约 70 米	经度	112°31.279′	纬度	34°42.267′	高程	124.7+23
照相号			录像号		绘图号		时代	东汉
工作过程		2003 年文物普查			调查时间	2003 年	历时	1 天
封土	形制	覆斗形	东西 55.00、南北 47.00、高 23.00				直径	
	筑法	平夯	夯层厚	0.12～0.18	密度	较硬	土色	黄褐
	保存状况	较完整			盗洞数量	1	位置	西南
	遗物	陶片：2，泥质灰陶，外饰绳纹，火候高，胎厚 0.6 厘米。 板瓦片：2，泥质灰陶，外绳纹内布纹，火候高，厚 1.2、残长 13 厘米。 板瓦片：1，泥质灰陶，外绳纹内菱形纹，厚 1、残长 6 厘米。 筒瓦片：1，泥质灰陶，外绳纹内布纹，火候高，厚 1.2、残长 11.5 厘米。						
陵园	位置		面积			地层深度		
	堆积		形状			保存状况		
	遗物							
碑刻								
备注		封土基本完整，墓冢周边葬有现代墓。 与 M231 相邻并列为双冢。						

M232 双冢全景

M232　东—西

M232　西—东

M232 南—北

M232 北—南

邙山陵墓群考古调查表

NO:
单位：米

名称			编号	233	类别		分区	中区
位置		白马寺扁担赵南约300米	经度	112°32.592′	纬度	34°42.526′	高程	169.8
照相号			录像号		绘图号	1—1	时代	东汉
工作过程		2003年文物普查			调查时间	2003年7月24日	历时	1天
封土	形制		东西19.00、南北0.60~2.00、高3.80				直径	
	筑法		夯层厚	0.20~0.30	密度	一般	土色	黑褐、黄、白
	保存状况	破坏严重			盗洞数量		位置	
	遗物	瓦片：2，泥质灰陶，外中绳纹内布纹，火候较高，模制，厚1.1厘米。						
陵园	位置		面积		地层深度			
	堆积		形状		保存状况			
	遗物							
碑刻								
备注		封土破坏严重，呈不规则形（三角土墙）。该冢位于陇海铁路南40米。						

M233 南—北

M233 北—南

M233 夯层

邙山陵墓群考古调查表

NO:

单位：米

名称			编号	235	类别		分区	中区
位置		铁15局家属院西洛界高速东侧	经度	112°32.400′	纬度	34°42.722′	高程	129.3
照相号			录像号		绘图号		时代	东汉
工作过程		2003年文物普查			调查时间	2003年11月11日	历时	1天
封土	形制		东西6.60、南北6.00、高3.20				直径	
	筑法	平夯	夯层厚	0.15～0.25	密度	疏松	土色	黄褐、灰褐
	保存状况	破坏严重			盗洞数量		位置	
	遗物	筒瓦片：1，泥质灰陶，外饰绳纹，火候较高，厚1.2、残长7.2厘米。						
陵园	位置		面积			地层深度		
	堆积		形状			保存状况		
	遗物							
碑刻								
备注		封土现呈不规则形。						

M235　南—北

M235 东—西

M235 夯层

邙山陵墓群考古调查表

NO:

单位：米

名称			编号	237	类别		分区	中区
位置		白马寺小潘村南约1.5公里	经度	112°32.641′	纬度	34°42.843′	高程	134.4
照相号			录像号		绘图号	1－1	时代	东汉
工作过程		2003年文物普查			调查时间	2003年7月24日	历时	1天
封土	形制		东西12.00、南北16.00、高6.20				直径	
	筑法		夯层厚	0.10～0.20	密度	较硬	土色	黄褐、红褐、白
	保存状况		破坏严重		盗洞数量	1	位置	北壁
	遗物		瓦片：1，泥质灰陶，外饰中绳纹，内布纹、菱形几何纹。					
陵园	位置		面积		地层深度			
	堆积		形状		保存状况			
	遗物							
碑刻								
备注		封土现大致呈椭圆土台。冢周围1.5米下冲击土。						

M237 西—东

M237 南—北

M237 夯层

邙山陵墓群考古调查表

NO:　　　　　　　　　　　　　　　　　　　　　　　　　　　　　　　　　　　　　　　单位：米

名称			编号	238	类别		分区	中区
位置		白马寺小潘村南牡丹园内	经度	112°32.594′	纬度	34°42.859′	高程	128.5
照相号			录像号		绘图号	1－1	时代	东汉
工作过程		2003年文物普查			调查时间	2003年7月24日	历时	1天
封土	形制		东西18.60、南北24.00、高4.50				直径	
	筑法		夯层厚	0.15～0.30	密度	较硬	土色	黄褐、白
	保存状况		不完整		盗洞数量	1	位置	东南角
	遗物							
陵园	位置		面积		地层深度			
	堆积		形状		保存状况			
	遗物							
碑刻								
备注		封土呈不规则台状阶梯。 冢周围1.5米下冲积土。						

M238 西—东

M238 北—南

M238 夯层

邙山陵墓群考古调查表

NO:
单位：米

名称			编号	239	类别		分区	中区
位置		白马寺小潘村南距238北100米	经度	112°32.614′	纬度	34°42.901′	高程	128.5
照相号			录像号		绘图号	1—1	时代	东汉
工作过程		2003年文物普查			调查时间	2003年7月24日	历时	1天
封土	形制		东西6.20、南北7.20、高3.50				直径	
	筑法		夯层厚	0.15～0.30	密度	一般	土色	黑褐、黄、白
	保存状况		破坏严重		盗洞数量		位置	
	遗物		陶片：3，泥质灰陶，罐口沿，敞口内敛，圆唇，火候较高，残长12、残宽5、胎厚1～1.4、残高5.8厘米，饰两周细凹弦纹。另胎较薄，泥质灰陶，素面，均为轮制。瓦片：2，泥质灰陶，火候较高，外饰中绳纹内布纹，模制，厚1.0、残长8～10厘米。						
陵园	位置		面积		地层深度			
	堆积		形状		保存状况			
	遗物							
碑刻								
备注		封土现呈不规则土台。 冢周围1.5米下冲积土。						

M239 东—西

M239 南—北

M239 南壁夯层

邙山陵墓群考古调查表

NO:

单位：米

名称			编号	240	类别		分区	中区
位置		白马寺凹杨村西侧	经度	112°33.012′	纬度	34°42.944′	高程	144.0
照相号			录像号		绘图号	1－1	时代	东汉
工作过程		2003 年文物普查			调查时间	2003 年 7 月 24 日	历时	1 天
封土	形制		东西 36.00、南北 37.00、高 11.00				直径	36.0
	筑法		夯层厚	0.15 ~ 0.30	密度	较硬	土色	黑褐、黄、白、灰褐
	保存状况		较完整		盗洞数量	1	位置	东西相通，正中向下
	遗物	红陶片：陶敦口残片，敛口，折沿，素面。 灰陶片：泥质灰陶，外饰粗绳纹，火候较低。 板瓦片：外饰粗绳纹，内布纹，胎较厚。 小砖块：泥质灰陶，素面，火候较高，残厚 8.6 厘米。						
陵园	位置		面积			地层深度		
	堆积		形状			保存状况		
	遗物							
碑刻								
备注	封土呈圆覆斗形，冢周围 1 至 2 米下白底。当地村民杨湘讲，1958 年平整土地时破坏了五六个，该冢民国时已被严重盗扰，有长条形砖，扇形砖。现已见墓室土圹，砖无存，附近有新时期遗址。							

M240 北—南

M240 东—西

M240 夯层

邙山陵墓群考古调查表

NO:
单位：米

名称			编号	248	类别		分区	中区
位置		白马寺镇凹杨村西北约300米	经度	112°32.926′	纬度	34°43.022′	高程	113.8+5.5
照相号			录像号		绘图号	1—1	时代	东汉
工作过程		2003年文物普查			调查时间	2003年11月3日	历时	1天
封土	形制		东西20.00、南北23.00、高5.50				直径	
	筑法	平夯	夯层厚	0.10～0.15	密度	疏松	土色	黄褐
	保存状况	破坏严重			盗洞数量	1	位置	西南
	遗物	瓦片：泥质灰陶，外绳纹内箆点纹，火候高，残长7、厚2.5厘米。 砖块：青灰色，素面，模制，火候高，厚6.5厘米。						
陵园	位置		面积			地层深度		
	堆积		形状			保存状况		
	遗物							
碑刻								
备注		封土现呈不规则形。						

M248 东—西

M248 南—北

M248 夯层

邙山陵墓群考古调查表

NO:　　单位：米

名称			编号	249	类别		分区	中区
位置		白马寺镇凹杨村西北约500米	经度	112°32.87′	纬度	34°43.117′	高程	114.2+4.7
照相号			录像号		绘图号	1—1	时代	东汉
工作过程		2003年文物普查			调查时间	2003年11月3日	历时	1天
封土	形制		东西16.60、南北15.40、高4.70				直径	
	筑法	平夯	夯层厚	0.10～0.15	密度	坚硬	土色	黄褐
	保存状况	破坏严重			盗洞数量	1	位置	东
	遗物	瓦片：泥质灰陶，外绳纹内素面，1片。内外素面，火候较高，2片。外素面内布纹，泥质灰陶，火候高，1片。						
陵园	位置		面积			地层深度		
	堆积		形状			保存状况		
	遗物							
碑刻								
备注		封土现呈不规则形，西侧中部人为塌陷，四周皆为农耕所致。						

M249 南—北

M249 东—西

M249 北—南

邙山陵墓群考古调查表

NO:

单位：米

名称			编号	252	类别		分区	中区
位置		白马寺镇凹杨村西南约 300 米	经度	112°32.913′	纬度	34°42.881′	高程	116.6
照相号			录像号		绘图号	1－1	时代	东汉
工作过程		2003 年文物普查			调查时间	2003 年 11 月 3 日	历时	1 天
封土	形制		东西 20.60、南北 20.00、高 1.30～2.50				直径	
	筑法		夯层厚	0.12～0.15	密度	坚硬	土色	黄褐
	保存状况	破坏严重			盗洞数量		位置	
	遗物	瓦片：泥质灰陶，外绳纹内篦点纹，1 片，残长 6.7、厚 2～2.7 厘米。外绳纹内布纹，火候高，5 片，厚 1～1.2 厘米。陶片：泥质灰陶，轮制，火候高，外饰凸弦纹，1 片，胎厚 0.5 厘米。						
陵园	位置		面积			地层深度		
	堆积		形状			保存状况		
	遗物							
碑刻								
备注		封土现为三个不规则形小土堆。访问凹杨村杨鸿运，该冢修白马寺至洛阳的公路时大部被平整掉。						

M252 西—东

M252　南—北

M252　夯层

邙山陵墓群考古调查表

NO:

单位：米

名称			编号	255	类别		分区	中区
位置	白马寺朱家村西，田村东北		经度	112°32.888′	纬度	34°44.190′	高程	140.7+8.5
照相号			录像号		绘图号	1—1	时代	东汉
工作过程	2003 年文物普查				调查时间	2003 年 11 月 14 日	历时	1 天
封土	形制		东西 21.20、南北 22.00、高 8.50				直径	
	筑法	平夯	夯层厚	0.10～0.15	密度	硬	土色	黄褐（夹有红烧土粒）
	保存状况	破坏严重			盗洞数量		位置	
	遗物	陶片：泥质灰陶，器物口沿残片，火候较高，轮制。瓦片：泥质灰陶，外绳纹内布纹，火候较高，残长 7、厚 1.1 厘米。瓷片：灰白色，内饰酱釉。						
陵园	位置		面积		地层深度			
	堆积		形状		保存状况			
	遗物							
碑刻								
备注	封土现大致呈覆斗形，东侧保存较好，北部上侧与南部、西部均已为农民平整成耕地。							

M255 西—东

M255　南—北

M255　夯层

邙山陵墓群考古调查表

NO:
单位：米

名称			编号	256	类别		分区	中区
位置		白马寺朱家村西约450米	经度	112°32.826′	纬度	34°44.103′	高程	138.7＋7
照相号			录像号		绘图号	1—1	时代	东汉
工作过程		2003年文物普查			调查时间	2003年11月14日	历时	1天
封土	形制		东西18.40、南北20.60、高7.00				直径	
	筑法	平夯	夯层厚	0.15～0.20	密度	坚硬	土色	黄褐、灰褐（夹有细约）
	保存状况		破坏严重		盗洞数量		位置	
	遗物		筒瓦片：5，泥质灰陶，外绳纹内布纹，火候较高，残长5～13、厚1.3～1.1厘米。 板瓦片：1，泥质灰陶，外饰绳纹内布纹，火候高，厚1厘米。					
陵园	位置		面积			地层深度		
	堆积		形状			保存状况		
	遗物							
碑刻								
备注		封土现呈不规则形，东壁保存较好，其余均已被破坏成陡峭直壁。 封土夯层虚实相间。该冢位于洛济高速南。						

M256 西—东

M256　南—北

M256　夯层

邙山陵墓群考古调查表

NO:

单位：米

名称			编号	257	类别		分区	中区
位置		朱家村西约350米	经度	112°32.878′	纬度	34°44.052′	高程	138.2＋5
照相号			录像号		绘图号	1－1	时代	东汉
工作过程		2003年文物普查			调查时间	2003年11月14日	历时	1天
封土	形制			东西13.30、南北18.60、高5.00			直径	
	筑法	平夯	夯层厚	0.24～0.25	密度	紧密	土色	黄褐色
	保存状况	冢周边均已遭破坏，且西面农民取土与坍塌形成一凹坑。			盗洞数量		位置	
	遗物		陶片：1，泥质灰陶，素面，火候高，轮制。					
陵园	位置		面积		地层深度			
	堆积		形状		保存状况			
	遗物							
碑刻								
备注								

M257 东—西

M257 西—东

M257 夯层

邙山陵墓群考古调查表

NO:

单位：米

名称			编号	258	类别		分区	中区
位置		白马寺朱家村西南约40m	经度	112°33.086′	纬度	34°44.063′	高程	140.2＋6.4
照相号			录像号		绘图号	1－1	时代	东汉
工作过程		2003年文物普查			调查时间	2003年11月14日	历时	1天
封土	形制			东西19.20、南北18.00、高6.40			直径	
	筑法	平夯	夯层厚	0.15～0.20	密度	坚硬	土色	黄褐色
	保存状况		较完整		盗洞数量	1	位置	东南角
	遗物		瓦片：1，外饰绳纹，内细线纹，泥质灰陶，火候高，厚1.1厘米。 陶片：1，泥质灰陶，素面，火候较高。					
陵园	位置		面积			地层深度		
	堆积		形状			保存状况		
	遗物							
碑刻								
备注								

M258 南—北

M258　西—东

M258　夯层

邙山陵墓群考古调查表

NO:　　　　　　　　　　　　　　　　　　　　　　　　　　　　　　　　　　　　　　单位：米

名称			编号	259	类别		分区	中区
位置		白马寺朱家村东北约400m	经度	112°33.306′	纬度	34°44.381′	高程	136.9＋5.1
照相号			录像号		绘图号	1－1	时代	东汉
工作过程		2003年文物普查			调查时间	2003年11月14日	历时	1天
封土	形制		东西17.60、南北19.00、高5.10				直径	
	筑法	平夯	夯层厚	0.12～0.15	密度	硬	土色	黄褐
	保存状况	不完整			盗洞数量	1	位置	南侧中部
	遗物							
陵园	位置		面积			地层深度		
	堆积		形状			保存状况		
	遗物							
碑刻								
备注		封土现呈不规则形。						

M259 南—北

M259 西—东

M259 夯层

邙山陵墓群考古调查表

名称			编号	269	类别		分区	中区
位置	白马寺下黄村北约 1500 米。洛孟公路东。洛济高速西		经度	112°33.862′	纬度	34°45.392′	高程	165.3＋8
照相号			录像号		绘图号	1－1	时代	东汉
工作过程		2003 年文物普查			调查时间	2003 年 11 月 17 日	历时	1 天
封土	形制			东西 18.00、南北 29.60、高 8.00			直径	
	筑法	平夯	夯层厚	0.15～0.25	密度	坚硬	土色	黄褐、红褐色颗粒状含细沙
	保存状况	北、南、西三面保存较好，东面人为取土与自然坍塌形成一凹槽且壁较陡峭。顶部略凹。			盗洞数量		位置	
	遗物	瓦片：泥质灰陶，外饰绳纹，火候高，轮制（1 块），厚 1.2、宽 9.6、残长 6.6 厘米。						
陵园	位置		面积		地层深度			
	堆积		形状		保存状况			
	遗物							
碑刻								
备注								

M269 东—西

M269　西—东

M269　南—北

邙山陵墓群考古调查表

单位：米

名称			编号	281	类别		分区	中区
位置		白马寺黑王村北约 600 米	经度	112°33.876′	纬度	34°43.483′	高程	131.3
照相号			录像号		绘图号	1—1	时代	东汉
工作过程		2003 年文物普查			调查时间	2003 年 11 月 20 日	历时	1 天
封土	形制		东西 13.00、南北 34.00、高 3.00				直径	
	筑法		夯层厚		密度		土色	
	保存状况	现为长条状			盗洞数量		位置	
	遗物							
陵园	位置		面积			地层深度		
	堆积		形状			保存状况		
	遗物							
碑刻								
备注		老百姓传说为唐代"罗成、罗松"之家，又名"双冢"。						

M281 北—南

M281　南—北

M281　西—东

邙山陵墓群考古调查表

NO: 单位：米

名称			编号	284	类别			分区	中区
位置		白马寺、白王村东北300 米	经度	112°34.309′	纬度	34°43.207′		高程	126.7
照相号			录像号		绘图号			时代	东汉
工作过程		2003 年文物普查			调查时间	2003 年 11 月 21 日		历时	1 天
封土	形制	不详		东西 5.00、南北 10.60、高 2.00				直径	
	筑法	平夯	夯层厚	0.15 ~ 0.20	密度	夯层虚实相间		土色	黄褐
	保存状况	农民把其改装成一砖窑，现已废弃			盗洞数量			位置	
	遗物								
陵园	位置		面积			地层深度			
	堆积		形状			保存状况			
	遗物								
碑刻									
备注		封土现呈长条形。							

M284 东—西

M284 西—东

M284 南—北

邙山陵墓群考古调查表

单位：米

名称			编号	286	类别		分区	中区
位置	白马寺帽郭村北		经度	112°31.716′	纬度	34°42.926′	高程	125.4
照相号			录像号		绘图号	1－1	时代	东汉
工作过程		2003 年文物普查			调查时间	2003 年 11 月 21 日	历时	1 天
封土	形制			东西 30.40、南北 35.60、高 6.00			直径	
	筑法	平夯	夯层厚	0.20 ~ 0.30	密度	坚硬	土色	黄褐、灰褐、红褐
	保存状况		破坏严重		盗洞数量		位置	
	遗物	陶片：①泥质灰陶：2，夹砂，饰有绳纹，火候较低，厚 0.5 ~ 0.6 厘米。②泥质灰陶：1，夹砂，器物口沿残片，饰绳纹，敞口尖圆唇，火候高，残宽 9、高 6.5、厚 0.6 ~ 1.2 厘米。③泥质灰陶：1，饰有绳纹，火候高，残长 3、厚 0.05 厘米。						
陵园	位置		面积		地层深度			
	堆积		形状		保存状况			
	遗物							
碑刻								
备注	封土现呈不规则形，西北各有一废弃窑洞、西、南部一成陡壁，顶部较平。							

M286 南—北

M286 北—南

M286 西—东

邙山陵墓群考古调查表

NO:
单位：米

名称	福庵寿公和尚墓	编号	290	类别		分区	中区
位置	白马寺寺院西侧	经度	112°35.799′	纬度	34°43.498′	高程	116.7
照相号		录像号		绘图号	1－1	时代	东汉
工作过程		2003 年文物普查		调查时间	2003 年 11 月 26 日	历时	1 天

封土	形制		东西 11.00、南北 13.00、高 1.30				直径	
	筑法	不详	夯层厚		密度		土色	黄褐
	保存状况		破坏严重		盗洞数量		位置	
	遗物		瓦片：泥质灰陶，外素面内布纹，火候较高，厚 1.5、残长 1.1 厘米。 砖块：泥质灰陶，砖表饰手印纹，残长 10～19、厚 5、宽 17 厘米。 莲座残片：石质、坚硬、青灰色。					

陵园	位置		面积		地层深度	
	堆积		形状		保存状况	
	遗物					

碑刻	②经幢座前立有一"圆寂释源第十代主持福庵寿公和尚墓"石碑。
备注	在墓冢南侧现存经幢座两个：①经幢距墓冢约 7 米，②经幢距墓冢约 30 米（西侧有一盗洞）。封土现大致呈方形。

邙山陵墓群考古调查表

NO:
单位：米

名称	僧人墓	编号	291	类别		分区	中区
位置	白马寺寺院西侧	经度	112°35.791′	纬度	34°43.502′	高程	116.7
照相号		录像号		绘图号	1－1	时代	东汉
工作过程		2003 年文物普查		调查时间	2003 年 11 月 26 日	历时	1 天

封土	形制		东西 7.80、南北 7.0、高 2.10				直径	
	筑法	不详	夯层厚		密度	致密	土色	黄褐
	保存状况		破坏严重		盗洞数量		位置	
	遗物		板瓦片：泥质灰陶，外光内布纹，厚 1.5、残长 8.5 厘米。 板瓦片：泥质灰陶，外光内光与布纹组合，厚 2.5、宽 19、残长 14.5 厘米。					

陵园	位置		面积		地层深度	
	堆积		形状		保存状况	
	遗物					

碑刻	
备注	封土现大致呈椭圆形。

邙山陵墓群考古调查表

单位：米

NO:

名称		狄仁杰墓	编号	292	类别		分区	中区
位置		白马寺南，齐云塔院西侧	经度	112°36.056′	纬度	34°43.324′	高程	123.2
照相号			录像号		绘图号	1－1	时代	明清
工作过程		2003 年文物普查			调查时间	2003 年 12 月	历时	1 天
封土	形制						直径	
	筑法	.	夯层厚		密度		土色	
	保存状况	较好			盗洞数量		位置	
	遗物							
陵园	位置		面积		地层深度			
	堆积		形状		保存状况			
	遗物							
碑刻								
备注								

M292　狄仁杰墓

M292　碑刻

邙山陵墓群考古调查表

单位：米

名称	德浩和尚墓		编号	293	类别		分区	中区
位置	白马寺南，齐云塔院西侧，M292 南侧		经度	112°36.055	纬度	34°43.258	高程	123.2
照相号			录像号		绘图号	1—1	时代	明清
工作过程		2003 年文物普查			调查时间	2003 年 12 月	历时	1 天
封土	形制						直径	
	筑法		夯层厚		密度		土色	
	保存状况		较好		盗洞数量		位置	
	遗物							
陵园	位置		面积			地层深度		
	堆积		形状			保存状况		
	遗物							
碑刻								
备注								

邙山陵墓群考古调查表

单位：米

名称			编号	296	类别		分区	中区
位置	白马寺陈村东南		经度	112°32.241′	纬度	34°43.520′	高程	120.6
照相号			录像号		绘图号		时代	东汉
工作过程		2003 年文物普查			调查时间	2003 年 11 月 29 日	历时	1 天
封土	形制						直径	
	筑法	平夯	夯层厚	0.12 ~ 0.15	密度	坚硬	土色	
	保存状况		已平		盗洞数量		位置	
	遗物	陶片：泥质红陶片：1，轮制，火候高。 泥质灰陶片：1，轮制，火候高。						
陵园	位置		面积			地层深度		
	堆积		形状			保存状况		
	遗物							
碑刻								
备注	洛界高速桥西，陇海铁路北侧，俗称"窟窿冢"，修洛界高速时未发掘。残留 1.30 米高的扇形条状。							

M296　南—北

M296　西—东

邙山陵墓群考古调查表

NO:

单位：米

名称			编号	298	类别		分区	中区
位置		瀍河唐寺闸村东	经度	112°31.060′	纬度	34°42.313′	高程	141.2+3.5
照相号			录像号		绘图号	1—1	时代	东汉
工作过程			2003 年文物普查		调查时间	2003 年 12 月 10 日	历时	1 天
封土	形制	不详		东西 9.80、南北 9.00、高 3.50			直径	
	筑法	平夯	夯层厚	0.15～0.18	密度	疏松	土色	黄褐、灰褐、红褐、少量烧土颗粒
	保存状况		被村民取土形成不规则状		盗洞数量		位置	
	遗物		陶片：泥质灰陶口沿残片：1，残宽 4.5、高 4、厚 0.9 厘米，轮制，火候高。泥质灰陶器底残片：1，残宽 8.8、残长 12.2 厘米。					
陵园	位置		面积			地层深度		
	堆积		形状			保存状况		
	遗物							
碑刻								
备注			东南距 M232 约 200 米。					

M298 西—东

M298　南—北

M298　东—西

邙山陵墓群考古调查表

NO:　　　　　　　　　　　　　　　　　　　　　　　　　　　　　　　　　　　　　　单位：米

名称			编号	307	类别		分区	中区
位置		吕庙村东500米 洛孟公路北侧	经度	112°32.525′	纬度	34°44.098′	高程	134.8+2.8
照相号			录像号		绘图号	1－1	时代	东汉
工作过程			2003年文物普查		调查时间	2003年12月15日	历时	1天
封土	形制			东西6.00、南北14.00、高2.80			直径	
	筑法	不详	夯层厚		密度	硬	土色	黄褐
	保存状况		破坏严重		盗洞数量		位置	
	遗物		陶片：1，泥质红陶，外绳纹内布纹，火候高，厚0.5厘米。板瓦片：1，泥质灰陶，外绳纹内布纹，火候较高，厚1.6、残长10厘米。					
陵园	位置		面积		地层深度			
	堆积		形状		保存状况			
	遗物							
碑刻								
备注			封土现呈长条状。					

M307 西—东

M307 东—西

M307 南—北

邙山陵墓群考古调查表

NO:　　单位：米

名称			编号	308	类别		分区	中区
位置	小马村东 400 米洛孟公路北 400 米		经度	112°32.464′	纬度	34°44.198′	高程	138.7+3.4
照相号			录像号		绘图号	1—1	时代	东汉
工作过程	2003 年文物普查			调查时间	2003 年 12 月 15 日	历时	1 天
封土	形制		东西 8.00、南北 9.40、高 3.40				直径	
	筑法	平夯	夯层厚	0.20	密度	坚硬	土色	黄褐、白、黑褐（夹细沙）
	保存状况	破坏严重			盗洞数量		位置	
	遗物	瓦片：外绳纹内素面、内布纹各 1，均为泥质灰陶，火候较高，残长 6.5、厚 1.2 ~ 1.3 厘米。陶片：3，夹砂红陶，素面，火候较高，轮制，厚 0.3 ~ 0.8 厘米。						
陵园	位置		面积		地层深度			
	堆积		形状		保存状况			
	遗物							
碑刻								
备注	封土现呈椭圆形。访问吕庙村吕东来、吕永田，此冢俗称"李半冢"。							

M308 东—西

M308 南—北

M308 北—南

邙山陵墓群考古调查表

单位：米

名称			编号	315	类别		分区	中区
位置		西吕庙村北 600 米	经度	112°31.361′	纬度	34°44.522′	高程	196.8
照相号			录像号		绘图号	1—1	时代	东汉
工作过程		2003 年文物普查			调查时间	2003 年 12 月 15 日	历时	1 天
封土	形制	不详		东西 15.00、南北 11.00、高 3.50			直径	
	筑法	平夯	夯层厚	0.20	密度	坚硬	土色	黄褐
	保存状况	南部被取土后，壁较陡峭，且有一近代墓			盗洞数量		位置	
	遗物							
陵园	位置		面积			地层深度		
	堆积		形状			保存状况		
	遗物							
碑刻								
备注								

M315 南—北

M315 北—南

M315 西—东

邙山陵墓群考古调查表

NO:

单位：米

名称			编号	317	类别		分区	中区
位置		马坡村内	经度	112°29.834′	纬度	34°43.261′	高程	167.2
照相号			录像号		绘图号	1—1	时代	东汉
工作过程			2003年文物普查		调查时间	2003年12月20日	历时	1天
封土	形制	不详		东西12.00、南北10.80、高4.00			直径	
	筑法	平夯	夯层厚	0.10～0.18	密度	坚硬	土色	黄褐、红
	保存状况	西北坍塌严重，南侧为窑洞已坍塌，东侧为临时房，东南因村民盖房取土形成一南北长14.4、宽1.20、高3.5米的长条状			盗洞数量		位置	
	遗物							
陵园	位置		面积		地层深度			
	堆积		形状		保存状况			
	遗物							
碑刻								
备注	该冢立有碑，现碑座在马坡村马国洪家，碑在马坡村马志永家门口，碑文："汉光武帝郭后陵"。该冢现坐落于马坡村马存堂家院内。							

M317 东—西

M317 北—南

M317 西—东

邙山陵墓群考古调查表

NO：　　　　　　　　　　　　　　　　　　　　　　　　　　　　　　　　　　　　　单位：米

名称		编号	319	类别		分区	中区
位置	马坡村东	经度	112°30.039′	纬度	34°43.418′	高程	167.6
照相号		录像号		绘图号	1—1	时代	北魏
工作过程		2003 年文物普查		调查时间	2003 年 12 月 20 日	历时	1 天

封土	形制		东西 13.20、南北 10.00、高 2.00			直径	
	筑法	堆筑	夯层厚		密度	疏松	土色	黄褐、红
	保存状况	破坏较严重，现呈不规则状		盗洞数量		位置	
	遗物						

陵园	位置		面积		地层深度	
	堆积		形状		保存状况	
	遗物					

碑刻	
备注	

M319　西—东

M319 北—南

M319 南—北

邙山陵墓群考古调查表

NO:　　　　　　　　　　　　　　　　　　　　　　　　　　　　　　　　　　　　　　单位：米

名称			编号	320	类别		分区	中区
位置		马坡村西北 金家沟村东	经度	112°29.552′	纬度	34°43.429′	高程	200.3
照相号			录像号		绘图号	1—1	时代	东汉
工作过程		2003 年文物普查			调查时间	2003 年 12 月 20 日	历时	1 天
封土	形制			东西 40.00、南北 47.50、高 7.20			直径	
	筑法	平夯	夯层厚	0.15～0.22	密度	坚硬	土色	黄褐、灰褐、红
	保存状况				盗洞数量	10	位置	顶部 4 个，南 2 个，东北 1 个，北 2 个，西 1 个
	遗物		青灰砖块：饰绳纹，火候高，模制，2 块。①厚 5、残长 6.5、残宽 7 厘米。②厚 6.8、残长 8、残宽 9 厘米。 陶片：内外素面，泥质灰陶，火候较高，轮制，1 片，胎厚 0.5 厘米。					
陵园	位置		面积			地层深度		
	堆积		形状			保存状况		
	遗物							
碑刻								
备注		在冢的中部，有一东西贯穿的防空洞。						

M320 西—东

M320 南—北

M320 东—西

邙山陵墓群考古调查表

NO: 单位：米

名称			编号	321	类别		分区	西区
位置		红山乡唐屯村东南	经度	112°21.191′	纬度	34°42.162′	高程	188.9
照相号			录像号		绘图号	1—1	时代	北魏
工作过程		2003年文物普查			调查时间	2003年12月30日	历时	1天
封土	形制		东西25.00、南北22.30、高4.00				直径	
	筑法	平夯	夯层厚	0.10	密度	疏松	土色	黄褐、灰褐、红褐
	保存状况	破坏严重			盗洞数量	1	位置	南侧
	遗物	瓦片：泥质灰陶，外绳纹内布纹，火候较高。 瓦片：泥质灰陶，外平素内布纹。						
陵园	位置		面积			地层深度		
	堆积		形状			保存状况		
	遗物							
碑刻								
备注		封土现呈不规则形，北侧被取土形成一凹坑。						

M321 东—西

M321 北一南

M321 南一北

邙山陵墓群考古调查表

单位：米

名称			编号	322	类别		分区	西区
位置		红山乡唐屯村东南	经度	112°21.313′	纬度	34°42.179′	高程	185.8
照相号			录像号		绘图号	1—1	时代	北魏
工作过程		2003 年文物普查			调查时间	2003 年 12 月 30 日	历时	1 天
封土	形制			东西 20.50、南北 22.50、高 3.50			直径	
	筑法	夯筑	夯层厚	0.18～0.28	密度	疏松	土色	黄褐、灰褐、红
	保存状况		破坏严重		盗洞数量	1	位置	南侧
	遗物	板瓦片：均为泥质灰陶，外光内布纹，其中 3 片厚 1.5～1.8 厘米，1 片厚 2.1 厘米，1 片厚 1.3 厘米。 筒瓦片：1，半筒状，存瓦口，外光内布纹，残长 7～13、直径 12 厘米。 砖块：1，青灰色，残块，素面，火候高。						
陵园	位置		面积		地层深度			
	堆积		形状		保存状况			
	遗物							
碑刻								
备注		封土现呈不规则形，北侧、东侧取土破坏严重。						

M322 东—西

M322 西—东

M322 北—南

邙山陵墓群考古调查表

NO:

单位：米

名称			编号	325	类别		分区	西区
位置		市郊五女塚村北	经度	112°23.940′	纬度	34°41.209′	高程	160.4
照相号			录像号		绘图号	1—1	时代	北魏
工作过程		2005 年文物普查			调查时间	2005 年 12 月 27 日	历时	1 天
封土	形制		东西 21.00、南北 17.00、高 5.50				直径	
	筑法	堆筑	夯层厚		密度	郊疏松	土色	黄褐
	保存状况	破坏严重			盗洞数量		位置	
	遗物							
陵园	位置		面积			地层深度		
	堆积		形状			保存状况		
	遗物							
碑刻								
备注		封土破坏严重，现大致呈长方形。访问五女冢村吴周子，72 岁。						

M325 北—南

M325　西—东

M325　南—北

邙山陵墓群考古调查表

NO:

单位：米

名称			编号	328	类别		分区	中区
位置		孟津朝阳镇权岭村东	经度	112°30.916′	纬度	34°45.059′	高程	230.8
照相号			录像号		绘图号	1-1	时代	东汉
工作过程		2005 年文物普查			调查时间	2005 年 3 月 7 日	历时	1 天
封土	形制			东西 28.00、南北 25.00、高 8.50			直径	
	筑法	平夯	夯层厚	0.10～0.18	密度	较硬	土色	红褐、黄褐
	保存状况		不完整		盗洞数量	1	位置	封土北
	遗物		板瓦片：泥质灰陶，外绳纹内布纹。					
陵园	位置		面积		地层深度			
	堆积		形状		保存状况			
	遗物							
碑刻								
备注		封土破坏严重，现呈不规则形，封土北有一盗洞，呈圆形，直径 0.9 米。						

M328 北—南

M328　东—西

M328　南—北

邙山陵墓群考古调查表

NO:　　单位：米

名称			编号	329	类别		分区	中区
位置		孟津权岭村东南	经度	112°30.802′	纬度	34°44.989′	高程	218.0
照相号			录像号		绘图号	1－1	时代	东汉
工作过程		2005 年文物普查			调查时间	2005 年 3 月 7 日	历时	1 天
封土	形制			东西 21.50、南北 23.50、高 4.50			直径	
	筑法	平夯	夯层厚	0.11 ~ 0.15	密度	较硬	土色	黄褐、红褐
	保存状况		不完整		盗洞数量	2	位置	封土南、顶东南
	遗物		瓦片：泥质灰陶，外绳纹内布纹。 砖：灰色，素面。					
陵园	位置		面积			地层深度		
	堆积		形状			保存状况		
	遗物							
碑刻								
备注		封土破坏严重，顶已削平，现呈不规则形。 封土南稍偏西为一盗洞，呈圆形，直径 0.80 米。 封土顶偏东南为一盗洞，呈圆形，直径 0.40 米。						

M329 东—西

M329　南—北

M329　北—南

邙山陵墓群考古调查表

单位：米

名称			编号	336	类别		分区	东区
位置		偃师窑头村北	经度	112°47.813′	纬度	34°43.792′	高程	150.3
照相号			录像号		绘图号	1－1	时代	东汉
工作过程			2005 年文物普查		调查时间	2005 年 3 月 25 日	历时	1 天
封土	形制			东西 14.50、南北 11.50、高 3.50			直径	
	筑法		夯层厚		密度	松	土色	黄褐
	保存状况		破坏严重		盗洞数量		位置	
	遗物							
陵园	位置		面积			地层深度		
	堆积		形状			保存状况		
	遗物							
碑刻								
备注		封土破坏严重，现呈不规则形，无见夯土。						

M336 东—西

M336　西—东

M336　南—北

邙山陵墓群考古调查表

NO：

单位：米

名称			编号	337	类别		分区	夹河段
位置		洛龙区李楼西石坝村北	经度	112°34.077′	纬度	34°39.433′	高程	130.2
照相号			录像号		绘图号	1－1	时代	东汉
工作过程		2005年文物普查			调查时间	2005年3月8日	历时	1天
封土	形制			东西 23.50、南北 22.50、高 6.00			直径	
	筑法	平夯	夯层厚	0.11～0.17	密度	较硬	土色	黄褐、红褐
	保存状况		破坏严重		盗洞数量		位置	
	遗物							
陵园	位置		面积			地层深度		
	堆积		形状			保存状况		
	遗物							
碑刻								
备注		封土破坏严重，现大致呈方形。						

M337 东—西

M337 北—南

M337 南—北

邙山陵墓群考古调查表

NO:

单位：米

名称	竺法兰墓	编号	338	类别		分区	中区
位置	白马寺院内	经度	112°35.874	纬度	34°43.339	高程	123.2
照相号		录像号		绘图号	1－1	时代	明清
工作过程		2003 年文物普查		调查时间	2003 年 12 月	历时	1 天

封土	形制					直径	
	筑法	夯层厚		密度		土色	
	保存状况	较好		盗洞数量		位置	
	遗物						

陵园	位置		面积		地层深度	
	堆积		形状		保存状况	
	遗物					

碑刻	
备注	竺法兰墓。

M338 竺法兰墓

邙山陵墓群考古调查表

NO:
单位：米

名称		摄摩腾墓	编号		339	类别			分区	中区
位置		白马寺院内	经度		112°35.956	纬度	34°43.337		高程	123.2
照相号			录像号			绘图号	1－1		时代	明清
工作过程		2003 年文物普查				调查时间	2003 年 12 月		历时	1 天
封土	形制							直径		
	筑法		夯层厚			密度		土色		
	保存状况		较好			盗洞数量		位置		
	遗物									
陵园	位置		面积			地层深度				
	堆积		形状			保存状况				
	遗物									
碑刻										
备注		摄摩腾墓。								

M339 摄摩腾墓

邙山陵墓群考古调查表

单位：米

名称			编号	394	类别		分区	西区
位置		新安县磁涧镇老井村东北	经度	112°17.456′	纬度	34°42.713′	高程	262.8
照相号			录像号		绘图号	1－1	时代	明代
工作过程		2005 年文物普查		调查时间	2005 年 11 月 3 日	历时	1 天
封土	形制			东西 26.50、南北 29.50、高 9.20			直径	
	筑法	堆筑	夯层厚		密度	较疏松	土色	红褐色（含礓石）
	保存状况		不完整		盗洞数量		位置	
	遗物		板瓦残片 2，厚 1.5 ~ 1.9 厘米，外素面，内布纹。 砖 1，长 38、厚 5 ~ 6 厘米。					
陵园	位置		面积			地层深度		
	堆积		形状			保存状况		
	遗物							
碑刻		冢前立两块石碑，西侧为"维景泰元年"立，碑文不清，东侧碑文不清，两石碑间距约 10 米。						
备注		封土破坏较严重，现呈不规则形，顶部已辟为农田。冢东侧为一坑，呈不规则形，长 17、宽 11、深 5 米。据村民讲为 1970 年代被掘。						

邙山陵墓群考古调查表

单位：米

名称			编号	395	类别		分区	西区
位置		孟津朝阳杨凹村南500 米	经度	112°29.732′	纬度	34°44.772′	高程	245.6
照相号			录像号		绘图号	1－1	时代	东汉
工作过程		2005 年文物普查		调查时间	2005 年 11 月 7 日	历时	1 天
封土	形制			东西 8.60、南北 8.50、高 2.00			直径	
	筑法	堆筑	夯层厚		密度	疏松	土色	黄褐色
	保存状况		破坏严重		盗洞数量		位置	
	遗物		板瓦残片 3，外绳纹，内布纹，厚 0.9 ~ 1.2 厘米。					
陵园	位置		面积			地层深度		
	堆积		形状			保存状况		
	遗物							
碑刻								
备注		封土破坏较严重，现呈不规则形，俗称"小冢"，为杨凹四组耕地。访问张姓老汉，70 岁。封土有红土包心。						

M395 南—北

M395 西—东

邙山陵墓群考古调查表

NO:　　　单位：米

名称			编号	396	类别		分区	中区
位置		孟津小梁村西北角	经度	112°30.108′	纬度	34°46.248′	高程	253.6
照相号			录像号		绘图号	1－1	时代	东汉
工作过程		2005 年文物普查			调查时间	2005 年 11 月 7 日	历时	1 天
封土	形制			东西 18.00、南北 15.00、高 3.20			直径	
	筑法	堆筑	夯层厚		密度	较疏松	土色	红褐色
	保存状况		破坏严重		盗洞数量	1	位置	封土顶偏西南
	遗物							
陵园	位置		面积		地层深度			
	堆积		形状		保存状况			
	遗物							
碑刻								
备注		封土破坏较严重，现呈不规则形，南部蚕食严重。访问小梁村二组关建立，77 岁。						

M396 西—东

M396 北—南

M396 东—西

邙山陵墓群考古调查表

单位：米

名称			编号	400	类别		分区	西区
位置		孟津朝阳北陈新村内	经度	112°28.491′	纬度	34°46.886′	高程	285.1
照相号			录像号		绘图号	1—1	时代	北魏
工作过程		2005 年文物普查			调查时间	2005 年 11 月 15 日	历时	1 天
封土	形制		东西 1.55、南北 1.45、高 0.90				直径	
	筑法	堆筑	夯层厚		密度	疏松	土色	红褐色
	保存状况	破坏十分严重			盗洞数量		位置	
	遗物							
陵园	位置		面积			地层深度		
	堆积		形状			保存状况		
	遗物							
碑刻								
备注		封土破坏严重，残存小土丘，位于李金斗齿轮厂门南 30 米。1991 年被严重取土破坏，俗称"小冢"，据说当时冢 5 米高，直径 10 多米。访问马老校，46 岁。						

M400 北—南

M400 南—北

M400 东—西

邙山陵墓群考古调查表

NO: 单位：米

名称			编号	409	类别		分区	中区
位置		孟津白合堡子村西北 500 米	经度	112°30.195′	纬度	34°53.126′	高程	160.0
照相号			录像号		绘图号	1－1	时代	
工作过程		2005 年文物普查		调查时间	2005 年 11 月 18 日	历时	1 天	
封土	形制			东西 8.50、南北 9.40、高 5.50			直径	
	筑法	平夯	夯层厚	0.07 ~ 0.18	密度	硬	土色	黄褐、红褐
	保存状况		破坏严重		盗洞数量		位置	
	遗物							
陵园	位置		面积		地层深度			
	堆积		形状		保存状况			
	遗物							
碑刻								
备注		封土破坏严重，现大致呈圆形，封土西侧有一废弃窑洞。访问堡子村王建东，60 岁。						

M409 南—北

M409 西—东

M409 北—南

邙山陵墓群考古调查表

NO:　　　单位：米

名称			编号	455	类别		分区	中区
位置		孟津平乐镇马村西北	经度	112°32.440′	纬度	34°45.193′	高程	176.5
照相号			录像号		绘图号	1－1	时代	东汉
工作过程		2005 年文物普查			调查时间	2005 年 12 月 29 日	历时	1 天
封土	形制		东西 14.20、南北 15.00、高 4.00				直径	
	筑法	堆筑	夯层厚		密度	疏松	土色	黄褐
	保存状况	破坏严重			盗洞数量		位置	
	遗物	瓦片：板瓦片，外绳纹内布纹，厚 1.4 厘米。						
陵园	位置		面积			地层深度		
	堆积		形状			保存状况		
	遗物							
碑刻								
备注		封土破坏严重，现大致呈方形。访问马村孙天河，60 岁。						

M455　西—东

M455 南—北

M455 北—南

邙山陵墓群考古调查表

NO:

单位：米

名称			编号	456	类别		分区	中区
位置	孟津平乐镇马村西北1公里		经度	112°32.447′	纬度	34°45.342′	高程	191.2
照相号			录像号		绘图号	1—1	时代	东汉
工作过程	2005 年文物普查				调查时间	2005 年 12 月 29 日	历时	1 天
封土	形制			东西 15.00、南北 14.00、高 4.50			直径	
	筑法	堆筑	夯层厚		密度	较疏松	土色	黄褐
	保存状况	破坏较严重			盗洞数量		位置	
	遗物							
陵园	位置		面积			地层深度		
	堆积		形状			保存状况		
	遗物							
碑刻								
备注	封土破坏严重，现大致呈方形，为并列三座中最西一座。							

M456 东—西

M456 西—东

M456 南—北

邙山陵墓群考古调查表

NO:

单位：米

名称			编号	457	类别		分区	中区
位置		孟津平乐镇马村西村1公里	经度	112°32.467′	纬度	34°45.333′	高程	190.2
照相号			录像号		绘图号	1—1	时代	东汉
工作过程		2005年文物普查			调查时间	2005年12月29日	历时	1天
封土	形制			东西12.50、南北14.00、高4.50			直径	
	筑法	堆筑	夯层厚		密度	疏松	土色	黄褐
	保存状况	破坏严重		盗洞数量			位置	
	遗物							
陵园	位置		面积		地层深度			
	堆积		形状		保存状况			
	遗物							
碑刻								
备注		封土现大致呈方形，为并列三座中间一座，西距M456约10米。						

M457 西—东

M457　东—西

M457　南—北

邙山陵墓群考古调查表

NO:

单位：米

名称			编号	458	类别		分区	中区
位置		孟津平乐镇马村西北	经度	112°32.487′	纬度	34°45.323′	高程	190.2
照相号			录像号		绘图号	1—1	时代	东汉
工作过程		2005年文物普查			调查时间	2005年12月29日	历时	1天
封土	形制		东西14.20、南北18.00、高5.00				直径	
	筑法	堆筑	夯层厚		密度	疏松	土色	黄褐
	保存状况	不完整			盗洞数量		位置	
	遗物	板瓦片1，外细绳纹，内布纹，厚0.9厘米。						
陵园	位置		面积			地层深度		
	堆积		形状			保存状况		
	遗物							
碑刻								
备注		封土破坏严重，现大致呈长方形，为并列三座中最东一座，西距M457约20米。						

M458 西—东

M458 北—南

M458 东—西

邙山陵墓群考古调查表

NO:

单位：米

名称			编号	460	类别		分区	中区
位置		孟津平乐镇左坡东约300米	经度	112°33.212′	纬度	34°44.728′	高程	147.0
照相号			录像号		绘图号	1－1	时代	
工作过程		2005年文物普查			调查时间	2006年1月5日	历时	1天
封土	形制		东西 15.00、南北 23.00、高 4.60				直径	
	筑法	平夯	夯层厚	0.20～0.25	密度	较松	土色	红褐、黄褐
	保存状况	破坏严重			盗洞数量		位置	
	遗物							
陵园	位置		面积			地层深度		
	堆积		形状			保存状况		
	遗物							
碑刻								
备注		封土破坏严重，位于加油站北。						

M460 西南—东北

M460 北—南

M460 西—东

邙山陵墓群考古调查表

NO:

单位：米

名称			编号	461	类别		分区	中区
位置		孟津平乐镇左坡东南 150 米	经度	112°32.847′	纬度	34°44.491′	高程	148.2
照相号			录像号		绘图号	1—1	时代	东汉
工作过程		2005 年文物普查			调查时间	2006 年 1 月 5 日	历时	1 天
封土	形制		东西 16.00　南北 18.50、高 4.50				直径	
	筑法	平夯	夯层厚	0.15～0.27	密度	较硬	土色	黄褐
	保存状况	破坏严重			盗洞数量		位置	
	遗物	板瓦片 1，外粗绳纹，内布纹，厚 0.9 厘米。 灰陶片 3，素面。						
陵园	位置		面积			地层深度		
	堆积		形状			保存状况		
	遗物							
碑刻								
备注		封土破坏严重，西南角有一废弃窑洞，现大致呈长方形。						

M461　西—东

M461　北—南

M461　南—北

邙山陵墓群考古调查表

NO:　　单位：米

名称			编号	462	类别		分区	中区
位置		孟津平乐镇左坡村西	经度	112°32.570′	纬度	34°44.753′	高程	161.3
照相号			录像号		绘图号	1－1	时代	东汉
工作过程		2005 年文物普查			调查时间	2006 年 1 月 6 日	历时	1 天
封土	形制			东西 12.00、南北 10.00、高 4.00			直径	
	筑法	平夯	夯层厚	0.12 ~ 0.18	密度	较硬	土色	黄褐
	保存状况		破坏严重		盗洞数量		位置	
	遗物	夹砂陶片 1，外绳纹。夹砂褐陶 1。泥质灰陶 4（器底 1，器口沿 1，素面 1，带戳印纹 1）。						
陵园	位置		面积		地层深度			
	堆积		形状		保存状况			
	遗物							
碑刻								
备注		封土破坏严重，呈不规则形，据老乡讲该冢墓道在东侧。南侧大部分被破坏。						

M462 北—南

M462 西—东

M462 南—北

邙山陵墓群考古调查表

NO:

单位：米

名称			编号	463	类别		分区	中区
位置		孟津平乐镇马村西北	经度	112°32.368′	纬度	34°45.458′	高程	207.2
照相号			录像号		绘图号	1－1	时代	东汉
工作过程		2006 年文物普查			调查时间	2006 年 1 月 6 日	历时	1 天
封土	形制		东西 15.50、南北 15.70、高 4.50				直径	
	筑法	平夯	夯层厚	0.08 ~ 0.20	密度	较硬	土色	红褐、黄褐
	保存状况	破坏严重		盗洞数量			位置	
	遗物	素面灰陶片 2。						
陵园	位置		面积		地层深度			
	堆积		形状		保存状况			
	遗物							
碑刻								
备注		封土破坏严重，位于提灌站北约 5 米，俗称"红冢"。						

M463 西南—东北

M463　西—东

M463　东—西

邙山陵墓群考古调查表

NO:　　　　　　　　　　　　　　　　　　　　　　　　　　　　　　　　　　　单位：米

名称				编号	467	类别			分区	中区
位置		孟津平乐镇太仓北150米		经度	112°33.072′	纬度	34°45.360′		高程	174.5
照相号				录像号		绘图号	1-1		时代	东汉
工作过程		2006年文物普查				调查时间	2006年1月8日		历时	1天
封土	形制			东西10.50、南北13.50、高3.50				直径		
	筑法	平夯	夯层厚	0.13～0.20	密度	较硬		土色		红褐、黄褐
	保存状况		破坏严重			盗洞数量			位置	
	遗物									
陵园	位置			面积			地层深度			
	堆积			形状			保存状况			
	遗物									
碑刻										
备注		封土现大致呈长方形，俗称"磨盘冢"。								

M467 北—南

M467 东—西

M467 南—北

邙山陵墓群考古调查表

NO:

单位：米

名称			编号	468	类别		分区	中区
位置		孟津太仓村西北	经度	112°32.616′	纬度	34°45.509′	高程	193.2
照相号			录像号		绘图号	1—1	时代	东汉
工作过程		2006年文物普查			调查时间	2006年1月9日	历时	1天
封土	形制		东西8.00、南北6.00、高2.80				直径	
	筑法	平夯	夯层厚	0.13～0.22	密度	较硬	土色	红褐、黄褐
	保存状况	破坏严重			盗洞数量		位置	
	遗物							
陵园	位置		面积		地层深度			
	堆积		形状		保存状况			
	遗物							
碑刻								
备注		封土现呈不规则形。						

M468 东—西

M468　南—北

M468　西—东

邙山陵墓群考古调查表

单位：米

名称			编号	469	类别		分区	中区
位置	孟津平乐太仓西北		经度	112°32.422′	纬度	34°45.500′	高程	205.3
照相号			录像号		绘图号	1—1	时代	东汉
工作过程		2006 年文物普查			调查时间	2006 年 1 月 9 日	历时	1 天
封土	形制			东西 11.00、南北 6.50、高 2.00			直径	
	筑法	堆筑	夯层厚		密度	疏松	土色	红褐
	保存状况		破坏严重		盗洞数量	1	位置	封土南
	遗物							
陵园	位置		面积			地层深度		
	堆积		形状			保存状况		
	遗物							
碑刻								
备注		封土破坏严重，现呈不规则形，盗洞呈圆形，直径 0.60 米。						

M469　东—西

M469 西—东

M469 南—北

邙山陵墓群考古调查表

NO:

单位：米

名称			编号	470	类别		分区	中区
位置		孟津太仓西约1公里	经度	112°32.607′	纬度	34°45.349′	高程	195.4
照相号			录像号		绘图号	1－1	时代	东汉
工作过程		2006年文物普查			调查时间	2006年1月9日	历时	1天
封土	形制		东西10.30、南北10.60、高3.00				直径	
	筑法	堆筑	夯层厚		密度	疏松	土色	红褐、黄褐
	保存状况	破坏严重			盗洞数量		位置	
	遗物	泥质灰陶6，部分为素面（口沿1片，凹弦纹1片）。素面残砖1，厚6.5厘米。						
陵园	位置		面积		地层深度			
	堆积		形状		保存状况			
	遗物							
碑刻								
备注		封土现大致呈"椭圆形"，西邻一深沟，断面见土洞室，室长7.2、宽3.4、高2.8、甬道1.6、南侧耳室长1、宽1、高1米。						

M470 东—西

M470 南—北

M470 墓室

邙山陵墓群考古调查表

NO: 单位：米

名称			编号	471	类别		分区	中区
位置		孟津平乐太仓村西约1公里	经度	112°32.599′	纬度	34°45.353′	高程	195.0
照相号			录像号		绘图号	1—1	时代	西汉
工作过程		2006年文物普查			调查时间	2006年1月9日	历时	1天
封土	形制		东西5.00、南北8.70、高3.00				直径	
	筑法	堆筑	夯层厚		密度	较松	土色	红褐、黄褐
	保存状况	破坏严重			盗洞数量		位置	
	遗物	素面灰陶片。砖1，带白灰，厚5~6厘米。						
陵园	位置		面积			地层深度		
	堆积		形状			保存状况		
	遗物							
碑刻								
备注		封土现大致呈不规则，西邻一深沟，断面见墓室，墓道西，墓室小砖券，墓道宽2.20~2.30、墓室残长3.00、宽2.70米，方向270°。						

M471 西—东

M471 南—北

M471 墓室

邙山陵墓群考古调查表

NO:

单位：米

名称			编号	474	类别		分区	中区
位置	孟津太仓村西北		经度	112°32.432′	纬度	34°45.724′	高程	212.5
照相号			录像号		绘图号		时代	
工作过程		2006 年文物普查		调查时间	2006 年 1 月 10 日	历时	1 天
封土	形制			东西 6.60、南北 8.00、高 2.80			直径	
	筑法	堆筑	夯层厚		密度	较疏松	土色	红褐、黄褐
	保存状况	破坏严重		盗洞数量			位置	
	遗物							
陵园	位置		面积		地层深度			
	堆积		形状		保存状况			
	遗物							
碑刻								
备注		封土现大致呈方形，破坏严重，位于 M463 北约 300 米。						

M474　西—东

M474 东—西

M474 南—北

邙山陵墓群考古调查表

单位：米

名称			编号	479	类别		分区	中区
位置		孟津平乐镇后营村北	经度	112°33.008′	纬度	34°45.909′	高程	214.4
照相号			录像号		绘图号	1－1	时代	东汉
工作过程		2006 年文物普查			调查时间	2006 年 1 月 15 日	历时	1 天
封土	形制			东西 3.00、南北 1.25、高 1.50			直径	
	筑法	平夯	夯层厚	0.12～0.17	密度	较疏松	土色	红褐、黄褐
	保存状况	破坏严重			盗洞数量		位置	
	遗物							
陵园	位置		面积			地层深度		
	堆积		形状			保存状况		
	遗物							
碑刻								
备注		封土破坏殆尽，残存小土丘。						

M479 东—西

M479　西北—东南

M479　南—北

邙山陵墓群考古调查表

NO:

单位：米

名称			编号	480	类别		分区	中区
位置		孟津平乐镇后营村北	经度	112°33.023′	纬度	34°45.895′	高程	216.5
照相号			录像号		绘图号	1－1	时代	东汉
工作过程		2006 年文物普查			调查时间	2006 年 1 月 15 日	历时	1 天
封土	形制		东西 5.80、南北 7.00、高 3.50				直径	
	筑法	平夯	夯层厚	0.13 ~ 0.15	密度	较硬	土色	红褐、黄褐
	保存状况		破坏严重		盗洞数量		位置	
	遗物							
陵园	位置		面积			地层深度		
	堆积		形状			保存状况		
	遗物							
碑刻								
备注		封土现呈不规则形，位于 M479 东南约 30 米。						

M480 西—东

M480 北—南

M480 南—北

邙山陵墓群考古调查表

NO:　　　　　　　　　　　　　　　　　　　　　　　　　　　　　　　　　　　单位：米

名称			编号	481	类别		分区	中区
位置	孟津平乐镇后营村北		经度	112°33.044′	纬度	34°45.881′	高程	216.3
照相号			录像号		绘图号	1－1	时代	东汉
工作过程		2006 年文物普查			调查时间	2006 年 2 月 8 日	历时	1 天
封土	形制			东西 6.10、南北 9.00、高 4.00			直径	
	筑法	平夯	夯层厚	0.13 ～ 0.20	密度	较松	土色	红褐、黄褐
	保存状况		破坏严重		盗洞数量		位置	
	遗物		板瓦片 3，外绳纹，内布纹，厚 1.2 ～ 1.3 厘米。					
陵园	位置		面积			地层深度		
	堆积		形状			保存状况		
	遗物							
碑刻								
备注		封土现呈不规则形，位于 M480 东南约 30 米。						

M481　西—东

M481　东—西

M481　南—北

邙山陵墓群考古调查表

NO: 单位：米

名称			编号	482	类别		分区	中区
位置	孟津平乐镇后营村北		经度	112°33.051′	纬度	34°45.837′	高程	217.5
照相号			录像号		绘图号	1—1	时代	东汉
工作过程	2006 年文物普查				调查时间	2006 年 2 月 8 日	历时	1 天
封土	形制		东西 10.50、南北 12.50、高 5.10				直径	
	筑法	平夯	夯层厚	0.15 ~ 0.19	密度	较硬	土色	红褐、黄褐
	保存状况	破坏严重			盗洞数量		位置	
	遗物							
陵园	位置		面积			地层深度		
	堆积		形状			保存状况		
	遗物							
碑刻								
备注	封土现大致呈长方形，位于 M481 南约 50 米。							

M482 西—东

M482　东—西

M482　南—北

邙山陵墓群考古调查表

NO:

单位：米

名称			编号	483	类别		分区	中区
位置		孟津平乐后营村北	经度	112°33.027′	纬度	34°45.826′	高程	216.1
照相号			录像号		绘图号	1—1	时代	东汉
工作过程		2006 年文物普查			调查时间	2006 年 2 月 8 日	历时	1 天
封土	形制			东西 17.50、南北 17.00、高 3.00			直径	
	筑法	平夯	夯层厚	0.16～0.20	密度	较松	土色	红褐、黄褐
	保存状况		破坏严重		盗洞数量		位置	
	遗物		板瓦片 1，外绳纹，内布纹，厚 1.0 厘米。					
陵园	位置		面积			地层深度		
	堆积		形状			保存状况		
	遗物							
碑刻								
备注		封土现呈不规则形，位于 M482 西偏南约 20 米。						

M483 北—南

M483　东—西

M483　东南—西北

邙山陵墓群考古调查表

NO:

单位：米

名称			编号	484	类别		分区	中区
位置		孟津平乐后营村东	经度	112°33.695′	纬度	34°45.422′	高程	169.5
照相号			录像号		绘图号	1－1	时代	东汉
工作过程		2006年文物普查			调查时间	2006年2月8日	历时	1天
封土	形制			东西13.00、南北9.50、高7.00			直径	
	筑法	平夯	夯层厚	0.12～0.23	密度	较硬	土色	红褐、黄褐
	保存状况		破坏严重		盗洞数量		位置	
	遗物		板瓦残残片1，外绳纹，内布纹，厚1.3厘米。					
陵园	位置		面积			地层深度		
	堆积		形状			保存状况		
	遗物							
碑刻								
备注		位于洛常公路西，封土破坏严重，周边陡峭，南侧有一废弃窑洞。						

M484 北—南

M484　西—东

M484　南—北

邙山陵墓群考古调查表

NO:

单位：米

名称			编号	488	类别		分区	中区
位置		孟津平乐镇后营村内	经度	112°33.613′	纬度	34°45.424′	高程	174.5
照相号			录像号		绘图号	1－1	时代	东汉
工作过程		2006 年文物普查		调查时间	2006 年 2 月 9 日		历时	1 天
封土	形制			东西 9.50、南北 10.00、高 6.50			直径	
	筑法	平夯	夯层厚	0.10～0.18	密度	较硬	土色	黄褐、红褐
	保存状况		破坏严重		盗洞数量		位置	
	遗物							
陵园	位置		面积			地层深度		
	堆积		形状			保存状况		
	遗物							
碑刻								
备注		封土现大致呈方形，周边四家住宅仓围内，周边被修陡峭，位于黄金科（38 岁）住宅南。						

M488 西—东

邙山陵墓群考古调查表

单位：米

NO:

名称			编号	489	类别		分区	中区
位置		孟津平乐镇后营村东	经度	112°33.589′	纬度	34°45.373′	高程	180.5
照相号			录像号		绘图号	1－1	时代	东汉
工作过程		2006年文物普查			调查时间	2006年2月9日	历时	1天
封土	形制		东西22.00、南北19.50、高8.50				直径	
	筑法	平夯	夯层厚	0.18～0.25	密度	较硬	土色	黄褐、红褐
	保存状况	破坏较严重			盗洞数量		位置	
	遗物							
陵园	位置		面积			地层深度		
	堆积		形状			保存状况		
	遗物							
碑刻								
备注	封土现呈不规则形，位于洛常公路西，加油站西约60米，北、西、南三面被民居仓围，南侧有三孔废弃窑洞。							

M489 东—西

邙山陵墓群考古调查表

NO:　　　　　　　　　　　　　　　　　　　　　　　　　　　　　　　　　　　单位：米

名称			编号	493	类别		分区	中区
位置		孟津平乐镇后营村北	经度	112°33.124′	纬度	34°45.903′	高程	216.5
照相号			录像号		绘图号	1—1	时代	东汉
工作过程		2006年文物普查			调查时间	2006年2月9日	历时	1天
封土	形制		东西5.80、南北8.70、高2.90				直径	
	筑法	平夯	夯层厚	0.10～0.21	密度	较硬	土色	黄褐、红褐
	保存状况	破坏严重			盗洞数量		位置	
	遗物	素面灰陶片2。 板瓦片1，外中绳纹内布纹，厚0.9厘米。						
陵园	位置		面积			地层深度		
	堆积		形状			保存状况		
	遗物							
碑刻								
备注		封土现大致呈长方形，残存小土丘。						

M493 西—东

M493 东—西

M493 南—北

邙山陵墓群考古调查表

单位：米

名称			编号	494	类别		分区	中区
位置		孟津平乐镇后营村北	经度	112°33.148′	纬度	34°45.903′	高程	216.8
照相号			录像号		绘图号	1—1	时代	东汉
工作过程		2006 年文物普查			调查时间	2006 年 2 月 10 日	历时	1 天
封土	形制		东西 8.20、南北 8.30、高 3.50				直径	
	筑法	平夯	夯层厚	0.11～0.20	密度	较硬	土色	黄褐、红褐
	保存状况	破坏严重			盗洞数量		位置	
	遗物							
陵园	位置		面积			地层深度		
	堆积		形状			保存状况		
	遗物							
碑刻								
备注		封土现呈不规则形，残存西半部，位于 M493 东约 20 米。						

M494 东—西

M494 南—北

M494 西—东

邙山陵墓群考古调查表

名称			编号	495	类别		分区	中区
位置		孟津平乐镇后营村北	经度	112°33.191′	纬度	34°45.916′	高程	216.3
照相号			录像号		绘图号	1－1	时代	东汉
工作过程		2006 年文物普查			调查时间	2006 年 2 月 10 日	历时	1 天
封土	形制		东西 10.00、南北 11.50、高 4.00				直径	
	筑法	平夯	夯层厚	0.13 ~ 0.20	密度	较硬	土色	黄褐、红褐
	保存状况	破坏严重		盗洞数量			位置	
	遗物							
陵园	位置		面积		地层深度			
	堆积		形状		保存状况			
	遗物							
碑刻								
备注		封土现大致呈方形，位于 M494 东偏北约 50 米，属后沟耕地。残存为西半部，东侧有下塌坑。冢西北有一通讯残杆。						

M495 南—北

M495 西—东

M495 东—西

邙山陵墓群考古调查表

NO: 单位：米

名称			编号	496	类别		分区	中区
位置		孟津平乐镇后营村北	经度	112°33.189′	纬度	34°45.941′	高程	214.3
照相号			录像号		绘图号	1—1	时代	东汉
工作过程		2006 年文物普查			调查时间	2006 年 2 月 10 日	历时	1 天
封土	形制		东西 7.80、南北 7.20、高 2.00				直径	
	筑法	平夯	夯层厚	0.10 ~ 0.15	密度	较松	土色	黄褐、红褐
	保存状况	破坏严重			盗洞数量	1	位置	顶东部
	遗物							
陵园	位置		面积			地层深度		
	堆积		形状			保存状况		
	遗物							
碑刻								
备注		封土现呈不规则形，位于 M495 北约 30 米，属后沟耕地。残存小土丘，盗洞呈圆形，直径为 0.80 米。						

M496 西—东

M496 东—西

M496 南—北

邙山陵墓群考古调查表

单位：米

名称			编号	497	类别		分区	中区
位置		孟津平乐镇后营村北	经度	112°33.182′	纬度	34°45.954′	高程	214.6
照相号			录像号		绘图号	1－1	时代	东汉
工作过程		2006 年文物普查			调查时间	2006 年 2 月 10 日	历时	1 天
封土	形制		东西 9.10、南北 7.40、高 2.50				直径	
	筑法	平夯	夯层厚	0.08 ~ 0.20	密度	较硬	土色	黄褐、红褐
	保存状况	破坏严重		盗洞数量			位置	
	遗物							
陵园	位置		面积		地层深度			
	堆积		形状		保存状况			
	遗物							
碑刻								
备注		封土现呈不规则形，位于 M496 北约 16 米，属后沟耕地。残存小土丘。						

M497 北—南

M497 东—西

M497 南—北

邙山陵墓群考古调查表

NO:

单位：米

名称			编号	498	类别		分区	中区
位置		孟津平乐镇后营村北	经度	112°33.250′	纬度	34°45.811′	高程	221.2
照相号			录像号		绘图号	1—1	时代	东汉
工作过程		2006年文物普查			调查时间	2006年2月10日	历时	1天
封土	形制			东西23.20、南北17.00、高9.50			直径	
	筑法	平夯	夯层厚	0.12～0.18	密度	较硬	土色	红褐、黄褐
	保存状况		破坏严重		盗洞数量		位置	
	遗物		板瓦片2，外粗绳纹内布纹，厚0.9～1厘米。板瓦片1，外细绳纹内布纹，厚1.6～2厘米。					
陵园	位置		面积			地层深度		
	堆积		形状			保存状况		
	遗物							
碑刻								
备注		封土现呈不规则形，北部破坏严重，较陡峭，封土上部残存小土丘。						

M498 西—东

M498 北—南

M498 东—西

邙山陵墓群考古调查表

NO:　　　　　　　　　　　　　　　　　　　　　　　　　　　　　　　　　　　　　　　单位：米

名称			编号	499	类别		分区	中区
位置		孟津平乐镇后营村北（偏西）	经度	112°33.176′	纬度	34°45.821′	高程	216.7
照相号			录像号		绘图号	1—1	时代	东汉
工作过程		2006 年文物普查			调查时间	2006 年 2 月 16 日	历时	1 天
封土	形制		东西 4.00、南北 8.10、高 4.50				直径	
	筑法	平夯	夯层厚	0.07 ~ 0.20	密度	较硬	土色	红褐、黄褐
	保存状况	破坏严重			盗洞数量		位置	
	遗物	泥质灰陶片 2。板瓦片 1，外绳纹内布纹，厚 0.8 ~ 1.0 厘米。						
陵园	位置		面积			地层深度		
	堆积		形状			保存状况		
	遗物							
碑刻								
备注		封土现大致呈长条形，位于 M498 西约 60 米。						

M499　南—北

M499　西—东

M499　东—西

邙山陵墓群考古调查表

单位：米

名称			编号	500	类别		分区	中区
位置		孟津平乐镇后营村西北	经度	112°33.176′	纬度	34°45.795′	高程	214.5
照相号			录像号		绘图号	1－1	时代	东汉
工作过程		2006 年文物普查			调查时间	2006 年 2 月 16 日	历时	1 天
封土	形制		东西 18.50、南北 19.00、高 3.50				直径	
	筑法	平夯	夯层厚	0.12～0.20	密度	较硬	土色	红褐、黄褐
	保存状况	破坏严重			盗洞数量	1	位置	封土西侧
	遗物	残瓦片 2，外绳纹，内布纹，厚 1.3～1.8 厘米。						
陵园	位置		面积			地层深度		
	堆积		形状			保存状况		
	遗物							
碑刻								
备注		封土现大致呈椭圆形，位于 M499 南约 50 米。盗洞呈圆形，直径 0.6 米。						

M500 东—西

M500　西—东

M500　南—北

邙山陵墓群考古调查表

NO:

単位：米

名称			编号	501	类别		分区	中区
位置	孟津平乐镇后营村北		经度	112°33.088′	纬度	34°45.813′	高程	217.5
照相号			录像号		绘图号	1－1	时代	东汉
工作过程	2006 年文物普查				调查时间	2006 年 2 月 16 日	历时	1 天
封土	形制		东西 47.00、南北 50.50、高 9.50				直径	
	筑法	平夯	夯层厚	0.12 ~ 0.22	密度	硬	土色	红褐、黄褐
	保存状况	破坏较严重			盗洞数量	1	位置	冢偏东南
	遗物	残白灰砖 1						
陵园	位置		面积			地层深度		
	堆积		形状			保存状况		
	遗物							
碑刻								
备注	封土现大致呈方形，俗称"薛丁山冢"，冢上部较平，偏东南有一圆形盗洞，直径 0.55 米。							

M501 南—北

M501　东—西

M501　西—东

邙山陵墓群考古调查表

NO:

单位：米

名称			编号	502	类别		分区	中区
位置	孟津平乐镇后营村北		经度	112°33.097′	纬度	34°45.770′	高程	214.2
照相号			录像号		绘图号	1—1	时代	东汉
工作过程	2006年文物普查				调查时间	2006年2月16日	历时	1天
封土	形制		东西30.00、南北25.50、高5.20				直径	
	筑法	平夯	夯层厚	0.12～0.30	密度	较硬	土色	黄褐、红褐
	保存状况	破坏严重			盗洞数量		位置	
	遗物	残瓦片1，外绳纹，内布纹，厚1.1厘米。						
陵园	位置		面积			地层深度		
	堆积		形状			保存状况		
	遗物							
碑刻								
备注	封土现呈不规则形，俗称"樊梨花冢"，南侧有一废弃窑洞。							

M502 西—东

M502 南—北

M502 东—西

邙山陵墓群考古调查表

NO:

单位：米

名称			编号	503	类别		分区	中区
位置	孟津平乐镇后营村北		经度	112°33.376′	纬度	34°45.771′	高程	205.3
照相号			录像号		绘图号	1—1	时代	东汉
工作过程	2006 年文物普查				调查时间	2006 年 2 月 16 日	历时	1 天
封土	形制			东西 24.00、南北 30.20、高 4.20			直径	
	筑法	平夯	夯层厚	0.15 ~ 0.20	密度	较松	土色	黄褐、红褐
	保存状况	破坏严重			盗洞数量		位置	
	遗物	残瓦片 1，外绳纹，内布纹，厚 1.3 厘米。素面陶片 1。						
陵园	位置		面积			地层深度		
	堆积		形状			保存状况		
	遗物							
碑刻								
备注	封土现呈不规则形，周边陡峭。							

M503 南—北

M503　西—东

M502　东—西

邙山陵墓群考古调查表

NO: 单位：米

名称			编号	504	类别		分区	中区
位置	孟津平乐镇后营村东北		经度	112°33.369′	纬度	34°45.883′	高程	203.5
照相号			录像号		绘图号	1－1	时代	东汉
工作过程		2006年文物普查		调查时间	2006年2月16日		历时	1天
封土	形制			西北20.00、南北22.00、东南11.50、南北22.00、高0.70～2.20			直径	
	筑法	平夯	夯层厚	0.10～0.21	密度	较硬	土色	黄褐、红褐
	保存状况		破坏严重（成两部分）		盗洞数量		位置	
	遗物							
陵园	位置		面积			地层深度		
	堆积		形状			保存状况		
	遗物							
碑刻								
备注	封土破坏严重，被分割成两部分，西北部分呈方形，东南部分呈不规则形，相距约6米，属后沟耕地。							

M504 西南－东北

M504 西—东

M504 东南—西北

邙山陵墓群考古调查表

单位：米

名称			编号	507	类别		分区	中区
位置		孟津平乐镇跃店新村东	经度	112°34.296′	纬度	34°45.975′	高程	216.8
照相号			录像号		绘图号	1－1	时代	东汉
工作过程		2006 年文物普查			调查时间	2006 年 2 月 17 日	历时	1 天
封土	形制		东西 19.50、南北 15.00、高 7.50				直径	
	筑法	平夯	夯层厚	0.11～0.20	密度	较硬	土色	红褐、黄褐
	保存状况	破坏较严重		盗洞数量			位置	
	遗物	板瓦片 2，外中绳纹，内布纹，厚 1.0～1.2 厘米。素面灰陶片 1。						
陵园	位置		面积		地层深度			
	堆积		形状		保存状况			
	遗物							
碑刻								
备注		封土现大致呈椭圆形，位于洛常公路东约 60 米，苗圃内，偏北，属平乐村耕地。						

M507 东—西

M507　东北—西南

M507　东南—西北

邙山陵墓群考古调查表

NO:

单位：米

名称			编号	508	类别		分区	中区
位置		孟津送庄镇后沟村南约 100 米	经度	112°33.661′	纬度	34°45.933′	高程	217.8
照相号			录像号		绘图号	1—1	时代	东汉
工作过程		2006 年文物普查			调查时间	2006 年 2 月 17 日	历时	1 天
封土	形制	大致呈圆形		东西 59.00、南北 55.50			直径	
	筑法	平夯	夯层厚	0.10~0.18	密度	较硬	土色	红褐、黄褐
	保存状况	较完整			盗洞数量	3	位置	北侧偏西
	遗物	板瓦残片 6 片，外绳纹，内布纹，厚 1.0~1.9 厘米。						
陵园	位置		面积			地层深度		
	堆积		形状			保存状况		
	遗物							
碑刻								
备注		封土北、东被破坏，夯土层次不太明显，盗洞均为圆形，直径 0.50~0.70 米。						

M508 北—南

M508　西—东

M508　南—北

邙山陵墓群考古调查表

NO:　　　　　　　　　　　　　　　　　　　　　　　　　　　　　　　　　　　　单位：米

名称			编号	509	类别		分区	中区
位置		孟津送庄镇后沟村南100米	经度	112°33.607′	纬度	34°45.946′	高程	210.2
照相号			录像号		绘图号	1－1	时代	东汉
工作过程		2006年文物普查			调查时间	2006年2月17日	历时	1天
封土	形制		东西24.00、南北21.50、高3.20				直径	
	筑法	平夯	夯层厚	0.1～0.2	密度	较硬	土色	红褐、黄褐
	保存状况	破坏严重			盗洞数量		位置	
	遗物	板瓦片2：外中绳纹1，内布纹，厚1.1厘米。外细绳纹1，内布纹、菱纹，厚1.1厘米。						
陵园	位置		面积			地层深度		
	堆积		形状			保存状况		
	遗物							
碑刻								
备注		封土现呈不规则形，位于M508西约50米。						

M509　东—西

M509 北—南

M509 南—北

邙山陵墓群考古调查表

NO:　　单位：米

名称			编号	510	类别		分区	中区
位置		孟津送庄镇后沟村南 60 米	经度	112°33.606′	纬度	34°45.975′	高程	206.4
照相号			录像号		绘图号	1—1	时代	东汉
工作过程		2006 年文物普查			调查时间	2006 年 2 月 17 日	历时	1 天
封土	形制			东西 15.00、南北 15.50、高 2.20			直径	
	筑法	平夯	夯层厚	0.12 ~ 0.19	密度	较硬	土色	红褐、黄褐
	保存状况		破坏严重		盗洞数量		位置	
	遗物		板瓦残片 3，外绳纹，内布纹，厚 1.2 ~ 1.6 厘米。					
陵园	位置		面积			地层深度		
	堆积		形状			保存状况		
	遗物							
碑刻								
备注		封土现呈不规则形，位于 M509 北约 40 米。						

M510　西—东

M510 东—西

M510 南—北

邙山陵墓群考古调查表

NO:

单位：米

名称			编号	511	类别		分区	中区
位置		孟津送庄镇后沟村内	经度	112°33.655′	纬度	34°46.104′	高程	214.3
照相号			录像号		绘图号	1—1	时代	东汉
工作过程		2006 年文物普查			调查时间	2006 年 2 月 18 日	历时	1 天
封土	形制		东西 22.50、南北 18.00、高 5.20				直径	
	筑法	平夯	夯层厚	0.10 ~ 0.34	密度	硬	土色	红褐、黄褐
	保存状况	破坏严重			盗洞数量		位置	
	遗物							
陵园	位置		面积			地层深度		
	堆积		形状			保存状况		
	遗物							
碑刻								
备注		封土破坏严重，现呈不规则形，位于徐俊峰住宅西，东南、西南各有一现代废弃窑洞。						

M511 东—西

M511 西南—东北

M511 南—北

邙山陵墓群考古调查表

NO:
单位：米

名称			编号	512	类别		分区	中区
位置		孟津送庄镇后沟内	经度	112°33.645′	纬度	34°46.156′	高程	213.4
照相号			录像号		绘图号	1—1	时代	东汉
工作过程		2006 年文物普查			调查时间	2006 年 2 月 18 日	历时	1 天
封土	形制			东西 4.30、南北 3.20、高 3.20			直径	
	筑法	平夯	夯层厚	0.10 ~ 0.15	密度	较硬	土色	红褐
	保存状况		破坏严重		盗洞数量		位置	
	遗物							
陵园	位置		面积			地层深度		
	堆积		形状			保存状况		
	遗物							
碑刻								
备注		封土被破坏殆尽，现呈不规则形，位于徐朝阳住宅南。						

M512　东南—西北

M512　西北—东南

M512　西—东

邙山陵墓群考古调查表

　　　　　　　　　　　　　　　　　　　　　　　　　　　　　　　　单位：米

名称			编号	514	类别		分区	中区
位置		孟津送庄镇后沟西北300米	经度	112°33.303′	纬度	34°46.305′	高程	221.1
照相号			录像号		绘图号	1—1	时代	北魏
工作过程		2006 年文物普查			调查时间	2006 年 2 月 18 日	历时	1 天
封土	形制	大致呈圆形	东西 64.50、南北 69.50、高 12.50				直径	
	筑法	平夯	夯层厚	0.07 ~ 0.40	密度	硬	土色	黄褐、红褐
	保存状况		较完整		盗洞数量		位置	
	遗物		板瓦片 2、外粗绳纹，内布纹，厚 1.4 ~ 1.7 厘米。素面灰陶片 1。外绳纹灰陶片 1。					
陵园	位置		面积			地层深度		
	堆积		形状			保存状况		
	遗物							
碑刻								
备注		封土规模较大，俗称"平冢"，北侧有一废弃窑洞。						

M514 北—南

M514 西—东

M514 南—北

邙山陵墓群考古调查表

NO:　　　　　　　　　　　　　　　　　　　　　　　　　　　　　　　　　　　　　　　单位：米

名称			编号	515	类别		分区	中区
位置		孟津送庄镇后沟村东北	经度	112°33.764′	纬度	34°46.506′	高程	238.7
照相号			录像号		绘图号	1－1	时代	北魏
工作过程		2006 年文物普查			调查时间	2006 年 2 月 18 日	历时	1 天
封土	形制	大致呈圆形		东西 81.00、南北 82.50、高 16.00			直径	
	筑法	平夯	夯层厚	0.13～0.18	密度	较硬	土色	黄褐、红褐
	保存状况	较完整			盗洞数量	3	位置	封土南
	遗物							
陵园	位置		面积			地层深度		
	堆积		形状			保存状况		
	遗物							
碑刻								
备注		封土规模大，保存较完整，位于高速路北约 80 米，属东山头村耕地，俗称"尉冢"，封土南一圆形盗洞，直径 0.50 米，一废弃窑洞。（内有二圆形盗洞，直径 0.60～0.70 米）						

M515 南—北

M515 北—南

M515 西—东

邙山陵墓群考古调查表

NO:

单位：米

名称			编号	520	类别		分区	中区
位置		孟津平乐镇刘坡村西	经度	112°31.679′	纬度	34°44.773′	高程	193.8
照相号			录像号		绘图号	1－1	时代	唐代
工作过程		2006 年文物普查			调查时间	2006 年 2 月 22 日	历时	1 天
封土	形制		东西 17.80、南北 18.70、高 4.50				直径	
	筑法	平夯	夯层厚	0.12～0.18	密度	较硬	土色	红褐、黄褐
	保存状况	破坏严重			盗洞数量	1	位置	封土南
	遗物	灰陶残砖 1，厚 5.5 厘米。						
陵园	位置		面积			地层深度		
	堆积		形状			保存状况		
	遗物							
碑刻								
备注		封土现大致呈方形，位于刘坡村西稍偏北约 150 米，俗称"豹子冢"，盗洞直径 0.40～0.70 米。						

M520 北—南

M520 南—北

M520 东—西

邙山陵墓群考古调查表

NO:

单位：米

名称			编号	527	类别			分区	中区
位置		孟津平乐镇天皇岭村北100米	经度	112°37.990′	纬度	34°46.169′		高程	211.1
照相号			录像号		绘图号			时代	东汉
工作过程		2006年文物普查			调查时间	2006年3月2日		历时	1天
封土	形制		东西15.00、南北14.90、高5.50					直径	
	筑法	平夯	夯层厚	0.10～0.18	密度	较硬		土色	红褐、黄褐
	保存状况		破坏严重		盗洞数量			位置	
	遗物	板瓦片2，外中绳纹，内布纹，厚1.1～1.4厘米。板瓦片1，外中斜纹，内布纹，厚1厘米。							
陵园	位置		面积			地层深度			
	堆积		形状			保存状况			
	遗物								
碑刻									
备注		封土现大致呈梯形，俗称"大冢"。							

M527 东—西

M527 西—东

M527 南—北

邙山陵墓群考古调查表

NO:

单位：米

名称			编号	538	类别		分区	中区
位置		孟津平乐镇平乐村西北	经度	112°34.799′	纬度	34°45.374′	高程	159.6
照相号			录像号		绘图号	1—1	时代	东汉
工作过程			2006 年文物普查		调查时间	2006 年 3 月 3 日	历时	1 天
封土	形制		东西 11.70、南北 14.90、高 6.50				直径	
	筑法	平夯	夯层厚	0.10 ~ 0.15	密度	较硬	土色	红褐、黄褐
	保存状况		破坏严重		盗洞数量		位置	
	遗物							
陵园	位置		面积			地层深度		
	堆积		形状			保存状况		
	遗物							
碑刻								
备注		封土现呈不规则形，位于 M537 北约 100 米，与 M537、M539 并称"塔冢"。						

M538 东—西

M538 西—东

M538 南—北

邙山陵墓群考古调查表

单位：米

名称			编号	540	类别		分区	中区
位置		孟津平乐镇平乐村西北	经度	112°34.753′	纬度	34°45.379′	高程	157.7
照相号			录像号		绘图号	1—1	时代	东汉
工作过程		2006年文物普查			调查时间	2006年3月3日	历时	1天
封土	形制		东西15.00、南北15.50、高3.50				直径	
	筑法	堆筑	夯层厚		密度	疏松	土色	黄褐、红褐
	保存状况	破坏严重			盗洞数量	1	位置	封土顶部
	遗物							
陵园	位置		面积			地层深度		
	堆积		形状			保存状况		
	遗物							
碑刻								
备注		封土现呈不规则形，位于M538西约50米，盗洞呈长方形，尺寸0.70×1.2米。						

M540 北—南

M540 南—北

M540 东—西

邙山陵墓群考古调查表

NO:

单位：米

名称			编号	559	类别		分区	中区
位置		孟津县平乐镇平乐村东北	经度	112°35.768	纬度	34°45.917	高程	193.1
照相号			录像号		绘图号	1—1	时代	东汉
工作过程		2006 年文物普查			调查时间	2006 年 3 月 7 日	历时	1 天
封土	形制		东西 20.50、南北 20.00、高 3.50				直径	
	筑法	堆筑	夯层厚		密度	疏松	土色	红褐
	保存状况	破坏严重			盗洞数量	1	位置	封土南
	遗物	板瓦残片 3，外中绳纹，内布纹，厚 1~1.5 厘米。泥质灰陶片 1，素面。残砖 1，绳纹。空心砖残片 1，外饰柿蒂纹、卷云纹。						
陵园	位置		面积			地层深度		
	堆积		形状			保存状况		
	遗物							
碑刻								
备注		封土现大致呈圆形，位于高速路北，道口东北约 150 米，俗称"崔冢"。顶平，盗洞呈长方形，尺寸 1.3×0.8 米。						

M559 西南—东北

M559　西—东

M559　东—西

邙山陵墓群考古调查表

NO:

单位：米

名称			编号	560	类别		分区	中区
位置		孟津平乐镇平乐村北	经度	112°35.125′	纬度	34°45.701′	高程	201.3
照相号			录像号		绘图号	1－1	时代	东汉
工作过程		2006年文物普查			调查时间	2006年3月7日	历时	1天
封土	形制	大致呈圆形	东西67.00、南北63.50、高9.50				直径	
	筑法	平夯	夯层厚	0.10～0.19	密度	硬	土色	黄褐、红褐
	保存状况	较完整			盗洞数量	2	位置	封土顶部
	遗物	板瓦片1，外绳纹，内布纹，厚1.1厘米。 陶片，外绳纹，内菱形纹，厚1.1厘米。						
陵园	位置		面积			地层深度		
	堆积		形状			保存状况		
	遗物							
碑刻		东侧立有2001年省立碑，碑文："刘炳（公元143～145年）。顺帝长子，公元144年，顺帝崩，年仅2岁的刘炳即帝位，称冲帝。在位半年，正月己未，葬怀陵，谥曰冲，年号永嘉。"						
备注		封土保存较完整，位于高速路北约150米，俗称"三汉冢"，汉冲帝陵，称怀陵。北侧有6个废弃窑洞，东侧8个废弃窑洞，顶部一圆形盗洞，直径1.00米，一椭圆形盗洞，尺寸1.90×1.70米。残高9.50米。						

M560 东—西

邙山陵墓群考古调查表

NO:　　单位：米

名称			编号	561	类别		分区	中区
位置		孟津平乐镇平乐村北	经度	112°35.070′	纬度	34°45.977′	高程	211.5
照相号			录像号		绘图号	1−1	时代	东汉
工作过程		2006年文物普查			调查时间	2006年3月7日	历时	1天
封土	形制	大致呈圆形	东西140.50、南北140.00、高17.00				直径	140.00
	筑法	平夯	夯层厚	0.12～0.19	密度	较硬	土色	黄褐、红褐
	保存状况	较完整			盗洞数量		位置	
	遗物							
陵园	位置		面积			地层深度		
	堆积		形状			保存状况		
	遗物							
碑刻		冢西南为2001年省立保护碑，碑文："汉孝顺帝刘保宪陵。刘保（公元115～144年）。终年30岁，葬宪陵，谥曰顺。"						
备注		封土保存较好，位于M560（三汉冢）北约200米，俗称"二汉冢"，汉顺帝陵，规模宏大，顶部中间稍低洼，向上8台阶递减。						

M561　东—西

邙山陵墓群考古调查表

单位：米

名称			编号	562	类别		分区	中区
位置	孟津平乐镇平乐村北		经度	112°34.998′	纬度	34°46.140′	高程	204.4
照相号			录像号		绘图号	1－1	时代	东汉
工作过程	2006 年文物普查			调查时间	2006 年 3 月 7 日	历时	1 天
封土	形制		东西 21.00、南北 20.50、高 6.50				直径	
	筑法	平夯	夯层厚	0.10 ~ 0.20	密度	较硬	土色	红褐、黄褐
	保存状况	破坏严重		盗洞数量	3	位置	封土顶、封土东南	
	遗物	残瓦片 2。一为外绳纹，内布纹，厚 1.0 厘米。另一为外绳纹，内带刻划，厚 1.0 厘米。素面灰陶 1。						
陵园	位置		面积		地层深度			
	堆积		形状		保存状况			
	遗物							
碑刻								
备注	封土现大致呈方形，位于 M561（二汉冢）西北约 100 米，俗称"太师冢"，顶部有一圆形盗洞，直径 0.40 米，一椭圆形盗洞，尺寸 1.10×1.00 米，东南一圆形盗洞，直径 1.00 米。							

M562　东—西

M562 西—东

M562 南—北

邙山陵墓群考古调查表

NO:

单位：米

名称			编号	563	类别		分区	中区
位置		孟津平乐镇平乐村北	经度	112°34.852′	纬度	34°45.967′	高程	204.2
照相号			录像号		绘图号	1—1	时代	东汉
工作过程		2006年文物普查			调查时间	2006年3月7日	历时	1天
封土	形制		东西24.00、南北23.50、高6.00				直径	
	筑法	平夯	夯层厚	0.09～0.20	密度	较硬	土色	红褐、黄褐
	保存状况	破坏严重			盗洞数量	1	位置	封土南
	遗物							
陵园	位置		面积			地层深度		
	堆积		形状			保存状况		
	遗物							
碑刻								
备注		封土现大致呈圆形，位于M561（二汉冢）西北约150米，俗称"狼冢"，南侧一椭圆形盗洞，尺寸1.50×0.50米，内见小砖。						

M563 西—东

M563 南—北

M563 东—西

邙山陵墓群考古调查表

NO:

单位：米

名称			编号	564	类别		分区	中区
位置	孟津平乐镇平乐村北		经度	112°34.709′	纬度	34°45.949′	高程	206.3
照相号			录像号		绘图号	1－1	时代	东汉
工作过程		2006年文物普查			调查时间	2006年3月7日	历时	1天
封土	形制		东西15.00、南北15.00、高3.50				直径	
	筑法	平夯	夯层厚	0.08～0.16	密度	较硬	土色	红褐、黄褐
	保存状况	破坏严重			盗洞数量		位置	
	遗物	残瓦片2，外绳纹，内布纹，厚0.8～1.3厘米。 残板瓦片1，外绳纹，内筐纹，厚2.3～2.5厘米。 残板瓦片1，外素面，内菱纹，厚1.1厘米。 陶片2：泥质灰陶1，泥质红陶1。						
陵园	位置		面积		地层深度			
	堆积		形状		保存状况			
	遗物							
碑刻								
备注		封土现呈不规则，位于M563西约100米，南半部被蚕食。						

M564　西—东

M564 东—西

M564 南—北

邙山陵墓群考古调查表

单位：米

<table>
<tr><td colspan="2">名称</td><td></td><td>编号</td><td>565</td><td>类别</td><td></td><td>分区</td><td>中区</td></tr>
<tr><td colspan="2">位置</td><td>孟津平乐村西北</td><td>经度</td><td>112°34.230′</td><td>纬度</td><td>34°45.742′</td><td>高程</td><td>197.8</td></tr>
<tr><td colspan="2">照相号</td><td></td><td>录像号</td><td></td><td>绘图号</td><td>1－1</td><td>时代</td><td>东汉</td></tr>
<tr><td colspan="2">工作过程</td><td colspan="2">2006 年文物普查</td><td>调查时间</td><td>2006 年 3 月 10 日</td><td>历时</td><td colspan="2">1 天</td></tr>
<tr><td rowspan="5">封土</td><td>形制</td><td>大致呈圆形</td><td colspan="4">东西 36.20、南北 33.10、高 9.50</td><td>直径</td><td></td></tr>
<tr><td>筑法</td><td>堆筑</td><td>夯层厚</td><td></td><td>密度</td><td>较硬</td><td>土色</td><td>红褐、黄褐</td></tr>
<tr><td>保存状况</td><td colspan="2">较完整</td><td>盗洞数量</td><td>1</td><td>位置</td><td colspan="2">封土</td></tr>
<tr><td>遗物</td><td colspan="8"></td></tr>
<tr><td colspan="9"></td></tr>
<tr><td rowspan="3">陵园</td><td>位置</td><td></td><td>面积</td><td></td><td colspan="2">地层深度</td><td colspan="2"></td></tr>
<tr><td>堆积</td><td></td><td>形状</td><td></td><td colspan="2">保存状况</td><td colspan="2"></td></tr>
<tr><td>遗物</td><td colspan="8"></td></tr>
<tr><td colspan="2">碑刻</td><td colspan="7"></td></tr>
<tr><td colspan="2">备注</td><td colspan="7">封土保存较完整，位于 M564 西南约 500 米，属妯娌新村耕地，盗洞直径 0.60 米。</td></tr>
</table>

M565 西—东

M565　南—北

M565　东—西

邙山陵墓群考古调查表

单位：米

名称			编号	566	类别		分区	中区
位置		孟津平乐镇平乐村西北	经度	112°34.343′	纬度	34°45.583′	高程	190.8
照相号			录像号		绘图号	1－1	时代	东汉
工作过程		2006 年文物普查			调查时间	2006 年 3 月 10 日	历时	1 天
封土	形制			东西 18.00、南北 19.00、高 3.70			直径	
	筑法	堆筑	夯层厚		密度	疏松	土色	红褐、黄褐
	保存状况	破坏严重		盗洞数量			位置	
	遗物							
陵园	位置		面积		地层深度			
	堆积		形状		保存状况			
	遗物							
碑刻								
备注		封土现呈椭圆形，位于铁路北约 50 米，M565 东南约 400 米，俗称"顶冢"。						

M566 南—北

M566　东—西

M566　西—东

邙山陵墓群考古调查表

NO:

单位：米

名称			编号	567	类别		分区	中区
位置		孟津平乐镇平乐村西北	经度	112°34.748′	纬度	34°46.271′	高程	215.9
照相号			录像号		绘图号	1－1	时代	东汉
工作过程		2006年文物普查			调查时间	2006年3月10日	历时	1天
封土	形制	大致呈圆形		东西32.00、南北31.80、高6.80			直径	
	筑法	堆筑	夯层厚		密度	疏松	土色	红褐、黄褐
	保存状况		较完整		盗洞数量	1	位置	封土顶（偏南）
	遗物							
陵园	位置		面积			地层深度		
	堆积		形状			保存状况		
	遗物							
碑刻								
备注		封土保存较完整，位于高速路南约100米，大汉冢西南约150米，俗称"獾冢"，封土顶部偏南为一直径约7至8米的下沉坑，深3.5米，坑内南为一圆形盗洞，直径0.60米。						

M567 西—东

M567 东—西

M567 南—北

邙山陵墓群考古调查表

NO: 单位：米

名称			编号	568	类别		分区	中区
位置		孟津平乐镇平乐村西北	经度	112°34.639′	纬度	34°45.943′	高程	201.1
照相号			录像号		绘图号	1—1	时代	东汉
工作过程		2006 年文物普查			调查时间	2006 年 3 月 10 日	历时	1 天
封土	形制		东西 23.70、南北 21.20、高 4.00				直径	
	筑法	堆筑	夯层厚		密度	疏松	土色	红褐色
	保存状况	破坏严重			盗洞数量	1	位置	封土北
	遗物							
陵园	位置		面积		地层深度			
	堆积		形状		保存状况			
	遗物							
碑刻								
备注		封土破坏严重，现大致呈方形，位于 M564 西约 80 米，封土北侧一长方形盗洞，尺寸 0.40×1.10 米。						

M568 东—西

M568 西—东

M568 南—北

邙山陵墓群考古调查表

NO:

单位：米

名称			编号	570	类别		分区	中区
位置	孟津平乐镇平乐村东北		经度	112°35.560′	纬度	34°46.403′	高程	224.2
照相号			录像号		绘图号	1—1	时代	东汉
工作过程	2006 年文物普查				调查时间	2006 年 3 月 12 日	历时	1 天
封土	形制		东西 39.50、南北 33.50、高 10.50				直径	
	筑法	平夯	夯层厚	0.05 ~ 0.19	密度	较硬	土色	红褐、黄褐
	保存状况	破坏严重			盗洞数量	1	位置	封土南
	遗物							
陵园	位置		面积			地层深度		
	堆积		形状			保存状况		
	遗物							
碑刻								
备注	封土现呈不规则形，位于 M561（二汉冢）东北约 400 米，俗称"北尖冢"，盗洞呈圆形，直径 0.50 米。							

M570 西—东

M570　南—北

M570　北—南

邙山陵墓群考古调查表

单位：米

名称			编号	571	类别		分区	中区
位置		孟津平乐镇平乐村东北	经度	112°35.821′	纬度	34°46.224′	高程	214.3
照相号			录像号		绘图号	1—1	时代	东汉
工作过程		2006年文物普查			调查时间	2006年3月12日	历时	1天
封土	形制	大致呈圆形	东西45.00、南北45.20、高12.00				直径	
	筑法	堆筑	夯层厚		密度	较硬	土色	红褐、黄褐
	保存状况	较完整			盗洞数量		位置	
	遗物							
陵园	位置		面积			地层深度		
	堆积		形状			保存状况		
	遗物							
碑刻								
备注		封土保存较完整，位于M561（二汉冢）东约600米，铁路西30米，俗称"王天冢"。						

M571 东—西

M571　西—东

M571　南—北

邙山陵墓群考古调查表

单位：米

NO:

名称			编号	572	类别		分区	中区
位置	孟津平乐镇妯娌村南		经度	112°36.127′	纬度	34°45.806′	高程	189.7
照相号			录像号		绘图号	1－1	时代	唐代
工作过程	2006年文物普查				调查时间	2006年3月13日	历时	1天
封土	形制		东西26.00、南北25.50、高9.50				直径	
	筑法	平夯	夯层厚	0.05～0.20	密度	硬	土色	红褐、黄褐
	保存状况	破坏严重			盗洞数量		位置	
	遗物							
陵园	位置		面积			地层深度		
	堆积		形状			保存状况		
	遗物							
碑刻								
备注	封土现大致呈方形，位于妯娌村南，公路南5米，周边被破坏，南侧破坏严重。							

M572 北—南

M572　西—东

M572　南—北

邙山陵墓群考古调查表

NO:　　　　　　　　　　　　　　　　　　　　　　　　　　　　　　　　　　　　单位：米

名称			编号	573	类别		分区	中区
位置		孟津平乐镇妯娌村内	经度	112°36.205′	纬度	34°45.939′	高程	193.3
照相号			录像号		绘图号	1－1	时代	东汉
工作过程		2006 年文物普查			调查时间	2006 年 3 月 13 日	历时	1 天
封土	形制		东西 30.00、南北 32.00、高 10.00				直径	
	筑法	平夯	夯层厚	0.13～0.25	密度	较硬	土色	红褐、黄褐
	保存状况	破坏严重		盗洞数量	1		位置	封土顶部
	遗物							
陵园	位置		面积		地层深度			
	堆积		形状		保存状况			
	遗物							
碑刻								
备注	封土现大致呈圆形，位于村内广场北约 50 米，封土南侧一废弃窑洞，顶部一圆形盗洞，口径 2.00、底 1.00 米。							

M573　西北—东南

M573　西南—东北

M573　南—北

邙山陵墓群考古调查表

NO:

单位：米

名称			编号	574	类别		分区	中区
位置		孟津平乐镇妯娌村北	经度	112°36.201′	纬度	34°46.114′	高程	202.6
照相号			录像号		绘图号	1—1	时代	东汉
工作过程		2006年文物普查			调查时间	2006年3月13日	历时	1天
封土	形制		东西50.00、南北47.00、高7.80				直径	
	筑法	平夯	夯层厚	0.05～0.57	密度	硬	土色	红褐、黄褐
	保存状况	破坏严重		盗洞数量			位置	
	遗物							
陵园	位置		面积		地层深度			
	堆积		形状		保存状况			
	遗物							
碑刻								
备注		封土现大致呈圆形，位于村北约100米，北侧一废弃窑洞。						

M574 西—东

邙山陵墓群考古调查表

NO:　　　　　　　　　　　　　　　　　　　　　　　　　　　　　　　　　　　　　单位：米

名称			编号	575	类别		分区	中区
位置	孟津平乐镇妯娌村西南 400 米		经度	112°36.003′	纬度	34°45.519′	高程	182.5
照相号			录像号		绘图号	1－1	时代	东汉
工作过程		2006 年文物普查			调查时间	2006 年 3 月 13 日	历时	1 天
封土	形制		东西 12.50、南北 16.80、高 3.50				直径	
	筑法	平夯	夯层厚	0.12 ~ 0.24	密度	较松	土色	红褐、黄褐
	保存状况		破坏严重		盗洞数量		位置	
	遗物							
陵园	位置		面积			地层深度		
	堆积		形状			保存状况		
	遗物							
碑刻								
备注	封土现大致呈不规则形，位于妯娌村西南约 400 米，属东赵村耕地，俗称"土花冢"，西侧一废弃窑洞。							

邙山陵墓群考古调查表

NO:　　　　　　　　　　　　　　　　　　　　　　　　　　　　　　　　　　　　　单位：米

名称			编号	576	类别		分区	中区
位置	孟津平乐镇东赵村北		经度	112°36.100′	纬度	34°45.446′	高程	193.0
照相号			录像号		绘图号	1－1	时代	东汉
工作过程		2006 年文物普查			调查时间	2006 年 3 月 14 日	历时	1 天
封土	形制		东西 12.50、南北 14.50、高 4.50				直径	
	筑法	平夯	夯层厚	0.09 ~ 0.20	密度	较硬	土色	红褐、黄褐
	保存状况		破坏严重		盗洞数量	3	位置	封土南，北
	遗物							
陵园	位置		面积			地层深度		
	堆积		形状			保存状况		
	遗物							
碑刻								
备注	封土现大致呈椭圆形，位于 M575 东南约 150 米，周边陡峭，南侧有两个圆形盗洞，直径 0.40、1.00 米，北侧一个盗洞，直径 0.60 米。							

邙山陵墓群考古调查表

单位：米

名称			编号	578	类别		分区	中区
位置	孟津平乐镇翟家村北约200米		经度	112°36.184′	纬度	34°45.393′	高程	191.5
照相号			录像号		绘图号	1－1	时代	东汉
工作过程	2006年文物普查				调查时间	2006年3月14日	历时	1天
封土	形制		东西27.50、南北27.00、高9.00				直径	
	筑法	平夯	夯层厚	0.07～0.19	密度	较硬	土色	红褐、黄褐
	保存状况	破坏较严重			盗洞数量	1	位置	封土南侧
	遗物							
陵园	位置		面积			地层深度		
	堆积		形状			保存状况		
	遗物							
碑刻								
备注	封土现大致呈方形，位于M576东南约100米，南侧一盗洞，直径1.30～1.50米。							

邙山陵墓群考古调查表

单位：米

名称			编号	579	类别		分区	中区
位置	孟津平乐镇翟泉村北		经度	112°36.190′	纬度	34°45.360′	高程	190.5
照相号			录像号		绘图号	1－1	时代	东汉
工作过程	2006年文物普查				调查时间	2006年3月14日	历时	1天
封土	形制		东西40.50、南北39.40、高8.50				直径	
	筑法	平夯	夯层厚	0.06～0.20	密度	较硬	土色	红褐、黄褐
	保存状况	破坏较严重			盗洞数量		位置	
	遗物							
陵园	位置		面积			地层深度		
	堆积		形状			保存状况		
	遗物							
碑刻								
备注	封土现大致呈方形，位于M578南约40米，北侧一直径约2.00米下塌坑，疑为盗洞。							

M579 东—西

M579 北—南

邙山陵墓群考古调查表

NO: 单位：米

名称			编号	580	类别		分区	中区
位置	孟津平乐镇翟泉村北		经度	112°36.212′	纬度	34°45.276′	高程	165.5
照相号			录像号		绘图号	1－1	时代	东汉
工作过程	2006年文物普查				调查时间	2006年3月14日	历时	1天
封土	形制		东西15.50、南北14.00、高4.00				直径	
	筑法	平夯	夯层厚	0.07～0.21	密度	硬	土色	红褐、黄褐
	保存状况	破坏严重		盗洞数量			位置	
	遗物							
陵园	位置		面积		地层深度			
	堆积		形状		保存状况			
	遗物							
碑刻								
备注	封土现大致呈方形，位于M579南（偏东）约70米，西侧一废弃窑洞。							

M580 南—北

M580 北—南

M580 东—西

邙山陵墓群考古调查表

NO:

单位：米

名称			编号	581	类别		分区	中区
位置		孟津平乐镇翟泉村北	经度	112°36.214′	纬度	34°45.246′	高程	171.9
照相号			录像号		绘图号	1－1	时代	东汉
工作过程		2006年文物普查			调查时间	2006年3月14日	历时	1天
封土	形制		东西36.00、南北29.50、高11.00				直径	
	筑法	平夯	夯层厚	0.07～0.18	密度	较硬	土色	黄褐、红褐
	保存状况	破坏较严重			盗洞数量		位置	
	遗物	板瓦片2，外素面纹，内布纹，厚1.2～1.5厘米。空心砖残片1，素面灰陶。						
陵园	位置		面积			地层深度		
	堆积		形状			保存状况		
	遗物							
碑刻								
备注		封土现大致呈方形，位于M580南约30米。						

M581 南—北

M581 东—西

M581 北—南

邙山陵墓群考古调查表

NO:　　　　　　　　　　　　　　　　　　　　　　　　　　　　　　　　　　　　单位：米

名称			编号	583	类别		分区	中区
位置	孟津平乐镇翟泉村北		经度	112°36.118′	纬度	34°45.322′	高程	198.8
照相号			录像号		绘图号	1－1	时代	东汉
工作过程		2006年文物普查		调查时间	2006年3月15日		历时	1天
封土	形制		东西8.50、南北14.50、高4.50				直径	
	筑法	堆筑	夯层厚		密度	较松	土色	黄褐、红褐
	保存状况		破坏严重		盗洞数量		位置	
	遗物							
陵园	位置		面积			地层深度		
	堆积		形状			保存状况		
	遗物							
碑刻								
备注	封土现呈不规则形，位于M579西南约80米，破坏十分严重。							

M583 南—北

M583　西—东

M583　东—西

邙山陵墓群考古调查表

单位：米

名称			编号	584	类别		分区	中区
位置		孟津平乐镇翟泉村北	经度	112°36.087′	纬度	34°45.317′	高程	206.8
照相号			录像号		绘图号	1—1	时代	东汉
工作过程		2006 年文物普查			调查时间	2006 年 3 月 15 日	历时	1 天
封土	形制		东西 16.50、南北 18.20、高 5.00				直径	
	筑法	平夯	夯层厚	0.11 ~ 0.20	密度	硬	土色	黄褐
	保存状况	破坏严重		盗洞数量	1		位置	封土西北
	遗物							
陵园	位置		面积		地层深度			
	堆积		形状		保存状况			
	遗物							
碑刻								
备注		封土现大致呈方形，位于 M583 西约 20 米，封土西北一直径为 0.50 米的盗洞。						

M584 东—西

M584　南—北

M584　北—南

邙山陵墓群考古调查表

NO:　　　单位：米

名称			编号	585	类别		分区	中区
位置		孟津平乐镇翟泉村北	经度	112°36.234′	纬度	34°45.204′	高程	150.8
照相号			录像号		绘图号	1－1	时代	东汉
工作过程		2006 年文物普查			调查时间	2006 年 3 月 15 日	历时	1 天
封土	形制		东西 11.20、南北 10.30、高 5.00				直径	
	筑法	平夯	夯层厚	0.09 ~ 0.18	密度	硬	土色	黄褐、红褐
	保存状况	破坏严重			盗洞数量		位置	
	遗物							
陵园	位置		面积			地层深度		
	堆积		形状			保存状况		
	遗物							
碑刻								
备注		封土现呈不规则形，位于 M581 南约 50 米，东、南邻断崖。						

M585 西—东

M585　南—北

M585　东—西

邙山陵墓群考古调查表

NO:

单位：米

名称			编号	588	类别		分区	中区
位置		孟津平乐镇翟泉村北偏东	经度	112°36.522′	纬度	34°45.241′	高程	172.9
照相号			录像号		绘图号	1—1	时代	西汉
工作过程		2006年文物普查			调查时间	2006年3月18日	历时	1天
封土	形制			东西5.20、南北18.00、高4.00			直径	
	筑法	堆筑	夯层厚		密度	疏松	土色	红褐、黄褐
	保存状况	破坏十分严重			盗洞数量	3	位置	封土西
	遗物							
陵园	位置		面积			地层深度		
	堆积		形状			保存状况		
	遗物							
碑刻								
备注		封土现呈不规则形，属翟家19组耕地，封土东侧、东南各一废弃窑洞，西侧取土破坏严重。						

M588 西—东

M588　南—北

M588　东—西

邙山陵墓群考古调查表

NO:

单位：米

名称			编号	589	类别		分区	中区
位置		孟津平乐镇东赵村北	经度	112°36.014	纬度	34°46.324′	高程	210.4
照相号			录像号		绘图号	1—1	时代	北魏
工作过程		2006 年文物普查			调查时间	2006 年 3 月 12 日	历时	1 天
封土	形制		东西 6.00、南北 6.80、高 4.00				直径	
	筑法	堆筑	夯层厚		密度		土色	红褐、黄褐
	保存状况	破坏严重			盗洞数量		位置	
	遗物							
陵园	位置		面积			地层深度		
	堆积		形状			保存状况		
	遗物							
碑刻								
备注		封土现大致呈圆形，位于 M571 东约 200 米，铁路东约 50 米，残存柱状，周边大量卵石、礓石，俗称"簸箕冢"。						

M589 南—北

M589　北—南

M589　西—东

邙山陵墓群考古调查表

NO:

単位：米

名称			编号	597	类别		分区	中区
位置		孟津平乐镇上屯村北900米	经度	112°37.136′	纬度	34°46.162′	高程	204.0
照相号			录像号		绘图号	1—1	时代	东汉
工作过程		2006年文物普查			调查时间	2006年3月23日	历时	1天
封土	形制			东西20.00、南北16.20、高4.00			直径	
	筑法	平夯	夯层厚	0.10～0.20	密度	硬	土色	红褐、黄褐
	保存状况	破坏严重			盗洞数量		位置	
	遗物							
陵园	位置		面积			地层深度		
	堆积		形状			保存状况		
	遗物							
碑刻								
备注		封土现呈不规则形，位于朱仓村南约200米。						

M597 南—北

M597 东—西

M597 西—东

邙山陵墓群考古调查表

NO:
　　　　　　　　　　　　　　　　　　　　　　　　　　　　　　　　　　　　单位：米

名称			编号	600	类别		分区	中区
位置	孟津平乐镇上屯村北约800米		经度	112°37.143′	纬度	34°46.076′	高程	199.0
照相号			录像号		绘图号	1—1	时代	东汉
工作过程		2006年文物普查		调查时间	2006年3月24日	历时	1天
封土	形制		东西13.70、南北14.80、高6.50				直径	
	筑法	平冢	夯层厚	0.09～0.15	密度	较硬	土色	红褐、黄褐
	保存状况	破坏严重		盗洞数量		位置		
	遗物	筒瓦片1，外绳纹，内布纹，厚0.9厘米。残瓦片2，外绳纹，内布纹，厚0.9～1.3厘米。素面陶片3。						
陵园	位置		面积		地层深度			
	堆积		形状		保存状况			
	遗物							
碑刻								
备注	封土现大致呈方形，位于M597南约100米。							

M600 南—北

M600　西—东

M600　东—西

邙山陵墓群考古调查表

NO:

单位：米

名称			编号	601	类别		分区	中区
位置	孟津平乐镇上屯村北约 700 米		经度	112°37.156′	纬度	34°46.005′	高程	198.5
照相号			录像号		绘图号		时代	东汉
工作过程	2006 年文物普查				调查时间	2006 年 3 月 24 日	历时	1 天
封土	形制		东西 9.00、南北 12.20、高 5.00				直径	
	筑法	平冢	夯层厚	0.09～0.15	密度	硬	土色	红褐、黄褐
	保存状况	破坏严重		盗洞数量	1		位置	封土东
	遗物	板瓦片 1，外粗绳纹、内布纹，厚 1 厘米。灰陶片 1，外凹弦纹。						
陵园	位置		面积		地层深度			
	堆积		形状		保存状况			
	遗物							
碑刻								
备注	封土现呈不规则形，位于 M600 南偏东约 80 米，M596 东约 40 米，东侧一废弃窑洞，内一盗洞，俗称"娘娘冢"。							

M601 南—北

M601　东—西

M601　北—南

邙山陵墓群考古调查表

NO:　　单位：米

名称		编号	618	类别		分区	中区
位置	孟津平乐镇金村北	经度	112°37.608′	纬度	34°45.289′	高程	180.7
照相号		录像号		绘图号	1—1	时代	东汉
工作过程	2006 年文物普查			调查时间	2006 年 3 月 27 日	历时	1 天
封土	形制		东西 16.50、南北 17.30、高 7.50			直径	
	筑法	平夯	夯层厚	0.09 ~ 0.19	密度	较硬	土色	黄褐
	保存状况	封土破坏严重		盗洞数量		位置	
	遗物						
陵园	位置		面积		地层深度		
	堆积		形状		保存状况		
	遗物						
碑刻							
备注	封土现大致呈方形，俗称"罗通冢"，封土东、西各有一废弃窑洞，东南一现代机井房。						

M618 南—北

M618 北—南

M618 西—东

邙山陵墓群考古调查表

NO: 单位：米

名称			编号	630	类别		分区	中区
位置		孟津平乐镇张凹村南	经度	112°38.658′	纬度	34°45.806′	高程	195.3
照相号			录像号		绘图号	1—1	时代	东汉
工作过程		2006 年文物普查			调查时间	2006 年 4 月 1 日	历时	1 天
封土	形制		东西 14.30、南北 17.50、高 4.00				直径	
	筑法	平夯	夯层厚	0.12 ～ 0.22	密度	硬	土色	黄褐
	保存状况	破坏严重			盗洞数量		位置	
	遗物	残瓦片 2，外绳纹，内布纹，厚 1.3 ～ 1.5 厘米。						
陵园	位置		面积			地层深度		
	堆积		形状			保存状况		
	遗物							
碑刻								
备注		封土现呈不规则形，位于村内张留旺宅东。						

M630 南—北

M630 东—西

M630 西—东

邙山陵墓群考古调查表

单位：米

名称			编号	634	类别		分区	中区
位置		孟津平乐镇丁沟新村东北	经度	112°39.530′	纬度	34°45.431′	高程	194.0
照相号			录像号		绘图号	1—1	时代	东汉
工作过程		2006年文物普查			调查时间	2006年4月2日	历时	1天
封土	形制		东西13.80、南北9.70、高3.00				直径	
	筑法	平夯	夯层厚	0.09～0.15	密度	较硬	土色	黄褐
	保存状况	破坏严重			盗洞数量		位置	
	遗物							
陵园	位置		面积			地层深度		
	堆积		形状			保存状况		
	遗物							
碑刻								
备注		封土现呈不规则形，位于老村东M633南约200米，上部被现代土坯墙破坏，西侧一废弃窑洞，南侧二废弃窑洞。						

M634　西—东

M634 北—南

M634 南—北

邙山陵墓群考古调查表

NO:

单位：米

名称			编号	635	类别		分区	中区
位置		孟津平乐镇丁沟村东北	经度	112°39.455′	纬度	34°45.252′	高程	172.4
照相号			录像号		绘图号	1－1	时代	东汉
工作过程		2006年文物普查			调查时间	2006年4月2日	历时	1天
封土	形制		东西19.00、南北16.20、高3.50				直径	
	筑法	平夯	夯层厚	0.07～0.18	密度	较硬	土色	黄褐、红褐
	保存状况	破坏严重			盗洞数量		位置	
	遗物							
陵园	位置		面积			地层深度		
	堆积		形状			保存状况		
	遗物							
碑刻								
备注	封土现大致呈椭圆形，位于村砖厂东北约300米，周边陡峭，顶已削平，西南、东南、东北各有一废弃窑洞。							

M635 北—南

M635 东—西

M635 东南—西北

邙山陵墓群考古调查表

NO:

单位：米

名称			编号	636	类别		分区	中区
位置	孟津平乐镇丁沟砖厂西北角		经度	112°39.294′	纬度	34°45.321′	高程	179.5
照相号			录像号		绘图号	1－1	时代	东汉
工作过程	2006 年文物普查				调查时间	2006 年 4 月 3 日	历时	1 天
封土	形制		东西 7.10、南北 7.00、高 3.50				直径	
	筑法	平夯	夯层厚	0.08～0.19	密度	硬	土色	红褐、黄褐
	保存状况	破坏严重			盗洞数量		位置	
	遗物							
陵园	位置		面积			地层深度		
	堆积		形状			保存状况		
	遗物							
碑刻								
备注	封土现大致呈椭圆形，位于老村张正好住宅东南 10 米，封土大部被蚕食。							

M636 西—东

M636 东北—西南

M636 北—南

邙山陵墓群考古调查表

NO:

单位：米

名称			编号	669	类别		分区	中区
位置		孟津平乐镇朱仓小学西北角	经度	112°36.986′	纬度	34°46.614′	高程	209.5
照相号			录像号		绘图号	1—1	时代	东汉
工作过程		2006年文物普查			调查时间	2006年4月10日	历时	1天
封土	形制		西侧部分8.50、南北7.50、高3.50 东侧部分9.00、南北6.50、高3.50				直径	
	筑法	平夯	夯层厚	0.10～0.15	密度	较硬	土色	黄褐
	保存状况	破坏十分严重			盗洞数量		位置	
	遗物							
陵园	位置		面积			地层深度		
	堆积		形状			保存状况		
	遗物							
碑刻								
备注		封土现被破坏成两部分，均呈椭圆形，西侧部分与东侧部分相距4米。						

M669 北—南

M669　南—北

M669　东北—西南

邙山陵墓群考古调查表

单位：米

名称			编号	682	类别		分区	中区
位置		孟津平乐镇朱仓村东1公里	经度	112°37.776′	纬度	34°46.292′	高程	222.2
照相号			录像号		绘图号	1—1	时代	东汉
工作过程		2006年文物普查			调查时间	2006年4月14日	历时	1天
封土	形制		东西51.00、南北49.30、高12.00				直径	
	筑法	平夯	夯层厚	0.08～0.19	密度	较硬	土色	黄褐、红褐
	保存状况	破坏严重			盗洞数量	1	位置	封土顶部
	遗物	残瓦片2，外绳纹，内布纹，厚0.9～1.2厘米。						
陵园	位置		面积			地层深度		
	堆积		形状			保存状况		
	遗物							
碑刻								
备注		封土现大致呈圆形，位于天皇岭村西北约450米，盗洞直径0.50米，俗称"圆冢"。						

M682 西—东

M682 北—南

M682 南—北

邙山陵墓群考古调查表

NO:　　　　　　　　　　　　　　　　　　　　　　　　　　　　　　　　　　　　　　　单位：米

名称			编号	683	类别		分区	中区
位置		孟津平乐镇朱仓东约600米	经度	112°37.592′	纬度	34°46.480′	高程	227.5
照相号			录像号		绘图号	1—1	时代	唐代
工作过程		2006年文物普查		调查时间	2006年4月14日	历时	1天	
封土	形制		东西50.00、南北51.00、高17.00				直径	
	筑法	平夯	夯层厚	0.04 ~ 0.18	密度	较硬	土色	红褐、黄褐
	保存状况	破坏十分严重		盗洞数量			位置	
	遗物	残瓦片4，外绳纹，内布纹，厚0.9 ~ 1.2厘米。素面泥质灰陶3。						
陵园	位置		面积			地层深度		
	堆积		形状			保存状况		
	遗物							
碑刻								
备注		封土现呈不规则形，东北部被取土破坏形成一坑，俗称"李密冢"。						

M683 西—东

邙山陵墓群考古调查表

单位：米

NO：

名称			编号	687	类别		分区	中区
位置		孟津平乐镇朱仓村东约100米	经度	112°37.420′	纬度	34°46.389′	高程	207.6
照相号			录像号		绘图号	1—1	时代	东汉
工作过程		2006年文物普查			调查时间	2006年4月15日	历时	1天
封土	形制		东西3.50、南北4.00、高2.30				直径	
	筑法	平夯	夯层厚	0.08～0.17	密度	较硬	土色	黄褐、红褐
	保存状况	破坏十分严重			盗洞数量		位置	
	遗物	板瓦残片3，外绳纹，内布纹，厚0.7～1.2厘米。素面陶片1。						
陵园	位置		面积			地层深度		
	堆积		形状			保存状况		
	遗物							
碑刻								
备注		封土现呈不规则圆形，残存少部分。						

M687 南—北

邙山陵墓群考古调查表

NO:　　　　　　　　　　　　　　　　　　　　　　　　　　　　　　　　　　　　单位：米

名称			编号	697	类别		分区	中区
位置		孟津平乐镇朱仓东北约250米	经度	112°37.473′	纬度	34°46.658′	高程	207.5
照相号			录像号		绘图号	1—1	时代	东汉
工作过程		2006年文物普查			调查时间	2006年4月17日	历时	1天
封土	形制		东西12.00、南北9.50、高3.50				直径	
	筑法	平夯	夯层厚	0.10～0.21	密度	较硬	土色	黄褐、红褐
	保存状况	破坏严重			盗洞数量		位置	
	遗物							
陵园	位置		面积			地层深度		
	堆积		形状			保存状况		
	遗物							
碑刻								
备注		封土现呈不规则形，位于M696北约100米。						

M697　南—北

M697 东—西

M697 北—南

邙山陵墓群考古调查表

NO:
单位：米

名称			编号	707	类别		分区	中区
位置		孟津平乐镇朱仓村西约1公里	经度	112°36.227′	纬度	34°46.581′	高程	227.4
照相号			录像号		绘图号	1－1	时代	东汉
工作过程		2006年文物普查			调查时间	2006年4月18日	历时	1天
封土	形制		东西52.00、南北52.50、高11.50				直径	
	筑法	平夯	夯层厚	0.09～0.21	密度	较硬	土色	黄褐、红褐
	保存状况	破坏较严重			盗洞数量	3	位置	封土西、西北、东北
	遗物	板瓦残片3，外绳纹，内布纹，厚0.7～1.3厘米。						
陵园	位置		面积			地层深度		
	堆积		形状			保存状况		
	遗物							
碑刻								
备注		封土现大致呈方形。位于高速公路中间。西侧一长方形盗洞。长2.20、宽1.10米。西北、东北各一窑洞形盗洞。西侧以及东南角各一废弃窑洞。俗称"方冢"、"升子冢"。						

M707 东—西

M707 南—北

M707 西—东

邙山陵墓群考古调查表

NO: 单位：米

名称			编号	708	类别		分区	中区
位置	孟津平乐镇朱仓村西约900米		经度	112°36.357′	纬度	34°46.600′	高程	221.0
照相号			录像号		绘图号	1—1	时代	东汉
工作过程	2006年文物普查				调查时间	2006年4月18日	历时	1天
封土	形制		东西13.50、南北14.50、高6.50				直径	
	筑法	平夯	夯层厚	0.08～0.27	密度	较硬	土色	黄褐、红褐
	保存状况	破坏严重			盗洞数量		位置	
	遗物	残瓦片1，外绳纹，内布纹，厚1.1厘米。残瓦片1，外绳纹，内布纹，菱形纹，厚1.0厘米。素面泥质灰陶片2。						
陵园	位置		面积			地层深度		
	堆积		形状			保存状况		
	遗物							
碑刻								
备注	封土破坏严重，现呈不规则形。位于M707东约80米。双高速公路之间，5组耕地。南侧一废弃窑洞。西、东南、北的窑洞相通，西侧一现代水池。							

M708 南—北

M708 西—东

M708 东—西

邙山陵墓群考古调查表

NO:

单位：米

名称			编号	722	类别		分区	中区
位置		孟津平乐镇朱仓村西	经度	112°36.026′	纬度	34°46.524′	高程	216.5
照相号			录像号		绘图号	1－1	时代	东汉
工作过程		2006 年文物普查			调查时间	2006 年 4 月 22 日	历时	1 天
封土	形制		东西 8.00、南北 6.60、高 6.50				直径	
	筑法	平夯	夯层厚	0.15～0.25	密度	较硬	土色	黄褐、红褐
	保存状况	封土破坏严重			盗洞数量		位置	
	遗物	板瓦残片 1、外绳纹，内布纹。						
陵园	位置		面积			地层深度		
	堆积		形状			保存状况		
	遗物							
碑刻								
备注		封土现大致呈柱状。位于 M707 西约 300 米。高速路南约 50 米。						

M722 西—东

M722 南—北

M722 东—西

邙山陵墓群考古调查表

NO:

单位：米

名称			编号	747	类别		分区	中区
位置		孟津平乐张盘村	经度	112°37.436′	纬度	34°47.246′	高程	207.5
照相号			录像号		绘图号	1－1	时代	东汉
工作过程			2007年文物普查		调查时间	2007年3月5日	历时	1天
封土	形制	大致呈圆形	东西19.00、南北20.00、高4.50				直径	19.5、0
	筑法	平夯	夯层厚	0.08～0.14	密度	致密	土色	黄褐、红褐
	保存状况		破坏较严重		盗洞数量		位置	
	遗物		外绳纹内布纹灰陶板瓦片3，厚1～1.4厘米。外素内布纹灰陶板瓦片1，厚1.4厘米。					
陵园	位置		面积		地层深度			
	堆积		形状		保存状况			
	遗物							
碑刻								
备注		封土破坏较严重，位于8组宋开战猪场南。顶较平，顶西北一水窖，东北一废弃窑洞，周边陡峭。						

M747 东—西

M747 西—东

M747 南—北

邙山陵墓群考古调查表

NO:

单位：米

名称			编号	748	类别		分区	中区
位置		孟津平乐张盘村东南	经度	112°37.562′	纬度	34°47.131′	高程	210.5
照相号			录像号		绘图号	1—1	时代	东汉
工作过程		2007 年文物普查			调查时间	2007 年 3 月 5 日	历时	1 天
封土	形制		东西 20.00、南北 23.00、高 8.00				直径	
	筑法	平夯	夯层厚	0.10～0.18	密度	较硬	土色	黄褐、红褐
	保存状况	破坏严重			盗洞数量		位置	
	遗物							
陵园	位置		面积		地层深度			
	堆积		形状		保存状况			
	遗物							
碑刻								
备注		封土破坏严重，现大致呈椭圆形，位于张盘村东南约 350 米，属 8 组耕地。						

M748 南—北

M748 东—西

M748 西—东

邙山陵墓群考古调查表

NO:

单位：米

名称			编号	749	类别		分区	中区
位置		孟津平乐张盘村东南	经度	112°37.535′	纬度	34°46.999′	高程	211.8
照相号			录像号		绘图号	1—1	时代	东汉
工作过程		2007年文物普查			调查时间	2007年3月5日	历时	1天
封土	形制		东西21.00、南北24.50、高10.00				直径	
	筑法	平夯	夯层厚	0.07～0.20	密度	较硬	土色	红褐、黄褐
	保存状况	不完整			盗洞数量		位置	
	遗物	外绳纹内布纹灰陶板瓦片1，厚1.2厘米。素面灰陶片1。						
陵园	位置		面积			地层深度		
	堆积		形状			保存状况		
	遗物							
碑刻								
备注		封土破坏严重，现大致呈长方形，位于张盘村东南，M748南约300米，连霍高速北约60米，属10组耕地。						

M749 南—北

M749 东—西

M749 西—东

邙山陵墓群考古调查表

NO:

单位：米

名称			编号	750	类别		分区	中区
位置		孟津平乐张盘村南	经度	112°37.424′	纬度	34°46.847′	高程	205.3
照相号			录像号		绘图号	1—1	时代	
工作过程			2007年文物普查		调查时间	2007年3月6日	历时	1天
封土	形制			东西20.00、南北20.50、高5.50			直径	
	筑法	平夯	夯层厚	0.06～0.13	密度	较硬	土色	黄褐、红褐
	保存状况		不完整		盗洞数量		位置	
	遗物							
陵园	位置		面积			地层深度		
	堆积		形状			保存状况		
	遗物							
碑刻								
备注		封土破坏严重，现大致呈方形，周边较陡峭，南侧有二个废弃窑洞，西侧一个废弃窑洞，位于张盘村南，连霍高速南100米，属9组耕地。						

M750 南—北

M750 东—西

M750 西—东

邙山陵墓群考古调查表

NO:

单位：米

名称			编号	751	类别		分区	中区
位置		孟津平乐张盘村南	经度	112°37.369′	纬度	34°46.859′	高程	207.9
照相号			录像号			绘图号	1—1	时代	东汉
工作过程			2007 年文物普查		调查时间	2007 年 3 月 6 日	历时	1 天
封土	形制			东西 15.50、南北 17.00、高 7.00			直径	
	筑法	平夯	夯层厚	0.07～0.15	密度	较硬	土色	黄褐
	保存状况		不完整		盗洞数量		位置	
	遗物		外绳纹内布纹灰陶板瓦片 1，厚 1.1 厘米。					
陵园	位置		面积			地层深度		
	堆积		形状			保存状况		
	遗物							
碑刻								
备注		封土破坏严重，现大致呈长方形，周边较陡峭，西、南各一废弃窑洞，位于张盘村南，高速路南。M750 西约 70 米，属 9 组耕地。						

M751 南—北

M751　东—西

M751　西—东

邙山陵墓群考古调查表

NO:

单位：米

名称			编号	752	类别		分区	中区
位置	孟津平乐张盘村南		经度	112°37.348′	纬度	34°46.754′	高程	206.5
照相号			录像号		绘图号	1—1	时代	东汉
工作过程		2007 年文物普查			调查时间	2007 年 3 月 6 日	历时	1 天
封土	形制			东西 24.00、南北 25.00、高 6.00			直径	
	筑法	平夯	夯层厚	0.08 ~ 0.15	密度	硬	土色	红褐、黄褐
	保存状况		不完整		盗洞数量		位置	
	遗物		外绳纹内布纹灰陶板瓦片 1，厚 0.9 厘米。 外绳纹内布纹灰陶筒瓦片 1，厚 1.2 ~ 2.2 厘米。					
陵园	位置		面积			地层深度		
	堆积		形状			保存状况		
	遗物							
碑刻								
备注	封土破坏严重，现大致呈椭圆形，顶已削平，东侧一废弃窑洞，位于高速路南，M751 南约 200 米，属 9 组耕地。							

M752 东—西

M752 西—东

M752 南—北

邙山陵墓群考古调查表

单位：米

名称			编号	753	类别		分区	中区
位置	孟津平乐张盘村南		经度	112°37.439′	纬度	34°46.724′	高程	206.9
照相号			录像号		绘图号	1—1	时代	东汉
工作过程		2007年文物普查			调查时间	2007年3月6日	历时	1天
封土	形制			东西17.50、南北19.50、高7.50			直径	
	筑法	平夯	夯层厚	0.07～0.15	密度	较硬	土色	红褐、黄褐
	保存状况		破坏严重		盗洞数量		位置	
	遗物							
陵园	位置		面积			地层深度		
	堆积		形状			保存状况		
	遗物							
碑刻								
备注	封土破坏严重，现大致呈椭圆形，南侧一废弃窑洞，洞底部下塌，塌至墓室，见小砖，西北角一废弃窑洞，位于M752东偏南约100米。							

M753 西—东

M753 东—西

M753 南—北

邙山陵墓群考古调查表

单位：米

名称			编号	755	类别		分区	中区
位置	孟津平乐张盘村南		经度	112°37.631′	纬度	34°46.729′	高程	202.8
照相号			录像号		绘图号	1－1	时代	东汉
工作过程		2007年文物普查			调查时间	2007年3月7日	历时	1天
封土	形制			东西27.30、南北29.20、高5.20			直径	
	筑法	平夯	夯层厚	0.09～0.22	密度	较硬	土色	黄褐、红褐
	保存状况		不完整		盗洞数量	1	位置	封土东南
	遗物		灰陶筒瓦片1，外绳纹内布纹，厚1.2厘米。					
陵园	位置		面积		地层深度			
	堆积		形状		保存状况			
	遗物							
碑刻								
备注	封土破坏严重，现大致呈椭圆形，位于连霍高速南，M753东约200米，周边陡峭，东南盗洞呈圆形，直径0.55米。							

M755 西—东

M755 南—北

M755 北—南

邙山陵墓群考古调查表

NO:

单位：米

名称			编号	756	类别		分区	中区
位置		孟津平乐张盘村南	经度	112°37.617′	纬度	34°46.784′	高程	202.8
照相号			录像号		绘图号	1—1	时代	东汉
工作过程		2007年文物普查			调查时间	2007年3月7日	历时	1天
封土	形制		东西30.00、南北26.50、高5.00				直径	
	筑法	平夯	夯层厚	0.08~0.18	密度	较硬	土色	黄褐色
	保存状况	不完整			盗洞数量		位置	
	遗物							
陵园	位置		面积			地层深度		
	堆积		形状			保存状况		
	遗物							
碑刻								
备注		封土破坏严重，现呈不规则形，顶已削平，东、北部被取土挖去一块，周边陡峭。						

M756 西—东

M756 北—南

M756 南—北

邙山陵墓群考古调查表

NO:

单位：米

名称			编号	757	类别		分区	中区
位置		孟津平乐张盘村西南	经度	112°36.818′	纬度	34°47.113′	高程	211.7
照相号			录像号		绘图号	1－1	时代	东汉
工作过程		2007 年文物普查			调查时间	2007 年 3 月 8 日	历时	1 天
封土	形制		东西 44.50、南北 41.00、高 11.50				直径	
	筑法	平夯	夯层厚	0.1～0.22	密度	较硬	土色	黄褐、红褐
	保存状况	不完整			盗洞数量		位置	
	遗物	板瓦片 1，泥质灰陶，外绳纹内布纹，厚 1.2 厘米。筒瓦片 2，泥质灰陶，外绳纹内布纹，厚 1～1.1 厘米。						
陵园	位置		面积		地层深度			
	堆积		形状		保存状况			
	遗物							
碑刻								
备注		封土破坏严重，现大致呈圆形，位于二广高速东约 60 米，封土西侧有现代坟，俗称"二盆冢"。						

M757 东—西

M757 南—北

M757 西—东

邙山陵墓群考古调查表

NO:

单位：米

名称			编号	758	类别		分区	中区
位置		孟津平乐张盘村西南	经度	112°36.798′	纬度	34°47.073′	高程	210.0
照相号			录像号		绘图号	1－1	时代	东汉
工作过程		2007年文物普查			调查时间	2007年3月8日	历时	1天
封土	形制			东西16.00、南北15.00、高7.00			直径	
	筑法	平夯	夯层厚	0.08～0.18	密度	较硬	土色	红褐、黄褐
	保存状况		破坏严重		盗洞数量	1	位置	封土西侧
	遗物		板瓦片1，外绳纹内布纹，厚1.2厘米。 筒瓦片1，外绳纹内布纹，厚1.0厘米。 素面泥质灰陶片1。 灰陶器口沿。					
陵园	位置		面积			地层深度		
	堆积		形状			保存状况		
	遗物							
碑刻								
备注		封土破坏严重，现大致呈方形，周边陡峭，位于M757南约50米，封土西侧盗洞呈圆形，直径0.40米。						

M758　西—东

M758 南—北

M758 东—西

邙山陵墓群考古调查表

NO:
　　　　　　　　　　　　　　　　　　　　　　　　　　　　　　　　　　　单位：米

名称			编号	759	类别		分区	中区
位置		孟津平乐张盘村西	经度	112°36.636′	纬度	34°47.113′	高程	203.0
照相号			录像号		绘图号	1－1	时代	东汉
工作过程		2007年文物普查			调查时间	2007年3月9日	历时	1天
封土	形制		东西13.00、南北13.00、高4.50				直径	
	筑法	堆筑	夯层厚		密度	较松	土色	黄褐色
	保存状况	不完整		盗洞数量	1		位置	封土南10米
	遗物							
陵园	位置		面积			地层深度		
	堆积		形状			保存状况		
	遗物							
碑刻								
备注		封土破坏严重，现大致呈方形，周边陡峭，位于张盘村西焦化厂内南部，周边已由厂内砌成水泥护坡，封土南有四个迁葬现代墓，盗洞呈圆形，直径1.00米。						

M759 北—南

M759　南—北

M759　东—西

邙山陵墓群考古调查表

NO:　　单位：米

名称			编号	760	类别		分区	中区
位置		孟津平乐张盘村西	经度	112°36.608′	纬度	34°47.115′	高程	207.9
照相号			录像号		绘图号	1—1	时代	东汉
工作过程			2007年文物普查		调查时间	2007年3月9日	历时	1天
封土	形制			东西18.00、南北17.50、高6.50			直径	
	筑法	平夯	夯层厚	0.10~0.18	密度	较硬	土色	黄褐、红褐
	保存状况		不完整		盗洞数量		位置	
	遗物							
陵园	位置		面积			地层深度		
	堆积		形状			保存状况		
	遗物							
碑刻								
备注		封土破坏严重，现大致呈方形，位于张盘村西焦化厂内南部，M759西约30米，周边已用水泥砌成护坡，南邻断壁（下为道路），封土上东侧一下塌坑。						

M760 西—东

M760 北—南

M760 南—北

邙山陵墓群考古调查表

NO:　　　　　　　　　　　　　　　　　　　　　　　　　　　　　　　　　　　　　　　单位：米

名称			编号	761	类别		分区	中区
位置	孟津平乐张盘村西		经度	112°36.602′	纬度	34°47.126′	高程	205.9
照相号			录像号		绘图号	1－1	时代	东汉
工作过程		2007年文物普查		调查时间	2007年3月9日		历时	1天
封土	形制		东西13.00、南北16.50、高5.80				直径	
	筑法	平夯	夯层厚	0.08～0.22	密度	硬	土色	黄褐、红褐
	保存状况	不完整			盗洞数量	2	位置	封土北
	遗物							
陵园	位置		面积			地层深度		
	堆积		形状			保存状况		
	遗物							
碑刻								
备注	封土破坏严重，现大致呈长方形，位于张盘村西焦化厂内南部，M760北偏西约20米，周边砌有水泥护坡，盗洞均呈圆形，直径0.40～0.50米，封土东侧一废弃窑洞。							

M761　西—东

M761 北—南

M761 南—北

邙山陵墓群考古调查表

NO:

单位：米

名称			编号	763	类别		分区	中区
位置		孟津平乐张盘焦化厂内	经度	112°36.669′	纬度	34°47.587′	高程	199.4
照相号			录像号		绘图号	1－1	时代	东汉
工作过程		2007年文物普查			调查时间	2007年3月9日	历时	1天
封土	形制		东西33.50、南北29.50、高11.50				直径	
	筑法	平夯	夯层厚	0.08～0.26	密度	较硬	土色	红褐、黄褐
	保存状况	不完整			盗洞数量		位置	
	遗物	泥质灰陶器口沿2、素面陶片，泥质灰陶1。						
陵园	位置		面积			地层深度		
	堆积		形状			保存状况		
	遗物							
碑刻								
备注		封土破坏严重，现大致呈长方形，位于焦化厂内北侧偏西，距东西向公路约30米，周边砌水泥护坡，北部取土破坏，东侧一现代废弃窑洞，南侧取土破坏，露出墓道砖。						

M763 南—北

M763 东—西

M763 西北—东南

邙山陵墓群考古调查表

NO:　　　单位：米

名称			编号	764	类别		分区	中区
位置		孟津平乐张盘村西	经度	112°36.759′	纬度	34°47.191′	高程	204.9
照相号			录像号		绘图号	1—1	时代	东汉
工作过程		2007 年文物普查			调查时间	2007 年 3 月 9 日	历时	1 天
封土	形制			东西 25.50、南北 26.00、高 6.00			直径	
	筑法	平夯	夯层厚	0.08～0.18	密度	硬	土色	黄褐、红褐
	保存状况		不完整		盗洞数量	1	位置	封土西
	遗物			无				
陵园	位置		面积			地层深度		
	堆积		形状			保存状况		
	遗物							
碑刻								
备注	封土破坏严重，现大致呈方形，位于焦化厂内东，围墙内，东距高速路约 8 米，西侧一废弃窑洞，北侧有数个现代坟，周边水泥护坡。盗洞呈椭圆形，长 1.60～1.80 米。							

M764 南—北

M764　西—东

M764　北—南

邙山陵墓群考古调查表

NO:　　　　　　　　　　　　　　　　　　　　　　　　　　　　　　　　　　　　单位：米

名称			编号	769	类别		分区	中区
位置	孟津平乐张盘村西南		经度	112°36.779′	纬度	34°47.073′	高程	204.5
照相号			录像号		绘图号	1—1	时代	东汉
工作过程		2007年文物普查		调查时间	2007年3月10日	历时	1天
封土	形制			东西10.50、南北6.70、高4.00			直径	
	筑法	平夯	夯层厚	0.07~0.17	密度	较硬	土色	黄褐、红褐
	保存状况		破坏十分严重		盗洞数量		位置	
	遗物		灰陶板瓦片3，外绳纹内布纹，厚1.0~1.2厘米。					
陵园	位置		面积		地层深度			
	堆积		形状		保存状况			
	遗物							
碑刻								
备注		封土破坏殆尽，现大致呈不规则三角形，位于M758西约20米。						

M769　西—东

M769 南—北

M769 东—西

邙山陵墓群考古调查表

NO:
单位：米

名称			编号	770	类别		分区	中区
位置		孟津平乐张盘村西南	经度	112°36.761′	纬度	34°47.042′	高程	208.2
照相号			录像号		绘图号	1—1	时代	东汉
工作过程		2007 年文物普查			调查时间	2007 年 3 月 10 日	历时	1 天
封土	形制		东西 8.30、南北 12.80、高 7.50				直径	
	筑法	平夯	夯层厚	0.09～0.20	密度	较硬	土色	黄褐、红褐
	保存状况	不完整			盗洞数量		位置	
	遗物							
陵园	位置		面积			地层深度		
	堆积		形状			保存状况		
	遗物							
碑刻								
备注		封土破坏严重，现大致呈方形，陡峭，位于 M769 南偏西约 50 米。						

M770 东—西

M770 南—北

M770 西—东

邙山陵墓群考古调查表

NO:

单位：米

名称			编号	771	类别		分区	中区
位置		孟津平乐张盘村西南	经度	112°36.693′	纬度	34°46.926′	高程	209.2
照相号			录像号		绘图号	1—1	时代	东汉
工作过程		2007年文物普查			调查时间	2007年3月11日	历时	1天
封土	形制		东西10.20、南北8.00、高6.00				直径	
	筑法	堆筑	夯层厚		密度		土色	黄褐色
	保存状况		破坏严重		盗洞数量		位置	
	遗物							
陵园	位置		面积			地层深度		
	堆积		形状			保存状况		
	遗物							
碑刻								
备注		封土破坏严重，现大致呈椭圆形，位于二广高速东围栏外、M770南偏西约200米。						

M771 北—南

M771　东—西

M771　南—北

邙山陵墓群考古调查表

NO:

单位：米

名称			编号	772	类别			分区	中区
位置		孟津平乐张盘村西南	经度	112°36.714′	纬度	34°46.907′		高程	210.7
照相号			录像号			绘图号	1－1	时代	东汉
工作过程		2007 年文物普查			调查时间	2007 年 3 月 11 日		历时	1 天
封土	形制		东西 15.00、南北 13.00、高 4.20					直径	
	筑法	平夯	夯层厚	0.10 ~ 0.18	密度	硬		土色	红褐、黄褐
	保存状况	破坏严重			盗洞数量			位置	
	遗物	素面灰陶片 1。外素内凹弦纹陶片 1。							
陵园	位置		面积			地层深度			
	堆积		形状			保存状况			
	遗物								
碑刻									
备注		封土破坏严重，现大致呈方形，位于二广高速东约 40 米，M771 南偏东约 40 米，封土周边较陡峭。							

M772 北—南

M772 西—东

M772 南—北

邙山陵墓群考古调查表

NO:

单位：米

名称			编号	773	类别		分区	中区
位置		孟津平乐张盘村西南	经度	112°36.767′	纬度	34°46.916′	高程	214.9
照相号			录像号		绘图号	1－1	时代	东汉
工作过程		2007 年文物普查			调查时间	2007 年 3 月 11 日	历时	1 天
封土	形制		东西 16.00、南北 16.50、高 8.50				直径	
	筑法	平夯	夯层厚	0.08～0.20	密度	硬	土色	黄褐、红褐
	保存状况	不完整			盗洞数量	1	位置	封土西
	遗物							
陵园	位置		面积		地层深度			
	堆积		形状		保存状况			
	遗物							
碑刻								
备注		封土破坏严重，现大致呈方形，位于 M772 东约 70 米，封土西一新近圆形盗洞，直径 0.45 米，该冢俗称"影子冢"						

M773　西—东

M773 南—北

M773 东—西

邙山陵墓群考古调查表

单位：米

名称			编号	774	类别		分区	中区
位置		孟津平乐张盘村西南	经度	112°36.856′	纬度	34°47.032′	高程	211.4
照相号			录像号		绘图号	1—1	时代	东汉
工作过程		2007年文物普查			调查时间	2007年3月12日	历时	1天
封土	形制		东西 27.00、南北 26.50、高 11.00				直径	
	筑法	平夯	夯层厚	0.06～0.18	密度	硬	土色	红褐、黄褐
	保存状况	不完整			盗洞数量		位置	
	遗物	灰陶板瓦片1，外绳纹内布纹，厚0.8～1.0厘米。						
陵园	位置		面积			地层深度		
	堆积		形状			保存状况		
	遗物							
碑刻								
备注		封土破坏较严重，现大致呈方形，位于 M757 东南约 100 米，南部一废弃窑洞，内下塌，俗称"大盆冢"。						

M774 南—北

M774　东—西

M774　西—东

邙山陵墓群考古调查表

NO:

单位：米

名称			编号	775	类别		分区	中区
位置		孟津平乐张盘村西南	经度	112°36.849′	纬度	34°46.910′	高程	207.8
照相号			录像号		绘图号	1—1	时代	东汉
工作过程		2007 年文物普查			调查时间	2007 年 3 月 12 日	历时	1 天
封土	形制		东西 24.00、南北 27.00、高 7.50				直径	
	筑法	平夯	夯层厚	0.09～0.16	密度	硬	土色	黄褐、红褐
	保存状况	不完整			盗洞数量	1	位置	封土东侧
	遗物							
陵园	位置		面积			地层深度		
	堆积		形状			保存状况		
	遗物							
碑刻								
备注		封土破坏严重，现大致呈椭圆形，位于 M773 东约 100 米，高速路北约 40 米，东侧一新近盗洞，呈圆形，直径 0.40 米。						

M775 西—东

M775　南—北

M775　北—南

邙山陵墓群考古调查表

NO:

单位：米

名称			编号	776	类别		分区	中区
位置		孟津平乐张盘村西南	经度	112°36.939′	纬度	34°46.955′	高程	213.5
照相号			录像号		绘图号	1—1	时代	东汉
工作过程		2007 年文物普查			调查时间	2007 年 3 月 12 日	历时	1 天
封土	形制		东西 27.00、南北 29.00、高 12.00				直径	
	筑法	平夯	夯层厚	0.09 ~ 0.18	密度	较硬	土色	黄褐
	保存状况	不完整			盗洞数量		位置	
	遗物							
陵园	位置		面积			地层深度		
	堆积		形状			保存状况		
	遗物							
碑刻								
备注		封土破坏较严重，现大致呈方形，位于 M775 东北约 100 米，东北有一废弃窑洞，俗称"南大冢"。						

M776 西—东

M776 南—北

M776 北—南

邙山陵墓群考古调查表

NO:　　单位：米

名称			编号	777	类别		分区	中区
位置		孟津平乐张盘村西南	经度	112°37.088′	纬度	34°46.970′	高程	210.4
照相号			录像号		绘图号	1—1	时代	东汉
工作过程		2007年文物普查			调查时间	2007年3月12日	历时	1天
封土	形制		东西12.50、南北13.50、高5.50				直径	
	筑法	平夯	夯层厚	0.07～0.17	密度	硬	土色	黄褐
	保存状况	不完整		盗洞数量			位置	
	遗物							
陵园	位置		面积		地层深度			
	堆积		形状		保存状况			
	遗物							
碑刻								
备注	封土破坏严重，现大致呈方形，位于M776东约200米，周边较陡峭，南部、东北各一废弃窑洞，东约30米为机井房。							

M777　北—南

M777　南—北

M777　东—西

邙山陵墓群考古调查表

单位：米

名称			编号	778	类别		分区	中区
位置		孟津平乐张盘村西南	经度	112°37.036′	纬度	34°47.029′	高程	203.7
照相号			录像号		绘图号	1－1	时代	东汉
工作过程		2007年文物普查			调查时间	2007年3月12日	历时	1天
封土	形制		东西16.00、南北13.00、高5.50				直径	
	筑法	平夯	夯层厚	0.10～0.22	密度	较松	土色	红褐、黄褐
	保存状况	不完整		盗洞数量		位置		
	遗物							
陵园	位置		面积		地层深度			
	堆积		形状		保存状况			
	遗物							
碑刻								
备注		封土破坏严重，现大致呈椭圆形形，位于M777西北约100米，东、西、北、西北各有一废弃窑洞，属9组耕地。						

M778 东—西

M778 北—南

M778 南—北

邙山陵墓群考古调查表

NO:　　单位：米

名称			编号	779	类别		分区	中区
位置		孟津平乐张盘村西南	经度	112°36.996′	纬度	34°47.064′	高程	200.1
照相号			录像号		绘图号	1—1	时代	东汉
工作过程		2007 年文物普查			调查时间	2007 年	历时	1 天
封土	形制			东西 3.00、南北 6.00、高 3.00			直径	
	筑法	平夯	夯层厚	0.08 ~ 0.16	密度	硬	土色	红褐、黄褐
	保存状况		破坏殆尽		盗洞数量		位置	
	遗物							
陵园	位置		面积			地层深度		
	堆积		形状			保存状况		
	遗物							
碑刻								
备注		封土破坏十分严重，现呈不规则形，位于 M778 西北约 80 米，残存封土为东侧部分。						

M779 东—西

M779 北—南

M779 南—北

邙山陵墓群考古调查表

NO:　　单位：米

名称			编号	781	类别		分区	中区
位置	孟津平乐张盘村南		经度	112°37.813′	纬度	34°46.672′	高程	208.9
照相号			录像号		绘图号	1—1	时代	东汉
工作过程	2007 年文物普查				调查时间	2007 年 3 月 13 日	历时	1 天
封土	形制			东西 26.50、南北 24.50、高 6.50			直径	
	筑法	平夯	夯层厚	0.07 ~ 0.19	密度	较硬	土色	黄褐、红褐
	保存状况		不完整		盗洞数量		位置	
	遗物							
陵园	位置		面积			地层深度		
	堆积		形状			保存状况		
	遗物							
碑刻								
备注	封土破坏严重，现大致呈方形，位于 M755 东（偏南）约 250 米，顶削平，上残存小土丘。							

M781 北—南

M781　西—东

M781　南—北

邙山陵墓群考古调查表

NO:

单位：米

名称			编号	782	类别		分区	中区
位置	孟津平乐张盘西南		经度	112°36.578′	纬度	34°46.871′	高程	204.9
照相号			录像号		绘图号	1—1	时代	东汉
工作过程		2007 年文物普查			调查时间	2007 年 3 月 13 日	历时	1 天
封土	形制			东西 17.50、南北 20.00、高 3.50			直径	
	筑法	平夯	夯层厚	0.10 ~ 0.20	密度	较硬	土色	黄褐、红褐
	保存状况		破坏较严重		盗洞数量		位置	
	遗物		灰陶板瓦片 1，外绳纹内布纹，厚 1.7 厘米。 灰陶筒瓦片 1，外绳纹内布纹，厚 1.9 厘米。					
陵园	位置		面积			地层深度		
	堆积		形状			保存状况		
	遗物							
碑刻								
备注		封土破坏较严重，现大致呈长方形，位于焦化厂南围墙南约 200 米，顶已削平，属妯娌村耕地。						

M782 北—南

M782　西—东

M782　南—北

邙山陵墓群考古调查表

NO: 单位：米

名称			编号	809	类别		分区	中区
位置		孟津平乐新庄村西南	经度	112°35.750′	纬度	34°47.603′	高程	199.8
照相号			录像号		绘图号	1—1	时代	东汉
工作过程		2007 年文物普查			调查时间	2007 年 3 月 22 日	历时	1 天
封土	形制		东西 18.00、南北 8.00、高 4.50				直径	
	筑法	平夯	夯层厚	0.07～0.20	密度	硬	土色	红褐
	保存状况	不完整			盗洞数量		位置	
	遗物							
陵园	位置		面积			地层深度		
	堆积		形状			保存状况		
	遗物							
碑刻								
备注		封土破坏严重，现大致呈不规则条形，位于新庄村西南，钰隆公司围墙内东北，周边水泥砌护坡。						

M809 南—北

M809 东—西

M809 北—南

邙山陵墓群考古调查表

NO:　　　　　　　　　　　　　　　　　　　　　　　　　　　　　　　　　　　　　　　单位：米

名称			编号	811	类别		分区	中区
位置		孟津平乐新庄村西南	经度	112°35.692′	纬度	34°47.637′	高程	198.5
照相号			录像号		绘图号	1－1	时代	东汉
工作过程		2007 年文物普查			调查时间	2007 年 3 月 22 日	历时	1 天
封土	形制		东西 21.00、南北 13.00、高 4.50				直径	
	筑法	平夯	夯层厚	0.07～0.20	密度	较硬	土色	红褐
	保存状况	破坏严重		盗洞数量		位置		
	遗物	灰陶板瓦片 1，外绳纹内布纹，厚 1.0 厘米。						
陵园	位置		面积		地层深度			
	堆积		形状		保存状况			
	遗物							
碑刻								
备注		封土破坏严重，现呈不规则形，位于 M809 西（偏北）约 80 米，钰隆公司围墙内，周边护坡。						

M811 北—南

邙山陵墓群考古调查表

单位：米

NO:

名称			编号	812	类别		分区	中区
位置	孟津平乐新庄村西南		经度	112°35.537′	纬度	34°47.666′	高程	204.5
照相号			录像号		绘图号	1—1	时代	东汉
工作过程	2007 年文物普查				调查时间	2007 年 3 月 22 日	历时	1 天
封土	形制		东西 39.00、南北 37.00、高 14.50				直径	
	筑法	平夯	夯层厚	0.07 ~ 0.17	密度	硬	土色	红褐、黄褐
	保存状况	不完整			盗洞数量		位置	
	遗物							
陵园	位置		面积			地层深度		
	堆积		形状			保存状况		
	遗物							
碑刻								
备注	封土破坏较严重，现大致呈圆形，周边水泥护坡，位于钰隆公司围墙内西北角，M811 西（偏北）约 200 米，南侧 5 个废弃窑洞，东、北各有 2 个废弃窑洞。							

M812　西—东

邙山陵墓群考古调查表

NO:

单位：米

名称			编号	814	类别		分区	中区
位置		孟津平乐新庄村西南	经度	112°35.708′	纬度	34°47.826′	高程	198.5
照相号			录像号			绘图号 1－1	时代	东汉
工作过程		2007 年文物普查			调查时间	2007 年 3 月 22 日	历时	1 天
封土	形制		东西 9.20、南北 18.00、高 4.00				直径	
	筑法	平夯	夯层厚	0.07～0.16	密度	硬	土色	红褐、黄褐
	保存状况	破坏殆尽			盗洞数量		位置	
	遗物							
陵园	位置		面积			地层深度		
	堆积		形状			保存状况		
	遗物							
碑刻								
备注		封土破坏殆尽，现呈不规则形，位于 M807 东北约 20 米，为"双半冢"之一。						

M814 南—北

M814 西—东

M814 北—南

邙山陵墓群考古调查表

NO:

单位：米

名称			编号	863	类别		分区	中区
位置		孟津平乐新庄王窑村南	经度	112°36.759′	纬度	34°47.951′	高程	183.5
照相号			录像号		绘图号	1－1	时代	东汉
工作过程		2007年文物普查			调查时间	2007年3月31日	历时	1天
封土	形制			东西6.30、南北5.90、高3.50			直径	
	筑法	平夯	夯层厚	0.09～0.17	密度	硬	土色	红褐，黄褐
	保存状况	破坏殆尽			盗洞数量		位置	
	遗物							
陵园	位置		面积		地层深度			
	堆积		形状		保存状况			
	遗物							
碑刻								
备注		封土破坏严重，现大致呈三角形，位于王窑村南约300米，洛常路西，汉陵面粉厂西100米。						

M863 北—南

M863 南—北

M863 东—西

邙山陵墓群考古调查表

单位：米

名称			编号	864	类别		分区	中区
位置		孟津平乐新庄王窑村南	经度	112°36.681′	纬度	34°47.748′	高程	184.6
照相号			录像号		绘图号	1—1	时代	东汉
工作过程		2007年文物普查			调查时间	2007年3月31日	历时	1天
封土	形制		东西12.00、南北11.50、高5.50				直径	
	筑法	平夯	夯层厚	0.07～0.15	密度	硬	土色	黄褐
	保存状况	不完整			盗洞数量		位置	
	遗物							
陵园	位置		面积			地层深度		
	堆积		形状			保存状况		
	遗物							
碑刻								
备注		封土破坏严重，现大致呈椭圆形，位于洛常路南，机井房南约40米，周边较陡峭，西北一废弃窑洞。						

M864 北—南

M864 南—北

M864 西—东

邙山陵墓群考古调查表

NO: 单位：米

名称			编号	865	类别		分区	中区
位置		孟津平乐新庄王窑村南	经度	112°36.726′	纬度	34°47.716′	高程	183.7
照相号			录像号		绘图号	1—1	时代	东汉
工作过程		2007 年文物普查			调查时间	2007 年 3 月 31 日	历时	1 天
封土	形制		东西 12.50、南北 8.50、高 4.50				直径	
	筑法	平夯	夯层厚	0.10～0.25	密度	较硬	土色	黄褐、红褐
	保存状况	不完整		盗洞数量			位置	
	遗物							
陵园	位置		面积		地层深度			
	堆积		形状		保存状况			
	遗物							
碑刻								
备注		封土破坏严重，现大致呈椭圆形，位于 M864 东南约 60 米。						

M865 北—南

M865 东—西

M865 南—北

邙山陵墓群考古调查表

NO:

单位：米

名称			编号	866	类别		分区	中区
位置	孟津平乐新庄王窑村南		经度	112°36.748′	纬度	34°47.714′	高程	183.2
照相号			录像号		绘图号	1—1	时代	东汉
工作过程	2007 年文物普查				调查时间	2007 年 3 月 31 日	历时	1 天
封土	形制		东西 12.00、南北 10.00、高 3.40				直径	
	筑法	平夯	夯层厚	0.08 ~ 0.14	密度	硬	土色	红褐、黄褐
	保存状况	不完整			盗洞数量		位置	
	遗物							
陵园	位置		面积			地层深度		
	堆积		形状			保存状况		
	遗物							
碑刻								
备注	封土破坏严重，现大致呈方形，位于 M865 东约 20 米。							

M866 北—南

M866 南—北

M866 东—西

邙山陵墓群考古调查表

NO: 单位：米

名称			编号	867	类别		分区	中区
位置		孟津平乐新庄王窑村南	经度	112°36.739′	纬度	34°47.694′	高程	184.7
照相号			录像号		绘图号	1－1	时代	东汉
工作过程		2007 年文物普查			调查时间	2007 年 4 月 1 日	历时	1 天
封土	形制			东西 8.00、南北 7.90、高 4.50			直径	
	筑法	平夯	夯层厚	0.08～0.19	密度	硬	土色	黄褐、红褐
	保存状况		不完整		盗洞数量		位置	
	遗物							
陵园	位置		面积			地层深度		
	堆积		形状			保存状况		
	遗物							
碑刻								
备注		封土破坏严重，现大致呈方形，位于 M866 南约 30 米，陡峭。						

M867 南—北

M867 北—南

M867 西—东

邙山陵墓群考古调查表

单位：米

名称			编号	868	类别		分区	中区
位置		孟津平乐新庄王窑村南	经度	112°36.643′	纬度	34°47.664′	高程	191.5
照相号			录像号		绘图号	1－1	时代	东汉
工作过程		2007年文物普查			调查时间	2007年4月1日	历时	1天
封土	形制			东西18.50、南北20.00、高8.50			直径	
	筑法	平夯	夯层厚	0.08～0.21	密度	较硬	土色	黄褐、红褐
	保存状况	不完整			盗洞数量		位置	
	遗物							
陵园	位置		面积			地层深度		
	堆积		形状			保存状况		
	遗物							
碑刻								
备注		封土破坏严重，现大致呈方形，位于M867西南约100米。						

M868 西—东

M868　南—北

M868　北—南

邙山陵墓群考古调查表

NO:　　　　　　　　　　　　　　　　　　　　　　　　　　　　　　　　　　　　　单位：米

名称			编号	870	类别		分区	中区
位置		孟津平乐新庄村东	经度	112°36.481′	纬度	34°47.778′	高程	188.5
照相号			录像号		绘图号	1—1	时代	东汉
工作过程		2007 年文物普查			调查时间	2007 年 4 月 1 日	历时	1 天
封土	形制		东西 14.30、南北 8.20、高 4.50				直径	
	筑法	平夯	夯层厚	0.09 ~ 0.19	密度	硬	土色	黄褐、红褐
	保存状况	不完整			盗洞数量		位置	
	遗物	无						
陵园	位置		面积			地层深度		
	堆积		形状			保存状况		
	遗物							
碑刻								
备注		封土破坏严重，现大致呈椭圆形，位于新庄村东约 200 米，洛常路北，加油站北 70 米。						

M870 南—北

M870 西—东

M870 东—西

邙山陵墓群考古调查表

NO:　　　　　　　　　　　　　　　　　　　　　　　　　　　　　　　　　　　　单位：米

名称		编号	871	类别		分区	中区
位置	孟津平乐新庄村东	经度	112°36.467′	纬度	34°47.823′	高程	196.3
照相号		录像号		绘图号	1－1	时代	东汉
工作过程		2007年文物普查		调查时间	2007年4月1日	历时	1天
封土	形制		东西27.50、南北28.00、高9.30			直径	
	筑法	平夯	夯层厚	0.07～0.15	密度	硬	土色	黄褐、红褐
	保存状况		不完整		盗洞数量		位置	
	遗物						
陵园	位置		面积			地层深度	
	堆积		形状			保存状况	
	遗物						
碑刻							
备注		封土破坏较严重，现大致呈方形，位于M870北约80米，西侧一废弃窑洞。					

M871　东—西

M871　西—东

M871　南—北

邙山陵墓群考古调查表

NO:　　　　　　　　　　　　　　　　　　　　　　　　　　　　　　　　　　　　　　单位：米

名称			编号	872	类别		分区	中区
位置		孟津平乐新庄王窑西南	经度	112°36.671′	纬度	34°48.096′	高程	182.5
照相号			录像号		绘图号	1－1	时代	东汉
工作过程		2007 年文物普查			调查时间	2007 年 4 月 2 日	历时	1 天
封土	形制			东西 10.50、南北 11.50、高 4.30			直径	
	筑法	平夯	夯层厚	0.09～0.18	密度	硬	土色	黄褐
	保存状况	不完整		盗洞数量			位置	
	遗物							
陵园	位置		面积		地层深度			
	堆积		形状		保存状况			
	遗物							
碑刻								
备注		封土破坏十分严重，现呈不规则形，位于新庄 6 组（王窑）西南 50 米，南、西地面取土形成深 2.00 米大坑。						

M872 北—南

M872 南—北

M872 东—西

邙山陵墓群考古调查表

NO:　　　　　　　　　　　　　　　　　　　　　　　　　　　　　　　　　　　　单位：米

名称			编号	874	类别		分区	中区
位置		孟津平乐新庄王窑村东	经度	112°36.930′	纬度	34°48.135′	高程	192.2
照相号			录像号		绘图号	1－1	时代	东汉
工作过程		2007 年文物普查			调查时间	2007 年 4 月 3 日	历时	1 天
封土	形制		东西 15.20、南北 19.70、高 8.20				直径	
	筑法	平夯	夯层厚	0.07 ~ 0.21	密度	较硬	土色	黄褐
	保存状况	不完整			盗洞数量		位置	
	遗物	素面陶片 3，泥质灰陶。 泥质灰陶器口沿 1。 夹砂陶片 2，外饰菱形纹。						
陵园	位置		面积			地层深度		
	堆积		形状			保存状况		
	遗物							
碑刻								
备注		封土破坏严重，位于王窑村东约 200 米，洛常路东，西北为洛常路（沟下），封土东南下塌一坑，估计为墓室下沉所致，封土现呈不规则形。						

M874　东—西

M874 北—南

M874 南—北

邙山陵墓群考古调查表

NO:　　　单位：米

名称			编号	875	类别		分区	中区
位置		孟津平乐新庄村东	经度	112°36.453′	纬度	34°48.033′	高程	204.3
照相号			录像号		绘图号	1—1	时代	东汉
工作过程			2007 年文物普查		调查时间	2007 年 4 月 3 日	历时	1 天
封土	形制			东西 30.00、南北 30.30、高 11.50			直径	
	筑法		夯层厚	0.07 ~ 0.18	密度	硬	土色	黄褐、红褐
	保存状况		不完整		盗洞数量		位置	
	遗物							
陵园	位置		面积		地层深度			
	堆积		形状		保存状况			
	遗物							
碑刻								
备注		封土破坏较严重，现大致呈方形，位于村东约 200 米，东、北、南有数个现代坟，西侧一废弃窑洞。						

M875 东—西

M875 北—南

M875 南—北

邙山陵墓群考古调查表

NO:

单位：米

名称			编号	876	类别		分区	中区
位置		孟津平乐新庄村东	经度	112°36.457′	纬度	34°47.552′	高程	200.5
照相号			录像号		绘图号	1－1	时代	东汉
工作过程		2007年文物普查			调查时间	2007年4月4日	历时	1天
封土	形制		东西30.00、南北36.40、高9.80				直径	
	筑法	平夯	夯层厚	0.09～0.22	密度	较硬	土色	黄褐、红褐
	保存状况	不完整			盗洞数量		位置	
	遗物							
陵园	位置		面积			地层深度		
	堆积		形状			保存状况		
	遗物							
碑刻								
备注		封土破坏较严重，现大致呈方形，位于焦化厂围墙西约60米，9组耕地，封土南取土形成"凹"字型，南侧上方一废弃窑洞。						

M876 西—东

M876 南—北

M876 东—西

邙山陵墓群考古调查表

NO:

单位：米

名称			编号	877	类别		分区	中区
位置	孟津平乐新庄村东		经度	112°36.367′	纬度	34°47.527′	高程	200.1
照相号			录像号		绘图号	1—1	时代	东汉
工作过程		2007年文物普查			调查时间	2007年4月4日	历时	1天
封土	形制			东西20.00、南北30.00、高8.30			直径	
	筑法	平夯	夯层厚	0.10～0.18	密度	较硬	土色	红褐、黄褐
	保存状况		不完整		盗洞数量		位置	
	遗物		灰陶板瓦片1，外绳纹内布纹，厚1.4厘米。					
陵园	位置		面积			地层深度		
	堆积		形状			保存状况		
	遗物							
碑刻								
备注	封土破坏较严重，位于洛常路东约100米，东距M876约100米，现大致呈方形，西北角一废弃窑洞。							

M877 南—北

M877　西—东

M877　北—南

邙山陵墓群考古调查表

NO:

单位：米

名称			编号	878	类别			分区	中区
位置		孟津平乐新庄村东	经度	112°36.466′	纬度	34°47.462′		高程	194.5
照相号			录像号		绘图号	1—1		时代	东汉
工作过程		2007年文物普查			调查时间	2007年4月4日		历时	1天
封土	形制			东西10.00、南北7.00、高3.00				直径	
	筑法	平夯	夯层厚	0.15~0.20	密度	较硬		土色	黄褐色
	保存状况		不完整		盗洞数量			位置	
	遗物								
陵园	位置		面积			地层深度			
	堆积		形状			保存状况			
	遗物								
碑刻									
备注		封土破坏严重，现大致呈长方形，位于M876南约100米。							

M878 东—西

M878　北—南

M878　南—北

邙山陵墓群考古调查表

NO:　　　　　　　　　　　　　　　　　　　　　　　　　　　　　　　　　　　　单位：米

名称			编号	879	类别		分区	中区
位置		孟津平乐新庄村南	经度	112°35.933′	纬度	34°47.292′	高程	198.5
照相号			录像号		绘图号	1—1	时代	东汉
工作过程		2007年文物普查			调查时间	2007年4月4日	历时	1天
封土	形制		东西23.20、南北17.50、高4.00				直径	
	筑法	平夯	夯层厚	0.10~0.18	密度	较硬	土色	黄褐、红褐
	保存状况		不完整		盗洞数量		位置	
	遗物							
陵园	位置		面积			地层深度		
	堆积		形状			保存状况		
	遗物							
碑刻								
备注		封土破坏严重，现大致呈椭圆形，位于洛常路南约80米，南、北各有一废弃窑洞，俗称"三窑家"。						

M879 东—西

M879　北—南

M879　南—北

邙山陵墓群考古调查表

NO:　　单位：米

名称			编号	880	类别			分区	中区
位置		孟津平乐新庄村西南	经度	112°35.929′	纬度	34°47.041′		高程	210.5
照相号			录像号		绘图号	1—1		时代	东汉
工作过程		2007年文物普查			调查时间	2007年4月5日		历时	1天
封土	形制		东西55.00、南北54.50、高9.20					直径	
	筑法	平夯	夯层厚	0.07~0.20	密度	硬		土色	黄褐
	保存状况		不完整		盗洞数量			位置	
	遗物		外绳纹内布纹灰陶板瓦片2，厚1~1.2厘米。泥质灰陶器口沿2。						
陵园	位置		面积			地层深度			
	堆积		形状			保存状况			
	遗物								
碑刻									
备注		封土破坏较严重，现大致呈圆形，东侧约200米为次公路，西南一废弃窑洞，俗称"大窑冢"。							

M880　西—东

M880　东—西

M880　南—北

邙山陵墓群考古调查表

NO:

单位：米

名称			编号	881	类别		分区	中区
位置		孟津平乐新庄村西南	经度	112°35.931′	纬度	34°47.131′	高程	209.7
照相号			录像号		绘图号	1—1	时代	东汉
工作过程		2007年文物普查			调查时间	2007年4月5日	历时	1天
封土	形制			东西31.00、南北30.50、高8.50			直径	
	筑法	平夯	夯层厚	0.09～0.22	密度	较硬	土色	黄褐、红褐
	保存状况		不完整		盗洞数量		位置	顶部
	遗物							
陵园	位置		面积			地层深度		
	堆积		形状			保存状况		
	遗物							
碑刻								
备注		封土破坏较严重，现大致呈圆形，位于M880北约100米，俗称"二窑冢"，顶部长方形盗洞，尺寸1.00×0.80米。东、北、西各一废弃窑洞。						

M881 东—西

M881　西—东

M881　南—北

邙山陵墓群考古调查表

NO:　　　　　　　　　　　　　　　　　　　　　　　　　　　　　　　　　　　　　单位：米

名称			编号	882	类别		分区	中区
位置		孟津平乐新庄村南	经度	112°36.352′	纬度	34°47.444′	高程	208.3
照相号			录像号		绘图号	1—1	时代	东汉
工作过程		2007 年文物普查			调查时间	2007 年 4 月 5 日	历时	1 天
封土	形制		东西 22.50、南北 19.50、高 8.50				直径	
	筑法	平夯	夯层厚	0.08～0.20	密度	较硬	土色	红褐、黄褐
	保存状况		不完整		盗洞数量		位置	
	遗物							
陵园	位置		面积			地层深度		
	堆积		形状			保存状况		
	遗物							
碑刻								
备注		封土破坏严重，现大致呈椭圆形，位于洛常路南 200 米，两条铁路中间。						

M882　西—东

M882 东—西

M882 南—北

邙山陵墓群考古调查表

NO:

单位：米

名称			编号	883	类别		分区	中区
位置		孟津平乐新庄村南	经度	112°36.453′	纬度	34°47.296′	高程	206.7
照相号			录像号		绘图号	1－1	时代	东汉
工作过程		2007年文物普查			调查时间	2007年4月5日	历时	1天
封土	形制		东西9.00、南北9.20、高4.70				直径	
	筑法	堆筑	夯层厚		密度	疏松	土色	黄褐、红褐
	保存状况	不完整		盗洞数量			位置	
	遗物							
陵园	位置		面积			地层深度		
	堆积		形状			保存状况		
	遗物							
碑刻								
备注		封土破坏殆尽，现大致呈圆形，位于两条铁路之间，M882南约300米。						

M883 北—南

M883　南—北

M883　西—东

邙山陵墓群考古调查表

NO:　　　　　　　　　　　　　　　　　　　　　　　　　　　　　　　　　单位：米

名称			编号	884	类别		分区	中区
位置		孟津平乐新庄村南	经度	112°36.161′	纬度	34°47.435′	高程	211.2
照相号			录像号		绘图号	1－1	时代	东汉
工作过程		2007 年文物普查			调查时间	2007 年 4 月 5 日	历时	1 天
封土	形制		东西 24.70、南北 24.50、高 9.00				直径	
	筑法	平夯	夯层厚	0.06 ～ 0.19	密度	较硬	土色	红褐、黄褐
	保存状况	不完整			盗洞数量		位置	
	遗物	无						
陵园	位置		面积			地层深度		
	堆积		形状			保存状况		
	遗物							
碑刻		封土南一近代墓，并立有碑刻。						
备注		封土破坏严重，现大致呈椭圆形，位于 M882 西约 200 米。						

M884 西—东

M884　南—北

M884　北—南

邙山陵墓群考古调查表

NO:

单位：米

名称			编号	885	类别		分区	中区
位置	孟津平乐新庄村南		经度	112°36.358′	纬度	34°47.347′	高程	205.7
照相号			录像号		绘图号	1—1	时代	东汉
工作过程		2007 年文物普查			调查时间	2007 年 4 月 6 日	历时	1 天
封土	形制			东西 25.00、南北 24.00、高 8.50			直径	
	筑法	平夯	夯层厚	0.07 ~ 0.18	密度	硬	土色	黄褐、红褐
	保存状况		不完整		盗洞数量	1	位置	封土东侧
	遗物							
陵园	位置		面积			地层深度		
	堆积		形状			保存状况		
	遗物							
碑刻								
备注	封土破坏严重，现大致呈方形，位于铁路西 30 米，M884 东南约 300 米，北侧一废弃窑洞，东侧盗洞呈圆形，直径 0.40 米，南侧现代坟 3 个。							

M885 西—东

M885 北—南

M885 南—北

邙山陵墓群考古调查表

NO:

单位：米

名称			编号	886	类别		分区	中区
位置		孟津平乐新庄村南	经度	112°36.344′	纬度	34°47.211′	高程	207.5
照相号			录像号		绘图号	1－1	时代	东汉
工作过程		2007 年文物普查			调查时间	2007 年 4 月 6 日	历时	1 天
封土	形制		东西 31.50、南北 36.50、高 8.00				直径	
	筑法	平夯	夯层厚	0.05～0.16	密度	硬	土色	红褐、黄褐
	保存状况		不完整		盗洞数量		位置	
	遗物		灰陶板瓦片 1，外绳纹内布纹，厚 0.9 厘米。 筒瓦片 1，外绳纹内布纹，厚 1.1 厘米。					
陵园	位置		面积			地层深度		
	堆积		形状			保存状况		
	遗物							
碑刻								
备注		封土破坏严重，现大致呈方形，位于 M885 南约 150 米，南侧取土形成一台，西侧三个废弃窑洞，南侧一现代坟，俗称"梁冢"。						

M886 西—东

M886　北—南

M886　东—西

邙山陵墓群考古调查表

单位：米

名称			编号	887	类别		分区	中区
位置	孟津平乐新庄村南		经度	112°36.326′	纬度	34°46.822′	高程	207.3
照相号			录像号		绘图号	1—1	时代	东汉
工作过程	2007 年文物普查				调查时间	2007 年 4 月 6 日	历时	1 天
封土	形制		东西 13.00、南北 15.00、高 6.30				直径	
	筑法	平夯	夯层厚	0.08 ~ 0.18	密度	硬	土色	红褐、黄褐
	保存状况	不完整		盗洞数量			位置	
	遗物	素面陶片 3，泥质灰陶。						
陵园	位置		面积			地层深度		
	堆积		形状			保存状况		
	遗物							
碑刻								
备注	封土破坏严重，现大致呈方形，位于连霍高速北约 250 米，西南、东各一废弃窑洞，内相互连通，西侧一废弃窑洞。							

M887 北—南

M887 南—北

M887 西—东

邙山陵墓群考古调查表

NO:　　　单位：米

名称			编号	888	类别		分区	中区
位置	孟津平乐新庄村南		经度	112°36.262′	纬度	34°46.903′	高程	206.8
照相号			录像号		绘图号	1—1	时代	东汉
工作过程		2007 年文物普查			调查时间	2007 年 4 月 6 日	历时	1 天
封土	形制			东西 12.50、南北 15.00、高 5.50			直径	
	筑法	平夯	夯层厚	0.06～0.19	密度	硬	土色	红褐、黄褐
	保存状况		不完整		盗洞数量		位置	
	遗物							
陵园	位置		面积		地层深度			
	堆积		形状		保存状况			
	遗物							
碑刻								
备注	封土破坏严重，现大致呈方形，位于 M887 北（偏西）约 150 米，东北约 35 米为一实家。							

M888 南—北

M888　西—东

M888　北—南

邙山陵墓群考古调查表

NO:

单位：米

名称			编号	889	类别		分区	中区
位置		孟津平乐新庄村南	经度	112°36.309′	纬度	34°46.929′	高程	216.3
照相号			录像号		绘图号	1－1	时代	东汉
工作过程		2007 年文物普查			调查时间	2007 年 4 月 6 日	历时	1 天
封土	形制			东西 20.00、南北 23.50、高 8.50			直径	
	筑法	平夯	夯层厚	0.07 ~ 0.16	密度	硬	土色	红褐、黄褐
	保存状况		不完整		盗洞数量		位置	
	遗物							
陵园	位置		面积			地层深度		
	堆积		形状			保存状况		
	遗物							
碑刻								
备注		封土破坏严重，现呈不规则方形，位于 M888 东北约 35 米，东距铁路暗道 6 米，西侧一废弃窑洞，一现代坟。						

M889 南—北

M889 北—南

M889 西—东

邙山陵墓群考古调查表

NO:　　　　　　　　　　　　　　　　　　　　　　　　　　　　　　　　　　　　　　　单位：米

名称				编号	890	类别		分区	中区
位置		孟津平乐新庄村南		经度	112°36.438′	纬度	34°46.909′	高程	206.3
照相号				录像号		绘图号	1—1	时代	东汉
工作过程			2007 年文物普查			调查时间	2007 年 4 月 7 日	历时	1 天
封土	形制			东西 17.50、南北 20.00、高 5.00				直径	
	筑法	平夯	夯层厚	0.09 ~ 0.23	密度	较硬		土色	黄褐、红褐
	保存状况		不完整		盗洞数量	1		位置	封土东侧
	遗物		灰陶板瓦片 4，外绳纹内布纹，厚 1.1 ~ 1.4 厘米。 灰陶筒瓦片 2，外绳纹内布纹，厚 0.9 ~ 1.0 厘米。						
陵园	位置			面积			地层深度		
	堆积			形状			保存状况		
	遗物								
碑刻									
备注		封土破坏严重，现大致呈方形，位于 M782 西（偏北）约 150 米，东侧一圆形盗洞，直径 0.60 米。							

M890 南—北

M890 北—南

M890 西—东

邙山陵墓群考古调查表

NO:　　单位：米

名称			编号	891	类别		分区	中区
位置		孟津平乐新庄村南	经度	112°36.117′	纬度	34°46.797′	高程	219.3
照相号			录像号		绘图号	1－1	时代	东汉
工作过程		2007 年文物普查			调查时间	2007 年 4 月 7 日	历时	1 天
封土	形制			东西 24.00、南北 27.00、高 8.20			直径	
	筑法	平夯	夯层厚	0.08～0.19	密度	硬	土色	红褐、黄褐
	保存状况		不完整		盗洞数量		位置	
	遗物							
陵园	位置		面积			地层深度		
	堆积		形状			保存状况		
	遗物							
碑刻								
备注		封土破坏严重，现大致呈方形，位于 M887 西约 300 米，南北向道路东约 100 米，南侧取土破坏，北、东各一废弃窑洞。						

M891 南—北

M891　西—东

M891　北—南

邙山陵墓群考古调查表

NO:
单位：米

名称			编号	892	类别		分区	中区
位置		孟津平乐新庄村南	经度	112°36.080′	纬度	34°46.826′	高程	214.3
照相号			录像号		绘图号	1—1	时代	东汉
工作过程		2007 年文物普查			调查时间	2007 年 4 月 7 日	历时	1 天
封土	形制			东西 13.00、南北 14.50、高 7.00			直径	
	筑法	平夯	夯层厚	0.08 ~ 0.25	密度	较硬	土色	红褐、黄褐
	保存状况		不完整		盗洞数量		位置	
	遗物							
陵园	位置		面积			地层深度		
	堆积		形状			保存状况		
	遗物							
碑刻								
备注		封土破坏严重，现大致呈椭圆形，位于 M891 西北约 50 米，较陡峭，东侧一废弃窑洞。						

M892 南—北

M892　北—南

M892　西—东

邙山陵墓群考古调查表

NO:　　　　　　　　　　　　　　　　　　　　　　　　　　　　　　　　　　　　　　单位：米

名称			编号	893	类别		分区	中区
位置		孟津平乐新庄村南	经度	112°36.129′	纬度	34°47.085′	高程	213.7
照相号			录像号		绘图号	1—1	时代	东汉
工作过程		2007 年文物普查			调查时间	2007 年 4 月 8 日	历时	1 天
封土	形制		东西 18.00、南北 13.70、高 6.50				直径	
	筑法	平夯	夯层厚	0.09 ～ 0.24	密度	较硬	土色	红褐、黄褐
	保存状况	不完整			盗洞数量		位置	
	遗物							
陵园	位置		面积		地层深度			
	堆积		形状		保存状况			
	遗物							
碑刻								
备注	封土破坏严重，现大致呈长方形，位于大窑冢东约 300 米，公路东约 200 米，东南，北各一废弃窑洞，西南一废弃窑洞，西 5 米为现代小平房。							

M893 北—南

M893　南—北

M893　东—西

邙山陵墓群考古调查表

NO:

单位：米

名称			编号	894	类别		分区	中区
位置		孟津平乐新庄村南	经度	112°36.107′	纬度	34°47.228′	高程	212.5
照相号			录像号		绘图号	1—1	时代	东汉
工作过程		2007 年文物普查			调查时间	2007 年 4 月 8 日	历时	1 天
封土	形制		东西 14.50、南北 17.50、高 4.80				直径	
	筑法	平夯	夯层厚	0.10 ~ 0.25	密度	较松	土色	红褐、黄褐
	保存状况	不完整			盗洞数量		位置	
	遗物	灰陶板瓦片 1，外绳纹内布纹，厚 1.1 厘米。 泥质灰陶片 1，素面。						
陵园	位置		面积			地层深度		
	堆积		形状			保存状况		
	遗物							
碑刻								
备注		封土破坏严重，现大致呈方形，位于 M893 北约 200 米，公路东约 100 米。						

M894　南—北

M894 北—南

M894 西—东

邙山陵墓群考古调查表

NO:

单位：米

名称			编号	895	类别		分区	中区
位置		孟津平乐新庄西南	经度	112°35.679′	纬度	34°47.275′	高程	205.5
照相号			录像号		绘图号	1－1	时代	东汉
工作过程		2007 年文物普查			调查时间	2007 年 4 月 8 日	历时	1 天
封土	形制		东西 40.00、南北 39.50、高 4.50				直径	
	筑法	平夯	夯层厚	0.08～0.20	密度	较硬	土色	红褐、黄褐
	保存状况	不完整			盗洞数量	1	位置	封土上部
	遗物							
陵园	位置		面积			地层深度		
	堆积		形状			保存状况		
	遗物							
碑刻								
备注		封土破坏严重，现大致呈圆形，位于大窑冢西北约 300 米，洛常路北约 80 米，东方正大饲料厂西南，平顶，封土上部一圆形盗洞，直径 0.40 米。						

M895 西北－东南

M895 西南—东北

M895 东—西

邙山陵墓群考古调查表

NO:　　　　　　　　　　　　　　　　　　　　　　　　　　　　　　　　　　　　　　　单位：米

名称			编号	896	类别		分区	中区
位置	孟津平乐新庄村西		经度	112°35.804′	纬度	34°47.907′	高程	200.5
照相号			录像号		绘图号	1－1	时代	东汉
工作过程	2007 年文物普查				调查时间	2007 年 4 月 9 日	历时	1 天
封土	形制		东西 46.00、南北 48.50、高 15.00				直径	
	筑法	平夯	夯层厚	0.07 ~ 0.24	密度	较硬	土色	黄褐、红褐
	保存状况		较完整		盗洞数量	1	位置	封土南
	遗物							
陵园	位置		面积			地层深度		
	堆积		形状			保存状况		
	遗物							
碑刻								
备注	封土保存较完整，现大致呈圆形，位于村西 3 组耕地中，西北一废弃窑洞，西侧一废弃窑洞，顶部有测绘局立牌，封土南盗洞呈圆形，直径 0.45 米，该冢俗称"金冢"。							

M896 东—西

M896　西—东

M896　南—北

邙山陵墓群考古调查表

NO:

单位：米

名称			编号	897	类别		分区	中区
位置		孟津平乐新庄村南	经度	112°35.950′	纬度	34°47.472′	高程	197.5
照相号			录像号		绘图号	1－1	时代	东汉
工作过程			2007年文物普查		调查时间	2007年4月9日	历时	1天
封土	形制		东西44.00、南北42.70、高13.50				直径	
	筑法	平夯	夯层厚	0.06～0.22	密度	较硬	土色	黄褐、红褐
	保存状况		不完整		盗洞数量		位置	
	遗物							
陵园	位置		面积			地层深度		
	堆积		形状			保存状况		
	遗物							
碑刻								
备注		封土破坏较严重，现大致呈圆形，位于洛常路西，预制厂东南角，西北、西各一废弃窑洞，西南一窑洞（现正使用）。						

M897　西南—东北

邙山陵墓群考古调查表

单位：米

NO:

名称			编号	898	类别		分区	中区
位置		孟津平乐新庄村南	经度	112°35.939′	纬度	34°47.559′	高程	176.0
照相号			录像号		绘图号	1－1	时代	东汉
工作过程		2007 年文物普查			调查时间	2007 年 4 月 10 日	历时	1 天
封土	形制		东西 15.00、南北 20.50、高 7.50				直径	
	筑法	平夯	夯层厚	0.08 ~ 0.20	密度	硬	土色	黄褐、红褐
	保存状况	不完整		盗洞数量			位置	
	遗物							
陵园	位置		面积		地层深度			
	堆积		形状		保存状况			
	遗物							
碑刻								
备注		封土破坏严重，现大致呈椭圆形，位于村南耐火厂内西南，北侧有现代砖砌护坡，西南一现代窑洞。						

M898 东—西

邙山陵墓群考古调查表

单位：米

名称			编号	899	类别		分区	中区
位置		孟津平乐新庄村南	经度	112°35.947′	纬度	34°47.595′	高程	189.5
照相号			录像号		绘图号	1—1	时代	东汉
工作过程			2007 年文物普查		调查时间	2007 年 4 月 10 日	历时	1 天
封土	形制			东西 20.00、南北 24.00、高 8.00			直径	
	筑法	平夯	夯层厚	0.08～0.22	密度	硬	土色	黄褐、红褐
	保存状况		不完整		盗洞数量		位置	
	遗物							
陵园	位置		面积		地层深度			
	堆积		形状		保存状况			
	遗物							
碑刻								
备注		封土破坏严重，现大致呈方形，位于村南耐火厂内，M898 北约 60 米，南部被挖去一块，周边陡峭，东北有现代砌砖。						

M899　东北—西南

M899 南—北

M899 东—西

邙山陵墓群考古调查表

NO:

单位：米

名称			编号	900	类别		分区	中区
位置		孟津平乐新庄村南	经度	112°36.046′	纬度	34°47.606′	高程	187.4
照相号			录像号		绘图号	1—1	时代	东汉
工作过程			2007年文物普查		调查时间	2007年4月10日	历时	1天
封土	形制			东西12.00、南北13.00、高5.50			直径	
	筑法	平夯	夯层厚	0.09～0.19	密度	较硬	土色	黄褐、红褐
	保存状况				盗洞数量		位置	
	遗物							
陵园	位置		面积			地层深度		
	堆积		形状			保存状况		
	遗物							
碑刻								
备注		封土破坏严重，现呈不规则形，位于村南，铁路南5米，耐火厂东北40米，东北一废弃窑洞，南侧一现代小平房。						

M900 东—西

M900　北—南

M900　西—东

邙山陵墓群考古调查表

NO:

单位：米

名称			编号	901	类别		分区	中区
位置		孟津平乐上古村 南2公里	经度	112°38.255′	纬度	34°46.428′	高程	212.1
照相号			录像号		绘图号	1—1	时代	东汉
工作过程		2007年文物普查			调查时间	2007年4月11日	历时	1天
封土	形制		东西19.00、南北24.50、高7.00				直径	
	筑法	平夯	夯层厚	0.07～0.19	密度	硬	土色	红褐、黄褐
	保存状况	不完整			盗洞数量		位置	
	遗物							
陵园	位置		面积			地层深度		
	堆积		形状			保存状况		
	遗物							
碑刻								
备注	封土破坏严重，现大致呈长方形，位于上古村南2公里，207国道东约150米，属张凹耕地，南侧一废弃窑洞。							

M901 北—南

M901 东—西

M901 西—东

邙山陵墓群考古调查表

NO: 　　　　　　　　　　　　　　　　　　　　　　　　　　　　　　　　　　　　　单位：米

名称			编号	902	类别		分区	中区
位置		孟津平乐上古村南 2 公里	经度	112°38.210′	纬度	34°46.503′	高程	213.5
照相号			录像号		绘图号	1—1	时代	东汉
工作过程		2007 年文物普查			调查时间	2007 年 4 月 11 日	历时	1 天
封土	形制			东西 25.50、南北 27.00、高 8.00			直径	
	筑法	平夯	夯层厚	0.09 ~ 0.20	密度	较硬	土色	黄褐、红褐
	保存状况	不完整			盗洞数量	2	位置	北侧、南侧
	遗物							
陵园	位置		面积			地层深度		
	堆积		形状			保存状况		
	遗物							
碑刻								
备注		封土破坏严重，现大致呈方形，位于 207 国道东约 100 米，M901 北（偏西）约 100 米，北侧一废弃窑洞，一直径 0.50 米盗洞，南侧一直径 0.60 米盗洞。						

M902 西—东

M902 南—北

M902 北—南

邙山陵墓群考古调查表

NO:　　　单位：米

名称				编号	903	类别		分区	中区
位置		孟津平乐上古村南 2 公里		经度	112°38.053′	纬度	34°46.521′	高程	217.0
照相号				录像号		绘图号	1 — 1	时代	东汉
工作过程		2007 年文物普查				调查时间	2007 年 4 月 11 日	历时	1 天
封土	形制			东西 65.00、南北 50.00、高 13.50				直径	
	筑法	平夯	夯层厚	0.06 ~ 0.25	密度	较硬		土色	红褐、黄褐
	保存状况	较完整			盗洞数量	1		位置	封土上部
	遗物								
陵园	位置			面积		地层深度			
	堆积			形状		保存状况			
	遗物								
碑刻									
备注	封土保存较完整，现大致呈椭圆形，位于 M902 西约 150 米，207 国道西，高大，盗洞呈圆形，直径 0.60 米，下塌。								

M903 南—北

M903 北—南

M903 西—东

邙山陵墓群考古调查表

NO:　　　　　　　　　　　　　　　　　　　　　　　　　　　　　　　　　　　　　　单位：米

名称			编号	904	类别		分区	中区
位置		孟津平乐朱仓村东	经度	112°37.915′	纬度	34°46.666′	高程	206.5
照相号			录像号		绘图号	1—1	时代	东汉
工作过程		2007 年文物普查			调查时间	2007 年 4 月 11 日	历时	1 天
封土	形制			东西 21.00、南北 21.50、高 4.00			直径	
	筑法	平夯	夯层厚	0.05～0.19	密度	硬	土色	红褐、黄褐
	保存状况		不完整		盗洞数量		位置	
	遗物							
陵园	位置		面积			地层深度		
	堆积		形状			保存状况		
	遗物							
碑刻								
备注		封土破坏严重，现大致呈方形，位于 M903 北（偏西）约 300 米，平顶，南侧为现代民房，西侧一现代坟，属朱仓 1 组耕地。						

M904 北—南

M904 西—东

M904 南—北

邙山陵墓群考古调查表

NO:　　　　　　　　　　　　　　　　　　　　　　　　　　　　　　　　　　　　单位：米

名称			编号	907	类别		分区	中区
位置	孟津平乐上古村西南		经度	112°38.122′	纬度	34°47.434′	高程	207.5
照相号			录像号		绘图号	1－1	时代	东汉
工作过程	2007年文物普查				调查时间	2007年4月12日	历时	1天
封土	形制		东西34.00、南北32.00、高8.00				直径	
	筑法	平夯	夯层厚	0.09～0.19	密度	较松	土色	红褐、黄褐
	保存状况	不完整			盗洞数量		位置	
	遗物							
陵园	位置		面积			地层深度		
	堆积		形状			保存状况		
	遗物							
碑刻								
备注	封土破坏严重，现大致呈方形，位于上古村西南约200米，西侧一废弃窑洞，北侧两个现代坟。							

M907 北—南

M907 西—东

M907 南—北

邙山陵墓群考古调查表

NO: 单位：米

名称			编号	908	类别		分区	中区
位置		孟津平乐上古村西南	经度	112°38.207′	纬度	34°47.436′	高程	205.5
照相号			录像号		绘图号	1—1	时代	东汉
工作过程		2007年文物普查			调查时间	2007年4月12日	历时	1天
封土	形制		东西 17.50、南北 19.70、高 7.00				直径	
	筑法	平夯	夯层厚	0.07～0.20	密度	较硬	土色	黄褐、红褐
	保存状况	不完整		盗洞数量			位置	
	遗物							
陵园	位置		面积		地层深度			
	堆积		形状		保存状况			
	遗物							
碑刻								
备注		封土破坏严重，现大致呈椭圆形，位于 M907 东约 90 米，周边较陡峭，西、南各一废弃窑洞。						

M908 北—南

M908 南—北

M908 西—东

邙山陵墓群考古调查表

NO:

单位：米

名称			编号	909	类别		分区	中区
位置	孟津平乐上古村西南		经度	112°38.233′	纬度	34°47.319′	高程	204.8
照相号			录像号		绘图号	1—1	时代	东汉
工作过程		2007年文物普查			调查时间	2007年4月12日	历时	1天
封土	形制			东西14.00、南北14.20、高6.50			直径	
	筑法	平夯	夯层厚	0.08～0.17	密度	较松	土色	黄褐、少量红褐
	保存状况		不完整		盗洞数量		位置	
	遗物							
陵园	位置		面积			地层深度		
	堆积		形状			保存状况		
	遗物							
碑刻								
备注	封土破坏严重，现大致呈方形，位于M908南（偏东）约200米，周边陡峭，东、西、南、北四废弃窑洞相连通。							

M909 南—北

M909 东—西

M909 北—南

邙山陵墓群考古调查表

NO:　　单位：米

名称		编号	910	类别		分区	中区
位置	孟津平乐上古村西南	经度	112°38.160′	纬度	34°47.288′	高程	205.7
照相号		录像号		绘图号	1－1	时代	东汉
工作过程	2007 年文物普查			调查时间	2007 年 4 月 12 日	历时	1 天

封土	形制		东西 32.30、南北 32.00、高 7.50			直径	
	筑法	平夯	夯层厚	0.10 ~ 0.24	密度	疏松	土色	红褐、黄褐
	保存状况	不完整		盗洞数量		位置	
	遗物						

陵园	位置		面积		地层深度	
	堆积		形状		保存状况	
	遗物					

碑刻	
备注	封土破坏严重，现大致呈椭圆形，位于 M909 西南约 100 米，东侧一废弃窑洞。

M910 南—北

M910 东—西

M910 北—南

邙山陵墓群考古调查表

NO:　　单位：米

名称			编号	912	类别		分区	中区
位置		孟津平乐上古村西北	经度	112°38.274′	纬度	34°47.739′	高程	197.5
照相号			录像号		绘图号	1－1	时代	东汉
工作过程		2007 年文物普查			调查时间	2007 年 4 月 13 日	历时	1 天
封土	形制			东西 1.10、南北 1.20、高 4.50			直径	
	筑法	平夯	夯层厚	0.09～0.18	密度	硬	土色	黄褐
	保存状况		破坏殆尽		盗洞数量		位置	
	遗物							
陵园	位置		面积			地层深度		
	堆积		形状			保存状况		
	遗物							
碑刻								
备注		封土破坏殆尽，仅剩一土柱，位于上古村西北约 200 米，6 组耕地。						

M912 西—东　　　　　　　　　　　　　　　　M912 南—北

邙山陵墓群考古调查表

单位：米

NO:

名称			编号	913	类别		分区	中区
位置	孟津平乐上古村东		经度	112°39.022′	纬度	34°47.444′	高程	215.5
照相号			录像号		绘图号	1－1	时代	东汉
工作过程	2007 年文物普查			调查时间	2007 年 4 月 13 日		历时	1 天
封土	形制		东西 13.00、南北 16.50、高 2.80				直径	
	筑法	平夯	夯层厚	0.09 ~ 0.21	密度	较硬	土色	红褐、黄褐
	保存状况	不完整		盗洞数量			位置	
	遗物							
陵园	位置		面积		地层深度			
	堆积		形状		保存状况			
	遗物							
碑刻								
备注	封土破坏严重，现呈不规则形，位于村东约 600 米，8 组耕地，平顶，西、南侧各一废弃窑洞。							

M913 北—南

邙山陵墓群考古调查表

NO:

单位：米

名称			编号	915	类别		分区	中区
位置		孟津平乐上古村东	经度	112°38.805′	纬度	34°47.423′	高程	217.8
照相号			录像号		绘图号	1—1	时代	东汉
工作过程		2007 年文物普查			调查时间	2007 年 4 月 13 日	历时	1 天
封土	形制		东西 25.00、南北 24.00、高 5.00				直径	
	筑法	平夯	夯层厚		密度	疏松	土色	黄褐
	保存状况	不完整			盗洞数量		位置	
	遗物							
陵园	位置		面积			地层深度		
	堆积		形状			保存状况		
	遗物							
碑刻								
备注		封土破坏严重，现大致呈椭圆形，位于村东约 300 米，M913 西约 300 米。						

M915 北—南

M915 南—北

M915 东—西

邙山陵墓群考古调查表

NO:　　单位：米

名称			编号	921	类别		分区	中区
位置		孟津平乐上古村东南	经度	112°38.526′	纬度	34°47.253′	高程	220.5
照相号			录像号		绘图号	1—1	时代	东汉
工作过程		2007 年文物普查			调查时间	2007 年 4 月 15 日	历时	1 天
封土	形制		东西 3.00、南北 2.00、高 1.50				直径	
	筑法	平夯	夯层厚	0.10～0.18	密度	较硬	土色	黄褐
	保存状况	破坏殆尽		盗洞数量			位置	
	遗物							
陵园	位置		面积		地层深度			
	堆积		形状		保存状况			
	遗物							
碑刻								
备注		封土破坏殆尽，现呈不规则形，位于村东南 150 米。						

M921　东—西

M921　西—东

M921　南—北

邙山陵墓群考古调查表

NO:　　　　　　　　　　　　　　　　　　　　　　　　　　　　　　　　　　　　　单位：米

名称			编号	923	类别		分区	中区
位置		孟津平乐上古村东南	经度	112°39.063′	纬度	34°46.683′	高程	277.5
照相号			录像号		绘图号	1－1	时代	东汉
工作过程		2007年文物普查			调查时间	2007年4月17日	历时	1天
封土	形制		东西12.00、南北12.50、高3.00				直径	
	筑法	堆筑	夯层厚		密度	疏松	土色	黄褐
	保存状况	不完整			盗洞数量		位置	
	遗物							
陵园	位置		面积			地层深度		
	堆积		形状			保存状况		
	遗物							
碑刻								
备注		封土破坏严重，位于凤凰山坡上，俗称"王婆冢"，南侧一废弃窑洞。						

M923　南—北

M923　西—东

M923　北—南

邙山陵墓群考古调查表

NO:　　　　　　　　　　　　　　　　　　　　　　　　　　　　　　　　　　　　　　　单位：米

名称			编号	925	类别		分区	中区
位置		孟津送庄三十里铺村南	经度	112°34.730′	纬度	34°46.492′	高程	224.5
照相号			录像号		绘图号	1－1	时代	东汉
工作过程		2007年文物普查			调查时间	2007年4月18日	历时	1天
封土	形制		东西18.50、南北15.50、高4.20				直径	
	筑法	堆筑	夯层厚		密度	疏松	土色	黄褐
	保存状况	不完整		盗洞数量			位置	
	遗物							
陵园	位置		面积		地层深度			
	堆积		形状		保存状况			
	遗物							
碑刻								
备注		封土破坏严重，现大致呈椭圆形，位于M66西约200米，洛常路东50米。						

M925　北—南

M925 南—北

M925 西—东

邙山陵墓群考古调查表

NO:
单位：米

名称			编号	926	类别		分区	中区
位置		孟津送庄三十里铺村南	经度	112°34.696′	纬度	34°46.492′	高程	225.2
照相号			录像号		绘图号	1—1	时代	东汉
工作过程		2007年文物普查			调查时间	2007年4月18日	历时	1天
封土	形制		东西21.00、南北17.50、高5.00				直径	
	筑法	平夯	夯层厚	0.10~0.22	密度	较硬	土色	黄褐，红褐
	保存状况	不完整			盗洞数量		位置	
	遗物							
陵园	位置		面积			地层深度		
	堆积		形状			保存状况		
	遗物							
碑刻								
备注		封土破坏严重，现呈不规则形，位于M925西约40米，洛常路东，西侧修路时毁坏。						

M926 西—东

M926 南—北

M926 东—西

邙山陵墓群考古调查表

NO:

单位：米

名称			编号	927	类别		分区	中区
位置		孟津送庄三十里铺村南	经度	112°34.660′	纬度	34°46.487′	高程	224.1
照相号			录像号		绘图号	1－1	时代	东汉
工作过程		2007 年文物普查			调查时间	2007 年 4 月 18 日	历时	1 天
封土	形制		东西 20.50、南北 16.50、高 4.20				直径	
	筑法	堆筑	夯层厚		密度	疏松	土色	黄褐，红褐
	保存状况	不完整			盗洞数量		位置	
	遗物							
陵园	位置		面积			地层深度		
	堆积		形状			保存状况		
	遗物							
碑刻								
备注		封土破坏严重，现大致呈方形，位于 M926 西约 50 米，洛常路西。						

M927 东—西

M927　南—北

M927　北—南

邙山陵墓群考古调查表

NO:　　　　　　　　　　　　　　　　　　　　　　　　　　　　　　　　　　　　　单位：米

名称			编号	928	类别		分区	中区
位置		孟津送庄山头南 500 米	经度	112°33.393′	纬度	34°46.635′	高程	227.8
照相号			录像号		绘图号	1－1	时代	唐
工作过程		2007 年文物普查			调查时间	2007 年 4 月 19 日	历时	1 天
封土	形制			东西 17.00、南北 18.00、高 4.50			直径	
	筑法	平夯	夯层厚	0.07 ~ 0.20	密度	疏松	土色	黄褐、红褐
	保存状况	不完整			盗洞数量	1	位置	封土西南
	遗物							
陵园	位置		面积			地层深度		
	堆积		形状			保存状况		
	遗物							
碑刻								
备注		封土破坏严重，现大致呈椭圆形，封土西南一圆形盗洞，直径 0.70 米，俗称"三女冢"之一。						

M928 西—东

M928 东—西

M928 南—北

邙山陵墓群考古调查表

NO:

单位：米

名称			编号	929	类别		分区	中区
位置		孟津送庄东山头村南	经度	112°33.373′	纬度	34°46.635′	高程	227.0
照相号			录像号		绘图号	1—1	时代	唐
工作过程		2007 年文物普查			调查时间	2007 年 4 月 19 日	历时	1 天
封土	形制		东西 12.50、南北 12.00、高 4.00				直径	
	筑法	平夯	夯层厚	0.08 ~ 0.19	密度	较松	土色	黄褐，红褐
	保存状况	不完整			盗洞数量		位置	
	遗物							
陵园	位置		面积			地层深度		
	堆积		形状			保存状况		
	遗物							
碑刻								
备注		封土破坏严重，现大致呈椭圆形，位于 M928 西约 20 米，西南取土破坏，"三女冢"之一。						

M929 西南—东北

M929　东—西

M929　西—东

邙山陵墓群考古调查表

NO: 单位：米

名称			编号	930	类别		分区	中区
位置	孟津送庄东山头南		经度	112°33.349′	纬度	34°46.638′	高程	226.8
照相号			录像号		绘图号	1—1	时代	唐
工作过程		2007 年文物普查			调查时间	2007 年 4 月 19 日	历时	1 天
封土	形制			东西 10.20、南北 10.00、高 3.00			直径	
	筑法	平夯	夯层厚	0.07 ~ 0.20	密度	较松	土色	黄褐，红褐
	保存状况		不完整		盗洞数量		位置	
	遗物							
陵园	位置		面积			地层深度		
	堆积		形状			保存状况		
	遗物							
碑刻								
备注		封土破坏较严重，现大致呈椭圆形，位于 M929 西约 25 米，"三女冢"之一。						

M928、M929、M930 全景（南—北）

M930 西—东

M930 南—北

邙山陵墓群考古调查表

NO:
单位：米

名称			编号	932	类别		分区	中区
位置		孟津送庄东山头村东	经度	112°33.912′	纬度	34°47.088′	高程	232.2
照相号			录像号		绘图号	1－1	时代	后唐
工作过程		2007 年文物普查			调查时间	2007 年 4 月 20 日	历时	1 天
封土	形制		东西 43.00、南北 48.00、高 12.50				直径	
	筑法	平夯	夯层厚	0.11 ~ 0.19	密度	较硬	土色	红褐
	保存状况	较完整		盗洞数量	2		位置	顶部东北、北部
	遗物							
陵园	位置		面积			地层深度		
	堆积		形状			保存状况		
	遗物							
碑刻								
备注		封土保存较完整，略呈"覆斗"形，位于东山头村东（偏北）约 500 米，距送庄南北路东 200 米，北部一直径 0.40 米盗洞，顶部东北一长方形盗洞，尺寸 1.60×0.90 米。顶部较平，俗称"皇帝冢"，属送庄耕地。						

M932 西—东

邙山陵墓群考古调查表

单位：米

名称			编号	935	类别		分区	中区
位置		孟津送庄西山头村西南	经度	112°32.424′	纬度	34°46.555′	高程	222.5
照相号			录像号		绘图号	1－1	时代	北魏
工作过程			2007年文物普查		调查时间	2007年4月21日	历时	1天
封土	形制		东西15.50、南北18.00、高7.50				直径	
	筑法	堆筑	夯层厚		密度	疏松	土色	红褐
	保存状况	不完整		盗洞数量			位置	
	遗物							
陵园	位置		面积		地层深度			
	堆积		形状		保存状况			
	遗物							
碑刻								
备注		封土破坏严重，现大致呈椭圆形，位于村西南约600米，连霍高速北约100米。						

M935 东—西

M935 西—东

M935 南—北

邙山陵墓群考古调查表

单位：米

NO:

名称			编号	936	类别		分区	中区
位置	孟津送庄白鹿村南1公里		经度	112°32.175′	纬度	34°46.636′	高程	220.8
照相号			录像号		绘图号	1－1	时代	北魏
工作过程	2007年文物普查			调查时间	2007年4月21日		历时	1天
封土	形制		东西14.50、南北13.00、高3.00				直径	
	筑法	不明	夯层厚		密度	疏松	土色	红褐
	保存状况	不完整		盗洞数量		位置		
	遗物							
陵园	位置		面积		地层深度			
	堆积		形状		保存状况			
	遗物							
碑刻								
备注	封土破坏严重，现呈方形，位于连霍高速北约200米，顶已削平，封土内含礓石，俗称"金冢"。							

M936 西—东

M936 东—西

M936 南—北

邙山陵墓群考古调查表

单位：米

NO:

名称			编号	938	类别		分区	中区
位置	孟津送庄村东北		经度	112°34.498′	纬度	34°47.875′	高程	215.8
照相号			录像号		绘图号	1－1	时代	唐
工作过程	2007年文物普查				调查时间	2007年4月22日	历时	1天
封土	形制			东西26.00、南北28.00、高8.50			直径	
	筑法	平夯	夯层厚	0.09～0.20	密度	较硬	土色	黄褐、红褐
	保存状况		不完整		盗洞数量		位置	
	遗物							
陵园	位置		面积			地层深度		
	堆积		形状			保存状况		
	遗物							
碑刻								
备注	封土破坏严重，现大致呈椭圆形，位于水泥厂西，送庄5组耕地，西北一废弃窑洞，俗称"升子冢"。							

M938　南—北

邙山陵墓群考古调查表

NO:　　单位：米

名称			编号	949	类别		分区	中区
位置		孟津送庄裴坡村西北	经度	112°34.487′	纬度	34°48.695′	高程	193.2
照相号			录像号		绘图号	1—1	时代	东汉
工作过程		2007 年文物普查			调查时间	2007 年 4 月 25 日	历时	1 天
封土	形制		东西 17.50、南北 17.00、高 6.50				直径	
	筑法	平夯	夯层厚	0.07～0.19	密度	硬	土色	红褐、黄褐
	保存状况				盗洞数量		位置	
	遗物	灰陶筒瓦片 1，外绳纹内布纹，厚 1.0 厘米。						
陵园	位置		面积		地层深度			
	堆积		形状		保存状况			
	遗物							
碑刻								
备注		封土破坏严重，现大致呈方形，位于 M943 西北约 100 米，东约 30 米为机井房，周边较陡峭，俗称"夫子冢"。						

M949　北—南

M949　西—东

M949　南—北

邙山陵墓群考古调查表

NO:　　单位：米

名称			编号	950	类别		分区	中区
位置		孟津送庄裴坡村东南	经度	112°34.678′	纬度	34°48.142′	高程	205.6
照相号			录像号		绘图号	1－1	时代	唐
工作过程		2007 年文物普查			调查时间	2007 年 4 月 26 日	历时	1 天
封土	形制		东西 23.00、南北 26.50、高 7.80				直径	
	筑法	平夯	夯层厚	0.08 ~ 0.20	密度	较硬	土色	黄褐、红褐
	保存状况				盗洞数量		位置	
	遗物							
陵园	位置		面积			地层深度		
	堆积		形状			保存状况		
	遗物							
碑刻								
备注		封土破坏严重，现大致呈椭圆形，位于裴坡东南，洛钢厂内西北，周边水泥砌护坡，俗称"小冢"。						

M950 西—东

M950　东—西

M950　北—南

邙山陵墓群考古调查表

NO:　　　　　　　　　　　　　　　　　　　　　　　　　　　　　　　　　　　　单位：米

名称			编号	960	类别		分区	中区
位置		孟津送庄裴坡陈龙沟东	经度	112°35.243′	纬度	34°48.455′	高程	192.8
照相号			录像号		绘图号	1—1	时代	东汉
工作过程		2007 年文物普查			调查时间	2007 年 4 月 28 日	历时	1 天
封土	形制		东西 29.30、南北 25.00、高 8.00				直径	
	筑法	平夯	夯层厚	0.08～0.19	密度	硬	土色	黄褐、红褐
	保存状况	不完整			盗洞数量		位置	
	遗物							
陵园	位置		面积			地层深度		
	堆积		形状			保存状况		
	遗物							
碑刻								
备注		封土破坏严重，现大致呈椭圆形，位于陈龙沟（裴坡 4 组）东约 150 米，南侧一废弃窑洞。						

M960 北—南

M960 南—北

M960 东—西

邙山陵墓群考古调查表

NO:

单位：米

名称			编号	961	类别		分区	中区
位置		孟津送庄裴坡陈龙沟东	经度	112°35.197′	纬度	34°48.506′	高程	185.7
照相号			录像号		绘图号	1—1	时代	东汉
工作过程		2007年文物普查			调查时间	2007年4月28日	历时	1天
封土	形制		东西10.50、南北11.00、高3.50				直径	
	筑法	堆筑	夯层厚		密度	疏松	土色	黄褐、红褐
	保存状况	不完整			盗洞数量	1	位置	封土东侧
	遗物							
陵园	位置		面积		地层深度			
	堆积		形状		保存状况			
	遗物							
碑刻								
备注		封土破坏严重，现大致呈椭圆形，位于M960北（偏西）约60米，盗洞呈圆形，直径0.50米。						

M961 南—北

M961　西—东

M961　北—南

邙山陵墓群考古调查表

单位：米

名称				编号	962	类别		分区	中区
位置		孟津送庄裴坡陈龙沟东		经度	112°35.240′	纬度	34°48.489′	高程	185.4
照相号				录像号		绘图号	1－1	时代	东汉
工作过程			2007年文物普查			调查时间	2007年4月28日	历时	1天
封土	形制		东西7.40、南北6.50、高3.50					直径	
	筑法	平夯	夯层厚	0.07～0.18	密度	硬		土色	黄褐、红褐
	保存状况		破坏殆尽		盗洞数量			位置	
	遗物								
陵园	位置		面积			地层深度			
	堆积		形状			保存状况			
	遗物								
碑刻									
备注			封土破坏殆尽，位于M960北约40米。						

M962 西—东

M962 北—南

M962 南—北

邙山陵墓群考古调查表

单位：米

名称			编号	963	类别		分区	中区
位置	孟津送庄裴坡陈龙沟东		经度	112°35.247′	纬度	34°48.520′	高程	184.3
照相号			录像号		绘图号	1—1	时代	东汉
工作过程	2007年文物普查				调查时间	2007年4月28日	历时	1天
封土	形制		东西6.00、南北2.80、高2.30				直径	
	筑法	平夯	夯层厚	0.09～0.19	密度	硬	土色	黄褐、红褐
	保存状况	破坏殆尽			盗洞数量		位置	
	遗物							
陵园	位置		面积			地层深度		
	堆积		形状			保存状况		
	遗物							
碑刻								
备注	封土破坏殆尽，现大致呈椭圆形，位于M962北约60米。							

M963 北—南

M963 东—西

M963 南—北

邙山陵墓群考古调查表

NO:　　　　　　　　　　　　　　　　　　　　　　　　　　　　　　　　　　　　　　　单位：米

名称			编号	978	类别		分区	中区
位置		孟津会盟老城村东南	经度	112°38.623′	纬度	34°48.561′	高程	118.9
照相号			录像号		绘图号	1—1	时代	清
工作过程		2007 年文物普查			调查时间	2007 年 5 月 6 日	历时	1 天
封土	形制		东西 12.60、南北 9.00、高 3.50				直径	
	筑法	堆筑	夯层厚		密度	疏松	土色	黄褐
	保存状况	不完整		盗洞数量			位置	
	遗物							
陵园	位置		面积		地层深度			
	堆积		形状		保存状况			
	遗物	封土南石武士俑 1，石马 1，石兽（虎？）2，石柱 2。						
碑刻		封土南石碑（倒地），碑文"清太子少保工兵尚书僖平李公之墓"，封土西南石龟驮石碑为顺治十四年立，该碑东约 40 余米一石碑倒地，碑文不详。						
备注		封土破坏严重，现大致呈椭圆形，位于村东南，封土南一石棺样物，据村民讲为他处运来。						

M978 北—南

M978　东—西

M978　南—北

邙山陵墓群考古调查表

NO:

单位：米

名称			编号	995	类别			分区	夹河段
位置		洛龙区李楼白碛村南	经度	112°30.077′	纬度	34°39.734′		高程	131.2
照相号			录像号		绘图号	1—1		时代	明清
工作过程		2007年文物普查			调查时间	2007年6月2日		历时	1天
封土	形制		东西21.00、南北20.50、高3.20					直径	
	筑法	堆筑	夯层厚		密度	疏松		土色	黄褐
	保存状况	破坏殆尽			盗洞数量			位置	
	遗物								
陵园	位置		面积			地层深度			
	堆积		形状			保存状况			
	遗物								
碑刻									
备注		封土破坏殆尽，现大致呈方形，上堆大量现代垃圾，俗称"毛毛冢"。							

M995 北—南

邙山陵墓群考古调查表

NO:　　　　　　　　　　　　　　　　　　　　　　　　　　　　　　　　　　　　　单位：米

名称			编号	996	类别		分区	夹河段
位置		洛龙区李楼五郎庙村东	经度	112°32.888′	纬度	34°39.471′	高程	133.5
照相号			录像号		绘图号	1－1	时代	明清
工作过程		2007年文物普查			调查时间	2007年6月2日	历时	1天
封土	形制		东西3.10、南北4.50、高1.50				直径	
	筑法	堆筑	夯层厚		密度	疏松	土色	黄褐
	保存状况	破坏殆尽			盗洞数量		位置	
	遗物							
陵园	位置		面积			地层深度		
	堆积		形状			保存状况		
	遗物							
碑刻								
备注		封土破坏殆尽，现大致呈椭圆形，位于五郎庙村东，焦寨村西北，俗称"罗冢"。						

M996 南—北

邙山陵墓群考古调查表

NO:　　　　　　　　　　　　　　　　　　　　　　　　　　　　　　　　　　　　单位：米

名称			编号	997	类别		分区	夹河段
位置		洛龙区李楼城角村西北	经度	112°30.714′	纬度	34°38.079′	高程	135.1
照相号			录像号		绘图号	1－1	时代	明清
工作过程		2007年文物普查			调查时间	2007年6月3日	历时	1天
封土	形制		东西7.00、南北13.00、高2.00				直径	
	筑法	堆筑	夯层厚		密度	疏松	土色	黄褐
	保存状况	破坏殆尽			盗洞数量		位置	
	遗物							
陵园	位置		面积			地层深度		
	堆积		形状			保存状况		
	遗物							
碑刻								
备注		封土破坏殆尽，现大致呈椭圆形，位于村西北约450米，俗称"杨广坟"，封土上有大量卵石。						

M997 南—北

M997 北—南

M997 西—东